自由中國

FREE CHINA

合訂本 第八集

(第九卷)

中華民國四十三年一月一日出版

社 址:臺北市金山街一巷二號

自由中國合訂本第八集要目

第九卷　第一期

為李承晚釋俘事件婉告美國……社論
我們對李承晚釋俘事件應有的態度……夏道平
艾森豪總統解放政策的試金石……蔣勻田
英國的解剖……鄒文海
論行政與立法之關係……杜光塤
西方的抉擇（上）……一思譯
大陸上中學教育的惡變（上）……劉書傳
意大利選舉的前前後後……方及
西歐輿論對韓局的反響……聱雷
人間到處有青山……司馬桑敦
讀者投書二則

第九卷　第二期

鐵幕內亂與西方對策……社論
中國政治的根本難題……徐芸書
關於個體自由與羣體自由……許冠三
試論我國憲法的利弊得失……鄧啓
西方的抉擇（下）……一思譯
由邱吉爾和平演說談到東德暴動……龍平甫
馬德里近事……聱雷
大陸上中學教育的惡變（下）……劉書傳
布老虎……颩雷
中國近代史……吳士偉
關於「胡適與白話文」……張起鈞

第九卷　第三期

公用事業的價格問題……社論
教育行政應有示範作用——守法……社論
蘇俄與西方……羅鴻詔
蘇俄的強迫移民政策……朱新民
論現代國際收支及貿易平衡（上）……劉國增
東德人民揭竿而起……龍平甫
東德人民在過着什麼樣子的生活？……宋念慈譯
馬化政策下的馬華教育……李雲溪
一顆孤星……聶華苓
粲語……張秀亞
胡適言論集（乙編）……夏道平
關於臺灣省立師範學院的二三事……朱誠中

第九卷　第四期

中立集團與美國政策……社論
高等教育的一方面——對臺大的一項建議……蔣廷黻
唯物辯證法與必然性……劉世超
出售公營事業之估價及其股票之流通與保值……林希美
論現代國際收支及貿易平衡（下）……劉國增
從蛛絲馬跡看匣劍帷燈……許思澄
從印尼僑情說到僑務方案……津棠
西班牙藍衫黨……聱雷
尋夢曲……郭嗣汾
教育部來函

第九卷　第五期

在教育界多事之秋談建教合作……社論
民意機關議事資格之比較的研究——為立法院和國民大會的議事資格進一言……雷震
俄帝的新動向及民主國家應有的對策……鄒文海
大學教育應如何改進發展？……羅鴻詔
放棄了的道路……海耶克著　殷海光譯
警察國家匈牙利……梅欣森譯
韓境停戰在泰國的反響……莊心在
採桑女（上）……王治修
關於師範學院事件的來函三件

第九卷　第六期

時機不可再失！（向諸蘭先生進一言）……社論
從教廳的一件命令談法治前途與政治作風……社論
世界未來局勢與中國前途……朱伴耘
論美國外交政策的目的（上）……樊際昌
個人自由乎？國家自由乎？……傅中梅
偉大的烏托邦……海耶克著　殷海光譯
貝利亞被捕後的蘇俄內政與外交……龍平甫
開發臺東與加路蘭築港……張冠英
詩與詩人……李經
採桑女（下）……王治修
對臺大錄取新生的兩點意見……宓去病
從教廳重新規定中學生制服說起……史浩然

第九卷　第七期

聯合國能讓中共闖進嗎？……社論
美國外交政策的檢討……張致遠
論美國外交政策的目的(下)……樊際昌
珍珠港淪陷的決策與實行……李祥麟
管制計劃[illegible]……[illegible]
北行途中話澳洲……[illegible]宏偉
共產國家裏的家庭生活實況……[illegible]譯
山[illegible]……司馬桑敦
內在的敵人……陳紀瀅
車禍猖獗，人命草芥……趙清之
不該管的去管，該管的又不管！……黃希[illegible]

第九卷　第八期

[illegible]……社論
[illegible]……社論
[illegible]反共[illegible]
法國政局何以[illegible]……徐[illegible]
論琉球[illegible]問題
大陸上學校[illegible]
美西協定[illegible]
雞尾酒會[illegible]
紫娟表妹(上)……[illegible]
希斯[illegible]
不平之鳴……王[illegible]人

書樣
原原

第九卷　第九期

從反共義士的行動看出自由民主的眞實價值……社論
知與行之概念的分析……羅鴻詔
關於在中國如何推進科學思想的幾個問題……李濟
英國預算的分析……劉國增
管制計劃是無可避免的嗎？……海耶克著　殷海光譯
德國的政黨與大選……龍平甫
從香港看反共救國會議……陳登嶽
紫娟表妹(下)……徐斌
秋思……虞敏平
綠窗隨筆……聶華苓
爲一本「文藝名著」的出版與瞞騙而抗議……余錚

第九卷　第十期

向尼克森先生致意……社論
輿論界的反省（爲本刊第五年開始而作）……社論
寃獄賠償與民主政治……袁良驊
耕者有其田實施過程中須待糾正的幾點……易[illegible]農
凱恩斯的乘數原理(上)……戴杜衡
個體主義與民主政治……海耶克著　殷海光譯
我對反共救國會議的看法……董時進
考驗人心向背的準繩……廖[illegible]樞
戰後存[illegible]……海[illegible]譯
雨過天青(上)……[illegible]中夫
一個[illegible]的「推薦者」趙友培三先生……蘇雪林　陳紀瀅

第九卷　第十一期

美國應如領導自由世界……社論
邱吉爾導演的東西巨頭會議……朱伴耘
內閣制的新型態……孟浩
談世界婦女地位……曾寶蓀
凱恩斯的乘數原理(下)……戴杜衡
的港問題的演變……齊萬森
中共「新五反運動」之透視……沈秉文
我對「反共救國會議」的意見……周祥光
湛山莊的主人……司馬桑敦
讀者來書二則(周南先生與蕭益思先生的來信)
謝冰瑩先生的來信——簽名難
羅家倫先生的來信——並代于右任先生申明撤銷推薦

第九卷　第十二期

斥中立主義……社論
蘇俄虎視下的中東現狀……王雲五
如何建立法治的社會基礎？……龍運鈞
法治底要旨……海耶克著　殷海光譯
沒有史達林的第一個十一月……B.D. Wolfe作　遠思譯
我對反共救國會議的希望……朱伴耘
風雲變幻中的港……方及
中東防衞問題剖視……張瑾譯
憂鬱的靈魂……彭歌
舞台……王敬羲
尋夢與畫夢……公孫嬿
一本誤謬不堪的農職教科書……焦言田

定價　精裝每冊陸拾元
平裝每冊伍拾元

自由中國

FREE CHINA

第九卷 第一期

目要

社論
為李承晚釋俘事件婉告美國
我們對李承晚釋俘事件應有的態度……夏道平
艾森豪總統解放政策的試金石……蔣勻田
英國的解剖……鄒文海
論行政與立法之關係……杜光塤
西方的抉擇（上）……一思譯
大陸上中學教育的惡變（上）……劉書傳
自由中國通訊
意大利選舉的前前後後……方及
西歐輿論對韓局的反響……警雷
人間到處有青山……司馬桑敦
讀者投書二則

中華民國四十二年七月一日出版
社址：臺北市和平東路二段十八巷一號

半月大事記

六月十一日（星期四）

板門店停戰會議參謀人員分兩組研討停戰最後細目。

韓境中線激戰。

法國皮杜爾組閣失敗。歐禮和總統和各黨領袖集議內閣人選問題。

六月十二日（星期五）

韓總統李承晚與數位美高級軍事及外交人員會晤，包括雷德福將軍。

立法院通過九十四國簽訂的郵政公約。

六月十三日（星期六）

韓境東線聯軍失利，共軍一師滲入韓軍陣地。

韓總統李承晚表示：美韓防禦協定簽字後，韓國可同意停戰。

中日簽訂三項貿易文件。

六月十四日（星期日）

美第八軍團司令泰勒警告屬部，聯軍仍須保持作戰準備。

韓境東線韓軍撤離京畿山。

東埔寨國王逃泰國避難，指責法國未履行予東埔寨獨立權力的諾言。

六月十五日（星期一）

第一批美援噴氣機飛抵臺。

韓境中線共軍發動兩年來最猛烈之攻勢，聯軍飛機五百架飛前線助戰，投彈兩百萬磅。

六月十六日（星期二）

我在美受噴氣機駕駛訓練之飛行員結業。

法官方否認將廢棄東埔寨王。

東柏林二萬工人罷工並遊行。

六月十七日（星期三）

東柏林十萬羣衆發動示威，要求秘密投票統一德國，俄佔領當局宣佈戒嚴，並出動坦克鎮壓。

李承晚覆艾森豪函，重申反對停戰決心。

六月十八日（星期四）

韓總統李承晚下令釋放被拘於南韓聯軍戰俘營中的全部韓籍戰俘。被釋出者已達兩萬五千人。

聯軍總部聲明指責韓國政府抗命釋放戰俘。被抓回的戰俘有九百多人。美政府亦正式聲明指責韓國。

東柏林示威運動擴大，並蔓延及於東德各大城市。波茨坦及巴貝爾斯堡已宣佈戒嚴，俄軍及大批坦克仍出動鎮壓。

六月十九日（星期五）

反共戰俘兩千餘人突營逃脫，死傷甚衆。

西方三國聯合照會俄國，譴責俄軍屠殺東德示威羣衆，並要求解除對東柏林之封鎖。

法國馬瑞組閣又失敗。

六月二十日（星期六）

韓代總理卞榮泰照會克拉克將軍，要求釋放九千反共韓俘。

美衆院通過四十九億九千萬援外案。

德境俄軍出動兩裝甲師鎮壓示威。德人已有一千五百人被捕。東德工業陷停頓。

六月二十一日（星期日）

在韓軍坦克及自動武器火力掩護下，反共韓俘六六八人逃營。

東德薩克森鈾鑛十萬工人十八日罷工示威，並破壞礦井六十五處。

六月二十二日（星期一）

聯軍統帥克拉克飛韓與李承晚會談停戰問題。

反共華籍戰俘一萬四千人血書向李承晚請願，要求釋放。

東德政權已向工人作重大讓步。

六月二十三日（星期二）

克拉克續與李承晚會談，傳李承晚已提出三點折衷建議。

菲國防部長卡斯特羅訪臺。

四國會議已對緬境游擊隊撤退計劃獲致協議。

六月二十四日（星期三）

美政府高級官員表示，不能接受李承晚所提之三點要求。

東埔寨國王錫哈諾回國後警告法國，促接受其完全獨立之要求。

東德續槍斃暴動者。據估計，被槍斃者已不下三十八人。

社論

爲李承晚釋俘事件婉告美國

近數月來的世事發展，使我們陷於一種難以自解的矛盾心理之中。我們完全知道，現在全世界反共抗俄的力量，祇有憑藉美國；一切行動與計劃，無法把美國除外。無論那一個反共勢力，如離開美國而孤立起來，都將被共產集團所單獨擊破，而無法逃避敗亡的命運。這是事實，我們對事實不應把眼睛閉起。但另一方面，無可諱言的，我們對美國的領導，却一天天增加了失望。它的政策，從積極而變到消極，從消極而變到搖擺不定，好像可以隨着任何外界的牽掣而東倒西歪。它所採取的步驟是零亂的，它所發表的主張是紛歧的。目的旣不鮮明，手段尤嫌輭弱。美國如此，特別使站在反共第一線的國家，感覺到進退狼狽，大韓民國就正因爲美國的搖擺不定而陷於極度困難的境地。

大韓民國的李承晚總統，當然更是一個首當其衝的人物。他要考慮全世界反共鬪爭的情勢，但同時更要顧及他自己國家的生死存亡。他抵制板門店的停戰談判，而聯軍代表却不徵得他的同意，就片面的與共產集團簽訂了換俘協定。他要求美國與他訂立共同防衛條約，美國在原則上雖未反對，而事實上仍未能提出有力擔保。李承晚總統出於萬不得已，在停戰談判正要達成全面協議的前夕，以釋放戰俘的驚人的舉動，使談判再度陷於無限期的停頓。李承晚總統的行動，當然更引起美國的不快。我們完全瞭解韓國之採取非常手段，是實逼處此，而寄予莫大的同情；但我們仍不免爲美韓之間難以彌補的裂痕而憂慮。如果韓國的措施，能造成使美國覺醒而幡然改途的結果，那是好的；如果韓國的措施，竟造成民主世界進一步的分崩離析，將來的發展就不堪設想。所以對韓國，我們仍不願鼓勵它太過的趨於極端。趨向極端，也就是陷韓國於不利的境地。

當然我們不能責備韓國，更甚於責備美國。我們不能如此作，也不忍如此作。韓國的行動，並不如一般西方人所想像的那樣是一種無理性的胡鬧。這是一種激變，是民主世界太多的讓步所抑壓出來的激變。西方國家的一部分領導人物，如英國首相邱吉爾之流，從頭就把問題想偏了，對韓國的動機，已經是無法平心靜氣的去瞭解，所以竟會提出由美國派兵鎭壓那些荒謬主張。對這樣的人物，委實已經是無可理喩的了。但我們總希望美國當局，能設身處地爲他人着想，一切愼重將事，不爲已甚。據近數日的消息，美韓之間雖尙未能意見完全協調，但美國所採取的步驟，總還算是溫和的，並未露出劍拔弩張的氣概。這是差强人意之事。不然的話，美國如竟受了英國等的影響，對敵人儘量優容，而對自己的盟友儘量粗暴，情形就會發展得比現在更難收拾。

我們深深知道，美國今日的處境，也異常困難。但這一切困難，如果尋根究底，仍出於美國自身政策的錯誤。美國近數月來的行動，完全爲一個單純的目的所支配：這目的便是，儘可能迅速的結束韓戰。其實，這是一個局部的考慮而非全面的考慮；是一個暫時的考慮而非長期的考慮。如果容許我們以「小人」之心度「君子」之腹，則這個目的，似乎雜有美國當局私人的動機在內。美國的共和黨政府似乎一心想做到民主黨政府所未能做到的事。這是競選諸言之踐履，同時也是未來選票的保證。他們似乎沒有想到：㈠即令韓戰結束下來，美國也未必能眞正的把全副力量用於其它地區的反共防務，如他們所預期的那樣。看看西歐國家的情形好了，幾乎到處都是綏靖、姑息、甚至是投降的空氣；亞洲的局勢鬆下來，俄國第二步的和平攻勢，定然將使歐洲的防務陷於瓦解，那時候，美國又到何處去安放政策的重點？㈡美國更應能看到，對共產黨徒所簽訂的任何條約，決不足恃，一紙協定並不眞能帶來永久的和平。停戰如僅爲一時偷閒計則可，如視爲可以一了百了，則未免奢望。但僅爲着一時偷閒，豈宜付出過於慘重的代價？

美國截至今日爲止所作的讓步，雖不能說已經造成了一個遠東的慕尼黑，却的確是逡巡在慕尼黑的邊緣上。美國已不能再進一步。美國也許以爲祇有讓步可以打開目前的僵局。但事實上，僵局並不比任何可能的前途更壞。戰局僵持，美國有負擔，中韓共黨政權也同樣的有負擔，而他們所感受到的壓力，事實是遠較美國爲沉重。韓戰決不足以拖垮美國，相反的它在經濟上祇有因韓戰而更趨繁榮。另一方面，韓戰却眞可以拖垮北平，即令是爲了醞釀狄托主義，也不應該放鬆這個壓力。因此，在我們看來，僵局不僅不比一切可能的前途更壞，而竟是比一切可能的前途都好。誠如此，則急乎想要停戰的，應該不是美國，而正是中韓共黨。誠如此，就算美國的目的在停戰，又何必急乎讓步？再延宕它一個期間，將來所能獲得的停戰條件，一定可以比現在所獲得者更加的『光榮』。

問題應該是非常簡單的：如果中韓共黨已處於非停戰不可的境地，則韓國的釋俘等類舉動並不足以破壞停戰，却可以爲民主國爭得更好的停戰條件。如果中韓共黨並沒有停戰的誠意，則勉强簽訂下來的協定，也不過是一張廢紙而已。韓國的舉動，倒可以免得美國陷入這一個預先佈置好的圈套。美國當局誠能對問題心平氣和的作多方面的考察，應能對一切都釋然於懷。誠如此，則李承晚總統的『冒失』舉動，不僅沒有害了美國，並且還可說是救了美國。

我們爲美國計，處今日的地位，祇宜順水推舟，乘機把過去的錯誤糾正一部份過來。美國正可以利用韓國的强硬態度，來抵制民主世界內部的姑息份子。甚至，即令把過去簽訂的換俘協定推翻，亦應在所不惜，因爲這個協定，事實上已經是無法執行的了，而這是一個推翻前議的堅强理由。即令退一步說，美國素以忍讓爲懷，爲什麼它對敵人能够忍讓，對毫無必要的姑息主義能够忍讓，而獨獨對韓國的正當要求不能忍讓呢？反共抗俄是爲着全人類的神聖事業，這個事業的領導旣已無可委卸的落在美國身上，美國當局是如何的應該把眼光放大放遠，以大公無私的精神，作各方面兼顧的調度。如此，美國才能提高它領導此一神聖事業的威望。全人類的命運，現在正繫諸美國當局者的一念之間。

我們對李承晚釋俘事件應有的態度

──兼論美國政府的解放政策──

夏道平

六月十八日韓國總統李承晚釋放北韓反共戰俘這件事，一週來引起了國際上各種不同的强烈反應。自由中國的報紙雜誌，大都情不自禁地發出歡呼喝采聲。我們對於這件事，如果把它簡單化了來看，誠然覺得痛快。聯合國的領導者──美國政府在停戰問題的決定上，對南韓如此漠視，而南韓也報之以對聯軍統帥部之漠視，以牙還牙，誰說不對？

不過，國際問題，不能把它看得這麼簡單。尤其在今日的局勢下，一方面有共產國際的欺詐陰謀，一方面有英印集團的縱橫捭闔，國際關係比過去任何時期要複雜得多。因此，我們認爲，李承晚總統這一舉動，值得寄予萬分的同情，但我們在言論上，却不可給以過多的鼓勵。

爲甚麼？

因爲我們對於世界性的反共大業，有一個確切不移的信念，即反共大業終歸要成功的；但成功的到來，只能在自由世界內部團結得緊緊密密的那一天。自由世界內部的團結，要靠大家都深切地感覺到利害一致而後可。當前主觀上的利害參差，乃至利害衝突，只應努力消除，絕不可使其加深。

六月二十二日的報紙，同時刊載了兩個令人駭異的消息，一個是泛亞社漢城廿一日電，報道南韓反停戰的整套計劃，尙有罷工、暗殺、武裝反抗、以及游擊活動等等。另一個消息，是中新社華盛頓廿日路透社電，報道「美國國防部發言人否認某一廣播評論員所稱，美參謀首長聯席會已授權聯軍統帥克拉克在南韓宣佈戒嚴。這項戒嚴可能是聯軍統帥部撤換或逮捕李承晚總統。」這兩個消息，前者是一個沒有證實的傳聞，後者是一個已被正式否認了的推測。我們自不能依此來想像釋俘事件的發展。可是由於這種氣氛的存在，我們對於李承晚總統和聯軍方面的關係，更進而對於自由世界的前途，不得不更爲關切。

緊張的局勢，由於克拉克、勞勃森與李承晚的幾度接觸，最近一兩天似可趨於緩和。在這個當兒，我們輿論界自然仍要支持韓國的立場，斥責停戰條件中對於反共戰俘的處置，但不可過於動情感，激勵李承晚在行動方面走向極端。

我們認爲，釋俘事件發生後，輿論界與其鼓勵李承晚，不如責備美國。

我們要說：

一、李承晚這一舉動，誠然增加了美國政府不少的困擾和煩難。但這些困難的惹起，美國政府本身是負有責任的，我們深深了解，作爲一個自由世界領導者的美國，在其團結自由世界這一工作中，自不免有其左右爲難之處，而不得不有相當的妥協精神。但妥協精神應以不動搖原則爲限度。這一點，美國政府應該切實把握住。志願遣俘或强迫遣俘，爲兩年來停戰談判陷於僵持的主要點。志願遣俘是我們自由世界所應堅持的原則，而美國也曾一再信誓且且地保證過。但到現在，在那件即將簽字的停戰協定上，志願遣俘的原則雖未明文放棄，可是在關於停戰及處理反共戰俘的那一套辦法下，却大大地放鬆了這個原則（關於這一點，似乎無待說明，凡是知道共黨洗腦手段的人，都會知道讓共黨向反共戰俘「說服」是怎樣一回事）。這次停戰協定方案，無疑地是美國政府受了英印集團的壓迫而接受的。英國集團迄今在國際上尙保有不可過於輕視的形勢，作爲一個自由世界領導者的美國，以相當妥協的精神對待她們，情有可原。可是，經由聯合國保證其自由獨立的韓國，在其反對這次停戰協定的立場上，是代表正義的。正義的呼聲來自弱小的國家，美國政府竟可置之不理，在權衡輕重方面，未免太忽視了道義的力量，不堅持原則而又忽視道義的力量，如何作爲一個自由世界的領導者呢？美國政府目前所面臨的困難，我們只好冷酷地說一聲：咎由自取！

二、美國自共和黨政府組織以後，對付共產國際的政策，是以所謂「解放」政策代替「圍堵」政策。這個解放政策，其全部過程是怎樣，我們在這裏不擬申論，但就這個政策在現階段中的運用來看，我們似可發現一點朕兆，所謂解放政策，只是努力於使蘇俄統治下的國家從蘇俄解放出來，並不是以解放所有共產國家被奴役的人民爲目標。說明白點，解放政策在目前的運用上，只是反蘇而不反共，至少是反共不及反蘇。

我們這個看法，證之於這次停戰談判中美國對於志願遣俘這個原則的放鬆，可以得到證明。

歷史上的事例，從來沒有看見過集體的戰俘反對本國政府而不願回返本國的。韓戰中北韓和中共的戰俘，居然有數以萬計的人，堅決反共而不願回去，這還不够表明他們在共黨政權下之被奴役嗎？如果美國現階段的所謂解放政策，也以共產國家被奴役的人民爲目標，則志願遣俘，正是達到這個目標的辦法。美國在志願遣俘的原則上可以放鬆，足證其所謂解放政策，其內容是在彼而不在此。

解放政策既限於解放蘇俄統治下的「國家」，則其結果，很可能趨向於狄托運動。狄托運動，本爲英國近年來對共產國際的一個妄想，工黨政府如此，保守黨政府亦復如此。這妄想，在美國雖未表現得像英國那樣明顯，但我們不得不鄭重指出，美國現階段的所謂解放政策，難免不有狄托運動的趨向。這一點，我們應該特別提高警覺，同時站在聯合國人民的地位，應該依據聯合國憲章的序文及聯合國大會所通過的人權宣言，向美政府提出嚴重的警告。警告她在領導自由世界的工作中，不要走向狄托運動。狄托主義是反蘇的，但狄托主義之否認人權與蘇俄初無二致。

由李承晚釋俘事件而責備美國政府，從遠處大處着眼，我想，以上兩點，是我們最嚴正的立場。在我們自由世界中，民族間的情感不容挑撥，東方西方的區域觀念不容加强。

四十二年六月廿八日

艾森豪總統解放政策的試金石

蔣勻田

這一週，東半球的東西兩面發生了兩件大事，形勢雖完全兩樣；而性質則恰巧相同。這相同的性質，即是符合了艾森豪總統所標榜的「解放政策」。這兩件大事：一件是南韓李承晚總統解放了兩萬五千名的反共戰俘。一件是東柏林十萬以上工人的騷動，反對蘇帝的統制與虐政。戰俘與工人，是外貌的不同。戰俘是間接受蘇帝的壓迫，送上戰場而受俘的。今日甘心離親拋妻，不願受遣返鄉，目的在於反共。這是自由意志的表現。這是情不得已而遵循理智的選擇。這是犧牲骨肉之權而完成獨立偉大人格的風範。他們在聯軍戰俘營裏雖有反共的自由，可是他們的身體自由，仍受聯軍接受共黨停戰條件的限制。從反共戰俘的情感言，這是不可抑制的激憤。從艾森豪總統的解放政策言，這是不應容許的事實。

東德區的工人，是不負納粹侵略罪行的德國人民。可是他們今日都成了蘇帝佔領區的戰俘。工作受壓迫，工資受剝削，行動也受監視。與關在戰俘營的俘虜，並沒有什麼差別。至於他們沒有意志自由，不敢公開的說出反共的意願，恐怕尚不如聯軍戰俘營的俘虜。現在他們不怕蘇帝的槍彈與坦克，以血肉之軀，與蘇帝兩師武裝殺人的惡魔搏鬪，這固然是受抑不住的憤激情感所衝動，同時亦不免有望着艾森豪總統的解放政策而嚮往。這兩件大事的外表雖異，其本質則爲求解放與爭自由，可說是完全相同的。這兩件大事同時發生，雖然對於美國所生的煩惱有程度上遠大的差別，却同是艾森豪總統解放政策的試金石。我希望艾森豪總統要堅定解放的原則，以應付這兩件大事。寧可以人力物力殉於解放原則，不可以解放原則殉於敵人的試探。我更希望艾氏今後一切領導國際的措施，必先回顧到解放政策的精義，免受敵人的試探。則艾氏不但是林肯後美國惟一的偉大總統，同時也是二十世紀五十年代歷史轉向光明的救星。

艾森豪總統解放政策的目的，指明了要解放關在鐵幕後的億萬人民，恢復他們的自由，恢復他們人格的尊嚴。但是用什麼方法，實現他的解放政策，艾氏當時並未說明，因此引起了許多誤會。畏懼戰爭的人，疑懼艾氏將以戰爭方法，以解放鐵幕後的人民。所以對於解放政策雖無人直接反對，但是對於解放政策可能引起的惡果，當時確實引起了一片疑慮與反對之聲。因此國務卿杜勒斯又發表個聲明，解釋解放政策的方法是政治，不是槍炮；是引起鐵幕後的人民自動興起，向壓迫他們的共產黨鬪爭。我當時對於艾森豪的解放政策，的確萬分興奮；但對於杜勒斯的解釋，未免嗒然興嘆！因爲艾森豪總統口口聲聲要奪回主動，解放政策標出，而不說明解放的方法，使蘇俄在那裏猜測懸想，究竟艾氏的下一着棋是什麼？這是爭取主動的要著。乃經過了杜勒斯的解釋，或竟改變了受批評後的解放政策；即使未有改變，照杜氏的說明，可以說萬人歡騰的解放政策，對於蘇俄帝國主義，亦發生不了什麼鉅大的壓力作用了。然時至今日，竟然有十萬以上的德國工人，不顧生死存亡，更不計成敗利鈍，起來與迫害他們的共產暴政奮鬪，以解脫他們的枷鎖。他們的口號是：打倒共產黨的統制，反對俄國人的剝削，蘇俄帝國主義滾回去，讓德國自由統一起來。這些呼聲，完全是要求自由的呼聲，完全是要求解放的呼聲。他們爲了自由與解放，據各社電訊傳說，在東柏林一隅，已經有了百人以上犧牲了性命，近千人被蘇俄的軍隊逮捕。東西柏林交界，尙在兩師以上裝甲車封鎖中。鐵幕後的殘殺罪行，尙有萬千件奇冤慘事，將永遠沉淪在吾人見聞之外！這一件爭取解放的工人運動，在本質上完全是艾森豪總統解放政策的意思，在方法上又完全是杜勒斯氏自我解放的政治運動。假使美國能挺身而起，用多種方法，援助這種壯烈的運動，縱然在運動進行中，不免流血，不免破壞，或者竟等於正式作戰的犧牲，假使能由西方應援的政治上壓力，或進一步由西方軍事上的壓力，迫使蘇俄放棄以武裝部隊摧殘工運，祇能以政治方法解決工潮，在蘇帝的統制下，工人罷工權獲得保障，然後進一步使蘇俄的統制者與東德的共產政權，承認東德此次工運的領袖爲談判的對象，以和平方式解答工人所提出的要求，這應當是解放政策應有的意義，這也是杜勒斯所謂政治方法不可躲避的責任。我希望艾、杜兩氏要深切記取：無論東德工人如何英勇，以血肉之軀，赤手空拳，絕無法曠日持久，抵抗蘇帝武裝部隊之殘殺與鎭壓。同時在蘇帝剝削數年後的工人，已臨到饑餓線上，亦無法裹腹忍餓與敵人長期相抗。假使美國不即時予以有效的援助，則東德工人這次解放運動，必被俄帝鎭壓下去。一切犧牲，祇是換取了蘇俄以後更嚴厲與更週密的管制，則以後東德將不可能再有第二次工運了！其他鐵幕後國家的人民，尤其是蘇俄內不滿於共產暴政的人民，將視解放運動爲必然失敗的死路。假使這種看法與心理，普遍於鐵幕後的人民，這將是艾森豪解放政策無償的損失。的確，這次東德工人反共騷動是解放政策的試金石，應當祇許成功，不許失敗。須知東德工人反共運動失敗事小，而使億萬被壓迫的人民，看穿了解放政策的無用，這將是二十世紀五十年代最大的損失。或者有人可說：這次東德工人反共暴動的時機不合，正值東西拉攏和平之時，美國不應隨東德工人之後，更促成東西緊張的局面，是以不能有效應援。這種說法，祇能說明美國不能採取有效應援的緣故，並不能解脫解放政策面對試金石的失敗。

據華盛頓電訊謂：艾森豪總統已決計撥欵五千萬交西柏林政府應急。同時西柏林電訊謂：美、英、法三強駐西柏林軍事當局已對蘇俄殘殺東德工人的罪行，提出嚴重抗議。這些措施，是否爲適當有效的援助，固不得而知；然總足以證明艾森豪總統正在把握時機，以求實現其解放政策，此則無可懷疑。棋爭一著，要緊關頭，一步不能退讓，一著不能放鬆。艾森豪總統是不世的名將，當然懂得這些道理。所以德國工人的暴動，雖然不若南韓釋放戰俘所引起的責任之重大，但對於解放政策的試驗，則性質完全一樣。

南韓政府片面釋放了反共戰俘二萬五千人，引起了韓共及中共對於聯軍及美國的責難，延遲了停戰協定的簽字，使艾氏增加了困難，這是無可諱言的。近兩日來，英國的輿論及政府，對於南韓總統李承晚的誹謗，固不必論；就是美國的朝野，對於李氏釋俘的行爲，也表示了不可忍恕的憤怒。艾森豪總統事後會電請李承晚總統以文字保證接受停戰協定。白宮發言人則指明李承晚總統應負釋俘的責任。克拉克聯軍統帥則指責李氏破壞其統帥權及李氏對統帥的諾言。但李氏則始終堅持反對停戰協定的立場，認爲戰場上無法贏得韓國的統一，更無法得之於政治會議中。而韓國的統一與民主，則是聯合國的目的。聯合國的目的本是李氏的願望。所以李氏自政治理由出發，堅決反對聯軍讓步後的停戰協定，仍置大韓民國於分裂的局面，不能不寄以同情。至於李氏以片面釋俘的辦法，以達成其反對停戰的目的，輕則可以降低韓國政府與盟國合作的信譽；重則可以分裂韓軍與盟軍統一作戰的決心。這種方法，我以純客觀的態度衡量再三，不得不認爲「險着」。以之成就李氏民族英雄之地位則可，以之出韓國民族於危險境域則不足。然事已至此，韓國的命運究將如何呢？此亦吾人所極關心者。白宮發言人既認李氏應負釋俘之責，而克拉克上將又責李氏破壞其統帥威權，究將如何科一主權國家元首以應得之罪呢？此亦史無前例之事，不能不大費斟酌。英國國會工黨議員唐芮勒(Desmong Donnelly)提議「置南韓政府於保護的監獄中」。當時卽引起國會中一片譁然之聲。唐氏之言，固已不直於其同僚：卽使通過於英國會中，亦爲絕對不可執行之事。假使付諸執行，則同盟國之監管同盟國，其違反國際公法，將更甚於蘇聯之對待其附庸。照克拉克上將之詰責李氏者，以軍中之術語直譯，則爲不服從命令。惡化至於極點，則爲聯軍與韓軍之反戈相向，或爲聯軍之撤出韓國戰場。友軍之反戈相向，不啻互相就縛送死於敵人，是爲今日形勢所不許。聯軍若撤出韓國，則尤爲共產黨所歡迎。六月二十日東京電訊：謂共黨最高統帥，已提出要求，願與聯軍單獨停戰，南韓除外；不然，則須立卽重捕已釋之戰俘。共軍統帥有此要求，不但予聯軍統帥以警惕；卽對李氏將單獨作戰之聲明，亦係一大諷刺。釋俘之責，美國所以責令李氏負之者，目的不在李氏須如何負責，而在不至破壞停戰協定。所以艾森豪總統電請李以成文保證接受停戰協定。窺艾氏之意以爲李氏片面釋俘之舉，可以延緩停戰協定，不至破壞停戰協定。而最足阻礙停戰協定者，尙在李氏對停戰條欵之不合作。故艾氏乃藉此事變，提出此强硬而具體的要求。

我以爲李氏之能否接受艾氏要求，以達到美國停戰之目的，並不是今日世界局面最根本的問題；而停戰協定的成功，是否卽符於艾氏解放政策的意義，實爲今日世界局面最重要的問題。假使艾氏不離開其解放政策的立場，則所有反共戰俘，不論其爲韓國人民，抑爲中國人民，卽應於解放政策宣佈的次日，完全無條件的恢復其自由了。從炮火彈雨中搶救來的反共志士，尙不能得到完全解放，還高談解放鐵幕後被壓迫的人民嗎？無論美國之音，喊得如何響亮，天下將無人相信。艾氏今日居領導世界人類的崇高地位，其所宣佈的政策，若無人重視，將是何等嚴重的問題呢？由此推論，將反共戰俘的處置，定爲停戰條欵，揆諸解放政策，本有不合之處。我之如此看法，純粹發之於尊重艾氏的解放政策，而並非爲李氏片面釋俘解釋。我不但不爲李氏解釋，我反希望李氏必須以志率氣，深切爲韓國反共的前途着想；更須放大眼光，爲全世界反共團結力量設想。一切措施，以增加與美國合作反共的信心爲最高原則。反共乃久遠事業，非一時快舉所可完成的。

杜魯門政府未曾宣佈所謂「解放政策」；然始終堅持自由遣俘原則；卽在遣俘方法上，亦不願絲毫折扣自由遣俘原則的價值。所以停戰協定僵持於此一原則上者數月。其間不免又流了大量的血與犧牲多人的命，保持了自由遣俘原則以待艾氏登臺。共產黨慣用人海戰術，並不愛惜人命，何以對此數萬反共戰

『自由中國』的宗旨

第一、我們要向全國國民宣傳自由與民主的真實價值，並且要督促政府（各級的政府），切實改革政治經濟，努力建立自由民主的社會。

第二、我們要支持並督促政府用種種力量抵抗共產黨鐵幕之下剝奪一切自由的極權政治，不讓他擴張他的勢力範圍。

第三、我們要盡我們的努力，援助淪陷區域的同胞，幫助他們早日恢復自由。

第四、我們的最後目標是要使整個中華民國成爲自由的中國。

俘，必爭得之而後快呢？惟一原因，卽爲爭得此輩反共戰俘，必皆處以極刑，以洩其憤，以儆於衆，使以後不會再有此事發生。而杜魯門政府，當時並無解放政策之指導，而亦堅持自由遣俘之原則者，出之於愛此數萬人性命之理由尙小；而欲激起共軍投誠風氣的理由甚大。共軍以犧牲人命，完成人海戰術；而我們必須以愛護反共戰俘，激發共軍投誠之風氣，以瓦解其士氣爲對策。是以自由遣俘原則之堅持，不獨在政治上有其高遠的意義；卽在戰略上亦有甚大之價値。現在原則雖未變更，而一則以號稱中立國之軍隊監俘，二則有附庸國代表參加管理，三則允共黨大量代表以九十天時間，作洗腦的宣傳工作，這些八還能尊重杜魯門政府所想的自由遣俘理由嗎？今日的實現自由遣俘的辦法，無怪李承晚總統反對，就是我們從旁設想，也不能不疑懼參半。

我記得艾契遜先生曾經說過：祇要韓戰繼續下去，對於北平共產政權的影響，甚於投下兩顆原子彈。這話可說識透了中共的經濟與財政無法繼續在韓作戰。假使再繼續兩三年，則北平共產政權，必無法維持。假使艾森豪政府能堅持遣俘原則，卽在方法上亦不絲毫退讓，我相信中共迫於停戰的需要，仍會暫時接受的。艾森豪總統此次要求李氏保證接受停戰協定，於李氏釋俘後而作此要求，證明艾森豪總統亦悉釋俘一擧，不至破壞停戰。停戰之商談，實因中共有其停戰的需要。明悟及此，則不應再接受共黨代表要求，將已釋之反共戰俘，盡數逮捕回營。此固爲事實上不可能之事，亦爲解放政策不應有之事。卽揆諸自由遣俘對於戰略價値，拘在聯軍營中之俘虜，共產黨尙有威力妨害其自由，則將來兩軍對壘，共軍尙敢有投誠者否？此爲共黨假聯軍之手，以殺反共戰俘之伎倆，至盼艾森豪總統堅定其解放政策的理想，再三注意，勿墜共產黨的陷阱。

戰俘營裏的反共戰俘，需要自由與解放，其情至切。無論其釋放的方式得當與否，一經釋放之後，萬不宜再行强迫捕回，此係艾氏解放政策又一次面臨試金石。

古今偉大政治家，恆以崇高理想爲畢生行事的鵠的。然不幸而困於外在環境，主觀力量又不足以勝之，而賫志以終者，頗不乏人。如威爾遜總統於第一次大戰後所揭櫫的十四點原則，不能付諸實行，實因當時外在環境使威氏一籌莫展。歷史家當能原諒其苦心，而嘉許其志行。東德工人運動，照解放政策原意，艾森豪總統理應竭力援助，然若援而無效，猶可以外在阻力以解釋於天下。若對已釋之反共戰俘而不能保護，必仍受共黨之要挾，而再强捕以置之於監中，則所謂解放政策者將何以解釋於天下後世乎？此一試金石，不但考驗了解放政策，亦將考驗了艾氏在歷史上的地位。

一九五三、六、二二

*　*　*　*

英國的解剖

鄒文海

自蘇俄易主，而馬倫科夫發動其和平攻勢以來，民主國家的步調顯然未能一致。尤其英國朝野的言論，每爲親者所痛仇者所快，且其離心離德的行動，更使防共的前衞怒眥欲裂。英國恒以其老練的外交的經驗自負；邱吉爾首相又很知道馬倫科夫的姿態爲暫時現象；就共產集團的實際行動言，如和平談判之際反而發動軍事攻勢，更勿容民主國家稍存安全的幻想；爲什麼英國竟會手足無措而總想對俄共作妥協呢？爲了解這個問題，我人應分析英國的內幕，然後方能知英國實已到了疲憊不堪的地步，故政治上的智慧，亦在迅速降落中。它的要求妥協，實亦爲環境所迫。我人之所以必須了解這一點，因爲惟有了解英國民族的心理狀態，而後始可以預測其外交上各方面的動向。能預測其外交上各方面的動向，而後始可正確把握我人對英國可以期望些什麼；同時，也不至因它的自私行爲而深感失望。美國常因英國有姊妹文化之故，處處願尊重其立場，以至美國的政策，常有進退維谷之苦，這豈不是因不了解英國而過分受它影響所致？民主國家之間不但應該互相諒解，而且應該互相知道對方的缺點。因爲祇有這樣，民主國家方可以鞏固自己的友誼。

我人說英國已經到了心理上的衰老時期，實根據於以下的幾種觀察。

第一、英國是擁有殖民地的國家，因之在二十世紀民族覺醒的時代必然會發生很多難題的。英國想衝破這種難題，必須發揮其創造能力，而決非墨守陳規所能爲力的。但是從它應付伊朗以及埃及的政策看來，它已經失去創造能力，故形成了國際問題的死角。

十八世紀之末，柏克氏 (Edmund Burke) 曾予英人以嚴正的警告。他說：對外的專制，即可以引起對內的專制，故有識之士，不能因殖民地政策之有小利而忘其大害。柏克的警告發生怎樣的影響，仍難估計。一八三五年杜蘭 (Durham) 報告書公開以來，自治領的承認即成爲發展殖民地自治與增進母子之間合作關係的基本方案。似乎英國已因柏克的警告而運用其政治智慧了。可是英國一方面矯正了過去的缺點，一方面還是承繼過去的野心，舊的殖民地一個一個宣告自治，新的殖民地仍是一個一個增加。侵略與兼併，仍爲帝國的重要抱負，以至造成今日難於爲繼的局面。

在殖民地政策成功的時代，英國經濟是繁榮的，到殖民地政策解體的時代，英國的經濟自亦隨之而崩潰。根據莫里遜的報告，英國於二次大戰前每年入超達三億九千萬鎊，而這個差額，全恃國外投資的利潤(每年約二億鎊)及運輸事業盈餘 (約一億二千萬鎊) 以爲補救(見 Morrison: Peaceful Revolution)。殖民地先後宣告自治以後，利潤與盈餘當然大打折扣了。故最近的英國經濟，即經美國大力援助，依舊窘迫異常。也因爲這個關係，它對伊朗的油田，就認爲是它應享的權利，而不肯輕易放棄了。

以一國的經濟基礎建立於殖民地之上，到必須放棄殖民地的時候自然會發生困難。但是除榨取之外，是否就不能使英國人溫飽呢？英國的政治家，爲什麼不能計劃國際間公平而合作的經濟關係，於互通有無的原則之下共圖繁榮呢？英國不能在這方面開闢新的蹊徑，它不但必須保有伊朗油田，而且也必須維持其殖民地政策。由是它對外的專制，雖不一定引起對內的專制，卻一定造成了它的戰爭恐懼病，使它在各方面變成民主國家的負擔。

二十世紀以來，英國對殖民地的維持是煞費苦心的。民族主義的波瀾，使它的大小領地均要求脫轂而去。兩次大戰的結果，愛爾蘭、埃及、伊朗、緬甸獨立了，印度、巴基斯坦則變成完全的自治領。爲要求加拿大、澳洲聯邦以及南非聯邦的合作，一九三一年的威斯特敏斯忒法又作大量的容讓，使自治領均有與英國平等的地位。就是如此，西非、新嘉坡以及其他的殖民地還是不穩的。它經驗到此種歷史教訓以後，夢想着避免戰爭亦許可以維持現狀。張伯倫的慕尼黑協定，世界人士認爲係大國的恥辱，而英國人看來還是明智的措置。即至今日，英國人甚至還願意出慕尼黑協定的代價來維持現狀的。英國如不能矯正其殖民地政策，那實在很難希望它有高明的世界理想的。

英國因爲不能放棄其殖民地政策，故民主國家中的弱小分子，不免對大國抱着懷疑的態度，甚至對美國調停的中立立場，也不肯信任。這是聯合國大會中常常發生陰霾，而蘇俄常可以大放厥辭的原因。英國面臨這個困難，乃更欲以妥協的態度賄賂蘇俄，形成了民主國家制裁蘇俄侵略的重要弱點。

就目前的情形言，英國尚沒有勇氣承認這個客觀的事實。它現在所有的努力，不過爲利用一切可以利用的因素，以保全其殘破的金甌。這豈不是英國所扮演的最大悲劇？

第二、英國久受戰爭的破壞，故已發生戰爭恐懼病，對於侵略者兇狠的面目，每不敢作正面的逼視。世人均稱英國爲現實主義的民族，其實它對侵略者每存有幻想，而並不是很現實的。張伯倫之於納粹德國，阿特里、比萬以及邱吉爾之於蘇俄，何嘗能有現實的認識？爲什麼現實的民族而惟獨對侵略者不能有現實的認識？我人不能不於其殘破的國力中求解釋。

自一五〇〇年以來，英國一直是世界中參戰最多的國家。據懷特 (Quincy Wright) 的統計，英國以七十八次的紀錄領導世界。若以一八五〇年爲起點，英國參加戰爭亦有二十次之多（上述數字爲李却遜的統計，而所謂戰爭，以死傷萬人以上者爲準，其餘小戰，不計算在內），平均不到五年即有一次戰爭。最後的兩次大戰，對英國打擊的嚴重，出乎我人的想像。僅以運輸的噸位爲例，二次大戰之前，英共有二千二百萬噸，而第二次大戰的初期（一九四〇年底），它即損失五百萬噸（見邱吉爾對國會的秘密報告。）而此後的四年，破壞當更爲嚴重。其餘工業方面破壞的程度，也可從這個數字中推想出來。

工黨於戰後的復興工作，開列七項目標。（一）增加民生工業的生產；（二）增加進口；（三）增加平民住宅；（四）恢復鐵路、工廠、學校，以及實驗室的設備；（五）整修破舊；（六）煤的增產；（七）增加糧食生產。這七項工作，都可以說辦理戰爭的善後。如以英國一九四六年的人力分配來作研究，更可看到它收拾殘局的困難。

一九四六年英國人力分配表

（見莫里遜和平的革命）

軍隊	一百二十萬人（當時尚未全部復員）
軍隊的後勤人員	五十萬人
出口生產	一百六十萬人
民生生產	一千四百萬人
建築工程	一百四十萬人

建築工程人員祇佔全人力的百分之八，而出口生產的人員尚不到百分之十，這可以想見英國是如何的急於需要安定與休息。

英國以海軍建國，可是在以往兩次的大戰中，海上運輸所予的困難亦最多。所有運輸工具之中，四百五十萬噸專供油運，艦隊亦佔四百萬噸，而其餘的船隻，就要負擔每年輸入六千萬噸物資的任務。戰爭中船隻的破壞，使英國立刻陷入物資缺乏的窘況之中。僅以木材一項而論，平時的輸入約爲四百五十萬噸，而戰時限制爲不到一百萬噸。因爲運輸工具的缺乏，使英國每每不能兼顧遠東的戰場，因爲這一方面所急需的軍火，戰時是無法補充的。新嘉坡陷落之後，邱吉爾會爲該地守軍辯護，說英國所以衆不敵寡，完全吃虧在沒有補給。

這許多實際的情形，使英國不能不抱苟安的心理，以爲祇有戰爭的避免，方可以使它有喘息的機會。

第三、英國的政治環境，也不容許政府作果敢的決策。近數年來，英國內閣祇能在議會中維持三數席的多數，使在野黨的壓力，空前强大，這是以往所沒有的事情。在這個情況中，可以發生幾種現象。（一）政府黨不得不對在野黨委曲求全。（二）政府黨內的少數派，亦可以迫使多數派妥協。這兩種現象，當然使政府的行動異常困難。上次工黨的所以解散會議，其重要的目的，就是爲解決這個僵局。殊料大選的結果，保守黨還是以邊際的多數組閣，並沒有能減少這方面的困難。

工黨的深受比萬派的威脅，這是舉世皆知的事實。保守黨員雖然有遊離份子，可是少壯派對邱相的領導也常常表示不耐，由是組閣的所謂多數黨，其基礎總是很脆薄的。以現在的政府而論，邱相的外交政策不能不因工黨的觀點而轉移，有時還得注意黨內的反應，務使此脆薄的基礎不至再生動搖。在野黨的立場，多少是乘人之危的，尤其在艱難的時會，更容易犯放言高論的毛病。例如馬倫科夫發動和平攻勢以來，比萬派就以妥協的立場責備英政府未能擺脫美國的束縛，邱相爲保守黨的前途打算，不免多少要迎合比萬的主張。這一種客觀的形勢，乃使果敢的邱吉爾也不能有果敢的政策。

爲什麼英國選民不能在保守黨與工黨之間作一決定性的選擇呢？這因爲英國人對於他們國家的出路是茫不知所從的。戰後的國際環境如此之複雜，國內問題又如此之令人短氣，選民意志的未能集中，原爲意想中事。同時，政治家又沒有把正確的途徑作肯定的指示，自然更會惶惶然無所依歸了。回想工黨執政的幾年，英人的生活需要一直受配給的嚴格限制，故對工黨不能完全信任。但是保守黨的主張，一樣也是含糊其辭的，又如何能得到絕對多數人的擁護？

內閣因沒有絕對多數的後盾而不敢作堅强的決策，選民因政治家沒有果敢的領導而惶惑不安，這樣的發生循環作用，遂使英國政府愈來愈軟弱無力了。

因爲以上所說的種種原因，英國實已到了强弩之末。國際的處境既極令其煩惱，國內政治經濟的狀況又復使其一籌莫展，無怪心理上日益衰老，而智慧上日益短絀了。英國不能對今日的世界秩序有重要供獻，實不足奇。但是它在自感衰老之餘，每欲以自尊感掩飾其自卑，由是動輒以過去的歷史自負，妄想再握牛耳，最少要想分享世界的領導的地位，那就更顯得它的倒行逆施，徒爲民主國家之累了。當前的國際環境是動的而不是靜的，非把握這個動則無由取得主動；當前的世界和平需要創造的勇氣，沒有這個勇氣就要碰到解不開的死結。而把握動與發揮創造的勇氣，都不是衰老民族之所長。這實亦英國不能再握牛耳的重要理由。衰老的民族與衰老的人一樣，習於苟安而傾向於妥協，於安定的時期或猶可守成，逢到變動的時代就毫無適應的把握。英國不能自己覺悟它這個缺點，所以它的主張適足以爲侵略者幫腔。它的友邦不了解它有這個缺點，有時將爲它過去的歷史所欺騙，不免會受到它錯誤的領導。

當然，英國在民主國家中並不是沒有它的地位。它擁有世界四分之一的土地，而這許多的領土中又位置着相當多的戰略基地；它有不算少的人力；它有頗足重視的海空軍；它在聯合國中有十幾個可以控制的單位；它又擁有相當多的戰略物資。但是這許多條件，不應該增加它意見的比重。對抗蘇俄的世界侵略，有賴於一個健全的政策，而不能全恃這種可以利用的條件。

我人極願英國能破除其衰老疲憊的心理，改變其苟安妥協的傾向，而眞正創造一新的伊麗沙白時代，那不僅是英國之福，而且也是所有民主國家之福呢。

論行政與立法之關係

杜光塤

行政與立法之關係在一部政治學中是一個最複雜的問題，同時英國席德維克 (Sidgwick) 也說政府與國會權限之劃分，是一個最困難的問題；這樣複雜、困難、而極關重要的問題，要想在一個短短的報告中，詳盡討論，恐怕不是學業荒疏如本席者所能勝任的。所以本席只能在這個大的題目之中，就我們行憲以來，行政與立法關係上大家所共同感覺到的幾個具體問題，提出幾點意見，就教於諸位先生。

我們憲法對於行政與立法之關係，雖有若干條的規定，但自行憲以來，行政與立法雙方，都還感覺有若干問題。因爲憲法之加以規定和未加規定而發生重大的困難。我們行憲五六年，在行憲上之感覺困難，本來也是意料中事；因爲英美等憲政先進國在他們行憲之初，也都發生過多少困難，他們經過多年行憲，或以隨時修正憲法，或以經驗之積壘而形成慣例，使多少憲政困難，逐漸獲得解決。我們行憲經過相當時期，在摸索與試驗 (trial & error methad) 隨時注意改進之中，也可能把許多困難問題，慢慢的都想到解決的辦法。我們研究政治學的，如能根據各國行憲經驗，對於我們行政與立法關係上所感覺到的困難問題，提出解決的意見，使我們憲政建立在正常基礎之上，也是我們研究政治學的人應負的責任。

行政與立法之關係有多面的問題。在組織關係上，有關於組織的問題。在權限關係上，也有關於權限的問題。而在權限之行使上，行政與立法關係也有各種不同問題。譬如在締結條約上，行政與立法的關係，就與預算權行使上，行政與立法之關係不同；而締約與預算兩權行使上，行政與立法之關係，又與立法權行使上，行政與立法之關係不盡相同。行政立法早有這麼多方面的問題，而時間短促，勢又不能把所有問題都加以討論，只得在立法權之行使的一方面，來討論行政與立法之關係。根據我們憲法第六十二條「立法院由人民選舉之立法委員組織之，代表人民行使立法權」之規定，國家立法權之由立法院行使，是很清楚的。不過因爲憲法第五十八條之規定，「行政院向立法院提出法律案」，憲法第八十七條之規定，「考試院關於所掌事項得向立法院提出法律案，」以及經大法官會議之解釋，監察院亦得向立法院提出法律案，而使立法權行使上之提案 (initiative) 不限於立法委員了。關於立法權之行使，政府機關提案，經由國會通過，本來是英法等國之通例。我們憲法之規定行政院向立法院提出法律，也正與行政院對立法院負責的精神相合。不過因爲對於這一類政府機關提案立法院審議程序之未臻完善，爲立法權引起了若干難以解決的問題。譬如說行政院、考試院、及監察院之提出法案，按立法院審查法案之程序，大概都是不經院會討論，而逕交有關委員會審查的；在委員會審查法案時，雖是依憲法第六十七條邀請政府人員到會備詢之規定，常常的邀請有關機關派員說明，但因各機關代表於說明之後卽行退席的辦法，像似已經形成了一種習慣，使委員會審查提案時，因爲沒有提案機關代表之列席，而失去充分了解提案原意的機會，以審查法案之未能充分了解原提案者之原意，使審查結果，往往與原提法案有多少出入。而各委員會審查報告，一經提到立法院會議討論，如無其他力量，大概也都是照委員會審查案通過的，因而使立法院通過之法案，未必都能與提案者的需要相符合。並且有時還可能爲執行該項法案者增加某種程度上的困難。此外因爲由於考試、監察兩院關於其主管事項之提出法律，也可能產生事實上另一種的困難。考試、監察兩院之因依憲法精神，對立法院提出法律案，而保持其憲法上之獨立地位，當然是我們憲法上一種特有精神。但是一般法案差不多與預算經費有關。關於考試與監察的法案，由考試監察兩院向立法院提出，在法案的內容上，因爲主管機關提案，自然都能照顧周到，不會有什麼問題，可是因爲國家預算之由行政院主管，而考試與監察兩院之未盡明瞭；如果考試與監察兩院提出法案之前，未經與行政院對於涉及預算經費之點，切實交換意見，並獲得解決辦法，使考試、監察兩院所提法案就是經過了立法院通過，也往往因法案所需經費之無着，而陷於無法執行的困難。考試院職務分類計劃委員會條例經立法院通過，而至今尙未能付之實行就是因爲這個原因。立法委員個人提案之前，如未經與主管行政機關交換意見，並對該法案有關各項問題都於事前獲得解決，法案經立法院通過後，亦有發生同樣困難的可能。再一點，考試、監察兩院之提出法案，還可能引起一種困難：考試、監察兩院所提法案，多半與行政院主管事項有關，爲使考試、監察兩權之獨立行使，立法院應盡量依其所提法案，予以審議通過：若爲顧及行政院之職權，則對考試、監察兩院所提法案，又須加以斟酌和改動，在考試對行政，或監察對行政兩種不同立場，審議通過考試、監察二院所提法案，却也使立法院頗感有左右爲難之苦。年來，立法院審議考試院所提公務員考試法、任用法一類法案，和審議與監察院主管事項有關之審計法、監察法等法案時，所發見行政院對考試、監察兩院意見上之距離，就是五權憲法下，立法權行使上所感到莫大困難。在三權憲法之下，因爲行政與立法之分立，立法權之行使，已經發生了很多的困難。依照我們憲法，考試、監察兩院同樣的擁有提出法律案之權，更爲立法權行使上增加多少困難，同時又因我們憲法第七十五條規定立法委員不得兼任官吏，而使我們憲法下行政與立法雙方關係上之距離遠過於英、法等行政對立法負責的制度。在美國三權分立制度之下，總統與內閣閣員雖都不能經常列席國會，並提出法案，使其行政與立法陷於分立狀態；但由於其一百六十餘年憲政習慣上的補充，和政黨制度之運用，以及總統經常約集國會兩院政黨領袖與有關各委員會委員長在白宮會商等等一套辦法，也打破了制度上行政與立法分立的狀態。我們在現行憲法之下，雖因法律提案規定之複雜，與行政對立法之隔閡，而使立法權行使感到以上所說的那麼多的困難；倘使我們在憲法條文之外，也和美國一樣的培養憲政習慣與運用政黨組織，也未始不能補救我們憲法上的缺點，而達到溝通行政與立法關係的目的。

在我們現行憲法之下，本來就有幾項條文，可供我們溝通行政與立法關係之根據的，這就要看我們如何發揮憲法精神了。第一、假使我們根據我們憲法第七十一條：「立法院開會時關係院長及各部會首長得列席陳述意見」的規定，使有提案權的行政、考試、監察三院——尤其行政院——院長及其部會首長利用這一條的規定，經常列席立法院會議，對於其所提法案，說明其提案原意，以及法案之需要，在法案之討論上，很可以溝通行政與立法之意見，過去雙方對於立法工作之所以間或發生隔閡，主要的就是因為沒有發揮這一條規定的精神。第二、假使我們能依據憲法第六十七條第二項之規定：「各委員會得邀請政府人員及社會上有關係人員到會備詢」，使提出法律案的機關人員得到盡量表達其意見的機會，也是有益於溝通行政與立法關係的。從條文字眼上看，這一條所規定的是政府人員於被邀請時，才可以列席的；果使立法與行政兩方面有感於溝通意見之需要，而善用這一條的話，這一項條文也是行政與立法溝通關係的一種根據。第三、從民國十七年後我們在國民政府各部會組織中都有政務次長之設置。考政務次長之制度，本來是由英國內閣制度中出席國會次長（Parliamentary Undersecretary）抄襲來的。按英國出席國會次長之設置，原是為經常出席國會開會的，其主要工作不是在政府各部會之內，而是在國會開會。我們只抄襲英國制度之皮毛，沒有做到設置該項職位的原意，行憲之前，因為沒有各部會政務次長實行這種職權的場所，致使該項職位沒有發揮其應有作用，也是事實上無可如何的；但自行憲以來不僅因立法院之成立而使行政院各部會政務次長有行使職權之場所，而且因為行政與立法之急待溝通，更需要各部會政務次長之列席立法院會議了。行政院各部會政務次長，如果不列席立法院會議時，在一個部會之內設置兩個次長，不是使職位重複，就是人才浪費。假若能使兩個次長之中，一個專管部內，一個經常列席立法院會議也是有裨於促進行政與立法之關係的。第四、假使我們能根據憲法第五十七條「行政院向立法院提出施政方針與施政報告」的規定，由行政院院長及其部會首長隨時向立法院提出關於施政的報告，也是溝通雙方之一道。自行憲以來，關於行政院對立法院提出施政報告，已經慢慢的形成了若干良好傳統；但是在溝通行政與立法關係上，這一條規定似乎還沒有發揮其應有的作用。行政院之向立法院提出施政報告，不應限於一會期一次，或一年一次的定期報告，而於遇到重要政策之決定，或變更和重大問題發生時，行政院院長或其有關部會首長就應該隨時向立法院提出報告，或加以說明與解釋。這樣向立法院報告施政不只是為行政院宣佈其對內外政策最適當的一個場合，而且因使立法院了解其政策，也有助於政府立法計劃之完成，試以英法二國為例，他們政府每次遇到重大問題發生，或是確定或改變政策時，總是在他們國會裏宣佈的。在我們憲法下，如果行政院依據這一條規定，隨時向立法院報告施政，也是有益於促進行政與立法關係的。同條後段之規定：「立法委員在開會時有向行政院院長及行政院各部會首長質詢之權」，也是溝通行政與立法關係的一種方法。立法委員之提出質詢，與行政方面之答覆質詢，在這一問與一答之間，就溝通了兩者的關係。過去立法委員之行使質詢權，容或也有若干不圓滿和不甚妥當的地方。我們行憲未久，對於憲政制度運用之未臻完善，本來也是意料中事。如果我們能根據行憲經驗，注意改善質詢權之運用，對於溝通行政與立法之關係也是有幫助的。

除了根據着上述諸項條文，適應行憲需要，形成憲政習慣，以補救憲法條文之不足以外，由行政與立法兩方面，同時注意改善行憲態度與方式，也是一樣的重要。在行政方面對於立法院在立法技術上之推敲，不要認為是吹毛求疵的過於繁瑣。民主政治本來是繁瑣的，而議會政治也都是吵鬧的。如果立法院之立法工作，都是不經討論，無異議的通過，簡單誠然是簡單了，但可因此失去民主政治的基本精神。同時行政方面也不要認為列席立法院和有關委員會之審議，為浪費時間，和躭誤行政工作。按行政院院長及其部會首長最重大的責任與工作，就是貫澈一種政策，而政策之貫澈，大概都需要法律的制定，與預算之通過，就是政策之本身不是件件都要經立法院通過，為貫澈政策所需要之法律與預算，却是都要立法院審議通過的，與重要政策有關之法案與預算，既是都須由立法院通過。行政院為貫澈其政策，就必須設法使立法院通過其法案與預算。而使行政院院長及部會首長列席立法院會議，並以種種方法提出說明，成為行政院及其部會首長的主要工作。英、法等國內閣總理和閣員日常最重要的工作，就是出席國會。在英國國會每天都是從下午二時三刻起開會，一直到夜深十一、二點鐘，有時甚至通夜開會，內閣總理與閣員都是經常在國會裏開會，並且在國會大厦中還有他們的辦公室，他們從來沒有認為國會開會時間過長，或者國會討論太繁瑣，而感覺不耐煩。當然在英、法兩國因為內閣一般閣員之由國會議員充任，國會議員於擔任內閣職務後還是一樣的要出席國會開會。而在我們，因憲法第七十五條之規定，立法委員不得兼任官吏的原因，使行政院與立法院之間缺少了一種聯繫的辦法。但按英、法憲政慣例，他們也有以非國會議員充任內閣閣員的時候，非國會議員之充任內閣閣員者，也是一樣的出席國會。而德國在威瑪憲法時期之以非國會議員充任閣員者的事實，就更多了。而且一九二三年孔諾 (Cuno) 與一九二四年陸澤 (Lutter) 都是以非國會議員奉命組織內閣的，那一個時期之非國會議員充任內閣總理和閣員者，都是出席國會的。在我們憲法之下，行政院院長及其部會首長儘管不是由立法委員充任，列席立法院會議，不僅足以促進行政與立法之關係，而在憲政習慣上也是有依據的。在立法方面，立法院如能本着憲法上行政對立法負責的原則，確定其立法態度與方式，更要符合憲法精神。在行政對立法負責的制度，國會所討論的法案絕大部分都是政府提案 (Government Bill)，而國會對於政府提案則是盡量發揮其討論與批評的權力。英國國會討論通過之法案，其中百分九十以上爲政府提案，議員提案寥寥無幾。我們憲法之規定行政與立法負責雖與英國制度有重大的差異，但爲使行政院便於貫澈其政策，關於法律案亦應儘量由行政院提案，立法委員如認爲有制定某種法案必要時，也以仿效法國成例提案請由主管部會草擬法案送請審議的方式爲適當。立法院第六會期之由外交委員會決議請求外交部修正出國護照條例，以及外交部根據該項決議草擬出國護照條例移送審議的前例，是很值得注意參考的。其次，在立法方式上，立法院關於審議法案之工作，應予行政方面儘量表達其意見的機會，免致因立法時忽略了行政方面之意見，而使法案通過後發生執行上的困難。誠然，在我們憲法之下，行政院院長及其部會首長根據憲法第七十一條與六十七條之規定，都可以列席立法院及有關委員會會議，來表示其對於法案意見；但因立法院會議及委員會開會時行政院人員列席說明後卽行退席的習慣，因其對全部法案之審查沒有隨時陳述意見的機會，而使通過的法案間或與行政方面的需要不符合。爲避免這種毛病之發生，立法院如能改變其院會和各委員會審查法案時有關機關人員於說明後卽行退席的習慣，而使之經常列席，隨時陳述意見，是有益於立法院之立法工作的，而行政方面之陳述意見，只要是限於陳述意見，而不涉及辯論，是無損於立法院之立法權的。再一點，立法委員行使立法權有關的質詢權之方式，也有考慮改善的必要。立法院成立以來，立法委員行使其質詢權固然也會發生過很大的作用，並且或者也形成的若干良好傳統；但是以立法委員行使質詢權的現行辦法而論，有多少地方是有待改善的。按我們憲法所規定的質詢，是仿效英國國會中之質詢而來的；但英國國會議員之對政府有關部會提出質詢，只是簡單的詢問而沒有非難、指責、發表意見或提出建議的意味。我們立法院幾年以來立法委員所提質詢合於質詢體裁者固然不少，但是多數質詢旣與英國國會質詢的體裁不合，也與立法院議事規則所規定：「質詢之提出以說明其所質詢之主旨爲限」的規定不同。這也是立法方面應加注意的一點。

以上諸點爲本席對於解決我們行憲以來行政與立法關係上共同感覺到若干問題的淺薄意見，學理上有沒有根據？事實上之能否實行？也還要請教諸位先生。

民國四十二年五月十日
中國政治學會第四屆會員大會專題報告

(上接第16頁)

際了解何者是共產黨統治者所能接受的。

當裁軍問題在聯合國辯論時，美方主張所有原子工業由國際管制，所有原子配件製造廠由國際監察。這才是解決問題的辦法。雙方大量的降低普通武器的生產亦必爲此計劃中的一部份。國際管制是一個不可或缺的先決條件，因爲，如果對於蘇俄領域內任何地方的軍火製造不能作有效地監察，則原子工業的國際共有便不可能實現。假若爲了這個目的而必需扯下鐵幕，問題便得不到解決。俄國可能接受國際委派人員的觀察，但這些人員必須保證他們在蘇俄領土上的自由行動以及他們常川駐留俄國的軍火中心，將嚴格地限於他們的職務範圍之內。顯然的，監督必須是雙方的。這樣的措置等於是把軍事偵察變成國際關係中一種合法的行爲。

反對者會說，沒有一種管制的方案可以迫使俄國人裁軍，或防止他們在裁軍之後的重整軍備。基於以往的事實，這個論調頗爲響亮。除非蘇俄爲了某種理由能眞心誠意地接受裁軍，國際安全便不能實現。歸根結底，問題在於能否勸服俄國人接受共同裁軍。這是可能的，如果讓他們了解，國際現狀的演進勢將引起大戰的爆發。管制的功能並非是强迫對方解除武裝，而是當裁軍一旦爲對方所接受之際，便能立即保證此方案的實效。此外便沒有製造安全氣氛的其他方法了。

就普通武器而言，全盤的禁絕是一種空想。但是，由於技術的進步，本質上爲防禦性及攻擊性的武器，已較易分辨清楚，是以問題也就不那樣複雜了。如果大量的削減重轟炸機、重武器、以及自導飛彈的數量，便足以減低軍隊的攻擊潛力，而勿須乎要求兩大集團過分削減爲本身保障安全所需的防衛武力。

不論緩和東西兩大集團間的緊張局勢的措置爲何，裁軍必須爲最基本而不可或缺的條件，已勿庸贅述。西方國家必須從全面武裝的重負下解脫出來，才能够一心一意致力於經濟與社會的再造和進步。如果這個中心的裁軍問題得不到諒解，徒與蘇俄談判實無何效益可言。只要蘇俄高度的軍備繼續維持一天，任何政治性的協議，不問若何融洽實無一顧的價值。(下期續完)

西方的抉擇（上）

S. Bernard 原著
一思 譯

本文譯自美國普林斯頓大學出版之「世界政治季刊」(World Politics, A Quarterly Journal of International Relations) 第五卷第二期。作者 S. Bernard 氏，爲比利時政治學者。本文總結第二次世界大戰後東西兩大集團策略的得失，分析當前的重大課題，並從而指出西方的今後出路。作者學養深厚，目光銳利；文中語多精闢，尤富獨到的見解。然其思想的大方向是歐洲型的，代表着一種歐洲智識界對於世界現狀的看法。我們因爲立場和利害關係的不同，可能不贊成他的意見；但以求知的眼光看來，我們對於此瀰漫歐洲、且有其學理根據與現實背景的觀點，却不能毫無所知。這是譯者介紹本文的目的。——譯者

二次大戰的結束，使歐洲在國際政治與各國追求自身利益的兩種矛盾觀念之間支離破碎。民主國家在美國領導之下，以傳統的西方眼光觀察世界。依他們看來，主要的問題便是設計出一個合理合法的秩序，所有强國加入這個秩序，並生活於其中。他們假定：一種政治的秩序較之其他秩序既合乎實際又切於需求，他們的政策即應爲達成此一秩序而努力。他們所謀取的秩序是恢復歐洲戰前的舊秩序，並以聯合國的名義重建以前國際聯盟所標榜的政治形態。

戰後蘇俄的政策

和民主國家相較，蘇俄懷抱着頗異其趣的世界觀。在他們看來，戰後的情勢是爲經濟和社會的條件所決定，特別是資本主義的無政府狀態，和由此狀態所產生的經濟侵略的後果，史達林的看法和列寧一樣。

『這種資本主義集團間的狂烈鬪爭的精彩處，在於一種不可避免的因素，即是資本主義的戰爭，爲併吞他國領土而戰的戰爭。此一事實推演下去，精彩處在於它走向資本主義國家的相互削弱，走向資本主義地位的總削弱；它加速無產階級革命的來臨，且使無產階級革命成爲事實上之必然。』（列寧主義）

所以，緊跟着的便是：共產大業是與歷史的必然性一致的，蘇俄領袖們的任務是當有機可乘的時候加速這種歷史性的發展。

『無產階級革命成功的國家，在鞏固了政權之後，便能够而且必須建設起社會主義的社會。但是，這樣無產階級便能爲社會主義獲得完全的最後的勝利嗎？換言之，以一個單獨國家的力量，它能最後的固守社會主義並充分保證該國不受外來的干涉或推翻嗎？當然不能。那至少需要好幾個國家革命的勝利。因此，一個國家革命的成功是不行的，它必須以擴張並支援其他若干國家的革命爲已任。所以，一個革命成功的國家不應認爲它本身便是一個自足的單元，而應認爲它是推動其他國家無產階級勝利的一支外援，一種工具。

列寧已經扼要地表達了這個思想，他說：一個革命成功的國家「必須傾其全力去發展、支援和鼓動所有國家的革命。」』（列寧主義）

照列寧看來，每經一次世界戰爭，資本主義的國際地位便削弱一次。所以蘇俄正確的戰後政策，應該是積極地有計劃地利用對方的弱點以促成世界革命，而不是恢復歐洲的舊有政治秩序。這樣政策的內容是：縮小非共產世界的疆域，摧毀歐洲各國的殖民帝國，切斷其對外市場，支解其國民經濟——簡而言之，慢慢地扼殺他們。

基於此種政策，蘇俄採取了四個主要行動：第一個對伊朗，第二個對希臘，第三個對柏林，第四個對中國。前三個因措置失當，而引起了美國的圍堵政策。第四個行動則完全成功。在這一方面，自由世界未能盡其力量使中國這古老的社會結構免於崩潰，而陷於赤禍的浩刼。

蘇俄策略的新階段由於俄國致力破壞馬歇爾計劃和韓國戰爭而趨於明朗。共產黨的活動已不再圖謀東西兩方政治疆界的調整，而趨於直接干涉西方國家所控制的地區了。因企圖破壞馬歇爾計劃並主使韓戰，俄國人故意放棄了戰後的復員政策，而發動了一項政治的進攻，其結果頗足以掀起另一次世界戰爭。然而我們不能解釋爲蘇俄意圖發動第三次世界大戰，克里姆林宮的意思不過是，置西方於最大可能的壓力之下，以賺取最大的政治利益，私下裏則希望西方列强不會有效地應付這個壓力，但是也甘冒戰爭的危險，並且若非迫不得已，決不願重返和平共存之途。簡言之，俄國人何以不讓戰後的緊張局面鬆馳的一個原因，便是還不到對他們有利的時候，截至目前爲止的事件證明他們是對的。

戰後西方的政策

於是我們要問，戰爭結束那一段期間民主國家所遵循的政策是否足以使蘇俄了解，此種對峙的局面並非西方之所望。換言之，如果一九四五至一九四八年間東西緊張局面有緩和的機會，西方的政策有利用此一時機的韌性嗎？

答案一定是反面的。聯合國的失敗，一如國際聯盟的失敗，並非出於偶然。邀請敵人加入一種國際組織藉以解決嚴重的國際爭端，是一項政治錯誤。在此國際組織之中，他勢必居於少數地位，勢必被迫破壞或脫離此種組織。認為法治可望建立於革命危機四伏的一個國際社會裏，實在是一種錯覺。

國家的體制和國際的體制之間，具有一項基本的差異。一個國家在同一法系之下可存在達數世紀之久，而無需乎重大的更改。無政府狀態畢竟少見。相對的，風雲變幻却是國際社會中司空見慣的現象。一開始，國際組織本質上就是無政府的。固然有幾個時期由於表面的均勢似乎穩定下來了，然而仍時為戰爭所威脅，且其動蕩不安的局勢不允許各國接受一共同的法律秩序。

國家體制和國際體制的迴不相同，可歸納為兩個基本因素：

(一)在國家體制中，法定秩序不過是用條文表明個體對現存社會組織和現行規律的默認。只有在變亂時期，反對的人數大至相當程度才能威脅到此假定的同意。此時現存的秩序已不再為多數所接受，然在修正或澈底改變之前，仍可以武力維持其存在。相對的，國際體系的無政府的性格，則由于其組成份子不過是幾個强國支配着幾十個小國和中等國家而已。此一數字的事實，說明了法治在國家體制下基於絕大多數的同意，在國際組織上却只能以若干大國的全體同意的基礎。在國家之內，全體的同意是不需要的。因為一個個人或一個團體的反對，特別是在尚未發生地區性組織的時候，絕不可能推翻此法律系統，或使之喪失其所依據的多數同意。然而，只要一個大國反對國際法的治理，它既毀掉了國際法的同意基礎，也毀掉了國際法本身。

(二)國家體制基於一種高度的複雜的職能分工，由于這種分工，一個國家才能久遠地結合在一起。在這種體制裏，正常情況下的個人活動常是互為補助的，只有在很少的極端的情形下，利害衝突達於尖銳化，才破壞了他們之間的團結。相反的，在國際系統裏，即令在正常情況下，衝突的利益總大於互助的利益。如果職能分工是國家體制的基礎，競爭便是國際社會的特色。國際組合既不是受了超乎國家之上的共同利益的壓力而產生，也不是由於像國家那樣的職能分工的複雜性所造成。這些根本上的差異，乃注定了一切創造有效的國際法秩序的失敗命運。

由於上述的分析，我們了解國際間的戰爭，不能用消除個人間紛爭的辦法來解決。國際間的戰爭也就是國際社會上的革命，代表着一個或幾個力足以破壞國際性組織的大國對于既存國際關係的挑戰；以法律的名義創立一支國際警察武力並不能有效對付這種挑戰。一般地說，如果侵略者一時還拿不出至少和既存秩序的維護者相等的武力，他不會冒然造成武裝的衝突，於是就引不起如何消弭戰爭的問題。

我們可以相信，在國家體制裏，法律既以多數同意為基礎，則可運用武力使那些頑强的少數人馴服於既定的秩序。但是在國際間運用武力，實難收預期的效果。因為國際法的威權必須建立在有關國家的全體同意上，也就是說，只有在直接利益相關的各國呈現一種國際的和諧狀態時，才能獲致此全體同意。是以今日法律和武力所無力完成者，也許有一天當國際的利益衝突已轉變為利益的互為依賴時才能實現。但是，那麼一天在一九四五年時尚未來到，而聯合國的組成簡直蒙蔽了這個問題。

西方國家既然以他們對於國際社會的道德、法治觀念創建了聯合國，而他們又以極為危險的方式來運用它；他們有系統地抗拒——為了純粹原則的緣故——東歐各國併入蘇俄集團。究其實，蘇俄勢力範圍的擴張，乃是俄國對德勝利的自然結果。西方國家由於雅爾達的事先協議，便陷入於一次歷史性的災難中。一旦德國戰敗，武裝解除，俄國就自然而然地成為歐洲這一部份的領導勢力了。在那時只有用戰爭才能阻止蘇俄的侵奪，正如今日要把它趕出東歐必須來一次戰爭的情形一樣。

西方國家之介入蘇俄勢力圈和蘇俄干涉西歐事務，同樣的危及世界和平。俄國人無可奈何，便說：那些一手簽訂雅爾達協訂，一手又要恢復世界舊秩序的人們，並無和蘇俄合作的誠意。革命和戰爭一樣，要求參加鬪爭的軍隊絕對服從，同時更要求對敵人澈底地摧毀。請求一個革命政權在其勢力範圍內舉辦自由選舉，其荒唐絕不下於要求在兩軍陣營裏舉行公民投票以決定戰爭的勝負。我們對於抑制蘇俄霸制所作的努力，也正是我們所不希望蘇俄加於我們的。這樣使得新政治秩序的建立非常困難，而且還代表着一種西方無力提供足够資源的政策。

西方的現行計劃

上述政策的失敗，以及西方國家對於舊有歐洲秩序之不可能再建的逐漸覺悟，已使民主國家力圖加强實力以堵塞蘇俄權力的洪流。五年之後的今日，我們大可對此種努力作一估價，並決定它在獲取歐洲和平上的效用。

努力的目的在於解決兩個重大的問題：策略問題，經濟的或社會的問題。由于西方政治家們寄望之殷切，所以這兩個問題都值得仔細的加以研究。

(一)本質上講，解決歐洲的防禦問題有兩種方式。一個是，在平時便動員並使用西方的全部武力以防禦歐洲。此一步驟將使西方在戰爭初起時即冒有重大失敗之危險，因此，像一九四〇年一樣，使西方國家陷入一種毫無後備力量的境地。另一種方式是，把美國駐歐的主力置於戰場的側翼，讓歐洲本身的軍力，譬如說，五十個師來擔任中央防務。這個方式也不能解決有效防禦整個西歐的問題；但可能使西方所集聚的武力保持相當高度的效率，足以在目前挫折侵略者的銳氣，於戰爭發生時起而應戰。

最初，西方國家企圖立即採行雙管齊下的策略：在外圍方面美國從速再武裝；在歐洲方面，建立一支巨大的幾乎全然爲歐洲人的軍隊。可是經驗告訴我們，歐洲目前的組織情況不能從事於如是巨大的建軍努力，使它承受得着一個大規模侵略的初期打擊。在這種情況下，西方各國不得已乃採取外圍的解決辦法，雖然爲了政治上的理由，他們口頭上並不這麽說。一九五一年二月一日，艾森豪將軍在國會作證時已經言簡意賅的說明了其中的原則：

『我們不能把我們全部武力集中於任一地區，甚至於如西歐一樣重要的地區。我們一定要以巨大的、機動的、强有力的後備武力坐鎮於本國，準備在世界任何地區保衛我們的政策我們的權利和我們的利益。』

所以，在歐洲可資運用的軍事力量，僅至於暫時的抵抗而已。雖然新武器不斷的出現，可能增加其自衞力量，但究至若何程度，事先殊難臆料。無疑的，歐洲軍力的單薄只是相對的。歐洲，或者更籠統地說，整個的西方世界，是可能作更大的軍事努力的。可是他們沒有這樣作的決心。他們承認有耗費其一部份資源於再武裝的必要，但不肯過份地降低他們的生活水準。的確，歐洲和美國在此方面的惟一不同，在於美國比歐洲擁有更大限度的可用於國防的資源。但是在美國，也和在歐洲一樣，輿論和人民團體都以一種戒懼的眼光來看重整軍備政策。

歐洲輿論的情形可由各方面去解釋。意大利、法國、和德國的生活水準，在薪水階級看來，已低到不能再低的限度。這些國家的輿論不相信俄國人會直接進攻歐洲，於是並不理會任何報導危機的宣傳，不問這種宣傳是如何的技巧和逼眞。更壞的是，歐洲輿論認爲，設無龐大的英美武力長期駐紮，他們便無力自保。即使當蘇俄大舉進襲時，由於某種奇蹟，他們尚能在來因河與易北河之間暫時立足，然歐陸大城市破壞之餘，人心的渙散以及這支緩衝軍力的失敗，都是難以避免的。換句話說，要覓致一個防禦歐洲問題的圓滿答案，希望極微。所可預料者，一旦使用原子彈，因其人口的分佈情形，城市人口的密集孤立的地理形勢，以及與侵略者毗鄰的抵抗力量勢將崩潰。

就美蘇的軍事形勢來看，美國的力量並不能怎樣變更以上對於歐洲防禦能力的估計。爲了防止蘇俄實際干與其勢力範圍以外的地區，美國將必須佈置額外的軍隊，其實力和蘇俄所需要的一樣大，如果蘇俄想阻止美國併吞墨西哥、哥倫比亞，或阿根廷的話。由于美國和其他戰場交通線之漫長，並由于美國人力之劣勢，戰爭發生時，美國絕不能作如是的軍事佈署。目前美國所存在的優勢，僅及於原子彈的存儲量而已。

從歐洲觀點看來，這個極窄的暫時優勢，終于會令人失望的。當蘇俄的原子彈產量追上美國的那一天起，由於報復能力的平衡，兩大强國遂陷入一種勢均力敵的膠着狀態。而稍務侵略的一方只需要利用有限度的擴張政策，便可强加其意志於其他歐洲及亞洲的國家之上，希特勒就很成功地這樣作過。在目前，美國採取孤注一擲行動的危險性還很小。但是西方的世界地位如果像現在的趨勢繼續惡化的話，這種危險性是會增長的。這就是當一個强國的戰略地位變得極不穩固時，不安情勢的恐怖，結束此不安情勢的熱望，會引誘它採取冒險的政策。

因此，在可預見的將來，俄國能够在美洲擊敗美國的事是不會有的。一旦俄國能大量製造原子彈，而報復的威脅不再能嚇退它時，携其威勢蒞臨歐洲則並非不可能的。

(二)當前民主國家着力的次一方面是促進西歐經濟的統一。他們覺得如果在西歐可能建立另外一個合衆國，製造一個巨大的國內市場，則兩個合衆國的聯合力量，是可以完全推翻現存政治勢力的均衡。此均勢的破除將使籠罩於東西兩方的懸題獲得和平解決的機會。

不錯，西歐的經濟統一是一個最能引人入勝的政治觀念。然而必須了解的是，達成此一目標的政策只有在短期內收宏效的限度內才有意義可言。不幸，此項成功的遠景非常暗澹。藉促成西歐力量的復興以解決冷戰問題，所需要者不僅爲此等國家的經濟和社會情況的相當穩定，還需要歐洲擁有比現在更多的各種資源，從而成爲一個强大的世界力量。沒有人會眞心相信這樣的一個變化能够在短期內實現，縱使西方有此期限以達成此一目標。

在歐洲，或世界上任何地方，沒有人具有實現這個計劃所必備的政治力量。那些獻身於此目標的政治家，已在嘗試一項他們力量所不及的工作。遍觀歷史，重大的制度變更只有在被治者的壓力之下方始發生。今天這種壓力在歐洲是不存在的。原則上，每一個人都贊成統一，實行上，無一人眞心地需要它。歐洲人既不要求統一，這種强求統一的嘗試必歸失敗無疑。我們絕不能同時竭全力使人民在一個國家的結構內生存，而又希望人民背棄這個國家。只有當國家體制完全崩潰的時候，人民才會放棄國家的體制，而今天這種情況並未發生。一天這種情況不發生，人民便一天不會放棄國家。所以，希望目前的努力能達成歐洲經濟的穩定，並保證歐洲成爲西方聯盟中有力的一環，是合理的。希望歐洲在短期內能恢復其强權是無用的。

這並不是說當前統一歐洲的方案應予放棄，而是說我們頂好把寄予的重要性和注意力減低一些。民主國家今日在一項力所不逮的工作上浪費了大量的政治力量，而同時却忽略了其他力所能及的重要工作，因爲它是一件緊急而不可或缺的工作。現在有許多值得我們努力的好目標，如增加生產以解除歐洲對於美國經援的依賴，保障社會福利，放寬國際貿易，建立一支適量而堅强的軍隊等。但是計不出此，而專致力於製造一種政治統一的形態，此統一形態久久不易奏功，而且如擴充東西貿易以及統一德國的機會出現，又勢非激烈改變不可，實在是好高騖遠了。很顯然的，在我們推動這個方案的時候，便冒着損傷若干純戰略性的國際機構的危險，如北大西洋公約組織等。同樣顯然的，這個方案根本不容於民意；他們覺得，凡所求於他們的，都是他們所無能爲力的。

西方的進退維谷

現行西方政策也許會產生較預計爲佳的後果。但是，如果以上對於歐洲情勢的估計正確的話，我們得承認時間是有利於蘇俄的，而西方則需要一項新的政策。在制訂這項新政策之前，我們必須對於戰後和蘇俄相處的經驗加以分析：

(一)蘇俄要求世界革命，但只有在地方性的革命情勢已醞釀至相當程度，它才運用武力促成此革命。一日美國的力量依然强大，一日自由世界的社會組織尚未澈底崩潰，蘇俄將不會試圖以全面戰爭來達成世界革命的目的。

(二)同時，如果蘇俄的行動不加約束，便有迫使民主國家訴諸武力的危險。所以，未來的危機，不僅在於蘇俄對西方國家進行的大規模直接侵略，它可能由於西方國家對蘇俄集團所發動的預防性戰爭，以針對蘇俄集團使用持續的政治壓力及有限度的軍事侵略，進而摧毀自由世界的企圖。

(三)如果讓歐洲陷入絕望的中立狀態，由於和蘇俄在地理上不相隣接，美國極難找到一個和蘇聯談判的基礎。從另一方面看，在歐洲增加或減少二十師的兵力，也不會怎樣改變兩大集團實力的對比。

(四)目前革命勢力的膨漲，既然是基於蘇俄的軍事力量，則除非解除這個軍事力量，便無法阻止此種膨漲。所以，民主國家的最高目標必須是東西雙方同時裁軍；必要時，以戰爭的威脅促成之。

(五)美國既擁有大量的原子武力，大可趁此良機，强求一個澈底的解決。若一旦喪失這個優勢，談判便無濟於事了。就現在趨勢看，美國繼續據有此原子優勢極爲可能，我們便以這個假定爲中心，爲西方提供一個政策。

目標問題

冷戰和熱戰一樣地需要「師出有名」，讓人民看清今日的苦難是會終止的，舊日的正常生活是會再來的。假使冷戰的目標能更明顯地加以確定，且爲大衆所了解，民意會更堅强地支持民主國家。而現在的情形並非如此。

人們常說，民主國家應該重新檢討她們那些政策性的原則。但這個還是不够。事實是，民主國家毫無政策可言。重整軍備和經濟復原只是政策的工具，其本身是不足以解決目標問題的。這樣的缺乏政策，後果極爲嚴重。西方國家一天不把它們的思路理清，並找出一套明確的目標來，羣衆便一天踟躕不前，終致於使西方領導者們的行動陷於失敗的境地。

誠然，預先宣示一個人的意向或許是冒險的，在某種程度上，不啻是先爲自己佈置下羅網。然而，處今日的時勢，更危險的是不把自己的目標宣示出來，更糟糕的，是沒有任何目標。西方很可以把建築防禦工事以抗拒蘇俄壓力的這種近乎絕望的政策拋棄，換上一個具有活力的主動政策。不然，西方也可以作個總退却，但蘇俄步步進逼，終致大戰不可避免。趁着時機尚未失掉，趁着情勢和人心尚未迫使其領導者們採取其力所不逮的政策，以致冒險促成武裝的衝突，假如西方國家的決策者能以廓清他們關於共存的概念，豈非上策。我們不應該認爲現在仍握有如一九四六年那樣的主動能力，爲了防止我們陷入萬刼不復的境地，最好的方法莫過於立郎宣示我們的目標。

防禦性及攻擊性的政略，其各別的利害，時人多有論列。然二者都不能解決西方的問題。防禦性的政略之所以不能解決問題，因爲時機對西方不利，同時此政略將使蘇俄操持主動。攻擊性的政略之所以不能解決問題，因爲那太危險，且爲現存之能力所不及，可是，還有一個折中的辦法，這個辦法承認有對蘇俄施壓力的必要，然必需運用此壓力以謀求和平共存與澈底裁軍。現在我們要分析的就是這個政策。

裁軍問題

很清楚的，只要蘇俄還能够在絕對秘密的情況下繼續存儲大量殺人的武器，任何鬆弛國際緊張局面的努力都是白費的。同樣明顯的，俄國人不會因爲西方國家很禮貌的要求就解除軍備。無論在甚麼地方，成功都必須以有力的恐嚇作後盾。這個絕不是說，在臨到重要事件時，尤其是牽涉到蘇維埃政權的延續問題時，蘇俄會容忍無限制的要求。假若民主國家能够泰然接受軍事工業的國際管制，蘇俄便不會這樣泰然。俄國現在的政權，因爲建築在獨裁的基礎上，必須要求人民絕對服從，並完全斷絕對外關係。我們要求俄國人開放邊界，重建文化交流和言論自由，實施以保障個人自由爲基礎的民主體制；所有這些等於要求改變他們的政體，顯然是他們的統治集團所不能接受的。

無論遭受何種恐嚇，俄國人絕不會接受一個遲早會危及他們政權的措施。使俄國政府系統民主化問題與國際安全問題不可混爲一談。前者的目標是超乎可行性的限度之外的。後者如果和任何改變蘇維埃意識形態的政策截然劃分，則可望有所成就。所以一個行得通的裁軍方案需要西方的決策者們實

(下轉第12頁)

香港通訊

大陸上中學教育的惡變（上）

劉書傳

一

大陸上的中等教育，經中共區劃爲中學（即普通中學）、工農速成中學、業餘中學、技術學校和師範學校五部門。前三者統稱「中學教育」，後二者統稱「中等專業教育」。本文所論，偏重於前三者方面。

中學教育既經中共分有中學、工農速成中學和業餘中學三種不同性質，其在教育行政機關主管，亦有隸屬關係之不同。中學及業餘中學歸僞「教育部」系統，而工農速成中學則歸去秋新成立的僞「高等教育部」系統。至若中等農業教育、工業教育、技術教育以及師範教育，前三者屬之於僞高等教育部，後一者屬之於僞教育部。姑無論其爲僞教育部抑僞高等教育部主管，概受僞「中央文化教育委員會」統一指導。

中學教育之與中等專業教育的不同，前者在「應給學生以全面的普通的文化知識教育」，後者在「按照國家建設需要，實施各類的中等專業教育」。（見一九五一年八月十日僞政務院第九十七次政務會議通過「關於改革學制的決定」）換言之，前者偏於一般訓練，後者偏於專業訓練，其以政治訓練爲中心課題之本質則一。中學即普通中學之與工農速成中學、業餘中學的不同，在前者以一般青年爲對象，後者以工農幹部及產業工人爲對象，且在「教學內容和教學方法中，力求切合國家建設的需要與工農幹部及產業工人的特點和要求」。其課程「力求精簡」，以示有別於普通中學。（見一九五一年三月僞政務院「關於舉辦工農速成中學和業餘中學之指示」）

中學和業餘中學概分初、高兩級，均得單獨設立。中學修業年限仍爲初、高級各三年，教學內容除規定「採取一貫制的精神」外，同時又應「照顧到分段的需要」。初級中學招收小學畢業生或具有同等學力者，入學年齡以十二足歲爲標準；畢業後，得經過考試升入高級中學或其他同等的中等專業學校。高級中學招收初級中學畢業生或具有同等學力者，入學年齡以十五足歲爲標準；畢業後，得經過考試升入各種高等學校，續受其高等教育。初高中畢業生之不升學者，應在僞政府指導下就業，不准自由活動。

業餘中學初、高級修業年限各爲三年至四年的伸縮制，分別招收業餘初級學校及業餘初級中學的畢業生或具有同等學力者，施以相當於普通初，高中程度的業餘教育。入學年齡不作統一規定，得因人、時、地而制宜。業餘初中畢業生得經過考試，升入普通高中，業餘高中或同等的中等專業學校；業餘高中畢業生得經過考試，升入各種高等學校，續受其高等教育。所謂「業餘初級學校」，乃是招收工農勞動者和其他青年和成人，施以相當於普通小學程度的業餘初等教育；修業年限不作規定，以學完規定課程爲畢業。畢業後，得經過考試升入業餘初中或其他同等程度之中等學校。

工農速成中學不分初、高級，修業年限取三年至四年的一貫制。招收所謂「參加革命鬪爭和生產工作達規定年限並具有相當於小學畢業程度的工農幹部和產業工人」，施以相當於中學程度的教育；畢業後，得經過考試升入各種高等學校，續受其高等教育。其不願或不宜升學者，可直接或經一定時期的業務訓練後分配工作。

從表面上看：中共將工農速成教育、業餘教育及成人補習教育納入於正式學制系統，治學校教育、社會教育於一爐；這原是我政府迭經討論而尚未確定的教育改制問題中之一案。中共並沒有眞的實現此方案的普及教育理想，只是套用了形式而遂行它一黨或一階級的獨佔教育。它所謂「工農」，並不代表「大衆」。它所謂「升學考試」，以「保送」「調訓」爲主。一切「學歷」都是次要的，只有「革命資歷」纔是主要的。投考只是一種公開的形式，錄取標準完全在於革命資歷的審查。不僅工農速成中學、業餘中學非爲廣大農工教育而設，即普通中學的入學亦有嚴格的「家庭出身」的限制。這是大陸人民所共知的事實，無庸舉例證明。

至若中等專業教育中之技術學校和師範學校，其對階級成分、思想背景、生活歷史、社會關係之考查，更無所不用其極。凡備有此相關之證明文件，爲投考者先決條件。中等技術學校包有工業、農業、交通、運輸、貿易、銀行、合作、藝術、醫藥、看護等類。這種技術教育便是「職業教育」的改稱。招收初中程度學生的「技術學校」與招收小學程度學生的「初級技術學校」，其修業期間同爲二年至四年。師範學校及幼兒師範學校均爲四年制，招收初中畢業生及其同等學力者，並得附設一年制的「師範速成班」。招收小學畢業生及其同等學力者的「初級師範學校」，其修業年限爲三年至四年。凡中等專業學校，不論其爲技術的或師範的，入學年齡均不作統一規定，以示有活動餘地。其畢業生一律强行調配工作，不准個人有選擇的自由。條文上雖規定其在服務滿規定年限後，得經過考試，分別給予升學機會；事實上不透過黨團組織的選拔，不經由僞政府的選調或原服務機關學校的保送，個人絕無自由升學的可能。中共對於教育的控制是全面的，從升學、失學到就業、失業，完全在它有計劃的安排下進行。個人一旦脫離了「組織關係」，便陷於孤立無援的絕境。

在整個中等教育行政組織系統上，於僞中央高等教育部下設有「中等技術教育司」和「工農速成中學教育處」。於僞中央教育部下設有「中等教育司」、「中等師範教育司」和「工農業餘教育司」。中共所以將高等教育與普通教育劃分兩部管轄，並不是表明它重視高等教育的結果，而是反證其對高等教育難於控制所致。各大行政區其所以未分設兩部者，蓋以高等教育規定由僞中央統一領導，各大行政區只處於監督性質之指導地位。中共所謂「領導」與「指導」之意義不同：領導表示直接秉承指揮隸屬的頂頭關係，指導只表示其有督率之權責而非直接決定者。各大行政區初設有文化、教育兩部，其後多緊縮爲一個文教部。其下設有「中等教育司」、「工農教育司」、「專業教育司」及其相關之「政治教育司」、「教學指導司」。各省市之文教廳、局設有「中等教育處」、「專業教育處」、「工農教育處」及其相關之「政治教育處」、「教學指導處」。各縣市之文教局亦設有同樣之科股。如此層層龐大的官僚組織，爲中外教育行政組織史上空前的創舉。

二

自一九四九年中共席捲大陸後，對於原有中等教育之摧毀，採取了直接了當的步驟，不若高等教育之曲折迂迴。它的政策是直接打擊中等教育，而逐漸改造其兩極的初、高等教育。在打擊中等教育過程中，以普通中學爲重點。它認爲中學生的家庭出身皆屬地主等反動階級，非此則無使其子弟入中學的經濟能力。基此錯誤的假定，第一步是迫害中學校長。教育人員中被屠殺者以中學校長爲多。這是教育的中堅份子，斬斷其中堅，便可動搖其全體。由東北、華北、華東而西南、西北，屠殺原有中學校長之風，一時大作。他們的罪名，不是反動份子，便是迫害青年，再不然以地主惡霸身分，解囘原籍清算鬭爭。

其次便是屠殺中學訓導主任，一律目爲「教育國特」，自無倖存之理。在迫害中學校長及訓導主任的恐怖氣氛下，進一步展開師生間的鬭爭。於是發掘了師生間的矛盾，造成了彼此間的對立。被檢討鬭爭的師生，年輕者參軍立功，老弱者實行「勞動改造」。在中學被接管的第一學期，除臨時的「政治大課」、社會活動及經常的小組討論、小組學習、批評會、鬭爭會外，一般課程入於事實上的休課狀態。在師生共同學習和活動的新情境下，學生倒成了教師的行動領導者。從學習秧歌舞、清算校產、淸算思想、揭發公私穩秘開始，一直到學習馬列主義、學習史毛思想、參加社會鬭爭、參加政治活動，這是軍事接管期間學校共同命運。

在中學被接管的第二學期，特別是以一九五〇年起，南方各中學的在學學生數普遍銳減。許多中學生因家庭的被產，無法繼續求學；不是自動投考軍政大學、革命大學一類短期政治訓練班，便是參加農村土改隊、軍隊文工團等，從事實際工作。中學教員因不斷鬭爭淘汰的結果，師資遂感不足。於是中共乃以大批政工人員轉進於中學。政工人員所知者只是些政治教條，而於一般課程實無從擔任教學。遂以原有教材不合要求爲詞，高唱中學課程改革；紛組教學檢討會，批評原有教材教法，整理報告「向上級反映」。

同年秋季，僞中央教育部正式發出「精簡課程」、「改革教學」、「學習時事」、「注重實用」四大要求。課程一再精簡，原有課程全部解體。教學改革爲「民主教學」，形同有學無教。時事學習猶如政治催眠，注重實用變相拋棄書本。反對「塡鴨式的舊教育」，而新的政治教育却又採取塡鴨式。反對讀死書的普通學生，而代之者乃爲拼死命的政治學生。中學生爲了「鬭爭立功」，爲了「打通組織路線」，爲了爭取活命的「人民助學金」，不惜犧牲一切正課，從事宣傳品的閱讀和報章雜誌的瀏覽，於黨團領導下之學校鬭爭或社會鬭爭中表現其工作成績。四川一省一次集中者卽達三萬餘人，其他各省於漢口集中者，據長江日報一九五〇年十二月廿五日透露，卽達十三萬人之數。這是一地區的數字，全大陸可以推知。

私立中學雖法令上並無不准設立的規定，事實上均已失其存在。校董校長皆以「收學租」、「管公堂」等罪名，而遭淸算。極少數私立中學因特殊作用故而被保留校名者，實已同於公立。如湖南明德中學，卽其一例。爲「斬斷帝國主義在中國的爪牙」，私立教會中學全部停辦。已停辦之私立中學，其校產充公。

中共爲表現其中學校數並未減少起見，曾一度喊出「減班不減校」的口號。有的中學裁班併級，實行聯合教學；有的中學辦夜校、業餘補習班，充湊人數。同一地區的中學，不但統一招生，統一分配人數，且由僞主管教育行政機關隨時調整各校人數，以因應其變動性。此種變動性乃基於臨時政治需要，「亂抽亂調」而來。社會的普遍不安，家庭的普遍破產和中共的普遍抽調，中學生之「驚人的減少」，自爲必然的歸趨。

中共一面承認中學生有「驚人的減少」事實，一面又復誇張其統計數字以爲宣傳。其一九五〇年第一次官方報告，除西南區外，共有中等學校三千六百九十所，學生一百零九萬餘人，教職員六萬三千七百餘人。其中普通中學二千五百三十六所，佔學校總數的百分之六十八點七，學生八十萬零二千二百三十二人，佔學生總數的百分之七十三點五。中師範學校四百三十所，佔總數的百分之十點九。中等技術學校(卽原有職業學校)三百九十八所，佔總數的百分之十點九，學生(包括短期訓練班在內)七萬四千一百四十二人，佔總數的百分之六點八。類別尙未分者三百六十六所，佔總數的百分之八點八。這是一九四九年十月至一九五〇年十月僞中央文化教育委員會一年工作總結中所列舉的數字，並說明這數字是過去「反動時代」所未有的驚人成就。我們假定這數字是眞實的，就中以普通中學爲例，據我政府一九四五年度統計，有中學三千六百十四所，學生九十四萬九千二百九十七人。茲與中共所報數字相較，則已減少學校數一千零七十八所和學生數十四萬六千九百六十五人。（見教育部三十五年「教育年鑑」）又一九五〇年四月十九日人民日報所揭載之陸定一「新中國的教育和文化」一文中，謂「中等學校約五千所，學生一百五十萬人」。同年五月一日錢俊瑞於「人民教育」一卷一期中，發表「中等學校共約五千所，學生一百五十萬人」，同年六月郭沫若報告中謂「中學共有三千六百九十所，學生一百五十萬人」。翌年五月馬叙倫在僞政務院政務會議中，則仍稱「中學生一百五十萬人，中學五千一百所」。時間不同，學校數不同，而學生數則一，其爲虛假，已屬顯然。再者，據各省之局部報導，更可反證其虛假。一九五一年八月三日「人民日報」載：「西南本學期各中等學校學生人數較上期減少百分之五十四」。湖南僞文教廳公佈：一九五〇年全省原有中等學校學生十四萬人，一九五一年僅剩六萬二千三百餘人。作者據逃出之教育人員和學生的口頭報告，則知一九四九年至一九五〇年爲私立中學合併而取消之年；一九五〇年至一九五一年爲同一地區公立中學合併而減少之年。最初稱如「省立南昌第一第二聯中」，其後又取消聯中，實行一地區一公立中學之制。

其對原有中學教育政策，取「整頓」、「鞏固」和「提高」三步曲。所謂整頓，便是第一步淘汰；所謂鞏固，便是第二步淘汰；所謂提高，便是第三步淘汰。淘汰的陰謀，隱藏於「爲工農服務」、「爲生產建設服務」兩個口號中。淘汰的主要精神，據一九四九年孫文淑在河北省中等教育會議總結提綱中所稱：「主要精神：鞏固與提高。在可能條件下，爭取適當的發展。新區學校應以繼續整頓與改造爲主，側重加強教師和學生的政治思想教育，從而進一步改造教學：老區學校則應繼續提高教學效果，注意總結經驗，必須克服忽視政治思想教育及某種程度的忽視學生身體健康的偏向。克服「重文化輕政治」的觀點，克服教育上脫離實際，「教員照搬課本」與『學生死讀書』的現象，克服『重理輕文』的偏向，糾正游擊思想與經驗主義」。所謂政治思想教育，不僅在「培養國際主義精神，反對個人主義，肅清封建思想殘餘，在新區更須着重反對買辦的與法西斯主義的思想」，而尤在「學習鬪爭技術，消滅新民主主義教育的頑強敵人，大力與之進行鬪爭」。「而新民主主義教育的實施辦法正在摸索創造中，如何正確體現新方針，尙無完整的一套，因而糾正這些舊教育缺陷，還不是輕而易舉的」。這裏畫龍點睛，一語喝破了中共所謂新教育的戲法。其胡搞亂行，誠如一九五一年秋湖南省教育會議上，僞文教廳副廳長劉壽祺所謂「我們的新教育仍在無政府主義的無原則狀態中」。

三

中共對於中學的領導，尙不若大學之單純。凡機關、部隊、工會、農會、學聯、婦聯以及抗美援朝分會、中蘇友好協會等，均可就地指揮中學。師生疲於奔命，學校時成眞空。中共後亦有鑒於此，始於一九五二年正式規定學校黨團有選擇社會活動之必要。僞政務院且曾於一九五一年七月三日公佈「關於各地區各機關招聘工作人員和招考幹部訓練學校訓練班學員的暫行規定」，藉以限制對學校師生「亂抽亂調」現象。究以「中心任務」和「突擊工作」太多，無法作有效糾正。

原則上規定中學由省、市文教廳、局遵照僞中央和大行政區的規定，實行統一的領導。其設立，變更和停辦，由僞省、市人民政府決定，報大行政區文教部備案並轉報僞中央教育部或高等教育部備查。省文教廳於必要時得委託專員公署、省屬市或縣人民政府領導所轄地區內的中學。各中學每學期開始與終了應將「工作計劃」與「工作總結」，分別報告省、市文教廳、局。原有中學校長除僅有之例外，概由中共自己的文工或政工人員充任。因此之故，中學校長一開始即規定爲「責任制」。各校設校長一人，規模較大或情形特殊之中學，得增設副校長一人。校長、副校長由省市人民政府任命；省轄市和縣立的中學校長，則由市、縣人民政府提請省人民政府任命。各級人民政府業務部門內所設立的中學校長，另由主管業務部門任命，並報同級人民政府教育部門備案。公立高等學校附設中學校長，由各該高等學校校長分別提請僞中央教育部或高等教育部及大行政區文教部批准任命。校長待遇雖不高於同校專任教員，惟其因公務開支，得按實際報銷。

中學教導工作雖亦謂採「教師負責制」，惟其實際權力則操諸學校社團之手。新民主主義青年團所屬的學校團支部，爲中學內領導之核心組織。黨支部按黨員人數而設立。中學師生思想之考查，實歸團支部負責。有黨支部之學校，團支部得受其指導。中學只設教導、總務兩處，原有訓導處取消。其任務分由青年團、教育工會、學生會及教導處來執行。教導、總務兩處各設主任一人，在校長領導下，分別執行教務及事務行政。規模較大的中學，得增設教務副主任一人；規模較小的中學，不設總務處，酌設事務人員辦理日常事務。教導主任、副教導主任、總務主任由省、市文教廳、局直接委任，省轄市和縣立中學的教務、總務主任，由市、縣人民政府提請省文教廳委任。中學校長對教務、總務兩主任，無任用之權。其用意在限制校長職權，學校不因校長去留而有影響。中學校長、副校長、教導主任、副教導主任均應兼課，在校務繁重之學校，得報經省、市文教廳、局核准，酌量減免。中學得設校醫一人，在校長領導下，負責全校衞生和醫療工作，惟因醫務人員缺乏，大都未能聘得，多就地商請衛生醫療機關協辦校內醫療工作。以言學校衛生只知「清潔」一項，概在全校師生「勞動服務」下行之。師生健康因過分勞動生產、社會活動及營養不良關係，肺癆普遍增加。爲克服肺癆，喊出「體育日光運動」。

「班」仍爲教學單位。每班學生人數，初中以五十人，高中以四十人爲原則。教員人數每班以二至三人爲原則。職員工友原則上減少，以師生自動爲號召。每班設班主任一人，由校長就各班教員中選聘，在教導主任、副主任領導下，負責聯繫各科教員指導學生生活和實習。班主任任課時數，根據各校具體情況，較專任教員爲酌減。各班設有班會，其下分設學習小組，由團員學生或積極份子領導，教員從旁指導。中學各科設有「教學研究組」，由各科教員分別組成，以研究改進教學工作爲目的。每組設組長一人，由校長就各科教員中選聘。在班數較多的學校，通分文化、政治、科學、業務等組；在班數較少的學校，則聯合性質相近之學科組成，如文化政治組、科學業務組。中學教員透過學校黨團由校長聘任，報省、市文教廳、局備案。省轄市及縣設中學教員報市、縣人民政府核轉。

中學會議誠多，直接有關學校教育行政者爲：「校務會議」、「各科教學會議」和「總務會議」。校務會議由校長、副校長、教導主任、副教導主任、總務主任、班主任、各科教學研究組長及教育工會代表組成之。由校長爲主席，青年團、學生會派代表列席。其任務爲「討論教育實施計劃、佈置與總結教育工作，審查學校預決算及商議其他重大問題」。每月舉行校務會議一次，必要時得召開臨時會議。各科教學會議由各科教學研究組分別舉行，以組長爲主席，校長、教導主任分別參加指導。其任務爲「討論及制定各該科教學進度、研究教學內容及教學方法」。各科教學會議每週舉行一次，必要時得舉行「各組聯席會議」。各校得於每學期開始與終了時，邀請學生家長舉行「學生家長會議」，由校長報告本學期教育計劃，工作總結及收費情形，並徵詢學生家長對學校工作意見。學校教職員及工友同視爲工人階級，概須參加學校教育工會。工會負責人必爲黨團份子，無此身份者不克擔任。在整個中學組織體制上分有兩大系統：一爲由教育工會、青年團、學生會等社團組織來「團結全校員工、學生，協助學校完成教學計劃，推進課外及業餘政治學習，並增進員、工、學生的生活福利」。另一爲由中學行政本位組織來「切實扶助校內各種社團的工作，並密切結合工會、青年團、學生會辦好學校」。

連年來因中學校的銳減和中學生繳費能力的普落，中共對中學收費標準已逐漸降低，而所謂「人民助學金」名額亦已逐漸擴大。人民助學金的最高標準以能解決學生膳食及一部份必要的書籍、文具費用爲原則。凡學生經濟困難，經區以上人民政府證明者，均可向學校申請人民助學金。「各學校對於青年工農、工農子女，少數民族學生，歸國華僑學生及教師子女申請人民助學金時，應在可能條件儘先予以照顧」。第一、區以上人民政府的證明書頗不易取得，因階級的規定極嚴；第二、學校對於學生申請人民助學金的審查，須先經學校「社團」的考核批評。

中學初多改行春季始業者，其後仍規定爲秋季始業。其校曆由主管教育機關統一規定，不得自行變更。各中學招生時，對於青年工農及工農子女的錄取名額，規定有一定比例。其比例額由各省市文教廳局根據當地情況，逐年規定之，「中學教育的任務，是用馬克思列寧主義的理論與中國革命實踐相結合的毛澤東思想和普通文化知識教育青年一代，使他們的身心獲得全面的發展，以便爲升入高等學校或參加建設工作打好基礎」。這一種任務的達成，雖規定「以課堂教學爲教學的基本形式」，然「中學教師應根據理論與實際一致的教育方法，結合革命鬪爭和國家建設的實際，進行教學，以達學以致用的目的」。自然科學的教學，「尤應力求與現代生產技術相結合，採用實驗、實習、參觀等實物教學法，使學生理解一般生產過程的基本原理與最簡單最基本的生產工具的使用方法」。「中學對於學生的教育、娛樂、生產勞動及社團活動的時間，應由校長會同學生會、青年團作合理的分配」。(以上見僞中央教育部頒佈的「中學暫行規程」)

中學不論初、高級，概已施行實質上的工人教育的「三八制」，即八小時「學習」，八小時「活動」和八小時「休息」。雖上課時間由每節一小時改爲四十五分鐘，然以全日時間分配言之，實非青年學子身心所克勝任者。學生每學期在校時間規定爲二十週，除入學註册、考試外，實際上課時間定爲十八週。初、高中課程表中，一律取消「公民」及「勞作」(包括女生家事)兩科。「公民」代以中共的政治科目，「勞作」擴大範圍爲師生共同的生產勞動。初中全部教學時數與高中幾完全一致，通以每日上課八小時爲原則。初中取消「童子軍」及「博物」兩科，高中體育一科，實行「軍事體育」(女生看護)。高中更取消「音樂」和「美術」兩科，但於課外活動中規定每週有一小時的音樂活動。初、高中「外國語」一科，「視各校具體條件，改採俄語」。各校儘最大可能設「俄語速成班」，避用與英語有關的教學教材。初中教學科目有：本國語文、數學(分算術、代數、幾何)、物理、化學、生物(分植物、動物、生理衛生)、地理(本國地理)、歷史(本國歷史)、中國革命常識、時事政策、外國語(以俄語爲原則)、體育、音樂、美術。除音樂、美術兩科時間較過去減少外，餘皆有所增加，特別加重了政治學習的時間。高中教學科目有：本國語文、數學(分三角、代數、解析幾何)、物理、化學、達爾文理論基礎、地理(外國地理)、歷史(外國歷史)、社會科學基礎知識、共同綱領、外國語(側重俄語)、體育(軍事體育及女生看護)、製圖。高中取消「選科制」，亦不分文理科。以上所列初、高中科目，統爲必修科目。

繼「課程改革」而來的是中學教科書的改編。改編中學教科書以原有中學教科書爲其反面的根據，而以蘇俄中等學校教科書爲其正面的藍本。改編的總原則乃所謂辯證的、唯物的、階級的、鬪爭的、勞動的、生產的、組織的（黨化的）、國際的（蘇化的）統一觀點和反封建、反官僚、反個人、反私有、反自由、反美英、反神教、反迷信等具體要求。中國人通有的傳統思想、正統思想、儒家思想、倫理思想等，一律清出於教科書之外。漢末之黃巾、唐末之黃巢、明末的李自成張獻忠等，或譽爲革命英雄，或頌爲農民領袖。勞動創造一切，共黨創造新世界；一切以蘇俄爲第一，一切以中共爲最民主。以不斷的機械的刺戟，製造青年「制約反應」。一九五一年間已完成中學教科書的大半，翌年度已全部編印完成。原有教科書一律毁板查禁，片紙無存。中學參考教材的選擇，不僅注重教材內容，抑且兼及作者階級出身。非其類也，不准採用。關於中學參考書的編印，分別指定各大書局負責。如商務負責理化、中華負責史地、世界負責自然，政治則由新華負責。

中學學生成績形式上仍分「學業成績、操行成績、體育成績」三種。學業成績考查初取「民主評分制」，其後因流弊百出而取消，改行平時考查、階段考試（每學期舉行約一至二次）及學期考試三種，恢復了舊制。在各科學期成績中，平時考查及階段考試成績佔百分之六十，學期考試成績佔百分之四十；各科上下兩學期成績的平均數即爲該科的學年成績。記分法仍採百分制，以六十分爲及格。初有採用五級制記分法者，但須經省市文教廳局之核准試行。操行成績仍分甲乙丙丁四等，以丙等爲及格。操行重在政治思想考核及政治活動熱忱。體育成績包有勞動生產，亦分甲乙丙丁四種。學生違反校紀者，通行「集體批評檢討」，實行羣衆力量制裁。凡經過集體批評檢討而令退學的學生，報請教育主管機關轉送集中營，實行勞動改造或令其參軍。「休學」可以自由，「轉學」非經官方批准不可。畢業後升學，除畢業文憑外，須附有學業成績單及操行考核表，以爲投考時參考。

中學教員待遇，概取「薪給制」，不取「供給制」。初由兩石米起至五石米止（南方以大米計，北方以小米計）。其後改行實物折實單位，通由八十個單位起兩百止。學校則組有「評薪會議」，教職員工的「革命資歷」爲第一級評薪標準，其次爲「專業資歷」。平時所訂之教育人員薪給標準常較一般機關爲高，惟不時推行自動減薪捐薪運動，而爲變相之折發。

（未完）

羅馬通訊

意大利選舉的前前後後

方及

六月七日意大利普遍地落着傾盆大雨，但這却並沒有阻擋了興奮已久的意大利選民。他們每一個人都懷着不平凡的心情，冒着淫溼的大雨，走到選舉所，向票匭內投下表示自己意見的一票，來決定他個人以及國家的命運。大淸早才不過七點鐘，人羣即開始向着選舉所湧流，選民們利用所有各種交通工具，來便利達成他們投票的任務。老年人、病人們躺在擔架上讓人抬去投此神聖的一票，其中有十二位在完成此一偉大任務後因心臟病發，或交通失事而喪失了自己的生命。還另有一位孕婦在選舉所內產生了一個嬰兒，所幸母子均告無恙。這眞算作選舉史上的佳話。選民雖甚興奮，不過秩序方面大致尙稱良好，只有一二處發生過毆打事件：在西西利島上，一位基督民主黨員被狙傷亡，在拿坡里城中新法西斯黨員數約千餘，衣黑衫，持火把，擊傷了四十多個選民。成爲選舉中的小波折。

就上述情形看來，我們可以推知羣衆投票是非常踴躍的。投票的選民平均都超過了總數的百分之九十以上，羅馬市區突破了百分之九十三，各省區則更有達到百分之九十七的記錄，而總平均是百分之九十三·八六，在選舉史上實可稱爲罕見。這恐怕要歸功於各黨派的宣傳作用。說起宣傳來，我們先得分析一下各政黨的關係，然後才好明瞭宣傳競選的形式。

參加競選的政黨共有七十餘單位，但實際上只不過是八個大黨和三四個小黨的競爭，其他政黨則甚少或毫無社會聲望可言。八個大黨總共分成三個陣營，左派的陣線是陶利亞蒂領導的共產，及嫩尼(Nenni)領導的激進社會黨。右派的陣線是保皇黨(Party National Monarchical 或縮寫 P.N.M.)及新法西斯黨(Movement Social Italian 縮寫爲 M.S.I. 或稱 Missini)。以上兩個陣線只以其傾向而稱之爲左派或右派，其實他們都是各自爲戰，單獨競選，並未採取最近由意政府通過的法律上的聯繫辦法。有之，則只是以賈斯伯利的基督民主黨 (Democrata-christiana) 和自由黨、共和黨、社會民主黨所結成的政黨聯盟。基督民主黨實力雄厚，但爲有把握取得絕對多數，則尤嫌不足。自由、共和、社會民主等黨的主張與基督民主黨也並不協調，其中且有左傾成分不少；但因力量薄弱，不得已才和基督民主黨合作，成爲一種盟主和附庸的關係。所以他們的結合僅在相互利用而已。又因他們非左非右，故稱之爲中間派。而左派的共產黨和激進社會黨名義上雖各自分立，但實際上則都向莫斯科服務，決無疑義。故只有右派的新法西斯及保皇黨才是眞正獨立無援、隻身奮鬥的孤軍。

以上三個集團，每派都面對着其他兩派，發動其宣傳戰。中間派是左右開弓，反共，又反法西斯及專制。左派是反執政黨，又反獨裁和專制。右派則是反共又反政府黨。彼此針鋒相對，好不熱鬧！

各黨的競選熱潮於四月末即已分別展開，成爲世界上僅有的偉大壯觀。報紙傳單，滿坑滿谷，都是競選節目。當一九四八年競選時曾將整個街頭牆壁貼滿了廣告，頗嫌有碍瞻觀。此次則因消費過鉅，並因各政黨同時限定廣告尺碼，遂比一九四八年略見遜色。但宣傳小册子仍是滿天亂飛，爲徵求廣告文學，及廣告漫畫都曾不惜重金。連報紙宣傳及街頭演講，總共花去了數十億的意幣。各政黨的富有，確眞使人驚訝不止。就中以基督民主黨表現得最有錢，其次則推共產黨，但是他們從那裏抓來了如此多的靑蚨蟲子呢？專靠黨員的收費或黨的基金，怎能維持這樣巨大的開銷？據說意國北部的大工業社團以及政府控制下的大部財產，都是支持基督民主黨宣傳的後盾。至於共產黨除了蘇聯的大量的支持以外，他們還有黨辦的進出口貨物的商團，另外對鐵幕內商業走私的專制，以及不少屬於黨的企業，都是共產黨宣傳的資本。保皇黨的經費倒不必發愁，全部可由他們的主席羅樂(Achille Lauro)支付。他是拿坡里市長，意大利首富之一。剩下新法西斯黨則帶有點可憐相，經費則僅有靠黨員的收入來維持。加之，他們又未掌握着太多報紙，所以只好僅作必要的宣傳。但他們宣傳的技術頗爲高明，爲此也同樣地吸引了不少的羣衆。

經過如火如荼的宣傳之後，六月七日終於到來了。從早晨七時到夜晚十一時，再從次日晨七時到午後四時爲投票時間。下議院選民三千萬，上議院選民二千七百萬（其間的差別是，因爲選舉上議院需要較大的年齡），即分別在全國各處投票，由參加競選的各黨派出三十七萬人員負責監視投票。下議院包括五百九十席，提名競選的則有六千三百十一人之多。上議院包括二百三十七席，候選人數目是一千九百八十六名。總共是八千二百九十七名各階層各職業的人來嘗試他們的命運。

在競選期中，基督民主黨聯盟本來頗有把握取得有效投票的總數百分之五〇·〇一，因此而贏得新選舉法所保證的下議院百分之六十四席次。即是五百九十席次中，保證其三百八十席，其餘百分之三十六爲其他各黨比例分配。賈斯伯利曾經透露中間聯盟將不難獲得投票總數的百分之五十三。但在最後一次演講時，却宣稱共產黨是意大利最利害的敵人，所以在選舉前一天，一般的觀察都表示賈斯伯利僅能獲得最低限度的多數。果然不出所料，在投票開始數小時之後，賈斯伯利即處於緊張情況之下，平均所獲僅能達到百分之四八·二〇。因為中部和北部多趨向左傾，南部則多偏於極右，賈斯伯利的地盤僅在廣大的鄉間。又因他年來施政的劣跡，頗為左右兩派攻擊的目標，因此處於不利的地位。但各地投票踴躍的現象，或將會挽回賈斯伯利的惡運，基督民主黨最怕的就是選民不出來投票。

與其說共產黨人最會宣傳，倒不如說他們最會扯謊，最會買空賣空。意國戰後的一切不景氣，共產黨都把它推到執政黨的身上，而自詡必能挽回這種現象。意國北部多屬工業區，共產黨的理論(記住，只是理論)常是適合於工人的胃口，所以在這種區域之內，共產黨的宣傳頗有收獲。在選舉的前夕，共產黨總部下令，要各地的細胞嚴密監視投票的進行。到六月八日他們就開始攻擊基督民主黨實行賄選，不過這一着在前數日已為內政部長所逆料到。意大利是天主教國家，各地的主教鑒於事態的嚴重，反復勸戒教民：投票是良心的責任，不去投票，將會失去有決定性的一票，投反對自己弟兄的一票即等於失去兩票。共產黨便控告他們違犯了憲法規定。梵蒂崗觀察報曾以西班牙一九三六年的選舉來警惕投票人民。按西班牙一九三六年選舉左派得勢，發動內戰，不但人民蒙害，國家精華也被摧殘殆盡，生靈塗炭，一片悽慘，意大利人民豈欲一試!?

意大利新法西斯復活，在此次選舉中更為明確，曾吸去較前更多的選票，且超過一般所預料。在羅馬某些選區中，他們曾佔得票最多的第二位，他們是窮黨，宣傳陣容比較薄弱，其間受到中間派與左派的大力攻擊，但仍能有如此的進展，這是值得特別注意的。同樣，保皇黨也有顯著的進步。

六月八日午後四時選舉即行結束。但投票的結果，到十日午前尚未有官方完整的統計發表，各通訊社僅有零星的報告和道路的傳聞，這曾激起反對黨的嚴重抗議。但官方所以如此遲緩慎重的原因，一則是計票手續的複雜，再則是基督民主黨生死的關頭，如果它獲得總選票百分之五〇·〇一，則可以安穩地再續執政五年，不然則將發生複雜的問題。為組成新閣勢必迫使賈斯伯利向右派或左派妥協，否則即使獨黨組閣成功，也是一個極其窘迫的局面。這是基督民主黨不能不慎重統計選票的理由。

終於選舉揭曉了。基督民主黨在上議院佔得絕對多數，在二百三十七席中佔得一一六席。這雖比一九四八年的一百三十三席少了十七席，但聯合各中間小黨合共一百二十五席，仍可應付其他各少數派。不過新選舉法規定得票百分之五〇·〇一者，即予以百分之六十四的報酬，對上議院並不適用，故上議院仍舊如前完全按得票比例分配。共產黨雖仍居少數，但較前進步甚多，由三十七席增到五十四席。激進社會黨由三十席退居二十八席，其他左派得四席，合共八十六席，其對新政府的威脅是可想而知的。新法西斯黨由一席升到九席，保皇黨由三席躍上十六席(獨立派佔一席)，對賈斯伯利的掣肘也是非同小可的。

至於下議院選舉的結果頗使人費解。基督民主黨事前為確保自己的政權，曾不惜打架吵鬧，用盡九牛二虎之力制定新選舉法，滿以為有絕對把握，可以獲得選票總數的百分之五〇·〇一，一舉搶得百分之六十四的下議院席次，但結果就只差了一點點，連同自己的附庸小黨總共才得到百分之四九·七九。既然如此，他就無法領得下議院百分之六十四的報酬。新選舉法既無用武之地，這怎樣對得住因通過它而挨打的議員們。結果，下議院仍舊要按照老選舉法按票數比例來分配，因此雖然中間派聯盟共獲三〇三席，超過半數八席（下議院共五九〇席），但三百八十席的報酬只可望而不可及。所以賈斯伯利只是慘勝而已。

不過目前選舉中還大有文章，根據內政部長發表，尚有一百三十萬張可疑票，未能決定其效力。這要在六月二十五日第一次下院會議中加以審定。因而基督民主黨還留着一線希望或可能從這一百三十萬張票中，檢出其所僅僅需要的二萬張有效票，而達到爭取報酬的資格。但其他各反對黨怎能輕易地就讓它隨便為自己檢取有用的選票。這又注定了將來一幕有趣的喜劇。

這次選舉中失敗最慘的，要算是和基督民主黨聯盟的三個小黨，其中共和黨在政府內曾有兩位部長，但這次所得票數竟連爭取一位上院議員都不够。至於自由黨、社會民主黨，也只有最可憐的記錄，簡直可以說這三黨已於無形中被消滅了。也許他們早有先見之明，所以才不得不和基督民主黨聯盟，但結果仍沒有避免了迎頭而來的惡運。

這次選舉中最走紅運的是所謂右派兩黨。他們勝利的原因，恐怕是一部份意國人民看看共產勢力的猖獗，民主自由各黨的無能，又回想起專制或者墨索里尼的日子來了。

除了右派勢力的增加以外，共黨方面也較一九四八年多獲一百五十萬票，按比例有百分之三五·三〇的意大利人民投了共產黨及其同絡人的票。這證明共產勢力仍在增長，是一種可怕的現象，而很明顯地，基督民主黨不能制止其發展。最基本的理由，是共產黨除了掌握大批工人之外，一般的窮苦人民，仍只有共產黨的諾言能滿足他們的希望。而且除了身受其害的鐵幕人民以外，甚少有人真正相信共產黨的可怕。尤其正在邱吉爾的「和平」高唱入雲的時候，歐洲老百姓都聽之入迷。在如此這般的環境之下，共產黨能多撈得幾票，乃是極其自然的事。

為了明白此次選舉的結果我們可以參閱下列各表加以比較：

一、各黨所得總票數的百分比

中間派		左派		右派		其他
基督民主黨	四〇·〇九	共產黨	二二·六〇	保皇黨	六·八五	
社會民主黨	四·五二	激進社會黨	一二·七〇	新法西斯黨	五·八三	
自由黨	三·八〇					
共和黨	〇·九三					
南方獨立黨	〇·四五					
總數	四九·七九		三五·三〇		一二·六八	二·二三

二、上議院各黨席次

年	基督民主黨	社會民主黨	自由黨	共和黨	南方獨立黨	共產黨	激進社會黨	聯共黨	保皇黨	法西斯黨	其他
一九五三	一一六	四	三	〇	二	五四	二八	四	九	一六	一
一九四八	一三一	一〇	五	六	〇	三七	三〇	〇	一	三	三

三、下議院各黨席次

年	基督民主黨	社會民主黨	自由黨	共和黨	獨立黨	共產黨	聯共黨	保皇黨	法西斯黨
一九五三	二六三	一九	一四	五	三	一四三	七五	四〇	二九
一九四八	三〇五	三三	一九	九	五	一八三		一四	六

綜觀上述種種，我們可得下面幾個簡單的結論：一、基督民主黨雖略見衰弱，但仍是意大利最有力的黨。二、共和、自由、社會民主三小黨的沒落。三、兩極端勢力的增長。四、共產黨勢將與基督民主黨抗衡。五、新法西斯的抬頭。六、中間派挾有惟一決勝的優越條件，而仍未贏得絕對多數的報酬，徒然白費心血制定了新選舉法。

六月廿五日新政府即將組成，如果基督民主黨所需的二萬票到時仍無法解決，則新政府基本上仍以基督民主黨為主幹，而共和黨必須退出政府，由右派或左派願與政府合作者代替，如果上述疑案到時解決，則局勢又將另一樣了。

意國選舉在國際間曾引起了不少的注意，尤其在美國大多都是賈斯伯利的朋友，沒有不希望他獲勝的。在過去五年間，美國曾援助給意國三十億美元，目的純粹是為了培植民主，剷除共產主義及法西斯，然而在此次選舉中偏偏是他們抬頭，而民主消弱，這不能不使美國傷心。五月廿九日美駐意女大使魯斯夫人曾在米郎發表談話，意謂如果共產黨或法西斯勝利，美國將取消給意援助，一時引起軒然大波。左右兩派報紙都向女大使開炮，認為這是干涉意國內政，並要求意國政府予以解釋。在選舉前美國一般的輿論也認為賈斯伯利如不能獲得百分之五〇·〇一，即算失敗。結果終於不能使人滿意，僅以有限的票數，而屈居百分之五十以下，致使擺在眼前的百分之四十四的報酬無法到手。不過總還維持相當多數，所以紐約某報紙的標題是：「賈斯伯利不勝不敗」。那末我們要看克拉萊·魯斯女大使將如何處理她的宣言了，停止援助？還是繼續援助？

據最後消息，賈斯伯利仍願靠中間派小黨支持而一黨組閣，不願與左右各黨妥協。雖明知如此組閣，無保皇黨的支持，很難維持長久，但迄今尚無與保皇黨聯絡的跡象。不過在此期間，有否轉環的餘地也未可知，時間將予事件以解決，我們不必預言，拭目以待可也。　六、二〇、羅馬

(上接第25頁)利與義務，不知何故我國新聞界竟望形生義，譯為長槍會。錯誤之極，令人齒冷也。）以遠東慕尼黑為題，憑弔國際正義！他們說如在目前停戰協定下停戰，則無異是出賣韓國。美國傷亡了十三萬勇士，並曾向世人保證統一韓國，為抵禦共黨侵略而戰。現在竟自食其言，將何以昭信於天下？

倫敦方面，近幾日來，因為艾帥的態度轉變，完全惟邱氏的馬首是瞻，頗覺躊躇滿志。新聞記事日報曾大事宣揚說：美國在冷戰中已經失去了領導世界的地位，英國理應慶祝；邱吉爾作了世界和平的領導人，執了世界的牛耳。不特各報界滿意躊躇，就是邱吉爾也雀躍非常。

然而歷史證明慕尼黑式的和平是虛妄的。埃明高哲學家曾說：「沒有一個人是個完整的島，一切人只是大陸的一小塊，全體的一份子。」世界和平是整體的，並且必需建在正義的基礎之上。「出賣他人正是出賣自己」，西班牙前進日報在某一篇報導內曾如此警告英國。這裏，我們不妨把這句名言，引為結論。

西歐通訊

西歐輿論對韓局的反響

警雷

這幾週來，世界政局的轉變，幾乎令人不能置信；尤以西方國家對韓戰的態度。我們想，身居烽火線下的韓國人民，大概都像李承晚總統老淚縱橫一樣的激昂悲憤吧。艾帥自發表就職宣言以後，從積極英明的姿態，一轉而走向連杜魯門都不如的路線；使愛好自由以及與美國合作的弱小民族，都不禁的爲之惋惜。在他致韓國總統李承晚先生的函件中便會提及要以政治方式達到統一韓國的目的。西班牙各報紙都一致認爲這無疑是向共產黨國家保證了今後可以侵略任何國家，而美國是不會訴之於武力的。艾氏本是軍人出身，理應堅決爽朗，爲什麼最近竟一變而成了這樣怯懦的姿態呢？這些我們不能不推之於英國的壓力。

走筆至此，記者不禁想起了一段舊事。遠在邱老入閣拜相之際，記者會以「邱相到何處去」一文，向香港某報投文，內容强調自由中國人士不要對邱氏存有什麼幻想，他不會較艾德禮更勝一籌，特別在遠東問題上，可能師艾氏之故智。當時記者該文不但不能求售，並且還接得某報主筆回信，內云香港以及自由中國輿論界都認爲邱相一定會較艾氏爲强，一定會更正艾氏的錯誤而撤消承認中共進而承認自由中國。此後筆者陸續接到香港臺灣若干報章雜誌，果然眞持有如某主筆的論調。筆者不禁擱筆三嘆。

會幾何時，邱相的表現，已爲世人所週知，無待吾人爲之辯護矣。

無論英國保守黨或工黨其對遠東政策的立場是一致的。他們主張：(一)中共進聯合國列爲五强，(二)解決臺灣(交付中共或托管)，(三)出賣韓國，(四)安南容共。對歐洲與近東方面，邱相在下院演講時會大聲疾呼：除蘇彝士運河外，無條件與蘇俄和談。最近保守黨所辦各報又强調：只要能贏得和平，出賣幾個國家也是値得的。邱相的態度，不但贏得了他的敵黨工黨的支持；並且趁英女皇加冕之際，召開英聯首相會議，也贏得幾乎各國協全體的支持。法國這次幾位失敗的組閣者，在政策宣言中幾乎都列有「結束越戰」的諾言，即此可見邱氏的影響了。

我們前面會說艾帥態度的轉變太半由於英國的壓力使然，這不是沒有根據的。遠在艾帥登極之前，邱氏即親赴華府遊說艾帥，當時西班牙各報即多以邱氏謀演慕尼黑爲題，預測邱氏此行是爲了影響艾氏施政。等到艾氏就職宣言發表之後，英國全國輿論引起軒然大波，對艾氏罵得狗血淋頭。邱氏也極爲憤慨，在下院報告時會有工黨議員提出嚴厲質詢，要求邱氏向華府提出抗議，此後凡有重要決定，特是有關遠東問題，必需有英國同意。邱氏日後會表示要以輿論力量，壓迫艾帥就範。英國以及其聯邦各國的輿論，舉凡艾帥有所言論莫不力施攻擊，力量所及甚至影響了美國各州的英國移民。會記得在艾帥二次發表世界問題要一體解決的宣言時，內容沒有提到臺灣。當時英倫各報會說：「臺灣本爲大陸一島，理應交付中共，艾帥爲何避而不言？」等到莫斯科答覆艾帥宣言之後，英倫各報又說：連莫斯科都與我們一樣意見。艾帥在許多方面的表現，頗有機會主義者的作風。受到他盟友們萬方的責難，他又不願與盟友們決裂，同時又不願爲蘇俄的和平攻勢所乘，國內也有輿論的壓迫，民主黨的壓力，他的態度轉變，不是很有理由嗎？加之，杜勒斯國務卿，在西歐之行中，在英倫會吃了最有力的當頭棒。傳說英倫會以聯邦附蘇爲要脅。杜卿因是力勸艾帥轉變態度，而艾帥才作了九十度的大轉灣，要以無論任何代價，獲得和平。他雖然以「不再重演慕尼黑」爲題，對新聞界發表談話，然而目前走的正是慕尼黑的舊路，是不知歟？抑故作不知歟？就是這樣，英國的報紙對這問題還大事批評了艾帥一頓。保守黨主辦的評論晚報上說：「慕尼黑並不壞，壞是壞在六月後希特拉的進攻上。馬林可夫絕不會則效希特拉，所以不會有慕尼黑。」言外之意是說：讓給蘇俄幾塊地方，爲了獲致和平，是絕對應該的。馬德里的前進日報於次日會就此加以駁斥並嘲笑說：然而如果則效了希氏又應如何呢？作戰嗎？不會的，再出賣幾塊新的地方好了！英倫方面的各報從太晤士以至共產黨的每日工人日報，都主張韓國應當分割爲二，南韓理應停戰簽和，如欲統一，那只有組織聯合政府。六月八日英外交部發言人力斥李承晚總統，並指責美國壓力不够。每日論壇報說：李氏到了應說「是」的時候了。太晤士報則勸李氏應當知趣而止，不要爲小戰而發起大戰。每日電訊更嘲笑百出，說是如果沒有聯合國的幫助，李氏早已埋骨無地，爲此理應完全服從聯合國。其他保守黨報也都主犧牲韓國。西歐各國的輿論，大體都是如此。只有西班牙不然。李氏最近態度的强硬以及南韓朝野的表現，贏得了馬德里以及全西班牙各地的同情。

馬德里各報最近對遠東問題，無論消息、報導、社論等等都表現得非常熱烈。這裏不必一一指出，單就其最熱烈者介紹一二，以見這位居歐洲卻不以歐洲爲然的西班牙的輿論一般。過去日報會在其六月十一的社論上以「最易說服」爲題，指責英國不顧正義，出賣韓國臺灣以換得西方暫時的和平。前進日報在八九兩日的國際評論中會以韓戰不欲勝利，以及韓國的犧牲爲題，對聯合國的錯誤以及英國的不義，竭力攻擊。對自由中國以及韓國表示無恨同情，並期上述兩國努力奮鬥。民族報（記者按此報爲藍衫黨所辦，該黨不稱黨而稱國家運動，爲西班牙唯一合法政黨，然非執政黨。以五隻利箭與牛軛爲徽號，此二物爲西班牙國王時代的流傳物，指權

(下轉第24頁)

人間到處有青山

司馬桑敦

從文都林起程繞過了賽天郎拉的時候，我們足足走了九個整天。這片蒙古風的科爾心草原，出乎我的意料之外，竟這樣的寸步難行。風勢的猛烈使你不能想像，有好幾天的時間，我們是摸索在瀰漫的黃塵之中。至少有三百里路我們是走寃枉了。這中間，由於沿途飲食的太壞，我的胃病突然發作，七年間牢獄生活種下的腰腿風濕痛，也嚴重的犯了起來。我躺在顚簸的板車上，像一個衰弱的老人似的呻吟着。車夫不理解何以我這樣年輕竟這樣經不起辛苦，他儘量的嘲弄我，諷刺我是貪過了姑娘的報應。但我也祇好不加理會。

轉過達爾罕王府以後，進入了奔方寨子的大路。我暗自慶幸由此可以走着舒坦的道路了，但是，一黨報字青山的「柳子」(註一)的傳聞，却在我放晴的心情上投下了陰影。好多個對面走過來的車輛或行路人，都向我們提出一些喫緊的風聞，甚至有人神龍活現的指出：某天，在某地，他親眼看到一個人被柳子上的青山一槍穿透了腦袋。這些消息使我越發後悔先前不該走這一條路了。若不是車夫堅持着不答應，我幾乎要放棄前程，走回頭路了。車夫堅持的理由是：我們已經走出了一大半的路，事實上業已陷在後退不能的境地，而且天近黃昏，四下沒有人家，除了硬着頭皮往前闖，是沒有再好的辦法的。另外，車夫特別相信沿途車夫們的一個說法：祇要到達了方寨子便可一切平安無事。據說：方寨子車店的老闆與柳子上很有交情，方寨子一向未曾蒙受過柳子的擾害的。

於是，我忍受着身上的病痛，抱着一顆熱誠的奔方寨子的信心，逃命式的飛跑着繼續了我們的行程。這時太陽沉落了，大地被黑暗吞沒，平原上空的風聲，遼遠的呼嘯着。我無從形容在這種情景下我是如何的爲恐怖所懾服了。車夫拼命的搖動着他的鞭子，他那兩匹本來已經够快的馬，飛快的令人喫驚。有兩三次我們的車子因爲未看清楚道路，從一個相當距離的溝崖上飛馳過來。事後想起來，簡直是青山黨柳子的威脅，逼着我們創造了奇蹟。

我們幸而無事，摸索到方寨子的時候，時間已經將近午夜。我們的到達給了車店院裏一個不算小的騷動，我們立刻便成了旅客們談論的中心。方寨子唯一這家車店裏有將近三十輛的大車，都是老早在太陽靠西以前卸下牲口不敢前進了。他們聽說我們在黑夜裏走了二三十里路，都一致認爲這是一種拿性命開玩笑的冒險。他們對於我們行動的詫異和嘆讚，當然越發增加了我事後的餘悸，但同時也給予我和車夫一些自得的虛榮。

車店老闆提着一盞煤油燈，前來迎接我們。在黑暗的人叢中，我發覺這位成爲我們希望的燈塔的人物有一幅極其嚴肅的面孔，兩撇稀疎的鬍子，莊重的貼在瘦小的臉龐上，形容出他的精細和强悍。他看到我病弱的抖擻着身子，急忙招呼店夥前來攙扶我。並且從他那矮小的身軀裏發出一種尖銳的膛音，說道：「老弟！好好休息休息罷！到了我魏小鬍子這裏，就是到了家！」

簡單一句話，對予我這孤另的疲憊的旅人，却有着無限的溫暖。

「魏老闆，」我幾乎用着呻吟的語調：「這麼晚，來驚動你，眞是……」

「什麼話？俗話說：店家，店家，到了店，就是到了家，走路的，講不了這些！」

當下，我被領進店房裏，魏小鬍子指揮店夥打水洗臉，並囑咐爲我和我的車夫燙好一大壺上好的白乾。他一邊用冷峻的眼神觀察着我，一邊親切的告訴我：走了這麼遠的夜路，喝幾口熱酒，可以壓壓寒，也可以去去驚。

店房是一個長方型的統艙式的房子，除了櫃台和屋子盡頭一個大火竈而外，簡直再找不出另外的突角或什麼間隔。一面可容二三十個人睡下的大炕，垂直的鋪在那面有窗戶的墻壁下面。炕上已經橫七竪八的睡了些人。靠裏面盡頭的炕上掛了一張有花紋的褥單，這好像臨時搭成的一個單間，從褥單的色素上看，我潛意識的感到那可能是住了女眷。由於燈光的太暗，再加上火竈上蒸出來的水氣，使人很難看清楚是什麼墻壁，但我估計除去用舊報紙糊貼的部分外，大致都是淸一色的黃泥土墻。靠近櫃台的墻上，掛了一塊長方型玻璃鏡框，裏面鑲着「是乃仁術」四個字。鏡框下面又貼着一張紅色紙條，用柳體正楷寫着「金槍散」三個字。這恐怕是房內唯一有點藝術佈置的部分了。

「這裏還是藥舖？」我自語着。

「豈止是藥舖，」魏小鬍子接着我的語聲：「不怕你老弟笑話，我這裏也算得是醫院呢！既治人也治牲口！」

接着他像自嘲也像自逞似的哈哈大笑了幾聲。站在我身旁的另外一個旅客，馬上便補充告訴我，魏老闆是以其祖傳秘方的特効神藥金槍散在方寨子一帶懸壺多年了。他不僅可治內外科，兒科，甚至也能兼治婦科，妙在他又是一個獸醫。方寨子居民固然把他視若神明，就連這一條路上的行商客旅對於魏小鬍子也是遐邇聞名的。

當我觀察着室內的光景時，院子裏那些旅客陸續走進店房，在燈光下我才發現他們個個都滿身風塵，面目上都帶些可怕的狠兒，身上的棉皮衣着都顯得格外笨重而又臃腫。他們的言語態度也都有些蠻悍粗野，使用着無禮貌的口吻向我絮絮叨叨詢問着我的來路和去向。我對於這些跡近盤查的粗線條作風，有些厭煩，也有些恐懼。他們和魏小鬍子之間，具有一種似親切又似嚴肅的情緒。從這情緒上，我看出他們在這店裏，決不是泛泛的陌生過客。

突然，我對於這間孤立在黑暗平原上的車店，興起一種不安的疑念。看着這些人物的臉色，我疑心已經走進了圈套，我暗暗的打了一個冷戰。

魏小鬍子好像洞察了我的內心。走過來拍拍我的肩膀，帶有幾分揶揄的口氣，安慰着我說道：

「放心好了，老弟，這不是賊店，不會讓你喫什麼虧的。」

我當然不會使他證實了我確有這種想法。爲了免除他的猜疑，當我洗完了臉，斜靠在櫃台上喝着熱酒的時候，我遂故意的搭訕着和他攀談起來。最後，我謊說我的心緒不寧，是因爲擔心青山那鸞柳子，會不會趁夜來襲這個寨子。

我的話剛一出口，像我惹出一個嚴重的笑話似的，他尖聲的冷笑起來，別的旅客也跟着哄堂大笑。

「老弟！你知道的事情太少了。」他又走過來，用力的拍了一下我的肩膀：「青山來打這個寨子？你也不打聽打聽青山會打我魏小鬍子的方寨子？」

我被怔住了。我祗得癡呆的靜聽他的下文。他繼續從鼻子裏哼出幾聲冷笑，回轉頭去一邊在屋裏踱着一邊大聲的喊着。

「我告訴你，老弟！從達爾罕王府到方寨子這一條道上，你算是到了最保險的地方了。今天晚上，你只管舒舒服服的睡覺好了。青山他決不會來擾你的。青山能够搞翻了天下，但他不會動一下方寨子的！」

「青山對方寨子有什麼顧忌呢？」

「顧忌？什麼話！人家青山，天不怕，地不怕，單對方寨子有他媽狗屁的顧忌？」

「那麼，想是對方寨子有交情了？」

「交情？照理不敢這麼說。」他得意的搖一搖頭：「方寨子得說幸虧我魏小鬍子，我魏小鬍子得說幸虧偺們祖傳這付金槍散了。若不，就憑偺們這資格，會能交上青山？嚇！青山不開面的呀！既不認錢，又不認勢，你想輕易攀得上？」

車店老闆面有得色，我看出由於我的無知，反而引起了他的無限興奮。

「來！夥計，再燙一壺酒，把滷豬肉也切一盤來。」他指揮着火竈上的夥計：「老弟！讓你多喝一壺，我和你談談這位青山！」

幾個旅客趣味盎然的圍攏上來。炕上睡着的旅客，已有被我們吵醒的了。掛花色褥單的隔間那面，隱約聽到女人說話的聲音，大概不滿意車店老闆這份尖銳的喉音。

但是，老闆的談興正濃，似乎毫未介意需要顧及這些。

「那年，」他興奮的說：「青山受了傷。他要到通遼城裏去治，可是鬼子兵就設下埋伏，準備生擒這隻老虎。你知道，老弟！我魏小鬍子是願交朋友的，我把他請到家裏來由我承治，既安全又省事。憑着這付百靈百驗的金槍散，足足用了七七四十九天工夫……」

他比劃了一個手勢。旅客們很多咧着嘴笑了，顯然的，這個數字，這個强調的口氣，大家似乎都很熟習了。

「青山好了，爲了報答偺們這個情份，他起誓要保障我和方寨子的安全，從此而後，在方寨子方圓十里以內，他決不會讓任何柳子上的朋友，在此做了什麼不軌的勾當。另外，他又給我扔下了半條金子，做我的醫藥費用，你想，我魏小鬍子在外面混了這些年，豈能在乎錢嗎？我請他若瞧得起我這朋友的話就把金子收回。他無論如何也不肯。最後，他懇切的說：這點金子，比起哥兒們的交情，簡直不够一萬萬分之一，但是，爲了表示大家聚合了兩個來月的意思，權當一個紀念吧……」

「眞的，老弟！」說着，魏小鬍字從皮襖兜裏面，掏出一個紅皮小包，打開來露出一錠黃澄澄的金子：「我從來不把它當做金子，我覺得這是一塊有義氣懽交情的信物，衝着它，足證偺們在天底下是有朋友的！」

我接過那塊金子，很感動的仔細看了一番。那是一塊成色十足的金子，上面一端有着一塊不規整的似乎經過粗暴的切開的痕跡，顯然是那位青山先生在山林中未能找到合適的剖金的工具的緣故。

「想想！」老闆繼續着說：「到了方寨子，你擔心什麼青山能够夜間來襲，豈不讓人笑掉了大牙！」

我祗好用一種尷尬的表情應付了他的揶揄。他這段故事可能已爲其他旅客所熟習，甚至證明出以前魏小鬍子至少已談過了它若干遍以上，但是，大家對於這位叫着青山的問題人物，都一致不減嘆贊的欽佩之情。

「若是明天 我們途中眞的碰上了青山的柳子的話，祗要提一提您魏老闆的名字，總可以過去了罷？」我兀的提出了這麼一個意外的要求。

「這可不成！」這一下，魏老闆的神色，馬上爲之一變。他改變的非常認眞：「我怎麼能妨碍人家青山的手脚，老弟！要知道青山認朋友是不拐灣的。在方寨子路上，他除了我魏小鬍子，是不認旁人賬的！」

於是，我憶起路上聽聞的那些可怕的傳聞了。又重新喚起了我的憂慮。我問魏老闆青山是不是一個殺人不眨眼的魔王，同時他是不是不問青紅皂白亂殺人的？

「那不用怕！」他肯定的回答我：「祗要你沒有什麼對不起人的事，青山是憑良心講道理的。有人說：他和官場上的朋友有別扭，專找當官兒的麻煩，其實，這是瞎話。人家青山不問官不官，也不問商不商，祗要你規規矩矩交出錢：沒有錢，交出話，就沒有什麼和人過意不去的。」

「那麼，他有時殺人都爲了什麼？」

「那當然有原因的！」他突然把聲音放低了起來，做了一個嘴勢，指一下掛花色褥單的方向：「比如：那一份老客，就不敢保險。據說那是一位卸任縣長帶着他的太太，在長嶺縣刮完了地皮，害够了人，要回家去的。他媽的！這樣「付」，碰上青山，就難討公道了。」

我跟着他的嘴，朝那花色褥單子，下意識的看了一眼。

「至於你，老弟！」他繼續說：「那無所謂，大不了你是一個衙門口兒的人，在這裏幹的不順氣，想進關裏去，換換空氣而已。那也不是做了什麼虧心事，青山決不會難爲這樣人。」

這一番話，雖然不能絕對構成我明天旅途上的保障，可是精神上確實給予我一個很大的鼓勵。當天晚上，我在魏老闆興冲冲的情緒下，被安置在火炕中央的溫暖位置上。魏老闆怕我受凍，並特意借給了我一床蔴花大被。

這一夜，我睡的並不舒服。極度疲困後的神經衰弱，熱火炕的不習慣，加上對於青山這個人物的猜想，使我一直的輾轉反側不能入睡。我覺得在強盜身上，除去那套大煞風景的劫掠勾當，有些過於殘酷而外，似乎他們共同的都有一種浪漫的，傳奇的，慷慨豪放的氣質。

翌晨，這在我的感覺上，等於剛一瞌眼未到一刻鐘的光景，店中就開始吵吵嚷嚷準備起程了。車夫過來催我起身，魏小鬍子大聲的在喊着。看到我，嘲弄着說：「我太貪睡。」我睡眼惺忪的走出店外，大地上仍是一片黑暗，不知什麼時候，已經落了一層薄雪，極目東方的地緣，晨曦竟微弱的連昏沉的光芒尙看不出來，我踹返店中，魏小鬍子正在喊着：

「快四點了。老客們，趕通遼還有一百多路啊！」

這時，花色褥單子已經撤下。一位中年婦人，穿着艷紅的絨毛線衣，下罩着鐵青緞子馬褲，看來很嬌健，又很俏緻。她正在那裏專心的收拾行裝。，她的身旁站着一個男子，削瘦的肩膀，尖尖的下頦，年齡正好有她的一倍，穿着却很襤褸，足是一個小厮的打扮。魏小鬍子偸偸告訴我，這就是那位縣長，故意化裝爲他自己女人的跟從模樣，爲的是要避免人家對他的注意。

喫完了早點，大家都陸續的走出院心。冬天北方早晨的料峭，是很够人受的，我雖然喝了幾杯熱酒，仍然不停的在打哆嗦。我僱的車，因爲是空着的關係，便被那位穿馬褲的太太，給塞上了一個大包袱。車夫鼓着腮，很不高興的樣子，可也未曾却下。車隊起動後，我們的車，插在十輛大車的中間較後位置，大約是第六、七輛。在我們離開方寨子車店不久，忽然那位馬褲太太很緊張的從前車下來，走到我的面前來，從腰中掏出一個舊報紙包，未說明理由就遞給了我。

「老弟！託託您，給分散着帶點錢，不多，五千塊。道上碰上了閃錯，我們自家認倒霉，礙不上，到店我請客。」

說完，她媚態的向我做了詔笑。我正在受也不好拒也不好感覺着很爲尷尬的時候，她竟輕盈的擺一擺手，說聲：「拜託了」，用着小跑步又回到前車去了。我無可奈何祗好把那一包錢揣進我的懷裏。

「媽的！騷星，我們眞倒霉！」

車夫好像同情我，又像責備我似的，憑空罵了一句。

一個鐘頭以後，我們已經從拂曉的黑暗走出，太陽雖然尙未出現，大地已經開始光明。平原上的雪氈，白皚皚一望無際，只有我們十輛大車，構成了短短的一條黑線，在平原上蠕蠕滑動，顯得有一種單調而空虛的肅壯氣氛。

除了車夫的鞭子和偶而騾馬的嘶聲，大家都默默無言，沉靜的有些可怕。爬上了一個漫長的坡嶺而後，開始可以看見遼遠的一片樹林。這是大地上唯一可以阻滯視線的景物了。

「這一帶，常出事。」車夫回頭告訴我。

隨後，前面幾輛車上隱隱的也有一番騷動，大概他們都接到車夫相同的警告，感到精神緊張了。

大約又前進了半個鐘頭，我們發現前面有行人了。這當然又引起全車隊人們的一番猜測了。過不久，我們可以淸楚看出那是三個人，正停佇在路旁，招手示意要搭我們的車，大家更是疑念重重。

三個人都穿着的很厚重，風塵僕僕，倒確像是趕程的旅人，他們的面上都平凡的一如任何鄉下佬，不過，不知爲了什麼，他們舉止之間，又都有些神秘的氣息。他們之中有兩個人分別搭上前面的車上，一個却搭上我的車，我頓感不安；而車夫的神色，立刻也起了很壞的變化，他對我擠了一下眼，給我一個要當心的暗示。

這樣，大家越發不敢發任何言語了。我暗自盤算我們全隊人馬已經陷在柳子的監視之下了。

果然，剛一靠近樹林的邊緣，便突然出現了十三匹馬上英雄，攔住了去路。這些人的服裝，差不多使你相信遭遇了一隊在海拉爾或索倫販馬市上的蒙古商人，他們一律是羊皮褲子和長統的「唐土馬」靴子(註二)。僅在上身和皮帽子上有些稍微的不同。爲首的一個，身上背着一支毛子造的連珠槍，手上平托着一支快慢機的毛瑟爾手槍，他向大家寒暄式的點一點頭，用槍嘴向大家一指，頭一句話便問：

「那一位是崔縣長？」

到這時我纔留心到那位僞裝的縣長原來姓崔。全車隊沒有一人回話。但是大家都不約而同的回過頭來向我的前車看了一下。我心中暗忖這簡直是一種不宣佈的告發。馬褲太太大概是爲了強做鎮靜，在前車上把身子扭動了幾下，未做答覆。就在這一刹那間，我發覺在我車上那位陌生搭客，竟在嘴角上露出了一個跡似得意的也像輕薄的笑。我猛的戰抖了一下。

「崔縣長請快出來，我們當家的要請他談談。」

馬上的人，口氣仍然維持着相當的客氣。

停了有三四分鐘，大家默然的對峙着。突然馬褲太太從車上站起身子。

「各位要找的崔縣長，沒有來，我是他的家裏的。」她控制着一種鎮靜的聲調，同時她的臉上習慣的微笑着：「請問各位找他爲財？爲仇？」

馬上的人，輕蔑的笑了一笑，並未直接做答。

「崔太太自己來的嗎？」

「還帶來一個下人。」

「好！那麼請崔太太那輛車，提到前邊來。有話請回頭見着我們當家的再談好了。」

馬褲太太的車子，服從的向前移動起來。

「各位老客！」馬上的人繼續陪着笑臉說道：「對不起各位，請把車開進林子裏去！我們要檢查一下！」

這語氣儘管如此客氣，但是大家都充分明瞭馬上到來的命運是什麼了。全車隊都聽其自然的，也可以說都很恭順的開進了林子。林子裏面，已經有與外面相等數目的英雄在等待着我們。不用說，這正如世人皆知的，他們開始按着綠林裏頭的傳統方式動起手脚來。那三位中途搭車的陌生客人，居然不出衆人所料，正是柳子上的底線人物。在我車上的這位，馬上發現了我腰中的錢和車上的大包袱。我當然祇好坦白說出這都是那位自稱崔縣長家裏的馬褲太太的。這樣一坦白越發加重了我的麻煩，他竟直認我也是那位縣長系統的人，於是勒令我也移在馬褲太太的車上。顯然對待馬褲太太和我還要經過一番特殊發落的。

英雄們的不禮貌舉動，居然未遭遇到任何抗拒，便順利結束。事實上任何人都有了損失，而任何人也都有些許的保留。這批英雄們竟很人情味的在你的財貨之中，留下了一部分。據說是好讓你能够做次一旅程的費用。

「檢查」完了之後，爲首的聲稱再沒有打擾大家的事了。不過，爲了他們當家的命令，大隊人馬仍被押解着向林子深處前進，走了有一個鐘頭左右，離開了先前那個林子，經過一道斜陡的嶺，又走進另一個林子。大家都顯出不安和焦燥來。不知究竟他們要把我們引到什麼地方？至於我自己心中，尤其忐忑不寧，我憂慮我要被牽扯到馬褲太太的關係裏。

終於，我們停在林子深處的一所獨立家屋前面了。爲首的勒令大家把騾馬全部卸下休息。而我和馬褲太太以及那位僞裝的聽差，則被押進屋來。這時，我心中突然興起一種好奇的念頭：不管他怎的我要藉機賞識一下所謂青山這位人物了。

「當家的要和你們談談！」爲首的托着毛瑟爾手槍，槍口指着我，面上擠出一個嘲弄的嘴型。我擔心他現在已經把我誤認爲崔縣長了。

這是一種臨時搭造的泥土房屋，把五間房子間隔成爲兩間：五分之四是外間，外間環繞着地心上的一根柱子修了一圈冂形的火炕。靠近裏間的入門地方，按置一座火竈，竈上正在煮着野獵來的獸肉，帶有濃厚腥味的蒸氣，瀰漫着全屋。炕上橫臥竪仰的睡了幾個人，每個人身旁放着長短不齊的武器。這些人對於我們的闖入，竟沒有絲毫的陌生感覺，不介意的看了我們幾眼，有的掉轉頭去又繼續瞌上他的眼睛。

我們被命令靠近火竈角落的地方把身子蹲下來，這是預防我們搶刼武器或抽身逃走的。這時，我開始發覺馬褲太太的那位下人已經哆嗦的成了一團。而馬褲太太却未失去某種程度的鎮靜。

爲首的進到裏間，做了一個報告，在外面隱約的可以聽到他在講解着刼持車隊的經過。好像末尾談及有關崔縣長的時候。

「兎崽子！讓偺們認識認識這位縣太爺！」裏間拼出來一個洪亮的語聲。馬褲太太喫驚的看了一看她的下人，下人牙齒嗃嗃發響了。

和語聲同時，隨着那個爲首的，從裏間走出來一個身型高大的漢子，身材碩健豐滿。僅就外形觀之，這就是一個有氣魄有力量的化身。他和另外那些英雄完全不同，特別的穿着一襲黑布面的長身皮襖，脚上穿着北平式的單臉棉鞋，頭上戴着一頂水瀨皮火車頭式帽子。出乎想像他身並未披掛任何武器。這完全是一位很別緻的鄉間紳士打扮。他面上丰采奕奕，竟使你難得想像他是一位綠林人物。尤其因爲他沒有鬍鬚，簡直充分的具有一種書生型的翩翩風度。

就在我注視着這位領袖的刹間，我發現這整個面龐的輪廓，原是我所熟習的。這是七年牢獄中我結識的許多朋友之一。抛開當年在獄中囚首垢面滿臉鬍鬚那個原始印象，天哪！幾乎使我懷疑我是在夢境裏，他竟會在這種場合出現！我不由脫口而出喊了起來：

「老海！是你？」

我不能形容出我這一聲喊，給了他如何的驚異。他幾乎等於受到意外的一擊似的，猛然的一怔。他急忙的走到我的面前要認清我；他像端相一個奇異的動物似的，彎着腰，粗野的把我從頭看到脚下。最後眼光一亮，他恍然有所領悟。

「噢！」他大叫着。用眼睛狠狠的盯着我：「你！是你，我的八十號！你胖了。唉呀！天爺爺，差點兒我認不出！」他居然喊起我在監獄中的囚號來了。

我們幾乎瘋狂般的跳了起來。我們緊緊的擁抱起來，老半天擠不出一句話來。

就這一瞬間，全屋子被我們的歡欣給佔領了，其實勿寧說被他的洪亮的喊聲給佔領了。外面的人，奇怪的走進來，炕上睡着的驚坐了起來。他連呼：「今天喜事，喜事，再沒有比遇見老朋友是一件喜事的了。」

「原來大名鼎鼎的青山，就是你？老海！」

我半天插進來一句話。

他哈哈的爆笑起來。他笑的熱淚盈眶。

「大弟！」他熱烈的稱呼着我：「光陰太快了。你居然也有些老了。「青山」二字，還是由你提起呢！」

「啊？」我竟意外不解。

「不管這些罷！」他見我納悶，繼續說道：「我們太巧遇了。橫竪我們回頭要談它個透澈的！」

回轉身子，他看見那位打抖的下人和馬褲太太，他極度興奮的面孔驟然變得陰沉，一股殺氣佈滿了全臉。但在一頓之後，又迅速的恢復開朗。他向我說：

「看情形，崔縣長夫婦與大弟有關係？」

「那裏是？我連認識都不認識。」我自然要分辯這個誤會。

「唉喲，先生！大家既能同路，總算緣分哪？您既在這個節股眼兒遇上了朋友，總是有德。眞的，說句好話，給我們一個人情罷！」

馬褲太太口齒伶俐的打上了交道。挑起眉毛向我做了個懇求的媚態。那位下人的面上冷汗直流，已陷入失魂喪魄的境地了。

青山聞言又是哈哈大笑起來。他輕蔑的打量了一下馬褲太太，隨後他興緻勃勃的走到那個下人面前，如同提起一隻落了水的鷄子似的，提着下人的衣領。

「崔縣長！」他厲聲叫着：「你今天『運氣！』遇見了貴人！不管怎的，衝着我的大弟，俗們算沒有這碼子事！」

一句話，全局的緊張氣氛爲之急轉直下。

他又回頭來，向我笑着說道：「大弟！今天的事，你成全了。你算是他的貴人了。」

「……」我一時無從置答。

「不過，」他又回頭指向崔縣長：「你得學學做人！就拿今天你的貴人，我這位大弟，舉例來說罷！十一年前在日本鬼子的監獄中，我們是萍水相逢的，誰也不認識誰。但是，都受日本鬼子的壓迫，受外國人的氣，這則是一樣的。日本鬼子要餓死我，把我鎖起來，不准任何人給俗們飯喫，我的大弟冒險偸飯給我喫，爲了這個，他挨日本人的打，他受了酷刑，他差點兒喪了命。他爲什麼？他祗是因爲我們都是人，而且都是受人壓迫受人氣的人，人，兎崽子！人就應該有這股勁兒！」

說到此地，青山忽然喉頭嗚咽起來了。他像一個老婆婆似的把我擁抱着。

「大弟！」他說道：「我青山殺人不在乎。但是，一想起朋友們有的爲我死，有的爲我受罪，尤其想到你讓他們打的身上鮮血淋漓，兎崽子，我眞受不了，我不忍得往那兒想！」

這場面的轉變的太突然了。全屋裏的旁觀者的感情也因之陷於混迷。

看到這種情形，那位僞裝的崔縣長和崔太太，越發的惶惑不安。他們似乎害怕青山動了感情，反而取消了對他們赦免的諾言。他們竟由蹲着身子轉變爲匐匍地上，磕頭搗蒜不已。

青山振作一下，又繼續說道：「但是，你，姓崔的！身受政府的任命，不知爲老百姓好好幹事。貪汚刮財不止，竟也殘殺無辜。長嶺縣一個種地的好人，爲了和你的縣自衞隊長一塊地畝之爭，你受了那個混賬隊長的買通，竟把一個善良的老百姓，當做匪盜來辦，硬是把他槍斃了。你是中國人，你來做中國人的官，我問你和日本鬼子有什麼區別？」

「大弟，你說！」他突然扭轉身來又向我說：「你是愛國的，爲了愛國你是肯賣命的，請問你願意把你愛的國，交給這種混賬東西的手裏嗎？」

在這種情形下，我祗苦笑了一下。我仍是木然的未會置答。

「但是！」他又指着崔縣長：「現在我青山眞强盜，站在你的面前，看你縣太爺有什麼辦法？」

崔縣長脆弱的始終不能說出一句話來。縣長太太很機伶的迅速表示願意獻出兩千塊錢給那位被害人的家族以贖他們的罪愆。這個獻議，馬上便被青山駡了回去。青山指出他們身上携帶的財物，早有柳子上的底細把清單報告上來，兩千塊錢，祗是全部中一點點而已。足見他們死在臨頭的時候，尙吝嗇的在錢上打算盤。

縣長太太狡黠的由兩千塊增加到四千塊。

「滾你媽的罷！」青山罵道：「這不是做生意，和你討價還價。乾脆說：我青山今天遇見了朋友，是一件喜事，喜事決不和喪事一齊辦。你們的一切？免了！給你們一個地步，看你們有沒有良心去積德修修好事！」

事情發展至此，崔縣長夫婦才算鬆了一口氣。始終未發一言的縣長大人，終於糢糢糊糊從口中拼出一句官場上的敬語，朝着青山：「謝謝老爺！」最後，對我也哆嗦着說了句：「恩人！幸虧你。」

這以後，青山的興奮和他的舉動，簡直混合了狂歡與狂怒的兩種情緒。時而痛駡一陣崔縣長，時而興高采烈的詢問着我的情況。他向他的弟兄們聲稱：今天的生意是碰上朋友啦！朋友的東西，是絲毫不能動的。儘管朋友與全隊的大車沒有關係，但是，衝着朋友的面子。每一輛車，每一個老客的東西，都要完璧奉還，這是柳子上的傳統規矩。並且爲了招待朋友，全隊車馬都留住在林子一宿，有白酒和野猪肉招待。

他甚至對那些喜出望外的車夫喊道：「我青山爲了紀念這個蹚上朋友的好日子，從今天起洗手一個月，你們祗管在這期間放膽走路好了。」

林子裏馬上爆發了一陣歡呼。

青山繼而用一種優越的神情，把我介紹給他的弟兄們。這些英雄的名字，大致不外是：李大山、張大海、以及小牛子、震天響者流。我，隨聽隨就忘了個乾乾淨淨。總之，這之後，青山，我和大家都一直被歡忭的興奮支配着，我們大家都儘量的喝着酒、喫着肉、談着我和青山闊別十一年來的往事。從我們被翅進林子的日中時分起，一直喝到午夜。這中間，除了柳子上一部分的有「勤務」的人員，大都是酩酊大醉。

青山興奮的告訴我，他和我分手以後被轉解到齊齊哈爾的監獄。住了一年，他就聯合了一黨死囚越獄出來。他一直在興安嶺或東蒙古草原一帶活動。最了不起的時期，曾經打垮了一個日本聯隊；最倒霉的時期，也曾幾個月期間喫草根喝雪水度日。

我問青山在抗日勝利後，都幹了些什麼？他醉眼朦朧的笑起來。

「我能幹什麼？大弟！」他說：「喫慣了這碗槍桿的飯，幹什麼都不順心！哈哈！」他又自嘲的也是狂放的笑着。

停一下，他又像想起了什麼：「有一次這路上的人，」他用手比劃了一個八字：「來勸我幹他們的什麼江北司令員，兎崽子，他們以為我青山幹這個，就瞧得起那個官兒了。其實，我纔不眼熱呢！」

接着，我也簡單的把我和他在獄中分手後的情形，告訴了他。最後我談及出獄後在政治上所受的挫折，以及人事關係上的糾紛，他聽來都大不為然。

「趁早不幹！大弟！」他說：「我給你湊一筆錢，到外國逛逛去！你有學問，幹什麼也別再幹那份官兒了。除了你，提起所有的官，我就心煩！」

「這是興趣問題。」我分辯着：「我總覺得我對政治仍有熱情。」

於是，我們辯論起來。他對於政治的厭惡，當然沒有理論根據，祇是一種單純的感情作用。最後，他激動的竟拍着桌子大罵那些當官的。當我向他解說人是政治的動物，當官的是人在政治上一種義務行為，並不完全為了貪私發財的時候。

「好！」他呷着一大口酒，又把口氣改換：「大弟，我辯不過你，你眞願意幹那官兒，我可以特別的不加反對，祇是不要喪良心。眞的，需要哥哥時，哥哥這條命可以幫你一下忙的！」

我從他那雖已充血但仍有神采的眸子上，充分看出那是洋溢着眞純的熱情。

幾杯酒後，我們把話題轉到他的名字上了。

「你說這名字够不够響？」他問。

「好是好，你取的意思是什麼呢？」

「大弟！你忘了。可是我沒有忘。」他接着說道：「你記不記得我們在獄中談到死的問題？你念了一句詩……」

「噢！」我頓有所悟：「埋骨何須桑梓地，人間到處有青山！」

「唉！就是這個。上句我老是記不清。我特別記住「人間到處有青山」這句。我也特別喜歡這句。哥哥報字青山，就表示死在那兒也不在乎的意思。兎崽子，這桿槍想打遍天下，情願打到那兒，就死到那兒！」

「青山！你好豪氣！」

「大弟！這也是藉重那句詩，哈哈！」

過了中夜，我因為身體不好再加上幾天來的疲乏，已經有些支持不住了。我順勢斜靠在炕上的酒桌旁側，假眠起來。可是青山的談興仍然健旺。我的神志一陣清醒，一陣昏沉，我們的話，也是若斷若續的拉雜的談着。趕到清晨，大家準備起程的時候，我醉的已經人事不省了。我恍恍惚惚覺得被他們抬上了大車，青山把他那件黑布面的皮襖，穿在我的身上，並且往我的懷中塞進了一筆為數相當可觀的鈔票。我尚且聽見青山在車旁叨咕着：走這樣遠路，竟穿了套西服大衣，簡直是個傻瓜。又聽他對車夫好像吩咐了什麼，再以後的情形，我就毫無所知了。

等到我恢復了知覺，已經到達通遼外圍衛兵的卡哨門前了。我腰腿的關節，都被大車顛震得酸痛無比。躺在車上，很難動轉。車夫哭喪着臉，伏在我的耳朵上通知我快準備錢，為的是要應付衛兵的過路「交通費」。就在這同一時間，我糢糊的聽着前面車上那位安然脫險的縣長太太用着官腔十足的口氣尖銳的罵着：

「這可眞正到了强盜地方了。」

註一：黑龍江省一帶稱土匪幫隊為柳子。以匪首的名字為柳子的番號，這種名字往往是化名，在綠林裏俗稱「報字某某」。

註二：唐士馬為蒙古式的長統棉靴，皮底內絮烏拉草。

讀者投書二則

——華僑讀者爭閱本刊

（一）

自由中國編輯先生：

貴刊提倡自由民主，評論時政，極為中肯，為促進政治改革及反共抗俄之珍貴讀物。承逐期寄閱，誨我良深，特申謝悃，並希繼續賜閱為感。

海外僑胞，為今日反共之一支主力；惜共黨宣傳力量，先聲奪人，許多人惑於其邪說，多不解眞假民主政治之鑑別。貴刊力主言論自由，呼籲政治民主，益以經濟平等之理論，足以啓發僑胞對人類進化之認識，提醒共黨專政是社會進化之逆流。年來若干僑胞之由親共而變為一致反共，貴刊實與有力焉。

每接貴刊，友人爭相閱讀，如獲至寶。希望擴大贈閱範圍，及於所有中國人之學校與團體，則不僅僑胞之幸，僑居地人民亦必大受影響也。耑此敬祝

撰安

李銳華拜啓　四十二年六月廿六日於蘇加達

（二）

編輯先生賜鑒：

敝人在日本，因為住得太久，漸漸地好像和祖國及自由世界的其他部份隔絕。但是從讀到贈閱的自由中國後，好像是忽然開朗，血氣流通，和反共抗俄的祖國及廣大的自由世界又連繫了起來。這份心情的愉快，眞非筆墨所能形容。我眞不知道應該怎樣來表示對貴刊的感謝才好。除了表示對貴刊的感謝外，還要繼續麻煩貴刊，因為我們這邊住的僑胞甚多，贈給我的一份，總是你搶我奪，不能分配，望今後貴刊能多多贈送，以免因搶看而致引起不快。此頌

撰安

讀者　江康城敬上　六月廿五日於東京

第九卷　第一期　內政部雜誌登記證內警臺誌字第一九號　臺灣省雜誌事業協會會員

給讀者的報告

隨着上半年度的結束，本刊第八卷的發行亦告屆滿。從本期開始，便是第九卷了。因此，我們在本期封面上加印了「九卷卷首號」幾個大紅字樣，以標誌一個新的時序的更始。同時，爲配合新卷的發行，我們將以不斷的革新與更多的努力，效忠於我們發行此一刊物的最初宗旨，繼續爲讀者服務。更盼讀者們仍像過去一樣地給予我們鼓勵與支持。

上月十八日韓國總統李承晚釋放北韓反共戰俘。這一爆炸性的事件發生以來，引起國際間各種不同的强烈反響。英、美等西方國家幾乎一致嚴厲抨擊李氏；相反地，自由中國方面則同聲報之以熱烈的歡呼。這些反響，似乎都滲雜了太多的感情成份，不是面對問題所應有的態度。我們從深遠處默察世界局勢，實不勝戒愼恐懼之情。我們認爲：民主國家的團結一致是對抗共產極權的基本條件，任何足以招致分裂的言論與行動，均必須極力避免。由於美國政府之捨棄原有的立場，與共黨妥協言和，迫使李承晚總統挺走片面釋俘之險着，其情不得已的苦衷，吾人固深寄同情。然凡此足以造成民主國家分裂惡果的行動，似不宜厚予鼓勵。爲今之計，無論美國或韓國當局，均必須任重致遠，共爲反共大業之遠處設想。要知欲乘一時之快意，結果必至投鼠忌器，徒爲仇者所快，終非自由世界之福。這乃是我們對釋俘事件所採取的基本立場，也許與一般人的看法不盡相同。然心所謂危，不忍緘默；故在連續數期討論國際局勢之後，本期仍以重要的篇幅，就釋俘事件表示我們的意見。在社論裏，我們本春秋責備賢者之義，「婉告美國」。促其堅持正義之立場，毋使弱小國家與鐵幕內億萬被奴役人民對美國之領導感到失望。蓋目前韓國緊張局勢之造成，實美國放棄過去所堅持的志願遣俘原則所致，美國不能辭其咎。無論就戰略的考慮或爲自由世界的前途計，美國必須修正其妥協的錯誤。夏道平先生的專論，實同樣代表本社的態度。該文主要在向我們輿論界進言。主張不要激勉李承晚在行動上走向極端。我們「與其鼓勵李承晚，不如責備美國」。至蔣匀田先生的大文，則從解放政策的觀點，申論釋俘事件與東德工人反蘇運動，更是識見深遠、情辭懇切；對艾森豪總統不勝殷望。我們這些意見，希望對當前世局能有助益，則幸甚矣。

其餘各篇文字，亦均值得介紹。「英國的解剖」一文可助吾人對英國作進一步的認識。英國爲何會在今日國際舞台上扮演這樣一個面目可憎的角色，非偶然也。上次中國政治學會開會，會中曾有不少極具價值的專題報告，本刊就中選擇了三篇，分期發表；杜光塤先生的「論行政與立法之關係」一文乃其中之一。本文就現行憲法下，討論如何改善行政與立法之關係，值得吾人重視。本期翻譯「西方的抉擇」一文，足以代表西方智識界對世界現狀的看法，譯者已於文首另有說明，茲不再贅。

本刊售價

地區	幣別	每册價目
臺灣	臺幣	4.00
香港	港幣	1.00
日本	日圓	100.00
美國	美金	.20
菲律賓	呂宋幣	.50
馬來亞	叻幣	.40
暹羅	暹幣	4.00
越南	越幣	8.00
印尼	新荷盾	3.00

自由中國 半月刊 第九卷第一期 總第八十八號

中華民國四十二年七月一日出版

發行人兼主編　『自由中國編輯委員會』

出版者　自由中國社
社址：臺北市和平東路二段十八巷一號
電話：二八五七〇

航空版　香港時報社

經售者

臺灣　自由中國發行部
美國　中國書報發行所
紐約民氣日報社
舊金山少年中國晨報社
芝加哥中國出版公司
日本　東京僑豐企業公司
韓國　釜山草梁洞新泰行
馬尼剌　大中華日報社
印尼　椰嘉達星期日報
椰嘉達天聲日報
棉蘭繁華圖書公司
越南　西貢中原文化印刷公司
越南華僑文化事業公司
暹邏　曼谷攀多社十二號
緬甸　仰光振成書報店
印度　孟買梅亞號
加爾各答塔梅學校
澳洲　雪梨瑞田公司
北婆羅洲　馬拉奕坡美芝律聯華公司
新加坡　中興日報社
檳榔嶼、吉打邦均有出售

印刷者　精華印書館
廠址：臺北市長沙街二段六〇號
電話：二三四二九號

本刊經中華郵政登記認爲第一類新聞紙類　臺灣郵政管理局新聞紙類登記執照第二〇四號　臺灣郵政劃撥儲金帳戶第八一三九號

自由中國

FREE CHINA

第九卷 第二期

要目

社論
鐵幕內亂與西方對策
中國政治的根本難題……徐芸書
關於個體自由與羣體自由……許冠三
試論我國憲法的利弊得失……鄧啓
西方的抉擇(下)……一思譯
自由中國通訊
由邱吉爾和平演說談到東德暴動……龍平甫
馬德里近事……警雷
大陸上中學教育的惡變(下)……劉書傳
布老虎……風雷
書刊評介
中國近代史……吳士偉
關於「胡適與白話文」……張起鈞

中華民國四十二年七月十六日出版
社址：臺北市和平東路二段十八巷一號

半月大事記

六月二十五日(星期四)
行政院通過經濟安定委員會組織規程。
美總統艾森豪私人代表勞勃森抵漢城與李承晚會晤。
東德共黨計劃工人大會表現其對改善勞動階級生活計劃之支持。上次流血反抗的東德工人已有二百人被處死。
東埔寨國王向法國提出完全獨立要求，否則將撤退其參加法蘭西聯邦軍的部隊。

六月二十六日(星期五)
李承晚總統與艾森豪私人代表勞勃森會談。
傳艾森豪表示願派特使與李承晚在韓境以外地區懇談。
韓境共軍萬人以上發動猛烈攻勢。
俄共對東德警察在大暴動期間逃跑者及未開槍者均加逮捕。

六月二十七日(星期六)
聯軍統帥克拉克飛抵漢城，參加勞勃森與李承晚之會談。
英首相邱吉爾健康欠佳，百慕達會議宣告延期。
韓境中線東段，聯軍收復三日來京畿山以南失地。
聯大主席皮爾遜與聯合國秘書長馬哈紹會談後，決定不採取於最近召集聯大會議的印度建議。
日本九州北部發生空前大水災，死亡及失蹤者達一千餘人。

六月二十八日(星期日)
據稱：李承晚與勞勃森已就韓國停戰問題，在原則上獲致一項協議。
法國新總理蘭尼爾內閣組成。
西方駐德高級專員發表聲明，要求俄國允許德國統一。

六月二十九日(星期一)
克拉克致函共方，約期簽定停戰協定，謂聯軍統帥將盡一切努力促韓國在停戰中合作，但捕回二萬七千韓俘已不可能。
東埔寨强勁部隊，開入首都百囊奔，以對抗法軍增援之行動。

六月三十日(星期二)
美國務卿杜勒斯宣佈，英美法三國外長將於七月十日左右在華府集會。
東德及波蘭發生新暴動。波蘭羣衆與俄軍發生衝突。
韓境激烈空戰毀米格機十五架。

七月一日(星期三)
李承晚與勞勃森會談陷入僵局。
東德及捷克境內續發生不安現象。東德工人三千人被捕。
俄國召回駐美、英、法三國大使。
行政院經濟安定委員會成立。

七月二日(星期四)
羈留越南達四年之久的難民及國軍分批運抵臺灣。
美參院通過援外案，並規定一切軍援於一九五七年終止，經援於一九五六年終止。

七月三日(星期五)
颱風克蒂襲臺。
美韓談判已好轉。傳李承晚已同意一項妥協辦法。
法新內閣在總理蘭尼爾主持下，商議有爆炸性之越南要求自治問題。
波蘭境內續有反共暴動，東柏林俄軍坦克部隊東調。

七月四日(星期六)
李承晚與勞勃森續會談，傳美已向韓提出新建議。
法同意給予越南三邦以較大的獨立權。
波蘭羣衆與俄軍衝突。奉命鎭壓之波蘭坦克部隊曾拒絕向民衆開槍。

七月五日(星期日)
波蘭反共活動擴大，民衆已和波軍携手，一小隊俄軍曾被消滅。
法國提出較大獨立權建議後，越南三邦持保留態度。

七月六(日星期一)
李勞會談歧見仍未消除，漢城人民冒雨遊行。
越南老撾對法國建議表示感謝，唯東埔寨表示不滿。
東德再起暴動，要求釋放前次大暴動中被捕之工人。

七月七日(星期二)
臺灣各界在高雄市歡迎由越南歸來軍民。
美國蓋洛浦民意測驗，大多數美國人民反對中共加入聯合國。
自東德大暴動以來，逃入西方之東德人民已有萬餘。逃西方之東德警察約五百名。

七月八日(星期三)
板門店舉行雙方聯絡官會議，共方表示願約期會商準備簽定停戰協定。
艾森豪對韓保證，停戰後以和平方法解決韓國統一問題。
要求釋放六月十七日被捕工人，東柏林各地區工人發動靜坐罷工。
韓境西線聯軍粉碎共軍六千人的攻勢。

社論

鐵幕內亂與西方對策

最近從東德的工人暴動開始，蔓延而至於捷克、波蘭，再加上蘇俄的特務頭子、史大林的同鄉密友貝利亞之被整肅，鐵幕內之擾攘不安，雖沒有詳確的報導，也可以推想而知其大概。幾年來西歐各國處於既不能和又不願戰的窘境。要和嗎？蘇俄的討價很高，實在支付不起；要戰嗎？恐怕戰時要捱盡辛苦的生活，即使勝利了依然不能恢復繁榮。於是天天只有等待史大林的死亡，則其內部因發生鬪爭而致力量削弱，衞星國家因叛亂而脫離，再不能威脅自由世界了。現在這些希望都已一一實現了，那些政治家內心的興高采烈還待說嗎？所以韓戰停火協定的簽字當然越快越好，四强的巨頭會議也還要儘速召開，無非為苟安一時之計而已。這種態度能够和共黨鬪爭而獲得勝利嗎？

現在鐵幕內的權力爭奪才開始表面化，其演變如何尙待將來事實的證明，但其可能性只有三種：第一、貝利亞的舊部由各地崛起而與現當局鬪爭，如能佔據相當的地盤，擁有相當的武力，則可以演成內亂。第二、馬倫可夫運用黨和軍的力量把特務制伏，依然繼續施行其獨裁政治。第三、軍人努力抬頭，把特務壓倒以後，再來進攻黨部，結果則獨攬大權，觀察家的推測謂，今後的被整肅者將為馬倫可夫，意即指此。此三種情形中只有第一種的鬪爭，能够演成長期的武力鬪爭而僵持不下，對自由世界的威脅才可以減輕，然而希望此事的實現正復不易。前此，蘇俄的特務頭子已有兩個被殺掉，並沒有甚麼內亂發生，貝利亞也不一定就是例外。共產黨徒是以鬪爭為職業的，其顧慮的周詳，計劃的精密，都是遠勝常人的，故不發動整肅則已，一經發動，必使對方沒有還擊之力。貝利亞自已若能脫逃，尙或可以有所作為。他已經被捕，其部下都是慣於待命行動的人們，沒有命令怎能舉大事呢？

至於其他兩種情形，則只有促致大戰之爆發。史大林在世之日，不但國內都懾伏於其威望之下而不敢存叛亂之心，即衞星國家的人們亦莫不如此。現在看德、波、捷的暴動，可見馬倫可夫已不被人當作上帝來膜拜，再加貝里亞的整肅，特務系統必有多少鬆懈，其偵察不能如以往的無微不至，則暗中的蜚短流長必在所不免。故假使馬倫可夫繼續獨裁，則蘇俄本國或其衞星國都有潛伏的危機。如果全由軍人秉政，連馬倫可夫、莫洛托夫之徒一齊失勢，甚或被整肅，則此種危機只有更大了。要消弭這種危機既不是鎮壓所能生效，也不是宣傳所能為力，唯一可能的辦法唯有向外冒險，發動戰爭。戰爭一起，則可以團結對外的口號使人們的視線轉移，已可減輕內部不安的氣氛。假使戰而獲勝，則獨裁者的威望必然提高，內部的反側自可消弭於無形了。故希望鐵幕內面的鬪爭可以削弱蘇俄力量而減輕其對自由世界的威脅，這種想法是不切實際的。

根據上面的分析，則西歐各國的苟安之計，固然是根本要不得，即徘徊觀望也只有坐失時機。杜勒斯說：我們應該製造而且把握各種機會。照最近的行動看來，不但絕無製造機會的意向，而且現已有大好的機會而竟是把握不住的樣子。史大林死後的內爭是待望多年的機會，今日不是實現了嗎？何以沒有利用此機會的充分準備，不能迅速行動以加速其崩潰呢？看美國的輿論，已有鬪爭的決心，可惜還沒有一定的鬪爭方策。此次若有充分的準備，則擴大衞星國的動亂以困擾蘇俄的當局，並非難事。東德工人暴動迄今將近一月，還不見西方有積極的行動。據我們看，此次的機會業經是把握不住了，將來究竟如何？我們以為現在先要假定，最近期間蘇俄可能發動大戰，故各國建軍的計劃均須加速進行。其次，假使大戰不起，但艾森豪的政策不是要解放衞星國的人民嗎？這單靠心理戰及宣傳戰是不够的，必須增加衞星國反共人民的實力，使他們能够作擴大而持久的鬪爭而後可。如果蘇俄國內更有劇烈的內爭，尤須有迅速而積極的行動，以利用其內爭而加速其崩潰。誠能訂定積極的方策，以積極的行動促其實現，則此次的機會縱使完全失去，最近的將來還是儘有機會出現的，且看西方的政治家能不能把握吧。

中國政治的根本難題

徐芸書

一、個人與問題

看傅孟眞先生的遺集，我願說那裏面不只蘊蓄着許多寶藏，而且很有些是我特別感興趣的。但我也要說，對於孟眞先生的政治言論，我却不是完全沒有異見。我特別覺得可推敲的，是三十六年他抨擊當時宋行政院長的文字。

我不是有意唱反調。我當然不是說，宋在過去或今日，是無可批評的，不可批評的。我也不是說在三十六年那樣的關頭，抨擊行政院長乃至要求他的去職，是沒有理由的。但我仍然要說，孟眞先生對宋的抨擊却有根本可商的一點，就是把決定中國運命的財政經濟大問題看作了一個行政院長個人作風與才德的問題。收在傅集的那篇「這個樣子的宋子文」，舉出宋長行政幾年間若干「走下坡路的行事」，雖也涉及了些政策問題，而全篇所論的畢竟只是宋的作風，宋的美惡，宋的「上坡」或「下坡」，宋的神智「開朗」或「不開朗」，宋的在位不在位，以至宋及其私人的在中國不在中國，而不是國家政治或財經的根本問題，不是解決這問題的方法，不是一種和別種大政策的抉擇。這不能不說是把次要問題，當作了根本問題，因而更忽略了根本問題。

我不像唯物論者，以爲某種社會有崩潰的必然。我乃是認爲一個民族如果不認識或不承認它的政治或經濟的根本難題，則無論怎樣掉換執政者或政府，甚至變動社會結構，也必不能作到民族的自救而免於不幸的道路。中國自抗日戰爭以來一個最大難題是國家財用根本不足。而自「抗戰」到「戡亂」十餘年間中國財政經濟上的許多失敗，許多不合理的現象，許多看來不可解的錯誤，許多政府的失信，許多特別的不公平，許多措施的紊亂，許多近於毀滅性的行爲——都只是當局與國人對於這財用不足的根本難題，似乎認識而又不認識，似乎承認而又不承認，因而亦不能謀解決或適應，於是必不能免的結果。

孟眞先生在當時兩篇文字中舉出了宋長行政幾年間所謂黃金政策和工業政策的一些錯誤。但試問爲什麼先有了那笨拙的金儲蓄？爲什麼宋來了就有失信於民的金折扣？爲什麼以後又有金的拋售，於是有金的投機與扒吸？爲什麼宋沒有經濟政策？爲什麼他不能救濟工業界？爲什麼他對收復區工業只揀有利的收歸國有？爲什麼他僅貸給工業界一些小欵而反收惡果？爲什麼他「省小錢於前，花大錢於後，忽開頭於前，無所措手足於後，治病的辦法不作，添紊亂的作去？」

這都不是眞正可驚異的。這都不是宋個人的不開朗或走下坡所能解釋的。這都只是由於不充分承認財用不足的根本難題，不能避免經濟的恐慌，而必然產生的，層層相因的不幸。這都只是一個整個悲劇裏連續的節目。

我不是說宋是神智很開朗的，或已盡了最好的努力的，或他的品格是無可罪咎的。但我確是認爲在一個根本難題不解決的前提之下，昧昧然而來執掌財經的人，無論表現得顢頇，表現得任意，表現得優柔……總之表現得不開朗，走下坡，表現得無知而紊亂，自毀而毀國，都是命定的，不足怪的。而若把這些可悲的現象當作了悲劇的原因，那就是看錯了，並且輕估了中國的問題。

孟眞先生很着重地說到國人在宋初度長財政時還不盡知「他的深淺」，所以在重慶時期還對他「怎麼樣熱望」。然而人們何以這樣不能知人而錯抱了熱望呢？這就是因爲人們——議政的人們——向來只着眼於人，而不着眼於問題。如果是着眼於問題及對策，那麼人的深淺就立時可見。但只着眼於人，這就不但不足以論問題，且必不足以知人，而只能到禍患已成，再作追悔與憤慨。

然而我又要說，我絕不是要指摘任何人的識見，而只是要討論比這更重要得多的問題。我更願說，傅孟眞先生不只是我的師長輩，而且對我有不尋常的恩誼。但爲了討論中國的問題，我也不能避忌對這位先輩的評議。

二、中山先生論袁世凱

民元以後的袁世凱可算是民國的大敵人了。然而中山先生在民國七年著「孫文學說，」在十二年著「中國革命史」，對袁的評論却是最冷靜的。

中山先生何以能够冷靜呢？這就是因爲他不震驚於悖逆的現象，而深察禍患的根源；因爲他把袁的背叛不盡歸咎於袁個人的乖謬，而首先歸咎於中國環境的惡劣，且歸咎於革命黨本身的錯誤。

袁的背叛是專制勢力的重振所促成的。專制勢力的重振又是革命黨在辛亥民元之際沒有採取中山先生預定的革命方略，以鞏固民國的基礎所使然的。革命黨的錯誤造成了這樣的結果：第一是不經過一個給人民以民主訓練的時期而走入憲政，這就使憲政成爲專制的粉飾；第二是民初的約法完全忽略了地方的人民的自治，這就使選舉成爲土豪劣紳的工具；第三是約法的中央制度又誤用國會，而且是殊不健全的國會，作爲箝制政府的武器，這就使國會反成爲政府暴力與詐術的俘虜。而這些就構成了民國的混沌，製造了人民的失望，授給了反動者以藉口——就不僅消極地不能鞏固民國，而且積極地幫助了反動，終於促成了公開的背叛。這是中山先生披瀝在「孫文學說」第六章，又總結在「中國革命史」第四第五節的見地。

在前一項著作裏有如下的警語：

「說者多稱華盛頓有仁讓之風，……而拿破倫野心勃勃，……而不知一國之趨勢，爲萬衆心理所造成，若其勢已成，則斷非一二因利乘便之人之智力所可轉移也。……是故華拿之異趣，不關乎個人之賢否，而在其全國之習尙也。」

而最深切的是「革命史」第五節的斷案：

「……袁世凱之出此，天性惡戾，反覆無常，固其一端。然所以敢於如此者：一由於革命方略之不行，則緣之而生之弊害絕不能免，人見弊害如此，則執以爲黨人詬病，謂民主之制不適於中國，而黨人亦因失其信用。一因專制之毒深入人心，習於舊汚者視民主政治爲仇讎，伺瑕抵隙，思中傷之以爲快，羣趨重於袁世凱，將挾以爲推翻民國之具，而袁世凱亦利用之，以便其私。積此二者，袁世凱於是有剗除南方黨人勢力根據之計劃，有推翻民治恢復帝制之決心。……」

袁的才智際遇也許不如拿破倫，而在中山先生看來，他們之爲反動勢力所支配的人物是沒有差別的。袁的惡戾反覆也誠然無可諒恕，而中山先生所重視的，還是反動勢力怎樣深固，與革命黨本身的錯誤怎樣幫助了反動。這就是不震驚於悖逆的現象，而深察禍患的根源，不只看到一個大事件中的個人因素，更看到決定那個人的運命的根本因素。

但這當然絕不含着對袁的姑息，因爲在袁的逆形初露之時，而不待到他的稱帝，早就認淸了局勢而堅持討袁的，正是中山先生。這也絕不是事後才有的冷靜，因爲早就有一套革命方略，早就不贊成民元約法，亦早就不主張以國會或內閣箝制袁的，也是中山先生。

我自然不要爲袁世凱作任何廻護。我也不要用民初的政局比擬以後任何時期的政局。我只要指出中山先生是怎樣深澈地看一個問題，又在怎樣嚴肅地檢點歷史的教訓。

三、四十年前一節政論

民國元年中山先生的一個主要政策是使革命黨退居爲純粹在野黨，致力於教育與建設，而不對袁作行政權的爭奪。但這不是當時黨人們遵行了的路線，而中山先生也離開了黨的領袖地位。當時組成的國民黨走的是宋漁父(敎仁)的路，是國會鬪爭的路，是分割閣席的路。

中山先生也曾用自己的行動表現自己的政策。他到了北京；他表示袁應任十年總統；他受了袁的任命爲鐵路督辦，籌備借用外資築全國鐵路的大計劃；他更周歷南北許多城市，全力鼓吹民生主義的建設，首先是二十萬里鐵路建設。但他的行動與主張，也沒有得到實際的理解與支持；挽不住的政爭潮浪終於掩沒了他的建設的呼聲。

全面利用外國資本，迅速完成中國的高度工業化，本來是中山先生的基本理想。然而中山先生在民元提倡這樣的建設，首先是一個鐵路大計劃，還不但是爲着他的基本理想，也是爲着使當時政府的財政困難可以解除，而間接促進政治的安定。元年六月，他對民立報的一篇談話明白說出這個用意。這時他就要從上海出發北上，建設的事業還不能展開，而政治的危機已有了徵兆，所以這篇談話，在討論建設途徑之前，就時局的眞相和財政的重要作了這樣的分析：

「我國之現象，時人之意，皆隱隱以爲缺乏人才，故未能一致進行。以吾觀之，頗不爲然。吾覺現在無論政府議會及各處政界軍界皆有極有本領之人，主持其間，儘足以奠安吾民國而有餘。所以意見紛歧，有才莫展者，皆爲經濟問題所窘，間接直接，遂生困難，因困難而督過，因督過而參差，甚而至於因參差而詬譏，局外之人又因部份之詬譏而生全局之恐怖，始成最近不靜穩之現象，其實多有所誤會也。故我國之經濟問題若不能解決，甚難得一致進行之效果。

「惟經濟問題每當急迫之時，祇能捨本而圖末，因本務每乏近效，而末法可以應急，此亦處於無可如何之勢。然非本末並擧，將永無寬閒之日，必繼續陷於應急之地矣。我政府近日所居之地位，即日夜迫促，止能用末法聊以應急，此爲最可惘者。若復從而議其後，即或言之成理，恐不免於隔靴搔癢。」(對民立報記者談話，「振興實業與鐵路計劃」)

這眞是負責任的在野黨的言論。這眞是具有完全的分析力，忠誠而有同情心的見地。而且我願指出這裏的分析可以應用在中國近四十年來許多不同的時期；可以應用在和平時期，也可以應用在戰爭時期，尤其可以應用在抗戰後一個有機會而放過了的階段，而亦可以應用在今日臺灣這樣安定中仍感覺徬徨的階段。因爲在這種種不同的情勢裏，都展露了同一個財政困難促成政治危機的規律：這就是一個政府在財政上永不能解除根本的困難，因此在一般事務上亦永不能建樹積極的政策，以達到應有的成就，喚起應有的信心，號召應有的團結。這表現在財政上就是「日夜迫促」，「永無寬閒」，「繼續陷於應急之地」，表現在政治上就是雖有人才而亦「意見紛歧，有才莫展，」於是「間接直接遂生困難，因困難而督過，因督過而參差，甚而至於因參差而詬譏……。」

我乃是認爲我們今日對整個世界局勢的認識首先有待於改造的人。我也是感覺我們有許多政治改革應先行於經濟改革的人。但我確實深受了中山先生這一節歷四十年而不朽的政論的影響。我確實相信我們今日惟一切要的事就是認淸我們財政上的根本困難，從根本上謀解決這個困難，並使我們有財力建樹積極的政策，而我們根本解決財政困難的惟一方法，也就是實行中山先生的一個主張，全面利用外國資本，從頭再建臺灣經濟，迅速完成一個高度的工業化。

除此以外，則一切其他議論，「卽或言之成理，恐不免於隔靴搔癢。」

四、米的譴責與非譴責

由最近三個月的米價大波動，由本年六月的米價達到三十九年初米價的六倍以上這一事實，也可以看出當前經濟困難够嚴重了。

假如要有所譴責，我想我們至少應當指出一些事實而大大涉及政治：我們應當指出三四年間米價及總物價的如此增漲已否定了許多樂觀的經濟報告；應當指出政府當局在最近的米價大波動與米荒期間殊沒有足够的引咎與負責的態度；應當指出這一段時間裏竟沒有一個報紙或機構能有力地宣達人民的苦痛；應當指出從米價或一般物價逐段高漲過來的歷史看不出什麼是未來安定的保障；應當指出當前這樣的經濟情勢實不配合許多遠大的政治口號。

然而我仍不能不說所有這些譴責終於是無效果而且無意義的。因爲無論米價或物價的增漲至此，都只是起於通貨膨脹及整個經濟的不健全，而通貨膨脹及整個經濟的不健全，又都只是起於根本上的財政困難。政府的所以不能改善情勢，所以強作樂觀的報告，所以表現不出足够的負責，所以無形中制約了言論，以及輿論的所以消極，未來保障的所以渺茫，口號與現實的所以相去甚遠，也都只是因爲有一個根本上的財政困難不能够解除，甚至不能够面對，致使政府只感受着困難而不能公開它的困難，進而更不願人民觸及這個困難，最後則這個困難成了僅僅政府自己的事，而非人民大衆的事，成了僅可希望僥倖渡過的事，而非可以眞正解決的事。這是比僅僅物價或通貨膨脹或經濟不健全更要嚴重得多的事實。

「財政經濟月刊」是今日一個能够面對現實的刊物。它指出了當前經濟困難的一個大關鍵是「生產」。

「發生現在困難的原因，自然仍是通貨膨脹。……臺灣的通貨膨脹又是起源是生產方面。臺灣公營事業的生產佔全省生產的大部份，但這個生產永久是虧本的生產。……五次的限外發行中沒有一次不是和生產有關，……兩年來特別可怕的事情，就是不但此種『虧本的生產』仍然存在，而且……還在『擴大規模』之下來進行。」（財經月刊，五月號，短評欄）

臺灣三報「聯合版」也是敢於揭載事實的。它的一項報導恰好給這擴大進行的「虧本的生產」作了腳註：

「臺糖公司，截至最近止，負債數目共達新臺幣六億九千萬元，其中借自臺灣銀行的佔四億五千五百萬元，……還不包括新近……核准的六千三百萬元，……但當一九五一年一月時負債數目僅約一百萬元，以後負債數目與日俱增，以迄今日之積重難返。……（借臺銀部分）卽超過臺銀借出款項總數的三分之一，……且需要借款渡日的程度是日甚一日。……（本年一至四月）增加借債卽達一億元以上。」（六月八日聯合版經濟欄）

然而我也不能不指出這裏的分析與報導也還沒有解釋這些可驚的事實。我不能不指出像這樣危險的增產也還不是當前困難的眞正最後原因，而也正是一個惟一的最後原因——一個根本上的財政困難的結果。因爲，第一、增加生產的動機本來就是要藉此解除財政困難，而既在這個財政困難的前提之下來增產，就必然有了冒險的通貨膨脹（及其他壓低人民生活的手段），而首先破壞了經濟的基礎。第二、既在這個財政困難的前提之下來增產，也就必然只能够致力於少數幾項限定的輕工業生產，而不能從全盤經濟的觀點，從成本、原料、市場等等條件，計慮這些個別生產的利害與成敗。而這兩項情勢就決定了整個經濟的不健全，導致了幣值的逐步跌落，物價的逐步增漲，生產的實質失敗，並促成了財政的更加困難，經濟的更加不健全……。

我在現局之下，也不能沒有憂悶。我與一些談論勸食番薯的人也實沒有相同的情緒。但我終於覺得激動與譴責還不如冷靜與深察。我終於覺得我們惟一最切要的事就是認清我們財政上的根本困難，並從根本上謀解除這個困難，而我們惟一的根本解除困難的方法，就是實行中山先生的全面利用外國資本的主張從頭再建臺灣經濟，迅速完成一個高度的工業化。

六月十九日

關於個體自由與羣體自由

許冠三

一朵浮雲自天空飄過，張三說它是黃色，李四說它是紅色。其實呢！它是灰白色。張三說李四錯了，李四說張三不對，如果他們一直堅持己見，絕對相信自己的判斷，從不考慮對方的說明，那末，張三和李四的爭辯便會永無休止，他們也永遠不會知道那朵雲倒底是什麼顏色。

這種爭辯是毫無意義的，這不只是無法瞭解事實眞相，而且，會招惹更多的困擾與是非。朋友！你一定會譏笑張三和李四的愚昧，會擔心自己步張三和李四的後塵。不過，譏笑和擔心是多餘的，你又何嘗沒有幹過這種愚昧的事呢？也許，你正在幹只是你未曾察覺罷了。張三何嘗不譏笑李四？李四又何嘗不譏笑張三？

帶着有色眼鏡去看事物，是人所難免的，原本無可厚非。反之，倒是我們必須承認它，承認人人都會帶上有色眼鏡。最要緊的是：不要認定別人是帶的，我自己却沒有。帶上有色眼鏡本不打緊，要緊的是我們怎樣把它摘下來。也就是不要讓它蒙蔽事物眞相。我有嗎？我自己把它摘下來，別人有嗎？我幫他摘下來。如何才會摘下你的有色眼鏡呢？那就得先假定它的存在。否則，我們的有色眼鏡便永遠沒有摘下的可能了。

你我都免不了帶上一付有色眼鏡，所不同的只是色彩與質料。老祖母說的故事，可能構成我們的有色眼鏡；幼稚園教師講的童話，也可能構成我們的有色眼鏡。家庭傳統，學校教育，宗教信仰，黨派立場……在在都是有色眼鏡。還有，個人的意志，情感，慾念隨時都可以令你「視而不見」，「聽而不聞」。這一切，使我們的了解與實在有了差異，「觀念世界」與「實在世界」永遠是兩回事。我們能追求的只是「觀念世界」與「實在世界」最短的距離，或者說，最小的差異。

對於自由的了解，亦只能作如是觀。我們得先假定自己的有色眼鏡的存在。根本摘下它是不可能的，不過，我們却可以不爲它所蒙蔽。瞎子所以知道外界的光明，是由於他能承認自己的兩眼已經失明。

朋友！你有勇氣作這樣的假定嗎？

兩個主題

在這篇短文中，我要討論的主題有二：(一)個體自由與羣體自由的主從問題；(二)個體自由與羣體自由的劃界問題。我雖然在努力尋求適當的答案，不過，這個答案究竟是否「適當」，還是一個問題。所以，我把這篇短文定名爲：「關於個體自由與羣體自由」，不願意用傳統的「論」字。我得預先假定自己也是戴着有色眼鏡的人。

個體自由與羣體自由究以何者爲主呢？這兩者之間可否劃出一道淸楚的界限呢？我想，這不是一兩個字所能解答得了的問題。只有教條主義者才敢於立即說：誰該爲主；可以或者不可以劃出一道界限。不幸，教條主義者一開口就錯了。這類問題根本是不能根據自己的信條來作答的，我們得先看看事實。

我所以選擇這個主題來討論，並非因爲我對它們有特殊的了解，而是由於它們是存在於許多人心目中的問題。

羣體，羣體自由

首先，我必須陳述一下羣體自由與個體自由的含義。如果，每人對這兩個名詞的了解各異，結論就自然不會相同了。

先說羣體自由。這當然我們得先問什麼是羣體。國家、政黨、幫會、工會、教會等是羣體；軍隊、股匪也是羣體；還有，學會、俱樂部也是羣體。我們這裏所講的羣體是指何者而言呢？是國家，政黨呢？軍隊，股匪呢？還是學會，俱樂部呢？或者，一切羣體都包括在內？必須問個淸楚。因爲，羣體的性質不同，羣體自由的質量也各異，羣體自由與個體自由的關係也必因之而改變。

就我所知，通常我們所說的羣體自由，大概是指國家自由或政黨自由而言。所謂羣體自由與個體自由的問題，實在是指國家自由與公民自由的問題，或政黨自由與黨員自由的問題。這種以偏概全的命題，乃是一切錯誤混淆與糾紛的來源。國家自由或政黨自由確是一種羣體自由，然而，並不就是等於羣體自由。當我們在運用「羣體自由」這一名詞時，它不只是應該包蓋到國家或政黨這些羣體的自由，而且應該包蓋幫會、股匪；學會、俱樂部等羣體的自由。認淸這個前提，對於羣體自由與個體自由的關係，我們就不敢輕率作答了。

羣體的種類甚多，各種羣體自由的質量亦每每不同，在這篇短文中，似乎無法逐一加以說明（也沒有必要）。這裏，我們只得暫時丟開小異，求其大同；並以其大同做我們討論的張本。所謂羣體自由，其含義有兩層：(一)不受外在權威約束的活動；(二)約束本團體成員活動的活動。不管就那一層含義，羣體自由都是有限制的。第一層含義的自由如果太大，其他羣體的自由以及其他羣體成員的個體自由必受到危害；第二層含義的自由如果太大，直接受害人便是本羣體的成員。

羣體自由的限制

羣體自由既然不能過大，那末，它就必須受到限制了。跟着來的問題是羣體自由在何種情況才該予以限制？怎樣予以限制？誰來限制？在未曾解答這些問題前，我得先陳述一下羣體自由必須受到限制的理由。

羣體自由必須有所限制的第一個理由，是基於事實的需要。人類本不能有絕對的自由。個人如此，羣體亦當然無法例外。絕對自由之不容存在，乃是人人都可以想像得到的事實。一個國家如果享有絕對之自由，對外，則他國及他國人民的自由必遭侵害；對內，本國人民的自由亦必橫遭剝奪。一個政黨如享有絕對之自由，則其他政黨必無法存在，其黨員之自由亦必喪失殆盡。如此類推，任何羣體皆不該享有絕對之自由，任何羣體之自由必須受到限制。

第二個理由不如第一個理由那樣明顯，其意義却同樣的重大。誰都知道，羣體生活只是滿足個體需要的手段。雖然，任何人皆不得離羣而獨居，任何人皆得通過羣體生活以求個體需要的滿足。是以，羣體存在的價值只是基於手段上的必要，並無終極的永恒價值。因此，羣體的一切活動必須受到個體意向的限制。一個國家(政府)應該做些什麽呢？這必須因大多數國民的意向來決定。一個政黨的路線，必須因大多數黨員的要求爲依歸。甚至，股匪的領袖，在原則上也該走「羣衆路線」。國家也罷，政黨也罷，股匪也罷，無非是滿足個體需要的工具。它們如果不能達成任務，滿足多數成員的需要，那就失去了存在的意義。個體就會另行組織羣體(國家，革命黨，秘密結社較有強制性，軍隊又作別論)，以求滿足。如甲政黨不能滿足其需要，他們就會組織乙政黨，或丙政黨。羣體的組織形態亦常因歷史的演進而蛻變。原始時代，人類只有部落，並無國家，更無聯合國；如今，却只有國家與聯合國而無部落。而且，國家還正在消失之中。中古時代，行會盛極一時，如今，却只見工會的聲勢浩大了。歷史告訴我們，羣體組織是無永恒與終極價值的。因此，羣體的自由必須受到限制。

羣體自由的範圍，究竟應該有多大呢？這是不能一概而論的。國家的自由一定大於政黨或工會，政黨或工會的自由一定大於學會或俱樂部。可是，國家自由究竟該多大呢？工會自由究竟該多大呢？學會自由又該多大呢？恐怕沒有人能定出一個常數來。這完全是一個事實問題，而不是理論問題。同屬政黨，其自由的質量每每因政黨性質，或社會條件之不同而各異。同一教會，在甲地的自由，可能大於乙地，乙地又可能大於丙地。同屬軍隊，民主國家的國防軍與軍閥的傭兵，以及革命黨的黨軍，其享有之自由就有宵壤之別。

講到限制，這裏，我們勉強能說的，還祇是幾個抽象的原則。第一、如無必要的話，羣體自由是愈小愈好——對外，使它不致威脅其他羣體的自由，對內，不致損及成員的個體自由。第二、羣體自由必須受平等理念的限制。如同在一國之內，甲政黨所享有之自由，理該不得超過乙政黨及其他一切政黨；甲工會所享有之自由，亦不得超過乙工會及其他工會。至少，在理論上是如此。第三、羣體的自由(權威)必須受到個體自由(權利)的限制。羣體自由本爲發展或保障個體而存在，其所享有之自由絕不可侵害個體之自由，及個體幸福必須之條件。羣體自由之伸縮，必因個體自由之需要而定奪。國家每每要求國民在戰時犧牲若干自由，以保衛國家自由。從表面上看，個人自由作了國家自由的犧牲品；深一層看，就完全是另一回事了。保衛國家自由只是手段，保衛個體自由才是目的。因爲，國家自由(獨立)一旦喪失，個體自由必橫遭侵害，其損害之大，遠超過保衛國家自由時之犧牲。是以，個人樂意犧牲個體之自由，以保衛國家自由。如果，國家自由的喪失，無害於或甚至有利於個體自由，及個人所追求的其他價值時，恐怕就沒有人願意犧牲個體自由去保衛國家自由了。

羣體自由的限制是來自三方面的。一是來自更高級的外在權威，如國家之上有國際區域組織，聯合國組織。對於強國不法之自由，這些國際組織雖無決定性的約束，却也有相當的作用。限制的能否有效，並不在於法律與輿論，而是基於事實的權威——看國際組織究有多大的實力。又如政黨，工會之上有國家。除去更高級權威的限制外，限制的另一來源是同級的外在權威。如國家與國家間，政黨與政黨間，工會與工會間的互相限制。法律與道德的約束，是構成限制的有力因素；而最可靠的約束，還是實力——存在於各羣體間的均勢。均勢一旦喪失，這一層的限制便告無效。最後一層限制，是最重要的，也是最根本的。這是來自羣體成員所享有之自由(權利)的限制。在這裏，羣體自由(權威)與個體自由(權利)是對立的。個體掌握的權利，一方面要操縱羣體的權威，只許它爲個體服務，不許它危及個體的福利；一方面，還得管束羣體，不讓它的活動危害其他羣體(及其個體)的自由。個體自由與羣體自由間的主要問題，即在於個體自由是否握有最後控制權。

個體自由及其限制

個體自由也有兩層含義：第一是指經法律認可，得權威保障的活動；第二是指法律不禁止、權威不干涉的活動。前者卽通常所說之政治、經濟與文化自由；後者，可稱之爲生活自由。

羣體自由是有限的，個體自由是不是無限呢？就原則上說，個體自由應該愈多愈好。它不像羣體自由，够用就得。個體自由永遠沒有足够之說。多了還要多。不過，它依然是有限制的，儘管，我們希望這種限制愈少愈好。

個體自由在三種前提下應該受到限制。

第一、我這個個體自由，不能危害你這個個體，他這個個體，以及其他一切個體的自由。(理論上是不妨害全體，事實上是不妨害大多數。)人所以不能有「殺人放火之自由」，其原因也就在此。我這個個體要有言論自由，就該承認其他個體也有同樣的言論自由，我的言論自由，絕不該妨害他人的言論自由。

第二、少數個體的自由不該妨害多數個體的自由。在任何一個羣體裏，絕不容許少數個體有過多的自由(法定的或實質的)，其餘多數個體却享有極少的自由(質量皆少)。在資本主義社會中，大企業之自由所以必須受到限制，便是因為大企業所有人及管理人等少數個體已享有了太多的自由，其餘大多數個體的自由都受到了侵害。這些限制的執行，不是那一個個體能辦到的，必得依賴羣體代表者的權威。因此，我們得承認，個體自由還得在另一前提下受到限制。

第三、個體自由不得有礙羣體必需擁有的自由。為了達成其服務個體的目的，羣體必需擁有某些權威(自由的第二層含義)。對於這些權威(自由)，個體自由必須認可，必須讓步。不過，這種讓步是有限度的。羣體自由絕不能讓它擁有多過必需的自由，也不能讓它擁有危及個體基本自由(足以操縱權威的權利)的自由。所以，在自由經濟發展到高峯，造成社會不安，多數人喪失其經濟(政治)自由時，政府(國家)就必須握有更多的權威(自由)，對整個社會經濟資源，作計劃性的運用，以確保培養並發展更多之自由。在這種情況下，掌握大企業的少數個體擁有的自由，就必須受到限制。還有，若干暫時無重要性的個體自由，也受到了限制。為了「更多更久更永恒更普遍」的自由，某些個體自由必須暫時讓步。不過，當這種讓步要危及基本自由，和「更多更久更永恒更普遍」的自由時，個體自由便要紮住陣脚，不讓一步了。

個體自由與羣體自由（一）

現在我們可以回過頭來，看看我們所要討論的主題是否可以求得答案了。個體自由與羣體自由的界限如何劃分呢？這兩者應以何者為主呢？我們所以會提出這兩項問題，原是我們對個體自由與羣體自由的了解不够，以為這兩者間存在着必然的衝突。其實，並不必然。個體自由與羣體自由確有相反之處，不過，也有相成之處。如果我們只看到問題的一面，爭論便會永無休止。

在這一節裏，我要指出的是個體自由與羣體自由的相互為用之處。我們不能忘記，個體享有的若干基本自由，是必須通過羣體自由才能體現的。如信仰自由，罷工自由，集會結社自由……等，都是在羣體中存在的。至於，像羅斯福提出的免於恐怖之自由，免於匱乏之自由，那就更需要借重羣體活動範圍之擴大。個人要想獲得這些自由，必賴教會、工會、政黨、國家、甚至、國際組織先獲得自由。

就羣體自由的第一層含義——不受外在權威約束的活動——說，羣體自由愈大，該羣體所有成員的個體自由也愈大。這種羣體自由過大的結果，直接受影響的，是與它同級的其他羣體的自由，間接受害的，便是其他羣體中的個體。然而，這種兩者利害一致的關係，只可在某種限制內存在。當某一羣體由——不受外在權威約束——擴張過度，以致影響維持社會穩定，繁榮與進步所必需的社會和諧時，該羣體內的個體自由也就要受到損害。希特勒、墨索里尼所製造的悲劇，便是最好的證明。德國人，意大利以不及二次大戰前自由了。

就羣體自由的這一層含義說，羣體活動的範圍愈大，對個體（該羣體內之個體）自由愈有利。不過，我們必須記住：不得大過某一限度。當然，它也不能小過某一限度。設若過小的話，它就不能盡其對抗外在權威的侵害，保護全體成員的個體自由了。如某國家無獨立主權，其公民自由必遭其他國家權威的侵害。我們中國人，對這一點知道得最清楚。

個體自由與羣體自由（二）

就羣體自由的第二層含義——約束所有成員活動的活動——來說，情況就完全兩樣了。在這裏，個體自由與羣體自由的關係，大體上乃是權利與權威的關係。屬於羣體的自由，我們稱之為權威，屬於個體的自由，我們稱之為權

『自由中國』的宗旨

第一、我們要向全國國民宣傳自由與民主的真實價值，並且要督促政府(各級的政府)，切實改革政治經濟，努力建立自由民主的社會。

第二、我們要支持並督促政府用種種力量抵抗共產黨鐵幕之下剝奪一切自由的極權政治，不讓他擴張他的勢力範圍。

第三、我們要盡我們的努力，援助淪陷區域的同胞，幫助他們早日恢復自由。

第四、我們的最後目標是要使整個中華民國成為自由的中國。

利。（請參看張佛泉教授近著「自由與權利」）

社會不可無權威，正如個人不可無自由。權威是社會結構必具的條件。權威不可過大，不可過於集中，不可濫用，同時，也不可缺乏。講求自由的人，不但不能否認權威，而且要研究怎樣處理權威。就權威與權利的相對關係來說，權威是愈小愈好。權威愈小，個體權利受害的可能就愈少。內在權威侵害權利的機會，遠多於外在權威；其結果也每每較外來侵害劣惡。暴君，獨裁者對人民的侵凌，每每有過於外族的統治。

可是，權威也不能太小，以致不能發揮其維持，培養，調整並發展個體自由的功能。權威的消極任務，便是約制本羣體內少數個體攫取過分的自由，維持個體與個體間的均勢。權威的積極任務，培養自由，發展自由。為了達成這兩項任務，羣體的代表者可以要求自由的擴大，個體必須承認這一事實，授予更多的權威。尤其，在戰時或其他緊急狀態下，權威每每會作非常的擴張。為了整個團體的安全，或其他價值，個體自由必須削減。這種削減依然有個限度，個體必須保留一些最基本的權利，以便控制權威。緊急狀態一旦結束，便可恢復兩者之間的和諧。或者，當羣體代表者主動地推動一次大變革時（如調整自由以利多數個體幸福），個體自由亦得作暫時的收縮，待新秩序建立後，個體自由與羣體自由，乃可重建立起更高一層的新的和諧。

美滿的人生與社會，並不只是需要自由。是以，自由每每得向其他的價值讓步，個體每每需要犧牲一部份自由，以換取美滿之人生與社會所必需的條件。

「和為貴」——結語

綜合這篇短文簡略的分析，在個體自由與羣體自由間，顯然並無什麼「嚴重」——如一般想像的嚴重——的主從問題。個體自由固然常常屈從羣體自由，而羣體自由亦得時時侍候個體自由。兩者都得受嚴格的限制，不論是理論上，還是事實上都是如此。並且，兩者必須取得和諧，個體才有幸福，社會才有進步。套一句老話來說，這兩者的關係是「和為貴」。如果硬要派它們有主從關係的話，主人還應該是個體自由。一切和諧關係的建立，必須以保護，培養，調整並發展個體自由為目標。

至於，羣體自由與個體自由的劃界問題，顯然也不如一般想像的嚴重。因為，個體自由與羣體自由並無全面的必然衝突，彼此的矛盾只在某些部份上存在。反之，個體自由與羣體自由的發展卻每每一致，個體自由不獨要借羣體自由體現，而且要靠羣體自由保護，靠羣體自由培養，靠羣體自由調整，靠羣體自由發展。大體說來，兩者的一致多於衝突。衝突既少，劃界問題自然就不嚴重了。何況，就抽象的羣體來說，這個界根本無從劃起。如果硬要劃界的話，那就必須就個別的實體逐一加以討論。我們可以指出政府權威與公民權利的界限，也可以指出黨的權威與黨員權利的限制，有多少個羣體，就會有多少個劃法。在各個不同的地區，又會有各種不同的劃法。這是沒有多大意義的舉動，在這篇短文中，也不可能做到。我們所要把握的原則只是：在有利個體自由的目標下，求羣體自由與個體自由的和諧，讓個體自由掌握最後的控制權。

那末，誰消誰漲也罷，誰伸誰縮都無關緊要了。

關於個體自由與羣體自由的一般問題，我所能說的大概就是如此了。我不敢說，究竟有多少人能同意本文的觀點。因為，我是帶着一付民主的有色眼鏡寫的。

（上接第23頁）

鳴等，皆此思想鬪爭中之犧牲者。教員不跟學生走，指為「不走羣衆路線」；教員跟着學生走，又責為「不負責主義」。學生走在羣衆前面，謂為「個人英雄主義」；學生走在羣衆後面，又目為「羣衆尾巴主義」。一般純潔的師生，深覺左右兩難，進退失據，因而發狂自殺者，時有所聞。是以中學之軀殼猶存，而教育之本質全非。教育之意義是活躍的、緊張的、教育之內在是陰森的、恐怖的。中學生現無思想自由、學習自由和發展自由，不知其所謂「啓發學生的自覺性，積極性和創造性」從何處啓發起⁉ 中學圖書館原有圖書，以「反動的」、「封建的」、「迷信的」、「黃色的」四大罪名，非毀即封，代之者概為政治宣傳的時事閱覽室。中共認為「學校圖書館乃反動思想藏污納垢之所」，寧可使其無，不可使其有。中學校現被視作政治鬪爭的工具，年輕的中學生之成為政治鬪爭的角色，當為必然命運。中學之表現秧歌教育色彩，較大學尤為濃厚，男女學生只是變相的「劇團和文工隊」的政治宣傳員販賣員而已。

綜上所述，尚不足以暴露中共摧毀普通中學教育於萬一。蓋非身歷其境者不知其苦痛之深和惡變之甚。中共有關教育法令規章，在條文上幾無不冠冕堂皇；但這些只是用以宣傳的大字公文書，其眞實內容則在於不對外公開的小字公文注脚。以言中共之罪惡，不在其法令規章之本身，而在其超越法令規章為過激的運用。它那辯證的觀點和游擊的做法，是它的微妙處、兇狠處。中共對教育另有萬變而不離其宗，這「宗」便是所謂「階級立場、革命觀點和組織要求」。作者曾分析此三者的眞諦為「蘇化、黨化和奴化」。捨乎此，則難明大陸中學教育何以有如此的惡變！

試論我國憲法的利弊得失

鄧啓

由於國民大會已決定召開，憲法問題又爲國人所注目了。研究我國憲法應否修改，應先研究這部憲法的內容，我們應該平心靜氣，不偏不頗，否則，會爲主觀所蔽。

我國憲政運動，從淸末到現在，已數十年。數十年來歷次起草制定的憲草、約法、以及有關憲政的各種立法，已達十數種之多，然而眞正見諸實行的，除了一些臨時性立法外，應以現行憲法爲第一部。現行憲法從公布實行以來，總僅七年，所以若與先進各國的憲政史比較，我國行憲的資格，實在甚淺。

我國既然是憲政國家中的新進國家，所以研究現行「中華民國憲法」，不應求之太苛。當然，這部憲法也並非盡善盡美，我們祇須懸幾個合情合理的尺度來衡量，便可發現其利弊得失。第一、這部憲法合不合我國國情？第二、這部憲法夠不夠民主？第三、這部憲法運用時是否靈活？第四、這部憲法是否合乎創立中華民國的導師　孫中山先生的遺敎？這四個尺度，應該是國人所同情的，現在分述如次：

第一、這部憲法合不合我國國情？　任何憲法如果不合一國國情，無論制定得如何完美，也屬有害而無利，這樣的憲法，祇是閉門造車，根本不能實行。世人談憲政鼻祖，首推英國，英國憲政制度的確立，是從歷史上逐漸演化而來的；談成文憲法，首推美國，美國憲法的制定，是獨立時根據當時情況集十三州代表而協議的，美國以後進而沒有採取英國制度，正如英國不能放棄本國制度轉學他國一樣，都是國情使然。譬如一個人訂製衣服，必須根據自己的身體裁製，借用任何人的尺碼，都不會與自己恰合。我國憲政過程，自然也不能例外。現行憲法最爲國人詬病之處，約有幾點：一、世人常謂這部憲法既不是中山先生的五權憲法，又不是西方國家的三權規制，這算什麼典型？這話誠然。殊不知這樣折衷，正是當年制憲時各黨派爲求制憲成功，所以纔相互讓步創造一套我國本位的獨特典型。二、世人批評這部憲法，往往謂既非總統制，又非標準內閣制，究竟算什麼制度？這與前一情形大致相同。爲求揉合各黨派意見，並權衡近代政府中最主要的兩種制度——總統制與內閣制——的利害取捨，所以纔有這樣「修正的內閣制」出現，據說，這是爲防止如法國以及我國民國初年政府基礎的動盪不寧，而又須發揮由議會監督政府的實際效用，有這樣的深意存乎其間，這也是針對我國國情的特別創制。三、凡是有政治立場的人，對這部憲法大約會有同感，就是這部憲法並不能滿足任一政黨的願望，站在政黨立場來看，誠然如是。然而一部憲法並不必專爲滿足任一政黨或任一階層的願望，它應該滿足全國人的願望，這一點也正是任何憲政所必具的共同特性。所以，如果說這部憲法有其缺點，誠然不免，任何憲法不能沒有缺點，如果說這部憲法不合我國國情，則並不盡然，事實上這部憲法幾乎有一大部份是適應我國國情之下的產物。

第二、這部憲法夠不夠民主？　任何憲法如果缺乏民主成分，無論制定得如何冠冕堂皇，都不値一顧，這樣根本失掉憲政意義。判斷一國政制是否民主，本不在有無憲法形式，英國並無成文憲法，然而不失爲典型的民主國家，蘇聯到有一套成文憲法，却是道地的極權國家，世界上像英國具有高度民主傳統的國家，究竟甚少，所以看一國政制是否民主，最好先看其憲法內容如何，然後纔好下斷語。憲法是規定一國人民與政府共守的根本大法，判斷的標準，譬如：一、這個國家的政府是否由人民普選產生的？二、政府對人民是如何負責的？三、人民以什麼方式（直接的或間接的）監督政府？四、這個國家的人權究竟得到多大保障？這些都是最主要的。我國憲法的政府制度，儘管與英憲、美憲都不盡同，然而精神上大致相去不遠。一、我國政府（從中央到地方）的產生，一律採人民普選方式。地方政府的首長，規定由人民直接選舉，中央政府的總統、副總統雖爲間接選舉，但總統並不直接負行政責任，行政院纔是國家最高行政機關。

行政院長由總統提名，但須得立法院同意，立法院是由人民直接選出的立法委員組成的，事實上與英國組織內閣的慣例相仿，不同的祇是立法委員不能出任官吏。二、我國憲法規定行政院對立法院負責，不過是有限度的，國民大會既有罷免總統之權，也等於總統應對國民大會負責，形成雙軌負責制。美國總統是與國會、最高法院三權制衡，總統對人民直接負責，但人民並無罷免總統之權，內閣各部不另對國會負責；英國內閣是由下院多數黨領袖出任，要對議會負連帶責任，英王虛擁元首地位，不另負責，均係單軌負責制。我國的這種分別負責制，較英制固然不夠澈底，較美制顯然尙爲進步。三、關於人民監督政府的方式，世界上除了瑞士以外，大多採取間接民權制度。我國憲法一面由國民大會、立法院代表人民在中央行使間接民權，一面以縣爲單位，由人民直接行使憲法第一二三條所賦予之權，即世人所諳知的創制、複決、選舉、罷免四權，憲法第一三三條規定人民對罷免權的行使，範圍更爲廣泛。這種在大國裏儘可能實行直接民權的制度，也不多見。四、談到保障人權，這幾乎是近世所有憲法內容的精髓，極爲重要。我國憲法不僅列舉規定保障人民的各種基本權利（憲法第八至十八及二十一條），並隨世界潮流，特別規定限制私人財富，廣泛給予人民工作機會，保護勞工及農民，實施社會保險制度，推行婦女兒童福利政策，扶助無力升學生，確定教育經費的比例，以至保障教育科學藝術工作者之生活等（憲法第十三章第三、四、五節中分別規定），這些都是保障人民社會權(卽生存權、工作權、教育權)中最進步的立法。從以上各點來看這部憲法固然不能算是最理想的，至少不能說成不民主的，理想的境界，距離尙遠，世界上現在尙無一國達到理想的標準，我們大致認爲這部憲法相當民主。

第三、這部憲法運用時是否靈活？ 任何良好制度，都有其時間性，一個制度行之現在有利，行之未來也許會發生弊害，這種事例很多，憲法雖是經過許多人縝密討論研究而制定的，也不會例外。所以，看一部憲法運用是否靈活，就現在也應就未來着眼。根據這一原則，我國憲法在運用時最簡當易行的。首先是中央與地方均權制度的規定。憲法第一〇七至一一一條規定中央與省及縣的權限，各有所掌，劃分釐然，這樣不僅中央與地方的權限，互不侵越，而且規劃公平合理，可以行之久遠。其次、是定省及縣均爲自治單位。自屬理所當然，但有關全省一致性質之事項，或非一縣之力所能舉辦的事項，如無一有權而負責的省政府統籌辦理，勢必貽誤或廢弛，這是明智的規定。第三、在中央制度中最重要是行政院與立法院的關係。行政院有限度的對立法院負責（憲法第五十七條），立法院以平等對立地位控制行政院，但無不信任投票或以討論質詢方式迫使行政院辭職之權，這是兩院關係的主要規定。這原則在目前行之，自無不可，但有一點也許是過慮，就是未來立法院各黨人數，萬一如無一黨能獲三分之二以上席數，便會發生兩院對抗現象。蓋憲法第五十七條二、三兩項規定行政院移請立法院覆議案件，均須出席委員三分之二維持原案，纔能使行政院長接受或辭職；反之，行政院如果控制立法委員三分之一略強，則立法院便對行政院無可如何，這情形目前當然不會發生，未來也可能不易發生，祇不過理論上有此顧慮。第四、國民大會與立法院的關係，也值得注意。憲法第二十七條規定國民大會的職權：一、選舉總統副總統；二、罷免總統副總統；三、修改憲法；四、複決立法院所提之憲法修正案，世人往往祇注意到這些。在這條後面還有一項，規定關於創制複決兩權的行使，除前項第三、第四兩款外，俟全國有半數的縣市會經行使創制與複決權後，國民大會便可制定辦法行使創制與複決權（指一般法律的）了，那時便也要與立法院發生爭執。第五、行政院長的任期，尙待解釋。行政院長由總統提名（憲法第五十五條），但總統並無罷免之權，憲法上又無任期規定，萬一立法院改選而過半數不滿意行政院長，這局面如何解決？行政院長究應以總統的任期爲任期，抑應隨立法院的改選爲進退？需要確定。第六、各院間的相互關係，也值得考慮。譬如憲法第八十三條規定考試院掌理考試、任用、銓叙、考績、級俸、陞遷、保障、退休、養老等事項，其中涉及須由行政部門執行的，並無強制行政院執行之權，考試院的一部份權，是否要落空？又如憲法第九十五至九十七條規定監察院爲行使監察權，得向行政院調閱文件，調查一切設施，並得提出糾正案，但如行政院對此敷衍塞責，憲法另外並無有力規定，監察院又當如何？此外更重要的，第七、憲法第一四三條關於保障土地所有權的規定，在未來收復大陸以後，大陸上的土地早經匪僞重新分配，這條將如何運用？又如憲法第十五條保障人民的財產權，在未來收復大陸以後，人民原有的財產，變動極大，以不動產中之房屋、商店、工廠爲例，設若匪僞已分配而其對象又正爲窮苦人民，驅之其勢無以爲生，這條又將如何執行？我們不必一一備舉，總括來說，這部憲法的地方制度，顯然優於中央，運用上也較靈活，這部憲法的中央制度，有幾點未來也頗値得考慮，但目前則無重大妨碍。

第四、這部憲法是否合乎創立中華民國的導師孫中山先生的遺敎？ 關於中山先生遺敎中的政治制度，是五權憲法，五權憲法是將權能分開的憲法，就是人民有權，政府有能，人民有選舉、罷免、創制、複決四個政權，政府有立法、行政、司法、考試、監察五個治權，人民運用政權監督政府，政府掌握治權治理國家。在這一設計下，立法院與監察院不是民意機關，行政院不必對立法院負責，行政院長人選不必經立法院同意，司法與考試院長人選不必經監察院同意，立法委員與監察委員也是普通官吏，祇有國民大會代表纔是全國性的民意代表，祇有國民大會纔是代表全國人民的唯一機關，總統與五院都須向其負責。很顯然，現行憲法的中央制度，與五權憲法的精神完全不合，除了中央與地方均權制度大致與孫先生主張相近外，其他早與遺敎貌似神離。我們可以說這部憲法是五權其名，而三權其實，不必詳細比較，已甚顯明。

現行我國憲法的利弊得失，既如上述。綜合來說，這部憲法頗合我國國情，內容相當民主，其制度目前尙屬可行，雖然有些缺點未來也需要考慮，但不一定非修憲不可。依照先進各國經驗，祇要各政黨公忠體國，當政人士善用智慧，卽使憲法不經過修改，也可創造良好慣例。我國當前正値非常時期，國運動盪，需要團結，這部憲法經過數十年來全國人士的革命爭取與艱辛努力，纔有此成就，而且實行纔僅七年，所以筆者不主張隨便修改，祇有用政治與方法儘量設法補救。退一步說，卽令有極少地方如果非修改不可，也不是現在，至少應至收復大陸以後，重新普選，然後決諸全國民意。世界上沒有十全十美的憲法，主要靠我們善爲運用與善爲補救，我們正不可於此際輕言修憲，而冒自亂陣營之險！

西方的抉擇（下）

S. Bernard原著
一思譯

勢力範圍

東西兩方間的和平共存是需要雙方在政治及思想兩方面作重大的犧牲。這一點顯然不易爲西方的策劃者們所了解。我們必須認識，要求俄國人不再滲透西方世界，等於要求他們放棄在西方從事共產主義運動，等於要求他們無限期地放棄世界革命，而此種革命，一向便是他們至高無上的目標，也是他們政治制度所依以「存在的理由」(raison d'être)。假定我們能讓他們在其所控制的國家裏以及與他們政體雷同的國家內爲所欲爲，他們便可能同意這些條件；反之如果西方國家公開宣稱欲使其社會組織觀念加諸共產國家，戰爭殆不可倖免矣。

簡而言之，目前的疆土現狀絕不容加以改變。亦即是說，鐵幕的邊緣就是東西的分水嶺，這個分界必須以一種協議方式使之穩定，不容隨意更改。因爲這一條線便將代表着兩種制度的均勢，更因爲沒有一方在今日能有力量足以對此種形態作重大改變。從西方立場講，放棄附庸國家固將造成相當嚴重的道德問題。然而以戰爭方式解放出來的一萬萬具屍體是一個尤其可怕的問題，沒有一個有責任感的人敢於面對這個問題。

戰後情勢顯著的特點即是在世界上日漸形成的兩大政治體系，都在倡導絕對主權。是以冷戰的唯一補救之道，即是藉一個條約以確定兩大體系之間互不侵犯的原則，並使之合法化，在此條約約束下東西雙方必須嚴格地互視爲主權體。

提供這樣一個方案自然是非常容易，但是克里姆林宮會放棄它干涉西方地區的政策嗎？當然蘇俄的領袖們沒有理由放棄因此種壓力他們所已獲致的政治果實，他們是不會這樣作的，除非能使他們相信，他們的革命必須止於現存的分界，並且必須穩定這個分界才能避免武裝衝突。因此，西方國家必須針對此一現實，使蘇俄領袖們有所警懼：如果他們不放棄擴張，西方決將以軍事替代談判。至目前爲止，蘇俄對西方顯然尙無所戒懼。克里姆林宮執行其政策之深謀遠慮、有條不紊，爲其他任何國家所望塵莫及。如果共產黨徒們稍持戒懼，他們便不會干預韓戰，以引起美國重整軍備，他們便不敢利用每一可乘之機以刺激此一強敵。他們整個的行動明白的顯示着他們不相信美國對他們的小型突擊會有強烈的反響。自內戰以來，蘇俄領袖們只有過一次眞正的恐怖，那便是在一九三九到一九四一的那段期間，他們對希特拉會作了極驚人的讓步，然而並未過份損及他們本質上的利害，這一先例值得我們仔細地推敲，不僅須視爲蘇俄政治心理狀態之鎖鑰，且應爲西方行動之指針。

德國問題

如果鐵幕邊緣所及的地帶恰與各國的邊界相吻合，則西方政治邊界的確定並非難事；但不幸的是鐵幕腰斬了德國，使一個歐洲第一等國家陷於一種史無前例的政治情勢。今天，德國的兩部份還沒有被東西兩個壁壘正式兼併，因此德國再度統一之可能性遂成爲政治家們所必須面對的一個重要課題。

無論贊成統一或者是分裂德國，東西兩集團必須對這個問題採取一個明確的立場；否則，要想尋求一個結束冷戰的方案是決不可能的。德國的再統一，我們有各種理由相信，必須構成順利結束冷戰的第三個條件。因爲割裂德國既然是目前世界政治分野的象徵。當東西兩方決定和平共存的時候，這種割裂狀態已無存在的必要。更重要的是，冷戰能否結束，要看能否以有關國家的同意而獲致德國的統一，以及能否使德國的統一建立在一個不致危害各有關國家的基礎之上。

由於前兩次大戰所遺留的印象，在歐洲以及在其他的地方，有很多人還不敢說德國稱霸的機會已經眞的完結了。德國稱霸的可能性已是歷史的陳跡，這並不是因爲德國的戰敗；因爲戰敗的國家可以復興。而是因爲那些使德國稱雄歐洲的客觀條件已不復存在了。試重溫一下近兩世紀來的歷史，我們便可以知道，由於沙皇時代俄國的貧弱，普魯士才能夠爭取歐洲的盟主。現在爲數兩億的俄國人，挾着強大的工業基礎，再度進入歐洲的腹地，已使整個的形勢面目全非，處於斯拉夫與盎格羅撒克遜兩大集團的夾縫之間，德國已不能再成爲一個列強了。

雖然德國自身的力量已不至於再造成和平的威脅，但是若完全的爲東西任何一方所併呑，馬上便危及他方，乃至於成爲不堪容忍的均勢破壞，這樣擺在世界面前的新德國問題絕不比舊日的德國稱霸問題更易於解決。俄國如果控制德國，也將控制整個的西歐。那時，歐洲的地位將無異於亞洲的一個附屬品了。反之，如果德國全部加入西方集團，則加於波蘭及其他衛星國的壓力，便足以危及俄國對中歐的控制。當冷戰仍在全盤進行之際，德國的統一必然會引起上述兩種結果之一種。因此在目前這種世界分裂的局面下，絕不應該作統一德國的嘗試，如此會使東西兩集團競相拉攏德國，俾入其掌握，反之，在歐洲的心臟地帶製造一個中立區，在冷戰方興未艾之際也不可能。

然而西方國家又不敢不把統一德國作爲一個首要的目標，因爲如果西方聯盟的意義不過是德國無限期的分裂，西德政府絕不會長期停留於西方聯盟之內。德國人期望統一，此期望爲時愈久其勢愈熾。暫時，他們只好抑制着，因爲第一步他們要取得法律的平等地位，要取得法律的平等地位，便不能把統一作爲與西方聯盟的一個條件，然而一旦這個目的達到，德國人便會很敏感的覺察到他們的統一希望與納入西方聯盟之間的格格不入。事實上，西德總理艾德諾即會說過，與西方的聯盟最後將可促成全德國的統一，在他看來，德國只有靠西德及西方列强的聯合力量才能達到統一的目的。然已故的蘇馬克所領導的德國社會黨領袖們則抱有逈然不同的見解，他們認爲西方國家的趨向與他們國家的統一根本是格格不入的，他們不以爲西方國家會有足够的力量强迫蘇俄接受這種統一，他們更認爲這種政策本身便具有危險性，且相信西德與西方的聯盟只能造成僵局。但是兩黨的不同祇是在完成德國統一的方法上各異其趣，而所要達成的目的則殊無二致。今天大多數德國人的意見似乎更傾向於社會黨的觀點。我們可以斷然的說，即使那些支持艾德諾的德國人，他們之所以如此，也是希望他的政策能够終於使得兩個德國重獲統一。假使他們發現這種希望將成泡影，他們會無疑的拋棄西方集團而直接對蘇俄謀取諒解。

在這一點上，最好是來探討一下蘇俄對德國的政策，蘇馬克在臨終之前，會對一批美國記者說：「德國的分裂是蘇俄外交政策的王牌」，他所要表達的是德國統一與靠攏西方兩者之矛盾，可以使蘇俄大玩其外交陰謀。就理論上說，只要把東德各省歸還西德，並放開對東德共黨的直接控制，蘇俄無時不可以打破西德與西方國家軍事及經濟的聯繫。而目前蘇俄領袖顯然無意作如是重大的犧牲；西方軍事與經濟力量的薄弱尚不足以使蘇俄採取這樣激烈的步驟。蘇俄爲什麼應該放棄一千五百萬德國人民以及她在中歐的優勢，而只是爲了打破西德與西方國家的聯盟，何况這個聯盟還不過是紙面上的？俄國人很可以採用一個狡詐而且很有力量的論調，不斷的公開宣傳說，西德的走入西方陣營決定了德國的永久分裂；如此他們便可以無限期的維繫着西德尋取與蘇俄合作的願望。在這種一只眼看西歐，一只眼看莫斯科的情勢下，德國之對西方頂多只是一項不穩定的資產，但却是一個無止境的禍根。

這便是俄國人今年對德國人民所作的統一德國的號召中隱藏的陰謀。這種局面在目前很難以緩和，除非西方的政治家們已經瞭解，他們必須向德國擔保，他們的現行政策將造成一種包括德國統一在內的全盤解決，絕無延誤，且該政策的各種客觀條件是確切的，必可保證德國的統一。今天就德國人看來，西方國家應該肩負德國分裂的責任，因爲西方的聯盟政策忽略了這個問題。如果西方國家能轉變他們的政策，明白的表示她們贊助全德的統一，則蘇俄反對統一的眞象便將暴露無遺，而德國人對西方的政治主張也就有眞誠擁護的希望了。

從另一方面看，假使西方本身不能覓致一種能爲蘇俄接受的方式，以促成德國的統一，德國人便將壓迫西方使用武力以謀取解決，而這個必然是大戰的爆發。德國之支持西方並非一無所求，他們主要的目的是德國的統一。在西方的聯合陣營中，西德日益成爲重要的部分，缺了她，這個聯盟至少在歐洲將一事無成；且在西德政府取得主宰者的地位時，他們很可能採取一種兩面政策，周旋於東西兩大之間，如是，則其對西方之支持絕不可靠，他們也很可能堅定地支持西方，如是則他們必要求統一，無論此統一藉武力或藉有關國家的協議來完成，這就是西方決策者們所必須面對的兩個途徑。

因此，爲了防止西德政府的倒戈，西方盟國必須贊助德國的統一。同時假使西方願意留一個當自力强大，足以壓迫蘇俄解決冷戰時即行結束冷戰的機會，他們又必須保持蘇俄謀求諒解以統一德國的自由。所以德國的統一既是德國參與西方政策的一個先決條件，也是取得東西全面和平的先決條件，這便是德國問題的第二部份。

政策問題在本質上並不複雜，俄國與西方各控制着德國的一部份，在得不到補償的時候，誰也不願意放棄它的賭注。世界政策顯然不能建築於一個永久分裂的大國上，唯一可能爲大家接受的辦法，是讓德國再統一，而保證她又不爲東西兩大集團的任一方所控制。換言之，便是德國的政治中立化。這種方式似乎並未能引起任何方面的信心，因而爲一般人所摒棄，這是一個可悲的錯誤。德國的中立化，雖然在目前局勢緊張關頭不易奏效，若再加上其他若干有效的措施，實在是結束冷戰的一個善策。

假使下面的幾個條件能在一個和約中爲大家接受，中立化方案便可以順利執行而毫無危險。

㈠蘇俄與西方盟國承認統一的德國主權之絕對完整。

㈡在德國建立一個以有效的各種政治自由爲基礎的民主方式政府。

㈢准許德國對東方和西方進行出口貿易。

㈣根據全面的裁軍協定，減削德國軍備。

上面所提供的條件對於關係國家有百利而無一害。在全面裁軍的局面下，獲得主權的德國，當不可能再成爲東西雙方爭取控制的對象。經濟條款將使德國獲得相當的社會安定，因而削弱其走向法西斯主義或共產主義的趨勢。政治與社會中立化了，極端主義的毒素免除了，德國便不再成爲威脅和平的力量。更進一步講，德國一旦在這種基礎上獲得統一，它必將竭盡全力以維護其特殊地位。太傾向蘇俄了，便危及其政治體制，太靠近西方了，又冒着失去東方市場的危險，東方市場爲德國經濟所不可或缺，失去它，即破壞其社會的平衡，所以中立化，對德國也是有百利而無一害的。

中立化是由談判解決德國問題的唯一辦法，放棄這個辦法便等於放棄了談判結束冷戰的任何機會。當然，這個解決辦法並非沒有缺點。對西方來講，企圖使歐洲經濟一體的政策必須放鬆。對德國來講，她必須放棄與波蘭重整邊界的要求。而且像這樣一個過份的要求，德國人無論如何必須放棄，他們不可能希望從西方找出一個傻子，來支持德國收復她一九三九年所佔有領土的企圖。

總之，把德國全部交還給德國人，即是避免德國爲他人所霸據。這是消除冷戰中爆炸性問題的唯一方法，也是在時機迫切的今日必須為人們所了解者。

東西貿易

恢復世界貿易，顯然是總結冷戰的第四個條件。無疑的，鐵幕仍將是一個政治的分水嶺。但是它並不必須是一道阻止貨物勞役交換的堤防。要解決的並不是產生一個眞正國際社會的問題，也不是把世界像一塊糕一樣的分割開來的問題。從經濟觀點看來，世界是一個自然的單元，如果不能恢復這種統一，如果不能重行連繫西方生產中心與東方的市場，國際局勢便不可能進入常態。這個條件與以前所提到的各點並無格格不入之處，反之這個條件適足以塡補前述各項主要先決條件之不足。國家是可以完全自主而又彼此通商的。何況這個條件所造福者及於東西兩集團。目前的商業限制乃起因於戰略的需要，一旦此等需要因普遍裁軍而消除，東西貿易的壁壘便沒有存在的理由了。

目前歐洲遭遇到兩個極大的難題，一方面是美國在歐洲經濟建設上所能為力者極少；另一方面是歐洲國內市場的飽和狀態。復因受歐洲統一政策的影響，其進一步的開拓，即成為費時又費事的工作。在這種情勢下，只有向東歐市場大規模的輸出，西歐的經濟困難才能立即而眞實的緩和下來。這種措施對日本與德國尤具重要性。東方市場的重開，可使這兩個國家的經濟重趨活躍，並可使歐洲獲得在目前孤立狀態下所無法得到的繁榮。至於東方國家所收穫到的利益，決不低於歐洲，由西方來的工業物資將會大大加速他們的經濟發展。

接受的可能性

上面所提四點：裁軍,合法的劃分勢力範圍,恢復東西貿易，及統一德國的政治中立化，我們認為是結束冷戰的條件。前三者與西方現行的政策融和無間，只有第四個頗為微妙。因為它與西德併入歐洲民主集團這一個絕對的、無轉換餘地的政策相抵觸。此聯盟的政策所包藏的危險並不在於聯盟的原則，而在於聯盟的片面性和硬性的特質。西方既繼續推行目前的政策而又盼望蘇俄有一天會自動的來求取全盤的諒解，實在是够愚蠢的。假使西方隨時準備放棄這個政策作為讓步，則西德的再武裝與其介入西歐聯盟，未嘗不是西方想結束冷戰的一種脅迫的手段。

這意思並不是說，要以現存於西方陣營中的西德來作祭品。這裏所提供的外交策略自需徵得德國人的同意。他們的同意頗可獲得，特別是，如果德國社會黨能在下一屆選舉中獲勝的話，就目前觀察，絕不是沒有獲勝的可能，該黨當前的外交主張就很接近上面所提供的解決辦法，這是很近情理的。因為除了在東西衝突鬆弛的安排下完成統一與恢復主權以外，他們幾乎無法可想，而且也只有這種解決方式，德國才能免於韓國的命運。

要想測知計劃中的西歐聯邦在一旦德國統一時所引起的變化，必須先仔細分別考查其對於該聯邦在軍事、經濟以及政治方面之影響。

如果德國的統一與裁軍協議能以同時實現，則德國軍備即當裁至與各國相當的程度。這樣，德國與其西歐鄰邦之軍事聯盟即無價值。主要的和平目的既已獲得，作為工具的軍事力量便可廢棄。

經濟的統一所引起的問題較為複雜。特別是在徐滿計劃所進行的統一，如果這個計劃眞的像一般人所期許的，要在我們這個時代實行的話，它幾乎非改絃更張不可。不過我們不必放棄這個計劃，必要時不妨使此項計劃放鬆其對德國的約束能力，並使之適應一個比較更有遠景的世界貿易；世界貿易一旦有所開展，西方的經濟政策無論如何也得全盤修正。

西德與西方陣營之政治結合，顯然和德國以絕對自主為基礎的統一不相容。因之這個結合遲早要被解除，這就是我們為什麼不贊成加速推行這種結合，為什麼我們必須保留充份的行動自由以收回我們脚步的又一理由。消除歐洲貿易壁壘與鼓勵貿易這兩個目標是與德國主權之終將恢復完全一致，但是將西德在政治上及制度上以牢不可破的方式凝固在西方集團之內，實無異於向蘇俄提出一個不可接受的條件。

總之，如果有機會與蘇俄秘密接談時，西方滿可以告訴蘇俄說：「我們將要把西德合併在西方陣營之內，並且把她再武裝起來，這是你們强迫我們這樣做的；在目前的局勢下，我們無意於重新考慮這個決策。事實上，我們決心用全力來武裝德國，只要冷戰繼續存在一天，我們絕不會變更該國的地位。然而我們也很願意提出我們總結冷戰的條件，其中包括德國的政治中立化及確定的再統一。我們的各項和平目標相互關聯，不容乎單獨的解決，現在讓你們決定好了，你們儘可以繼續你們目前的把戲，而使我們被迫武裝德國，寧可冒着支持德國領土的要求而觸犯你們，而使你我雙方捲入戰禍，或者你們答應和我們開誠佈公的談判，並願給予我們的和平條件以最大的考慮。事實上，如果你們依然頑强，我們要以最大的努力强迫你們接受我們的條件。你們可以就平等地位的談判，與被迫談判以致冒極大的戰爭危險，兩者之間任擇其一，現在你們說吧？」

蘇聯政策的韌性

就算上面的提案是合情合理，我們也要問，俄國人會不會屈服於恐嚇呢？如果他們不，而我們硬要執行上面所提的政策。不管執行得如何技巧，其結果極有導致第三次世界大戰的危險。

要得到這個問題的解答，而同時又不陷入無止境的討論，我們必須再翻閱一下蘇聯領袖們在政治方面所奉行的經典，並且觀察他們以往如何運用這些經典中所指導的原則。

我們要了解希特拉是一種何等瘋狂的領袖，只要再讀一下「我的奮鬪」，便可以知道他對於自已所訂的目標是寸步不離的。蘇俄領袖們所引起的問題則迥然不同。事實上，正好與十五年前的希特拉問題相反，第一、史達林不是一個瘋子，而是一個有極高政治警覺的人；第二、蘇俄沒有經濟與民族主義的壓力，使她發動侵略戰爭；第三、希特拉的政權是建築在威望上面的；而蘇俄政權則否，在外交政策方面，蘇俄可以毫不顧及國內的輿論，而採取各種急驟的變化。

史達林曾花費過極大的力量來培養政治的彈性，用以對抗一個優勢的反對力量。他曾一再聲稱：當敵人強大而退讓不可避免時，一個人必須善自運用他的後備力量，他接着說：當敵人需要決戰時郎與之決戰，乃一極端不智之舉。這就是蘇俄領袖所訂定的作戰規則。如果西方要贏取勝利，就必須遵守這個規定。史達林認爲要作戰成功必須具備三個要素：自身强大（有重整軍備的力量），處於能壓迫對方作戰之地位（恐嚇力量），使敵人有退身之餘地。

史達林曾一再宣稱其可能與西方和平共存的信念，我們可以深信他在必要時，不得已時便會退向這個政策。史達林也嘗不斷的宣佈他的戰略原則，蘇聯是否會有一天能在西方的壓力之下拋棄其統治世界的希望，頗成疑問，然而又安知其不可能呢？在一九三九年以前有什麽徵兆會暗示着蘇聯會支持納粹對西方的侵略，供給德國大量作戰物資，甚至於指使西方的共產黨效勞於希特拉？毫無。但蘇聯是返口做了。她之如此，是因爲她沒有第二條路可走。對納粹讓步是她唯一可以避免首當其衝的方法，使他暫時獲得一個未定的將來。她之如此，並非因爲德國的要求能爲她所接受。目前情勢在本質上，未嘗不可使之成爲一九四〇年至一九四一年間局面的一個副本。如果剛才的分析不錯，一個據於蘇聯所持之戰略而作的分析——蘇聯必極願解除武裝，對革命環境顯然尙未成熟的西方地區暫時放棄其干擾，而不願冒險從事於尙未成熟毫無目的的戰爭，使三十年來在東方兢兢業業所獲之成果毀於一旦。

蘇俄在一九三九年劇烈的一百八十度大轉彎是値得西方政治家們深思的。此一實例極足以表現富有革命性的蘇俄政策，在遭遇危險時是如何的具有韌性；在本質上不受損傷時，是如何的能逆來而順受。

再者，上述四點在蘇俄的外交策略上所可能遭遇之抗拒極小。俄人曾公開宣稱願接受相互的裁軍，曾一再表示可能與西方和平共存，曾不斷呼籲重開東西貿易，而且更曾提出以民主法制重新統一德國。如果西方盟國郎依此道尋求解決，俄人絕無拒絕談判之理。他們可能推諉，可能虛與委蛇以拖延時間，但他們絕無法提出一個本質相反的方案。因爲奇怪的是，西方國家所要求的正與蘇俄不謀而合，而且這也似乎是唯一可能取得協議的方案。

可笑的是西方國家目前提供了一個極小的力量以支持一個龐大、欠考慮而且不够顯著的要求。現狀可遽然改觀；一旦民主國家的政治家們能够了解只有一個政策會收到效果，那便是融合最大的恐嚇力於最低的要求。

能否實行的問題

上面所研討各項問題已經佔了極長的篇幅，在下面只打算把過去的政策做一個總檢討，並對於與論問題稍加分析，因此項問題之重要性並不低於所有其他問題之總和。

（一）當我們檢討過去七年來在美國策動下所執行的西方國家復興計劃，我們會深覺此項計劃實效宏大，且合乎現實的要求。在伊朗、希臘、柏林及韓國等地，美國的當機立斷，馬歇爾援歐計劃以及美國對於一個沮喪的歐洲所施的壓力，這些都足以證明美國的深思熟慮，執行有方。在這一連串的行動中，美國犯了兩個相當可悲的錯誤：一個是在韓國，聯合國的軍隊冒失的推進到鴨綠江畔，以致引起中共的干預；另一個是德國的重整軍備。雖然在原則上也許是必須。但對於西歐人民則顯得太突如其來，且缺乏心理準備，這種情勢很可能導致極惡劣的後果。

無疑問的，美國及其盟邦間缺乏一致的態度，總是西方聯盟的一個弱點。估舉一例以說明之：美澳紐公約會議，在不列顚國協中雖有兩個國家參加，而英國未被邀出席。像這種尷尬局面在任何聯盟中是應不惜以任何代價予以避免的。政策的擬制既不是爲了過去，也非爲了現在，而是爲了將來。如果各國外交首長採取定期集議的制度，以決定在某可能事件發生時，他們將如何起而應付，則政策的擬制，將更爲有效。一項政治計劃一如軍事佈署，必須釐訂若干不同政策以應付將來各種可變的以及不易預見的情勢。

總而言之，西方國家所犯的錯誤實郎一般國家所共有的錯誤。不幸的是，歐洲人習於聽任美國爲所欲爲，一旦大錯鑄就形將影響及這些國家時，他們便激昂慷慨地起而抗爭，可是已經來不及了。這便是有損歐洲信譽的自卑感所產生的一種後果。然而，如果美國在採取一項重大決定之前，能够徵詢歐洲的意見，雙方便不會覺得過分難堪了。

（二）除上述情況外，西方政策的成績並不算壞。而且促成一個更爲有力政策的各種條件依然存在，且正在形成，所須完成者，則是確定全面的目標。時至今日，人民所知者不過是加緊整軍以抵禦隨時可能發生的侵略。這種對於戰爭危機的煊染也許是有用的。戰爭的危機自然確切存在，但是絕非像宣傳那樣的簡單。由於這個原故，則全面且迫在眉睫的侵略戰爭的魔影，看起來不過是一個口號，便沒有人再肯相信了。一般人民已逐漸瞭解，歐洲聯軍統帥正從事準備一個連他自己也不相信的戰爭。所有消息靈通的人都知道，西方國家確是在重整軍備，爲的是以實力爲基礎而重開談判之門。這是眞正的目標。但是，如事實確係如此，則以上所提供的政策便是唯一的合乎邏輯的政策。準備談判，而提出俄國所不能接受的條件，準備是無用的。郎是提出合理的條件，而無充份的決心以貫澈之，也是同樣的徒勞。那麽，在這樣的客觀環境下，繼續告訴歐洲人民說，雖然西方的政策純以防禦性爲目標，但在對俄談判時，軍事實力自必發揮其影響的作用。這個說法聰明嗎？西方或者繼續打二十年的冷戰，以致癱瘓自己，或者準備好以談判方式解決東西的衝突，且必須藉助武力以誘致蘇俄進行談判。無論採取任一套行動，最好事前先獲得人民的支持。

（三）重整軍備是一點也不錯的，淸楚地釐訂政策的目標更是勢所必然。但是，如果民意並未起而支持，卽使設計良好的政策，亦將毫無價值可言。這正是西方政策的主要弱點。

現時可求之於民意的究竟是甚麼？無疑問的，民意準備支持任何因俄國侵略而逼出來的地方性或全面的防禦措施。韓國戰爭證實了這點。然而，民意在目前並未準備支持西方政府在現行政策下所擬推行的談判。假使依據所建議的政策路線已設計出一項重大步驟，這種民意的躊躇狀態非加以補救不可。政治領袖的職能在給予人民含糊的要求以正當的引導，並注意公衆的反應，不致有背於公共的利益；特別是在自由的國家，這種職能必須民意支持方可達成。非常奇怪的，西方的領導者們，在內政方面好像極爲明瞭宣傳和公開討論的作用，却固執地視外交政策爲專家的職掌，並不需融會治者與被治者的意見。當足球比賽的觀衆們爲一隊或他隊熱烈加油時，他們滿有能力這樣作，因爲他們懂得足球的規則和技術。相對地，西方國家的民意大都對外交事務不熱心，因爲他們對眞實的問題懵然無知，他們對衝突雙方的態度不明瞭，對他們自已所應扮演的脚色也摸不着頭腦。像這樣冷淡態度是毫不値得驚異的，因爲政治家們自已似乎也不知道他們何去何從，而且對於他們自已的徬徨失措更是諱莫如深。每隔半年一次會談，以辯護他們的所作所爲，顯然是不够的。他們必須隨時隨地，對每一階層的人們，說明他們就要去作的是甚麼，以及爲甚麼要這樣作。

所以，第一個目標必須是正確地向人民解釋冷戰問題。現在人民一再的聽說，重整軍備將解除所有的困難，且在此價値昂貴的武力庇護之後，史無前例的繁榮就要出現了。但是很少人肯相信這些論斷。向人民，尤其是向社會上大多數收入較差的人民，解說的最有效方式應該是：由於俄國的强悍所不得不爲的永久防禦措施，使進一步的經濟及社會情況的改善無法實現。今天，除了美國能够負擔相當程度的整軍而無須降低生活水準以外，整個的西方國家都面臨着極端暗澹的經濟遠景。這一層一旦爲人民所了解，則突破難關的想法必將獲得有力的支持。

第二項工作就是告訴人民所要追求的目標是甚麼？所謂領導，並非是延續目前所可忍受的暫時情況，而是領導至一較佳的境地。人人都懂，裁軍之外不會有安全，恢復世界貿易之外不會有長期的繁榮。這些肯定的、簡單的、明顯的事實必須和整日縈廻於人民腦際的問題連貫起來。要這樣，便必須坦白地，不斷地由正面來解說這些事實。一年一度地聲稱，說各民主國家贊同裁軍，是不够的；而必須不間斷地重複着說，除非裁軍已成爲事實，各民主國家的努力絕不懈怠。

另一方面，雖然各自由國家熱望眞實的和平，危險却在於他們會失掉耐心；所以，爲了支持一個合理的方案，需要構通並利用各國這種潛伏於各國的不安狀態。服役於軍旅的人們必須知道，如果俄國人喜歡他們服兵役，他們便脫不掉軍服。納稅人必須知道，如果俄國人喜歡他們增加負擔，租稅便要增加。工業家必須知道，如果俄國人不改變他們的政策，國與國間的正常貿易關係不會恢復。勞工大衆必須知道，如果俄國人繼續貫澈其現在的作風，他們不能希望實際工資會有如何重大的改善。每一個西方人都必須知道，如果這些暗澹的遠景有一線改變之機，每人都有一份工作要作的。西方國家的領袖們絕不能對人民隱瞞在蘇俄原子潛力足以打破西方在這方面的優勢時，他們不能擔保西方的安全，他們必須坦白承認，時間不利於西方，目前的安全有隨時被摧毀的可能。他們不應該一再聲稱：重整軍備將解決世界和平的問題；而應該說：如果這個問題，不及時解決，便永遠也得不到解決。

最後，設若一項積極政策的基本要素已爲公衆所澈底了解，剩下的工作便是重整西方的宣傳工作。應反覆向人民申述，共產黨徒們應負起冷戰的全責。更必須解釋：縱然西方解決社會問題的方式有懈可擊，並不能辯護蘇俄使用包括流血的方式以圖解決世界社會問題的努力爲正當。也必須發表並抨擊爲俄國政策之精神源泉的那些基本典籍。西方的宣傳工作不要指向鐵幕的那一面，而要在這一面，在美國，在歐洲，在任何民意需要指導的地方。事實上，歐洲最需要宣傳。因爲歐洲的輿情是共產黨宣傳的標的。歐洲反宣傳的主要工作最好由現有的有關團體來主持，然而必須由新的機構來審愼地加以計劃。因此反共的刊物最好由各工人團體出版，不必由那些不知名的或爲人所不信任的團體發行。

總而言之，宣傳一定要眞實。常人並非如設想的那樣愚蠢，他們很容易地便認出那些空洞的言論。如果說現在有許多人不相信俄禍，一部份原因便是表現俄禍的方式有問題，現在的表現距離眞象過遠，致使一般選民不願予以過分的重視。在西方的壓力政策開始產生實效的時候，人民還需要作一種準備，以抵抗俄國搬弄虛有其表的國際協調，藉以避免付出可靠的保證。這樣的表演俄國人是隨時可以拿得出的。除非西方事先卽制定一套對策，且此項對策，並不能以獲得暫時的及純策略性的鬆弛爲滿足，俄國人便失掉了搬弄虛言的機會。

再說一遍，宣傳方面有三項必不可少的工作有待完成：必須正確地陳述冷戰的問題；冷戰問題的健全解決方法必須向人民提出；以及必須把民氣提高到政策的各項目標所要求的水準。

（四）施壓力於蘇俄的技術一定要設計出來。在這一方面尤必須認淸問題的複雜性，頭一天下午送一個哀的美頓書給蘇俄，第二天早上冷戰就結束了。是沒有的事。而機巧地使用政治壓力則可以促進事態的進展。民主國家不要繼續不斷地爲自已的和平意向作辯解，最好是坦白地告訴莫斯科，除非目前的衝突得以解決，無止境的整軍卽將帶來戰爭。需要讓蘇俄了解的是，西方各强無意於改變旣存的領土現

（下轉第28頁）

西歐通訊

由邱吉爾和平演說談到東德暴動

龍平甫

在我們這個多災多難的世界中，「和平鴿子」却大走紅運。戰後多年蘇俄在「和平」的掩護下進行其帝國主義擴張政策。自史大林死後，蘇俄的和平攻勢更加厲害。然而蘇俄的「和平」與民主國家的和平並不是同一回事：蘇俄的「和平」是在破壞民主國家的團結，削弱自由人士抵抗極權的意志，企圖建立蘇維埃的世界霸權。因為在蘇俄共產主義理論家看來，「資本主義世界存在一日，世界是不會和平的，為了求和平祇有實行共產主義的世界革命」。史大林死後，蘇俄共產黨仍未放棄此論，祇是不再說資本主義世界和共產主義的戰爭的不可避免。蘇俄共產黨理論家所謂的「和平」，祇是「蘇維埃式的和平」，是暴力獨裁毀滅人性的和平，這絕不是民主世界所需要的和平。然而對方既口口聲聲談和平，民主國家不能絕對不管。有不少的人認為：如果蘇俄眞正需要和平，未嘗不可以改善兩個世界間的關係，緩和國際的緊張局勢。

在這一種心理背景下，邱吉爾在五月十一日放出他的「和平鴿子」。是日他在英國下院發表一篇很長的演說，其大意為：(一)朝鮮停戰問題共產黨方面的建議可以作為一個協議的基礎；(二)越南戰爭情勢並不較一般人所想像的為嚴重；(三)英國願和埃及談判蘇彝士運河駐軍問題，但是運河區英軍若受攻擊則決定採取自衛行動；(四)關於德國問題，英國決定遵守對波恩政府所締結的協定；(五)法國軍事情況使盟國深感不安，若法國能實行兩年兵役制，並能將服役壯丁調至國外作戰，則法國的國際地位因軍事情況的改善而得增强；(六)英國與法國的命運相關連，英法合作足以平衡德國的勢力；(七)英政府同情猶太國；(八)關於東西兩集團關係的改善，可以從朝鮮休戰與對奧和約簽訂的實現作起；蘇俄的安全和歐洲的自由與防禦並不是不可調和的；例如蘇俄的對德關係或者可以由一個新的洛加珞公約來保證(註一)；(九)為解決時局宜從速召開巨頭會議，參加國家與人員愈少愈好，並且會議應該在秘密中進行。

邱吉爾演說發表之後引起下院的共鳴，反對黨的工黨領袖艾德黎(Attlee)支持他的建議，並責備美國某些人不願和平，他說美國憲法有缺點，國會與總統的職權不清楚等等。艾德黎的言論立即引起美國輿論强烈的反感，一時美國國會抨擊艾德黎「同志」的聲浪極為高漲。

邱吉爾的和平言論雖明對蘇俄而發，却等於在自由世界陣營中投下一顆炸彈，嚴重的威脅英美的合作。邱吉爾發表這種言論的原因，恐怕相當複雜；作者試作如下的分析：第一、邱吉爾一生經歷大小五次戰爭，戰爭使他獲得世界的榮譽，現在他快達八十歲的高齡，享盡了人生的尊榮，在他心目中看來，他最後而最大的事業應該是「和平的建立」，因此他發表這篇演說，以求「未來三十年和平的實現」。邱吉爾是最善於表演的政治人物，在東西政客的「和平」競賽中，他希望可以得到頭獎。第二、邱吉爾和艾德黎反外交常規的作風是英國對美國的自由世界的領導的反叛。不列顛帝國是念念不忘昔日的光榮的，她對美國的領導自由世界自然心有不甘，為表示英帝國的力量，英國極力製造原子彈，並且在澳洲試驗成功；依麗莎伯第二加冕禮的大事慶祝，是英國人想再出現一個依麗莎伯盛世的心理表現。艾森豪正式就職之前，邱吉爾會訪問華府，希望英美兩國共同領導自由世界，不得要領而去。現在邱吉爾因艾登抱病兼理外交，自然要對他過去的碰壁予以報復，這種結論並不是憑空臆造的。例如每日郵報 (Daily Mail) 評論邱吉爾的演說寫着這樣一段話：『在文明世界極端需要「英國引導」(British Guide)之時，邱吉爾在他的演說詞的各方面為英國陳述立場』。所謂「英國引導」即是英國希望最低限度和美國分享自由世界的領導權。邱吉爾這一着是非常厲害的，他同時威脅了自由世界的團結，於是美國幾家大報認為艾森豪應該和邱吉爾會晤，以消除英國和美國之間的意見歧異。第三、英國為發展對外貿易，必須和共產集團作生意。英國駐美大使近來說，英美之間的唯一可能衝突之點是對外貿易方面。第四、為保守黨的未來選舉作打算，保守黨可以藉和平運動在國內爭得不少選票。第五、邱吉爾當然在打這樣的算盤：如果國際局勢緩和，共產集團內部的團結會鬆懈的，蘇俄內部的政爭會趨激烈，中共和蘇俄的關係不會發生變化：英國人當然希望中共作狄托，他們不到黃河心不死的。

英國報紙對邱吉爾演辭的評論並沒有國會議員的一致，或贊成，或表示疑慮和保留態度。每日電訊報 (Daily Telegraphe) 說：「如果出席巨頭會議的各國領袖有英國首相演辭中所包涵的精神，則會議一定成功，現在希望邱吉爾的建議能為艾森豪和馬林可夫所接受」。太晤士報寫道：「許久以來，沒有其他西方國家首領坦白承認蘇俄政策的一部份原因是恐懼，尤其是恐懼德國的復興。因此新洛加珞公約的觀念頗有引誘性，但是我們應該注意，這樣一來會使俄國和德國置於相等地位，使俄人會猶豫的」。曼轍斯德導報評論道：「未得美國同意而發表召開巨頭會議的建議是一件可遺憾的事」。每日前鋒報 (Daily Herald) 也承認：「巨頭會議有其危險，由這樣一個大排場的各國領袖會議所引起的希望的不能兌現，祇有增强國際緊張的局勢。然而我們已面臨國際局勢的轉捩關頭，我們不能不冒召開這個會議所可能發生的危險」。「經濟學人報」(Economist)的評論則十分中肯：「邱吉爾的演說固然很堂皇，但是沒有政治上的實際意義，召開巨頭會議有其危險性，不是將艾契遜和貝文所辛苦建立的西方防禦體系弄跨臺，便是將和莫斯科談判的希望完全毀滅。這種危險是一般人所不能預料的。大家知道俄國解決德國問題的條件是德國不能參加歐洲防禦集團或大西洋同盟，在此情形下和莫斯科接近，則爲自盧森堡(Luxemburg)與自史他斯堡 (Strasbourg) 撤退(註二)。一個新的洛加路公約似甚有誘惑性，但是經自由選擧產生的任何德國政府決不能接受現時的德波疆界；任何西方國家企圖擔保此疆界將遭遇困難。德國問題的解決，將在莫斯科與西方恢復某種程度的信心之後，然而新的洛加路公約並不能產生此種信心，此種信心必須在簽訂條約相信對方遵守之前產生」。

邱吉爾的演說在歐洲引起不同的反響，他並沒有獲到預期的成功，因爲大家並沒有忘記他和羅斯福在雅爾達會議所造成的亂子，其結果不但損人而且不利己。現在邱吉爾又要召開巨頭會議，小國自然要懷疑祂們的利益可能成爲大國秘密外交的犧牲品。教宗庇護斯第十二向外國駐意大利記者協會宣稱：『我們常常講到和平，戰後「和平」二字大走其紅運，然而它已被人亂用；吾人在文告中對世人所需要的和平會予以正確的詮釋。目前我們祇希望（如果我們可以「希望」的話）各國擧行一次公開而誠懇的會談。』教宗這段話是值得那些玩弄政治的人物再三體味的。

法國輿論對邱吉爾演說的反應是贊同挾雜些指責。其指責的重點在拒絕邱吉爾批評法國兵役制，同時邱吉爾在演說辭中並未說明巨頭會議是否包括法國。法國人在這方面的不良反響，引起英國人的驚訝，認爲法國人太敏感。法國政府對於邱吉爾的演辭沒有公開的表示；法國外交部將他的演辭仔細分析之後，訓令駐英大使馬西里 (René Massigli) 向英國政府探詢：(一)巨頭會議的內容；(二)東方洛加路公約的涵義；(三)與法國有關言辭的解釋。馬西里會與英國外交部次長羅易 (Selwyn Lloyd) 長談，並留下一件與此事有關的文件。經過一度心情緊張之後，法國終於獲得滿意的答覆：這便是美英法三國同時宣佈召開百慕達會議。然而法國參加三强有些勉强，有些英美報紙以「艾邱會談」作大標題，「包括法國」作小標題。於是法國某報說，「三巨頭會議」在英美人眼中是「兩個半巨頭」會議。

法國一部份輿論及某些政治人物主張和共產集團成立妥協的主要原因是對德問題（越南問題當然也是一個主要原因）。五月十三日法國國民大會外交委員會議決，暫時停止討論波恩與巴黎條約（卽德國恢復主權與歐洲聯防軍建立條約），主張從速召開四强會議，會商德國問題。換言之，法國國會中有一相當重要部份的議員，主張在德國問題上與蘇俄妥協而避免德國武裝。這種危險的看法使經濟學人報發表如下的評論：「某些法國人想放棄歐洲團結一政策，而企圖和蘇俄獲得協議解決德國問題，在這種情形下將實現德國的統一和德國國防軍的建立，惟不許德國和西方或共產國家聯盟，他們之所以有這種想法，是由於他們認爲德國是眞正的敵人。而蘇俄也因此有和西方妥協的必要。但是任何曾經從事歐洲團結統一運動的法國政治家與支持西方列强對德政策的人們，不能不考慮此種統一辦法之足以破壞其個人信譽。而且政治常識所需要的軍事安全，也不容許採納此種辦法。現在法國有兩種選擇：或是讓德國參加歐洲聯防同盟，或是讓祂加入北大西洋公約組織。在前一情形下，德國將與法國携手共同建設歐洲；在後一情形下，德國將和法國爭奪頭等强國的資格」。

如果撇開主義不談，法國和蘇俄在對德問題上有某些程度上的共同利害關係；兩國都不願德國統一强大，兩國同時對德國有領土或經濟野心，蘇俄併吞東普魯士，讓波蘭佔領一大片德國土地，法國想抓住薩爾不放手，在遠交近攻的原則上，許多法國人認爲統一强大的德國比蘇俄更危險。然而世界在今日已分成兩種主義與政體絕不相容的陣營，德國遂成爲雙方外交戰的重心，雙方都希望把德國拉入自己陣營中，世界局勢愈緊張，德國的地位愈重要，雙方對德國的出價愈高，其結果蘇俄怕祂在東歐的控制地位受德國復興而動搖，法國在西歐的領導地位也同時發生危險，史大林在不能赤化全德國之後，便想牢抓住東德不放手，將現有的局面無限期的**拖**延下去。這種推論可由下面一段外交新聞作證明：本年二月二十二日美國國際新聞社 (International News Service) 的駐歐洲通訊主任史密斯 (Kingsbury Smith) 發表一篇新聞，標題爲：「不爲人所喜歡的統一」。他說：法國內閣某二閣員及另一重要盟邦駐巴黎大使在其私人談話中，認爲英法及蘇俄以間接方式或利用第三者阻撓德國的統一，法國某閣員說戈登會向他的法國同僚(註三)說：祇有在德國不統一的情形下蘇俄始能和西方列强和平相處，史密斯的結論：英法蘇對於防止德國統一已有某種諒解。他並說：某一國家駐巴黎外交官曾想起去年夏季史大林和意大利親共的社會黨領袖奈尼 (Pietro Nenni) 在莫斯科的談話，事後奈尼將史大林的「和平貢獻」轉告意大利大使 Mario di Stefano：「史大林認爲任何進一步的和西方列强交換德國問題的意見，祇是一種外交上的宣傳，他認爲德國的長期分裂是不能阻止的，實現統一的新公式當爲在保持兩個軍事政治組織完全分離的條件下求之」。華盛頓對史大林試探氣球的答覆是，美國報紙公佈了這件消息。換言之，美國拒絕史大林長期分裂德國的計劃。於是史大林採取報復手段，藉故要求召回肯南 (Kennan) 大使，同時加强他所謂的東德的「獨立與安全」，奈尼雖然在他的黨報 Avanti 否認他去年八月十日和史大林談話的一切，但是沒有人會相信的。漢堡「時代」(Die Zeit) 週刊認爲史大林的企圖對美國雖然失敗，對英法却成功了。三月十九日時代週刊轉載此項消息並加以評論後，始由德國當局向英法駐德高級委員查詢眞象，獲得所要求的否認。然而三月二十三日史密斯去信「時代」週刊堅持所報告的消息爲正確。不論事實眞象如何，由英法立國的基本利益，對外政策及一部份輿論觀察，這段消息是有相當的根據的。邱吉爾的新洛加路公約主張，不但和波恩條約的精神背道而馳，而且實現之後，勢必使德國中立，無異接受了俄人的主張。所以自邱吉爾和平演說發表後，西德政府非常緊張。積極從事各項外交活動以防止德國在未來的四强會議中被犧牲。阿德勞總理訪英時，邱吉爾向他保證西德的利益不會在未來的四强會議中被犧牲；接着西德政府要求派觀察家出席百慕達會議未得成功，於是派外交部政治司長Blankenhorn飛華府謁見艾森豪，內幕如何，官方未發表，但是 Der Spiegel 第二十四期（六月十日）發表 Blankenhorn 陳述西德政府的要求：(一)在百慕達會議期間三强與西德交換意見；(二)儘可能不召開或拖延召開四强會議，如召開應由莫斯科先實行下述條件：(甲)根據西方國家過去所提出的條件實行國際監視下的全德國自由選擧；(乙)保證代表全德國的政府以「平等權利」參加和約的談判，而不是事先由戰勝國規定條款由戰敗國簽字了事；(丙)統一後的德國政府應有權利締結條約，參加和平性的聯盟，並加入歐洲國家集團。關於四强會議，德國政府的意見大致如次：(一)德波現界應向東移至 Glatzer 與 Neisse 之線；(二)西方列强不承認現行的 Oder-Neisse 河界線，並支持德國要求，使之和波蘭談判，如何使德籍難民重返故土；(三)不再承認賠償、歸還、經濟統制與限制，並解散東德蘇俄經濟機構。此外德政府專使向美總統陳述德國對蘇俄政策的看法：蘇俄企圖根據波茨坦協定再度恢復四强控制德國，這是德國所不能接受的，阿德勞近來公開說：「波茨坦協定是我的惡夢」。六月十一日西德國會通過議案，認爲四强會議對德國的目標應爲：「(一)全德自由選擧；(二)成立統一自由的德國中央政府；(三)盟國在自由談判下和德國訂立和約；(四)在和約之內解決所有領土問題的懸案；(五)在聯合國原則內，保障德國中央政府和中央國會的自由行動權。十三日德國政府將這件差不多近於全體通過（十名共產黨議員除外）的議案通知美英法三國。西德政府深怕四强共同管制德國的重建，德國分裂的長期維持與歐洲軍的流產，所以用了一切的努力以預防這些可能的惡果。

東柏林羣衆在大雨滂沱中示威

意大利政府對史大林死後蘇俄所採用的和平政策表示極端的懷疑，對於邱吉爾的東方洛加路公約的意見反響非常冷淡，及至宣佈行將召開百慕達會議後，意大利半官方對此會議的召開表示同意，但認爲百慕達會議應爲另一大規模國際會議的前奏，不但包括各大國，而且應包括各中小國家的代表，使大西洋國家對世界問題獲得協議。比利時官方認爲百慕達會議足以協調英美法的意見，俾與蘇俄談判，但是小國必須獲知會議的內容，若採取任何決定，應諮商小國，在與蘇俄協商之前，應召開北大西洋公約會議，俾對嚴重的問題獲得一個公衆所同意的公式。荷蘭政府的發言人也有類似的意見。總之，德國及其他中小國家深恐三强或四强會議犧牲了她們的利益，所以發表言論預防雅爾達故事的重演。

艾森豪對邱吉爾巨頭會議建議的首次答覆爲：「韓戰休止及對奧和約實現之前，不能召開巨頭會議」。但是邱吉爾的演說證明英美之間存在着嚴重的意見紛歧，這種情形可能導致西方陣營的分裂，爲了鞏固西方世界的團結，爲了獲致共同同意的條件，以備必要時和共產集團談判，於是美國當局希望和邱吉爾會商，由於法國的要求於是有三强會議的籌備召開。蘇俄對西方行動的答覆，仍本其近來創立的作風——由「眞理報」著長文答覆，以代替昔日史大林的「答眞理報記者問」——五月二十四日「眞理報」發表長文，贊譽邱吉爾的演說，拒絕洛加路公約的建議，指責三强會議是

共黨坦克部隊出動鎮壓

「狼狽為奸」，是以增強國際局勢的緊張，認為不得在預先提出的條件下召開四強會議。該報雖未對四強會議一事加以可否，但結論謂蘇俄準備和西方國家會議解決國際問題。眞理報社論發表後，倫敦太晤士報謂：「此社論表示蘇俄的對外政策，西方想和蘇俄締結任何協約是相當困難的」。曼徹斯德導報說：『蘇俄最不喜歡的是西方國家形成統一陣線，因此她極力挑撥西方國家間的意見紛歧，「眞理報」評論邱吉爾演辭及其影響，故意擴大英美外交政策的差異，這些論調是不足驚奇的。』法國「世界報」說：『俄人對三強會議的召開感覺不安，但是三強會議的召開實是四強會議召開的必要前提。』至於華盛頓政界人士對「眞理報」社論則有下列的看法：(一)俄人已處於守勢，這是大西洋政策成功的最大證明；(二)俄國內部政情在分化中，這應該使西方想和俄國談判的人慎重將事，因為外人不知道誰在眞正統治俄國；(三)俄人仍一貫的企圖分化西方，尤其是設法使倫敦和華盛頓衝突；社論意在警告邱吉爾：「如果你在百慕達會議和美國站在一條陣線上，休想召開四強會議；」(四)四強會議的召開必須在韓戰休止及對奧和約簽訂後始可舉行。

接着「眞理報」社論的發表，蘇俄駐英大使馬立克(Malik)聲明拒絕出席對奧和約第二百六十次會議。俄國當局雖然在對奧和約上高聲說了一個Niet(不)字，在事實上却作了許多表現，對奧國及西方作讓步。在六月上旬俄國先後：(一)撤消奧國蘇俄佔領區對外交通的限制；(二)將奧蘇俄高級委員伊里車夫(Ilytchev)改任為駐奧大使；(三)允許奧政府得罷免維也納警察局高級共產黨官員；(四)恢復奧人利用多瑙河港口設備。在德國的措施也和西方「看齊」。五月二十八日蘇俄政府改組駐柏林的蘇俄管制委員會為高級委員公署，任命塞米奧諾夫(Semionov)(註四)為高級委員，六月五日召回東德蘇軍統帥崔可夫(Tchuikov)，而代以位望較低的格利池可(André Antonovitch Gretchko)中將，蘇俄改組她的駐德機構的作用之一是為了他日和西方談判德國問題。

今日蘇俄的和平攻勢固然是在破壞自由世界的團結，使歐洲軍流產。但在另一方面看，她為了應付對內對外的困難，不得不採取這些手段。六月十三日蘇俄電臺廣播烏克蘭共產黨首席秘書美爾尼可夫(Melnikov)被解職。根據公報的研究，他的罪過是企圖將西烏克蘭(波蘭舊地)俄羅斯化；換言之，蘇俄當局已不能不顧及非俄羅斯民族的利益。此外美爾尼可夫是俄國共產黨中的紅人，在黨中佔第十三把交椅，他的跨臺可以說是貝利亞的成功，在蘇俄附庸國中更出現新的嚴重危機。蘇俄最重要的附庸國是捷克和東德，然而在捷克和東德近來却發生了最嚴重的事件。捷克政府因通貨膨脹的危機，在六月初實行貨幣改革，事實上將工人的收入大大的削減，同時取消食物配售，因此發生搶購物資的風潮。由於工人的不滿意而發生暴動，連捷共官報也不得不承認六月五日 Pilsen 及六月六日七日 Moravska-Ostrava 的工人暴動。Pilsen 城的工人侵入市政府撕毀史大林和哥德華(Gottwald)的像而代以貝奈斯(B nès)的像。示威者大呼：「我們要自由選舉！」捷共官方當然將暴動的責任歸咎於「人民之敵」的煽動。據說暴動經軍警出動彈壓始得平息，局外人不知道究有多少犧牲者，東德的情形一向嚴重，六月十日東德共產黨政治局發表公報，公開承認過去政策的錯誤，「結果使人民紛紛逃亡」。因此決定停止「蘇維埃化」活動，允許給私人企業以相當的自由，並要求難民返鄉，發還其土地財產。公報說這些手段的採取是「為了促進東西德統一的實現」

(下轉第31頁)

示威羣衆冒險取下布蘭登堡牌樓的紅旗(上)
撕成小塊以作戰利品(右)

馬德里近事

（馬德里航訊）

警雷

一

西班牙人是歐洲最愉快的民族。「今朝有酒今朝醉」，一派豪放而樂天的氣質。馬德里的酒吧間特別多，馬德里的市民都懂得如何尋樂。而今年的夏天，爲他們帶來了偌多的盛事，使馬德里更充滿了無限歡樂的氣氛。

首先値得一書的是，美國新任大使克雷孟杜納（Clement Dunu）本月九日呈遞國書，與佛朗哥將軍暢談，歷時之久，爲記者來西班牙後所僅見。每個西班牙人心裏都明瞭：美西軍事協定經過了二年的折衝，現在是已經眞正談攏來了。新大使即將代表美國簽約，二萬七千名美國技術軍事人員即將來西，繼軍援之後，經援也會源源而至。馬德里市民的生活，自此較前將更爲舒適，一片美好的遠景，正在等待着他們。

另一件可與美大使呈遞國書相比美的是，我國政府贈與佛朗哥將軍的卿雲勳章，由于大使代表我政府在馬德里皇宮內舉行授勳典禮。西班牙爲歐洲高原之一，普遍乾燥，亢旱幾爲司空見慣之事。今春雨雪不豐，旱象已露，但自報載我政府贈勳之後，連日小雨三場，西班牙人笑逐顏開，異口同聲都說：謝謝中國，卿雲帶來了甘霖。西外長在接見于大使時就會這樣開了一次玩笑。

二

這幾天，中國同學、華僑與使舘，都充滿了惜別的心情，因爲愛護中國的比國教士雷震遠司鐸在小住西都之後，即將離去。兩相共惜別，楊柳也依依！

雷震遠司鐸自到華以後，爲我們中國作了不少的事情。特別是在抗戰期間與勝利以後一段時間，更盡了最大的努力。極爲我國當局所重視。政府剿共在華北失敗之後，司鐸悵然南下，繼續奮鬪。厥後目睹國際氣壓日低，遂命駕美、法、意、比、荷、瑞諸國，到處演說，竭力反共。三年之中，所作演講不下二千餘次，尤其在美國，幾乎沒有一個角落，他沒有代政府慷慨陳辭！

他曉得西班牙的留學生反共意志最堅決（大公報及國內共黨報紙多詆譭西班牙留學生爲特務間諜），他覺得應與這一批反共分子聯絡，於是毅然來西小住，前後不過十一日，中間還曾旅行葡國，但他與同學們作了四次演講，並與每個同學都作過個別談話。他對反共建國應有準備事宜，以及目前在西班牙所應工作事項，也都極中肯綮的說了又說。他强調未來建國，需有代替共產思想的好思想。

雷司鐸不諳西班牙文，因此他不會準備向西班牙人宣傳。但是在知識界與軍人階級堅邀之下，他終於向幾個大學作了法文演講。他又向海陸空參謀學校講演一次，最後又向全西班牙廣播。結果凡是聽過他的演詞的人與記者談話時，無不表示讚佩。

凡接近過他的人，都感到他心中燃燒着反共的熱火。大使舘的秘書一再向記者說：雷神父舌端橫掃百萬軍！于大使也表示：雷司鐸實在是一員反共的健將，人類正義的象徵。

在惜別的場合裏，記者自涖西以來，覺得這是場面最大、情緒最熱烈的一次。使舘人員與華僑同學全體都出動了。一個外國人這樣愛中國，我們中國人更當如何？

三

最近韓國換俘問題已達成協議，毛記王朝又垂涎聯合國的席位，英法兩國極感興趣，美國暫持緘默。對於這些局勢的趨變，西班牙朝野態度至表憤慨，他們痛詆國際間之不講正義，大家敏感到我自由中國或將再度被出賣。換俘問題商討之第一日：馬德里前進報即大字標題：蔣總統又冒被出賣危機。社論特別向自由世界警告，不要忘了正義。其他各省日報也有同樣論調。記者在陪雷震遠司鐸會見軍政要人時，無不向記者表示國際之缺乏正義，中國或將被出賣，對我國深表同情。甚至一般市民也是同樣表示。記者向他們堅決表示：自由中國將爲自由奮鬪到底，無論被出賣與否，仍是同樣抗俄反共。他們紛紛以熱烈的同情握住記者的手，堅決表示：西班牙將到死作自由中國的朋友！

四

此外，在這幾天，我們的留學生在馬德里演講我國生活情形，特別引起了西班牙人的興趣。在每次講演之後，除去馬德里的各報記者紛紛訪問之外，駐馬的外報（西班牙各省報）記者也來訪問，紛紛索稿，摘要登載。巴塞羅納某大雜誌並將全文刊出。目前我們正在計劃作一系統講演，宣傳中國文化，使西班牙朝野加深對我國國情的認識。另有若干同學，費煞苦心，將在西班牙各處所有我國文物，全部借來，籌開一大規模的展覽會，經費暫由某學會代墊。其愛國熱烈，眞堪敬佩。　六、十六、馬德里

（上接第30頁）

使百餘萬壯丁，發動抗美援朝的瘋狂戰爭，我們絕不能認爲不應該有這些壯丁，更不能說這些壯丁的父母不該生這些兒子。

今天，我們的國難方殷。痛定思痛，檢討過去的成敗得失：這是應該的，而且是必要的。但我們檢討的目的，是在平心靜氣的找出失敗的原因，以作策勵將來的準備，不是在任意譭謗別人，以淆惑社會的觀聽。

胡先生有他的長處，有他的貢獻。尤其站在今天反共的立場，我們不能對他放棄或攻擊。反之，我們應該巧用他的聲望、歷史，來加强反共的陣容，加强反共的鬪爭。爲什麼這樣一張有力的王牌，落在我們手裏，非特不能發生作用，反倒成爲一些人攻擊譭謗的目標呢？我想，這恐怕是我們不濟的一個小小的原因。這是我們大家所應該深思反省的。

香港通訊

大陸上中學教育的惡變（下）

劉書傳

四

關於工農速成中學的教育，根據一九五一年二月十日僞中央教育部頒發之「工農速成中學暫行實施辦法」規定：招收年在十八歲以上，三十歲以下，具有相當於高小畢業的文化水平，身體健康，不分性別，並具有左列條件之一者，由原機關、部隊、工廠、農場、及工農幹部文化補習學校選送，經過考試手續，均得入學。

1.工農家庭出身或本人是工農成份的幹部參加革命三年以上者。

2.非工農家庭出身，本人又非工農成份的幹部，參加革命五年以上者。

3.工廠、礦山、農場等產業部門的青年工人，工齡在三年者。

其所謂「工農幹部文化補習學校」，在招收具有初步閱讀能力，年在十八歲以上至三十歲，並參加革命工作三年以上，身體健康，不分性別之工農幹部，施以相當於完全小學程度的兩年教育，畢業後由其原來機關分配工作，或升入工農速成中學或其他幹部學校繼續學習。（見一九五〇年二月十日僞中央教育部頒發的「工農幹部文化補習學校暫行實施辦法」）

由相當於小學之「工農幹部文化補習學校」而相當於中學之「工農速成中學」而相當於大學之「人民大學」，這是中共所謂工農教育的新體系，也是完全免費的公立學校，且可帶原薪入學。工農速成中學暫定爲三年，必要時得延長爲四年，取一貫制而不分高初級，亦以秋季始業爲原則。其課程爲國文(包括講授、作文和寫作指導)、數學(包括算術、代數、幾何和三角)、自然(包括植物、動物、生理衛生和達爾文學說基礎)、化學、物理、地理(包括本國地理和外國地理)、歷史(包括本國史和世界近代史)、政治、製圖、體育、音樂。授課時數每學年以四十週計算，三學年教學總時數爲一千零八十小時。各科授課時數與自習時數的比例爲：國文二比一，數學一比二點五，理化一比一，史、地、自然、政治二比一。學生每日學習時間(包括上課與實習時間)，以不超八小時爲原則。其學校組織、編制與會議，略同於普通中學，惟課外社會活動較少。教員每班設專任三人，三班設職員九人(校長、總務主任一、教導主任一、一般職員六)，工友三人。三班以上者每班增設職員工友共一人。供給制學校每四十個學生可增設炊事員一人。凡有暖氣設備的學校，在冬季可酌僱鍋爐夫若干人。僞中央及各大行政區所設立的實驗性的學校，可視實際需要酌添工作人員。炊事員通取「包乾制」。每十班設校醫一人，不滿十班者酌設特約校醫或護士。

工農速成中學的設置，現暫由僞中央及大行政區統籌舉辦。僞中央直接舉辦者，由高等教育部直接領導，有如過去之「國立中學」。由各大行政區或各省市人民政府舉辦者，由各該文教部、廳、局直接領導。其設置與變更均須報請僞中央高等教育部備案。各高等學校得附設工農速成中學，其經費由各級人民政府教育事業費內開支報銷。工農速成中學的設備，統較普通中學爲佳。爲了獎勵它所謂優秀的工農幹部及產業工人入學，凡對離職的學生，在學習期間，其原有的軍齡、工齡應繼續計算。「供給制」幹部入學後，其政治和物質生活等待遇必須保留。「工資制」幹部按其相當等級受供給制待遇，工人亦按一般供給制待遇。學生入學後其家屬生活困難者，且「得酌情予以補助」。（見一九五〇年十二月十四日僞政務院「舉辦工農速成中學和工農幹部補習學校之指示」）其爲提高工農速成中學教員品質，待遇概較當地普通中學爲高。其教材及教科書則上與人民大學下與文化補習學校聯絡，另成一套。這是中共所謂新教育新學制的中心，目前僅收其資深的工農幹部及被認爲可靠的產業工人。

至於業餘中學亦以其工農幹部及產業工人爲對象，由各級人民政府、機關、工廠、礦場及人民團體根據僞中央教育頒發的「業餘中學實施辦法」，按初、高兩級分設或合設。其學制、課程、組織、編制、會議等，亦似普通中學，惟較更精簡而已。其教育多取「兩部制」，以應業餘需要。此雖工讀制度下的產物，但非一般青年所能享受。因學生不能全日上學，故初、高級修業年限規定三年至四年。業餘中學課程既取較普通中學爲「精簡主義」，故音樂、美術、體育等科，可有可無。業餘初中下與「業餘初等學校」聯絡，上與業餘高中聯絡。業餘高中上，更有所謂「夜大學」者。這統稱爲「工農業餘教育」，其畢業生升學者，則不限於業餘學校系統。如業餘初中畢業者既可升入業餘高中，復可升入普通高中及其他同等的中等專業學校。業餘中學程度雖較普通中學爲低，而入學年齡却較普通中學爲高。業餘教育原爲社會教育一種，中共納於正式學校系統，固無可厚非，惟不准普通青年入學，爲其罪惡所在。

大陸上不斷的改造舊的知識份子，又不斷的改造新的知識份子。如此不斷的改造，故中學之思想鬭爭，永無終止之日。一九四九年秋，湖南教育被接管之日起，如益陽縣中教員王孟青、南岳岳雲中學教員黎贊唐、長沙長郡中學教員楊少岩、妙高峯中學教員方緑蓀、益陽信義中學教員聶觀龍、粟運

（下轉第10頁）

布老虎

風雷

一

春日裏好做夢。

小祥正做夢，夢見自己身在荒野中，黃斑虎追着他，自己被黃斑虎扯着咬着……

可是現在什麼都不見了，只見窗外是一片和煦的陽光，花架上有一叢白色杜鵑，正盛開着，一隻藍蝴蝶在周圍飛翩。微風輕拂窗帘，帘聲拍拍，書桌上的一些紙張給吹亂了，吹散了，落在地上椅上几上……。原站在書桌邊緣的布老虎，也被窗帘打落，躺在燈臺上，兩顆綠眼珠直瞪着小祥。

布老虎是鵝黃絨布縫成的，一條條的黑紋，小小的碧綠的琉璃珠的眼睛，額角前淡淡的三條黑紋畫成一個「王字」。但尾巴早脫了，左額角有處傷痕，用一片淡黃布補綴着，色澤也有點灰暗。

「這不正是夢中的黃斑虎嗎！」小祥想着覺得眞好笑。于是翻個身依然埋頭睡，可是再也睡不着，——他想起了那隻布老虎，想起了布老虎的故事，心裏不免起了淡淡的憂傷。

二

正月裏，一頂藍呢轎，媽媽轉娘家，小祥跟去探舅母，他愛舅母，愛舅母屋前屋後的田疇，山坡與竹林，愛與自己一般大小的伙伴，舅母也愛他，老愛拉着他的手，摸摸他的頭，香香嘴，讓他坐在膝蓋上講故事，或者問：

「小祥，愛舅母嗎？」

「愛！」小祥低着頭。

「這孩子可眞乖，又聰明又懂事，小燕比他大一歲那及他。」舅母誇獎小祥，說着又香嘴。

「小祥老實得很，不及小燕精。」媽媽可愛小燕。

這時，一個小姑娘跳跳蹦蹦的跑進來，是小燕，她比他大一歲，才八歲。小燕穿着紫紅色的毛衣和裙子，烏黑的頭髮上繫着一個紫紅色的蝴蝶結，頸子上則是一條白色的紗圍巾，欵欵的把那張俊俏的小圓臉襯托着，圓臉上的那對大眼睛，靈活得像秋天熟透的晶亮的黑葡萄，小嘴上是一個端正大方的如玉石琢成般的鼻梁。……她就像夏天雨後荷塘水面的絳色小蜻蜓，逗人喜愛。

「小燕，過來叫姑母。」

「姑母。」

「小燕，叫弟弟。」

「弟弟！」小燕輕輕的叫，低下了頭，手指玩弄着裙角。

「小燕你叫 小祥就行。」媽媽說：「小祥叫姐姐。」

「姐姐！」小祥呆呆的望着她，他很喜歡她。他喜歡她像秋夜的明星。

小燕像貓樣的偎依在媽媽懷裏，那眼睛偸偸的望着那個陌生的男孩，小祥也偸偸的望着那陌生的女孩。

媽媽與舅母滔滔不絕的談着家常：談年成，談外面漂泊的辛勞，談到兒女們，最後談到小燕與小祥。

兩個孩子一塊兒在地板上玩着。小燕抱起洋娃娃，小祥推着小搖車。小燕一邊哄着娃娃睡一邊說：「寶寶要睡了，你來搖搖她。」小祥果眞把搖車推過去，讓娃娃睡着，小燕帳帳呀呀的哼起催眠曲……

「寶寶睡熟了，我們要煮飯了，你去拾點柴吧！」小燕吩咐着小祥，像一個妻子對丈夫的說話：

「我也要去採點菜來呢！」

兩個孩子于是手挽着手飛跑出了門。

「他們成了兩小口子呢！」舅母與媽媽看着都笑了。

三

昨夜下了雪，院子裏給堆得厚厚的白皚皚的如一片新彈的棉絮舖在那裏。遠處的竹叢給壓得低下來，低得幾乎挨了地。山峯與屋脊全像是用銀子堆起來的，或者是無數珊瑚樹砌成的。素淨，雅緻，如一片晶化了的光海。

「雪呀！雪！」早晨小燕在窗口望着那片美麗的雪色，不禁高聲地嚷着。

「雪？」小祥也忙着從被窩裏爬出來。

「小祥，你看多好玩？」小燕指給他看白的山峯，白的樹林，白的竹叢。

「眞的好白呀！」小祥不是第一次看到雪，但覺得今天的雪比那一次都美。都白，都晶潔。

「小祥我們去玩雪好嗎？」

「好的，做雪老人。」他拍着手。

「還有滾雪球。」小燕覺得他說漏了給補上。

「那麼去吧！」小祥說着就要走。

「慢着，很冷呢，把你的圍巾也圍上。」小燕像大姐姐一樣給他圍上一條綠色的圍巾。然後跳着笑着下樓了。

他們找到了一把掃帚一隻畚箕，先把雪花扒攏來，不到一會兒白色的雪堆成了一座小山。

「現在我們好動手了。」小燕把掃帚丟在地上雙手放到嘴邊去呵了一陣說。

「滾雪球嗎？」小祥正揑着拳頭那麼大的一團雪，在地上滾。

「不！做雪人好玩。」

「做雪老人嗎？這個就做頭吧！」小祥把雪團的一邊挖了兩個孔，坎上兩顆圓形的黑木炭，得意地說：「姐姐，你看這像眼睛嗎？」

「像的，我就做身子好了。」小燕蹲在地上忙碌着先把雪堆的下面削直些，膝部又給堆上些，一會兒就成了一個身子的形狀。但他忽然又想起另一件事，她忙站了起來，望望小祥偏着小腦袋說：

「小祥，你以後別再叫我姐姐好嗎？」

「叫什麼呢？」小祥沒有停止工作。

「叫我小燕好了，我不願做姐姐，我比你大不了多少。」

「那不行，我得叫你姐姐，媽說的。」小祥固執着。

「為什麼不呢？我也叫你小祥呀！」小燕鼓起了腮子。

「媽不准的。」

「不管媽好了，你叫我名字，要不我不理你了。」小燕裝出生氣的樣子，其實她並不生氣。

「小燕，我叫你名字，你別生我的氣！」小祥却認眞懇求着。

「那才好呢！我才沒有生氣呢！」

兩個孩子的耳朵、鼻子、小手早給凍紅凍僵了，不時放到嘴邊去取暖。雪人終于給堆成了，那是兩個並排坐着一般高矮的雪人，眼珠嘴巴是用三顆木炭嵌進去的，那是小祥的傑作，頭髮則是一把稻草灰，頸子上還給圍了一條紅紙的小圍巾，小燕說「他們冷着呢。」這雪人除了其中一個的頭髮長了點，其餘的地方就很少有差別，可是在小燕與小祥心裏是有分別的。譬如說頭髮長的，他們說他是女的，嘴巴稍微大一點的是男的，他們說它們是一對新夫婦。

「這是新媳婦：這是新郎倌，」小祥跳着說。

「新郎倌是你，新媳婦是我。」小燕跳着也說。

「他們今天結親啦，嘟嘟啦嘟嘟啦。」他們自己充當吹鼓手。

「賀喜啦，」他們又變成了賀客。于是攙着手，繞着雪人奔跑着，追逐着，嘻笑着，跳躍着，一把一把，抓起雪花，當作彩紙，直向雪人頭上洒去。然後他們離開了雪人，往院牆外奔去，淨潔的雪地上印上了兩行小脚跡。……

四

舅母愛小祥，讓他跟自己一床睡，小燕給擠到了脚後頭，舅母跟媽一樣愛打牌，每次總讓他們先睡着。她只給他們理好被便下樓去了，一會兒「劈拍」牌聲響了。

於是小燕抬起頭輕聲問小祥：

「你會唱歌嗎？」

「會的，你聽着」小祥唱起來：「綠的葉子，紅的花……」

「這不是歌。」

「是的，我媽教我的。」

「這歌不好聽，我唱個給你聽。」小燕也要表現自己。

「還君明珠雙淚垂，恨不相逢未嫁時，……」

歌聲很清脆悅耳。可是因為這是一支大人們唱的歌，小祥不懂，其實小燕也不懂。

「這是什麼意思？我不懂，你懂嗎？」

「我懂，媽教的，說是從前有兩個人，一個男的，一個女的，他們很要好，」

「像我們一樣好嗎？」小祥懷疑地問。

「你莫打斷我，聽我說呀，後來男的到很遠很遠的地方去了。」

「到什麼地方去？為什麼要走？他們不好了嗎？」

「不，他們要好的，不知道他為什麼要走，而且走了很遠，女的便等他回來，等了很久，很久，總有十多年吧，他沒回。」她嚥了一下口水繼續說：

「後來他回來了！」

「那他們又好玩了，」小祥高興地嚷着。

「才不呢，」小燕並不高興。

「為什麼？」

「她已經嫁人了。」

「嫁人了，為什麼又要嫁人呢？」

「因為他不回，她媽給她許了人，他回來了，她眞傷心呢，她把他從前送她的一對明珠還了他，要他和別的女人結婚。」小燕不作聲了。

「以後呢？」

「沒有了。」

五

一天，舅母拉着小祥笑着問：

「小祥，你喜歡小燕嗎？」

「給你作媳婦，要不要？」舅母見他低着頭不答話，繼續問。

小祥遲疑着，他害臊。因為娶媳婦是羞事。

「小祥，小祥，來！」小燕又在門外叫他去，他正想逃出去，可是舅母不讓他走，她要他說，說完了才許走。逼不過終于輕輕的說了，聲音輕得像花叢的蜜蜂。

「要！」說着拔腿便跑了，一出門，便傳來兩個孩子的嘻笑聲，但舅母與媽媽的笑聲更響亮。

六

舅母家屋後有條小河，小河上有小橋，河那邊有田疇，田疇右邊有山坡，山坡上是果園。雪溶的日子，山坡上開遍了腥紅的桃花，淺紅的杏花，雪白的梨花……密密層層像一片霧，像一堆雲，一直蓋過了山坡，山坡下連接着的是一片廣濶的金黃的菊花，和深紫色的紫雲英，好似一襲自然的錦簇的地毯，地毯上飄漾着春的氣息，芬芳的氣息。這氣息引來了藍蝴蝶，黃蝴蝶，白蝴蝶，花的，黑的……蝴蝶，在上面翻飛，軟腰蜂翁翁的在花蕊中穿梭，孩子們在那兒戲嬉。

小燕從山坡上折了大束的鮮花，奔向綠色的紫雲英田壠上，把整個身子埋進了花莖，頭髮上的紅蝴蝶結在紫色的小花上飄動。她正一本正經的在摘着紫雲英束着小花球，束花球是女孩子愛作的玩意，只要一到春天便會躲進花叢裏去束花球，小燕已經束好一個了，現在正束第二個，她在花球中摻了些從山坡上折來的梨花、桃花和黃色的菊花，顯得更美麗，更雅緻。

她輕輕的唱着一些無名的歌。她雖然專心在作花球，但她却注意着從屋子通到這裏來的小徑，她幾次望過去，小徑上却沒一個人影，這使她有點惆悵，于是她只好整理花球。第二個花球整理好了，她又向小徑望了一次，然後將身子往草莖裏一鑽，身子全部淹沒了，連着蝴蝶結，她頻住了呼吸。

「小燕！」現在那小徑上來人了，這是小祥，小祥飛快的跑着叫着，因爲沒有回音，他的脚步停住了，懷疑的四處張望。

「小燕！」他正打算轉身回去，突然他的眼睛給緊緊的蒙住了，一個怪聲音說：「是誰？你猜，猜中了放你。」

「小燕，一定是你。」小祥心想猜中了，可是手仍未放開。

「小燕，放手，我給你東西玩，還有好吃的。」

「快放手，要不我不理你了。」小祥有點惱了。

手撒開了，小祥眨了一下眼，睜大了，眼睛怔住了，面前沒有小燕，小燕在遠遠的紫雲英花莖中嘻嘻地笑着。

「小祥，有什麼好吃的？給點我吃。」舅母隨着來了，向小祥做着鬼臉。

「沒有，布老虎，舅母送的。」小祥撅起小嘴不高興。

原來舅母帶小祥進城去時，給他買了一隻精巧的小布老虎，小祥挺喜歡，不過雖然他很喜愛布老虎，却更愛油蔴棗，油蔴棗是小燕喜歡吃的。油蔴棗是糯米做的，裏面是白糖，外面有芝蔴，白芝蔴黑芝蔴都有，有時也有兩種芝蔴和在一起的，又香、又甜、又酥，小祥也挺愛吃，尤其咬着那些小芝蔴咯咯響，好玩得很，本來小祥想要舅母買兩個，可是舅母說油蔴棗不易消化，不讓吃，他便偷偷的買了兩個放進口袋裏，預備同小燕分着吃。舅母把這些全看在眼裏，可是她不說。

一到家，小祥跑來找小燕，舅母也跟來了。

「沒有？你那隻油蔴棗呢？留給你那小媳婦吃的，是不是？」

「沒有，沒有！」小祥跺着脚，手掌緊緊的掩住口袋，生怕油蔴棗會飛出來被舅母吃掉似的。

「好啦，別急啦，舅母說着玩的，玩一會回家去吧。」

舅母說着就走了，他們便分吃着油蔴棗。然後小祥拿出那隻布老虎在草地上玩着：「這隻布老虎好玩嗎？」

「好！好得很。」小燕眞羨慕小祥有一隻布老虎，而自己却沒有。

「你喜歡？送給你。」

「那你就沒有了，我不要。」

「我，爸會給我買的，這給你。」小祥把布老虎塞在小燕手裏，站起來往山坡上跑：「來！我們來爭『四屋柱』。」

小燕有了這麼一隻精緻的布老虎，興奮極了，她親着它，抱着它，拍着它，給它唱歌，……最後讓它睡在草地上，花球給它當作枕頭，睡着時，她不驚擾它，她說它累了。睡熟了，她才離開它，與往日一樣作着追逐的遊戲，追的總是小祥，逃的總是小燕，追着了便扭作一團，在草地上打滾，然後大聲叫笑。

當他們玩得疲倦的時候，小燕才又想起了布老虎。布老虎睡的草地給他們踩壞了，布老虎枕的花球給踢散了，布老虎也不見了。後來雖然在草地旁邊的小溝裏找着了，可是額角上受了傷，尾巴被踩脫了，毛片也沾汚了。

「我們不該這樣玩的，我們不該這樣玩的，我的可憐的布老虎……」小燕拿着那條斷脫的小尾巴往上湊，再湊也湊不上，于是她哭了，哭得很傷心。

「不要緊的，等我長大了，給你買十個百個千個。」小祥安慰着她。

「眞的嗎？」

「當然眞的。」

小燕笑了，兩眼掛滿了淚珠，好似一雙水葡萄，她笑得那樣美麗，美麗得如一片黃昏的雲霞。是的，現在已經黃昏了，他們該回去了。

七

「小祥，小祥！」小燕滿高興的叫着，跳着跑進來，手裏提着兩串長長的透紅的紅扣，頸上也掛了一條「紅扣」的紅色項鍊，紅扣是春天山上的野果，他們愛它那又酸又甜的味道兒，每次他們去採紅扣都用狗尾草串起來，等到串滿了兩條狗尾草時，便結成一個圓圈套在頸上，像一串紅色珊瑚的項鍊，美麗得很，小燕總愛這樣做。昨夜小燕與小祥約好今天一早上山坡上去採紅扣的，小燕一早起來了，小祥却還睡着，她怕去遲了紅扣會給先去的人採走，等不及等他，便先去了，可是小祥隨後也沒有去，這使她很生氣，她打算罰他一次，只讓他看到，先不給他吃，等他說了好話再給他。于是她忙着找小祥。

「小祥，小祥！」屋子裏沒有小祥。

「小祥，小祥！」院子裏沒有小祥。

「小祥，小祥！」屋後草子田裏也沒有小祥。

「小祥，小祥！」……

「還找什麼呢？小祥找不着你已經走了。」媽媽剛好送走了姑母回來，聽見小燕找小祥告訴小燕說：「姑母家有人來接他們了，聽說姑夫要遠行呢，他們要一同去，急着走了。」

小燕聽到說小祥走了，呆住了，慢慢的不知不覺的一滴淚珠爬過了臉頰落到衣襟上，兩串紅扣項鍊一齊落到了地上。

「不要你了，」小燕踢散了紅扣，傷心地哭泣。

紅扣在地上如珠子似的滾轉着。

「傻丫頭，這有什麼好傷心的，小祥過些時還會來的，走，跟媽回家。」媽媽拉着小燕的手安慰着她。小燕可並不聽這些，反而哭得更傷心，哭了一回，擺脫手跑了，跑出門去，向小祥去的路上追去，她要追着他，要他回來。她一路上大聲的喊着小祥的名字，然而大路盡頭是空曠的，不但沒有回聲，連一點影子都沒有。小祥已經走遠了，他再不會聽到她的聲音了……她哭得更傷心。

八

春天，一個接着一個的來了又去，去了又來。

三月，又一個繁花壓枝的三月，小祥與小燕分別十七年後的三月。小祥突然想到應該回故鄉去一次，故鄉雖然已沒有他的親人，但却有他的舅母與童年的伴侶小燕，過去這些年，爲了求學，爲了事業，幾乎將她們全都忘掉了，可是現在忽然想看看她們。

「日子過得眞快！十七八年不見了，不知她們可好？」小祥被一種不可捉摸的東西誘惑着，他回去了，一顆急于歸去的焦灼的心，幾乎使他來不及安下心來給她們寫信。

他挨過了紛煩的汽車火車，輪船的顚動，噪雜，暈眩嘔吐、疲勞……下了船，已經是舅母居住的縣城，他來不及瀏覽一番十餘年後的縣城的興衰，也不會去訪問這城裏他熟悉的地方，便去找尋一頂下鄉的藍呢轎。但尋遍了半個城也沒找着一頂藍呢轎，最後他只好詢問行人。過路人向他打量了一番，終于微笑着告訴他：

「先生，初到這裏來吧？這裏的藍呢轎早只用在娶親了，現在大家只坐洋車，喏！那邊就有車行。」

坐在洋車上，他想找尋一點過去熟悉的痕跡，找回一點童年的記憶，即或是一個人，一棵樹也可以。然而沒有，無論山、水、樹木、小草、行人、洋車、流雲、田疇對于他一切都是陌生的，連車輪壓着沙沙地發響的沙土路也不是從前的。

「眞的，什麼都改變了，藍呢轎也是過時的了，想不到短短十餘年改變得這般出人意料！……」小祥第一次感到一種無名的悵惘佔據了他的心。

傍晚時分，他接近了舅母的村子，因爲道路狹窄了，他只好步行前進。現在他重又看到山坡上紅的桃花，白的梨花了，左邊廣濶的田壠上，依然是厚厚的密密的綠色的紫雲英與它的紫花，有幾塊黃色的菜花點綴其中……

這時落日西沉，一片金色的夕陽的餘輝，薄薄的罩着這美麗的地毯，地毯上有三四個孩子在作着瞎子捉賊的遊戲，其中有一個穿着紅裙子結着絳色蝴蝶髮結的女孩子，年紀大概四五歲，他覺得彷彿就是小燕，立刻他似乎得到了什麼，他很興奮，他的年紀也好像在退縮，退縮到從前的歲月。不過這只是短時間的事，隨後他想到這是絕不可能的事，因爲小燕已經與自己一樣成人了。

在舅母門前，他躊躇了好一回，一直等到那個穿紅色衣裳的小女孩跑進屋去，拉着舅母出來指着他說：「外婆外婆，有客人來啦！」

舅母蒼老了，頭髮也已花白，背部微屈，只是眼睛似乎還好，她向他打量了一番，很快的認出來了：「小祥！是你回來啦，幾乎不認識啦，唉！十多年不見，把舅母想死了。怎麼不進來呢？呆立在門口。」舅母顯然很興奮。

「唔！舅母，我差點認不出門了，我剛才正在打量呢。」

「咳！眞的，十多年許多地方都變了，你也變成大人了。」舅母還像從前那樣撫着小祥的短髮，一邊吩咐着旁邊立着的小女孩說：「茵兒，你去告訴厨子，說有客呢。」

小女孩沒有立刻就走，她躲在小祥身後，摸摸他的衣角，弄弄他的口袋，對這陌生人似乎感到很有興趣，小祥這才記起了這個孩子，他總覺得這孩子挺面熟。

「舅母！這孩子挺可愛的，是誰呢？好像很面熟。」

「嗯！淘氣得很。茵兒，叫叔叔。」舅母斂起了笑容感慨地說：「這是小燕的孩子呀！」

「小燕的孩子？那麼她是結婚了？她可好？」小祥的聲調很不自然，但他盡量壓制着自己，使感情平靜，可是他是失敗的，他並沒有完全做到，這些舅母看得很淸楚。

「孩子，你似乎很疲倦，我們且別談這些，你好好休息一回，舅母慢慢告訴你一些她的事吧！」

舅母還是從前那樣的喜愛小祥，她親手給他收拾了一間整潔的房間，那房間便是從前舅母自己的，現在却空着，舅母因爲嫌它太大，怕寂寞，早遷到另一間較小的房間裏去了。她給他在房裏整理了一張柔軟的臥床，床架是朱紅色的，木質的床邊靠窗處放一張舊式的書桌，那是原來存在的，書桌上堆了一些書，上面蓋着厚厚的一層灰塵，分明是很久沒有人整理過，氣氛顯然空虛淒涼，小祥的情緒被這氣氛襲擊得有點激蕩，往事不斷的來扣擊着記憶的門，他感到莫名的憂傷，這點憂傷一直到舅母進來方才收起。

「坐下吧！小祥。」舅母慈祥的微笑着，一邊拍拍身旁的床沿：「我們來談談別後的事吧！」

「小燕呢？現在在那裏？」小祥急于知道小燕的情形。

「你還記念着小燕嗎？」

「是的，舅母。」

「可是，孩子你已經來遲了。」舅母哀傷地說：

「是的，來遲了。」

「假如在一年前回來還不算遲。」

「爲什麼？」小祥不明白。

她嘆了一口深長的氣，深沉的，緩慢的說着小燕的事：

「男大當婚，女大當嫁，舅母自己總覺得沒有錯，所以小燕長到十九歲那年，便給她對了親，夫家的長輩與你舅父是世交，有聲望的大戶人家，女婿進過洋學堂，後來又上了大學，而且人品也很好。小燕對這些都無意見，只是說自己年紀還小，舅母以為女孩子害羞，不便說，我就給她作主了，第二年春天就出了閣。

「婚後他們夫婦間感情很好，只是小燕的性情變了，變得傷感，悒鬱、寡言笑，與從前判若兩人，當年冬天便生了茵兒，茵兒出世以後她高興了一個時候，可惜這時間不長，不久又回復了原狀，面容日見消瘦，飲食驟減，後來病倒了。

這縣里雖沒大醫院，只要有名一點的大夫、醫院都去了，都請了，誰也診不出她有病，可是她實在有病，因此他們說她貧血，說她神經衰弱……然而她患的終究不是他們所說的病，而她也從不肯吐露一點根由，情形只有一天比一天變壞。

「去年春天，我把她與茵兒接過來，以為轉變一下環境，也許還有轉機，然而這也是徒然的事，到了暮春，她已不再起床。不過這時節她却顯得特別愉快。這只是夕陽的餘暉，距死期不遠的徵兆。」

舅母說着說着已經熱淚縱橫，嗚咽了起來。

「小燕眞死了嗎？」小祥夢囈般的說，痛苦如千百把刀箭在他內心戳扎着。

「是的，四月末的一個黃昏，小燕離開這人間了。算來已經一年了……」舅母拭着淚珠。

「小燕的病難道至死還得不到一點根由嗎？」

「上一代的老年人往往不會了解下一代年青人的心思的，這是舅母的錯過。」她說着挨到書桌邊打開書桌中間的一個抽屜，拿出一個藍色的布包，打開來，裏面露出了一隻鵝黃色絨布的布老虎。

「這就是小燕的病根，」她說着重又把布老虎包裏起來遞給小祥：「她說等你有一天回來了交給你，就是這布老虎在啃着她的心，你說我怎能知道？」

小祥說不出一句話，只見他的嘴唇在微微抖動，淚水如泉水一般湧出眼眶，濕了衣襟。他良心上感到無限愧疚，無論對小燕對舅母。

「孩子！不必太傷心了，過去的已不回來了，休息一下吧，你也夠疲倦了。她的墳墓，就在屋後山坡上的一棵梨樹下，這地方也是她自己撰定的。」舅母給他拉直了被褥，緩緩的走出了屋子，然後給他關上了房門。小祥望着她龍鍾的身影在門口消失，像在夢中一樣，抱着布老虎，輕輕的叫着，輕輕的吻着，吻了千百遍，叫了千百遍，然後他哭了，放聲的痛哭，一直到疲乏了昏昏地睡去。……

從此，小祥的身邊永遠有一隻斷了尾巴，擦傷了額角的布老虎！

（完）

（上接第17頁西方的抉擇）

狀，但將拒絕參與包括任何無效的裁軍計劃的談判，一種政策如能不受外界的干擾，而穩定地遵循其合理的趨勢發展，即應有成功的希望。這就是說，西方國家需要擺脫蘇俄壓抑西方所取的主動，這種主動，使西方的領袖們為了宣傳的緣故，而進入毫無實際成就的半談判狀態。

吾人所要作到的，則是暢開解決全面問題的談判之門，除韓國問題外，應擯除一切孤立的部分的問題之協議。謀解決為對方所不欲解決的各項部分問題，乃是徒勞無功的。當民主國家準備進入談判時，須要同時使用政治、心理及軍事的壓力。使空軍前進基地進入備戰狀態，並將陸軍逐漸動員，此等措置遠較一個不能撤回的強硬照會為佳。如是可使俄國適時地瞭解了改變其技倆的時機業已來臨。

（五）西方世界的前途暗澹無光，但非已臨絕境。在目前，共產主義挾有強大的由歷史形成的力量；捨戰爭而外，西方國家絕無法阻止蘇俄在其勢力範圍的地區內作更大的進展。相反的，西方文明的先進國家却為同樣的歷史趨勢所困，他們的殖民帝國已經土崩瓦解，歐洲已不再是列強的重心。只有美國的力量正在壯大，且能補償其盟國力量之所不逮，然而美國究能支持多久？

大戰結束之後，東西力量之消長已使共黨居於極端有利地位，因此，西方的安全絕不能建立於兩大軍力設施的均衡之上。企圖推翻蘇維埃體制的西方領袖們已經了解到這一層了，但他們却從目前局勢的分析裏闡發出錯誤的結論來。政治是一種估量可能的藝術，而今天沒有從俄國手裏奪回贓物的可能性。為了分裂正在形成的共產帝國而冒戰爭的危險，將是不可原宥的錯誤，且亦必徒勞而無功。即使戰勝，我們也無力阻止亞洲自行組織起來對抗我們，更不可能阻止亞洲因補救其面臨的社會危機而出現的某種獨裁政體，由於傳統的戰爭方式不足以加害於亞洲國家，因之亦不能以之脅迫亞洲，若無原子武力的發展，西方的遠景當必更為淒慘。

然而，西方還有一個機會。短期間內西方尚掌握原子優勢，故能維持較強的地位。原子武器雖不是決定性的因素，但如我們知道如何修訂我們的要求，原子武器却可以迫使俄國就範。蘇俄的技倆並不難理解：蘇俄為避免劇烈戰爭而就西方國家重整武裝，而使其經濟不獲繁榮，但不足以激起西方的強烈反應。我們可以推想，俄國希望保持這樣的主動地位。一旦其原子發展追及西方時，在亞洲和歐洲便可重整旗鼓繼續推進，而不復懼怕報復的行動。

唯一遏制這種大規模策略的辦法，在於投入西方的原子潛力以挽回頹勢，然西方的民意對此種行動必須事先有所準備。這個辦法的目的不是把俄國趕回其老巢，而是攖其鋒銳，迫其接受西方的共存條件。自然，像這樣的協調，雖說包括裁減軍備在內，並不會帶來一個可期以久遠的解決。政治上沒有澈底的解決，但是却有暫時的解決，而且在原子世紀開始的今日，世界衝突若能眞有一個短時間的休止，對文明的前途會有不可估量的實惠。在半個世紀之內，也就是自汽車發明到現在，大規模破壞的武器很可能發展到一程度，使訴諸戰爭成為不可能之事。我們一定要努力撐持下去，而我們要能撐持下去，只有使俄國人相信：他們現行政策繼續的結果，必在最近的將來引起戰爭。

—全文完—

書刊評介

中國近代史

李定一著　臺灣中華書局印行

吳士偉

這是一本值得向一般讀者推薦的中國近代史書籍。

當你略一翻閱這一書的目錄，你可能就會有清新之感：試看：「兩個互不瞭解的世界」，「朦朧中的古國」，「天朝的世界觀」，「劃時代的八月二十九日」，「不是變法的變法」，「多災多難的中華民國」——如果你是曾經涉獵若干過去出版的中國近代史書籍的，你可能就會感覺到：這些篇目標題的簡明扼要，輕鬆活潑，引人入勝的優點比較過去刊行的同類書刊目錄的呆板草率，眞不可同日而語了。(例如陳恭祿中國近代史第十三篇「改革與革命附外交」第十四篇「改革與革命附外交」(續前)，第十六篇「民國以來之內政外交」，三篇題目幾乎雷同，讀者非讀完其書內容，卽不能得到一明確概念。)因此，卽令你是剛開始閱讀近代史籍的，你一翻閱這一本書的目錄，對於中國近百年來的史實就可獲致一初步概念，而全書文筆輕鬆活潑，簡明雅潔，更誘使你繼續讀下去的興趣，試看原書第二章「畸形的中外關係」有云：

「……英國人擅長經商是大家所熟知的，掘勒維連(Trevelyan)所著英國史書中，曾提到德人曾以發掘英國古墓發現殉葬物竟是算盤以嘲諷英人。英國詩人泰尼松(Tennyson)描寫一位英國的外交代表道：

這個帶寬邊帽的販賣聖經的小商人，

他的耳朵塞滿了棉花，

夢裏也聽得便士的叮噹！

在亞洲的英國人，不僅「耳朵塞滿了棉花」，恐怕嘴上手上還塗滿了雅片，「夢裏也聽得」白銀的鏗鏘」！

任何一讀者看了這段描述，對於英國人的嘴臉應該可得一明顯而深刻的印象，對於雅片戰爭的起因也可以獲致簡明扼要的瞭解；因爲李君這書不僅是充滿了這類輕鬆而雅潔的文字，使你愛不釋手，最重要的是這一書中對於各種史事的因果關係，淵源影響都有深入淺出的分析與說明：例如原書第三章「全國大動亂」敍述太平天國運動的各種因素後，著者指出：「洪，楊在本質上並不是種族主義者」，「太平軍中的所謂種族主義，旣無普遍的熱情，亦無始終一貫的事實表現，祗有許多響亮動人的宣傳品；不過，那些排滿的宣傳品，却貽後世以極深刻的影響。」——接著著者更強調指出近二十年來國人對太平軍過分稱譽的非是：「把動機與影響混爲一談，對於了解歷史的眞相是極有妨碍的」。這一驚語實在是値得國人注意的。而第十一章「經過反省自覺的救國運動」中著者又進一步指陳時下所謂國民革命與太平軍是一脈相承的說法是「似是而非的論調」：

「……中山先生十一歲時，聽太平天國老兵談洪楊故事，以一稚齡兒童，能因聽前人遺事，遂激發民族思想，慨然立下光復漢族的大志，自足見中山先生之秉賦超凡，然太平軍對中山先生之影響亦僅止於此。此後，中山先生吸收西洋文化精髓，鑽研中國文化奧竅，然後釐訂國民革命運動方略，可謂與太平軍毫無關係，卽以種族思想而論，洪楊一面顚覆滿淸光復漢族，一面却稱孔孟之學爲妖書，欲毀滅中國文化，與中山先生恢復固有文化之說，相去何啻天壤。」

我們讀過這一段文字以後，對於著者的愼思明辨「一分證據說一分話」的謹嚴史學研究態度應該有深刻印象了。這就是本書的重要特點！因爲在這本書中，有關不平等條約最初起源，湘軍淮軍的異同，民國初年國民黨員不遵奉革命領袖的種種事實，著者都是用同樣謹嚴的態度，根據可信史料，詳予分析，公平論斷的。

著者在原書序言中曾特別指出這本書是「採取偏重論史的方式，對歷史有重大影響的事件，略加闡發其眞義」；綜觀全書，其中「論史」的地方的確有許多精闢獨到的「一家言」；因此除了一般讀者以外，史學界的朋友對於這一本書一定也會予以特別重視的；當然見仁見智是各有不同的，(例如筆者卽有若干不同意見，如其以日本列作黃色帝國主義者之類)，如果因此引起討論辯難，促使中國近代史的研究更向前進一步，著者的貢獻就更値得注意了。

一本優美可讀的歷史書，除開應具備上述兩大優點——文字輕鬆簡潔可誦，史實因果剖析深刻淸到——以外，敍事簡明扼要篇次組織嚴密緊湊，顯然更是一項必須具備的要件，而本書以僅僅十七萬言，述近三百年來大事，竟能要言不煩，鉅細靡遺，不拘泥於紀事本末一體，而靈活穿插，不蔓不支，條理井然，實在是難能可貴；而每一章後均附有主要參考書目，列擧中西文參考書刊；並略加說明，藉使一般讀者中對於近代史有興趣，企圖作進一步自修研究的人士得有指引。可說是對於讀者的購買力與求知慾兼籌並顧了。

當然，任何一本書有其優點，也是有缺點的，如果要說這一本書的缺點，則民國以來史實尤其北伐以迄抗戰勝利二十年事，記述過於簡略，應該是其最重大的瑕疵；雖然著者於篇末申明：因經過整理的直接史料缺乏，「撰述非易」，這當然是實在情形，但退而求其次，援引第二手資料，撮要論述，顯然是可能的。如果著者能於再版時增補，那這一書的價値一定更會增高了。

當政府提倡民族精神教育，一般國民急迫需要明瞭我國近代史事的時候，這一本書的問世，是可以滿足一般讀者的渴望的，(中國出版界已有十年沒有印行近代史專書了，)因此，我要重複地說：這是一本値得向讀者推薦的好書。

關於「胡適與白話文」

—一點感想—

張起鈞

最近接連看到很多篇攻擊「胡適」和「白話文」的文章。那些作者的出發點雖然還可原諒，但理由實在太可笑了。因此，我不能不說幾句話。

首先我要聲明：我寫此文，並不是在倡導什麼「白話運動」、「五四知見」（借用批評者的話），更不是替胡適作辯護。因為：我是愛好中國固有文化的，而非如所指責的想廢棄中國文化者流。若從胡適的觀點來看，筆者實近於保守，而絕非其同調。此其一。胡適自「我的朋友胡適之」到「爾本賊子，人盡可誅」（林損語），三十年來受盡了人世間的毀和譽。這一兩點不着邊際的批評和責難，實用不着誰來替他辯護。此其二。我之所以寫此文，目的在說明兩點：第一、我們討論一個問題，應該從較深處看，不可拿巔峯表象當作了問題的眞相。今日局面所以形成，實是一個時代問題、社會問題，而絕非一個「個人」問題。換句話說，假如眞有所謂「胡適知見」，並且其弊禍又如指責者所說的那樣大時，那實是社會孕育成的，胡適個人實無力致此，所以我們不能獨責胡適。第二、我要說的，縱使胡適與白話文，眞有罪過時，其罪也絕不像某些指責者所說的那樣嚴重。若說共產黨是由白話運動而產生的，試問黃巢、秦宗權、張獻忠、李自成輩又何由而生。這兩點不弄清，而把責任一齊推在胡適身上，說句笑話，那並不是指責胡適，而倒是把胡適捧的太過了。

何以說是一個社會問題？須知思想知見不像政治。政治上可以用武力作後盾，强迫人民接受一個不願接受的政制，如共黨暴政是。但是作為一個文化運動，却不能如此作。他須由人們自己衷心自然的去接受。胡適儘管可以倡導「荒謬的白話運動」，儘管可以提出「錯誤的胡適知見」，却無法强迫社會去接受。尤其他當時又並未握有政治的權勢，可以操縱社會的向背。若說他高踞最高學府，利用名器，那麼，當時社會名流、北大教授反對白話主張文言的，實大有人在，並且行輩聲望多在彼時胡氏之上。為什麼「白話運動」、「胡適知見」竟不脛而走，大行於世呢？其決定的力量實在社會。假如白話運動是罪過，則社會至少須負下面兩個責任：一、不辨眞偽，輕率盲從；二、社會中沒有產生出有眞知灼見的偉大人物，足以打倒胡適，導使大家走向正知正見的人物。假如二者有一，胡適又有什麼方法使他的知見主張風靡一世呢！

胡適所以如此成名，社會所以如此響應胡適，也絕非偶然。事實說明，胡適的那一套確有合乎彼時時代要求的地方，至少是有合乎彼時人們胃口的地方。就一個「個人」來說，他能發展才能滿足了時代的要求，這就是盡了他個人的歷史使命了。須知時代是變遷的，歷史使命是多端的，而多端的使命，是有待大家接力式的來完成的。古語也有「各領風流二十年」的說法。胡適在當時確曾盡了開通風氣的使命。他在中國文化史上，可稱毫無慚色。今日的事實，乃是在胡適開通風氣以後，沒有人能在學術思想方面繼之而起，擔負起新時代的使命。這我們又那能怪胡適呢？假如這種繼起乏人的情形，是由於胡適壟斷摧殘之所致，那末，我們自然應該責難胡適。但事實並不如此。胡適並無此力量，他也未曾想這樣作。縱使其思想知見彌漫了學術界，但這並不能影響相反或相異的思想、知見的產生。我們又怎好把這個責任一齊寫在胡適帳上？

其次要說的是：許多指責白話文者竟認為白話運動是赤禍橫行的原因，理由是「毛匪對五四初期之倡導白話運動者備加贊美」，而共黨又一慣使用白話文作其宣傳工具。——白話文究竟應否提倡，「白話動運」的功過如何，我們姑且不論。但若說白話運動是赤禍的原因，實甚牽强。我們試引某作者的一段話就可知其梗概了。他說：「蓋毛匪所謂『兩種革命深入』，實僅不過一種。彼深入之地區能普及於農村，深入之方法皆託名於文化，無非白話運動而已。惟其用白話以便利宣傳，故可以簡單粗俗之謾語煽動無知之村農，發動其闖獻流寇式之鬪爭暴行。惟其用白話以控制思想，故能以毀孔悖倫之邪說誘惑好動之學子，强化其馬恩列史之禍國企圖。更明白言之，所謂新文學運動完成共匪之『農村革命深入』，所謂新文化運動完成共匪之『文化革命深入』，至是供證俱見。」這些話文氣雖極流暢，但細一推敲，却都是片面的理由。試問：假如白話簡單易懂，共黨可用以向村農宣傳其邪說，那末，我們就不可以利用白話來向人民宣講聖賢正論並破其邪說嗎？難道聖經賢傳、倫常正論便非用文言不能宣講，而共產邪說便非用白話不能宣傳了嗎？事實上，共產邪說，各國文字各種文字都可用作宣傳工具，初不限於白話，更根本不限於中文。而現在一定要把赤禍的罪狀套在「白話運動」的身上，我們實看不出二者之間有什麼必然的關係。即如某作者提到的「闖獻流寇」，不就是在白話運動二百九十年前產生的麼？試問其原因又在那裏？總之，今天的事實是共產黨利用了白話文，而白話文却非是為共產黨而提倡、而存在。白話文如其毫無作用則算了；如其有作用，它好像一柄利刃。利刃不幸為盜賊拿去作盜竊之用。我們應該設法捕盜，而不能遷怒於利刃，和利刃之製造者。正如共黨在大陸上驅使幾百萬壯丁以人海戰術奪得政權，又驅

（下接第22頁）

（上接第21頁西歐通訊）

同時東德當局停止「教會鬭爭」(Kirchenkampf)，取消反宗教措施，這無異是東德政府向堅持不屈的廸伯留 (Dibelius) 主教投降。然而這些認錯的辦法，並不能和緩東德人民，尤其是工人，對東德政權的不滿。六月十六日東德首都東柏林的工人停止修築史大林大街(Stalinallee) 抗議當局對工人的虐待，暴動一經展開，迅速地展開到東柏林的近郊及東德其他地區。十七日幾萬工人進入東柏林市區高呼：「我們不是奴隸」！「我們要自由選舉」！ 西柏林作壁上觀的朋友向示威工人說：「你們沒有武器是不行的」。示威者說：「慫慂罷」。示威工人以石塊和出動的俄國戰車作戰。「人民警察」或加入示威者行列或袖手旁觀，暴動者稱東德傀儡政權的負責人爲賣國賊，要求他們下臺。經蘇俄軍隊彈壓的結果，大約有十六工人死亡，兩百人受傷，蘇軍將東柏林戒嚴，斷絕交通。十八日暴動被俄軍鎮壓下去，然而總罷工却繼續着。除東柏林外，其他蘇俄佔領城市亦發生暴動：例如Magdeburg, Gera, Jena, Leipzig, Dresde 等城，尤以 Magdeburg 的情形爲嚴重，這些暴動也是由工人幹的。東德工人的暴動，充分說明工人不接受「蘇維埃的天堂」，說明蘇俄宣傳的破產，蘇俄控制羣衆力並不是一般人所想像的强。我們在目前尙不能預測東柏林暴動的後果，不過我們可以說它的影響是相當大的。鐵幕一經動搖，此後羣衆要自由的聲浪將更强烈。

不論鐵幕內部演變如何，不論蘇俄的和平手段如何，自由世界絕不能放鬆團結和整軍。應該繼續對蘇俄的獨裁政權施以和平的壓力，援助那些爭取自由 的人。自由世界的整軍是「以不可勝以待敵之可勝」，「以不戰而屈人之兵」。至於國際現況的澄淸，東西對立的消除，不是四强會議所能解決的，因此我們反對四强會議的召開，如果在時機未成熟前召開四强會議，難免要演雅爾達會議那一幕悲劇(中國人是忘不了的)，奉勸百慕達的三巨頭：切不要爲一時的利益或爲了沽名釣譽，準備犧牲自由世界某一地區的生存權利與法律地位以求和共產集團妥協，切不要再演一個「慕尼黑」。

（六月十八日晚脫稿於巴黎）

(註一)：洛加路公約 (L'accord de Looarne) 於一九二五年十月十六日簽訂。簽字國爲德、英、法、比、意、波、捷等國，以擔保法比疆界，如德法發生戰爭，由英國援助被攻擊的一方，此爲洛加路原則。

(註二)：盧森堡爲歐洲煤鐵集團管理處所在地；史他斯堡爲歐洲會議所在地。

(註三)：指法國外交部長 Georges Bidant

(註四)塞米奧諾夫原爲崔可夫的政治顧問，於本年四月廿一日被召回莫斯科。

第九卷　第二期　內政部雜誌登記證內警臺誌字第一九號　臺灣省雜誌事業協會會員　六四

給讀者的報告

本期付印前夕，消息傳來，貝利亞已遭整肅。羣魔火併，乃獨裁政制下必然之勢，固不足怪。惟此事發生之速，則出人意料。此時，對蘇俄的對內對外政策的轉變，預作推測，殊屬不切實際。然吾人深覺：近日來自由世界於此事發生後的看法，參差不一，眞是南轅北轍，足徵我人對敵情了解之不够。持此紛歧的觀點，從而作擬定對俄政策的根據，豈不危險？就自由世界言，此時實應把握時機，利用蘇俄以及東歐各附庸國家普遍呈現的不安情勢，採取有效的積極政策，以解放鐵幕下被奴役的人民。時機稍縱卽逝，不容吾人猶豫。這乃是我們本期社論所要指出的。

在專論首篇裏，徐芸書先生指出『中國政治的根本難題』在於財用不足，從而主張全面利用外資，重建臺灣經濟。此一問題的提出，誠値得吾人予以深思熟慮。民主政治固是我們的康莊大道，然一切的改革如不能臻國家於富足之境，則問題仍然不能得到最後的解決，故財用不足實是政治問題的重要環節，不容吾人忽視也。

許冠三先生爲文辨析個體自由與羣體自由。界說分明，議論精闢。由於多年來共產思想宣傳的影響，致有些人對自由一詞之曲解，殊足使人駭異。是吾人之所以不憚煩復爲自由辯也。

國民大會業已決定召開，輿論界對憲法修改問題引起熱烈討論。前此本刊曾刊出「國民大會要走到那裏去？」一文，主張此時此地不宜遽改憲法。茲再登載鄧啓先生「試論我國憲法的利弊得失」，對憲法作一客觀而扼要的分析，當有助於吾人對問題的探討。

龍平甫先生的通訊報導最近西歐的情形，可助我們對時局的了解；文中所刊數幅關於東德暴動的照片，甚有新聞價值。「關於胡適與白話文」一文，立場公正，決非一篇辯護之文字。

又本刊最近連續接得南洋、日本、韓國等地華僑讀者來信，對本刊讚勉有加，情誼可感。本刊上期會刊出其中二封。茲以接到來信過多，不及一一登載，除應所請，分別繼續贈閱外，謹對各地華僑讀者愛護之忱，再表謝意。

本刊售價

地區	幣別	每册價目
臺灣	臺幣	4.00
香港	港幣	1.00
日本	日圓	100.00
美國	美金	.20
菲律賓	呂宋幣	.50
馬來亞	叻幣	.40
暹羅	暹幣	4.00
越南	越幣	8.00
印尼	新荷盾	3.00

自由中國 半月刊 總第八十九號 第九卷第二期

中華民國四十二年七月十六日出版

發行人兼主編　『自由中國編輯委員會』

出版者　自由中國社

社址：臺北市和平東路二段十八巷一號

電話：二 八 五 七 〇

航空版　香港時報社

經售者

臺灣　自由中國發行部

美國　中國書報發行所

紐約民氣日報社

舊金山少年中國晨報社

芝加哥中國出版公司

日本　東京僑豐企業公司

韓國　釜山草梁洞新泰行

馬尼刺　大中華日報社

印尼　椰嘉達星期自報

椰嘉達天聲日報

棉蘭繁華圖書公司

越南　西貢中原文化印刷公司

越南華僑文化事業公司

暹邏　曼谷攀多社十二號

緬甸　仰光振成書報店

印度　孟買梅亞號

加爾各答塔梅學校

澳洲　雪梨瑞田公司

北婆羅洲　馬拉奕坡美芝律聯華公司

新加坡　中興日報社

檳榔嶼、吉打邦均有出售

印刷者　精華印書館

廠址：臺北市長沙街二段六〇號

電話：二 三 四 二 九號

本刊經中華郵政登記認爲第一類新聞紙類　臺灣郵政管理局新聞紙類登記執照第二〇四號　臺灣郵政劃撥儲金帳戶第八一三九號

自由中國

FREE CHINA

第九卷 第三期

要目

社論
(一) 公用事業的價格問題
(二) 教育行政應有示範作用——守法
蘇俄與西方……羅鴻詔
蘇俄的强迫移民政策……朱新民
論現代國際收支及貿易平衡(上)……劉國增
自由中國通訊
東德人民揭竿而起……龍平甫
東德人民在過着什麼樣子的生活?……宋念慈譯
馬化政策下的馬華教育……李雲溪
一顆孤星……聶華苓
絮語……張秀亞
書刊評介
胡適言論集(乙編)……夏道平
讀者投書
關於臺灣省立師範學院的一二三事……朱誠中

中華民國四十二年八月一日出版
社址:臺北市和平東路二段十八巷一號

半月大事記

七月九日（星期四）

聯軍統帥克拉克將軍飛漢城與李承晚會談，並面交李承晚密函一件。

西德政府向西方三國提出統一德國的六點計劃。

東德共黨政府答應靜坐罷工的工人要求，開放柏林東西邊界，並釋放被捕工人。工人已復工。

七月十日（星期五）

俄國內政部長貝利亞以叛國罪被整肅。克儒格勞夫受命繼任內政部長。

韓境雙方停戰代表團舉行二十日來的首次會議。

蘇俄削減東德警察百分之五十，並以更多俄軍開入東德。

美英法三國外長在華盛頓舉行會議。

艾森豪直接向俄國建議以價值一千五百萬美元的糧食援助東德災民。

七月十一日（星期六）

李承晚與美總統私人代表勞勃森會談結束，謂已獲得「友好的諒解」。

莫斯科電台廣播，要求召開四國會議。

中共軍滲入緬甸邊境。

希土南三國保證鐵幕內的小鄰國應為一獨立國家。

七月十二日（星期日）

美助理國務卿與韓國李承晚總統發表聯合聲明。

李承晚總統對記者稱：韓國並未接受停戰，只是同意在九十日不阻撓停戰。

俄國和東德拒絕艾森豪總統以糧食接濟東德的建議。

三外長會商埃及和越南問題。

七月十三日（星期一）

李承晚總統發表聲明，澄清李勞會談的外界觀點。

蘇彝士運河區英空軍一人走失，英埃關係突趨緊張。

法國向美提出積極進行越戰計劃。

七月十四日（星期二）

韓境中線爆起大戰，中共以六、七師人投入戰場，以人海戰術向四師韓軍攻擊。

板門店停戰談判秘密會議中爭執關於李承晚不阻撓停戰所作的保證問題。

三國外長會議結束。

美國會通過五十一億五千餘萬援外法案。

七月十五日（星期三）

韓境中線戰爭激烈。聯軍數處後撤，正固守新陣地。

巴黎北非籍共黨遊行示威，與警察發生衝突。

美日開始談判共同安全計劃協訂。

七月十六日（星期四）

韓境聯軍反攻，順利推進。韓國防部統計三日來共軍傷亡近兩萬。

蘇俄貝利亞派，正陸續遭受整肅，喬治亞及烏克蘭內長均被黜。

義大利加斯貝利新閣就職。

七月十七日（星期五）

我閩海兩棲突擊部隊掃蕩東山島。

韓境中線穩定，美機發動猛烈攻擊。

法軍傘兵若干營突攻佔距中國邊境六哩的諒山。

七月十八日（星期六）

中日簽署議定書，延長兩國貿易期限兩年。

韓境中線聯軍反攻，向北推進五英里。

大批俄軍坦克開入東柏林，預防工人反共運動。

法政府討論給予越南三邦獨立權問題。

韓總統李承晚與內閣討論建立百萬韓軍計劃。

七月十九日（星期日）

韓境談判共方接受停戰保證，並提議討論停戰協定簽字的準備事項。

英國承認埃及對蘇彝士運河區具有充分主權。

七月二十日（星期一）

韓境雙方參謀人員討論停戰技術的細節問題。軍事停戰委員亦開會。

韓境西線韓軍失利，失陷兩山頭。

七月二十一日（星期二）

韓境中線韓軍收復長六哩之突出陣地。

英美軍艦將訪問伊斯坦堡，蘇俄向土耳其提抗議。

西方三國同意釋放德國戰犯，以提高艾德諾在未來競選中的地位。

李承晚聲明：韓國不阻撓停戰是「有條件的」。

七月二十二日（星期三）

美衆院通過反對中共加入聯合國案。

美國務卿杜勒斯聲明：願於停戰後立即會晤李承晚總統。

印軍赴韓監俘已獲美國保證。

西方國家決以一百萬包糧食免費供給東德人民。

美日兩國共同安全援助協定談判，開始討論草案。

七月二十三日（星期四）

韓境停戰談判雙方聯絡官已劃定新的軍事分界線。

韓軍棄守三環山。

社論

（一）公用事業的價格問題

最近臺北市議會通過公共汽車加價，招來一片反對之聲。本來，每逢公用事業有加價之議，照例總有人反對，不足爲奇；如果決定加價的機關具有特殊權勢，倒可以一經解釋，就衆論翕然，市議會可就享受不到這種方便。我們不擬專對公共汽車加價事有所討論。過去有幾種公用事業作顯然不合理的加價，即在更高級的民意機關的反對下都終於實行了，我們何忍獨對臺北市公共汽車管理處有所深責；何況公共汽車的加價，多少還有理由，我們更不應該厚彼薄此。我們祇擬乘此機會談談一般公用事業的價格應該如何決定的問題。凡事均應該有一個原則，祇要原則爲大家所確認而辦法又不與原則背離，就不必每作一項決定，都要吵吵鬧鬧，豈非省事得多。

我們首先感到，至少，一般市民對此一問題，沒有明確的概念。站在消費者的立場，自然一切價格都越低越好，對加價總不歡迎。我們的輿論界，反映此種心理，每逢加價，祇要他們尚處於可以發言的地位，總是以加重負擔與刺激物價這兩個理由來反對。其實，這二者都不是健全的理由。負擔力的關鍵是在所得，物價水準的關鍵則在一般通貨情況。如果硬要公用事業，賠累而取償於國庫，則同樣的減低國民所得，也同樣的影響一般通貨情況。祇是，把那惡果從公用事業的直接使用者移轉到並不一定使用那公用事業的一般國民身上而已。乘坐公共汽車的人，是叫不坐公共汽車的人來替他負擔了。這樣的辦法，並不比加價更爲可取。

如果說不使用公用事業的人，照例比使用公用事業的人爲富裕，那倒猶有可說，譬如說，從小包車收一筆捐款來津貼公共汽車。但事實上並非如此。公用事業大都用於都市。我們的經濟組織，已經是叫農村替都市負擔得太多。讓僅僅便利都市居民的公用事業依仗國庫津貼，將使此種不平衡狀態更加發展。我們不要僅僅爲了一部份人的便宜，而忘記大衆。

我們說到這裏，似乎已替公用事業的定價問題，找出了一個原則：公用事業不宜虧本。（這裏可以加上一個例外：除非此一事業的使用者確爲所得最低微的階級；但此一例外，對我們現有的各種公用事業，甚少適用之處。）此外還有一個原則：公用事業也不宜賺錢。公用事業既由公家來經營，就應該是出於服務動機，而非出於利潤動機。而且，這是一種獨佔性的事業，需求方面因缺乏替代物而缺乏彈性，如果公用事業准許賺錢，它儘可以憑藉獨佔地位抬高價格，消費者完全處於無可抵抗的地位。誠如此，爲消費者着想，倒還不如開放競爭，開放民營。

把不虧本不賺錢這兩個原則合起來，就是說：公用事業應該以成本爲定價的標準。這原則說起來容易，行起來也並不十分方便，因爲成本委實也不是一個十分簡單的東西。如果成本的問題十分簡單，則公用事業，就永遠是站在有理的方面了。他們不是每次加價，都說是由於成本的關係嗎？

關於成本，我們感覺必須要辯明二點：

第一點是：成本應是指生產成本或再生產成本（如果物價水準不變，生產成本與再生產成本二者無別），而不應該是擴大再生產成本。一個廠如果打算擴大爲兩個廠，第二個廠的固定資本，不應該到第一個廠的出品的消費者頭上去打算。一定量的資本設備之折舊，應該算到成本中去；但超出此一定量的設備，就應該是一種投資，新的投資，應與原來的消費者無涉。舉凡水電事業之發展供應區域，以及交通事業之加添班次與路線等，均應屬於擴大再生產之列。

在一般競爭性的民營事業，擴大規模所需資金，常取給於未分配的利潤，即所謂公積，並非每次擴大都需要增資。在公用事業，既然在原則上不准賺錢，當然無所謂公積，每次擴大業務都要由政府加添資本，也是一個麻煩。這是應該以募集公司債來予以補救的，但必須：（一）此項資金完全用於加添設備，不能隨隨便便的挪作他用；（二）照一種刻板的預定計劃，以未來的收益（即售價）爲擔保，按期償還本息。總之，要用一種『磚錢不買瓦』的精神，來執行公司債之募集、使用、與償還，債權持有人無論爲政府爲人民，都將不會冒絲毫的風險。這樣的辦法，豈非可以連帶替游資找到一個正當出路？

第二點是：成本並不一定包含一切的費用，有些費用不能算是成本，祇能名之爲『非成本的開支』(noncost outlay)。祇有那爲生產一項商品或勞務所必要的費用，才算成本。誠然，『必要』二字有極大的伸縮性。可以有一項費用，在你看來爲不必要，在人家看來，卻爲絕對的必要。我們無法定出一個嚴格標準，可以消滅一切的爭辯。但是，有一些顯然的不必要，應該是無話可說的。譬如，全無用處之冗員的薪給，這能算必要嗎？主管人員的應酬費，如紅白事，到處以個人名義致送花籃花圈之類，也能算是生產成本嗎？數字大得可怕的免費供給，如火車之贈票等，這也可以算到生產成本上去嗎？政府如果把這些免費當作一種福利，政府就應該負擔。而我們現在，差不多是叫三等車的乘客來負擔了頭二等車的免票。（筆者曾與友人坐新竹至臺北二等車，乘客有數十人，祇有我與友人是買票的，但此種情形是否爲『偶然』，卻不得而知了。）福利仍然難免是截長補短，卻不能這樣倒過來截短補長。我們於此，不過舉出幾個有目共睹的顯例而已；看不見的『非成本開支』尚不可勝數。在這樣的情形下以成本之名而要求調整價格，消費者雖說不出一個所以然，也難於心折。

（下轉第9頁）

社論

(二) 教育行政應有示範作用——守法

本刊最近收到一篇讀者投書，報道臺灣省立師範學院的幾件事。我們爲愼重起見，曾經問過熟悉師院內情的人，他們都認爲那些事確是眞的。因此我們把這篇投書在本期刊登出來(請讀者先閱那篇投書)，並一述我們的感想。

誰都會說，教育是立國的大本。國家興亡，政治隆汚，教育的關係甚大。但反過來看，政治風氣之影響教育，誰也不能否認，除非施教的老師、學校的首長、以及負各級教育行政責任者，個個都是有操守，個個都是有抱負，個個都重視教育的尊嚴，絕不受政治上惡劣風氣的影響，而卓然有以自立。但是，這個理想，事實上任何國家都做不到。於是我們不得不有一個最低限的消極要求，卽負教育行政和學校行政者，至少至少要知道守法。

以守法責備教育界，似乎太低調了。因爲近年來我們政府正提倡四維八德的教育，守法還有問題嗎？可是從這篇投書來看，我們强調教育界的守法精神，截至今日還有很大的必要。

學校聘任教員，一般的說是校長的職權。但在大學及獨立學院裏面，類皆設有聘任委員會，對於擬聘的教員負審核之責，以決定聘任與否。這種人事公開的制度，是好的。旣有此制度，就應尊重這個制度，否則就是違背守法的精神。師院院長聘任某些教員，不經過負有審核職責的聘任委員會，顯然是不守法。其中尙有教廳令派教員之事，「於法於理，均無根據」(見該院聘委會的決議文)。換言之，非法。

非法聘任的教員，旣經聘委會否決以後，依然以師院講師的名義派選其出國進修，這更是違法。

師院呈請教廳審核的新聘教員名冊中所未列入的人（非法聘任且未到校的教員)，在該名冊發還時，居然被添進去，這種擅改公文書的行爲，是犯法。

非法、違法、犯法的行爲，發生在學校和教育行政方面。因此我們要强調教育界的守法精神，當不爲過。

至於派選出國進修的人員學力不够，以致貽笑外邦，籌建銅像事件之荒謬絕倫，致敬書之阿諛獻媚，毒害莘莘學子純潔自尊的心靈，這些事應該是提倡四維八德教育者所痛心疾首的。我們在本文中只低調地說及守法精神，對於這些超出法律的問題，姑不申論。

其實，我們與其枝枝節節地檢討師院人事行政之是否守法，倒不如從根本上解決該院長在其出處進退之間的違法問題。一個人在出處進退之間，顯然違法，還能希望他在公務上守法嗎？該院長兼任立法委員這件事，本年三月十九日已由監察院依據大學法第九條「獨立學院置院長一人，綜理院務，……院長除擔任本院教課外，不得兼任他職。」之規定，向教育部提出糾擧書。糾擧書在引述上列條文以後，義正辭嚴地說：

「…臺灣省立師範學院院長劉眞，兼任立法院立法委員，數載於茲，顯屬違法。該院爲臺灣師資訓練之最高學府，培養全省中學師資，研究有關教育學術，則主持該院者，應如何以身作則，教育青年，啓廸學生守法之精神，培養學生守法之習慣，潛移默化，轉俗移風，政教相因，樹法治之基；由己及人，宏民主之教。試問自身違法，何能感化青年，所謂其身正不令而行，其身不正雖令不從，倘學生中有人於該院長闡揚法治之時，反而轉問，試將何辭以對？民主之要素，首重法治；法治之推行，端賴教育，主持師範學院者如斯，其影響於憲政前途者，至深且鉅，委員等緘默多時，原冀該院長及時感悟兼任之非是，自動辭去一職，乃因循數年，迄無確切之表示，教育當局，亦聽其自然，爲教育與法律之尊嚴計，深覺不應任其拖延。緣特提出糾擧。」(全文登載監察院公報第二十四期——四十二年四月十五日出版)

關於劉眞先生兼職之違法和違法兼職之影響，這篇糾擧書已說得够透澈了，我們不必再講；同時我們也不願再費詞責備他自動辭去一職。這裏我們所要注意的是教育當局對這件糾擧案的處理。也卽是說，我們所要注意的是教育當局在處理這件事上的守法精神。

監察權的行使以及被糾擧人主管機關對於糾擧案的處理，在監察法第三章中均有明確的規定。劉案的糾擧書是本年三月十九日監察院向教育部提出的，教部的聲復是五月二十八日發出，這是否在法定的時限以內？聲復的內容，只說已令臺省教廳轉電該院長自行決定具報，這是否「雖聲復而無可取之理由」？如果監察院認爲該聲復無可取之理由，是否將糾擧案改爲彈劾案？這些問題都關乎「法」，我們不得不注意其發展。總之，我們所要特別强調的是，教育行政應有示範作用，嚴格守法；尤其是在人事問題的處理上，不應有所瞻循，不應規避法定的職責。

蘇俄與西方

羅鴻詔

一

俄羅斯地居於歐洲之東北，其氣候物產都和西歐不同，文化上只接受東羅馬正教，政治上又受蒙古人的統治頗久，故在西歐人的目光中，俄羅斯是屬於東方的。湯比教授的歷史研究劃分現世文明爲五大派別，即中國、印度、回教、西歐、與東正教。然在我們東方人看起來，則俄羅斯並不屬於東方，無寧與西歐爲近，東正教文明與西羅馬文明同出於一源，怎能與中印回並立而爲五呢？或許在東西對立之間俄國是眞正的騎墻派嗎？我們現在無暇遠溯文化的淵源，且談現前的蘇俄吧。

彼得大帝極力摹仿西方文化是無可致疑的，縱使有許多地方學得不像，也只是受了歷史的影響，並不是不願意學像。爾後西方的浪潮繼續衝進去，使俄國的社會全盤變動，直至第一次大戰，其氣勢仍是有增而無減。十月革命以後，列寧深惡俄國的舊習，欲以社會主義的理想作全面的改造，而大致以接受西方文化爲主要，惟欲矯正資本主義末流之弊，對經濟制度則欲獨創一格罷了。可是一九四五年以後，史大林却提出反西方的口號，自以爲俄國文化只有比西方更高，於是舊日的俄國人物不但不應打倒，而且是崇拜的對象了，俄國的歷史也是很光榮的紀錄了，最後則科學技術上的重要發明都是俄國人的功績，並不是來自西方了。這些作爲有甚麼意義呢？布爾什維克的思想與行爲，是不是俄國的特產，承襲東正教、拜贊廷、以及沙皇之歷史而來，與西方毫無關係呢？

我們的答覆自不能作一義的斷定，惟仍可說它與西方的關係很深。不錯，俄國的歷史影響於布爾什維克不小，現在他們雖仍崇拜列寧如天神，但對西方文化的態度則幾乎完全與列寧相反，考其一步一步的轉變，都是俄國的歷史在暗中作怪。但是馬恩二氏的思想都是淵源於英德法的思想家的，而且他們久居英國，受英國的影響特深，列寧的大半生涯也在西歐，其思想也完全是西方的。馬恩列的思想是共黨的聖經，其黨徒無不熟習者，難道行動與思想完全可以脫離嗎？我們以爲自史大林以下所有共產黨徒的思想與行動，都是屬於西方類型的，尤其是英國類型的。現在只就鬬爭思想來闡述我們的看法，其他事項只能連帶及之。

二

馬列主義之主張階級鬬爭是衆所周知的，至史大林則將階級除掉而專講鬬爭，最近大陸上婦與夫爭，子與父爭，還是階級鬬爭嗎？史大林的黨徒們認爲「一切都爲鬬爭，鬬爭便是一切」。鬬爭的唯一目標即是勝利，故勝利便是眞理，便是最高價值(美、善)。人們只要贊同他們這種見解，則共黨的一切行爲都有理由來辯護了。比方說謊，欺騙是不道德的，但是如果謊言博得人們的信從，則必大有助於鬬爭之勝利無疑。自己方面的人若相信謊言，自可特別賣力氣(如抗美援朝的宣傳等等)；若敵方的人也能相信，更必落入豫設的圈套之中而自取敗亡了。又如剝削勞工是不道德的，但是將剝削所得來建設工廠、增加軍備，乃是達到勝利之必不可缺的條件。往年和幾位朋友討論中國今後經濟政策應走那一條路，某友人直截了當地主張應走蘇俄之路，他的理由簡述如下：英、法二國的資本主義是不期然而然的，它們走在前頭，沒有大力者和它們競爭，故水到渠成，不煩人力。德國、美國、日本後來繼起，依照英法的自由貿易，平等競爭，必居於失敗的地位，故必須關稅保護先謀自固其圉，尤須藉金融資本以集中力量，然後在工業上能夠指揮如意，與英法相抗衡，而發展其資本主義。俄國更是後起，不但自由貿易不應採取，即金融資本亦力量不足，故必須以政治力量發展國家資本主義，以國家爲獨一不二的大資本家，而謀其工業的發展，然後能與先進諸國相鬬爭，而仍有勝利之可能。我們中國更加落後，不走蘇俄之路，還可以和先進諸國鬬爭嗎？吾友之說如此，這種不根據道德來改造社會的主張，我國人始終不肯贊同，但是站在鬬爭的立場，似乎是持之有故，言之成理的。

先就說謊而論，你們罵他們說謊欺騙嗎？他們以爲這是宣傳政策，是現代政府鬬爭的利器，沒有不盡量運用的道理。我們現在要問：宣傳政策不是西方各國（尤其是英國）最先運用，最善運用的嗎？憑宣傳政策以製造輿論，對內可以說服人民，使之樂於服從政令，對外則能領導世界各國以達到預定的目標，不是多年來英國獲得勝利的手段之一嗎？誰敢說宣傳政策是俄國（乃至東方）首先發明的呢？若謂同爲宣傳仍有說眞話與說假話之別，難道過去西方各國的宣傳，都是不折不扣的眞話嗎？其實既已名爲宣傳，必含有誇張優點與隱蔽弱點在內，即有些說謊，特其說謊的程度各不相同罷了。其次，論到剝削勞工，這更是英國首先創始的把戲，馬克斯的著作是共產黨徒所熟習的，其中描寫英國工廠中的剝削情形還不淋漓盡致嗎？那些資本家搾取勞工的血汗以謀其自己的利益，固然是罪大惡極，然若能夠富國强兵，則剝削勞工乃所以揚國威，即所以保護人民，其與私人資本家的搾取自不可同日而語。若謂英國的私人搾取是十九世紀的事實，現在已將近完全消滅了，這些過時的議論是沒有效力的了，則他們仍可以歷史階段說爲辯護。英國是工業先進國，技術經驗遠勝他人，落後的蘇俄能夠在平等條件下和你競爭嗎？叫一個童子去和壯年人賽跑，不待到達終點已可決其勝負，除自甘失敗外，誰肯學你今天的行爲，而不倣效你往年的行爲呢？

三

舉此二例可概其餘。只要承認了「鬭爭便是一切，一切都爲鬭爭」爲前提，則共黨的行動都是有理由的。而且四百年來西方——尤其是英國——都是勝利者，故蘇俄今天的行動都是步英國的後塵。那麼，這鬭爭思想本身何自而來呢？我們以爲鬭爭思想是西方近代的主流，今日的蘇俄不過其發展的極端罷了。近代主張鬭爭的，馬基維里恐怕是第一人，其後接踵而起的正復不少，其間主張和平而反對戰爭的也不能說沒有，但整個西方社會的大勢依然是天天鬭智鬭力的，故鬭爭思想是主流，反對思想只是一種伏流罷了。在西歐的內部，國與國的戰爭是極常有的事體，對外則採取殖民政策而從事侵略。不論戰爭與殖民，英國都是勝利者，獲得最大的成功，大不列顛的國旗到處飄揚，不是侵略的果實嗎？再加上法國、西班牙、荷蘭及其他各國的殖民，澳洲、非洲與美洲既已全被佔領，亞洲的大部分也已落在它們掌中了。這些鬭爭勝利的事實已足鼓舞人們發揮鬭爭的思想了，至進化論出，則在自然科學上找到鬭爭的根據，更爲之揚波吹浪，發展乃達於最高峯。且看根據進化論來解釋社會鬭爭的著書之多，便可知悉箇中消息了。在他們看來，國家只是鬭爭的機構而已。

俄國的共產黨人雖不完全服膺進化論，而其鼓吹鬭爭則更加澈底，其實從大處看還是追隨西歐，或可說追隨英國，並沒有獨自的作風。史大林及其黨徒對於衞星國家的種種行爲，不是學自西方各國殖民地的嗎？你們可以有殖民地，他們又何嘗不能有衞星國？你說蘇俄是侵略者嗎？由鬭爭思想言之，弱肉强食不是生物界的事實嗎？强有力者自應驅使弱者爲其服務，始足以表現其强之可貴。若謂現在西方各國已經放棄殖民地，而蘇俄却正在開始，他們仍可以說，你們的力量削弱了，當然要放棄，難道你們放棄了便可强迫他人照樣嗎？至於蘇俄在經濟上剝削衞星國，也是學自西方對付殖民地的。達林在其所著「新蘇維埃帝國」中，敍述蘇俄對衞星國的經濟剝削有八種，其第一至第七都是西方各國在殖民地行之多年的方法，獨第八種才是例外。這一種是三十年來蘇俄給予各國共產黨的政治活動費，現在都要歸還，他說：「莫斯科向保加利亞索償一千萬美元，以結清蘇聯以往給予保加利亞共產黨的財政援助及其領袖居留蘇聯時所耗的生活費用」，據此則保加利亞已有實據，其他各衞星國也怕一律看待吧。這確實是別開生面的。但是我們知道，蘇俄是一個大托辣斯，其對各國共黨的財政援助也就是開設支店的籌備費，照資本主義的原則，支店已經開張，自應歸還本店以清賬目。這麼一想也就不足爲怪了。

四

照上面的分析，蘇俄的對外政策，在本質上是和英國一樣的，不過時間落後了幾百年罷了。明乎此，則英國人士的許多怪論（如要求美國以大量的經濟援蘇之類）及其各種不反共的行動，也就很可以理解了。英國的思想輸出是民主自由，但是崇奉民主自由的人們是特立獨行的，不獨不會幫助英國來征服世界，而且要反抗它。俄國的思想輸出是共產主義，凡屬共產黨徒都受鐵的紀律的約束，無不接受莫斯科的命令而致力於「世界革命」的工作。英國人的生活將平時戰時截然劃分，蘇俄則無時不是在鬭爭中生活，整個國家是一戰鬭體。故就思想傳播及組織嚴密而論，蘇實優於英，其着着成功自非倖致。但是當年的英國不但其本國的經濟欣欣向榮，大多數人的生活都是一天好過一天，卽在殖民地的經濟也還是朝着繁榮而進展。今天的俄國則經過三十年的革命還不能提高其人民的生活水準，衞星國家更不待論。故各國的人們在當年都衷心羨慕英國，今日則除少數共產黨徒外都要詛咒蘇俄了。英國當年是世界獨一的强國，一敗西班牙，再敗法蘭西以後，再沒有可以和它對敵的國家；蘇俄現在的國力遠不及美國，而兩方對壘已是劍拔弩張，若不將美國擊敗實無從實現其雄圖。這些都是蘇俄的弱點，然而猶不止此，其最弱的弱點乃在宣傳與行動不符，理論與實踐相反。比方一切爲人民的口號叫得震天價響，而共黨治下則人權毫無保障，人民只是奴隸牛馬；經濟上人剝削人是罪大惡極的，而蘇俄則不但剝削衞星國而且剝削其本國的無產階級；蘇俄的社會主義文化已較資本主義爲高，已是人間的天堂，理應任人遊觀，使人因羨慕而悅服，而鐵幕低垂、隔絕內外，不敢與資本主義國家公開競賽；諸如此類已遠不及英國當年。甚至一方鼓吹鬭爭，天天要黨徒提高警惕，當心國內外的敵人，同時他方又提倡和平，這裏開一個和平大會，那裏來一個和平運動，自命爲和平之神，罵人爲戰爭販子，則連在宣傳上都自己打自己的嘴吧，不能首尾一貫了。

五

上面所述，我自信是最客觀的分析，已不是攻擊英國，更不是爲蘇俄辯護，最後說幾句我個人的願望吧。蘇俄今日能夠威脅世界，其眞正的優點在其戰鬭體組織之嚴密堅强，卽在自由世界中也有人羨慕它而且想做效它。其實它是根據「鬭爭是一切」的思想而來，我們實無從做效。近代的民主國家對內已能消弭武力的鬭爭，一切爭執均可依據法律而爲和平的解決了，但是對外則猶是以武力爲後盾。所謂强權外交，卽是憑藉武力的外交，滿口公理正義說得冠冕堂皇，一到緊要關頭還是遷就强大而犧牲弱小。故我們可以說，近代西歐的鬭爭思想是只許對外，不許對內的，倘若對外國的爭執必須訴之武力的戰爭，則仍須大多數國民的贊同而後可。國際聯盟成立以後，白里安——凱洛格公約已以武力戰爭爲非法，聯合國的憲章更有制止侵略的條文，二十世紀的思想既已認定國與國的戰爭爲不必要，而侵略戰爭乃是罪惡了。在如此的思想之下，怎能夠以「鐵的紀律」把一國人民組成整個堅强的戰鬭體呢？我們以爲人類的理想必然是人與人只應據公理正義而作爲，不應憑暴力而相爭，文明進步的歷史也是一步一步朝向勝殘去殺而趨，彼以鬪爭爲一切，憑暴力以對內對外者，明明是開倒車，明明是一股逆流，理論上是要不得的，事實上何必去倣效它？

但是蘇俄的弱點至多，自由世界理應針對其弱點而予以有效的打擊。我們上面說過，宣傳與行動不符乃是蘇俄致命的弱點，則自由世界理應以行動證實宣傳，然後能正天下之視聽，使人們嚮慕而歸心。比方侵略的行爲是聯合國憲章所不許，理應加以制裁的，而蘇俄對其衞星國家，雖方法極其巧妙，表面上還是國與國的關係，骨子裏已是同於侵略，將那些國家夷爲殖民地了。自由世界的宣傳也以爲那些國家應恢復其自由，艾森豪的解放政策亦以此爲目標，逼使蘇俄努力退還其本國去。但是實際上並沒有積極的行動以實現其政策的迹象。我們以爲今日的形勢雖不能直接用武力以解放鐵幕國家，但武力以外儘有許多方法，似乎也沒有積極運用，這便是行動不能符合宣傳。最近東德與捷克之工人暴動，也可說是「解放政策」之響應了，何以只有空洞的抗議，沒有多方的支援？其次聯合國大會已經認定中韓共爲侵略者而加以制裁，且標明韓戰之目的在促成韓國之獨立與統一了，最近這三年的戰爭將臨結束，有無違背原則呢？謂聯合國的制裁侵略不在打垮侵略者的政權，乃在堵住其擴張，我們縱使承認此論可以成立，但是韓國的統一是不能放棄的。美國當局至今還是再三說明，韓國統一問題只是留待政治會議解決，並不是已經放棄，但依然不能博得韓國大多數人民的相信。李承晚總統認定，戰場上已不能爭取勝利而望會議贏取統一，是不可能的事，我們的觀察亦復如是。但是據此先見之明而謂聯合國已經放棄統一韓國的目的，畢竟是過早的論斷。李總統以釋俘爲反抗雖引起英印等國的叫囂，却博得東亞各國的同情，而使美國的處境更加艱難。如果美韓的合作竟因此而生隔膜，則今後的東亞大局亦將受其影響哩。我們以爲板門店的換俘談判，聯軍方面自稱爲最後的建議案，猶不惜再三修改以遷就共方的要求，實使人們發生不能堅持原則的印象，韓人之不信政治會議能獲得統一，實根據二年間的談判一再讓步的經驗而來，希望聯合國在最後關頭勿忘韓國統一的決議案，以行動證實宣傳，而昭大信於天下！

『自由中國』的宗旨

第一、我們要向全國國民宣傳自由與民主的真實價值，並且要督促政府（各級的政府），切實改革政治經濟，努力建立自由民主的社會。

第二、我們要支持並督促政府用種種力量抵抗共產黨鐵幕之下剝奪一切自由的極權政治，不讓他擴張他的勢力範圍。

第三、我們要盡我們的努力，援助淪陷區域的同胞，幫助他們早日恢復自由。

第四、我們的最後目標是要使整個中華民國成爲自由的中國。

進一步講，自由世界與蘇俄之對立，大家都說是思想戰、文化戰，照我們上面的分析，則對鬪爭思想估價不同乃是問題的核心。蘇俄則不論對內對外都是「一切爲了鬪爭，鬪爭便是一切」，而自由世界則認暴力鬪爭爲不合法，人與人間已憑法律以息爭，國與國間亦應該如此。聯合國成立以後，蘇俄業經加入，理應受聯合國憲章的約束，勢非取消其鬪爭思想不可，但事實上它依然鼓吹鬪爭如故。但是蘇俄自己也認和平爲有價值，與其鼓吹鬪爭相衝突，則理論上擊潰蘇俄的宣傳並非難事，爲甚麼蘇俄之威脅自由世界竟有增而無減呢？說者謂鬪爭只憑實力，與理論無關，蘇俄力大，故其威脅性亦大，這固然具有片面的理由。但是合今日自由世界的全力，較之蘇俄不啻倍蓰，則其威脅性不僅僅是因爲力大亦彰彰明甚。我們以爲自由世界之受威脅實由於不能合力，而其分散之故正由於各國之不能實踐理論，思想戰與理論的關係是極密切的。如西歐聯邦之建立，北大西洋公約各國之建軍，雖然說得震天價響，而事實上則牛步遲遲，至今還是可望而不可卽。如殖民地之獨立運動，雖已有幾國成功，而固執不肯放鬆的國家依舊不少。他如英國對伊朗與埃及的交涉也是幾經談判而迄無結果，尼赫魯之流則欲討好蘇俄中共而大出自己的風頭。諸如此類，你說他們是自私其國家的利益嗎？其實除美國外各國都不是蘇俄的敵手，最好就是使聯合國建立權威，然後能制服蘇俄的侵略，而奠國家於磐石之安，各國之利孰大於此？照我們看，西方人士的頭腦中依然充滿着列國鬪爭的思想，對於聯合國憲章，根本不想受其約束，卽是強權外交的觀念牢不可破，犧牲弱小視爲當然，於是宣傳與行動不符，其與蘇俄亦百步五十步之差耳。我們知道，蘇俄的鬪爭思想本自西方學得，而今日的西方已經進步了，不幸舊思想的殘餘未能完全肅淸，還在暗中作怪，於是新舊兩種思想之衝突乃產生步驟凌亂的行動。蘇俄雖弱點畢露，而西方至今仍不能針對其弱點而予以有效的打擊者，正以此故。我們希望西方各國堅持聯合國的理想，而肅淸列國鬪爭的念頭，使宣傳與行動若合符節，則聯合國的權威確實建立之日卽是蘇俄的侵略壽終正寢之時，否則聯合國必蹈國際聯盟的覆轍，而三次大戰的爆發乃爲勢所必至了。

蘇俄的强迫移民政策

朱新民

關於蘇俄的强迫移民政策，雖然蘇俄政權從未公開說明過，但實際上克里姆林宮的獨裁者爲了達到生產保安等各種要求，始終在雷厲風行地執行着。蘇俄在第二次大戰後，從未公佈其人口統計，其原因卽爲不願暴露他實施强迫移民政策的後果，尤恐暴露他可能動員的兵源數字。蘇俄地廣人稀，人口分佈密度極爲懸殊，一向有很多地方可充移民的區域，前在帝俄時代，卽不斷由政府提倡移民，惟大規模的移民運動，則始於一九〇五年日俄戰爭以後，當時俄國人口最密集的地區是俄羅斯中部，烏克蘭西北部，人口最稀少的是烏拉山以東地區，因受政府鼓勵移民的影響，沒有多久，烏克蘭人卽在烏拉山以東地區移民達當地人口的百分之三十。

蘇俄地跨歐亞兩洲，在地理環境上，北部氣候過冷，裏海附近則爲半沙漠地帶，人口均極稀少，在伏爾加河上流至黑海地區，每一方公里的人口密度平均爲二十五人，歐洲部份北部白海附近每一方公里平均爲二人，全國百分之四十八的人口均密集在歐洲部份俄羅斯共和國境內，其面積僅佔全國面積的百分之六，而蘇俄在亞洲的疆土佔全國面積的百分之五十六，住民則僅佔全國人口之百分之九，故蘇俄移民的一般趨勢當不出下列兩途：

①使歐洲部份的過剩人口向亞洲疆土移動。

②將蘇俄中亞細亞各共和國的人民儘可能向北部沿海寒冷地帶移動。

但是蘇俄的强迫移民政策，其意義尙遠較一般國家的移民政策爲複雜，除了希望調整不合理的人口分佈以外，尙有政治上的目的，以達成其對內加强控制、對外增進侵略力量的陰謀：

①使國家城市化，以加速發展軍事工業。

②使新的礦區、工業區人口增加。

③使鐵幕邊緣有企圖逃出鐵幕可能之人民移往別處居住。

④使有團結性之各民族分裂與其他民族人民混雜居住。

⑤不使技工、智識份子在某一地區居住過久，在該地區繁殖生根。

基於達到以上各種任務的要求，蘇俄政權在一貫的政策下積極執行强迫移民。根據二次大戰後從鐵幕內逃出聚居在德國的俄國人所組織的蘇俄問題研究院鮑柏立克碩士所撰，在該院季刊發表「蘇俄的人口政策」一文中，曾有下列許多寶貴資料的報導：

①舉辦集體農場後，農村加速破產，剩餘人口紛向城市或工業區集中，一九二六年城市人口佔全國人口百分之十八，至一九三九年已佔百分之三十二，並由於礦區、工業區的增多城市技工專家的流動性亦隨之增加。

②大規模政治案、整肅案內牽涉到的人民，均驅迫至不公開建設區從事奴工生產。黨員團員則在「自動」參加勞働英雄等號召下，大量輸送至工業區礦區工作。

③在一九三九年至一九四三年之間，各新工業區人口增加很快，統計烏拉爾山區增加百分之三十六，伏爾加區增加百分之十六，西西伯利亞區增加百分之二十三，中亞細亞各共和國增加百分之七。

④將歐洲西部邊界上在革命前生活比較不窮困的人，一律加以可能危害社會份子的罪名，强迫向東部移民。在一九三七至一九三八年間曾將伏爾河區德國人住的地方全部成年男子，每百戶中抽留二十歲至五十歲者十人，其餘一律强迫遷至亞洲。

⑤二次大戰開始後不久，蘇俄曾將波羅的海區三共和國被認爲資產階級者數十萬人，全部輸送至俄羅斯中部煤礦區工作，德國向蘇作戰後，毗鄰戰區强迫移民更加速澈底執行，甚至農村牲畜、工廠機器無不搬運一空，統計內遷人口達二千萬人，相等於西班牙全國人口。

⑥在德俄戰爭期間，蘇俄人民爲德軍所俘虜及自動逃至國外者七百五十萬人，在列寧格勒餓死者二百萬人，在集中營因糧食不足餓死者二百萬人。其他曾爲德軍佔領過的地區收復以後，所有全部猶太人及被控有與德軍合作嫌疑者，暨患有花柳病、神經病者，均遭政府槍斃，人數亦至驚人。

⑦二次大戰結束後，蘇俄政府進一步有計劃執行移民政策，將俄羅斯人暨其他中部各共和國人口大量向東普魯士、波羅的海各共和國暨芬蘭等地移居。此外，西烏克蘭、羅馬尼亞邊區、庫頁島南部、北高加索、克里米亞半島等地，亦大量移居俄羅斯人。

⑧德蘇戰爭期間，戰區附近移至東部人口達二千萬人，戰後遷回西部者不到三分之一，同時被遺留在德國西部的俄國人，盟軍依照雅爾達協定，交還蘇俄者共五百五十萬人，內僅五分之一能回至原住地區，其餘均被任意調配至其他地區。

⑨大戰後蘇俄西部工廠新招工人達百分之四十至八十不等，工程師四分之三均爲新人，西部各大專校恢復後均另行調配教授，其原有教授撤退至東部者不再調回原地服務。

⑩蘇俄政府如在現在公佈其人口統計數字，可以顯出三點特徵：1.烏拉爾山區烏克蘭人、猶太人比率增加。2.中亞細亞、遠東及北極邊區人種混雜。3.混血結婚的結果，少數民族漸趨消滅。

⑪戰前一九二六年至一九三九年間，蘇俄城市居民由二千六百三十萬人增加至五千五百九十萬人，一九二六年城市人口佔總人口百分之十七·九，一九三九年連被侵併人口在內，鄉村人口爲一億三千二百萬人，城市爲六千一百萬人，佔全人口百分之三二·八。

⑫戰前一九二六年蘇俄五萬以上人口城計九十，一九三九年增至一七四，五十萬以上人口城市一九二六年爲三，一九三九年增至十一，其中莫斯科有四百萬人口，列寧格勒有三百萬人口，其他均爲五十萬以上八十萬以下人口的城市。戰時及戰後一九四〇至一九四七年間，城市數仍繼續增加，每年平均增加四二城市，而鄉村則人口銳減，原有鄉鎭被淘汰甚多。

⑬戰後人口減少，男女比率不能平衡，估計全國女人至少超過男人七百二十萬人，而若干特殊區域男女比率更爲懸殊，幾乎已變成女人世界。

⑭蘇俄集中營內所拘禁的總人數無精密統計，據歐美專家估計至少有一千五百萬人，且其中大多數爲有工作能力的男人。

⑮蘇俄在一九四〇年訂頒新法律，規定十四歲至十六歲男子須接受勞工後備訓練，平均年有五十八萬至八十萬的少年自鄉村進入城市或工業區工作。勞工後備訓練工作完畢以後，接着又須開始服兵役，其期限爲自二年至五年，視兵種而不同，此外女子亦須强迫接受勞工訓練，唯人數不及男子之多，在莫斯科區內各工廠勞動訓練班畢業人數，女子佔百分之三十，而十二歲至十九歲之男女工人，則佔總工人數目之百分之四十，統計最近十年來接受勞工後備訓練者總數已達五百五十萬人。

根據以上各項資料綜合觀察不難可以窺出，蘇俄的移民政策强迫施行的結果，雖已達成了五項目的：

①國家城市化，鄉村人口減少，已甚顯著。
②新的礦區工業區人口激增，配合生產動員的迫切需要。
③減少西部人口，增加東部人口，特別使歐洲鐵幕邊緣人口減少。
④以高唱民族平等爲口號，實行消滅少數民族的目的。
⑤使智識份子、技工居遷無定，便於控制。

但是，蘇俄政權還是心勞力拙的。根據上述各項資料，我們也不難同時看出蘇俄男女人口比例已顯著失去平衡，總人口亦有減少的趨勢。近年蘇俄各地集體農場的逐步歸併爲更大農場，其作用也是消極而非積極的。最近史太林倒斃後，馬林可夫下令釋放大量拘禁在集中營的技工、生產份子，俾還復至原崗位工作，都足以顯出蘇俄境內具有生產工作能力的人員已經感到十分缺乏。目前蘇俄的加强控制我國大陸，驅使朱毛奴役我國同胞，也無非夢想補救其本身生產工人和兵源的不足了！尤其可笑的，這次馬林可夫罷黜貝利亞所羅織的罪名之一，爲「製造各民族間的仇恨」，貝利亞作惡一生，此次遭受排拆，雖屬罪有應得，但蘇俄執行强迫移民政策，企圖消滅各少數民族，實爲克里姆林宮一貫的殘酷狠毒政策，犯此罪惡者當不祗貝利亞一人而已。

（上接第3頁社論一）

我們於此，不擬詳論浪費的問題。因爲，某種程度以內的浪費，爲任何事業所不能避免；此種不可避免的浪費，也不能不算是成本的一部份。浪費率在競爭的企業，應該可以比較；但在獨佔事業，却無從比較。這原是獨佔事業根本弱點之所在。你說它效率不够水準，却不容易明確指出問題是出在什麼地方，除非是非常顯著的情形。當然，非常顯著的浪費，也祗好算是一種『非成本開支』，應該誰來負擔？難說。總之是不應叫消費者來負擔，因爲消費者已經把那些不顯著的浪費，可以解釋爲不可避免的浪費，在無形中負擔起來了。

我們認爲，定價問題如能遵守此一定的原則，應該沒有爭論，合乎原則的加價，也應該沒有人反對，縱欲反對，亦不會有健全的理由。這裏却還有一個前提：事業單位應該讓自己的財務及成本情況讓外界明瞭，於必要時，應該接受民意機關或甚至消費者代表的檢查。旣然是獨佔事業，應該沒有營業上的機密之可言，爲什麼不能公開呢？一經公開，爲擴充設備而籌募債欵也方便了，就實際的成本以調整價格也方便了。我們深知，現在有一部份對公用事業的非難，其根據大都爲道聽途說。旣爲道聽途說就旣不能確認爲是，亦不能確認爲非。正因爲大家莫名眞相，一般社會對事業單位當然是隔膜日深，難以諒解。我們深知，事業單位的負責當局也是爲處境困難而滿腹牢騷，但爲什麼不把這牢騷向社會申訴呢？把實情公開出來應該一切都有辦法，因爲這些事業從根本上說，它旣有無人可以奪去的市場，就應該沒有辦不好的道理。（完）

論現代國際收支及貿易平衡（上）

劉國增

一

第二次世界大戰以後國際收支發生兩種相反的現象，一方面美國國際收支繼續盈餘，一方面其他自由經濟國家美元繼續缺乏。此種現象如不改善，則國際收支無由恢復原狀，各國貨幣無由自由兌換黃金美元 Free Covertibility of currencies 因之國際貿易亦無發展之一日。至於發生此現象之原因應由某方負責，見仁見智各不相同。有人謂第二次大戰以後美國進口貨物價值較之戰前增加一倍，各國在國際貿易上直接間接所得之美元，足以支付從美國進口貨物價欵，而各國尙感美元缺乏者，蓋因各國不肯自己設法解決之故。又有人謂國際收支問題在第一次大戰以後即已發生，第二次大戰以後更為嚴重。美國在兩次大戰之中國內所受之損失較之其他各國為輕，而其資源的豐富，工業的發達其他國望塵莫及，益以關稅壁壘高築，他國貨物不易輸往美國，對美國國外投資又無多，他國資源無由開發，因之解決國際收支責任宜由美國負擔。此兩種主張各有偏見，持平而論，雙方各有責任，必須彼此共同設法，方可解決此困難問題，玆分別論之：

（一）

各國美元缺乏情形：戰後各國美元缺口最高額為一九四七年之一百一十五億美元，最低額為一九五〇年之二十二億美元，其他各年則在五十億美元與八十億美元之間。如美元缺乏國家對於美元貨物進口不加限制，美國對外經援軍援不增加，恐美元缺口更加多矣。美元缺口是一個新的問題，在第二次大戰以前並無此嚴重問題。就美國進出口貿易統計觀察：在一九三四年與一九三八年之間美國出口每年平均數約為二十七億美元，進口則約為二十四億美元，每年國際貿易盈餘之數至多不過四億七千萬美元（包括國際船運國外投資利潤等無形收入，但白銀銷售之收入除外。）此項盈餘較之英國工業發達，國際貿易最盛時代所得之盈餘多餘無幾。返觀戰後自一九四五年以來美國生產較之戰前增加一倍，出口量較之一九三七年增加百分之八十至百分之一百六十，而進口量至多亦未超過百分之三十，足見出口量增加之速度遠超過進口量。

美國之進口貨物五分之三為生產原料及用於工業上之半製品。在一九二五年至一九三五年之間美國進口原料價值與國內工業製造品價值之百分比為七比八·五。嗣後因美工業利用廢物節省原料，並利用人造品以替代進口原料，致使進口原料價值與本國工業製造品之百分比逐漸降低，至一九五〇年下半年重整軍備以前此項百分比為三比四。最近美國五金原料雖漸缺少，但其缺少部份多向鄰近國家加拿大及北部拉丁美洲國家購買，僅一小部份由美洲以外的國家進口，因之受實惠者多為美元國家，對於其他非美元國家美元缺口甚少補救。至美國之食品進口在一九二一年至一九三九年之間約佔全國人民所需食品百分之四至百分之五，大戰以後則盤旋於百分之三左右。至美國工業製造品之輸入，在一九三一年至一九三九年之間約佔食品以外消費品百分之三至百分之三、五，至大戰以後此項百分比更為降低，在過去五年間此項百分比僅為百分之二。美國消費品進口減少趨勢雖經將關稅減低百分之六十（自一九三七年至一九五一年）但迄未變更。[註一]

（二）

英國國際收支：英國不但為世界第二貿易國家，且為英磅集團之中心。進出口總額佔全世界貿易四分之一。其國際收支在第二次大戰後之所以發生問題者，其原因有二：

甲、戰後國外無形收入減少：英國在一九三八年除航運保險等國外收入外，其他國外投資純收入按現在價格計算，約為七億五千萬英磅，及至一九五一年此項收入尙不足一億英磅，較之一九三八年減少六億五千萬英磅（約等十八億美元）。

乙、進口物資價格高於出口貨物價格：食物及生產原料為英國進口大宗，而此兩種物資價格較之英國主要出口工業製造品價格高的多，對於英國國際貿易大不利。按進出口相差的價格計算，自一九三八年起至一九五一年止英國共損失約十五億英磅。（約四十四億美元）為補償此種損失，英國乃努力增加輸出。由一九五一年國外貿易觀察：出口量較之戰前增加百分之八十，如以價格計算其增加之數則超過十二億英磅。（約三十五億美元）[註二]

不僅英國發生國際收支問題，歐洲其他國家亦復皆然。歐洲國家在大戰時所有經濟建設多被摧毀，國外貿易解體。大戰後東歐關入鐵幕，東西歐經濟絕緣，以致西歐各國貿易更感困難。在一九四七年西歐各國國際貿易美元缺口總額約為五十五億美元，一九五一年除去美國軍援物資外，其缺口約為二十億美元。查西歐各國國際收支之所以進步者，乃由全面經濟環境眞正改善使然，並非一時偶然現象。就工業言，一九五一年的生產量較之一九四七年增加百分之四十。就出口貨物價格言；自一九四七年貨幣貶值後出口貨物價格低廉可與世界各國競爭。現西歐各國均從事如何避免通貨膨脹，如何恢復戰前收支，故國際收支情形日有進步。現在世界不僅西歐發生國際收支問題，其他各地區亦有此問題發生，惟西歐貿易佔世界貿易三分之一，與各國貿易關係亦較為複雜，如國際收支問題不解決，影響世界貿易匪淺，故美國對外經援首先於一九四八年實行馬歇爾計劃，使西歐經濟恢復原狀。如西歐收支問題能設法解決，其他各地區自可迎刄而解。

(三)

不列顛王國及英磅集團國際收支：查不列顛王國國際貿易佔全世界貿易百分之四十以上，其對世界其他各國貿易之虧蝕：一九五〇年為二億四千五百萬英磅，一九五一年後半年為十億零九千四百萬英磅，一九五二年全年為九億八千一百萬英磅。至英磅集團之主要出口為羊毛橡膠錫磁石銅鉛克羅米鐵礬土八種原料。此項出口在一九五〇年共收入六億二千萬美元，幾佔該年美元收入百分之四十，後因美國人造橡膠等工業發達致使以上八種出口逐漸減少，因之一九五二年全年國際貿易虧蝕較之一九五〇年多三倍，外滙準備金減少至十八億四千五百萬美元。由此觀之，英磅自由兌換黃金美元之希望更少。不列顛王國及英磅集團國際貿易佔世界貿易一大部份，如國際收支問題不能解決，影響世界貿易前途至深且鉅，非設法補救不可。

其他南美南非及亞洲經濟落後國家因生產資金缺乏，生產技術幼稚，以致各種工業多不發達，所有出口多為大米橡膠咖啡錫鉛等原料品，一切工業用品及重要機器等大多數為舶來品。原料出口價格在平時較之工業品進口價格為低，故國際貿易均不平衡。雖在韓戰初期因美國大量收購橡膠、羊毛等原料，一時原料品價格高漲，東南亞、澳洲等地區獲利甚鉅，惟不久因韓戰穩定，美國存貨較多，暫時停止收購，致使原料跌價甚劇，產原料的國家不但因原料不能出口大受損失，同時因原料出口一時特別景氣之故，致使國內游資特別充斥消費增加，物價高漲造成通貨膨脹現象，國際收支更失平衡。生產落後國家除一部份關入鐵幕外，其餘屬於自由經濟國家者，其人口約為七億，每人每年純收入平均數至多不過一百美元，因之儲蓄甚少不足用於建設，同時因無資金市場，此少數儲蓄亦無由變成開發資金。益以政局不定，貨幣時時貶值，人民為保存幣值起見，乃囤積黃金美鈔或將黃金美鈔存放國外銀行而不肯吐出，致使美元貨物進口缺少外滙支付，國際收支困難問題更無法解決。

(四)

解決韓戰後國際貿易平衡問題：韓戰發生以來自由經濟國家經濟發生很大變動，設法調整殊感困難。就美國言：韓戰發生後國人恐物資缺乏乃爭相購買，造成通貨膨脹現象，美國此時一方面設法遏止通貨膨脹，一方面大量輸入原料增加軍需生產，結果生產已達高度水準成績甚佳。其他多數國家在韓戰之初，因美國大量購買原料收入增加，黃金美元外滙準備亦同時加多，國際收支亦大為好轉。國際收支好轉之結果，國內經濟受刺激，通貨增加，游資充斥，生活程度提高，消費增加，現有消費品不敷應用乃發生通貨膨脹現象，又不得不集中力量以遏止之。又在韓戰發生後未及一年，美國因軍用原料存貨較多，減少購買量以致橡膠等原料在國際市場大為跌價，益以各國在美國之開支多於收入，致使美元不敷應用，不得不動用外滙準備金。各國為避免外滙準備金減少計，乃自一九五一年起極力撙節美元開支，務使對美國支出之美元與由美國換進之美元相抵。各國調整美元開支所採用之辦法為一面抽緊銀根減少通貨。一面直接統制國際貿易 及國際收支。其結果黃金美元準備金在 一九五二年初略微增加。在一九五一年除遏止通貨膨脹之風盛行一時外，又有很多國家重新樹立國際商業機構，對於貿易與以較多自由。為實行此種政策在過程中曾遇見很多阻力。但此種困難因韓戰發生美國支出增加，較之一九五〇年六月以前容易解決。至美元供給情形：自韓戰發生後美國購進大量原料致美元流出甚多，同時因原料價格高漲之故，致使美國原料進口數量增加之程度遠遜美元支出增加之程度。進口原料漲價最高者為橡膠、羊毛、錫、鉛等。該項物資進口數量在一九五一年初期已達最高峯。自此以後因存貨較多及遏止通貨膨脹之故乃逐漸減少。如以一九五一年六月與一九五〇年初比較，則進口物資數量增加百分之十，價格增加百分之二十五。至美元流出（包括進口物資勞役國外長期投資以及經援軍援在內）每年平均數：一九五〇年上半年約為一百五十億美元，一九五一年上半年約為二百億美元，自一九五一年七月起至一九五二年六月底止則約為一百九十億美元。美國流出大量美元中美援所佔之數量據美國國務卿杜勒斯宣稱自大戰停止後一年至一九五二年底，共約四百億美元，每年平均數約為五十七億美元，對於國際收支虧欠國家幫助不少。不但此也，自美國援外法案實行以來，美國經援可由被援助國家在美國以外地區購進物資 off Shore Purchase 此種辦法對於美元缺欠國家幫助尤多。

在韓戰發生以前，各國對於美元開支實行嚴格統制，益以一九四九年大多數國家實行貨幣貶值，致美國貨物出口數量增加甚少。迨韓戰發生後第一年很多國家對於統制美元開支不如以前那樣嚴格，其原因半由於原料出口增加，外滙準備金加多，半由於恐怕將來物資缺乏價格高漲。同時又因國內通貨膨脹，物資缺乏，物價高漲，其物價高之程度遠過美國，因之需要美國貨物進口，至為迫切。在一九五一年全年從美國進口較多者為英磅集團及美洲美元國家。蓋這些國家在韓戰發生後九個月中向美國輸出原料較多，擁有多餘美元可以利用由美國購進必需物資。（一九五一年六月英磅集團外滙準備金增加至三十八億六千七百萬美元。）印度為抑制通貨膨脹起見，特別提高出口關稅，致原料出口商無特別利潤可圖，因之國內游資不充斥，物價未高漲，由美國進口亦未增加。其他國家如阿根廷、巴西、智利、澳洲、紐西蘭、南非共和國等則因國內消費品價格繼續高漲，（一九五二年七月較之一九五一年七月高漲百分之二十至百分之五十）以致從美國進口物資數量逐漸增加，黃金美元外滙準備金亦逐漸減少。至美國對歐洲大陸輸出量在一九五一年較之大戰停止後初期減少。其原因一半由於歐洲各國生產逐漸恢復戰前水準，一半由於歐洲各國限制美元貨物進口尚繼續進行。至美國全部輸出，在一九五二年五月以後則大見減少。其減少之原因，則為世界各國尤其是其他美元國家及少數歐洲國家均計劃如何減少美國貨物進口。其所採用之辦法係用市場力量，穩定物價，並設法減低之，同時使國民所得不增加太快，無力購買國內貨物及舶來品。更有少數國家人民消費仍嫌過鉅，政府為節省外滙起見，乃繼續直接統制進口。

(五)

加拿大及其他美元國家貿易地位：自一九五〇年六月起至一九五二年六月止，世界各國除美國及蘇聯外美元增加數量約為二十七億五千萬。換言之，較一九五〇年六月以前增加六分之一。此二十七億五千萬美元分配各地至不平均：西歐大陸各國美元持有數量日漸恢復原狀，但英磅集團在一九五二年六月美元持有數量較兩年前減少百分之十。拉丁美洲美元國家美元繼續增加，加拿大美元較之兩年前增加九億元，換言之增加百分之六十。拉丁美洲美元國家及加拿大的美元之所以增加者，蓋因在過去兩年間極力設法避免通貨膨脹努力增加生產以致國際貿易好轉，對美貿易虧蝕業已漸減少，對非美元國家支付已有盈餘。在這些國家中雖尚有少數國家對於外滙尚稍加限制，但大多數國家對於國際貿易美元結餘均允許國人自由動用。這些國家與任何國家均未訂有特別支付協定。Special Payment Agreement 他們的進口商每筆交易均用美元支付，因之他們的出口商及銀行對於大多數交易均可堅持必須以美元結賬。這些國家在過去兩年中國際經濟地位相當穩固，尤其是重要產品如五金、食品、木材、汽油等，向非美元國輸出，因係必需品，非美元國家雖限制美元貨物進口，但亦必須購買，因之國際貿易均有盈餘。據美國聯邦準備銀行經濟研究處調：其他非美元國家對美國及加拿大的現時支付在一九五一年除經援外尚虧欠約三十億美元。查一九五一年全年美國對非美元國家貿易盈餘為二十二億五千萬美元，由此可知一九五一年加拿大對非美元國家貿易盈餘約為七億五千萬美元，足見其國際經濟地位甚為穩固。

(六)

韓戰後歐洲貿易情形：歐洲各國在一九五一年全年及一九五二年上半年對美元地區貿易虧蝕甚鉅，但因美國經援軍援之故，其黃金美元外滙基金減少數目並不太大。至於歐洲大陸國家因有歐洲支付聯盟 European Payment Union 的協助得將由英國及其他英磅集團國家得來之英磅變成美元，故外滙基金並未減少。惟英國及其他英磅集團國家在一九五一年至一九五二年十二月期間國際貿易損失頗鉅。（一九五二年全年外滙準備金減少五億美元）歐洲各國戰後農工等業恢復甚速。在恢復農工等業過程中，向美元地區輸出，由美元地區輸入，均甚迫切。此種事實可由他們採用出口所得美元保留辦法 Export Proceeds Retion Plans 看出來。按此辦法：凡出口商向美元地區輸出貨物所得之美元，得由出口商保留一部份，用作由美元地區購進貨物，或在自由市場以市價賣出。其目的在鼓勵向美元地區輸出，並購進大量美元地區貨物以應急需。

歐洲各國自一九五一年起國際貿易政策略有變更，對於出口極力擴充，對於進口限制不像以前那樣嚴格。凡貨物進口不影響外滙基金穩定者可漸漸取銷進口限額。為平衡國際收支計，一面設法減少進口，一面增加出口。為擴充出口計，乃設法改變國內生產目標。其變更生產目標的辦法：即減少消費品及滯銷物品的生產，將人力物力轉移到機器等物品生產以換取外滙。例如自一九五一年起世界紡織品發生滯銷現象，歐洲各國乃停止紡織品大量生產，從事煤及機器等生產，運銷國外以爭取美元外滙。此種辦法如繼續推行，必能使出口增加。當此時也，如需要歐洲貨物進口的那些美元國家對於國際貿易不加不必要限制，同時國際組織如國際貨幣基金歐洲經濟合作組織歐洲支付聯盟等機構再加强國際經濟合作，則歐洲貿易前途大有希望。如不此之圖，在最近將來數年間歐洲各國不努力增加出口生產，恐通貨膨脹物品內銷等危險現象復生，其影響所及，不但歐洲國家收支不能平衡，貨幣不能兌換，世界貿易亦將軼出正軌而無法調整。

(七)

美國近年來國外貿易發展趨勢：自從第二次世界大戰停止以來，美國國外貿易已達空前未有的高度水準。在戰後前六年貨物出口(包括軍援經援在內)盤旋一百零兩億美元及一百五十三億美元之間。貨物進口：在一九四八年為四十九億美元，以後繼續增加，至一九五一年已達一百一十億美元。及至一九五二年出口貨物已超過一百五十億美元，進口貨物則較一九五一年最高峯少二億五千萬美元。由這六年間進出口統計觀察：前三年與後三年大不相同。前三年（一九四六——一九四八）美國出口總額三百八十二億美元較進口總額一百七十八億美元多一倍有餘。後三年則不然(一九四九——一九五二)美國出口總額雖與前三年差不多，但因進口增加，以致其他各國由美輸入百分之七十貨欵可用向美輸出所得之美元以支付，足見其他各國生產業已恢復，經濟逐漸穩定。就其他各國國際貿易數量觀察：則一九四七年佔全世界貿易總額三分之二强，一九四八年佔總額幾近四分之三，一九五〇年及一九五一年則均佔總額五分之四，更足證明其他各國際貿易業已進步。至美國國際貿易盈餘情形：在一九四七年已達最高峯，以後則逐漸低落，在一九五〇年九月則幾乎無有盈餘。蓋韓戰發生美國需要原料進口甚夥，致原料價格特別高漲美元流出甚多（當一九五〇年八月十月及一九五一年一月美國國際貿易實際上係入超）對於其他各國貿易甚爲有利。至在這個期間美國出口盈餘逐漸減少之原因有四：(一)一九四九年大多數國貨幣貶值；(二)各國減少由美進口數量；(三)美國由其他各國進口增加；(四)進口價格高漲。美國進口在韓發生後既已增加，及至一九五一年春增加更多。蓋美國政府及人民鑒於第二次大戰時美國物資缺乏困難情形，乃從事大量購進原料除供現用外更大量囤積。由進口統計觀察：在一九五〇年四月每年進口平均數爲一百億美元，至一九五一年一月至六月則爲一百二十億美元。同時因國內外供給之原料不足應美國需要，以致每單位原料價格增加之程度，較之進口數量增加更高。按進出口統計所載：自一九五〇年六月至一九五一年一月美國進口數量增加百分之二十。至每單位進口價值自一九五〇年六月至一九五一年六月則增加百分之三十七。同時其他各國恐美國五金等原料缺乏，影響美國工業，致工業品出口減少，乃從事大量採購，因之美國出口數量亦增加。又在一九五一年春各國因向美國輸出增加外滙準備金充裕，認爲放寬進口限制，放鬆外滙統制，從事國內開發，時機業已成熟乃相率實行。及至一九五一年後半年美國由各國進口貨物數量大爲減少，各國美元收入無多，因之始而恐懼繼而實行宣佈再加緊限制美貨進口，並嚴格管理外滙。惟同時迫於急切需要又不得不從速購進美貨。蓋各國特別美元支出與特別美元缺少兩種矛盾現象，往往同時發現也。各國對美國貨物進口重新加緊限制，美國於一九五二年後半年始感覺出口減少，蓋預先訂貨之減少，與實際運貨之減少之間，尚須經過相當時期也。又該年後半年美國鋼鐵罷工及農業品季節性之出口減少，亦足使出口發生不景氣。益以在此期間各國農產品收穫甚豐，煤及煤油出產增加以及通貨膨脹惡風歛跡更足使美元貨物進口減少，因之美國出口盈餘在一九五二年後半年，由上半年之十八億美元降低爲六億二千萬美元。(軍援物資出口除外)至美國貨物出口單位價值之增加較之數量之增加爲少。但進口則適相反，單位價值之增加較之數量之增加爲多。就進口總值及總額觀察：在一九五〇年上半年至一九五一年上半年之間進口量之增加爲百分之十四，而單位價值之增加則爲百分之三十五。至原料之進口數量在一九五一年底較之同年一月初僅增加百分之四，而單位價之增加則爲百分之六十九。在一九四九年與一九五一年之間美國消費品進口總值爲四十二億美元，其中咖啡橡膠羊毛三項佔十六億美元（佔該期消費品進口總額百分之三十七）每單位價值：咖啡每磅由二角五分漲至五角二分，橡膠由一角五分漲至五角五分，羊毛則由七角漲至兩元四角三分，更足證明因單位價值之猛漲各國收入美元甚多。(註三)

（八）

美國國外貿易貨物種類地區分配：美國工業製成品佔美國出口之大部份，由出口統計觀察：一九五二年佔全部出口價值百分之六十。至用於投資生產方面之貨物如鋼鐵製成品電氣用具工業機器等，出口在一九五二年已達最高峯。蓋西歐各國爲重整軍備計，擴大投資，正需要此種貨物進口也。又在一九五一年全年及一九五二年初期美國工業機器出口三分之二運往加拿大及拉丁美洲等地區。至小麥麵粉因運往印度南斯拉夫及西歐的噸數特別增加，致一九五一年出口較之一九五〇年大爲增加。煤在一九五一年全年及一九五二年初運銷西歐甚鉅，因西歐各國重整軍備需煤孔急，而本地產品不敷應用，不得不由美進口也。至談到美國國外貿易地區分配問題，我們必須注意運往西歐的美援物資不但佔該地區貿易第一位，而且佔美國全部貿易一大部份。自一九四九年起至一九五一年上半年止，美國經援西歐物資佔對該地區貿易一大半，且有時對該地區某部份之經援竟佔該部份貿易百分之七十五。韓戰發生後美國對世界各地輸出雖均增加，但較之西歐則瞠乎其後。按美國出口統計觀察：在一九五一年下半年對西歐之輸出仍佔全部輸出四分之一，迨至一九五二年上半年始漸減少。至美國由西歐輸入則不然，除韓戰發生後半年內增加甚快外，以後逐漸減少。蓋西歐各國在美國重整軍備半年後亦開始重整軍備，故出口亦日漸減少。美國與西歐進出口數量消長之關係，因經援物資佔出口大部份與其他出口物資混在一起，一時不易分析明白。至與其他地區之關係，則出口增加時，往往進口亦增加。蓋該地區向美國輸出增加，所得美元亦必多，因之利用此項美元，由美國購進貨物的數量亦必增加。反過來說，向美輸出減少，美元頭寸缺乏，無力購進美貨，因之由美進口亦減少。加拿大拉丁美洲國家以及英國以外英磅集團國家普通說起了，均以向美輸出所得之美元，購買美國貨物。其所以如此者，一則恐美國出口貨物數量減少，價值高漲。一則亦希望美國大量由各該地區進口也。由美國出入口統計觀察：一九五〇年美國向英國以外英磅地區出口每年平均數爲十一億美元，一九五一年上半年每年平均數爲二十億美元，同時一九五一年上半年該地區對美輸出亦增加至每年平均數十四億元，較之一九五〇年之六億七千萬元多出口七億三千萬元。至對其他地區貿易之關係雖不如此明顯，但進出口貨物價值，同時增加，則係一般趨勢。(註五)

（未完）

東德人民揭竿而起

龍平甫

序幕

東德當局於實行政治經濟的恐怖政策失敗後，不得不採取緩和政策。本年六月十日東德社會主義統一黨（共產黨與社會民主黨合併而成）發表一個公報，公開承認過去政策的錯誤，決定「向政府建議一些辦法，以改善全部人民的生活情形，並加强權利的尊重心」，承認五年計劃的破產，停止一切蘇維埃化活動。此後東德共產政權又作了許多讓步，以平息人民的怨恨。儘管東德共產政權作了空前的讓步，人民的憤怒並不因此稍減，祇要有人振臂一呼，會立郎掀起巨大的革命浪潮，這個浪潮終於在六月十六日被掀起了。

六月十六日早晨，東德的工人讀到共產黨的「自由工會同盟」(F. D. G. B.) 機關報「論壇報」刊載的該同盟秘書長的一篇文章，他說「政府」所採取的「新政策」仍繼續維持「工作常模」(Norme 工人應完成的最低工作標準) 百分之十的提高。工作常模的增加與某些工資的減低應該在六月三十日以前實施。秘書長說：「減薪是合理的，因爲工人已由社會獲得過度的報酬」。在前一天，東柏林的號稱「第一社會主義大街」的「史大林大道」(Stalinallee) 第四十段建築工人已對加工不加薪公開表示憤怒，指責那些工作指揮者爲「鞭策者」、「剝削者」。該段工人推舉兩個工頭起草一個請願書，大意說：「在任何情形下增加工作常模是不可能的，工人已經沒有餘力擔任額外工作，工作的減低使已經困難的生活情形更爲嚴重」。工人要求「史大林大道」的共產黨官員將這件請願書轉交給「政府」。一位共產黨官員大膽的向工人說：「政府對工人認爲合理的無不照辦」。然而次日早晨，工人向這位官員問及他們的請求時，他祇得聳聳肩，給他們那張拒絕工人要求的「論壇報」。於是第四十段的七八十名工人決定要見「國務總理」葛絡德佛爾 (Grotewohl) 與共產黨秘書長烏爾布理希特 (Ulbricht) 以求達到目的。史大林大道的其他各段建築工人立郎拋棄了工作，加入了他們的隊伍。大家由史大林大道經佛蘭克福大道 (Frankfurter Allee) (正在重建中)，碉堡橋 (Schlossbrücke) 林蔭大道 (Unter den Linden) 而達威廉街 (Wilhelm Strasse)，途中請願隊伍越來越龐大。「人民警察」看到這個龐大的隊伍，感覺莫名其妙，以爲工人奉當局命令參加什麼御用的羣衆大會，問工人道：「祢們幹什麼去」？工人回答道：「我們找自由去」！現在工人請願的目的已不僅是反對增工不增資，而是爲了獲得自由。在林蔭大道行進的工人經過大學時遇到幾位大學生，工人要求他們加入請願行列，誰知他們是共產黨的宣傳員，這些學生在明瞭工人情緒之後，乘機溜走。

工人隊伍繼續進行；到威廉街時請願的工人已達一萬多人，前鋒到達前「帝國航空部」，這是「政府」所在地。

「我們要見烏爾布理希特！我們要見葛絡德佛爾！」

有兩個人從辦公大樓的窗口探頭出來。然而他們並不是烏爾布理希特和葛絡德佛爾，他們是「副總理」勞 (Rau) 與「重工業部長」塞爾部曼 (Selbmann)。羣衆擾鬧得很厲害，他們的聲音被吵音淹沒了。於是塞爾部曼下樓來，跳上一張桌子，企圖發表演說：

「同志們……」

工人立刻打斷他的話頭：「你不是我們的同志！你是賣國賊！」

大家接着大呼：「我們是工人！我們不是畜牲！」

在「國務總理」與「副總理」避不見面的情形下，工人的情緒愈來愈高漲，反抗赤色極權的怒潮愈澎湃。雖然工人是臨時聚集起來的，沒有組織，沒有指揮，也很難在當時開大會討論共同行動綱領。然而共同的切身痛苦與共同的需要使他們不期而同的高呼：

「我們要自由選擧！」

「我們要自由！」

「我們要人權！」

接着在人羣前出現了那位控制「糧食部」的女共產黨員史密特 (Elli Schmidt)。她企圖壓制羣衆，結果被趕走了。

那些「部長」們狼狽逃走之後，羣衆仍停留在門前廣場上幾小時，紛紛議論今後行動方針。有一位建築工人跳上桌子：「政府既不給我們自由與我們權利的擔保，我們自明天中午起實行總罷工！」大家鼓掌同意，回到史大林大道後散去。

史大林大道建築工人請願的消息立刻傳遍了東柏林及近郊各城鎮：在白湖 (Weissensee)，可本尼克 (Köpenick)，特普道 (Treptow)，潘口 (Pankow) 與布倫茲勞山 (Prenzlauer Berg) 的大街小巷擠滿了人，大家議論紛紛，情緒緊張興奮已達大革命的前夕。

當日午後，社會主義統一黨特別代表大會在人民警察嚴密戒備之下在腓特烈王宮 (Friedrichstadt-Palast) 開會，會議是在事變以前決定召開的。然而烏爾布理希特不能不爲當日所發生的工人示威事件所驚動。他說：「我們已錯上加錯，在未來幾個星期中我們應該將這些錯誤修正才行！」

六月十七日的東柏林

六月十七日東德共產黨政治局發表公報：「社會主義統一黨政治局認爲執行工作常模的增加爲錯誤之舉……」然而工人的要求早已不是單純的取消增加工作常模法令，他們所要求的是推翻蘇俄卵翼下的東德共產政權。因此這個公報所給工人的讓步並不能絲毫緩和工人們的革命行動。當局雖動員了大批宣傳員，一點也不能說服工人。由十七日早晨六時起東柏林的工人都動員起來了，男的女的老的少的，個個有和共產獨裁政權決鬬的決心。沒有人發號施令，沒有事前佈置，大家不約而同的在史大林大道中央史特脳士堡廣場 (Stransberger Platz) 及其附近集合。北郊亨寧村(Henningsdorf 位於蘇俄佔領區）鋼鐵工廠的一萬多工人，經過二十七公里的步行，穿過柏林法國區向東柏林示威地帶會師，沿途居民自動地爲他們送食物飲料，使旁觀的人看了感動得要流淚。

自清晨開始，東柏林已失去常態，地上地下鐵路員工、電車、公共汽車司機、商店店員、以及不少的共產主義青年團團員紛紛加入示威行列，和那些木匠、泥水匠、機械工人……站在一條陣線上。城區城外十幾萬工人會合後，大家肩並肩，手挽手，經亞歷山大廣場 (Alexander Platz)，林蔭大道，而至來比錫大街 (Leipziger Strasse)。

八年獨裁暴政壓制得喘不過氣的人們畢竟有這一天發洩憤怒的機會，他們怎能會很文雅的遊行？於是羣衆在街上撕毁任何與政權有關的標語及圖片，扯裂紅旗，毆打公務員，搗毁共產黨黨部，破壞「德蘇友好協會」(Deutsch-Sowjetische Freundschaft)，焚毁宣傳書報，甚至放火燒了「人民警察」的營房，「人民警察」不是同情羣衆，便是採取袖手旁觀的態度。一些親政府的「自由德意志青年團」團員(即共產主義青年團員)也被羣衆罵得不敢抬頭。

東柏林羣衆示威路線圖

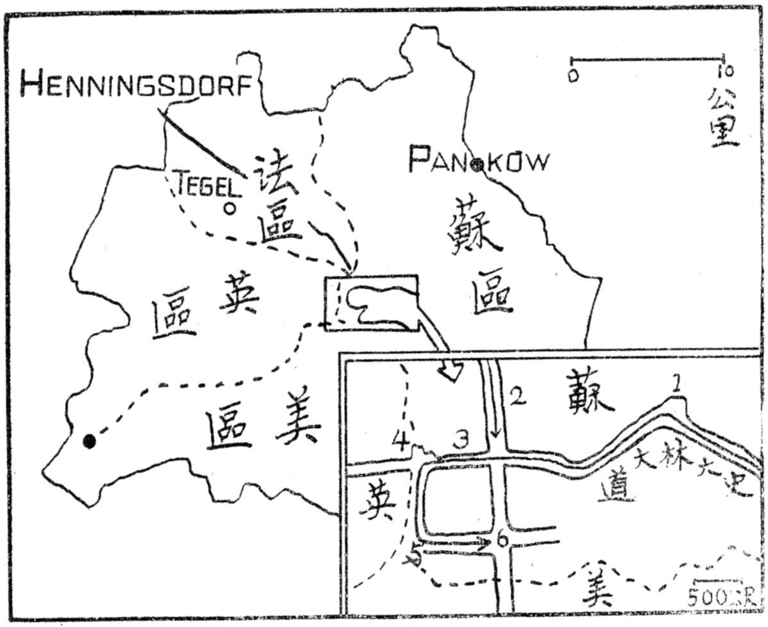

註
(1) 亞歷山大廣場
(2) 腓特烈大街
(3) 林蔭大道
(4) 布蘭登堡廣場
(5) 波茨坦廣場
(6) 東比錫大街

蘇俄當局由清晨起出動了大批的T-34型戰車，經猶得堡 (Jüterbog) 與自由林 (Freienwalde) 開入柏林市。武裝的「人民警察」置於東柏林俄國指揮官底布落瓦 (Dibrowa) 的指揮下，大量的戰車和滿載武裝的「人民警察」的卡車出現於史大林大道、林蔭大道、及亞歷山大廣場一帶。然而遊行示威的羣衆一點也不怕。相反的，他們要求人民警察放下武器。許多警士眞的放下武器，其他的猶豫不決。在羣衆的聲威之下，戰車也不得不緩緩開行。「人民警察」爲他們開道，推擠着亨寧村鋼鐵廠一萬多工人，使他們向後退。

同時兩個青年工人冒險攀登東西柏林交界點的布蘭登堡牌樓 (Brandenburger Tor)，在蘇俄軍隊步槍所能擊中的情形下卸下蘇俄紅旗。示威者將它撕成許多碎片作爲戰利品珍藏。幾分鐘之後，亞歷山大廣場首次聽到槍聲。全副武裝的蘇俄軍隊乘着戰車與載重汽車紛紛向城中心開進。示威者在戰車的前後衝擊之下忽進忽退，形成排山倒海的人浪，澎湃於亞歷山大廣場與波茨坦廣場 (Potsdamer Platz) 之間。

在波茨坦廣場的場面更顯得偉大而奇特。廣場的四週羣衆焚燒着共產黨的宣傳牌和報紙亭，由腓特烈大街來的蘇俄戰車在廣場的東邊驅逐示威者，石塊如下雨般的由示威者手中向戰車飛去。廣場的西邊是自由世界，站立着大量的「壁上觀」的人們，工人和觀衆談到眼前的事情：

「沒有武器，你們是沒有辦法的」。一位西方朋友這樣說。

「你瞧着看吧」！一位示威工人回答道。

廣場的中心，站着不少獵取現況的攝影記者，仰望西方天際，可以看見明亮的霓虹新聞：「三萬示威者在來比錫大街；十幾輛俄國重型戰車出現……一萬二千名罷工者佔領烏爾布理希特運動場……布蘭登堡牌樓的紅旗爲示威者取下……」等等在幾分鐘之內所發生的事件。

十七日的柏林天氣相當悶熱，不時降着大雨，羣衆的情緒未爲大雨所抑制，反為悶熱的天氣刺激得更高漲。羣衆在東區各街道不斷的大呼：「我們不是奴隸！我們要自由選舉！我們要統一的德國！實行總罷工！」在呼聲中雜夾着槍聲，與受傷者的慘叫聲。大約到午後一時起，東柏林宣佈戒嚴。由於蘇軍及「人民警察」開槍，示威者頗有死傷，也有幾個人在馬克斯廣場（Karl Max Platz）被戰車壓死。至當天黃昏，抬到西柏林的重傷者已有一百五十八之多。沒有人知道死者的數目。至晚間九時起東柏林重歸平靜，蘇軍封鎖東西柏林間的交通，嚴禁出入，在東區各街巷佔領陣地，如臨大敵，十七日蘇軍在東柏林捉到一個西柏林的失業者 Willi Goettling，加以製造事件的罪名，立即槍殺。這件事引起西柏林盟軍當局嚴重抗議。

幾天之後西柏林已確實查明下列各人在六月十七日犧牲了生命：

（一）Willi Goettling，一九一一年四月十四日生，住 Berlin-Reinickendorf 的柏林街（Berliner Strasse）六十號。

（二）Horst Bernhagen，一九三二年三月十六日生，住柏林西南六十八區的 Jessen Strasse 四十號。

（三）Gerhard Santura，一九三四年六月五日生，住柏林西南二十一區的 Bochumer Strasse 四號。

（四）Werner Seusitzki，一九三七年六月十七日生，住柏林北六十五區的 Müller Strasse 三十三號。

（五）Rudi Schwander，一九三八年八年三日生，住柏林北四區 Anklamer Strasse 二十六號。

（六）Edgar Krawetzke，一九三三年三月十六日生，住 Berlin-Charlottenburg 的 Wieland Strasse 十三號。

（七）Gerhard Schulze，一九一一年九月八日生，住 Berlin-Steglitz 的 Leyden Strasse 三十九號。

（八）Oskar Pohl 博士，一九二八年生，住 Berlin-Grunewald 的 Seebergsteig 二十四號。

（讀者諸君請留意：死難者祗有兩人年在四十歲以上，其餘都是青年）

六月二十三日西柏林市為上述死難烈士舉行隆重的公葬典禮，參加典禮的至少有十三萬人，以工人佔極大多數。追悼會在西柏林市政會前紹能堡（Schöneburg）廣場舉行。會場上放置上述死難者靈柩七具，另有一具 Goettling 的空棺（他被槍殺在東柏林，屍體未能運出）。在追悼會上西柏林市長路透（Reuter），德意志聯邦國務總理阿德勞，及全德事務部長愷薩（Kaiser）相繼發表演說。阿德勞說：「在鐵幕後的一千八百萬同胞要求我們不要忘記他們。在目前嚴重的時局下，我們發誓（我並代表全德國鄭重宣誓）：全德國不在和平自由之下統一，我們決不能安息。」追悼會後，羣衆護送着烈士靈柩到衛定（Wedding）坟場安葬，送葬行列塡滿大街，人人緩緩而行，以沉重的心情紀念死者。

燎原的野火

東德雖然在鐵幕下，但是鐵幕並不能封鎖消息的傳播，蘇俄佔領區的居民仍最愛偷聽西方的廣播，尤其是西柏林盟方的 Rias 廣播電臺的播音節目。六月十六日午後東德的居民已知道東柏林的示威運動，要求政府辭職的消息，要求自由選舉及統一德國等新聞。十六日夜東德工人又聽到東柏林決定總罷工的消息。這些消息如野火一般的燒遍了東德，在各處燃起了革命的火炬。由工廠到農場，由城市到鄉村，普遍地發生了革命和暴動。

由於東德對外交通和消息的封鎖，該區革命經過的詳細情形迄今無法作一詳細的報導。七月一日西德外交部發表白皮書陳述下列各東德城市曾發生激烈的革命運動：波茨坦（Potsdam），來比錫（Leipzig），德紹（Desau），德勒斯登（Dresden），哈勒（Halle），布蘭登堡（Brandenburg），美爾色堡（Merseburg），克姆尼茲（Chemnitz）（現改名為馬克斯城 Kar Maxstadt），葛立茲（Goerlitz），愛爾夫特（Erfurt），科特布斯（Kottbsu），瓦爾德海姆（Waldheim），多爾哥（Torgau），保増（Bautzen），羅斯多克（Rostock），瓦爾奈明德（Warnemuende），茲維高（Zwickau），耶納（Jena），馬格德堡（Magdeburg）。

由一些漏網的革命份子、逃亡難民、及東德當局的局部口供，我們可以對東德的革命運動摘要分述如下：

圖中各東德城市發生最嚴重的革命行動

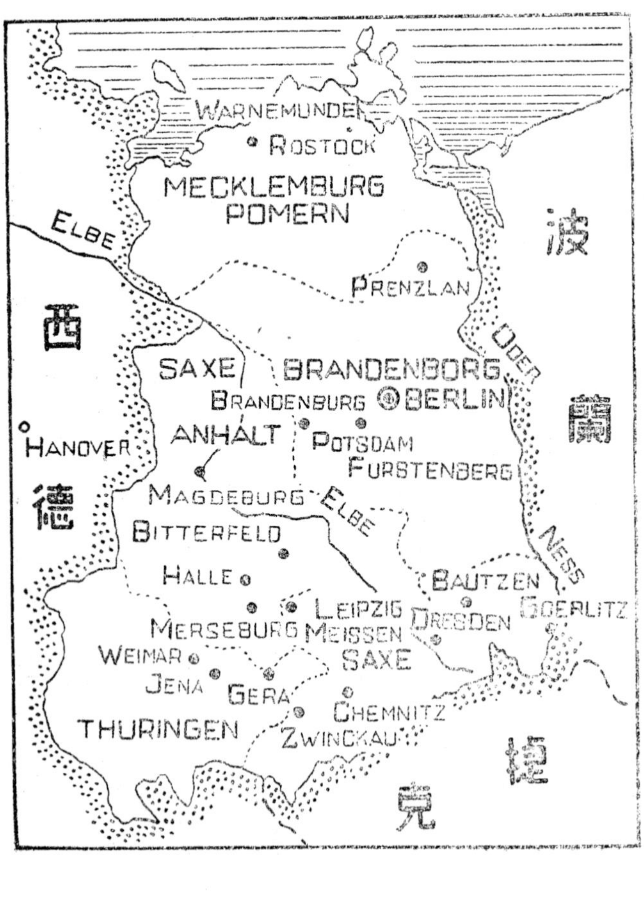

哈勒的巷戰：六月十六日午後哈勒的人民已獲悉東柏林示威遊行事件。次日清晨工人雖照常到工廠去，但不再作工而是討論時局；城中居民也在各處聚集交換消息與意見。自然真的消息中總挾雜一些謠言：例如東柏林共產黨部被佔領，蘇俄軍隊和人民警察衝突等等。有些臨時聚成的羣衆團體跑到哈勒城共產黨部及政府機關，發現那些負責的官吏早於夜間逃之夭夭。同時布那工廠 (Buna-Werk) 的 Schkopan 部分(製造人造橡皮)及勒衣那工廠 (Leuna-Werk 東德最大工廠之一) 的烏爾布理希特 (Walter Ulbricht) 部分實行罷工，勒衣那工廠的工人並將二百四十名「人民警察」繳械。兩工廠的工人集合在一起向城中進發。同時安能村 (Annendorf) 的煤井罷工，工人截住警察的警備車，斷絕交通。窩爾芬 (Wolfen) 的工人也繳收「人民警察」的武器，阻止交通。祗有「國民陣線」(Nationale Front) 的社會主義統一黨的Gottlieb「同志」喬裝着煤礦工人，向監視哨說：「我是安能村罷工委員會的人員」，於是得以逃走。

上午十一時左右，兩萬多示威者向城中心進發，沿途遊行羣衆打着革命的標語牌；例如：「驅逐社會主義統一黨罪犯！」「我們要統一的德國政府！」當他們走到馬克斯恩格斯廣場 (Max-Engels Platz)時，共產黨部早已撤退。有一羣「人民警察補助隊」企圖阻擋示威羣衆，結果挨了一頓痛打，被人撕破制服。直到此時爲止，城中心區尚未發生槍聲，「人民警察」散佈在城的周圍，有些警察脫下制服加入示威者行列。及至遊行隊伍走到小石街 (Kleine Steine Strasse) 警察拘留所之前時，却發生了第一件死亡事件：一個名叫 Gerhard Schmidt 的農科學生兼「自由德意志青年團」官員，企圖向羣衆宣傳他那一套共產黨教條以制壓羣衆，一個「人民警察」發生誤會，以爲他是遊行示威的領導者，開槍把他打死。八天之後這個「同志」獲得「國葬」，共產黨「自由報」(Freiheit) 說他是被「法西斯派的挑撥者所殺害」。示威羣衆衝破監獄，釋放了三十八名政治犯。蘇軍當局爲了鎮壓革命由德紹（該城也鬧得很厲害）調來三團精兵及一旅裝甲兵，向哈勒城橫衝直撞。蘇軍隨便捉了三個示威者不經審判便在加斯達寧小林 (Kastanien Waldchen) 槍斃。自午後三時起蘇軍戒嚴全市，在他們的支持下，穿草綠制服的人民警察開始向城中心區搜索前進，沿途人民和他們巷戰，由屋頂、窗口，不斷地拋擲花瓶酒瓶之類，作爲他們和警察戰鬪的武器。在哈勒市場，人民警察和武裝的勒衣那工廠工人發生激烈的戰鬪，直到黃昏左右始停止，市場及附近街巷躺着幾百個死者及重傷者。夜間戰車斷絕城內外交通，武裝的「人民警察」仍繼續搜捕示威份子。

十八日共產黨幹部份子及政府官員纔紛紛由藏匿的地方回哈勒城，同日當地地方政府接到東柏林發出的一件訓令：(一)以全力鎮壓工人；(二)捉捕與槍殺的示威份子，加以挑撥製造事件罪名；對外應宣稱全部事件爲自西柏林發動的政變；(三)斷絕哈勒的對外交通，並無限期的實行戒嚴。到第三天，哈勒的革命運動被完全鎮壓下去，遊行示威者死難的約有一百五十人，人民警察死十七人，一個警察在河中淹死，無數的警士逃亡，然而東德「公安部長」柴司 (Zaisser) 却大撒其謊，說柏林及全部東德祇有四名「人民警察」死亡。哈勒女監被打開，囚犯被全部放出。共產黨部被搗毀。現在共產地方政府組織三個臨時特別法庭，來審判那些被捉捕的人民。

柴司尚有一件最頭痛的事，便是哈勒區秘密警察情報人員的卡片及全部有關檔案在六月十七日失踪。當時哈勒特務負責人員倉卒逃走，及至事平，他們將捉住的人一一詢問，終找不到這些秘密檔案的下落。因此東德特務首腦不能不疑懷這些文件已被偷運到西柏林去了。此外使他們不明瞭的是：六月十七日那天，人民警察指揮部有人下令將勒衣那的兩團警察調到白石 (Weissenfels) 去，這兩團警察離開不久，勒衣那工廠卽發生大火被燬，然而白石並不需要援兵，那裏有足夠的俄軍足以鎮壓暴動。因此東德特務當局懷疑「人民警察」指揮部也出現了「人民之敵」，然而他們找不出此人是誰。

耶納的「雪景」：吐林根邦的耶納城也發生了劇烈的革命行動。青年共產黨員紛紛撕毀本身的黨徽；羣衆攻入公安局、邦參議會、半軍事訓練機搆的運動與技術協會 (Gesellschaft für Sport und Technik) 及所謂「自由德意志工聯」(Freie Deutsche Gewerkschaftsbund)，並將它們加以搗毀，將文件及宣傳品拋擲在附近大街上，遠遠望去雪白的一片，好像是下過大雪的一般。兒童們把那些印着「人民共和國」皮克 (Pieck) 肖像的書報當作開玩笑的工具，耶納的特務機關(公安局)在一星期之內沒有人辦公。

德勒斯登的血債：關於德勒斯登城的革命情形可以根據兩位逃到西柏林的工人的口述來說明：『東德人民的怨恨已經積得很多而且很久，自然一有機會就要爆發革命的，東柏林工人示威事件一發生，我們立刻響應，六月十七日德勒斯登薩克森工廠 (Sachsen-werk) 的工人實行罷工，附近的下色得利玆 (Nieder Sedlitz) 的阿布士 (Abus) 工廠的工人和我們表同情，也實行罷工。工廠當局利用播音器一再勸告我們不要罷工，並說工會和黨部一貫的爲反對增加「工作常模」而奮鬪，工人自然不再相信這些鬼話。我們不知道誰在工人中間發號施令，然而大家不約而同的向城中出發，沿途我們扯下共產黨的標語牌，焚燒共產黨的宣傳書報。我們抵達近郊的芮克 (Reick)，那裏的煤氣工廠新近改名爲 Jolliot-Curie (法國共產黨籍教授，原子能專家) 工廠，我們看見這個名牌立刻將牠破壞，在芮克時我們約會了蔡司依康 (Zeiss-Ikon) 工廠的工人加入遊行列；不但如此，沿途有不少的家庭主婦、女工、行人都紛紛加入我們的隊伍，在示威的先鋒部隊中有不少的十五歲到十八歲的青年，其中不少曾經是很活躍的共產主義青年團團員。至中午，德勒斯登全城鼎沸，到處可以聽到示威者的呼號，這時「人民警察」出動向我們進攻，他們先用警棍驅散羣衆。然而羣衆却報之以石塊。有些警察向天空開槍，那時尙沒有傷亡。大約午後一時左右，羣衆進攻城中兩所最大的公營商店，我們以爲局面已在我們控制之下。我們不斷地叫着「政府應該辭職！」「實現德國統一！」不久蘇俄軍隊出現，示威者却一點也不怕，一寸也不願退讓。大家叫着：「Ivan go home!」(俄國人回老家去！)當時的情勢非常緊張，市政府的人員（其中許多是共產黨員）逃到蘇俄軍營躲起來。俄軍向我們進逼，並且開槍，有許多人死亡或受傷，在我旁邊的一位示威者也受了傷。示威羣衆在俄軍槍砲威脅之下一步一步的退却，高唱着被禁的德意志歌 (Dentschlandlied)。由於蘇軍繼續增援，羣衆被迫繼續退却，終於散去。夜間大家決定總罷工，次日德勒斯登變成一座死城。後來幾天，鐵路員工被迫陸續復工，電車被迫重新行駛，然而市政在俄軍直接控制之下，俄軍在大街上隨時捕人，隨時到居民家中搜查，到處設着機關槍陣地，十九日、二十日繼續着罷工和捕人。至二十四日我們離開爲止，蘇軍仍直接控制市政。此後情形如何不得而知。此次遊行示威中死傷的人也無法統計。』

薩克森邦的居民作事持重，反應緩慢。然而一經決定要幹，則果決的幹下去。自德勒斯登響應東柏林之後，薩克森其他各地也紛起響應。十八日遊行示威擴展到產磁中心的邁森 (Meissen)，葛立茲，保增。葛立茲於納斯河 (Neiss) 西岸，和波蘭所佔據的德國領土僅一水之隔。因此波蘭的哨兵可以很清楚的看見城中的示威運動。示威工人佔領國營大商店，封鎖交通，禁止汽車和電車的行駛，焚毀宣傳牌及共產黨書報。「人民警察」沒有出動干涉，附近也沒有足够的俄軍出來鎭壓。保增附近的集體農場農人和罷工的工人合作，準備武力抵抗，俄軍必須消除這些反抗勢力；因爲地方警察幾乎全部將武器放下，交給那些「進攻者」而後逃走。祇有在 Demnitz-Thumitz 的共產黨部將示威運動制服下去，這也是全東德共黨唯一的(不能持久的)成功。

來比錫的血浴：來比錫城有三萬人舉行示威遊行。因爲羣衆聲勢浩大，蘇軍也祇得出動。雙方對抗達四十八小時之久。示威羣衆焚燒了「德蘇友好協會」，搗毀廣播電臺，攻入「自由德意志青年團部」，打進警察局，推翻了兩輛滿載「人民警察」的卡車，許多警察被繳械。貝多芬街 (Beethoven Strasse) 的監獄被打開，政治犯被釋放(普通刑事犯也乘機逃走)。市長 Manfeld Gerlach 出面干涉，阻止羣衆，被示威者擁在遊行行列的前端，强迫他打着一幅很大的標語牌，上面寫着反共的革命口號。不久蘇俄戰車出現，兩個示威者被壓死在戰車之下。蘇軍並開機關槍，受傷者甚多，第一天至少有兩人死亡。受傷者中間許多是建築工會的份子。迄今我們無法知道來比錫慘案中死亡的確實數字，由幾百人至幾千人都有人估計過。然而情形是如此的混亂。消息又受嚴密的封鎖，局外人是無法知道死亡的正確數字的。

其他各城的示威運動：(一)窩爾芬(在哈勒附近)的工人示威暴動情形可由逃到西柏林的兩名工人的口述來說明：他們名叫 David 與 Gerhart Müller。他們領導工人，反對增加「工作常模」。六月十七日他們由廣播中聽到東柏林工人示威行動的消息，這個消息很快的在工人之間傳遍了。第二天窩爾芬的工人全部出發到街上遊行，這兩位工人跑到 Bitterfeld 探問該處工人對時事的反應，那裏的工人已經罷了工，並且打開監獄釋放政治犯。然而窩爾芬的工人運動被蘇軍以强力鎭壓下去。這兩位工人以罷工領袖罪名被指名捉拿。軍警快要到達的時候，David 獲得消息，立刻乘摩托車逃向西柏林，是時邊界已經封鎖，幸好趲到最後開往西區的區間列車，他溜入車中，到達西柏林；到 Cuno-Fischer 街難民收容所去登記。兩天之後他在那裏會見他的同伴 Gerhart Müller。Müller 在六月十九日於 Pretzsch 躱過蘇軍的監視，偸渡易北河，經過許多迂迴曲折纔到小馬可夫 (Klein-Machov)，此地距柏林已很近。他得到當地一個工人的協助偸進西柏林。(二)馬格德堡的羣衆打開監獄，釋放了一百五十名政治犯，其中有兒童兩名。被釋放的囚犯參加遊行行列。一隊「人民警察」無抵抗的繳了械。示威者侵入鐵道管理局，共產黨籍的官員被痛打了一頓，後來蘇軍出動在街口架設機關槍，遇有持帶武器的平民格殺勿論。六月十八日共產黨報紙公開承認已鎗決兩名工人：Alfred Dartsch 及 Herbert Strauch。七月二日西柏林的電訊報 (Telegrof) 載馬格德堡附近的 Biederitz 與 Gommern 之間的蘇俄軍營槍斃了十八名俄兵，罪名是：他們被派往馬格德堡鎭壓示威，拒絕向羣衆開鎗。(三)布蘭登堡城的工人在暴動中衝入市政府及法院，他們將綽號「布蘭登堡劊子手」的首席檢查官殺死，他們打開監獄，釋放政治犯。(四)在奧得河的福爾斯登堡 (Fürstenberg) 的鋼鐵工廠的工人發生大規模暴動，蘇俄軍事當局鎭壓的結果，捕了四百八，另外在茲維高的汽車工廠捉去二百罷工者。(五)在易北河畔的羅斯諾 (Rosslau) 的示威者衝入市政府，强迫市長加入示威行列，他們並釋放了二十名政治犯。

東德政權的局部口供

東德的工農革命蔓延了全境，也可由東德政權的局部口供中獲得證實。例如六月二十三日社會主義統一黨機關報「新德意志報」(Neues Deutschland) 便這樣的寫着：『在拉特諾

(Rathenow)的公安警察(特務)Willi Hagedorn被羣衆打死。耶那的區指導公所被羣衆搗毀，「法西斯匪徒」將家俱破壞，焚燒檔案，毆辱官員。據報暴徒持有刀斧、鋤頭、棍棒及手槍之類作武器，在格拉(Gera)的示威者將共產主義青年團團部搗毀。劍堡(Camburg)的黨部所辦的訓練學校被攻佔。來比錫的監獄被攻佔，若干衞兵被殺，一妓女(!?)向我們的人民警察開槍，德蘇友好協會被焚，羣衆侵入黨部，搗毀家俱。』「新德意志報」更承認：『來比錫的建築工人及其他工業部門的工人罷工，至六月二十日尚未停止：馬格德堡的Ernst Thaelmann鋼鐵工廠也發生騷動，共產黨官員受辱，在Erfurt也發生嚴重事件。當局捉拿了一批事件製造者。哈勒的民主婦女同盟總部被一羣法西斯份子攻擊，某警察局長及二警官被毆辱。』

同日東德「鐵道部長」Roman Schwaleck在報紙上承認Wismar(在北方的Mecklenburg邦)，格拉，Lauchbaumar(在Saxe-Anhalt邦)及Unter Wellemhorn(在吐林根邦，該處有大鍊鋼廠Maxhuette)等處發生鐵道被破壞事件。「鐵道部副部長」Erwin Kramer在蘇俄官報「每日評論」(Taegliche Rundschan)上承認鐵路員工不滿意薪給制度及其社會情況，修車工廠發生暴動或罷工，馬格德堡的鐵道管理處被搗毀，在哈勒和格拉也發生類似事件，暴動者並將格拉的火車頭破壞。馬格德堡的Buckau火車工廠也被羣衆攻佔，在Stralsund也發生鐵路暴動事件，葛立茲的車站也被羣衆佔領。

東德的廣播也公開承認農民對城市居民的食糧供應實行怠工，在全東德境內有不少的工人俱樂部與工人餐廳被搗毀。

我們用不着再舉更多的例子，這些例子已够說明東德人民的革命行動是廣泛而普遍的。一千八百萬人民一齊動員起來，在沒有計劃沒有組織(哈勒的勒衣那工廠組織罷工委員會是唯一例外)的情形下以赤手空拳，或以工作器具及農具，和機關槍及戰車搏鬪，這種精神會使共產獨裁者喪魂失魄的。那些自稱代表工農階級的東德政權，經過這次空前的打擊已無法掩飾其狼狽情形，它「對東德工人階級缺乏階級意識深感難受」。它並將這次事變的責任推在自由世界派去的「挑撥份子」身上，這完全是自欺欺人之談。如果我們假定這次革命是那些「挑撥份子」製造的，我們也可以得到下列的推論：(一)鐵幕內民怨沸騰，予外人以可乘之機；(二)東德的雄厚蘇俄軍隊及警察特務應付革命顯得手忙足亂；(三)自由世界對鐵幕後的人民具有莫大的吸引力；共產黨在西德迄今公開活動，在八年的冷戰中它何嘗不想製造東德式的革命，但是實現的希望一天比一天渺茫。

東德革命震動了鐵幕集團

東德的全境革命自然會對其他鐵幕國家發生重大影響的，這種反共的工農革命也和其他革命一樣的有傳染性的，如果許多鐵幕國家的人民不立即起來革命，他們會被東德革命所鼓勵而採取更强烈的消極抵抗；其效果也是很宏大的。根據下列新聞，我們可以說鐵幕集團因東德革命在心理上已開始動搖。

(一)南斯拉夫傳出消息：蘇俄南部頓河上的羅斯多夫(Rostor-sur-le-Don)在六月十五日左右發生工人示威運動；(二)根據南斯拉夫的情報：羅馬尼亞在最近發生不少的農民暴動，二十五個農產和工業生產合作社被搗毀，軍隊逃亡現象日趨嚴重，共黨當局已採若干辦法力求改善食糧供應防止暴動；(三)匈牙利政府最近改組，獨裁頭子拉可西(Rakosi)下臺，換了一個名叫那格(Nagy)的共產黨頭子，他說過去五年計劃及集體農場都推行得太厲害，今後要改變政策。迄今爲止，匈牙利政府對農民的消極抵抗所作的讓步仍是有限的；(四)捷克：在六月初曾因貨幣改革發生工人暴動，後來用武力壓服下去，捷克政府因工人消極抵抗，常常不到工，於是頒佈曠工法，結果仍然無效，最近因工會要求不得不取消曠工法；(五)波蘭：波蘭南部西里西亞(Silesia)也在最近發生暴動，游擊隊破壞柏林華沙間的交通，波蘭共產黨報紙也承認人民因經濟惡劣頗不滿意。最近報紙傳出許多關於波蘭的消息難以證實，但是局勢的緊張當無問題；(六)保加利亞受蘇俄控制最嚴密，然而最近英國外務部接到報告說有些菸草農場已發生騷動。

東德革命對國際現局的影響

(一)蘇俄對德政策的全部破產：蘇俄八年來在東德所建立的政治軍事統治機構經東德革命已表現得毫無用處：(1)東德政權已爲人民所唾棄；(2)「人民警察」在事變中不是同情人民便是採取旁觀態度。因此這次革命要蘇俄出動大軍來鎮壓，僅就東柏林一隅而論，蘇俄就出動了三個裝甲師，一直戒嚴到七月十一日。我們迄今不知在事變過程中以及事後究有多少人死亡？多少人受傷？多少人被捕？多少人被判刑，被充軍？蘇俄及其傀儡東德政權又對人民採取了許多讓步，以「改善經濟生活條件」，這種「剿撫並行」的政策是否生效？我們有充分的理由相信它並沒有生效，它更使東德的人民仇視蘇俄及其傀儡政權。下列幾段消息可以說明：(1)六月二十四日東德事實上的獨裁者烏爾布理希特到蘇俄控制下的勒衣那工廠去宣傳，用盡了最大的努力祗由兩萬五千工人中召到一千三百人來聽他的講演。出席的工人公開向他說：他們不再相信當局所作的諾言。一位工程師向他說：工人有合法罷工的權利。有些工人問他：「政府何以不下臺」？(這件新聞刊載在東德共產黨機關報「新德意志報」上。)(2)東德當局企圖挽回聲譽，在六月二十六日號召東柏林工人舉行親政府遊行。發動的結果祗有一兩千人稀稀落落無精打采的在大街上走着。這些人中間自然有許多共產黨份子，其他的人是在壓力之下來應付公事。(3)東德的管制在事變前曾短期放鬆，事變後東德重新在鐵幕之下，最近東柏林名義上雖取消戒嚴，但軍警在事實上仍嚴密戒備。(4)蘇俄當局除將東德示威運動的被捕者處決一部分外，並送了一大批到俄國去，最近東柏林工人抗議要求釋放被捕的工人，會一度實行在工作崗位上的罷工。

六月十日東德政權公開承認過去的嚴重錯誤，固然最主要的是由於經濟情形惡化到不得不改變政策，但是它帶着一個副作用：藉改變政策以統一德國作宣傳題目，企圖實現四强談判，共同管制德國，阻撓德國建軍，打擊阿德勞與基督教民主黨在本年九月的大選。希望社會民主黨，尤其是蘇俄御用的「德國人民同盟」(Bund der Deutsch，由魏馬共和時代的國務總理魏爾特 Joseph Wirth 所組織）獲得勝利。蘇俄想替阿德勞政府敲喪鐘，反而替她的東德傀儡政府掘了墳墓。經過東德事變，我們可以斷定：如果眞正實行自由選擧，共產黨在政治上不再會發生作用，如果蘇俄自東德撤軍，「人民警察」會瓦解，東德政權會跨臺，結果會使其他附庸國家的共產黨頭目人人自危，最後危及蘇俄的政權。馬林可夫必須在東德維持鐵幕，不撤軍，不允許自由選擧。這些辦法會對消了他的以緩和國際局勢爲目的的若干和平運用所產生的效果。相反的，阿德勞政府及西方國家的地位反因東德革命而加强。

(二)蘇俄對歐洲新企圖的失敗：最近有種種跡象表示蘇俄企圖在歐洲建立一種「社會主義的衞生帶」，想在某一種形式之下恢復第二次世界大戰以前的「人民陣線」，形成一種中立的歐洲，使歐洲和美國脫離，然後待機赤化歐洲。例如西德共產黨頭子賴曼(Reinemann）要求和中央黨（Zentrum）及社會民主黨共同行動，已遭拒絕；法國共產黨要求和社會黨合作，在地方議會選擧上協助社會黨；意大利社會黨領袖薩拉加(Sarragat)企圖將靠攏的社會黨奈尼（Nenni）派拉入政府黨集團。最近柏林及波恩不時傳出消息：蘇俄爲防止西德建軍，願意實現統一而中立的德國，必要時願放棄在奧地利及捷克的地位，甚至也願意要波蘭中立。這些消息當然是蘇俄在外交上放出的試探氣球，宣傳作用大於實際的現實價值。尤其是自東德事變後，蘇俄不會提出這一種辦法（除非不得已），因爲統一後的德國將不會是中立的，「社會主義衞生帶」將無實現的可能。

(三)東德的革命威脅蘇俄政權的生存：在過去，鐵幕國家發動遊行示威是不可能的事，而發動東德式的革命更是不可想像的事。所以這次革命對莫斯科政權的打擊是空前的嚴重。今日莫斯科與其他鐵幕集團的大小獨裁者所處的境地和過去沙皇所處的地位相同。如果要平息人民的憤怒，共產政權必須對人民讓步，在獨裁政權下讓步便是示弱，結果使政權崩潰。如果採取高壓手段以殺戮及集中營制壓反抗，則造成許多人民崇拜的烈士，增强人民的仇恨，最後還是使共產獨裁政權跨臺。這次東德革命充分暴露蘇俄式政權的內在的弱點。它的弱點一經暴露，在鐵幕下被壓迫的人民爲自由而奮鬬的勇氣更加强。在這種情形下，不管那些大小共產黨獨裁者對人民讓步也好，高壓也好，是不能長久維持政權的。這種情形已使莫斯科政權深爲恐懼，已有恢復史大林强硬政策的傾向。最近公報逮捕貝利亞，這個特務頭子的被捕與行將處死，固然是馬林可夫在實行眞正獨裁前的必要步驟，同時也說明馬林可夫因德國政策失敗，拿貝利亞作替死鬼，因爲東德暴動使莫斯科當局大爲驚愕。

(四)東德的革命證明自由世界政策的成功：它加强了自由世界的自信，鞏固了自由世界的團結，它加强了美國對盟友的外交地位。邱吉爾似已了解：在蘇俄勢力最薄弱的時候召開四强會議，會鞏固莫斯科政權及其國際地位，使鐵幕內外爲自由而奮鬬的人失望。現在百慕達會議因邱吉爾的病而無限期的延期，我們不能不猜想他的病是「政治病」。如果他不再堅持四强會議的召開，他還是一位明智的政治家。

六月十七日的歷史意義

一九五三年六月十七日東德的反共抗俄爭取個人自由與民族獨立的革命運動，將是世界史上最重要的一日。它可以和一七八九年七月十四日具有同樣重要的歷史意義。一百六十四年前的今日，巴黎市民攻佔象徵帝王專制的巴士底(Bastille)監獄，釋放了七名囚犯，在攻打之時却犧牲了九十八人。七月十四日成爲法國大革命的象徵。隨着巴士底的攻佔，發生下列重要的事實：人權宣言，民主憲法，推翻君權，建立共和。法國大革命的口號：自由、平等、博愛，傳遍了全世界。自第一次大戰以後共產主義極權政府的出現，民主世界遭受嚴重威脅，以階級鬬爭、獨裁及秘密警察爲本的蘇俄政權，是反自由、反平等、反博愛的，它代表一種封建勢力，一種奴役人類的暴力。現在這種暴力遭受到空前嚴重的打擊：東德工農的革命。一九五三年六月十七日的柏林革命是二十世紀人民爲爭自由、爭民主、爭人權、反奴役、反新封建、反暴力的里程碑。它粉碎了史大林帝國不可動搖的神話，它爲鐵幕集團敲了喪鐘，它爲鐵幕下幾萬萬爲自由而奮鬬的人民增加了無上的勇氣。不管莫斯科的紅沙皇及鐵幕集團內大小封建諸候怎樣掙扎，他們是不會逃脫歷史的命運的，他們會看到自柏林所燒起的野火燒到他們的身上。

寫於法國大革命紀念日

× × ×

西德通訊

東德人民在過着甚麼樣子的生活？

——東德暴動的起因

宋念慈譯

因爲東德深陷在鐵幕之內，故即使西德欲確實知道東德蘇區的事情，亦屬非常困難。近來因爲每日有超過千人以上的逃亡難民擁入西柏林，以及西德馬克與東德馬克的兌換率有一對六以上的差異（例如三月三十日柏林的實際行情是每一〇〇東德馬克等於一六·七二西德馬克，即一〇〇西德馬克等於六三五東德馬克），所以由此可以測知，蘇俄地區下的經濟情勢是萬分困難的。

例如柏林戰前即極爲馳名的德意志經濟研究所，在其診斷西德景氣之時，也經常努力於蘇俄佔領區經濟情況之調查。

西德人民關心東德人民的生活，故「蘇俄佔領地區下之物價及生活費」，這一題目，對西德國民也可說是一件極有興趣的問題。現在試將該研究所刊行的週報（一月十三日、第七號）所載有關該項問題之資料爲中心，一加介紹。

關於物價

西德各大都市在一月底會舉行冬季商品特別廉賣。即在小如基爾的城市，人們也爲了購買限額配售尼龍襪，從天明時分開始即在百貨店門前擺成了老少婦女的長蛇陣，這和一兩年前東京的情形是一樣的。東德在同一時期也由國營的自由商店（Handels Organisation-H.O.）特別出售工業品。在上述資料裏有這樣的記載：

「在西德一般民衆還可藉這種季節減價出售機會，買到種種便宜商品，但在東德是不行的。因爲H·O所經手賣出的商品，都是要被課以價值生產費數倍之消費稅的。

因此，倘商品供應量如不增加或政府不下令減輕消費稅，則東德之自由商品是無從減價的。

例如，在東德每月可賺三百馬克的機械工業之熟練工人，買一件運動衫，須花費其整月工資的百分之十二，而在西德則同類勞工每月可得三六〇西德馬克，而且買一件襯衫祇要花費其百分之二·五的收入便够了。據一般評價看，「東柏林特別提供品之物價水準，是等於西柏林及西德四倍」。當然，在這裏是不問品質是否有差別的。

在東德，凡對日常生活屬於必要的非配給品價格，通常是西德的二——三倍。在蘇區，自然，最低量的生活必需品是可以用配給方法以低價買到的。食料品的價格通常平均是西德的百分之七至八十，纖維品則等於西德的百分之一百或一七〇。

假如你在此以外要買些超量的物品，那麽你便必須付出H·O配給品二至四倍的代價。請看第一表便知其詳了：

〔第一表〕 西德及蘇佔領區生活必需品價格比較表 （一九五二年十二月）

商品名	單位	西德 西德馬克	蘇俄佔領地區 自由價格 東德馬克	蘇俄佔領地區 自由價格 對西德比率	蘇俄佔領地區 配給價格 東德馬克	蘇俄佔領地區 自由價格對配給價格比率
砂糖	公斤	一·三六	三·〇〇	二二〇·六%	一·一二	二六七·九
猪肉	〃	四·七〇	一二·八〇	二七二·三	三·四〇	三七六·五
牛乳	一立特	〇·三九	二·〇〇	五一二·八	〇·三二	六二五·〇
麵條	一公斤	一·九〇	八·〇〇	四二一·一	二·二〇	三六三·六
奶油	〃	七·三〇	二〇·〇〇	二七四·〇	四·六〇	四三四·八
鷄蛋	一個	〇·二四	〇·五五	二〇三·七	〇·一五	三六六·七
男子襯衫	一件	一一·五〇	四二·〇〇	三六五·三	一九·〇〇	二二一·一
襯褲	〃	三·八〇	一二·〇〇	三一五·八	六·六〇	一五七·九
襪子	一双	二·一〇	四·八〇	二二八·六	—	—
男皮鞋	〃	二六·〇〇	一〇五·〇〇	四〇三·八	二八·〇〇	三七五·〇

由此可知在蘇俄佔領區，對主要財貨仍存在着兩重的價格水準。若想將此一兩重價格水準除去，則非增加極大的供給量不可。至於在配給品以外對於一般需要並不殷切的商品，如同印刷品、紙製品、簡單之玻璃及木製品、以及其他日常零用（例如：電費、交通運費、理髮、補鞋等）大體上是和西德沒有大差異的。

不過，概括地說，東德多數消費財的品質，大體上祇抵得西德的一半。尤其關於商品之供應量，在衣食方面蘇區雖已大見改善，但仍是感覺不足，不要說小的鄉村，即在都市的配給品，也是經常遲遲不到。

東西德兩種馬克價格，本有很大距離，惟自一九四八年通貨改革後至一九五一年末，已經實行了幾次廣泛地壓低物價，因此東德馬克與西德馬克價格之差，確經縮小。

一九五二年一年之間，並未發生大的變化，僅點心、麵條、鷄蛋（一九五二年三月）及燃煤與襪子（同年三月）曁兒童服裝等纖維品部門，曾實行若干減價。從這點看，也可以證明東德消費財之增產，業經接近極限了。

關於生活費

德國經濟研究所曾就蘇俄佔領地區之生活費實行過有趣的調查。這是以擁有四口之家的勞工家庭生活費爲標準，並將之分爲上中下三個所得層而加以考察的。

其中第二表之(I)(II)即爲上層與中層之商品量，它大致是和西德近似的。至於(Ⅲ)則爲下層之少額所得者，從這裏很可以看出蘇區特殊的消費情形。

〔第二表〕　蘇俄佔領區之生活費支出　（月額、單位＝東德馬克）

支出項目	一九五〇年 所得層 Ⅰ	一九五〇年 Ⅱ	一九五〇年 Ⅲ	一九五一年 Ⅰ	一九五一年 Ⅱ	一九五一年 Ⅲ	一九五二年 Ⅰ	一九五二年 Ⅱ	一九五二年 Ⅲ
食料品	二五七・二	二三六・七	六〇・五	二四〇・二	二三一・三	七三・一	二三八・四	二二五・五	七九・四
嗜好品費	四一・七	三一・九	五・九	二七・七	三一・四	四・三	二九・四	二四・一	四・二
房租	五〇・〇	五〇・〇	二四・〇	五〇・〇	五〇・〇	二四・〇	五〇・〇	五〇・〇	二四・〇
暖房及電燈費	一七・九	一三・〇	七・〇	二〇・一	一四・五	八・九	一九・一	一三・五	八・三
衣料費	一八四・一	六一・五	二四・三	一五四・六	七三・五	三一・四	一五一・三	七三・四	三三・五
保健費	二八・一	一五・〇	五・九	二六・三	一五・八	七・八	二六・〇	一五・六	七・六
教養娛樂費	二〇・五	一五・四	九・一	一九・五	一四・八	八・九	一九・八	一五・一	九・〇
家具什器費	三五・四	二七・六	四・五	三四・五	二七・一	四・二	三三・三	二六・八	四・三
交通費	一九・四	一一・五	六・三	一九・四	一一・五	六・三	一九・四	一一・五	六・三
合計	六五四・三	四四三・五	一四七・七	五九二・三	四二九・九	一六八・八	五八六・七	四三四・五	一七五・六

從第二表我們得到了下面的了解：即對於(Ⅰ)欄所示之高額所得層，在從一九五〇年至一九五一年末之間，主要地是靠着H．O物價、即自由販賣品物價降低的結果，約減少其百分之十的生活費之支出。至對於(Ⅱ)欄比較從H．O購買少些的中額所得層，其生活費之低下率是比較少的。而尤爲重要者，如對在(Ⅲ)欄所說的低額所得層，此一期間其生活費反有逆轉上昇的跡象。這一階層全屬於最低限度生活必需品之需要者，所以唯有以此一事實方足以批評蘇佔領區部分的廢止配給制度的內幕與眞象。

去年這種傾向也會繼續發生過。但對於高額所得者，在紀錄上僅每月平均降低百分之一，中額所得者們則有微少的上昇，然低額所得者們則上昇了百分之四。惟此間商品之品質則有若干改善，故在支出上此種程度之增加，尚可勉強說得過去。

可是當你把它和西德的生活情形對照一下時，便可清楚地發現其不同之處，蓋如第三表所示，一九五一年十二月與一九五二年十二月，在比較上，西德之任何所得層，其生活費之支出均有若干之減少。在此期間西德之飲料費、房租、煤炭、電費等雖亦上漲，但織維品、尤其衣料、雜器以及保健費等，則均有顯著之減低，故各消費層均得需相當之利益。

由此觀之，蘇區住民之所以紛紛企圖逃向西方，固屬緣因於政治的和社會的不安情勢，然此種經濟根據之潛在，實爲其最基本之原因。

（原載日本經濟學人四月號旅德通訊慶大教授山本登作）

〔第三表〕　四口家族之生活費　（東德與西德之比較）

所得層區分	期間	西德（西德馬克）	蘇區（東德馬克）
高額所得層	一九五一年十二月	三五九・〇六	五九二・二九
	一九五二年十二月	三六一・六八	五八六・七三
中額所得層	一九五一年十二月	二九六・一六	四二九・七九
	一九五二年十二月	二九〇・二四	四三四・五二
低額所得層	一九五一年十二月	一六三・七二	一六八・九三
	一九五二年十二月	一六〇・四四	一七五・六四

馬來通訊

馬化政策下的馬華教育

李雲溪

近年來的馬華教育界，實在是「多事之秋」。教育工作本是艱鉅的；尤其在馬來亞這樣複雜的社會裏，要把教育搞得好，更屬難事。馬華教育，數十年來在遠離祖國的偏僻的異國，於困難重重的環境之中，經過華僑諸先賢的努力開拓與扶植，慘澹經營，終算立下了根基。但華僑教育的繁殖與興榮，全靠華僑自己的力量來維持，當地政府對我們華校，歷來是採取漠然的態度，不聞不問的任其自生自滅。同時華僑本身也受到了「拜金主義」的薰陶，對此需要出錢出力的工作，總提不勁兒來，處處在爲金錢與個人利益打算。華僑教育本身已不甚健全，再受外界的壓迫，難怪其日趨衰落了。

近年來馬來亞政府爲要推行「馬來亞化」政策，一改其以前之漠然態度，而對各民族教育的設施，加以注意與管理，於是而有津貼金的設置。靠自己華僑力量辦理的華校，經費素來都甚難籌劃，對於當地政府的津貼金，當然是樂於接受的。然而此項津貼金的數額比起其他各民族的學校來，是最末的一位。而且還附有極其苛刻的條件。凡受津貼的學校，一切設施與學校行政，必須接受政府的查核。於是乎華校行政便需遵守馬來政府所須佈的法規。不止此，目前馬來政府逐步進行其教育計劃，名爲扶植，實爲摧殘，處處與華校爲難。因此馬華教育便處在水深火熱之中，處處隱藏着危機，稍一不愼便有被排擠之虞，是以有識之士對馬華教育前途，莫不懷抱隱憂。

早在一九四七年，星洲當局通過了一項十年教育計劃，隔年又再通過了一項五年補充教育計劃，這二項計劃直接扶植英校的發展，大興土木，建築大量的英校校舍，藉以容納大量的兒童，以打擊華校的發展，使其自行停辦。去年聯邦政府一方面邀請芬吳二博士來馬來亞考察馬來亞華校教育概況；另一方面又聘請巴恩氏領導馬來亞巫文教育調查委員會，調查巫校的教育概況。經過數月的考察，先後在報章發表其報告書，芬吳報告書的主要內容認爲：馬來亞文化之形成是基於各種不同文化因素之自然結合。欲使教育馬來亞化，非短期間所能辦到，故目前華校的繼續存在，是當然的。同時他們認爲各民族彼此應互相了解，共存共榮，强迫融合各民族文化，只有造成更多的分裂。關於教科書方面，認爲其內容尙未能充分發揚馬來亞觀念，同時還建議了一些有關扶掖華校發展的計劃。至於巴恩報告書的內容，則主張設立一種爲造成共同之馬來國籍爲目的的所謂國民學校，以英巫文爲主，使各族子弟皆能懂英巫二種文字而忘棄其母語。這種越俎代庖企圖消滅華文教育的建議，立刻引起馬華教育界人士的極力反對，紛紛提出抗議。

今年當地政府發表了改編華校教科書的設施，認爲華校所用的教科書已過時代，不適合目前馬來亞的環境與需要。且迅速的成立了改編華校教科書諮詢委員會，負責改編華校教科書。這是一個關係重大的問題，所以各界人士亦紛紛提出意見，與馬來政府磋商。現在這問題已有了結果，馬來政府也盡量採納了華人意見，我們的目的，總算順利的完成了。

一九五二年七月二日聯邦立法會議曾通過一項華校方案，決定於七月一日實施新津貼金制度，其用意：（一）在減輕華校董事部的負擔，津貼教師月薪之一半，並由政府負責發給。（二）在改善華校教師待遇及保障華校教師的生活。同時還代教員付出依照薪金之法定公積金之一半。這制度，在素來對生活沒有保障的華校教師看來，確是一個好消息，但也立刻引起我們華校的一個嚴重問題。因爲在實行此項新津貼金制度中尙附有六大條件：

（一）必須有相當好的校舍及操場。

（二）教師必須由政府檢定認爲合格者方可聘請。

（三）教師的進退須經教育局批准。

（四）學費作合理的減低。

（五）教科書須經教育局的認可。

（六）英巫文有優良的成績。

薪給標準是依據賓漢委員會所建議，與各民族方言學校的相同（英文學校例外）。並正式公佈正確的「聯合邦華校新津貼金標準」，分爲特級ＡＢＣ數個等級，茲述如下：

A級：高師畢業者

男教師，（一）特級——月薪二百五十元，年功加俸十元，昇至三百元爲止。（二）普通級——月薪九十元，年功加俸五元，昇至二百卅元爲止，外加八十五巴仙生活津貼。

女教師，（一）特級——月薪二百元，年功加俸十元，至二百四十元爲止。（二）普通級——月薪八十元，年功加俸五元，昇至一百八十五元爲止，外加八十五元巴仙生活津貼。

B級：初中畢業曾參加師資訓練班畢業者

男教師：（一）特級——月薪一百九十元年，年功加俸五元，至二百三十元爲止。（二）普通級——月薪七十元，年功加俸五元，至一百八十元爲止，外加八十五巴仙生活津貼。

女教師：（一）特級——月薪一百六十五元，年功加俸十元，至一百八十元爲止。（二）普通級——月薪六十元，年功加俸五元，昇至一百五十元爲止，外加八十五巴仙津貼。

C級：初中畢業者

男教師——月薪五十元（年功加俸二元八角）。

女教師——月薪四十五元，年功加俸二元七角半，外加八十五巴仙津貼。

至於現任教師之過去服務年資計算法，則依其原有的等級，服務五年者加二次俸，十五年者加九次俸。高中畢業者的待遇資格與B級同。而華校英文敎員的待遇，則不在此例。

隨此標準的發表，尙附有由六大條件演變而成的七項辦法，學校董事部若願意接受此種新津貼必須接受以下七項條件：

(一)敎師之聘任調職及辭退均須經教育部之批准。

(二)每一敎師之開始薪給及其以後按年增加之制度應爲教育部所批准者。

(三)收納他校轉學生時必須視其是否備有適當之離校證書者爲定。

(四)學校課程、上課時間表及所用教科書必須爲教育部所批准者。

(五)非事先獲教育部之批准，所收學費不得超過因新津貼金制度之施行而規定之學費額。

(六)學校董事部非事先獲教育部之批准，不得支付超過依照規定薪津標準所應得的薪金額。

(七)校舍及操場應合標準。

自此新津貼金制度公佈後，立刻引起我僑教育界人士的深切注意，各州華校教師會，對此有關本身福利及華校教育前途的問題，皆紛紛召集會議討論。輿論界亦提出對此新津貼金制度(下簡稱新薪制)的意見。對當局設施新薪制的用意，減輕董事負擔，提高教師待遇與生活保障等項，均甚爲贊同，且家長的負擔也可減輕。但一方面咸認爲其新薪制標準仍然太低，對教師待遇並沒有什麼改善。如吉隆坡華校教師公會主席林連玉先生對此制的意見認爲：(一)新薪制對於董事部的經濟負擔上大爲不利，照初級小學一班四十人，每生每月收費三元五角，一年中可得津貼八百元、學費一千六百八十元。若行新制，學費每月減收爲二元五角，連取消津貼金，則每年少收一千二百八十元。若依公佈新薪制標準之普通級計，每名教師月薪一百二十九元五角，一級全年支給教師共須一千六百元，此欵由政府負責一半爲八百元，是則董事部以少收一千二百八十元之代價換取八百元之新津貼，名爲擴展實即萎縮，對華校經濟只有打擊，沒有好處。(二)華校教師的生活將受打擊。現在政府所辦的新村學校，因師資恐慌，已引用未註册的初中生及英文七號生，其薪金有高至一百八十元者。若行新制，則合格教師之薪金，較現今不合格者尙少五十餘元。同時與華校英文教師的薪金二百零三元五角，相差七十餘元之多，誠屬不合理，由此看來，教師的待遇只有減低，那來改善？

於是林連玉提議：要改善華校教師待遇，最好由政府規定華校教師保障條例，並將華校津貼金，再度增加三倍，因爲在各族學校中，華校津貼平均比率原爲最低者，即使增加了，也還是最末一位，而在華校，却已受益不淺，即對設備也可使面目一薪。若不允增加三倍的話，林先生的意見以爲至少也須做到：(一)賓漢委員會的建議，完全根據不得，必須毫無考慮的予以拋棄。(二)華校教師的薪金，劃一標準，由聯邦華校教師總會擬訂，請政府加以採納，並通告實施。

又吡叻僑領王振相先生對此新薪制特發表書面談話，强調此項新薪制，其中最顯著令人不能接受者爲教師之聘任調職，須經教育部之批准，蓋此無疑是剝奪華校董事部之主權。彼以爲當局欲行新制，須另訂合理辦法。並希望華校津貼金額至少提高至與津貼巫校者同，如此則不但可提高教師待遇，亦可減輕學生家長的負擔，同時還希望政府多撥公地，爲華校建校之用，無力興建校舍者，則請予贊助。

同時，柔佛州華校董教聯合會、森州華僑教師會、吡叻華僑教師代表會、吉隆坡華校教師公會、與馬華教師總會等各地華教界人士，均紛紛集會討論研究新薪制，或表示反對，或提修正建議。綜合各方意見，不外有下列諸點：

(一)新薪制之基薪過低，應予提高。

(二)對教師的資格應有合理的處置。

(三)學校的行政權應歸董事部。

値此各州教育界紛紛提出對新薪制的意見之際，聯合邦政府又於八月二日發表一項備忘錄，宣佈聯邦方言學校之教師薪金制，各級基薪提高十元，並由一九五〇年正月一日起追算，是項新薪制，亦適用於接受政府新薪制的華校教師。同時因感新薪金標準過低，實行之後，須減低現教師薪金爲不合理，於是又宣佈現任教師薪金照舊，惟已超過新標準者不實行年功加俸，以適合現實。其餘照舊。

總之，這一新薪制的設施，實是馬華教育史上的一大變革，這不但對華校教師本身有切身利害關係，不就是對華校未來的教育前途，也至爲重要。因爲其附有的七項條件，直接牽涉到華校整個行政問題。無疑的，假使這新薪制一旦澈底實行，則所有的華校皆要受到政府的控制。所以華僑各界人士對這當前的新薪制的設施，咸認爲應加以愼重的考慮，細心的研究，不應貿然接受。所以公佈以來，雖已數月，仍未見有正式申請者，華僑深明大義，團結一致的現象，在這一事上的表現，是很値得報導的。

如衆所週知，馬來亞之能繁榮，全靠當地各民族的互相諒解與合作，而華僑的貢獻尤大。所以政府對各民族應一視同仁，對各文化也應使其並存，不應有厚彼薄此，而對華教加以排斥。這次馬來當局實施新薪制的動機或許是正當的，但所採行的辦法，却頗待商權。數十年來，華校教師皆在飄搖不定的環境中工作，生活沒保障。這回依照新薪制的規定而有了生活的保障，應該是可喜的消息。然而其標準的規定確比目前的薪金要低了許多，名爲改善，實是減薪，這怎又不使人惶恐呢？同時因這規定，致令許多服務多年的老資格的教員所領的薪金比剛踏出校門的教師的還要低，這未免太不公平了。所以各界的要求，尤其對提高基薪和重定資歷二點是很合理的。而中英文教師待遇尤應一律平等，不該有所偏重。至於對學校行政問題，我們要求保留董事部應有的主權，因爲華校歷來皆有董事部的設立，以籌劃華校的一切經濟，對華校的繁殖、擴大，其功績是不可磨滅的，政府應該站在督促、扶助的地位，俾董事部能更盡其愛護學校的熱誠，共同培育出馬華教育的良果來。

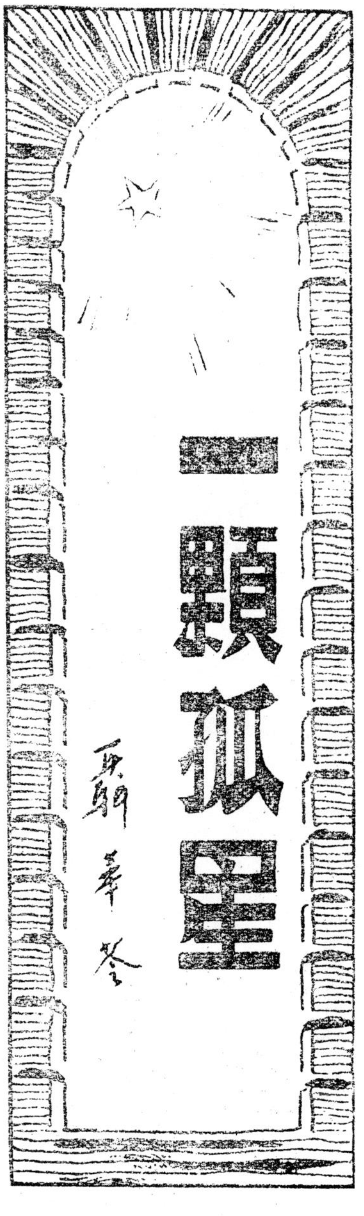

一顆孤星

在未認識P以前，我從友人處所得的印象是：孤僻、傲慢、言令聲色，拒人於千里之外。因此，當我初次見他時，便懷着戒備的心理。記得我和路初次與P晤面是在一友人處。乍見之下，最令人觸目的是他那生硬的舉止；頸一硬，胸一挺，提脚就大踏闊步的走去；矮小的身軀，配着一個畢挺的希臘鼻；一雙細小的眼睛坎在鼻的兩旁閃灼，兩道清光，從兩個小黑洞射出，直射入人心底；一抹蓬亂的短髮任性的搭在額前；堅定的唇邊，有點兒諷刺——這一切使我不禁扯扯路的衣袖低聲說：『這樣一個怪物！』

後來在另一個場合，突然有一個南腔北調的聲音慢而有力的在門口喚我，我抬起了頭，發現是P，待我向他招呼時，只見他目光如炬，向室內一位倒霉的先生一掃，頭一僵，轉身就硬邦邦的走去，連我好似也不會謀面一樣，當時頗令我狼狽。熟識之後，我才由他那兒知道：『那人氣壓太低！』

由於偶然的機遇，我們和P寄寓於一棟住所內。假若那時我們有更好的選擇，我們決不會自觸霉頭去和一個『怪物』住在一起的。但既是流離他鄉，自己一時無力自備一棟可住的房子，只有硬着頭皮拚了！我們抱着『敬鬼神而遠之』的原則，遷入這凶吉不可卜的地方。

世界上由於愚昧和庸俗的成見所造成的過錯眞比陰謀詭計所造成的更可嘆。人們常在幻想中爲自己安排波濤洶湧的洪水和張牙舞爪的猛獸。他幻想別人是他的魔鬼，其實，魔鬼就是他自己！假若我們每個人都有勇氣驅逐自己心中的魔鬼，而坦誠與人相處，極力去了解人，愛人，地球上將永也不會有干戈之聲了。

記得遷家的次晨，我醒來第一個閃入眼簾的就是窗前那一束燦爛的玫瑰。這是P由他園中採來送我們的。諾大一間房，寥寥數件簡陋的傢俱，屋子原是空空洞洞的。但奇怪！加了這一束花，屋內頓然有了豐富的內容，洋溢着生命的喜悅。這時我才完全了解昔日由朋友處聽來對P的評語：『這人眞怪，買菜沒錢，買花可有錢！』

其實，我們和P同住一屋眞是上帝最善意的安排。幾年來，由他那裏，我們獲得了不斷的啓發和鼓勵；從他那扇明智的天窗裏，我們看見了一個眞理的世界，那是個永恆瑰麗絢縵的世界；從他那裏，我們知道什麼是永生，了解生命的意義是什麼。我們不再吁嘆，也不再徬徨。而他，他是一個自明體，他本身就有足够的光，他所需要的是友誼的溫暖和快慰。一天，他摸着小薇的柔髮喃喃的說：『在你們未搬來以前，陪伴我的是我那支小白貓。我在園中種花，它常蹲在階前晒太陽；我讀書時，它就伏在我臂上睡覺，我不忍驚醒他，動也不敢動，讓它安然睡去。無論怎樣窮，我一定要買幾兩小魚，冲一杯牛奶喂它。後來，我那支親愛的小貓忽然失蹤，我十分難受。現在，又有這隻小貓伴着我。』他微笑着甩起了小薇拂在眼簾上的一抹柔髮。

每逢淒風苦雨之夕，P必是我們房中的座上賓。手裏端着一支敦厚淡雅的奶色杯，對我們談上一代的文化，談羅素，談未來世界，談美，談愛，談婚姻問題，談他自己的經歷……或在入夜無邊的寂靜中，P由外歸來，隨着沉重的脚步聲，便是『乒』的一下開門鎖的聲音，那聲音有點兒清寂！於是，不一會，只見P又端着他那個奶色杯，慢慢走來，坐在我們窗前的椅上；母親便坐在她慣坐的那張靠牆的籐椅上；小薇伏在她的膝旁；路燃着一支煙，看煙霧嬝繞；我抱着小藍在母親身旁坐下。在這樣的時刻，P常自煎咖啡，請我們品賞。當我們每人一杯在手，香霧嬝嬝，一口口的淺淺啜下時，靈感好似一個有翅的小精靈，嗤的一下飛棲在P的腦中，推動了他幻想的輪，發出了雋永清越的音響。

P說話的聲調隨着情感而變，感人至深。有時激越，如長江大河，一瀉千里；有時平靜深遠，如浩瀚的藍海，閃着夕陽的金光；有時柔和，如春風，如秋雲，誘人悠然神往。我們曾聽他這樣輕語：『……我愛×市清和的天，飄逸的雲。它兼有高原的爽朗和北國的樸實。我愛聽那清雋的鉈鈴由蒼茫天際盪來，趕駝人臉上泛着樸實的笑。那時，我們正由北方遷到×市，上一代的文化，和精神遺產還沒受到損傷。每個人之間交流着一種精神與情感，透過生活，在空中盪漾，有如春風微微的吹，沁入心肺。我常愛躺在湖邊遐想，偶而身邊走過一對快樂的情侶，我對他們便寄予無限美麗的憧憬。月夜，我常愛沐着月色沿湖漫步到天明。冬日，大雪紛飛時，我愛佇立曠野，赤背袒胸，讓雪花飄洒在我身上……』。我們也曾聽他這樣嘆息：『……現在有三種人生存着：一種是糞虹裏的蛆，一天到晚逐臭的活着；一種是失去人性的驅殼，只是本能的生存着，沒有笑，也沒淚，沒有愛，也沒有恨；還有一種人生活在精神境界裏，自己用毅力和信心築起一座精神的堡壘，保護着自己。物質的世界是狹小的，那裏充滿欺詐和各種利害衝突。只有在精神世界裏，才能開闢無限的樂土，自己可在那壯闊的境域裏自由遨遊，永遠與世無爭……。』

每觸及我這支黛綠色的筆，P那副靦腆可笑的樣兒便呈現在我眼前。一天，P將所得稿費興高彩烈的買了一支新筆，其實，他那支老筆沒有一點毛病，仍然清新可喜。而且，母親常說他那條透風褲和那雙張嘴襪早應扔到渣滓堆裏去，再備置新的。但他却將眼巴巴望來的一點稿費買了一支『奢侈』的筆。他的許多行動是無法解釋的，就像風要吹，水要流，花要開，雲要飄一樣，你只能名之曰『自然現象』。那時我正缺一支可寫的筆，P將老筆送我。次日清晨，他在我們房中踱來踱去，坐立不安，半晌，才吞吞吐吐對我說：『有點事和你商量一下，可以嗎？』P應付日常生活瑣事，令人想像不到的笨拙，他這樣尷尬的問我，料想他必有何『難題』請我們爲他解決。我忙問他何事，他侷促的答道：『能否將你的筆和我的筆交換一下？』我們不禁失聲大笑，他好像有了勇氣，繼續說：『我還是喜歡那支老筆，它陪伴了我多少年！但我既已送你，再要回來，不禮貌。』當我和他互換筆時，他好像在接受世界上最大的恩惠一樣，臉上泛着從心底瀉出的快樂。

P園中的花特別嬌，夏日，他必搭起草席，爲花樹遮住烈日的淫威。風雨欲來時，他必將一盆盆的花搬至房中，躲避風雨的侵襲。因此，每逢雨天，他的房間除了負有書房、臥房、起坐間、儲藏室諸任務外，還兼有花房的任務。他常在雨天邀我們去他房中賞花。一進他房，就可看見窗下一張氣宇軒昂的大玻璃面書桌，明朗爽目，但最下面的一個抽屜失落了，露着一個黑洞，終究顯出讀書人的窮酸。桌上常放着一盆素蘭，和一個粉紅小磁，盛着輕靈的小海貝。書桌旁是一張整潔的小行軍床。靠牆有兩張半舊沙發和一個罩有素雅桌布的小茶几（P常說他『發財』以後，這些傢俱全都劈成柴扔到火裏去，我却躭心這些可憐的東西一時很難有逃脫他輕視，縱身入火的幸運），几上或放着一盆珠蘭，或放着一瓶翠菊。在那沙發上，小薇常正襟危坐，儼如一小婦人，接受P周到的欵待，有時P讀書，她則在沙發上酣然睡去，在夢中和她的老朋友找『羅素的小朋友』去了。沙發旁的小書架上有一只淡雅的柔黃花瓶，瓶中常有大束風姿綽約的鮮花，在這淡泊的小室中發散出如火如荼的生命。再過去，就是一排書架，一本本深厚色調的書，穩穩的排列着。除了幾本與文學有關和普通的理論書籍外，其他的書對我好像是一本本的『天書』，原來那些七古八怪的符號還是世界第一流邏輯家，什麼 Whitehead, Quine, Church 等的精心巨作。我雖是門外漢，但每次去他房中，也情不自禁對那些『天書』注以欽羨崇敬的眼光。在那些世界第一流腦筋的面前，我不禁肅然！

P所崇拜的人是羅素。在他情緒達低潮的時候，你若幸運的一下有了靈感，提到那位最偉大的羅素，他就好像着魔似的，頓然容光煥發，甚至於爲你親手煎一小鍋香勃勃的咖啡，然後滔滔不絕的對你談羅素的一切。一天，他慨然將羅素畫傳給我們看。但不幸，正當他將書遞給我時，我們家來了一位不速之客，他毫不留情，忙將書本從我手中奪去，一手拿着那支『寶杯』，一手抱着那本『聖經』，目不旁視，硬挺挺的走了出去。一天，午飯時，他又對我們談到羅素，並且放下筷子，急忙走回房中，拿來那本羅素畫傳，翻出一張羅素在階前和孩子們嬉戲的照片給我們看。我禁不住那本『聖經』的感召，不覺伸手欲接過它來，誰知P却像守財奴一般的吝嗇，死抓住那本書不放，瞪着眼說當時不是欣賞羅素照片的氣氛。許久以後，在一個微雨的午後，他請我們去他房中賞花。感謝那些絢爛的花朶，柔化了他的固執，他竟由書架上捧下那本『聖經』，任我們自由觀賞。小薇忙脫下鞋說：『羅素的小朋友也赤脚！』P哈哈大笑，向她嘴裏塞進一塊小可可餅，然後將她抱起來吻，只叫：『乖兒子！』我們來不及笑那副膩人像（他們有時候也斷絕邦交），抓住每一個畫面『過癮』：石砌的矮牆，牆外野草沒脛，翳翳松影裏，靜立着一幢樸實恬淡的小屋，這就是羅素在非斯亭尼俄谷的夏天別墅，就是這兒，曾閃灼着照亮人類心靈的思想之光！石板路上，落葉疏零，深沉的庭院中，蹲着小羅素和狗。草地上，羅素望着驢上赤背的小孩嬉戲。階前，羅素拿着烟斗，笑望着羅素夫人手中抱着的孩子，不知是陽光照亮了那石階，還是慈愛的聖輝照亮了它!?羅素夫人倚窗沉思，風度閒雅宜人，一對眸子蘊蓄着智慧與恬靜，我眞怕她會棄下塵世，推窗飛去！不知又是什麼碰上了P的癮頭，他自動將書借給我以後閱讀。他當時的豪放與慷慨眞令人不敢相信，也曾有一天，我們向他借一個多餘的空玻璃瓶，他綳着臉，煞有介事的說：『不借！』眞有點可惡！

人常以財富權勢來衡量人的地位，但在P心目中最高貴的人是有眞正『人』性的人——有人的自尊心，『人』的愛和憎。我們炊事的小女孩阿英便是他所尊重的人之一。他喜歡她那傲然的神采和那充滿生命活力的容態。他尤珍貴她的自尊心，說她不以奴隸自居。因此，即令她因看情書而將飯煮成糊鍋粑，他吃起來也別具風味。誰若在走廊上走路過重，他便會推開門大嚷：『我的神筋要炸了！』但阿英放肆無羈的脚步聲，他永也不會聽見的。她的房中也常有P送給她的玫瑰；她那些唧唧哇哇的客人也常享受P送給她的咖啡。路口小舖的一對年青夫婦也是爲P所欣賞的，他愛聽他們暢談亂世滄桑；他愛去小舖看他們剛生的嬰兒；他將一件心愛的毛衣送給那小伙子，因爲他是一個完整的『人』。P的個人尊嚴如他生命一樣的可貴。這並不是說他要戴着森嚴的假面具高踞在人的頸上，向觀衆表演他的尊嚴，劇終人散，再換上另一副奴隸的面具匍匐在主子的面前。他認爲尊重個人尊嚴就是要把每個人當做一個個體看待，尊重此個體的愛和憎。因此，常有許多被一般人誤認爲的小事却能使他怒髮沖冠。一句話，甚至一個字眼，若有傷他的自尊心，他會立刻昂起頭，大踏濶步離去。我不懂那幾根小瘦骨如何支得住那滿腔的活力!?

照一般的習俗，客人應被請入室中，正襟而坐，寒喧之後，慢慢道來。但P的客人則是倚着那扇野草蔓生的綠門，擦着額上因遠行而冒出的汗珠，三言兩語，一陣哈哈，便拂袖而去；或在園中，一面看將他平日所積累的嗅罐頭，酸牛奶，爛水果皮……埋於花樹下，一面娓娓而談；或與P閒坐階前，一人捧着一大個烤紅薯，談邏輯，談數學，談羅素，讀喬琦敎授的來信……；或在室內，席地而坐，一小鍋咖啡，幾盤精緻的小點心，以饗佳賓。P招待客人雖有這許多不同的方式，但他那拒人的目光，那充滿諷刺的尖銳笑聲，常爲他驅走了某種客人，因此，他門前常是冷寂的。並且，他房中的氣溫不隨天時而變，是因人而升降的：對於他所歡迎的人而言，那兒是一塊最美麗的樂土，洋溢着溫響的友情；對於他所厭惡的人而言，那兒簡直就是一個陰森的鬼洞！冷氣逼人。假若你第一次去時，你覺他的沙發好似針板，下次便請止步。縱令你第二次有勇氣再抬起手敲他門，恐怕你再也無勇氣去接受那雙穿過你靈魂緊底的利目的掃射。

每逢他向我們借早點錢，母親便要笑他：『下次有了稿費，在你兜兒裏呆不住，便交給我代你保存，不要再買書買花了！』他常憤不平的低頭自語：『這應該是作爲一個「人」應有的最低的享受！』他對買書和花的熱情中似摻雜着對東方人命運的反抗，好像是向它示威：『我也是個「人」，我爲什麼不能愛我所愛!? 瞧着，我要傾盡所有的去滿足一個「人」應有的慾望！』每逢他得到一點稿費，便不見了人影。當他回來時，你一定可以看見他捧着一束鮮花，挾着一兩本硬邦邦的書，提着一包包精緻的小點心，兜兒裏剩下的幾塊可憐錢陪着三輪車上那瘦小的身軀，輕鬆的盪來。倘若賣花人有魔力聲音在門口一喚，我們就知道大勢已去，他兜兒裏剩下的那幾張寂寞紙幣又將有了堂皇的藉口高飛遠走了。當他捧進一株株的花樹時，臉上閃耀着從心底溢出的喜悅，他豈還記得就在當日早上因無早點錢而嘆『受生活的威脅』!?

P是一個奇怪的混合物，他骨子裏是個詩人，但當他坐在書桌前，拿起他的邏輯書本時，當他分析事理時，他謹嚴、認眞、恪守原則，又是一個純科學者的態度。他好像只有在書本前才能控制自己，一離開書本，他的情，他的心，是常變不定的。他有時天眞爛漫像一個孩子；有時平易近人，幾乎如女性般細膩；有時面孔一板，眼睛往裏一沉，活像個『閻王』！令你恨不得馬上和他絕交。他喜怒無常，愛憎不定。但他能在緊要關頭，又回到了自己的中心。他所憎恨的人，假若有耐心，可以趁他熱情激盪的時候，挑一句正中他心坎的話，而博得他最珍貴的賜予。但這並不能保證此君永遠安全，可以高枕無憂了。當他這一陣激情冲過去之後，找回自己時，他仍可能指着此君的鼻尖大駡：『你這個壞蛋！』

P明澈的心鏡，常閃灼着美麗的幻影，他的生活便爲這些幻影所掩映：『我夢想着一個景色綺麗的村莊，那兒的居民全是文學家、藝術家、哲學家，而我便是其中的哲學家之一。我的職業則是花匠，我所種植的都是高貴的花。在那村莊之中，誰若買着我的花，便是至上的光榮。對於富有的人，我要索以高價，但我以最美麗的花送給有高貴情愫的太太小姐們。』月夜，大家閒坐院中，他佇立階前，月白風細，他夢囈似的說：『我若致富，一定造一個數英里的莊園，其大可供我一小時的散步。邊緣環繞着密茂的竹林和松林，隔住了人音。裏面還有一個圖書館，專存所有分析的書籍，凡持有我贈送的借書卡片的人，都可入內自由閱讀，但這樣的人不會超過二十人。在這塊土地上，我還要修建幾棟美好的住宅，送給我的朋友……』我接着說：『可否將竹林邊的那一棟小屋送給我們？月夜，你可散步到我們家門口，看竹葉弄月影。』他哈哈大笑：『就憑這一句話，我也要送你們一棟！』他好似眞擁有了那莊園一樣的滿足，不，他永不會滿足，有了莊園，他將又有其他奇異怪誕的夢！

P有夢，但他不是一個白日夢遊者。他雖生活在精神境界中，但他心弦繁富，對這個血腥的世界感受力特强，對人類痛苦的感應特別敏銳。他好似他窗前那一支勁竹，有充沛的生命力傲然抵禦狂風暴雨的摧殘，但微風過處，它那纖細的枝葉仍禁不住戰慄！他在壯闊的觀念世界中自由遨遊，盡情擷摘智慧之果，但他在那兒所尋得的寧靜與快樂，又爲活生生的現實所粉碎！他愛自然，愛自由，愛眞性情，愛一切美好的事物，他那顆浪漫狂野的心要馳遊穹蒼，但社會的禮俗，『人』的慾望又將他壓在地上，受繁瑣世事的紛擾，受刻板形式的約束。他並不完美，有時甚至於可惡，但他人格的總和是十分好的。他不是一件彫琢精美的藝術品，他有『人』的美，也有『人』的醜，他就是一個眞正的『人』！他的學識，誰若肯捺住寂寞和寒窗苦磨，也可獲得；他清明的理智，誰若肯靜靜的醇化思想，也可獲得，但他那新鮮活潑，原板的靈魂却是他獨有的！

絮語

張秀亞

幾個月來，我較前更為沉默，如同一道欲結冰的小河，甚至於憂鬱的調子也不多彈了。

偶然間，幾聲晚風中的短笛，一片溶銀似的月色，挑逗起我的愛心，我的歡喜，情不自禁，寫下兩句不連貫的小詩，但凝望着寂寞的遙天，我大部分的時間，仍陷於沉默。

我間或也模倣那個敏感的女詩人吳爾芙，以幻想繪出了一道藍色河流，靜靜的坐在岸邊，垂綸河中，等待着不成形的思想慢慢凝聚，凝聚成幾尾銀色的小魚，但驀的午鐘響了，小魚兒遂被驚散，沒入水中。我也只好趕快收拾起釣絲小艇，繫起那條白圍裙，慌慌張張的趕入厨房裏去，機械的切着我的白菜同洋芋。當我在這菜葉煤屑的天地裏團團亂轉時，偶而也不安分的一抬頭，看到了繆斯女神，在碧綠的芭蕉叢中，匆匆而過，她輕蔑的投我一個白眼：

「難道你這終日計算着蔬菜的價格、油鹽的分量的人，狹隘的心地中，除了柴米以外，還有隙地安置我那奇妙的弦琴嗎？」汗珠自額頭流上我的面頰，我相信這時候我的臉已經通紅了。當眞，她說的對了。一切，都已為炭火油烟薰燎得褪色了，尤其是心靈，簡直看不出是什麼面目了。回到房裏，我把幾篇殘稿都燒了，倔强的靈魂呵，謳歌美與愛的靈魂呵，向着厨房的黑烟囪低頭吧，「又何必以褪色的絲絹來製造彷彿無雙的玫瑰！」

我又回到厨房裏，聽着沸騰的鍋子在幽怨歌呼。門偶而為風吹開，投來一瞥青碧的山色。這山上該有竹林，有清溪，有靈巧的黃鸝。今夕或更有可愛的月明。……風又把厨房的門關上了，於是我又置身於煤氣與油烟中。一壁炒着菜，我想起了一個小故事：曾經有一個鳥兒，被關在籠子裏，鳥兒終日隔了籠門凝望，牠仍不能忘情於那青青的山林。但牠畢竟太怯懦了，缺乏勇氣打破了這樊籠，牠只在等待着，牠自欺而又自慰的想：有一天，也許機會要來吧？一天兩天，一年，兩年……終於有一天，籠門不知怎的開了一個縫隙，牠欣喜的拍拍翅膀飛了出去，但一出籠門，却立卽跌落地上。因為在猶豫等待的歲月中，牠已消失了飛的力量，一個一直沒有勇氣走出家門、欣賞青青山色的人，正有一份同樣的命運在等待着她！

解掉了圍裙，我又回到房子裏，我又拿起了筆，我又放下了筆。我拭拭額上的汗珠，擦擦襟上的油漬，回想起幾年來的寫作生涯，眞如同恍然一夢，一個公爵夫人的話，又在我的耳邊響動了。

「女人像蝙蝠或貓頭鷹一般的活着，像畜牲般的勞碌，像小蟲一般的死去。」我又像聽到了一個女詩人在怨嗟：

「一個小蟲，而長着鷹的翅膀，生命和美的精靈，而在厨房裏切黃油！」

但是有什麼辦法不切黃油呢？不老老實實的去切黃油，反而去吟風弄月，誰又叫你如此做呢？又是受了什麼的播弄呢？命運原只要你做一個保姆，一個厨娘！是誰要你在紙上畫了大圈小點，去借用一些報刊的街窗，來展覽自己的狂愚呢？强迫着一些相識以及不相識的朋友，來諦聽自己無聊的歌唱？

我輕輕的嘆息着又回到厨房，去洗滌那些碗盞，清漣漣的水在我的腕上流過，那些幻想的小銀魚，又似乎若隱若顯的躍出水面了。我仍然愛戀的試着去捕捉牠們。突然門開處，一個眼睛紅腫、面色蒼白的朋友走了進來，她伸出手，向我索債了：

「償還我一串串的眼淚吧，為了你那欺人的悱惻文字，我洒的眼淚已經太多了！」我驚悸、顫慄、不安。我曾以一些血淚交織的文字，賺了讀者無限哀傷的淚，我又有什麼權利如此做呢？我為什麼要將心上的重負交給別人來承當，企圖使自己平靜愉快呢？我豈該如此自私呢？我懺悔。

還是安於自己黯淡的命運吧，我應該更沉默，出現於我筆端的該不是落葉西風、涼雨晚雲。我還是洗淨了一手的墨水痕迹，靜靜的燃起爐火，任一腔的詩意與幻想，隨着那縷縷炊烟消失於淡藍天際！

書刊評介

胡適言論集（乙編）

自由中國社編輯　華國出版社印行

夏道平

胡適言論集、爲胡先生四十一年十一月至四十二年一月間在臺言論的全部記錄。集分甲乙兩編。甲編爲學術之部，本刊前已介紹過。乙編是關於時事的言論，現在亦經出版。

這一編的內容，包括講演詞、座談會的答問、答記者問、廣播詞等二十二篇。其所涉及的問題，大別之可分爲兩類：一、國際的，二、國內的。國內部份，包括一般的觀感、政治問題、文化教育問題等等。

「不可救藥的樂觀主義者」胡適先生，他所說的話、所寫的文章，總是給人以樂觀氣氛的。這編言論集，也不例外。胡先生之所以成爲樂觀主義者，理由很簡單。因爲他是個自由民主的信仰者，而自由民主又是大家所一致追求的。時代的逆流，儘管有時來得很洶湧，終歸會被抵擋過去。古代的暴君，已不存在；現代的法西斯主義、共產主義，也將必然歸於消滅。從深處看今日，從遠景想明天，世界大局和我們國家大事，都沒有甚麼不可以樂觀的理由。但是，胡先生的樂觀，並不是叫我們坐在蘋菓樹下袖着手、張着嘴、等蘋菓掉下來，相反地，他會再三再四强調「我們要打最不如意的算盤，要作最大的努力。」

如何努力呢？

從整個自由世界說，他在分析共產國際和自由世界的形勢以後，很明白地指出，共產國際在其征服世界的陰謀中，有一個藍圖、有一個計畫、有一個組織，而我們自由世界這一邊，爲着解放被奴役的人民並保障人類自由，一向沒有藍圖、沒有計畫、而團結也不足够。所以他在「國際形勢與中國前途」和「今日世界」這兩篇講詞中，特別强調全球性戰略的擬訂。

努力的方向應該如此。事實上自由世界的大勢也正是朝着這個方向走。我們所要求的，只是加勁努力、最大的努力。

從我們自由中國來講，應該怎樣努力呢？關於這方面，胡先生本其兩個月在臺的觀察，對於近年臺灣的進步，都一一稱讚過。尤其在離臺前廣播的「歸國觀感」那篇講詞中，再三地說「使我佩服」、「使我樂觀」、「使我高興」。但是，胡先生對於國事是有高度責任心的，鑒於「滿招損、謙受益」的道理，他不敢過份地說恭維話，不敢一味地說恭維話。所以他又說：

「現在要緊的，在島上住了很久，不要養成島上的小氣派。要把氣魄放大、眼光放廣一點。要看大陸，看全世界。大家要同大陸去，先要把氣度放大、眼光放遠。辦黨的要注意爭取的不是黨員，而是廣大的人民。這個時期，無論大黨小黨、國民黨或其他的黨派，在島上是少數，在大陸上更是少數，五十萬人的黨、或是一百萬人的黨，總是少數。政府所要爭取的是廣大民衆，應該以全幅精神爭取廣大民衆的同情，廣大民衆的支持。不要因爲住在島上，養成了小氣派。要向全國看、向四萬萬五千萬民衆看、要向全世界看，不要放棄全世界。」（五三頁）

這是一個很誠懇的忠告。同時、在其他的地方，他還說過幾遍值得我們重視的老實話：

「我們中國國家的前途，當然是連繫在自由世界的前途上。整個自由世界有前途，我們也有前途；整個自由世界有力量，我們也有力量。」（九頁、五三頁、五八頁、六九頁）

自由中國如何與自由世界連繫在一起，更加密切地連繫在一起呢？這就要靠在民主自由方面的努力了。所以他又說：

「我們在民主自由方面的努力增加一分，就是我們在自由世界的地位抬高一分。」（六九頁）

在自由世界中抬高我們國家的地位，這該是我們政府和人民所一致期望的吧！因此，我們應該知道所當努力的方向了。這裏、胡先生提出了他的兩大希望：

一、希望人民代表機關（中央的立監兩院及地方的民意機關）養成一個優良的傳統，即對於行政部門的合法批評、合法反對、合法制裁；同時希望行政部門積極鼓勵這種優良傳統的培養。（四一頁、六九頁）

二、希望在野的負起責任來，「爲國家做諍臣，爲政府做諍友。」（六九頁）

「有這種精神，才可以養成民主自由的風氣和習慣。……大家對臺灣——自由中國的基地——在各方面的進步，包括政治的進步，是有目共見的。假若我們大家能够在自由民主這方面多努力，我想自由世界應該會對我們格外了解的，而我們自己至少覺得站在自由世界一邊毫無慚愧。」（六九—七〇頁）

上面引述的這些話，筆者認爲是這本集子特別值得珍視的地方。我們可試想想，以今日臺灣各方面有形的進步、有目共見的進步，如電力增加、橋樑興建、學校添設、軍隊裝備充實、農民收入增多，以及選舉制度推行等等，再加上上述的精神方面的革新，而以此種精神貫澈於一切有形的進步中，則臺灣在自由世界所佔的地位當更高於今日。

再說，「撥亂反正」是我們政府當前的任務。撥亂，無論時間須要多長

（下轉第31頁）

讀者投書

關於臺灣省立師範學院的二三事

朱誠中

編者先生：

貴刊是一向提倡扒糞運動的。社會改革和進步，要靠這個運動的開展。我在這篇投書中，報導省立師範學院的幾件事情，請貴刊登出，以供輿論制裁。

先從設立工業教育系說起

為發展職業教育，充實工職學校師資，在中美合作下，利用美援，設立工業教育系，以造就人材，這是正辦。該系設在師範學院，局外人看來，也似乎是正辦。但仔細一想，就不這麼簡單。大家都知道，臺南有個現存的工學院，設備好，教授也不差。為培養工職師資，最經濟而最有效的辦法，應該是在工學院增設工教系，利用該院原有的設備，再添置若干，開幾門教育方面的課程，聘幾位教育學科的教授，就行了。這比在師範學院另設工業設備要省錢省事得多。可是事實上工教系已經是設在師範學院了。這種選擇是基於甚麼理由，我們不解。但有一點是很明顯的，即美援款項——相對基金帳戶下之新臺幣三十五萬元及美金四萬四千元，是師範學院所要爭取的標的，但其效用很顯然地不及用在工學院來得大。

出國進修的人選

以上所說的，還不算甚麼大了不得。我們再看出國進修的人選。依照中美合作協定，除上述美援款項外，美國在初期應派工業教育專家若干名前來任教，同時我方亦派員赴美進修；以便回國後代替美籍教授。第一期我方派了四個人，已於今春出國。這四個人依照他們在安全分署口試的成績為準，其次序的排列則為：

顧柏岩
張甘棠
劉　眞
吳玉環（女）

顧柏岩原任臺北工專的校長，上年底因案免職。恰巧這個時候，師範學院增設工教系，官方乃授意院長劉眞聘為該系主任。顧是學物理的，工科是外行。這也許正是派他出國進修工業教育的理由！

張甘棠是四人中唯一學工科的人，且曾在臺南工學院附工任教。其受聘為師院講師之經過雖與吳玉環同（其經過詳下），但派他出國進修工業教育，就其學歷資歷看，是沒有話說的。

劉眞是師範學院的現任院長，他要參加在進修之列，到賓州專校（請注意，不是賓州大學，而是賓州專校）去當一名特別生（安全分署的公文寫明是 Special Student），如果他的動機不是為出洋而出洋，而是由於好學精神，則其精神誠屬可佩。但願事實證明，他眞能夠學到一點東西回來。

說到吳玉環，話就多了。她是偽滿一個甚麼師道大學的畢業生。長春光復後，經教育部甄審，認為她的程度只相當於長白師範學院的二年級學生。於是她就進長北師院二年級肄業。東北淪陷後，長白師院轉徙流離好幾個地方，吳玉環就在轉徙流離中畢了業。她的英文程度，還不及一個普通初中的畢業生。

吳玉環來臺後初任基隆女中教員，後轉臺北二女中任教，教的是家事。她這次受聘為師範學院的講師（家政系講師。其實當時師院尚未籌設家政系）以及被派出國進修，都得力於她所結識的趙一葦（當時任教廳第二科科長，最近才離開教廳）。尤其是為要取得洋人的同意讓她在選派之列，趙一葦確費了一番苦心佈置。其詳情，二女中的王校長當知道得很清楚。她之受聘為師範學院講師，是由於教廳的一紙正式公文（××字〇〇四六號令），令文的內容是說，玆派張甘棠為該院工業教育系講師，吳玉環為家政系講師。並派該二員赴美進修，進修期間，薪資照領（大意如此，原文有案可考）。師範學院給張甘棠和吳玉環的聘書是根據這個命令發給的。師院設有聘任委員會，教員聘任的決定，本為該委員會的職權。但張、吳二人之受聘，聘任委員會不知其事。後來聘委會發現此事，曾於六月底一次會議中作成如下一條決議案：「教育廳令派教員，於法於理，均無根據。查張甘棠一員，資歷尚好，准予追認。至吳玉環學資歷不合，不予追認。」不追認儘管不追認，但她已以師院講師的頭銜出國「進修」了。

Can not study anything

這四位特別生在賓州專校進修的情形如何呢？安全分署教育組主任白朗博士(Dr. Brown)曾經向人講過，據他所知，"They can not study anything!" 所以害得第二批要派出的人員，美方也不放心了。

公文書被擅改

關於師院聘任教授，還有一件事，也得報告報告。去年七中全會開會的前後，曾有一個謠傳，說教育廳長可能更動。那時教廳第二科科長趙一葦，為謀退步起見，得到劉眞院長發給他的一紙聘書（也是未經過聘任委員會的）。後來教育廳長並未更動，趙科長也就依然做他的科長，沒有到師院報到。今年春師院造具新聘教員名册，送請教廳審核，送去的名册只列有新聘教員八名，趙一葦不在內。二月十日教廳第九次學術審議會開會審查該名冊時，名冊上的新聘教授由八名變成了九名，添上了一名趙一葦。會議時有趙一葦列席，九名的名冊也就通過了。後來這個名冊發還師院，教授們知道了，為之大譁。嗣於聘任委員會開會時將趙一葦受聘事予以否決。至於擅改公文書一節，無下文。

荒唐的想頭——豎立銅像

師院大禮堂門前，在日據時代原有一座甚麼人的銅像。光復後，銅像折去了，像座還存在。今春院方某處的首長，與各學會的負責人（學會是學生組織）商量，要利用那個像座為院長劉眞豎一銅像，計劃如何發起這件事。當時英語學會的學生表示反對，該首長竟以開除學籍來威脅。學生嚇怕了，去告訴該系主任梁實秋，並請梁主任保障學籍。後來梁主任找到一個機會，用幽默的口吻向劉眞提起這件事，結論是勸他再遲幾年豎立銅像，以紀更大的功勛，並且警告他不得藉故開除英語系反對豎像的同學。這樣一來，豎像的計劃，現在大概是打消了。

上院長書激起教授公憤

六月初在師院院慶之期的前幾天，師院某處的首長，暗中探試，想用全院師生名義，在院慶那一天，給遠在美國的劉眞院長去一致敬書。探試的結果，知道苗頭不對，教授中堅決反對的大有人在，於是就改向各學會的負責人接洽，用全院十學會全體同學的名義，寫了一篇「上院長書」。除寄給劉眞以外，還在第六十三期的院刊上登載出來。這篇文字的措辭不僅激起了教授們的公憤（因為處處是師生並提），同學們也覺得肉麻。師範教育所要培養訓練的，是這般阿諛獻媚，善頌善禱的精神嗎？茲將該書全文抄錄如下：

「院長：鈞鑒：松山送別，倏逾四月，異國旅況，佳勝為頌！院長作育青年，人格感召，全院師生，至深悅服。回憶院長啓程之夕，雖以百事繁忙，仍能撥冗慇懃致訓，無異家人父子。話未終席，而哽咽幾不成聲，滿堂師生，莫不為之黯然，至今猶歷歷在目，念念不忘也。

院長赴美之後，孫教務長代理院務，蕭規曹隨，漸求進步，教授同學，莫不奮勉有加，本學期期終考試，將於月底舉行，一切安謐，請釋遠懷！此次院慶運動會盛況空前，程部長鄧廳長均應邀蒞臨致訓，各地校友大都返校參與大典，全院員生，亦聚餐歡度盛節，充分表現本院師生之團結精神，此可以告慰於 院長者也。三次賜示，均載院刊， 院長身在他邦，心存祖國，遊覽所及，舉凡一事一物，一地一人，莫不觸類引伸，諄諄訓示，激發民族之精神，關懷我國之文化，從見院長忠貞愛國，迥異尋常，生等身處國內，拜誦示書，亦儼若追隨左右，躬聆教益，其快慰為何如也！所願隨時續示，以慰喁望，旅居諸乞珍攝，專此，敬頌崇綏！」

這篇文字在院刊登出以後，教授們大動公憤，當由二十幾位權威教授，向代院長孫亢曾提出書面質詢，表示抗議，其中有云「動輒師生並提，為措辭荒謬」等語。所幸孫代院長究為一位學行有素養的學者，深明大體，他在覆函中，承認該書措辭失當，並對院刊刊出一節，深致引咎道歉之意。這件事算是過去了，但這種作風在師院院史中卻留下了污點。這污點以後是否更要擴大，還是從此滌除，就要看監察院對劉眞兼職的糾舉案的效力如何了。

貴刊的讀者朱誠中上

（上接第29頁書評）

，總歸是一個階段的；反正、則是要為萬世開太平。在今日非常時期，我們當然不能要求一切政治措施，都如太平盛世。但在精神方面，我們要求選擇一個為萬世開太平的方向。我們要求在趨勢上顯示出這樣一個前途。我們希望，我們在打回大陸去以後，中華民國政治問題的解決，永久永久不訴之於武力，永久永久不出之於流血戰爭。這種為萬世開太平的宏願，我們想，凡是不以一世之雄為滿足而以千古不朽的大政治家自命者，都應該有此抱負。萬世太平的奠基工作，只有從培養民主精神開始。

關於文化思想問題，在「五十年的美國（附綜合答問）」、「北大同學會歡迎會上講詞」、和「臺東縣文化座談會上答問」這三篇當中，胡先生也片段地談到了一點，值得讀者仔細想想。

胡適思想，在今日大陸上正被共黨認為最危險的東西。這本集子，雖不能表現胡先生思想的整個體系，但可看出它的中心。這裏，沒有什麼珍饈異味可以滿足某些讀者的特殊嗜好，而只是一般人所共同需要的布帛菽粟。正因為如此，所以我們要特別介紹這本書。最後，我們要引用胡先生的另一段話作為這篇文字的結束。

「今日在國家困難的環境中，我們應該鼓起精神，向人民、向政府、向國家，做一種有力量的解釋，讓他們知道共黨所認為最危險的東西，是反共的正確路徑。這條路徑，是復國的路徑；這條路徑，是將來建設一個新中國的路徑。」（六二頁）

——民國四十二年七月廿日

第九卷　第三期　內政部雜誌登記證內警臺誌字第一九號　臺灣省雜誌事業協會會員　九六

給讀者的報告

本期我們發表了兩篇社論，其一是討論「公用事業的價格問題」。由於最近公共汽車加價一事所引起的各方反響，使我們聯想到一般公用事業的經營，顯然都忽視了一個很重要的原則，就是公用事業既不宜虧本，也不宜賺錢；換言之，公用事業應以成本爲定價的標準。而所謂成本應該不包括擴大再生產成本與非成本的開支。明乎此，我們對公用事業的價格便有了一個客觀標準，而知其加價之究否合理、以及管理之是否有當了。另一篇社論乃根據我們接獲的一位讀者的投書而作。這篇投書談到師院的一些近事，使我們有所感觸。我們願於此强調的是教育行政、尤其是大專學校的教育行政應樹立一種守法的示範作用。此乃就事論事，非對個人有所褒貶也。

羅鴻詔先生『蘇俄與西方』一文，從鬪爭思想的角度分析蘇俄與西方衝突中的形勢得失，對東西文化與思想的討論，不啻提供了一個新的看法。作者指出蘇俄的鬪爭思想原係學自西方，西方現在雖然已經進步，惟仍未能完全揚棄此一落伍的思想，因而產生步驟凌亂的行動，這正是蘇俄雖然弱點畢露，而西方仍不能予以有效打擊的原因之所在。朱新民先生申論『蘇俄的强迫移民政策』，其根據之資料詳實，而分析亦至中肯綮。蘇俄執行强迫移民政策的目的，無非企圖消滅少數民族而已。劉國增先生的大文，敘述近年來國際收支及貿易之概況、及其不平衡之原因。並主張國際貿易應成爲有組織有機動性的聯合機構。矚望自由世界能成立多邊貿易協定，實行多邊淸算制度，實深有遠見者也。

龍平甫先生的通訊，詳述六月十七日以來東德人民爆發的對共產極權的革命怒潮。這是我們從東德革命事件發生以來，在國內所見到的文字報導中最詳盡的一篇。作者文筆犀利，文中且附有地圖兩幅，讀之歷歷如繪，其場面有甚於法國大革命者。東德事件本質上實爲人民自發之革命，惟國內報刊多名之暴動，殊覺意有未當。另一篇譯文係客觀比較東德的物價水準，着重於實際數字的分析，宜與前文參合閱讀，則不難發現東德革命之起因矣。

自由中國 半月刊 第九卷第三期 總第九十號

中華民國四十二年八月一日出版

發行人兼主編　『自由中國編輯委員會』

出版者　自由中國社

社址：臺北市和平東路二段十八巷一號
電話：二八五七〇

航空版　香港時報社

經售者

臺灣　自由中國發行部
美國　中國書報發行所
　　　紐約民氣日報社
　　　舊金山少年中國晨報社
　　　芝加哥中國出版公司
日本　東京僑豐企業公司
韓國　釜山草粱洞新泰行
馬尼刺　大中華日報社
印尼　椰嘉達星期日報
　　　椰嘉達天聲日報
越南　棉蘭繁華圖書公司
　　　西貢中原文化印刷公司
　　　越南華僑文化事業公司
暹邏　曼谷攀多社十二號
緬甸　仰光振成書報店
印度　孟買梅亞號
　　　加爾各答塔梅學校
澳洲　雪梨瑞田公司
北婆羅洲　馬拉奕坡美芝律聯華公司
新加坡　中興日報社
　　　檳榔嶼、吉打邦均有出售

印刷者　精華印書館

廠址：臺北市長沙街二段六〇號
電話：二三四二九號

本刊經中華郵政登記認爲第一類新聞紙類　臺灣郵政管理局新聞紙類登記執照第二〇四號　臺灣郵政劃撥儲金帳戶第八一三九號

自由中國

FREE CHINA

第九卷 第四期

要目

社論
中立集團與美國政策
高等教育的一方面——對臺大的一項建議……蔣廷黻
唯物辯證法與必然性……劉世超
出售公營事業之估價及其股票之流通與保值……林希美
論現代國際收支及貿易平衡（下）……劉國增
自由中國通訊
從蛛絲馬跡看匣劍帷燈……許思澄
從印尼僑情說到僑務方案……津棠
西班牙藍衫黨……警雷
尋夢曲……郭嗣汾
教育部來函

中華民國四十二年八月十六日出版
社址：臺北市和平東路二段十八巷一號

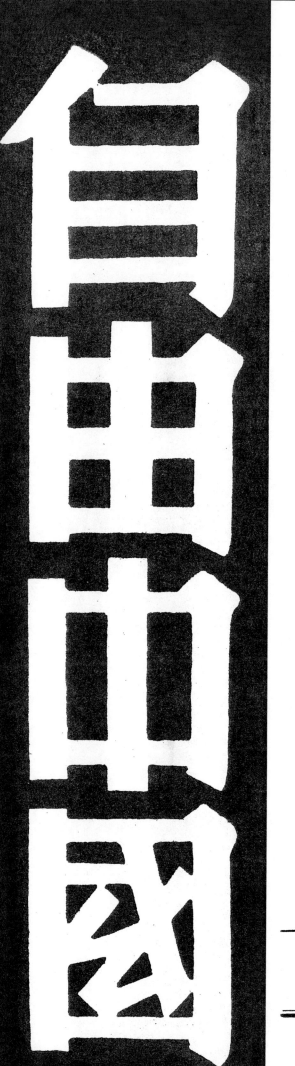

半月大事記

七月二十四日（星期五）
李承晚發表聲明，指責聯總爲停戰談判已給共方有違李勞協議之保證。
韓境雙方已完成停戰簽字的準備。
韓境西線中共發動五千人之攻勢。
美參院通過三百四十五億元國防預算案。

七月二十五日（星期六）
美國務卿致函李承晚，保證美國繼續援韓。韓總理白斗鎭向美提十億經援要求。
東德安全部長柴塞爾因貝利亞案被清除。

七月二十六日（星期日）
聯軍統帥部宣佈：雙方對停戰條件已商獲協議，停戰文件明日簽字。
南韓決定在一百八十天內不破壞停戰協定。
美總統艾森豪，救濟東德災民賑糧，開始在西柏林發放。

七月二十七日（星期一）
韓境停戰協定在板門店簽字。
韓境雙方晚十時停火，最後一分鐘炮火仍猛烈。
我國外長葉公超對韓國停戰事發表聲明。
東德十萬饑民擁入西柏林領賑糧。

七月二十八日（星期二）
美國務卿杜勒斯稱：不準備以允許中共進入聯合國爲換取韓國統一的代價。
韓境處理停戰協定的軍事停戰委員會開首次會議。
李承晚向反共華俘保證自由。
美參院通過一億元糧食救濟友好美國的饑民案。
艾森豪向國會提咨文，要求以兩億元爲初步救濟韓國之用。

七月二十九日（星期三）
杜勒斯在記者招待會上申明美國對政治會議立場。
美軍事援華顧問團長蔡斯聲明返國出席國會作證經過。
法軍萬人包圍順化越共數營。
義衆院通過不信任案，總理加斯貝里辭職。

七月三十日（星期四）
美太平洋艦隊司令史敦普上將來臺。
韓境聯軍及共軍雙方撤離非軍事地帶。
美參院通過四十五億六千餘萬共同安全法案。

七月三十一日（星期五）
美抗議俄國飛機於二十九日在日本海上擊落美機一架。
美參院共和黨領袖塔虎脫逝世。

八月一日（星期六）
數以萬計的東德工人結隊作週末饑餓遊行，不顧逮捕及沒收，進入西柏林領取賑糧。

八月二日（星期日）
美通知參加韓戰盟國，軍隊繼續留駐韓國。
共黨禁售火車票給赴柏林領糧的東德人民。
美改共同安全總署爲國外工作總署，史塔生新任命已爲參院通過。

八月三日（星期一）
美前鋒論壇報載：俄長距離轟炸機首批運抵北平。
行政院長陳誠對韓國停戰事發表演說。
東德人民再展開激烈反共運動，爲反對共黨封鎖通柏林之交通而放火焚燒政府建築物，毆鬪警察，襲擊監獄，並號召罷工。

八月四日（星期二）
七月三十日蔣總統向反共華俘頒佈文告。
美國務卿杜勒斯一行抵漢城。
美八三屆國會第一會期休會。

八月五日（星期三）
杜勒斯與李承晚舉行首次會談。
俄照會美英法三國，接受開四國外長會議之邀請。
韓境交換第一批戰俘。
諾蘭當選美參院多數黨領袖。
艾森豪演說，強調越南之戰略地位。警告共黨不容侵蝕越南。

八月六日（星期四）
美代表團與韓國高級官員開全體會議。
東德工人發動靜坐罷工，武裝警察紛紛逃入西柏林。

八月七日（星期五）
報載：中共驅使二十餘萬壯丁在東歐作奴工，又選七萬八千大專學生赴俄受奴化教育。
美國會授權總統撥軍艦二十五艘給予遠東國家。我將獲得其中大部份。
韓國巨濟島共俘暴動。
法國近兩百萬公務人員及國營事業工人總罷工。

社論

中立集團與美國政策

韓國停戰達成，世事的發展，至此可說已告一小小段落，我們自應乘此機會對世界的全般情勢作一個冷靜的檢討。

好幾年來，我們常這樣說：今日的世界，是分成了極權與民主兩大陣營，此兩大陣營的對壘與鬪爭，正是我們所面臨的一切演變之全部內容。我們必須率直指出：這樣的說法，這樣的看法，到現在可說已全不適用；一切以此種觀點爲依據的對策，在今後均將有害而無利。事實明明白白的放在眼前：這世界並不是分成兩個陣營，而是分成了三個陣營：那就是共產集團、反共集團、與中立集團。無論我們在理論上如何證說中立之不可能，但這中立集團是存在着；無論我們如何堅信到局勢緊張之際沒有一個國家能把中立保持永久，但至少在今日，這個中立集團是存在着。不僅存在，而且它的影響正在一天天的發展。

三不等於二。把三勉强的假定爲等於二，一切錯誤均將由此發生。

我們還不能說，在共產集團以外的所有國家，那一些是屬於中立集團；有好多國家，還站在這一條界線的邊緣上。我們也不能說，包含在中立集團以內的國家，都能在一致的立場上共同行動；它們之間也有矛盾，甚至還有極嚴重的利害衝突。祇有它們擬在共產與反共這一更爲廣大的鬪爭中保持中立這一點，是共同的。

這個中立集團，當然以英國爲首。我們應注意，現在還是保守黨執政的英國，尚且如此。保守黨的政權，並不穩定，它並不能如它的人民所希望的那樣，解救英國經濟的困厄。工黨重行執政的可能性，非常之大。工黨中人，且不要說貝凡那一派，即艾德禮那班人，對美國的好感，包含美國的經濟制度生活方式等等，決不會多於對俄國的好感。英國不走得更遠，已經謝天謝地；更可能的趨勢是，要和美國一天天離開。英國可以影響一部份西歐國家，以及一部份英聯集團國家。如以聯合國中的投票權來估計，這已經是一個可觀的數目。中立集團的另一部份構成，是亞洲國家，我們屈指一算，亞洲國家中嚴正的表示了反共態度的，祇有四國(中、韓、非、泰)，即連把土耳其也算在亞洲，也祇有五國。我們再放眼向世界環顧，恐怕漸漸的連澳洲與紐西蘭也靠不住，加拿大也靠不住，甚至連日本也靠不住。他們現在還是拖泥帶水，所以還未直截了當的擺出中立姿態的，只是因各方面不得不依附美國之故。我們對這個冷酷的現實，已不容許再閉上眼睛。

有人這樣說：共產集團侵略成性，而所有中立國家，都無防衞實力；祇要這些國家遭受侵略，它們就會放棄中立，加入反共的陣營。這說法並不正確。共產集團的侵略主義誠不可改變，但它不會盲目行動。它完全明白：祇要先擊破反共集團，再收拾那些中立國家，易如反掌；如果先從中立國家下手，結果將替自己多樹敵國。我們決不相信中共在最近會進攻緬甸，進攻印度；也不相信，俄國在最近會染指伊朗，染指其它中東國家。爲孤立反共集團起見，它們甚至會對這些國家僞裝友好的態度，以廣招徠。尼赫魯等輩之所以自詡得計，也正是由於他們已看準了這一點。

也有人這樣說：美國今後仍將運用各種可能的力量，以爭取中立國家，未來變化，尚未可知。這樣說法，也並不正確。美國盡力爭取，非從今日始，結果是愈爭取而中立主義愈加發展。祇有緊張的局勢可以逼迫那些擺搖不定的國家不得不作最後的抉擇。而今後，緊張已成過去，代替緊張局勢的，是一種低沉與凝滯的空氣，這祇有助長中立主義之滋蔓。我們不相信美國所積極推動的西歐建軍會有成就，我們也不十分相信日本建軍會有成就。美國在過去所安排的程序表，在今日的情勢下，都必須作根本的改變。

無可諱言的，這一切都是對反共前途不利的因素。但，我們並不以爲這些因素，有決定的重要性。更關重要的，倒是反共集團會不會把全部對策都建立在錯誤的基礎上這個問題。美國當局也曾這樣說過：反共意志是自發的，美國無法『買』到這樣的意志。我們却深怕美國當局竟是明知故犯，至今還在那裏作『買』的嘗試。沒有一個較明顯的跡象，能使我們看到美國已經在這一條錯誤的路線上退轉。

美國過去的一切努力，豈僅事倍功半，甚且徒勞無功。過去三、四年間，美國的歐洲政策，以北大西洋公約組織爲中心，這個組織，是在俄國囊括東歐的刺激下形成的；現在，這一類的刺激全成過去，公約組織的基礎，早就動搖，而美國對這情勢的反應是遲緩的。美國的亞洲政策，以日本爲中心。但是，無邊寬大的和約，也沒有使日本由衷感激而願爲效勞。日本現在是閃避、敷衍；一眼看着美援，而另一眼看着對中國大陸的商業利益。對這種情勢，美國的反應，也是非常遲緩的。

或者有這樣的轉變，美國在歐洲的政策中心，將移置於西德，亞洲政策的中心，將移置於南韓。如果是這樣，無疑是一個好的開端。但美國即在轉變的過程中，仍不免瞻顧徬徨，因此，轉變也就無法澈底。美國要考慮到聯合國中的投票，也要考慮到在它國際會議上的多數。它沒有勇氣放棄傳統，沒有勇氣與過去斷然決絕。

韓國戰爭停止，下一幕正在漸漸展開。我們看到美國的第一步措置，是由杜勒斯國務卿親訪韓國，並且與韓國簽訂了防衞同盟的草約，接受了李承晚總統的若干要求。這多少使我們對前途生出新的希望。但，第二步又怎樣，尚待事實來說明。在歐洲，東德的暴亂已引起了美國的注意，美國的糧包政策，算是帶有若干主動的成分，而且也確使俄國感到某種程度的窘迫。但，這也祇是引起了問題而不能解決了問題，第二步又怎樣，亦尚待事實來說明。

可以說，美國政策正面臨歧路。要把兩個背向的目標折衷，決無可能。美國當局曾倡導解放政策，至少也得退回到圍堵政策吧，而中立集團不僅聞解放而失色，甚至連圍堵都沒有信心。它們祇有兩個期望：一是共產集團放下屠刀，二是萬一大戰爆發，讓人家去攻打頭陣，自己躺在一旁，靜觀變化。在這種情勢下而空喊民主世界的團結，不僅缺乏意義，甚且會錯亂自己的視線，使自己辨別不出前進的方向。

第九卷　第四期　高等教育的一方面　　一〇〇

高等教育的一方面

——對臺大的一項建議

蔣廷黻

一

近三十年來，我們的高等教育經過不少的變遷，也得着不少的進步。我是三十年前留美回國到學校教書的一個人。那時國內大學的情形，我還記得。一般學校都欠薪，教員大多數衹好兼課，兼課多了衹好在各校輪流缺課。當時社會認為比較好的學校是不欠薪的學校，因為不欠薪，教員學生都能按步就班的上課。南開是其中之一，社會因此稱讚南開，張伯苓先生亦以此自豪。

國民政府成立後不幾年，這個按步就班上課的最低標準就普遍化了。政府那幾年對於學校經費的籌措大費苦心，不但作到不欠薪，而且給予教職員相當好的待遇。於是在校人員感覺按步就班上課僅是他們的最低限度的職責。多數自動的求課程的改善，新知識的探討，以及整個高等教育的進步。不少的人在問究竟中國高等教育應該走什麼路線？學外國嗎？學那一國？學到什麼程度？大學對新中國的建設能有什麼貢獻？

國民政府成立以後，抗戰軍興以前，那階段是我們高等教育比較有進步的一個階段。這是大家所承認的。我不想在這篇短文內寫那階段的全面教育史，因為我的時間精力及學問都不容許我寫全面史，儘管這個階段是短的。教育範圍的廣大和教育問題的複雜與人生同。一個階段的教育史必須顧到那個階段教育生活的方方面面，而且必須顧到那個階段以前幾個階段。就本題講，要懂得抗戰以前十年的教育發展；最低限度我們應該懂得五四運動。關於這個運動的內容及意義，我沒有加以系統的研究與分析，不願妄出議論。就是在抗戰以前十年之內，我雖在教育界服務，所見有限，不够程度寫全面史。我現在衹寫那階段的一方面，在我始終感覺有濃厚興趣的一方面。

在這一方面的限度之內，我還衹能簡略的指出我的興趣所在。我的實在目的是要向臺大提出一種建議。最近這幾年，我兩次回到臺灣，兩次都注意高等教育，都多與教育界的朋友往來。我深信在復國及建國的過程中，大學有其應盡的職責，而今天的臺大是自由中國的最高學府。

二

近代教育與傳統教育有兩點劃時代的差別。第一、近代教育力求輸進西方的學問。開始輸進的是自然科學，理論的及實用的；以後漸及於政治、經濟、社會、歷史、文學、哲學、等部門。傳統教育的範圍限於人文的學問。近代教育的範圍是無限制的。五十年前，我們的知識階級所培植的不過是一塊小園地，現在我們的知識階級簡直以整個宇宙為其求知的對象。

近代教育不但力求輸進西方的學問，而且同時要輸進西方學者的治學方法和工具。新知識固然重要；新方法和工具或者更加重要，最低限度同等的重要。這是知識階級所共同承認的，無須細說。

輸進工作是中國近代教育的第一個有歷史意義的任務。這種工作還沒有完成，還須繼續作下去。

中國近代教育的第二個有歷史意義的任務是利用西方的知識及西方求知方法與工具來了解中國國情及解決中國的問題。我們要拿西方的地理學和地質學來知道和了解中國的地理和地質。我們要拿西方的生物學來知道和了解中國境內的植物和動物。我們要拿西方的電學和電力工程學來發展我們的電力。我們要拿西方的化學及化學工程學來為中國人製造肥料、衣料、食物、建築材料，及其他許多生活必需品。

西方知識及求知方法與工具還能在許多別的方面對於我們的復國及建國事業有所貢獻。我們要拿西方的政治學，從希臘人的政治史及政治理論到最近的憲政演變，來引導我們的民主政治的發展到最完善的途徑。臺灣實行的縣市地方自治是政治學家最好的研究對象。以我們的知識及經濟水準，加上我們的道德及政治傳統，究竟地方自治的運用怎樣，趨勢怎樣，利弊怎樣？

臺灣近年的工業化，在經濟落後的區域內比較算快。世界上除共產國家以外，公營範圍之廣及公營事業之多，臺灣可算第一。我們學了西方的經濟學以後，應該對臺灣的經濟制度及發展，有極科學的深刻的觀察與分析。勞工問題必隨工業化而發生。現在臺灣的工人生活怎樣，組織能力怎樣，其自然的組織方式怎樣？我們得着西方的社會史及治社會史的方法以後，應該即起而注意研究擺在我們面前的社會變動，以期能了解這種變動，而且引導牠到康健的途徑上。

在島上的人民究竟想什麼，憂什麼，樂什麼？他們的生活甘苦及奮鬪目標怎樣？西方各種的人文學問應該給我們濃厚的興趣，尖銳的眼光，及仁慈的同情心，來領味同胞個人及羣衆的喜怒哀樂。

在抗戰以前的十年，我們的高等教育在這一方面，那就是說，在利用西方的知識及求知方法與工具來了解中國的國情及解決中國的問題，已得着長足的進步。繼續而且擴大這種進步，這是臺大義不容辭的使命，也就是本文所要討論的主題。

三

在未討論主題以前，我想避免幾個可能發生的誤會。我已經說過中國近代的高等教育有兩個劃時代的差別。第一、近五十年的高等教育力求輸進西方的學問；這是我們傳統教育所不注意的。第二、近五十年的知識階級企圖利用西方的學問和治學方法與工具來了解中國的國情及解決中國的問題；這更是傳統教育所夢想不到的工作。這兩方面不但是並行不悖，而且是相輔而成的。開始是輸進，輸進到相當程度然後講求利用。到了利用的階段仍舊繼續輸進。在這階段，實際的工作，無論就學校言，或是就學生言，是一面輸進，一面利用。我現在雖提倡利用西方的學問來了解中國的國情及解決中國的問題，我並不提議臺灣的高等教育機關應該停止輸進。事實上，知識的輸進是永不能停的；科學極端發達的國家永在交換知識；牠們彼此之間的知識輸入和輸出是極大規模的。

輸進而不利用的流弊却多了。第一、這樣下去，中國人不會了解中國的國情。第二，爲解決我們的問題，我們必須永遠依賴外國的專家。第三、如我們不求利用我們辛苦得來的新知識，西方的學問永遠不會在中國生根，永遠不會成爲中國人的學問。

其次，我對於中西文化的比較至今沒有得着任何結論。文化，無論是那個系統的，都是很複雜的。了解一種文化已經不容易。評判中西文化的優劣幾乎是件不可能的事情。好在爲本文計，這種評判是多餘的。一般外國朋友常對我說：「你究竟是個中國人。」我會未否認。一般中國朋友另有一個說法：「你的思想和生活習慣已經高度西洋化了。」我也不否認。爲避免任何誤會，我覺得我還須說一句：想專門致力於中國文學或歷史或哲學的人也必須研究西方的文學、史學、或哲學。就是在人文科學方面，我們必須從西方的學問找新材料及新方法的灌溉及交配。人文科目一樣的要輸進及利用。

四

現在專講我對臺大的建議。

戰前我們高等教育在利用西方學問方面的進步是參差不齊的，因爲牠是學者們個人努力的結果，沒有組織，也沒有全盤計劃。譬如：戰前有幾個專家對於中國的草藥發生興趣，於是利用西方的生物學及化學的方法及工具對某種草藥加以科學的研究，根據這種研究進而提精，其結果中國能對全世界的人民供獻一種新藥品。又譬如：中央農業實驗所的植物品種專家，費了多年的心血，培植出來新的稻種和麥種，其發育量比舊種加增百分之十一至十三。地質學家發現了甘肅玉門油礦。考古學家發掘殷墟，使我們對中國上古史的知識能有進步。地質學家及古生物學家發現了北京人，致我們的史前史得了一新章。這些貢獻都是拿西方的學問來幫助我們，或是解決中國的問題，或是進一步的了解中國的國情。

在抗戰前那幾年，中國開始有物價指數及生活指數。土地的分配及地主與佃戶的關係也有了實地的調查，儘管這種調查是抽查的，不是普遍的。民間的歌謠、神話、迷信、娛樂及少數民族的生活方式都得着了學者的注意與研究。太平天國及義和團的史料，散在民間或藏在國內國外的圖書館或檔案室，有學者搜集並系統的編印出來。這些研究固多在草創時代，不够普遍，不够持久，其結論也免不了錯誤與武斷，但是我相信有了這些研究以後，現代的中國人了解中國國情的程度遠在以前任何時代的中國人之上。簡單的說，我們初次對我們的社會有科學的認識。經過這種努力，得着這種結果以後，來自西方的社會科學不僅列在大學的課程表上，而且在士大夫的眼光裏成了正當的、有價值的學問。

這類的工作必須維持與擴大。抗戰以前，我們在大陸上沒有計劃，聽憑學者個人及學術團體各隨其所好，就個人或機構的能力範圍之內，作到那裏算那裏。現在我們在臺灣可以由臺大領導，訂立長期的計劃，有系統的年復一年的作下去。

因此之故，我建議臺灣省政府委託臺大編製近代式的臺灣省的通志。經費應由省府負擔，調查研究編撰及發行等工作由臺大及其他三個學院的師生分類擔任。

臺灣省通志的歷史部門自然由歷史系的師生擔任，地理部門由地理系的師生擔任，地質部門由地質系的師生擔任，生物部門由植物系及動物系的師生擔任，氣候由氣象系的師生擔任。這幾部門的分工是自然的，無須再加解釋。

通志的經濟部門比較複雜。關於財政者，應由財政廳與財政學教授及學生合作。關於金融者，或者可由臺灣省銀行的專家擔任。關於企業者，大部份或應由各業的主管擔任。譬如：糖業由臺糖公司擔任，鐵路由交通部擔任。

通志的社會部門也很複雜。山地同胞的生活，漁民的生活，鹽民的生活，工廠工人的工資，組織，及其他有關勞工的問題，農村的狀況，衛生，保險，及各鄉鎮的特殊風俗：這些題目最好由學者擔任，那就是說，由學校的社會系、人類學系、農業經濟系的師生及機關專家擔任。

政治部門應由政治系的師生擔任，官廳祇供材料，否則通志這一部門要完全變成法規。除有關法規的事情以外，通志的這一部門應該注意政治的運用，如各種力量及各種觀念怎樣支配實際政治。從學問上看起來，鄉鎮政治的重要並不在省縣政治之下。

（下轉第19頁）

唯物辯證法與必然性

——一個語言的解析——

劉世超

一

唯物辯證法，自從一個國際性的政治組織近數十年有計劃地向全世界推銷以來，不僅有許多傾向這一政治組織的人相信它，而且甚至於有許多反對這一政治組織的人也相信它。這種現象之發生，是由於什麼原因呢？當然，原因並不簡單。而就思想的方面觀察，主要的原因是唯物辯證法對人們顯示了共有一種『必然性』。而這種必然性給許多人要求『脫離現世存在的苦厄而到達一個理想的社會』的這一願望，給予必然實現的保證。假若世間果眞有一種學理，能與人類底現實生活發生這樣密切的關聯，它指導並且支持人類實現其理想的願望，那末自然會有許許多多人對它信之不疑了。唯物辯證法者說：封建社會是『正』，『資本主義的社會』是『反』。由封建社會到資本主義社會的發展過程是由『正』到『反』的發展過程。這兩種社會都是不合理的，都是『人剝削人』的社會。這兩種社會都當『揚棄』。由封建社會之正到資本主義社會之反，『必然』有一『合』。這一『合』，就是『共產主義的社會』。他們說這種『必然性』與邏輯的必然性完全一樣，無可置疑。『共產主義的社會』之現實既然有這樣的『必然性』，於是許許多多人深信不疑。既然深信不疑，於是便爲此目標之實現而狂熱，而奮鬪，而犧牲，而流血，雖粉身碎骨亦在所不辭。於是，一個世界性的『革命』運動，在不安地區廣泛地展開。

唯物辯證法果眞有邏輯的必然性嗎？世間果有像邏輯必然性那樣毫無失誤的關於歷史發展的眞理嗎？這正是本文所要試圖究答的一個問題。茲姑無論『共產主義的社會』是否要得，我們現在要問清楚『共產主義的社會』是否果眞『必然』到來。如果眞會『必然』到來，像二加一必等于三那樣，那末共產黨徒爲馬倫可夫送死不遲。

對於唯物辯證法，許多人已經作過批評。我們現在對於唯物辯證法的批評，是集中到唯物辯證法有否必然性這一方面；而且我們底批評，主要地是從語言解析 (Analysis of Language) 着手的。關于這一方面，在國內似乎還沒有人嘗試。自一九二二年維根什坦 (L. Wittgenstein) 提示以來，現代哲學解析家與邏輯家發現了一個新大陸。這個新大陸是什麼呢？就是一個『語言的世界』！我們現在說出這些哲學解析家和邏輯家所發現的新大陸不是別的，而是一個語言的世界，許許多多讀者一定感到奇怪。我們天天說話，常常寫字，可以說就是生活在語言世界裏，還待大學者去發現嗎？非也！我們一天到晚生活於其中而尙未被有意識地發現的事多着哩！我們常常在思想。但是，我們爲什麼有思想機能，而且思想究竟是怎樣進行的，到現在還是不易解答的問題。只有像維納 (N. Wiener) 這樣學問和訓練最好的科學家，才能試行解答。血液循環一事，毫無問題，自有人類以來即已有之。但是，遲至十七世紀才被哈威 (William Harvey) 發現。我們行之而不知之的事多着哩！我們不要以爲我們正在用着一種東西就是已經了解了那種東西。『用』並不等於『了解』。依同理，我們儘管天天在說話，時時在寫字，卽常常在『用』語言，但是我們却很少人知道語言底性質。我們平常之用語言，不過是自發地發出 (Spotaneously utter) 而已。實在說來，我們對於這個語言世界底結構和性質之生疏，不下於我們對於神秘的西藏高原之生疏。但是，我們却又要常常用到它。這樣一來，許許多多毛病就由之而發生了。而且，許許多多詭異之論，就於我們不經意之間，傳遍了大地，造成災害了。唯物辯證法就是其中的一種。所以，我們從語言解析方面來批評唯物辯證法，也是一條捷徑。

二

人類的心理大體是這樣：一件事如果很好，但不知是否準能達到，人們並不會十分熱心去追求它。反之，一件事卽使並不太好，但人能深信必可達到它，人們亦會努力地去追求它，追求一件必然發生的事，使人有希望、有信心、有熱力。追求這樣事的人會覺得自己是站在眞理的一面，自己是在促成一個歷史使命的完成，自己底努力不會落空，因此能堅定不移、百折不撓地固執他的目的。明乎此，我們就知道共產主義的理論家之强調辯證法爲必然的規律，乃有其實用的目的。但我們站在學術的立場却不能不對辯證法這種所謂必然性作一客觀的考察，看看這種必然性是否是眞的。就是爲了整個人類社會的利害着想，這種考察的工作也是必需的。如果作爲共產主義的基本理論的辯證法從起初就有問題，那豈不是有失之毫厘差之千里的危險嗎？

要對辯證法的所謂必然性加以考察，實應先把必然一詞的意義弄清楚，而必然一詞的意義一般人很少弄清楚，就是談論哲學的文字對於什麼叫必然也多是含混不清。本文在後面將把兩種不同的東西而同被稱爲必然的加以區別，一種將被稱爲「邏輯的必然」，另一種則稱爲「事實的必然」。可是，人們在對邏輯這觀念沒有清楚的認識以前，便討論何爲「必然」的問題，從不能得到無誤的結果。如前所指，被一般共產黨人口頭上常喊的所謂「辯證邏輯」，很易引人設想唯物辯證法是一種具有「邏輯必然性」的東西。然而我們從本文後面的分析，知道「辯證邏輯」一詞所引起的這種想法實爲一錯覺，十足構成思想的混亂。本文爲了說明這個錯覺和這個混亂，將特別借助一個清清楚楚的邏輯觀念。可是要清楚的認識邏輯底性質，這是在現代邏輯發展以後才成爲可能的事。因此本文首先不得不將現代邏輯的一些結果扼要的加以介紹。

邏輯一詞在過去(現在亦然)之被濫用的程度是很驚人的。堂堂正正寫在出版物上的，我們就可以找到不同的邏輯。譬如亞里斯多德的一套推論方法與後世的辯證法本是不同的東西，但同被稱爲邏輯。人們好像有一種傾向，即將任一個言之成理的一套道理都稱爲一套邏輯，於是你有你的邏輯，我有我的邏輯。日常爲文或言談講說把邏輯兩字用得眞是隨便極了。我們現在欲借取現代邏輯所得結果的光亮，來對邏輯這一觀念作一番清理的工作。但是，請讀者不要誤會，以爲我們是一定來給邏輯從事正名——要指出何者才能叫作邏輯，而何者不能叫作邏輯。因爲這樣做只是從事名詞佔有的爭執，誰也不能說服所有人接受同一種決定。我們現在所需要做的，就是把某些被稱爲邏輯的東西的特點分別指出來。這樣一來，儘管有許多東西都叫邏輯，但我們却能知道它們各有不同的所指，各有不同的內容。這時任何人至少不能再含糊其詞的說，甲乙二者同名邏輯，因而甲的特點亦便屬於乙，或乙卽爲甲。如果這樣作，便是公然竊取了。

我們首先考察一種本文所認爲的邏輯，這就是亞里斯多德首先講的，而以後 Boole, Schroeder, Frege, Russell, Wittgenstein, Carnap，以及華沙學派的 Lukasiewicz, Tarski 等人接續講的一套邏輯。從 Boole 以後這些人發展出來的邏輯又名現代邏輯、數理邏輯或符號邏輯。但現代的數理邏輯或符號邏輯與傳統亞里斯多德的邏輯所講的內容在基本性質上是一樣的，只是現代邏輯規模較廣大、方法較精、以及觀點更爲清楚而已。學了現代邏輯的人再去學亞氏邏輯，只要把名詞略加翻譯，懂得了它的意義，便會發現傳統邏輯的內容完全兼消於現代邏輯之中了。何以我們說亞氏邏輯與現代邏輯的內容在基本上是一樣呢？用現代邏輯的觀點說，是因爲二者都同樣地探討語句(Sentence)、類(Class)、以及後來所注意的關係 (Relations) 底性質或演算。而這種研究才能明確地表顯邏輯眞理。在亞氏的傳統邏輯中或者還沒有關于邏輯眞理的清楚的觀念。邏輯眞理這個觀念是經由 Frege, Wittgenstein, Russell, Carnap, Tarski 等人的努力才弄得較爲清楚。邏輯眞理的基本性質特別要從 Tarski, Carnap 等人的語意學 (Semantics) 漸漸發展完備以後，才能說得清楚明白。我們用邏輯眞理這一觀念去衡量亞氏的傳統邏輯，却發現它所探討的正是這種邏輯眞理，這和現代邏輯所研討的對象是一樣的。

邏輯眞理的精確定義並不容易說出，我們甚至可以說：現代邏輯盡了極大的努力還不能把邏輯眞理之定義這個問題完滿解決。然而就本文需要的範圍而論，要粗略地了解邏輯眞理的基本要點却不是難事。我們可以簡單的說，一個邏輯眞理就是一個解析地眞語句，但此語句之爲眞是由其語句自身的語言形式所決定的。譬如今有一個語句：『張飛是人或不是人』，這語句之爲眞一望而知；而且不難看出這語句之爲眞，乃由其語句之語言形式所決定。怎麼叫做一個語句的語言形式呢？我且把上面所舉的這個語句爲例來說明。我們將這個語句中的「是」「不」「或」等字保持不動，而將其他的字用適當的變量代換。譬如「張飛」用x代換，「人」用y代換，我們便得到一個語句形式：「x是y或不是y」至此，我們稱「x是y或不是y」爲「張飛是人或不是人」的語句形式；而稱「張飛是人或不是人」爲「x是y或不是y」的代換特例(Substitution-instance)。我們很易看出「x是y或不是y」爲一永眞語句的形式。換言之，此形式中的變量用隨意的名詞代入，所得的語句都是眞的。旣然「張飛是人或不是人」是一個永眞語句形式「x是y或不是y」的代換特例，那麼「張飛是人或不是人」便一定是眞的，而且其爲眞乃由它的語言形式所決定。

我們在上面的例中求語句形式的方法可說大略是這樣的：先把語句中的字分成兩種，一種名邏輯字，如「非」「或」等等，另一種名描繪字，如「人」『張飛』等。我們把一個語句中的邏輯字保持不動，而將各個不同的描繪字分別用不同的變量代換，則得到此語句的形式。這種求語句形式的方法乃取之於 Carnap 先生。這種方法乃首先爲 Carnap 先生在他的著作 Logical Syntox of Language 一書中所應用。語句形式所表示的這種眞理，便是現代邏輯家所說的邏輯眞理。這樣看來，邏輯眞理無待外求，它在我們用字的約定 (convention) 之中就已經決定好了。所以，邏輯眞理，是一種約定的眞理。

三

我們旣已知道了邏輯眞理是怎麼回事，我們要接着問邏輯眞理究竟有什麼重要的特點，而且這一特點爲何與我們現在討論的題目有關。我們可以說：第一，邏輯眞理之爲眞是必然的眞。我們日常見到一些語句其爲眞的蓋然性雖極大，但我們終就心它有爲假的可能。譬如「明天下午八時以後仍要天暗一次」。這語句雖然爲眞的蓋然性(probability)極大，但我們仍可想象從明天起可能全宇宙大放光明，不再有晝夜之分了。誰也不能有絕對確定的理由擔保這樣的事不會發生。而邏輯眞理之爲眞却有一特點：我們根本不能假想一個邏輯眞理有爲假的可能。這也就是說，我們根本不能否定它。如果我們否定一邏輯眞理，便會得到一個邏輯矛盾。因爲如前所示，邏輯眞理建立於約定之上：邏輯眞理之爲眞理，在用字上事先就約定好了的。譬如「張飛是人或不是人」乃爲一邏輯眞理，如果我們否定它，便得到一個一定爲假的語句：「並非張飛人是或不是人」。因爲，後面這語句的形式是「並非x是y或不是y」。此形式乃由永眞的語句形式「x是y或不是y」在自己前面加上「並非」兩字而成。那麼它是個永假的語句形式。因此作爲此永假語句形式之一個特例的語句：「並非張飛是人或不是人」一定是假的，而且其爲假由其自身的語句形式便可決定。像這樣的永假語句，現代邏輯術語稱爲邏輯矛盾（與邏輯眞理相對應）。總結地說，我們如否定一個邏輯眞理，如「張飛是人或不是人」，便會得到一個矛盾。所以，像這類底語句，是無從否定的。那末，它之爲眞乃必然的了。所謂邏輯必然性的這種特點我們須特別注意，因我們採用以區別其他被稱爲具有必然性而却沒有邏輯必然性的東西。

邏輯眞理另一個重要的特點是，它之爲眞並不靠經驗來決定。這裏所謂不靠經驗決定，是指我們決定邏輯眞理之爲眞時，不必靠經驗去印證上述語句所表示的內容是否與實情相符合。譬如我們說：「那屋裏有個人或沒有人」時，我們如欲決定其爲眞，並不必勞動大駕到那屋中去看看有人無人。因爲就二值邏輯來說，或布爾代數學來說，不是x便是非x，二者必有其一，無所逃於二者之外。依此，那屋裏不是有人便是無人。像這樣的語句是邏輯眞理，其爲眞已由其自身語句的形式所決定了，而決定一個語句形式是否爲永眞，如前所述，在只依靠語句中那些邏輯字「或」「非」……的定義。因此，我們決定一個邏輯眞理之爲眞，只要從邏輯字的定義去考察，而不必從經驗去考驗此語句所指之內容是否與事實相符。我們雖關在屋內，閉上眼睛或泯除一切官覺的功能，然而只要看看語句形式的結構，就可以決定語句之是否爲邏輯的眞理。所謂邏輯眞理不靠經驗決定者，就是這種意義。

我們分析到這裏，也許有人發生反感：就你所說，邏輯語句永眞到是永眞，可是又有什麼用呢？對于這樣的問題，倒是很容易解答。在人類實際生活的許多節目中，我們離不了應用數學。而應用數學則以純粹數學爲骨幹。而純粹數學，說來奇怪，可以完完全全從邏輯推衍出來。關於這一點，有羅素和懷德海合著的三巨冊 Principia Mathematica 作證。當然，純粹數學由之而推論出來的邏輯語句，有許多遠比我們在上面所例舉的語句複雜。如果僅僅從像我們在上面所例舉的語句，那末是推論不出純粹數學的。復次，我們過理智生活或從事思考的人，不能不講推理。而推理之進行，需靠推論。推論，就是一套語法運算，語法運算就是像上面所說的邏輯語句之運算。凡做精細思維工夫的人，都可以感到這類語句底運算工具幫助的如何之大。關于這種工具的運用，除了數學以外，在物理學（如 Bridgeman）、生物學（如 Woodger）等部門，已經有人在從事，而且愛因斯坦也受其影響。這樣看來，邏輯語句是很有用的。不過，它底功用，不是直接的，只是間接的罷了。但是，間接有用的東西，對於人類的影響常常最深遠。

四

邏輯眞理既有上述特點，所以它自然很易給人一種敬畏欽慕之感。因爲確定的必然的知識一直爲人所渴慕與追求，而這樣的知識實難爲人得到。因爲，在人性的深處，我們大多喜歡簡單的必然（simple certainty）。有了簡單的必然，我們便可形成一種有把握的心理狀態。於是，我們才會起勁做一件事。嚴格說來，地球在明天是否必然不和其他星球相碰，天文學家不敢保證。假若有人說：地球明天不一定繼續存在，那末許許多多人一定會覺得今天的努力皆屬白費，不如今朝有酒今朝醉吧！但是，如果有人以極端肯定的態度說：明天地球必然繼續存在，那末我們便覺得前途有望，因而生活得起勁了。邏輯眞理正是一種確定的必然的知識，於是許多人拿來利用。而且，西方古代哲學家大都不信任靠經驗決定的知識。他們卑視經驗而崇敬理性。在這種背景下 不靠經驗決定的邏輯眞理，自然更易被人看得很高了。亞里斯多德邏輯所探求的旣然正是這麼一類邏輯眞理，那麼二千多年來它在一般人心目中已逐漸建立極高的信譽。邏輯那塊招牌變得響亮極了。但是邏輯這塊響亮的招牌也給它自己帶來麻煩，因爲後世一些想立言的人，便不免有想竊取這塊招牌混淆視聽以加重自己身價的。後世之稱爲邏輯的東西，是愈來愈多了。辯證法之自稱爲邏輯就是一例。而一般不細察的人，也分不清誰是誰非；更分不清那些都被稱爲邏輯的東西又各有什麼特殊之點。因而一任名詞的混亂來引起信仰上的錯覺。

我們現在主要的工作，是依據上面的解析來進一步考察：辯證法是否具有亞氏傳統邏輯那種不靠經驗的必然性。我們的辦法莫過於直接考察陳述辯證法的那個語句的形式：如果我們看出它的語句形式是永眞的，也就是說它爲前述的那種邏輯眞理，那麼辯證法就確具有傳統邏輯的必然性等特點，勿庸置疑了。但如果發現辯證法不是邏輯眞理，換言之，它的語句形式不是永眞的，我們便得再進一步考察沒有永眞語句形式的語句是否仍能具有邏輯眞理所有的那種必然性。這樣作下去似乎一切終可有個水落石出的結果。但不幸我們將發現，適才提出的這種方法在實行時會遇到嚴重的困難。我們在此所說的困難，就是自然語言（如中、英、德、法等），具有先天的缺陷。這種先天缺陷中最大的，莫過於語言的混歧性（ambiguity）和簡縮性（ellipticality）。關於這種困難我們不得不在下面分別加以說明。

我們日常應用的語文，是一種頗不精密的工具。當然，我們如果照着習慣用去，而不加推敲思究，到也不覺得怎麼不便。可是，當我們簽訂外交條約、或制定法律、或與別人訂立契約時，我們運用語文便立刻緊張起來，而覺得對于所用語文有認眞仔細推敲之必要。我們對于所用語文一旦認眞仔細推敲，便馬上發覺語文底許許多多先天的毛病。在許多毛病之中，混歧便是其中之一。語文一有了混歧，意義便不確定。意義一不確定，我們便有無所適從之苦；或者陷入知識的迷誤狀態之中。爲了大家便於了解作者底意指起見，作者現在列擧一例如下。

『在北平的時候，我有一次經過一個胡同口。有一個人正在請看相的先生替他看看尊容。那位看相先生將他端詳了一番，開口說道：「……您這位先生，父在母先亡。這個人大驚失色，連連點頭稱奇 這位相術家竟知道我家中的事。……父母同年同月同日去世的情形，在事實上非常的少。假若把這個情形撇開，我們知道父母之存亡可以有以下的情形：第一、父母尙存。如果父母尙存，那末可能有兩種情形發生。第一種情形是父親將會在母親去世之先而去世。第二種情形是母親將會在父親去世之先而去世。……假若是第一種情形，那末「父在母先亡」，這話就是「令尊大人在令堂大人去世以先將會去世」。假若是第二種情形，那末「父在母先亡」這話就是「令尊大人尙在人世的時候令堂大人就會亡故」。無論是第一種情形或是第二種情形，「父在母先亡」，總是講得通的。

『第二、父母俱亡。如果父母俱亡，而且不是同年同月同日死去的（這種情形非常之少，可以不計），那末也有兩種情形。第一種情形是父親先母親而死。第二種情形是母親先父親而死，如果是第一種情形，則「父在母先亡」這話就是「您底父親在您底母親死去之先就已死了」。如果是第二種情形，則「父在母先亡」這話就是「您底母親當着您底父親尙健在人世的時候，已經在您父親之先而登仙了」。無論是第一種情形或是第二種情形，「父在母先亡」總講得通。

『第三、父母一存一亡。如果父母一存一亡，那末也有兩種情形。第一情形是父親還在人世而母親已死。第二種情形是母親還在人世而父親已死。假若是第一種情形，那末「父在母先亡」就是「您底父親尙健在，不過您底母親却去世了。」如果是第二種情形，那末「父在母先亡」就是「您底父親已經在您底母親之先而去世了」。無論是第一種情形還是第二種情形，「父在母先亡」總講得通。……這一句話，幾乎對于父母存亡底情形都說得過去，由聽話的人按照他底實情怎樣來解釋都可以。』（這個例子係採自殷福生著邏輯學講話第十三章）

江湖術士憑着這類底話可以賺得着錢，可見這類底話有其神秘性，可以唬得住許多人。但是，經我們這一番解析，可知這類底話毫無神秘可言，不過是一個語言形式底意義不確定，可以作多種不同的解釋有以致之而已。這種情形，現代哲學解析家叫做表式之歧義 (Ambiguity of expressions)。而上面所擧的例子，我們知道出於江湖術士之口，而且稍作解析，便知道他是騙錢的，毫不足信。但是，有許多論說，比上例複雜得多，而且狀貌森嚴，以哲學的姿態出現，那末就可以唬得住更多的人了。不獨可以唬得住一般的人，而且可以唬得住一些研究哲學的人。唯物辯證法就是這類底論說中最流行的一種。因而，許多人即使反對共產黨，總有意無意覺得唯物辯證法還有點道理。其實，如果我們從語言解析着手，那末便會發現唯物辯證法是用一種高度混歧的 語言方式表示 出來的東西。因此，『父在母先亡』這樣的語句所有的毛病，唯物辯證法都有。

讀過英文文法 的人，知道英文文法 把語句分作四種，其中有一種爲 陳述語句 (declarative sentence)；另一 種爲 要求 語句 (imperative sentence)。陳述語句只陳述一種實際情況。例如：樹葉是綠的，等等。這種語句不涉及價值判斷。要求語句表示一願望、或命令、或一應然之事。例如：你應該作個好人，不可偸盜，等等。這兩種語句底性質根本不同。因而二者也就標別了不同的學問。一切科學都是用陳述語句表示出來的。倫理學底主要命題則是籍要求語句表示出來的。這兩種語句至少到目前爲止，由於基本性質不同，於是根本不能等一起來。這也就是說，我們不能把表示『實然』與表示『應然』的語文混同起來而視之爲一。這也就是科學與倫理底分野之所在。然而，由於自然語言有先天的缺陷，在自然語言底語言記號設計 (sign-design) 上，未能將二者截然劃分。於是，運用自然語言者不免混淆二者——卽實然與應然——之分別，而聽受之者也不免隨之混淆。唯物辯證法裏的『正』、『反』、與『合』這些字眼，就有這種毛病。這些字眼是把事實陳述固着於價值判斷，而且又把價值判斷固着於事實陳述：二者混同而不分。數學中的『正號』和『負號』，只表示二種運算或定值，因而它們只有單層任務，其中『正』和『負』絲毫沒有褒誰貶誰的意味。但是，唯物辯證法中的『正』、『反』、『合』則不然。這些字眼把事實陳述與價值判斷混夾在一起。於是毛病百出。社會之歷史發展的現象是這樣繁複，因而我們用『正』、『反』、與『合』這些字眼去指謂時，則語意的指涉 (semantic reference) 很不確定。既不確定，則我們說其中某些是『正』，某些是『反』，某些是『合』，無形之間就把我們對於客觀事物之價值判斷挾帶進去了。既是價值判斷，就很不易有一個『絕對標準』樹立起來。迄今爲止，價值判斷是相對的，是隨各判斷者之不同的利害或好惡來決定的。共產主義者說『封建社會』是『正』，『資本主義社會』是『反』，二者辯證地『合』於『共產主義的社會』。這一種套法，所得到的結論，自然有利於所謂『共產主義的社會』。但是，所謂『正』、『反』、『合』既然把價值判斷固着於事實陳述，又把事實陳述因着於價值判斷，我們未嘗不可以說：『資本主義社會（姑且用這個不通的名詞）』是『正』，『共產主義的社會』是其『反』，二者『合』於『民主自由的社會』。我們這樣套法，結論却大有利於『民主自由的社會』。而且，揆諸目前民主世界與共產極權世界鬪爭的形勢以及將來應有的歸趨，這一套法，似乎更可受人歡迎吧！

然而，作者願意老實指出，這不過是語言文字的遊戲而已。沒有什麽道理啊！

『正』、『反』、『合』、不過三個字而已。這三個字底呼意既然如此複雜奇幻，那末依據我們在上面對於『父在母先亡』那個語句的解析看來，可以有許許多多解釋。在這許許多多的解釋之中，總有一種解釋是說得通的。這種情形，造成許多人一種印象，以爲唯物辯證法無往而不適，無往而不通。作者現在要指出，如果世間有一種理論對於任何現象都可解釋，那末這種理論也者，既不爲眞，又不爲假。既不爲眞、又不爲假的『理論』，一條籠統，說了等於沒有說，一點用也沒有。世之所謂『唯物論』或『唯心論』，都是這一路的論說。就說明現象世界而言，這樣的『理論』，根本就是多餘的東西。這樣多餘的東西，是該用奥康刀 (Occam's Razor) 割去的。在科學上，凡是有作用的理論，它底效準一定有嚴格的界線與範圍的。例如，萬有引力定律，它是很了不起的嚴格科學定律。但是，它只能用來說明物體下落的現象，但決不能用來說明母親爲什麽流淚。如果牛頓說，我底萬有引力定律，既可以用來說明物體下落現象又可以用來說明母親爲什麽流淚，那末他就是妄人一個，也就不成其爲偉大的科學家了。在事實上，講唯物辯證法的馬克斯之徒，都是些妄人，都是些誇大狂！

其次，我們要分析語文之簡縮性。我們平常遇到的一些語句，很多是從另外的語句加以簡化變來的。譬如原有一語句，我們碰到的語句不過是將原有語句中一些冗長複雜的語詞，用簡短的縮寫語詞加以替換而變成的。這種簡寫的語句雖然代表原語句同樣的意義，但它的語句形式却與原語句的形式不同。簡寫語句之形式可以並非永眞的，而它的原語句的形式却可以是永眞的。因此如果我們碰到的語句是個簡寫的語句，我們僅從它的表面絕看不出它所代表的原語句是否具有永眞的語句形式。舉例言之：「寡婦是女性」。是一個含有縮寫字的簡寫語句——「寡婦」即爲縮寫字——這簡寫語句的形式爲「x是y」，此並非永眞的語句形式。但當我們將寡婦這縮寫字用他所代表的——女性且死了丈夫的——換上時，便得到原來的語句：「女性且死了丈夫的是女性。」其語句形式爲「是x且是y的是x」。這就是一永眞語句形式了。這例子可以告訴我們，當一個語句是含有縮寫的簡寫語句時，我們如想知道它所代表的原來語句的形式如何，唯有先知道這些縮寫字所代表的是什麽，也就是要先知道它們的定義是什麽。而在日常語言中，一個名詞的定義常是不明顯的，因此我們要決定那原有語句的形式就有了困難。再者，一個名詞的定義不僅可以不明顯，而且可以不確定，可以有多種解釋。遇到這種情形，我們更難決定一個語句的形式。事實上我們遇到這種情形時，一個語句根據其中詞語的某些定義來解釋，它的語句形式可以是永眞的，而根據其中詞語的另一些定義來解釋時，它的形式又可以不是永眞的。譬如我們常遇到的一個語句：「只要你努力足够，你便一定成功。」就是一個這類情形的例子。有些人將語句中的「足够」了解爲足够能達到成功的程度，換個方式言之，如果沒有成功就是努力沒有足够。如果「足够」兩字照這樣解釋，上面的語句自然成爲一個形式永眞的邏輯眞理。但如果人們給「足够」以另外的解釋，譬如先定一確定的標準，例如肯定地說五年，凡達到此一標準才能稱爲足够，則上述的語句，其形式就可以不是永眞的了。

稍知正統邏輯的人知道正統邏輯裏有一條規律，就是『同一律 (Law of Identity)』。這條規律說『甲是甲』。唯物辯證法家對於這條規律攻擊不遺餘力。他們所持的理由是說：一個事物不能老是不變。事物無時不在變動之中。因而，我們不能肯定『甲是甲』。今日之『甲』不是明日之『甲』。這個『甲』是在變動之中的。因而，我們可以說『甲是甲又是非甲』。

這個說法對不對呢？完全不對！

這個說法底錯誤可以從幾方面來分析。第一、唯物辯證法沒有明瞭邏輯規律的性質。由前所述，吾人可知邏輯規律對於經驗事實既無所肯定亦無所否定。在『甲是甲』中的『甲』是一個變數 (variable)。所謂變數，並不是說一數可變，請勿望文生義；而是說，『甲』可代以任何事物記號。例如『人是人』，『花是花』，等等。既然如此，『甲是甲』沒有限制任一代換特例。既然如此，我們不能把『甲是甲』看成經驗的敍述。如果它是一經驗的敍述，那末對我們將毫無幫助：我們不能從它那兒得到關于經驗世界的任何知識。

『甲是甲』中的『是』字沒有肯定 (assert) 的意謂。因爲，基於上述的解析，吾人可知『甲是甲』這一規律中的兩個『甲』字是空的；或者，用 Carnap 底名稱來說，是用來填滿空位子的兩個記號而已。對於填滿空位子的兩個記號，我們自然不能有尋常意義的眞假可言。所以，『甲是甲』中的『是』字沒有肯定的意謂。依據 Ledger Wood 教授底解析，同一律乃一語意規律 (semantical rule)。這一規律規定，任一語言記號，在一定範圍以內，必須有一固定的語意指涉 (semantical reference)。我們說貓，在一定範圍裏，所指必須是貓，而不能是狗。如其不然，則我們無論說什麽字句，不過是放出一堆聲音而已。這樣的一堆聲音毫無意義可言。所以，金岳霖先生說：『同一律是一個意義條件』，所見與 L. Wood 不謀而合。無論如何，共產黨徒在稱謂『史達林』時，他們必須假定『史達林』這個名必須與『史達林』是同一之名。必於是，他們才可能叫一千一萬次『史達林是親愛的父親』。他們總不能說：『史達林是史達林又不是史達林』。那究竟是什麽玩兒呢？那簡直大不敬了！無論如何，共產黨徒得說『共產黨就是共產黨』。他們總不能說『共產黨是共產黨又不是共產黨』。那是個什麽東西呢？所以，『甲是甲』這一邏輯規律，連娘老子也要殺的共產黨也違反不了的。

講唯物辯證法的人對於『甲是甲又是非甲』另有其說。他們說『甲』固然是『甲』，但此『甲』可變，此『甲』一變時，就是『非甲』了。所以，我們可以說『甲是甲又是非甲』。那個共產黨底哲學大法師艾思奇還舉例說，一隻毛蟲固然是一隻毛蟲，但它可以變成蝴蝶。毛蟲變成了蝴蝶，就是非毛蟲了。這種說法，一部份是不了解邏輯語言，以爲同一律中的『甲』是指物的字眼。關於這一點，我們已經在上面充份討論過了，不再贅述。這種說法，還含有一個語意的謬誤 (semantical fallacy)。我們現在要指陳出來。

這個語意的謬誤，就是把『指』與『所指』混爲一談。『指』(designation)純粹是語言方面的因素。而『所指 (What is designated)』則是語言所指的對象。它是語言以外的因素。例如，『北平』一名，共有十筆，是『指』；而曾作帝都的那座位於天津不遠之處的四四方方的城，便是『所指』。『指』與『所指』是混亂不得的，一混亂了便毛病百出。不過，由於自然語言之先天的缺陷，我們常把二者混而爲一，以致犯錯而不自知。在此，唯物辯證法之『甲是甲又是非甲』之說，便是一例：名(即指)是因物(即所指)之不同而不同的。但物自身之變，非名之變。名無變(becoming)，名只有更換。原來一物用一名而名之，但此物變了而原名不適用時，吾人可換不同之名以名之。然而，吾人不能說，物變即名變。例如，『人』，在幼小時吾人叫他『小孩』，小孩變大了，『小孩』一名不適用時，吾人換一個名名之，叫他『少年』。如此下去，而『中年』，而『老年』。由此吾人可知，變動到老的是『所指(此處爲人)』，而非『指』(此處爲『小孩』等名)。同樣，一隻毛蟲，當其在幼蟲階段時，吾人以『毛蟲』名之；當其爲成蟲時，『毛蟲』一名不適用，吾人以『蝴蝶』一名以名之。此非名(指)變，而爲實(所指)變。特名之更換，常隨實變以俱變，故易誤會實變即名變，而將二者混爲一談。不獨如此，一條蟲從毛蟲長成蝴蝶，在吾人心理上，有一條蟲之『本體的』連續 (persistency) 之感覺。即認爲它雖在不同的階段叫做『毛蟲』和『蝴蝶』，但仍爲同一條蟲，既然是同一條蟲，而且吾人對之又有一聯續感，於是它在毛蟲階段時，吾人說它『甲是甲』，它變成蝴蝶時，吾人對於此同一毛蟲主體之變化說是『甲又是非甲』。一般人認爲，既同爲一條蟲之二個階段，當然可以把敍述二個階段的語句連起來。於是『甲是甲又是非甲』豈不成立？但是，根據適才的解析，吾人可知這完全是把名與實，即指與所指，弄混了的結果。不同之實應名以不同之名。那末，當毛蟲是毛蟲時吾人可說『甲是甲』；毛蟲變成了蝴蝶時，吾人可說『乙是乙』。如果一個人由小孩變成了大人，而大人又非小孩，於是我們說『小孩是小孩又是非小孩』。這簡直是在說絞口話。不高明極了！同樣，我們因一隻毛蟲變成了蝴蝶(非毛蟲)而說『毛蟲是毛蟲又是非毛蟲』，眞是愚蠢極了！所以，『甲是甲又是非甲』，乃不通之論！這種話，如果有意義，只能看作是『甲是甲，若甲變成乙時，則甲是乙』之簡縮寫法。

但是，我們如果把語句底這些毛病去掉，那末一個語句究竟是屬於邏輯範圍或經驗範圍，其眞面目可以立即顯露。

五

由以上所論，我們知道由於自然語言的缺點，我們很難決定陳述辯證法的語句爲一具有永眞語句形式的邏輯眞理，或爲一沒有永眞語句形式的語句。但我們仍可下一結論：陳述辯證法的語句如果有確定的意義，它不屬於前一種便屬於後一種。我們現在要進一步指出唯物辯證法無論屬於那一種，都得不到那些政治煽動者所要得到的結論。

邏輯眞理雖然如前面所說是有一種必然性，而且不靠經驗便能爲人知道的，但是邏輯眞理其所以能如此，是根據其自身語句的形式的特點而然。我們將看出這樣的語句對於其中所指涉的經驗事物是毫無所說的。所謂邏輯眞理之眞是由其形式而決定，也就等於說是由其中「或者」「如果……則」等邏輯字的性質而定，說得更根本點，就是由語法規律 (syntactical rules) 而決定的。因此邏輯眞理之爲眞與經驗無關。這個事實從另一角度來看又等於說，一個邏輯眞理並不肯定或否定任何經驗事物。那麼一個邏輯眞理不會告訴我們這世界是什麼形狀，或告訴我們明天會不會下雨，以及一個無產階級的革命會不會發生。然而我們發現與人生活最

『自由中國』的宗旨

第一、我們要向全國國民宣傳自由與民主的真實價值，並且要督促政府(各級的政府)，切實改革政治經濟，努力建立自由民主的社會。

第二、我們要支持並督促政府用種種力量抵抗共產黨鐵幕之下剝奪一切自由的極權政治，不讓他擴張他的勢力範圍。

第三、我們要盡我們的努力，援助淪陷區域的同胞，幫助他們早日恢復自由。

第四、我們的最後目標是要使整個中華民國成爲自由的中國。

有關的知識無不是對經驗事物有所斷述的。如果一個人只知道一些邏輯眞理，他只能說是知道了一些語法規律。他這點知識雖確定，但指導他在這地球上謀生的知識還是缺乏的。那麼，具有所謂邏輯的必然性的知識之內容，其實是如此空乏。我們不知給辯證法中各名詞作解說的人，是否有意使其成爲一個如上所說的空虛的邏輯眞理。因爲一般宣揚辯證法的人，主要是把它看成一種思想或物質事物發展的規則，似乎他們又不願意把辯證法解釋成空虛的邏輯眞理。那麼我們再來看看把辯證法解釋成不是具有永眞形式的語句的情形又是怎樣的罷。

如果將唯物辯證法中的名詞作適當解釋，使它不是邏輯眞理，換言之，使它不是具有永眞形式的語句，結果其形式既不永眞亦不永假。這種語句其爲眞爲假，是不能靠它的形式來決定了。決定這樣語句的眞假，需看此語句究竟含了那些特殊的描繪字，特別需要將這語句所斷述的與這些描繪字所指涉的經驗事物的關係互相對照，看兩者是否相符。換言之，這樣的語句的眞假要靠經驗的事實來決定。這就是經驗語句。所表示的正是人在自然中奮鬪求生最需要的知識。現在我們已知道這樣的語句的內容是比邏輯眞理豐富多了，但我們接着要問這樣的語句是否仍具有傳統亞氏邏輯上的那種必然性呢？我們的回答是否定的。然而要把這個回答說清楚，却需要我們從一些習用的、混淆的語言的困擾中解脫出來。

一個形式既不永眞又不永假的語句亦常被人稱爲具有必然性。譬如「凡人皆會死」、「二物摩擦一定生熱」，都是語句形式既不永眞又不永假的語句，而又都是被人稱爲具有確定性與必然性的。我們在此並不打算反對某些人用確定與必然等詞語來形容這些語句。因爲他們這樣說亦有其習慣上的根據。在習用上，確定與必然等詞亦並無特定的意義。它們不過表示「一定如此」「不得有例外」之類的意義罷了。如果人眞是都會死的，或者任二物摩擦眞的都會生熱，那我們說「凡人皆會死」或「二物摩擦一定生熱」具有確定性與必然性亦有何不可呢？我們在此要特別說明的只是，適才所說的這種確定性與必然性與傳統亞氏邏輯上的那種必然性不同。我們可以稱之爲「事實的必然性」，以區別於前面所說的「邏輯必然性」。所謂『事實的必然性』可以有失；而邏輯的必然性不可能有失。

爲了討論的需要，我們將邏輯眞理的必然性的重要特點再引述一遍：(一)這種必然性不靠經驗就可爲人知道。(二)具有這種必然性的邏輯是不能加以否定的。換言之，它們的反面是不可能的。因爲它的否定乃一邏輯矛盾。現在就來說明一個形式既非永眞又非永眞的語句，何以異於邏輯眞理的那種必然性。這主要因爲這樣的語句的否定，其形式亦是既非永眞又非永假，卽這樣語句的否定並非一邏輯矛盾。那麼從邏輯觀點說它的反面亦有爲眞或爲假的可能了。舉例言之：「萬物相吸引」就是一個這樣既非永眞又非永假的語句。如果我們否定它便得到：「並非萬物皆相吸引」的語句。這語句形式自然亦是既非永眞亦非永假。既然這類底語句之形式既非永眞亦非永假，那末就不是必然的眞了。所以，唯物辯證法裏的語句如果解釋作這類經驗語句，也得不到它們是必然的眞理之結論。

六

依據以上的解析，我們可以得到如下的結論：如果唯物辯證法果有邏輯的必然性，那末它對於吾人所居住的世界毫無表示；因此也就引不起所謂『階級鬪爭』的熱情。如果唯物辯證法能够引起所謂『階級鬪爭』的熱情，那末它一定是對於吾人所居住的世界有所表示。既然如此，它便沒有邏輯的必然性。如果唯物辯證法並無所謂必然性，那末共產黨人替馬林可夫送死，豈不是白白送死嗎？

也許有人看到這樣簡單的一個結論，心中不服。他們會說，唯物辯證法沒有邏輯的必然性，怎麼會激起這樣廣大的信仰呢？對於這個問題，我們首先要指出，一個假的說法是可能激起人信仰的。人所信仰的說法不一定是眞的說法。信仰與否，和眞假與否是毫不相干的。曾經有許許多多人信仰白蓮教，我們能因此說白蓮教是眞理嗎？唯物辯證法，就是現代的白蓮教！

自二十世紀初葉以來，人類底關係需要重新調整，人類底生活需要重新建立，人類底感情需要新的寄託，人類底信仰需要重新安頓。立在十字路口徬徨的人類，忽然看到一位自命能知過去未來的先知，他說世界的發展『必然』會成什麼結果，你能不信嗎？人在窮極無聊的時候常去算命卜卦，問凶問吉。個人是如此，羣體尤其如此。在大轉變的紊亂時代，這類的『先知』是常常出現的。而人類在這個時期也最易受騙。多數人受騙的結果，就是今日之赤流滾滾，天下滔滔。然而，這半個世紀以來的經驗告訴我們，愈是在動亂的時代，人類愈應該鎭定，定下心來運用自己底理智，看看究竟應該走什麼方向，究竟應該怎樣解決自己底問題。而運用自己底理智之最起碼的頭一關，就是必須將語言分析淸楚。我們在本文所表示的，算是試著走了一步。(完)

(上接第14頁)

而能維持較高之價格，則政府雖因保息增加支出，在股票之售價上因此可以增多收入。目前優利存欵過多，臺灣之利息負擔甚重，將來證劵交易場所成立後，優利存欵，似可考慮停止辦理，以割除金融業務之贅瘤，使趨于有保息之股票投資。而政府仍可運用股票作適量之拋售，以作銀行資金之調度，故政府雖因股票之保息而增加費用，一面仍因此減少優利存欵的利息支出，負擔並不致加重；藉以增加股票之流通便利，而擴張信用，以補救事業資金之不足。總之，對于股票保息，雖無此一義務，但較之保值爲妥當，並可補救將來事業之經營困難，增加國民投資之信念，與促進生產建設，加强經濟力量，似不宜加以忽視的。「完」

出售公營事業之估價及其股票之流通與保值

林希美

現代國家的施政，經濟問題，最爲重要，如能有適當之解決，則政治基礎，必愈爲穩固，蓋現代的「國防」，須以生產爲基礎，而「內政」則以分配爲核心，耕者有其田的實施，正是解決分配問題的重要施政，而公營事業之讓售民營及其股票之流通與價值問題，關係今後的社會經濟制度，亦關係整個生產。

目前土地征收放領工作，業已準備就緒，實物債劵及公營事業股票掉換證，已定于八月一日開始換發，將來因地主須持地方政府之通知書前往各地土地銀行領取債劵，股票須先領掉換證，再向有關機構換領，故實際之發行手續，仍須延續若干時日。土地實物債劵，因其攤還數額與地價尙屬接近，且其償付爲米穀甘藷等實物，其發行與流通後的價值問題，比較單純，於目前最爲各方所矚目者，厥惟出售公營事業後的問題，前時省臨時議會討論征收地價時，即集中于補償地價之公營事業資產估價之討論，公營事業之開放民營，非僅爲配合限田政策之實施，且有改善社會經濟制度與促使消費性的農業資金轉爲積極性的工業資金的意義，出售事業資產估價之高下，直接關係地主之權益與事業將來之經營，間接影響國民的投資心理與整個的社會經濟；在政府的立場而言，出售事業之估價，如低于事業資產對其所有者的使用價值，則不僅損失公有財產，影響財政，無異使承受之地主，多得額外利益；在地主的立場而言，出售事業的現有股息紅利，已極低微，如其資產升值過鉅，更將減少盈利之收益，亦即增加將來經營之困難，股票因預期收益過少，將來其市場價格，必較面值低落甚多，地主將直接遭受股票落價之損失，亦減少經營之意願。

出售事業的估價問題，關係既如此複雜，當局辦理估價工作，亦特別愼重，據聞此次各事業的估價，是由各有關機關指派代表，並另聘專家十六人，會計師八十四人，分組實地調查勘察，再由出售公營事業估價委員會反覆討論，報經行政院轉請立法機關認定，估價結果，出售事業資產，較過去升值七倍至十一倍之多。此次估價，其計算公式，無論按物價指數重估或重置成本重估，其作爲計算標準的物價指數，帳面價值與折舊標準等，因經多年歷次之換算，其準確性便有問題，如按收益能力重估，則公營事業因受政府經濟政策之限制，其所表現的收益能力，自難憑信，再其作爲計算標準的每年平均盈餘比率及以過去各年平均盈餘計算所還原的資本額，因當時幣值與出售時之幣值不等，其計算結果，自亦難求完全準確，縱令已估得其近似值，但如果用經濟學的立場來說，僅足以表示各企業的資產對其所有者的使用價值，而不能確定其交換價值；易言之，純用會計價值觀念估價之結果，無論如何準確，都是偏重主觀的效用價值，而僅以客觀的貨幣數量來表示而已。所謂經濟價值觀念，乃客觀的價值觀念，即任何交易行爲，須由于自由市場的供求法則以決定其交換價值；但耕者有其田之實施，本質上是土地改革政策之實行，具有極深遠的政治意義，以貫澈國策。如由經濟上的供求法則來說，土地之征收與公營事業之讓售，前者是買者願買，賣者未必願出賣，後者則賣者願賣，買者未必願買，此種情形之下，除非一方放棄其主觀，買賣雙方的主觀價值，何能完全相等而決定其交換價值，公營事業之讓售，政府在地主與耕農之間，原僅居于仲介之地位，本無以公營事業股票換取佃農將來交付地主之一部份實物地價之必要，惟土地之征收放領工作，事艱工鉅，所需經費，如每年債劵之還本付息；地價經征，放領耕地的管理等費用，約相等于每年債劵總值百分之四，經常開支，約一千六七百萬元，此外每年地價實物之兌付管理與各地方政府的經辦費用，約各當每年債劵總值的百分之二，又本年債劵發行部門各項臨時費用，約需一千六七百萬元，如此龐大支出，在目前財政狀況之下，如不另闢財源，自必無以支應：再就當前的環境而論，乃反共抗俄以復國土的準備時期，政府一面須籌措軍政必需費用，一面使國民的負擔趨求公平，須積極增加生產建設以提高國民之所得，在財政支出與生產建設經費來源兼籌並顧而不加重國民負擔的原則之下，惟有將部份公營事業，開放民營，作爲征收土地的代價，另以出售事業的所得，除開支外，仍作爲生產建設的投資，以提高國民的生活水準，另一方面，在現代土地改革潮流之下，仍然顧到地主利益，不使過份吃虧，其苦心孤詣，地主如能體察實際情形，則對估價問題與將來股票的市場價格，能否保持票面價值，自能瞭解體會。

出售事業之估價，用政治的目光來衡量，雖不應成爲問題，但就經濟的立場來說，是非常値得重視的，政府雖已表示事業開放民營以後，仍加扶植維護，但迄乏明確的具體辦法，出售事業之資產價值，估高七倍乃至十一倍以後，事業的收益能力，相對的大爲降低，在私營企業的立場而言，如事業的收益能力對資產總值所成的比率過少，即表示該事業並無經營的價值，自多不願再投入新的資金，改善設備，增加生產，勢將希望脫售其所有權，以其資金另謀利用紛紛廉售其股票，在此種情勢之下，事業的主持者將被迫用「不計固定資本的經營」Enterprise With Fixed Capital Written Off 方法，在帳面上求取較高的盈餘，以提高其股票的市場價格，至事業的固定設備，因損耗過鉅，將無法持久使用，均所不計，或者變賣一部份資產設備，作爲營建開支，以延續其壽命，如此，則事業讓售後的前途，將不堪設想。如今事業的資產升值，已成定案，在地主方面，應瞭解現實，不能過份重視股票權益，在政府方面，對于出售事業因資產升值過鉅而嚴重影響將來經營的問題，必須設法補救；換言之，今天應當重視的，不是估價高下問題，而是如何補救資本額提高以後將來遭遇的經營困難問題。

公營事業，出售民營以後的問題，複雜繁多，本文所擬討論者，祗是股票的買賣流通，與如何維持其適當價格問題，前者爲完成開放民營工作以前必須解決的問題，後者則爲維護出售事業將來合理經營與促進國民投資信念的關鍵。將來股票的配發，爲公平起見，自須將各種事業之股票，依照每一地主應領數額，比例平均搭配；據初步估計，應補償地價之業主，共爲二一九、二五五戶，加以原有民股計算，每事業的新股東，將近十四萬人，如此多數的股東，如何召開其股東大會？如果採用股東代表會議，代表又將如何產生？新的董監事會又將如何成立？移交接收，一切有關事項之核議與將來業務之繼續等問題，自更無從說起；有人以爲先進國家大規模的私營企業，股東衆多股票經常散在市場，並不需要直接參加股東大會，股權分散，亦有節制資本的作用：須知先進國家的私營企業制度與企業組織，均已相當完密，公司的股權，仍以若干負實際責任者及其家屬戚屬爲核心，而彼等亦具有高度的企業心與責任感，社會上對主持人及其事業的歷史，有充份的瞭解與信賴，一般股東，自可不必操心，且外國工商業之發行股票，有專門熟諳此徑而且資力雄厚著有信譽的股票公司或銀行代爲保證發行，使外界得以無慮，我們對大規模的股份組織，尙少經驗，而國民道德於倒賬賴債之風鼎盛而法律上於民法之處理延緩，缺少保障，如果股權分散，致事業盈虧與其實際負責者不發生直接利害關係，很可能步入不健全之少數農會與合作社之後塵而假公濟私，任意浪費中飽，企業效率低落，過去公營事業的缺點，民營以後，反將變本加厲，故加强股東會與董監事會之控制權能，實爲必要，而且事業開放民營之初，如不召開股東大會，何以增進股東對事業經營之信念與彼此間的關係？所以股票在配發之後，必須設立證券交易場所，以便利股票的公開流通買賣，同時規定出席股東大會的股東，最低的股權數額，不足標準者由其他出席的股東，爲其代表，以限制開會人數，如此使事業的股權，逐漸流入有意經營者的手中，亦因彼等之收買而維持股票的價格于相當水準，並使願意脫手者不致暗自摸索遭受過份的損失；且出售事業，股票面值，近十二億元，除一部並不流通市面而股票的市值將不及面值之高外，其實際流通數額，連同近期之實物債券在內，數額是非常龐大的，政府既准其自由買賣轉讓，若無適當之市場爲之流通交易，非但使此項大量資金，不能靈活運用以爲生產資金的助力，如任其盲然冲激市面，必致影響金融物價之穩定。論者有主張設立證券字號指定銀行辦理代客買賣證券，以代替證券市場業務，但前者既無法律依據，證券買賣的價格，亦難求持平適合的公準市場，反易爲此居間者中飽，益且便爲聯串操縱，後者則與證券字號實際上甚少差別，而交易價格之決定，買賣成交之手續，恐更繁瑣難辦，不易爲交易者所歡迎。至于證券市場之利弊得失，時賢對此正反兩面列論不鮮，而于財政經濟月刊三卷一期「交易所之理論與實務」一文及徵信新聞二月二十五日三月二十三日關于設立證券市場之檢討諸文，對於顧慮問題，闡釋頗詳，在此當不贅述。此外尙有人恐證券流通以後，易集中于少數人的手中，乘機把持，造成私人壟斷的惡果；其實，我們現在的環境，與企業高度發達的資本國家不同，目前所顧慮的是國民缺乏投資的習慣與經營大企業的意願，如出售事業，果眞落少數人之手，祗要能够發揮企業精神，眞正提高企業效率，豈非爲社會國家之福，何況臺灣尙缺少此等有企業精神的豪門巨富，而且現代社會制度，私人資本，已無過度發展以至作崇的可能。

股票的「價值」問題，看來似不重要，實際關係事業經營之前途，出售民營後經營之成敗，關係股東權益者有限，而牽動日後社會經濟之榮枯，與將來之社會經濟制度者至深且鉅：且足以影響國人對投資之信念。股票的市場價格，主要的決定于其預期收益，即根據事業過去的收益情形與眼前的經營狀況而對其將來可能收益之推測，收益多則股票價格上漲，反之則下落，股票的漲落情形，足以反映投資者對此事業前途的樂觀或悲觀心理，出售事業，因資產一時升值過多，收益能力，並未同比例的增加，其股票價格將來之低于面值，是不難想像的；但此種「落價」，主要的是受「估價」的影響，並非該事業前途已無希望的表現，但其落價現象，如不適時加以遏阻，則很可能造成新股東與一般投資者對此事業的悲觀心理，爭相脫售其股票，促成股市的混亂現象，事業在重新整頓經營之下，需要新的大量投資，增加設備，亦需要大量的流動資金，以供週轉，殊成問題。果如前述氣氛之下，則事業之正常繼續經營，有提撥美援相對基金四千萬美元作爲平準基金之議，由土地銀行依照股票評價會議評定之價格，公告買賣；但此一評定價格，就很難有適當之標準，蓋如評價稍高，則大量股票，將紛紛售于銀行，政府豈不重成爲事業之股東？評價過低，非但執主不願出售，反將引起地主之責難，而且銀行經營此一交易，終必逐漸減損平準基金；所以爲維持股票適當之價格，毋寧以此項基金之利息，用爲股票的「保息」，以維持其免于過份跌價，而且所保之利息，在一定的過渡時期以後，可以逐漸降低，如運用得當，並非必加重政府之負擔。

股票如經「保息」，則其市場價格，必然照所保利息多寡之比例而上升，有維持股票價格之作用。出售事業資產之重估，共爲十一億五千四百萬元，除補償地價及原有民股股份約九億元左右外，政府尙須出售餘股約三億餘元，若照市場價格出售，則政府恐不願接受股票落價之損失，如果股票因保息

（下轉第12頁）

論現代國際收支及貿易平衡（下）

劉國增

二

國際貿易收支不平衡之原因大體說起來可分爲二：

（一）

第一個原因：是國際收支缺欠國家國內消費投資超過生產，換言之就是通貨膨脹，通貨膨脹之結果，國內收支不平衡，國內收支與國際收支息息相關，國內收支不平衡其影響所及，國際收支亦必發生不平衡現象。此種現象在第二次大戰前業已存在，但不如戰後之甚。在戰前各工業先進國家國際收支僅有少數盈餘。工業落後原料出產國家亦僅有少數虧蝕。當時國際貿易端賴貨幣貶值外滙統制雙邊清償協定 Bilateral Clearing Arrangement 以及延期付欵 Deferred Payment 等辦法維持。及大戰發生，大多數國家生產機構多被摧毀，國際經濟關係脫節，生產無多物資缺乏，政府開支一大部份端賴向中央銀行貸欵維持。中央銀行爲彌補政府財政赤字，不得不增加發行，其結果遂造成通貨膨脹現象。及大戰終了，各國爲補償戰時損失，應付人民迫切需要起見，乃努力增加生產，並擴張國外貿易使國民所得增加，工人充分就業。充分就業尤爲歐洲美元缺乏國家努力之目標。至原料生產國家乃特別注意工業化以增加生產。爲增加生產起見，各國均設法鼓勵人民儲蓄以從事投資。推行工人充分就業及極端工業化均需要大量投資。且有時推行過度，投資過多，國內儲蓄不敷應用，乃乞援國外。惟在生產過程中須經過相當期間方能出貨。在此期間內各項開支浩繁，工人收入增加，而市場貨物缺乏，貨幣充斥，消費增加，遂使戰時通貨膨脹現象更爲惡化。通貨膨脹現象惡化後，國內可以出口之物資甚少，所得之外滙不敷支付進口物資之價欵，國際收支遂告缺欠，不得不動用外滙基金，同時又不得不統制外滙。統制外滙之結果遂有官價外滙黑市外滙之分。官價外滙對於本國貨幣估價過高，與國內外物價均不符合。人民爲保持幣值起見，乃相率私藏黃金美鈔。因之黃金美元外滙頭寸更形減少。不但此也，因通貨膨脹國內物價高於國際市場價格，不能與之競爭，又何能換進外滙。外滙頭寸缺乏不能購進生產原料，各種工業因之無形停頓，工人亦隨之失業，生產亦因之減少，國外投資者因國內幣制不穩定均裹足不前，輾轉相因，國際收支愈不平衡。至各國因通貨膨脹所引起之國際收支不平衡應如何補救，可由四方面觀察：

甲、國際收支不平衡原因係由於國內收支不平衡，故所有國際收支缺欠國家必須實行一種財政金融政策使預算平衡，幣值穩定。更須緊縮信用，獎勵儲蓄，以遏止通貨膨脹。同時減低生產成本以壓低物價，俾貨物出口時可在國際市場競爭。並使經濟富於伸縮性，使生產資源隨時可用於生產國內必需用品及重要出口貨物。此種政策可維持高度就業，同時亦可不致引起通貨膨脹，對於平衡國際收支功用甚大。至生產落後國家推行開發事業時，宜採投資生產平衡政策，以免投資過多，國內儲蓄國外借欵均不敷應用。況生產過程遲緩一時不能產生產品以應急需，故投資開發事業時，尤須特別審慎。不但此也，生產落後國家當推行生產事業時應特別注意首先產製必需消費品，如米糧等以應國內緊急需要，以免此等物品供不應求領導物價上漲。同時注意須產製重要出口貨物以換進美元外滙，再以美元外滙購進工業必需品。如此幣值方可穩定，生產方能充裕。幣值穩定生產充裕爲取銷貿易限制及貨幣自由兌換先決條件，條件具備方可慢慢的實行多邊自由貿易，以達到國際收支平衡理想目的。

乙、美國爲國際收支盈餘國家對於國際收支平衡所應作的事：

(1) 減低關稅簡化關稅手續並取銷不必要的關稅：美國採取保護關稅政策，對於進口貨物多課以高度關稅。雖於一九四五年國際關稅貿易協定 General Agreement on Tariff and Trade 簽訂後減低一次，但關稅仍嫌過高，關稅名目過於繁多。對於進口貨物最低者課以百分之五關稅。至限制進口貨物則課以最高稅率。又有些關稅在經濟上並無意義，對於保護美國工業亦無必要，但仍存在。稅率種類多至數千種，甚至同一種類貨物往往因原質價值微有不同，至有六種不同稅率。稅率繁多致適用時容易引起糾紛，無怪美國關稅法院每年訴訟案件多至五六萬件。美國不但關稅太高稅率紛繁，而海關各種手續亦嫌太多，所有報關提貨各種手續過於繁難，對於進口商人諸多不便。最簡便辦法：進口商人一經繳納關稅，所有進口貨物即可自由在市場出售 同時法律即應予以保障，無須再辦其他不必要手續。不但此也，美國對國內米糧採取津貼 Subsidy 辦法，對於進口米糧採取限額 quota 辦法，使國外米糧無法與之競爭，影響各國貿易殊非淺鮮。美國關稅既高，手續亦繁，使國際收支缺欠國家不易向美輸出，因之美元缺乏不能平衡國際收支，同時亦不能購進美國貨物，對於美國亦不甚利。英吉利聯合王國經濟會議主張向美國交涉減低關稅，並高呼要貿易不要援助 Trade instead of Aid 口號不無相當理由。美國貿易與自由世界國家貿易息息相關，美國貿易之繁榮繫於其他自由世界國家貿易之繁榮，其他自由世界國家貿易之繁榮又端賴向美輸出，故美國爲本國計，爲世界計，必須減低關稅使貨物暢其流。美國總統艾森豪就職時宣稱將設法減低關稅，最近又組織委員會研究此問題，深望能付諸實施，以平衡國際收支。

(2) 增加國外投資：戰後大多數國家因在戰時所有生產事業及各種建設多被摧毀，亟需重新開發，增加生產。惟資金缺乏不能大量生產，端賴美國公私投資以便開發。現在世界各國需要開發資金數目：據葛雷報告 Gray Report 每年需要六十億美元至八十億美元。據世界糧食農業組織 F. A. O. 一九四九年六月估計：在將來四年間每年需要八十五億美元，除二十五億美元可由其他國家籌措外，其餘六十億美元必須由美國供給。戰後美國海外投資雖較戰前為多，但僅佔國民總所得百分之三，而戰前則佔百分之四。美國為開發經濟落後國家資源，提高生活水準，及增加本國輸出起見，必須放寬進出口銀行國外貸款尺度，並大量向各國投資，同時鼓勵私人投資公司向經濟落後國家各種實業投資，並由進出口銀行為之擔保。戰後大多數國家政局不安定財政金融不穩固，美國資本家恐受意外損失，對於亞洲等地很少投資。為獎勵國外投資計，美國宜與其他國多多訂立商約，保障投資資本不能由外國政府任意沒收，即有收歸國有必要時，亦必須與以原幣賠償。所得利潤允許以官價兌換美元滙回本國，並且外國政府不得課投資的實業以特別重稅。如此美國資本家方可不冒風險大量向國外投資而無所畏懼。美國向國外投資不但於經濟落後國家有利，即與美國本身亦大有好處。蓋世界經濟是整個的，彼此息息相關。美國經濟之繁榮繫於其他各國經濟之繁榮，如其他各國經濟枯竭，無力購進美元貨物，則美國所有產品無有銷路，則國內經濟亦必發生不景氣。反之美國大量投資海外以開發經濟落後國家資源，其所收之效果即等於增加出口，並可避免出口貨物在海外市場競爭之麻煩。美國素主張國際投資，所有經援一半是救濟性質，一半亦係國外投資性質，深望此後仍繼續辦理。查美國公私對國外投資總額自一九四五年底起至一九四九年底止已增至四十一億零三百萬美元，此後增加之數甚少，距世界糧食農業組織估計美國應投資六十億美元之數尚遠，更望美國大量增加公私國外投資，世界收支平衡，前途實利賴之。

丙、美國及美元缺欠國家共同應當作的事：為穩定稀少原料 Scare Raw Material 價格：橡膠、錫、鉛、羊毛等稀少原料，原產地為東南亞、澳洲等地區。韓戰發生後美國需要此等原料甚為迫切，而東南亞等原產地區以為奇貨可居，竟特別高抬價格，致美國損失甚大，流出美元甚鉅。同時原產地如馬來亞等因橡膠等出口物品價格高漲獲利數倍。橡膠等漲價之結果，其他物價隨之高漲，消費亦因之增加，遂造成通貨膨脹現象。及至一九五一年下半期韓戰漸趨穩定，美國收購暫停，致使橡膠等價格大跌，原產地大受影響，英磅集團準備金大為減少。美國為自由經濟國家領導者，如國內經濟因稀少原料特別漲價，受意外損失，引起不景氣，致進口減少，其他美元缺少國家必大受影響。故稀少原料價格一漲一落之間影響國際收支至深且鉅。為美國及美元缺欠國家計，宜組織世界稀少原料處理機構，將原料數量平均分配，價格公平決定，以免漲落幅度太大，為害國際經濟。

丁、國際貨幣基金及國際建設開發銀行所應作的事：國際貨幣基金設立之目的為平衡國際收支，穩定國際滙率。換言之，如會員國國際收支國外滙兌頭寸暫時發生問題時，可按規定以本國貨幣向基金購買美元外滙，但每年不得超過該會員國比額 quota 百分之二十五。查所有會員國比額除美國外共約為四十三億美元，因之各會員國除美國外每年僅有十一億美元可以利用，杯水車薪，對於國際收支不平衡美元外滙缺欠裨益甚少。為補救起見，最好多利用剔除條款 Waiver (V. 4) 給予會員國較多並迅速的接濟，方始有用。最近基金擬定立即接濟原則：Stand-By Basis 當會員國國際收支臨時發生嚴重問題，急須向基金購買美元外滙，基金不受比額限制立即酌予接濟。此種辦法實行時宜特別放寬尺度，使會員國有平衡國際收支之機會。基金成立以來，一般經濟學者之批評多以為未能達到原設立之目的，其所以如此批評者，無非以對會員國的接濟太少，條件尤太嚴苛。為補此種缺點，不可不顧名思義擴大接濟範圍也。再按基金 IV. 4A 條款規定會員國有協助基金穩定外滙之義務，如會員國國內通貨膨脹影響國際收支時，基金宜根據此項規定勸告或建議該會員國先設法穩定幣值，遏止通貨膨脹，如不聽從，基金應拒絕其利用基金資金。又會員國國內通貨膨脹致使國際收支不平衡，外滙基金減少，如不設法補救而逕行從事貨幣貶值，而貶值程度如超過百分之十時，基金應不承認並斥責之。再貨幣貶值影響各國滙率，如不是該會員國國際收支根本不平衡外滙基金日漸減少，無其他辦法挽回時，基金應不允許貨幣貶值，以免其他會員國國際收支受影響。總之基金宜採積極辦法使會員國收支平衡外滙穩定。至國際建設開發銀行設立之目的在向會員國長期建設性投資，協助會員國開發重要實業如電力水利等。惟查該行自一九四六年三月開業以來，向會員國投資數目截至一九五〇年十二月底僅為十億美元。截至一九五一年底僅為十一億一千四百萬美元。截至一九五二年底該行投資總額亦不過十五億美元。查大多數會員國各種經濟建設在大戰時多被摧毀，戰後缺少資金不能重新建設，端賴國際金融機構大量投資協助辦理，乃國際建設開發銀行投資僅如上數，未免令人失望。不但此也，該行自一九四七年七月開始放款以來，大多數款項貸與南北美洲及歐洲國家，對於亞洲等地區經濟落後國家則貸款甚少。由截至一九五〇年底貸款統計觀察，在貸款總額十億美元中貸於生產落後國家僅三億五千萬，並僅一億美元已實際支付。至其貸款甚少之理由，據該行總經理勃萊克 Black 聲稱，係因請求投資國家無整個詳細計劃並缺少圖表使然。就普通銀行業務立場言之，其所稱各節不無片面理由。惟國際建設開發銀行顧名思義與一般銀行不同，其主要任務在協助會員國開發實業，增加生產，提高生活水準，平衡國際收支，辦理銀行業務乃居次要地位。

故對於會員國之開發實業進行建設宜積極協助辦理。放欵尺度宜特別放寬，不宜吹毛求疵，阻碍建設。況亞洲非洲數千百萬人民竭望發展國內經濟提高生活水準。惟經濟落後，所有生產條件、生產技術較之工業先進國家望塵莫及，當請求投資提供計劃時，加以種種責難，恐永無借欵成功開發完成之一日，無怪經濟落後國家對該行嘖有煩言也。因此國際建設開發銀行對於經濟落後國家不但放欵尺度宜放寬，所有生產技術生產計劃尤應特別協助，方可達到開發目的。再按規定國際建設開發銀行可為私人國際投資擔保，惟遍查七年來該行業務，此項業務尚未舉辦，對於流通國際資金與辦會員國實業不無影響。此後為鼓勵私人國際投資平衡國際收支起見，此項業務宜經常舉辦。總之國際貨幣基金國際建設開發銀行設立以來，所作之業務與原來設立之目的相差尙遠，此後宜積極擴充特別開展，以免會員國失望。

(二)

第二個原因：國際貿易收支不平衡是由於天然經濟之構造，在此種情形之下，收支不平衡國家生產並未減少，消費亦未超過生產，其他經濟措施亦無何錯誤，但其生產過剩之貨物，不能由外國換進其所需要之貨物。蓋世界各國因天然構造之關係，生產種類不同，每個國家對於某地區為出超，而對其他地區又為入超。例如歐洲各國對美國為入超國家，而熱帶國家對於美國為入超國家，而美國對熱帶國家因輸入必要原料關係則又為入超國家，而熱帶國家又須依賴歐洲國家出口以應需要，因之對歐洲又為入超國家。在此種情形之下，欲使國際收支平衡必須各國皆可利用國外貿易餘額 Trade Balances，在國際市場自由套滙各國貨幣，方可使出口盈餘所得之外國貨幣，用作支付進口缺欠。否則惟有統制外滙使貨幣不自由兌換，而多邊貿易於焉破壞，各國生產貿易遂發生很嚴重的不正常現象。當此時也，必有很多國家感覺國際收支困難。蓋他們的盈餘產品不能輸出，而需要此盈餘產品國家又感不足，或者那些需要此項盈餘產品國家的出口貨物又非此產品盈餘國家所需要者，即或為其需要，而輸入國所付之貨幣又非輸出國可用支付由其他地區輸入的貨幣。所有產品出口不能換進應用外滙，故不得不減產，或由本國人自行消費，因之國際收支遂告缺欠。由此我們知道進出口產品地理上之分配與各國國際收支平衡的關係，較之進出口產品數量之多少價值之高低的關係更為重要。進出口產品地理上分配之不平衡即係天然經濟構造之不平衡，此種不平衡必須設法調整，調整時又必須特別注意，蓋調整偶一失當，他國亦往往效尤因之不但一個國家國際收支不平衡，而各國國際收支亦隨之不平衡。此種國際收支不平衡現象僅由一個國家想辦法很難為力。蓋一個國家的辦法不外統制國外貿易及對進口實行有形無形差別待遇 Discriminatory in form or in fact等辦法。例如歐洲國家為維持國際貿易平衡計時常用差別待遇辦法，減少由美進口貨物。其所以採用此種辦法者，蓋因其本國貨幣不能自由兌換黃金美元，不得不減少美元貨物進口以免動用外滙基金。如在各國貨幣皆可自由兌換黃金美元情形之下：甲國對乙國貿易的缺欠，經各國互相清算後，可以以對他國的盈餘補償之。淸算結果多半可以平衡，即有缺欠為數亦必甚少。在現在情形之下世界各國除美國、加拿大、瑞士外，其他國家貨幣均不自由兌換黃金美元，因之對於一種貨幣之盈餘不能用作支付任何其他國家缺欠。因此有許多國家為節省美元計，即以高價由其他地區進口亦在所不惜。又在統制貿易時減少進口較之增加出口簡而易行，且與其對他們出超國家減少進口，不如對他們入超國家減少進口。蓋如對他們出超國家減少進口，易惹起對方報復，影響出口。（除非出口貨物為對方所必需者）限制進口之目的在減少雙邊貿易進口缺欠，但如第三個國家亦採取同樣辦法，則為害三角貿易至深且鉅。自一九三一年以來統制貿易狂潮彌滿全世界，各國爭相效尤，輾轉互相報復，其結果兩敗俱傷，一個國家一個地區之缺欠演變為全世界貿易收支不平衡。如一個重要國家國際收支發生問題，調整辦法偶一失當，更足為全世界國家收支不平衡之導火線，其所發生之影響，更為嚴重，星星之火可以燎原，此之謂也。國際經濟糾紛在一九三一年以前業已存在，但不太嚴重。在過去一世紀中現代貿易發展，各國經濟構造時在變化過程中進行。各國為國際收支平衡計，時時加以調整，而調整不甚感困難，同時亦無意外災害發生。其所如此者，一則因每個時期糾紛之起不太嚴重，容易調整。一則因貿易統制差別待遇等辦法尚未近代化，對於他國的影響尙不太厲害。說者謂國際收支不平衡所引起之糾紛雖漸嚴重，但國際貿易量不但未減少，而且增加，足見此項問題無關重要。不知國際收支因天然經濟構造所引起之不平衡，其所發生之影響，是國際經濟組織失常，國際貿易軼出正軌，致各國感覺收支困難。至貿易量之多少與收支問題關係甚少。蓋貿易量多表示各國工商進步，至收支問題，則關係國際貿易盈虧，貿易量多者其國際收支未必盈餘，以英國為例，現在貿易量較之戰前增加，而其國際收支虧欠則與日俱增，此明證也。

三

凡熟悉現代貿易情形及外滙統制辦法者，均知道各國所採用的辦法是分畛域的，推行時是走極端的，有時在形式上雖不分畛域，而在實質上則實行差別待遇。其統制外滙之目的為解除不自由兌換的貨幣困難者佔一大半，為平衡全球性國際收支者佔一少半。其所採用之手段，為時時變更國際貿易之方向。例如對本國入超國家使用美元則減少該方面之進入口以免美元缺乏無法支付貨欵，同時由其他使用易貨外滙之國家進口以便支付，此外又用補貼等辦法，獎勵土產向美元國家輸出以爭取美元。以上種種辦法之用意在使本國貨幣在貿易支出上與外國貨幣收入平衡。其最後之目的之一大半在解決各國因天然經濟構造之不同所造成收支不平衡。

以前理論經濟學家分析當代國際貿易問題常抱下列各種幻想：(一)好像一個國家在國際貿易上的困難是先天的，不是人爲的。(二)好像國際一元化 International Integrity 已達到圓滿境界，一切貨幣均可自由兌換黃金美元。(三)好像一個國家的收支不平衡僅關係該國本身，須自己想辦法。此種想法過於天眞，對於國際收支因經濟構造所造成的不平衡，往往忽略。近來經濟學者始注意研究此問題。又一般經濟學者研究國際貿易時往往用演繹法以爲國際貿易可以甲乙兩國間之交易說明之。如甲乙兩國訂立雙邊條約，本互惠精神彼此讓步，即可解決一切國際貿易問題。不知國際貿易錯綜複雜，有關係者不只兩國，如有第三國加入，則此研究方法即發生困難。因之研究國際貿易問題時，如對容觀事實加以檢討，則我們知道經濟構造與貿易之關係較之生產價值生產數量與貿易之關係更爲重要，分析時亦更覺困難。所謂國民所得之分析 National Income Analysis 是以貨幣價值爲根據，而此貨幣價值係代表生產消費投資及進出口之總合。並代表人類之各種必需交易。由簿記上觀察，一百萬元美元在甲團體手中與在乙團體手中其數量並無分別，惟其所代表之交易，在交換時則大有軒輊。例如英國在大戰時國外投資大半損失，其損失之價值不及一九三〇年國民所得四分之一。在戰後初期一般研究英國經濟學者對於此種損失估價過低，以爲在大戰時英國爲達到作戰目的，可提出國民所得百分之四十爲戰爭準備，此區區之數無關重要。此項損失如實行節約，同時增加生產，一年之間即可補償。但事實並不如此。戰後以來，英國爲實行消費節約生產增加，不知費盡多大苦心，經過多少困難，但直至現在仍不能彌補國外投資之損失，此種損失不能彌補，外國必需品即不能購進。由此可知英國欲國際收支平衡，除設法增加生產數量價值貨幣數量價值外，更須由國際經濟構造上想辦法。又如大戰後美國實行經濟合作計劃，援助西歐國家其目的有二：①協助各國重新建設，使之恢復戰前生產水準。②協助各國彌補國際收支缺欠。第一個目的業已完全達到，所有生產均已達到水準，且有超過之者。但生產雖增加，而西歐國家國際收支困難問題尙未解決，必須另尋出口市場，此出口市場不但能吸收各國生產，並須能與以適當價格，同時所得外幣又必須足以支付由歐洲以外地區購進之必需品，達到此種目的較之增加生產困難多矣。

就西歐各國而論，被戰爭摧毀損失最重致國際收支失平衡者莫如英德兩國。而此兩個國家實行金融商業嚴格管理政策、調整國際收支，至少有時尙可維持現狀。其他各國經濟損壞較輕者，仿照英德兩國調整辦法，努力進行，亦可得相當效果。惟吾人所辯論之焦點，不是說一個國家調整貿易辦法是無用的，是不合適的。我們是說在現在國際經濟情勢之下，無論任何國家調整貿易如何努力，也不能使各國國際收支得到眞正平衡。

爲解決國際收支問題，當前我們應當作的工作是設法使國際經濟關係變爲有組織的，有機動性的，在此有組織，有機動性國際經濟機構之下，各國貨幣均可自由兌換黃金美元，所有一九三一年以來，爲維持國際收支平衡所用之進出口數量限制、外滙統制等辦法，均無必要。所謂國際經濟統一者其目的即在此。在國際經濟尙未統一以前，歐洲各國已先從事歐洲統一，所謂歐洲經濟統一計劃者，即實行歐洲多邊貿易之謂。其具體之表現則爲一九五〇年成立之歐洲支付聯盟European Payment Union。凡加入此聯盟的國家須解除某某貿易限制。加入國家除西歐各國外並使海外英磅集團及歐洲大陸國家海外附屬國家加入，以擴大聯盟組織。此擴大聯盟之目的在解除貿易障碍，便利自由貿易。惟即在此廣大地區擴大組織之中清算時亦頗呈緊張。蓋其中尙有幾個國家必須在支付聯盟中獲得盈餘，方可用以支付由世界其他地區進口其差額之必須以黃金支付者。如無此聯盟組織，則歐洲各國國際貿易支付困難情形更可想而知。歐洲支付聯盟可使貿易市場擴大，貿易收入增加。如將此計劃擴大，則爲世界經濟統一 International Integrity，實行世界統一必先將世界貿易加以調整。此項調整不限於經濟構造相同國家 Ccuntries of Similar Economic Structure(例如西歐各國)，乃將世界主要生產不同地區聯盟一起組成一個更大貿易集團。因之調整辦法亦根本不同。例如將西歐國家、熱帶國家、美國建立三角貿易關係，乃當前最迫切問題，其調整辦法與西歐支付聯盟自不相同。

現在國際貿易問題究應如何解決，尙無定論。一派迷信政府統制經濟學者，以國家爲本位，主張國家經濟宜孤立，不受國外勢力影響。其所用之手段則爲貿易統制、外滙統制。此派經濟學者反對取銷統制，致國際經濟難以統一。國際經濟不統一，則交換重要物資日感困難。而野心國家爲推銷本國產品壟斷他國物資起見，乃實行經濟國家主義 Economic Nationalism，侵佔他國領土，使世界上政治糾紛層出不窮，國際經濟愈不調和。至於反對經濟國家主義的學者，則主張立即取銷各種貿易限制外滙統制。不但此也，此派學者並以爲各國生產已超過戰前水準。所謂過渡期間 Transition Period 不久即將過去，各國須準備使國際貿易自由，不加限制。此種主張不無理由，但不可過於樂觀。蓋生產增加不一定能解決貿易問題，且有時生產過剩不能外銷，反使國際貿易更感困難。至過渡期間是否即將過去，頗成疑問。現在國際貿易解體由於上年大戰者僅一半，其遠因遠在一九三〇年，各國國內生產不能與國際平衡已二十年於茲矣。在理論上取銷貿易限制僅一舉筆之勞即可作到，但在事實上改正生產非數十年不爲功，如操之過急，可引起投資損失、工人失業等意外事件，不可不防也。

各國國內生產不能與國際收支平衡配合，乃不得不採用各種統制辦法。如不將國內經濟生活澈底改變，想要取銷統制是作不到的。欲使各國經濟構造重新改正，必先予以優惠條件誘導之，方能作到。由已往經驗我們知道想出一調整國際經濟新辦法使各國普遍接受是不容易的事。蓋各國利害不同，採取同一步驟自難一致也。惟採取新辦法代替舊辦法又為當務之急。此新辦法又必須世界貿易有發展之機會，又有助於多邊貿易之恢復，前已言之矣。改進國際貿易關係新辦法必須與舊日商業政策脫離關係。其所採取之形式又必須與普通國際關稅協定有別。蓋國際關稅協定係由雙方討價還價而成立的。例如甲國允許增加由乙國進口數量，同時乙國亦須允許增加由甲國進口數量。雙方允許之進口數量在實質上也許略有參差，但在理論上是相等的。如實行最惠國條欵 Most-favared Clanse 也許對於其他國家貿易有點變動，但對於多邊貿易由全體看起了，則無甚關係，如國際收支困難情形在協定成立前業已存在，成立後亦難避免。因此我們必須想出一種國際協定既可增加雙方貿易數量，同時又可減參加國家的國際收支困難。為便於檢討起見，讓我們假定自由世界各國成立多邊貿易協定，實行多邊清算制度。其形式如在瑞士設之國際清算銀行 Bank for International Settlements 及歐洲之支付聯盟一樣，不過範圍擴大而已。其辦法由美國聯合自由經濟國家組織國際清算機構，以各國中央銀行為主體，所有國外貿易收支數額均由該機構清算。如此各國可以對某國出口盈餘，抵補對他國之進口缺欠。經總清算後仍虧欠時再以黃金美元償付。同時凡參加清算國家均同意減低關稅，取銷進口限制出口津貼以及差別待遇等辦法。各國實行多邊清算後各國特產均可自由輸出，如無世界大戰發生，國際貿易定可走入正軌。雖有時因世界貨物普遍缺少，或少數國家國際收支根本即不平衡，不得不用統制辦法，但無論如何其對於國際貿易之影響不如以前之甚。多邊清算可以盡量利用世界資源，而且可使國際貿易得最大收穫。現各國雖均趨向自由貿易，但因無國際清算機構，故未能實行。如有國際清算機構，則國際貿易支付困難問題雖不能完全解決，但至少可以解決大半。以上建議雖稍涉理想，但其用意在為國際貿易開闢一條新道路，依此路線進行，可使國際收支困難問題得以合理解決辦法。如對於國際貿易問題癥結所在不甚明瞭雖時時實行緊急應變辦法，終歸徒勞無功而已。

總之現在世界自由經濟國家國際經濟是整個的，彼此有連帶關係。一國經濟繁榮端賴他國經濟同時繁榮。一國國際收支不平衡如處理不當，可使他國收支受其影響。故所有國際收支虧欠國家，宜努力設法遏止通貨膨脹，使國內收支平衡。國內收支平衡為國際收支平衡先決條件，國內收支問題解決國際收支自可迎刃而解。至國際收支盈餘國家除對國際收支缺欠國家繼續經援外，宜增加國外投資減低進口關稅，俾生產增加貨物暢流，同時，國際金融機構應當更進一步援助會員國解決支付問題。除此以外更需要美國倡導聯合各自由經濟國家組織國際清算機構以實行多邊貿易。以上種辦法為現代國際貿易當務之急，如能順利作到國際貿易收支前途庶幾有豸。尤有進者，現在蘇聯已囊括歐亞大陸重要地區，壟斷附庸國國際貿易，實行經濟侵略，世界貿易市場已被割裂。歐洲東西兩部原為互相補助的農業地帶及工業地帶，但自蘇聯侵佔東歐後，東西歐貿易隔絕，已將此分工互助局面打破。亞洲各國經濟與中國大陸原有連帶關係，自中國大陸被竊據後，亞洲其他國家國際貿易即感困難。現蘇聯及其附庸國家已成立整個經濟集團。返觀自由世界各國除美國外，多屬海島或半海島性質國家，均不能自給自足，在此世界經濟被蘇聯宰割之下，如仍各自為戰，決無何等成就可言，反而引起自由世界各國間經濟紛爭。自由世界各國在經濟上合則共存分則俱亡。為應付當前危急起見，自由世界各國取銷各個經濟孤立狀態，聯合一致，使國際貿易關係成為整個的，以增強民主集團的力量而掃除共產帝國之侵略。

本文資料來源：

註一、註三：一九五二年九月二十日英國經濟學人

註二：一九五二年十月二十八日國際貨幣基金出版之國際財政新聞觀察

註四、註五：一九五二年三月紐約聯合準備銀行月刊

（上接第5頁）

教育部門最好請師範學院的師生負責。統計數字當然要請各級教育行政機關供給。不過通志的教育部門，除記錄事實以外，應該有專家的評判。

為使這一部新通志能够高度的科學化，編撰者不僅要充分研究圖書及檔案，作一切研究應作的紙面工作；編撰者尤其要注重實地調查。在校的師生可各就其專門興趣所在，利用暑假寒假到臺灣的各角落去調查臺灣人民的生活及自然環境。

我們既然希望這部新通志科學化，其所載事實必須準確與完備，所發議論必須要客觀而切合實際。但是這種工作是很艱難的。最好第一版不過於求全善全美。如第一版能於三年之內出書，以後各期續版可以補充與改善。

有了這樣的一部通志，省政府在各方面的工作就能有比較可靠的事實作根據。在擬計劃的時候，無論是行政計劃、或經濟計劃、或教育及福利計劃，有了通志的材料，比較容易求計劃的切合實際。

參加這樣一部通志的編撰，可能在臺灣的高等教育界發生有歷史意義的變化。第一、知識階級與實際生活不致脫節。第二、知識階級的求知對象將擴大，而求知的方法亦將更加靈活。第三、知識階級的根本人生觀可因而康健化。他們參加這種實地調查以後，將更了解人生的複雜。一方面他們會知道人類沒有一步登天的辦法，另一方面，他們會了解天下事大有可為，祗要我們肯努力，繼續不停的用我們的智慧去努力。

華府通訊

從蛛絲馬跡看匣劍帷燈

許思澄

『如今塞北傳得真消息：赤地人間無一粒，更五單于爭立！王師百萬堂堂，維師尚父鷹揚，看取黃金寶鉞，歸來百世流芳！』

——改辛棄疾詞寄前方將士。

史大林死了六小時零十分，克姆林宮的紅旗才下了半旗，無線電才開始廣播這一世魔王的沒落。在今日瞬息萬里的無線電傳眞時代，不能不說是很落伍的表現。而尤其妙的是關於其最後病況的公報。其中說：『所有最優秀的醫務人員都已被召來治療史大林同志。……此項治療，係在衞生部部長指導之下進行。……此項治療係在中央執行委員會及蘇維埃政府不斷的監臨下進行。……』換句話說，九個醫生彼此監視着，衞生部長又監視着所有的醫生，中央執行委員會及政府又監視着衞生部長。由於其內心的惶恐，這種不足爲外人道的事實竟然形諸公報而不自知，尤足以證明蘇俄制度的基本脆弱！

三月六日的淸晨，莫斯科街頭看不見一張晨報，無線電却廣播道：『昨夜九點五十分，領袖逝世了。』這公報並且號召全國要維持：『鐵一樣的團結，……保衞黨的統一如保衞眼睛的瞳孔一樣。……要教育所有的共產黨員和勞動者提高警覺，堅決的、無情的準備着與內在和外來的敵人爭鬬！』這個號召每小時廣播一次，整整鬧了一天。

史大林斷氣後立即召開的頭目會議一直開到近夜半十二時，乃聲稱中央執行委員會，政務院、和最高蘇維埃主席團的聯合會議已經得到了下面的結論：『黨和政府當前最重要的任務是保證不間斷的、正確的、對於全國整個生活的領導。要求最大的領導權之統一以防止任何擾亂與恐慌。』(請讀者原諒這種詰屈聱牙、近乎不通的句子。但這是共產黨的文章呀！）因此，決定立即施行澈底改組黨與政府的機構，並作必要的人事調整。這『改組』和『調整』將史大林不到五個月前在第十九屆『國會』中苦心孤詣、御手欽裁的制度和人事整個推翻。記住，史大林死了還不足二十四小時呢！

『號召鐵一樣的團結』和『提高警覺，準備與內在和外來的敵人爭鬬』，繼續的，重複的，在社論中，論文中出現。三天後馬林可夫 (Georgi M. Malenkov) 在葬禮致詞中重複同樣的句子。貝利亞 (Lavrenti P. Beria) 在他的致詞中也嚴重警告『防止任何擾亂與恐慌！』三月十一日眞理報 (Pravda) 的社評又重複傳聲一次。

『擾亂與恐慌！』哈哈，羅斯福死了，杜魯門繼任，你聽見過這話嗎？喬治六世死了，依利沙白嗣位，你聽見過這話嗎？就連在一個剛剛出世不久，生於憂患的小小以色列 (Israel) 國，其第一任總統外斯門 (Chaim Weizmann) 死了，你聽見過這話嗎？言爲心聲，這簡短的幾個字活畫出一個專制國家中的紛亂和惶恐！

在這種獨裁制度下，政權的轉換是脫離不了『擾亂和恐慌』的。列寧自已在中了兩次風之後才承認自已不是『不朽』的，而從事安排後事。但是其苦心孤詣的安排，在他沒有咽氣的時候已經就證實其行不通了。當他第三次中風，話都不能說了的時候，他在遺囑上加了最後的一筆『史大林太殘酷了，這使他不能勝任黨的總書記。因此，我要求同志們設法將他解去這職務。……』可是有什麼用呢？一個殘酷的死獨裁者攔得住一個殘酷的活獨裁者嗎？一個『十月革命的』老同志，在短短的一九三四至一九三八幾年中幾乎全淸算掉了。一九四七年十一月七日，三十週年紀念時，只剩下了四百三十八個革命前入黨的黨員，簽名上書歌頌史大林。其中最重要的一個是被列寧稱作『不可救藥的笨蛋』和『全俄國最好的檔案管理員』的莫洛托夫 (Molotov)。

今日爭權的關鍵有三：黨，特務和軍隊。將來也許可能有新勢力組成，如官僚，工業家等，但目前却只有三個。黨本來是高於一切的，史大林在日，以總書記之尊君臨一切，不在話下。後來將衣鉢傳給馬林可夫，儼然馬卽將成爲史大林第二。可是史大林一死，事就不簡單了。

頭幾天，還好。史大林死後那一天，眞理報在社評中用黑體字引了馬氏一些莫明其妙的話，正如以前引用史大林的話一樣。三月七日、八日、九日繼續如此。九日，伊斯未斯底亞報 (Izvestia) 印了一張史大林，馬林可夫和一個小女孩的照片。十日，眞理報登了一張曾經竄改的照片，史大林、馬林可夫，毛澤東『三巨頭』站在一起看『中蘇條約』的簽字。仔細查對一下原照，貝利亞、莫洛托夫，甚至連實際坐在桌上簽字的維辛斯基 (Vyshinsky) 都不見了。

各省省議會，人民團體向『政務院主席、中央執行委員會書記、馬林可夫』致敬的文電開始雪片飛來。報章上開始用：『在馬林可夫同志領導下……』的句法。可是，忽然這些都不見了。黑體大字變成了『新五號』，而貝利亞、莫洛托夫的言論和馬林可夫的同時出現了。三月十三至十五日的眞理報也不再在馬林可夫名上，加以原來的雙重頭銜。自此以後，强調他個人的宣傳忽然一變而爲：『史大林同志教導下，接受其偉大的列寧旗幟的中央執行委員會。』(再一度請讀者原諒！)

原定在三月十四日召開，以批准史大林死日各項決議的最高蘇維埃忽然延期一日。原因何在，未加申述。而當其開會後所發表的部長名單却與三月六日廣播的不同。原因何在，也未加申訴。事實上，『黨中央』已經在十四日秘密的開了會，而且有了重大的決議，但其秘密保持了整整一星期。蘇維埃的會却只開了一個鐘頭。其短促創了從來未有的新紀錄。大家對於三月十四日更改了的中央決議報告鼓掌一通，但却並沒有作任何正式表決。馬林可夫向代表們致詞，說：『政府的力量將出之於集體的領導。』直到三月二十一日，整一星期後，才宣佈三月十四日，已由馬林可夫『自動的要求』將他的黨書記免去。如此一來，馬氏從『繼承人』身份的雙重寶座上跌下來，成爲了領導者之一。

連各省各地方的黨報都不曾及時得到三月十四日最機密決議的通知。由此可以推測其並不是全體中委會議。因爲中委多至二百一十六人，如果都在場，則各地方，各共和國的黨書記，黨報是不可能不知道這消息的。遲至三月二十一日，甚至二十二日，還有些地方報紙將黨，政的雙重頭銜加在馬林可夫頭上。此後，這頭銜突然不見了。許多報紙停刊了一整天，而且不是在一個平時停刊的日子。第二天再出現時，許多報報頭上的主筆名字變了。至現在止在華盛頓所能見到的蘇俄報紙還是四月初的。有許多省份仍用濃油厚墨大字印馬林可夫的言論，但在貝利亞的故鄉，喬其亞 (Georgia) 貝氏却已取馬林可夫而代之。許多過去贊揚喬其亞另一位偉人，史大林，的形容詞都堆到了貝利亞的頭上。局勢繼續的在劍拔弩張。

據馬林可夫在最高蘇維埃的報告，所有的變更都是經過史大林裁定的，但事實上却把十九屆『國會』時史大林所決定的方案大加刪改。『國會』廢除了政治局，而改成了龐大散漫，二十五個人的主席團。現在主席團削而成爲十八，大部都是原來政治局的人物。在此以前，蘇俄的組織從沒有雙數的，因爲怕決議時正反面票數相等。現在這十八人主席團象徵着一種微妙的勢力均衡。鬪爭在繼續着。

十九屆『國會』擬定的黨書記局書記增至十人，現在一減而爲五人，由馬林可夫任第一書記。三月十四日，馬林可夫失去了這書記頭銜，由庫洛希夫 (Khrushchov) 繼任。四月六日，新升爲黨書記的馬氏紅人伊格那鐵夫 (Ignatiev) 忽然因『誣控醫生案』被黨開除。於是書記局書記從十人減至四人，又殺成一個平手。

在政府方面也有同樣的巨變。原來十四個副總理減成了五個。馬林可夫作了總理，但是他却被一羣『元老』包圍，以至控制着。爲加强元老們的重要性，黨完成了一件神跡：任命了四個『第一副總理』。雖然四個都是『第一』，但其名次仍有高下。所以，貝利亞是第一『第一』，莫洛托夫是第二『第一』，布加寧 (Bulganin) 是第三『第一』，卡加洛委基 (Kaganovich) 是第四『第一』。此外另一位史大林手下的老將，米高陽 (Mikoyan)，成了惟一的不是『第一』的副總理。

內政部和保安部合併成一體。一度被史大林明升暗降了的貝利亞 (Lavrenti Beria) 重握了特務機關的指揮權。陸軍部與海軍部合而爲一，布加寧長之。而由朱可夫 (Zhukov) 和伐西勒夫司基 (Vasilevsky) 分任兩個『第一』副部長。如此，陸軍又重新成爲了微妙的新均勢下的一個力量。而朱可夫將軍，一度遭史大林之忌而被左遷的大戰英雄，又以參謀本部代表人的姿態出現。七十二歲的伏羅希洛夫 (Voroshilov) 則被安上最高蘇維埃主席團主席的寶座。這個本來是神位牌子式的主席，却在三月二十八日那種微妙關頭，由於各方勢力相持不下，大大的出了一下風頭。其時馬林可夫方在失勢，而其他人物也未能取而代之，於是簽字頒發那收買人心的大赦令者，竟不是總理兼政務院主席馬林可夫而是伏羅希洛夫。如果史大林還在，他是絕不會讓這麼個傀儡替他頒大赦令的。

史大林死時，貝利亞似乎是完了。十年來他曾是史大林寵兒。起先他以喬其亞特務頭子的身份統治了喬其亞，以後擢升爲全蘇俄的特務頭子。一九四六年其職務分爲內政部與保安部，而貝利亞却一部也未到手，榮升了副總理，以便『專心致力於其主要工作。』一般人假定其所謂之主要工作乃在原子秘密之偷取和原子彈之製造。貝利亞的部下於是偏植於原子機構之中。

貝利亞第一次的明顯失寵，見於一九五二年。在他故鄉喬其亞有一次大清黨，將貝利亞的人清掉了不少。一個反貝的麥其拉次 (Mgeladze) 成了喬其亞的黨書記。運用黨和特務，以史大林的作風粉碎了許多小頭目。而史大林呢，又運用其特殊超卓的作風，命令貝利亞批准這一些行動，以使貝在其黨羽前失去威信。一九五二年十月，十九屆『國會』開會時，史大林罷免了貝利亞的心復，保安部部長阿巴枯木夫 (Abakumov)。一九五三年一月十三日，在史大林、馬林可夫愼密籌維之下，第二個晴天霹靂打了下來，據說克姆林宮中頂兒尖兒的一些御醫們是一羣下毒者。並指控當貝利亞主持特務時死去的希巴可夫 (Shcherbakov) 和沙大諾夫 (Zhdanov) 是被這羣御醫毒死的。凡此種種都是由於特務機關『缺乏警覺』之故。貝利亞倒霉了。

正如列寧的腦充血救了史大林一樣，三月五日史大林的死，也暫時救了貝利亞。六日內政部與保安部復合爲一，而貝利亞又重握了特務大權。貝是葬禮中三位致詞人之一，貝是任命馬林可夫爲總理的原提案人。三月二十一日，馬林可夫公開辭去了使史大林得權的黨總書記。雖是如此順利，但是貝利亞要想成功，却有兩個關口難過。第一是一般人對特務的厭惡。於是貝利亞開始發表矢志保障人權維護憲法的言論。在其主動下三月二十八日頒發了輕微罪犯的大赦令，而且允許在六十日之內修正刑法。

四月三日，『御醫謀殺案』翻案，反貝的特務人員被控以『誣控』罪瑯璫入獄。爲了伸寃白謗，一個反清算開始了。四月六日，伊格那鐵夫 (Semyon D. Ignatiev)，史大林和馬林可夫提拔的保安部長，馬林可夫新加委的黨書記，以『政治盲目受欺』罪被控。四月七日明令撤職查辦。

一星期後，四月十四日，貝利亞在喬其亞反擊了。黨書記麥其拉次 (Mgeladze) 保安處長路哈次 (Rukhadze) 及其黨羽，以『誣控無辜之喬其亞領袖，蹂躪蘇維埃公民之人權，虛構假供，慘用非刑，煽動離開民族感情，顯爲人民公敵罪』下獄。而當初被其清算者，則一一復職。同日，幾乎所有的蘇俄各共和國都換了新特務機關長。發表的名單清一色的是俄羅斯名字，其中很多是貝利亞的死黨。

貝利亞爭權的第二個障碍比第一個更嚴重。他和史大林一樣，是喬其亞人。本來號稱爲國際主義的共產黨近年來早已在大吹大擂其大俄羅斯愛國主義。如果一個被征服的邊荒小國喬其亞出了一個統治者不够，還要來第二個，則大俄羅斯主義者不免要問：『難道沒有一個俄羅斯人能統治俄羅斯嗎？』由於這兩大障碍，所以貝利亞有自知之明，不敢馬上下辣手，而打算在『集體領導』的盾牌下，慢慢的取而代之。於是形成了一時的渾沌局面。

在每一個工廠，每一個農場，都埋伏了特務的爪牙。但是，在每一個工廠，每一個農場，同時也佈滿了黨的耳目。而這兩大勢力競爭的焦點却在軍隊。由於多次的清算，許多紅軍將領死於血泊之中，陸軍對特務有着特殊的厭惡。在史大林的鐵腕下，不論是朱可夫，或是提摩甚科 (Timoshenko)，都是召之卽來，揮之卽去。但是史大林去矣，今後一百七十五師紅軍的向背，將是政權轉移的關鍵。

直到六月十三，貝利亞還微佔上風。六月十七，東德公開叛亂。跟着蔓延到波蘭、捷克。這些都是貝利亞特務控制下的佔領地，其叛變是貝利亞直接的責任。六月十八，駐東德的紅軍竟然拒絕向罷工的德國人開槍，紅軍與非軍事的統治者有了矛盾。

六月二十七日下午五時，一隊坦克，和滿載士兵的卡車在莫斯科的沙陀佛亞大街 (Sadovaya Bonlevand) 上疾馳，這是莫斯科所罕見的。同晚，莫斯科的布爾希劇院 (Bolshoi Theatre) 上演一齣新歌劇，政要滿堂。次日，各報詳載觀劇的馬林可夫以次十二要人，獨獨沒有貝利亞的名字。

七月六日，中央委員會開會前一日，伊斯未斯底亞報 (Izvestia) 宣稱：有一個忽略了黨的理論的領袖，不日將要遭到制裁。七月九日，大理石的聯邦柱石會堂中聚集了二千黨員。馬林可夫當衆朗讀黨中央的決議，宣佈貝利亞爲『人民公敵，帝國主義資本家之間牒，置內政部於黨與政府之上，阻撓農村改革，陰謀傾覆黨國，……』等等罪名，着卽開除黨籍及一切職務。七月十日，古格洛夫 (Sergei Nikiforovich Kruglov) 繼任爲內政部長。

駐俄美國大使舘附近有一座監獄，每夜燈火通明。六月二十八日大赦後，大半的窗戶都黑了。但是如今每一個窗戶又已明如白晝。

一連串的新清算，反清算，由中央清算到地方，由蘇俄清算到屬國，鑼鼓喧天，好戲正在開場，我們不妨細細欣賞。

然而，臥薪嘗膽的黃帝子孫可以放過這千載一時的復國機會嗎？

教育部來函

頃閱貴刊第九卷第三期社論「教育行政應有示範作用——守法」一文，其中述及本部處理監察院糾舉臺灣省立師範學院院長劉眞一案之情形，與實際略有出入，茲將本案辦理經過分述於後：

一、監察院糾舉劉眞院長原案係於本年三月十九日函送本部辦理，當經本部飭據臺灣省教育廳四月十三日查復到部，本部經於四月廿二日將該廳呈復情形，函請監察院秘書處查照轉陳。

二、本年五月十三日本部復准監察院函，略以劉眞不辭臺灣省立師範學院院長之職，卽須辭去立法委員之職，二者必居其一。當經本部於五月廿七日依據此意一面令由臺灣省教育廳轉飭該員自行決定具報，一面函請監察院秘書處查照轉陳。

故本部五月廿七日致監察院秘書處之聲復，實係依據監察院五月十三日之來函，並未超過法定時限，爲免外界誤會，特作如上說明，卽希查照，於貴刊下期更正爲荷。此致

自由中國社

教育部啓　八月十日

編者按：教育部來函，對於本刊上期社論(二)所依據的事實，有所補充。甚感。但就該函第一項所述的公文收發日期來看，我們可知教部對於這個案件的第一次公文兜圈子是費時一個月零三天。因此我們仍有理由維持我們社論中所提出的一句質問：「這是否在法定的時限以內？」

由於教部來函第一項給我們的補充，現在我們又進一步查悉了該部第一次函覆監察院的「公事」是怎樣內容。這裏我們也得向我們對之負責的讀者補充報告如下：

大家都可看到，監察院公報第二十四期所登的劉案糾舉書，一開首就是引據大學法第九條獨立學院院長除擔任本院教課外不得兼任他職的規定。很明顯的，大學法是這個糾舉案的依據。大學法是現行有效的國家公法之一，政府機關——尤其教育行政機關對之當不能無視。但據查，教育部第一次的聲復，對大學法絲毫不提，只是將教廳的查復向監察院一轉；而教廳的查復，其意只是說據內政部解釋立法委員可兼聘任職，對於大學法也置之不理。我們試想想，這樣的聲復，是不是文不對題？甲機關推到乙機關，乙機關推到內機關，結果還是個文不對題的「拖」。這是不是有所瞻循？這是不是規避法定的職責？茲將監察法有關條文摘錄於下，請讀者參考。

監察法第三章　糾舉權

第十九條　監察委員對於公務人員有違法或失職行爲，認爲應迅予停職或其他急速處分者，得以書面糾舉，經其他監察委員三人以上之審查及決定，由監察院送交各該主管長官或其上級長官。……

第二十條　主管長官或其上級長官接到前條糾舉書後，……至遲應於一個月內決定停職或其他行政處分。其認爲不應處分者，應卽向監察院聲復理由。

第二十一條　主管長官或其上級長官不依前條處分，又不聲復，或雖聲復而無可取之理由時，監察委員得將該糾舉案改作彈劾案。如被糾舉人受懲戒時，其主管長官或其上級長官應負失職責任。

印尼通訊

從印尼僑情說到僑務方案

津棠

一　共產黨的下馬威

最近四年來，住在印尼的華僑，經歷了兩個大轉變：一個是祖國政局的轉移，一個是印尼政權的轉換，兩件事，都是一九四九年發生的。中國政局轉移時，華僑社會，掀起了很大的波浪，印尼接收政權後，又宣布與中共建『邦交』，好像推波助瀾，華僑社會，浪濤洶湧，勢不可遏。一九五〇年秋，中共僞大使王任叔抵任，許多華僑爲顧念祖國僑眷的安全，及保護祖國財產的關係，不能不委屈求全，向他「靠攏」。八月二十八日椰城生活週報受僞大使的指使，發表這樣一段文字：

『自王大使抵椰履新後，雖然仍有若干死硬份子，要死硬下去，以表示其對於「蔣朝」的忠貞，但亦有不少文特棍子，和所謂走中間路線的自由份子，其信心是動搖了。因爲在他們面前很明顯的擺着兩條路：即如果不向新中國靠攏，那只好當白華和改隸他國國籍去。於是在椰城歡迎大使的飛機場中，就有這些人物的足跡，南洋大旅館的歡宴席上，也有他們的身影，雖然他們的眞意如何，尙未判明，但無論如何，他們是站在五星旗下了，是向人民靠攏了。

『因此就發生靠攏者將如何處理的問題。

『有人以爲這些過去反動行爲極爲彰著的份子，實不能過於寬大。須看其今後的實際行動如何，才可以把門打開，讓他們進去。因爲「毛主席」對於反動份子，是主張不施行仁政的。而且他們靠攏，也許具有某種陰謀，故不能不愼重考慮，以免後患……』

正義華僑怒吼了：『是可忍，孰不可忍，老子們不靠攏又怎樣？』

二　華僑紛紛轉變

椰城有五個大僑團：一個是客人的華僑公會，辦有華僑公學正分校三所；一個是福建會館，辦有福建學校一所，一個是洪義順公會，辦有自强學校正分校二所，一個是廣肇會館，辦有廣仁學校一所，另一個是中華商會，辦有印尼華僑高級商業學校一所。在中共與印尼建交之初，除中華商會屬下的印尼華僑高級商業學校外（未「靠攏」的學校，當然尙不只此），其餘四大華僑團體學校，均已「靠攏」。一九五〇年洪義順公會改組，章勳義當選爲理事長，章氏改組自强學校，踢出赤色教員，發出搶救僑胞的第一炮。接着梅縣『土改』，僑眷多被殺害，噩耗傳來。客僑心肝俱裂。華僑公會改選時，正義客僑當選，漢奸劉家祺劉宜應（日本時代的漢奸）滾蛋，華僑公會新生，華僑公學也新生了。福建會館學校規模宏大，學生衆多，不够容納，擬購僑長許氏大厦爲校舍。中共僞使館竟與民爭利，利用外交地位，向印尼政府告狀，搶購該大厦。福建同僑大憤，脫離中共，改組會館，趕走赤色教師，福建會館及學校又告新生了。廣肇會館一向由司徒贊把持，司徒所用非人，竟將廣仁學校交與夏時行其人辦理，夏氏品性卑劣，向爲同僑所不齒，加之四邑『土改』，僑眷備受非人虐待，粵僑大憤，去年廣肇會館改組，司徒落選，夏某滾蛋，廣仁學校又新生了。

從此以後，中共僞總領事館轄下，沒有一個正式的僑團，只有些什麼婦女會，籃球隊，音樂會，雜誌社及自治會等等，有的只有兩個人，有的一個人參加兩個以上的『團體』，名目雖多，份子甚少，都是些姨太太和漢奸之流。

三　中共的僑務下策

華僑的紛紛轉變，中共甚感不安。僞總領事何英抵任不久，即向華僑號召：『團結可團結的華僑』，圖以此拉回已失去的人心。於是到處奔走，磕頭禮拜，可是爲時已晚，徒勞無功。乃改變策略，抓住已「靠攏」的學校大力向學生散毒，抓住已「靠攏」的報館，大力向僑生撒謊。兩種措施，確已收到實效。椰城有三間規模最大，歷史最久的中學，被中共抓住，因爲該校等校舍寬宏，設備完好，印尼華僑高中學生，許多爲他們吸收去。赤色教師把毛澤東吹得如何偉大，如何愛護青年，赤校學生，大都中毒，每屆中學畢業，紛紛回國『升學』，爲中共的准共幹。中共拉攏僑生的工具，端賴巫文報，因爲這裏的僑生，大多只能識巫文，椰城華僑資辦的巫文報有一家靠攏的巫文新報，最近中共又在北平出版了一種巫文畫報 Tiongkok，專向印尼推銷，印刷精美，售價低廉，傳毒甚速。這兩種巫文報，把共產中國吹成一等强國，人類天堂。僑生因在祖國無眷屬，不知中共的殘暴，大都深信以爲眞。僑生在海外居留年代久遠，遭受外人種種歧視，思念祖國，至殷且切，一聞中共甜言蜜語，誰不嚮往。中共認爲此計可售，又從而拉攏僑生聞人回國去觀光，予以種種優待，使其返回印尼後，爲作傳聲筒，向印尼人進攻，爲赤化印尼的準備。

四　我對僑務的建議

由上述種種事實，我們可以看出：華僑由親共而轉爲反共，是由於海外共幹的謾罵華僑和國內共幹虐待僑眷的結果，並非由於我政府的爭取。政府對於僑務，似乎沒有採取過積極的措施。去年僑務會議，亦未見製訂如何爭取僑民方案。那次僑務的召開，各地華僑紛紛趕回參加，爭回面子不少，打擊中共很深，但光是這樣，絕對不够，我們應該進一步，爭取華僑，從赤餒中，把華僑搶救出來。目前最重要的僑務工作，應該從文化方面着手。

①迅速策動華僑創辦巫文報，巫文刊物，巫文畫報等。在椰城的華文報：正義報有三家，赤報亦有三家。正義報的水準遠比赤報高，銷份遠比赤報多，正義報的力量足以戰勝赤報而有餘。惟無一家正義巫文報，致僑生華僑爲共黨宣傳所奪，這是非常可惜的，[illegible]聞椰城正義華僑又將創辦一家華文商報，我認爲此報不如改作巫文報的功效大。香港美國新聞處印有許多優良刊物如今日世界等，臺灣自由中國社出版自由中國半月刊，內容精湛，贈送印尼華僑閱讀，頗受歡迎，可是這些刊物，都是中文，僑生華僑看不懂。巫文刊物，僅有椰城美國新聞處所出 Qmerican Miscellany 一種，該刊專講美國的事，內容缺乏反共積極性，不若自由中國半月刊和今日世界受歡迎。倘此間華僑或美國新聞當局出版一二種積極反共性刊物(畫報尤佳)，贈送此間僑生華僑閱讀，使其認識共產黨的眞面目，則彼輩對共產黨的看法，必驟然改觀。所以巫文報刊之創辦，爲今後迫切的需要。

②迅速策動華僑資辦正義學校。印尼的華僑正義學校，初中以下，學生比各赤色學校學生多，到了高中，學生就比赤色學校少。原因是正義學校經費不足，校舍褊狹，高中學生大都爲赤校吸收去。椰城華僑高級商業學校，創辦不過四年，高初中均告人滿爲患，董事們都是富商大賈，可是建校經費，無人解囊。反觀此間赤色資本家，他們辦理赤色學校，是如何慷慨，此無他，正義華僑缺乏領導，赤奴受赤官之指使，不敢不慷慨。我們散漫，他們有組織，以散漫對組織，你看如何不吃虧。所以目前亟應籌設完備正義中等學校若干校，把華僑學生從赤校爭回來。搶救我們的下一代。

③創辦印尼華僑大學，華僑學生的大批往大陸『升學』，一方面是因爲受毒太深，一方面是高中畢業後，無路可走，環境迫使他們走向大陸去。這些返國的青年，無疑的一個個將成爲共幹，受訓完畢後，又滲透印尼作地下工作，爲赤化南洋的勾當。爲抑止華僑青年的返回大陸，最有效的辦法，是趕辦華僑大學一所，讓華僑學生高中畢業後，有學可升，有書可讀，這樣自然他們不肯脫離家庭，陷進虎口去。在印尼創辦華僑大學，最迫切需要的是下列三院：

(A)師範學校——印尼華僑學校，據印尼當局統計，共一千一百七十餘所，學生二十六萬餘人。其中中學百餘所，小學千餘所。各校師資，尤其是中學，極爲缺乏。國內教師，又不准入境，南洋又無師資訓練機構，是以許多赤色中學，乃以本校高中畢業生教高中。這些中學畢業生學識經驗既不足，正課不能教，只是亂吹共產黨一片混亂，美其名曰『上大課』，『開討論會』，這樣叫學生如何不中毒？僑教如何不糟糕呢？然而就中共講，他們是達到目的了。共產黨不希望青年知識水準高，他們只要青年跟他們走。混亂，愚蠢，幼稚，就是好對象。所以正義華僑學校，應趕緊培養中學師資人才，扭轉僑教的危機。

(B)商學院——據一九三〇年荷印當局統計：印尼經商華僑有三十四萬四千餘人，現在估計約在七十萬人以上，由此可見華僑在印尼商界地位的重要。華僑經商方法，都是祖傳經驗，無新商業學識。不學而商，在過去還可以，以後却是不行了。今後華僑如要在商業界立足，以與外人競爭，必須具有新的商業頭腦和眼光，否則將必受淘汰。今日印尼華僑青年，對華僑商業前途，已經感到很危險，因此消極悲哀，其主要原因，缺乏新商業認識，缺乏商業眼光，顧私利，無組織，故不能同人相競爭。爲使華僑在商界站得住，必須提高華僑的商業學識，故華僑商學院的設立，也是刻不容緩。

(C)工藝學院——南洋重工業不發達，輕工業却在生長中，所有輕工業，華僑掌握其大半，惟生產方式，還多是手工，新式工業人才，亟待培養。所以華僑工藝學院的設立，也是迫切的需要。華僑在印尼所營工業，有紡織工業，各種化學工業，小規模電器事業(如收音機及電燈等)，以及其他各種製造業。據一九三〇年荷印當局的統計，印尼華僑經營工業者有十八萬餘人，現在估計約在四十萬人左右。他們爲求新知識，很多人參加外國的函授學校，紙上談兵，當無實效。因此許多人懂得一點皮毛，紛紛開設照相學校，無線電學校。這是投機買賣，當然沒有實際功效，所以學的人很多，學成的人很少。最近中共又抓住了這機會，在各赤色學校開設夜校，什麼會計科，照相科，無線電班以及其他補習班，名爲補習，實則宣傳共黨八股。前年印尼大學工學院在萬隆辦有紡織專修科，華僑參加者甚多，惜語文隔膜，讀完學程的人也很少。所以華僑工藝學院的設立，與商學院同其重要。

或謂馬來亞華僑，現在籌設南洋大學，印尼華僑學生，可來南洋大學升學。其實不行，叻幣與印尼幣的比值相差懸殊，普通一人在星加坡生活月需叻幣二百元，約合印尼幣現價一千八百盾，比留學英國荷蘭還要貴，不是一般印尼華僑擔負得起。何況印尼嚴厲禁止滙錢出口，非有特許，普通人很難出國去升讀。到不如就地創辦大學，較省事。爲華僑前途計，一勞永逸，我們非這樣辦不可。

上面所說的這些工作，都是非錢不行。印尼華僑衆多，有錢的華僑亦不少，衆志成城，只要大家能團結，什麼事情都能辦。今日的華僑，已不是往日的看法：祖國的財產，已完全爲中共所公分，海外的錢財，今後又不能滙出口，這樣有錢又有什麼用？在這個時候，我政府應即向華僑發出號召，行文各地華僑團體，勸導各僑賢出而領導，勸導華僑慷慨解囊，興建華僑文化事業，重振華僑革命精神，提高華僑知識水準，如是則共產主義無立足餘地，不打自敗了。

西班牙藍衫黨

（馬德里通訊）

警雷

一

要瞭解西班牙，不能不瞭解西班牙的唯一政黨——藍衫黨。藍衫黨的西班牙文是 Falange，原指結社或軍隊之意，我們譯之爲藍衫黨，是因爲他們的黨員，一律身著藍衫。西班牙最討厭政黨一詞，所以他們不肯用黨的字樣，來稱呼他們的團體。藍衫黨與現行西班牙政體有不可分的關係，看上去其貌頗似法西斯黨，他有法西斯黨的制服，也有極濃厚的國家主義的色彩，他的行動沒有他黨可與之爭衡。

其實，西班牙人具有强烈的個人主義的傾向，藍衫黨在西班牙從未會獲得如納粹與法西斯黨在德意兩國的地位。西班牙內戰時，佛朗哥政權已經堅强存在，而藍衫黨不過僅是政治機體內之一種要素而已。佛朗哥政府的權力在理論上並不奠基於法西斯主義之上，藍衫黨只是佛朗哥政權權力的淵源之一而已。

藍衫黨的創始，遠在民國時代。當時許多青年志士，出於愛國主義的熱忱，倡言發揮西班牙之永恆價值，而發起此一運動，參加這運動的大多是智識份子。瓦斯佳賈拉着力於傳統主義；拉密羅買祖獲得了不少愛好傳統與權力者的人心；魏多普拉德的「新國家」出版於一九三四年；對西方傳統的議會制度加以評擊，喜邁愛賈霸業的「新公教國」在强調着權力主義。

藍衫黨的創始者是雷德馬·駱莫。藍衫黨的組織正式成立於一九三一年，初名「國家戰鬪」，這是國家工會前進青年團的前身。另在瓦雅多利城，在倭愛西·雷東領導之下，更有一派天主公教人員。前進團的創始人雖有不少熱誠公教信徒，但也雜有少數共產與無政府主義者。後來這些運動聯合爲一，採取了軛與五箭的表徵。但當時不過是一個很小的運動，人員或不滿百，也無實際領導人，大家都不予以注意。等到安東·薄利莫出來領導新黨，名之爲藍衫黨，這才有了眞正的指導人。一九三三年定名爲西班牙藍衫黨。藍衫黨在開始時並未濫收市井，參加者乃是討厭左右之爭的青年，志在恢復西班牙之光榮歷史。

一九三四年前進團與藍衫黨合併。日後薄利莫與雷德馬發生磨擦，後者失敗。安東·薄利莫後任國會會員，一九三六年人民陣線成功，薄利莫遂離其職。自是，藍衫黨人數大增，人民陣線政府遂逮捕薄利莫於馬德里，於一九三六年十一月二十日槍決於雅利剛德。雷東也於內戰開始時橫遭殺害。於是藍衫黨自此指導乏人，及至佛朗哥將軍下令將西班牙藍衫黨改名爲西班牙傳統藍衫黨以及國家工會前進青年團，並奉佛氏爲領袖。

二

藍衫黨的黨綱原本有二十八條，由佛氏刪去最後二條，而成二十六條。吾人茲摘錄其重要者若干條，以明瞭藍衫黨之基本性質：

一、我儕願恢復帝國，使西班牙在歐洲佔一崇高之地位，反對外力之干涉與孤立主義。

二、人類之尊嚴與自由乃爲永恆與神聖不可侵犯之價值。

三、政府允許私人開辦與公衆利益不相衝突之事業。

四、我儕摒棄資本主義，同時我儕尊重國家與精神意識，對馬克斯主義亦在摒絕之列。

五、吾儕反對階級鬪爭，並反對階級之不平等。

六、政府承認私人產權並保護之，並反對財閥、投機份子與重利人。

七、政府可無償徵收不義攫取，與其享用之產權。

八、一切西班牙公民皆應接受預備軍事訓練。

九、教會與政府應定一協約，規定雙方權利。政府不得藉口干涉教會。

十、藍衫黨酷願建立一新秩序，在此新秩序下生活卽是戰鬪。人民須有犧牲與服從之精神。

三

爲了進一步了解藍衫黨的性質，不能不從該黨的歷史去研究。藍衫黨的創始人薄利莫死去太早，當時黨的形成還未會臻於完善。關於他的著作也有着不少誤解。藍衫黨不是法西斯，他們的創始人以及理論家們也從未會主張過極權主義。薄利莫說：「法西斯者作的許多事我們是不願採用的。」薄利莫非常重視個人，重視人格，這與法西斯是根本衝突。雷東先生也主張不應效法希墨。一九三四年安東薄利莫拒絕參加夢特羅之法西斯大會。安東完全拒絕「政府汎神論」而以「個人」爲西班牙之基本。瓦德加薩說：國家對我們不是終點而應是神聖價值保存之工具，國家須着重人民之自由與尊嚴。藍衫黨人認爲國家應承認全民之權利與需要，而不是只注意若干階級。安東也一再聲明藍衫黨運動並非神化國家政府，但同時也反對代議式的政府。

四

西班牙政府的元首由於一九三七年四月十九日的命令，同時成爲藍衫黨以及前進團的領袖。他對黨的領導權是絕對的，在黨內不向任何人負責。藍衫黨內有總秘書處，下設政治研究科，成立於一九三九年九月，從事理論研究，出版政治研究雜誌。總秘書處除政治科外，還有三個委員會組織：(一)全國各省委會；(二)婦女組委會；(三)青年部。其中當然以青年部與婦委會爲最重要，婦委會成立於一九三九年，指導人爲薄利莫的妹妹茈拉。西班牙婦女，必需在黨的指導之下，服務若干時候，不然，便不能出任黨或在與黨有關的。

藍衫黨的青年陣線(或名青年團)成立於一九四〇年，該團共分男女兩

(下轉第31頁)

尋夢曲

郭嗣汾

一

夜很靜，靜謐得使人有尋夢的倦意，灰色的天空中有幾顆疏朗的星，星光搖曳着，在車前兩道白色的光帶下顯得失色了。車平穩地行駛着，四個輪胎像靈活的滑冰鞋在柏油路上輕快的溜過，黑色的山巒與村鎮伴着暗黃色的電燈光迎面撲來，又消失在白色光帶的後面。

車上也和四週一樣的靜，兩個人誰也不開口，我偶爾斜看她一眼，她祇專心地開着車，兩手輕把着方向盤，有時短促的揿一聲喇叭，車上的速度表指着三十哩。晚風吹動了她的頭髮，有時也飄一絡到我的耳邊，髮絲搔癢了我的臉，我本能地躲開一點。我覺得無事可作，腦中也像遺失了什麼；往事在心中寥落地掠過，是那麼零亂而沒有系統，像淡淡的春夢，而我正沉浸在夢中。可是郊野的疏林却眞實地在車邊滑過，我不會在夢中遺失自己。

我體驗過許多的生活，然而我無法分析，更無法處理此刻的情感，我覺得我害怕這份靜謐的氣氛，而我却又不想去打斷它。

又一個村鎮消失在車後了，我再一次看腕上的夜光錶，指針指着十點正。一隻飛蟲冒失地闖進了我的眼內，我掏出手巾揩去，順手却取出香烟和打火機。

「抽一隻烟嗎？」是我的聲音，我慶幸沒有失落自己。

她點點頭，把車慢了下來。我先點燃一隻烟給她，然後自己也燃了一隻。

「剛才，」她噴了一口烟說：「你在想什麼？」

「沉默就是思索麼？」

「你的表情告訴我；我知道你有太多的想像，但願你沒有傷感！」

「這句話正是我要向你說的。」

「謝謝你。」

一輛轎車超過了我們的車，它的車燈淸楚地照在我們這輛落了蓬的敞車上，我看見她嘴角閃過一個淒涼的笑。顯然她不想我看見，她繼續說：

「剛才可是在想梅君？」

「有你在旁邊，我爲什麼還要想她呢？」

「難道這算是我的光榮？」她說。我吁了一口氣。

「夢雲，我們分開的時間不算短，但是我沒有一個時候忘記你，我常懷着深切的祝福的心情想起你，我不會忘記我們間那些多彩的日子，祇是一切變化太快了，當我們從夢裏跌囘到現實的時候，現實便開始爲我們安排了一切，於是，各人便走着自己命運所安排的……」

她用一個手式阻止我說下去，我看見她眼角掛着兩粒晶瑩的淚珠。

「原諒我勾起了你的不快，堅强一點！這個世界已經够苦惱了，何必把我們自己再攪上去呢？」

「…………」

「彩虹的美麗是由於它和我們有距離，友誼的可珍貴也是如此，時間考驗了我們的友誼，保證它將永遠是我們生命中的可驕傲的一部份，就這，我們還不够滿足麼？」

「…………」

車由慢而停了下來，我懂得她此刻心情的煩亂。脆弱和傷感的心情都足以引起情感的冒險和沉淪，於是，我接過了駕駛盤，踏動油門，車繼續駛向海港。

十五分鐘後，車駛入了基隆港，囂煩的市街中，車聲人聲才打破了這一會的沉默，我把車駛到海港大樓前停了下來。

「我的船停泊在一號碼頭。」我說。

「那麼，讓我們就在這裏告別吧。」車進市區之後她重新振作了精神，傷感的情緒又壓抑下去了。

「洛林，我們能够再見吧？我希望能够再見到你。」

「希望我們再見的時候，你已經找到了幸福。」

「但願如此，我還是要衷心謝謝你的祝福！」

「道謝的應該是我，今天我不但得到一天愉快的最後的假期，而且讓我們得到眞正的了解。」

「爲什麼還要說這些多餘的話？告訴我，你將在什麼時候囘航？」

「我的任務是巡邏，我們將在海上得到囘航命令。」

「也許一禮拜後我就離開臺北了，你能在我走以前來看我一次嗎？」

「你要離開臺北？」我有點詫異。

「到日本或是香港。你囘答我的問題吧。」

「好，我將儘量趕囘來，萬一不行，你可以寫信給我的基地轉給我，我將盡力爲你效力。」

「我有事情要當面託你。」

「能够在現在告訴我嗎？還有你爲什麼離開臺灣？」

「現在我還什麼都不知道，不過我想我也應該走了，我希望那時能當面託你，萬一我們不能再見面的時候，我會找人告訴你我要託你的事情的，那時候，我唯一的希望是你不要讓我失望。」

「我們的友誼將是我對你的答覆和保證。」

「那麼，我現在也不說感謝你的話了。」

我看看腕錶，距開船的時間還有五分鐘，我說：

「夢雲，還有五分鐘我們就開船了，你回去吧，我想可能趕回來看你的。」

「在岸上你沒有事情了吧？」

「唯一的事是不放心你此刻開車回去。」

「我會和你在海上航行一樣安全的。再見，艦長！」

「再見！」我說。我覺得自己的聲音有點異樣，機械地握住她伸出的小手。而她似乎反而堅强起來了。

「好運道！」她說：「很高興在臺灣能够見到你。」

懷着莫明的心情踏上跳板，船上各部門已經備便，上船後，立即下命令：「全體就進出港佈署。」

各纜解開，船離開了碼頭，偶爾從艦橋上回頭，夢雲還在碼頭邊停住車。我又揮手，在昏黃的路燈下，她也揮了一下手，然後拉起車蓬，駛入了市街。

二

海港和燈火漸漸向後退去，黑色無際的大海逐漸在眼前展開，港口的燈塔引導着航路，船悠悠地駛向海外。

沒有浪，海水輕輕地拍着船舷，天幕無垠地展開去，覆蓋着整個大海和後面的山影。天幕上嵌印的星星的光耀使我想起夢雲，此時，每分鐘離開她更遠了。

我用望遠鏡在夜色朦朧的海面搜索，遠處祗是一層層深邃而又輕薄的霧幕，船尾翻起的浪花中，顯出一片片燐光，陸地上的燈火在黑暗中看來愈遠反而愈明亮。

右舷前面是像蹲伏着的史前巨獸似的小基隆島，這時，船開始轉向西北航行，我下命令「解除進出港佈署」。

走下舵房的時候，零至四的值更人員開始接更，航海官在計算航速，掌舵的士兵沉默地操舵。我走回寢室，打開水龍頭洗了臉，然後脫衣躺在床上；我想睡，幾天的疲乏和思想的困擾應當讓睡眠去醫療它，然而，我不能入睡，二十四小時來像是一個夢，我不知道我是已經走出了夢還是剛走入夢境？但這一切却是那麼清晰，它們一幕一幕地在腦中不斷顯現出來，一切都是眞實的，正如此刻船在海上航行一樣眞實。這使我感到了冷淸的寂寥和無限的悵惘！在主機和通風馬達聲中，我漸漸眞正重新走入夢境：

是和梅君在臺北渡假期的最後一天，我們被邀請參加了市郊一個豪華招待所所舉行的舞會，這是每週都有的，參加的多半是外賓和盟軍軍官。我認識的熟人很少，主人又因爲周旋在所有客人之間只陪我們坐了幾分鐘，但是這却使我們更自由和隨便，我們挑選了心愛的曲子跳了兩支，其餘時間便坐着欣賞音樂，看着淺綠色燈光中翩翩起舞的人們的舞姿。

今夜，梅君是經過加意修飾的，幾年來的家庭生活和孩子的撫養使她無暇顧到自己，更難得有閒情逸緻修飾自己，這次是我極力拉她到臺北來，陪着我一起渡休假。在舞會中，我發覺她仍然和我們五年前結婚時一樣的動人，無論是一個輕盈的淺笑或者深情的注視，都能使我有心醉的感覺！我們共同回憶着婚前的熱戀，每一片段都像一朶花落入甜蜜的記憶裏。

是一支我們所歡喜的慢華爾滋舞曲，我們輕鬆地滑着舞步，在開朗的心情中，我們隨便交換一兩句話或者談論舞池中士女的服裝，隨着人潮轉動着。

「洛林，」梅君忽然搖着我的手說：「這些人中有你所認識的人麼？」

「也許，」我說：「不過你知道我很少出席這地方的舞會。」

「你看見那個小姐麼？」

她用手指着池中一對舞伴，等我轉過身時，祗看見一個動人的背影，她穿着一件裙裾曳地的白色晚禮服，那男舞伴面對着我，在暗淡的綠色燈光下，我看見那人架着一付金邊眼鏡，嘴唇上有一撮小鬍鬚。

「她有一付瑪麗蒙丹的腰身。」我說。

「她一直在注意你呢。」

「難道不是在注意你？」我玩笑地說。

「笑話，我有什麼值得她注意。」

也許好奇心驅使着我，我帶着梅君，輕盈地跟着那一對舞伴追踪過去。但是，一曲完了，大家在掌聲中回到座位上去；在燈光剛亮的時候，我終於看見了她，她似乎有意無意地笑了一下，挽着那人的手臂回到座位上去了。

可能有這樣的事情麼？我似乎一下跌入夢中，頭腦像陷入麻木狀況，然後又强烈地激動起來。梅君沒有說錯，這裏有一個我所認識的人，然而，在這一瞬間，我眞有萬感交集的情緒升起。

梅君沒有注意到我情緒的變化，我們照常回到座位上去。我覺得口喝，叫侍者送來兩瓶可口可樂。

接連着三支音樂，我們都坐着。

我不知道是否該過去招呼她，可是長時間的對她一無所知，是不是太冒昧呢？

梅君關心我是否太疲倦了？幸而主人來解圍，他請梅君跳一隻慢狐步。我覺得應該出去一下，讓清新的空氣冷靜一下昏沉的頭腦。穿過了花木扶疏的甬道，在一株冬青樹下小立，柔美的音樂繼續吹奏，我祗注視河濱的漁火和盪漾的波光。

「洛林！」一個輕柔的聲音在身後叫着。

我趕快轉過身去，正面對着一個高貴的倩影，是她，她含笑看着我。仍然沒有變，微揚的眉，開朗的臉龐，端正的鼻，微微上掀的代表着智慧與堅決的嘴角。

「夢雲！」一時，我不知道該說什麼好了。

「我很高興能在這裏看到你。」

「可是我眞沒有想到……」

「你沒有想到世界雖然很大，我們的道路仍然很狹窄是不是？」她說話時，仍然歡喜驕傲地微揚着頭。

「夢雲，你說話還是那末鋒利，一點也沒有變。」

她笑了，笑得那麼甜，上帝似乎對她特別眷顧，歲月還不曾在她臉上留下痕印。

「你的那位美麗的舞伴可是你的太太？」

「你以爲麼？」

「你想我的判斷什麼時候錯誤過？」

我點點頭。

「我早聽到別人說過你，也知道你的情形……」

「可是我直到此刻才知道你來了臺灣，你爲什麼不寫信給我呢？」

她又笑了。在她的笑聲中我感到惶惑了。

「告訴一點你的情形吧。」我說。

「我？我有什麼可告訴的？」

一支舞曲完了，接着是第二支音樂響起。

「你的朋友不會來找你嗎？」我覺得我們相對已經沒有什麼話可說了。

「這裏的人我起碼認識一半，你是指那一個是我的朋友呢？」

「剛才陪你跳舞的那位戴眼鏡的紳士。」

「你嫉妬他麼？」

「我有什麼理由嫉妬你的朋友？」

「我的朋友在冬青樹下等着我呢！」

「夢雲，你當然早知道我是不會說話的，而你是太會說話了。」

「那麼，還是讓我們談談你吧。」

「談我？」我問。

「我在這裏還是第一次看到你。」

「我有一個月休假，梅君是我約她來臺北的，這地方我們都是第一次來呢。」

「我有榮幸請你們明天到我家裏去吃飯麼？」

「明天？明天是我休假的最後一天，梅君一早要搭便機回南部去了。」

「那麼你呢？你在明天下午來我家裏，我等你。」

我遲疑了一下，但是一瞬間我記起了這個日子是她的生日。

「記着，中山北路××巷××號。我們說定了。」

「好，不過我不希望太打擾……」

「我會懂得怎樣招待一個老朋友的。」她笑笑說：「現在這支曲子完了，我們明天見吧。」

她伸出手來，我們握別了。留在我腦中的，是幾分悵惘和迷離。心也像剛收回的右手掌一樣的空虛。

她走到門口，回頭指着一輛敞蓬汽車說：

「我有事要馬上回家去，等會你們走的時候，我可以關照這部車子送你們回去。」

說完，她的身影消失在門後了。

舞會完的時候，那輛暗綠色蓬車送我們回到北投海軍招待所，在途中，梅君對我說：

「你像有什麼心事似的，是不是？」

「你說是麼？」

「可以告訴我麼？」

「我在想，明天是最後一天假期了。」

「沒有旁的事情？」她繼續問。

「有一件事，但是我不想在現在告訴你，讓我在下次回家時告訴你好吧？」

「爲什麼？」

「這不是兩三句話可以說完的。」

「隨便你，不過，你總是這麼莫測高深。」

回到旅社之後，洗了一個澡，把一切都拋開，我們安然入夢……

……………

三

夢醒了，是床頭電話吵醒我的，我先定了一下神，睜開眼拿起話筒。

「這是駕駛臺，戰情中心報告，雷達接觸目標。」

「知道了。」

夢完全醒了，趕快披上衣服，上身加上一件夾克，匆匆走上駕駛臺去。下弦月色清明，海上視線良好。

値更官告訴我，左舷發現艦隻，正以高速向我們駛近。

這時，左舷水平線上，閃光燈正在閃亮着。是盟軍艦隻。我抓起望遠鏡，一面說：

「用中美識別信號詢問船名。」

「艦長，對方燈號回答正確，美國海軍驅逐艦安得遜號，任務是海峽巡邏，現在對方同問我們。」

「告訴他們船名，我們和他們是一樣的工作。」

經過一番聯絡後，各人的船又回到自己原來的航線上去，臨別前，照例客套一番：

「好運道！」是美艦的燈號。

「好運道！」

「好運道？爲什麼是好運道呢？」我不禁又想起了夢雲在碼頭不是也說這幾個字麼？

現在是早上三點鐘，她當然已經入夢了，她也會想到我麼？此刻，寒流一刻比一刻更濃一點，緊張過去後，開始覺得有了涼意，海上的暗湧也逐漸大起來，船隻開始搖擺。我交代了注意事項後，仍然回到了寢室。

靜下來了，我開始回想到昨天，這最後的假期，慢慢地，我又跌落在夢裏：

梅君搭乘的飛機上午十點鐘從松山機場起飛，看着翼梢沒入白雲後，我再回到基隆，到艦隊去報了到，得到的命令是今天二十三點開航。那麼，我還有一天時間屬於自己的，但是我還是回船上去了一趟，一切準備妥當後，已經是下午三點鐘了，於是又借了一部車回臺北來。

我當然不會忘記夢雲的約會，我沒有理由不去她家，雖然我們分離已經八年，而且在分別以前還有過不愉快的誤會，可是在我心目中，再沒有一個人有對她那樣的甜蜜的記憶了。在兩年多的時間中，我們相戀，過着幸福而多彩的生活。可是到現在，每個微笑，每個誓言都已成千古，然而，那是她的錯麼？也難道是我的錯麼？

抗戰爆發後第三年，我從海軍官校畢業出來，那正是海軍最黯淡的日子，除了零星的艦艇外，再沒有一個完整的艦隊了，我在一條淺水砲艦上工作了兩年，民國卅年底我被派到江防要塞部隊中去工作。在那裏，我遇到夢雲，我們認識不久便墜入了情網。

民國卅二年的秋天，她遭到了一次極大的打擊，她接到家鄉來信說，在三次湘北會戰的時候，她的父母都被日本人槍殺了，這給她以極大的刺激，大病了兩個月。之後，我建議她回重慶叔父家中去住一個時期，也許調換環境可以醫療她的創痛。她聽我的話去了，可是我也給自己鑄成了一個大錯！等我也活動好調回重慶去工作時，她却加入了地下工作訓練的組織，並且回到家鄉去工作去了。

從此，我失去了她，再也找不到她的消息了，雖然她留信給我她一定會回來，可是，海角天涯，我知道她在那裏呢？

勝利前夕，她去敵後一年半的時間後，却出乎意外的回到了重慶。然而別人告訴我：她已不再是一個人了，除了丈夫之外，還有一個一歲多的女孩子！我傷心極了，拒絕和她見面，她幾次找到我，作了不少的解釋，祇要我肯相信任何一個解釋的理由我們都可以言歸於好的，我却沒有原諒她，主要的，我覺得感情受了欺騙！那時候，正是海軍考選人員出國受訓接艦，我悄悄考取了，等她看到報上公佈的名字時，我已啓程飛印度了。

從此以後，我就沒有再見她，祇聽說她在重慶便和那位丈夫分手，勝利後一個人回到家鄉去了。那是我回國後才知道的，但是我那時已在上海遇到梅君，結成了一對幸福的伴侶，我沒有對梅君或任何人提起過夢雲的事情，可是，誰知道這時候會在臺灣和她見面呢？看情形她的生活一定很濶綽，我很後悔昨天沒有問她的詳細情形，也有點後悔允諾了她的邀請，可是我既然答應了，就不能不去。

一個人，爲什麼不敢面對現實呢？

四

十年以前，她歡喜也希望得到一對銀錨，因爲那是海的代表，也是水手的標幟，然而那是我們都窮的時候，我終沒有送給她。現在，她也許忘記這件事了，但是，在去她家之前，這件事情一直在我腦中縈廻着，終於我把自己佩着的一隻解了下來，在街上配了一個精巧的小盒盛着。

在一家日本式的花園房門外停了車，將車打發走了後，下意識地摸了摸很挺的白色制服，伸手按了門鈴。

一個年輕的臺灣籍下女開了門，先打量了我一下，接着問：

「請問先生找誰？」

「你的女主人在家嗎？」我問。

「這裏只有女主人。」

「是的，我來看她。」

「她在家，不過客人都走了……」

我覺得她很嘮叨，不想站在門口和她多講話，我說：

「請你去告訴她好吧。」

她讓我進門，然後關上，引我穿過小小的庭院，但是她仍然不肯放棄說話的機會：

「先生，你是第一次來……」

夢雲站在客廳的落地窗口打斷了她的囉嗦，她帶着期待而親切的微笑迎我，身旁是一個十歲左右的美麗的女孩。瞬間我心中掠過一絲嫉妒混合着激動的感情，像一杯苦酒，我勉强把它嚥了下去。但是這孩子却一點都不像夢雲。

「洛林！」她愉快地注視我。

仍然是那種率直而毫無掩飾的注視，因爲快樂而驕傲地微偏着頭，我想到十年前那份孩子似的甜美。

一絲幸福的微笑從我心底發出，脫了鞋，她伴着我走進一間充滿淡藍色的客廳。

「琴妮！」她把女孩推到我面前。孩子大方地叫了我一聲伯伯。

「是你的美麗的小姐麼？長得眞大了。」

「像我嗎？」她摟着琴妮坐在我對面的長沙發上。

我搖搖頭，但輕微得連自己都幾乎感覺不到。

「你和你媽媽一樣的美麗。」我對着琴妮說。

女兒忸怩地笑，一個本地女用人端上兩杯冰檸檬水放在我們前面圓木桌上，夢雲把琴妮交給她帶進去了。

「不要拘束，」她注視着我說：「這是你老朋友的家，把它當成自己的家一樣。」

「剛才，」我說：「我幾乎不敢扣門了，因爲我面對着一座豪華的公館。」

她不相信地笑笑。我繼續說：

「後來，我想有那樣汽車的人才配住這樣家的。」

「用這幾句話作見面禮？」

「夢雲，我很高興，我看到你能够舒適而且愉快地生活着，使我久掛的心感到平靜了。」

她站起來，到另一個檯上拿了香烟過來，不必要地整理了一下瓶中的花朵。

「謝謝你！」她聲音顯得有點失常。

我知道我說的話使她失望，但是，我從走進這客廳起，便幾乎控制不住自己的情緒，這些話，僅僅是爲了怕失落了自己，它只代表我的聲音，我沒有想到竟會刺傷她。

「原諒我，夢雲。」我按住她拿着香烟罐的手，另一隻手拿出了袋中金絲絨的小盒，我說：「不要爲我的話而介意，這裏，我帶來一點很小的禮物，作爲我對你生日的祝賀！」

「啊！」她感動地看着我，「謝謝你還記得起！」

「你想我能够忘記嗎？」

我繞過圓桌，坐在她的旁邊，把盒子打開遞給她。

「這，」我解釋地說：「假如我不會記錯，我想你不致於拒絕這一個渺不足道的禮物，它是我在美國受訓時買的，到現在已經佩了……」

我不知道她是否曾聽到我說這些話，她抬起已經潤濕的眼睛看了我一眼，然後落在那打開的盒子上，凝視那一隻銀錨和精巧的小鍊，她伸手拿起它，手顫抖着，我的話還沒有說完時，她突然撲入我的懷中，抱着我嗚咽了。

這時，我也激動地抱着她，另一隻手輕輕地撫撫着她的黑色的秀髮，然後，我輕柔地抬起她的下領，她的淚光晶瑩的臉正對着我，四隻眼睛對視着……

「夢雲！」我用顫抖的聲音輕輕叫。

一瞬間，她像從夢裏醒來，輕輕地抽回了手，把身軀離開了我的懷抱，接着她消失在一扇紙門的後面。

往事緩緩地在心底流過，遲滯而沉重。

對着沙發是她的一張油畫像，一對溫柔的眼光正凝視着我，無邪却含着無比的熱情，使我想起了那無數失去的日子！我感到眼睛逐漸模糊起來……

半晌，她再推門進來時，她已經化過妝，淡淡的脂粉掩去了眼角的淚痕，我却像一個受了委曲的孩子，呆呆地坐着一動不動。她在我身旁坐了下來。

「洛林！」我總覺得她叫起我的名字聽起來比別人更溫柔些，她說：「是我不好，把你也鬧哭了！」

她用手巾輕輕地拭着我的眼角和面頰，繼續說：

「別讓琴妮看見了多難爲情，我們也難得見面的，讓我們大家都高興點吧。」

我勉强地振作起來，心底却依樣沉重。

「你不恨我嗎？」她問。

我否認地搖搖頭。

「但是你却不肯相信我。」

「什麼？」我抬頭問她。

「我的解釋。」

「那遙遠的事情還提它幹什麼，過去的事永遠不會回來了。」

「……」她沉默了一會說：「我是兩年前才從香港到臺灣來的，我在報紙上看到你的名字，後來從海軍中朋友處打聽到你的情形，我知道你結了婚，家庭也很幸福，這使我很高興，也使我稍釋去心中久負的罪疚！」

「夢雲！」我制止地說：「不要這樣說！談談你這些年的情形吧，我除了回國後曾聽說過你已回到家鄉之外，便什麼都不知道了。」

「是的，勝利之後我依然一個人回到家鄉，我住在家裏，過着與人隔絕的生活，我安靜地撫養着琴妮，可是後來匪軍渡江，家鄉也動盪了起來，我祗好賣掉了財產，加上我自己的遺散費和琴妮應領的撫卹金，我有了一筆可觀的財產，逃亡到了香港，然後，再設法來到臺灣。」

「琴妮的父親死了？那麼你們不是離婚……」

「你永遠不相信我的解釋麼？」

「假如你是我，你相信這種解釋麼？」

「洛林，我想起一件事情必須問你，在我離開重慶半年後，曾在桂林寫一封信給你，你可曾收到？」

「那時我已到重慶去找你了，我聽到別人說有這麼一封信，一個朋友來重慶時連同我的一些物品帶給我，後來日本飛機把船炸沉了。」

「命運是不可解釋的，」她歎了一口氣，繼續說：「那時候，我在桂林等了你兩個月，組織允許我到淪陷區之前作最後考慮，那時候，我才懂得我需要的是你的愛情，可是，我後來失望走了。我以爲你恨我不願意答覆我，這樣我祇好走了。組織上爲了使我的行動方便，於是我同吳以夫妻的名義進入敵區。」

「那末琴妮……」

「我們在漢口的一對工作同志在一次戰鬪中死難了，祇剩下一個一歲多的女孩子，組織上命令我帶回重慶。你出國以後，我就請求上面准許我把她留下來。現在，你明白她領撫卹費的原因了嗎？」

十年來的謎，到現在全部揭曉了，可是太遲了，這能怪她麼？我不聽她的解釋，我親手放棄了自己的幸福和夢雲的幸福，釀成了大錯！到現在，還有什麼話可說？我還錯怪了她，這更使我深自負疚了！

「夢雲，啊，夢雲……」我想說，但是我說不出話來，喉頭像給什麼堵住了……

五

夜悠悠地過去，床頭烟碟中添了大批的烟蒂，我跌落在這褪了色的夢裏，嚼着苦澀的果實。誤會已經可怕了，誤會而又加上我的任性，它們便成了一把兩面鋒銳的利刄，既傷了人家又傷了自己！到現在，那彩虹與夢幻般的日子已永成千古，而我內心却深深地載負着悔恨和惆悵，將何以自釋呢？

熄滅了最後一隻烟蒂，我起床打開了艙壁的舷窗，黎明的光輝挾着鹹濕清新的空氣衝進室內，洗滌着我昏沉的頭腦，朝霞在浪花上閃着鮮明的光芒，使我想起她深情的微笑，它使我惶悚不寧。

現在，我能替她作什麼呢？

我開始想到昨天在碼頭上分手時，她不是要我答應爲她作一件事麼？那是什麼事呢？她有錢，還有許多願意爲她效勞的人們，那就可以解決許多問題了。難道她是爲了要我再去的藉口？那麼她自然知道明白告訴我會更好一點的。此外，還有什麼？

忽然，我想到她要走，去香港或者日本，對了，她爲什麼要走？難道是爲這有關的事情麼？

我想到了在吃過晚飯後，她會告訴我，她把一切希望都寄託在琴妮的身上，爲這孩子，她才買房屋，讓她受良好的教養，幾年來，她們二人一直相依爲命，如果不是有琴妮，她不會生活得有現在這樣安靜的。

「琴妮是幸福的，」我當時說：「因爲她找到這麼好的母親。但是你不覺得她更需要父親的愛麼？」

「她更需要父親的愛？」夢雲問。

「夢雲，希望你不要介意我的率直，結婚會使你和琴妮的生活更圓滿的。」

她搖頭笑笑，却反問我一句：

「那麼你結婚一定很幸福了？」

我點點頭。

「洛林，不許撒謊，我要問你一句有趣的話，在過去這些日子裏，當你和梅君過着幸福的日子時，你也會記起我嗎？」

「我懷着深切的祝福的心情想起你，我把你看得和梅君同樣的重要。」

「爲了紀念過去我們的愛情麼？」

「也爲了惦記我所愛的人！可是現在可能減輕你的比重了，因爲你很堅強的生活着，遠比我想像的幸福些。」

「如果我結婚而且又幸福的話，也許你的惦記便減到零了，是不是？」

「爲什麼會那樣呢？如果你在過去那些日子還記得我，你想我不會是和你一樣麼？」

「謝謝你，」她笑笑說：「不過我不想在現在結婚，但你說得不錯，琴妮需要一個好父親的愛，而我却沒有給她，爲了老朋友，你願意帶她到你家裏去撫養麼？」

「別開玩笑，夢雲！」

「眞的，琴妮在吃飯時，表現得多歡喜你，她會喜歡你們家庭的。」

「你能離開她？」

「爲了她的幸福，我能。」

……………………

她眞的要把琴妮交給我撫養麼？這也許就是她要託我的事情！而她又能仍在自己的工作崗位上工作，那時候，她也可以一個人放心離開臺北了。

假如是爲了這，我應該答應她的。如果她要結婚，事實上短期離開琴妮也是必要的，爲了她的幸福，我更不能辭其責了。

六

船到了金門，我奉到命令掩護游擊兩棲健兒，對匪軍佔領的一個島嶼作一次登陸突擊，在預定的時間中，我將沒有辦法趕回臺北了。

經過了很久的思考以後，我決定淸梅君代我辦這件事情。我寫了一封長信，告訴她關於我和夢雲過去的情形和這次見面的經過，希望她能够到臺北去一次，爲了減輕我內心上不能消失的負擔，我必需爲夢雲作點事情；當我們能力能達到的時候，在我更是義不容辭！

我把信交給一隻換防返臺的軍艦上的朋友以後，我很安心，梅君很了解我，她絕不會讓我對夢雲的允諾變成空言，這樣也許將可使我內心的負疚減輕了。

懷着輕鬆的心情，在暮色溟溟中，隨着旗艦起碇南航。我知道，在我們航程的前面等候着的將是永恒不變的眞理和希望！(完)

(上接第25頁)

部，男青年共四組，七歲至十一歲，十一歲至十五歲，十五歲至十八歲，十八歲至服役年齡。女子受訓年歲則由七歲至十七歲。青年陣線的主旨在依據藍衫黨之精神，對青年男女施行政治教育與青年預備軍事教育，以爲藍衫黨的未來的基幹。

內戰期間，西班牙的藍衫黨在戰爭以及人民組訓方面會盡過不少的努力，因此而有今日的地位。藍衫黨吸收了很多的軍官，造成了他們的軍中勢力。藍衫黨對佛朗哥的效忠是絕對忠順的，藍衫黨已經成了現政府的工具。

我們千萬不要設想：藍衫黨只是右派、反動派、頑固保守派（或稱爲死硬派）的大結合，藍衫黨原是一種革命力量，是一種行左政的政黨，其與右派相合的只是反對馬克斯主義而已。連安東薄利莫本人也是拒絕該黨成爲「反動力量」最力的份子。藍衫黨乃是既反資本主義又反社會主義的黨派，同時也是反保守主義的份子，主張社會改革。不過，因爲上層黨務機構指導乏人，黨務的進行，未能盡合理想，在人民中已經漸漸失去了他們在內戰後所贏得的同情。

第九卷　第四期　內政部雜誌登記證內警臺誌字第一九號　臺灣省雜誌事業協會會員

一二八

給讀者的報告

韓境停戰業已達成，世局的發展勢又將步入一新的階段。正如聯軍統帥克拉克將軍所言，停戰只是停火，並非和平業已實現之謂。欲寄望共黨始終信守會議桌上的諾言，那是欺人自欺之談。世人如以爲韓境停戰達成，即可放棄抵抗共黨侵略的防務，則終有後悔莫及之一日。不幸，現在民主國家間正瀰漫着這樣的氣氛，西歐防務勢將更陷於癱瘓，所謂中立集團對美國的掣肘作用，正與日俱增，擾擾攘攘，振振有詞。此種局勢，前途實足憂慮。所以在本期社論裏，我們特冷靜地對此加以檢討，促醒美國政府面對現實，從而調整其抗共政策。爲自由世界的前途設想，美國實不應再事曲就中立國家，而應逕自加强與反共國家的關係，並共同行動。我們深盼美國政策的重心，能逐漸轉移至西德與南韓，從而繼之以有力的行動。

我們得感謝蔣廷黻先生遠道賜文。蔣先生早有意爲本刊撰文，終以其在聯合國席上折衝樽俎，爲國劬勞，不暇握管爲文。最近正值聯合國會議減少，蔣先生稍得閒暇，承以大作見貽。讀者諸君看到蔣先生的名字，一定會以爲他的文章必是討論國際問題的，但相反却是一篇討論教育問題的文字，且特別是對臺大在學術研究上有所建議，足見蔣先生無時無刻不關懷國家百年大計，然則，我們在國內的人又當如何奮發，以爲蔣先生在外交上的後盾。蔣先生來信說：「最近國際局勢的演變又將給我們加添不少困難，但我並不悲觀。」願將其意寄與國人。

劉世超先生「唯物辯證法與必然性」一文，是一篇甚有學術價值的論著。作者從語言的解析，指證唯物辯證法論說之荒謬。在這具理智的照妖鏡裏，我們淸楚地看見了共黨魔道的原形。國內學者駁斥唯物辯證法的著作甚多，但如劉先生文之從現代邏輯學的觀點以立論者，尙屬首見。馬克思用辯證法這套魔術，肯定共產主義「天國」到來之必然性，多少狂熱的青年因此深信不疑，從而做了克里姆林宮的祭品，誠可悲憫。劉先生此文當對思想的澄淸助益匪淺。

臺灣實施耕者有其田政策，目前土地征收放領工作，業已準備就緒。與之有關的各項問題，如公營事業之估價、以及股票之流通與保値等，尙有不少有待商榷與硏究者，林希美先生特爲文以論之，可供各方面之參考。

許思澄先生的通訊一向是膾炙人口的。因其事冗，已久未爲本刊撰稿。本文則係縱談史魔死後的種種。妙筆生花，引人入勝。讀其文如聽講故事然，意味無窮。

自由中國　半月刊　第九卷第四期　總第九十一號

中華民國四十二年八月十六日出版

發行人兼主編　『自由中國編輯委員會』

出版者　自由中國社

社址：臺北市和平東路二段十八巷一號

電話：二八五七〇

航空版　香港時報社

經售者

臺灣　自由中國發行部

美國　中國書報發行所　紐約民氣日報社　舊金山少年中國晨報社　芝加哥中國出版公司

日本　東京僑豐企業公司

韓國　釜山草梁洞新泰行

馬尼剌　大中華日報社

印尼　椰嘉達星期日報　椰嘉達天聲日報　棉蘭繁華圖書公司

越南　西貢中原文化印刷公司　越南華僑文化事業公司

暹邏　曼谷攀多社十二號

緬甸　仰光振成書報店

印度　孟買梅亞號　加爾各答塔梅學校

澳洲　雪梨瑞田公司

北婆羅洲　西利亞坡青年書店

新加坡　中興日報社　檳榔嶼、吉打邦均有出售

印刷者　精華印書館

廠址：臺北市長沙街二段六〇號

電話：二三四二九號

本刊經中華郵政登記認爲第一類新聞紙類　臺灣郵政管理局新聞紙類登記執照第二〇四號　臺灣郵政劃撥儲金帳戶第八一三九號

自由中國

FREE CHINA

第九卷　第五期

要目

社論
在教育界多事之秋談建教合作
民意機關「議事資格」之比較的研究——爲立法院和國民大會的議事資格進一言……雷震
俄帝的新動向及民主國家應有的對策……鄒文海
大學教育應如何改進發展？……羅鴻詔
放棄了的道路……海耶克著　殷海光譯
自由中國通訊
警察國家匈牙利……梅欣蓀譯
韓境停戰在泰國的反響……莊心在
採桑女（上）……王治修
關於師範學院事件的來函三件

中華民國四十二年九月一日出版
社址：臺北市和平東路二段十八巷一號

半月大事記

八月八日（星期六）
美韓互防條約在漢城初簽，李承晚與杜勒斯發表聯合聲明。
馬林可夫宣佈，蘇俄已有一枚氫彈。
參加韓戰聯軍之十六國家簽署宣言，若共黨在韓境發動新攻擊，戰爭將被帶入中國大陸。
韓共十二首要被整肅。
美國務院警告共黨，必須交出全部聯軍戰俘。
西歐六國外長籲請迅速建立一個歐羅巴合衆國。

八月十日（星期一）
韓總統李承晚宣稱：韓軍將利用停戰期間作戰鬥訓練。
克什米爾政變。

八月十一日（星期二）
伊朗與蘇俄進行友好談判。
韓國防部稱：韓陸軍將再成立一軍。
北韓副總理胡開自殺。
法國鐵路工人四十萬人罷工。

八月十二日（星期三）
美國務卿杜勒斯稱：如共黨扣留戰俘，即可認爲違反停戰協議，和在韓恢復戰爭的根據。
美陸長史帝文茲稱，美將以強大兵力，繼續在韓駐留「一個相當長的」時期。
希臘強烈地震，若干市鎭毀滅，居民死亡達一千五百餘人。

八月十三日（星期四）
西方在韓參戰國家的外交代表集議，討論政治會議的時間、地點及組成分子各項問題。
伊朗與俄國開始會談解決兩國間之糾紛問題。

八月十四日（星期五）
美代表洛奇堅持參加政治會議國家僅限於派軍在韓作戰國家，惟俄國如代表共黨出席，美國不加反對。
聯軍統帥部要求共黨說明是否扣留部份聯軍戰俘。
埃及聲稱在緊急時西方國家可使用運河區。

八月十五日（星期六）
丹麥籍資匪輪漢瑞傑森號爲我截獲解來臺灣。
希臘地震後統計：死傷逾五千人。
英國聲明，如韓境停戰爲聯軍方面任何人破壞，則英國不受十六國保證抵抗新侵略的約束。

八月十六日（星期日）
颱風妮娜掠通本島東北部。
伊朗禁衞軍發動推翻莫沙德政變失敗，伊王巴拉維偕王后出走。
法國允許柬埔塞獨立的照會細節發表。
蘇俄提出解決德國問題的新照會。

八月十七日（星期一）
聯合國大會第七屆常會復會。葉公超外長聲明我國主張。
伊王出走後，莫沙德政府正在設立攝政委員會。

八月十八日（星期二）
空軍空投乾糧救濟臺中縣被洪水包圍的三村居民。

聯大政委會拒絕蘇俄所提允許北韓及中共參加討論政治會議的要求。
伊王巴拉維偕王后飛抵羅馬。莫沙德繼續搜捕親王分子。
西方三國同意蘇俄所提進行對奧完整和約的要求，而放棄對奧簡要和約。

八月十九日（星期三）
伊朗忠王陸軍推翻莫沙德政府，查赫狄就任新總理，陸軍已控制國都德黑蘭，莫沙德下落不明。
我國訪菲律賓艦隊抵馬尼剌。
艾森豪與美駐聯合國代表洛奇密談，商討美在聯大所採立場。

八月二十日（星期四）
土耳其駐華大使阿克薩勒呈遞國書。
颱風賓麗絲在臺東附近登陸。
國軍與美第七艦隊作全島性訓練大演習。
德黑蘭會發生戰鬥，近三百人死亡。伊王宣佈即日返國。

八月二十一日（星期五）
我代表蔣廷黻在聯大政委會演說，反對政治會議中討論中國問題。
美國正式宣佈：反對印度參加韓國政治會議。
伊王巴拉維返德黑蘭。莫沙德向新政府自首。
法政府與非共工會成立協議，法國二百萬工人開始復工。
摩洛哥國王被法國罷黜。

八月二十二日（星期六）
美第七艦隊司令柯拉克在港聲明：國軍如決定反攻大陸，勿須先與美國商量。
阿剌伯集團十六國決定，要求安理會舉行緊急會議以討論摩洛哥問題。

社論

在教育界多事之秋談建教合作

臺灣教育界在最近幾個月當中，接二連三地發生些大大小小的問題，這期間幾可說是教育界多事之秋。

就高等教育方面講，臺灣現有的一個大學、三個獨立學院，差不多同時發生了招致物議的事件：臺灣大學因人事及制度方面的糾紛，累得行政院院長陳誠鄭重其事地發表書面談話；師範學院因院長劉眞違法兼職經監察院提出糾擧後，又揭發了許多其他的醜事；臺中農學院被告發了刑事案件，正在法院偵審中；臺南工學院因超額錄取新生案，也起引了風波。

中學方面，因校數達兩百以上，各別的大小問題，很難詳擧，但有個一般的趨勢爲關懷教育的人所憂心的，即教師地位的低落。教師地位的低落，並非緣於菲薄的待遇——安貧樂道的教師們不會因貧窮而失去自尊心——，其主因是由於政治作用貶損了教育尊嚴。最近幾月來，中學教師們尤其感覺頭痛的，是對於同爲教育部審定的教科書（除尚待出版之「標準本」國、公、史、地、必須一律採用以外），沒有充分選擇的自由。由於外來的壓力，教科書的選擇，不得不犧牲教學的觀點，從而教科書也失掉了自然淘汰的作用。

小學方面，似乎沒有太大的問題發生。但臺北市教育會所主編、經市政府教育局督學校閱、而且擬令國校學生必買的「暑期作業簿」，曾引起臺北市國校學生家長的集體抗議，指責其「別字連篇、文法錯誤、詞意牽强、主題荒謬」(見八月十六日中央日報)。這件事算是當前教育界風波中，小學方面的一點漣漪。

以上這些事件和其他或有而未經公開的事件，我們希望有關當局不要怕揭發，不要怕討論；對於已經揭發的事實，不要閃爍其詞，不要文過飾非。有了問題，就得切切實實解決。解決之道，不專在紙筆口舌間，而在尊重法制、尊重教育的原則下有實際的作爲。臺灣是在進步中，不許任何方面有遺進步之羞辱；臺灣是模範省，不許任何方面有虧模範之令譽，尤其在立國之本的教育方面。

本文不擬一一討論當前教育界的若干問題，只就有關臺南工學院超收新生案件的「建教合作辦法」，申述我們的意見。

「臺灣省建教合作辦法」是民國四十二年五月十八日經臺灣省政府令頒的(見臺灣省政府公報夏字第四十七期、本年五月廿五日出版)。該辦法在第二條下規定建教合作事項共十二項，其中第一項，即：「生產事業機關得選送符合省立院校規定入學資格之現職優秀人員，經入學考試錄取後，赴各院校進修。」這一條的規定，本無可以訾議之處，該辦法即無此一條，生產事業機關仍可如此辦理。這是生產機關單方面的事情，省立院校並不因此承擔甚麼義務。因爲生產事業機關選送職員投考省立院校，依該辦法仍須符合後者所規定之資格，並須經入學考試錄取後，始入校進修。這與一般考生的待遇無異，合作辦法並沒有要省立院校對於生產事業機關選送的考生給予特殊待遇。

臺南工學院超收新生案件發生後，臺灣省教育廳於八月二十日發表「處理要點」四點(見中央日報)，其中(一)(二)兩點是有關建教合作的。原文如下：

(一)建教合作原則下各公營事業機構所屬廠場保送學生，經該院降低標準額外錄取之正備取學生，均准予認可。

(二)建教合作原則下各私營廠場保送學生，經該院降低標準額外錄取之正備取學生均應暫予保留，另候飭知。

我們看到這兩要點，才知道原無問題的建教合作辦法第二條第一項，在實施上走了樣。第一、降低錄取的標準，原辦法無此規定；第二、區別公營私營，原辦法亦無此規定。前者已經教育廳認許，後者是教育廳的主張。這兩點是我們所要討論的。

一、競爭考試最要遵守的一個大原則，是「公平」。同是考生，不得有差別的待遇。降低標準錄取生產事業機關保送的考生，是不公平的。教育機關在培植技術人材方面與生產事業機關合作，幫助在職的生產員工進修，本有必要。但在這種必要下，生產機關儘可與學校洽商，利用其設備和師資，開辦某種特別進修班，以便生產機關的優良員工有進修的機會，從而促進生產事業技術上的進步。此種進修班不同於學校正規的科系，其結業學生也不同於學校的畢業生。進班時的考試——如必須考試的話，自可特定取錄的標準。如此既不破壞學校正規考試的公平原則，也不發生混亂學籍問題。在建教合作原則下，爲便於生產員工的進修，只有採這種方式才是正當辦法。現在臺南工學院竟出乎建教合作辦法之外，降低標準取錄生產機關保送的考生，而教育廳竟予認可，我們認爲有背考試的公平原則。

二、退一步說，教廳的認可無甚不是，但在建教合作辦法中，生產事業機關沒有公營私營的分別規定。教育廳認可臺南工學院降低標準錄取的學生，只限於公營生產事業機關保送的，至於私營廠場所保送的，則「暫予保留，另候飭知。」這又是一個不公平。我們聽說私營廠場保送的學生，有些並非廠場的現職人員，而是因緣人事假冒名義的。這一類的人自然不能讓其假借建教合作混在保送之列，即令錄取，查出後也得開除，以矯作僞之惡習。私營生產機關保送的應如此，公營保送的，如查有這一類的人也當如此處理。不能區分甚麼公營和私營，使公營顯得比私營享有特殊的優遇。

以小喻大，我們希望本文在建教合作方面所申論的，能給教育當局在處理當前若干遭物議的事件上一個原則性的提示。

第九卷　第五期　民意機關『議事資格』之比較的研究

民意機關『議事資格』之比較的研究

——爲立法院和國民大會的議事資格進一言——

雷　震

一

立法院於去年年底討論修改其組織法、各委員會組織法和議事規則的時候，當時我很想對立法院現行組織法所定的『議事資格』一事，提供一點意見，希望立法院對於這個『更爲重要』的問題，應和其他問題一樣，一併加以鄭重的考慮而予以適當的修正。至少至少，應該把討論決議案和覆議案時的出席委員的法定人數酌予提高，以增加決議案和覆議案的代表性與重要性。無奈當時爲瑣事牽累，未及下筆，而在報紙上看到立法院討論這些問題的時候，且已到了二讀會的階段，事實上也感到來不及了。好在立法院討論修改其本身組織法的事情，等於家常便飯，只要覺得有其必要，隨時都有修改的機會與可能。

最近傳聞有人主張：爲使國民大會易於集會起見，擬將現行國民大會組織法上所規定的議事資格予以降低。惟降低說也頗不一致。

好久以前就想提供意見的問題，最近又復浮泛於腦海之中。現在特就這個問題作一番比較的研究，以明各國現行制度上是如何的規定，並進而說明我國這部憲法與此有關各點當日起草時的原意安在，最後提出我個人對此問題的具體意見，藉供今後各方研討時之參考。我想這件事當非無益之舉。

我認爲立法院組織法第五條所定的議事資格，實在太低了。世界上除英國巴力門外(註一)，那一個具有成文憲法民主國家的民意機關，也沒有比這個再低的了。過低的結果，在適用上，不僅與起草這部憲法當時若干假定的原意不相符合，且有輕率通過決議案的危險；在理論上，不僅失去民意機關『代表性』的重大意義，也就與現在其他中央和地方的民意機關，如國民大會和縣市議會之議事資格『不相平衡』了。

大家不要以爲這是無關緊要的問題，尤其不要以爲行憲後的立法院，迄至今天爲止，並未因此——過低的議事資格——而鬧出甚麼大亂子。但是，這不是經常的現象，毋寧謂爲非常的現象。因爲立法院在這段期間，大家懍於國難之嚴重，和鑒於環境之惡劣，有許多事情並未認眞去做的緣故。從某個角度來講，也可以說是立法院在這段期間，並未充分發揮其應有的功能和盡其應盡的職責的緣故。這決不是民意機關的好現象，也不是民意機關的本來面目。民意機關要生氣勃勃，最怕是死氣沉沉。我不是要鼓勵民意機關來興風作浪或惹事生非，不過，興風作浪或惹事生非毋寧說是民意機關的經常現象，不必恐懼，也不足爲懼。

二

依照民國四十一年十二月修正公布之立法院組織法第五條規定：『立法院會議，須有立法委員總額五分之一出席，始得開會』，同法第十二條規定：『立法院會議之決議，除憲法別有規定外，以出席委員過半數之同意行之……』。根據同一精神爲出發點，立法院對於分組委員會的組織法，也是採用了同樣的辦法。依照立法院各委員會組織法第五條之規定：『各委員會會議，須有第一志願委員(註二)人數五分之一出席，方得開會』(民國四十一年十二月與現行立法院組織法同時修正公布)，又同法第十條第一欵規定：『各委員會之議事，以出席委員過半數之同意決之……』。

現在立法委員總額爲七百七十三人。照立法院組織法第五條所定之出席委員最低人數，應爲一百五十五人。此爲立法院一般會議之法定人數，除憲法另有規定外。就是說，七百七十三名立法委員中，只要有一百五十五名委員之出席，立法院卽可開會，討論國家大事，討論人民權利義務事項，和代表人民行使監督政府之權。依照同法第十二條所定：出席委員過半數之最低額應爲七十八人。就是說，立法院開會之後，在立委總額五分之一的法定人數出席中，只要有其半數七十八名委員之贊同，卽可決定國家大事，規定人民權利義務事項，和行使憲法第五十七條第二欵前半段之職權。此七十八名委員之數，只不過立法委員總額十分之一而已。

依照上述這些條文的演繹，每一決議案通過於立法院的時候，只要獲有出席委員七十八人之贊成，卽可成立，除去憲法另有規定：如第五十七條所列覆議案決議時所需要的，和第一百七十四條憲法修正案決議時所需要的人數者外。換一句話說，立法院行使憲法第六十三條賦予之職權，不論是法律案、預算案、大赦案、條約案、乃至與國家存亡攸關之宣戰、媾和諸案、和行使憲法第五十七條第二欵前半段『類似不信任決議』之職權等等，只要有出席委員總額十分之一的人數贊同的時候，這些法案隨時都可成立。這一現象是値得大家深切注意而加以鄭重考慮的。因爲一個法案的成立，有時如果只有代表人民的立委總額十分之一的委員支持的話，這個法案的本身好不好，姑不具論，其『代表性』之薄弱，當可想而知。這樣成立的法案，有時很可能是不適當的，草率的。從人民立法的角度來講，這樣立法的基礎是不够健全的。儘管有人謳頌現行辦法——以立委總額五分之一爲開會時的法定人數，可使來臺後的立法院容易達成集會的目的。

依照現行的辦法，立法院行使憲法第五十五條及第一百零四條所規定的同意權的時候，其出席委員之法定人數和議決人數，完全與上述人數相同。至憲法第五十七條第二欵後半段及第三欵所列對覆議案成立時的議決人數，在憲法上雖然要求須有出席立委三分之二的『絕對多數』的贊同，但其前提之出席委員的法定人數，仍爲立委總額的五分之一。如以出席委員總額五分之一的三分之二來計算，則覆議案之成立，只須立委一百零四人維持原決議即可，尙不足立委總額七分之一的數目。這顯與起草憲法時所要求之『絕對多數』的原意不相符合了。其詳容後再論。

事實上，也許立法院通過決議案時之人數，或較上面所假定者爲高，即比這七十八人的數目要多得多。但是，法律上旣有這樣的規定，在實際上就有上述這些假定發生的可能。上面這些假定，本係根據理論與事實推論而來，決非危言聳聽之詞。如果我們查查立法院過去通過決議案當時的委員人數，恐怕有時只有這個數目，或者近似這個數目，甚至勉强湊足這個數目(註三)。民意機關這樣過低的議事資格，其發展所致，如經稍加分析，自不能不令人感到十分驚異。尤其在政黨未臻健全，政黨政治未能運用之我國今日。

三

現在讓我來比較比較各成文憲法國家現行憲法及失效憲法，對於集會時之法定人數是怎樣規定的，以明我國今後應行採取之途徑。

(一)美國　美國憲法第一條第五項載稱：『各院議員出席之過半數，即認爲辦理一切事宜之法定人數 (quarum)。但不滿法定人數時，得延期開會，並得依照各該議院所定之手續與罰則，以强迫缺席之議員出席』。這是要求國會參衆兩院之會議，均須有各院議員總額過半數之出席，始得開會。如議員常常缺席，必致阻碍議事之進行，各院並可規定一種罰則，以强迫缺席之議員出席。

(二)德國　第一次大戰後之德國憲法，通稱爲威瑪憲法，其第三十二條規定：『議會之議決，除憲法別有規定外，以出席議員過半數之通過爲之;議決時所需要之法定人數，以議事規則定之』。而議事規則第九十八條規定：『一般法案之議決，須有議員總額過半數之出席，及出席議員過半數之同意』。

第二次大戰後，德國被腰斬爲西德與東德兩個政權，各均頒布了憲法。西德憲法稱爲『德意志聯邦共和國基本法』 (Grundgesetz für die Bundesrepublik Deutschen)，係於一九四九年五月八日制定，同年六月八日實施。東德憲法稱爲『德意志民主共和國憲法』 (Die Verfassung der Deutschen Demokratschen Republik)，於一九四九年五月三十日制定，同年十月七日生效，完全爲蘇俄憲法之翻版。西德憲法第四十二條及東德憲法第六十一條，對於議會之議事資格，完全與威瑪憲法相同。即議會之議決，除憲法別有規定外，均以議員過半數之出席爲必要之法定人數，而以出席議員過半數之同意爲之。

(三)波蘭　一九二一年波蘭共和國憲法第三十二條規定：『議會之有效決議，除憲法別有規定外，最少須有法律所定全體議員半數之出席，及普通多數之贊同』(註四)。

(四)義大利　一八四八年憲法第五十三條載稱：『各院之會議及表決，非有該院議員過半數之出席，視爲違法，而且無效』。又同法第五十四條規定：『議決以過半數之通過爲之』。

(五)瑞士　瑞士聯邦憲法係於一八四八年制定，爾後經過多次的修正與增補，最後則爲一九四九年之修正。依據該法第八十七條：『兩院爲有效之討議，須有各院議員過半數之出席』。又同法第八十八條：『在參議院及衆議院，須以過半數之投票贊同，決定事情』。

(六)荷蘭　荷蘭憲法係於一八一五年制定，此後經過多次的修正，最後則爲一九一七年之修正。該法第一百零五條規定：『兩院非有各該院議員半數以上之出席，不得爲各別或聯合之議事，或其他行動』。第一百零六條規定：『一切議事之決定，須以過半數之投票贊同行之。投票可否同數時，該項決定則須延至次期會議。在次期會議或總議員出席之會議，如仍可否同數時，該議案視爲已被否決』。

(七)巴西　一九四六年新憲法第四十二條規定：『各院之議決，除憲法別有規定外，須有議員絕對多數(註五)之出席，及出席議員過半數之同意』。

以上這些國家，是以議員總額二分之一出席，爲議會開會時之法定人數，以下則是以議員總額三分之一或三分之二出席，爲議會開會時之法定人數的國家。

(八)日本　日本戰後新憲法係於一九四六年戰敗後制定，其第五十六條規定：『兩院非有各該院議員總額三分之一出席，不得開議。兩院之議事，除憲法別有規定外，以出席議員過半數之同意決之……』。這與戰前舊憲法第四十六條及第四十七條之規定完全相同。

(九)捷克與南斯拉夫　兩國均係於第一次大戰後成爲獨立國。捷克憲法係於一九二〇年頒布，其第三十二條規定：『各院之議決，除憲法別有規定外，須有議員總額三分之一出席。有效的決議，須有出席議員過半數之同意』。南斯拉夫則於一九二一年頒布憲法，其第八十五條規定：『國民議會有議員總額三分之一出席時，得爲適法之行動。決定動議時，須有出席議員過半數之同意。可否同數時，該動議視爲已被消滅』。第二次大戰後，這兩個國家都已變質了。

（十）挪威、墨西哥、奧國

這三個國家的民意機關，有以議員三分之二出席爲議院開會時之法定人數者。

a 挪威　挪威憲法規定：非有議員三分之二出席，不得開會（一九〇五年修正憲法第七十三條第二項）。

b 墨西哥　墨西哥憲法經於一九一七年修正，其第六十一條規定：『議院在元老院非有議員總額三分之二，在衆議院非有議員總額二分之一以上出席，不得開會或執行職務。但各院可用法律制定罰則，以強迫缺席之議員出席』。

c 奧國　第一次大戰後的憲法係於一九二〇年制定，採取聯邦制度，設國民議會與聯邦議會。該憲法第三十一條規定：『國民議會之議決，除本法別有規定外，須有議員總額三分之一出席，及出席議員過半數之同意』。對聯邦會議則提高其議事資格，同法第三十七條第一欵規定：『聯邦議會之議決，除本法別有規定外，須有議員三分之二以上出席及出席議員過半數之同意』；第二項規定：『聯邦議會制定議事規則時，須有議員二分之一出席，及出席議員三分之二多數之同意』。而且恐怕少數議員隨便通過法案，故於憲法第四十三條復規定：『國民議會議決之法律，經國民議會之議決或國民議會議員二分之一要求時，聯邦大總統應提交國民複決』。可見他們重視法律案之成立了。

上面的舉例已嫌太多，我不憚煩的舉出各成文憲法國家的立法例，是要證明各國民意機關之議事，不論是討論，抑或質詢，其開會時所需要之法定人數，沒有少於議員總額三分之一的。至於討論或議決彈劾案的時候，一般均提高其議事資格，藉保政局之安定。對於不信任案提出的場合，亦有提高其議事資格的。

四

讓我們再來看看我國民意機關的立法例又如何？不論是中央的抑或地方的，現在的抑或過去的。

（一）國民大會　制憲國民大會組織法第十二條規定：『國民大會非有代表過半數之出席，不得開議；其議決以出席代表過半數之同意爲之』。行憲國民大會組織法第八條規定：『國民大會非有代表過半數之出席，不得開議；其議決除憲法及法律另有規定外，以出席代表過半數之同意爲之』。

（二）縣市議會　臺灣省各縣市議會組織規程第十三條：『縣市議會非有全體議員過半數之出席，不得開議；議案之表決，以出席議員過半數之同意行之……』。臺灣省臨時省議會組織規程第十三條，復設同樣的規定。

以上除制憲國民大會組織法外，均爲現行而有效的。以下再舉幾個過去的立法例以資參考。

（三）天壇憲草與曹錕憲法　民國二年十月三十一日完成三讀會之天壇憲法草案第三十七條有云：『兩院非各有議員總額過半數之列席，不得開會』。其第三十八條有云：『兩院之議事，以列席議員過半數之同意決定之……』。民國十二年頒佈之曹錕憲法，第五十六條及第五十七條關於國會議事資格的規定，完全與天壇憲草相同。

（四）國民參政會　抗戰期間，爲團結全國力量，集中全國意志起見，特設國民參政會，於民國二十七年七月六日召開第一次大會於漢口。其組織條例第十三條規定：『國民參政會非有該會參政員總額二分之一以上之出席，不得開議』。該會議事規則第四條規定：『國民參政會會議時，有參政員過半數之出席，始得開議；有出席參政員過半數之贊成，始得議決』。參政會之決議案，對政府只不過是『建議』的性質，並無拘束的力量。

（五）訓政時期的立法院　行憲前立法院組織法第十六條規定：『立法院會議，非有委員總額三分之一出席，不得開議』。第十七條規定：『立法院之議事，以出席委員過半數之同意行之』。至立法院各分組委員會會議規則規定：須有委員過半數之出席，方得開議，議案以出席委員過半數之同意決之。此時立法院之討議，不獨所有立法原則，須遵照國民黨中央政治會議（抗戰期間改爲國防最高委員會）的決定(註六)，而且所有決議的案件，中央政治會議均得變更之。

（六）省縣級民意機關　抗戰期間，政府爲順應輿情，廣採民意，特設省縣級民意機關。省臨時參議會組織條例規定：『省臨時參議會集會時，有參議員總額過半數之出席，始得開議；有出席者過半數之贊同，始得議決』。市臨時參議會組織條例及縣參議會組織暫行條例均設同樣的規定。省市縣臨時參議會的議決案，亦係建議的性質，僅供政府之參考耳。

五

我不避煩瑣的舉出上述這許多古今中外的立法例，爲的是要證明：『民意機關對於議事資格之重視』。

今日的政治觀念，是以『主權在民』爲立國之大本，而以『民主政治』爲一切施政之重心。惟人民則數目衆多，所住地域又復廣漠，不能使每一個人都能『直接』參預政策之決定，和監督政策之施行，故須有代表人民意見的機關，站在人民的立場，代表人民行使政權。此機關一般稱之爲『民意機關』。是故民意機關云者，乃是代表人民行使政權的機關。

然則，民意機關所負的上述使命，應以何種方法達成之，使大家心安理得而無怨言？卽是說，民意機關人數衆多，如何能使此衆多之意思趨於一致，使其能構成為單一的意思，俾成為這個機關之『共同意思』。

民意機關為達成上述的目的起見，必須使其成員們對於某一行將表示意見之問題，共同進行討論，彼此充分交換意見，使不同之意見漸漸趨於一致，俾大多數相接近之意見變成一個意見。其餘則成為少數意見。這就要靠『多數決』(decision by majority) 的制度以達成之。

在達成多數決的階段以前，必須使其團體成員們參加討論，充分交換意見，故民意機關的中心工作就是『議事』(descussion, debate)。討論議案（包括法律、預算、條約等項）固是議事，即進行質詢亦是議事，乃至投不信任票或進行倒閣等等，均屬議事之範圍。換一句話說，民意機關就是靠着用議事的方式，來監督政府今日的各種施政，和制定今後應行實施的政策，以達成為人民全體謀取福利之任務。故議事工作之重要，自民意機關的立場來講，就等於民意機關之全部生命。

在我們今天憲法上，具有這樣性質的民意機關是『立法院』，其具體任務就是行使憲法第五十五條、第五十七條、第六十三條、第一百零四條、第一百零五條、和第一百七十四條第二欵所賦予之職權。這些任務均須由其成員們經過開會——議事——的程序以達成之。民意機關之開會，乃是行使職權的手段，民意機關之任務，非經過開會的程序則一事無成。

民意機關之性質既如上文所述，民意機關行使政權的方式，既須以會議的形式來達成，故民意機關之意思表示，乃是『集體的行動』。就是說，民意機關的行動，乃是一個團體的行動，乃是集合意識的表現，其本身就是一個統一的意思。

團體意思之形成，端賴這個團體所有成員們個別意思的凝結，猶之如以水泥凝結而成為洋灰地一樣。惟團體成員們的意思，無法求其完全一致，故這個團體所表現的集體意思，乃是這個團體大部分成員們相同或近似的意思的集合。那末，這種集合意思應何由而形成之？在上面已略為說明了。故自理論言之，這個團體意思之成立，必須為這個團體全體成員們大多數（即全體的過半數）所贊同之意思。這樣纔能構成為這個團體的集合意思，纔可作為這個團體的意思表示。故自這一點來說，民意機關之意思表示，應為獲有該民意機關全體成員們過半數所贊同之意思，方能說得上是這個民意機關之意思表示，方能有資格代表這個民意機關之意見。就是說，民意機關所通過之一切決議案，應獲有其全體成員們過半數之贊同，方能有其『代表性』，方能達成代表人民行使政權的任務。不過，今日事實上，各國民意機關並未嚴格的採取這樣的要求，只規定在議事的時候，須有過半數成員們參加討論，再經過半數之贊同來作成決議。故自嚴格的立場來講，這已經是很變通的辦法了。惟無論如何，民意機關對於議事資格一事，絕對不可看得太輕，以為這是無足輕重的問題。

由於以上的說明，可知今日立法院組織法所定的議事資格，實在規定得太低了。太低的結果，不僅失去民意機關之代表性，不能作為這個民意機關之意思表示，且有演出不合理的結果的可能。這種不合理的結果，我們是可以預想得到的。故今日立法院之議事資格，確有及早修正之必要，以免演至造成惡果的一天，那就噬臍莫及了。

六

對於立法院的議事資格，究應如何規定，方可恰到好處，在今日環境之下，當然不能求之太苛的。根據民意機關的上述性質，和制憲當時的立法原意，並盱衡當前的我國情勢，我想對於這個問題，可分三方面來考慮。

第一、立法院的會議，可分為質詢施政的會議和討論議案的會議。說得更確切一點，可分為質詢和答辯政府施政的會議，與討論議案（包括憲法第六十三條全部）和通過議案的會議。前者開會時出席委員的法定人數與後者開會時出席委員的法定人數，似可分別來規定的。前者仍可沿用現行辦法，以立法委員總額五分之一出席，即為開會時的法定人數。

就今日立法院的實際性質言之。今日立法院是一個具有政治性的機構，決非單純的立法機關，故立法事項（包括憲法第六十三條全部）已不是立法院的唯一工作了。因為今日立法院之任務，有好大一部份應該是批評和質詢行政院諸種施政的得失，並檢討其利弊所在。換一句話說，立法委員對於政府的施政如有不瞭解之處，得隨時邀請行政院各部會長官出席立法院會議，求其說明施政之重點所在，和執行的經過情形，中途有無變質或齟齬發生，以及預計結果如何，……等等。有時行政院各部會之首長，不必等待立法院的邀請，覺得有若干施政情形須向立法院說明，以求其了解和協助的時候，亦可自動的出席立法院會議，予以詳細說明，並接受其質詢，再度予以解釋。這樣，不僅使立法委員可以多多了解政府的工作情形，免去立法與行政之間發生隔閡，且可進一步使立法院有助於行政院諸種施政之推進。在行憲過去數年中，這一點行政院是疏忽了。行政院頗有獨行其是，非至萬不得已則不到立法院來的樣子。今後應該設法補救，以期行政與立法之間，發生更密切之連繫（註七）。依我個人的看法，這種會議應不少於立法院全部會議的三分之一。這種會議，不作表決，不作議決，僅僅止於質詢、答辯和解釋。故其開會時之出席委員的法定人數，以現行辦法立委總額五分之一即可。英國巴力門開會時，出席議員法定人數規定甚低，此亦為原因之一。

說到這裏，我想贅上一二句話：就是行政院各部會的首長先生，不要以為被立委提出質詢而應邀出席立法院的會議，就等於上法庭去『受審』；立法委員也不要以為要『為難』某首長而吹毛求疵，或故意使某首長受窘而興高采烈。今日行的是民主政治，雙方都不是眞正的主人，都要變更『唯我獨尊』的觀念。因爲雙方都是爲國家辦事，那一方面都不許懷疑對方是存心來搗亂的。換一句話說，雙方都是爲老百姓——眞正主人——辦事，都是老百姓的公僕（代表亦公僕也），大家都要一心一德的想到：『怎樣纔能達成這份「公僕」的任務』，怎樣纔能不負人民的所期。

第二、立法院當行使憲法第六十三條賦予的職權的時候，即『議決法律案、預算案、大赦案、宣戰案、媾和案、條約案、及國家其他重要事項之權』的時候，立法院的會議，必須提高出席人數的標準。照常理來講，立法院在這個時候，必須有立法委員總額二分之一以上出席，方得開會，必須有出席委員過半數之贊同，始得議決。其理由是這樣的：因爲法律案多與人民之權利義務有關，而預算案往往要增加人民之負擔，宣戰事項不僅關係於民族之存亡[註八]，且復涉及國家之興廢，至於對外條約之簽訂，馬上就會影響到國民之權利義務[註九]。故討論和議決這類重要事項的時候，自不能不愼重將事，而出席議事的委員人數，自不應少於全體委員的二分之一。這樣纔能說有代表性，纔能使這些法案受人重視。一個法案成立時，其出席會議人數之多寡，在國民心理上是有相當影響的。

就議決條約案一事言之。美國大總統與外國訂立條約時，須經參議院出席議員三分之二之贊同[註十]，可見他們處理問題之愼重。若我們今日的立法院，以立委總額五分之一出席，及出席委員過半數之同意，即可審議和決議對外條約之簽訂，不僅決議案有輕率通過之虞，而這樣所通過的條約案，其代表性之薄弱，則不言而喻了。

姑且退一步言之，即令說今日的情形特殊，但每一法案（指憲法第六十三條全部）之成立，在討論時，至少也應有全體立委三分之一以上出席，在決議時，應有出席委員過半數之贊同，否則眞是無法解釋這個問題。

關於依憲法第五十五條和第一百零四條行使同意權、及依憲法第六十六條選舉院長副院長的時候，其出席會議之委員人數，自應與上述的原則相同，其理由至爲簡明，用不着費辭解釋。

其次，對立法院內部分組委員會開會時之法定人數，究應如何規定纔好，我想連帶的講一講。

立法院分組委員會係爲審查有關議案而設，爲立法院全體會議做的準備工作，任務十分重要。一個案子經分組委員會審查決定辦法後，在全體會議中頗不易變更。因爲全體會在討論議案之審查報告的時候，不僅原參加審查之委員，要爲審查意見之通過而努力辯護，即其他大多數委員亦只注意審查意見而忽略原案內容。故一個議案在全體會議通過的時候，往往照審查意見而無異議的通過[註十一]。這本是順理成章的事情，毫不足怪。當然，不能說是沒有例外的。職是之故，各分組委員會當審查議案和決定審查意見的時候，照理應有參加該委員會第一志願委員過半數之出席，及出席委員過半數之贊同，最少，亦應有第一志願委員三分之一以上出席，始能開會。行憲前立法院分組委員會開會時之法定人數，須有各該委員會委員過半數之出席，而與當時立法院開會時只須有全體委員三分之一出席相比，可見過去重視分組委員會之審查工作了。

議會各分組委員會之重要性，可舉美英兩國國會分組委員會的工作情形以爲證明。美國參衆兩院，只要有各該院議員一人出名即可提案，所以議案是非常之多。但是，其中有百分之九十左右，係在分組委員會審查時打銷的。而且只有極少數的提案，因其有『一得之愚』，其理由及辦法可在審查時獲得決議而載入國會紀錄的。美國國會議員們何以如此歡喜提案呢？一則因爲提案方便，一個人具名即可提案，用不着遷就他人的意見。二則因爲那些初出茅廬和好出風頭的議員先生，終日竭心構思，想找題目來提案，不僅可以表示他們憂心國事，並可顯出他們的政治見解。他們今後想要在政治上大顯身手，提案也可爲自己做點預備工作——宣傳工作，有時還可藉此在報紙上露露臉，以引起大家對他的注意和欽佩。政治活動最怕是姓名不見經傳，人家不知道你的尊姓大名，你縱有天大本領，也就一籌莫展了。當議員正是自己出風頭的好機會，製提案也可爲自己建造些政治資本，當然要寤寐以求之了。

英國國會大多數的議案，無論是『公共法案』(public bills) 抑或『特別法案』(private bills)[註十二]，『政府案』(government bill) 或『議員案』(private member's bill)，都要經過分組委員會（通稱爲常任委員會 the standing committees）或全院委員會 the committee of the whole house)[註十三] 之審議，製成報告書提交各院全體會議。故各院全體會議大都是照着委員會的審查報告而決定的。因爲每一議案，在委員會中是要經過長期討論和詳細審議的，故委員會之決定幾乎等於全體會議之決定。

依照今天立法院的議事規則，立法委員之提案，只要有三十人以上之連署或附議，較美國雖然稍爲難些，但並不如何困難。在通常狀態之下，議案應該是很多的，故加重分組委員會之職責，實覺有其必要。

第三、立法院行使憲法第五十七條第二第三兩欵之職權時，其議事資格應提高至『非有立法委員總額過半數之出席，不得開議』方可。這一點應採嚴格主義，不容稍有遷就。茲特加以申說。

憲法第五十七條第二欵前半段規定：

『立法院對於行政院之重要政策不贊同時，得以決議移請行政院變更之』。

這一條文的含義，實含有不信任決議案的性質，其所不同者，當議會通過不信任案的時候，行政首長必須立即辭職，或解散議會舉行新選擧，以測驗民意之所在。我們現行制度上，行政院長對於立法院這種決議，尙可經過總統的核可，提請立法院覆議一次。在這個場合，行政部門對於立法院之意見，尙有一個廻旋的餘地，不使政潮立卽發作。因此，立法院當行使此項重要職權的時候，自非有全體立委三分之一以上出席不可。不然的話，那就完全失掉原有立法之用意了。

讓我再把政治協商會議憲草小組討論此條立法的經過說一說，更可有助於世人對此問題之瞭解。

在政治協商會議全體會議議決之五項協議事項中，關於憲法方面共有二部份：一爲『組織憲草審議委員會』；一爲規定『憲草修改原則十二條』。玆錄其與本問題有關之修改原則如左：

憲草修改原則第二條云：

『立法院爲國家最高立法機關，由選民直接選擧之，其職權相當於各民主國家之議會』。

同原則第六條云：

『一、行政院爲國家最高行政機關。行政院長由總統提名，經立法院同意任命之。行政院對立法院負責。二、如立法院對行政院全體不信任時，行政院長或辭職，或提請總統解散立法院。但同一行政院長不得再提請解散立法院』。

上述這兩條憲草修改原則，旋由國民黨六屆二中全會（三十五年春在重慶擧行）加以討論，連同修改原則第一條所擬之國民大會辦法(註十四)，及第八條第四欵所擬之省憲問題，均不予贊同，經決議提出修改，由國民黨代表與其他黨派協商。嗣經多次磋商，除將無形之國民大會改爲有形之國民大會，及將省憲改爲省自治法外，並將行政院對立法院負責一事，改爲『有限度』之負責。大致卽爲現行憲法第五十七條所定：『行政院依左列規定，對立法院負責』云云。而將立法院的不信任決議權，改爲『立法院對於行政院之重要政策不贊同時，得以決議移請行政院變更之』，將行政院之解散權，改爲移請立法院覆議的辦法，卽『行政院對於立法院之決議，得經總統之核可，移請立法院覆議。覆議時如經出席立法委員三分之二維持原決議，行政院長應卽接受該決議或辭職』。這一條文在當時折衝至再，形式上雖未獲得協議，事實上各方面都完全同意了。所謂形式上尙未同意者，因爲共產黨所要爭取的，不是憲法的條文(民靑兩黨很注意憲政制度)，而是其他方面的實際利益，如駐軍地區等等。如果他方得到滿意的時候，甚麽憲法都可同意。他們的基本觀念，這些都是過渡的，一旦獲得實際權力時，都要根本予以推翻的。當時共產黨在他方面未獲協議以前，對這樣修改後之辦法，儘管內心是無所謂的，但其表面上則是採取保留的態度。

這一修改辦法，明明是給行政部門對於政潮以廻旋之餘地。在實行不信任決議制度之下，當立法院通過不信任案的時候，行政院或辭職或解散立法院，政潮立卽發生。在我們現行制度之下，當立法院通過了對於行政院重要政策之不贊同(卽不信任)而移請變更時，尙有兩條途徑可資遵循。

第一、行政院長可經總統的核可，移請立法院覆議一次，覆議時必須有出席委員三分之二維持原決議時，方纔發生接受原決議或辭職的問題。總統與行政院長是站在一條邊的，對行政院的重要政策應是贊同的，在事實上行政院長的重要政策，事先也是經過總統的同意的。故在一般情況之下，總統對於覆議案的核可，應該是不會成爲問題的。

第二、萬一行政院與立法院之間，齟齬不斷發生，局勢日趨惡化，行政院長與立法院之多數派積不相能，對立之局勢已經形成，假定這一次的覆議案縦不能獲有三分之二的多數而通過，但今後行政院則時時有受制於立法院之可能，工作不僅困難重重，政務亦將無法推動。此時之總統尙可盱衡情勢，迫令行政院長接受決議，不令移請覆議；或改組行政院另提與多數派合作之院長，以示妥協。

職是之故，這一條文關係於政局之安定，至深且鉅，決不可等閒視之，也就是我們憲法不同於其他民主國家憲法之處。我於『監察院之將來』及『國民大會要走到那裏去?』二文中，一再加以申論，俾大家明瞭我國憲政的優點所在。故立法院當行使此項職權的時候，決不能以立委總額五分之一出席，卽可開會討論及決議。今日立委總數爲七百七十三人，如以立委一百五十五人出席卽可開會，而以出席委員過半數卽七十八人，或出席委員三分之二卽一百零四人之通過，卽可決議，那就離開當日之立法原意甚遠甚遠了。儘管在事實上，立法院行使此項職權時，其出席委員的人數當會超過五分之一，其決議時的人數，也不只五分之一的過半數、或其三分之二，但我們不能不預防這些不虞之病要發生的，不論從理論來講，抑就事實來講。

說到這裏，我想再補敘一段當日磋商這一條文的經過。因爲這一條文是經過了好多次的小組會議，煞是費了若干的周折與協商。

國民黨代表第一次提出的修正案是：『覆議時如有「全體」立法委員三分之二維持原決議時，行政院長應卽接受或辭職』。這是想採用美國憲法第一條第七項對於覆議時所採用的辦法(註十五)。但是，其他各黨派都不願意接受這個修正案。因爲依照一般慣例，議會通過不信任案的時候，只須議員總額過半數之出席，及出席議員過半數之贊同，今如改爲需要全體立委三分之二之通過，這樣過高的議事資格的限制，在實際上等於取消了行政院對立法院負責的精神。就是說，如果憲法條文要這樣來規定，勢將把行政院對立法院負責一事，變爲有其名而無其實了。旋經各黨多次協商，始改爲今日的折衷辦法，以出席立委三分之二維持原決議，爲行政院長必須接受或辭職的條件。此與以全體立委三分之二相比，有時其數目相差不多，有時則相差很大，惟無論如何，比一般採用內閣制的國家，其通過不信任決議案的時候，要難得多多了。蓋當時預想立法院開會時的法定人數，在通常狀態之下，必以立委總額過半數之出席爲準，萬未想到只要有五分之一立委出席，即可討論和決定覆議的案件。如以立委五分之一出席，即爲開會時的法定人數，則此最低額之三分之二只不過一百零四人，此非當日起草時的立法原意則明甚矣。

事實上，立法院當討論這類重大問題的時候，各黨派均特別提高其警覺，謹防對方乘機搗亂，故實際上之出席人數，當然不止此數，不過，上面這些假定的發生決不是不可能的。退一步來說，即令在事實上不會有上述這些假定的問題發生，惟憲法上明明規定須有出席委員三分之二的『絕對多數』(三分之二云云，即表示絕對多數之意) 維持原決議，而此時出席會議之法定人數，若僅僅規定爲立委總額的五分之一，則此『絕對多數』云云，就失去其重要的意義了。

因此，立法院組織法對於討論這樣重大問題的會議，無論就理論上講，抑就事實說，均須提高其議事資格，應規定以全體立委過半數之出席，始能開議。這應是天經地義的辦法，任何人毋庸置疑的。像這樣的重大問題，不僅在決議時與其出席委員的人數有關，即在開會討論時，與其出席委員的人數，亦有重大關係。就是說，立法院開會時，如僅僅只有五分之一委員出席，即不應討論這樣重大的問題，不問是不是要作成某種決議。這個前提我們是要確認的。

以上是擬在現狀之下，提出這個意見，看起來雖較繁複，但行之並不甚難。當然，將立法院所有會議都規定爲非有立委總額二分之一出席，不得開會，這是再妥當也沒有的辦法。上述三個辦法，乃是遷就現狀的意思，即是要在現狀之下行得通，而在理論上又可說得過去。至於恐怕將議事資格一提高，開會時則有不足法定人數之虞，那末，立法院可制定一種罰則，以強迫缺席之立委出席，和出席簽名後中途退席之立委出席到底。美國和墨西哥等國既有先例，行憲前在南京時代的立法院也有類似罰則之制定（一次不出席，扣出席費多少），故今日爲對付缺席立委來制定罰則，當可更無問題了。

『開會議事』是立委的唯一職責，也就是立委的唯一工作，立委要批評和責難政府的工作，必須先將自己的工作和職責認識清楚。立委不可將立法院會議視爲戲院球場，隨進隨出，一聽個人之興之所至。而各黨派之中央黨部也要鼓勵本黨的立委勤勉出席，並要鼓勵大家踴躍發言，使立法院變爲一個有聲有色之民意機關，這纔是民主政治教育之機會，也就是訓政時期未了之工作。凡是窒息或阻碍立委發言或提案的辦法，那是開倒車的事情，那是徒惹反感而無實際利益的作法，千萬不可採用，儘管說現在是在非常時期。

須知越是非常時期，越要使民氣蓬勃，越要伸張民氣，越要想法來利用這樣的民氣，切不可使大家垂頭喪氣，徘徊街頭。後者的結果，僅使公開的批評變爲街談巷議罷了。這是謠言讕語之所由興，馬路新聞傳播之機會，而與實際政治是一點好處也沒有的。彼此批評幾句，互相責難幾聲，大家不要神經過敏，以爲對方要來搗亂的，這與實際政治只有利益而無害處。立法委員之提案，只要政府派在最後表決的時候，握有比較多數的一票，即可高枕無憂，在表決之前，一任大家『知無不言，言無不盡』，一切不必害怕，也不足害怕。議場上發言盈庭，嘴巴上吵吵鬧鬧，總比懷恨在心，或暗中傷害來得好。這一點爲政者應該深深體會的。至於說討厭這些責難和批評，那就更不應該了。

或者有人要說：政府在目前要策謀復國，要計劃反攻，不可將智慧和氣力用在對付立法院的舌戰上面。這個觀念是大錯而特錯了。不僅從理論上說，民主政府之一切施政，是要建築在民意機關之同意和了解之基礎上，即從實際上講，政府行政各部門除部長之外，明明設有政務次長一席，這本是爲應付議會而設置的。在實行議會內閣制的國家，這一席多由議員兼任，可以說，政務次長之工作，就是專門與議會週旋的。我國之設有此席，也應從這一方面來考慮，否則，名實就不相符了。

其次，民主政治教育和團結反共力量，應與計劃反攻和策謀復國同等重要，也可以說前者應包括在後者的工作之內。我們希望這次反攻大陸之後，大家能和衷共濟，一心一德，共策建國工作，則中華民族的前途，纔有復興的希望，建國工作纔有成功的可能，不要把大家目前忍在肚裏的閒氣、悶氣，等到反攻大陸之後，再來發洩，再來淸算，那就糟天下之大糕了。

七

茲特研究國民大會開會時的議事資格，應該如何規定的問題。

國民大會集會時的議事資格，在國民大會組織法第八條規定得很明白，而且十分妥善，本來用不着再來研究。惟近聞外界傳說：爲使國民大會易於開會起見，有人主張降低其議事資格，或以國大代表總額三分之一，或以其五分之二爲開會時之法定人數。我想對這個問題略略表示一點意見。

我認爲上面這種主張，是一種最笨拙的辦法，不僅容易授人以口實，且容易造成政治上的亂源。法治主義就是不要因人立法，或採用簡捷的方法，使法律和制度來遷就人事。尤其不可在已有成規之後，爲遷就某一具體事情而特來改動法律或變更制度。因此，我認爲如有其他途徑可循，最好是不要採行這個笨拙的辦法。

在研究這個問題的時候，必須先將國大的職權弄個明白。就是說，現在的國民大會究竟做些甚麽事？然後要有怎樣的議事資格，始能合乎標準。

依據憲法第二十七條所定，國民大會的職權如左：

一、選擧總統、副總統；

二、罷免總統、副總統；

三、修改憲法；

四、複決立法院所提之憲法修正案。

觀於上述各項規定，可見國民大會任務之重要，故該會組織法第八條所定：『國民大會非有代表過半數之出席，不得開議』云云，應是天經地義的辦法，不容再有絲毫伸縮之餘地了。茲特述其理由於左：

（一）關於選擧總統副總統者　依照總統副總統選擧罷免法第四條第一項第三欵之規定：『總統之選擧，國民大會代表，應就選擧票上所列之各候選人中，以無記名投票法，圈選一名爲總統，以得「代表總額過半數」之票數者爲當選。』關於副總統之選擧，準用這一條之規定。就這一條條文的涵義來看，國民大會開會時所需之法定人數，至少應爲代表總額之過半數，再也不能減少一個人。因爲總統之選擧，須在國民大會開會中執行之，而總統之當選，以得到代表總額過半數之選票爲必要之條件故也。國大組織法第八條正爲適應這一條而定的。

茲再擧我國及外國之立法例，過去的或現在的，以爲說明。

a. 民元臨時約法規定：『臨時大總統副總統由參議院選擧之，以總員四分三以上之出席，得票滿投票總額三分二以上者爲當選』(臨時約法第二十九條)。

b. 天壇憲草及曹錕憲法均規定爲：大總統由國會議員組織總統選擧會選擧之。前項選擧，以選擧人總數三分之二以上之列席，用無記名投票行之。得票滿投票人數四分三者爲當選。但經兩次投票無人當選時，就第二次得票較多者決選之，以得票過投票人數之半者爲當選。

c. 美國大總統之選擧，形式上仍爲間接選擧。依美國修正憲法第十二條規定：『……獲得大總統選擧票最多數者即當選爲大總統，惟其數須爲選擧人總數之「過半數」。無人獲得此項過半數時，衆議院應從被選爲大總統之人名單上得票最多的三名中，投票選擧一人爲大總統。依此項手續選擧大總統時，應由各州投票，每州代表合投一票。選擧大總統之法定人數，由各州所選出的衆議員三分之二組成，以得各州之過半數票爲當選……』。

d. 法國戰前憲法：『大總統由元老院衆議院合組之國民議會選擧之，以得全體議員過半數之投票者爲當選』(一八七五年關於公權組織法律第二條)。戰後新憲法規定大總統仍由國民議會 (Assemblée Nationale) 及共和國參議院 (Conseil de la République) 合組之國會選擧之（一九四六年憲法第二十九條)。

e. 西德憲法規定：以得到聯邦會議 (Bundesversammlung)(註十六) 議員過半數之投票者即當選爲大總統。經過二回選擧手續，候選人仍未得到過半數之投票時，再行選擧，以得票最多者當選爲大總統 (西德憲法第五十四條第六欵)。

f. 意大利共和國的大總統，由國會之衆議院及元老院合組之會議選擧之，並由全國十九州州議會各選三人(華達斯州只有一人)參加。選擧用秘密投票，以得會議全體票三分之二以上者當選爲大總統。在第三次投票之後，仍無人得到三分之二以上票數時，以得票過半數者當選爲大總統。

g. 大韓民國的大總統，由立法機關的國會用無記名投票選擧之，須有在籍議員三分之二以上出席，以得到三分之二以上贊成票者爲當選。若無人得到三分之二以上贊成票時，則擧行第二次投票。第二次投票仍無人得到三分之二以上贊成票時，就得票最多二名中決選之。

h. 捷克一九二〇年憲法規定：『共和國大總統應由國會選擧之』(憲法第五十六條)。『爲使選擧有效，必須有元老院及衆議院現任議員過半數之出席，以得到出席議員五分之三多數贊同票者當選爲大總統。兩次投票尙無結果時，就得票最多之二名中決選之，以得票最多者爲當選。票數相同時，用抽籤法決定之』(同法第五十七條)。

觀於上文所述，可見各國憲法對於大總統之選擧，凡是採用間接選擧者，在第一回投票的場合，至少以須得到投票人總額過半數之贊同票爲當選。故選擧總統集會時的議事資格，至少應以構成選擧會會員總額過半數之出席爲必要的條件。

（二）關於罷免總統副總統者　各國憲法對於彈劾案的決定，不論是對總統抑對內閣首長，均特別提高其議事資格，不僅較議決普通提案時爲高，甚至較選擧總統時爲尤高。我國現在制度，在選擧總統的場合，依照前述總統副總統選擧罷免法第四條第二項的規定：如無人得到代表總額過半數之投票時，倘有其他『遷就』的辦法，乃擧行第四次投票，就第三次得票比較多數之首二名圈選一名，以得較多票數者爲當選。各國採用間接選擧之憲法，對於這一點均有類似的規定，務使總統選出時爲止。但是，對於彈劾權之行使，各國均採嚴格主義，不容稍有遷就，藉保政局之安定。我國制度依照前述之總統副總統選擧罷免法，對罷免一事有如左之規定：

a. 『由國民大會代表提出者，罷免之表決，以代表總額過半數之贊成票通過之』(第九條)。

b. 『由監察院提出者，其決議以出席國民大會代表三分之二同意行之』(第十條)。

在b.的場合，國大開會時之法定人數，係假定以代表總額過半數之出席爲準，故在理論上，應爲過半數代表的三分之二之通過，實較a.場合爲低。這是因爲一度經過全體監察委員四分之一以上之提議，及全體監察委員過半數之審查及決議(憲法第一百條)故也。不過，在實際上，可能兩者數目一樣，或後者較前者爲尤高。

民元臨時約法規定：『參議院對於臨時大總統，認爲有謀叛行爲時，得以總員五分四以上之出席，出席員四分三以上之可決彈劾之』(第十九條第一欵)。天壇憲草及曹錕憲法均有這樣的規定，卽衆議院認爲大總統副總統有謀叛行爲時，得以議員總數三分二以上之列席，列席議員三分之二以上之同意彈劾之。而參議院審判被彈劾之大總統副總統時，以非列席三分之二以上之同意，不得判決爲有罪或違法。外國立法例對彈劾案之議決及審查，均規定很高的議事資格者，以免政潮之發生，藉保政局之穩定，我於『監察院之將來』一書中，已詳爲論列矣。故行使彈劾權的集會時之議事資格，當不能少於該會全體代表的過半數。

(三)關於修改憲法及複決立法院所提之憲法修正案者　國民大會行使此二項職權的時候，憲法第一百七十四條第一欵已規定得很明白，卽『須有國民大會代表總額三分之二之出席，及出席代表四分之三之決議』。對於這一點，如須降低議事資格，自非修改憲法不可，此爲國民大會之職權，目前則無法更動，此處毋庸加以研究。

由於上文所述各點觀之，可見國民大會如須降低其議事資格，祇有在選擧總統副總統的場合纔能適用，也祇有在這個場合纔可自圓其說。因爲不論那一國的立法例，總統之選擧，凡是採用間接選擧者，在第一次投票而候選人不能得到選擧人總額過半數的票數的時候，都有遷就的規定，就是用比較多數以代替絕對多數，務使總統及副總統至選出時爲止。因爲一個國家，不能一時沒有元首的。在我國現行制度上，選擧總統和副總統的場合，可連續投票至第四次，務使達到目的爲止。上屆副總統的選擧，就是依賴這個辦法產生的。因此，關於選擧的場合，應不應降低國民大會集會時之議事資格，尙有研討之餘地。

八

現任總統的任期，應於明年五月二十日屆滿，依憲法第二十九條規定：『國民大會於每屆總統任滿前九十日集會』，是下一屆國民大會非在明年二月十九日集會不可。從嚴格言之，這一條文所指的國民大會，應該是新選出的『下一屆』國大代表所集合之國民大會，而非本屆代表所集合之國民大會，因憲法明明規定：『國民大會代表，每六年改選一次』(憲法第二十八條第一項)，本屆國大代表至明年三月已是滿足六年了。不過，自目前實際情勢言之，下屆國民大會之代表，無法從新選擧，而憲法第二十八條第二項復規定：『每屆國民大會代表之任期，至次屆國民大會開會之日爲止』，故由現任國大代表參加明年二月十九日的集會來選擧次屆總統副總統，在法理上自無不可，儘管說這是一時的『權宜』的辦法。目前的問題，就是現在來臺及滯留海外之正式國大代表，其總額够不够全體代表的過半數？由於這個緣故，纔有降低國民大會集會時議事資格之說：有主張以代表總額五分之二爲開會時的法定人數；又有主張三分之一者。如果採取這條途徑，必須修改國民大會組織法。國大組織法係由立法院制定，在理論上只要經過立法院，自然可以修改的。如以代表五分之二或其三分之一出席，爲集會時之法定人數，則在臺之國大代表可能卽足此數，在事實上也許方便得多。然而，這樣作法對於憲政前途如何，會不會發生毛病，自不能不加以深切考慮的。我個人的看法，則期期以爲不可，因有以下幾個毛病可能會發生的。

第一、易與人以口實　現行國大組織法第八條明明規定非有代表過半數之出席，不得開會。上次國民大會係根據這個辦法召開的，總統和副總統是在這樣召開的大會中選擧出來的，今日爲便於集會起見，特降低國大集會時之議事資格，自不免貽人以口實，何況有人正在等待機會找尋岔子，以爲攻擊或否認的理由呢！

第二、易啓野心家的覬覦　如果這樣的降低議事資格，可能造成一個惡例，爲今後野心家開路。因爲今後野心家便於達成其目的起見，可能做效這個例子，臨時來修改法律。這樣，法律將變成野心家的工具。法律要固定而呆板，爲的是杜絕糾紛。法治主義下面做事比較迂緩而不痛快，也是爲了這個道理，使大家在一條路上競賽，那一個人都不能佔一點便宜。今日總統候選人是無問題的，不過，這條法律應該是百年大計。

第三、國大開會時之法定人數要與選擧總統副總統第一回所需要之票數相適應　選擧總統副總統的場合，如仍採用現行總統副總統選擧罷免法第四條第一項第三欵之規定，在第一次投票的時候，仍以得到代表總額過半數之票數者爲當選，今特降低開會時之法定人數，將變爲毫無意義了。如果選擧總統第一次投票也是採用比較多數來決定，不僅欠缺愼重，也就失去總統之尊嚴了。

第四、表示自己是少數　三分之一也好，五分之二也好，我們如果要降低議事資格，首先對外表示我們自己是少數，首先對外露出自己的弱點。這是授人攻擊的口實，絕對要設法避免的。如果自信自己是多數，又何必採取這條途徑呢？其實我們原是多數，而且依照法理的途徑，可以成爲多數的。

根據上面所述，國大集會時如降低議事資格，可能發生上述的毛病。惟國大大勢非屆時召開不可，而在自由區域之代表，恐又不足開會時之法定人數，對於這個問題應用何種方法來解決，方能合情合理。我認爲應儘可能的採取以下三個步驟，所得結果相同，而又可不至發生毛病。

a. 務使海外各地國大代表，包括候補在內，早日來臺。

b. 用可能方法，將候補代表設法補正，使其參加大會。每一正式國大代表，至少有三名候補(國大代表選擧罷免法第二十九條)，此三名候補代表，目前在臺及滯留海外者當復不少。我以爲對淪陷在大陸已達三年之代表，不問其是否附逆或死亡，因他已不能行使職權，只要有候補人在自由區域，一律可予補正。如第一候補人不在自由區域，可由第二名或第三名候補人來補正。用這樣方法比降低議事資格來得妥當。或者有人要說：淪陷在大陸而未附逆之代表，如果此時有人補正，將來打回大陸之後，是不是又會發生雙包案的問題？我的答復很簡單：收回大陸後在再下一屆總統選舉前，國大代表都要從新改選的，不必憂慮雙包案的問題，最多不過是多出一份薪水和配給而已。要考慮雙包案的問題，倒是今日在臺灣的。

c. 關於補正候補人一事，應從寬辦理，只要有辦法可想，應儘量設法補正。因爲這是解釋的問題，在解釋上我們當然可以選擇於我們有利的條件。

總之，缺額代表可儘量補正，降低議事資格則期期以爲不可，儘管是在非常時期。越是非常時期，行動越要審愼，作事越要有客觀的標準。欠愼重則容易出亂子，失標準則動輒得咎。

九

最後，我想總括的再說幾句話，以結束我這篇研究。我這篇研究，雖然稍嫌瑣碎，但是很客觀的。

第一、民主政治是繁瑣政治。政治是管理衆人之事，衆人之事就是衆人日常生活之事，這本是再繁瑣也不過的。故處理一切事件，不可怕麻煩，不可走捷徑。怕麻煩則無法去管理，走捷徑則欲速而不達。

第二、民主政治是法治主義。法律常是呆板的，固定的，按律治事，自不免有迂緩之嫌，但是，有一定客觀的標準存乎其間，無論賢愚智不肖，都有一定的道路可資遵循，誰也不能投機取巧，誰也不能享受優遇。

第三、民主政治是多數決政治 (government of the majority)。一切問題如經多數者決定，此時少數人只有俯首服從。多數決並不是表示眞善美的絕對價値，而是根據歷史的現實的經驗的結果，認爲這是決定實現人類社會比較最合目的的團體意思的決定方法中，一種相對的功利的便宜的方法。

多數決政治是以『量』(quantity) 來代替『力』(force) 的政治，故量之本身也就變成一種力了。關於修改憲法事項，除英國憲法外，其他各國的立法例，莫不採取『絕對多數』(absolute majority) 者，就是要以量來決定一切，以量來抗拒一切，以防亂源之發生。故多數決的時候，只要此方比對方多出一票，則對方儘管自覺頭頭是道，但最後則啞口無言了。因此我們對民意機關之議事資格，不可忽略『量』的重要性。

中華民國四十一年七月於臺北木柵

註一：英國巴力門，上院集會的法定人數僅爲三人，下院則爲四〇人。以各院議員全體數目來說，則是很低的。這是由於歷史的原因。議員數目雖有數度擴充，而各院集會的法定人數並未隨時改變，因爲英國的議會政治，始終是在兩大政黨對峙之下發展的。英國現在下議院議員有六百二十五名，而議場議席只有三百多席，議場是在議員未擴充之前建造的。議事資格亦然。惟在議案表決的時候，當宣佈表決後至實際表決時尙給有二分鐘的餘裕時間，俾各黨派可以集合自己的議員參加表決。各黨的 whip, whipperin (院內幹事)，此時就要發揮作用了。參看弓家七郎著：『比較憲法講義要綱』上册第二二九頁。

註二：立法院各委員會組織法第四條規定：『委員參加二委員會時，應註明其第一志願參加之委員會』。

註三：參看彭䈞著：『立法院會議人數常不足問題』，載『自由中國』第七卷第七期。

註四：普通多數卽過半數之意。

註五：絕對多數卽過半數之意。

註六：立法程序綱領，係國民黨中央執行委員會所制定。其第一條有云：

『法律案之提出立法院，分左列四種：

一、中央政治會議交議者；

二、國民政府交議者；

三、行政院、司法院、考試院、監察院移送審議者；

四、立法委員依法提出者』。

第四條第一項有云：

『一切法律案除政治會議自行提出者由政治會議自定原則外，第一條所列各提案機關提出者，提案機關應擬定法案原則草案，送請政治會議核定』。

註七：參看杜光塤著：『行政與立法之關係』，載『自由中國』第九卷第一期。

註八：捷克憲法規定，對於議決宣戰事項，特別提高其議事資格，須得每院議員五分之三多數之同意(捷克憲法第三十三條)。

註九：普魯士舊憲法第四十八條：『……因與外國政府訂立條約或通商條約而使國家有負擔或課國民以義務時，須得兩議院之同意』(一八五〇年憲法)。

註十：美國憲法第二條第二項規定：『經參議院之勸告及同意，並得該院出席議員三分之二贊成時，大總統應有權締結條約』。

註十一：參看杜光塤前著：『行政與立法之關係』。

註十二：議案分爲公共法案與特別法案二種。公共法案係關係於一般國民利害之法案，特別法案則是關係於一個地方或特定人之法案。

註十三：英國國會之活動大部份在國會的委員會。委員會分爲全院委員會、常任委員會及特別委員會 (the Select Committees) 三種。全院委員會在實質上等於全體大會，不過，可以自由審議而不受繁瑣的議事規則的拘束。議長席前放置的權標藏起來了，由預算委員長任司會工作。每一委員無論對甚麼問題都可陳述意見，或提出質詢，一個人旣可提出動議，已決定的問題也可以從新討論。

註十四：政治協商會議憲草修改原則原案第一條，對國民大會規定如左：

一、全國選民行使四權名之曰國民大會；

二、在未實行總統普選制以前，總統由縣級省級及中央議會合組選舉機關選舉之；

三、總統之罷免，以選舉總統之同樣方法行使之；

四、創制複決兩權之行使，另以法律定之。

附註：(第一次國民大會——卽制憲國民大會——之召集方法，由政治協商會議協議之)。

註十五：美國憲法第一條第七項：『……如經覆議後，該院議員三分之二人數同意於通過該項法案，卽應以之連同前項異議書送交其他一院，該院亦應加以覆議，如經該院議員三分之二人數之認可，該項法案卽成爲法律。』這條條文所指的該院議員三分之二，究係全體三分之二，抑爲出席者三分之二，在過去解釋上頗成問題。茲經聯邦最高法院於一九二〇年，在The National Prohibition Case 中說：『所謂各院議員三分之二，是指出席議員三分之二——假定其有法定人數出席——，不是指出席的與缺席的全體議員三分之二』(Mathaws, the American Constitutional Law, P. 34)。

註十六：西德憲法第五十四條第三款對於聯邦會議之構成，以聯邦議會 (Der Bundestag) 之議員及根據比例代表的原則，由各聯邦國民代表機關選擧之同數議員組織之。

俄帝的新動向及民主國家應有的對策

鄒　文　海

馬林科夫繼位以來，俄帝曾發生了一連串的事件；自貝利亞被整肅的消息傳出之後，世人乃知俄帝一切對外對內的措置，皆所以便利馬魔，使其有清除政敵的優裕機會。馬魔的和平攻勢，與史魔高唱一國社會主義是相同的手法，而抑平物價及釋放政治犯等等，又卽是當時暫時保全富農地位的妙用。獨裁國家的歷史永遠是循環的，獨裁者不願於在世時卽有一個可以起而代之的人物，所以他死亡以後，二流巨頭卽免不了引起角逐。馬魔雖以部長會議主席之尊，儼然已承繼了史魔的法統，然而對地位相等不容易直接支配的許多人物，到底還是不肯放手的。由是政治的鬭爭又開始了一個大的回合，貝利亞之終被整肅，就如史達林戰勝了托洛斯基，告一初步段落。

獨裁者剪滅政敵的方法，都是從實力派開始而逐漸及於有名無實的角色，一直到獨裁者能完全控制一切爲止。馬魔的從貝利亞開刀，也是在這個原則之下行事的。故貝利亞被整肅之後，清除的運動尚未到達自然結束的階段，第二個第三個應予屠戮的對象，馬魔自早已預備一個確定的名單在那裏了。此第二個被剪除的對象爲誰？根據上述原則，紅軍領袖恐爲不可逃避的目的物。馬魔於整理特務隊而收拾爲自己的羽翼之後，對紅軍領袖就會伺隙而動了。莫洛托夫輩的惡運，雖然亦已註定，但此時尚有苟延殘喘的機會。

在馬魔處心積慮打擊其政敵的時候，俄帝內部自然有發生紛擾的可能。假如事機不密，對手可能先來個反擊；假如馬魔的心腹中有反對派潛伏在內，收拾人者往往反可爲他人所收拾；在這種種情況之下，大的事變亦許可以發生，甚至還可以因巨頭們內鬨的表面化而構成革命的客觀條件。這自然是民主國家最希望有的演化，因爲祇有這樣，世界方可在和平的途徑中恢復全體的自由。

不過這一種希望，一般說是不很大的。如莫爾所云，俄帝實爲一新的階級社會，尤其在黨與政府的組織之中，階梯的形式更爲顯著。故進行由上對下的整肅極爲便宜，而發動由下對上的反抗較感困難。就貝利亞的事件而論，貝利亞以一個特務頭子的機敏，當然會預先覺察到圍剿他的陰謀，但是第二號屠夫而欲收拾第一號屠夫，實難取信於人，除集中爪牙以自衞外，祇有束手就擒了。因爲這個關係，馬魔所採手段如果不是過於笨拙，大體上總可以完成他的整肅計劃的。

在馬魔整肅其政敵的過程中，他的對外與對內政策，一定都會有一些改變。馬魔雖無懼於其政敵的叛變，然各種不利的條件如一時併發，對他的地位當然也會發生影響的。俄帝的國力，實在異常脆弱。近年來它因積極備戰，乃置民生工業於不顧，以至民用匱乏，各人的收入變得毫無意義。根據八月三日新聞週刊的報導，俄帝自一九三七年以來民生工業在總生產中所佔的比重如後：

一九三七年(二次大戰前)	四二·二
一九四五年(二次大戰中)	二五·〇
一九四七年(戰後)	三四·四
一九五一年(韓戰中)	二七·〇
一九五五年(計劃中的)	二六·八

俄帝僅許以四分之一的生產力供應人民的生活，而以四分之三的生產力從事於戰略物資的儲存，則一般人的生活爲何如，可想而知。韓戰如果不停，國際的關係不能緩和下來，俄帝祇有依舊執行原來的計劃，而不能有所改變的。此馬魔所以恐懼民變的原因之一。

俄帝於其一貫的宣傳政策之下，認爲對民主國家的最後決戰是不能避免的。可是政府的核心人物，又對戰爭的前途毫無信心。俄帝雖致全力於重工業的建設，而一九四八年至一九五一年重工業的增加率，平均每年達百分之十七，較美國之僅及百分之四·三者更爲迅速。卽使如此，一九五二年鋼及煤的產量，還不過美國的百分之四十。科學的技術，俄帝更是瞠乎其後，故新式的戰略武器，自知不足與民主國家相抗衡。紅軍的將領，雖然一向不能參與政治內幕，但對這種客觀的情勢也不是一無所知的。馬魔如依舊採取史達林的强硬政策，是否會引起軍人的不滿？

俄帝的人民，對共產政權厭惡到怎樣的程度，我們尚無法作正確的估計，然而最近有幾個極富意義的事實，足以說明一些眞相。本年五一節，人民不再被迫參加紀念節目，而代之以足球比賽，和划船比賽，可見共產政權已深知人民已厭倦於頻繁舉行的『猴兒戲』了。貝利亞被整肅之後，眞理報曾大聲疾呼，共產黨的責任爲注意並設法滿足大家的生活要求。眞理報的口號，當然祇是馬魔安定人心的法寶，但從此亦可知道俄帝人民內心所感覺的是什麼。

以上的種種不利環境，如爲馬魔的政敵所利用，亦許就可以掀起軒然巨波。而馬魔全力以佈置者，亦爲克服此種種不利的環境。對於民主國家，他高唱社會主義與資本主義可以並存的舊調，藉以減少紅軍戰爭一觸卽發的疑懼。對於本國人民，他以減低物價的方法爭取各方的忠順，而和平空氣的散佈，當然也使多數人以爲可以改進他們生活的機會了。

以上說明，馬魔的所以對民主國家發動和平攻勢，所以對本國人民略示小惠，既不是政策上的矯正，又不是作風上的改變，無非是馬魔整肅運動過程中不得不有的姿態。整肅完成之後，他的一切就要步武史達林的後塵了。獨裁者統治國家的方式，亞列斯多德於二千年以前即會爲之繪一輪廓，認爲對內的特務工作與對外的侵略，乃獨夫鞭策其人民的兩根最有力量的鞭子。所以獨裁者的有其兇狠的面目，實有不得不然之勢，絕非偶然之事。民主國家對此，均已有深刻的認識，尤其馬魔的手法，與三十年前的史魔如出一轍，豈能即受其愚弄？但民主國家究竟應如何把握目前的環境呢？乘機休養？抑或繼續執行一果敢的解放政策？

就目前言，民主國家似僅集中其注意力於東德事件的發展，希望東德饑民的反抗運動，能演變爲東西德統一的前奏。四强外長會議如得順利集會，自然準備提出對奧的和約問題，使此久受俄帝束縛和壓迫的國家，能早日恢復其自由。除此之外，不過對捷克想加强新聞的滲透，以鼓勵當地人民的復國思想。其餘就沒有見到什麼具體的計劃了。最失敗的還是在亞洲方面，韓戰的休止極使韓國人民氣短心冷，越戰的沒有具體決策又將使戰爭無限期的延續下去，對於整個的中國大陸，更因各懷異志而不能有有效的決定政策，不僅億兆同胞仍在倒懸之中，而亞洲問題的癥結亦依舊沒有解開的希望。凡此種種，說明民主國家雖深知馬魔的行動不過爲暫時的現象，但終不能向積極的途徑努力，以至常常放過敵人的可乘之機，而坐待它的强大。

民主國家的政治家們，在心理上常爲一種觀念所左右。他們以爲積極政策將重蹈梅特涅與神聖同盟的覆轍，勢將勞而無功。殊不知十九世紀的民主運動，乃爲潮流所趨，故梅特涅與神聖同盟的干涉政策實爲一種反動的力量，不能爲一般革命國家所歡迎。至於共產極權主義，無非廿世紀中的大反動，其倒行逆施的舉措是早爲受其荼毒的人民所深深厭惡的。民主國家不能在適當的機會中仗義執言，不能在必要的場合中作實力的後盾，是無異於棄羔羊以飼虎狼，如何能使民主的勢力一天一天的擴張呢？

鐵幕國家的人民，固有嚮往自由與民主的決心，但他們素無組織，更少武器，且彼此之間不敢信任，深怕對方就是共產黨的特務份子，如何能希望他們揭竿而起，推翻騎在他們頭上的魔主？東德人民是勇敢的，但若干萬徒手的羣衆，除焚毀官廳房舍以洩憤外，到底也抵抗不了史達林坦克的踐踏。此種寶貴的熱血，一再毫無結果的犧牲，我們很怕會有三而竭的一天。再說東德人民的所以較有作爲，不能說是日耳曼民族的特別不畏强暴，實因它一半祖國未亡，而深信此自由的西德必可爲奴役的東德作後盾，故而敢於作積極的行動。是以知民主國家若能宣示其拯救世界人類的決策，且以行動來證實它們的決策，則起而積極反抗其殘暴統治者的運動將風起雲湧，又豈止東德一隅？

我人知自由與權利必經辛苦奮鬭而後始能安全享受。被奴役的人民，如不能於自我的犧牲中激發人人愛好自由與權利之心，而祗是坐待民主國家的賞賜，那自由與權利的基礎必不能鞏固的。然業已享受自由與權利的人民，如不能擴大自由與權利的意義，使一切人皆能共享此自由與權利的果實，則此自由與權利即變成特權，即變成一般人歧視的對象，又豈能永享此自由與權利？從這個觀點言，民主國家之必須以擴大自由與權利的果實爲己任，不僅僅爲了救人，而且也爲了救己。

俄帝雖於近數月中做出種種的和平姿態，但求其有實際的讓步，一定還是不容易的。韓戰的和談，民主國家固然毫無所獲，而歐洲的外長會議，將來的僵持局面也是不卜而可以預知的。民主國家要求東西德的和平統一，俄帝必然還是以全面撤軍爲對策，講到對奧和約，它又是以廢棄簡約爲前提，一切它以往所使用的絆脚石，現在照樣使用，不會因爲它的諸言而所有改變。民主國家如不能於此時有果敢的步驟，那不過徒然遷延歲月，使馬魔動搖的政權入於鞏固，不須一二年，他又要昂首濶步的對世界予取予求了。

俄帝之不肯放鬆它對於附庸國家的控制，祗要看貝利亞的起訴書就可以知道了。貝利亞所犯的重大罪惡之一，即爲挑撥和離間各民族國家的感情。俄帝相信民族國家的獨立運動即爲破壞蘇維埃主義的行爲，爲共產集團中爲最不可寬恕的罪行，必須處以極刑而無所姑息的。如是，我們若謂可以坐待附庸國家必有一日自己解放自己，豈非緣木而求魚？民主國家不能只有崇高的目的而無所行動的，現在所處的是集體的時代，尤其應付共產集團的威脅，更非出諸集體的制裁不可。在這個前提之下，我們的環境是要求集體行動的，則民主國家之反共政策，豈能謂爲步武神聖同盟的後塵？

民主國家因愛好和平之故，往往對侵略國不惜出諸姑息一途。從我人對歷史的責任而言，殊不能辭養患之咎。然從愛惜民命避免破壞的觀點言，尚不失爲仁者之心。惟於獨裁國家內有隱憂的時候，不能把握時機而迫使讓步，實不能見諒於世人了。從民主國家言，現在不是乘機休養的時會，而實因加倍努力，加倍的採取積極和主動的政策。祗有在這個時期，民主國家可以不冒戰爭的危險而達到目的，過了這個時期，恐怕就是冒戰爭的危險也不容易達到目的。在這個時期而對共產集團低頭，就無異於以戰略物資供應敵人了。

我人始終認爲民主國家的領導者缺少一可以號召全世界人民心理的具體綱領，尤其現時可以轉取主動勢態的時期，更感覺到沒有這個具體綱領是一個很大的遺憾。我人對於未來世界的希望是什麼？我人將來和平合作的途徑爲何？我人如何保證共同的富足？我人將如何維護人人的自由生活？凡此種種，各國政治領袖固會作單方面的闡述，然而集多數國家政治家於一堂，共同簽署一莊嚴的宣言，使人類歷史進入一新的時代，使倒懸的人民得一歡欣鼓舞而共同努力的目標，使自由世界的人民更進一步認識其神聖的使命，此豈非亦當前一個值得做而必須就做的事情麼？

大學教育應如何改進發展？

羅鴻詔

一

兩個月前臺灣大學法學院兩位教授解聘事，掀起言論界一個浪潮，新聞雜誌倍形熱鬧。因爲臺大是自由中國唯一的最高學府，故由臺灣以至香港各界人士甚爲關切。我們因爲這些人事糾紛不在乎個人而在乎制度(參看下面)，故保持緘默。最近錢校長的書面談話(見八月十二日中央日報)，說得極其詳細，尤其是陳院長的談話(八月十三日中央日報)稱：「關於臺大的改進事宜，本人曾偕同有關教育行政當局三度邀請各方面負責人士與專家學者詳加研討」，大概鬧了一個多月的臺大問題現在也已經告一段落了。陳院長對於教育如此重視，對臺大的改進如此致力，蓋深知建設臺灣復興民族的最深的根本在乎教育，根本如不培養，結果是無從收穫的。我們遜聽下風，殊感興奮，故就理論與實際雙方，略貢其一得之愚，以供社會人士的討論，政府當局的參考。

二

教育是百年樹人的大計，這句話在中國大家都作老生常談，但是最平凡的眞理也就是最確實的眞理，不會因時因地而改變的。如果我們相信這句話是眞理，則教育的宗旨和制度均不能在短期間看出好壞來，縱使不一定是百年，至少也要幾十年後始能表現清楚，從反面說，欲速則不達，教育事業是不能謀急功近利的。惟其教育的功效是緩慢的，所以乍看起來好像是沒有關係的樣子，其實還是有極大的關係，這一點必須認清，然後對於教育的措施不致有求益反損的結果。

細讀陳院長的談話，其大意不外是：從前大陸上教育與社會脫節，與政治脫節，現在便要使教育與社會融合，與政府融合罷了。

今先論教育與社會的關係。我們以爲從近處小處看，教育與社會或許各行其是，兩不相涉，從遠處大處看，社會之受教育的影響必然是深而且大的。明清兩朝八股時代的教育，大家都還記得淸楚吧。一般士子所讀的只是四書、五經、八股文、試帖詩而已，其內容和社會上的事情確實是關係很少的。你說那時代的教育和社會完全脫節了嗎？但是淸末以來談改造社會的，都以爲中國社會所以如此，完全是這種教育造成的。於是廢科擧而興學校，至今五十年間中國社會完全大變，改變後的社會是好是壞暫時不必詳論，但其所以變至如此的境地當然是教育之力爲最大，恐怕是沒有人能够否認吧。至於社會的需要是甚麼，我們也很難一口斷定，淸末的輿論只求富國强兵，民初再加上民主與科學，今天的社會需要是否國富，兵强，民主，科學呢？如果說過去五十年來的社會有實現這些需要，固然是不錯的，但是今天的知識分子對於富國、强兵、民主、科學的知識，比起從前的章句腐儒來，不知高出多少倍了。學校的教育所能收到的效果只是知識的增加，要將這些知識轉化爲客觀的事物，例如由民主的知識而實現民主的政治之類，還有另外許多條件，僅僅的教育實無能爲力。現在要教育與社會融合，還是將其他條件改良以配合教育呢，還是將教育的情形改變以遷就其他條件呢？我們以爲要改進教育必須求教育本身的進步，使員生的道德與知識步步提高，切勿犧牲了教育以謀改良社會。

其次教育與政治的關係更爲直接而具體。淸末以來，學生與革命關係至爲密切，革命的中堅幹部都是學生，民國成立此風未息，自靑年運動發生以後，野心的政治家已有意地利用學生，至共產黨出來，其方法的巧妙則能造成氣氛使多數學生不知不覺地入其掌握，其滲透的周遍則大中小各級學校以至窮鄉僻壤幾於無孔不入。眞的！抗戰勝利後教育與政治不是融成一體了嗎？誰說它倆各自分立呢？今日的中國政治還是全由知識份子負責的，所以希望政府當局對學校教育無所作爲以及學校員生不參加政治活動，都怕是不可能的，但是教育與政治畢竟有分界，決不應該融成一體。學生在學習時期，一經參加政治運動，在學習上必有所損失，卽使是自願的我們都不敢贊同，政府更不應特予鼓勵，至於野心家的利用則簡直是一種罪惡了。他方，政府要改進學校教育，則應知道教育的本務，要使多數員生有高尙的道德與豐富的知識，然後可稱改進而無媿。倘若以某一政策爲主體來要求教育的配合，恐怕不能達到改進目的吧。因爲政策是時時變更的，如果教育跟着政策而時時變更，其結果只有擾攘不安罷了，怎能够提高員生的德智呢？

三

現在根據上面的分析，再來看看此次臺大的改進計劃。陳院長說：「要推行臺大的改進計劃，第一步就要刷新陣容，所以這次臺大各院的人事調整，完全是基於政策上的需要……在此我要附帶一說的，就是聘請教授是學校的行政權，任何人不能任意干涉。」這，大概是針對法學院兩教授的解聘以及理工醫三院的易長而言，錢校長也曾經幾次在報紙上發表過談話了。依現行的大學制度，教授是由校長聘任的，任期一年或二年，聘約期滿以後再由校長續下聘書，如果不予續聘便應去職。故此次臺大的人事調整，不論其理由如何，確實是合法的。但是這個制度是否健全而合理呢？我們以爲居今日而談改進大學教育，與其更換幾個教授，院長而刷新陣容，孰若改善人事制度而一勞永逸？大家知道，西方的教授都是終身職，並沒有甚麼任期的，我們現行的制度大概是我國的舊習慣，由東主禮聘西賓而來吧。西方的教授是學校的主人，與學校同其休戚，共其榮辱；我國的教授只是學校的客卿，學校的好壞，學生程度的高低，都和教授沒有多大關係，所以休戚榮辱不相共。我常說，今日師生的關係是偶然相逢的，一方在此教書，一方在此讀書，一年二年以後又不知到那裏去了。教授已沒有權力，所以也無從負責。因此責任都推到一個校長身上，幾千個學生的大學，叫一個校長去負責，那裏負得了呢？教授已然是客卿(西賓)，校長便是眞正的主人嗎？不是的，校長是由政府任命，也可以被政府免職的，故校長只是主人的代表罷了。那麼政府是主人嗎？理論上政府的首長只是公僕，事實上也是時常變更的，結果只有政府這個機構當作主人罷了。昔日的東主是家長，學生都是他的子弟，家長握有絕對的權力，固定的地位，他與子弟的關係不但休戚相關，榮辱與共而已，故對於子弟的教育無不盡其心力以期收到最好的效果，其爲子弟擇師縱使有誤，旁人亦無庸多說。現在的校長要行使家長的職權，爲學生選擇師長，但是已沒有家長的權力地位，校長與學生又儘可以不同其休戚榮辱，再加上科學門類之繁多，其困難概可想見。若有不好的校長，則大可濫用其職權，一方可排除異己將好的教授辭去，他方又可安插私人，任意增加課目，學校還成樣子嗎？我們以爲幾十年來，學校內部之擾攘不安，教育進步之不如理想，其原因多半在此。這種制度若不變如故，我想，一切改進計劃都怕要大打折扣的。我們既然跟着西方來辦大學，不能只學其表面的科目，而將其眞精神所在的制度完全不要的。至於改革的方案如何，則將西方各大學的通行制度斟酌去取，便可成立，我們現在不必詳論，只要政府當局與社會人士深感必要，下大決心，則方案問題是計日可決的。日本維新以後設立大學，大半採用德國的制度(其他各國也往往參考)，確能表現其精神，故其教育的進步遠勝我國，這是鄰國的實例，很值得我們參考的。

四

人事調整只是此次臺大改進計劃的第一步，其中心所在乃 是三個計劃 委員會。錢校長談話稱：「本年六月中旬，行政院陳院長曾邀了教育部程部長和許多位教育專家共同商討今後臺灣大學的發展與改進計劃，會決定臺大的理、醫、工、農四個學院應分別成立負責計劃改進的委員會。臺大於奉到命令後，就把這件事報告了行政會議，並把委員的人選提出，經行政會議通過，呈准教育部備案後，這三個委員會卽正式成立。照教育部的命令，除醫、農兩院各成立一個計劃委員會外，理工兩學院可以合設一個，所以臺大成立的是三個計劃委員會，一是理工學院計劃委員會，二是醫學院計劃委員會，三是農學院計劃委員會。」其人選是：理工則主任委員凌鴻勛，又委員六人；農則主任委員沈宗瀚，又委員四人；醫則主任委員劉瑞恆，又委員八人。當時除農學院長列名於委員之一而外、理、工、醫三院的院長均未被聘爲委員，乃各自提出辭職，現在除理學院由校長自兼外，繼任人選也已經決定了。有人說，這三個委員會的設立完全是暗示那三位院長辭職的。但是行政院院長會同教育部長及學者專家會經三度研討而後成立的三個委員會，理應是今後臺大改進發展的重心，說它們是僅關於幾個人員，我始終不敢完全相信。且教授才是本職，院長只是兼職，要院長辭去兼職比之解聘教授更是輕而易擧的事情，何必因此而設立三個委員會，繞一個大灣子始能達到目的呢？且看錢校長的談話，則這些委員會的設立似乎以配合國家經濟建設計劃爲首要，陳院長所謂政策上的需要，也怕是這個意思。但是醫學院的性質與經濟建設關係甚小，似乎搭不上去，姑且置之不論吧。我想，國家經濟建設計劃應由政府訂定施行，如果需要臺大協助，則將其計劃內某一部份的工作委託臺大辦理，臺大則指定專人負責工作，才是正當的辦法，爲甚麼要在臺大設立計劃委員會呢？這些委員會所計劃的據說是臺大的改進發展，而且只是「設計的機構，不是執行的機構，計劃委員會只作建設，執行的還是院長，校長」(錢校長談話)，信如所言，則院長主持的三度研討似乎已過於隆重了。而且一種設計機構怎能够配合國家的經濟建設計劃呢？難道國家有一套計劃，臺大則跟着此計劃而改進發展嗎？我們以爲臺大的改進發展應根據教育的原則，以員生的德智增進爲主要。如果大學教育追隨政府的某一計劃或政策而轉移，怎能够確立百年的大計？這三個委員會已不是爲政府訂定經濟建設的計劃，只應專心致志於臺大之改進發展。誠能擬訂一個像樣的計劃來，也就算是名副其實了。

至於委員人選的問題最爲社會人士所關切。因爲該委員會的委員，除一部份是臺大教授外，校外的專家亦爲數不少。聽說未被聘爲委員的教授自屬無權而不便過問，卽在委員之列的也不大起勁。如果大多數教授均對委員會抱反感而採不合作的態度，則那些另有職務的委員要多久始能訂出一種計劃來，仍是未知之數，卽使訂出來，會不會行之而無阻，亦屬疑問。對於這些社會人士所關切的問題，錢校長雖有所解釋，但是只表示遺憾，只希望校內外人士建議，並沒有提出解決問題的方法。我們惟望傳聞並不是事實，臺大的改進發展能順利進行而已。

放棄了的道路

——海耶克教授著「到奴役之路」(The Road to Serfdom by F. A. Hayek)之第一章

海耶克著
殷海光譯

譯者的話

今日世界面臨的最大課題無疑是藉反共抗俄而反極權暴政。相對於極權暴政而言，反共抗俄是爲了建立民主以實現自由，這一最低限度的主旨，應是自由世界所一致趨歸的。然而，在自由世界裏，並不是所有的份子對此主旨眞切嚮往。因此，自由世界還未能形成在政治上的一個同質體以發揮最大可能的反共效率。時至今日，在自由世界裏，尙有人發出要民主而不要自由的妙論。吾人需知，自由是民主底眞實內容；民主是自由底唯一形式。沒有民主則自由失去保障與發展底憑藉。沒有自由則民主將成獨裁與極權暴政底工具。談民主而反自由，正猶之乎要結婚而反對戀愛。這是什麼『邏輯』！

民主形式是易被利用的。舉凡開會也，選舉也，議事也，立法也，舉手也，無一不可表演得維妙維肖。自由則不能被導演。自由是個體之自主，自發，自律的思想，言論，與行動。所以，當自由民主之要求正大光明，而且成爲沛然莫之能禦之勢時，現代極權統治者爲表面順應此勢以保持其權力，無寧選擇形式的民主，而打擊內容的自由。於是，蘇俄發明了『人民民主』這類底玩意以欺衆。但是，假戲總是容易敗露的。當着『人民民主』這種假戲被大家看穿而且要求貨眞價實的自由時，蘇式發明家將會對『自由』這一個名詞讓步，而別籌方法來挖空自由之實際，或利用大家對於自由並無眞正的了解而藉巧立之名目導向自由之反面。也許，蘇俄型類底發明家會說，只有『階級自由』，『共產黨底自由』，或『蘇俄國家之自由』，再沒有別的自由。這樣一來，就把眞正的自由，一筆勾消了。

自由不是隨便可以獲致的。它是適合的歷史和環境之產品。在『不識不知，順帝之則』的氣氛籠罩之下的地區，不會產生自由。『作之君』和『作之師』混爲一談時，自由不能顯現。『一盤散沙』並非自由；自由並非『一盤散沙』。在一羣人中，即使具有含糊的自由觀念，但如未將自由觀念建構化 (institutionalize)，器用化 (implementationalize)，任其藉此發展，那末自由觀念有如未經孵化之卵，永遠不能化而爲鵬。這樣，縱有自由觀念，或所謂『精神的自由』，它對於整個的人文建構不能發生相干的作用。所以，那聚族農耕的地區，不易出現自覺的自由人。從前，在這些人中，具有某種文飾的 Tabooism 發生支配生活的魔力。到了近代，這種 Tabooism 滲入這些人底政治生活裏，便轉形爲種種色色的政治教條。藉高挂政治教條而獲得現實利益者之反對自由，乃『事有必至，理有固然』。

實在說來，東方沒有自由傳統。在東方某些地區，富於一元論傾向的意理，雖未將其他意理排斥盡淨，但至少居於優勢的支配地位。這種富於一元論傾向的意理，表現在政治上就是『定於一尊』。到了近代，經過大的政治變革，『一尊』破滅，墮落而爲擁有武力與割據土地者對人衆之宰割，統治，鎭壓，以及部勒。德日諸國之軍國民思想底輸入，給予了這些玩意以『思想武裝』。不久，俄國革命發生，布爾希維克意理向東泛濫。布爾希維克意理遂取軍國民思想底支配地位而代之。布爾希維克主義者，從理論上到實際上，無不澈底反對自由思想，自由言論，以及自由組合；而主張嚴格以一個教條統治思想，以一種宣傳來齊一言論，尤其是以一個政治組織來代替衆多的政治組織。布爾希維克主義者與軍國民主義者雖屬來路不同。但是在敵視自由上則同；尤其在摧毀自由之技術上，後者望塵莫及。在這一關聯上，後者是易與前者化合的：在軍國民思想的潛意識底子上。加上布爾希維克式的技術。這樣，數十年來播散的自由種子更暴露在寒風烈日之中，而日趨凋零，衰落。

自由是人類最寶貴的財產。嚴格意義的自由人之出現，只是歷史進入近代才有的事。時至今日，世界上只有較少數的人才享有自由。自由人是自主，自發，和自律的人。人而能自主，自發，和自律，這是人類文明高度發展底結果。所以，我們可以說，自由人和最文明的人二者是同義語。自由是不容曲解的。它是西方近代宗教、政治、經濟、和知識向前發展的產品。因而它有一定的眞實內容。東方大多數人，對於自由底眞實內容依然一無所知。反共抗俄而不知自由爲何，正像結婚而不談戀愛一樣地可悲。

原籍奧國的學者海耶克 (F. A. Hayek) 教授底著作『到奴役之路 (The Road to Serfdom)』一書，依譯者之所知，乃近若干年來論析自由最佳的著作。問世以來，學人交相讚譽。歐美學人 H. Hazlitt，G. Garrett，J. Davenport，Hans Kohn，以及 Louis M. Hacker 等之評讚且不具論。我們茲看當代最有影響的大經濟學家鏗斯 (M. Keynes) 對海耶克這部論著的態度，便可見其價值。(羅斯福總統所領導之新政，在經濟理論上，大受鏗斯底影響。)

鏗斯與海耶克教授原係論敵。但是，海耶克教授此一論著問世之初，即改變了他們二人之間的關係。一九四四年六月二十八日，鏗斯致函海耶克教授道：『我在旅途中有機會把你底著作好好讀過了。照我看來，這部著作是一部偉大的著作。在這部著作裏，你把所亟需說的話說得這樣好，我們都應該感激你。當然，我不能全部接受你關于經濟方面的學說。但是，在道德方面和哲學方面。我却全然同意你在這部著作裏所說的。對於這些學說，我不僅是同意而已，並且深深受其感動。』(The Life of John Maynard Keynes, 1952) 由這一段話裏，我們可以看出鏗斯對海耶克這部論著估價如何的高，以及他受到怎樣的影響。

我們再看鏗斯傳裏是怎樣說的。鏗斯傳裏說：『近來有件可喜的事。卽是，鏗斯和海耶克教授二人獲致了愉快的友誼關係。在第二次世界大戰期間，海耶克教授底注意力轉變了。他不再研究銀行論與資本論這類專門技術性的問題。他寫了一本關于政治經濟原理的著作「到奴役之路 (The Road to Serfdom)」。這部著作中雖不無過甚其詞之處，但畢竟算得是一部典籍。鏗斯和海耶克教授發生愉快的友誼關係，可算是鏗斯對於海耶克思想怎樣反應之一表示。從這一表示，我們可以看出鏗斯對於這個時代某些根本問題的看法。』以共黨作主力所鼓動的非自由主義的意理，到了二十世紀，幾成無可抗拒之勢。海耶克教授此作，則成正面抗拒此勢之信號。所以，它受到學人底重視。

這部論著底立論，固然主要係從政治經濟入手，但背後假定了自由社會的倫理道德基礎。著者海耶克教授學識之淹博，觀見之深入，論證之謹嚴，保衛自由制度之力，及其對源出德意志的反自由逆流思想駁議之精，實爲近年來所罕見。這部論著，是一面鏡子。我們看這面鏡子，便可一目了然：奴役社會是怎樣構成的；那些地區正在朝着奴役之路邁進。這樣的力作，對於趨慕自由但却爲流行的似是而非之說所攪困的人，應該是一座指路標。

海耶克教授曾目睹納粹如何摧毀自由而導德意志人民於奴役之路。彼進而思究此結局如何主要源出德意志思想。海耶克之寫這部論著，可謂現身說法。德奧學者與海耶克同等遭際者尙大有人在。彼等近二十年來類此之論著給予英美學人以若干警醒：使彼等從新肯定一度受到嚴重震撼的自由信念，並從而革新之，擴大之。納粹與共黨是歐洲現代政治上一對變態的孿生兒。無論二者在發生的根源上有無不同之處，納粹統治與共黨極權底作風與實際設施使人民親身感受的痛苦，則甚少差別。所以，至少在這一關聯上，凡對納粹之批評幾全可移用於共黨。旣然如此，海耶克教授底思想，對於一方面並未反對與極權暴政抗鬪而同時却竭力提倡德意志型及其兄弟思想者，應能引起若干反省。

放棄了的道路

自由制度在這一代並未失敗，祇不過未曾嘗試而已——羅斯福

自二十世紀初葉以來，人類底文明發生了出乎意料之外的轉向。近幾十年來，人類文明底航程，並非照着我們大家所希冀的方向繼續進步；恰恰相反，我們是爲種種現代的過惡所威脅。這種種過惡，是被我們與過去歲月的野蠻主義聯繫起來的。當然，面對着這種情勢，我們不願意譴責自己，不認爲係由於我們底過失所致。我們總是自我辯白：我們不會運用最佳的智慧來與過惡奮鬪麼？在我們之中，許多第一流的頭腦不是曾孜孜不懈地努力着想把這個世界弄得更好麼？我們底一切努力和希冀，不是曾趨向較大的自由，正義，和繁榮麼？我們總以爲，如果我們所希望的是自由和繁榮，可是，我們所得到的結果，却是面臨桎梏和困乏，那末這便是結果與希望大不相同了。如果事實上的結果與我們底希冀大不相同，那末這不是由於邪惡勢力挫折我們之所致嗎？而且，在我們重行走上較佳的道路以前，邪惡的勢力征服了我們，那末我們不是會成爲邪惡勢力底犧牲品嗎？凡此等等，不是很够明顯的事實嗎？我們常常聽到有人咒詛這個時代的罪惡，說這些罪惡是由於邪惡的資本家所造成，或是由於某一個國家底敗壞精神所致，或是由於老一輩的人之愚妄所致，或是由於半世紀以來我們向之鬪爭但猶未完全推翻的一種社會制度所形成。無論我們把這個時代的罪徒叫做什麼，無論我們與這些罪徒怎樣不同，我們總是以爲我們可以肯定一點，或者至少直到最近可以肯定一點，就是：有些觀念在較近若干年來爲許多具有善意的人共同接受，並且決定着我們社會生活中主要的改變，而這樣的一些觀念不會是錯誤的。我們底文明現在是發生危機了。如果有人提出任何說法來解釋這種危機，我們都肯接受，但有一種說法是例外。這種說法就是：世界當前的危機是由我們所犯下的眞實錯誤造成的；而且我們追求我們最珍視的某些理想，適足以產生與本願全然相違的種種結果。大家都不相信，這種說法，適足以造成世界今日的危機。

當我們把全副精力用於獲致戰爭勝利時，我們有時不易記得，卽使在戰前，我們現在藉作戰來保衛的許多價值標準，在英國已經遭受威脅，在別處已經遭受破壞。雖然，代表着不同理想的國家是各自爲其生存而戰，可是我們不能忘記這一鬪爭是起於觀念的衝突。這一觀念的衝突，在不久以前，是孕含在共同的歐洲文明裏的；並且，由於極權制度之創立而登峯造極的許多趨勢，並不限於目前陷入極權制度之下的國度中才有。雖然，我們現在首要的任務是贏得戰爭，可是贏得戰爭的目標僅僅是爲得到另外的機會來解決這些基本問題，並且覓致一種方法來趨避那威脅相似的文明之命運。

現在，我們不容易認爲德國和意大利或蘇俄不是與我們在不同的世界中；我們以爲他們是在與我們相同的世界中的思想發展之產物。至少，在我們與敵人相持時，我們比較容易把敵人看成與我們完全不相同的東西，而且在那些敵國裏所發生的事情不能在我們底國家裏發生。至少，我們這樣想時，自己也比較愜意些。可是，在極權制度興起之前的歲月，這幾個國家底歷史可以表明，我們與這些國家不同之處是很少的。我們與這些國家所發生的外在衝突，乃歐洲思想發生變化之一結果。不過，這些國家底思想變化得快些，以致於和我們變得緩慢

些的思想發生衝突而已。但是，我們並不是沒有受這種思想變化之影響的。

觀念底改變和人類底意志力將世界弄成目前這個樣子。雖然沒有誰預見到這些結果，但事實上已擺在大家面前。事實是自發的變化着。目前事實的種種變化。並沒有使得我們非改變我們自己底思想習慣來適應它不可。這種情形，也許是盎格羅撒克遜諸國所不易了解的。之所以如此，是因在世界改變底發展過程之中，盎格羅撒克遜諸國遠落歐洲多數國家改變底速度之後。我們仍然以爲目前指引我們的理想，以及在過去的年代會指引我們的理想，祇是在未來才能實現的理想；可是我們沒有察覺，在過去二十五年來，這些理想不僅已經改變了世界，而且也改變了我們自己底國家，並且已經改變到了何種程度。我們依舊相信，直到最近，我們還是受所謂十九世紀觀念所支配，或者受放任原則所支配。如果我們將我們國家底現狀與某些國家加以比較，而且與那些輕浮躁進的國家之看法加以比較，那末我們相信我們還是受着所謂十九世紀觀念之支配，或者受放任原則底支配。我們以爲我們底這種想法是對的。但是，卽使時至一九三一年，英國和美國只是緩慢地跟着別的國家之路線走。卽使在那個時候，英美已經走得相當的深，以致於只有記得在第一次世界大戰以前的情況的人才知道自由世界底眞面目爲何。

這個問題眞正嚴重之點是，不獨近年來我們在物質建設方面有着重大的改變，而且這些改變表示我們底觀念演進底方向也完全改變，我們底社會秩序演進底方向也完全改變。可是，這些方面的改變，依然很少人察覺到。因爲，至少在極權主義底惡魔威脅人類之前的二十五年，我們是一步一步地離開西方文明由之而建立的那些基本觀念。近年來的趨勢帶給我們甚高的希望和雄心，但結果却使我們面對極權主義的恐怖了。於是，這一社會主義的趨勢很深刻地震撼着我們這個時代。可是，我們依然不願意把我們觀念底改變與當前的恐怖二者聯繫起來，我們不認爲二者有因果關係。目前這種發展底趨勢祗印證自由哲學之父底告誡。當然，我們還是相信這些告誡的。我們知道，沒有經濟自由，那末在過去便也不會有個人自由和政治自由。但是，現在，我們却一步一步地放棄了經濟自由。十九世紀最偉大的政治思想家，托克里 (De Tocqueville) 和阿克頓爵士 (Lord Acton)，警告過我們，說社會主義就是奴隸制度。雖然如此，我們還是堅決地朝着社會主義前進。時至今日，我們看見一種新形式底奴隸制度擺在眼前，可是我們却全然忘却了一項告誡。我們忘記了社會主義與奴隸制度是有關聯的。

現代趨向社會主義的趨勢，不獨與最近過去的歷史脫節，而且與西方文明底進化程序也脫節。這種脫節，深刻到了什麼程度，我們如果不僅考察十九世紀底背景，而且考察長遠的歷史景象，並且發現社會主義的趨勢與這些背景和遠景相抵觸，那末我們便可瞭然於懷。我們不僅很快地放棄了科布登 (Cobden) 和布萊脫 (Bright) 底看法，不僅很快地放棄了亞當斯密和休謨 (Hume) 底看法，甚至於很快地放棄了洛克 (Locke) 和密爾頓 (Milton) 底看法。我們是很快地放棄了西方文明顯著的特徵之一。這種文明是從基督教、希臘、和羅馬所奠定的基礎之上成長起來的。我們不僅逐漸棄絕了十八與十九世紀的自由主義，而且也逐漸棄絕了伊拉斯謨 (Erasmus)與孟泰格(Montaigne)，塞西諾(Cicero)和塔希圖 (Tacitus)，貝利克 (Pericles) 和都西底斯 (Thucydides) 所遺留給我們的個人主義。

納粹首領說，國家社會主義的革命是反文藝復興的。他所說的，比之他之所知，也許要眞確些。自文藝復興以來，近代人是從這一文明裏成長的；而且，究竟說來，這種文明是個人主義的文明。國家社會主義的革命是對於這一文明之致命的打擊。時至今日，個人主義一詞，常引起許多人不良的印象。這個名詞往往與自我主義 (egotism) 和自利自私連在一起。但是，我們現在所說的個人主義與自我主義及自利自私並無必然的關聯。我們所說的個人主義與社會主義以及一切其他形式的集體主義倒是相反的。我們將要在以後將這兩種相反的原則彼此衝突的地方慢慢討論。個人主義已經包含在基督教和往昔古典哲學中。這些要素，當文藝復興時，首先得到充分的發展，而且此後逐漸成長爲我們所知的西方文明。個人主義之基本的特色是尊重個人，把人當做人。這也就是說，個人主義承認各個人自己底看法和品鑑力在他自己底圈子裏是至高無上的。無論他個人底圈子怎樣小，都是如此。個人主義並且相信，人必須發展自己底才能和個性。『自由』這樣的名詞現在用濫了。因此，我們用這個字眼來表示自己底理想時，總有點感到猶豫。『寬容』一詞也許是意義依然保持得完整些的字眼。這個字眼所表示的原則，自文藝復興以來，是佔着優勢的；只是在最近又低落下去。在極權國家與起後，寬容原則便全然消失了。

自十八十九世紀以來，社會制度逐漸從嚴格的階層組織轉化而成各個人至少可以自定其生活方式的制度。在這種制度中，個人得有機會認識不同的生活方式，並且有機會選擇其生活方式。這種轉變，是與商業發達有密切關聯的。從意大利北部底商業城市開始，新的生活觀隨着商業向西部與北部發展，經過法國和德國西南部向低地國家和英倫三島擴張。這種由商業而引起的新生活觀，在沒有專制的政治力量來阻抑它的地方，便根深蒂固起來。在低地國家和不列顚，這種新的生活觀在一個長時期之內得到充分的發展，並且首次得有機會自由成長，而且變成這些國家底社會與政治生活之基礎。而且，自十七世紀和十八世紀以來，這種新的生活觀，又從這些國家以更較充分發展了的形式向西與東擴張，擴張到新大陸，擴張到歐洲大陸底中心地區。可是，在歐洲大陸底中心地區，時常發生戰亂，並且有强大的政治壓力存在；這使得與英國相似的自由果實不能早早成長。

在歐洲歷史底整個近代階段裏，社會發展之一般的方向，是把個人從種種桎梏之中解放出來。這些桎梏會依風俗習慣或預先製定的種種規律，來綑鎖人日常的生活。在這個階段，大家逐漸認識個人須自發地和無拘無束地努力自己底工作。這種認識使大家能够建立複雜的經濟活動秩序。不過，祇有在個人解放運動獲有展進時，這種對個人才能的認識方能產生。其後，經濟學家們建立首尾一貫的論證來證明經濟自由。這是經濟自由活動底結果。經濟自由則是政治自由之始料所不及的副產品。

解放個人能力之最大的結果，也許就是產生了科學。科學之產生，乃近代西方歷史上的奇葩。從意大利到英國以及別的地方，個人自由逐步擴張。由於個人自由逐步擴張，才產生了科學。我們知道，在較早的階段，工業技術依然在停滯狀態中。可是，這時，人類底發明力已經表現出來了。例如，這時的人製造許多高度技巧的自動玩具，以及其他機械的設計。像開鑛和鐘錶製造，也在發展之中。這些事業，在當時並未受到限制。但是，當少數人企圖在工業方面將機械發明作比較擴大的應用時(有些機械發明是特別發達的)，便立郎遭到阻止。在那個時候，祇要居於支配地位的思想發生桎梏知識的作用，求知的欲望便被阻抑：大多數人信以為眞的和對的東西，足以阻抑個人從事新的發明。可是，工業自由却為自由運用新知識開路。在從事科學研究時，祇有每件事可以付諸試驗，科學才能够大踏步地向前發展。因為科學得以大踏步地向前發展，於是得以在近一百五十年來改變世界底面目。研究經驗科學必須訴諸觀察與試驗。如果有人發現一項試驗對於他是有危險的話，他可以終止這一試驗，而用另外的方法去試驗。祇有每樣東西都可付諸試驗，科學才會有進步。復次，愈是不受外界干擾，大家信任學術權威來發展學術，科學才愈會有進步。

我們文明底性質如何，我們文明底敵人往往比我們文明底友人看得更較淸楚。孔德(Auguste Comte)是十九世紀的極權主義者。他說：我們底文明是『西方永不斷根的酸敗之症，乃是個人對種族的反叛。』孔德所咒詛的，的確是建造我們文明的眞實力量。十九世紀所加於前期個人主義的要素，祇是使一切階層的人覺悟到自由之重要，祇是有系統地繼續發展個人主義在偶然的和零星片斷中所成長的東西，並且將個人主義從英國與荷蘭向歐洲大陸最大部份地區擴張。

個人主義底這一成長是出人意料之外的。一旦加於人類才智自由發展的枷鎖移除了，人類便可迅速努力，從事發明製造，以滿足大量的需求。當着大家底智識水準提高了以後，大家便能立刻發現社會上眞實的汚點何在。這時，大家不復對這些汚點處之以容忍的態度。這時，也許沒有一個階層不在實質上受社會普遍進步之惠。可是，如果我們藉着現在的標準來度量個人主義的成果，那末我們便不能對於這一成就作正確的估價。因為，我們現在所採取的標準是從這種成就裏衍產出來的。而且現在個人主義弄出許多顯著的毛病。我們如果要欣賞百餘年來這一成就對於參加此一成就的人之意義為何，那末我們必須估量當此一成就開始發展時大家底希冀與願望為何，藉以估量此一成就何在：無疑，個人主義底成就遠出一般人夢想之外。二十世紀初葉，西方世界底工人獲致某種程度的物質享受，安全，和個人的獨立。凡此等等，遠在百年之前，似乎是不大可能的事。

未來發展的事情，也許可以將個人主義底成就之最有意義的和影響深遠的效果表現出來。這種效果就是說，人類底能力從此具有一種新的意義，即是人類有權力控制自己底命運。直至今日，人類已經得到這方面的若干成功。因為人類已經獲得了這種成功，所以產生出壯志雄圖——而且人是有實現其壯志雄圖之權利的。在過去，大人物所作的諾言，可以使得大家感興。但是，到了現在，這似乎是不够了，一般人嫌觀念進步之速率太慢了。在過去使得我們進步的那些原理原則，到了現在，便被看作是更快的進步之障礙，而不被看作是保存已有成果的條件，也不被看作是發展過去已有成就的條件。所以，大家對於那些原理原則不復忍耐，而必欲去之而後快。

吾人須知，在自由主義底基本原理之中，沒有什麼因素能使自由主義變為一成不變的教條。在自由主義底基本原理之中，也沒有永遠固定的神聖不可侵犯的鐵則。自由主義底基本原則說，我們在處理我們底事務時，必須盡量藉用社會自發的力量，而且盡可能地少用壓制力量。這條原則是可以應用不窮的。我們自動地去建立一個制度，與被動地接受一個已成的制度，這二者是全然不同的。

自由主義所要建立的制度，是盡可能地讓大家便於競爭的制度。可是，有些自由主義者却墨守成法，堅持某些粗疏的和由片面的經驗所形成的法則，尤其是像放任主義這種原則。這種膠執的態度，也許最足以防害自由的原則。當然，就一種意義來說，這種態度是必須的。違背大多數人底利益以換取少數人底利益，這種辦法所引起的害處往往比較間接，而且不易看出。同時，有些自由主義者以為許多些鐵定如山的法則可以產生效果。而且若干年來，他們已經建立起有利於工業自由的一個强有力的想法。既然於此，當然他們願意把這種想法當成一個沒有例外的法則，而不願別人予以反對。

顯然，許多提倡自由原則的人如果抱持這種態度，那末他們底主張一旦深入某些方面的話，便會立郎整個行不通的。這幾乎是無可避免的結果。緩進政策是想逐漸改進自由社會底機構。但是，這種政策又可削弱自由主義者改進社會主張。緩進政策底進步是依據我們對社會力量的逐漸了解上，而且是依據最有利於社會力量發展的條件之上的。自由主義者底任務是幫助社會發展。既然如此，如果社會需要有所補益，他們最要緊的任務當然是了解社會。自由主義者對於社會的態度是像個園丁。園丁栽培一株植物，他爲這株植物創造最宜於生長的條件。因而，這個園丁必須盡可能地了解植物底結構，及其生長之道。

凡有識見的人都不會懷疑，十九世紀經濟政策中所表現的種種粗製的法則只不過是一個起頭而已——我們還要學習許多東西，而且在我們所走的道路上依然可能有很大的改進。但是，祇有在我們憑智慧來日漸了解我們運用過的種種力量時，才會獲致這種改進。顯然，即使在經濟範圍裏，我們有許多工作要做，例如管理貨幣制度，防止壟斷或控制壟斷。我們還有在別的範圍裏的許多事體要做。雖然這些事體看起來不很顯著，但並非無關緊要。在這些範圍裏，無疑，政府握有決定好壞的大權。我們有種種理由希望，如果我們對於問題有較佳的了解，我們會有一天能够成功地運用這些權力。

但是，如果趨向於一般所謂『積極的』行動之進步必定是緩慢的，而且自由主義之直接的進步大部份是因着有自由而財富逐漸增加所致，那末我們必須經常與危害這種進步的主張戰鬥。自由主義被許多人看作是『消極的』教條，因爲自由主義所能給予特殊個人的貢獻不過是公共進步底一部份而已——一般人對於公共的進步越來越習爲故常，不復認爲它是自由政策底結果。有人甚至於說，自由主義底本身成就正是它衰落底原因。因爲，自由主義已經獲致這樣的成就，於是許多人逐漸不願意忍受依然存在的許多缺點，照他們看來，是無可忍受的，而且是不必要的。

因爲許多人逐漸不滿自由政策之進步緩慢，不滿那些用自由主義的名詞來保護其違反社會利益的私利之人（對他們發生正義的憤怒）。不滿以自由爲藉口來滿足個人之無窮無止的物質欲望的人，於是到了本世紀，自由主義底基本信仰愈來愈爲人所唾棄。復次，因自由政策而獲致的果實，又被許許多多人認爲是永久安全的和不會朽敗的財富。於是，一般人底視線遂逐漸集中於新的需求。但在新的需求不能很快地滿足時，他們認爲這似乎是由於墨守舊原則所致。愈來愈有許多人相信，雖然既成的社會結構在過去曾使社會進步，但在今後則不可能。因此，今後我們要增進大家底福利，我們不能再沿襲過去的舊路，不能再在既成的社會結構裏去尋求。我們要增進大家底福利，唯一的辦法，就是完全從新塑造社會。至於怎樣增益既成的社會機構，或改進既成的社會機構，就很少有人考慮這樣的問題了。他們所考慮的問題，只是如何完全打碎既有的社會結構，而以新的社會結構代之。而且，正像年青一代人底希望逐漸集中於全然新奇的事物一樣，大家對于了解既存社會機能的興趣迅速低落；而且，既然大家對於自由制度怎樣發揮其機能的了解日趨模糊，於是我們也就逐漸不意識什麼東西是依存於自由制度之上的。

現在，大家對於社會前途的看法是改變了。大家發生這種改變，是未經過批評和分析的。這種改變也是現社會上思想習慣的改變。這種思想習慣，乃爲思考專門技術問題所造成的。這種思想習慣乃自然科學家和工程師底思想習慣。這種習慣一旦養成，便不復信賴過去對於社會研究的知識。因爲，這些知識是不合於他們底先入之見的，並且不合於他們想將一種組織加諸不甚適合的場所之理想。這些問題是怎樣形成的，我們現在不予討論。我們現在所要做的事是指出，我們對於社會的態度，雖然是逐漸地在改變，而且是幾乎不知不覺地改變了，可是怎樣改變得這樣澈頭澈尾。在我們對於社會的態度一步一步改變的過程中，大家所作之不同程度的思想改變，祇是逐漸使老輩自由主義者對社會的態度與現在許多人對社會問題的態度發生根本的差異而已。這種態度方面的改變，簡直就是完全違反我們在上面所撮述的自由發展之趨向，簡直就是完全放棄那曾經創造西方文明的個人主義的傳統。

依照現在具有支配力的一些看法而論，現代的問題，已經不復是我們怎樣能够將自由社會中自發的力量作最好的運用之問題。在事實上，我們是着手廢棄那會產生不可預見的結果的力量，而且消滅大家共同維持的市場機構，將一切社會力量集體化，導之趨向人爲『有意』選定的目標。自由與計畫之間的這種差異，最好是藉着大家歡迎的一部書裏的一種極端的主張來說明。這一極端的主張是說，『爲自由而計畫』。這種說法，我們將不止提到一次。

『自由中國』的宗旨

第一、我們要向全國國民宣傳自由與民主的真實價值，並且要督促政府（各級的政府），切實改革政治經濟，努力建立自由民主的社會。

第二、我們要支持並督促政府用種種力量抵抗共產黨鐵幕之下剝奪一切自由的極權政治，不讓他擴張他的勢力範圍。

第三、我們要盡我們的努力，援助淪陷區域的同胞，幫助他們早日恢復自由。

第四、我們的最後目標是要使整個中華民國成爲自由的中國。

曼海門博士 (Dr. Karl Mannheim) 說：『我們從無如今日之被迫將全部自然制度建立起來並且應用於社會者……人類愈來愈趨向於管制全部社會生活，雖然我們並未有心創造第二個自然界。』

我們底觀念改變之這種趨向，與我們底觀念在世界上發展底方向是相反的。這是一個重要的事情。因為，二百餘年來，英國底觀念向東方發展。在英國獲致成功的自由法則，似乎注定是要向全世界擴張的。約在一八七〇年，英國這些觀念底支配力，也許擴張到極東的地方。可是，自從那時開始，英國觀念底支配力便開始逐漸低落；而一種不同的觀念，則開始從東方向外展進。其實，這種觀念並不新鮮，只是極其陳舊的東西。自從這陳舊的觀念擴張以來，英國在政治和社會範圍裏失去了其知識上的領導地位，而變成別國觀念底輸入者。其後的六十年間，德國成為世界觀念底中心。從這個中心出發，德國觀念向東方和西方擴張。它注定了要統治二十世紀的思想界。無論是黑格爾或馬克斯，無論是李士特 (List) 或施謨勒 (Schmoller)，無論是宋巴特 (Sombart) 或曼海門，無論是比較激烈的社會主義或比較溫和的『組織』或『計畫』，德國觀念都受英國歡迎，而且德國底社會建構都受人模倣。

雖然，大多數的新觀念，尤其是社會主義，並非起源於德國，可是這些新觀念是在德國完成的。在十九世紀末葉和二十世紀初葉，這些新觀念得到最完備的發展。我們現在往往忘記，在這個階段中，德國在社會主義底理論與實踐發展上是居於怎樣重要的領導地位。在社會主義成為德國重要問題的前一代。德國議會裏有一個巨大的社會主義黨。而且，直到為時不久之前，社會主義之思想的發展幾乎瀰漫德奧。所以，即使時至今日，蘇俄所討論的社會主義問題，大都還是德國社會主義者談得不要了的問題。英美大多數社會主義者到現在還不覺得，他們開始發現的大多數的問題，老早便被德國社會主義者討論過了。

在這一階段裏，德國思想家對於全世界智識上的影響，不僅是受德國物質建設方面偉大的進步所支持，而且尤其受德國思想家和科學家們享有的令譽所支持。德國思想家和科學家之享有令譽，是在過去百餘年間的事。在這過去的百餘年間，德國一再成為歐洲文明底主要份子，甚至於是領導的國家。但是，這種智識上的影響立刻助使德國觀念向外擴張，以至於形成一種轉向，反對歐洲文明底基礎。德國人自己是充分感覺到這種衝突的，至少在德國人中擴張德國觀念的人是充分感覺到這種衝突的：早在納粹勃興以前，大家公認的歐洲文明底共同遺產，德國人看作是『西方』文明。他們所講的『西方』，所指不復是 Occident 底固有意義，而是意指在萊茵河以西的『西方』。在萊茵河以西的『西方』，意即自由主義和民主政治，資本主義和個人主義，自由貿易，以及任何形式的國際主義，或愛好和平。

但是，縱然德國人蔑視這些『淺薄的』西方觀念之情與日俱增，西方人還是繼續輸入德國觀念。也許，就是因為德國人蔑視這些『淺薄的』西方觀念，西方人才繼續輸入德國觀念。西方人甚至於被德國人說服，相信他們自己從前的信念不過是自私自利之辯護而已。所謂自由貿易，不過是為增加英國人底利益而已。他們要英美人相信，英美底政治觀念已經是過時的東西，而且是恥辱的標記。

警察國家匈牙利

梅欣蓀譯

一九五三年共產黨召開「世界和平大會」期間，有少數自由世界記者獲得允許留駐匈牙利。本文譯自紐約時報，作者是該報的歐洲特派員，也是少數獲准留駐匈牙利的自由世界記者之一。他在這一個標準的蘇俄附庸國家內的所見所聞，足資證明這一個國家正和其他的「人民民主國家」一樣，是一個警察國家。

一、政治

訪問匈牙利「人民共和國」，在某種象徵性的意義上說，好像爬上一座像維蘇威火山一般的活火山的斜坡。在表面上看來雖然平靜，但是誰都覺得這個斜坡之下存在着爆發性的火力。它們究竟會不會爆發是不能預知的。

記者自一九四〇年年尾以後就沒有去過匈牙利，顯然地，匈牙利已經有了很大的改變。但是現在仍舊存在一些封建時代的餘跡，就是：仍然有人擁有極大量的財產，但是也還有大量的窮苦的工人、農夫，和自己無田無地的佃農。人民間的經濟差別都很顯然。

共產主義在經濟上，在政治上，帶給匈牙利人民一些什麼呢？他們到底有了多少進步呢？

在一個菓園裏作工的一位老婦人說：「戰前窮人的生活就很困難，如今也還是困難。」

駐在匈牙利的非共產黨外交官們都很難確定該地的實際情形，因爲他們都不准越出布達佩斯週圍十八里以外的地區。駐在匈牙利的美國公使，雖然屢經正式要求，也還是未能獲准參觀在該範圍以內的一個集體農場。

匈牙利的官場都與自由世界的使節絕交，其他的匈牙利人也都遠避外國使節，因爲他們恐懼警察行動。

匈牙利和所有其他由「蘇俄老大哥」所一手經辦的「人民民主共和國」一樣，都是警察國家，要發現這一點，並不需要很長的時間。單只從國境一點上看，就可以推得一種結論。在匈牙利的邊境上，有一道鐵絲網一直伸展到視線所不能及的地方，沿途都設有守望塔，提着手提機關槍的衞兵往來巡邏，沿着國界並挖有一條極深的壕溝。

蘇俄駐在匈國的軍隊約有三萬人，駐紮在邊界地區附近——即使是匈牙利人要穿過這一個地區也必須要有特別通行證。蘇俄的軍營隱約可見，但是蘇軍卻機警地不出現在大多數的城市裏。

在布達佩斯，沿着多瑙河那一排修復了的建築物中，最好的一幢新建築是屬於秘密警察的。穿着制服的密探和荷着來福槍和自動武器的巡邏隊隨處可見，而着便服的偵探更是遍佈各地，因此外國使節當要討論機密事件時，即使是在使館裏或是他們家裏，也都必須警戒，以避免那些無所不在的耳目。

在每一個警察國家中，總有一種不安的感覺，那就是在幕後總有着權勢之爭。

今日，警察控制的空氣較之幾年前更變本加厲地在暗中進行着。事實上，所有的貴族階級、上流社會和布爾喬亞階級的殘餘，差不多都已死了、被逮捕了、或是被放逐了。在過去兩年間，約有五萬五千人被放逐到匈牙利東部，他們在那裏獨立生活或是集體工作——或是死去。

那些移居在外國的人民都被視爲是賣國賊。匈國當局採取了嚴厲的手段防止逃亡。匈牙利的新聞都經過仔細的檢查，鐵幕外世界的照片都被歪曲得很厲害。一九五三年六月的東柏林革命在發生的三十六小時後就不再提及，以後有關它的消息都專門由塔斯社發佈。

匈牙利人都厭惡目前的政權，他們都不願意永遠被關在鐵幕後面。

二、經濟

「匈牙利人民共和國」的革命帶給了它苦難和不安。第一重反對勢力已經被消滅了，——大部份的貴族、上等人士和中產階級，都已經入了土，進了監獄，或是遭了放逐。

但是，其餘的無產階級份子、工人、農夫卻仍舊怨聲載道。然而共黨政府顯然無視這一點，他們强迫人民接受蘇俄式的訓練，出賣人民的自由換取他們自已較高的生活水準。

爲要達到此一目的，匈牙利總理正在竭盡一切努力，希望把以農立國的匈牙利改成一個工業國家。政府不惜一切犧牲發展重工業。一九四五年分攤給農夫們的田地現在都集體化了，被政府接收了。

雖然進步不如匈牙利官方統計所誇言的那樣大，但是無疑的，匈牙利工廠裏的生產確在增加。然而生產的物資都是劣等的，在與工資的比較下，它的價格又太昂貴，並且全國生產品的大部份都運往了蘇俄。

新工業計劃需要大量的人力，因此農人們紛紛離開鄉村，農田都在黨的集體「專家」監督之下，用機器方法耕種。婦女們都被動員了，加入農、工方面的工作。

這一種經濟革命自然也遇到反抗，蘇維埃政府本身都發現農人們不願意放棄土地和牲畜的所有權。

甚至於經過嚴格檢查的新聞也透露出農夫普遍地拒絕集體耕田，他們錯用機器，他們不當心公共的牲畜。農夫們都希望免除把他們收獲的大部份交給政府的義務。

日子漸漸過去，「富農」們都被判了二年至十五年的徒刑，而他們所犯的「罪」在自由世界裏都是不能構成罪狀的。例如，有一位農人被判了五年半徒刑，只是因爲他賣了他的馬匹離棄了他的田地。

雖然一九五三年氣候尚算良好，但是春雨連綿，因此收成自然不能符合標準。共產黨强徵暴歛，他們直接從打穀機裏取去穀子。報紙召集共產黨青年組織促進收割，以「避免穀物的損失」。

現在的匈牙利共黨政府對於它在工業方面的成就頗引以自豪。例如匈牙利新建了一所鋼鐵工廠，有工人四萬人，共產黨誇言這一所工廠的年產量以後將達到戰前整個匈牙利的鋼鐵年產總量。

然而，匈牙利的工業無論那一方面都還未能達到共產黨宣傳中所誇言的程度，某一個貿易委員會希望能把棉花賣給匈牙利以換取其他物資，但是這一個委員會竟發現匈牙利根本無物值得換。放在店舖裏的東西都價值昂貴，品質低劣。鋼煤生產落後。裝備都是從蘇俄運來的劣貨，隨着裝備一起輸入的是應急用的零件，因爲這些裝備時常需要修理。

產量雖然提高，質地的標準却低落了。布達佩斯的店舖裏擺的都是不完全的製造品或是代用品。

據統計家們估計，在一九四九年至一九五三年間匈牙利工人的實際工資約減低了百分之四十，照官價美金一元約合匈幣十一·六元，匈牙利工人的平均月薪在七百至二千匈幣之間。婦女們差不多也都作工。

一般的住宅都很窄狹，通常三、四人合住一間屋子。

下面是布達佩斯貨物價格：

肥皂（一塊）	六·五〇
消毒牛奶（一夸爾）	四·五〇
牛奶（一夸爾）	三·六〇
罐頭魚（一罐）	一〇·〇〇
軋別丁男人西裝（一套）	一，〇三五·〇〇
人民收音機（一架）	三八〇·〇〇
短波收音機（一架）	二，四一八·〇〇
留聲機（一架）	一，八〇〇·〇〇
男人皮鞋（一雙）	二四〇·〇〇—四〇八·〇〇

在匈牙利，如肉、乳酪、皮鞋一類的物資都極短缺。汽車運輸也極有限。公路上很少汽車往來，即使是在一個擁有一百六十萬人口的大城市布達佩斯，汽車的數量也少得出奇。

因爲匈牙利不斷地把產品運往蘇俄，所以它至今還缺乏許多物資。匈國目前年產煤一千六百萬噸，但是還不够，此外鋼、鋁、銅、電力也都如此。

匈牙利有許多工廠都日夜加工，但是還得不到利益，這些工廠製造出來的貨品都運往了蘇俄。二次大戰以後在多瑙船塢裏所造的船隻，沒有一艘是仍舊留在匈牙利的。

三、社會情形

匈牙利的共黨總理拉柯錫有一次誇口說，他已經用各個擊破的方法，把他的敵手消滅殆盡。廣義點說，這也就是一個以蘇俄軍事力量爲後盾的少數黨攫取一個有獨立思想的國家的統治權的手段。所有的敵對人士都被加上了「法西斯帝」和「美國帝國主義的走狗」一類的罪名。

這些敵對人士中不但包括那些支持二次大戰時的匈牙利政府的人們，還包括那些知名的保守人物、貴族、地主、和那些天主教基督教的堅定的反共領袖。其後，它的範圍又漸漸地擴展到多數的小自耕農和社會民主人士。最後，連那些被共產黨宣傳所操縱的人也都被拉柯錫驅除了。

在匈牙利人民共和國中，有組織的反對該政權的敵對勢力不復存在了，但是不平還是繼續存在的。政府的警察組織都知道政府並不受人民的歡迎。天主教和基督教的領袖和會友們告訴記者說，星期天往教堂作禮拜的人比二次世界大戰前更多了。

並且，在鄉間，富農和布爾喬亞階級仍然未完全被消滅，因此階級鬪爭也更劇烈。

共產黨青年聯盟的機關報有一次登了一篇論文，其中說：

「帝國主義支持些什麼人？他們又信賴些什麼人？他們完全信賴以前的反革命組織的領袖、教會領袖、以前的軍事訓練教官、極右傾的社會民主人士、富農、和以前的資本主義者。我們必須考慮到我們尚沒有完全剷除資產階級，我們仍舊有富農和小資產階級和自耕農。所有這些人都有後代，他們還過着這些下層生活，沿用他們的壞習慣。」

該青年組織的一名官員在一九五三年六月的一篇演說中說，「直到現在爲止，有些村莊裏，富農的影響力量仍舊很大。」

共產黨常常用些人民的不滿的徵候來攻擊自由世界，最近的東柏林革命被誣爲是美國間諜所煽動的。農人拒絕加入集體農場也被指爲是帝國主義的破壞行動。任何一個有親戚在自由世界裏的匈牙利人，都當然的被籠罩在嫌疑的陰影之下。

最近「世界和平大會」在布達佩斯開會期間，共產黨準備了一本專供政府翻譯人員所用的字典。其中的字眼有：

「炮灰，大西洋軍事集團，原子和細菌武器，國家破產，傀儡政府，布爾喬亞的虛僞民主，傀儡黨，窮苦羣衆的窮困，種族和民族歧視，武力干涉他國內政，淆惑民衆，大規模撲殺的武器，陰謀策劃新戰爭」等等。

爲了試圖强化羣衆支持，匈牙利政權乃傾全力於青年教育。自然，蘇俄被描述爲匈國最好的友好國家，小學四年級的學生便開始學俄文。學校裏各班次都有一堂「自由討論」，其中包括講解蘇俄及匈牙利的政體和史達林、拉柯錫的生平傳記等。

每星期，農夫和工人都因爲頑抗而遭到逮捕。雖然匈國憲法中聲明「匈牙利人民共和國保衞人民的自由，及不可侵犯家庭的秘密和人們的通信。」但是，檢查警察的抄查，和密探仍然無處不在。

爲了恐懼美國及其盟國的「干涉」，匈牙利努力擴軍，它目前的軍備已達到和約中所允許的兩倍。

據估計，匈牙利現在擁有軍隊約十八萬五千人，其中包括邊境警衞，有飛機五百架，其中包括一聯隊米格十五型噴氣戰鬪機和一些新的蘇式噴氣轟炸機，此外還有駐在匈境的蘇軍三萬人。

雖然拉柯錫對世界大事的消息靈通，並且閱讀美國的報紙雜誌，但是他却不許其他匈國人有如此的自由。美國圖書館關閉了，美國公使館所發行的新聞電稿也停止了，其他的美國公使館的計劃也都已結束。

曼谷通訊

韓境停戰在泰國的反響

莊心在

歷經三年的韓戰，到七月廿七日上午十時零一分，才正式簽字休戰。這個消息傳到泰京曼谷，並不像突發事件那樣的刺激動人。因爲談判拖延的時間已經夠長，人們對之已毫無新鮮之感。況且今後局勢的發展，對泰國而言，還在不定之天。

金融市場方面

現在我們且從金融市場與一般政治兩方面，來報導泰國對韓境停戰的反響。曼谷金融市場，並未爲韓國停戰消息帶來任何反常的跡象。據商場人士的意見，認爲由於下列三點原因：

第一、韓戰的停火，既非一種急劇的行動，而且，由於最近共產集團國家內部的不安，以及蘇聯政局的杌隉不安，停戰更在世人意料之中，所以對商場影響，已不構成突然的刺激。

第二、韓國停戰，並非代表世界將從此和平，只是世界局部戰爭的暫時終止，誰也不能保證在最近的將來，韓境以外不會再被侵略者掀起另一個戰爭序幕。因此，停戰消息不能在整個局勢前途上引起如何巨大的轉捩作用。

第三、曼谷市場狹小，且非屬轉口商埠，故即使受國際局勢的影響，也須先受其他市場變化，然後牽動波及。

大體上說，一般物價，因韓國停戰消息傳至，而呈漸趨疲弱的現象。七月廿八日黃金每錢疲落一銖，由出三六六、入三六四銖，降至出三六五、入三六三銖。美滙由出一八·〇〇、入一七·八五銖，降至出一七·九〇、入一七·八二五銖，英滙退守每鎊四十九銖。此種趨勢持續至月底，逐步下跌，黃金跌至三六一銖，美滙抑至一七·八〇銖，英滙四八·四〇銖，金融市場全面呈暗淡疲呆景象。

近月以來，由於人民購買力薄弱，兼以雨季淡月期間，一般物價早已跌至最低限度。七月來，此間向外訂貨數額減退爲六十波升，貨底已告薄弱，大跌也不可能。唯有日本貨商，因存貨過飽，不得不更削價求售，對未來的泰日貿易，一致看落。日貨大量出產，低價傾銷，已爲必然趨勢，所以曼谷商家對向日辦貨已不如往日擁擠。

一般經濟市場上的反映，卻正好淡相持。看淡方面，認爲韓戰停止後，較少刺激物價因素，曼谷市場近年進口物資，存底充裕，商情自必益見疲憊。但看好方面，卻認爲如因韓戰停止而導致全面和平，則禁運解除，商情有回甦之望，尤其是年來困頓不堪的膠錫等，更可望由此轉機。

關於這一點可以引證泰國經濟部長乃哇拉干上校在韓國休戰簽字後四十小時所發表的談話，他說：「韓國既然休戰，當然較過去有更多的出路，泰國的實施禁運法令將隨韓戰終止而解除，開放禁運之後，可使泰國的土產在外爭取更多的市場，樹膠亦有更多的出路，膠價自會好轉，其他米、木材等貿易，亦將隨以蓬勃。」

唯對於進口方面，泰國經濟當局頗以休戰後船來品勢必大量湧至爲慮，所以官方一般意見認爲可能採未雨綢繆之計，以適當步驟防奢侈品的大量進襲。

回憶韓戰初期，曼谷商人利用機會，紛紛訂購外來貨品，第一年多有所收穫，第二年即呈供過於求，造成激棧激租的畸形現象，第三年貨價日跌，存貨滯銷，資金擱滯，租金利息迫人，情況更見慘澹。現在韓國停戰消息傳至，原該是一個起死回生的曙光，但因存貨過多，購買力薄弱，大局難定，種種原因，還不能遽認爲好轉之象。故曼谷商場上的實際情況，尚未脫一種觀望的狀態。

一般政治局勢

韓戰停火簽字消息傳至曼谷，廿八日晨，泰國最高國防會議就立即舉行會議，對今後局勢提出廣泛之研討，會議嘗進一步，研究到韓國休戰後戰火是否將轉移到印度支那，泰國在未來發展中，是否將遭遇到更大的威脅等問題。

據民衆聯絡廳長蒙鑾確少將稱：「韓國雖已休戰，但這並不表示世界已經奠定了和平的基礎，泰政府對韓國休戰，甚表關心，但未忽視未來局勢的發展，而削減保衛國家的任何力量；反之，吾人已準備抵抗一切可能乘機侵犯泰國的敵人。」

曼谷英文郵報消息，泰政府曾自有關方面獲得情報稱，韓戰停火後共軍將於今年九月至十一月間轉向東南亞進侵，該項情報並證明，雨季過後共軍將協助乃比里、乃巴塞等圖謀不軌，共軍並正集中雲南邊境，企圖援助十二邦納及刁存信之僞自由泰政府活動。

內務部長乃挽若，於廿八日下午對記者發表意見，認爲：「由於韓國休戰，若干方面皆在密切注意共黨國家新的侵略企圖，特別是共黨對東南亞國家是否將由政治活動進而於軍事的行動，不過泰國有恃無恐，足以抵禦外來侵略，當局爲增強國家防衞力量，擬召志願兵組成一支強有力的軍隊，負起防衞的責任。」

現任國防委員會顧問之鑾威七頌堪中將則謂：「韓戰停火雖已簽字，但今後局勢殊難逆料，泰國軍事當局，仍繼續努力備戰工作，爲戒備應付越盟之侵略。」

可見泰國當局，並沒有因韓國停戰而鬆弛了警惕，相反地更加緊了他們的戒備。

財政部長拍母 里攀中將則謂：「毫無疑問，我人對韓國休戰，覺得十分欣慰，從此，我們不須再支付參與韓戰的龐大經費了，泰國在韓的遠征軍，也將於不久召回。」這是個從財政角度的看法。（下轉第32頁）

採桑女(上)

王治修

阿珠是廣東某鄉的一個漂亮的姑娘。爸爸種着三十畝田，家裏有三頭大水牛，養着那麼多蠶，阿珠什麼也不愁，每天提着籃去採桑。

「喂，你看她，可眞漂緻！」

「啊，只要她看我一眼，我的魂就要飛了！」

「看你一眼？你那癲樣還有人看？恐怕三十歲的癩丫頭也不願看你！」

小夥子們都這樣愛慕她。

「喂！你看那小狐狸精，又在賣騷眼啦！」

「那雙眼睛呀，水汪汪的，害人就害在那雙眼睛上！」

村裏的娘兒們都這樣妬嫉她。

阿珠出去採桑葉的時候，總有幾個小夥子跟着她。

「阿珠，我替你摘，樹上的葉兒嫩哪！」阿金早就爬在樹上喊了。

「我替你採了，阿珠！這些够不够？」阿清從樹後鑽出來，帽子裏早摘了許多。

阿珠擙着小嘴說：「誰也不要！我自己會！」

他們若不離去，阿珠就喊：「你們不滾，我去告訴我爸爸，看你們滾不滾！」

他們快快的走開了，阿珠提着一滿筐桑葉，哼着山歌回家。

有一個傍晚，阿珠正牽着一隻牛在山上，讓牛啃草，忽然阿金氣喘喘地跑來了。

他的頭髮蓬亂着，左眼上有一塊靑，從撕破了的衣袖中露出他强壯的帶有傷痕的手臂。他在阿珠身邊的草地上坐下，一雙疲乏的但是烱亮的眼睛看着阿珠，却不說話。

「怎麼？」阿珠看他一眼，把頭甩過一邊。

沒有聽到他的回答，可是一隻手却突然地抓住了阿珠的手，阿珠用力抽出，他顯然氣憤了。

「我怎麼啦？」他的眼睛閃亮着，繼續沉重的說道：「我把阿清打倒了。」

阿珠明白了，但是仍然問：「爲什麼？」

「爲什麼？哈哈！」阿金有傷痕的臂上靑筋在蠕動，他的眼緊盯着阿珠：「哈哈！就爲你！」

「哈哈哈！」阿珠學着他的冷笑：「爲了我？哈哈！我要回家！」

阿珠牽着牛走了，阿金茫茫望着天邊的夕陽，扯起了一根草。

第三天，阿清去南洋了。阿金將這消息告訴了阿珠，他得意地笑着。

從此以後阿珠去採桑時，能遇到的只有阿金一個人了。

「怎麼樣啦？」他驕傲地笑着：「只有我一個啦？」

「怎麼啦？」

「你不嫌煩麼？」

「那你可得替我採啦！」阿珠昂着頭，看也沒看他一眼。

「當然嘍！阿珠，把籃子給我，我爬到樹上去！」

阿珠給他籃子時，他故意輕輕搔搔阿珠的手，阿珠瞪了他一眼。

「阿清到南洋去都是你不好！」阿珠說。

「哈哈，到南洋去可以發財啊！不好嗎？」

「那你爲什麼不去？」

「你猜猜好了，你一定知道。」

「鬼知道！」

「等會兒出來放牛吧？」

「不！」阿珠頭一搖，忍住笑走了。

太陽坐在山尖上投下最後幾瞥的時候，父親回來了，擱下草帽就喊阿珠。

「你知道阿清到南洋去了麼？」他嚴肅的問道，連弟弟也縮在桌下不動了，他的小眼睛刁滑地閃視阿珠。

「知道，」阿珠答道。

「你爲什麼知道？」父親的眼緊盯着阿珠：「還有臉說出來呢？」

阿珠惶亂了，臉有些發燒，她低下了頭。

爸爸的眼睛就像一雙利箭直射入阿珠的心，淚在眼中閃灼，阿珠剛想走，爸爸憤然止住。

「阿珠，回來！你知道你已不小了，村裏人誰不談論你，我也不願說你啦！你自己去想吧！以後，以後不許你出我的大門！」

阿珠轉身跑進屋裏，將門上了一直哭到深夜。

月亮靜靜的，微風吹彎了綠稻葉。

母親在隔壁長嘆了一聲，四週全靜了。突然，外面有窣窣的聲音，阿珠慢慢走到窗前，一棵樹邊有一個黑影在向阿珠招手！那是阿金，那時阿珠多憎恨他啊！但他堅實的臂膀和强有力的手，以及那閃亮的眼睛却同時又縈廻於阿珠腦際。

阿金已立在窗外了。

「阿珠！阿珠！」他低沉的聲音顫抖着，眼情閃灼着一種莫名的光輝。他的雙手握痛了阿珠的肩，阿珠淸醒了。

「走！你給我走！」她掙脫了他的手：「要不，

我就喊爸爸了！你敎我再也不能出大門了！」阿珠把窗門用力摔閉，以致隔壁爸爸的屋子有了響聲。

「什麼聲音啊？」是媽媽喃喃的聲音。

一切又歸於寂靜，但那一夜裏阿珠却未得好睡。

那年第二次收割黃稻穗時，全家都忙起來了。整個村子好似翻騰了一般，孩子和狗在田野上跑着，喊叫着，鵝鴨在陽光中緩緩的游着，男人們在田裏彎着腰割稻，年青的婦女們忙着做飯煮茶送到田裏去，老太婆們則把運回的稻粒攤在場子上，小鳥成羣地飛着，燦爛的陽光洒滿了大地。

黃昏，男人們正抹着汗在談論着這次的收成，阿珠和弟弟在山脚看着兩隻吃草的牛。

阿珠正凝視着弟弟牽着的牛背上停着的一隻黑雀時，她的那一隻牛却往山上跑了。

阿珠跟着牛追去，牠穿過了竹林，順着山路跑去。

林中突然響起馬蹄的聲音，一個軍人騎着一匹棕色大馬奔來。

「牛，我的牛，我的牛跑了！」阿珠已聲嘶力竭，疲憊地坐倒在草地上。

那軍人立刻照着阿珠指的方向馳去，他寬濶的上身微微向前躬向馬首，穩健的隨着急速的馬蹄震蕩。

他下了馬，把牛交給阿珠。

「多謝你，長官。」阿珠不知如何是好的笑着牽過牛來。

他已上了馬，打算離去，但聽到阿珠的話他又勒住了馬韁，轉向阿珠，他的眉很濃，他的眼閃閃發光。

「你的家就在這附近嗎？」他用袖子抹了一下額上的汗珠。

阿珠點點頭，掏出了一條潔白的手帕。

「長官，用我的手帕擦吧？」阿珠羞澀地說。

「不，謝謝你！」他堅定的嘴角泛着一絲微笑：「我們軍人就是這樣，並且……你不怕我會給你用髒嗎？」

阿珠搖搖頭，臉上泛起了紅暈，好似西天的晚霞，她終於說了：「我要回家了，我弟弟還在山後等我哪！」

「唔，你常來放牛麼？」他的聲音充滿了男性的力量。

阿珠又轉過身來，點點頭。

「那麼，再見。」他又笑了，他縱了馬韁，馬開始馳去，馬蹄捲起一陣塵霧，掩沒了他魁偉的身影。

那軍官完全是不同的，阿金多麼粗魯啊！他要是騎在馬上一定會摔死，他只會爬樹和耕田，但那軍官騎在馬上多威武！還有那聲音，那雙眼睛……

阿金會約阿珠當晚到外面去，可是阿珠早熄了灯，任憑他怎麼吹着哨子她都不理。

「誰啊？」終於父親屋的窗子開了，「誰這麼大膽在這裏吵鬧！」

哨音消失了。阿珠驕傲的笑了。

父親叫阿珠去放牛，她不願碰到阿金，也羞於再遇到那軍官，但她渴望再聽到那惑人的聲音，再看到那雙烱烱的眸子。

第三天，阿珠再也不能忍了，太陽還很高，她懷着一顆跳躍的心，牽着牛去到山脚。可喜的是沒遇見阿金，他爲穀子的事到城裏去了。

阿珠跑上山頂，向那山路眺望，失望開始啃着她的心，因爲路上那麼靜，沒有一點塵土飛揚。可是就在這時，啊，遠處傳來了馬蹄的踢躂聲！竹葉子沙沙地響，阿珠想躱避，但是從左邊樹叢中傳來了那軍官的聲音。

「想不到又碰到你在這兒放牛啦！」他挺直地騎在棕色的馬上，馬褲上的銅扣子閃着光。

「想不到又會碰到你呢，長官。」阿珠突然變得大膽了，但她的臉紅了。

他摘下帽子，露出濃密的黑髮笑着。接着是一片尷尬的沉靜。

「你知道，」終於他下了馬，「我也是廣東人，就是你們鄰縣，我姓唐。」

「唔，」阿珠點着頭，一雙大眼望着他。

「你呢？」

「姓郭。」

「噢！郭小姐——。」他拉長着尾音，並且俏皮地彎一彎身：「令尊有很多田吧？」

「你是說……我父親？……是吧？他種着三十畝田。」

「那麼我們以前是差不多的，我廿歲時，父親去世了，只剩了我一個人，我不願意呆在家裏，就到西北去當了騎兵，六年來整天與馬爲伴，東跑西走，在馬上打仗，在馬上吃飯，就是這匹蒙古馬——我在俄國邊境得來的。」

「那邊是不是很冷？」

「北方怎麼不冷？那裏不像這兒這麼多綠樹，這麼多人，那裏差不多有半年是刮着大北風，下着雪，遍山遍地都是白的，和這裏全是綠葉一樣。」

他又加上一句：「我還要回去的。」

「那麼冷，你還要回去？」

「那裏有皮襖皮帽子靴子，穿着那個就不冷了。」他變得興奮起來，好像他正在北方一樣，他繼續說：「那裏有騎着馬跑不盡的原野和山嶺，還有古長城，邊疆的黑龍江，可惜給日本人侵佔了……」他的臉紅了。

「那麼你更喜歡北方了。」阿珠打斷他的話。

「是的。」他這麼嚴肅堅決地說出這兩個字，他們倆的視線相碰了，阿珠低下了頭。

「那麼我也願意到那兒去。」

「你？」軍官驚異地看着阿珠，然後恢復了他的微笑：「女人可去不得啊！」

「爲什麼？」

「不早了，你該回去了，我不應該呆在這裏這麼久，再見。」突然他像被什麼驚醒了似的嚴肅起來，他並不回答阿珠的話。

他這突然的改變使阿珠不愉快，她豈還想到這還是第二次見面的男人！他騎上了馬，頭也不回一直馳走了，但是在轉彎處他終於轉回了頭，搖了搖手。

「後天！」不知是股什麼力量使阿珠竟這麼大聲地喊了。他會不會聽到呢？他爲什麼要這麼急着回去呢？爲什麼只講這麼幾句話呢？還有……

第二天阿金到家裏來，他一邊對父親說穀子價、米價、磨米價錢等，一邊眼睛却在溜溜轉。

父親只是吸着長烟斗，毫無表情地唔唔着。

阿珠故意遁到別的房裏去。阿金頹喪的走了。

弟弟跑來低聲告訴阿珠：阿金今天約他們一同去放牛。

阿珠覺得他怪可憐，終於去到小山下。

「我以爲你又不來呢？」阿金遠遠迎了上去，帶着半責備半埋怨的語氣對阿珠說：「告訴我你這幾天做什麼來？」

「在家裏！你管得着？」

阿金奇異的看着阿珠，抿起了他頑强的嘴，低下了頭，然後以柔和的乞求似的聲音說道：「阿珠，我什麼地方得罪了你？」

「你有什麼得罪我的？我家裏忙。」阿珠看着樹上一隻小鳥噬的一下飛了。阿金輕鬆的笑了。他們在草地上坐下，阿金拔着地上的草根，笑着抬頭看阿珠，半晌才說出：「阿珠，你知道這次收成好嗎？」

「收成好，你有了錢，又要到城裏去喝酒啦！」

「這次不喝了，我要給你買一樣你喜歡的東西，阿珠，」他湊向阿珠的身邊：「你要什麼？我明天還要進城。」

「我什麼也不想要。」

「你不是很喜歡梳子嗎？」

「我爸爸買了。」

「你要鏡子麽？」

「我有。」

「眞的，我送你什麼東西你都不要麽？」

阿珠搖搖頭。她看着天邊金黃和鮮紅的彩霞，多好看的夕陽啊！小鳥在田野裏飛散又飛聚，一隻牛長長地叫了一聲，別的牛也叫了。

「阿珠，」他低沉的聲音微微抖着：「你怎麼啦？」

「我很高興啊！」

「那麼今晚我在後門口等你吧！你一定要告訴我要什麼。」

「我不是告訴你我什麼也不要嗎？並且我媽要看着我睡。」

「你不會和以前一樣出來嗎？」

「那爲什麼，我不願意出來。」阿珠立起了身。

阿金什麼也沒再說，只是癡癡地站在那兒凝視着阿珠離去。

第二天一早爸爸就進城了——這是阿珠所盼望的，早早的，阿珠就牽着牛上山了。

不久，馬蹄聲響了，他們互相招着手。

他們開始在草地上漫步，又談起了北方，那軍官對她講他們會如何生活，他的槍打的多準，古長城如何雄壯，長白山多麼險峻，蒙古人多麼勇敢，俄國人如何陰險，日本人多兇惡，她又知道了他的名字叫唐俠燕。因爲日本人侵佔了整個東北，他們的隊伍被迫退出。

「我本來預備長期休假不幹了，但是！」他的眼睛閃亮着，「但是，我還年輕，我還要回去，回到那裏的深山裏去，我不能看着鬼子在我們國土上長久橫行！」

一直到太陽完全下了山他們才離別，他們握着手，握得那麼緊，阿珠甚至於感到痛，但興奮使她忘記了一切。

「阿珠，」他鬆了手，兩眼凝視着她：「……」。

阿珠的臉紅了。

他放了阿珠的手，上了馬。

「明天？……」他遲疑地說：「可是，好吧，四天以後再見吧！」

阿珠看着他馳去，心中感到甜密的痛苦。

他們這樣繼續地幽會，有的是歡笑、眼淚、怨言、熱吻，一個月過去了。

俠燕會把盒子槍給阿珠看，他只是那麼一揚手，隨着槍彈聲，樹梢的一隻白鷺就墮下來了，其餘的全哄然飛了，還有兩隻仍然徘徊在上空，他又一揚手，另一隻又隨聲墮下，在他想把第三隻也打下之前，僅僅是一秒鐘之前，阿珠由震驚中淸醒了，按下了他握槍的手。

「你太殘忍。」她帶着悲哀的憤怒說。

他凝視她良久，然後吹散從槍嘴冒出的烟霧。

「爲什麼？」他終於問了，帶着無可奈何的笑。

「你可能是打下了一對情侶，或是一對夫妻，說不定第三隻是他們的孩子呢？」

「你却不是獵人啊！」

「可是北方的獵人都是這樣來打野鴨的。」

他又笑了，他左手握住了她靠近他的手。

「假若我這樣殺敵人你不會反對吧？」

阿珠點點頭，他吻着她薔薇色的雙唇。

一天，天下大雨。

「外面下着雨呢，瘋丫頭！」媽媽阻止將出門的阿珠。

「下雨有什麼要緊，爸爸不是照常到田裏去麼？」

「人家是男人啊！」

「女人比男人差什麼呢？」

「這個傻丫頭！」當她這樣嘆息而搖頭時，阿珠愉快地像小鳥一般跑了出去。

可是她碰到了阿金。

「阿珠，」他在阿珠冷不防中，用低沉的聲調問

「你到那裏去？」

「有事。」

「那麼讓我陪你去吧！」他的聲音變了。

「我不要！」

「下雨滑啊！」

「我不怕。」

「你變了，」他突然用力地抓住阿珠：「一定……」

「你再多說我就去告訴爸爸。」

他終於頹喪地走了。

阿珠在山頭等着俠燕的到來。他來了，披着一件大雨衣。

「我以爲我會白來了呢？」一看見阿珠，他就喊了：「我多麼怕見不着你！」

「我們到底見着了。」

他們相偎着坐在一塊大石上，罩着那件大雨衣，他們緊偎在一起，她告訴他如何對媽媽撒謊，他大笑着。

雨不停地狂淋。馬開始不安地踢着蹄子，並從鼻孔內往外噴氣，然後仰起頭長嘯着。他們站了起來，阿珠戴上笋笠，俠燕跨上了馬，馬毫不留戀的載着他奔去。

一天，阿珠正和弟弟從田裏提着空飯桶和茶壺在路上走着時，阿金突然走過來。

弟弟看他一眼，鬼鬼祟祟地獨自跑開了，阿珠感覺有不祥的預兆。他們沉悶地走着。

「阿珠。」阿金終於開口了，他可怕的聲音使阿珠戰慄。「那個騎馬的人是誰？」

「什麼？」阿珠凝視着前面，極力保持鎮靜。

「哼！什麼？」阿金鼻孔裏發出猙獰的聲音。

「誰知道你在說什麼？」

「你的聲音爲什麼發抖？你沒忘記阿濤爲什麼到南洋去吧？」他的每個字都像夜裏最猛的雷電襲擊着阿珠。

「你管不着！」那是馬上威武俠燕的勇氣充滿在阿珠的聲音中。

幸好，很快地到達阿珠家門前了，母親正在門前喚着一羣鴨子。

「好，我今天下午等你出來放牛。」阿金說完走了。

俠燕後天才會來，阿珠決定去見阿金。

隔着牛，阿金和阿珠沉默地走着。

「你到底知道了什麼？」牛開始啃着草時，阿珠先開口了。

「你還問我！」他突然轉過身來，他的臉完全蒼白了，他額上的青筋蠕動着，他幾乎是在吼：「阿山告訴我，他親眼看見你和那騎馬的傢伙摟在一塊。」

「那怎麼樣呢？」

「怎麼樣？」他的聲音嘶啞了：「你想想吧！」他的拳握着。

「他的肩膀比你寬，他比你更壯！」

「他敢和我拼命？」

「可是他還有槍，只要一抬手，天上的鳥都得栽下來，你就別……」

「我有刀子！」他截斷阿珠的話：「我能要他的命！」

不知是什麼力量襲擊了阿珠，她突然向他懇求說：「阿金，你不能這樣呀！你千萬不能去找他呀……求求你……」淚開始像泉水湧出，她伏在牛背上哭泣，牛因此驚動而奮跑了，她像木人似地猝倒地上。

阿珠坐起時，阿金已站在她身旁，牛被拴在一顆樹上伸長着脖子喘氣。

「阿金，」阿珠清醒了一點：「你知道我是喜歡你的，你千萬不能傷害那個人，阿金，你不……」

「好啦，好啦！……」他煩燥地打斷了她的話，顯然已被她的話感動。沉默一會兒，他說：「可以，只要你不再見他，別的全可以，要不，要不……你知道的！」

於是他走了，淚重新像泉水般湧出。

一進門，母親就看出阿珠與平常不同。

「阿珠，」阿珠從她身邊過去時，她停住手裏的針線，從她老花的眼鏡邊上盯視她，「回來，我看看。」

阿珠停住，但是沒有轉過身來。

「你的臉怎麼那麼白？眼睛怎……」

「我的眼不知怎麼迷了沙，揉也揉不出來。」她竭力裝出孩子撒嬌的樣子：「媽，我想躺一會兒。」

阿珠躺在床上又哭了。三更時分，她才疲倦地睡去。第二天整天沒有起床，她希望明天能再看到俠燕，因爲她有一個很可怕的預感——永遠不能見到他了。

（未完）

關於師範學院事件來函三件

（依收到次序先後登載如左）

一、教育廳來函

自由中國編輯先生：

貴刊第九卷第三期讀者投書，「關於臺灣省立師範學院二三事」一文，提到設立工業教育系和派劉眞、顧柏岩、張甘棠、吳玉環出國進修的問題。工業教育系之應設在師範學院或工學院，仁者見仁，智者見智，在動議設置這一系時便有兩種主張，本廳基於造就『師資』的觀點，決定把工業教育系放在師範學院裏，其中經過，說來話長，但工業教育系不是師範學院自己爭取的，這是事實。

選派顧柏岩等四人赴美進修，這是經由美國安全分署和本廳及師院劉院長會商決定的。

關於劉院長眞兼任立法委員一事，前以法令詮釋須請示層峰，及本廳接到教育部臺高(42)字第四三五四號令後，即轉飭劉院長於立法委員與師範學院院長中任辭其一，現劉院長已經正式請辭立法委員了。上述種種請惠予刊登為荷

臺灣省政府教育廳　八月十八日

二、布朗先生來函

編輯先生：

貴刊上期(八月一日出版)曾引用鄙人對於師範學院在美進修四教職員之評語。該文所引用之言實屬不確。鄙人未曾說過：『他們什麼也學不成。』鄙人近由美來臺，在美時曾於賓州專科學校訪見該四員，彼等不僅很用功，而且成績很好。

布朗啓　八月十九日

三、一讀者來函

編者先生：

自從貴刊第九卷第三期，發表了一篇「教育行政應有示範作用」的社論，和一篇「關於臺灣師範學院二三事」的讀者來書，與九卷四期的一篇「教育部來函」和「編者按語」等文後，確實引起了社會各界對劉眞非法擔任師範學院院長一案的正視，及海外輿論界的嚴正批評，（見香港時報本月十日第二張七版「有感於臺灣教育行政」一文）我們對貴刊這種有聞必錄，並本公正立場，作合情合理合法之評論，為社會提倡扒糞運動的精神，表示無限欽敬。

不過我們覺得貴刊固然很詳盡的指出了師範學院裏一些非法違法的事實，但是教育當局對於該案之處理，一般人還認為有「玩法」之處，似乎也宜請貴刊再予論列之必要。

(一)劉眞非法擔任師院院長，始於卅八年五月，四年半當中，曾經立法院委員數度的指責，而教育行政當局則裝聾作啞，充耳不聞，劉本人亦樂得「笑駡由人笑駡，好官我自為之」。這不是「玩法」嗎？直至本年三月纔有監察院葉委員時修等，依據大學法第九條，嚴正的提出糾舉（全文見貴刊九卷三期），我們固深幸公道尚在人心，能够維持法治之精神于不墜，但一個違法的院長，竟因循在職數年之久，使自由中國教育界，留下一個不可磨滅的污點，實不能不令人深表遺憾！

(二)查監察院糾舉劉眞案的法令依據，是大學法第九條，而教育部第一次聲復文內，對該法竟隻字不提，僅稱「該廳聘任劉眞兼院長之初，曾經請示內政部指復「立法委員可兼聘任職務」等語，可謂文不對題，亦正如監察法第三章第廿一條所指「雖聲復而無可取之理由」，按大學法第九條規定「獨立學院置院長一人，綜理院務。……院長除擔任本院教課外，不得兼他職」。說得明明白白。毫無疑問的，劉眞既任院長又任立法委員，一身而二職，是違反了本法。教育當局處理本案，也毫無疑問的，應適用本法，難道連本身業務的法令，都不懂，而要去請示內政部，豈非效滑吏「推拖」之技倆，有意「玩法瞻循」嗎？

(三)教育部五月廿七日第二次對監院之聲復，略謂「已飭教育廳轉飭劉眞就立法委員與臺灣師範學院院長擇一辭職，自行決定具報」云云。不管這個辦法是出於監察院抑或教育部，在我們老百姓看來，仍不能無惑於心。劉眞擔任院長，既已認定為違反大學法，即當予以免職，那有選擇的餘地。猶如一個犯重婚罪的人，既經法院判決後娶者為不合法，自應與後婦脫離，決沒有由他在兩婦中擇一為妻的辦法。其理一也。退一步言之，即令可允劉眞就立委與院長兩職擇一，亦當勒令限期辭去一職，以維法律尊嚴，像這樣的無限期任其選擇，使人懷疑又是一個「玩法拖延」的手法。事實上，自教育部五月廿七日聲復至今，已時過三月，劉眞仍違法任職如故，監察院將聽任其拖延？抑將根據監察法，進一步的改為彈劾案，以貫澈其維護法紀之精神？我們當拭目以待之。

(四)尚有令人不解者，貴刊所載「師院二三事」一文內還有擅改公文書一節，有人將師院所報教廳新聘教授名册，八名改為九名，此事曾引起師院聘任委員會之駭異，並開會予以否決云云。究竟有無其事？如果有事，何以未見監察機關與教育當局，追究其責任；如無其事，又何以不見教育當局，有所表示，以正視聽。這也是不能不令人懷疑，有人又在「玩法」！

教育為百年樹人之大計，一國興衰之所繫，教育者之責任，不僅是傳授學生的知識技能；最要者，在如何培育青年健全人格之發展。韓退之曰「師者所以傳道授業解惑」，而置傳道於首，故又曰「道之所存，師之所存也。」總統在各次訓詞中，亦強調尊師重道，並一再提倡四維八德，負教育責任者自應奉以為圭臬。況臺灣師範學院為訓練師資之最高學府，其風氣之良窳，關係於後代之後代；負責主持行政的人，除在學術上需有深邃的造詣外，尤應有卓然特立的品德，足為師表之師表。劉眞的學問能力如何，我們不願加以評論，然從各種刊物所發表，有關劉君的幾篇報導看來，如果都是事實的話，我們對他的品德不無下列的觀感：(一)熱中權位，公然違法，由其不顧詆議，戀位院長數年之久可以見之。(二)好尚虛榮，謊言欺騙，由其以受訓者(Trainee)身份出國，而在報章上披露，及召集學生講話時，自稱為出國考察，跡近招搖可以見之。準此以觀，其人格為何如邪？孟子曰：「夫子教我以正，夫子未出於正也」。己之不正，又何足以表率羣生。因此我們認為，劉眞的品德根本不够擔任師範學院院長的標準，即使其已辭去立委職務，也不應該讓這樣一個公然違法和品德有問題的人，來出任造就師資的最高學府首長。我們為維護教育之神聖與尊嚴，特提出以上意見，函請貴刊指導並賜予發表，藉以就正教育當局與社會人士。專此順頌

撰祺

貴刊讀者李致一謹啓

八月廿三日

編者按：關於師範學院最近所發生的事件，本刊站在輿論立場，已盡了我們的責任。至於事件之如何處理，則須有待於當局的行動了。故以後再有關於此事的文字，本刊將不再登載。

給讀者的報告

本期社論的題目是：「在教育界的多事之秋談建教合作」。本文前一部份，綜述最近幾個月當中，教育界發生的諸多事端；對於這些事端，我們建議當局的是：「不要怕揭發，不要怕討論；對於已揭發的事實，不要閃爍其詞，不要文過飾非。」有問題就得面對問題，切實解決；解決之道，在於尊重法制，尊重教育原則。因此本文後一部份，討論到臺南工學院「建教合作辦法」的時候，我們依然是本乎前面所述的原則。我們認爲建教合作可以施行；但不可以因此而破壞了正常的教育制度。藉建教合作的辦法而降低學校錄取學生的標準，是破壞了正常教育制度，萬萬不可的。在教育廳處理此一事件的時候，我們願以「公平」二字作爲一個原則性的提示。

雷震先生近著「民意機關議事資格之比較的研究」一文，長達兩萬餘言，對立法院現行組織法所規定的「議事資格」，與近傳有人主張降低國大組織法上所規定的「議事資格」二事，提供意見。由於此項問題關係民治精神至鉅，故吾人不惜以甚長的篇幅一次載完該文，期以喚起有關方面的注意，俾在這方面作有利國家前途的安排。在本文中，作者分別就立法院與國民大會降低議事資格可能造成的流弊，反復說明；並列舉「古今中外」民意機關對出席人數之規定，不避煩瑣，以證明民意機關對議事資格之何等重視。作者苦心孤詣，强調重視憲政精神之重要，用意良深。同時另一方面，作者亦復能面對現實，對事實上的諸多困難，提供了極具建設性的建議。對立法院的議事資格，作者主張不妨分別質詢施政與討論議案的會議，作不同的規定，前者可以仍襲用現行辦法，而後者，即當立法院行使憲法第六十三條賦予的職權（即議決法律案、預算案、大赦案、宣戰案、媾和案，條約案，及國家其他重要事項之權）及第五十七條所賦予的職權的時候，則必須提高出席人數的標準。至於國民大會議事資格之降低，作者則期期以爲不可。爲使國大能順利集會，作者主張可儘量使用其他辦法以補正國大代表，萬不可以降低議事資格，致貽禍憲政前途。作者一再說到：「越是非常時期，行動越要審慎，作事越要有客觀的標準。」斯誠金石之良言也。

馬林可夫繼位以來，俄帝對內對外的行動殊爲世人所注意，如和平攻勢之發動，貝利亞之被整肅，以及宣佈擁有原子彈等等。這許多事實的背後隱藏着的蘇俄的面目如何？以及此時此際，民主國家究竟應該採取什麼步驟？對於這些問題，鄒文海先生在他的大文裏，爲我們提供了極爲深刻的看法。

本期除社論以外，我們還有一篇討論教育的文字，是維鴻詔先生的「大學教育應如何改進發展？」本文主要討論臺灣大學前此所發生的一些事件。作者對大學人事制度的改革，提供了建設性的意見，以期達到學術研究的理想。並指出教育部命令臺大設立三個計劃委員會一事之有悖於大學制度之正常發展。本刊歷次討論教育問題，無不本於學術自由與尊重法治的觀點，對於臺大所發生的事件，我們亦作如是觀。教育乃百年大計，萬萬馬虎不得的。

海耶克教授（Prof. F. A. Hayek）的巨著「到奴役之路（The Road to Serfdom）」一書，是挽近若干年學術界闡析自由的最佳的著作。問世以來，學人交相稱譽。介紹這部論著當是極有價值的一件事。殷海光先生特爲翻譯是書，以後將陸續在本刊發表。本期登載的，是原書的第一章，篇首「譯者的話」，是譯者翻譯本書的序言。

（上接第26頁）

比較最持樂觀論調的是前國務院長社厘巴莫，依他的觀察是：「韓戰停火的簽字，將使世界獲得長期和平。」其理由謂韓戰三年的結果，使美英雙方蒙受重大損失，且蘇俄因貝利亞事件，內部發生鬬爭，無暇對外，因此彼深信停戰後的政治會議，結果定能獲致協議。至印度支那方面，彼認爲中共未能對越盟作大規模的援助，雨季過後越盟之攻勢，亦將因之而受阻。所以彼相信全世界，將從此而獲得較長時期之和平。

不管樂觀論者與不樂觀論者間的看法如何參差，泰國今後的動向，將視聯合國的決議爲依據泰國駐聯合國代表及他納科曼演講詞中便會這樣表示：

「韓國休戰，乃爲聯合國密切團結的信號，從今日起，所有政治家將各傾盡思考，以促進維護世界和平的途徑，並注意防止和平在其他地區受到威脅。就泰國言，對於抵抗侵略已經犧牲，同時對於促進和平，亦將有其適當的措施。」

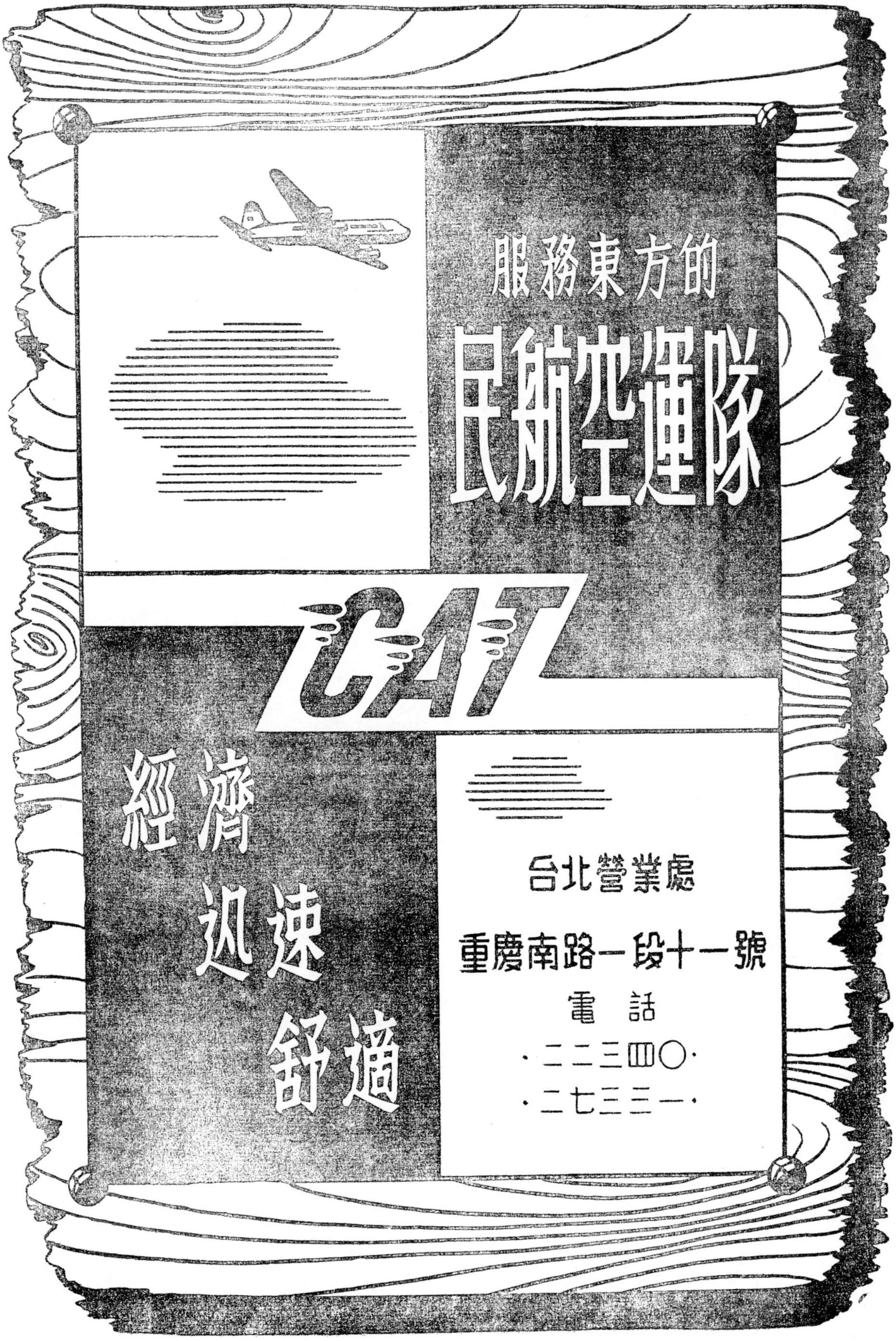
服務東方的
民航空運隊
CAT
經濟
迅速
舒適
台北營業處
重慶南路一段十一號
電話
·二二三四〇·
·二七三三一·

第九卷 第五期 內政部雜誌登記證內警臺誌字第一九號 臺灣省雜誌事業協會會員 一六二

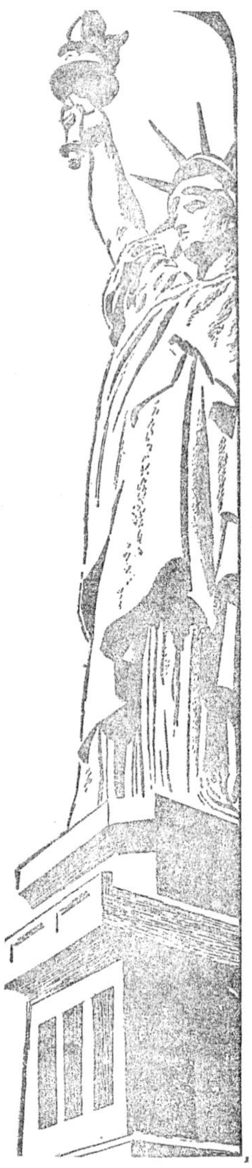

本刊售價

地區	幣別	每册價目
臺灣	臺幣	4.00
香港	港幣	1.00
日本	日圓	100.00
美國	美金	.20
菲律賓	呂宋幣	.50
馬來亞	叻幣	.40
暹羅	暹幣	4.00
越南	越幣	8.00
印尼	新荷盾	3.00

自由中國 半月刊 總第九十二號 第九卷第五期

中華民國四十二年九月一日出版

發行人兼主編：『自由中國編輯委員會』

出版者：自由中國社
社址：臺北市和平東路二段十八巷一號
電話：二八五七〇

航空版：香港時報社

經售者：
臺灣：自由中國發行部、中國書報發行所
美國：紐約民氣日報社、舊金山少年中國晨報社、芝加哥中國出版公司
日本：東京僑豐企業公司
韓國：釜山草梁洞新泰行
馬尼剌：大中華日報社
印尼：椰嘉達星期日報、椰嘉達天聲日報、棉蘭繁華圖書公司
越南：西貢中原文化印刷公司、越南華僑文化事業公司
暹邏：曼谷攀多社十二號
緬甸：仰光振成書報店
印度：孟買梅亞號、加爾各答塔梅學校
澳洲：雪梨瑞田公司
北婆羅洲：西利亞坡青年書店
新加坡：中興日報社
檳榔嶼、吉打邦均有出售

印刷者：精華印書館
廠址：臺北市長沙街二段六〇號
電話：二三四二九號

本刊經中華郵政登記認爲第一類新聞紙類 臺灣郵政管理局新聞紙類登記執照第二〇四號 臺灣郵政劃撥儲金帳戶第八一三九號

自由中國

FREE CHINA

第九卷 第六期

要目

社論
(一)時機不可再失！(向諾蘭先生進一言)
(二)從教廳的一件命令談法治前途與政治作風
世界未來局勢與中國前途……朱件耘
論美國外交政策的目的(上)……樊際昌
個人自由乎？國家自由乎？……傅中梅
偉大的烏托邦……海耶克著 殷海光譯
自由中國通訊
貝利亞被捕後的蘇俄內政與外交……龍平甫
開發臺東與加路蘭築港……張冠英
詩與詩人……李經
採桑女(下)……王治修
讀者投書
(一)對臺大錄取新生的兩點意見……宓去病
(二)從教廳重新規定中學生制服說起……史浩然

中華民國四十二年九月十六日出版
社址：臺北市和平東路二段十八巷一號

社論（一）

時機不可再失！

——向諾蘭先生進一言

我們雖沒有作過精密的調查與統計，但堅信我們在這裏所要說的話，確是代表了自由中國絕對大多數人的意見，因爲，在我們多方面的接觸中，從來就沒有人對此類意見提出過相反的主張。但，我們的意見，並不是每一個美國人聽來都會感覺十分愉快。我們沉默。我們隱忍。充其量，我們祇是委婉的暗示。我們却總要找一個人來盡情的傾吐。中國有一句老話：『不可與之言而與之言，失言；可與之言而不與之言，失人。』美國參議院共和黨領袖，現在正作遠東之遊的諾蘭先生，正是一個最適當的對象，我們希望經由他，我們的看法可以傳達到太平洋的彼岸。

自由中國的人民對美國現在當政人物，確會一度寄予了最高的期望。但自從史達林死後馬林可夫發動和平攻勢，韓國的停戰談判恢復以來，美國政府的一連串對策與措施，坦白說，自由中國的人民對之是不能十分滿意的。

美國當政人物，會經倡導以解放政策替代過去的圍堵政策，這確會給予全世界的自由人民以莫大的鼓舞。他們當政之初，也確會以積極的姿態作了些主動的措施，使人相信解放政策之實行已爲期不遠。誰也不會想到，這一個偉大的號召，竟在蘇俄第一個和平攻勢之下立即煙消雲散。韓戰是不太光榮的結束了下來，眼看着這樣的結束，多半會犧牲了聯合國所標揭的謀取韓國統一的原則。東德地區發生如此普遍而龐大的騷動，美國所能作的，僅止於糧包政策，而糧包的救濟，並不能幫助東德人民推翻壓在他們身上的極權統治。要進行解放，正應該從德國與韓國着手，美國却白白把無上的良機放過。

或者可以這樣說，如果蘇俄共產集團確實已有與自由世界和平相處的誠意，自由世界也儘可以不必取挑釁的態度。那末，這種誠意必須用行爲來表現；正如艾森豪總統所一再強調，和平誠意，不應該用言詞，而是應該用行動來表現。事實上，不要說眞正表示誠意的行爲沒有，甚至連僞裝誠意的行動也不見。蘇俄對德國問題、奧國問題與西方的交涉，依然像過去一樣的刁頑，死結終於無從打開。中共在韓國停戰後的態度，依然像過去一樣的強硬，藉政治會議來達成韓國統一的希望，微乎其微。和平攻勢，現在已明明白白顯，得祇是一個緩兵之計，目的僅僅是在打擊美國的解放政策。而美國的解放政策，居然在幾句美麗言詞的誘惑下就此偃旗息鼓。

美國在今日，充其量祇能說是勉強做到了圍堵政策。在韓國，算是堵住了侵略。越南是目前唯一有實際軍事行動的地區，越南也算漸漸引起了美國的關切。但，即連圍堵政策是否能有效的貫徹到底，仍然沒有保證。自由世界的防線，至今仍留下了無數缺口，沒有拿實力去填補。

我們就算退一步承認美國今後的圍堵，確實能夠進行得貫徹而有效，但這也僅能圍堵了有形的軍事攻勢，而無法圍堵無形的政治攻勢。蘇俄共產集團的政治攻勢，分別用兩種方法來進行，一種方法是指使自由世界各地的共產黨徒，進行破壞工作，釀造動亂，乘機攫取政權。第二種方法是以威脅利誘等一切方法，助長中立主義，造成所謂國際的第三勢力，以孤立美國。對這兩種方法的政治攻勢，美國圍堵政策對之是同樣的束手無策。

美國過去的圍堵政策以及與之相關的杜魯門主義、馬歇爾計劃等，是基於這樣的瞭解：（一）蘇俄在現階段於軍備與武器的競賽上還趕不上美國，所以它一時不會發動全面戰爭。（二）美國有充分時間，可建立自由世界的防禦體系以阻遏蘇俄未來可能的攻擊。（三）美國也有充分時間，可藉經濟援助來提高友邦人民生活水準，間接的防止共產主義毒菌之蔓延。我們發現即在今日，美國的行動，並沒有離開這個基礎，雖然已經有一部份人在開始懷疑這一類辦法的功效。

我們對上述的三點瞭解，祇有第一點可以完全同意；其餘兩點，在我們看來，似都難免是一種意願的想法。如果美國仍堅持如此的立場，讓目前相持之局延續下去，則我們對未來世事的發展，實不得不作如下的估量：

（一）在相持的局面下，自由世界建軍不會有太大的成就。對有些國家，如果要它在建軍之外還能夠提高人民的生活水準，則更是奢望。祇有共產極權國家可以做到把人民生活逼到饑餓的邊緣，而從事瘋狂的軍備擴充。在自由世界，除開美國，富與強已不可兼得。富而不強，抵抗不了軍事的侵略；強而不富，防止不了政治的滲透。既不能富，又不能強，當然更不用說。自由世界宜乎速決，而無法承受長期的緊張。冷戰之延續，一定助長中立主義之蔓延，等不到三五年的時間，許多國家都會離開美國，整個自由世界陷於分崩離析。

（二）蘇俄內部今天誠因政爭而陷於不安，附庸國家的人民正乘機而想翻身。但近代極權主義，由於其統治技術之高明，幾乎絕無在人民的反抗下被推翻的前例。蘇俄的政爭遲早會告一結束，而且說不定現在已經趨於結束。政爭的結束，不可能帶來較爲民主、較爲和平的政權。相反的，它的獨裁者將更趨於專制與橫暴。

（三）蘇俄的軍備擴充，並不因內部的不安而受到頓挫。在數量上，無論空軍與陸軍目前它已超過了美國。在質量上，我們無法比較，但至低限度共產集團也能夠緊緊的追隨。蘇俄有氫彈，後於美國僅一二年。美國軍備的優勢，並沒有長期保持的把握。到共產集團的軍備趕上美國或者接近美國之時，它會毫不留情發動閃電的一擊。

（四）最後我們必須於此指破，美國一般人在心理上所最後依恃的，祇是兩點：第一是，照現在的戰略與武器發展，蘇俄尚無法直接進攻美國；第二是，美國的生產潛力遠在蘇俄之上，軍備方面今日縱稍形落後，到必要時，仍然可以急起直追。美國對未來戰爭的想像是：可能歐亞大陸整個淪陷，但即令如此，美國仍有機會反攻獲勝。事實上武器的進步不可預測，而戰略則決定於武器的性能。據我們的看法，蘇俄不發動大戰則已，如發動大戰，它多半將以美國爲直接的攻擊對象；它要一舉擊破，使美國的生產潛力完全歸於無用。在作此一擊以前，它不會給予美國以任何提醒，使美國有時間把龐大的生產潛力發揮出來。試看日本的突擊，尚可以遠及珍珠港。蘇俄決不會先佔領了歐亞大陸，然後讓美國從從容容的準備起來，最後來把它自己擊敗。

美國政策，截至今日都不能轉消極爲積極，轉被動爲主動，至今仍然是等待、觀望，事情發生了之後再來對付，頭痛醫頭，脚痛醫脚。這樣下去，充其量能做到一個維持現狀，而蘇俄共產集團的準備，却一天不停的在進行。

這種危險的情勢，美國一般人想不到，但如諾蘭先生那樣具有遠大眼光的人物，一定不至於視若無睹。諾蘭先生，你是不是認爲美國已臨到應該把全般政策從頭考慮一下的日子呢？蘇俄目前不敢發動戰爭，這是事實。但也僅限於『目前』而已。也就是說，祗是『目前』，才是自由世界的機會，而這個『目前』，是轉瞬即逝的。誰都知道共產主義以全世界的奴役爲目的。消滅它，否則就是被它消滅。究竟會達到如何的結局，祗看誰能够把握有利的時機了。

社論

（二）從教廳的一件命令談法治前途與政治作風

本月二日臺灣省政府教育廳通令省立各中學、各縣市政府、及陽明山管理局，自四十二學年第一學期起，應一律採用標準教科書。此項命令略謂：高初級中學國文、公民、歷史、地理四科標準教科書，係奉總統指示編輯。現各科第一冊均已出版發行，各中學自本學期起應一律採用。（全文見臺灣省政府教育廳公報秋字第五十七期——本月四日出版）

關於這件事，本刊在上期（九卷五期）社論中，曾附帶地提及：「最近幾月來，中學教師們尤其感覺頭痛的，是對於同爲教育部審定的教科書（除尚待出版之「標準本」國、公、史、地、必須一律採用以外），沒有充分選擇的自由。由於外來的壓力，教科書的選擇，不得不犧牲教學的觀點，從而教科書也失掉了自然淘汰的作用。」

我們在寫那篇社論的時候，只聽說官方正以非正式的方式要各校一律採用標準教科書，尚未想到竟可出之於政令。現在看到這件命令，我們不得不鄭重指出這件事的嚴重性：關於法治、也關於政治作風。茲分述如下：

一、教廳這件命令是違法的

現在各出版家已經出版發行的各科教科書（包括國、公、史、地四科），在編輯的時候，都是遵照教部令頒而現行有效的課程標準來編的。編完以後，都是經過國立編譯館初審、覆審、修改又修改，然後才經教育部核准發行，頒發發行執照。發行執照有其法定時效。在時效以內持有發行執照的教科書，即依法享有發行權。發行權是出版家財產權之一。人民的財產權應予保障，憲法第二章第十五條，曾有明文規定。同章第二十三條更規定得明白：「以上各條列舉之自由權利，除爲防止防礙他人自由，避免緊急危難，維持社會秩序或增進公共利益所必要外，不得以法律限制之。」現在，教育廳以一紙命令，飭各校在國、公、史、地四科一律採用標準教科書，所謂「一律」者即不許任何一校採用其他已經享有發行權的這四科課本。這顯然是對出版家依法享有的發行權利加以限制、侵害。憲法所保障、且明定不得以「法律」限制的權利，教育廳竟以「命令」限制之、侵害之。這是不是違法？這是不是講求法治的政府所應爲、所敢爲？這件事如果發生在眞正法治的國家，出版家是會訴之於法律的。但在我國，人民寧願吃悶虧，而不敢與官署打官司。這種現象，與其說是人民好欺，不如說是國家的羞辱。

臺灣省政府教育廳，是省級政府的一個機構，教育部是中央政府的一個部門。得到中央政府所保障的權利，而下級的省政府竟可以一紙命令來限制、來侵害，就國家體制講，就行政法講，又將如何解說？

二、非份或越級的指示和請示，都是分層負責制、分工負責制的致命傷

教廳這件命令，顯然是違法的，已如上述。可是在這件命令中，一開始就說：「查高初級中學國文、公民、歷史、地理四科標準教科書，係奉總統指示編輯。」這就是說，我們是奉命而行。這裏我們不得不問，教育廳是一個省級機構，如何可以「奉總統指示」？總統的指示如何來的？是不是總統直接對教廳給以指示？如果是的，這就是總統破壞分層負責制。分層負責制，是總統所極力提倡的，我們相信，他不會在教科書這個問題上，越級給教廳指示。那末，所謂「奉總統指示」，我們只好假定是教廳直接向總統請示而獲准的。如果如此，這又是一個越級請示的惡例。

以上所說的，只就標準教科書的編輯而言，至於獨佔發行，令飭各校一律採用，因而限制侵害了人民依法享有的權利，這種違法行爲，當更非總統所主動指示。編輯與發行是兩回事，教廳這件命令，爲的是要各校一律採用，却又於法無據，於是着意寫上「係奉總統指示編輯」數字，似乎有此理由，則「應予一律採用」的飭令，可不致受到批評。這種政治作風，是多年來官僚們的拿手好戲；是官僚們作錯事、作壞事的擋箭牌。這是尊重國家元首，愛護國家元首，還是糟踏國家元首？

蔣總統自主持國政以來，朝乾夕惕，勵精圖治，爲國人所共曉。在當前反共救國的大任務中，在走上民主建國的行程中，我們都矚望蔣總統的德威來領導。政和黨方面的羣僚們，如眞的尊重他、愛護他，應在自己的崗位上，拿出負責和分謗的精神，決不應常常非份或越級地請示，以圖委過，以致天下的怨隙聚於元首一身。可是事實上，羣僚們的應有精神，却不多見；而不應有的作風，多年來迄未稍戢。在這種非份和越級的請示與委過的作風下，不僅有損國家元首的德威，而且也是法治口號的一大諷刺。

第九卷　第六期　世界未來局勢與中國前途

世界未來局勢與中國前途

～自朝鮮停戰談到蘇俄擁有氫彈的宣佈～

朱伴耘

一　前　言

艾森豪的積極外交變了質嗎？我想這是世人、尤其是自由中國人士所極爲關心的問題。艾氏競選之時以及元月就任之初，本想以一番新的作風，來打破東西對峙的局面，所以一方面批評被動的圍堵外交的失策，同時創所謂解放政策以圖爭取外交的主動。從圍堵政策的主稿人前任駐蘇大使肯南因批評新政策的火藥味太濃，以及其與杜勒斯對蘇見解之不同而失去在國務院領大使銜薪水的權利，至少反應出新政府在對外方面多少有一反過去作風的企圖。可是今天事實告訴我們，美國外交政策又有踏上過去杜魯門艾其遜路線的趨勢。是艾森豪等故作漂亮的諾言以獲取選票呢？還是客觀的環境迫使他修正了當初競選時的企圖？這是值得討論的。

照我的看法，當他競選之時，當蘇俄在史太林控制下內部安定而專心致力於對外的發展時，他的確認清了非以還擊的手段，不足以遏制蘇俄的擴張。可是今春三月初史太林之死，外在的環境全部改觀，英法領袖頻向美國示意，不要採劇烈行動引起大戰，蘇俄內部爭權淸算的流血劇不久卽行演出，要美國等待，要美國觀望，由等待蘇俄內部之分裂、直到附庸國家與蘇俄反目、甚至共產帝國整個瓦解而向美國低頭求降。果然，貝里亞被淸算了，東德工人騷動了，東歐附庸國家也燃起了尋求自由的火炬，這樣一來，邱吉爾之流更振振有詞，所謂聯防也者；整軍也者，一切已由紙上談兵而置之腦後。西歐洩了氣，美國也只有隨着等待、觀望。

何以西歐洩氣會影響美國的積極外交？這從美國過去參加兩次大戰能得一個解答。過去兩次戰爭，都是歐洲方面兩方正打得精疲力竭，美國參加一方而獲勝。就歐洲戰場言，已由被侵略的國家自動的抵抗了一陣，美國才相機捲入戰渦。今天情形名義上雖爲東西二集團對立，實際上是美蘇對立。可是一旦美蘇交綏，決不是兩國互投幾個原子彈而可以結束戰爭。所以就蘇俄而言，如她能以政治滲透方式兵不血刃而得西歐，則世界大局已定，不待戰爭就可將美國孤立。就美國而言，她如能抓住西歐，僵持時可以平分秋色；作戰時，美國也可用歐洲基地直攻蘇俄的歐洲心臟。西歐之重要如此，儘管美國許多人對西歐團結表示不滿，認爲只知要錢而不作事，任何人上臺美國仍得送錢送械來買他們的反共意志。至於以英法爲首的西歐呢，她們看淸楚了這一點，看淸本身是美蘇爭霸的主要戰場，不願意作別人爭霸的犧牲者。所以在享有安全感的前提下，能避免戰爭是上策，除非蘇俄逼人太甚，他們決不挑動蘇俄。局勢演變到今天，大戰的主要因素是：蘇俄主動的發動進攻西歐，與夫蘇俄因西歐積極擴軍而受威脅被迫而發動進攻西歐。蘇俄主動如何作，那是西歐無法把握的，可是由於美國拍了胸，她們知道蘇俄不會輕易動手。

另一方面，共產世界內部一切風吹草動，他們都認爲是救世良藥，——蘇俄以內顧之憂無法動手。至於自我武裝與擴軍迫使蘇俄動手，是美國的片面想法，而主動却操諸西歐之手的。西歐在這方面自可大作文章，是以儘管美國大叫團結，西歐仍各行其是。蘇俄不敢打他們，蘇俄不會打他們，那麼又何必挑動蘇俄打他們？西歐的態度如此，今日又正値鐵幕後多事之秋，美國自然無法在新大陸獨自派遣她的遠征十字軍。在這樣的局勢下，期待美國援手而爭取自由的人們，當然不免失望。可是大家要記得，天助自助者，自由是靠自己的血汗爭來，才能永久而可靠，國與國間是只有利害而毫無道義之可言的。

二　美國當前的策略——從冷戰中扳本

儘管我們不滿美國重歐輕亞的政策，但美國必須西歐的竭誠支持，才能於戰時有效而迅速的擊潰蘇俄，這是誰也無法否認的事實。西歐洩氣，美國在亞洲不能立卽强硬起來。史太林死後馬林可夫的和平攻勢，雖然美國一再叫提高警覺，不要中了蘇俄分化自由世界的陰謀，事實上西歐同美國的距離，正在日漸增長。依賴最殷的英國，在邱吉爾領導之下，已對美國極爲不滿。杜勒斯赴韓之前聲明不以聯合國席次爲對中共交換韓國統一的代價，最先的苛責不是來自北京而是來自英倫。邱老主張快來一個四巨頭會議，使一切生意如常。而美國却認爲俟蘇俄拿出和平事實後，再談也不遲。在法國對於美國主張的歐洲聯軍，早已置諸腦後，國防預算飽受攻擊，政客們高叫如果美國不再多出錢出械，法國最好退出越南，讓美國來接防好了。一九四八年由於美國支持獲得當選的義大利首相德加士皮（De Gasperi），這次雖有美大使魯斯夫人打氣，仍無法在議會中獲得大多數席次，使之順利組閣，弄得義大利也學法國一樣，內閣難產。他們不滿意美國與南斯拉夫接近，同時共產黨方面則極力嚮應蘇俄的和平運動。西德首相阿丹諾是最忠誠於美國的政策了，他的政敵正對他唯美國之命是聽的政策强加攻擊，認爲德國如加入歐洲聯軍或讓美國在德享有基地，蘇俄絕不會同意德國的統一，他的命運也在大選後才能分曉。尤有進者，今日美國一切措施，自麥加錫參議員的反共作風而至於稅率增高、外援削減、不願輕易對俄交涉等等，無一不是西歐攻擊的對象。美國在西歐的聲望，與馬歇爾計劃時代相較已是一落千丈了。

在西歐消極方面不合作，積極方面迫使美國與蘇俄早日談判的情況下，艾氏即令解放有心也不得不修改其積極政策，以緩和她與西歐盟邦的空氣。因爲美國與西歐分裂，只有兩條路可走，一條是單槍匹馬與蘇俄幹起來，另一條是撤回駐外美軍，退出聯合國，停止外援，回復到極端的孤立地位。這兩條極端的路，雖各有一部份輿論的宣揚與支持，靜心而論，對於美國都是不利的。結果，美國政府當局仍採了折衷的辦法：自己加强準備第一，外援照舊，可是不似以前那麼踴躍與熱心。

美國在西歐不熱誠合作的情況下，無法以積極行動來推動其對外政策，這是事實，可是在其主敵蘇俄眼中看來，至少在今天，美國對蘇政策積極的目的尙未放棄。所謂知己知彼百戰百勝，只有事關生死存亡的兩個主方能了解對方的眞正企圖。譬如四月十六日艾氏對馬林可夫和平攻勢的答覆，列舉韓戰停火後以和平方式完成韓國統一，共方不得再向越南馬來亞進攻，締結對奧和約，德國以自由選舉方式謀求統一，東歐各國得自由選舉其政府等等，爲蘇俄和平誠意的事實表現，其含義對蘇俄而言是積極的。因爲艾氏希望蘇俄做到上述數點再談普遍裁軍等，就表示艾氏尙無意與蘇俄平分天下，無意承認蘇俄的既得利益，這與以前目的在暗示蘇俄就此止步的圍堵政策，當然頗有出入。同時世人都承認，蘇俄是冷戰中的勝利者，列寧的戰略是要等到敵人精神上瓦解時，然後再制敵人的死命才輕而易舉，也就是孫子所謂攻心爲上、不戰而屈人之兵的戰略。縱然我們承認今日蘇俄發動的冷戰，是三次大戰的前奏，不能以搗亂行爲視之，而美國此時在未與西歐精誠團結，國內輿論尙未成熟以前，如率爾用兵，戰略上已處於不利的地位。其次，以前以一國爲單位的戰爭，現在已進入多數國家集團作戰的時代，今天沒有一個國家，連同美蘇在內，能擁有足够資源推行全球戰爭的。以美蘇爲首的兩大集團，名義上雖互相敵視，骨子裏每個集團之內，都是有使對方利用的矛盾存在，鞏固自己集團，瓦解敵人陣營，尙有一段可做的文章，美國當然也可在這方面下點功夫。分析到這裏，我們可以簡括說一句：美國新政府對其外交政策的積極目的，在目下尙無放棄的跡象。可是過去半年很可能用以完成此積極目的的積極手段，在外在環境巨變之下已暫被擱置。從冷戰中扳本是目下對蘇政策的最高原則，勝負如何，自在未定之天。可是今天美國既不能單獨對蘇作戰，又不願與蘇俄妥協以平分天下，同時又無意無法自是非窩中跳出，唯一的辦法只有效法蘇俄，採取以其人之道還治其人之身的辦法，堅强自己，抓住友邦，拖下去。

三　朝鮮停戰的分析

分化敵人陣營，鞏固自己團體，既爲美國當前對外措施的中心，時間同技術自是此一措施成敗的主要關鍵。史太林死後自馬林可夫上臺至貝里亞被清算，毫無疑義的蘇俄內部因爭克姆林宮的寶座已發生了內鬨，同時東歐與東德的騷動，更證明蘇俄對其附庸國的控制已發生問題。在盟邦的壓力之下，美國對此種局勢未加充分利用，僅由艾森豪高叫幾聲美國同情他們爭取自由的義舉，以靜待其更巨烈的變化。連東方，也同樣在盟邦壓力之下，不顧聯合國昔日的諾言，不顧南韓的民意，甚至不惜以退出南韓停止軍援經援等爲要挾簽了一個停戰協定。這樣的停戰協定，誠如民主黨籍的大法官道格拉斯所言，如爲民主黨的杜魯門所決定，早已被共和黨人批評得體無完膚。可是今日的輿論除了共和黨的人自作批評外，反對黨的意見反而較少。尤其大家想到此舉能達到一擊二鳥的目的——分化敵人又團結自己——未始不是上策。

所謂團結自己者，即指美國與其他盟國的團結。大家都知道美國以聯合國之名參加韓戰，目的在北韓，英法等出兵湊熱鬧，也不外以爲此區區北韓怎能抵抗聯合國大軍，不過一月半載便能班師回營。不料突然出來一支俄式裝備的中國自願軍，這樣一來，情勢突變，昔日北韓之襲擊，以爲是小偷行爲，所以聯合國出兵，稱之爲警察行爲，用警察來捉小偷豈不輕而易舉。而在集體安全的名義下，美國以外的國家各出一點象徵式的兵來作捉小偷的警察，又何樂而不爲。不料小偷行爲，竟變成了麥克阿塞所稱的「戰爭」。從一九五〇年冬起，美國以外的盟國也者，都巴不得早日縮手，問題是美國的面子不能下臺。這樣打打談談拖了三年之久。在打打談談之間，盟國也者，一再叫美國不可與北京爲敵，不要讓北京與莫斯科拉得太緊，漸漸地引起了美國與西歐對中國問題的分裂。史太林死後的蘇俄，東歐既有騷動表現，又難保北京不與莫斯科反目？所以英法等，要美國不惜犧牲一切，將韓戰告一段落。美國在西歐對其領導的反蘇政策全面不合作的情況下，東西兩支德日大軍既未成立，自己又不能孤注一擲，也只有簽了字再說。也許可以緩和與自己盟邦的空氣，換取盟邦未來的合作。

至於分裂敵人，很明顯的，是分裂北京與莫斯科。在當局的想象中，假定停戰進行順利，北京與西方有一初步接觸，了解西方之「强大」，認爲與美國爲友較與蘇俄爲友合算，豈不就把中國拉過來了嗎？中國拉來之後，消極的，美國再也不用操心什麼東南亞的安全；積極的，蘇俄隨時有東西兩面作戰的危險，自然而然會向美國屈膝。這一個美夢，固然共和黨過去罵民主黨不應做，今日臺上的人仍在照樣做。冷酷的事實——大陸中國在中共統治之下——使誰也不願輕易放棄作這個美夢的機會；同時，在英國的勸告下，美國認爲是千載一時的機會。蘇俄內部在互相淸算，東歐鐵幕後的附庸國又在紛紛思變，這是蘇俄弱的表現，至少是制度上弱的表現。蘇俄既弱，難道北京會不考慮另找朋友嗎？此外，既想與北京拉攏，自然不是大家尙在兵刃相見的時候，可以達到握手言歡的目的。於是，來一個朝鮮停戰，停戰後有三個月的時間在所謂政治會議中，可以談談價錢。這三個月中，如果不出一些如意想法的專家們所料，蘇俄內部發生互相淸算的流血大內戰，而東歐諸國更乘機而起發生更大的叛亂，不很可迫使北京向西方看齊嗎？假定一切條件均如此理想，正式交易自可開始進行。譬如說北京承認朝鮮的統一，自然北京政權之進入聯合國乃必然之事。杜勒斯於赴韓前縱有不以北京政權入聯合國爲換得朝鮮統一的代價，縱然美參議院有個決定說是中共如進入聯合國，美國即自聯合國退出，假定大家在會議席上談得歡洽，美國既無決心在韓取得決定性的勝利，又焉能相信美國在大家與中共談得極爲歡洽的時候，而堅守諾言將中共拒於聯合國大門之外，更何況在那種情況下，美國除了自聯合國撤退的唯一法寶外，又有什麼力量足以在聯合國阻止中共的入會。從報章雜誌爲解決這一頭痛的問題的建議看：主張兩個中國都有代表出席。易言之，即是臺灣也成爲一個國家。兩個中國只是成爲聯合國的普通會員國，而以印度代替中國爲安全理事會的常任理事國等，就表示美國在冷酷現實之下，已不將誰代表中國出席聯合國視爲嚴重的問題。問題是只要在會談期間，中共有意與莫斯科分家，在朝鮮方面作點讓步，讓美國對李承晚有個交代。其餘凡無損於美國實益的，都可欣然同意。至於對臺灣問題不再提及，與南韓訂一個互助同盟，加强對越南的援助等，那是表示美國尙未忘記作萬一談判不如理想時所作的準備、與夫對中共的勢力劃一條界限而已。臺灣、越南、東南亞、請你不要再過問了。縱觀美國在韓急於求和的用意，對內講，艾氏實踐他的競選諾言，主要的還是客觀的環境不得不在此時告一段落。在東方强硬嗎？東方無有力的助手，英、法各有打算、尤其英國是爲自己的生意着眼。如美國堅持己見，則與英國距離更遠，影響她全部的反蘇部署。此時在東方作讓步以迎合英國人的心理，可能有助於盟邦的團結。如能拉攏北京，自比單獨在東方作戰爲有利。如果失敗，美國當有其他的打算，斯時英國的態度或將有所改變。從冷戰中求勝的先決條件，本來是要有耐心，能拖，在拖的期間內，以心理戰分解敵人內部。美國目下不利於急於求得最後的勝利，而拖的期間又一再聲明不能再失寸土，那嗎，朝鮮停戰當然可給美國試一試的機會。不錯，爲了朝鮮停戰，使南韓人灰心失望，幾乎化友爲敵，更引起其他亞洲反共國家對美國的領導發生懷疑，可是就美國的利益言，是放棄拉回「中國」的機會呢？還是迎合南韓的心理？道義是道義，口號是口號，而實際利害畢竟是實際利害。兩相比較之下，拉攏「中國」的機會，自比迎合南韓統一的願望重要。所以儘管停戰協定有人稱之爲屈辱投降，而美國仍認爲是光榮的和平。

四　蘇俄也有了氫彈！

分化敵人陣營，本來是蘇俄的慣技，就朝鮮停戰言，本來是蘇俄用以分化英美的技倆之一，豈輕易讓美國所利用以奪去其主要的盟邦？同時「分化」也者，與其說決之於主義的異同，不如說是決之於實力的大小，今日美蘇兩國如果眞的實力懸殊，任何人也會作一個有利於自己的選擇。問題是今日美國固强，蘇俄也不弱，於是有的國家要跟着蘇俄以求世界共產的實現，有的國家便惟美國之馬首是瞻，爲自由民主而奮鬪，大家都認爲於決鬪時自己有作爲戰勝國之一員的把握。因之，便要用陰謀來分化對方，而這一陰謀就是如何暴露對方的弱點，使對方的伙伴相信他們所擁戴的頭目是不堪一擊的，與其跟着這個明知要失敗的頭子他日簽割地賠欵的條約，不如早日倒戈以自我保存。今天美國就是以此種觀點告知蘇俄的附庸國；史太林死了，貝里亞被處決了，蘇俄內部要自相殘殺了，東歐騷亂了，蘇俄已無力控制其最早的附庸國了，你們難道不脫離她而跟着我走嗎？慣用此等伎倆以分裂他人陣營的蘇俄，何嘗不了解美國是正利用此時機來瓦解她的共產世界？蘇俄之拉住『中國』，是她由控制整個亞洲而迫使西方屈膝的一張王牌，如今韓戰業已停火，假定中共果鑒於蘇俄之不足恃，同時西方國家又願出若干代價使之不積極與西方爲難，由觀望漸漸走向西方的陣營，那麼蘇俄還有什麼可唱的戲？

於是，沉默很久的馬林可夫於內部稍加安定之餘，在八月初向最高蘇維埃會議突然發表一篇大政方針，分化敵人陣營的蜜語，如願與伊朗土耳其修好，希望恢復與南斯拉夫希臘的正常關係，願在貿易方面幫助義大利，同情日本自美國手中奪回獨立自主的企圖等，對於美國卽加以無情的攻擊。尤其對於美國主張對蘇採强硬外交的人，如參院外交委員會主席魏理加以冷酷的譏諷，而最後卽宣稱氫彈也不是美國的專利品了。馬氏這一宣佈，無疑的是給美國一個大的打擊，儘管不少科學家們及政界人士，懷疑馬氏宣稱蘇俄能製氫彈的眞實性。但多數人仍主張：假如蘇俄的確擁有氫彈，應如何應付？

蘇俄內部的一切變化本是極爲神秘的，她是否眞的擁有氫彈，本身是個無足討論的問題，主要的問題，是馬林可夫何以在此日此時作這一項驚人的聲明。以我的看法，這是馬氏運用兵法上虛者實之實者虛之的一著妙棋。對自由世界講，這是一種示威，警告他們不能妄動；對共產世界講，這是一種强大的磁石，告訴她的附庸國說，不要聽信西方國家的謠言，淸除貝里亞而我仍安然穩坐克姆林宮，是我力的表現，我儘管淸除異己，內部仍安然無恙。不僅此也，大家所畏懼的原子彈我早有了，如今美國唯一的法寶氫彈，蘇俄也能造出。你們還是跟着我走，一旦戰爭發生，蘇俄領導的共產世界才是眞正的勝利者。這又是一舉兩得的錦囊妙計，邱老頭領導的西歐，更會向美國警告，當心蘇俄的氫彈呀！還是大家坐下來妥協一番吧！本來，一盤散沙的西歐，今後與美國的對蘇政策，會距離更遠。至於鐵幕後渴望自由的人們呢，在美國無意積極解放的情況下，更會三思而行，尤其是對於中共，無異暗示其不必受西方的威脅利誘吧，美國有的，我蘇俄老大哥也有，我們還是携手來完成我們的亞洲共產。中共於停火簽字之時，本是朝着顧及雙方面子的道路走，其中是否有意離開蘇俄，是否因蘇俄內部不安及東歐騷動而願早日與西方和平相處，我們不得而知，但馬氏宣佈蘇俄擁有氫彈後，中共言論便趨激烈，北京廣播宣稱美國如欲遠東和平，必須讓中共入聯合國，廢棄美韓互助條約，美國必須接受中蘇團結的事實，否則美國所遭遇的卽是中蘇强大而有效的武力等。這其中有無因果關係，實在值得大家玩味。就中共進入聯合國言，只要不會美國太丟面子，停戰之後，本是不難解決的問題。這一廣播，無異是給美國的最後通牒，要美國廢棄美國南韓互助條約，正如蘇俄要美

『自由中國』的宗旨

第一、我們要向全國國民宣傳自由與民主的眞實價值，並且要督促政府(各級的政府)，切實改革政治經濟，努力建立自由民主的社會。

第二、我們要支持並督促政府用種種力量抵抗共產黨鐵幕之下剝奪一切自由的極權政治，不讓他擴張他的勢力範圍。

第三、我們要盡我們的努力，援助淪陷區域的同胞，幫助他們早日恢復自由。

第四、我們的最後目標是要使整個中華民國成爲自由的中國。

國廢棄北大西洋公約組織有異曲同工之妙。至於美國如不接受這幾欵和平方案，卽會遭遇到中蘇强大有效的武力，更是明告美國不要作拉攏中共的夢。這段廣播是出自北京的手筆，抑是俄文的繙譯，明眼人不難看出。關於聯合國的地位問題，卽令美國擬出一點與中共修好的代價，在這樣的哀的美敦書下，除非美國自認失敗，接受中共以武力打進來的方式，否則美國必以全力予以阻撓。本來誰代表出席聯合國會議，對美國本身利害來講，本無關宏旨，何況今日朝鮮業已停戰，更何況美國在英國及現實的壓力下，始終未放棄如何由接近中共而進一步拉攏中共的企圖？不過這種取捨之間，美國的退讓，是因其對東方受了「不願意在錯誤的時間，錯誤的地方，打錯誤的敵人」的原則的支配而作的，不是美國眞的被擊敗了。換句話說，美國在這方面，不僅是面子問題，實際上簡直是力量的强弱的表現的問題。今後的數月，中共如只是埋頭完成交換戰俘，進入聯合國自有英、印等國效勞。如今，一切表示願欲蘇俄老大哥代辦，並大聲恫嚇，視美國爲戰敗國，本已水到渠成之事，或又引起波折，而一切未來的後果，甚至戰火復燃而擴大，那便是由於馬林可夫所宣稱的蘇俄也能製造氫彈。

蘇俄之擁有氫彈的聲明，其用意不僅表現蘇俄以世界最大强國自居，用實力來團結共產世界，因爲要貫澈這一「强大」的表現，和平攻勢會從此烟消雲散，和平的姿態除已作的讓美記者訪問莫斯科，捷克釋放美記者等不關痛癢行徑外，艾氏所要的和平事實的表現，如速簽對奧和約，德國自由選擧而完成統一等問題，連影子也找不着。相反的，蘇俄會使局勢更趨緊張，因爲只有儘量表示强硬而不破裂的局面，才能堅固自己的陣營，使美國以外的西方國家，相信蘇俄的確是世界上第二個擁有氫彈的國家，加深他們與美國對蘇政策的歧見。因爲蘇俄不是一個一方面擁有氫彈，同時又願意接受艾氏的和平條件那種酷愛和平的國家。也由此可知「力」才是世界問題解決的總因素！

五　未來的局勢與我們的前途——代結論

短期二三年內，我的看法大局仍在緊張而不破裂的情況下拖。自從美蘇都擁有原子彈後，大家都不敢輕易言戰，大家口中的和平，都是不戰而屈人之兵的和平。易言之，都想以自己强大的實力壓迫對方就範。就美國講，她要時間充實百分之百的積極防空；就蘇俄言，她要時間來將馬林可夫的氫彈支票兌現。其次，這次大戰如發生，又是兩大集團的鬬爭，如今西方集團，實際上並未形成有力的集團，蘇俄之所以不在此時下手，實在是慄於美國的戰略轟炸及原子彈氫彈的可怕。美國果如迫不得已而取先發制人的戰略時，也必得將散沙式的西歐先行團結才可動手。在西歐畏戰的今日，美國只能以時間來調整內部歧見。雙方不打又不和，於是走上了以時間來分化敵人團結自己的『拖』的路上去。艾氏說外援是個長期計劃，心理戰重於軍事戰，用心在此。

其次，我們對美國國策，應有深刻的認識，她的國策的實質，是對內反共對外反蘇，麥加錫參議員之大名，三年以前是默默無聞，於今已擧世皆知，由政府官員之淸除而降至於教書匠及傳教師，甚至連書也焚起來了，以自由民主的標準言，西歐人士也對此漸表不滿。這種作風是否正確，是見仁見智，但從政府各級新設反共機構看起來，對美國的內部言，是萬事莫如反共急。至於對外，是反蘇第一，只要同心協力與美國一道反蘇，都可做朋友，也因此之故，她對朋友的取捨，主要的在於力量，只要你是反蘇，你內部政府如何，美國是不計較的，所謂自由世界民主集團之所以無法團結，名不符實，也因美國是太着重「反蘇與否和力量有無」之故，否則美國所領導的集團，不會是帝國主義者、共產主義者、法西斯獨裁者無所不包的。在美國這樣側重現實的政策支配下，自然對於如何拉攏中共較援助臺灣反攻爲有興趣。而目下之對臺政策，始終也是基於臺灣是美國在太平洋的重要基地，而不能輕易放棄的方針下推進。

看清了世局，認識了美國的國策，我們應如何從死中求生呢？希望第三次大戰爆發而囘大陸接收嗎？假定最初當局的決策是如此，那是太危險而可怕的。卽令三次大戰必打，誰也不知何時打，卽令打了起來，中共會如何打算，那也要在打的時候才見分曉。韓戰的教訓，美國可能恨中共，但誰也不能輕視中共有效控制下的『中國』。爲了美國的利益，只要中共統治下的『中國』，於未戰時有機會將中共拉過來，或作戰時中共能倒戈，美國的重心總是會擺在大陸上，除非到了兵双相交時而中共爲蘇俄出死力，那時美國才會移轉目標於臺灣。所謂臺灣中立化的解除，在沒有實際的行動與鮮明的政策來支持的情況下，只表示臺灣又被利用一次而已。所以每當國際間妥協空氣正濃時，美國總派幾位議員或軍人前來打打氣，表示美國是不會放棄臺灣的。從來，就未有過負重要決策的人員來臺，代表美國官方說明美國之協守臺灣，其最終目的是什麼？如臺灣今日之局面再維持十年二十年，試問於政府於中國有何益之可言？

今天，我認爲政府不應再被動了。美國向世界數十地區花錢，而最痛快的莫如花在臺灣。因爲幾乎除臺灣外，沒有一個接受美援的國家對美國是表示感恩不盡的。當然，我們不能輕易責備友邦，但我們得認淸，在現行美蘇對立的局勢下，美國之需要臺灣，一如臺灣之需要美國，問題是在美國現行的對臺政策下，爲什麼忽略了中國人爭取自由的願望？主要的臺灣的力的問題，不足以引起美國的重視——臺灣的力至多是偏處在臺灣一隅而已。臺灣要想把力擴張到海外，擴張到大陸，首先就得把本身造成國人仰望的光明燈塔。就原則講，凡是敵人的一人獨裁，一黨專政，無言論自由，無基本人權……等等，臺灣就得一反其道而行，否則所謂被利用的「同胞」也者，彼此隔海而望，除了自認晦氣以外，還有什麼選擇的可言，大不了逃到海外作個無國籍的「我選擇了自由」的作者哈琴夫而已。今天大家要放開胸襟來看，大家所爭的應是國家的命運及子孫後代的幸福，絕不是當代人的功名利祿。要使這個原則具體化，在言論自由方面，人身自由方面，檢討一下現行的法令規章，凡是我們攻擊敵人違反這些神聖原則名變而實同的東西，應一律予以修訂。在政治理想方面，如果我們稱中共領導民主同盟，革命同志會等小黨爲僞裝民主，不是眞正民主，那麼臺灣就得於政府黨之外，須有一個强有力的反對黨的出現。這個黨決不是作花瓶用的，它不僅於在野時能批評指責在朝黨，主要的它於選舉時，要有依合法手段取在朝黨地位而代之的潛能，一如英之保守勞工兩黨及美之民主共和兩黨然。讓人民要想換換口味時，也有可換的機會，否則只此一家並無分店，人民何選擇之有？那麼又談得上什麼民主？只有這種澈底的改變，才使海外及大陸的人民發現臺灣與大陸的不同的實質。也只有如此，才使眞想負國家重任而又力能擔負的人，才有貢獻所能的機會。也只有如此，才使每一個老百姓深深感到他這一票是關係國家的前途及個人的利害。當個人的利害與國家的利害一致時，那種爲國犧牲的精神才會油然而生。臺灣今天首先應該在政治上表現一種泱泱滂薄的氣概：臺灣的門應該是敞開着的，凡反共的人士俱所歡迎。過去廬山會議以後的大團結的局面，曾構成支持抗戰的重要的力量，這段歷史是值得我們重新溫習的。何況今天流落在海外的人才已經不多，已不容力量之相互抵消。如果我們能把臺灣造成一種「萬方來歸」的局面，積極地更能揭櫫出崇高的反共反極權的理想，明白告訴世人，我們之所以堅決反共乃是爲了實現民主自由的理想。能這樣，而後才能使四海歸心，才能使大陸上的同胞相信今日的國府已非昔日的國府，從而朝夕東望「王師」。這些才是今天臺灣所應該積極培養的政治力量。有了這樣政治的潛力，隨時可以迫使美國拿出鮮明的態度來。

誰都承認今天仍是力的世界，自己有力量才有辦法。自己果有產生此等力量的把握，有無聯合國的席次都不關重要。中共未組政府以前，瑞金時代，延安時代，誰承認它是合法的政府，今天誰也對他送秋波，人們不能永久否認力所造成的事實。假定美國爲求目下遠東的和平，她當然需要中共代表的簽字，因爲這個簽字才有效。然而中共的成功，不是偶然的，我們須要從失敗的教訓中痛自反省。過去，多少革命志士曾爲推翻滿清、掃蕩軍閥而流血。今天大陸上人民所受的痛苦千萬倍於滿淸與軍閥時代，但我們該怎樣激勵愛國家愛自由的人們再爲祖國流一次血呢？這是當前政府最重要的課題。我敢相信願意流血的大有人在，問題是要使他們心悅誠服的了解這是爲什麼而流血。

寫到這裏，我的腦汁業已絞盡。雖然言猶未盡，但病後的弱軀已不允我再多寫。我最後一段意見，也許有的人很不高興，但讀者先生們靜靜地想一想，如把臺灣視爲革命建國的最後基地的話，我們除了以一新耳目的辦法來作最笨最苦的打算外，還有什麼投機取巧的道路可走？我是個政治圈外的人物，今天我還靠自己的手與勞力在國外讀書養家，毫無以文章作敲門磚之意。我之所以如此主張，如此寫，是因爲落流異國太久，而個人的國家民族意識又太强，在飽嘗異國人情冷酷之餘，我希望早日有一個溫暖能使我活得下去的祖國！這就是我的政治野心！也是我寫文章唯一的動機。

民國四十二年八月十六日

於美國西雅圖。

論美國外交政策的目的(上)

樊際昌

彭海姆近著「圍堵歟？解放歟？」的內容介紹

彭海姆 (James Burnham) 近著「圍堵歟？解放歟？」(Containment or Liberation?) 一書，論美國外交政策的目的，卓識遠見，極堪重視。値此美國外交政策改弦易轍之際，此書不特提示一正確嚴肅的見解，亦且有以見美國政策更張的動向所趨。因用原文擷其精義，由王德昭先生譯成中文，以介紹於讀者。

彭海姆，美國紐約大學教授，以世界政略論著聞名於時。二次大戰後，曾廣遊世界，歷訪印度、泰國、與日本等地，並數度至歐洲，直接考察國際局勢的發展。近數年來，彭海姆常居華府，時在各高級軍事學院講學，其意見之受美國政府重視可見。「圍堵歟？解放歟？」一書於本年問世，紐約 John Day Company 印行。

「圍堵政策」(Containment)

美國對抗蘇俄鐵幕的「圍堵政策」，確定於一九四七年。根據它的設計人肯南 (George Kenan) 的解釋，這政策乃建立於如下的理論的秩序之上：

(一)資本主義與社會主義勢不兩立，乃蘇俄的不變的觀念。

(二)因爲這種觀念和由此而生的後果，所以蘇俄在國際間極難相處，但對於美國尙無直接的威脅。

(三)圍堵政策的意義，乃在以堅決的對抗力量，於蘇俄的每一擴張方面，加以堵截。

(四)長時期的圍堵，足以改變蘇俄統治者的意向，使有利於自由世界。

(五)這成就將如何獲致，未經清楚說明，但視爲應然。

(六)美國於堅決執行圍堵政策之同時，可以用影響蘇俄人民的方法，以幫助上述成就的實現。(使蘇俄人民獲知世界上尙有別種生活方式，屬於較蘇俄遠爲合度、有目的、而充滿希望的文明；如利用「美國之音」廣播。)

(七)一個强大而能完善解決內部生活問題的美國，乃另一重要的影響力量。

從上述的理論程序出發，關於政策的實施，有如下的引伸：

(一)於可見的未來，並無理由恐懼另一次大戰發生。對蘇事務可以付託於外交官員之手，如肯南之流，而穩當無虞。

(二)美國和它的友邦必須重整軍備，但毋需遑急。

(三)美國應負起遏制蘇俄軍事擴張的任務，使不越出一九四七年所到達的界域。(但對於蘇俄可能假手於別國共黨勢力、民族主義者、勞工或其他組織發動的暴力行動，則並無明確的對策。對於共黨勢力的政治性擴張亦然。)

(四)圍堵政策否拒主動性的攻勢行動。

(五)壁壘分明的政治作戰，不適用於圍堵政策。

(六)圍堵政策要求一種軍事强化的計劃和一種經濟繁榮的計劃，以抵制共黨勢力的擴張和滲透。

圍堵政策批評

圍堵政策的心理基礎：

(一)反映一九四七年前後美國人民的對蘇態度。

(二)滿足美國善良公民的兩種相反的心理需要：美國將避免攻擊他人，但將爲捍衛故土而英勇作戰。

(三)這故土的界域不必卽爲美國的國界，而是屬於一個不甚明確的存在，卽「自由世界」。

(四)圍堵政策不威脅任何國家。反之，因爲它支持集體安全、世界和平、合法權益、和聯合國，而提高了美國人的道義心。

(五)它保證解決蘇俄問題，而毋需美國方面的眞正的犧牲。它需要耗費大量金錢，但對於商業和政治，此項金錢的耗費可能大有裨益。

如上所述，圍堵政策雖頗爲動人而似若順理成章，但仍然是一個錯誤的政策。因爲：

(一)缺乏一貫性，同時否認而又假定資本主義與社會主義可以並存。反觀共產國家方面，則一貫强調兩者的根本的對立。

(二)就戰略的觀點言，完全自居於守勢的地位。

(三)對於領土、人口、資源如此廣大繁庶，而又持有如此態度的蘇俄，更不適用。在馬來亞，對於數僅及萬的共黨游擊隊，費時五載，尙且不能圍堵。

(四)並未爲非共國家地位的强化提供動機和方法。凡有共黨勢力存在之處，除非將共黨勢力摧毀，强化乃不可能之事。强化計劃的設計視非共國家的孱弱爲由於「自然的」原因，事實則共黨的有計劃的行動，單獨亦可造成同樣的結果。

（五）不僅無效，亦且有害。蘇俄的鐵幕統治因此而得以爲所欲爲，以鞏固並擴張它的一切利益；而美國和它的盟邦，則將承受慢性的經濟的扼殺。

（六）不能符合道義的和精神的需求。誰樂意爲圍堵而受苦、犧牲、乃至捨身以殉？苟作此想，難免可笑。

歸根結柢，圍堵政策不過是一種敷衍政策的官僚化的措詞。它的內面的原則是：讓歷史解決一切。

圍堵政策的根本錯誤，在於它的未能充分領會共黨企圖的革命的性質。肯南和別的「政府思想家」依然循國家疆域和勢力平衡等古典的觀念，以爲推理根據。但史大林顯然無意聽取類此的說教。肯南奉命使蘇，未滿一年，便被蘇俄政府擯拒。

圍堵政策的成績

一九四七年三月，杜魯門總統爲援助希臘和土耳其，咨文國會；當年五月，國會通過援助希土法案。美國對蘇圍堵政策的實施，自此始。

當時的國務卿馬歇爾，在哈佛大學的畢業典禮演說中首次作所謂「馬歇爾計劃」的宣佈，爲圍堵政策的一主要部份。

一九四八年四月三日簽署的第四七二號公法，包括圍堵政策的甚多重要部份。內計：（一）「一九四八年度經濟合作法案」；（二）「國際兒童緊急救濟法案」；（三）「一九四八年度援助希土法案」；和（四）「一九四八年度援華法案」。

圍堵政策的實施，必然引致（一）繁多機關衙署的設置，和（二）大量金錢的化費。（如經濟合作總署、共同安全總署、技術合作組織或「第四點計劃」，北大西洋公約組織，等等；與聯合國合作的有糧食及農業組織、世界衛生組織、教育科學與文化組織、等等。）

當整個圍堵時期，攻勢的手段被嚴格擯除。對付柏林封鎖如此，對付希臘和韓國的戰事亦然。國務院嚴格護持此項政策，對於任何企圖違背此項政策的人士，都大發雷霆。如屬一美國人，則將受被迫退休的冷遇。（如安德遜少將、魏德邁將軍、麥克阿瑟元帥、空軍部長薛明頓等皆然。）

圍堵政策的實際效果，可綜述如下：

（一）在西歐，守住東西分界線。南斯拉夫已脫離蘇俄鐵幕，但並非圍堵政策的效果。圍堵政策結果完全不能阻止鐵幕在整個中國本部的擴張。爲阻止鐵幕的繼續侵入南韓和東南亞，苦戰正進行未已。

（二）在被認爲蘇俄的勢力範圍之外，若干「新延安」的險狀已在發展，如印度、尼泊爾、菲律賓、印尼、危地馬拉、和若干阿剌伯國家皆然。

（三）在自由歐洲的三個主要國家——英國、法國、和義大利，圍堵政策並未達成建立强化態勢的目的。對於自由世界，印度乃一種負擔，而非力量。在伊朗、埃及、突尼西亞、和摩洛哥，西方國家的地位正每況愈下。一九四七年後國力有顯著增進的重要國家，唯有德國和日本，第二次大戰的失敗者。美國曾決定以無條件投降和民族懲治的政策，施諸德國和日本。如果人類從蘇俄的侵略得救結果乃需仰賴這兩國，眞將是對於歷史的嘲笑。

（四）美國的軍事力量業已加强，但並非專屬圍堵政策的成就；事實乃是，在某種不同的政策之下，再武裝的步驟可能更加速進行。

（五）與一九四七年圍堵政策開始實施時相較，蘇俄的內部並未削弱，而毋寧加强。軍事工業既已擴張。原子能的發展顯然亦已成功。領導的威望，則因在中國的重大勝利和掌握世界局勢的主動地位，而獲得保障。

（六）美國的宣傳在鐵幕內部究有何種成就，並無實在的證據可見。至於就非共產世界而言，則反美運動可能正達於新的高潮。以法國爲例：美國在三十年間曾兩度從軍事失敗中拯救法國，自不待言；第二次大戰後，經濟援助法國亦已達五十億美元以上。但在法國，凡代表言論的報紙或期刊，可以稱爲親美或經常對美保持友好態度的，百不得一。

以上的考察，乃就圍堵政策所自設的目的而言。卽令承認此種目的爲正當，在實施上，圍堵政策也未能使之實現。但是這政策是錯誤的，歷史和經驗業已證明它是錯誤的，所以改變這政策，此其時矣。

西歐戰略

圍堵政策的發言人雖樂道他們所執行的乃一種「世界戰略」，但無疑着重於西歐，力量的集中（財政、軍事、和政治）亦然。遵循此項政策，美國軍隊乃自南韓撤退，一種可謂與圍堵相反的行動。在中國，美軍當着推進中的共軍，全部撤離。當一九四九年中，圍堵主義者曾預期以臺灣置於圍堵的管制之下。這計劃爲兩樁意料不及的事件所改變：一樁乃共黨的進攻南韓；另一樁乃中國國民政府在臺灣穩固地位的建立。

美國所以採取西歐戰略的理由，第一是由於基本的文化事實；第二是經濟和技術的理由；第三是軍事的理由；第四是由兩次大戰相承而下的心理的惰性。就第一點言，美國乃西方基督教文明的支裔。今日所見的世界的危機，就歷史的意義言，亦卽西方文明的危機。雖然，卽令承認防衞西歐乃一正確的政策，但不必防衞西歐卽爲一種正確政策的唯一乃至主要的目的，也不必圍堵政策卽爲防衞西歐的最妥善之道。西歐可以由政治焦點的移轉，而得到最好的防衞。

美國西歐戰略的第一步驟，在求政治上、經濟上、和軍事上團結西歐。但同樣困難叢出。至於結合西歐爲一整體使依附於美國的行動，在相反的方面，則將東歐更推向東方，而爲莫斯科所團結。

就西歐的軍事展望言，北大西洋最高統帥部正面對兩重棘手的困難：一重是德國的再武裝問題；另一重是共黨的阻撓影響，尤其在法國和義大利。

瀰漫於歐洲的中立主義的態度，使甚多美國人大感困惑。一般歐洲人爲征服和戰爭的恐惧所陵壓，感覺需要美國力量至適可阻止蘇俄前進而止，但不願到達冒眞正戰爭危險的程度。歐洲人的要求美國援助，乃在使問題繼續，而不在求問題的解決。建立於圍堵政策之上的戰略，結局乃是一種無望的戰略。

亞美戰略

亞美戰略建立於三個地緣政治的觀念之上：第一觀念，減抑對於西歐的偏重。第二觀念，美國本土的保衛應享當然的優先。第三觀念，更多的戰略的重視應放在亞洲，尤其遠東。其中前者乃消極的，而後二者為積極的。

對於以上三個觀念的批評，可簡述如下：以第一和最高的關懷放在中央基地(加拿大和美國)的防衛，自屬完全正確。但集中所有的防衛於同一區域，則不必即是最好的防衛。在本土的疆界之內，欲求有效防衛美國，乃不可能之事。如果亞美戰略的運用而至於放棄歐洲，尤將造成地緣政治的危局。這政策的另一可能後果，是使美國力量胡亂的斷送於遠東(如今日於韓國所見)。目前在亞洲的目的，欲求從共黨的控制或威脅之下拯救整個東亞，殆不可能。與强化日本同時，最低的需要應在阻礙蘇俄鞏固在中國、東南亞和印度的控制，使此種區域在蘇俄的全體系中不成為資產，而是債務。

亞美戰略的缺點，除上述批評外，尚見於以下一點：即令這政策充分實行，但基本問題仍未解決。美國在遠東的任何行動都不能傷及敵人的要害。一種亞洲重點政策，使敵人於主要的、具有決定性的方面，得以為所欲為。如果亞洲重點政策不過代表在東方的圍堵政策，則這一戰略的結果無非錯上加錯。

然則是否可以取一持平之道，或立一種西歐和亞美戰略的聯合計劃？於此可以根據傳統的均勢的觀念，加以討論。歐洲的均勢今天已屬次要。世界政治已不再依賴歐洲的均勢，因為世界勢力現在大部不在歐洲。同時，歐洲本身被分割為二。但在歐亞大陸，受蘇俄鐵幕的統治與威脅，今天並無一種均勢存在。西歐無力與歐亞的其餘部份平衡。在地理上，歐亞均勢可以採取對蘇維埃帝國包圍的形式：西歐在其西；加拿大（隔北極相對）在其北；日本、臺灣、非律賓在其東；印度、土耳其、阿剌伯國家在其南；此外並至少守住東南亞和印尼。但不幸，在目前的局面之中，這不是一個實際可行的目標，也不能用圍堵政策來達成。對於非共的歐亞國家，圍堵政策並未提供一個循序以進的積極的目標。雖然，美國如但求獲得若干形勢優越的包圍基地，則多少亦能有所收獲。

東歐戰略

蘇俄與其他任何政治體不同，它乃是一個帝國，同時又是共黨世界革命冒險的主要基地。這冒險事業受一個由「職業革命家」和「政黨活動家」所組成的中樞機構的領導。這中樞機構又受它的蘇俄份子的支配，後者即構成蘇俄的統治集團。共黨的所謂最高領導策略，首要的工作便是保持和加强它的中樞機構。共黨現行的戰略階段開始於一九四四年，直可視為對於第三次世界大戰爆發的準備。這階段的目的可綜述如下：(一)在政治上、經濟上、和意識上鞏固並加强整個歐亞基地；(二)削弱並破壞所有未受共黨統治的區域、國家、和政府。第一目的在求保障上述基地在軍事上和政府形式上的牢不可破，並為將要到來的無限制戰爭的階段作準備。第二目的兼具守勢和攻勢兩重意義。世人常忽視聲東擊西乃共黨戰略的一個極其重要的部份。共黨理論蔣共產主義乃惡劣的經濟狀況的產物，便是意識上聲東擊西的一個良好例證。圍堵政策，無論集中力量於西歐，或擴大而兼含亞洲，對於克列姆林宮皆不足為慮。這政策的實施，結果祇令自已隨時任敵人擺佈。

戰爭結束後的幾年來，蘇俄何以未繼續向西歐推進？下列的三個重要因素似曾迫使克里姆林宮決定止步：(一)美國生產和技術的優勢；(二)美國在原子武器方面的優勢；(三)蘇俄內部的困難。就美國言，此種因素本身並非政策，但確可作為素材，以建立一種政策的基礎。

苟如上述，則下列的工作，乃美國所應致力實行：(一)防止西歐淪入蘇俄鐵幕；(二)繼續與英國的密切聯繫；(三)阻礙蘇俄鞏固在遠東的統治，尤其中國；(四)阻塞或攔止共黨的長驅東南亞和印度；(五)强化遠東的反共國家，尤其日本；(六)保衛並加强國內陣容，(七)以位置適當的海空基地加强並完成對蘇的軍事包圍。雖然，所有工作並不構成一項戰略。美國不能一舉而全部完成。戰略問題永需出以優先、緊要、時宜、和集中行動等考慮。於此，下一論點乃戰略的不易之理；第一優先永久歸於國內陣容。苟然，則一種以東歐為地緣政治中心的戰略，無疑將最適合美國的目的。苟假定這戰略是可能的，則它的優越之點便明白可見。它將使反蘇的力量產生於敵人的基地之內，它的戰線的後方。對於敵人，較之加於它的邊緣地帶或它的外部的行動將產生更為巨大的影響。

一種東歐戰略既然是需要的，然則它是否也是可能的？對於這問題，經驗已給予了部份的解答。在過去的幾年中，美國及其盟邦對於蘇俄壓力的有效對抗，已包含東歐戰略的因素。戰略空軍便是這種因素的一個良好實例。反抗集團的發展，乃東歐戰略可以資以實行的手段之一。如是東歐戰略需要一種普遍性的政策，在主要的方面背離圍堵政策。此項新政策可名之曰「解放政策」(Liberation)。解放政策可遍施於一切重要的部門：軍事的、經濟的、心理的、外交的、與政治的。它的首要意義便在確定一新的焦點或展望。如此，在每一部門和每一地理區域的行動，皆應就其對於東歐的直接或間接的影響，加以選擇和判斷。

(下期續完)

個人自由乎？國家自由乎？

傅中梅

一

人類雖然並不像盧騷所謂有天賦自由，但每一個人都生而有愛自由的天性和求自由的本能，似又不容否認。在人類歷史的演進過程中，正由於人類的這一天性和本能，而創造了光輝的功績，文藝復興運動，便是這一功績的具體表現。因爲有了文藝復興運動，人類才解脫了宗教和封建的束縛，獲得了自由，恢復了人的本位，重新認識了自己，所以有人稱這一運動的主要貢獻就是人的重新發現。因而盧騷有「否認一個人的自由，就是否認他是一個人。」的名言。密爾的論自由一書，主旨也是在强調個人自由的重要。其他如米爾頓霍布斯等，對於個人自由的理論，也都有過充分的發揮，因爲個人自由確是個人人格發展的必要條件，個人有自由，才有機會發展本身的才能，提高本身的價值，而體會到人生的眞意，進而對社會有所貢獻。所以個人人格的發展，又是促進社會進步的必要條件。大凡文明國家之所以承認個人自由，並保障個人自由，其原因正是在此。

但任何人都不能孤另另的生活在一個荒島上，與外界絕緣，過一種絕對自給自足的獨立生活，尤其在自然科學日漸發達的今天，人類的關係逐漸密切，彼此間更是互相依賴和影響，因此個人求自由的本能和天性，也就不能不受到限制。由於公共事務的需要共同處理，彼此生活的需要共同解決，相互的利害需要共同調濟，在政治還停留在民族國家的道路上，世界並沒有進入以天下爲一國的大同境界以前，最有可能而又最有力量解決這些問題的，無疑的只有國家，因而原有的某些個人方面的自由，便不得不讓步給國家。當然，其目的只是在換取另一些自由。所謂國家自由的能够被人所承認和接受，其道理也大半在此。

在這種情形之下，假使這國家的人民眞是這國家的主人，所謂個人自由與國家自由的問題，理該不至於發生。但往往由於人民並不是國家的主人，國家自由的產生，相對的只是個人自由的絕對喪失而已，於是個人自由與國家自由的爭論便隨着發生。內部的人民便主張縮小和壓束國家自由，政府的官吏便主張擴大和增加國家自由，個人自由與國家自由之爭，往往變成了內部人民與政府官吏之爭，愈爭而愈烈，却又愈得不到解決，問題也就從此發生了。

二

所謂個人自由與國家自由的爭論發生以後，任何一方面，都可以舉出很多自信爲正當的理由，堅持自己的主張。假使靜心觀察，便不難發現彼此之所以爭論，都由於對這兩個名詞的涵義，沒有獲得正確的了解，於是便發生一種基本的錯誤觀念，認爲個人自由與國家自由是對立的，是相反的，是互相排斥的，是互不相容的。因此便形成了內心的恐懼，主張個人自由的，深恐國家自由的擴大便是個人自由的縮小，同樣的，主張國家自由的，深恐個人自由的增加便是國家自由的減少。所以彼此攻擊對方，總是唯恐不力，大有兩雄不能並存，非爭個你死我活不可。

問題的焦點，顯然是在兩者是否衝突上面。這裏所希望解答的，也就是這一點。

在尋求解答以前，如果能將平常所謂國家自由的「國家」，以及所謂個人自由的「個人」，這兩個不同的名詞，加以適當的說明，問題也許就不難迎刄而解了。至於兩者的範圍大小怎樣？彼此是不是應加以限制？又應受何種程度的限制？似乎都不是問題發生的癥結所在，只有略而不論了。

三

所謂國家自由的「國家」，不管政治學者究有多少種不同的解釋，國家是建築在個人的基礎上，總是不容否認的事實。所以國家只是一個抽象的概念，並不是實質的存在，離開個人而言國家，是永遠無法評論和衡量其價值的。因爲國家也只是人類社會組織的一種形態，本身並無單獨之目的，所以亞里斯多德在叙述國家的目的時認爲：「國家的組織，是想使大家能生活，國家的繼續存在，是想使大家得到更好的生活。」可見「國家」只不過是一種工具，只是人類生活史上某一時代的工具而已。故所謂「國家」，必須是包括了內部的個人，才有眞實的意義，而所謂國家自由，也必須是包括了內部的個人自由，才有眞實的意義。也就是說：國家自由的實現，是爲了保障個人自由的實現，國家自由的擴展，是爲了尋求個人自由的擴展。

否則，我們對「國家」這個名詞，作另一種不同的解釋，意義當然就完全不同了。例如黑格爾有所謂「國家……是絕對合理的。這種實質的統一體，是它自己的動機與絕對的目的。……這種目的有最高的權利以統馭個人，而個人的最高的目的便是作爲國家的一份子。」墨索里尼更有所謂「法西斯認爲國家是絕對的東西，國內的一切個人或社會團體都是相對的，只有在其與國家的關係上方能發生意義。……法西斯主義的國家本身即有意義，並且有它自己的意志與人格。」所以意大利法西斯國家的格言是「一切在國家裏，一切爲着國家，不容任何東西反對國家。」這都是過份强調國家的神聖性，至上性，絕對性，而過度的誇張了國家自由。如此的曲解國家和國家自由，當然不是任何具有理性的個人所能接受的，更不是當今這個民主時代所能承認的。

所謂個人自由的「個人」，當然不是指這國家內的任何一人，而是包括這一國家內所有的個人，既非僅僅指你，也非僅僅指他，更非僅僅指我，而是包括你我他都在內。所以當我們主張個人自由時，絕不是只主張我一人的自由，而不承認其他的人也同樣的具有自由；應該是認爲凡如同我們自己一樣的人，都有相同意義與範圍的自由。因爲你是「個人」，他是「個人」，我也是「個人」，大家都是「個人」，大家都具有個人的條件和資格，都能以「個人」的身份來享受個人自由。

假使我們對個人自由，作另一種不同的解釋，當然就要導入錯誤和危險的途徑了。例如亞里斯多德在其政治論一書中，便引用過歐里比德斯的一句話：「到我所要到的地方去！」易卜生也有所謂「我最期望於你的，是一種眞實純粹的爲我主義，要使你覺得天下只有關於你的事最要緊，其餘的都算不得甚麼。有的時候，我眞覺得全世界都像是海上撞沉了船，最要緊的是救出自己。」這都是以唯我來解釋「個人」，對「個人」作了極端的誇張，結果當然只承認我的自由，而不承認其他的人也該有同樣的自由。這樣的强調「個人」的絕對性，以至於曲解個人自由，顯然已經是過時了，絕不該是今天具有理性的個人所當主張的，也絕不是民主時代所能容認的。

四

根據以上理論的分析，國家自由的「國家」，既是包括所有的個人，個人自由的「個人」，也是包括所有的個人，問題理該不再存在了，因爲彼此間並無衝突與矛盾之可言。

但從事實上加以觀察，似乎又不盡然。就是說：有時候，國家自由與個人自由是一致的，有時候，國家自由與個人自由却又是相反的。所謂一致：就是指國家自由的增加，便是個人自由的增加；國家自由的縮小，便是個人自由的縮小。前者例如殖民地時代的英法各國，以及今日的美國，由於國家自由的擴展，個人自由也隨着擴展。後者例如被帝國主義所侵略和壓迫的弱小國家，以及今日的中國，由於國家自由的喪失，個人自由也隨着喪失。所謂相反：是指國家自由的增大，反而是個人自由的縮小，國家自由的縮小，可能倒是個人自由的增大。前者例如二次世界大戰期間的德意等國，以及今日的蘇俄共產帝國，當其對外侵略的時候，國家自由固然增加了，但本國人民的自由却並沒有隨着增加；相反的，由於政府對內部的控制加强，個人自由是更加縮小了。後者例如今天的日本，因爲戰敗之故，比起戰前來，國家自由的範圍雖然縮小了，但人民的個人自由却增大了。

從上述的事例中觀察，國家自由並不一定等於個人自由。也就是說：國家自由可以是個人自由，又可以不是個人自由，其所以有這兩種不同的現象，癥結是在這國家的政治形態，是民主還是獨裁。

在政治民主的國家，人民是國家的主人，不是國家的奴隸，國家的意志與行動，取決於內部的人民，政府的官吏，只是人民的公僕，只能依據人民的共同意志而採取行動，本身並沒有單獨的意志與行動，更不容許有違反人民的意志和行動。國家和政府的界限，劃分得淸淸楚楚，國家是國家，政府是政府，政府絕不能冒充國家。所以在主張國家自由的時候，其最終目的，並不是爲國家這個空洞名詞的本身主張甚麼自由，更不是爲政府的官吏主張甚麼自由，而是爲內部所有的人民主張自由。縱然在形式上是規定放棄某些人某些方面的個人自由，但實質上還是換取另一部份人另一方面的個人自由。總之，國家自由總是以個人自由爲終極目的，與個人自由相始終的。

但在獨裁政治的國家，人民不再是國家的主人，而是國家的奴隸，國家的意志與行動，是決定於一個獨裁魔王或是少數獨裁份子，政府是高居於人民之上，而不是人民之下，人民聽命於政府，而不是政府聽命於人民，政府可以爲所欲爲，人民只能敢怒而不敢言。國家與政府的界限，便泯滅而不可分，國家就是政府，政府便冒充了國家。國家的利益，不再是全部人民的利益，最後受實惠的是一些手操國家生殺大權的獨裁者。所以在主張國家自由時，其目的並不是爲內部所有的人民，而是爲「國家」這個空洞而不可捉摸的抽象概念，獨裁者本身便是這抽象概念的眞實化身。因而獨裁者往往以極其動人聽聞的大道理，來强調所謂國家自由，實質上是在强調本身的唯我自由，其所以打着國家自由的招牌，這不過是獨裁者的政治魔術，企圖愚弄內部人民而已。其唯一不可告人的目的，是希望內部所有的人民，都放棄了個人自由之後，而使本身成爲這一國家內唯一的神聖不可侵犯的「自由之神」。史大林毛澤東之流，何一不是如此？可知獨裁者是以「國家自由」爲外衣，而以一己的「個人自由」爲內涵。

由以上種種證明：國家自由與個人自由的問題，是發生在政治形態的民主還是獨裁之上。

五

個人自由與國家自由的問題既然如此，在自由中國應該是不成問題的。因爲我們有一部由人民的代表所訂定的憲法，政治是民主的，應無疑義，所以自由中國也是民主國家之一。因此，無論是主張國家自由或個人自由，照理都該是爲求得國內所有的個人自由，因爲彼此是一致的而非相反的。反之，無論其主張國家自由或是個人自由，最後目的並非爲所有的個人自由，而是在求一己的個人自由，那便是主張獨裁政治。與我們的國體不相容。

假使上述的論證正確，那麼，今日所該主張的眞正的國家自由，必須是保障個人自由的國家自由，而非否定個人自由的國家自由。今日所該主張的個人自由，又必須是完成國家自由的個人自由，而非背離國家自由的個人自由。果眞如此，主張國家自由也好，主張個人自由也好，最後目的都是爲求全中國苦難同胞的個人自由，而不是爲任何一人或任何少數人爭一己的自由，又有何爭論之必要？

歸根結底的說，今天所該爭論的，倒不是個人自由或國家自由的問題，而是政治是不是眞正民主的問題。

偉大的烏托邦

——海耶克教授著「到奴役之路」(The Road to serfdom by F.A. Heyek) 之第二章

海耶克著
殷海光譯

『那常使國家變成人間地獄者，正是人想把國家變成天國之一念。』——F. Hoelderlin

時至今日，社會主義已經代替了自由主義底地位，成爲大多數進步人士所主張的學說。從前，有些偉大的自由思想家會對集體主義可能產生的種種後果下過警告。而現在的這一轉變，則不僅僅是表示一般人對於前輩底警告已經忘懷而已。他們之所以如此，因爲他們相信另外一番議論。而這番議論底意旨，根本與前輩自由思想家們之所言相反。於是，我們碰到一個極其奇特的事實：同一社會主義，早期會被人認爲是自由之最嚴重的威脅，而且開始問世時是反對法國大革命之自由主義的，可是，而今它居然在自由旗幟之下，受到普遍的歡迎。現在的人已經不大記得，社會主義，在其初期，彰明皎著地就是權威主義性質的東西。奠定現代社會主義之基礎的法國著作家們，都堅信他們底種種主張，唯有靠强大的獨裁政治才能付諸實行。在他們心目中，社會主義之實行，不過是想如何終止革命而已。而其終止革命的方法，是依據階級層層節制之原則，細心將社會組織重加改造。他們又主張用强迫性的精神力量 加諸社會 各階層 以達到這一目標(譯者按：這種辦法，演變到了現代，就是藉政治暴力，强迫大家接受一個得勢的政治組體所標尙的「主義」。於是，造成思想統制的專橫局面。這路作風之最完備的標本，是共產組織。) 當着牽涉到自由問題時，那些社會主義底創建者，對於他們所欲實現之企圖，絕不躊躇。他們認爲，思想自由就是十九世紀社會罪惡之根源。聖西門 (Saint-Simon) 是近代計劃主義者之第一人。他甚至警告說，凡不服從他所創立的設計局的人，將「予以畜牲的待遇」。(譯者按：現在共黨類型的政治組體正在實行聖西門之言：對「凡不服從」其「設計」者，一律「予以畜牲的待遇」——除了以物理的方法 消滅其身體的存在以外，給予粗劣不堪的配給 (喂來亨雞時，每雞之食料定量分配，未嘗不是「配給制度」之應用)，關入集中營，强迫勞動……但是，對不服從者「予以畜牲的待遇」時，是否對於服從者就不「予以畜牲的待遇」呢？否！不過配給較佳，作爲「忠誠」之獎品而已。美國猪之配給營養較佳，但猪還是猪也。在所謂「社會主義的制度」之下，不服從計劃者，予以較劣的「畜牲待遇」；服從計劃者，則予較佳的「畜牲待遇」。所以，「社會主義的制度」一行，人底尊嚴消滅。人而失去人底尊嚴，僅餘細胞一堆，尙得謂之「人」乎？)

一八四八年革命以前，民主有一段高潮。社會主義只在這股澎湃的民主潮流之影響下才開始與自由的力量結合。後來，所謂「民主社會主義 (democratic socialism)」這一名詞出現，在很長的時間以內才把鼓吹社會主義的前輩們所引起的一般人對社會主義疑懼的心理平息下來。民主政治根本是一種個人主義的制度。這種制度與社會主義永遠不能調和。關于這一點，杜克利比任何人都看得淸楚。(譯者按：杜克利，生於一八〇五年，卒於一八五九年。法國政治家，出世於 Verneuil 地方。一八二七年作凡爾賽地方長官。一八三一年膺法國政府之命前往美國研究反省制度。氏將研究之所得，寫成「美國的民主制度」一書，一八三五年出版。此書問世後，歐洲各國俱有翻譯。一八四九年會任法外交部長。)

杜克利於一八四八年會說：「民主制度是擴大個人自由之範圍的制度；而社會主義則限制個人自由之範圍。民主制度將一切可能的價值加諸每個人之上；而社會主義則把每個人當做一個工具。在社會主義的制度中，個人，不過是一數目字而已。民主制度與社會主義共同的地方只有一點，就是二者都主張平等。但是，我們必須注意，即使是這一共同之點，還是有差別的：民主是在自由裏去追尋平等，而社會主義則是在桎梏 與奴役中追 尋平等。」(譯者按：羅素會說：「奴隸與奴隸之間是平等的。」這樣的平等，有何人生的意義與價值呢？所以，我們不可爲了「平等」這一空虛的概念而感到滿足。當着我們看到「平等」這一符號，或聽到「平等」這一聲音時，且不忙欣然色喜。我們要作進一步的追問：「平等」是怎樣來到的？是被動地「配給」的呢？還是主動地爭取的？尤其要問：「平等」所指的實際內容是什麼？是奴隸與奴隸之間的平等呢？還是主人與主人之間的平等？這種年頭兒，要辨什麼事都困難，只有要得到奴隸式的平等最容易。斯達林，馬林可夫，……之流，正製就大批「平等帽」，免費奉送。但是，要得到主人與主人之間的平等，其事至難。你如果要向斯達林，馬林可夫之流爭主人式的平等，他們一定會說：「嘿！你爭到老子們頭上來了！你叛變，你反革命！該殺！」由此可以判然分明，那一種平等是假平等，那一種平等才是眞平等，在「社會主義的制度」裏，的確很容易實現平等，可惜這種平等是假平等。這種毫無意義的假平等，還值得强迫許許多多的人犧牲利益去追求嗎？還值得用什麼「計劃」以求其實現嗎？如欲實現貨眞價實的平等，有而且唯有在貨眞價實的民主制度裏。)

因此，有許多人對社會主義存疑懼之心。而且，渴慕自由，乃最强有力的政治動因。爲了緩和許多人底疑懼心理，並且利用大家渴慕自由的政治動力，於是，社會主義者天天對大家作諾言，允許大家得到所謂「新自由」。他們說，社會主義之實現，將使人類從必然的領域飛躍到自由的領域。（譯者按：這話乃所謂「矛盾的統一」之一形式。舉凡，從「國家之壓制」到「國家之委謝」，從政治現實的極權主義到政治理想之無政府主義，從政治理想上的仁慈到現實政治中的嚴酷，從現在否定一切到未來再肯定一切，……等等「矛盾」的轉變，都是與「從必然飛躍到自由」同一型模的想法。在事實上，一切獨裁極權統治，無不以或多或少的程度利用此說以掩飾其現實的醜惡與嚴酷，且把大衆底注意力引向理想的未來，而忍受目前的蹂躪。其實，這種「理想主義」不過高等的愚民術而已。這一路底說法，在語意學的解析 (semantical analysis) 燭照之下，都是穿上聖衣的惡魔。容有機會申論之。）他們又說，社會主義會帶來「經濟自由」。如果人類沒有經濟自由，那末已經得到的那種政治自由是「不值得享有的」。人類儘管爲了爭取自由已經作過長期的奮鬪，而能完成這件功業的唯有社會主義。那已經得到的政治自由不過是這件功業之初步的成就罷了。

社會主義者爲要把這番議論顯得言之成理的樣子，於是不得不將「自由」一詞底含議加以精巧的改變。因此，這些改變的地方，很值得我們重視。在那些曾爲政治自由而奮鬪的偉大使徒們底心目中，自由一詞之所指，是免於被人壓制，免於他人濫施專斷權力。尤有進者，當一個人受到某些因素之束縛，以致除了順從他所屬的上級之擺佈以外，他便毫無選擇之自由。在這種情況之下，他能從這些因素底束縛之中解放出來，這也叫做自由。社會主義者所允諾的新自由，其所指並不是這些意義。社會主義者所允諾的新自由，所指却是要人免於受必然之限制，要人免於那無可避免地限制人底選擇範圍的環境之强制。雖然，有的人所受到的限制較多，而有的人則較少；可是，其受到了限制則一。社會主義者說，新自由是要人從這種環境的壓迫裏解放出來。物質之缺乏，好像是一個暴政。當我們要獲得眞正的自由時，首先必須打破物質之暴政，首先必須解除「經濟制度所給予人的束縛。」

照上面社會主義者所說的自由一詞之這種意義看來，所謂「自由」，簡直成了力量與財富的別名。那些向人允諾新自由的人確常又向人作諸言說，在社會主義的國家裏物質的財富將大量增加。然而，我們不難知道，只從絕對征服吝嗇的自然界下手，並不能帶來經濟自由。社會主義者所謂的新自由之實在的意義，就是要消除不同的人在選擇範圍底大小上所存在的差別。因此，新自由所要求者，實在就是一個舊的要求之別名而已。這個舊的要求就是財富之平均分配。不過，這個新名詞一經提出，就使社會主義者與自由主義者之間又多添一個共同使用的字眼。這樣一來，社會主義者對自由一詞得以盡量剝削與利用。儘管這兩派人士對自由一詞底用法不同，可是很少人注意到這一區別。至於這兩種自由能否眞正結合在一起，能把這種問題想一想的人，更是鳳毛麟角了。（譯者按：以上兩段對於自由的解析，乃語意學的解析之一實際的應用。這種解析，可予「要素論 (essentialism)」一當頭捧。要素論，亦如高度的形上學，危害民主生活久矣！對於在政治方面的要素論之駁擊，中國文字方面者，可看張佛泉先生最近的論著。）

毫無疑問，向人期許較大的自由，已成社會主義宣傳底一個最有效的武器。有許多社會主義者是眞心實意地相信他們底主張能夠帶來自由。然而，他們信仰的虔誠，於事又有何補呢？如果社會主義者對大家允諾走向自由之路，而在實際上，不過是投向奴役之路，那末只有使悲劇加劇罷了。現在，被勾引而走上社會主義道路的人一天多於一天。他們昧於社會主義與自由主義在基本原則上的衝突。這社會主義者連舊日自由黨派底名字都篡奪去了。這一切結果，毫無疑問，是社會主義者向人允諾更多的自由有以致之。大多數知識分子接受了社會主義。他們以爲社會主義顯然是從自由傳統裏衍生出來的。所以，當有人說實行社會主義之結果，就會引起與自由背反的結果時，無怪乎那些知識分子會認爲是不可思議的事了。

近年以來，也有人開始感到社會主義底種種莫測後果之可怕。他們一再發出呼籲。可是，這類呼聲是從我們最想不到的地方發出來的。觀察家們一個跟着一個地從事觀察這類現象。儘管這些觀察家們在研究此類問題時還存心希望得到並非不利于社會主義的結果，可是他們畢竟發現法西斯主義的情境與共產主義的情境實在有許多類似之處。當着英國以及別處的「進步人士」仍在欺騙自己，以爲共產主義與法西斯主義是相反的兩極時，那開始懷疑這些新暴政是否同出一源的人，却一天多於一天。麥克司・伊斯特曼 (Max Eastman) 是列寧底老朋友。他提出了一些見證。他所提出的那些見證，連共產黨人聽到了，也要驚震不已。他覺得他不能不承認：「斯達林主義並不比法西斯主義好。斯達林主義甚至比法西斯主義更糟，比法西斯主義更殘酷無情，更野蠻，更不公正，更不道德，更反民主，任何善意的期待都不能挽救它。」他又認爲最好用「超級法西斯 (superfacist) 來形容斯達林主義。」至于什麼是斯達林主義呢？伊斯特曼認爲是：「斯達林主義就是社會主義。這話底意思就是說，斯達林主義就是藉政治方法完成產業國有化與集體化的社會主義。斯達林把國有化與集體化作爲他建立無產階級社會之計劃所依賴的一部分。」伊斯特曼既然認出斯達林主義實在就是這麼一種社會主義，那麼他所作的論斷之所指就具有更大的意義了。

也許，伊斯特曼先生是一個最顯著的例子。然而，這樣用同情的態度對俄國底實驗作過觀察，並且得到相似結論的，並不止他一人，他也絕對不是其中的第一人。比他早幾年，有位叫做哲伯倫（W. H. Chamberlin）的，他以美國通訊記者的身份在俄國住了十二年。之後，他發現自己對俄國一切美好的幻想都粉碎了。他把他在俄國，德國，和意大利研究的結論，用扼要的話表示出來：「社會主義，一開頭就確乎不走向自由的道路。社會主義將走向這個獨裁反對另一獨裁的漩渦，走向最殘酷的內戰之途。至於說，用民主方法來實現社會主義，並且保持社會主義，似乎是烏托邦世界裏的幻想。」同樣，又有一位英國作家，叫做弗意革(F. A. Voigt)的，他以外國通訊記者的身份，對歐洲底政治發展做過多年眞切的觀察。他最後下結論說：「馬克斯主義已經帶來了法西斯主義和國家社會主義。因爲，在一切重要之點上，馬克斯主義就是法西斯主義和國家社會主義。」（這眞是一針見血之論。從民主眼光觀之，馬克斯主義者和法西斯主義者，皆一邱之貉。因二者無論在思想型模，心性，或作風上，皆基本地相同，至少相似。而二者之所以相鬭者，不過爲權力，爲支配欲之滿足而已。——譯者）李普曼（Walter Lippmann）先生堅信：「我們所從屬的這個時代，正在從經驗得知，當我們放棄自由而將自己底事聽任一個具有强迫性的組織來安排時，其結果將爲何如。居然有些人以爲放棄了自由，一切聽任別人擺佈，就可期望將來得到富足的生活。如果眞的這樣行起來，他們底希望必歸幻滅。當着有組織的管制加强以後，生活目的上的花樣一定會愈來愈少。結果，什麼事都要歸於整齊劃一。這是依計劃而行事的社會或藉權威專斷的原則來處理衆人底事務之懲罰性的結局。」（李普曼先生之言，眞是觸目驚心。如果把一個社會變成這樣的一個社會，那末，作到最好處，也不過是變成蜜蜂螞蟻的社會。到了這一地步，人都變成低級動物了。所以，要「建設」這樣的社會，根本無需什麼「專家」來「計劃」：拜蜜蜂螞蟻作老師就很够了。人底生活之特點及其可貴處，就在各人自己管自己底事。因爲，人爲萬物之靈。吾人反共抗俄之最實質的理由，不是那些花花綠綠的玩意，而是反對俄國與共黨那一套把人變成低級動物的思想和辦法。——譯者）

類似上面的話，我們還可以找到很多。近年來，許多有資格作判斷的人士所出版的著作裏面，便常有類似上面的話。特別是曾作過目前這些極權國公民的人，他們因曾親身經歷那段轉變的過程，他們底經驗迫使他們不得不修正自己從前所抱持的一些信仰。因而，他們所講的話，與前面所引的幾段尤爲類似。我在下面將再引一位德國作家底言論爲例。這位作家底結論與前面所引的相同。不過，他所說的，或者比前面已經引證過的言論，更較正確。

這位德國作家叫做德洛克（Peter Drucker）。他說：「以爲經由馬克斯主義可以到達自由與平等之域，這一信仰已經完全崩潰了。這一信仰崩潰底結果，迫使俄國走上德國所走的同一道路。這條道路是導向極權的，純否定的，不經濟的，不自由的，不平等的社會之道路。在要點上，共產主義與法西斯主義並非完全相同。這二者是一個發展之兩個不同的階段。當人們覺得共產主義是一幻想以後，下面的一個階段便是法西斯主義。今日，共產主義在斯達林底俄國之已變成一個幻覺，亦若其在希特勒以前的德國之爲一幻覺。」

納粹和法西斯黨許多領袖底歷史對我們也是很有意義的。凡會細心觀察過在意大利或德國這些運動如何成長的人，會看到許多領袖人物，從莫索里尼起，連拉瓦（Laval）與魁斯林（Quisling）在內，都是先做社會主義者，後來變成法西斯或納粹黨徒。如果我們汼意這些人物轉變底過程，便會爲之吃驚不已。這些領袖人物固然如此：參加這些運動的大衆尤其如此。在德國，如衆周知，一個年青的共產黨徒變成一個納粹黨徒，或一個年青的納粹黨徒轉變成一個共產黨徒，都是相當容易的事。關于這一點，那些替兩黨從事宣傳工作的人知道得尤其淸楚。（兩種組織底分子這種換來換去的情形，不止在德國爲然。其所以如此，正如譯者在前面所述，兩種份子在思想型模，作風，與心性上，血緣都極其相近：二者都是政治一元論者——一黨主義者，都是極端主義者，都是狂執主義者，都是馬基威尼底學生，都是黑格爾底信徒——一左而一右，都視取消自由與統制思想言論爲必要的手段，都視首領爲天帝而衆人爲工具，都拿「主義」，「國家」，「光榮」爲招誘愚衆的符咒，……雖然其一强調種族優越論而另一高唱階級至上論，但結果對內之壓迫殘害與對外之侵略則無不同。依邏輯：如果甲所有的性質亦爲乙所有，而且乙所有的性質亦爲甲所有，則甲等於乙。所以，從絕對主義的範疇以外看來，無論共產組織或法西組織，都是同一源頭底兩個支流而已。不過，近若干年來，二者打來打去，罵來罵去，把一般人攪胡塗了，以爲二者在性質上大不相同。其實，二者如有不同之處，只是商號招牌不同而已；而所販賣的貨色，則幾乎完全一樣。二者之所以生死相撲，無他，不過爭取支配之市場而已。民主則不然，民主思想者，在政治上眞是多元論者，在心性上是非狂執主義者，他們不欣賞馬基威尼，不崇拜黑格爾，主張思想言論自由，特別尊重人權，視首領是因臨時之需要而被抬擧出來的任何個人，民主思想者少談「主義」這類空泛的幌子而多談減少大家底不便之類底實切問題……總而言之，民主底重要性質，無一是法西斯所有，亦如其無一爲共產組織所有。不獨如此，民主所有的重要性質，無一而非與二者完全相反。這樣看來，從共產組織到法西組織之路近，從法西組織到共產組織之路亦近，而二者到民主制度之路則甚爲遙遠。共產黨徒變成法西黨徒，或法西黨徒變成共產黨徒，只需換換制服，變變證章，把手槍改個方向，就行。可是，無論是共產黨徒或法西黨徒，要變成民主思想者，必須先在思想上死一次，根本去掉那套可怕的一黨絕對主義，脫骨換筋，改變人生觀，和世界觀，從新作人；拿這個新人作底子，再談新政治。這當然是一件非常困難的事。這一實際的困難，可以使我們明白，為什麼近數十年來，世界有許多地區，不是一忽兒陷入共產組織這一極端，就是一忽兒陷入法西組織另一極端。鬧來鬧去，不歸於楊，便歸於墨，總是走不上民主政治的光明大道。——譯者）在一九三〇年，英美有許多大學教授，看到從歐洲大陸回到英國或美國的留學生。這些留學生弄不清楚他們自己到底是傾向共產黨還是傾向納粹法西斯。然而，有一點則是可以看得很明確的，就是，這些留學生們對于西方的自由文明都表示憎惡之情。（請讀者諸君細味此點。——譯者）

一九三三年以前的德國，和一九二二年以前的意大利，共產黨與納粹或與法西斯之間的火併，確實比他們與另外的黨派之間的鬪爭來得頻繁。他們之所以鬪爭，為的是爭取具有同一型模頭腦的人來支持他們。他們彼此用憎恨異端的心情互相仇視。但是，從他們實際之所作所為看來，他們底作風竟是如此密切相似。他們二者之眞正的敵人同是那些老式的自由人士。因為，他們與那些老式的自由人士毫無共同之點，他們也沒有折服那些自由人士的希望。納粹看共產黨人，共產黨人看納粹，或社會主義者看納粹與共黨二者，都認為對方是自己這邊可能的預備黨員。因為，彼此都認為對方是與自己一樣的好材料，只可惜暫時受了異端邪說底蠱惑罷了。然而，共黨與納粹都知道，他們與眞正信仰個人自由的人之間則是毫無妥協餘地的。

誤信共黨與納粹官方宣傳的人，也許對於以上的話不免有所疑慮。為了免除這類疑慮起見，作者不妨再引證一位先生底話。這位先生就是海曼教授(Prof. Eduard Heimann)。他是德國宗教社會主義底領袖之一。他在這方面的權威是勿庸置疑的。他寫過一篇文章，題目叫做「自由主義之再發現」。這個題目就是很有意義的。他在這篇 文章裏說：

「希特勒主義會自稱為眞民主主義和眞社會主義。說句令人可怕的實話，他所吹噓的確有一點眞理作根據。那點眞理雖然確實少得可憐，可是有了這點眞理作根據，就够它進而作狂熱與歪曲之論了。希特勒主義者甚至自稱是基督教底保護者。還有一點也是令人感到可怕的，就是，這類錯誤的言論儘管荒謬已極，却能給許多人以很深的印象。然而，有一事實是再明白不過的：希特勒從未自稱代表眞的自由主義。自由主義有一特色，卽是，當時一提起自由主義，希特勒便頭痛欲絕。」除此以外，我們還應補充幾句。希特勒之所以在那個時候並沒有什麼機會讓他以實際行動表示對自由主義之痛恨，這是因為自由主義當時在德國，就各方面的影響說，已經等於死亡。而宣告自由主義之死刑的，就是社會主義。

雖然有許多人密切注視德意兩國或共鄰近地區由社會主義轉變到法西斯主義之過程，他們也明瞭社會主義與法西斯主義的關聯與日俱增，可是，在民主國家裏，大部分人民還在相信社會主義可以與自由結合起來。無疑，英國大多數社會主義者對於自由的高尚理想還沒有失去深切的信仰。當着他們相信他們底社會主義方案一旦實現就會毀滅掉自由時，他們定會因之而退縮不前。然而，這個問題還是很少被人認識清楚。自由主義和社會主義本是兩種最不能協調的思想，却被人這麼輕易地扭在一起。「個人主義的社會主義(individualist socialist)」本是一個矛盾不通的名詞，可是這類論題居然到處被人正正經經地談論着。如果驅使我們冒險漂向一個新世界的竟是這樣一種心情，那眞是太危險了。因而，我們最迫切的事莫過於認眞考察會在別處發生過的一些事象演變之眞實意義。雖然，我們在此所得到的結論只是些別人老早表示過的憂慮和恐懼，我們現在不過重行提出肯定地再講一遍，可是，要想說明這些令人憂惶的發展並非偶然之事，却不簡單，這需要我們將社會生活底這一大轉變之主要方面作一番比較充分的考察。民主的社會主義只是上幾代人所幻想的烏托邦。我們可以斷言這烏托邦不僅不會實現，而且當我們努力去追求其實現時，會產生一些全然出乎我們意料之外的惡果。這樣的結果，卽使是目前嚮往民主社會主義的人，也很少願意去接受的。然而，這種論斷，許多人是不能相信的。除非我們把此類事象底各方面赤裸裸地擺在他們面前，否則他們不會向這方面考慮。

西歐通訊

貝利亞被捕後的蘇俄內政與外交

龍平甫

貝利亞的被捕

六月二十七日晚間莫斯科大戲院 (Bolshoi theater) 表演「十二月革命黨」(Decembrists)。這是一部宣傳性的歌劇，以一八二五年俄國軍官反抗沙皇尼古拉一世的革命爲題材，當時看劇的有馬林可夫以下高級官員，次日莫斯科的報紙列擧這些人的姓名，祇缺少了貝利亞 (Lavrenti Pavlovich Beria)，於是敏感的局外人便猜想貝利亞出了亂子，七月十日清晨莫斯科廣播宣佈他被捕，克里姆林宮佔第二把交椅的要人被捕的消息立刻轟動了全世界。

貝利亞是蘇俄的第一副總理兼內政部長，是蘇俄的特務頭子，蘇俄的特務組織在最初稱爲「切卡」(Cheka)，後來改名爲「格柏烏」，旋又改名爲內政部 (N. K. V. D.)。它的任務在最初是對付內戰中的反革命份子，後來牠的權力與組織不斷的擴大，形成史無前例空前龐大的特務組織。一九三四年蘇俄的特務組織開始管理集中營，拘留所及監獄，執行法庭的判決，指揮囚犯工作，實行强迫勞役。一九三五年它有權管理公路交通，次年它更有權實施强迫的與自動的移民。此外內政部負責監視軍隊，共產黨機構及經濟事業(尤其是軍需工業)。擧凡交通、運輸、郵電、廣播、新聞、雜誌的檢查，政府檔案的保管，電力水利工程的執行，鐵路的修築，原子彈的製造，都由貝利亞的特務組織負執行或監視之責。不但如此，蘇俄的駐外使領館，共產國際情報局，及各國共產黨也在它監視之下。貝利亞的特務組織有强大的武力，有人估計他擁有八十萬武裝兵士，四十萬公安及刑事警察。他還有直轄的空軍及戰車單位，因此貝利亞的勢力已形成國中之國。貝利亞及其特務構成馬林可夫的最大敵對勢力。雙方的內鬨非常嚴重，最後馬林可夫獲得軍隊的支持捉捕了貝利亞。

貝利亞是喬治亞人，在共產黨中以工程師身份起家，做到喬治亞共產黨首領及外高加索的特務頭子。他在一九三五年發表「外高加索共產黨組織史」，托落茨基稱「這部書是官家傳記中的最官家式的」。貝利亞造了許多假歷史以頌揚史大林，於是獲得史大林的賞識，於一九三八年被任命爲蘇俄全國的特務頭子。在貝利亞以前的特務頭子不是暴卒（第一個特務頭子 Felix Dzerzhinsky），便是死得不明不白(第二個特務頭子 Vyachenslav Menshinsky)，甚至被槍斃（第三個特務頭子 Genrikh Yagoda），或神秘的失踪（第四任特務頭子，史大林的高足 Nikolai Yezhov）。貝利亞總算很幸運，獲得史大林的信任，然而馬林可夫却對他很妬忌。去年十月蘇俄共產黨第十九屆全國代表大會中馬林可夫公開攻擊貝利亞，本年一月十三日所謂醫生陰謀案發現後，「眞理報」指責內政部的失察，三月初史大林在相當神秘的情況下死亡(註二)。馬林可夫爲了上寶座，不得不和貝利亞及其他派系妥協，而標榜「集體領導」。然而貝利亞和馬林可夫之間的派系衝突一天比一天劇烈。第一期的衝突是貝利亞佔上風，下述的事實可以作證明：(一)四月初「醫生陰謀案」的昭雪。(二)馬林可夫放棄共產黨首席秘書；四月十七日眞理報發表集體領導原則：這些事實應是一切反馬林可夫派系的勝利。(三)六月十三日烏克蘭共產黨首席秘書美爾尼可夫 (Melnikov) 被貝利亞撤職，公報責備他在西烏克蘭施行强烈的俄羅斯化與集體農場化；貝利亞跨臺後，美爾尼可夫被發表爲駐羅馬尼亞的大使。(四)蘇俄境內許多共和國的改組，如果馬林可夫要安插他的親信，貝利亞自然也要位置他的私人。(五)若干顧及蘇俄境內非俄羅斯民族利益的措施，似由貝利亞所主動。

馬貝兩人鬪法的結果是，貝利亞在國內的聲譽日高，不但馬林可夫感覺威脅，其他派系的首領也感覺不安。此外東德工農的反共革命，驚動了俄羅斯帝國主義者，這些史大林時代得勢的蠻橫派，自然要找新政策的發動者算帳，馬林可夫可能趁機將責任推在貝利亞身上；同時聯絡其他派系，尤其是軍隊中的大頭目，以迅雷不及掩耳的手段逮捕了貝利亞。我們至今尙無法知道貝利亞究竟在那一天，在什麼情況下被捕的。我們祇知道他在六月二十七日夜間沒有看莫斯科大戲院的歌劇。他可能是在此晚以前被捕的。蘇俄共產黨中央黨部機關報「共產主義者」六月第九期在六月十八日付印，尙頌揚貝利亞，引證他在第十九屆全國代表大會中的演說。雖然「消息報」六月二十八日發表的論文尙引證到貝利亞的言論，我們可以相信這篇論文早已寫好，經審核批准發表，臨時來不及修改。因此我們可以有相當理由，推測貝利亞是在六月十八日至二十七日之間被捕的。他的被捕的日子應該很接近六月二十七日，因爲報紙發表馬林可夫及克里姆林宮其他大頭目出動看戲尙是第一次。馬林可夫多日寢食不安，這次將他的對手送到路比安加 (Lubianka) 的牢獄中去，自然要看戲以慶賀了。

馬林可夫政權發表逮捕貝利亞的公報非常簡短，祇說貝利亞企圖將內政部置於黨和政府之上，說他爲外國資本主義工作企圖動搖國本。同日「眞理報」發表社論攻擊貝利亞，列擧他的罪狀：(一)官僚主義者，失去共產黨員風格；(二)黨和人民的死敵；(三)國際帝國主義的間諜，作破壞蘇俄的工作；(四)利用內政部長的職權安插私人於要衝；(五)阻撓農業的發展，企圖破壞集體農場引起糧荒；(六)挑撥蘇俄各民族情感，使各加盟共和國的資產民族主義份子更爲活躍；(七)企圖奪取黨和國家的領導地位，想毀滅共產黨，廢除多年實行的政策，代以投降政策，使資本主義復活。其實這些罪狀大都是「莫須有」的，其中有些是他和馬林可夫鬪法的結果。貝利亞的罪狀應該是他自己十餘年來的特務活動，不知有多少善良的人民死在他手裏。這是他和莫斯科政權的集體責任。「眞理報」祗好不提這件最大的罪行。

由蘇俄政府的公報，「眞理報」的社論，及時事的分析，貝利亞被捕的原因是：(一)馬林可夫，貝利亞等人的派系火併；(二)蘇俄內政外交的失敗。馬林可夫以失敗的責任推在貝利亞身上。因爲「眞理報」已明白承認：A蘇俄內部經濟困難，尤其是糧食供應；集體農場制度發生動搖；B非俄羅斯民族的獨立運動（所謂資產民族主義者）；C對內對外緩和政策的失敗（指投降政策）。

西方輿論對貝案的觀感

貝利亞被捕是繼史大林死亡，東德暴動之後，自鐵幕世界傳來的第三件大事。這件消息在西方世界所引起的評論相當紛歧：(一)倫敦的觀察家認爲蘇俄的內爭已進入新階段，派系爭權的現象更趨强烈。英國外交部次長納定（Anthony Nutting）對貝利亞被捕一事發表觀感說：「蘇俄的部長和警察是很容易更換的，如果認爲貝利亞被淸除後的蘇俄會成爲議會制的民主國家，實行自由選擧，新聞自由，並與全世界和平相處，尙嫌言之過早。反之，在蘇俄之外，各附庸國如羅馬尼亞、匈牙利等國也發生變化，我們因此可以相信共產政權正在經過一個很困難而且很嚴重的情境」。(二)巴黎外交部有關方面表示：貝利亞的被淸除可能是蘇俄放棄緩和國際局勢政策的先兆。根據若干具體的跡象，可以推證貝利亞是史大林死後莫斯科一貫的推行緩和政策的主動者。貝利亞的跨臺是否由於克里姆林宮的人們認爲這種政策太危險？是否認爲捷克及東德的暴動嚴重的損害蘇俄的威望？是否因此將放棄近來實行的新政策？(三)羅馬官方認爲貝利亞事件，對蘇俄內部及國際局勢所發生的影響，可能較史大林之死爲重大。意國內閣總理加斯培理（De Gasperi）說：「眞理報說貝利亞企圖恢復資本主義，實行投降政策，現在我們要問：是內部資本主義抑是外部資本主義的危脅？投降政策是對蘇俄內部各共和國而言，抑是指對西方各國所採取的緩和政策而言？」大部份的報紙則認爲貝利亞的被淸除是馬林可夫實際握權的前奏，同時不免擔憂史大林死前的獨裁作風完全恢復。(四)華盛頓官方的首次反應是愼審而紛歧的，有些人認爲貝利亞的跨臺是死硬派的再得勢；另外一些人則認爲馬林可夫和莫洛托夫剷除反對緩和國際局勢的人。不過大家一致公認：貝利亞旣負責維持秩序，他的跨臺當起因於近來在東歐所發生的大小叛亂。國務卿杜勒斯說：「自由的氣氛重新瀰漫在鐵幕國家之內，自由選擧，這是一個多變吸引被奴役人民想像力的口號！在蘇俄內部，特務象徵的貝利亞已經被捕了，新的浪潮在震盪中，舊的制度可能繼續的存在，可能繼續威脅，但是它的內在的弱點已經充分暴露」。

西方世界的輿論對貝利亞被捕的首次反應亦不盡相同。歸納起來可分作如下三類：(一)蘇俄將繼續執行其緩和國際局勢政策：瑞典京城自由主義報紙 Aftonbladet 評論道；貝利亞的被補足以反映蘇俄當政人物的指導原則在剷除史大林的政治傳統，因爲貝利亞是和史大林是不可分離的。另一社會主義色彩的瑞典報紙 Aftontidningen 也認爲貝利亞是反對緩和國際局勢的，德國的「時代週刊」(Die Zeit 七月十六日) 認爲貝利亞被捕是派系鬪爭的結果，不會影響蘇俄的對外政策，因爲蘇俄目前無力回到史大林的蠻橫路線上去。柏林「郵報」(Kurier) 則認爲：馬林可夫已握有主宰地位已毫無疑問，他是史大林主義的理論家，但因此事實而推論說蘇俄的外交政策可能改變或再採用史大林的蠻橫作風，未免失之大膽。(二)國際局勢的再度緊張：英國標準晚報 (Evening Standard) 認爲：「經過短期試驗性的政治開明化，馬林可夫似乎害怕起來，因此以貝利亞作替死鬼。貝利亞的跨臺祗是表示大地前震的信號而已」。加拿大蒙特里爾 (Montreal) 的明星報 (Star) 評論道：貝利亞的失敗在某一種程度上是馬林可夫的失敗。莫洛托夫及布爾加寧等人以軍隊的支持逼迫馬林可夫罷斥貝利亞，軍隊之所以如此乃由於各附庸國所發生的叛亂及反俄情緒而感覺震驚。紐約先鋒報 (New York Herald) 說：「蘇俄政府公報控訴貝利亞爲國際資本主義的利益而工作，使人們更相信貝利亞是近來蘇俄緩和政策的策動者。東柏林人民及附庸國的叛亂應當是非常的嚴重而召致貝利亞的跨臺。在這種情形下我們應放棄任何結束冷戰的希望。總之，自由世界不應放鬆警覺，要隨時準備應付對方的神秘的陰謀」。(三)蘇俄內部的嚴重危機：紐約時報（獨立性報紙）對貝利亞事件的看法是：「僅貝利亞被捕的一件新聞，即可將史大林死後宣傳所建立的蘇俄政權堅强團結的神話打破無遺。由此消息所造成的空氣使人憶及一九二〇至一九三〇年間的淸黨局面。貝利亞一旦由天使變成惡魔，新的淸算鬪爭又開始了」。羅馬「時報」(Il tempo)（右派報紙）認爲：「馬林可夫已在鬪爭的第一回合中獲得勝利，然而鬪爭將延續而演成流血的內戰，俄國的軍隊在等待一個將軍或一個將領組織。這是歷史上最殘暴最危險的獨裁政權跨臺的開始。維也納工人報 (Arbeiter Zeitung) 評論道：「自由世界對蘇俄當局在國內及附庸國所施行的新政策疑惑日增，這個政策可能是貝利亞所發動，或者是由爭奪政權的一方用來反對對方。貝利亞事件使蘇俄政策在國際上的信譽大見低落」。日內瓦郵報 (Courier de Genève) 對貝利亞事件作如下的結論：「一般自認爲最聰明的觀察家，以爲史大林政權堅固，能在其首領死後繼續維持。事實證明這個預言已不能實現。史大林並未能確定他的繼承。暴君政權的不可避免的命運——在混亂中崩潰——，似爲蘇俄獨裁政權不可避免的命運」。

七月十八日的「經濟學者雜誌」對貝利亞事件作綜合性的評論：「我們很有理由的作如下的似乎矛盾的結論：表面上所予特務頭子的打擊，實際上是全盤的攻擊自史大林死後所推行的改革與讓步政策，在最初一百天內蘇俄政策似爲改革者和調和派所控制，死硬派似失敗而感覺驚愕。自柏林事變後，死硬派又抬頭，現在獲得第一次勝利。現在的問題是：他們勝利到甚麼程度？經過初期政策所引起的對自由和平及富裕的希望能否予以遏阻？這些問題在目前尚不能得到確切的答覆。但是我們有理由支持史大林派再度得勢的觀點：第一、攻擊貝利亞的宣傳方式，是史大林主義回復到最壞的程度。第二、對貝利亞的控告着重於外國間諜的滲透及警覺的必要。這是史大林死前老調的重彈。柏林及東德的叛亂對調協政策的失敗，發生重大的作用。因爲自柏林事件發生後，始首次發現史大林派抬頭的樣子。死硬派可以說：綏和政策可以在不得任何報償的情況下使共產世界崩潰。然而貝利亞事件，並不一定預示蘇俄的外交政策的更張或對東歐的待遇有强烈的改變。我們要注意對貝利亞的控訴，尙暴露着蘇俄經濟的困難。新政權會允許供給人民以更多的消費物資。對內政策的開明化，可能促成食物供應的減少與工廠紀律的鬆弛。消耗者的希望不能完全不顧，則當局必須在軍備競爭中獲得一休息時機，使一部份人力物力由重工業轉移到輕工業方面去，如果死硬派完全勝利可以使對外政策趨於僵硬。現在尙無證據說明改革者完全失敗。貝利亞的跨臺並不是說馬林可夫爬上最高權力地位，而是死硬派向馬林可夫所迫索的讓步。目前尙難說誰代表强硬政策，但是軍隊既在事變中有左右力量，則將是主要的受惠者。

貝利亞被捕後的蘇俄政策

(甲)作風的改變——馬林可夫上臺的最初幾個月中，在內政上所表現的是極有限度的開明政策。換句話說，一些史大林政權作風的最壞部份被暫時收拾起，對外方面也採取一些比較和平的態度。對內政上作風改變的原因應當是：(一)史大林死了，久被抑壓的反極權反奴役的力量重新抬頭，使克里姆林宮的新主人不得不予以局部讓步。(二)新上臺的馬林可夫爲了鞏固政權，維繫人心，不得不向人民討好，允許給人民以更多的消費物資供應，貝利亞爲了鞏固自己的地位也得結好人民。(三)蘇俄境內非俄羅斯民族反俄羅斯帝國主義的聲勢漸强。在某些程度上貝利亞似爲非俄羅斯民族說話，反對俄羅斯化政策，因爲「眞理報」說他支持資產階級民族主義者。自東德事件發生後，鐵幕世界動搖，於是蘇俄統治階級中的强橫派又抬頭，企圖以强力鎭壓蘇俄境內外的民族解放運動，其所反映的便是馬林可夫政權企圖回到史大林的老路上去。下述事實可以證明這個結論：(一)史大林作風的復活。自「醫生陰謀案」昭雪後，蘇俄新政權會改變了一些最壞的史大林作風。現在報紙攻擊貝利亞的術語，完全是史大林作風的再版。(二)史大林崇拜的復活。近來「眞理報」不斷提到史大林，七月四日「眞理報」引證史大林十五次，七月第十期「共產黨人」提到史大林及其著作共達二十九次之多。(三)蘇俄報紙常宣傳資本主義包圍說，要求人民提高「革命警覺」，以轉移人民的注意目標。史大林死後，馬林可夫要綏和國際局勢，大唱和平共存說，漸不大唱資本主義包圍說。但是自貝利亞被捕後，蘇俄報紙又加强資本主義包圍蘇俄的爛調(註二)。

(乙)貝利亞派系的淸除——已見報載的淸除 貝系案件 如下：(一)喬治亞內政部長德堪諾佐夫 (Vladimir Dekanozov) 於七月十五日宣佈免職開除黨籍。同時被眞理報攻擊的要員有 Rapava, Rudhudze, Mamoulov, Shaviya, Nabulov, Milstein 等人。Rapava 是監察部長，可能已被免職逮捕。 Mamoulov 被喬治亞共產黨開除中央委員資格。其他的人下落如何，報紙沒有宣佈。(二)七月十六日莫斯科宣佈烏克蘭內政部長墨希克 (P. J. Mechyk) 被免職。由四月十一日以前任內政部長的史托落加失 (Strokach) 復任。(三)阿塞爾拜然內閣總理 兼共產黨 首席秘書巴格洛夫 (Djafar Abassovitch Baguirov) 在剷除貝利亞罪行的口號下被免職，公報說他是殘酷的行政官吏(註三)。(四)七月三十日莫斯科電，白俄羅斯內閣總理克勒失車夫(Alexi Klechtchev) 被免職，遺缺由特勒夫莫維區 (Kiril Trifoumovitch) 繼任。(五)莫維達維亞(Moldavia，原爲羅馬尼亞的比薩拉比亞) 自去年九月起發生馬林可夫與貝利亞兩派的激烈衝突，一九五一年出任中央黨部秘書的六員祗有一人尙保留在崗位上，近日司法部長也被免職。(六)最近幾月中所任命的內政部長尙有下列諸人：Zujanis (拉脫維亞)，Detchko (白俄羅斯)，N.P. Gousser (芬蘭所割讓的卡勒利亞)，S.F. Yemelianov (阿塞爾拜然)，D.K. Vichnevsk (大智克斯坦 Tadjikistan)：Alexis Byzov (烏孜別克 斯坦 Uzbekistan)，P. Kondakey (立陶宛)，V. Goulaine (哈薩克斯坦)，Krasneinsk (愛沙尼亞)，這些人都可能是貝利亞的爪牙，少不得是要被淸除的。(七)附庸國的貝利亞派也在被淸除之列。已公佈的是東德「公安部長」柴司 (Zaisser)，他是由貝利亞支持起家的，現在已經被捕(註四)。

(丙)軍隊勢力的抬頭——蘇俄本是以共產控制一切的。但是自蘇德戰爭開始，軍人的地位日益重要，逐漸形成獨立的系統。對希特勒抗戰勝利，戰勝將領的地位更爲重要。一九五二年十月第十九屆共產黨全國代表大會所產生的中央執行委員中有幾十位將領。蘇俄元帥如朱可夫、伐西列夫斯基、康涅夫、提摩盛科、美爾次可夫 (Meretskov)、馬林諾夫斯基、哥勿諾夫 (Govonov)、空軍元帥維爾西寧 (Verchinine)、戰車元帥包格達諾夫 (Bogdanov)，另外有不少的一級上將、上將、中將，如前東德蘇軍司令崔可夫、莫斯科軍區司令阿爾泰減夫 (Artemiev)、參謀長失得門科 (Shtemenko)、空軍司令機加略夫 (Jigariov) 等人。事實上，重要的將領都被選入中央執行委員會。馬林可夫上臺後，以伏洛希洛夫爲蘇俄主席，同時反貝利亞宣傳中予軍人以特別重要的地位，可以反映馬林可夫依賴軍人支持的程度。在莫斯科國防部召開的軍事將領會議，發表聲明譴責貝利亞。出席的將領中，缺少國防部第一次長伐西列夫斯基、地面部隊總司令康涅夫、與前任參謀總長失得門科。他們都是本年一月公報「猶太醫生陰謀案」「暗害」的對象。被所謂暗算的祇有哥勿諾夫元帥出席。未出席的或者不在莫斯科，或者因貝利亞案件被捕。據華沙傳出的消息，貝利亞與一些蘇俄軍官結有秘密組織，分散在波羅的海各國、烏克蘭、及高加索。蘇俄黑海艦隊隊長向國防次長朱可夫告密，由馬林可夫親自調查，逮捕貝利亞及一些同謀將領，派遣了一些最親信的政工人員到不穩的部隊中去監視(註五)。馬林可夫與軍隊合作的程度如何，局外人很難了解，有不少的人認爲馬林可夫受軍隊支配。例如七月三十日倫敦晚訊 (Evening News) 報導說：據英國當局所得的情報，蘇俄政治實權已操在朱可夫元帥爲主席的軍事三頭會議手中。另外二人是伐西列夫斯基與索珂羅夫斯基 (Sokolovsky)。這三個人主張和平，主戰的康涅夫可能跨臺。政客元帥布爾加寧不久可能被迫放棄國防部長的職務。這個消息是否可靠，尚待證實；但是軍隊勢力的抬頭應該是必然的結果。「經濟學人雜誌」認爲馬林可夫藉軍隊之力打倒貝利亞，將遭受軍隊的控制。因爲馬基雅維尼 (Machiavelli) 說道：「君主絕不能依賴强大於自己的勢力去制服敵人，如果它勝利了，便要挾制君主，作君主的不應受別人的控制」。軍人勢力的抬頭不是釀成內亂，便要對外掀起戰爭，在這兩種情形下，蘇俄政權都可受到致命傷。

外交日趨强硬化

蘇俄新政權的和平運用，因東德革命及貝利亞事件而告終止。緩和局勢的政策既行不通，出了大亂子，自然要再度採用史大林的强橫政策。七月六日起「眞理報」開始恢復史大林時代的反美宣傳。强硬的外交宣傳戰，以八月八日馬林可夫在最高蘇維埃閉幕式的演說詞爲頂點。馬林可夫何嘗不知道强硬政策所能發生的危險，然而他甘願冒危險，實有其不得已的苦衷。蘇俄外交政策與作風的改變，反映於下列問題：(一)韓境休戰，(二)對奧和約，(三)德國前途，(四)馬林可夫的演說。

(一)韓境休戰——談判兩年的韓戰休止協定終於在本年七月二十七日在板門店簽字。這次休戰協定的簽字完全是艾森豪以其個人的聲望促成的。有人說：艾森豪總統所接受的休戰協定，是艾森豪將軍所拒絕的。麻省民主黨衆議員 John MacCormack 說，在杜魯門總統時代如果訂簽這個協定，必爲共和黨議員嚴厲指責。參議院外交委員會主席魏萊 (Wiley) 說：艾森豪以其聲望使美國輿論及國會接受此一步驟。關於高麗戰爭的中止，艾森豪說：「聯合國知道如何接受挑戰」。他要求大家保持警覺，因爲世界和平尚未獲得。國務卿杜勒斯陳述集體安全制度的成就，强調共方放棄强迫遣俘的意義。他說這是聯合國的重大勝利。英國外相艾登說：休戰是一個非常好的消息。法國外交部長畢道說：韓境休戰是一個成功，一個教訓，一個希望。美國民間輿論認爲板門店休戰是共方的騙局。Scripps Howard 系報紙認爲韓戰的休止，並不是一個勝利，而是一個僵局。其他報紙也要求大家保持警覺，並實現韓戰的目的——統一與獨立的韓國。英法報紙固然慶幸休戰的成功，但是憂慮中共利用休戰所節省的兵力與軍火援助越盟，甚至威脅馬來亞。法國的輿論以爲越南與高麗的和戰不可分割，如果高麗問題可以和談，越南問題未嘗不可以和解。甚至有人主張在北韓十六度上停戰。事實上這祇是希望而已。越戰是否可以和解要看韓戰休止後的政治會議能否成功。現在我們可以預言政治會議是不能成功的。因爲：(一)韓戰在軍事上既未得解決，以和平的手腕達到政治的統一是不可能的；(二)共產集團鼓吹韓戰的休止，是他們的「勝利」，(掩飾一再求和的窘態)；(三)馬林可夫向北韓及中共祝賀，並宣佈予北韓以經濟援助，表示蘇俄的不放手北韓。政治談判既無成功的希望，韓國問題究將如何解決？這個問題在目前是不能答覆的。

隨着韓境戰事的休止，不但蘇俄提出中共入聯合國問題，而且自由世界中也有些國家發出一些要求允許中共入聯合國的呼聲。蘇俄提出這個問題，在離間英國印度對美國的關係。七月三十日英國國會開會辯論中共入聯合國問題。反對黨領袖阿特里要求在韓國政治談判開始時，卽取消對中共的貿易限制，同時在聯合國討論對中共的承認問題。代理首相柏特萊 (Butler) 答覆：「中共入聯合國的問題，應由聯合國解決」。政務大臣羅易 (Selwyn Lloyd) 在上院聲明：「英國認爲中共應入聯合國，但須看中共能否嚴格的遵守停戰協定，同時在下次大會應先解決程序問題，不應在中共入聯合國問題的本身上提出困難的辯論」。換言之，英國政府在目前並無意支持中共入聯合國。由於英國對中共的政策是建立在矛盾的前提上，在外交上也表現了許多矛盾的運用。

(二)對奧和約——因蘇俄的阻撓，對奧地利的和約至今不能簽訂。蘇俄一貫的拒絕討論西方所提出的「簡略和約草案」。七月二十九日蘇俄外交部次長普式金接見奧地利駐俄大使畢少夫 (Bischof) 面交節略，聲明放棄駐奧蘇軍佔領費用（美國自一九四七年即已放棄）。次日蘇俄照會英美法三國，答覆本年六月三十日三强的公文，說明西方如放棄「和約簡案」，蘇俄可以出席協商完成和約的制訂。迄今西方尚沒有答覆，但是我們有理由相信西方三强不會放棄已定立場。

(三)德國前途——七月十日至十四日英美法三國外交部長在華盛頓集會檢討：歐洲前途，德國的統一，奧國的獨立，朝鮮與越南的和平，東歐各國基本自由的恢復等問題。三外長決定繼續大西洋公約與歐洲統一政策，向蘇俄提出召開四國外長會議解決德國問題。(其初步階段爲自由選擧、組織統一自由的德國政府，然後與此政府談判和約。)在四外長會議中得同時研討對奧和約的訂立。三外長同時申明維持對中共的共同政策。次日三國政府邀請蘇俄參加秋初的四國外長會議會商德奧問題的解決。四巨頭會議變成受議事程序限制的四國外長會議，當然是蘇俄所不歡迎的。七月二十三日「眞理報」發表社論，指責三外長會議，說三外長不應決定議事程序，强使第四者接受。三外長對德政策在「加强阿德勞派系」，但「不久社會民主黨即將上台」。接着說「歐洲軍是一個侵略工具，是大西洋集團的衝鋒隊」。社論的結尾照例的來了一句：「國際問題應由談判解決」。這篇社論已暗示蘇俄拒絕三外長會議所決定的議事程序，蘇俄政府經過多日的考慮，在八月四日正式答覆英美法三國，覆文的內容相當混淆，挾了不少的宣傳成分。其要點爲：(一)反對英美法三國事前會商，認爲會商的結果可能對四强會議有否定的效果。(二)維持國際和平應根據聯合國憲章由五强負責，要求允許中共出席外長會議。(三)擴大外長會議議程，如減縮軍備，禁止在外國設立軍事基地問題等。(四)蘇俄接受在外長會議討論德國問題，但拒絕接收西方議事程序。(五)蘇俄要求：A在外長會議中討論緩和國際局勢的方法；B解決德國問題（德國的統一及和約的訂定）。德國問題如獲得解決，則奧國問題亦易解決。

倫敦方面對莫斯科覆文的印象是：蘇俄希望復活四巨頭會議的計劃。巴黎官方非正式的評論是蘇俄覆文缺乏鼓舞作用。華盛頓方面認爲蘇俄覆文混淆，眞意難明，研究覆文的唯一具體結論，是蘇俄將德國問題置於次要地位。莫斯科方面的外籍外交觀察家，則對於會議的前途表示悲觀，認爲蘇俄的覆文已將四國會議實現的機會破滅至最小限度。

西方的輿論對於四外長會議擧行的可能性表示悲觀。紐約時報說：蘇俄的條件是不可接受的，如果蘇俄不修正其條件，開會談判的機會是非常小的。英國「每日電訊報」說：蘇俄的覆文斷絕了解決時局的希望。「新聞紀事報」認爲蘇俄的覆文包括一種危險——再來一次徒勞的辯論。太晤士報認爲蘇俄有些提議可以接受的，其他一些如軍事基地問題可以無疑的召致會議的失敗。巴黎 Figaro 評論道：蘇俄並沒有放棄其基本苛求，如果談判擧行，也不容許我們樂觀。西柏林「郵報」認爲蘇俄的覆文可以使世界局勢更爲嚴重，因爲它不但提出裁軍問題，而且要求中共參加外長會議，這無疑的是對美國國務院挑釁，而且幼稚的希望西方陣營因此發生爭執。其他德國報紙也反對中共參加討論德國問題。反對最烈的恐怕是倫敦的「晚訊報」，它說：「蘇俄提出的條件中有些是絕對不能接受的，召集中共赴會猶如邀請强盜來和警察商討刑法的制定。英國，尤其是美國，是不能允許的。」

另外有一派輿論則主張和蘇俄談判。例如紐約先鋒論壇報，它承認「蘇俄的覆文中沒有一行使人相信現在和解時局較過去容易，但是「西方得接受開會，無論如何要證明我們的誠意」。許多英國人尙念念不忘召開四巨頭會議的計劃，以爲俄國既如此答覆，祗有實施邱吉爾的計劃（工黨的每月前鋒報）。巴黎「世界報」自數月來鼓吹贊助兩個世界的妥協，評論蘇俄的覆文，以爲是邱吉爾五月十一日演說的延續，主張受蘇俄提議，從事世界問題的一般討論，認爲雙方如果互相讓步，可以使冷戰休止，促成一種「得過且過」的局面。

蘇俄對西方三强召開外長會議談判德奧問題的提議，提出節外生枝彼此矛盾的答覆。蘇俄之所以如此，實由外交上的考慮及其在東德處境的狼狽之所致。就外交局勢而論，蘇俄如果接受三國邀請赴會，對於它的國際尊嚴是有損失的。而且在會議中它也不會接受西方的統一德國條件，會議失敗可以使歐洲軍條約在法國國會中通過。如果蘇俄公開拒絕西方開會的提議，則成爲德國統一的反對者，無疑的在九月的選擧上協助了阿德勞及基督教民主黨，因爲阿德勞及其政黨主張西德加入統一的歐洲，然後再實現德國的統一；社會民主黨則主張四强協商實現德國的統一，對歐洲統一運動持保留態度。所以蘇俄來了一個奇特的答覆，提出一些不相干的問題，把德國問題置在次要地位，以掩飾其對西方條件的拒絕。這樣的拖延辦法固然對於歐洲軍建立的實現予以時間上的阻碍，但是對蘇俄在東德的地位繼續發生不利影響，因而影響蘇俄在全部鐵幕集團的地位。

事實上蘇俄不能在東德留駐下去，東德的經濟情形繼續惡化下去，人民反對傀儡政權的情緒並沒有被抑壓下去。爲了救濟東德人民的饑饉，美國願意贈送價值一千五百萬美金的糧食，蘇俄及東德當局爲了面子問題不顧人民死活拒絕美國的友情。然而糧食陸續運到柏林，主管者向東德來領糧食的人民每人發給一公斤麵粉，一公斤豬油，半公斤乾菜，四罐奶粉。自七月下旬兩旬中發了二百二十五萬份艾森豪禮物。東德當局用種種方法阻止東德人民去領糧食，例如沒收人民領到的糧食，沒收身份證，製造假糧食券，停止火車票的發售，以防止人民到西柏林去，派共產黨打手到西柏林發糧站去挑釁。這些方法都不能阻止東德人民長途跋涉到西柏林去領糧食。八月初甚至有五十萬東區人民向西柏林作饑餓行軍。這樣的情形，使俄國人不能在東德拖下去，然而他們又不能無條件的離開東德。俄人的條件是：(一)統一的德國應中立，(二)不得建軍，(三)得承認現行疆界。漢堡鏡報 (Der Spiegel) 第三十期(七月二十二日)刊載下列一段消息：六月二十七日蘇俄國防部次長伐西列夫斯基與法國駐蘇使館某官員會談，談及西方和平的維持與德國問題的解決。伐西列夫斯基說：如果西方國家承認德國東方疆界，以奧得河及納斯河為界，其他問題都可解決的，蘇方認為祇有疆界問題沒有討論的餘地。依伐西列夫斯基的意見，如果雙方對德問題獲得協商，德國問題可依下列步驟解決：(一)根據協議俄國在三個月以內將軍隊撤離東德，六月之內撤離陸根 (Rügen) 島，西方三強於三個月內撤離萊茵河東岸地區，六個月以內撤離萊茵河西岸及薩爾區。(二)撤軍後六個月實行自由選舉，至此時為止，東西德政府仍行使權力。(三)統一的德國在二十年內不得建立軍備，期滿後由德人舉行公民投票，如決定建立國防，由四強會商決定軍隊數量及軍備限制。(四)對德戰勝國不再向德國要求賠償，迄今所徵收的即應認為滿足。伐西列夫斯基未說明這是蘇俄政府的計劃，但已表明是一種試探。法國大使若克斯評論此計劃對俄國的地位並沒有甚麼削弱。他並且報道：蘇俄某要人(可能是商務部長米高陽)承認自由選舉後東德共產黨會跨台的，這也是俄國一部份人反對和平計劃的理由。但是若克斯認為蘇俄政府正在研究如何擬訂一個共產集團的共同聲明，以準備應付選舉失敗所發生的不良心理影響。

美英兩國認為統一的德國有權自由訂立同盟。艾森豪致阿德勞的信說：歐洲聯防同盟和德國的統一並不是互相衝突的。這封信引起法國衆議院副議長巴勒甫斯基 Palewski (戴高樂派)的很不客氣的批評。他說：「如果西方承認奧得河和納斯河的疆界，德國的統一與和平條約即可實現。」他又說：「法國國會將拒絕批准歐洲聯防軍條約」。事實上自由選舉產生的任何德國政府，不能接受奧得河與納斯河的疆界。西方列強也不能違背德人的意志強迫德國接受，或為俄人擔保此項疆界(如邱吉爾的東方羅加珞公約計劃)。

(四)馬林可夫的演說——八月八日最高蘇維埃兩院聯合大會舉行閉幕式，馬林可夫出席報告，將蘇俄的實力大大的鼓吹了一番，並以相當強硬的口吻攻擊大西洋公約組織，對於美國的攻擊尤烈。他並說美國已不能擁有氫彈的專利，暗示蘇俄已有氫彈。如東我們分析馬林可夫的演說詞，我們可以說這篇演說是企圖掩飾史大林主義的失敗。第一、馬林可夫不斷地強調蘇俄政府的正常、安定及統一，實足以證明其不正常、不安定、不統一。大會中大家討論預算的細節瑣事，對於天大的事如貝利亞的被捕却不討論。馬林可夫在報告中輕描淡寫的交代給法院，就是說明貝利亞事件尚在發展中。溫和派並沒有被完全擊敗。第二、馬林可夫宣傳蘇俄工業的進步，同時允許發展民用工業以提高農工智識份子的生活水準。此足以表示蘇俄工業發展遠不如所宣傳的那樣，農工及智識份子不滿意他們的生活水準。這個結論尚有七月三十一日「眞理報」的論文作證明；「眞理報」說：「俄國人民必須瞭解實現共產主義世界的夢想所經過程將是很遙遠的。我們不應忘記：我們至今尚未能解決一些迫切的經濟問題。現在還有一些落後的經濟事業，許多廣大的農業區域直到今日仍未被合理利用。」這是蘇俄承認史大林政策的失敗。第二、馬林可夫向農民讓步，減輕農民私有產業部份的課稅，鼓勵農民在私有土地上畜養更多的家畜，正足以表示史大林強迫集體農場制的失敗，同時反映農產品供應的危機。第三、馬林可夫宣佈蘇俄已擁有氫彈，並極力誇揚蘇俄的力量，乃在安定蘇俄的人心、鞏固政權，使中共及各附庸國對它敬服。換言之，共產集團內人民在心理上已發生嚴重的不滿意現象，莫斯科在各附國的威望已發生動搖，所以馬林可夫以氫彈來維繫蘇維埃帝國。

馬林可夫演說發表後，西方世界的報紙各就其觀點加以分析，巴黎的「戰鬪報」(Combat) 評論道：「蘇俄自信可以完全保持其所有的地盤而不給對方以讓步，馬林可夫比史大林還要趾高氣揚。」「狙擊兵」報 (Franc-Tireur) 說：「對自由世界而言，此講演辭是一篇無限期冷戰的宣言。我們至少可以說：蘇俄的目標在此次講演詞中較歷次為清楚：蘇俄要求中共入聯合國，德國不得加入歐洲聯防同盟及北大西洋組織，歐洲軍流產，它自己則不作任何讓步。」Figaro 報則認為「馬林可夫對蘇俄經濟情形的報告在使人相信蘇俄在設法提高生活水準，減低軍事預算；同時宣佈擁有最可怕武器，意在分裂西方，使西方對它讓步。倫敦太晤士報寫道：「馬林可夫的演說表示他有充分的自信。蘇俄擁有製造氫彈的知識與技術，是無可懷疑的。這個消息足以消滅若干人對共產世界力量所存的幻想。關於外交部份的講演詞並沒有任何新的成分可以導致協合。馬林可夫對於撤兵及中立德國的條件尤其苛刻，或者這些條件是以商討的。」「每日電訊報」說：「馬林可夫的演說詞中找不到和平的意旨，他的聲調是威脅性的。蘇俄似未實驗氫彈，但是它在製造的技術上可能已有相當的進展。此演說的動機在：鼓勵內部民心，提高新政府的聲望，對外炫耀威力，以爲在未來開會談判時的張本」。紐約先鋒論壇報以爲「馬林可夫的宣佈或者在激起一種心理上的振盪，但是西方不應把想像當作事實，我們應把它當作眞的而充實防禦」。

美國國務卿已宣佈蘇俄並沒有爆炸氫彈，因此不能說俄國已製造成功氫彈。近來逃到西德的一位俄國軍官也說蘇俄尚不知如何存儲原子彈。至少在目前，我們可以說馬林可夫在撒謊，在他之前已有阿根廷總統裴倫撒謊，他在改選總統之前宣佈阿根廷已能以簡便而廉價的方法產生原子能，曾經一度引起世界的注意，後來他再也不提此事。今日馬林可夫以內政及外交的需要而撒謊，在極權國家原一點也不稀奇，所以蘇俄人民對這個消息也不感興趣，而感興趣的倒是演說詞中關於提高生活水準的那一段(註六)。

儘管馬林可夫那樣誇大，他在講演詞中照例以「國際問題可以談判解決」作結束。這是表示馬林可夫政權在外交方面既不能强硬又不能溫和的苦衷。如果强硬，則冷戰强化，戰爭的危機日益嚴重，如果溫和，便是示弱，附庸國便要叛變。對內方面也處在同樣情形下：軍備競爭可以妨礙民用工業的發展，召致當局諾言的不能兌現，終於引起人民的革命；反之，當局一旦示弱，人民要求自由的呼聲更强烈。即使冷戰終止，蘇俄當局以全力發展民用工業，提高人民生活水準，結果也要召致政權的崩潰，因爲人民在精神上的需要隨着物質生活的改善而加强；要求思想解放，政治自由，而促成革命的爆發。馬林可夫面臨這兩種危險的結果，於是以氫彈來嚇人了。

註一：史大林之死是一個疑案，在歐洲及在美國的許多蘇俄問題專家猜疑史大林是被暗殺的。醫生陰謀案被發現後，史大林最親信的醫生被捕，不久史大林以腦冲血不能發言而死，這些情况是頗使人猜想他是被馬林可夫暗殺的。德國 Franz Borkenau 教授在「新西方」(Neues Abendland) 報發表此解釋。美國著名專欄問題作家 Toseph and Stewart Alsop 兄弟也這樣說，美國國務院蘇俄問題專家有相同的意見(見柏林出版的 Der Monat 第五十六號，一九五三年五月號)「沒有史大林的兩月」(Zwei Monate ohne Stalin)第二〇〇頁。

一九五三年八月十三日草竣於巴黎

註二：見世界報 (Le Monde) 一九五三年七月二十六—七日 André Pierve 著 L' "Encerclement capitaliste" redevient le Slogan favori de la presse Soviétique.

註三：巴格洛夫是百分之百的史大林主義者，他口口聲聲要蘇俄境內少數民族向俄羅斯民族學習，向「老大哥看齊」。

註四：柴司是共產黨的國際冒險家。北伐時代由蘇俄派到中國活動，後來又到瀋陽爲蘇俄紅軍作情報；也參加過西班牙內戰，以 General Gomez 名義出現。

註五：見 Danube Presse, Serie II, No. 22 (一九五三年七月十九日)。

註六：八月十一日美聯社莫斯科電。

(上接第26頁)

一、臺東鎭不但是臺東的政治和經濟中心，而且是交通中心。由加路蘭到臺東直線相距僅六公里，就是公路相距也不出十二公里。

二、加港終年的風向，多係西北風，波平浪靜的時間居多，沒有防波堤船隻也可以靠岸。

三、本港所在地的東河鄉至綠島鄉一帶海面寬廣，又係暖流流路，魚類至多。

四、沿海流速甚緩，每秒鐘祗有卅至五十公分，最有利於船隻碇泊。

五、港水淵深，且無漂沙，築港以後，即無庸支付挖泥費用。

六、海岸土質，係砂礫土，利於築港施工。

七、沿港海面並無暗礁。

加路蘭港具備了這許多優越條件，實爲適宜於築港的地點。前主席吳國楨和農復會水利組組長塔德史密司前會先後蒞臨勘察，對築港計劃會十分表示贊助。最近高雄港務局根據該局總工程司的勘察，曾經呈文交通處，把加路蘭築港的關係說得詳盡無遺：

『查臺東縣陸上交通僅有東花鐵路與南廻公路兩條，廻于叢山之間，距花蓮楓港長約百餘公里，路基鬆弱，橋涵極易損壞，每遇地震大雨，常致阻斷。就軍事方面言，調度補給，難望適應機宜；就經濟方面言，運費高昂，產品成本及輸入貨價，均各增加，影響人民生計；就漁業方面言，縣境海岸一八〇公里，只有新港一處可供停泊，目前漁船逐漸增加，已感不敷容納，該港位居北端，對于南部漁場作業，又須冒同程逆航危險，漁民深感不便。綜上諸端，另在縣治附近闢築港灣，確有需要。並以加路蘭距縣治僅十二公里，比較最近，並可以利用天然形勢，分期構築，冀能逐次收效，且與經濟原則，亦相符合，堪稱佳選。』

在上述簡賅的文字裏，將加路蘭築港的理由與重要性，已說得詳盡無遺。總之，從任何角度來說，我們都深信解決臺東今日的問題——貧瘠、落後，除了趕快把加路蘭港築起來之外，一切都是治標的，而不是治本的。祗有加路蘭港築成之後，才可以化貧瘠爲富庶，迎頭趕上各縣市，使模範省不復再有美中不足的貧瘠落後的地區。

臺東通訊

開發臺東與加路蘭築港

張冠英

在臺灣省各縣市中，臺東是一個貧瘠的「落後地區」。然而臺東的貧瘠，並不是先天的必然。換言之，臺東的前途尙有待於吾人之經營開發。以自然的條件與地理環境觀之，臺東縣在臺省其他各縣市中並無遜色，其所以落後的原因，主要還是人力開發的工作之不足，尤其以交通方面爲甚。因此開發臺東應是該縣縣政上一項首要的大計，必須悉力以赴。

就政治的平等主義之理論言，臺東既是臺灣省一個縣治，自然就不應該使之長久陷於落後貧瘠的境地，而與其他縣市相去懸殊。況吾人不時倡言建設臺灣爲規模省，以爲將來收復大陸的藍本，則開發臺東不僅有其主觀上的需要，且寓有政治上的示範意義。然則開發臺東不僅係一縣之事，而且應該是中央及省府所應致力的。

日據時代，日本人之建設臺灣，完全是基於帝國主義的殖民政策，他們建設的重點，無非着眼於經濟利益的榨取。臺東和臺灣其他各縣市比較起來，非投下更多的資本消耗更多的人力，便不能得到榨取的利益。這也許正是臺東在日據時代遲遲未予開發的原因。這種榨取經濟利益的觀念，現在已是歷史的陳跡，然則臺東的開發自亦是理所應然。就過去以及現在的情形而言，臺東財源枯竭，政費的負擔一直不能自給，勢非仰給於省庫的補助不可。隨着人口的增加，這種補助的數字也與時俱增。長此以往，將是省政上的一項重大的負擔，所以即從財政的觀點考慮，開發亦屬急不容緩。蓋非如此，不足以裕民生而充財源。臺東地處臺島東隅，交通不便，文化落後，古語有云：「富而後敎」，「衣食足而後禮義興」，如果不從開發臺東着手，而侈言發展教育，將是徒勞無功的。無論從任何一個角度來看，開發臺東都是必要的。

臺東的資源雖然不見得如何富裕，但也絕不是一塊不毛之地。臺東現在雖然一點工業的基礎都沒有，但是農業生產的前途仍然是頗有可觀的。臺東的土壤其宜於耕種，並不遜於其他縣市。新港的甜柑和甘蔗，品質極爲佳良。而木材與魚類的出產，更駕其他各縣之上。在開發臺東的程序上，自然應該先從農業着手，以充實農村經濟，進而興辦小規模的工業，如食品加工等。而目前最重要的，則是興建港口，開發交通，這實是一切開發工作的先決條件。

交通不便原是臺東經濟落後的主要原因。臺東交通主要是靠公路，公路的運量和運費雖然比空運爲佳，但比之鐵路和航運依然還不够理想，所以最理想而具有開發性和建設性的交通，就是鐵路和航運。本縣貨物輸出百分之九十八，都以西部高雄爲對象，所以臺東至枋寮間一二一公里長的鐵路如能及早成功，將是本縣的莫大福音。不過依據交通當局的估計，完成枋寮至楓港一段僅僅廿三公里的鐵路，便已需時一年，需欵二千萬元（見本年二月十日中央日報）。那末完成這一二一公里的鐵路工程，就非得拖上五年或六七年的時間，化上一萬萬四、五千萬元不可。此實非積極準備反攻大陸的目前國庫所能負擔。因此，卅九年冬臺東縣議會便接受縣人的公意而有建築加路蘭港的決議，期以並不龐大的經費，建築一個極具價值的港灣，一面開發海上的航運，彌補鐵路公路的缺失，一面促進漁業的發展，以奠定國民經濟的基礎。

興築加路蘭港，如果求全取備，當然欵項愈多愈妙，如僅以容納一千噸左右的船隻出入爲目標，依據工程計算，所需不過一千三百萬元左右，影響國庫，並不十分浩大。依據切實統計，每年由高雄以卡車（每公噸二四〇元）輸入臺東的貨物其重量不下三五、〇〇〇公噸，有了加路蘭港改，以航運一四〇元，則每公噸可省七〇〇元，計共可省三五〇萬元，同樣每年由臺東以卡車（每公噸二二〇元）輸出貨物也有二五〇〇公噸，改以航運一四〇元每公噸可省八〇元，計又可省二〇〇萬元，兩共可省運費五五〇萬元，加上築港成後以經常保有一〇〇艘漁船（當然不止此數）之適中估計，至少每年可捕旗魚、沙魚、鰹魚、飛魚等一一〇〇公噸，依現價又可值四五〇萬元。合計港築成後祇要經過一年半的時間，單由貨物輸入、運費的節省和漁業的生產就可以收回築港的全部經費，這是多麼有利和值得的投資！特別是本縣與所屬蘭嶼綠島兩鄉，相距十八海浬（綠島）至四十九海浬（蘭嶼），在颱風季節，因爲沒有可資泊碇的港灣交通，便陷於阻絕的狀態，港築計劃完成後，兩個鄉的鄉政隨着航運的方便，自然可以納入正軌，逐漸成爲本省東南海上的重要屏藩，這是尤其值得注意的一點。

也許有人會說，臺東海岸線長達一七八公里，何必一定要選擇加路蘭呢？更或有人以爲已經有了一個新港何須再興築加路蘭港？

不錯，臺東已有了一個新港，而且也有那麼長的海岸線，不過正因爲在那麼長的海岸線當中，祇有加路蘭這個地方最適宜於築一個較大的港，而新港祇是一個小型的港灣，其能發揮的功能很爲有限，負不起更大的任務，所以才有增建加路蘭港的必要。從新港築成到現在已經廿多年，除了當地人民的生活有了不少的改進之外，所在地成功鎭的人口固然沒有大量的增加，就是市面的繁榮也沒有達到築港當時預期的境地，這個原因就是因爲新港地位太偏僻，既不接近政治中心，也不接近經濟中心，所以不能有大的發展。而加路蘭所具的條件則甚多，簡單說來：

（下轉第25頁）

詩與詩人

李經

詩是詩人的創作，而詩人作爲一個人，必然地要受生活環境中諸種因素的影響。這些影響的過程或許是極其微妙，但他們產生的成果却往往是顯而易見的。詩人的生活環境：他的種族，他的時代與地域，和那特定的時與地中間的特殊風俗習慣，政治組織，經濟制度，思想方式，價値觀念，勢必限制了詩的題材的選擇與處理，詩的情感的深度和廣度，和詩中若干特殊的表現技巧。從這一方面看，詩人可以說是生活環境的產物，詩與生活有着不可分割的聯繫。正如採珠者必須潛入海水中探採珍珠，詩人必須向生活中尋求詩，在體驗，觀照，感應中尋求他所處身的時代的典型情感，將自已化成時代的聲音，使讀者們在這些典型情感的表現裏發現他們自已的悲苦與喜悅。因之，凡是企圖指點詩人，鼓勵詩人，幫助詩人尋覓素材的批評家都是値得我們讚揚的，他們的努力是建立新詩傳統不可或缺的基石。批評家的責任是雙重的，他幫助詩人創作，他也幫助讀者瞭解，欣賞優秀的詩人。說明詩人和詩人的生活對於詩的影響，當然也是幫助讀者瞭解詩的道路之一。

可是，批評家在嘗試說明詩與生活的關係時，因爲若干基本觀念的混淆，往往造成一種幻覺或錯覺，將詩與詩人、詩與詩人的社會環境混爲一談。近代科學侵入思想界以後，若干批評家生吞活剝地將生物學、人類學、經濟學上的理論應用到文學現象上，不從詩的本身反而從詩人或詩人的社會環境裏尋求一切有關於詩的答案。這些假科學的理論家，用粗糙的科學理論掩飾了他們的論點的脆弱，形成了文學批評中的定命批評 (Critical determinism)，強以外來的因素決定「詩」的價値 (Poetic excellence)，誘導批評家忽略了詩本身，而機械地集中其注意力於詩以外的種種的聯繫。

定命論的批評最可怕的混淆是，將詩的必需條件(Necessary conditions) 認爲詩的充足條件 (Sufficient conditions)——，將「無之必無，有之不必有」的條件認作「無之必無，有之必有」的條件。讓我們以肯南斯·柏克 (Kenneth Burke) 的文學形式論 (Philosophy of Literary Forms: Studies of Symbolic Action, 1941) 爲例。柏克企圖從詩人的心理特徵來分析詩的特徵與價値。他以爲詩是詩人的鬱結的象徵的組織 (structure of the symbols of the poet's burdens)。創作也就是存在於潛意識的「鬱結」要求表面化，社會化。詩就是詩人的「鬱結」，柏克這樣說。卽使我們退一步承認「鬱結」是詩的必需條件——，詩人沒有「鬱結」便不能創作詩；但是常識告訴我們，有了「鬱結」的人並不一定是詩人，而詩人有了「鬱結」也不一定就能創作優秀的詩篇。「莊生曉夢迷蝴蝶，望帝春深託杜鵑」底作者，將生命的無常的痛楚化入詩篇，但有過同樣痛楚的人是否都留下這樣不朽的詩呢？柏克說詩就是「鬱結」，「就是」二字大大値得商榷。沒有情感的修養固然不能創作詩，但有了情感修養也不一定就能創作。

同樣的混淆存在於嘗試從社會的特徵與價値裏尋求詩的特徵與價値的一派批評家中間。這一派批評家一再強調詩人的「社會意識」的重要性，彷彿有了某種「思想」「意識」一切創作問題便可以迎刃而解。要是我們從詩的感染力 (Emotional power)，詩的情感的組合和排列來分析詩，決定詩的價値，我們便要被譏嘲爲「形式主義者」了。但是，讓我們來看，「思想」或「意識」是否是詩的充足條件呢？例如：

國家不富强，
談什麼都是空話！
國家能富强，
幹什麼都有辦法！
萬事沒有救國急，
中華兒女起來吧！
……………

（黃葉楓，「萬事沒有救國急」）

這裏作者企圖表現國家遭逢危難時候人民熱烈的愛國情緒；這種情緒，無疑地，可能成爲偉大詩篇的素材。可是，在這首詩裏，我們所見到的却是一串空洞的，枯燥的概念。我並不是說抽象的概念不能成爲詩。陳子昂「登幽州台歌」：

前不見古人，
後不見來者，
念天地之悠悠，
獨愴然而涕下。

這首詩前三行就是以抽象的概念成功地描寫人的心靈面臨浩瀚的時空的一瞬間所感受的震撼。但丁(Dante) 神曲裏的名句：

在他的意志裏有我們的安息 In la sua volontade e nostra pace。這句話抽象但有力的表現人如何地在皈依裏獲得安息。具體的形象不一定賦給詩篇力量，不適當的運用形象 (Imagery)，可能毀壞了整個詩篇的效果。例如：

在你的面前，我們呈獻
只四字「還我河山」，
勒它在
一葉完整的秋海棠上。
是一片美麗而不幸的海棠葉呀！
她剛掙脫黃狼的毒牙，
她又遭受赤熊的作賤？
是祖先的基業，是子孫的搖籃，
是中華的兒女呀！誰忍心
丟棄她——我們民族的生命線！
……………

（杜若，「呈獻」）

這裏作者要想强烈地對照祖國河山的美麗與祖國所受的磨難，從而激動讀者對祖國的熱愛。這二段詩建立在一個具體的意象上：作者將祖國的版圖比成一片秋海棠葉。但是作者在選擇這一意象時似乎沒有考慮秋海棠葉的屬性。作者所祈求的效果是强烈的、興奮的、激動的熱情，柔弱的秋海棠葉意象是否擔當得起這一任務，實在是很成問題。作者大概記得「勒石燕然」的豐功偉蹟，在第三行用了「勒」字，我們姑且不論「一葉秋海棠上」是否能「勒」石這一事實；從詩的效果說，「勒」字顯然造成了一種心理上的不平衡。六七兩行想用黃狼赤熊對秋海棠葉的摧殘喚起同情和憤懣，但是因爲前面幾行詩沒有充分地建立秋海棠葉的象徵價值（Symbolic value)，反而使讀者有空虛的感覺。在「虛房冷而寂寞，落葉依於重扃」裏，落葉的命運，季節的盛衰，宮庭的寂寞，與詩的主角（protatognist）的遭逢已經融成一片低沉迴轉的音樂，迴繞於讀者的胸懷；但在「呈獻」裏，秋海棠葉的象徵價值並沒有確切地樹立起來。詩的第二節似乎想擺脫掉「秋海棠葉」這一意象，但由於主詞的隱晦，殘留的「葉」的意象和「基」業，「搖籃」，生命「線」這三意象錯雜輪替使這一節詩混亂蕪雜。而且，像生命「線」那樣脆弱的意象，非但不足以增加反足以削弱作者所期望的效果。

根據編者的按語，「呈獻」這首詩的作者是一位旅居在非律賓的國人。國家遭逢如此危難，作者仍從海外寄詩，他對於祖國的懷戀熱愛當是絕無疑問的。可是，顯然地，他的愛國熱誠並沒有減少那一首詩的紛亂。這一例子可以充份地說明創作前的「思想」「意識」不足以決定詩的價值（Poetic excellence)。拙作「文學批評中的美」曾經指出：「一個文學作品存在的最後依據是它激動情感或喚起情感共鳴的力量；單就詩來說，詩是一幅高度情感的構圖，以相反相成，對比平行等等多種方式將部份的感染力綜合成全面的力量，成爲一個有力的完整的組織」。(註一)也許只有以詩的感染力與說服力作爲分析詩的起點，我們才可以更精密的來衡量「詩」的價值。沒有詩人自然沒有詩，而詩人更不是生活在眞空裏的，詩人的生活態度生活環境無疑地是詩的必需條件；可是，在討論詩與生活時，任何超越這一基本認識的企圖勢必落入機械的定命論批評：忽略「詩」的存在，在「詩」本身以外尋求詩的疇範。

註一：參看本刊八卷六期。

(上接第30頁)

阿珠安靜地應諾了她所有的話，她才安心地離去。

弟弟回來抓住阿珠的手。

「怎麼啦？」她問：「阿金說什麼？」

「他又生氣了，他又要打！」

「這不行啊！你告訴他這不是辦法。」

「別的還有什麼辦法？」

阿珠沉默了。

深夜，月亮的銀光撒滿了大地，星星在空中閃爍着迷惑的眼睛，阿珠輾轉不能入眠。

突然窗外兩聲尖銳的哨音劃破了銀夜的寂寞，她打開窗子，啊！樹下果眞是阿金的影子，他靜立着，但是她正要向他招手時，他突然低着頭迅速地跑了，他的步子稍有一點瘸，這微瘸的影子如何感動了她！

她站在窗前凝視着失去人影的夜空和原野，樹木靜立着，沒有微風，遠處漸漸傳來黎明的雞啼，眼前浮起了阿金樸實的笑臉，熱情的語聲，微瘸的身影。……現在她方發現自己是愛着他的，他們一直是呼吸着同樣的村野的氣息啊！

第二天，阿珠請弟弟告訴阿金晚上到桑林等她。

薄雲流動在藍黑色的夜空，月亮時隱時現，微風撩動着樹葉。

阿金終於沉重的走來了。

「阿金！阿金！」阿珠叫着，阿金停在那兒呆住了。

阿珠跑過去跪在地上緊握住他冰冷的手。

「阿金，阿金！」他仍然不動，他堅定的眼光望在遠方，「阿金，我永遠是你的了！阿金，說話呀！」

「是嗎？」他的嘴唇微動着，「不吧？」

「是的！我是你的！你帶我走，我們一塊兒離開這裏！」

「帶你走？」他的眼光垂在她眼睛上：「帶你去找那騎馬的人嗎？好的！」

「不！阿金！帶我到南洋！我們永遠在一起！」

他沉默了，他的手在她手中突然微微一慄，他的另一隻手輕撫着她的柔髮，兩顆晶瑩的淚在眼中閃灼，他抵着堅定的嘴，眼睛凝視着遠方。阿珠熱淚滿面，輕吻着他的手，低聲呼喚着：「啊，阿金，阿金……」

採桑女（下）

王治修

這天終於來了，是她渴望的，也是她害怕的。她早早起來，努力使自己鎮定，使自己勇敢，處處裝出笑臉來掩飾，父母以爲她是小病後的康復。

她去的很早，以爲俠燕很早會在那裏等她，但是她失望了。天空中飄浮着灰雲，遮蓋了天的一角，雀子飛躲進深灌木叢中，竹子無精打采地彎立在那兒搖動着。她爬到了山頂，望下那小路，滿眼淒涼。風突然震撼了整個山丘，樹木瘋狂地搖着。忽然，大雨滂沱，雨點猛烈地擊打着大地，雨聲掩沒了一切。

她呆立在那兒，雨淋濕了她的頭髮及衣衫，水滴不停地從頭髮上流到面頰上，又落在地上，她不知那是淚還是雨？她的心碎了，她希望世界上的一切都在那一刹那歸於毀滅！土地磞成細粉，一切都粉碎吧！

不知多少時候，雨停了，太陽的光輝從雲縫裏射出來，鳥又開始歌唱了。

啊！遠處是否在響着蹄音？天！還能見到俠燕！那馬蹄聲是眞的！眞的啊！

於是一把興奮的火燃燒着她的全身——就像野火燎燒着曠野一般。

不顧路是多麼泥濘，她飛奔了下去！……遠遠的他伸出了手臂……阿珠昏了過去。

「阿珠，阿珠！」俠燕在她耳邊親切的低喚，她全身都像浸在熱流裏，灼人的嘴唇輕輕地熨着她的臉，她睜開眼又閉上，像沉迷在輕柔的陽光中！她忘記了一切，閉着眼，他的喚呼聲注入了她的心田！

她疲倦地枕在他腿上，他的手撫着她的柔髮，她們的眼睛對視着。

「阿珠，……」

「唔？俠燕，你應該帶着我回到你的家裏去！」

「阿珠，你知道我不能有一個家……」

「爲什麼？」

「軍營就是我的家，」他毫不猶豫地說：「馬和槍是我的伴侶。」

「還有我呀！你爲什麼不……」

「阿珠！我不能！」他嚴肅地說。

「什麼？你說什麼？你騙我！……」悲憤在她體中燃燒，她狠狠地在他頰上打了一掌，但是他仍然嚴肅而親切的凝視着她，終於她又倒入他懷中。

「俠燕，無論你到那兒把我也帶去。」

「你不會騎馬，你拿不起馬槍，你會凍僵在塞雪冽風裏，你……」

「你不怕的我都不怕！」她打斷他。

「靜一靜吧！阿珠。」他安靜的說道：「我恨自已偸偸在這裏過快樂的生活，我一定得立刻回去，回到戰場！所以我今天來得這麼晚，我本來想不來的。」

「俠燕，不要再說吧！」

「不，我明天一早就得走！」

阿珠已淚流滿面。

就在這時，突然弟弟和阿金喚阿珠的聲音驚動了他們。

「俠燕，俠燕！」她猛搖着他：「阿金來了！快走吧！」

「阿金！阿金！」弟弟的聲音立刻又響了：「阿珠在那邊，那邊！你聽見了她的聲音嗎？」

阿金和弟弟跑來了。

弟弟拉着阿金的手臂，阿金閃着使人寒慄的眼光從阿珠移到俠燕身上。

青筋蠕動在他蒼白了的臉上，他的拳緊握着，緩慢地邁向他們。

「阿金，就是他！就是這個男人！」弟弟在他身後喊。

「你來有什麼事，這個樣子？」俠燕擋住阿珠，他鎮靜的語句像雷般在空氣中震蕩。

「什麼事？我要殺你們！」他野獸似地咬着牙。就在那一刹那他猛然撲向俠燕。任憑阿珠怎樣喊叫，他們還是在打，但是顯然的，俠燕只是在招架並不還手。他們的頭髮亂了，衣服撕破了，突然俠燕的頭上挨了一拳而倒在地上，阿金抽出匕首，像隻鷹般地撲了下去，阿珠閉上眼，槍聲和她的狂叫聲混成了一片。

但阿珠睜開眼，發現俠燕站了起來，阿金的匕首躺在五步外的地上，阿金倒在地上緊閉着眼。

弟弟拾起了匕首。

「阿金，阿金，刀子在這裏哪！睜開眼再和外鄉佬拼！」小鬼在阿金頭上喊着，把刀子塞進阿金手裏，立刻他又坐起來，把刀子拋向俠燕。

「躲開！俠燕！」阿珠盡了最大的力量喊出來！

其實他早躲開了。阿金又倒在地上，緊閉了眼，血從他腿上不停地流着。阿珠本能地跑了過去，用手帕裏住他的傷口。

「阿金，阿金，」他聽了她的聲音反而更緊地閉着眼翻過身去。當她再看俠燕時他已騎在馬背上了。

「我走了，阿珠，」他在馬上仍然十分鎭靜：「我傷了他的腿肉，他會好的。」

「俠燕！俠燕！」她狂追着，喊叫着，她捽倒地上，他遠去了，她只糢糊的聽到他喊「明天早晨六點」。

阿珠立起身來看見了弟弟。

「阿山！你幹什麼！我還沒死！我還能起來揍你！」

「阿金是你害的！」他仇視着阿珠：「你沒有良心！」

「住嘴，阿山！」阿珠怒了，但同時覺得自己是罪人，又平靜了下來。看到阿金在那邊扭動，她跑過去輕撫着他的臉，他仍舊憤怒地緊閉着眼，嘴裏喊着：「讓開！讓開！我不要你踫我！」

牛在叫着，天已昏黑了，阿金那時的固執和倔強確使阿珠不能否認他是可敬可愛的。

當她不停地喚着他時，她的淚沾濕了他的臉，他靜了，睜開他嚴厲的眼睛，突然抓住她的頭髮，但立刻又鬆了，他眼睛的光輝也變得柔和了一點。

他們把阿金扶在牛背上，緩慢地，沉默地走上回家的路。月亮還沒有昇上來，山，竹林，山脚邊的村莊在昏黑裏現出糢糊的影子。所聽見的只有他們的脚步聲，只有牛的粗鼻孔裏的呼吸。她感到疲倦，感到痳木，她彷彿行走在另一個世界裏，在那裏沒有感覺，沒有悲哀，沒有快樂，而只是糢糊一片。

「啊！你看，有一盞灯上山來了！」是弟弟的喊聲驚醒了她：「一定是爸爸來找了，怎麼辦？」

那確是一盞灯，漸漸移向他們。怎麼說呢？

阿金一直沉默着，終於他開口了：

「就說牛跑了，我們去追牛，路滑，我把腿摔壞了。」

阿珠感動地接觸了他閃亮的眼睛。

於是弟弟跑了過去，不久又和爸爸帶着提灯走來。阿珠勉强地說出了他們的謊言，父親憤怒地告訴阿珠再也不許她作這種工作。回到家裏，母親的不安變成了憤怒，不停地責備阿珠，直至深夜。當阿珠疲倦而悲痛地躺在床上時，隔壁屋內母親的嘮叨還沒有停止。

阿珠疲倦已極，但是不能入睡，白天的事一段一段紊亂地浮上她的腦海。……俠燕最後的話——明天早晨六點鐘。……他會帶她走嗎？她走了阿金會變成什麼樣呢？父親，母親，弟弟會如何恨她？村子裏的人會說些什麼？但是她管不了這許多！她想喊！想跳起來！飛出去！可是她雖愛俠燕，也不恨阿金！……她像置身於火中，她的全身被燒灼着，……她病了。直到夜深，她不支的病體終於昏昏睡去。當她睜開眼時，已是日上三桿的時分了，阿珠痛苦地掙着起來，却又昏到在地上。

日子一天一天的過去，時間慢慢地爬行，像一條長滿利刺的爬蟲，爬行在她柔嫩脆弱的心上。

弟弟常常來告訴她阿金的腿傷，她漸漸也願意和他說話了。可是她始終心緒不寧，對於人生開始懷疑：愛情給人片刻的滿足，却要人付出莫大的痛苦代價。她常想到俠燕，他的生命已貢獻給了國家；她想到父親，父親的生活是那麼寧靜淡泊，沒有悲哀，也沒有頹喪。她漸漸平靜了，彷彿進了另外一個世界，另外一個恬淡無慾的世界。

一天，午飯前當她採桑回來，父親沉着臉站在門口，他的眼光像閃電似地射着她。

他狠猛地從她的手中奪去籃子摔在地上，用他沙啞沉重的聲音說：「你給我進去！休想再出我的門！」

她默默地平靜地走進屋子，她瞥見母親因為她的進來而垂下頭，一雙老眼因流淚而發紅了。

人們都睡了，阿珠獨不能入睡，她祇是平靜地躺着。

突然她的門上響起了輕微的敲門聲。

「阿珠！阿珠！」弟弟的聲音悄悄從門縫裏鑽過來。

她開門讓弟弟進來，又小心地把門關上。

「就是這封信，」他從袋裏掏出一封寫着寄給阿珠的信：「爹和媽吵了一上午，爹說媽不會管你。」

這是俠燕從上海寄來的。

阿珠：我已經平安到達上海了，為了抵抗敵人對我們的侵略，抗戰的巨濤湧起了，這是多偉大的任務啊！

我承認我是愛你的，但是我又不能逃避我捍衛國家的責任。

你應該愛阿金，因為他愛你不顧生命的危險，並且他會給你帶來幸福。替我向他道歉，因為我傷了他的腿。

還有三天我就可以到敵人後方作戰了，我恨不得立刻就去！祝你和阿金永遠快樂。俠燕十月六日

阿珠近來的平靜突然給激動了！

「是不是那個外鄉佬寫來的？」弟弟悄悄地問。

她點點頭。

「他說什麼？」

她唸了一遍給他聽，他瞪直了眼睛，臉上露出敬重的表情。

弟弟一定要把信偷着再放回去，「要不，」他說：「我的屁股就保不全了。」

弟弟又悄悄地走了，她聽見他在開門時自語着：「他眞是一個英雄哪！」

從此她知道她不能在擁抱中飛去。她需要樸實的生活，樸實的感情。弟弟常來告訴她阿金的情形，阿金的腿完全好了。

在這期間，爸爸和媽媽不曾對她說過一句話，也從不曾看她，但是許多次她猛一轉身，發現母親帶着悲悽的眼光在她背後凝視她。一天，弟弟跑來對她匆匆地說：

「阿珠，爸爸進城去給你說親了。」

「誰說？」她大吃一驚：「你聽誰說？」

「我聽到爹和媽說。眞的怎麼辦？」他說：「我去告訴阿金去！我去告訴阿金去！」弟弟跑出去了。

媽媽進來了，這是她這幾天第一次和阿珠說話。她先向阿珠抱怨爸爸說她管教不嚴，她的語句被啜泣所阻塞，阿珠也流了淚，她平靜地聽她時斷是續地責備，最後她告訴她二個月以後就得嫁到城裏去——她哭得更厲害了。她要女兒從現在起就準備——做花鞋，手帕，枕套……。(下轉第28頁)

讀者投書

(一) 對臺大錄取新生的兩點意見

宓去病

編者先生：

每年臺大的招考新生，是自由中國的一件大事。近年該校爲適應社會的需要，招生名額年有增加。今年錄取新生共爲一千零五十二名，可謂適時底決定，也是一件盛事。但是如果略爲注意其名額的分配，馬上就發見有兩點是很不合理的。其發展的結果：小則加深社會的病態；大則貽禍於無窮；終將使國家百年樹人的大計受了搖撼。玆將兩點不合理的情形，分述於下。

（一）文學院共錄取新生一九三名，而外國文學系竟錄取新生一四九名。外國文學系錄取的新生佔全校新生的百分之十四强，佔全文學院百分之七十七强。反之，中國文學系錄取新生十四名，僅佔外文系錄取新生百分之九·四弱。從上述各數字看起來，臺大文學院假如沒有外文系的話，則文學院幾乎就可以關門了。如拿中國文學系和外國文學系錄取新生的數字對比起來，那簡直是一個天大的諷刺。我們雖不必抱殘守缺的倡所謂本位文化論，但臺大之如此偏重外文系而忽視中文系，則是人們所不能諒解的。也許臺大的當局會說：這是適應社會的需要。但依實情來論，因爲將來能在洋機關拿美金的緣故，所以考生們乃趨之若鶩。這是社會的病態，身爲作育英才的臺大當局們不僅未能糾正這些病態，而是跟着這些病態走！臺大當局或又會說：因爲投考的人數多，考生成績都够錄取的標準，所以不得不取。我認爲每一系招收新生的人數，應該根據系內教授的多寡，圖書的設備，及教室的容量來決定。據查閱臺大本年度教職員名冊的結果，外文系的教授僅爲十三人，其中尙有是教授全校大一和大二英文的，以那樣少的教授和這樣多的學生對比起來，（如加上二、三、四年級同學則人數更多。）是不是會令這一四九名同學陷於粗製濫造的結果？大學不同中學，在中學裏的一班可以容納四五十位同學，但大學課程是應當有研究性的、啓發性的、和討論性的，不應如對中學生之僅爲講述性的，灌輸性的。爲什麼不依他們第二、第三等志願而錄取呢？是不是臺大當局有助長學生們拿美金的興趣？外援機關現在差不多都塞滿了，以後他們又怎樣能求得職業呢？外文系一次就招收了一四九名，也眞是開國內未有之奇聞，任何國家怕很難找到如此偏重外文系的大學。

（二）大學教育的重心原在文理兩學院。理學院所研究的對象是自然科學，自然科學是一切應用科學的基礎，這是無可諱言的。可是看到這次臺大理學院錄取新生的人數，實在令人感到臺大的當局們忘記了自然科學的重要性。理學院共錄取新生六四名。爲一切科學基礎的數學系，僅錄取了三名；地質系錄取了兩名；心理系錄取了四名。從這些系的錄取的人數來看中國自然科學的前途，不能不令人悲觀。可是工學院呢？其情形就大大的不同了，工學院四個系各錄取了七十五名。自臺大工學院的設備、教室和師資等情形來說，僅能供開設單班（大約爲四〇人）。去歲招收雙班以後，已感困難重重。尤其教室和師資，是不易解決的問題。教室不敷，尙可加緊去建造。可是教授問題怎樣去解決呢？那祇有多請兼任教授，或則濫竽充數，其結果爲如何呢？據我個人的見解，能讀工學院的學生，一定也能攻讀爲一切應用科學基礎底理科，有教授有設備的理學院不去充分利用，設備和教室不够開設雙班及僅敷教育單班師資的工學院，偏偏要開設雙班，究竟是什麼道理呢？臺大當局曾經說：因爲投考理學院的人數少，所以錄取的人數也少。工學院錄取的一百多人中，他們所塡的十二個志願，就沒有一個是屬於理學院的各系嗎？卽使沒有，也應該勸導這些新生轉入理學院，那纔是重視自然科學的道理。我個人也是從考生過程中經過來的，其時我也茫茫然無所知，投考人多的一系，我也報名去參加；但是在作育英才的人們，却不應該取這樣的態度，要引導茫茫然無所知的學生進入立國之本的自然科學的園地。

臺大是自由中國的最高學府，應該有她的一貫教育方針，要合理的敎育人才，要培養和儲備國家所需多種方面的人才，俾供應國家多方面的需要。切不可跟着社會的病態走，切不可使設備教室和教授不敷開雙班的系硬去開雙班，而有設備、有教室、有教授的學系，沒有或僅有二三學生去上課，是不是浪費國家的公帑？希望今後臺大的當局們能够糾正這些病態，不要再蹈不合理的覆轍。

此請

撰安！

貴刊忠實一讀者宓去病謹上九月一日

編者按：宓先生來書對臺大錄取新生所提供的兩點意見，是深有見地的。凡關心文化教育的人士，對此都有同感。大學乃學術研究的場所，有其崇高的使命；大學教育的成敗關係一國文化之興衰。而文理兩學院則是大學靈魂之所在。大學當局在錄取新生的時候，宜有其一貫的教育政策，似不應趨逐時尙，而忽視了學術研究的崇高使命。本年臺大錄取新生之過分忽視理學院，與過分偏重外文系，都是極不合理的現象，應該設法糾正的。

於此，我們聯帶想到另一個問題，就是現在大學生英文程度一般的低落。大學當局應在課程方面對此設法補救，務使每個大學生至少對自己學習的科學，有閱讀原文書的能力。這也是談學術研究的最起碼的條件。其實，據我們所知，不少學生之報考外文系，乃是懼於大學外文程度的低落，因而希望在外文系讀好外文，以爲將來研究其他科學的工具。

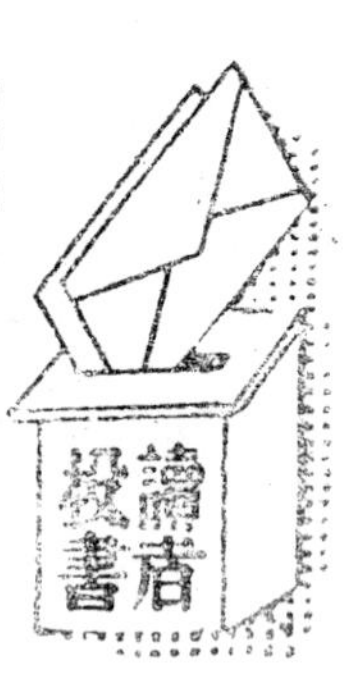

（二）從教廳重新規定中學生制服說起

史浩然

編輯先生：

最近臺灣省教育廳通令全省各中等學校，從新規定高中高職學生服裝式樣，男生一律着黃色青年裝軍用帽，女生一律用黃色裙船形帽。這項規定給各學校當局平添了不少的麻煩，而更多的學生家長爲之苦惱不堪，我正是爲這問題而苦惱的家長之一。

根據本月六日各報的報導，教育廳從新規定學生服裝式樣及顏色的主旨是，「爲配合軍事訓練。」一時間是自四十二學年度開始。教育廳頒佈這項通令顯然未曾經由周密的考慮，至少下列兩點已經發生了問題：

（一）教育廳規定變更學生制服是從本學年度開始，可是教育廳是項命令頒佈的時間則是本月五日，實際上省立各中學已經開始註冊上課，市縣私立中學不日也將開始上課，多數學校新生的服裝早經製就，而係採用過去規定的灰色。現在學校當局接到教廳的命令，眞是左右爲難，是通令學生重製新裝嗎？卽令學生俱有此經濟能力，而學校將何以爲辭？是體諒學生的處境而仍採用原制服嗎？誰敢承此違背廳令之罪嫌？因此，多數學校處境都感到十分狼狽。而一些「奉命唯謹」的校長、那敢不「配合軍事訓練」？最後只好「遵命辦理」，也顧不得什麼學生的負擔了。

（二）教育廳這次通令的內容太欠明確，它不會指明是全體高中學生，或僅是本屆高一的學生。如照一般的解釋，既是爲了配合軍事訓練，當然是要全體更換制服，因爲實施軍事訓練的對象是高中與高職的全體學生。高一的新生做兩套制服是必須的，做黃色的與做灰色的反正都是一樣。可是高二高三的學生，他們已經有了灰制服，現在要一律從新做過。這一來問題可就大了。「富人一席餐，窮人一年糧。」兩套黃布制服，在富貴人家那看在眼裏，可是對一般人，尤其是窮公教人員而言，可不是一個小的數目。如果一家有兩個以上的孩子在讀高中的話，這本經可更難唸了。

讀者不幸，半生操粉筆生涯，現在一師範執教；雖自居淸高，但人們却叫我窮「教」化子。我家除窮以外，堪稱「幸福」，人丁也頗旺盛，除與我厮守半輩子的黃臉婆的「她」，「膝下」尚有子女五人，兩個今年同讀高二，老三剛考進高中，老四讀初中，最小的女兒尙在小學。我的收入勉能維持家人過一個「衣僅蔽體，食僅果腹」的生活。我常自況顏回，聊自解嘲。最近政府爲體卹教員生活淸苦，提高教員待遇；可是照新辦法計算，我的收入總數倒反比以前減少了。據主計長龐松舟說，是爲鼓勵家屬獨立謀生。我這爸爸縱狠心願讓未成立的孩子們去謀生，但今日謀生之難，又豈是龐主計長輩所能想到的。現在我算想通了，我不再奢望加薪改善生活，但求物價不漲，公共汽車不再加價，就已是菩薩保佑了。語云「君子固窮」，奈何！我說了這半天「窮經」，非欲騙取編者先生的同情，而是說明今天大多數人和我一樣是在過着什麼生活。其實我也頗明「義理」，知道在這反共抗俄的時期，任何痛苦都必得咬緊牙關忍受。

每學期孩子們上學照例是我的難關，少不得大費心思一番。爲了孩子們的教育，縱拼了老命我也無怨尤。費了九牛二虎之力才籌措好了四個孩子的學費，又遇着教育廳來了這麼一道更換制服的命令。我的老大老二兩人所讀的這座中學，對教育廳命令奉行至力，「檢着雞毛當令箭」，規定舊生也得重做黃制服，急如星火。於是這學期連老三在內，我就要付出三個學生的制服費。弄得我哭笑不得。然而我能忍心讓孩子們因此失學嗎？

編輯先生，你可以想到教育廳這一紙命令把我弄得好苦。但這還不是我寫這篇投書的全部理由，只是一個人的痛苦在「全體」的比重上不算什麼，況且公教人員從多年來窮困生活中已習慣了宿命論的人生觀，「窮是命定」，活該！

就這個問題，我會盡力棄開自己的情感與利害的觀念，但我仍不能爲教育廳找出一個可以爲動聽的理由。——爲什麼一定要中學生改着黃制服？難道灰制服就不能「配合軍事訓練」？難道黃布比灰布更能使學生振作精神？退一步說如果必須改着黃制服以配合軍事訓練，又爲什麼不及早通令各學校？又爲什麼不先從一年級新生實施，二三年級仍着舊制服呢？

我們不妨試略注意一下數字的統計，估計全省高中高職學生總數爲三萬八千人，其中高二高三學生約佔二萬五千人，如果舊制服不用而重做黃制服，每人做兩套，每套以六十元計，則共需三百萬元的費用。如再將已經做好灰制服而又重做新服裝的高一學生計算進去，則更不止這個數字。從經濟的觀念言，這不能不算是一宗不必要的浪費，在力倡節約的今日，這是合理的現象嗎？不僅此也，這三百萬元的負擔者是學生家長，這些人很多是公教人員，他們的生活不會比我的生活更好，卽使一家負擔一個孩子的費用，已够吃不消了。然則由於教育廳這一紙命令，所造成的學生家長們的痛苦又豈是數字可以計算的？我眞懷疑教育當局頒佈每一件教育法令的時候，曾經爲學生和學生家長們着想過沒有？

筆者服務教育界多年，自認對教育界的觀察較一般人爲深刻。我常覺得多年來我們教育界的風氣有一個很惡劣的傾向。這個傾向抽象的說，就是「只向上看而不向下看」。教員須向校長的臉色看，校長向教育當局看，教育當局則向更高更上的政治權勢看。一切「等因奉此」，學校由是衙門化

（下轉第33頁）

半月大事記

八月二十三日　(星期日)
克里姆林宮宣佈，俄與東德締結協定，其所給與東德的讓步，使東德成為蘇俄附庸集團的一正式份子。
日本國家警察總部長官稱：日共軍事力量已達十萬之數，其軍事組織業經特別加强。

八月二十四日　(星期一)
我訪菲律賓艦隊離菲返國。
我國政府已制訂防空管制辦法，並通知各友邦，凡來臺或經臺外機必須先得我國許可。
西方三國已同意邀請蘇俄參加一次討論德國問題的外長會議。

八月二十五日　(星期二)
美空軍原子轟炸機羣不着陸橫渡太平洋試飛成功。
國際糖業會議達成協議，自由中國出口糖額為六十萬噸。

八月二十六日　(星期三)
美英兩國磋商立即給予伊朗財政援助問題。
越南總理阮文心否認有與越共胡志明直接談判的可能性。
法內閣任命和印度支那三邦談判自治權的小組，由總理蘭尼爾率領。

八月二十七日　(星期四)
聯合國政委會通過西方國家建議，邀請為聯合國在韓作戰國家，參與韓國政治會議。
美總統艾森豪保證支持伊朗新政府。
西柏林美援食物第二期開始發放。
蘇俄戰時英雄朱可夫元帥一月來未在重要集會中出面，象徵着克里姆林宮的又一重大變動。

八月二十八日　(星期五)
聯合國大會通過西方國家所提派軍赴韓作戰國家出席韓國政治會議之建議。
印度撤回其參加韓國政治會議的候選資格。
美第七艦隊司令柯拉克抵臺。
第七屆聯合國大會結束。

八月二十九日　(星期六)
日本政府正研究將保安隊於明年增至十三萬人至十五萬人計劃。
義南兩國因的港問題關係趨緊張。

八月三十日　(星期日)
蘇俄再拒絕討論對奧和約的西方建議。
濟州島中韓籍反共戰俘，反對印軍看管。

八月三十一日　(星期一)
美英法三國已建議義南兩國對的港問題保持冷靜而溫和的態度。
西德已逮捕潛入西德破壞選舉的東德共黨份子至少有三千人。

九月一日　(星期二)
臺灣電力公司已開始着手第二個「五年計劃」。
南斯拉夫抗議義國軍隊在南國邊境的「挑撥行動」。
共黨以强大武裝部隊增援警察，阻止東德人民往西柏林領賑糧。
參加韓戰十六個聯合國會員國決定十月十五日舉行韓國政治會議。

九月二日　(星期三)
西方三國邀蘇俄於十月十五日在瑞士舉行解決德國問題的外長會議。

九月三日　(星期四)
泰國海軍總司令鑾察抵臺。
潛入西德的共黨暴動份子與西德反共羣衆在數城市內發生流血鬪爭。被逮捕的潛入份子已達八千人。西德政府已在邊界採緊急措施。
反共華籍戰俘上書盟總克拉克將軍要求保證安全的具體答覆。

九月四日　(星期五)
美國務卿杜勒斯公開支持西德艾德諾的競選。
安全理事會否決討論摩洛哥問題。

九月五日　(星期六)
美參議院多數黨領袖諾蘭來臺訪問。
美撥緊急援款四千五百萬援伊朗。

九月六日　(星期日)
西德聯邦衆議院選舉。
南國提的港國際化建議，義大利立即拒絕。

(上接第32頁)

。教育行政當局只管一道一道的法令頒佈，下面則唯唯吶吶，奉令唯恐不謹，至於學生的需要則可不在考慮之列。這樣的結果是大家只求「表面光」。只要做「表面光」，不管裡面爛到什麼程度。現在一般校長們間流行着這樣一個口號：「安定中求進步」。說來使人啼笑皆非。現在一般中學生的負擔實在是够重的，正常的功課之外，課外活動的名目繁多，學生的筋力有限，但是不能不參加，在學校當局這都是「奉命行事」。常久地，學生程度自日趨低落，即使是現在，中學生中都已漸養成了心存僥倖與不讀書的風氣。在反共抗俄的今天，我不反對灌輸學生一些愛國的意識；但過分鼓勵學生活動的結果，將會在教育上造成什麼後果？我們為什麼不為我們的後一代多設想設想呢？

我說了這多似是題外的話，其意乃是在說明當前教育問題之所在。在目前這種教育風氣與教育行政作風下，像這次改換制服的措施，其所以發生就不足為怪了。因此，我除希望教育廳對學生制服問題重作合理的規定外，還能多多「向下看看」，一切設施都要為下一代想想！此祝

編安

讀者　史浩然上　九月十二日

編者按：關於這篇投書裏所指的重新規定中學生制度的問題，我們曾查閱九月五日省政府公報，教廳通令(九月二日)的原文是這樣的：

『茲為配合軍事訓練，重行規定中學及職業學校高級部學生服裝式樣如後，各校高級部自四十二學年度第一學期起，招收新生及各級舊生必須新型（編者按：型字應是製字之誤）衣服者，應按照該服裝式樣辦理。』

惟六日各報的消息，都漏掉了「招收新生及各級舊生必須新製衣服者」這樣重要的一句話。這實在是報紙報導新聞的重大疏忽。我們讀了教廳命令的原文以後，證明教廳在這方面是曾經經過考慮的。我們希望各校執行此項命令的時候，要特別重視新舊生「必須新製衣服者」這個原則。投書中所指情形可能是該學校當局忽視或誤解此一原則的結果。一方面，為免類此情形之再有發生；一方面因該文中所提示的公教待遇與教育風氣等問題，俱足發人深思，故我們仍將這篇投書原文照登出來。

第九卷　第六期　內政部雜誌登記證內警臺誌字第一九號　臺灣省雜誌事業協會會員

給讀者的報告

本期社論兩篇，其一：「時機不可再失！」是向諾蘭先生進言。諾蘭先生於塔虎脫去世以後被選為美參院共和黨領袖，這次遠道西來，目的在了解遠東一般情勢。面對這位自由中國的摯友，我們似有不能已於言者，此社論(一)之由所作也。在本文中，我們分析當前極權與自由對峙的局勢，指出蘇俄自史大林死後馬林可夫登臺以來所採取的和平攻勢，只不過是一時的權宜之計，其征服世界的野心固未嘗消變，自由世界如竟因此而姑且苟安，乃屬危機之爭。蘇俄之不致發動大戰，僅止於目前而已。目前是我們的時機，時機稍縱即逝，不可錯失！我們希望經由諾蘭先生，我們的意見能傳達到美國朝野。第二篇社論是針對最近教育廳通令全省各中等學校一律採用標準教書一事而作。教廳這一紙命令無疑地是侵害了其他曾經教部審定合格的教科書之合法的發行權益。所以，這項命令是違法的。教廳是項命令發佈的根據是：「係奉總統指示編輯。」這顯然又是一種非份與越級請示的辦法，這種政治作風自應是談法治談分層負責所不應有的。我們在社論(二)裏指出教廳這件命令之嚴重性。

朱伴耘先生的「世界未來局勢與中國前途」一文，關心現局的人不可不讀。作者從國際情勢的分析，指出中國未來的出路。尤其在結論中，作者披心瀝膽，慷慨陳詞；非忠誠愛國者不能出此。

「圍堵歟？解放歟？」一書，是彭海姆教授(Jams Burnham)的近著，討論美國外交政策，識卓見遠；出版以來，不脛而走。樊際昌先生特將原書擇要介紹，以「論美國外交政策的目的」為題。在艾森豪政府標榜解放政策的今日，本書的介紹，當是有其必要的。

個人自由與國家自由的論辯，一些人會為之混淆不清。其實只要真正理解自由的涵義，就不致發生類此的爭辯。傅中梅先生提醒一般人應將政府與國家的意義分開，然後所謂國家自由與個人自由間諸多混淆不清的觀念，自然就可澄清了。

「偉大的烏托邦」一文是「到奴役之路」一書之第二章，本文痛斥社會主義，針針見血，足以震聾發聵。海耶克教授學養精深，固不同凡響也。此外，龍平甫先生的西歐通訊，報導「貝利亞被捕後的蘇俄內政與外交」，以及西歐方面的反響，內容詳盡，可供關心時事者之參考。

本刊售價

地區	幣別	每册價目
臺灣	臺幣	4.00
香港	港幣	1.00
日本	日圓	100.00
美國	美金	.20
菲律賓	呂宋幣	.50
馬來亞	叻幣	.40
暹羅	暹幣	4.00
越南	越幣	8.00
印尼	新荷盾	3.00

自由中國 半月刊 總第九十三號 第九卷第六期

中華民國四十二年九月十六日出版

發行人兼主編：『自由中國編輯委員會』

出版者：自由中國社

社址：臺北市和平東路二段十八巷一號

電話：二八五七〇

航空版：香港時報社

經售者：

臺灣　自由中國發行部　中國書報發行所

美國　紐約民氣日報社　舊金山少年中國晨報社　芝加哥中國出版公司

日本　東京僑豐企業公司

韓國　釜山草梁洞新泰行

馬尼剌　大中華日報社

印尼　椰嘉達星期日報　椰嘉達天聲日報　棉蘭繁華圖書公司

越南　西貢中原文化印刷公司　越南華僑文化事業公司

暹邏　曼谷攀多社十二號

緬甸　仰光振成書報店

印度　孟買梅亞號　加爾各答塔梅學校

澳洲　雪梨瑞田公司

北婆羅洲　西利亞坡青年書店

新加坡　中興日報社

檳榔嶼、吉打邦均有出售

印刷者：精華印書館

廠址：臺北市長沙街二段六〇號

電話：二三四二九號

本刊經中華郵政登記認為第一類新聞紙類　臺灣郵政管理局新聞紙類登記執照第二〇四號　臺灣郵政劃撥儲金帳戶第八一三九號

自由中國

FREE CHINA

第九卷 第七期

要目

社論
聯合國可容中共闖進嗎？

美國外交政策的檢討……張致遠
論美國外交政策的目的(下)……樊際昌
珍珠港偷襲的決策與實行……李祥麟
管制計劃與自由計劃……海耶克著 殷海光譯

自由中國通訊
北行途中話澳洲……孫宏偉
共產國家裏的家庭生活實況……蓀譯

山洪暴發的時候……司馬桑敦

書刊評介
內在的敵人……陳紀瀅

讀者投書
(一)車禍猖獗，人命草芥！……趙清之
(二)不該管的去管，該管的又不管！……黃希春

中華民國四十二年十月一日出版
社址：臺北市和平東路二段十八巷一號

半月大事記

九月七日（星期一）

西德普選結果：艾德諾總理的基督教民主黨獲勝。

日本國家保安廳提供政府研究的防衛計劃草案中所提出的五年國防計劃的第一階段，需三億元的美國軍援。

九月八日（星期二）

立法院通過社會教育法。

天輪發電總廠行竣工典禮。

九月九日（星期三）

美參院多數黨領袖諾蘭在立法院的歡迎酒會中演說。

美澳紐太平洋安全公約理事會開第二次年會。

九月十日（星期四）

英海軍一汽艇在香港與澳門間的公海上被中共炮擊。

美澳紐三國獲致協議：在目前情況下不存在有承認中共或允許它進入聯合國的問題。

英法美比四國軍隊在萊因河以東的富爾達峽谷舉行原子戰演習。

韓境反共戰俘首批移至中立區交由印軍接管。

美國家安全委員會提議以三億八千五百萬美元援助法國在越南抵抗共黨侵略。

九月十一日（星期五）

德國艾德諾的基督教民主黨決定與四年來的相同與黨組織一個三黨聯合政府。

九月十二日（星期六）

法軍機轟擊紅河防區西南的共軍集結點。

艾森豪任命赫爾將軍為繼任克拉克退休後之美遠東軍最高統帥。

九月十三日（星期日）

中共及北韓拒絕聯大對韓國政治會議的決議。

義大利提議以公民投票法決定的港自由領土的未來地位。

被推翻的伊朗前總理莫沙德請求國王赦免死罪。

九月十四日（星期一）

法軍突襲越共外圍防線。

國際勞工組織第二屆亞洲區大會在東京開會。

九月十五日（星期二）

聯合國第八屆大會開幕。通過美國提案，今年不考慮代表權問題。

越共已發動攻勢，進攻紅河三角洲。

九月十六日（星期三）

柬埔寨總理答覆美法兩國對其「中立」演說的譴責。

美十個以上的原子砲營將調防歐洲。

九月十七日（星期四）

聯軍統帥克拉克發表聲明，保證拒絕遣返的華韓籍戰俘的選擇自由。

美參院外委會主席魏理呼籲訂立遠東聯防條約。

參加韓國作戰的十六盟國同意要求共黨同意舉行韓國政治會議之時間與地點。

九月十八日（星期五）

曼谷四國會議因緬甸向我提出要挾而告破裂。

波蘭出席聯合國副代表柯儒韋要求美國給以政治庇護。

九月十九日（星期六）

聯合國大會因無人發言而休息一天。

美駐歐各國使節在盧森堡集會。

大西洋盟國海空軍兵員五十萬人開始海上聯合演習。

美國聖地牙哥聯合報報導：有自稱貝利亞者已自蘇俄逃出，可能被移交與美國。

俄與北韓簽經濟協定。以十億盧布援北韓。

九月二十一日（星期一）

一北韓駕駛員駕米格機投奔漢城。

埃及納奎布政府逮捕前總理那哈斯及其他十二政界要人。

九月二十二日（星期二）

美總統艾森豪發表演說稱，美決效忠自由世界，抗阻任何地區的侵略行動。

蘇俄拒絕聯合國戰俘委員會釋放被俄扣押之第二次大戰德義日數百萬戰俘之要求。

美官方進行調查貝利亞逃出蘇俄之說，如其人確係貝利亞美將准其入境。

九月二十三日（星期三）

我出席聯大首席代表蔣廷黻在聯大發表演說，警告聯合國，中共盤據大陸一日，亞洲即無和平。

聯大拒絕蘇俄所提重開政治會議辯論之要求。

韓境兩萬三千反共戰俘已全部交印軍監管，解釋工作延至廿六日開始。

九月二十四日（星期四）

中國救災總會秘書長方治，于慰問韓境反共義士後，返抵臺北。

美輿論界嚴斥英工黨艾德禮之允許中共進入聯合國之主張。

美參議員麥加錫主停止對英援助，俾阻英以物資資共。

法越聯軍在興安東北，發動攻勢，掃蕩紅河三角洲地區之越共。

社論

聯合國可容中共闖進嗎？

最近聯合國第八屆大會開幕，我國代表蔣廷黻博士提出嚴重的警告，要求聯合國不要增加中國人民的困難與負擔，切勿允許中共之進入。這是全中國人民眞正的心聲，我們站在中國人民的立場，應向世界各國表示我們的意見。

首先，我們檢討在目前的形勢下，中共進入聯合國事實上之有否可能？一九五〇年初英國率先承認中共，隨後便有好幾個國家跟着承認，其時法國及美國的言論界主張承認的亦復不少。如果韓戰不起，則法與美的承認中共大概是沒有問題的，它倆一經承認，其他多數國家也就要追隨，那麼，中共不但早已進入聯合國，而且可能在安全理事會擔任常務理事，身居五强之一了。卽在中共「志願軍」進入北韓以後，伍修權一行在成功湖出現之時，如果北平肯懸崖勒馬，不再參加韓戰，聯合國的中國代表權恐在當時已卽爲中共所竊取，不待三年後的今天了。故三年前阻止中共進聯合國的，實以中共參加韓戰爲唯一的因素，自無疑義。現在韓戰停火業經實現，還有甚麼新因素呢？大家知道，還有韓戰的善後會議。李承晚總統以爲要在政治會議中達成韓國的和平統一，是不可能的，多數的觀察家亦有同感。最近杜勒斯國務卿宣佈，一九五三年年底以前，不考慮中共進聯合國的問題，不外是要看政治會議有無成就罷了。此外法國還有越南的糾紛，美國人民之痛恨中共與共產主義，都是阻止中共入聯合國的因素。但是言其究竟，主動仍在中共以及蘇俄的手中，只要中共對東南亞的侵略表示緩和，而且撤退北韓的駐軍，則不但英印等國替它叫囂効力，卽法美等國也很可能改變態度，轉而同意中共進入聯合國的。

那麼，中共加入聯合國的後果又將如何呢？我們以爲果眞如此，則聯合國必蹈國際聯盟的覆轍，卽使能苟且維持於一時，也只是沒有靈魂的軀殼，最後終將隨大戰之爆發而壽終正寢。聯合國的組織本來就很脆弱，主要是由於國家主權至高無上陳舊的觀念，至今仍根深蒂固的存在於西歐人士的心目之中，牢不可破。安理會中已有五强的否決權的規定，卽是說，和平的維持全賴五强的合作，如果此唯一的條件不存，則和平必然消逝，而聯合國這個機構也就沒有存在的可能了。可是自開始以至現在，這個條件從來不會存在過，理論上的聯合國老早應該沒有活力了。只因北韓施行侵略之際，適當蘇俄代表避不出席，加之杜魯門總統慷慨出兵，乃創始集體制裁侵略的義擧，於是不但聯合國的生命得以存續，而且幾年來表現得都很有聲有色，其大小集會均爲全世界目光集中注視之所在。由此可見，聯合國的存亡惟視其能否伸張正義以爲斷，因爲其創始的目的卽在於此，從之則存，違之則亡，是理有固然的。現在韓戰只是勉强停火，侵略者不獨沒有受罰反而迎它進來作爲夥伴，這還談什麼伸張正義？且共黨集團征服世界的目的至今尙無絲毫改變的迹象，自由世界的觀察家對此幾無有持異議者，則共黨侵略行爲之必然重演亦在意料之中。且看美國警告共黨勿侵犯越南，而蘇俄與中共隨卽還以顏色，宣言援助越共以爲答覆；馬倫科夫最近更公開抨擊美韓協定，指責美國之保衞南韓。觀此種種，共黨集團的態度還不够明白嗎？如果中共進入聯合國後再有「志願軍」向某一地區侵略，安理會還可能通過制裁的議案，還有十幾個國家願聯合出兵嗎？如果侵略的罪行必然重演，而制裁的義兵竟不能復見，則聯合國之名存實亡，三次大戰之必然爆發，固不待智者而後知，民主國家的當局諸公難道竟見不及此？

過去國際聯盟受英法二國支配，故二次大戰之爆發以至國際聯盟之覆亡，均應由英法負其全責。最近英法在聯合國中往往與美國立異，尤其是對於中共之進聯合國，英國的全國上下幾乎一致主張必須早日允許，而極力抨擊美國政策之不當。我們還記得，當希特勒進兵魯爾之際，法蘭西毫無擧動，一若事不干已者然；張伯倫自慕尼黑歸來，英國的朝野均表示愉快的心情。由是助長侵略的氣燄，終至促成大戰的爆發。今日的形勢無異昔年，照他們那些舊方法來施行，其結果還會兩樣嗎？奉勸英法的大政治家們，平心靜氣，檢討既往的失敗，拋開你們傳統的舊觀念，來創造國際的新局面，覆車之轍是不可重蹈的。美國朝野人士素以維持正義爲已任，幾年來制裁侵略的領導，尤能伸張正義於天下，卽在今天，拒絕中共入聯合國之聲仍充滿於全國。果能堅持宗旨，不屈不撓，慢慢地說服盟邦，同歸正道，則聯合國自可增高其聲威，卽三次大戰也未始不可因以消弭於無形。

最後說到我們自已。北平政權之成立四載於茲，我們僻居島上，大陸盡淪入鐵幕之中，但是我們始終深信不但北平政權終將覆亡，而且共產主義亦必不能立足於世界。中共進入聯合國與否，在今日已非我們獨力可以制止，只有任其演變，不必管它。假使此事成爲事實，固然要增加我們的困難與負擔，然亦不會動搖我們的信念。共黨的殘暴正與人性爲敵，實自絕於人類，故最後勝利之必屬於我們，實無懷疑的餘地。但是時期遲延一日，則我同胞所受的痛苦便更深一日，要縮短勝利的時期必賴我們加倍的努力。尤望當局諸公，拿出切實的辦法，先行團結海內外的同胞，使萬衆一心，蔚成大力，然後必能消滅殘暴的集團，出吾民於水火之中，而贏囘獨立自由的中國！

美國外交政策的檢討

張致遠

美國在歷史上曾經有一個時期，它的外交政策是確定不變的。從一八二三年美國政府宣佈門羅主義開始，到一八九八年美國對西班牙戰爭爆發時止，美國國內不論朝野對於外交政策的態度沒有顯著的分裂。就在一九〇〇年，正是二十世紀的開端，美國政府、國會、和人民輿論對於西班牙戰爭的結果不能獲得一致的見解，因而引起熱烈的爭辯。

這裏的原因是，美國能否實現它對菲律賓和遠東方面所引起的承諾？這樣廣濶遼遠的新領土的控制容易被認爲帝國主義的侵略，這就違離了門羅主義的傳統，並且它的後果是無從預測的。美國政府和一般有識見的人士深刻注意這個問題，他們有所顧慮，在國內引起利益和責任的爭辯，彼此劇烈攻擊，因此當第一次和第二次世界大戰爆發時，美國在外交政策上可以說毫無準備。不知道自己的精神思想，不會形成確定的外交政策，這是一個大國的恥辱。外交的失敗使美國在二次世界大戰後不能應付蘇俄的冷戰。由於國內的爭論，同時沒有既定的外交政策，就使美國政府的行動易於根據偶然的衝動或外來的引誘與壓力。馬歇爾使華的失敗和韓戰的發生就是明顯的例證。

這半個世紀以來的衝突不論根據原則的和成見的，個人的或黨派的立場，充分暴露了美國外交的弱點。仔細研究這個問題的結果，認爲美國最近五十年來之不能形成確定的外交政策，主要係由於歷史的影響。差不多有八十年的時間——從門羅主義的宣佈(一八二三)到西班牙戰爭的爆發(一八九八)——美國人民不關心外交，在這長時期的過程中美國人忘了外交政策的根本性質。因此當環境迫使他們重新注意外交關係的時候，他們不知怎樣形成一個外交政策。這也是爲什麼一般憂國之士這樣熱烈爭辯的理由。他們忘了明確的外交政策的原則，祇有原則能够決定，能够解決爭論。原則的決定要看權力與責任的平衡，必須能够實現承諾。

一國的目的，和平的與戰爭的，立國的理想，國家的權益和責任必須與軍備，戰略地位，可能的聯盟，以及可能的敵人等問題聯合討論，不能有所分離。理想與目的一定要和軍備、戰略、邊疆、以及聯盟外交合併探討。美國對外的權益同時包括它所應盡的義務和責任，不僅在美洲大陸，並且亦在遠洋的領土與利益。這些最後要由戰爭與實力來保衛。實力包括美國本身與聯盟的國家。一個大國的政治家就得實際權衡這些根本問題。

在獨立戰爭時美國會經和歐洲大陸的强國發生聯盟關係。法國與西班牙係英國海上勢力的勁敵，它們願以金錢實力援助十三州殖民地的獨立。弗蘭克林的出使法國就是爲着爭取法國的聯盟，美國對英和約(一七八二)必須等待英法和約(一七八三)簽定後才實際有效，這樣才能結束獨立戰爭。美國在這開國時期的外交確能謹愼運用，因而獲得輝煌的成就。傑弗遜、弗蘭克林、約翰亞當斯都是傑出的外交人才，自然華盛頓的領導能力具有決定的影響。

從一八〇三年到一八五三年美國逐漸從原有十三州殖民地向西擴展。一八〇三年購進路西安那，法國的勢力從此消失。一八一九年西班牙放棄密西西必河以東的土地，一八四八年美國結束對墨西哥的戰爭，就得據有加里福尼亞。在一八二二—二三年的時候祇有英國在西半球還擁有實際勢力。一八二三年門羅主義正式決定美洲是美洲人的美洲，不容歐洲列强的干涉，美國自己亦不願捲入歐洲大陸的政治糾紛。當時拉丁美洲各國蜂起雲湧地脫離西班牙和葡萄牙的覊阨，歐洲大陸正是梅特涅所領導的四强同盟和神聖同盟的時代，美國和英國都不願意這種國際干涉政策被引用到大西洋彼岸。英國首先承認南美各國的獨立，正如它的外相堪寧 (Canning) 說的：「以新世界的新生國家來平衡舊大陸的政治勢力」。美國趁此機會宣佈門羅主義，確立西半球的勢力範圍，這也成爲美國外交政策的重要原則。

自十九世紀中葉起美國開始向太平洋方面擴展。一八四四年美國派遣使臣顧盛 (Caleb Cushing) 與淸廷談判通商條約。一八五三年柏利提督 (Commodore Perry) 打開了日本的門戶。美國勢力此後便脚脚進展，一八六七年購進阿拉斯加，因而與亞洲東北部鄰近，特別要和俄國日本發生接觸。以後廿年間美國又在中太平洋擴充勢力，一八七八年插足薩摩亞，一八九三—九八經營夏威夷羣島，這裏距舊金山約三千海哩，向西有中途島，自西班牙戰爭結束後，關島與菲律賓均已佔領。菲律賓距火奴魯魯五千海哩，與加里福尼亞相去七千哩，但與中國大陸相隔僅七百哩，臺灣僅二五〇哩，橫濱一七〇〇哩，新嘉坡一四〇〇哩。依照麥漢 (Mahan) 說來，這是美國國家在版圖上最遼遠，最廣泛的擴展。這裏我們可以淸楚地看出，美國在遠東的地理、政治、甚至軍事上可能發生的新的關係，對於美國外交那就完全是一個新的領域，不能不影響它的基本政策。

一九〇〇年美國國務卿海約翰宣佈中國門戶開放政策。這個政策的主要目的是要維持中國領土與行政的完整，對於美國，這又是一個極重要的承諾。那時帝國主義的列强如英、俄、法、日、德等國均在我國要求租借割讓，並且勢力範圍，瓜分中國之說甚囂塵上，美國本其傳統的自由通商的立場，主張門戶開放。此後門戶開放成爲美國對華政策的基本原則，特別和俄國日本在我們東北的侵略野心相牽制，並且影響整個遠東的外交形勢。

二十世紀的美國對外關係發生了一連串的錯誤，變成一個失敗的故事。主要原因還是由於它不能履行十九世紀以來所造成的承諾，因而被迫參加兩次世界大戰。老羅斯福 (Theodore Roosevelt)、洛奇 (Henry Cabot Lodge)、麥漢都主張積極擴展，他們認識新的使命，創制新方案，建設强大的兩洋海軍，運用聯盟與友好的外交關係，預防德意志帝國的威脅。一八二三—九八年的高枕無憂的外交情勢已經幻滅。

一九一四—一六年威爾遜總統的外交政策係在維護美國權利與它的後果間擺動。他恐懼德國勝利，他也恐懼對德戰爭。美國參加第一次世界大戰名義上是由於德國的無限制潛艇政策，爲着民主世界的安全。事實上當然是爲美國本身安全而戰，不是爲着國際聯盟的理想。美國要防止德意志帝國勝利，有控制大西洋的危險。

在巴黎和會日本由於國聯託管的名義，獲得赤道以北舊德屬的太平洋島嶼，殊不知將來珍珠港的襲擊就從這些島嶼出發。這樣重大的疏忽，美國政府當時不能察覺這些島嶼的價值，這是它沒有確定的外交政策的明證。

此後二十年美國外交簡直不知有對外的責任。華盛頓會議規定裁減海軍。柯里幾多、關島都不再增防，要知道這些地點都在日本海軍艦隊活動範圍之內。同時美國反對日本帝國主義，鼓勵中國反抗，責任增加了，它的本身却減少了力量。美國又和英法不睦，日本乘機擴充勢力，侵佔我們的東北。另一方面在歐洲美國縱容希特勒的興起。這些全是錯誤與失敗。

從一九三七年羅斯福在芝加哥的有名演說，闡明美國對當時世界政治的立場起，直到珍珠港事變止，羅斯福在設法尋求美國外交政策的出路。一九三七年形勢已趨嚴重，美國政府決定擴充軍備，加强阿拉斯加、菲律賓、與關島的防禦。一九三七—四〇年羅斯福心中異常焦急，他自己知道局勢緊急，但美國人民並不十分瞭解，他就努力要使人民知道應該怎樣做。那時胡適之先生任我國駐美大使，正當我們抗戰局勢緊急，羅斯福在接見胡大使時曾經說過這樣的話：「胡博士，你讀書已經到了五十面，可是美國人民還得從第一面讀起」。要經過一次全面戰爭才使美國人民從一世紀以來的甜蜜夢中驚醒。

『自由中國』的宗旨

第一、我們要向全國國民宣傳自由與民主的真實價值，並且要督促政府(各級的政府)，切實改革政治經濟，努力建立自由民主的社會。

第二、我們要支持並督促政府用種種力量抵抗共產黨鐵幕之下剝奪一切自由的極權政治，不讓他擴張他的勢力範圍。

第三、我們要盡我們的努力，援助淪陷區域的同胞，幫助他們早日恢復自由。

第四、我們的最後目標是要使整個中華民國成爲自由的中國。

遲緩的行動適足以鑄成大錯。直到日本佔據我們全部的沿海岸，包圍菲律賓，準備進攻新加坡與荷屬東印度，那就太晚了。一九三七—四一年間美國國內的孤立主義猛烈攻擊政府的措施，驅逐艦的轉移，兵役法的實施，中立法的廢止都遭到不斷的批評。如果羅斯福總統公開說明美國在外交上已有的承諾，美國政府應負的責任，實際的經過就不至於如此。他們反對聯盟，要想避免戰爭，可是絕不願意積極援助聲氣相投、利益一致的友邦。孤立主義根據一種錯誤的看法，他們不能清楚認識美國在海外的權益和責任。要到中國，尤其是英國的情勢萬分危急的時候，總統才覺得有向國內人民宣佈這個眞理的必要。就是如此，也被認爲這是羅斯福個人的，不是美國的政策。

美國人民居住在天富之國，他們經濟繁榮，生活安逸，尤其是中西部的人民對於遠隔重洋的外交問題不會感覺興趣。他們心愛和平，喜望能够自由通商，對於國際政治具有種種幻想，絲毫不切實際，簡直無關痛癢似的。他們贊成軍縮，以爲這樣可以減輕他們的負擔，並能防止戰爭。他們認爲美國不應受外國聯誼的牽制，應該設法避免捲入戰爭的漩渦，或外來的糾紛。他們決不願意教他們的子弟效命於歐洲大陸或遠東的戰場上，除非自己國家的安全受了威脅。

孤立主義也有它的政治哲學的根據。華盛頓在他一七九六年九月七日告別演說裏曾經淸楚地表白過，「歐洲有它的主要利益，這些對於我們可以說沒有關係，或祗有很疏遠的關係」。因此他認爲，「這是不聰明的，美國如果由於人爲的聯繫和歐洲國家發生特殊的友誼或仇恨心理」。當時法國革命以及革命戰爭所引起的情勢正使美國人民的同情心理分裂成爲兩大營，擁護傳統的站在英國一方面，贊成革命的就主張和法國聯合一起。華盛頓警告美國人民不要受外來政治思想與宣傳的影響。

華盛頓反對美國人民對外國民族的過分偏愛或歧視，但他絕對不是一個孤立主義者。他接着說，「我們的眞實政策是要避免對任何外國的永久聯盟，祗要我們還有自由可以這樣做；但請不要認爲我在這裏主張對現有聯盟的不忠實」。「我因此再重複一遍，讓這些現有的關係(指對法的友誼)在最眞摯的意義下繼續維持。但我認爲這是不必要，也是不聰明地去加以擴充」。這樣的語氣不能認爲出自一個固執有成見的人的嘴裏，他並不反對一切聯盟，而是謹愼小心地在衡量聯盟的實際情勢與必要的條件。獨立戰爭奠定美國國家的基礎，現在這個原則也就決定美國此後在外交上應該遵循的途徑。傑弗遜總統曾經同樣懇切地表示，美國不應有聯盟的牽制。門羅主義在未經公開宣佈之前，門羅曾和前任總統傑弗遜與美迪遜(Madison)商量過，大家認爲這是適當的措施。可是二十世紀的美國政治家缺少這幾位政治前輩所擁有的高瞻遠矚的風度，不能確切清楚地表明權力與責任，對外承諾與國勢的聯帶關係，並且沒有深刻認識冒險與謹愼，果敢與示弱的眞實差異。

反對聯盟的成見容易使人對於敵友分辨不清。威爾遜擁有這個成見，同時他以爲集體安全制度可以替代聯盟。事實上他的政策失敗了。國際聯盟被人攻擊，認爲英法等强國的權力政治的結合，同時却又被認爲是烏托邦的理想。美國如果不在第一次大戰後裁減軍備，或在二次大戰後亂烘烘地復員，就能從容不迫地制止侵略，不致在日德之前遭到初期的慘敗，也不至於在韓戰大量流血耗費，毫無實際效果。

最近五十年來是美國歷史的重要關頭。置身於三次大戰，但從未有過積極的外交政策。美國可以有外交政策，祇得承認一點，那就是對外的承諾擴展了，外交的聯繫也必須相輔以行地擴展。華盛頓、傑弗遜、與美迪遜的思想方式被遺忘了。在西班牙戰爭，第一次和第二次世界大戰中美國政府都不曾有外交的事先佈置，現在面臨三次大戰，美國的嚴重錯誤還是沒有明確的外交政策所招致的後果。

在開國的時期從一七八九年到一八二三年美國外交也曾經有過嚴重危機。政府、黨派、與國會議員都發生深刻的歧見。華盛頓的告別演辭甚至說出這樣的話來，「對於外交的黨派成見最後會破壞民主共和的」。一八二三年危險的時期過去了。美國外交政策有了確定的方針，對外的責任能與國家利益以及實現政策的條件遥相符合。到了二十世紀美國的外交又有了嚴重危機。現在這個時代的國家大政不能再由幾個政治家的討論來形成，像一八二三年那樣，但主要原則沒有改變：政策的決定要看它是否健全，如果是健全的，就證明可以採用。政策要有成效，不在乎急切的擁護。根本的前提是，外交政策爲全國人民所關心，如果判斷正確，解釋清楚，眞實的政策能獲得人民一致的擁護，因爲外交政策關係國家命運，一個自由民族不能教他們流血作戰，除非能有確切明顯的目的。

由於外交的運用得當，門羅能使美國國家獲得安全的保障，威爾遜與福斯福必須作戰才能達成目的。事實上因爲他們在戰時形成聯盟，就使許多美國人民不能察覺美國本身的實際地位，他們不信孤立的危險。聯盟在臨時締結是一件很危險的事情，也許會嫌過晚，不見得老是這樣運氣好。

大西公約組織，中東防禦同盟，美澳紐聯防，美菲與美日的共同防禦協定均已先後成立，美韓的互防公約也要成爲事實，包括自由中國，東南亞各小國，以及美、英、法的太平洋聯盟實在是刻不容緩之舉了。這樣才能有效地防止共產主義的侵略。自由世界必須保持强大，並用一切方法抵抗共黨的蠶食，不容再拖延或作綏靖的夢想了。

最能維持美國安全和利益的就是要維持它的聲氣相投的友邦的安全和利益，不論在大西洋或太平洋方面都是如此。根據這個原則並且堅決地一貫地運用，就能形成美國外交政策。五十年來美國沒有堅定的外交政策，現在再也不應該繼續分裂，不能存有什麼幻想，必須把外交和國防密切聯繫，並且建築在鞏固的基礎上。自已知道什麼應做，怎樣達成，把美國和自由世界的生命完全打成一片。

讓我再來引述這位美國國父的精闢見解，華盛頓在他告別演辭中最後說，「我們可以選擇和平或戰爭，祇要遵循由正義所領導的我們國家的利益做去」。"We may choose peace or war, as our interest, guided by justice, shall counsel"

論美國外交政策的目的(下)

彭海姆近著「圍堵歟？解放歟？」的內容介紹

樊際昌作
王德昭譯

陸、海、空戰略

美國的軍事編制，於陸、海、空軍之間有一個傳統的「平衡」的原則。「平衡」一詞，極難解釋。既不能以船艦、飛機、或坦克，求數字上的平等；也不能但求各部門員額的平等。因而平衡的公式，過去的了解乃指經費的平等，每一部門在年度預算中分配大約相等的欵項。此種在經費的基礎之上「平衡軍力」的原則，不特持有衆多支持的理由，亦且投合折衷主義與官僚主義的宿好。折衷主義者缺乏一定的是非之見，樂於妥協。官僚主義者則善於避免對明確的決定負責。就參謀首長聯席會議與一般的國會議員而言，這也是一個最少麻煩的原則。一旦時局緊張，則平衡常遭破壞，而有利於陸軍。

對於平衡原則的批評如下：一種正確的決定理應建立於某種客觀的事實之上，諸如地理的事實(位置、面積、資源、人口)；技術的水準與經濟的性質；敵方的處境、能力、與弱點；以至不同武器的相對的性能。無論於何種場合，有效戰略的要求總是力量的集中，而非力量的分散。隨時隨地在所有的方面都同樣强大，不僅不能，亦且毋需。古今民族和國家的軍事史中，如所謂相等平衡原則的實例，絕無僅有。這原則也容易造成浪費和缺乏效能，因爲三軍的每一系統這時都力求自足，力求能以本身的力量贏得戰爭；對於其他二者，但求輔佐性的支援。如果「平衡」的意義乃在根據客觀事實，以規定一種適當的比例，則「平衡」自然是需要的。

對於若干客觀事實的考察，似乎必至導向下面的結論：美國應當把主要的軍事憑藉放在空軍，再加以科學技術。如是，美國選擇了它自己的立場，從自己的有力點出發，並且掌握利用敵方最多弱點的機會。陸海軍力也將納入統一的計劃之下。批評的人說空軍從來不能贏得決定性的勝利。此種批評並非全無事實，但不足證明美國應當放棄空軍的原則，而墨守相等平衡的原則。它忽視了一個最重要的因素：美國具有在質上和量上造成制空權的能力，但缺乏在陸軍方面與蘇俄匹敵的能力。即令空軍和技術並不如人意，美國尙應當一試。何況兩者在事實上皆頗見優越。再者，即令空軍本身不能獲致最後的勝利，但缺乏空軍的力量，勝利乃不可能之事，也仍是事實。凡懷疑空軍力量的人士，須得想到缺乏空軍力量的嚴重意義。圍堵政策導致建立優勢陸軍的計劃，結果在軍事上將最有利於敵方。

政治第一

兩種理論會大大影響了美國對共產主義和蘇俄的政策。它們在一般公衆乃至官方的心目中如是根深柢固，除非從根掘起，即令政策改變，也仍將繼續發生有害的影響。兩者都顯然是虛僞的，顯然是有害的。第一種理論認爲「共產主義乃不滿的經濟狀況的產物。」第二種理論認爲「分析到最後，火力決定一切。」

第一種理論乃自所謂經濟決定論引伸而來。經濟決定論久已被共黨棄置，但出於奇特的諷刺，却在反共世界的主壘美國，獲得了安身之所。美國式的經濟決定論確認兩個在心理上相關，但在邏輯上獨立的基本的命題。一是惡劣的經濟狀況乃共產主義所以發達和勝利的原因(杜魯門稱之曰「肚子共產主義」)。另一是經濟狀況的改善將遏止共產主義。這雙重信仰構成如馬歇爾計劃、共同安全計劃、第四點計劃等設施的公開的動機。對於一個富而怠惰的民族，此種理論極其動人，因爲它主張美國可以在當前的世界危機中，買得一條出路。祇需足够的金錢，美國便可省去思想和意志、勇氣和堅毅、鮮血和生命。列寧在他的活動的早年曾遇到一種類似的信仰，他稱之曰「自然發生論」。一個反對的集團主張革命的觀念和組織，將在勞工的日常困苦與鬬爭中，自然興起。列寧則否。他堅決主張革命的理論與計劃，必須由職業革命家以有計劃的行動，賫予勞工。列寧無疑是正確的。惡劣的經濟狀況可以促起某種籠統的羣衆情緒，乃至暴動，但不能產生如辯證唯物論的技巧理論，或如聯合戰線的巧妙策略。即令一種比較謙抑的見解，認爲惡劣的經濟狀況有利於共產主義的收獲，良好的經濟狀況則否，也仍然是虛僞的見解。在共產主義和經濟狀況之間，無論就國家、階級、或個人言，並未發現任何一定的正反的關係。共產主義會在富的或貧的國家、受優惠的或未受優惠的階級中，發達强大；反之，也有富的或貧的國家和階級，則共產主義未能滋長繁榮。如以捷克與芬蘭相較，以法義兩國與土耳其相較，以中國與印度相較，前者都屬比較富有的國家，但共產主義却在這幾國獲得勝利或形成强大的勢力。巴西在拉丁美洲國家中比較富有，但有强大的共黨運動。西班牙、葡萄牙、和愛爾蘭都屬比較貧窮的國家，則並無嚴重的共黨問題發生。就階級和個人言，常見團體的所得愈高，對共黨也愈多好感。在美國，富豪和富豪的子女，便有不少與共黨份子隨波逐流。大學教授中信仰共產主義的百分比，較諸鐵路工人、挖溝工人、和小農爲高。好萊塢和百老滙的明星、製片家、作家、和導演、紛紛投身於共產主義運動，但鋼鐵工人和煤礦工人則否。在共黨圈中的律師和牙醫，相對的人數也比汽車司機爲高。希斯便並不屬於下等的非優惠階級。美國如此，歐洲各國亦然。亞洲國家的最下層階級並不成爲共產黨徒，但在中上階級的年輕的一代中，包括專門職業者和政府官吏，共產主義却獲得發展。

共產主義乃一種訓練有素、權力集中的世界冒險事業，在地理上以蘇俄爲基地，而活動於世界各地。它是一種勢力，一種「政治」的機構。共產主義並非神秘的「發生」於此一或彼一國家、階級、或個人；而毋寧是由這冒險事業的執行人和它的聲勢所促成。當圖謀一個國家時，共黨利用各種各樣存在於該地、乃至它可以促致的罅隙、衝突、和緊張情勢，以從中取利。此種罅隙可以包括一切種類：意識的、種族的、宗教的、語言的、文化的，當然也可以是經濟的。它們本身不必特別有利於共產主義。任何其他訓練有素的組織都可以加以利用，如納粹組織在德國，裴隆在阿根廷，羅斯福和杜魯門在美國皆然。對於非共產世界，共黨的冒險事業乃一種無政府主義的活動，便是破壞這世界的構造。歷史的實例昭示，共黨成功的主要條件是一個平庸的政府，一個在政治問題上不能決斷的政府，一個不知「抉擇」的政府。這主要條件是政治的；不是經濟的、物質的、文化的、或觀念形態的。甚至抉擇的結果也無關宏旨：祇要是一種抉擇，反動或進步、右派或左派，戰爭或和平，都無分軒輊。人們必須感覺他們是在向任何一種目的或一個方向行進。如果他們的領導者不能給予此種感覺，他們便將轉而他求。一九一七年布爾雪維克黨的勝利，是因爲克倫斯基的政府不能臨事決斷。一九四五年，貝奈斯和馬薩里克的政府於東西兩大間不能斷然抉擇，結果共黨攫取了政府，馬薩里克終至跳樓身殉，芬蘭乃一遠爲孱弱的國家，面臨同樣的抉擇，而能毅然答覆——不但用言辭，亦且用槍炮。芬蘭至今是自由的。希臘作了直截的答覆；希臘是自由的。在中國，政府過去沒有着手有力的土地改革計劃，對於發展中的共黨運動，未作確切的對策。一九四六至一九四七年間馬歇爾的使命，在危急之際從事克倫斯基式的調停，以期造成一個聯合政府。結果使蔣總統不能作一明確而亦唯一可能的答覆。美國在印度的政策和尼赫魯本人，目前是在步步重踏中國的覆轍。類似的情形也見於法國。一九四七年後美國在法國的作爲和法國政府本身，基本上同樣缺乏決斷，而觀望猶疑。國務院何以常偏袒對共產主義不能作堅決鬭爭的政策和政府，頗爲費解。可能一方面乃因爲懦弱的政府容易指使，另一方面乃因爲國務院本身在氣質上便傾向於沒有決斷的政策。

如上所述，對付共產主義的首要方法應該是政治的，而非經濟的。如果經濟援助乃出以人道主義的或經濟利益的動機，則經濟援助自屬必需，但不可認爲如此便是從事阻止共產主義。經濟援助而欲有裨於反共的企圖，必須與廣大的計劃和崇高的目的相結合。它的實施應令有雄心的年輕人心悅誠服，並激發對於未來光明遠景的希望。在圍堵政策——一種永遠陷於窮境的政策——之下，億萬金圓的經援無非擲之虛牝。

第二種理論可以名之曰火力論。火力論自然最爲軍方所主張，但也常與經濟決定論並見。兩者的關係有如常備軍與後備軍。無論火力論的表面如何現實，它無疑是虛妄的。不過它的虛妄與經濟決定論並不同出一轍。經濟決定論可謂徹頭徹尾虛妄。當作爲一項歷史通則時，火力論是虛妄的；但如加以適當的限制，則它可以眞實不誣或接近眞實。用之於交綏，它永久是眞實的；用之於會戰，常常是眞實的；用之於戰役，有時是眞實的。但當用之於一般的戰爭時，它便極少眞實；而可能永久不適用於國家、民族、宗教、或主義之間的長期的抗衡。一九一七年前的布爾雪維克黨人有何火力可言？幾百枝來福槍和一些土製的炸藥。如果列寧而堅信火力，他必將摘下他的革命的招牌，而去垂釣消閑。但列寧信仰政治和政治意志的至上力量。當一九四四和一九四五年間，艾森豪在歐洲統率的聯軍擁有歷史上所曾集合的最大量的火力。這火力足能用以阻止蘇俄的征服東歐，阻止其後歐亞戰略均勢的破壞。但史大林在政治知識和政治決定上佔了上風。當戰爭結束之初美國一時曾獨佔原子武器，而史大林則報之以政治。他勾引原子科學家，而且灘瘓了對方領導者的意志。從此原子彈不再是一種資產，反而成了困惑和犯罪感的根源。在韓國，原子武器無疑早該使用。敵人知道，聯軍的政府知道，美國的領導者知道。原子彈的所以未經使用，理由本身，便是敵方政治優勝的實證。但火力論的不當，在所有最近的實例中，最特著的是一九五二年春的巨濟島事件(共黨戰俘暴動)。此次事件乃美國歷史中最失體面的事件之一。這是一次純粹政治性的事件，而與火力完全無關。

我們的時代是政治第一的時代。缺乏正確的政策，金錢和武器全屬無用。反之，準備一個適當的政策，一個政治目的和一個實現它的意志，人們將自然供應——或取用——金錢和武器。

政治作戰可能嗎？

下列的三種事實，乃在我們這時代唯一可據以定外交政策的堅定途徑的基準：(一)世界的政治體系正在轉變之中。過去數世紀來所行的國家和殖民地制度今天已不再適用，轉變乃潛伏於此種制度之下，並超越此種制度的界線而進行。(二)在這轉變時代，戰爭與和平之間並無明白的分界，而祇有爲爭取未來世界體系中的生存或統治而繼續進行的不同形式和不同階段的鬭爭。(三)鬭爭的主要手段是「政治作戰」。

在共產世界之外，少數戰略家或政府領導者，也了解在海、陸、空之外，有另一種第四度的空間已經出現。空軍改變了戰術和戰爭力量的關係，但並未爲戰爭造成任何本質上的變化，也未對於人類心智和精神產生任何新的影響。在首尾三十年中（一九二一——五一），以蘇俄爲基地的共產主義征服了中國：地球上人口最繁庶的國家。這次莫大的勝利可謂完全以政治作戰的武器贏得。在這次征服的贏得中，史大林的政治作戰包括如下的手段：(一)一個明確的政策，最初提出於共產國際第二屆大會（一九二〇年）所通過的建議之中。(二)有訓練的幹部的組織，以爲中國革命的思想和行動的中堅。蘇俄爲此向中國派出指導者和組織者，並在蘇俄的特種學校中訓練了數萬的中國人。(三)經周密調節的壓迫和滲透。蘇俄派入中國的特務人員，包括自軍事顧問、經濟專家、工程師、以至於怠工煽動家和間諜。滲透使蘇俄的勢力深入中國社會。壓迫行使蘇俄相繼獲得對外蒙、新疆、和東北的戰略的統治。(四)隨機應變的蘇俄外交。(五)對於日本侵華戰爭的巧妙的政治運用。(六)對於中國內部不安情勢的伺間利用。對於農民、知識份子、專門職業者、和公務人員，使受意識的滲透。對於商人和企業家，則以恐嚇、間接的行賄、和「汎亞」「排外」等口號，使中立自守。(七)適應中國地理、經濟、和社會狀況的軍事和准軍事的行動。(八)對於西方國家的欺驕操縱，先把西方國家牽入一個蘇俄提議的「反日陣線」，然後在德黑蘭和雅爾達的會議中攫取重要的讓與。(九)運用對於西方的强大影響，以約束西方的輿論，尤其美國對於中國的輿論。(美國參院司法委員會國內安全小組所主持的太平洋學會作證委員會的報告，乃有關蘇俄心理戰術詳情的極好資料。)

當過去的幾年中，美國在心理作戰方面也會大事部署。除了政府內部的情報和調查機關外，馬歇爾計劃和共同安全總署也會在國外策劃甚多心理作戰的方案。在國家安全會議之下的心理戰略會議，則被作爲調協政府全部心理作戰活動的機構，此外尙有甚多半官方的和民間的組織：諸如自由歐洲委員會、俄羅斯人民解放委員會、自由亞洲委員會、自由歐洲廣播、自由十字軍、自由歐洲流亡大學，等等。但與蘇俄相較，蘇俄的心理作戰是一種擊敗敵人的決心的表示，而美國則大體是一種求人愛慕的願望的表示。無論何種形式的戰爭，目的總是擊敗敵人。一種行動而不具有此項目的，不管它的名稱爲何，總不是作戰。就以上的比較看來，美國的心理戰從任何意義言都不是政治作戰。它的一大部份乃是一種「報導和教育」計劃，藉無線電廣播、電影、書刊、圖書館、交換學生和教員、交換旅行等活動而實施。它所表明的目的乃要除去對於美國的誤解。一若但需別人知道美國的實況，他們便將愛慕美國。何以故？唯一明白的理由是他們將不能不愛慕美國，因爲美國是如此欲得人的愛慕。美國人尙未學得「强天下者人莫之愛」的悲劇的教訓：它被恨，被妒嫉，被畏懼，被服從，被恭敬，被尊崇，但決不被愛慕。

政治作戰的限度決定於一個國家的全部外交政策。「心理作戰」乃「宣傳」的另一更爲動人的名稱，則祗是政治作戰的一部。就後者言，部份與全體之間的關係並非昭然自明。甚多人士以爲，宣傳可以善自遵循一種政策，而平常的外交、商業、或軍事準備遵循另一完全不同的政策。但事實則不然。如果宣傳與其他部門的行動全不符合一致，則無人將信任宣傳，而宣傳也將無效果可言。美國會試圖以表裏殊途的手法，以避免這困難：一個明白宣佈的「公開的」政策——圍堵政策、在聯合國中的討論、和對於聯合國的信仰；和一個秘密的或「幕後的」政策，則比較前者遠爲强烈反共。公開的政策決定外交、官方宣傳、和國際會議中的舉動。幕後的政策則另由秘密的特務機構、秘密人員、和民間組織執行。處今日的世界，國家的若干行動應予隱蔽，使眞實的來源不明，固屬常事。此種幕後活動而欲求其具有價値，必須計劃使達成與公開活動同一的戰略目的。但美國所試行的計謀，則全然不類。美國政府的一個部門所發動的幕後活動計劃，它所代表的政策，常不同於指導政府公開行動的政策。兩種結果隨而發生：或是幕後活動所預期的效果爲公開行動的相反影響所抵消；或是幕後活動惡化而爲不負責任和冒險。

反共政治作戰的有效性包含兩個因素：一個是技術的；另一個是對於共產主義的充足的知識和强烈的摒棄。這雙重的有效性從未存在於華府，也從未被認眞尋求。華府會試圖不用反共產主義者，以從事反世界共產主義的鬪爭。就高度訓練的技術觀點看來，所有美國政府的有關機構都人員貧乏。雖然，未能徵集和訓練能幹的技術人員，尙屬次要，其困難也並非無法克服。華府所根本缺乏的乃是知識和熱誠；甚至還缺乏需要此種知識和熱誠的自覺。無論在華府或國外的工作崗位，所有重要的決策的職務，從未爲堅定而有充分知識的反共人士所持有。其故安在？回答是：一部份乃由於美國人的性格；另一部份乃由於在前一時代所形成而今日已不復適用的態度和觀念的傳承。在政府中，一如在平常的美國生活中，典型的美國人是「實證主義者」，對於與其職務的成就有關的理論和道德意義，不甚關心。爲求了解如共產主義的冒險事業，美國人仍試圖以之納入若干「實用的」範疇，諸如「政黨」、「黨派」、或「侵略國家」。因爲共產主義與此種範疇全然不類，所以他依然一無所知。但是美國人並未自知他的無知，於是厭聞任何警告或提示。與無意識的羣衆並見，尙有一個有意識的少數集團，決定國務院和各種報機構的主要論調。此種意識的傳授者多屬一九〇〇至一九一四年間出生的人士，亦卽屬於希斯和他的同僚的一代。他們是三十年代經濟蕭條和反納粹鬪爭的犧牲者。他們是自由主義者，講究實際，對於納粹深惡痛絕。就後一態度言，便會於不自覺中受所謂人民陣線戰略的操縱利用。他們中不少會被導使相信共黨爲「友人」。他們會被教以共產主義具有和美國相同的理想，雖然兩者在方法上不同。他們位居政府的要津。在一九四六年中，這些人物突然因歷史巨輪的劇轉，遭遇了在他們的哲學中從未寫下的艱巨的任務。他們現在必須充反共鬪爭的領袖，以對抗「蘇俄的龐大實驗」。他們自然不歡迎強硬的反共人士，因爲他們會被教以視後者爲法西斯份子。艾其遜、希斯、和拉鐵摩爾等人的行爲和態度，便是明白的例證。

當反納粹時期以至反共初年，美國外交政策使政治作戰不能有效的另一特徵，乃在政策的執行上缺乏「禮貌」。對於盟邦和盟邦人士，美國政府常有專擅乃至粗傲的行爲。一九四〇至一九四七年間美國與法國的關係，便是一例。在人類的關係中，禮貌仍然有它的地位。我們可以收買間諜，但是我們不能收買友人、同志、或盟邦；當我們收買時，我們永久要冒受挫於其他買主的危險。美國所必需的，乃是貫澈始終而於一切情況下都堅定不移的友人。

人力和物質的資源是有得使用的，或至少可以發現和訓練。所不能確知的乃是國家是否具有必需的氣質、識見、和意志。有一個結論是可以斷言的：經有力實施的大規模的政治作戰，乃對於無限制原子戰爭的唯一可代替之道。

解放政策

對於美國，外交政策便是對付世界共產主義和蘇俄的政策。抉擇的範圍限於三種可能：綏靖，圍堵，解放。根據分析和經驗，圍堵乃不可能之事，已如上述。它可以作爲一時的權宜之計，但遲早要趨向兩個極端之一：綏靖或解放。圍堵時期使兩個具有相反觀點的集團面面相覷。一個集團由衷信任綏靖(如艾其遜和他在國務院中的甚多同僚)。另一個集團則在信仰上和氣質上都嚮往於解放，但視圍堵爲進向解放的彼岸所必需的橋梁。

然則解放政策的正確意義爲何？第一，解放必須兼求蘇俄帝國治下民族獨立的恢復和人民自由的恢復。後者在使共產主義治下的人民重新成爲自由的個人、勞動者、宗教信仰者、和家庭的份子。第二，解放必須適用於整個蘇俄帝國，不留任何限制。解放的意義，便是所有今日在共黨統治下的人民和民族的解放，包括俄羅斯人民。就美國言，解放政策的採取，也便是政府以一負責的決定，使國家肩負此重大目的。而一如上述，欲求一「秘密的」解放政策，乃不可能之事。

一經採取，解放政策必須在各方面見諸行動：外交的、經濟的、心理的、軍事的。解放不應是一種漂亮的高調。它必須充分傳達於世界，傳達於蘇俄帝國內部的居民。它的信心必須爲衆人共具，而不應限於少數個人。孤立的拉脫維亞人、喀山人、或中國人將永難動搖蘇俄體系。言語必須天天以行動見之於實事。於此，三重工作乃相輔爲用：全面的政治作戰；於需要的場合佐以軍事和准軍事行動；爲所有可能需要的軍事行動作適當的準備。

解放政策應如何具體表現於政治作戰的行動，可於以下數例見之：視蘇俄帝國的被統治人民和民族爲我們的盟友；撤銷對波蘭的華沙傀儡政府的承認，而代以對自由波蘭政府(倫敦)的承認；棄絕承認中國共黨政府的任何念頭；與其他被奴役國家的流亡代表建立關係；於被奴役國家的旗幟下組織軍事部隊；培植流亡人士，使於解放後擔負各該祖國的民政責任。

解放政策承認民族自決的權利。蘇俄內部的民族問題將大有功於解放政策的推行。一個東歐同盟，乃解放政策的必需的支持。

上述的目的是否可以毋需普遍的原子戰爭而達成？祇有呆子或騙子纔會作完全肯定的答覆。雖然，若干部份的眞理仍能言之不誣：第一，戰爭是必然會有的事，事實上且已發生。在希臘、馬來亞、非律賓、緬甸、印度、柏林、印度支那和韓國，業已有成千成萬的傷亡；蘇俄帝國內部因歷次整肅和清算的犧牲者，也已不計其數。第二，我們可以斷言，蘇俄在事實上從不受人「激怒」。祇有莫斯科自己「需要」大戰，大戰纔會爆發。第三，就阻止大戰的發生言，解放政策更比圍堵政策有效。第四，無論有無一定的政策，大戰雖非不可避免，但終究隨時可能。世界已危急萬狀，我們不能懸想任何一方會接受失敗，而不以全力求勝。因而美國必須爲大戰準備。準備大戰的需要並非特別與解放政策有關。除非直截了當投降，在任何可以想像的政策之下，美國業已準備，而且將必須準備。於此，在解放政策之下，要比在任何其他可能的政策之下，愈易獲致更高的效能和更好的士氣。最後，解放政策迫使蘇俄退處守勢的地位，而爲自由世界掌握主動。解放政策在本質上是攻勢的，也祇有攻勢纔能獲勝。

解放和國防

下面的三種對於解放政策的反對意見，應予特別注意：(一)美國的盟邦會因此不快。(二)它會把美國陷入一次狂熱的、胡想的「十字軍運動」。(三)蘇俄帝國的解放與美國本身無關，美國所需要的乃是防衛它自己的國家。

然則，何以若干反共國家對於解放政策的採取會深感不安？理由如下：(一)如果圍堵成功，將形成莫斯科和華盛頓間的膠着狀態。一種膠着狀態可望防止全面的大戰。(二)它們尙未相信美國執行解放政策的誠意。因此美國必須決心自作抉擇，決心追求自己的目的。美國應當隨時歡迎每一樂與共事的盟邦，但不應依賴任何盟邦。也唯如此。美國纔會得到眞正的盟邦。

處常世，行常事，謹愼自持要求避免狂熱和十字軍精神。但歷史中却時時有客觀的情況出現，必須以十字軍的精神對付。無論美國人是否實在相信他們的生活方式比較蘇俄優越，但共黨的立場迫使美國採取決定。就美國自由主義的感情言，這是一個不易獲致的結論。美國的建國者也從未懷疑他們的政治理想的普遍價值。

美國和所有繼續保持獨立的國家，正處於向所未有的嚴重的危機之中。這危機乃是眼前的現實，而不是遙遠的難以確計的可能。它的確實性常爲美國人和歐洲人所不解。他們認爲，如果原子彈和坦克尙遠在彼方，則危機便不會十分嚴重，因而也毋需警急。

(下轉第29頁)

珍珠港偷襲的決策與實行

李祥麟

一、南進政策的正式決定

一九四一年七月二日第二次近衛內閣任內舉行的一次御前會議，是日本偷襲珍珠港計劃最初的重大決定。這次會議在日皇親臨之下自上午十時開始，至午後一時結束。決定的政策如下：

方針

一、帝國不管世界情勢如何轉變，堅決建設大東亞共榮圈以確立世界和平爲方針。

二、帝國依然向解決中國問題之途邁進，且爲了確定自存自衛的基礎準備向南方進展，並依形勢之推移以解決北方問題。

綱領

一、中國問題：對重慶政權發動交戰權，接收敵性租界。

二、南方：對越南及泰國政策——完成進兵越南南部，以加强向南進展的步驟，爲此不辭與英美開戰。

三、北方：對蘇武力準備——德蘇戰爭的推移，如對帝國有利時，立卽行使武力，解決北方問題，確保北邊的安定。

四、美國如參戰，帝國根據三國條約行動，但武力行使的時機及方法，自主決定之。

一九四一年七月二日的御前會議雖然決定了「對英美不辭一戰」的南進政策和進兵越南以鞏固對美作戰根據地，但爲了使北進派的陸軍不至失望，又決定：「依形勢之推移以解決北方問題。」這個時期，海軍的南進姿態急如星火，而陸軍的北進亦有迫不及待之勢。蓋一九四一年六月二十二日爲德蘇開戰之日，親德派的陸軍受了這個消息的刺激，非常興奮。日本政府雖然聲言日本不介入德蘇戰爭，但設有種種條件，所以陸軍馬上開始向北方集結兵力。軍部的北方派過於相信希特勒的宣傳，德國首先粉碎蘇軍於其國境之後，三週間便可佔領莫斯科，三個月便可自由處分蘇俄了。軍部認爲德國勝利之後，將其勢力伸張至西伯利亞或海參威，則日本所受之威脅更大，且趁着俄德在西邊激戰之際，日本發動攻俄，可收事半功倍之效，因此，日本乃陸續集結大軍於北方以備萬一。在關東軍大演習的名義下，關東軍從四十萬增加到約八十萬，可謂空前的大動員。

然而七月二日的御前會議，在這種南進北進的混沌的局面下，正式決定南進，出兵越南，不惜與英美一戰，以近衛爲首的政府，反而有「鬆一口氣」之感，因爲總算有一個決策，局面趨於明朗化了。這次會議也就是決定今日日本命運的會議。會議席上原嘉道樞密院議長的發言，值得注意，他熱烈主張向蘇俄進攻，極力避免與美英衝突。他認爲日美兩國正在調整國交之時，進兵越南是違反道義之舉，萬不可行。外相松岡洋右及杉山元參謀總長對此有所說明，海相及川古志郎一言未發。

御前會議的秘密決定，不久便被美國知道了。會議的直接結果，便是七月二十一日日本出兵佔領越南，美國已完全斷定自一九四一年四月開始的日美交涉，日本毫無誠意。而且越南的佔領，軍事意義重大，英、美、荷等在東亞的根據地，都暴露在隨時可被日本攻擊的距離之內，於是美政府立卽下令凍結日本在美資金，禁止石油輸日，英國、荷蘭也採取同樣措施，日美交涉幾乎停頓了。

七月二日南進政策決定後，海軍所成立的新作戰計劃，由永野軍令部總長，於七月三十一日上奏日皇。計劃的要點在對美作戰，日皇問其對美戰爭的把握如何？永野答謂開戰後一年半以內確有把握。這是最初對美作戰計劃成立時的估計，可謂相當虛心，可是以後軍部又把南洋資源計算在內，一切估計就十分誇張，眞好像最後勝利確有把握了。

南進政策的正式決定固然在七月二日，而對美作戰計劃，尤其對珍珠港的突襲計劃，約成立於十二個月以前。據赫爾回憶錄記載，一九四一年一月二十七日秘魯公使告格魯大使謂，他從各方面聽說，日本將大規模偷襲珍珠港。第一航空艦隊參謀長草鹿龍之介在其著「聯合艦隊」一書中所述，彼於一九四一年四月就任第一航空艦隊參謀長不久，有一天去訪問大本營海軍部第一部長福留繁少將，該少將交給草鹿參謀長一本書時，說：「請一讀這本書。」草鹿一看，是一本「珍珠港攻擊計劃。」可見到了四月這個計劃已在準備實行了。事後才曉得這個計劃是當時第十一航空艦隊參謀長大西瀧二郎少將的獻策，而經過當時第一航空艦隊參謀原田實中佐的研究而成立者。這個「珍珠港攻擊計劃」成立的當時，聯合艦隊司令長官山本五十六，已經抱着堅固的決意要來實行了。山本曾一度爲駐美大使館武官，對於美國軍力的估計頗具權威。最初軍令部方面對於這個計劃好像不很起勁，但山本聲言，如不接受這個作戰計劃，彼將以辭聯合艦隊司令官之職力爭。軍令部的對美作戰計劃以攻略菲律賓爲始，同時奪取關島，以鞏固南洋羣島的防備。以此爲據點，構成搜索防衛網，將美國渡洋作戰的主力誘至日本近海，一舉而決定勝負。既然以美英兩國爲敵，當然香港、馬來亞的攻佔爲必要，荷屬各地亦同時加以征服。所以軍令部的對美作戰計劃內，並無偷襲珍珠港的一幕，而堅持偷襲計劃者，則爲聯合艦隊司令長官山本。在南進政策決定以前，山本是反對對美作戰的，他承認日本沒有勝利的把握，然而南進政策既經決定，他認爲偸襲珍珠港是補救日本軍力不足的方法之一，所以非作不可了。

二、對美戰爭的決策

日本進兵越南是對美戰爭的前奏，是一種挑戰的行動，也是決定日本帝國命運的重要關鍵之一。日本侵佔越南以後，美日交涉已陷於停頓狀態，美、英、荷三國禁止石油等軍事資源輸往日本，使日本大感頭痛。他們認爲如曠日持久，只有坐以待斃之一途。而且軸心國的軍事勝利，德國的極力慫慂，對美開戰實爲千載一時之機。於是統帥部遂斷定無論就石油的儲蓄量，氣候的關係，美、英、荷的備戰情形，開戰愈早愈有利，因此就積極發動戰爭了。九月六日的御前會議就在這種判斷之下召集的。

御前會議的前一日九月五日，總理近衞携御前會議議題上奏日皇，即所謂「帝國國策實行綱要。」內容如下：

一、帝國爲自存自衞起見，在不辭對美、英、荷一戰的決心下，概以十月下旬爲目標，完成戰爭準備。

二、帝國採取上述方針之後，仍願對英美以外交手段貫澈帝國的要求。

三、外交交涉至十月上旬仍無貫澈我要求之希望時，決對美、英、荷開戰。

日皇見此議題問曰：「一是戰爭準備，二是外交交涉，豈非以戰爭爲主，以外交爲從？」近衞答曰：「一二順序並無輕重之表示，政府之意，外交交涉至最後仍無結果時，再作戰爭準備。如對統帥部有所質問，可召兩總長前來。」日皇立命杉山元陸軍參謀總長，永野修身海軍軍令部長前來。兩總長由近衞陪同晋謁，日皇對杉山曰：

「美日戰爭發生後，陸軍確信需要多少時間結束？」杉山答曰：「南洋方面打算三個月內可以結束。」日皇更進一步質問曰：

「中日事變當時你是陸相，你說事變一個月內就結束，可是現在已經四年了，爲何還沒有結束？」杉山惶恐答曰：「中國腹地廣濶，不能按照預定計劃作戰。」日皇厲聲怒曰：「太平洋比中國奥地更廣，爲何有三個月足以結束的自信？」杉山無言。

翌日九月六日午前十時起預定的御前會議開始，這次會議通過了「帝國國策實行綱要」，日本又向戰爭之途邁進一步。會議席上原樞密院提出質問：

「就本案看來，重點在戰爭而不在外交，請問政府和統帥部之意如何？」永野海相代表政府有所說明，亦如近衞答日皇者然，又爲杉山辯解曰：「南洋戰爭縱使不能三個月內結束，日本獲得南洋資源，培養戰力，亦可支持長期戰爭。統帥部方面無一人發言。

這次會議決定外交交涉的限期，也決定了戰爭發動的日期，內閣和統帥部之間，並無一點意見分歧之處。日皇在此會議席上雖一再表示其對美作戰的憂慮，而無反對的形跡，所謂「帝國政策實行綱要」順利的獲得日皇裁可，他把阻止對美戰爭的最好的機會輕輕放過了。會議的當時，參謀本部的空氣十分緊張，因爲有些幹部恐怕此案爲日皇所反對，然而結果是他們所期待的居然得到日皇的「御嘉納」，大家便喜形於色了。但是出席這次會議的人，自信對美英戰爭有勝利的把握者，恐無一人。近衞於其「太平洋戰爭勃發之前」一書中，一再强調其和平主義，和一意完成其對美交涉的誠意，然而爲何竟同意統帥部的限期交涉和限期戰爭的計劃，豈非自絕交涉之途？加瀨俊一於其書著「走向米蘇里號之路」中記載，彼於事後會問近衞爲什麼要作限期交涉的決定，近衞說明如下：

一九四一年六月德國對蘇戰爭開始時，陸軍蠢蠢欲動，近衞雖然能够阻止陸軍的性急行動，但其代價不得不同意七月出兵越南。佔領越南使美國受的刺激非常深刻，美國政府馬上採取凍結日本資產的措施，完全等於經濟絕交，野村大使雖一再努力，交涉恢復無望。奇怪的是無論政府，無論統帥部，對於美國採取這種措施，都感到意外。事情到了這種地步，軍部就眞正開始準備戰爭，以備萬一了。作戰的準備既然着着進行，交涉的熱誠就逐漸降低，於是最後的關頭需要決定了：對美交涉是否繼續？如果繼續，交涉到何時？這就是九月六日御前會議之所以作限期交涉決定之原因。

近衞的說明，歸因於美國採取經濟報復，而且政府與統帥部都認爲是意外之擧。其實眞正原因應歸於日本出兵越南。當然，在近衞認爲出兵越南是內政上不得已之擧。殊不知此擧在美日關係中是致命的打擊。美國認爲正當兩國交涉之際，突然出兵侵佔戰略上重要地點，是一種背信行爲，可以證明日本毫無交涉的熱誠。這次決策不禁使人憶起明治六年所謂征韓論分裂以後，文治派大久保利通等，雖然抑止住武功派西卿隆盛等的北侵朝鮮的妄動，但爲了撫慰這批暴燥的武人，不得不出兵侵略臺灣。這段史實與近衞所玩的把戲一樣。

九月六日的決策，當然是統帥部的主動。統帥部對美作戰之意既決，當然要積極作戰爭的準備，而這種準備需要動員大量部隊，至少要徵用四十萬噸的商船加以裝備，而且四百萬的軍隊是必要的，這樣的一種準備統帥部本身是辦不到的，所以才急於得到政府的同意，然而出人意外的是以近衞爲首的政府，並無任何資料證明近衞的留難和反對，就匆匆作成九月六日的決定。統帥部固然決定作戰，而近衞則熱切希望日美交涉的成功確是事實，然而這當中的矛盾如何解決呢？重光葵在其「昭和動亂」一書中的解釋是：「近衞所意識中的想法是，統帥部是統帥部，政府是政府，政策問題與軍事行動判然兩事，統帥部不妨準備作戰，而政府的政策則力圖完成交涉。」然而在統帥權獨立的日本，就等於以戰爭爲主，以交涉爲從，近衞的想法，就等於癡人說夢了。

統帥部一意在作戰爭的準備，對於交涉的興趣愈減少，對於交涉的進行愈不重視，只希望從速開戰，自不願交涉無期拖延。故有對美交涉截止十月上旬的決定，據統帥部的計算，自從英、美、荷蘭等國經濟絕交之後，日本的石油貯藏量日趨減少，到一九四二年民間需要的石油貯藏量卽有枯竭之虞，果如此，則基本產業將陷於痲痺狀態。二年以內海軍的石油貯藏量亦將告罄，海軍空軍勢必無法活動。反之，因爲時間的遷延，美國對日本的空軍優勢愈趨明顯，而A·B·C·D(美、英、中、荷)等，對日本的包圍越加强化。在以戰爭爲前提的觀察下，外交的遷延對日本不利。統帥部估計，南洋作戰，五個月內可以勝利的結束，南洋資源佔領以後，日本所必要的全部物資垂手可得，縱使對美長期作戰，亦可高枕無憂。如果對美交涉無期拖延，日本的武力勢將萎縮，國力日趨枯竭，結果只有向美、英屈服之一途，所以應把握時間，乾坤一擲，從速促成戰機，決不容無期遷延。這些似是而非的論調，最初發自海軍而成爲軍部全體的主張，更發展而成爲國民的輿論，流傳一時，近衞及其內閣，對於此種主張毫無抵抗之策，任其發展，一若默認爲正當者。軍部之所以決定交涉截止於十月上旬，原因在此。十月上旬如果外交交涉不能達到日本所期的成果，斷然採取戰爭手段。然而九月六日到十月上旬，爲期無幾，這樣一次大規模的重要交涉，當然沒有完成的可能，已經是明若觀火了。

三、東條內閣的成立

政府主持下的對美交涉，依然若斷若續的在進行，近衞還想在御前會議限定的期限內有所作爲，在焦灼迫切的情勢下，提議親自出馬與羅斯福總統在太平洋上會見，以期打開兩國妥協之途。九月十三日內閣與統帥部舉行連絡會議，所討論的是日美交涉中難關之一的日本在中國駐兵問題。近衞以爲關於駐兵問題，意義甚屬漠然，美國政府不明瞭日本的眞意何在，所以有與羅斯福總統直接會見的必要。近衞與外相豐田貞次郎內心所希望的，是兩巨頭會議的結果，可以使陸軍就範，所以關於隨員的人選特別注意，陸海軍大將以外，軍部實力派的首腦，都想網羅在內。

美駐日大使格魯對於近衞的提議非常歡迎，極願促其實現。羅斯福總統最初也很贊成，並且把近衞所提議的會見地點荷諾奴奴改爲阿拉斯加的濟右諾。然而其後國務院方面主張在會談以前，重要的懸案須獲得大體上的一致，不然徒勞無功，反而促成形勢的惡化。羅斯福甚以爲然，於是對於兩巨頭會議也就不感興趣了。

軍部的態度越來越强硬了。統帥部主張關于戰爭發動的時期應明白決定。交涉既然沒有成功的希望，如果貽誤戎機，軍事上的損失無可挽回。杉山參謀總長，東條陸軍大臣統制下的陸軍尤其强硬。九月二十六日內閣與統帥部舉行連絡會議，席上杉山陸軍參謀總長，永野海軍軍令部長，迫使政府承認至遲十月十五日爲對美、英、荷開戰的日期。近衞總理豐田外相，對此要求頗爲震驚，但並未表示何等意見。

十月十五日的期限越來越逼近了。十月十二日近衞在荻窪自宅召集五相會議，出席者首相以外，有東條陸相、及川海相、豐田外相、鈴木企畫院總裁五人。會議所討論的是和戰問題的最後關頭。會議以前，海相及川已向近衞表示「海軍並無對美作戰的決心，故希望交涉成功，但九月六日的御前會議的決定，海軍也曾參加，自不能公開表示反對的態度，所以一任總理的決定。」如前所述，就對美作戰的決策經過看，海軍從不後人，而且資源枯竭說亦爲海軍所唱導，然而一旦面臨最後關頭，海軍又表示躊躇。會議席上，海相及川所表示的「和戰問題一任總理決定」，原因在此。近衞說：「如果今日的會議要作決定，我決定繼續交涉。」東條反對說：「總理的結論，似乎太早。如果交涉沒有希望，一味繼續，豈非有誤戎機？請問外務大臣有無交涉成功的希望？」豐田外相答曰：「這是條件問題。今日問題的焦點，在中國駐兵問題，如果陸軍一任所堅持的主張，一步不讓，交涉自無成功的可能，如果多少讓步，交涉就有成立的希望。」東條陸相答曰：「駐兵問題是陸軍的生命，絕對不讓。」近衞說：「如果捨名義而求實際，形式上照美國所希望的撤兵，實質上可以獲得和駐兵同樣結果，如何？」陸相堅不接受。會議自二時至六時，無一致結論而告終。

二日後的十月十四日的內閣會議，東條斷然主張停止對美交涉。會議之前，近衞一再向其質問：「駐兵有無讓步的餘地？」陸相答曰：「毫無餘地」。所以東條在內閣議席上堂堂發表其主戰意見，而海相一言不發，態度依然曖昧。其其他閣員除外相認爲尙有對美讓步的餘地外，亦都守口如瓶。

永野軍令部長和及川海相統制下的海軍，到了最後關頭，態度反而曖昧，事情越糟糕了。如果眞不願戰爭，應當公然表示態度，因爲對美英作戰，海軍的任務重大，海軍不願戰，陸軍也不得不考慮其主張，這是挽回日本厄運的機會之一。海軍的態度「一任總理決定」。這在統帥權獨立的日本，總理的決定不能推翻九月六日的決議，況且總理與陸相之間意見不一致，所以近衞仍舊追究海軍作堅決的表示，而海軍的回答依然是「一任總理決定」。本來日本陸海兩軍之間早有互相競爭，互相嫉視的傳統，海軍不願戰爭而不敢明言者，恐示弱於陸軍而被陸軍侵佔其特權。在這種情勢下，東條突然通知近衞，謂海軍雖不公然反對戰爭，而對戰爭已表示躊躕，故本內閣已無力執行九月六日的決議案，只有全體辭職之一途，第三次近衞內閣就這樣垮台了。按近衞確欲繼續對美交涉，此點無可懷疑，然何以奏請日皇作成九月六日的決議？實無異作繭自縛。何不於彼時以辭職的決心與軍部力爭，以貫澈和平交涉的主張？近衞理當認識九月六日決議的重大性。軍部得此決議，如獲至寶，着着向戰爭推進。近衞以貴族出身的青年宰相，宮中及元老重臣無不視爲最後王牌，而尤得軍部的好感，故三次組閣，威望達於極點。彼不爲堂堂主張而辭職，竟落得如此下場。當時日本形勢，軍部氣焰萬丈，凡有政治野心或欲維持其既得地位者，自不得不對軍部有所迎合，否則近衛的矛盾心理殊不可解。對美戰爭非近衛所贊成，而對美戰爭責任則不能不負。

近衛內閣辭職，重臣會議的結果，由木戶幸一內大臣的推薦，組閣大命下於東條英機大將。這次會議既未討論國家的和戰大計，也未談到後繼內閣對於目前時局重大關係，會議風平浪靜，順水推舟，就決定東條組閣。木戶的理由是東條未必有作戰的決心，而能夠控制陸軍者，非東條莫屬。如果日皇取消九月六日的決議，命陸海兩軍密切合作，也許只有東條才能避免戰爭。這個理由固然為重臣會議所接受，然近年來由於木戶個人政治上的野心，右傾色彩甚為濃厚，不無奉迎軍部之嫌。近衛內閣瓦解的原因，是由於主張繼續交涉的首相，和主張截止交涉的陸相的意見衝突，內閣不統一的結果，現在繼任內閣既由東條任之，那末當然的結果就是停止交涉對美開戰了。

東條內閣成立，東條自兼陸相，又兼內相，造成一個強力的陸軍內閣。內閣所網羅的人物都不是一流人物，但大部份都曾在我東北橫行一時的冒險家，時人有稱為「滿洲系」內閣者。軍人的焦燥氣氛愈不可遏，而資源枯竭說盛極一時，與其坐而待斃，不如鋌而走險，以奪取必要的資源。戰爭的狂熱達到最高點了。統帥部與內閣間的連絡會議，夜以繼日在進行，這些會議所討論的問題，不外是陸海軍意見的調整，日本戰力的計算，對美交涉的最低條件，戰爭準備的情形，開戰日期的決定。十月三十日的連絡會議，水野軍令部總長對於戰力的說明如下：

「緒戰必勝，以現有兵力邀擊作戰，有把握，且可確定長期不敗的形勢，然以此而使美國戰力屈服為不可能，故戰爭之結局須看世界形勢的推移如何。」

杉山參謀總長的說明如下：

「緒戰必勝，確有自信，故願與海軍協力的建立長期不敗的形勢。」

由此看來，統帥部的海軍和陸軍的意見，對美、英戰爭的估計，初戰時的勝利，確有把握，兩者意見一致，然而最後的勝利，兩者俱無自信。陸軍靠海軍協力，而海軍則期待世界形勢的推移。近衛內閣時，東條辯護戰爭謂，日清戰爭，日俄戰爭，日本何曾有把握，而結果日本終獲得勝利。現在日本又幻想一次前途茫茫的大投機了。

十一月五日的御前會議作了重大的決定，所謂「帝國國策實行要領」，經五小時之討論，終於通過。內容如下：

一、武力發動的時機定於十二月初，陸海軍完成作戰準備。

二、對美交涉依甲案乙案進行。

三、加强日本與德意的提携。

四、武力發動前與泰國樹立軍事上的密切關係。

五、對美交涉十二月一日午前零時以前如告成功，中止武力發動。

戰爭的準備既已完成，開戰的日期既已決定，次一步驟便是製造一個開戰的機會，這個機會便是向美國提出日本的最後提案，即所謂乙案，美國如不接受，即按照預定計劃開戰。形勢急迫，如箭在弦。為了適應開戰的時機，和使美國不疑日本有開戰之舉，乃特派前駐德大使來栖三郎携日本的最後案飛華盛頓，以為野村吉三郎大使的輔佐。甲案已訓令野村提交美國政府，來栖携去者為乙案。為了在預定日期內截止交涉，未幾乙案也提出（十一月二十日），這就是美國非接受不可的日本最後案。內容如下：

一、日美兩國相約在越南以外的東亞細亞及南太平洋各不作武力的進展。

二、日美兩國政府相互協力，保障在荷屬東印度獲得必要之物資。

三、日、美兩國政府應將通商關係恢復至資金凍結以前的狀態，美國供給日本所必需之石油。

四、美國政府對於有關中日和平的努力，決不作任何妨碍行動。

美日交涉自一九四一年四月開始以來，兩國所以不能接近的原因，是由於日本非使美國接受日本的要求不可的觀念在作梗。日本認為這時期是美國應該屈服於日本的大好時機。一九一七年十一月二日美日之間所成立的石井藍辛協定，美國居然承認日本在中國有「特殊利益」，因當時歐戰方酣，美國不暇東顧。現在歐洲的民主國家，在希特勒一擊之下，危如覆卵，美國的注意力正集中歐洲，日本以為有機可乘的時候了。然而美國在這次交涉中並未蹈第一次大戰時的覆轍，因此兩國的交涉，根本無法妥協。我們看這個最後案的條件，是一個百分之百的攻勢條件，日本所要求於美國者太多，而其代價只在備考文內規定「美國如接受本條件，日本擬將現在駐屯於越南南部的軍隊，在法國政府諒解下，移駐越南北部。」特派大使所帶的所謂最低限度的條件，不僅毫無讓步之意，反而較前更加强化。美國方面自從東條組閣之後，已經明白看出，日本政局一路向戰爭邁進，故對於來栖的來華府，並無若何信任，不過更增加美國猜疑而已。

十一月二十二日赫爾國務卿與中、英、澳、荷代表一度會商之後，於二十六日將美國的回答交於野村，來栖兩大使。內容如下：

一、日本自中國，越南撤退全部陸海空軍及警察隊。

二、除重慶中國政府外，對於任何其他的中國政府及政權停止軍事、政治、經濟的援助。

三、三國同盟應事實上歸於消滅。

四、英國、中國、日本、荷蘭、蘇俄、泰國、美國等七國，締結多邊的不可侵條約。

美國參照英國的意見，也提出一個相當强硬的對案，具體的說，就是恢復九一八事變以前的狀態，那末最後的場面越來越逼近了。美國孤立派之流，以爲這個回答是激起日本採取軍事行動的最後通牒，對羅斯福頗加非難，殊不知在此回答交於日大使之前，日本的軍事行動已經開始了。美國的回答於二十七日午後到達日本，果然異口同音「交涉決裂」，「美國的宣戰佈告！」十一月二十九日東條總理與重臣在宮中開會，重臣出席者有阿部信行、林銑十郎、岡田啓介、米內光政、若槻禮次郎、廣田弘毅、平沼騏一郎、近衛文麿。東條說明開戰的決心，以求重臣的諒解。席上除若槻對經濟問題有所顧慮外，並無若何質問，而阿部、林、平治，則極端贊成總理的決策。最獲後得全體一致的同意。十二月一日的統帥部與全體閣僚的宮中御前會議，決定開戰，出席人員一一簽名，以明責任之所在(投降後小泉厚相、橋田文相之自殺，即感於開戰責任問題)。由於山本海軍大將的獻策，爲完成夏威夷的奇襲，將攻擊時期定於十二月八日星期日的早晨，美國人習慣於睡早覺之時。宣戰佈告由宣戰詔書發表，其時間定於開戰之翌日。

四、珍珠港的突擊

珍珠港偸襲計劃約成於一九四一年一月。到了四月日美兩國交涉開始之時已經具體化了。在這個期間，關於偸襲時的種種困難問題，都有嚴密的計劃與配合目的的訓練，也一一加以克服。這是一個百分之百的投機計劃，效果的發揮，專賴出乎敵人意外一點，因此機密的保持是計劃成功的第一要件。然而參加突擊的兵力計航空母艦六隻，戰艦二隻，巡洋艦三隻，驅逐艦九隻，潛水艇三隻，油船八隻。這樣龐大的機動部隊，浩浩蕩蕩橫渡三千浬外的太平洋而達夏威夷，如果一旦被美國或中立國發現，全部計劃歸於泡影。因此他們把過去十幾年來太平洋各海域的船舶航路加以調查，選定了過去從未有任何船隻航行的北緯四十度附近的一線，在夏威夷正北方六百浬的地點作爲初步集中地，利用夜間以高速度前進，然後向南直駛，在距離夏威夷二百浬之處，放出飛機隊，偸襲珍珠港。

機動部隊出發前的集合地點，因爲軍港易惹人注意，選定埃道勞夫島之單冠灣，此地雖爲海軍要地之一，但無人注意。各艦隊在指定的日期前，各自採取自由航線，向單冠灣集中。豐後水道附近原爲機動部隊所在地，爲表示該部隊並未移動，乃以僞裝無線電向陸上或艦上繼續發電。單冠灣一切郵政電報等通信事務完全停止，如發現出入的船舶，立即予以扣留，以免消息外洩。

機動部隊的特殊訓練，無論艦隊與飛機，到十月末已經完成。珍珠港攻擊計劃於十一月三日正式被軍令部所採納，十一月七日決定發令，攻擊之日爲十二月八日，而來栖特使之派遣僅爲二日前的十一月五日，這一天也就是軍令部向山本聯合艦隊司令官發出準備攻擊令的一天。來栖之赴美是外交上的騙局，投降以後甚爲日本內外人士所非難。先遣部隊的潛水艦隊，已於十一月十八日從日本出發了。

山本聯合艦隊司令官，根據軍令部的準備攻擊令，發出一個機密作戰命令，內容如下：

一、機動部隊於開戰之初，將夏威夷水面之美國太平洋艦隊奇襲而殲滅之；

二、機動部隊預先向待機作戰的地點集中；

三、作戰開始日期 定於 昭和十六年十二月八日。

機動部隊南雲忠一司令官，根據本命令又發出機密機動部隊命令。機動部隊是奇襲作戰的部隊，所以命令具體而詳細。這個命令是各艦隊集中單冠灣後，才向全軍發佈，除極少數已經知道偸襲計劃的人外，全體官兵不禁毛骨悚然。數月來晝夜不斷的訓練與演習，至此時才恍然大悟。南雲司令官於詳細說明作戰計劃之後，發表訓示曰：「當此大作戰之際，吾人既投身海軍，櫛風沐雨數年於茲，所爲者即此一日耳。男子的本分，武人的榮譽，無過於此者。然十二月八日以前，吾人在寒風激浪的長途中，尙須遭遇若干苦難，請各自注意，並望善自珍攝。」全員三呼陛下萬歲而乾杯。

十一月二十六日午前八時，機動部隊一齊拔錨，按照預定的航行次序，走上彼等所謂曠古未有之壯途。潛水艦三隻一路領先，在機動部隊前方二百浬處警戒。各艦戒備森嚴，值班炮員立於炮側，司收音機者，靜聽有無美國潛艦行動。司瞭望者則凝視水中一草一木，各航空母艦的甲板上，都有幾架戰鬥機隨時準備起飛。無線電一律封閉，只有軍令部和聯合艦隊的旗艦長門保持通訊連絡。同時收聽荷諸奴奴的廣播，藉知當地情形的一鱗片爪。全軍銜枚疾走，指向夏威夷急進。愈近夏威夷，荷諸奴奴的廣播愈淸楚了，而大本營海軍部關於珍珠港內形勢之通報，亦越加頻繁。十二月二日接到無線電「決定開戰」，不久聯合艦隊司令的秘碼電報「登新高山」也到了。意思是說「八日開戰，按預定計劃攻擊。」七日收到日皇給聯合艦隊司令的勅語電報：「朕命出師，以聯合艦隊統率之任委卿。聯合艦隊任務重大，其成敗爲國家興廢所關。卿以多年艦隊磨練之績，奮進而剿滅敵軍，宣揚武威於中外，以副朕望。」

十二月七日爲全軍最後補給的一日，各艦船都吃個滿腹，一路向珍珠港正北方六百浬地點直駛。七日午後發出明晨突襲的最後命令。自單冠灣出發以來已十餘日，太平洋上未遇到美國的飛機船舶或潛艇。軍令部發出的「敵情通報」接連而來。重要的通報如下：

一、敵情綜合判斷，夏威夷方面的敵兵力，戰艦八隻，空母二隻，重巡約十隻，輕巡約六隻，半數以上在珍珠港；

二、今後情況如 無變化， 艦船攻擊 集中珍珠港；

三、敵方現在並無何等戒備。

八日黎明，黑白不辨之時，飛行甲板上的飛機開始出發前的試驗運轉。飛行員已忙着穿飛行服，胸前掛上珍珠港地圖。不久赤城艦上發出信號「飛機隊出發」，於是制空隊的戰鬪機隊，首先出發，其次是轟炸機隊，攻擊機隊，全數三百五十架，陸續離開航空母艦，直向珍珠港撲去，時爲八日午前一時三十分(日本時間)，地點是珍珠港正北方二百三十浬海面。全機隊出動後約半小時，旗艦的作戰室收到偵察機的報告「敵艦隊在珍珠港」，於是南雲司令以下全部幕僚都以緊張面孔引領企望「陶拉」(老虎之意)二字的報導，因爲這是奇襲成功的暗號。未幾又受到指揮機的命令「全軍突擊」，到午前三時十分，望眼欲穿的「陶拉」報告，果然收到了，偷襲完全成功。偷襲的成功由於出乎美國的意外。英美的情報部以及美國的軍事機關，雖明知日本必然採取軍事行動，但他們認爲最可能發生的地點是菲律賓，或英屬荷屬之地，從無一人想到珍珠港。

東京方面，美駐日大使格魯於開戰的前一天十二月七日接到羅斯福總統致日皇呼籲和平的電報，格魯於當日親交東鄉茂德外相，東鄉於深夜赴宮中轉呈日皇，其時珍珠港的突襲正在開始。自從戰機緊迫之後，所有向美英大使館送達的電報，在參謀本部的指令下，一概予以遲延，羅斯福總統的電報，亦因此而延遲。東鄉外相於十二月八日晨約定與美駐日大使格魯會見，外相即將野村，來栖在華府交於赫爾的停止交涉的公文副本交於美大使，格魯滿以爲是日皇對美總統電報的回答，即接受而去，及至美大使館，所有大使館與外界交通即告斷絕。

華盛頓方面，野村，來栖與赫爾的會見，比東鄉的指令約遲一小時，至八日午後二時二十分才到國務院，將東京停止交涉的通告交於赫爾。赫爾怒氣滿面，以冷淡態度迎之。赫爾於聽取兩大使的來意之後，怫然曰：「在我五十年來的公生活中，像這種詐欺背信的文件，從未見過。」兩大使以非常緊張的表情，一言未發，辭去國務院，回至日本大使館，始知戰爭已開始。

參考資料

近衞文麿：太平洋戰爭勃發まで　四三頁—七二頁。
原田熊雄：西園寺公と政局(第八卷)　三七〇頁—三九九頁。
重光葵：昭和の動亂(下卷)　八三頁—一三四頁。
加瀨俊一(外交官)：ミズリー號への道程　七九頁—一〇四頁。
(本書英文版名爲 Journey to the "missouri"：耶魯大學出版)。
松村逸秀(大本營報導部長)：大本營發表　六七頁—九四頁。
種村佐孝(大本營參謀)：大本營機密日誌　六七頁—一一〇頁。
草鹿龍之介(聯合艦隊參謀長)：聯合艦隊　一頁—四〇頁。
Frederick moore, with Japan's leaders 日譯本。
日美外交秘史　一三八頁—三〇六頁。
The Memoirs of Cordell Hull, Vol. II, P. 984, P. 1095-1100.
Robert E. Sherwood, Roosevelt and Hopkins, Vol. I, P. 487-528.
幣原喜重郎：外交五十年　二〇二頁—二〇七頁。

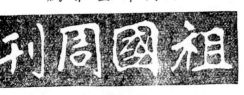

管制計劃與自由計劃

海耶克著
殷海光譯

——海耶克著「到奴役之路」(The Road to Serfdom by F.A. Hayek) 之第三章

今日思想之混亂具體地表現於語言之濫用。同是『計劃』一詞，在不同的用者與不同的場合，所指意義各不一樣。個人或由個人自願結合的社團自動訂定計劃與壓制機構藉政治强力而施諸人的計劃，根本是兩回事。計劃一詞因常爲近若干年來的獨裁極權統治機構所强調與利用，致使若干人深惡痛絕。其實，計劃並不必然可怕。計劃是否可怕，要看是誰在計劃，本着什麼目標而計劃，以及是否顧及因行此計劃時大家底犧牲。在一個家庭中，有操慮的主婦爲家庭幸福而計劃，可使全家享受溫馨的果實。這樣的人所作的這樣的計劃，只有瘋子才會反對。可是，壓制機構如從事計劃，其主要着眼點是以統治便利爲前題，而最後的歸趨不外求政權之鞏固。這類人多行一分計劃，大家就多一分麻煩。這類計劃越是效率增加，大家所受到的平均壓力越是增加。尤其是俄式『計劃教育』，以灌輸他們底『主義』爲目標，以捧其頭目爲重心：毒害了這一代不罷休，還要毒害下一代。這羣人眞是罪孽深重，死有餘辜！這類計劃，祇有不顧作人者才贊成。拆穿來說，這類所謂『計劃』，不過計劃其名，統治手段其實。

共黨與納粹宣傳自由社會不講計劃，是亂糟糟的一團。而事實上，在自由社會裏，學校校長，工廠廠長，市政委員，………，無日不在那裏計劃。這樣的計劃愈是實行，社會愈是生機揚溢，福利增加。而在極權統治之下的地區如蘇俄者，愈是實行計劃，個人與社會愈是遭殃，社會底生機愈益爲之斲喪。久而久之，整個社會變成一部冷冰冰的機器。

所以，我們所要的是自由的計劃，我們所應棄絕的是管制的計劃。

——譯者

在我們進而討論主要的問題以前，還有一個障礙必須克服。我們現在迷茫於一些無人喜好的事物。我們之所以如此，主要的原因，是由於有一種混亂觀念所致。因此，我們現在所要做的工作，是廓清這一混亂觀念。我們現在所說的這一混亂觀念，簡直與社會主義概念底本身有關。社會主義一詞，往往用來表示社會正義，較大的平等，較大的安全，等等理想。這些理想，乃社會主義所要達到的最後目標。復次，社會主義這一混亂的觀念，又意即大多數社會主義者用來達到上述目標的特別方法。有許多優秀人物認爲這種方法是實現上述目標之唯一迅速而且完備的方法。在這一意義之下，社會主義意即廢除私有企業，廢除私有生產工具，並且創設一種『計劃』經濟制度。在計劃經濟制度之下，企業家不復能爲利潤而經營，只能爲一中央計劃機構而工作。

雖然，有許許多多人所注意的祇不過是社會主義之目標——很熱烈地信仰社會主義之最後的目標，他們也自命爲社會主義者。但是，他們既不『注意』這些目標怎樣可以達到，又不『明瞭』這些目標怎樣可以達到。他們所肯定或强調的，祇是這些目標『必須』達到而已。他們認爲，爲了達到這些目標，無論花多麼大的代價，都是應該的。（此所以天下大亂也！近數十年來，許許多多狂激之徒都盲目地抱着這種念頭，不顧犧牲，崇奉這個『主義』那個『主義』，撲向目標，若夜蛾之撲燈火。少數政治野心家遂得乘機利用羣衆此種心理與狂熱之情，組織團體，爭奪政柄，成王敗寇，天下滔滔，洪水橫流，民不聊生，至於此極！——譯者）但是，又有些人則認爲社會主義不僅是一種希望，而且乃一實際的政治目標。幾乎對于所有這類底人而言，實現現代社會主義之特殊方法，與社會主義之目標，是同樣重要的。在另一方面，更有若干人雖珍視社會主義最後的目標，但却反對實行社會主義。這是因爲，他們看見社會主義者所擬實行的方法，會足以危及人生其他價值。於是，關于社會主義之論爭，主要地成爲實行方法之論爭，而不是關于社會主義目標之爭。——當然，在這些論爭之中，社會主義如有不同的目標，則經由不同的手段是否可以同時實現，也在討論之列。

這麼一來，混亂觀念便卽產生。有些人在實際上也常常反對不顧手段而祇重視目標。這種情形，致令混亂觀念更爲增加。可是，實際的情形還不止如此。我們知道，『經濟計劃』是社會主義者改革社會最基本的方法。然而，這同樣的方法可以用來達到許多其他目標。這種情形，更使混亂觀念趨于混亂。有些人認爲，如果我們要使收入之分配符合流行的社會正義觀念，那末必須以中央管制方法來指導社會的經濟活動。所以，一切要求拿『爲實用而生產』來代替『爲利潤而生產』的人，都想實行『計劃經濟』。但是，照我們看來，如果收入之分配必須以一種方法來管制，而此種管制方法，在其結果上，又與正義相違，那末這樣的經濟計劃便非不可少的了。無論我們是否希望這個世界有更多的好東西必須歸於某些種族底優秀份子，或歸於諸底克人，或歸於一個黨派底份子，或歸於貴族份子，在我們把好東西交給他們時，我們所必須應用的方法，與我們要建立一個平等的分配制度所用的方法，是相同的。(譯者按：建立在現代獨裁或極權政治之上的經濟生產或掠奪之果實，總是經過種種轉形或藉種種名義歸統治階層中最親附的份子享受。千萬生產人衆則不能分享一滴。可是，在這類統治之下的地區所表現的分配制度予人之感覺印象，往往較所謂『資本主義國家』底分配制度平等得多。)

社會主義這個名詞，照許許多多人看來，意指一種最後的理想，而我們現在却用這個名詞表示一種特殊的方法，這似乎是不適當的。現在爲了淸楚起見，我們將那爲達到許多不同目標的方式叫做集體主義 (collectivism)，而將社會主義視作集體主義這一屬 (genus) 之一種 (species)。這種安排，也許較爲可取。(譯者按：在生物分類標準上，屬較種高一級，屬包括種。此處係取此意。) 雖然，就大多數社會主義者而言，在集體主義之中，只有一個種才能代表眞正的社會主義；可是，我們必需常常記住，社會主義既爲集體主義之一個種，因而，凡集體主義所有的性質，社會主義亦有之。在社會主義者和自由主義者之間的論爭，幾乎都是關于一切形式的集體主義所共同具有的方法之論爭，而不是關於社會主義者所欲達到的特殊目標之論爭。同樣，我們現在所要論及的，乃關于集體主義底方法所引起的結果，而絲毫無關于社會主義者所揭櫫的目標。我們也不應忘記，社會主義不僅是集體主義中最重要之一個種，或是『經濟計劃』主義之一個種，而是社會主義者若干年來誘惑具自由心靈的人一再屈從經濟生活之管制。這種經濟管制，是自由人曾經推翻了的。自由人之所以反對經濟管制，因爲，藉亞當斯密底話來說，經濟管制置政府於『支持他們自己』，使之不得不居於壓迫者和施行暴政』的地位。

如果我們同意用『集體主義』一詞來包括一切型式底『計劃經濟』，並且無論這些計劃底目標爲何，那末這些尋常的政治名詞便發生歧義。這種種歧義引起種種困難。而這種種困難，我們尚未克服。現在，如果我們把『集體主義』這個名詞底意義弄淸楚，我們用它來表示那實現任何既存的經濟分配理想所必須的種種計劃，那末『集體主義』一詞底意義便多少變得比較確定些。中央經濟管制計劃的觀念，已爲大家所熟悉。之所以如此，也是主要地由於這一觀念極其混含所致。因此，我們現在所要做的重要工作，就是，在討論集體主義可能產生的種種結果以前，我們必須把這個名詞底用法弄得一致。

『經濟計劃』一詞之所以被許許多多人歡迎，自然係由於每個人希望我們必須盡可能合理地掌握我們公共的事業。既然如此，我們也必須運用我們所能運用的遠見。在這一意義之下，每個人，祗要他不是一個百分之百的宿命論者，便是一個計劃者。每個政治行爲是一種有計劃的行爲，或者，應該是一種有計劃的行爲。這樣說來，在計劃與計劃之間，只能有好的計劃與壞的計劃之別，只能有聰明的和富於遠見的計劃與愚蠢的和短視的計劃之別。假定有人說，一位經濟學家底全部任務是研究我們在實際上如何行動，而且可能怎樣計劃我們底事務。這位經濟學家之所事果眞如此，那末他應是反對這樣廣義的計劃最力之人。可是，那些熱心爲現實一個計劃的社會而努力的人，在用『計劃』一詞時，並不是這個意義。他們用『計劃』一詞時，不僅是意指，如果我們希望收入或財富之分配必須合於某一特殊標準，我們便需依照計劃而行。假若我們說，我們要設計一最合理的永久架構，在這一架構以內，各種不同的經濟活動必須各人依照各自底計劃來指導。如果我們設計這樣的一種架構，依照現代經濟計劃主義者而言，並且就其所欲達到的目標來說，他們還是認爲不够的。因爲，我們所說的這種計劃是自由的計劃。這種自由的計劃，照現代經濟計劃主義者看來，簡直不成其爲計劃——的確，這種計劃不能滿足某些人底欲望，他們認爲我們應該爲了達到某種特殊理想而計劃。現代這些計劃主義者所要求的，乃依一個單獨的計劃將社會一切經濟活動置於一中央機構管制之下，並且規定社會底資源必須在一確定方法之下『有意識地』爲一特殊目標而使用。

這樣看來，現代經濟計劃主義者及反對經濟計劃者之間的論爭，並非關于我們是否應該在各種不同可能的社會組織之間作一聰明的抉擇之論爭；也不是關于在計劃公共事務時我們是否應該使用有遠見的和有系統的思想之論爭；而是關于在我們從事經濟活動時，什麼才是最好的方法之論爭。大家所爭論的問題，尤其是着重這一點：爲了經濟活動得以順利展開，握有制壓權力的人在一般情形之下是否最好限制自己權力之行使，以便產生種種有利的條件，使大家在這種種條件之下高度發揮各人底知識和創導能力。(請讀者注意：這是自由主義與某種社會主義論爭焦點之一，也是民主與極權試金石之一。英美型式者認爲壓制愈少愈好，蘇俄型式者認爲壓制愈多愈妙。——譯者)果能如此，我們底計劃便可得到高度的成功。除此點以外，在經濟計劃主義者和反計劃主義者之間的論爭，或者還有這類問題：我們如欲將資源加以合理的運用，是否需要中央管制，並且是否需要依照某些有意製造出來的藍圖來規定我們底一切經濟活動。我們知道，一切派系底社會主義者將『計劃』一詞專用來表示，剛才所說的無所不管的這一種型式底計劃，而且現在大家一提起『計劃』，其所指的，也就是這一種型式底計劃。有些人以爲這種型式底計劃是管理我們事務之唯一合理的方案。照我們看來，並非如此。實在，關于計劃問題，在計劃主義者和自由主義者之間，不能調協之點還多着哩！

但是，我們不要把反對集體主義的計劃與一種獨斷的放任態度混爲一談。這也就是說，我們不要以爲反對集體主義的計劃經濟，即是主張經濟上的獨斷放任態度。(譯者按：共產主義的經濟宣傳家正是這樣誣蔑自由經濟的。而近數十年來，由於受共產主義所製造的思想空氣之影響，中國許多接近經濟學的人對於自由經濟不自覺地也作這類批評。結果，壞的影響頗大。可是，如果自由主義者不自動地將這一點檢點淸楚，也正好授人以隙。）這一點甚關重要。吾人需知，自由主義的論證祇是用來支持那主張將競爭力量用于安頓人類經濟活動之說，而不是用來替獨斷的放任說辯護。自由主義的論證是依據于一項信念之上的，即是，當有效的自由競爭可能發揮出來的時候，自由競爭較之任何其他方法，更能誘發個人底創導能力。為了使自由競爭得以順利展開，我們必須有一個細心釐訂的法治機構。自由主義者從不反對法治。他們不僅不反對法治，而且甚至於着重法治。不過，我們知道，無論是現存的法治機構，或是過去的法治機構，就便於自由競爭這方面而言，都有嚴重的缺陷。當然，在我們無法創造一些使自由競爭有效展開所必須的條件時，我們也不反對乞援于別的方法來導引社會的經濟活動。假若經濟的自由主義者主張用卑劣的方法來調整個體的經濟活動，並且主張以卑劣的方法代替正當的競爭行為，那末經濟的自由主義是應受到反對批評的。自由主義者之視競爭為一優越行為，不僅因為自由競爭在大多數情形之下為一已知的最有效的經濟活動方式，而且更因其為唯一有效的方式。在此唯一有效的方式之下，我們底經濟活動不受外力壓制，也不受官方權威之隨意的干涉；而是彼此自動地調整各自底經濟行為。有人說，自由競爭可以免除『有意的社會控制』而且給予個人一個機會來決定某項特殊行業之前途是否足以彌補可能招致的損失與風險。這是有利于自由競爭的主要論證之一。

如果我們將自由競爭作為社會組織底原則，而且善為利導的話，那末可以預防政府有所藉口，對於大家底經濟生活作某種型式之壓制性的干涉。我們雖然主張自由競爭，但並非不許採取自由競爭以外的其他方法來幫助我們從事自由競爭。這些其他的方法，有時確能給我們很大的幫助。我們從事競爭時，在某些情況之下，甚至也需要借重某種政府措施。不過，照我們看來，反面的消極性的措施多半是不可用的。為什麼不可常用，我們有很好的理由來說明。這一類底理由，也是我們特別注重的。最重要的理由，我們認為在市場作買賣的各方面必須可以任何價錢從事買賣。在買賣時，他們可以找人合夥，而且任何人可以自由生產，銷售，以及購進任何可以生產或出賣的東西。各種貿易關口，必須在平等的條欵之下為一切買賣人開放；而且法律之制定，必須不容任何個人或團體企圖藉公開或秘密勢力禁人從事交易。這是很關重要之事。任何人如企圖控制價格或控制特殊貨物之數量，這就徒徒剝奪競爭能力。因之，我們也無法有效調整經濟活動上的措施。因為，價格如藉人為方式隨意變動，我們便無法紀錄市場情況中一切相關變化。這樣一來，個人底經濟活動也就得不到一個可靠的指針了。

有些生產方式是經過允許才成立的。這樣的生產方式，又常受到別的許多方式之限制。以上所言，對于限制生產方式之方式而言，並不必然為眞。只要這種限制生產的條件平均地影響着一切潛在的生產者，而且並不用作控制貨品價格與數量的間接辦法，以上所說的也不必然為眞。即令所有的這些生產方法控制着額外耗費的成本，這還是值得的事。這也就是說，即使我們必須用較多的資源來生產一件成品，這也是值得的。至於政府禁用某些毒品，或對於我們使用毒品一事要求我們特別注意，或限制工人底工作時間，或要求增加工廠中某些衛生設備，凡此等等措施，都與自由競爭全然不悖。不過，此處唯一成為問題的事是：在特殊情況中，我們所獲得的利潤，是否大于社會投下去的成本。（譯者按：這一問題非常重要。有些地區所謂的『公營事業』，就形貌上看，成績美滿，年有盈餘。茲姑無論其是否編造表冊，自欺欺人。即令其所編造表冊全屬眞實，亦全屬表皮一層之光榮紀錄。而此表皮一層光榮紀錄之造成，全賴消耗社會成本。此廣大社會成本之消耗，彼編造表冊者當然不予計入。如予計入，則任一『公營事業』之所得恐全係負數。這種情形，由官方需發行通貨以維持此等所謂『事業』之存在可以觀測出來。依此推論：此等『事業』愈是『成績美滿』，愈足以表徵彼等消耗社會成本之多。所以，這樣的『公營事業』之存在，於官於民，兩受其害。而其所以繼續存在者，除少數人獲益並解決一部份失業問題外，在思想形態上係受近若干年來非驢非馬的『計劃主義』之影響。但此種『計劃主義』又能滿足一部份人底支配欲與控制欲：故得以陰魂不散。）

我們採取廣泛的社會安全制度，也無礙於自由競爭。當然，這是有條件的。即是，社會安全機構之組織，在設計時，不使自由競爭之事在廣大範圍中變得失其效用。如此，社會安全制度之廣為設立，才不致危及自由競爭。

在過去的日子，很少人注意到自由競爭制度成功所必須的積極條件，而多注意到其消極的限制。這是一件可憾的事。當然，這種現象之形成，是不難說明的。自由競爭機能之發揮，不僅需要某些社會機構作適當的調整，比如貨幣、市場、通訊、等等；除此以外，如前所述，還需要有一適當的法治系統。這些條件，不是私人所能全部辦到的。這種法治系統之設計，要既能保持自由競爭方式，又能盡量便於競爭活動。法律承認私有財產原則以及契約自由原則，固為自由競爭之所必須，但僅如此尚不足够。除此以外，我們還得替那應用于不同事物的財產權下精確的定義。我們知道良好的法治機構可以使競爭制度發揮其效能；可是，對于法治機構底形式之研究，卻不幸被人忽略。

當自由競爭不克有效發揮時，我們要想出一些便於自由競爭的辦法以鼓勵之。不過，這些辦法，用亞當斯密底話來說是：『雖然這些辦法對于一個偉大的社會可以產生最高度的利益，可是由於社會性質之限制，其所獲利潤從來不能回付給任何個人或一小羣人，以補償其損失。』的確，這類辦法，却使政府底行動得到廣泛的權限。（所以，美國許多私立大學拒絕接受政府津貼。因一接受政府津貼，政府干涉的魔掌就隨着進來。——譯者）

當政府藉着不同的和無可調和的原則來處處抑制自由競爭時，爲利於自由競爭而建立的基本社會架構，有許多便無法完成。我們當前所面臨的問題，不復是從事自由競爭或抑制自由競爭之問題，而是完全以另外一種制度取自由競爭而代之的問題。現在，有一點我們必須完全弄清楚：現代的經濟計劃運動乃一反對自由競爭的運動。這運動是一個新旗幟。在這一新旗幟之下，自由競爭制度底一切老敵人又恢復了勇氣，再度反對自由競爭了。復次，各種各色的牟利份子現在都試圖在計劃經濟的大旗之下恢復其在自由競爭時代被掃除了的特權。雖然如此，社會主義者還要窮年累月宣傳計劃經濟。此種宣傳之力量，使具有自由思想的人覺得計劃經濟學說値得尊重，有的人甚至轉而反對自由競爭。這樣一來，有些自由主義者對計劃經濟不復持着合理的懷疑態度。他們對計劃經濟之持懷疑態度，原是由社會主義者企圖消滅自由競爭而引起的。至此，這一態度完全消失了。在實際上，社會主義者底左翼和右翼有許多意見相反，可是二者在打擊自由競爭這一制度上却能聯合一致。二者都想拿政府管制的經濟來代替自由競爭的經濟。雖然，『資本主義』一詞許多人用來表示過去的社會形式，『社會主義』一詞許多人用來表示未來的社會形式；可是，我們與其說這些名詞是用來『說明』我們正在過渡的社會之性質，不如說是用來『隱蔽』我們正在過渡的社會之性質。

雖然，我們正在觀察的一切經濟變化是朝着經濟活動之廣泛的中央管制方向發展；可是社會上一般人反對自由競爭最可能產生的結果，比之中央管制的趨向更爲惡劣。這種情形，既不能使經濟計劃者得到滿足，又不能使自由主義者得到滿足：這是一種工團主義的工業組織，或是『合作式的』工業組織。在這樣的經濟組織之中，自由競爭是多少被抑制住了，而計劃之事則落入各自爲政的工業獨佔者之手。（眞是至理名言——譯者）我們必須知道，當人民大家都祇同意於反對自由競爭，而彼此之間在別的事上却很少同意之點時，這種情況便是最無可避免的結果。我們一個一個地破壞工業中的自由競爭。這種政策，適足以置消費者於資本家聯合壟斷行動的擺佈之下，而工人們則被納入組織嚴密的工業之中，不能動彈。雖然，在廣大範圍中，這種可慮的現象已經存在了許久，而且許多胡亂宣傳計劃經濟的煽動之詞着重在破壞自由競爭制度，可是，照我看來，這類現象，既不合理，又不像是能長久存在的樣子。目前藉工業壟斷而行的各自爲政的經濟計劃，會產生一些結果。這些結果，與那些爲經濟計劃之目標而辯護的人所始料不及。這些結果是頗爲糟糕的。社會經濟底發展一旦到了這一階段，如再回復到自由競爭，其唯一可能的結果，便是由政府來管制來壟斷。政府管制如欲生效，管制手段勢必一步一步趨於完備和苛細。我們現在是迅速趨近這一階段了。在戰前不久，一個週刊曾經指出，有許多跡象表明英國領袖們至少已經慢慢習於藉『控制與獨佔來發展國家經濟』這類名詞而思想。這似乎是當時情況之眞實的描寫。自第二次世界大戰之前不久以來，這種思想之發展大大地爲戰爭所加速，而且嚴重的毛病及其危險性則與日俱增，且越來越顯著。（在民主根基深厚的英國尙且如此危險，在其他落後地區更爲何如!?——譯者）

完全由中央管制經濟活動之觀念，在西方依然使大多數人聞之喪膽。之所以如此，不僅因此種工作非常困難，而更因每事都由一個中央機構管制，便形成一個觀念，這個觀念是西方人很害怕的。然而，如果我們明知如此，但依然向管制之路趨進的話，那末主要的原因，是大多數人仍相信，我們必定能夠在極端個人式的自由競爭與高度的中央管制之間找出一個折衷的辦法。如果有人說，我們底目標既非極端反中央管制的自由競爭，又不是極端高度的中央管制，而是用合理的方法將二者調和起來，的確，沒有什麼說法比這種折衷之論在起初更爲動聽。但是，祇要我們有點常識，卽可知此說之非。自由競爭固然少不了管理方式（如工商管理——譯者），可是我們却不能隨意把自由競爭與計劃經濟攙合起來。果眞把二者攙合起來的話，那末自由競爭不復能夠刺激生產。吾人需知，『計劃』並不是一劑藥，服了一點便好。如果自由競爭和中央管制二者都行之不全的話，二者都會變得不像樣兒，而且也不會有何效果。自由競爭和中央管制二者都可作解決同一問題的原則，我們可以任擇其一。（譯者按：這是純就經濟觀點而論。若配合政治情況，結果大不相同。在今日的東方，若行中央管制，有而且只有加速新奴隸社會之建成。這是毫無可疑之事。）如果我們將自由競爭和中央管制混雜起來，那末沒有一種行得通，其結果比我們始終一貫地實行其中任一種更壞。（譯者按：斷腿的人在地上爬，好腿的人在路上大步走，祇有跛子既不能爬又不能走，狼狽不堪。跛子者，一隻腿好而另一隻腿壞了之人也。自由競爭的經濟就是好腿走路的經濟。中央管制的經濟就是斷腿的人在地上爬的經濟。既行中央管制又行自由競爭的經濟就是既不能走又不能爬的經濟。今日最『進步』的地區之經濟，就是這種『跛子經濟』。在這種『跛子經濟』之下從事企業者，恐『不知如何是好』也。）我們認爲，計劃與競爭，只有在爲競爭而計劃而不是爲反競爭而計劃時，才可以聯合起來。

請讀者心中要記住，我們對于計劃經濟的批評，祇是就反自由競爭的計劃經濟而言，或祇就取自由競爭而代之的計劃而言。我們在此不能進而討論那使自由競爭作用得以有效發揮的計劃。那類計劃也是非常必要的。我們只好在別的機會討論它了。

北行途中話澳洲

孫宏偉

一

宏偉于役澳洲，擔任「自由中國」雜誌駐澳代表，倏忽三年；玆因新命，重履征途，豈可無一言以誌離懷。謹就三年來旅澳觀感所及，略述一二，以供海內外愛護「自由中國」讀者們的借鑑，並作爲臨別的紀念。

不佞居澳三年，平日接觸，所獲印象最深者，厥爲澳洲社會民主風尚的普遍和國民生活之富有獨立精神。澳洲社會，人人平等，個人財富及地位容有不同，職業與信仰雖或有別，但在基本生活上，社會各階層並無若何的距離，任憑你官高位崇，饒有資財，但在社會上你還是享受不到特殊的待遇；你在家裏仍要同其他的人一樣，從事操作勞動，砍柴種菜，蒔花剪草，休想有人奉侍你的。中國社會所羨稱的所謂「僕從如雲」和「頤指氣使」的一類話，在這一個人力缺乏的國家裏是沒有這一回事的。正是因爲人工缺乏和國民的普遍勞動，澳洲社會乃能養成了人人獨立、人人平等和自尊尊人的美德；由於珍視人力的結果，社會上更進而產生了尊重人權和重視人道的觀念。不佞以爲東亞社會風尚之不同，因由於東亞社會所接受的專制和民主傳統，各不相同，和牠們所受中國倫理思想及基督教觀念的影響，彼此有異，但直接促成兩個社會不同的內在原因，細究起來，還是因爲人工缺乏的緣故。

不過，人力的缺乏，表現在澳洲社會裏面，不是沒有牠的黑暗面的。最顯而易見的莫過於牠的影響於澳洲學術界的成就，一般澳洲學術界人士，由於家務缺乏工人照料，若干家庭內極不重要的瑣事都須由專家和學者們親自操作，這無疑的使他們不能集中精力和時間，全力地從事於他們的研究工作，因而造成了澳洲學術和研究事業某一方面的落後，這不能不說是他們學術界的重大損失。而且，一個學者或專家，假如他們分心於家務和不相干的事情久了，他們的研究興趣無形中就會減退了許多，甚至他們會變成了一個庸俗不堪的學究。筆者在若干場合，曾有機會同若干澳京學界人士接觸，時常候聽他們彼此談話的內容，出乎意外的他們所談的大半都是家常的瑣事，一個教授談起他自已怎樣建造一所車房的經過，比起他談任何學術問題，都更有勁些，由此可以想見這位教授所能保留給他做研究的時間，是多麼的有限！

二

工人在澳洲所享受的生活水準和中上階級的家庭，相差並不多，有的時候甚或超過中產以上的家庭。他們待遇高而工作時間少，沒有失業也沒有競爭，間接的養成了工人懈怠和驕狂的習慣，因而罷工的事情，時常發生，這裏於是又隱存了澳洲社會的一個嚴重危機。

澳洲各業工人都有他們單獨的工會，各業工會又合組成了一個總工會，組織頗爲嚴密，表面上工會是替工人謀福利，爭保障，但事實上澳洲工會大部是操縱於共黨或準共黨的手中。牠們不時領導工人，提出各種請求，並以罷工爲要脅。各工會中以碼頭工會勢力最爲雄大，碼頭工人一罷工，所有航運及進出口貨運客運便完全陷於癱瘓狀態，窒息了全國的工商業。

有人說澳洲是一個「庸俗人」的國家，意思說在澳洲什麼都是平凡的，很少有特殊和出色的人物，這批評固然有過甚的地方，但也表示澳洲人趣味相同，生活方式大家並不懸殊，社會各階層各角落都能夠打成一片，彼此融洽無間。澳洲社會所以形成這種現象的主要原因，依筆者的管見，除上述原因外，這是與澳洲人普遍的愛好運動很有關係的。

三

澳洲人愛好運動幾乎可以說他們天性如此，但這不是沒有牠背後的原因的。一個歷史淺短和精力充沛的民族，必須在體力和精神上尋求一個合理的寄託。澳洲沒有像英美那樣學術研究的設備和興趣，也沒有像羅馬和巴黎那樣的藝術傳統和牠們那樣的奢靡風氣；但是他們有的是空曠的平地和優良的氣候，這樣的天然環境再加上他們飲食豐盛，自然而然的會把他們的興趣，轉移到運動上面。還有一個因素助長澳洲運動發達的，那是基於一種社會的原因。所有的澳洲人可以說是不愁衣食的，他們所羨慕的乃是在社會上的榮譽和地位。政界和學術界的活動只限於社會上一小部份特殊的人物，中下級的大多數人民要想在政治上或學術上成名，幾乎是不可能的事，惟有運動才是他們出人頭地的機會。一方面運動可作爲消遣，另一方面運動可以成名，可以發財。舉一個例來說，一九五二年的澳洲溫布登網球冠軍薛治曼，原是一個出身寒微的青年，像他一樣的人在澳洲社會眞是不計其數；但因爲他網球打得好，他在社會上的地位便一躍千丈，連澳總理和總督也對他另眼相待，他結婚的時候社會上各團體聯合捐贈給他夫人的禮物約有四千鎊之譜。到本年春間他轉入職業網球界，他又淨賺了十數萬美金。從事運動可以這樣的名利雙收，無怪乎大家都趨之若鶩了。在澳洲你可以時常看到，一個孩子才八九歲，他的父母便已認眞的教導他們專力於某一種特殊運動，似乎他們把發揚家聲的責任整個都寄託在他們兒子的運動上面。

澳洲人在世界運動上的成就是佔有很高的地位的，無論網球、曲棍球、騎馬、游泳、技擊、田徑、女子短跑、摩托競賽等，澳洲都有優良的表現。以一個人口不到九百萬的國家而在運動上能夠有這樣的成績，眞可令人歎服。

運動可以鍛鍊身體，發揚運動道德，和養成運動家的風度，但最主要的還是在於運動可以團結和調協社會上各階層各角落的人民。只有運動才是最好的消除社會畛域的辦法。上面所說澳洲社會民主風氣的養成和澳洲人民階級觀念的薄弱，可以說同運動發達有極大的關係。我國多年以來每天大家都在喊着改良社會風氣和怎樣移風易俗，但移風易俗，徒恃空言是不會收到效果的。在昔當政者可以身體力行和佳言懿行來潛移默化，但在今日這樣動的社會裏，要想靠一二人之力，轉移社會的風氣，那是幾乎不可能的事情。不佞以爲提倡運動及優良的運動道德和運動風度，才是轉移我國社會不良風氣的最有效辦法。運動可以轉移人民精力於鍛鍊身體及訓練團體合作上面，有了運動，像整天在家搓麻將的陋習就可以革除；有了良好的運動道德就會養成人民彼此互相尊重，欣賞別人勝利和承認自己失敗的精神，這裏正隱存有民主社會的眞諦。

四

一個民族的性格和他的自然環境、歷史背景和種族傳統是有密切的關係的。澳洲人民身世大部份是從英倫三島移來的，這些人在他們本土泰半是出身寒微而在國內無法發展的，其中還有不少是英倫放逐來的罪囚。這些人沒有什麼家世和門閥可資憑藉，因此，他們的社會很自由，每個人可以盡量發展他們的個性和能力。在這樣的一個社會中，誰有能力，誰能奮鬪，誰就能出人頭地，因而逐漸的養成了一種獨立奮鬪，重視個人能力，沒有階級偏見，平易和坦率的性格。正因爲澳洲歷史甚短，沒有所謂傳統和所謂列祖列宗的制度。他們倒反而沒有什麼拘束，可以採取任何他們所認爲對他們有用的文物制度。這點好處澳洲正似美國一樣，可能便是將來澳洲在各方面突飛猛進的一個重要原因。無論在氣候、地理、人民及自然資源各方面，澳洲都够得上成爲太平洋的第一等强國，她目前所缺乏的只是人口的數量和民族的自信心罷了。但自二次世界大戰後，就是這兩個條件澳洲也可以說是已經逐漸具備了。就人口方面來說，數年來澳洲從歐陸大量移來的人民已近一百萬人，這些新澳洲人在日常工作上和生活上所給予澳洲人的刺激和競爭，很足以提高澳洲人的工作效率；並且由於種族血液交流的結果，下一代的澳洲人，一定是更富有活力的民族。就民族的自信心來說，自二次世界大戰後，澳洲人在疆場所表現的驚人作戰能力，正如他們在運動上所表現的成績一樣，啓發了他們無比的民族自信心。另一方面，由於世界重心逐漸移向太平洋，澳洲的地位一天天的重要起來，這一切說明了澳洲現在正邁向一個太平洋强大國家的途徑。她的前途不可限量的。她今後對於我們自由中國的態度怎樣，將足以左右所有英聯各邦對我的態度，而且間接地還可以影響到東南亞國家對我的態度。

五

最後筆者對於澳洲不能忘懷的，那便是旅澳的僑胞。澳洲華僑獻身革命，歷史悠久，到現在若干年老的僑界耆宿中，仍有不少是總理在世時的朋友。自同盟會成立到現在，澳洲僑胞對於辛亥革命，對於抗戰，對於反共抗俄，可以說從沒有一刻間斷過其對祖國的劬勞。他們對於世界民主反共的潮流有正確的認識，最近在雪梨成立的反共抗俄後援會，便是旅澳僑胞站在反共民主陣線的最高表現。

華僑在澳洲現在的總數約在一萬人左右，他們的職業以進出口、水菓商、餐舘、菜園工比較佔多數，其中若干也有因經營得法而累積致富的，但大多數仍是中產階級的商人。他們平素奉公守法，潔身自愛，並且同當地的人民、政府顯要、以及文化界人士都處得非常融洽，其中也有不少和澳洲知名之士結爲至交的。華僑寄身海外，最重要的便是同當地政府和人民和好相處，並且能够得到他們的信任。這不是一件容易的事情。因爲華僑的利益往往有和當地人民衝突的地方，但就這一點來說，澳洲華僑可以說已經有了極大的成功。今後旅澳華僑如果仍能够本這種合作和諧的精神和澳朝野上下和睦相處，深信他們將來事業的成就，更是無可限量。

六

自上月底筆者在雪梨乘輪離澳，到今天已經是整整的十天海程了。沿途風平浪靜，景物如畫。這十天海程所經過的幾是澳洲東海岸的全部，船就在澳洲有名的珊瑚島嶼大圍牆內 (Great Barrier Reef) 行駛。這一段的海程够得上稱爲澳洲沿海最美麗的風景區，大圍牆內三里一島，五里一嶼，深藍色的海水上，不時有飛魚穿越海面，再加上海鷗在我們船的左右上下翱翔，頗使旅客減却不少寂寞之感。大圍牆內不但風景秀麗，而且物產富饒，傍着這一地區的海灘便是各種海產叢生的地帶。這裏的海產包括有無數的沙魚、龍蝦、龜蟹、甲殼、海參之類的海生物，其中海參和沙魚的魚翅也便是澳洲輸華的兩項重要物產，國人嗜食海參和魚翅，但却很少人知道這些食品有很多是來自澳洲的。奇怪的是，這些中國人愛吃的東西，並不大量生產在中國，譬如以沙魚來說，沙魚最繁殖的地區並不在中國，而大多數是產生在南太平洋的地區。在澳洲、菲律賓、馬來亞各地的海灘附近，時常有沙魚吃人的事情發生，但在中國却不大聽見。

大圍牆內不但有說不盡的海味，而且還有如恆河沙數般的海底生物，這裏不僅是海底生物學家的樂園，而且也是世界上最重要的一個珊瑚產地。這裏的珊瑚和海底動植物，形形色色，種類繁多，其中有不少奇花異卉和奇形怪狀的魚類和貝殼類，天然界的奧妙和造物者的神奇，在這裏的海底上，才表現得盡緻淋漓。

（下轉第31頁）

共產國家裏的家庭生活實況

蓀 譯

本文作者是一位祖籍意大利的美國人，在一家意大利報館裏任記者。一九五一年夏季，他獲得共產黨的允准，列席在東柏林舉行的和平大會。他在鐵幕後逗留了一個月，目睹共產黨正把鐵幕後的青年們訓練得完全屈從國家。同時他所報導的東德人民父母子女的關係實況，也正是其他共產國家裏的家庭生活寫真。

東柏林的居民們這些天來都在談論着一名「自由德國青年團」團員的故事，「自由德國青年團」是一個共產黨所主持的兒童組織。

這個年青的小夥子在共產黨的行列中足以昂然濶步，他的胸上佩着一枚獎章，一枚共產國家贈予有特殊功績的人們的獎章。

這個青年怎麽得到他的獎章的呢，在某種意義上說，它正象徵着共產主義使鐵幕之後的家庭生活所發生的可怕的改變。

約在一年以前，這個少年和他的父親兄弟住在柏林附近的一個農場裏。他的父親是一名激烈的反共人士，他並且還領導着一個秘密的反抗組織，企圖顛覆這一個警察國家。這種種破壞行動都是他兒子所不知道的。事實上，這個兒子已經變成了忠實的共產黨徒，他活躍在共產黨的青年組織中，並且選了許多宣傳的課程。

有一天傍晚這位「自由德國青年」散會得比平時較早，他就穿過農場走回家去。當他快到家的時候，他忽然看到穀倉的裂縫裏透出一絲光線。他很快地潛近穀倉。他聽到一個人在痛詆共產黨，後來又淸楚地聽到有些人在討論，計劃從自由德國私運武器和無線電入東德。這個青年立刻就跑回家，鑽上了床。後來，當他父親進來的時候，他就把他所見到的事一一告訴了他的父親。

他父親起初還要想使他相信他看錯了。但當他堅決聲明他第二天早上要報告警察的時候，他父親就招認了。父親告訴兒子說他根本就是這一個反組織的領袖。他懇求他的兒子相信。

第二天一大早，兒子溜下了床跑到最近的警察局裏，當夜，警察包圍了農場逮捕了農場裏所有的反共人士。自此以後，這一般人就杳無下落。

一個月之後，東德總統贈給這個男孩子一枚獎章，因為他出賣了他的父親。

這個故事是我們在鐵幕之後一個月內的某一天，在應邀參觀一次共黨青年示威遊行的時候聽到的。他們所以邀我因爲他們認爲我是一家意共報館的記者。我觀察過許多東德的家庭，在這些家庭裏，兒子出賣父親的事屢見不鮮。因爲共產獨裁者正在刻毒地使鐵幕後的所有青年的思想都中毒。

在外表上看來，他們父母及子女間的關係都和我們相差無幾。父母子女們互相叫得親熱，互相打趣。但是據我的觀察，我始終認為父母們和子女們都把他們的生命讓給了一個組織，共產黨一直就教他們說這個組織遠高過他們的家庭，那就是——國家。

我與兒童們，教師們和父母們談話，訪問他們。從這些談話、訪問中獲得下列幾種感想：

在共產黨的社會中家庭中的各員都負有一項重要的任務。這種任務純然是政治和經濟上的，絕不能與正常家庭裏的宗教和道義上的任務相提並論。

一家之主的父親經常隸屬於公共和國家的權力之下。當小一輩的人們明白國家是最高當局的時候，他們自然就會像上述的那個東德青年一樣，出賣他們的父親了。但是他的父親或是那個高不可攀的國家究竟孰重呢？

東德一名高級官員說：

「我是我子女們的領袖和偶像——一直到他們長大了，能懂得國家的領袖們時為止。所以從這一點看來，我是把國家領袖介紹給我子女們的人……我是第一位訓練教師，訓練我的子女們多多為國家出力。……」

如今在共產國家內沒有一個父親敢否定國家領袖們的教訓。父母們在和子女談話的時候完全是卑屈的。

我聽說有些孩子雖然不直接報告他們的父母，但是他們却在教師或政府官員面前批評國家的不是。在這種情形之下，父母們就會受到嚴厲的警告。假如父母們對子女仍舊施行這種「反動教育」，共產黨就把子女們與家庭隔離，把他們送入國立學校，在國立學校裏是沒有錯誤存在的。用不着說我們也知道，做父母的無權代他們的子女選擇教育的型式。他們只有一所學校，一位教師——共產黨人所謂的國家。

一位小學教師告訴我說：「在我們這個小城裏，需要大量的商人。我們的醫生和專職的人並不缺乏。所以每逢青年們求我們指導他們的升學問題時我們就叫他們學國家最需要的課程。」所以一個俱有醫學天才或是法律天才的人是沒有大區別的——國家已經替他規定好了。

按照共產黨的標準，模範父母們必須：

一、知道國家的教示，並且儘量代為宣傳。

二、教他們的子女研習馬克斯主義，列寧主義和史達林主義。

三、教子女們忠於共產制度，侮辱西方國家和西方國家的思想。

四、必須接受國家的全權，卽使這種權力侵入他們的家庭。

（下轉第33頁）

山洪暴發的時候

司馬桑敦

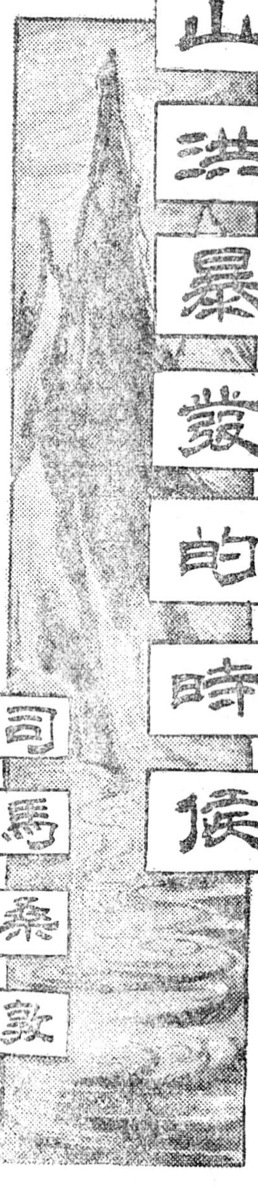

麥夫人在山中失踪以來將近一個年頭了。麥將軍已經逐漸消失了各處尋找的熱忱。就在我們大家把這個事情將快冲淡了的時候，突然，我接到她寄來一個印刷郵包，裏面是她在離開山莊前半年間的日記手册。由這個手册，我們纔解決了長時間煩擾着我們的痛苦的疑團。我終於敢公然的肯定了麥夫人的行動，是自主自動的，她對於麥將軍的愛情已經宣告結束。

這一事實的揭穿，對於尚未忘情的麥將軍，當然是殘酷的，即便對於我自己，也有些悵惘若失。老實說，關於麥將軍夫婦以及他們家庭間的一切事變，我是一個無法擺脫的當然的「證人」，這因爲我和他們的關係太密切了。我幾乎等於他們家庭的成員之一。從男方來說，麥將軍是我的老上司，又是從幾番出生入死的戰役中衝出來的患難朋友，我們間的感情和互相的信任，是不能和一般的友誼相比的；另就女方來說，年輕的麥夫人是我的大學同學，雖然我們前後相差了七八年，當我在大學的時候，恐怕她尚未踏進初中，但是由於她和麥將軍間的一段富於戲劇性的戀愛，却加深了我們間的同學友誼。我在這裏必須坦白承認，我對於這位身段窈窕而持有一雙誘惑的大眼睛的女同學，多少是帶有幾分着迷的情感的。我對於她能甩棄了那位文弱的麥將軍的侄少爺，不顧輿論的壓力，大膽的改向當代名將的麥將軍下手進攻的作風，一開始便產生了一種讚嘆欣賞的情緻。

其實，麥將軍的年歲，已經接近花甲，早有妻室，而且育有子女。這些既成事實上的障碍和有距離的條件，對於一個未婚的少女，照理是會產生許多顧慮因而怯步的。然而，我的這位同學竟使用了一種令人喫驚的近乎殘酷的手婉，勇敢而無所忌憚，終於征服了那個戰場上的征服者。我之說她使用了一種令人喫驚的近乎殘酷的手婉，實是因爲她的勝利，帶來了多方面的悲劇的緣故。比如說：她硬是拆毁了麥將軍的一個溫馨的家庭，她的潑棘風格傷害了麥將軍在社會上和政治上的聲譽，尤其悲慘的是：她使那位由大學同學以來一直把她奉爲神明的小麥，陷進了失魂喪志的絕境，鬧了好多次的自殺，都幸而未果。

而我在一種好奇的心理作用下，有意無意的也捲入了他們的漩渦。說來，也許我也算得被她征服了。最初，我周旋於她和麥將軍之間，成了他們投書遞簡的使者，到最後，我乾脆贊助他們策劃「工作」，成了他們婚姻的中人。由他們夫婦生活的開始到結束，（假若到目前可以算做結束的話）我不僅一直插足於他們間的私人秘密，甚且也分擔了社會輿論對於他們的惡意攻訐。麥家親族就把麥氏夫婦這段孽緣，歸罪於我這個「壞蛋導演」。

唯因如此，自從麥夫人突然出走了以後，我所遭受的指責，也就特別的多，甚而，有人簡直就懷疑我會知道麥夫人的眞實去處。

麥將軍的想法，當然不會與一般人相同，但是日子一拖久，我尚未能替他尋找到人的下落，他由焦急而痛苦，自不免要以我爲遷怒的對象。我爲了朋友，也祗好忍耐着接受他的埋怨，他的憤怒，有時也接受他神經質的哭鬧和謾駡。他的確愛她愛的特甚了。事實上他爲她所支付的，無論精神和物質，也都够多的了。這一個突變的刺激，簡直要他發瘋。最初一些日子，祗要他一看見我，便向我咆哮着，要我設法把他的年輕夫人尋找回來。

我爲了研究麥夫人的去處線索，確也曾化費了長時間的思索。老實說，從麥夫人出走前的行動上來看，是很難找出她會拋棄麥將軍的跡象的。因爲她察覺麥將軍過於苦惱於親戚朋友間對他們夫婦關係的惡意批評，她就毅然的慫恿將軍把他們的家庭由城市遷居到泰耶爾族深居的山地裏去。當他們夫婦臨行時，她曾向我表示：寧願隱居山中終日厮守着她傾心的英雄，也不肯爲了那些庸俗的物議，傷害了她和將軍的愛情。

焉知，一切的變化，却都發生在這個山居生活期間，若非她自己在日記手册上的詳細記敍，我根本便無從想像得到那個深淵幽谷中，竟會給予她的人生如許的深刻啓示。我從她的日記中，讀出這位有貪婪的征服慾的女性，如何的在她飢渴的人生追求上改變了方向，理解了她爲什麼對麥將軍會由愛，生厭，而終於拋棄了他。她在郵包裏面的附箋上對我說：「裸露了我的胸懷，道出了我的衷情，對他，對你，對我自己都是一種有意義的解脫」。我覺得我有義務把她的日記摘要發表出來，因爲把麥夫人的故事予以公開，對於仍在人生道上追求的我，或許也是一種有意義的解脫。

下面就是麥夫人日記的摘要：

×月×日

我們在這個急湍的奔溪的崖岸上，建築了我們的山莊。在我們的對面，猶有一道幽翠的山壁，恰好構成了山莊的屏風。奔溪在山莊脚下的深谷中發出恐怖的吼聲，配合着遙近山中數不清的蟬鳴，把我們的環境，罩籠進一種雄壯的諧音裏面。我和將軍剛一走進這個場面時，多少是有一種心悸的情緒的，過了老半天的時間，我們這纔心平氣靜的把自己融化進這偉大的自然！城市的生活，把人隔離在退化的境界裏去了。我們原本生於自然，但是眞的面對自然走進自然的時候，却又有些脆弱了。

山莊裏只有將軍和我倆人。我從現在開始要認眞的做一個女主人了。我要和將軍使用自己的手，創造自己的生活了。我氣忿我爲什麼不早些解放自己？我爲什麼甘心這麼久要做那些無聊口舌的奴隸？

×月×日

這是我們自己創造的純粹屬於我們自己的宇宙。唯有在這裏，我是我自己的我，他纔是他自己的他。也唯因如此，我們間纔眞正的自由的決定了我們自己的關系，我之屬於他，或他之屬於我，都交還給我們自己決定。

我們任意的享受着我們自己的愛情。這裏沒有人，沒有絲毫外在的無聊的意識，能給我們什麼干擾。眞的，自從我和他結婚以來，這是我們眞正愛情生活的開始！

一連幾天，將軍陪着我奔跑在羣山之間。我們享盡了大自然的幽壯之美。將軍也眞正的恢復了他自己的自由，他快活的好像個老孩子，他向那奔瀉的山溪比賽喉嚨，他大聲的吶喊。在懸崖上他熱情的擁吻着我，他向天空放狂的縱聲大笑。

（在他們山居生活的初期，麥夫人的筆下充滿了愛情的歡悅和他們夫婦間的信心。但在一個月餘之後，因爲他們對於人生的看法根本不同，他們夫婦的感情開始分裂了。）

×月×日

我從他對於山居生活的枯燥上發現了一個問題：將軍之爲將軍，是離不開將軍的環境的。否則，將軍蹲居山莊裏面，這又和普通人有什麼區別？可是，從另一個角度上來看，假若將軍離開了那些屬於將軍的襯托，諸如：一羣歸他指揮的士兵和一些爲他喝采的羣衆，以及什麼名譽、地位、社交上的互相捧場、名媛、名士的追逐唱合，等等，將軍又眞的何有別於普通人？

難道我所愛的將軍，是這末一個抽象的存在嗎？

今天早晨他又托詞頭痛不去看瀑布了。我懷疑眞的一個人除去他在羣居生活以外，他就沒有屬於他自己的孤獨的自然的生活嗎？難道說我所愛的人，除了寄生於庸俗的社會裏面，戴着一個虛幻的英雄的頭銜而外，他就沒有他自己獨立的人格價值了嗎？看他沉悶無聊的樣子，我想不到在眞實自然之前，他會顯得這樣空虛！

×月×日

好幾天來，他就挑剔我做的菜飯不合口胃，今天居然連煮的咖啡也不如理想了。我知道，這樣的在山中久住下去，連我這女人在他眼中也會走了樣的。本來，在庸俗的社會眼睛裏，一個女人之要博得衆愛，要具備兩個條件的：第一要自己美；第二要男人們都看着美。後者，往往是決定名女人的基本條件。名女人之能「名」，非得在許多男子們搶來搶去之間樹立其礎不可。我現在的生活，是一種單純的自然人生活，我美與不美，完全是我自己的事，我在我自己的宇宙裏，這對於將軍那種沒有獨立性格的心理，也許會感到乏味的。我想，從將軍對於生活這樣苦悶的象徵上來推斷，總有一天，他會感到我也可憎了。因爲他眼中的我，正如他自己，失掉了社會上的評價，就不值一文錢了。

×月×日

今天下午，他又把那位泰耶爾族的鄉民代表阿木拉望邀到家裏來了。

我對於這位我們遷居山中以來唯一的客人，是抱着幾分好感的。首先，我覺得阿木拉望有一個有力量的身軀，他那剛剛成熟的中年的臉上，透着一層褐色的光，兩隻馬來人的眼睛，大而且亮，有一種原始的粗獷的美，經常的表現在他的言談之間。而且這末一個山中人物能够安插進我們的生活中間，也許對於將軍的生活會產生些興趣的。

他是慕將軍之名而來的。他怎麼會知道了將軍的名聲和地位？我想，除去將軍的自白，是不會另有線索的。可笑的是我的那位將軍，他不管阿木拉望能不能聽得懂，竟大談其戰史，談他那套一路過關斬將的故事。把個阿木拉望講得目瞪口呆。其實，這些故事講給一個從不知道祖國爲何物的阿泰爾人，當然也許會有些啓發的教育的作用，然而，將軍，我愛的老孩子，你知道當我發覺你是陶醉在那些往事的敍述上，你是在空虛的回憶上，找尋你人生的樂趣的時候，我是感到何等的失望！

一個英雄，當他脫掉了英雄的外衣，他就眞的一無所有了嗎？

×月×日

淸晨，他很早的便出去了。這是他和我第一次公開賭氣。我想，他去找那個阿木拉望了。在這個空間，祗有他是崇拜他的了。

爲了排遣我的氣悶，我也離開了山莊。我故意的躲開那條小路，分開草叢走進林子裏去。蟬聲震耳欲聾，我覺得我已被這一片蟬鳴和身外的世界隔絕了。音的官能支配了我，我忘掉了一切。就當我陷在一種忘我的狀態中，突然迎面吹過來一陣冷風，緊跟着林中的草叢沙沙的響，一條巨大的蛇，向我蜿蜒而來。它來勢的突然，和行進的迅速，已使我來不及考慮應付。我本能的向後退着，同時，我大聲的喊着。我究竟喊了些什麼，我毫無記憶。就在這個千鈞一髮的時候，一隻有力的手，扯住了我的右臂，拼命把我摔進右方的深草中，啊！竟是阿木拉望，他代替了我，當面衝向了那個可怕的大爬蟲。

我看到他敏捷的攫住了大蛇已經抬起來的頭，幾乎在同時，他猛力的旋了一下身，把蛇的身軀抛成一條直線，沉重的撞在樹幹上。蛇身所受的創傷很大，開始痙攣的翻捲着，但是，已經失掉向它敵人回擊的力量了。阿木拉望就在此時拾起一個粗巨的樹枝，兇狠的插進蛇的張大的嘴巴，蛇已經完了。

阿木拉望噘着嘴，向我勝利的笑着。他僅用一句不成熟的國語，好像安慰我似的，向我喫力的說着：

「害怕嗎？不要害怕！」

我看着他那兩隻暴起青筋的手臂，褐色皮膚上流着發光的汗珠，我突然感到一股力量，我對於這個原始的山民，產生了無比的信心。我覺得這是眞正有資格生存在自然裏面的自然人。這是一個未經彫琢的眞正力量的化身。

我被蛇嚇的腰腿有些癱軟了。我招手要阿木拉望攙扶着我。他起初有些不太自然。他一面扶着我一面稚氣的笑着。我向他道謝。他祇簡單重複着說：

「不要害怕，我，我不害怕！」

這話似乎在自負，但確也表示了他力量的存在。我感激的向他那隻流汗的肩膀輕吻了一下。他喫驚的怪叫起來，漲紅着臉，兩隻眸子向我全身放射出灼灼的光芒。

×月×日

一連下了幾天大雨，山中的水聲雨聲風聲令人心悸不寧。有幾次接近地面的閃雷，把我們的山莊震撼的幾乎要跨了。整個的山谷都在隆隆迴響，一種神秘的恐怖配合着數不淸的可怕的巨響，向我們的神經上壓來。我看出我的將軍對於這個狂風暴雨的局面，有些張惶無措。他雖然强做鎭定，但在神色上掩蓋不了他內心的恐懼。起初，他祇是一直的厮守着我，向我絮絮叨叨，到後來，他竟不發一言了。每一個閃光，我都看見在他呆呆的臉上引起一下痙攣；每一聲巨響，我看見他的手在劇烈的抖擻着。

這是我第一次穿透這位英雄外衣看淸了他裏面那顆懦弱的心。不知爲了什麼原因，當我有了這個感覺，我就越發覺得他的老態龍鍾了。我分辨不出我的情緒：是可憐他？還是愛他？但有一種洩氣的感覺，這確是眞的。

×月×日

就在昨天晚上，我們又嚐到了山中地震的滋味。有一面山壁崩裂了，墜在深谷裏，在谷中激起一聲驚人的巨響。奔溪中爆裂的浪頭和碎石，由下而上打擊了我們的山莊。我不忍得回憶這個突變對於將軍考驗的殘酷了。他簡直呆了，他表現了一種可笑的狼狽。當房屋和山崖都在搖動，我冒着從窗戶直射進來的風雨，去搶救我們那些食糧的時候，他竟驚嚇的木然佇立在那裏。他張大着嘴巴被這驚心動魄的自然懾服了。

我向他大聲的叫喊着：「你不幫幫我？」

他纔若有所悟。他向我走來。但是，我發覺他的步伐是那樣的蹌踉，天！他竟有些站不住了。

就在這一刹那，我突的想起前幾天阿木拉望殺蛇救我的情景。假若那天，聞聲前來的不是他，而是我這位老孩子的話，天哪！我眞不敢想像了。

×月×日

將軍吵着要回到城裏去。其實，我何嘗不覺得這種生活繼續下去的無味，但是，我一想到縱然回去，還是要面對着這種僞飾的英雄人物的時候，我就不耐其煩了。我偏要在山中「熬」，我要鍛鍊我自己，同時，也要看看我的老孩子，究竟經得起這種「熬」不？

×月×日

我後悔不該在這樣强風的日子，慫恿他搭乘林場運木的吊索上山。本來，林場計劃爲將軍開出纜車的，但我却堅持要坐吊索。我認爲吊索既能上下吊動幾千斤的巨木，兩個人該不成問題。焉知，這個高懸千仭深谷上空的吊索，却又一次讓我看到我這老孩子的怯懦。我發覺他的弱點越多，也就越覺得我們間的關係悲哀。愛情眞是需要某種程度的僞裝嗎？

那天風勢很强，半空中風聲呼嘯着更是可怕。我永遠不能忘懷，當吊索順着鋼纜由山下昇到半谷的時候，我們的身軀突然仰成四十五度，我覺得我快要被倒懸起來了。我聽到將軍驚叫了一聲。我的心臟開始急劇的跳動，我發覺吊索遠不如我想像中的平穩。就在這時，吊索又突的停止前進，足有三分鐘，吊索被風吹動着，在空中搖盪，不得前進，也不得後退。我偸眼俯瞰一下谷底，天哪！我們已經懸在幾千尺以上了。我忽然感到目眩，四肢發輭。我心想：假若在這種情形下吊索失事的話，我們是完全無救了。我轉頭望一望將軍，這太殘酷了：他驚慌無比，面上帶着一種絕望無告的神色，我從他那瞪視的眼睛裏看出他除去尙在盤算他自己而外，他已經忘掉了尙有一個我的存在！

就在這時，我遙遠聽到已經先我們上山的阿木拉望在山上高喊着：

「不要怕，吊索就要動了，五分鐘！支持五分鐘！」

感謝天，我竟在他的聲音裏振作起來。

（這期間，麥夫人對麥將軍的觀感，雖然漸趨惡化，但是，因爲麥將軍對夫人的情愛甚篤，在表面上總算尙維持着良好的關係。此後，在那寂寞的山中又闖進了新的人物，給麥夫人開展了新的生活關係，使她的家庭生活發生了一種近乎荒唐的變化，因而，在她的思想上也引起了重大的轉向。）

×月×日

想要安靜，又偏不得安靜。想不到這樣深山陡澗中竟有什麼工程隊來了。由早到晚，運輸材料的車，出出進進，吵鬧的天翻地覆。我雖無權干涉人來這山中，但當我的安靜被破壞了的時候，我眞的想向他們發一頓脾氣。

下午，阿木拉望領着那位主任工程師來看將軍。我看阿木拉望誠心要把將軍奉爲這塊地方的「土神」了，有什麼人來，他都要領他們來拜望拜望將軍的。我很知道，將軍是樂得在這種應酬中，過他那份英雄癮的，但對於我這了然於這種卑怯的潛意識的人，却心煩的要死。

那位工程師却很神氣。他似乎未把將軍放在眼中。他見到我們第一句話便說：

「這段山路，要歸我 開闢的！恐怕沒有你 將軍的份了。」

說完了自負的微笑着。他和將軍握手後，用力的也和我握了一下手。我想不到他竟這樣粗野而無禮貌。

將軍却倒容忍的和他交談着。從他的得意洋洋的自述中，我們知道他們就要沿着我們住的山崖，向前些日子因地震塌陷山壁的那個方向修一道盤山公路。他形容他這一工程是一件很艱鉅的工程，他自認他是工程界不怕困難的天才。

「這是創造，將軍，」他翹一翹脚，對着將軍，同時掃射了我一下，說道：「這是人要征服自然的一種偉大的創造！」

接着，我們便一直聽他在滔滔不絕的談着，手脚比劃着，總之，不離其宗的在談着他那偉大工程的形勢。這一番談話中，我察覺將軍並不起勁，中途插進的談話，較比往常要少的多。

工程師臨行時，猶興冲冲的向我們表示：

「至少要有四個月罷！我恐怕要是你們夫婦隱居生活中的不速之客了。我要常常來打 攪你們 的安靜的！哈哈！」

我心中暗忖：這算是一位什麼樣的人物？

×月×日

將軍第二次進城去了。他的寂寞枯燥的心情，唯有在那個迷漫着灰塵的空間可以獲得醫療。在那個關係複雜的社會裏，他是光榮的，有名望的，甚而也是英勇的，雖然一旦他返還到他自己的境界的時候，他是那樣的怯懦而空虛！

其實，他走了也好。我倒樂得獨個兒過眞正屬於我自己的生活。我喜歡坐在懸崖上欣賞山脚下那些工人的活動，我喜歡看他們是怎樣的一步一步把工程由山脚修到山頂。工程隊的吵鬧，我倒有些習慣了。和這遼濶的宇宙相比，這一點點人類的活動，簡直是微不足道的小遊戲呢！

那個粗壯的泰耶爾人阿木拉望對我的感情，漸漸的有些異樣了。自從將軍第一次進城以後，他不斷的試探的和我開起玩笑了，雖然，他仍是那樣笨嘴笨舌講的不得要領。但是，我理解他的調侃，從他那稚氣的笑聲裏，我早就明白他揣了什麼樣的念頭。

我原想向他動怒的，但是，他有那點缺陷不够資格和我談愛情呢？難道他不正是眞正有資格生存在這自然裏面的自然人嗎？

×月×日

一整天和阿木拉望在山中玩。我奇怪有他在我身邊，竟感到有一股奇特的力量，勇氣百倍。

我在溪水的淺處，游泳給阿木拉望看，我矯正他許多游泳的姿勢。他的原始游法，使他支付了許多不必要的氣力。

我們在樹林裏燒了一個水鴨喫。傍晚歸來時，我看出阿木拉望興奮無比的樣子。

×月×日

將軍有一個星期沒有回來了。

清早，我看見工程師從我門前走過，他向我打了個招呼，匆忙的跑下山去。這山中他倒是唯一的忙人，到處有他的影子，到處也有他的聲音。他整天在那和工人吵架。我想：若不是他秉性喜歡吵架，一定是他那自負的性格，惹起人們反感，勢在不得不吵。一種奇異的念頭，使我想要問問他，我覺得好像應該幫忙他解決這一問題。

阿木拉望傍晚携來了些新鮮牛肉，他想幫忙我烹飪，被我謝絕了。他坐在旁邊搭訕着和我說話，我心中正想工程師的事情，未曾理他。他索然的走了。

×月×日

我突然考慮到我是否愛上了阿木拉望？我若眞的愛上了他，爲什麼我不表示愛他呢？難道在這大自然中，他那原始的粗獷的力量，還不配愛我嗎？若不，我還要顧慮什麼夫人的頭銜嗎？

將軍居然下山一個月了，尙沒有回來的消息。

×月×日

今天，阿木拉望喫了一點酒，紅着臉，走進了我的房中。我突然感到心跳，我知道將要發生什麼事情。我機警的提議要到外邊走走。他依從了我。

在林中路上，我用鎭靜掩蓋着我心緒的混亂。我對於這個天眞的野人，一時竟喪失了適當應付的能力。而他似乎也具有了很大的決心，他使用了一種原始的方式，向我求愛了。他流着淚，粗暴的向我表白了他的愛情。天哪！我能拒絕他嗎？我本來並不討厭他的！

×月×日

夜晚，我躺在床上捫心自想：我愛阿木拉望是我從純樸自然上估計了他的價値，他呢？他愛我什麼？他恐怕祇是對於一個帶有濃厚都市氣息的女人，發生了一種新鮮的好感而已。

×月×日

中午，我和阿木拉望由溪畔歸來，又碰上工程師和工人吵架。顯然的，工人是有些不聽他調用的。這位工程師竟天眞的流着眼淚，想要說服工人。

我走近了他們，我纔發覺工程師的吵架，祇不過是大聲說話，他在放大喉嚨喊：

「祇要幹好，幹好，按照我的標準幹好，我不要求你們別的，我祇要求你們不要馬虎，馬虎不得的呀！」

工人們都微笑着。最後好像大家同意了他的要求，把一部工程，根本翻起，從新另做。

看到我們來，他走近了我們，淚臉頓變成了一個笑臉。

「幹嗎，你還要哭？工程師！」我問。

「不，」他笑了：「你不知道，這羣可愛的渾蛋，太沒有理性，你不使用眞感情，他們不聽話的。」

「那也用不到流淚呀？」我心想：你那份工程師的神氣那裏去了？

「流淚？你以爲流了淚，就是難看嗎？我告訴你，夫人！我不在乎流淚不流淚的，我單純的在乎我的工程，這是我個人，我生命，我全靈魂的創造。我在我的工程上把我自己全部投了進去，祇要工程能够理想的成功，我還在乎什麼？」

「你爲的是要留名千古，把你的名字刻在你的工程上？」我好奇的問。

「這是你那將軍的意思。」他鄙夷的看了我一眼，順勢也打量了一下在我身旁的阿木拉望：「你不了解一個工程人員在他工程上所寄予的意志和希望。工程人員的心目中，認爲單憑這個工程本身，就會擁有千古的價値，用不到記載，也用不到解釋，更用不到把自己計算在內。至於那種必需依靠歷史有意的大書特書才能有其價値於萬一的，是那些自以爲偉大的野心家們，至於你那將軍算不算在內，我不敢說……」

我雖對將軍失掉了愛情，但我仍覺得我的自尊被他的驕傲給侮辱了。

「那麼，你要做一個無名英雄了？工程師！」我蓄意挑戰的向他問。

「這並不算是一個對我適當的稱呼。英雄？哼！我告訴你，夫人！寂寞的夫人！」他又用一個機警的眼光打量了一下阿木拉望：「我祇要做一個人，一個屬於自己的人！我決定我自己的意志，我決定我自己的希望，不依靠什麼，也不寄生在什麼上面，我的工程完工，我就另轉一個新的工程，從新做起，但在工程未完時，我不能讓它有絲毫馬虎。」

說完，他冷冷的笑了一聲，擺一擺手，又走向那羣工人去了。

×月×日

我一整天在腦海中盤想着工程師的人生態度。我覺得那個高傲的神氣裏面埋伏了一個有力量的靈魂。

但是，這個力量和阿木拉望的力量大不相同。

×月×日

工程師從我門前走過，向我輕俏的吹了一個口哨。我向他招手。他調皮的向我喊着：

「夫人！我知道你是寂寞的！有一天，你成了你自己的你，你就不寂寞了！」

鬼東西！你怎麼知道我寂寞？你怎麼知道我不是屬於我自己的我？

×月×日

一連七八天的傍晚，工程師都來我家裏坐。我煮咖啡給他喝。我看出阿木拉望的醋意，已經快要爆炸了。工程師好像已經洞察了我們間的秘密。今天他向我故意挑逗着說：

「將軍常不在家，有阿木林（他一向這樣稱他）倒也解你幾分寂寞？」

「你這話的意思？」

「阿木林那股蠻勁，未始不可補足了老將軍所缺少的。」

「你覺不覺得你的話，已經越份了？」我已經怒氣塡胸。我認爲這傢伙有些對我過份不恭了。

「這有什麼？」他做了一個非常自然的手勢：「你屬於你自己的你，我當然是不折不扣的我，我們又都是年輕人，以眞實的人與人的關係，說出眞實的事情，難道不應該嗎？」

我在他的話鋒下，有些狼狽了。我犯不上在他面前呈露我的隱情，但也不値得對他有什麼避諱。這是我自己的事，我怕什麼？

我正要對他施以眼色，阿木拉望漲紅着臉走進來了。他兇狠的敵視着工程師，工程師向我扮了一個鬼臉，站起身不打招呼走了。我在這種情景下，眞的有些啼笑皆非了。

×月×日

眞的，我把我自己安排成一個什麼樣的角色？

將軍終於回來了。一去四十多天，難爲他竟對我這樣的放心得下？

他回來，帶來許多興奮的故事：某人上台了，某先生下野了，他在這些人中間，怎樣的起了舉足輕重的作用。最後他向我表示，他將放棄軍職要往民政方面活動活動。

「你也太不甘寂寞了，我的老孩子！」

他似乎未聽出我對他的揶揄，他一直的大談特談他那已經逐漸擴大了的政治關係，好像就憑這些關係，他就眞的擁有了力量，也有了勇氣似的。

我對將軍的確感到無聊了。我倒喜歡工程師來和將軍鬭鬭口舌。我願意欣賞這兩個傢伙不同的風格。顯然的，工程師永遠在自我意志上表現了他的强度，將軍就沒有這一套了。

阿木拉望有些怕被將軍看出破綻，除了向將軍行那個九十度的鞠躬外，連多看我一眼也不敢了。我想不到這個野人竟會這樣的膽怯！

×月×日

將軍聲稱一星期後，他仍要回城活動去。他要我也走，我堅決不走。那是你的天下，在那裏，你有你的名譽和地位，你去你的罷！

×月×日

將軍剛一離開山莊，我的門前便開始了一場格鬪。阿木拉望疑心我對他的冷淡，是由於工程師從中做祟。於是，他由淸晨便埋伏在我的屋側等候襲擊工程師。

工程師對於這個突如其來的厮打，最初，確是有些慌張。單憑膂力，工程師決不是阿木拉望的對手。我目覩阿木拉望大吼一聲把工程師一拳擊倒在懸崖的邊緣上。然而，工程師却能迅速的爬起來對他的敵手還擊，我看出他在擊技方面並不含糊。他每一擊都給阿木拉望一個很痛苦的震動，但他仍避免不了被阿木拉望擊倒。因爲阿木拉望的力氣畢竟是大的。奇蹟的是：工程師一連被擊倒了十幾次，但他却都能爬起來向對方的要害來一個準確的還擊。到最後，阿木拉望的身體搖幌了，他的面孔痛苦的痙攣着，就在這一刹那，工程師從地上爬了起來，拼命的一拳，阿木拉望倒下了，從此竟一蹶未起。

工程師的臉上手上都糊着血，他走近了我，抬起了他的那隻血手，好像蓄意報復似的向我的臉上輕拍了一下，嘴上綴出一個輕蔑的笑，喘息的說道：

「都爲了你，夫人！你寂寞中惹出來的是非！」

他說完，又一轉身下山去了。整個格鬪，由開始到結束，爲時不過十幾分鐘，竟沒有任何旁人知道。

我跑回屋子，由鏡子中看見我臉上的血手印，又好氣，又好笑。我覺得這傢伙的人生態度過於遊戲了，在那種致命的格鬪之後，他猶不忘掉他的惡作劇。

×月×日

今天，工程師派工人給我送來一個便箋，上面寫着：

「打架不在乎倒下不倒下，在乎的是：最後能不能站得起來。我很高興阿木林給了你一個看我表演的機會，你會覺得精采罷！不過，不瞞你說，我比他遲了一天躺下，我現在正在臥床養傷！」

一種責任感使我跑到他那工程小屋去探視他。豈知又令我啼笑皆非。原來，他雖然用藥布包紮着他的手臂，却仍在大聲的和工人們吵着，而且是那樣的興奮，那樣的熱中，我懷疑他究竟傷在那裏？

×月×日

又是大雨，山下工程停了。我無光景可賞。

奇怪，工程師未來，阿木拉望也跑到那裏去了？

×月×日

連日豪雨剛停，水勢未退。我看工程師又在山脚下吶喊了。他的喉嚨竟高出了那洶湧的濤聲。

這樣的水勢，他們能工作嗎？

×月×日

昨夜又是豪雨，豪大的程度打破了這十幾天的紀錄。風聲恐怖的吼着。雨像木棍似的敲打着山壁和房屋。聽山下濤聲，我知道山洪暴發了。山壁又有的崩裂了，把我的山莊震動得直搖幌。天剛拂曉，有人打門，開門進來的是阿木拉望。我頓感每當有危難的時候，畢竟這個野人是可親的。由他那裏，我纔知道我的處境十分危險。我屋下的懸崖已被山洪冲裂，大部塌進奔溪裏去了，再一延長時間，我和我的山莊便要一齊葬身湍流了。

就在我們冒着雨，由屋內往外搬運東西，準備脫離險境的時候，我看見工程師赤着脚由下面跑上來，見了我們，老遠的隔着幾乎分不淸面目的雨，向我們喊着：

「來！下去！救人吧！」

「我準備搬東西呀！」我也向他囘喊着。

「東西？東西管他什麼！人要緊，你不是人嗎？」他居然向我怒罵着。阿木拉望忠實的守着我未動。而我却不知受什麼力量驅使，竟本能的走進雨中，跟他跑下山去。

山下正在由溪中向上救人。有七八個工人抱在一個大木樑上在水中翻滾着。木樑的一端繫着一個鐵索，工人們正往上拉那個鐵索，但因水力太大，看來很難拉得上來。我機械的加入了他們的拉索隊伍。工程師與冲冲的喊着：

「看，麥夫人也來幫忙了，大家加油呀！」

工人們呼嘯着用力拉索。後來，又來了幾個人，終於把木樑拖出水中，擱在一塊石礁上面，然後，又用繩子一個個把那七八個工人救上岸來。工人們歡呼着，工程師領頭喊着：「麥夫人萬歲！」

一切工作完了以後，雨也停了。我纔發覺我穿的睡衣已經完全淋透，我等於裸了體。我狼狽極了。而工程師却大大的動了情感，我第一次看到他用這樣嚴肅的面孔對着我。他流着淚抓着我的兩臂，向我嗚咽的低聲的說道：

「你，你使我感動！你的毅然行動，給了我們這羣可愛的渾蛋的鼓勵太大了。你給了我們這羣人一個力量。」

不知爲了什麼，我自己也感動的流淚了。

他送我往山上走，一邊還喃喃的說：

「唯有純粹自主自立的人，他才能不自私，唯有不自私，沒有身外企圖的人，他才懂得救人！夫人！我感激你，你做到了這個……」

我無言。我覺得我體內充滿了什麼東西，使我緊張而興奮，說不出話來。

回到山莊，阿木拉望仍佇立在門口。

×月×日

山洪冲毁的工程，未出一星期又完全修復。工程師的隊伍由山下推進到山上來了。這幾天我幾乎把看他們修築危險山路的工作變成生活的全部了。由山上俯視這盤蜒彎曲的路，再看蠕動在路上的工人，使我不禁想：人，畢竟是一種最有征服力的動物！

×月×日

我索與拒絕那個討厭的阿木拉望了。我自信我不是一個單純的追求官能享樂的女人。我何必需要這末一個懵懂的面首？

×月×日

我腦中一直縈廻着山洪暴發那天的情景。我眞的做了些事嗎？我眞的給他們一些力量了嗎？

我回想着工程師說過的那套話：「我祗要做一個人，一個屬於自己的人，我決定我的意志，我決定我的希望，不依靠什麼，也不寄生在什麼上面！」

我又爲什麼要追隨什麼抽象的英雄呢？我爲什麼不把我從這個抽象的追求裏解放出來呢？我不是原本有我自己的力量的嗎？

×月×日

力量不是空虛的觀念，也不是什麼比較襯托出來的東西，它硬是不折不扣，從你自己身上發揮出來的。你要生存，你要愛情，你要勝利，你要從恐怖的山洪中拯救你自己，都需要這個力量。

工程師有他的力量，他使那些「可愛的渾蛋」也發揮了他們自己的力量。看！他的工程，不是向山上節節進迫嗎？假若換一個人呢？假若換了我那位將軍呢？我眞不敢想，那將是一個怎樣的結果？

×月×日

將軍終於來了一封信。這是山洪暴發以來他唯一的一封慰問信。他在信中除去寥寥數語表示不能即時回來的歉意外，就一直訴說他在城裏的苦處。他說：他被騙了。他和他們幾位失意同僚投資的金融合作社，據說被經理人員捲逃了。他的全部儲蓄完全賠在裏面。他說他倒霉極了。

眞的，將軍，你可以休矣！

×月×日

今天，我向工程師說：

「你看我這塊材料，是不是在你的工程隊裏也可以找到工作？」

他瞪大了他的眼睛，說道：

「夫人！你存在的本身，就是一件偉大的工作了。你知道，你經常站在山頭欣賞我們的工程，對於我們那些工人和我，是何等的鼓勵啊！」

「少說笑話！我問你什麼，你答什麼好了！」我不耐煩的說。

「這是你自己的意思？」

「當然！」

他興奮的看了我一陣，最後說：「好！我虔誠的歡迎你！我相信我不會辜負了你這份對我們有鼓勵作用的力量的！」

眞的，我爲什麼不做事呢？我爲什麼不自己決定自己的意志呢？

（又過了一個月，盤山公路的工程，終究完成。）

×月×日

工程師醉醺醺的走進我的房中。四個月完成一個鉅大的工程，他是有資格爲這個成功而驕傲的第一個人。他走到我的面前，拉起我的手，突然他鄭重其事的板起面孔說道：

「我是一個開門見山的人，我有以下的話，要向你表白：我愛你，我現在來求你愛我。我由我自己決定來愛你，我也希望你由你自己決定是否也愛我。祇要我們相愛，我們不必考慮誰來干涉我們的愛，或者我們應不應該愛。這些都是我們自己以外的事。假定，你的答覆是肯定的，那末，我們明天一道走，我們去承修另一個工程，開始另一新路。假若你的答覆是否定的，那末，我祝你快樂健康，你等待那位將軍回來好了！」

這突然的要求，使我目瞪口呆了。足有十分鐘我們相對無言。我看他慢慢的流下淚來，我的眼也潤濕了。

最後我縱身他的懷中，我祇說了一句話：

「我自己決定我是你的了。」

麥夫人的日記，寫到此戛然而止。她在寄給我的附箋上，又這樣寫着：

「我這樣和他私奔了。這是否名譽，是否合理？都不在我們考慮之內。我現在和他生活在一個靠海的地方，我們仍然奔忙於一個工程上面，我每當看到他在工作上的忘我神氣，和他對工人那種天眞的態度，我就覺得他才是我心目中的巨人！」

幾個月以後。我和將軍駕車又去遊覽了一下那段曾經過山洪暴發的盤山公路，它像一條巨蛇蜿蜒盤旋在陡崖山澗之間。山下奔流怒吼，氣勢雄壯。就憑這個工程的氣魄，我已暗暗對麥夫人的那位愛人心折了。將軍一直緘默無語。我駕車從陡坡一直衝馳而下，我突然發覺他兩鬢的蕭蕭白髮，一種遲暮的感覺，沉重的壓在我的心頭。

（上接第10頁）

於此，一本地圖、一幅世界掛圖、和一本良好的地理，對於今日所亟需的認識，將十分有用。我們將在毫無感情作用的地圖和統計表格之中，發現不容置辯的確證：如果蘇俄帝國能在今日的統治區域之內鞏固自身，它必將征服世界。共黨領袖深知他們目前但求能保持和發展已有的獲得，便能贏致勝利；他們也深知，一旦全面的解放戰役發動，他們便將失敗。他們今日的戰術，乃是藉政治作戰和心理威脅，摧毀非共世界的解放意志，以阻止後者的採取解放政策。在它的內部，則以整肅、對於下一代的教訓、強迫饑餓、文化和歷史的僞造、俄羅斯化、奴工營的集體遣送、和人口的集體交換，以實行有計劃的「種族謀殺」，企圖消滅不同民族和種族集團的歷史的存在。一旦民族不再存在於世，則它們自然不能再爲自由而鬪爭。

這是我們今日所面對的危機的衡度。如果敵人果能確保它的地位，則美國和自由世界便將失敗。自由世界可能行動以進擊敵人的時間，已所餘無幾。美國甚至連最後的安慰，以爲總有炸彈可以作孤注一擲的時機，也將轉瞬即逝。政治攻勢如長此遷延，有一天會來不及使用炸彈。（全文完）

書刊評介

內在的敵人 (The Enemy Within)

陳紀瀅

Raymond J. De Jaegher（雷震遠神父）· Irene Corbally Kuhn（鞏恩夫人）合著
霍濟光·崔寶瑛·瑾　踰　合譯
國立編譯館出版　正中書局印行

「內在的敵人」，是雷震遠神父等憑多年與中共鬪爭經驗，寫出的一部文字特別生動、含意深刻的紀實書。本書共分四編，二十一章。時間自民國二十六年，日軍侵佔華北起，直到日軍投降，馬歇爾調停，共軍叛亂，傅作義局部和平，以迄大陸淪陷為止。本書以作者雷震遠神父所服務的河北省安國縣教區為故事發展中心，以一個天主教神父的立場，尤其以一個深知中國，熱愛中國的外國宗教家的心腸，對於共匪的陰謀險詐和種種罪惡暴行，做毫不誇張的描繪，原書以英文寫成，去年在美出版後，暢銷一時，博得歐美人一致讚美。如胡佛總統、魏德邁將軍及諾蘭參議員等均有推荐的文章。現在譯為中文，讀來越感親切而生動。

第一編赤禍洪潮滲進，寫安國縣如何由日軍的侵佔進而被中共的滲透。作者因他的先驅——雷鳴遠神父的偉大崇高人格所激起獻身宗教的志趣，和來中國服務的願望，也在這一編裏有詳盡的敍述，文字感情充沛，令人讀後，對於一個人獻身宗教的偉大犧牲，不禁起莫大同情。同時讓我們更容易做一比較，歐美人的到中國跟蘇俄人到中國，其間是有多麼遠的距離？歐美人到中國來傳教，設醫院，開學校，在最早也是招中國人疑懼的事，可是幾十年以來，現在可證明其結果，無論如何，比蘇俄的侵佔中國領土，攫奪中國權益，並以共產主義貽害中華民族，其間差別，何止天壤？雷震遠神父初到安國縣時，他所看到的，所接觸的是一個樸實無華，熙熙攘攘，與中國一般城鎮無異的縣市，可是不到六年光景，日本軍隊便破壞了縣城的經濟繁榮緊跟着共產黨來了，不但經濟繁榮無以恢復，而更破壞了社會秩序與人性。這種程序的演變，全國何止安國一縣？全世界任何角落，只要有共產黨的地方，又何嘗不是如出一轍？作者在這一編裏，很感慨地說：「日本侵略者的殘忍是愚蠢而無意識的，中國共產黨的殘忍是荒淫而陰險的。他們以保護人民利益為藉口，實際則是殘暴不仁。」在第四章裏，作者一面感到共產黨的殘暴，同時也看到中國人不屈的精神。他舉出中國人一向自負的一種意識，那便是從歷史上沿襲下來，證明凡是異族必被中國同化，中國人具有戰勝其他種族和民族的獨特性格。因此一般人或者也會存有蘇俄人要侵佔中國，也會被同化的錯覺。作者指出「這次征服中國的人並不是外來的民族而是中國人，澈底受過一種野蠻的外國思想所訓練的中國人！」因此作者意識到這與異族不同，有不能被同化的事實存在。但作者同時却深深感覺到「他們狂熱地吸收了這種在根源和性質上都是外國形式的思想，這裏面便產生了一項使人難解的問題，中國人如何能擁護這種思想呢？」於是結論到：「共產主義敗壞了中國人的天性，但不會把中國人的天性消滅，中國的共產主義日後必為中國人的天性所擊滅。」我們同意作者這種論點；但須補充註解：擊滅中國共產主義的，不能專等呻吟在鐵幕內的中國民衆天性的揮發，因為共產主義天下，根本不許有天性，有天性就不准存在。鐵幕內有反抗是事實，但須有更大的反共力量從外邊打進去，時間還不能拖延過久。否則，我們誰也不敢保證，共產主義殘暴的毒計不能從血液裏使下一代的子孫，根本改變其天性！而且這是世界性的，不是中國一隅的事！作者在第一編裏舉出共黨種種殘暴事實，深刻詳盡，有許多事是大家聞所未聞的！

第二編「赤禍紅潮高漲」，首先作者就判令日本侵略是促進中國赤化的根源。他縷述抗戰時期，共黨以呂正操在冀中發展的經過，完全由於日本的侵略中國。「日本人的每一次新勝，便等於一個獸行與恐怖的新週期。人們已經長期的嚐到和平滋味了，急切地相信紅軍的愛國主義高調和驅逐日本侵略者的決心。」呂匪正操跟作者的答問詞，眞是一語道破共黨的心腸。呂說：「日本殺的中國人越多，對中國越有利益；日本人的屠殺會鼓勵起人民的仇恨，這就是我們所需要的，那也是我們使人民加入我們隊伍的方法。」又說：「正因為蔣介石是我們的大敵，中國共產黨才不能全力打日本。我們不能讓日本在中國太强，但是我們也不能對他們拼命作戰，而使他們太弱。假如日本太强，共產主義便無法在中國獲勝；假如日本太弱，蔣介石便不會失敗。」這幾段話確實把中共的眞實面目完全暴露，很具體地把中共的心肝揭穿。在所有反共書中，像這樣乾脆而有力的描繪尙不多見。這段話給予稱頌中共也會抗日之說一記悶棍！

在第九章裏作者記載四存中學反共抗日的事實，死人復活的故事，和筆者祖居齊村人民被害的慘狀。讀後令人髮指。共產黨為使孩子們變成兇野無情，使他們也如大人一樣喪心病狂，竟常常逼使孩子們觀看血刑，去看殺人。第一次他們受到驚嚇，情緒擾動，刺激出胃病，第二次情形便較好，到了第三次，有些孩子們便對這種可怖的局面發生興趣。雷震遠神父親眼看到一個兒子把他自己的父親剝皮而死的慘劇。

在這一章裏所敍述共產黨的殘暴，可謂集世界野蠻的大成，令人不忍卒讀。

第三編寫赤禍洪潮氾濫，特別記述共產黨成功的方法，從組織訓練，及如何巧妙地利用文化工具向人民宣傳，使人人信奉它，不能不依賴它。「一個靑年人及格的試驗與訓練愈多，他離開傳統的中國觀念愈遠，在地理上他離開家鄉也愈遠，陷於異國的野蠻共產主義亦愈深。」

在第十五章裏作者引述一個華僑叫張國勤的匪幹一段話，可以窺出共產黨徒與宗教是如何不能並立。張國勤對作者說：

「你是教徒，你崇拜十字架，我是共產黨，我崇拜斧頭與鐮刀。基督教講天堂，我們不講天堂。共黨要把勞工自資本主義的壓迫下解放出來，將社會變成一個快樂的社會。基督教勸解人們使得內心的瞭解而得不到成功；共黨以政治、軍事、經濟的方法說服人們以達到目的，而決不會失敗。」共產黨徒根據這種自豪，嘲笑一個神父十年之內僅僅給三千教徒施洗，認爲這一數目，「眞是開玩笑！一生的努力得到這點悲慘的記錄！」當作者告訴他不以十年爲一生，藉上帝的幫助，他將得到二倍三倍的受洗者的數字時，那個匪幹，仍是侮蔑的狂笑，說：「三千！多可笑！你將在數年之內看到共黨將囊括全中國，所有億萬的人民！」

這段描寫把共產匪徒的狂妄與野心暴露無遺。

作者說：「我曾說到共黨的宣傳是巧妙的，實際講來，他們最後的宣傳成果及影響，全是由於厚顏的說謊與無恥的技術而得來的。」

第四編赤禍洪潮呑噬了中國。這一篇內有兩章 文字寫得特別 富有文學意味。一章是「太行山之行」，寫他穿過匪區千辛萬苦，爬山越嶺探訪雷鳴遠神父的故事。不但故事曲折，而作者一片追尋光明，服務人羣的高尙志趣，令人讀後，不禁肅然起敬！一個宗教家偉大德行在這一章裏，充分顯示出來。另一章是「灘縣集中營」把失去自由而渴慕自由的生活與嚮往，寫得委婉動人，極富情節。那種互助合作的精神，襯託着共匪的陰謀破壞，越發顯出善惡分明。

最後我不能不說明我對於本書爲什麼特別欣賞，而願意推荐於讀者之前？我是安國縣人，當然對於自己的家鄉有偏愛，對於本鄉本土的事特別感到親切。雷鳴遠、雷震遠兩位外國神父都因渴愛中國而改入中國籍。這兩位神父先後都很巧合地在敝縣教區工作。我不是天主教徒，但他們除傳道外，給地方所做公益事之多，是遠近都聞名的。可惜我離家甚早，對於他們的事業還是在抗戰時才聞知。我曾與雷鳴遠神父有一面之緣，他那團和氣誠懇的外表就是偉大人格的表現。雷鳴遠神父終究爲中國抗戰而犧牲了生命。他一生事業，不但教內人將永留記憶，也爲中國政府載入史册。雷震遠神父繼承遺志仍在安國縣傳教，而且一度擔任縣長。以一個外國神父在中國當縣長恐怕將以這位雷神父爲嚆矢。關於書內人名地名大都與我熟習而有關，我可以舉雙手作證，書內所說盡是眞情。

前年我的女兒自美國來信，說在華盛頓遇見雷震遠神父，一個藍眼珠高鼻子的人說一口安國縣話，我們城內和南關的親戚們他都認識，並且說他寫得一手好中國小楷。前年冬天，雷神父自美來臺，相談之下，親熱異常，大有鄉人重聚之感。他那份對於中國熱愛的表情，對我安國縣親切之情，眞使人感動，甚至於可使祖國觀念薄弱的國人慚愧。

我在本刊所發表的「荻村傳」就是以本鄉故事爲體裁，現在他這本書又以本縣爲中心，寫成這麼一本有流傳價值的書。小小的安國縣，在他的筆下，竟成了全世界反共人士注意的地區。這眞是安國縣同鄉的光榮，舉一反三，同時也是我們中國所有縣城的代表力作。

雷神父這本書，態度公正，言人所未言，文情並茂，不誇張，不虛構。的確是一本最有份量的反共書籍。霍濟光、崔寶瑛、瑾踰三位先生譯筆也極流暢，註解尤爲恰當。聽說，雷神父現正在歐美各國奔忙宣傳反共，我盼望能有一天，打敗了共產黨，跟他共同返回我們安國縣去。本書不但使共產黨的眞實面目暴露於世界，並且是雷神父服務中國的最大與最好的貢獻！祝福他！

(上接第22頁)

繞過澳洲東海岸極北的約克海岬，便到星期小島，這裏不僅是海空的供應站而且也是一個海參的集散地。經過星期小島，便進入阿拉佛拉海，這一個漁區是最近在坎伯拉舉行的日澳漁業談判所商談的對象，雙方談判的主題也便是關於在這一個漁區的採珠權問題。潛水採珠原是一種極危險的職業，普通一個潛水採珠的人過了四十歲以後便已不能够承擔這種艱苦的工作，他們不時會在海底遇到沙魚和毒蛇的襲擊，有時候還會因爲在海底時間太長以致全身痲木。戰前日本潛水夫在這地區採珠的很多，戰後他們被遣送回國，一直到最近，澳洲政府才重新雇用日本人採珠。儘管採珠是一種非常危險的生涯，但澳政府爲維護國家利益，他們不會無條件的把這地區的採珠權，輕易讓給日本人的。

船還是不斷的向西朝着婆羅洲方面進發，昨天經過了飛禽島 (Brids Islands)，進入了西里伯海。當我們經過飛禽島的時候，船長還特別的叫響汽笛，驚起叢林中的鳥羣，讓我們眺望。隨着每天海程里數的增加，筆者和澳洲的距離也一天天的遙遠了，三年來在澳的見聞和觀感，要說的話太多，紙短意長，只好就此告一結束。船離開目的地已不在遠。瞻望新環境，新問題和新工作，如何適應，如何解決，如何努力，已是急待思考的課題。別矣澳洲！筆者謹於此祝你前程遠大，後會有期！

宏偉於西里伯海上
八月七日

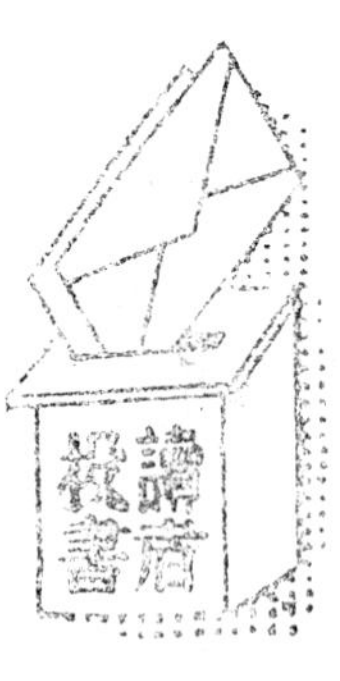

（一）車禍猖獗，人命草芥！

——對如何防止車禍提供幾點意見——

趙清之

編者先生：

最近汽車肇事的事件，連續發生；半月以來報紙上關於車禍的消息，幾乎無日無之。不是這裏輾斃人；便是那裏撞傷人。甚至於一日之間，車禍數起，眞使人觸目驚心，談「車」色變。上星期六下午，我曾親見一輛十輪大卡的軍車橫衝直撞地在我家門前不遠的馬路上，將兩個騎自行車的女學生，衝倒地上；頭青面腫，慘不忍睹。其中一位名饒克和的十六歲的女孩子，據說今年剛考入臺大，在被送到臺大醫院急診室時，即告氣絕身死。這，不過只是許許多多不幸事件中的一個實例而已。我的隣居中很多目擊這次慘劇的人，近日來都嚇得不敢隨便上街，這種顧慮實非杞人憂天，車禍這樣頻繁，誰敢肯定不幸的事件一定不會落在自己的頭上？說不定什麼時候，當你在馬路旁邊走着，背後闖地駛來一隻「鐵老虎」，電掣風馳般地從你的血肉之軀上輾過。古語有云：「苛政猛於虎」。現在，人在馬路上行走，却得隨時爲自己的生命躭心，害你「行不得也！」市井本無虎，「而車禍猛於虎」，能不令人生畏!?

我認爲目前這種車禍連續發生的情形，顯然已不再是一二偶發的事件，而嚴重地威脅到了都市的社會安全。我們必須努力設法，積極防止此類情事之再有發生。這乃是我投書貴刊的動機，希望藉貴刊一角篇幅，對如何根本防止車禍提供幾點意見。

有些人對防止車禍主張用嚴刑峻法，將肇事者施以重典，以提高一般司機駕車的警覺。這使我回想到三十八年陳院長主持省政時代，一度因車禍頻仍，某次在肇禍地點槍決了一名軍車司機，之後有一個時期車禍確實很少發生。所謂懲一儆百，陳前主席此項措施之出於愛護民命的心腸，是人所共仰的；但是從法治的立場而言，這種超越法律的儆戒，究竟是不足爲訓的。因爲無論如何，汽車肇禍而壓死人只是過失殺人的行爲，非蓄意殺人者可比，繩之以法，過失殺人是不應治以死刑的。汽車肇事不可以無懲罰，無懲罰則可橫行而無忌；但懲罰勢必視情節輕重而依法爲之，是謂公正。但是，就社會安全的觀點言，「依法究辦」仍只是一種事後懲處，防止車禍的措施最重要的應該是在事前的預防。

談預防就得先找出汽車肇事之發生的原因，針對這些肇事的原因，我們不難研究出防止車禍的根本辦法。說到汽車肇事的原因，不外下列諸端：㈠駕車司機技術不够水準，㈡交通管制不善，㈢汽車機件失靈，㈣超過限制速度行車，與超車搶先，㈤路基太狹，路面損壞失修，㈥行人疏忽，等等。在這些原因之中，一二三項是最嚴重的也是肇事最多的原因，如果能針對這幾方面，對症下藥，車禍的發生便可在根本上予以有效的防止了。

我們如果稍加注意每次車禍發生的記錄，禍首大多都是軍車，報上所說的十輪卡，大抵都是，行人在路上常會看到這些橫衝直撞的軍車。一般地說軍車司機駕駛技術均較差，因爲他們缺乏較長時期的訓練，有的甚且連行車規則都不熟悉，這樣的人駕車，豈不是「盲人騎瞎馬」？那有不出事的？任你把馬路築得再寬，他也會衝上人行道來。在這一方面，我希望發給司機駕駛執照的當局，在發給執照前對司機駕車技術的考試，要特別嚴格。尤其主管軍車執照的聯勤總部，是否可以將現有司機重新加以甄別，其技術較差者施以訓練後再發還其執照。近來各方對防止車禍提供的意見很多，也很周到，但對這項辦法似還無人提及，這是十分重要的，而且此項辦法在實行時亦無不便之處。

關於交通管制當然是警察的責任。負責維持交通秩序的警察，應切實執行交通規則，對超速與超車的司機與違背交通規則的行人車輛，隨時加以糾正，自可消除車禍於無形。尤其在機關上下班時應於交通孔道與狹窄路面的道路，加派交通警巡迴糾察並指揮交通。在這一方面，今天北市警局發表的防止車禍的五項辦法，已經相當周密。惟盼今後能切實並澈底實行，不可以虎頭蛇尾，開始時煞有介事，過幾天又疏於防範了。

汽車機件失靈大半由機件陳舊或疏於保養所致，公家機關的車輛常犯這樣毛病。從這裏我們又一次可以窺見公務機關對公物管理之廢弛；見微知著，使人隱憂！現在爲配合防止車禍起見，我們呼籲擁有車輛的各機關之管理人員，應加强對車輛之保養，每次行車之前應督促司機詳爲檢查機件，而對司機的生活，亦應善加管理與指導，以免駕車時之發生意外。

以上三端乃其犖犖大者，如各方能努力做到，則車禍的發生必能減少至最低限度。其次，如超級路面之過份狹窄（如新生南路），自是當初造路時的重大疏忽。很多重要道路路面過分狹窄，改築寬路面當然非短期內所能濟事，在改寬路面以前不妨視情形改爲單行道，以免行車擁擠而肇事端。至於損壞失修的路面，不但影響行車安全，而且與市容觀瞻有關，則其從速修補，應是沒有問題的。市政府與公路局在這方面應該多負起責任來。

最後說到行人的錯失，自也是造成車禍的一項原因。但像有人所主張的，說要像英美各國一樣的立條法律：「在快車道及無快車道的道路中心五公尺以內撞斃行人，駕駛人員不負任何責任，出此範圍，駕駛人員應負完全責任。」這種主張實在值得商榷。這裏我倒是要套用一下一些人的口語：「與國情不合」。試問臺北市的馬路有幾條是有快車道的？像成都路、羅斯福路，衡陽街、內江街等繁華狹窄的街道，照左右距路中心五公尺的算法，那汽車不但可以合法的撞上人行道，而且還可以合法的升堂入室呢！平心而論，誰願意拿自己血肉之軀去開玩笑？只要交通管制得法，司機謹愼，縱使由於行人疏忽所造成的車禍亦能避免於無形。我們不妨借宣傳的力量，益之以交通警務人員的指導，提高行人的警覺。正如我們上文所提示的，對車禍的防止，預防應重於懲處。我們雖不主張將所有車禍的責任完全諉罪於司機，而課以超乎情節以外的懲罰，同樣地，頒佈此類足以使駕駛人員卸罪的法律，亦復有害而無益。

總之，爲確保社會安全，我們應盡力在事先防範車禍於未然。在這一方面，憲警的責任是很重大的。我們常常說臺灣各方面都在進步之中。然而車禍猖獗，人命草芥的現象，足以說明交通管理之不善，且足以影響於社會之安全。這應該是在進步之中的與一個有行政效率的政治下所不應有的現象。然則我們應該如何傾全力以防止車禍之發生才是。

此祝

編安

讀者　趙清之上　九月廿七日

讀者投書

（二）不該管的去管，該管的又不管！

黃希春

主編先生：

今年本省曾數度遭受颱風襲擊，在各地造成了不少的災害。以臺北市而論，曾因「克蒂」颱風帶來的豪雨使新店溪氾濫成災，臺北市郊的南機場和臺北縣的中和鄉，均被水淹，尤以南機場一帶爲甚，有深沒屋脊者。市內其他地區，亦有因積水達數尺之深，致居民房舍被浸及之事實。災害發生之後，政府有關當局雖曾以全力搶救，使居民得以安然脫險，並發放急賑；但從被災地區的情形看，儘管這是無可抗拒的天災，如果事先政府對人民住宅的建築地點與工程方面能加以指導或限制，則不特人民所受的這些災害可以避免，政府也就不用花如許財力、物力、人力去從事救濟了。我之所以如此立論，並非吹毛求疵，故意挑剔，而是根據很尋常的事理與擺在眼前的事實。

僅以南機場一地而論，盡人皆知是極低窪的地區，隨時有被水淹的危險。日據時代，即曾禁止在該地建築住宅，而我們却未能注意及此。雖則那是屬於違章建築之類，但是那些人爲甚麼可以「違章」，爲甚麼可以「建築」，這究竟是建築者願意自討苦吃，還是主管機關未能盡到管理指導的責任？南機場如此，中和鄉及其他地區亦莫不如此。中和鄉是政府指定的疏散區，其可能被水災也是有紀錄可查的，則一切民房的建築，政府在事先便應該有詳細的規定與整個計劃，決不能讓大家在「無政府」的狀態下去自由發展。事先既不須請領營建執照，地點工程當然更不加聞問。許多向郊外疏散的居民，既無風災水災的經驗，但求省工省料，一幢幢的房屋便這樣建造起來。還有那些建造房屋圖利的人，當然更是偷工減料，只求賺錢到手，決不會顧到居住者所可能遭受到的災害。前次水災幸而消退甚速，如果延長一個相當的時間，則許多簡陋的建築物均可能坍塌，人民財物的損失，又豈是那區區數字的救濟金所可補償？我們不要以爲這只是人民的私事，誰教你不自己小心？須知這正是一個負責任的政府所應該爲人民設想的。

按照通常的慣例，民房之建築必須先請領營建執照，繳呈工程圖樣及說明書，事後並須申請檢驗。其目的乃在維護公共安全與該建築物本身的安全。建築可以違章，也可以不聞不問，這是證明政府未能盡到其應盡的責任，也可說是缺乏爲人民服務的精神。孫中山先生說：「政府是管理衆人之事，」這些都是屬於該「管理」的「衆人之事。」

從很多的事例當中，我們每每可以看到今天政府當中的許多工作人員，對於孫先生的那個對「政治」所下的定義，並沒有透澈的認識，因此變成該管的沒有管，不該管的却去管的情形，前者是政治責任的疏忽，後者是行政能力的浪費。因此之故，我們感覺到今天政府中一般工作人員，實有重新認識孫先生這句話之涵義的必要。

孫先生是一個民主主義者，他這一個對政治所下的定義，見之於他的民權主義的講演中，因之他所認定管理衆人之事的方式當然是屬於民主的方式，換言之，即是民主政治下的管理方式。民主政治對「衆人之事」的管理是完全基於爲人民服務的精神，所以民主政府的官吏乃有「公僕」之稱，這與非民主政治之含有統治意味的管理方式截然不同。服務是根據大多數人的利益，統治是根據少數人的意旨。這一個分際如果不弄淸楚，結果必然發生誤用權力，不該管的去管，或服務不週，該管的不管之現象。

老實說，今天有許多人從來便懷着一個不甚正確的傳統觀念，認爲政治是正人君子管治人民的意義，因此在政府中工作的人，便自以爲是正人君子，也自以爲其能力智慧都高出常人一等，人民是應該受管教的，所以有所謂「作之君、作之師」的說法。既以君臨師保的態度出之，則服務的精神當然打了折扣，「公僕」云云，也就成了自謙的虛語。於是凡有關人民日常生活所及之事，其一切措施，乃由政府中工作人員以己意行之，而並非完全根據人民的要求與利益。換言之，即是他們認爲該管的便非管不可，凡認爲可以不管，或者未被注意到的事，也就讓它去自生自滅，不加聞問。這類的事例，可說不勝枚擧，我在前面所指出因政府未能事先注意到人民居住的安全致引起風水災害之事，不過其中一例而已。我之所以由此一事而談到民主政治的管理意義，乃是深深感覺到我們政府中工作人員如不能澈底了解這一基本意義，從根本上改變其工作觀念，則將無由盡量發揮其爲人民服務的精神，當然更談不到去認眞尋求人民所需要的是甚麼，顧慮或設想到一切與人民日常生活有關的若干問題。

此文如荷刊於貴刊，以喚起執政者之注意，則幸甚矣！順請

編安

貴刊的讀者，中和鄉被災的難民

黃希春上 九、卄、

（上接第23頁）

五、認淸沒有一個人，即使是兒童，是可以免除國家的管制的。國家是一切事務的最後決定權力。

六、牢記每一個人都必須接受管制。兒童們都必須接受一種教育，教育他們必須接受國家的管制。

當我詢及共產國家內一般家庭中的衣食情形時，我所得到的總是一篇冠冕堂皇的報告「一切均合理想」。這種答覆太千篇一律了。所以有一天我遇到了一位婦人，我又深加追究，最後這位婦人終算答應了我，假如我允許不宣佈她的姓名的話，她就告訴我實地情形。

她說：「我丈夫每月賺一百二十馬克（不到四十美元）這筆錢絕不夠養家活口，可是共產黨又不許我出去作工，「國家」命令我在家裏照料。我們很少吃肉，我們的日常食物就是豆子，馬鈴薯和蔬菜。我的孩子們每人有兩件衣服兩雙鞋來替換，可是我丈夫和我就只有身上這一件……我們不能不捐獻，因爲我們必須要使國家强大。」自然，後面這句話是她的怨言。

在我快離開鐵幕的那幾天裏，有一天一位校長請我上他家裏晚餐。晚餐開始之前，這一段時間在我們家裏是作禱告感謝上帝降福餐的時間，但是這位校長却看着他的子女們，使他們安靜下來。然後，他唸了一段共產黨「禱告詞」：

「在這時候，讓我感謝我的妻，她替我們備下了這頓美餐，讓我感謝國家的工人和農人，他們爲我們生產了食物，讓我感謝我們國家的高貴首長，因爲他們的努力，使我們獲得了快樂。……」

第九卷 第七期 內政部雜誌登記證內警台誌字第一九號 臺灣省雜誌事業協會會員

給讀者的報告

中共進入聯合國的問題，總是一縷幽靈，陰魂不散地縈繞於聯合國的堂奧之間。聯合國之能否拒絕這一幽鬼的誘惑實是其生命能否存續的嚴重考驗。國際間那些姑息主義者與綏靖主義者，以爲以聯合國席位爲餌便可以使侵略者「放下屠刀」。這種幼稚的想法實在愚不可及；自誤誤人，莫此爲甚。觀英國近年來顏媚共，本已不足掛齒；惟英國之反共而懼共，由此矛盾心理出發，故而常爲親痛仇快之舉動，尤足使人驚愕。最近工黨領袖艾德禮者流又復老調重彈，主張從速使中共進入聯合國，並抨擊美國外交政策。這些人非等共黨之禍臨到自己頭上時，是不會覺悟的，對於這些人我們只能悲憫他們了！[illegible]中共進聯合國問題上所表現的立場是明確的，美國國會且曾爲此作成決議。我們希望作爲民主國家領導的美國能始終堅持其正確的立場，摒斥綏靖者流[illegible]，而鞏固聯合國的前途。[illegible]出自中國人的一己之私[illegible]自由世界[illegible]未來。我代表蔣廷黻博士在聯合國大會發表演說，鄭重警告民主國家切勿漠視中國人民的意願而使中共進入聯合國。此實代表中國人民的心聲，所以我們特爲社論以響應之。

[illegible]教授以歷史學者的態度，提出對「美國外交[illegible]的檢討」。本文就歷史的事實說明美國外交[illegible]精神之所在，並指出近五十年來美國外交政策[illegible]一貫明確的目標。面臨極權挑戰的今日，美國迫切須要建立一積極的外交政策，以應付「來日大難」。這乃是本文一個重要的提示。

「論美國外交政策的目的」一文是樊際昌先生就「圍堵歟？解放歟？」一書原作的內容介紹。樊先生原作係用英文寫成，後經王德昭先生爲之翻成中文，上期因篇幅只登其一半，故續於本期刊完之。

李祥麟教授的大文溫習珍珠港偷襲的往事，有詳盡的敍述與分析。珍珠港事件在第二次大戰史上是一個很重要的關鍵，這些史實凡治現代史與關心國際政治的人們是不可不知的。我們重溫這一段人類慘痛的經驗，亦足爲侵略者戒。本文以稿擠積壓甚久，應向作者致歉。

「管制計劃與自由計劃」一文是殷海光先生所譯「到奴役之路」一書之第三章。近若干年來，計劃經濟一詞曾隨社會主義而大走其紅運，由是而爲極權主義與專制主義者利用作爲統治之手段，眞是貽禍匪淺。本書在駁斥社會主義以後，接着辨析「計劃」一詞之底裏。自由計劃是自由社會所須要的，而管制計劃只能導使人類走「到奴役之路」。讀者在讀本文之前，應一讀譯者的引言，將有助吾人對此文的瞭解。

近接很多讀者來信，對本刊讀者投書一欄頗多讚許，這榮譽是應歸之讀者的。希望讀者不斷投稿，以充實投書一欄。凡對時政有善意批評與建設性意見的文字，我們均所歡迎。

本刊售價		
地區	幣別	每册價目
臺灣	臺幣	4.00
香港	港幣	1.00
日本	日圓	100.00
美國	美金	.20
菲律賓	呂宋幣	.50
馬來亞	叻幣	.50
暹羅	暹幣	4.00
越南	越幣	8.00
印尼	新荷盾	3.00

自由中國 半月刊 第九卷第七期 總第九十四號

中華民國四十二年十月一日出版

發行兼主編人 『自由中國編輯委員會』

出版者 自由中國社
社址：臺北市和平東路二段十八巷一號
電話：二 八 五 七 〇

航空版 香港時報社

經售者
臺灣 自由中國發行部
美國 中國書報發行所
紐約民氣日報社
舊金山少年中國晨報社
芝加哥中國出版公司
日本 東京僑豐企業公司
韓國 釜山草梁洞新泰行
馬尼刺 大中華日報社
印尼 椰嘉達星期日報
椰嘉達天聲日報
棉蘭繁華圖書公司
越南 西貢中原文化印刷公司
越南華僑文化事業公司
暹邏 曼谷攀多社十二號
緬甸 仰光振成書報店
印度 孟買梅亞號
加爾各答塔梅學校
澳洲 雪梨瑞田公司
北婆羅洲 西利亞坡青年書店
新加坡 中興日報社
檳榔嶼、吉打邦均有出售

印刷者 精華印書館
廠址：臺北市長沙街二段六〇號
電話：二三四一九號

本刊經中華郵政登記認爲第一類新聞紙類 臺灣郵政管理局新聞紙類登記執照第二〇四號 臺灣郵政劃撥儲金帳戶第八一三九號

自由中國

FREE CHINA

第九卷 第八期

要目

社論
(一)我們信賴聯軍統帥的保證
(二)寫在反共救國會議之前
日本往那裏走？……徐逸樵
法國政局何以動盪不安？……楊日旭
論琉球歸屬問題……梁嘉彬
自由中國通訊
大陸小學教育的剖視……劉書傳
美西協定簽字以後……何西
雞尾酒會……吳魯芹
紫娟表妹（上）……徐斌
書刊評介
希斯奇案……吳炳鐘
讀者投書
不平之鳴……王達人

中華民國四十二年十月十六日出版

社址：臺北市和平東路二段十八巷一號

半月大事記

九月二十五日 (星期五)

立法院完成第一屆國民大會代表出缺遞補補充條例的立法程序。

新加坡宣布統計數字。馬來亞的中國居民已達三百萬人。

法越軍在紅河三角洲包圍越盟軍五千人。

蘇門答臘回教徒叛變，印尼政府軍進行屠殺。

法國在聯大圖擴大政治會議，與共黨談判越南停戰。

九月二十六日 (星期六)

中華民國各界援助留韓反共義士大會開會。

緬甸國防部人士稱。該國空軍四天來曾對我滇緬邊界李彌部作三次重大攻擊。

美國與西班牙簽署三項協定。

颱風襲擊日本與越南，造成奇重損害。

越南總理阮文心不同意法總理對越共談和的意見。

九月二十七日 (星期日)

日首相吉田茂和改進黨領袖重光葵獲致重建日本陸軍的協議。

我總統批准國代繼續行使職權之建議。

美泰兩國已同意自緬甸撤出反共游擊隊的我國代表建議。

九月二十八日 (星期一)

聯合國指責遣俘委員會爲共黨散發宣傳品。

我出席四國會議代表要求勸告緬甸制止對李彌部隊的軍事行動。

越共拒絕法國政府談判越南停戰的建議。

九月二十九日(星期二)

俄國同意擧行四強會議討論德國問題，但建議四强與中共也開一次會議。

行政院院會通過四十三年上半年度施政綱要及總預算。

九月三十日 (星期三)

美英法各國開始會商對俄國表現無和平誠意後的對策。

聯軍總部對遣俘委員會的「解釋」規則不滿，堅決反對各別談話重複解釋。

美法兩國發表對越戰的聯合公報。

十月一日 (星期四)

反共戰俘在營示威，印軍開槍射擊，一死六傷。

聯大政委會表決，延緩辯論韓局。

美韓簽訂共同防衛條約。

『自由中國的宗旨』

第一、我們要向全國國民宣傳自由與民主的真實價值，並且要督促政府(各級的政府)，切實改革政治經濟，努力建立自由民主的社會。

第二、我們要支持並督促政府用種種力量抵抗共產黨鐵幕之下剝奪一切自由的極權政治，不讓他擴張他的勢力範圍。

第三、我們要盡我們的努力，援助淪陷區域的同胞，幫助他們早日恢復自由。

第四、我們的最後目標是要使整個中華民國成爲自由的中國。

十月二日 (星期五)

印軍壓制所看管的戰俘，槍殺華籍反共戰俘兩人，傷五人。

聯合國正式提出對中立國遣俘會所訂向戰俘解釋規則的抗議。

十月三日 (星期六)

對印軍槍殺反共戰俘事，我政府發言人發表聲明。

撤退緬甸游擊隊來臺計劃因緬甸故意作梗而告擱淺。

聯軍統帥克拉克聲明，拒絕共方延長解釋時間要求。

十月四日 (星期日)

韓國正式向印軍抗議，如印軍繼續「惡劣行爲」，將以武力驅逐之。

紅河三角洲數千越盟潰退。

中立國遣俘會已拒絕聯合國派員觀察處理反共戰俘情形的要求。

十月五日 (星期一)

內政部公布。首屆國大代表自十月十日至本年底爲聲報日期，逾期不報由候補人遞補。

土耳其、紐西蘭、巴西三國當選聯合國安全理事會非常任理事國。

十月六日 (星期二)

立法院和監察院對印軍屠殺反共戰俘事件作積極表示。

聯軍統帥克拉克致函中立國遣委會，重申聯軍遣俘原則。

美總統艾森豪在大西洋城發表演說。

美參院多數黨領袖諾蘭警告艾森豪，與俄國談判互不侵犯條約協定的任何行動，都可能受到國會的反對。

美副總統尼克森啓程訪問遠東。

十月七日 (星期三)

中華民國各界擧行反對印軍屠殺中國留韓反共義士大會。

美國防部長威爾森估計，三年內俄無以氫彈襲擊美的可能。

美兩黨人士擬就反對中共進入聯合國的請願書。

十月八日 (星期四)

美英兩國向義大利提出解決的港問題新建議。

葉公超外長就李彌將軍反共游擊隊自緬撤退問題發表聲明。

六十三位於韓國釋俘時重獲自由的反共華籍戰俘抵臺北。

十月九日 (星期五)

英美解決的港問題建議，義國接受，南國準備提强硬抗議。

社論

（一）我們信賴聯軍統帥的保證

遣俘問題，過去是韓國停戰遲遲未能成立的唯一癥結之所在。停戰成立以後，這同一個問題，仍然是無數糾紛的泉源。前一些時候，擔任監俘的印度軍不顧人道，槍殺反共義士，引起中韓兩國人民憤怒的抗議。目前戰俘營的情形雖比較平靜，但可能仍有極嚴重的事態在潛伏醞釀之中。我們爲反共義士的安全與自由，實不得不對之繼續密切注意。

恕我們在這裏坦白指出：這一切禍患與糾紛，主要卽由於聯軍方面的一念之差，作了錯誤的安排；而這錯誤的安排，則是由於錯誤的瞭解。聯軍堅持志願遣俘的原則。這一點，他們無論在口頭，在內心，都始終沒有動搖。至少我們相信如此。但當初共方請求重開和談，並同意修改遣俘辦法之時，聯軍却誤以爲共方事實上已經接受了志願遣俘，祇是爲顧全面子起見，才提出了由中立國監俘及進行解釋那一套方案。基於此一瞭解，聯軍才答應了共方的要求。事實上，中韓共黨，並不是這樣想法。他們像聯軍一樣，無論在口頭，在內心，都沒有放棄過强迫遣俘的原則。共方之所以提出那一套方案，在他們自己看來，無寧說是爲了顧全聯軍的面子。他們祇是願意避免强迫遣俘之名，他們仍是要千方百計，轉彎抹角的達到强迫遣俘之實。對此一眞正的企圖，聯軍沒有瞭解，乃陷入今日的困境。

中韓共黨蓄意要破壞志願遣俘，有其不得不然的苦衷。在他們看來，那些反共義士如不受到懲罰，他們將來會處於無法作戰的地位。這是一個實質問題，所謂面子之類却是一個不重要的考慮。

他們如何能夠避免强迫遣俘之名而行强迫遣俘之實？第一步，是安排一個對他們絕對有利的所謂中立國集團，來擔任監俘工作，以便與他們狼狽爲奸，上下其手。這一步他們已經成功。在五國遣俘委員會中，他們已經掌握了安穩的多數。印度之所以被選爲遣俘會的主席，並被賦予最重大的監俘任務，正就是因爲它甘心爲共黨爪牙，準備藉中立之名來掩護種種絕非中立的實際行動。

印度於接管戰俘以後不久，卽由它的首席代表齊邁雅自動致函中韓共軍，諮詢他們關於進行解釋工作的意見。共方由韓共李相朝代表，於上月二十二日答覆，提出了所謂六項要求。這六項要求，就是共方準備如何偸天換日的把反共義士押解回去的整個計劃藍圖。我們不是在這裏輕率使用宣傳詞令：這確是一項不折不扣的陰謀。我們且把這六項要求的內容列舉如下（儘可能保留共方原文件的字句）：——

（一）『保證向一切戰俘反覆進行集體的與個別的解釋與訪問，每日進行工作的時間應不少於八小時。』個別的進行解釋與訪問便於分化與迫脅，而反覆的解釋與訪問，更顯然將成爲一種變相的疲勞審判。

（二）『設立四十四個附屬機構，由委員會每一個成員國一名代表組成，觀察一切解釋工作與訪問工作，並由多數表決決定遣返申請之有效。』這樣，對每一個所謂附屬機構，共方都可以掌握安穩的多數，判定申請之有效，甚至可以把戰俘們的任何表示都解釋爲遣返申請，並判定其有效，隨卽强行遣返。

（三）『設立足夠的不受任何外來干擾的集體的和個人的解釋場所，和必要的設備。每一個別解釋場所應包括兩個帳蓬或兩間房子，其中一個帳蓬或房子應有兩個出口，以供個別解釋後申請遣返的戰俘分別使用，此類設備，共方願自行提供。』想想那個別解釋的情形吧，他們是可以如何方便的把受解釋的人不由分說的從另一個出口押送到另一個帳蓬或房屋裏去，而且那些帳蓬與房屋，都是有共方所提供的特殊設備的。

（四）『爲中立國代表所進行的翻譯工作，應在不妨礙解釋工作的情況下同時進行，而不應打斷解釋代表與戰俘間之談話。中立國代表各有意見，得經附屬機構多數表決通過後，經由主席向解釋代表提出。在場的敵對雙方各一名代表，僅有觀察之權，不得以任何行動干擾解釋工作之進行。』這個安排是要利用語言的隔膜，使中立國代表無從瞭解解釋代表與戰俘之間作些什麼談話；縱令有所瞭解，他們也將受阻於所謂附屬機構的表決而無法提出意見。至於在場的聯軍代表，則是處於既不能聽又不能說的地位，祇許用眼睛來觀察。

（五）『戰俘一經向委員會或印度看管部隊的任何人員提出申請遣返，應立卽予以隔離，委員會或其附屬機構之一，應立卽加以考慮，以便立卽經由多數表決決定此項申請之有效，戰俘營應分別設立三個監管處所，申請遣返之戰俘，經個別解釋後尙未提出申請遣返之戰俘，及尙未經個別解釋亦未提出申請遣返之戰俘，應分別看管。』要把戰俘隔離，目的是在故意造成種種誤解，使戰俘有口難辯；幾個『立卽』，卽是欲使委員會不暇考慮，對一切表示都認爲是遣返之申請而判定其有效。分三處監管，則志在折散反共義士們的團結並可對各種不同的情形作不同的對付。

（六）『解釋工作之方式程序，以及每日聽取解釋的戰俘人數和名單等，由解釋代表逐日於前一天提出計劃，以便委員會及其附屬機構按照計劃進行必要的安排。』這是說，委員會應該一切聽命於共方的指示，而且時間匆迫，根本來不及提出意見；共方則充分享有機動變化，伸縮自如的方便。

如果所謂解釋工作，完全照共方所要求的那樣進行，我們敢於說，反共義士勢必一個個的被押送回去。這不是說義士們的意志會接受解釋而動搖，而是說，共方有種種辦法，可以違背了義士們的意志，强說他們已志願申聲遣返而予以執行。當然這祇是共黨單方面的要求，中立國遣俘委員會果眞是中立的話，這些要求，充其量祇能供參考而已。那裏知道這個所謂中立的委員會，它訂的『解釋規則』，雖不能說百分之百，却幾乎是百分之九十九的接受了共方的要求。規則全文，已在本月初各報發表，我們無須細引。我們可以於此歸納的指出：(一)規則的第七、第八、第二十二等條，完全同於共方的第一項要求。(二)規則的第十一條，同於共方的第二項要求，僅將所謂附屬小組的數目從四十四個減為三十五個。(三)規則第十八、第二十一等條，完全同於共方的第三項要求，甚至如兩個營帳之類的把戲，都詳詳細細的訂入條文。(四)規則第十三、第十四、第十五等條，完全同於共方的第四項要求，僅對聯軍觀察員給予事後提供意見之權一點，為共方要求所沒有提到。(五)規則第二十條，完全同於共方的第五項要求。(六)規則的第二十三條，完全同於共方的第六項要求。這樣的一個規則，實際上祇是把共方方案在文字上改變了一下，在排列上錯亂了一些而已。

對這個規則，對所謂中立國的其它許多不中立的行動，聯軍方面，總算是提出了抗議的。但那些抗議的內容與措詞，異常溫和，它無法把不利的情勢糾正過來。一直到印軍槍殺義士的案件發生，中韓兩國人民義憤填膺，對印軍一致聲討，並準備以行動來對付之後，聯軍的態度才漸趨强硬，迫使遣俘委員會及印度監俘軍不得不稍稍讓步。但是，前述的那個荒唐的解釋規則並未修改。聯軍方面所能獲得的唯一收穫，祇是印度代表的一句諾言：他承認保證如果戰俘們拒絕聽取解釋，遣俘會不採用任何强迫手段。

誠然，印度代表的此一保證，如果能夠實踐，則共方所計劃的那些詭怪安排，將整個的成為白費心機。我們可以斷言，反共義士們一定會拒絕步入那預設的場所，聽取解釋；解釋無法開始，共方的那一套陰謀就完全無法遂行。

但是，我們也不能過於樂觀。共方面對此種情勢，不會就此甘休。我們對印度這樣的國家，也不敢輕易信賴。他們可能會違反諾言。他們也可能與共方又作好一種秘密的安排，可以在事實上違反了諾言而不為外人所覺察。解釋工作之所以遲遲未能進行，可能正是說明有一種新的陰謀在醞釀之中。我們對義士們的命運，雖有印度代表的諾言，而仍然不能放心。

我們不信賴印度，不敢信賴中立國。我們却信賴聯軍，尤其信賴代表聯軍執行任務的美籍人員。我們不忘記：義士們的安全以及他們最後作自由選擇的權利是經聯軍統帥一再保證過的。我們重視聯軍統帥的保證。因此，我們也有權要求聯軍，對中立國遣俘委員會的行動，應隨時隨地毫不放鬆的監視，有所發現，應立即檢舉，立即糾正，勿使那些志在媚共的所謂中立國家，有一點點上下其手的機會。我們希望反共義士沉着應付。中韓兩國全體人民，將密切注意事態之變化，以正義的力量來作聯軍的後盾，來作義士們的聲援。為了一個原則，為了替將來樹立一個榜樣，聯軍人員與中韓兩國人民的此種努力與奮鬪是值得的。

社論

(二) 寫在反共救國會議之前

今年双十節總統在其告全國軍民同胞書中，說到這樣一句話：「要從速籌開反共救國會議，以擴大我們海內外同胞的意志與民族力量的大團結」。看樣子，反共救國會議快要召開了。

這件事的緣起是這樣的：

今年五月初旬，中國國民黨第七屆二中全會會通過一項「建立反共救國聯合戰線案」。其目的：「務期我大陸上愛國人民、反共武裝、海內外文化學術人士、農工商各界、宗教團體、及一切反共政團社團、同心協力，站在一條戰線上，向恢復大陸失土，重建統一民主國家之目標，携手前進」。其作法則為「建議政府於適當時期召開反共救國會議，在憲法昭示之精神與三民主義建國之原則下，商訂反共救國共同綱領，建立反共救國聯合戰線，以為海內外同胞一致努力之準繩。」

這個消息發表以後，迄今五個多月。在這五個多月當中，政府方面，除掉其發言人有過一兩次極簡單而無所補充的說明以外，沒有甚麼進一步的表示或具體決定；社會方面，其反應也意外地來得冷淡。關於前者，據說是由於政府想多聽各方面的意見和主張，然後根據多數人的意見來作最後決定（見上月十五日香港工商日報所載臺北通訊）。這個報道如果是正確的，政府的態度再好不過了。關於後者，即社會反映的冷淡，這不是我們理想中所應有的現象。我們知道，海內外有若干反共的政團社團，平昔對於反極權(自然包括着反共)、爭民主的工作，做得非常熱烈。現在當執政黨呼籲一切反共集團及各界人士加强團結，舉行反共救國會議，籌議恢復大陸及重建統一民主國家的時候，其反應反形冷淡，這似乎缺乏政治家應有的積極精神。政治理想是無法離開現實政治去追求的。我們希望政府以外的一切反共集團，對這次反共救國會議，事前來一番公開而熱烈的討論，不要持冷眼旁觀的態度。同時，我們也得提醒政府一句：社會方面反應的冷淡，政府也當從自我方面深思其故。

團結反共、團結救國、團結走上民主建國之路，是本刊一貫的主張。四年來我們在這方面發表過若干篇社論，其中講得最明確的，有遠在三十八年十二月五日出版的一卷二期的「論團結對於反共抗俄的必要」、接着有三卷十期的「建立聯合陣線是時候了」、三卷四期的「大家來對一面倒」、五卷十二期的「反共與團結」、七卷七期的「對國民黨七全大會的期望」、七卷九期的「再期望於國民黨者」等篇。其餘在論文及通訊中發表此項主張者，不勝枚舉。現在由於國民大會至遲須於明年二月二十日以前召開，同時也由於國際形勢的種種變化以及變化中所顯露的趨勢，都使得政府認爲召開反共救國會議，已臨到「適當時期」，而開始各項洽商了。這時，我們應當仍本一貫的立場，就我們對這件事所考慮到的幾點提供希望和主張。

第一、我們希望：在反共救國會議召開以前，各方面要具備一個精神條件——天下爲公，互信互諒。本來，這種反共救國會議，純屬政治性的，沒有甚麼法定的權力。但是，政府既要召開這種會議，就應當賦予一種「默許的」權力。會議所得到的結論，應保證其經過法定程序付諸實行，而不是以這種會議作政治上的裝璜。同時，與會的反共人士，對政府也當有此信心。這一點是必要的。不具備這個精神條件，這次會議就沒有意義，也不會有成果的。

第二、我們主張：反共救國會議應在國民大會之前召開。第一屆國民大會代表，在目前情勢下，不能如期改選，自應依照憲法第二十八條第二欵「每屆國民大會代表之任期至次屆國民大會開會之日爲止」的規定，繼續行使職權。同時，也由於目前情勢的關係，反共救國會議的召開，是有其高度政治性的。這個高層的政治性會議，應該開在國民大會之前，讓它對於國民大會所要做的事——如選舉總統、副總統，以及憲法修改與否(我們是反對修改憲法的)等大問題，作一番商討。這種商討對於國民大會雖不具有法定的拘束力，也應有實際的影響力，經由國民黨黨團運用，使其在國民大會中實現。

第三、我們主張：反共救國綱領必須顯示出我們國家前途是趨向民主的。製定反共救國綱領，是這次反共救國會議最主要的工作。這個綱領的目標，一方面在反共救國，一方面在「重建統一民主的國家」。我們不容許在反共的藉口下，有些與反共實際無關的反民主反法治的措施。尤其是關於百年大計的教育部門、經濟部門，更不容種下反民主的因素。這一點特別關係我們國家的前途，在反共救國綱領中必須有明確而有效的規定。

第四、我們希望：政府在召開反共救國會議以前，做幾件一新耳目的事，顯示我們的反共，爲的是民主和自由。我們可以想像得到，在反共救國會議當中，少不了對於近年來政府的施爲加以檢討。政府方面，語言的答辯遠不及事實可以塞人之口。所以我們希望政府要動制機先，最低限度要把若干違反法治精神的事件糾正過來（法治不一定是民主，但民主的起碼條件要尊重法治。這一點本刊在四卷二期社論「建立現代化的制度」一文中已說到。）在這方面的全盤檢討，本文勢不可能。我們只能就本刊曾經論及的事件檢出二三事來舉例。例如青年反共救國團在法律上的地位如何？成立後其工作效果是正的還是負的？訓練機構的林立，是否對於教育體系的完整性有所防碍？又如軍法方面拘捕的手續及其拘捕後不即審訊，判定無罪時，仍須取保始行開釋，是否違背法治精神？再就本刊上上期所指出的臺灣省教育廳那紙命令，是不是對於法治前途沒有嚴重的影響？這類事體，既經輿論指出，而政府竟置若罔聞，我行我素！我們常常沉痛地感覺到，這種態度都是我們政府不能見諒於國人的地方。玆當以民主團結爲號召，召開反共救國會議之際，我們懇切希望政府在這方面要做些糾正工作，不必等待對方提出始來應付。範圍牽涉得太廣的，容或不是一時可以糾正過來，也當開始作糾正的準備，至於上例中最後的一二事例，其糾正易如反掌，政府何樂而不爲？

臺灣，在今日自由世界中的戰略地位，是確定了的；臺灣所保有的軍力，對於中共政權也確是一大威脅。但在政治方面，對大陸我們要加强政治反攻，以民主對極權，以自由對奴役，以法治對獨裁，增强大陸人民對我們的嚮往；在國際上我們要表現和自由世界精神上之一體，因而維護並提高國家的政治地位，不僅使自由中國在聯合國的代表席位得以永久保持，而且要努力增高我們國際的聲望。朝這個目標走，我們應革新的事體多得是，而召開反共救國會議未嘗不是一個好的開始。但我們認爲，這個會議要各方人士踴躍參加，要會後大家歡欣團結。我們上述的這幾點希望和主張，應該使其實現。

日本往那裏走？

徐逸樵

一　不安的政局

日本從接受波茨坦宣言起到現在已經八年多了。回顧這八年多困難的經過——從受降，而「虛脫」[註一]，而遭劇烈的「改革」，而講和獨立一直到目前——有許多外國人，尤其是來自近隣的觀光者和考察者，多說他復興得很快，繁榮得很速，從而驚異者有之，羨慕者有之，嫉忌者有之，恐懼者有之，交織着以上各種複雜的心理者亦有之。日本人自己呢？看法却不同了。樂觀些的說，基礎是有些了，前途還是困難的。悲觀些的說，復興是表面的，繁榮是外觀的，已有的基礎是空中樓閣的，未來的瞻望是極少光明的。而主政者則說，困難固然很多，悲觀却可不必，只要政局能够安定，對於眞實的復興和獨立是有把握的。

看法既然那樣不同，那末究竟那個比較的對呢？實在說一句，主政者的看法還是有其見地的；問題在於怎樣去安定和是否能安定。

可是談到安定不安定，關於未來的要看今後的發展，關於過去的却是可悲的連續。尤其從近一年多來的情形看，其他方面的倒漸漸安定下來了，而關於政局方面的，反而更顯得混亂和不安些。這眞是日本政府乃至各政黨煩悶的地方，也可說是他們有些自愧的地方。

你看吧！在一年多前，工人向雇主和政府吵，青年向學校和當局吵，中小企業者向大資本家和政府吵，工人和青年聯合起來又向政府、資本家乃至美軍吵……吵得不亦樂乎，都是眼前的事實。一年多來呢？吵，固然沒有停止過，可是由於一連串的新法令的頒布和舊法令的改訂，吵的情形好多了，看趨勢，一定還要更好些。可是政局方面呢？不到半年而二度大選，以前沒有過；不上一年而二大政黨均陷於分裂[註二]，以前沒有過；追加和正式預算不能如期成立，要靠至再至三的「暫定預算」來接氣[註三]，以前沒有過；在新國會中（第十六次特別國會）大打出手而至於那樣壯烈血腥，以前也沒有過。從這種種看，能說政局比其他方面更安定嗎？

最近由於美國的壓力，加速擴軍已成定案了。然而處於這一大局面，吉田自由黨又將怎樣取信於國人呢？[註四]，怎樣增加其與黨的力量呢？怎樣和野黨們周旋角逐呢？改進黨和鳩山自由黨又將怎樣施其縱橫的妙技呢？社會黨左右二派又將怎樣自强和反擊呢？這中間，複雜錯綜該是極其奧妙的，奇離變化該是極難懸想的。較遠的將來且不去問他，行將到來的更不安那是必然的。

總括說一句，不安確是日本政局的樣相。幾時能安呢？當然是個大難題。不過我們首先應該認清楚，日本的不安決不應單純歸咎於各黨的自私和無能。「自私」「無能」是我們常聽到的責備話，然而這種說法明明太膚淺。爭吵應有其更根本的原因，不安應有其更深刻的所以。感情的離合或私慾的衝突當然是有的，然而靜觀八年來驚浪險濤的衝擊而細究日本不安的究竟，頭腦冷靜者焉能一概以「自私」「無能」而輕率了案呢？

我們要問的是「日本往那裏走？」這是一個多麼困難的問題！可是今天是明天之母，而現實乃是發展之本。我們如果能够平心靜氣弄清了以下的問題，那末對於日本的將來，也就不難有把握的可能了。那些問題是：㈠內在的變化究竟如何呢？㈡外在的發展究竟怎樣呢？㈢掌握戰後實際政治的究竟是那一些人呢？㈣保守和革新二大勢力之爭的瞻望如何呢？可是我得補充說一句，我所謂將來並不是指許多年以後；遙遠的將來也許只有神知道。現在讓我們先看八年來內在的變化。

二　內熱未清

日本在戰前是亞洲的首强，强得要做「大東亞圈」的主人。他的强，强得很特別。第一，他是以天皇爲中心的軍閥、財閥和官僚相結合的半封建的支配集團的國家。第二，他以其特有的神話式的忠君愛國的超國家思想教育其國民，國民久受其思想的催眠，除少數人外，均樂爲其支配集團用。第三，他患資源的貧血症，所藉以維持並發展其繁榮和强大的，完全靠國內的大工業和取自海外的大量資源這二個條件的相輔相成。原料的取得直接間接靠武力作後盾，取得的地方十中八九是近隣的弱國。這些是戰前强大日本主要的特徵，其爲特別是史無類例的。

然而這樣一個具有特殊性的强大日本，八年前，完全垮掉了。垮掉以後的管理者，表面上是盟國，事實上是美國。在管理的初期，一切遭「解體」，一切遭「顚覆」，一切遭「改革」，代之而起的是嶄新的民主的東西。此時之爲民主的也，除掉虛有其名的天皇以外，一切比美國本身的還更高度些。因之在當時，大有「太平洋上的瑞士」[註五]呼之卽出的樣子。然而這樣的悲喜劇是爲日無幾的；僅僅不過一年多，這場戲漸漸停演了，漸漸換成另外一場了。這新戲日本人稱他爲「復古調」或「開倒車」，幾時上演的很難說。如果一定要指出上演的時間，只有說是在「杜魯門主義」[註六]發表的前後。「復古調」或「開倒車」，當然是一個挖苦的，然而却是一個極普遍於日本的稱呼，正統的說一句，那就是「政策的轉換」了。這「政策的轉換」當然是極費苦心和氣力的，因爲在短短的期間，本來是從右推向了左的，現在又要從左拉回到右。這一下强力的拉回，被分散了的要使他「集中化」還元，被分權了的要使他「集權化」還元，被自由了的要使他「安分化」還元，被摔倒了的要使他返回「建立化」還元，被「人間化」了的要使他「神格化」還元：：借用日本人自己的說法，「被民主化了」的要使他「復古化」還元。這該是多費苦心和多費氣力的工作！

這工作論理論情決不是三年五年可以做好的。這工作到現在當然還在拚命的做。那末究竟做到怎樣程度了呢？從華府看，早已差不多了，而從日本主政者看，還差得很遠。這樣看法的不同，便成了美日不能統一步驟的主因。舉例說，關於日本加速軍備的問題，美國要他快幹大幹，而日本主政者硬說只能漫幹小幹。美國說，條件已經成熟了，要修改憲法也可以了（註七），所差的只有錢不够一點囉。這裏有的是軍援（M·S·A援助），又爲什麼不那樣幹呢？而日本主政者却說，精神的「振興」還不够，國民的凝結還不堅，經濟的回復還差得很遠，國際的情勢還須得等待，改憲的時機還未成熟，如果在今天而大幹快幹，那是一定會出毛病的。錢，當然是好東西，可是最好能够許我多用於生產的發展和經濟復興方面，少許的用於擴軍方面。於是內心中自言自語的說，經濟自立和繁榮乃是我們眞正自立的大本啊，你難道不知道嗎？這樣看起來，關於那個「政策的轉換」的眞目的和其進行過程中的評價和轉用，二國之間還不是顯着濃厚的出入嗎？

其次，說到那個「政策的轉換」的開始和其進行，我們更得了解的是：日本各政黨之間，一開始，就顯出立場不相同，意見有出入，從而影響於一般國民的和受到一般國民的反影響也很大。就上一個例子——整軍問題來說，整軍當然不僅關係到憲法應否修改和國家經濟是否可行的問題，同時又牽涉到整個經濟和貿易政策應該如何的問題，財政和金融政策應該如何的問題，土地和農民政策應該如何的問題，生產重點的配列應該如何的問題，勞資關係的調整應該如何的問題，勞工運動的對付應該如何的問題，教育的、文化的、社會的、信仰的政策應該如何的問題等等。如此接二連三的連鎖着，決不是簡單易與的東西。簡言之，要看對於這些如何問題的做法如何，當然會畫出各種不同的日本的新面孔來的。而事實上，對於這些如何問題的看法，各黨之間一開始也就發生了或大或小或多或少的出入，因之關於整軍的問題，各黨之間一開始也就發生了爭執和吵鬧。現在的執政黨關於這個問題的主張和態度剛纔已經說過了。就我看，現在的執政黨，儘管最近因受美國的壓力，做出了一些積極的表示，然而如果美國不再施雷霆萬鈞的壓力，或者美蘇之間的武力衝突不是到了爆發點的眞邊緣，他的那一種基本的態度還是不至於會劇變的。那末其他政黨呢？改進黨和鳩山自由黨的態度似乎積極些，然而那種積極性分明是有限度的。他們所以顯得積極些，大部份是想利用美國的心急病和美國關於這一問題對吉田的不滿，從而企圖由此增加攫取政權的可能性。他們的積極性所以很有限度的，因爲他們深怕一般國民的擴軍的要求還只有那一些，如果更要大膽的主張，便會更不利於下次的競選（註八）。至於他們如果眞正取得了政權是否還會那樣的積極呢？我想他們自己該明白，日本人也不至於不明白的。左派社會黨呢？大家都知道，他基於對那些如何問題特有的看法，不但根本反對更擴軍，而且根本主張不要軍——連現有的「蝌蚪式」的雛形軍（註九）都要取消他；不但根本主張不要軍，而且主張現有的「對日和約」乃至「美日安保條約」都要變更他和廢除他。當然的，他因有其另有的世界觀，因之罪之者，都說他是容共的或者有容共嫌疑的，然而他之有了那樣的主張，那是一個實在的事實，而他居然還進展到了日本的第三黨，也是一個不能否認的事實。右派社會黨呢？大家也知道，他也基於對那些如何問題特有的看法，認爲軍隊的規模最多只好止於現在的程度，甚至還好減少些。他對於「對日和約」的態度雖然是肯定的，然而對於「美日安保條約」認爲應該修改的，對於「美日行政協定」認爲應該廢除的，對於談判中的軍援認爲應該反對的。

這樣看下來，我們對於「政策的轉換」之反映於日本政界者，似乎不妨作如次的結語：就美日關係說，日本政府對於美國在作不斷的抵抗（註十），就日本各黨的關係說，他們以轉換了的政策的發展爲中心，又在不斷的猛烈的作相互的鬪爭。至於其他各在野黨的美國觀和民衆的在野黨觀乃至美國觀，容可推而知之，不必多說了。見解立場之不同而影響於現實者如此，日本國步之運行亦誠難乎哉！這是八年來日本內在的變化和其表現於政局者之一端而已。吾無以名之，名之曰「內熱未清」。

然而以上所談的種種，還只是內在的變化所發生的不安之一端而已，還有那繞日本而新生了的而發展着的情形之對於日本者又是怎樣呢？我們也有一瞥的必要。

三　外感很重

繞日本的區域通稱爲亞洲太平洋區域。在這一區域中的國家羣，在戰前，大部份受日本的控制或威脅，小部份受西方國家的控制或威脅。等到第二次大戰的前夕，由於日本勢力的猛進，這些地方幾乎沒有一處不受到日本重大的壓力。至於對這些地方的原料的取得和市場的擴大，日本尤其到了得心應手的境界。然而這樣洋洋前途的場面，一到大戰的結束，面目全非了，景象全改了。到現在，除掉朝鮮北部和中國大陸以外，取往日日本勢力而代之的，乃是一個强大的美國。往日和强大日本勉强可爭一日之長的西方諸勢力，經過空前的大戰，氣窮了，力竭了，控制勢力退潮了，其殘存的力量之不能與今日强大美國在這一區域者相較，實遠在與往日日本勢力相較者之下。然而這一廣大的區域，正因爲今天日本經濟自立的困難，其在原料取得地和商品市場上的價値，對於今天的日本，實不知幾多倍於往日日本所作量者之大。可是今天日本之需要於他們者旣如此其大，而他們對於日本所期望者則又如何呢？事實不斷的告訴了我們，由於戰前戰時日本所積的惡德和這一區域中戰後民族意識的高漲，日本所蹠到的乃是冷酷的面孔。親善也，合作也，投資也，技術援助也，……，親善之使節不絕於途，而反應却是連續的冷水。他們同聲異口的在說；如果日本有力量可以代人開發和投資，又爲什麼不給我們以應付的賠償呢？於是日本啼笑皆非了。日本所以蹠到那些冷酷的釘子，口蜜而惠稀，一毛且吝拔，固然也是值得日本猛省的主因，然而儘管美國在那裏替日本撐腰，老提出「援助日本開發東南亞」的諾言，而其開發之見諸事實者，大有類於蝸牛之移行，則斷爲不容看過的事實。你看吧！眼前的日本參議院「東南亞親善使節團」，不是在馬尼拉看冷面孔嗎？（註十一）眼前的日本駐泰國大使太田一郎返國之行不是爲向政府訴苦嗎？（註十二）然而泰國之於日本還是幾十年如一日的好朋友啊，則其餘可以不問矣。

日本今天所以能够勉强支持其浮萍式的「繁榮」，大家都知道，完全靠着那些朝鮮戰爭所賜與的「特需物資」和「新特需物資」的花費，駐日美軍和其眷屬在日本的花費，接受美援的近隣諸國落在日本的所謂域外採購費，還有那成億美元的所謂「不名譽的」「麵包小姐」們的大量收入。如果這些收入而一旦中斷，其勢等於宣告日本的經濟死刑。當然囉，如果日本接受了美國的軍援，其中不是沒有經濟價值可以吸取的，然而這價值之遠不足以補償擴軍的開支和韓戰休止後可能的損失，乃是日本政府籌熟慮深的事情。對外貿易呢？日本每年入超在八．九億美元。這個巨大的漏洞完全要靠剛纔所說的那些隨時可以斷氣的收入來填塞。原料的來源呢？大部要靠美元區域來供給。這些價高路遠的原料，在日本人看，等於口渴呷鹽滷。然而處境如現在的日本，又有什麼旁的聖水可得呢？

日本的經濟的依存情形如此其尷尬，於是絕望之眼頻頻瞅向大陸了。然而在和共產集團作殊死鬬的今天，以領導者自許共許的美國，又怎能輕易允許日本作分外之想呢？

我們談日本外在的變化之對於日本者且止於此。一言之，這種種實無一而非釀成日本不安的要因，並亦無一而非決定日本動向的要因。

四　人猶是也

我們在前面，對於日本內在的變化和其周圍的發展已經粗粗提過了，現在讓我們來看看八年來掌握日本實際政治者究竟是那些人。

談到人，必然會使我們回想到八年來日本的政黨和內閣史。八年來日本的內閣有了九個。第一個和第二個是東久邇和幣原內閣，時間非常短，性質是「擋箭」（註十三），且不去談他。幣原以後一直到現在，都是通過大選組成政黨而產生內閣的所謂政黨內閣。這中間，除掉片山哲和蘆田均短短的二任以外（註十四），其餘都是以吉田爲首的自由黨內閣。片山的是社會黨內閣，論理應該說是革新的，蘆田的是民主黨（現改進黨的前身）內閣，是保守的，吉田的是自由黨內閣，也是保守的。我們分析幣原以後的七次政權，有二點應該特別看清：其一是，連其中的片山內閣實質上也是保守的；其一是，日本戰後的保守黨，如果稍稍追溯其源流，實無一而不循環着其戰前祖先的濃厚的血液。而這種血液，正是覘日本的現狀和其將來者極應該重視的因素。

首先應該說明的是，爲什麼片山社會黨內閣實質上也是保守的呢？第一，他是和當時的民主黨及國協黨聯合組成的。這二黨之爲保守的，乃是衆所周知的。第二，他的閣員屬於社會黨的只有七，而屬於民主和國協黨者却有九（民主七，國協二）。論數字，保守的成份多於革新。第三，社會黨出身的閣員中無一左派者，連片山本身在內均是右派。所以無左派，由於不見許於此時連自由黨也在內的保守的各政黨（注意：此時社會黨係整個的，左右二派之分遠在其後）。論本質，保守的成份也多於革新。第四，他是社會黨和自由、民主、國協三黨簽訂了一個「四黨政策協定」而後纔得產生的內閣。這協定對於社會黨是一個賣身契；簽訂時大大冲淡了社會黨的革新政策，執行時又大大洗刷了殘餘的革新色調。這樣看起來，片山社會黨內閣還不是成了保守政黨的俘虜嗎？他還不應該和保守內閣等量齊觀嗎？我們所以特別指明這一個唯一的所謂革新內閣，而仍不免爲保守陣營所俘，無非在指明保守勢力之於戰後的日本是怎樣根深蒂固而已。

於是讓我們來看看，日本戰後的保守政黨怎樣在流着其在戰前祖先的濃厚的血液。

日本現在的三個保守黨，在幾個月前，本來只是二個。這二個——自由和改進——在戰後八年中，均已黨名數易。自由黨最初叫做日本自由黨（一九四五年十一月鳩山一郎成立時），一九四八年叫做民主自由黨（吉田爲首），到一九五〇年纔改爲現在的名稱——自由黨。改進黨最初叫做日本進步黨（一九四五年十一月町田忠治成立時），一九四七年叫做日本民主黨（蘆田均爲首），一九五〇年又叫做國民民主黨（苫米地義三爲首），到去年纔改爲今天的名稱——改進黨（迎重光葵爲總裁）。然而名稱儘管屢易，而其主流不僅和當初的沒有二致，而且和其在戰前的也沒有大殊；充其量，不過有些人在二個黨中轉來轉去而已。然而這是無傷大雅的；同是保守的，不是走胡越，「血濃於水」的（註十五），那有什麼關係呢？

茲所云云僅係戰後八年間之事而已。然則所謂有其「戰前祖先的濃厚的血液」者又是什麼意思呢？這可以從各方面來看。

先從系譜方面看。自由黨是戰前政友會的系統，他的始祖可以追溯到一八八一年，這個始祖的名字也叫自由黨（板垣退助初𠜱）。改進黨是戰前民政黨的系統，他的始祖也可以追溯到一八八二年，這個始祖的名字也叫做改進黨（大隈重信初𠜱）。日本現在的保守黨的首領，每好以明治元勳自期，吉田首相之具有這樣的抱負，那是衆所周知的。這樣看起來，名字和始祖相同，當係「承志」「追遠」而非「巧合」，而以此推而演之，則今日的鳩山自由黨之終將與其本家重合，殆亦爲冥冥中所應呵護乎？

再從構成方面看。自由改進二黨在八年前成立的時候，人馬都是戰前政友會和民主黨的老班底。八年來當然有些變貌了，然而那是出於這樣的緣故，是決無傷於體系的：㊀成立的前後受了大肅清，被認爲有黨同或追隨侵略之疑者大大被盟軍總部所追放[註十六]，於是只好提拔一些後進來臨時補充。然而那些被提拔的後進們，不是和舊政友會或民政黨有緣的，也是「舊內務系統」或「舊大藏系統」[註十七]的中堅官僚們。中堅官僚之改變爲黨幹部，乃是日本保守政黨的古風，是決無碍於家傳的；㊁舊班底的色彩只有短短的時間內稀薄一些，其後被肅清者陸續恢復了自由，也就陸續回到了老家。這幾年(特別從去年年初起)，一方面所以吵架極兇，就是保守政黨的古色蒼然，而一方面所以愈益顯出保守政黨的古色蒼然，因爲老班底回家的緣故；㊂老班底中也有老死者，也間有落伍者，這也不失爲多少變了外貌的原因，然而這是極小的小事，更無傷於光榮的傳統的。這樣看起來，日本戰後的保守政黨，如其說是「成立的」，毋寧說是「改組的」，如其說是改組的，毋寧說是「繼承的」，還更妥當一些啊。

再從基本信條看。日本保守政黨最重視的還是承自戰前的「護持國體」。日本的保守階級，在戰爭末期所以不惜「一億玉碎」[註十八]，是爲着「護持國體」，在緊要關頭所以揮淚投降，也是爲着「護持國體」[註十九]。日本的保守政黨乃是名實兼具的代表着日本保守階層的政黨，「護持國體」對於他們當然是「無上命令」。關於這戰前的事實太多了，可以不必提。只就戰後的事實而言，日本進步黨也好(現改進黨的前身)，日本自由黨也好(現自由黨的前身)，在其成立當初的宣言和綱領中，也無不以此爲其最高的使命。「護持國體」原是護持日本精神的大本。「國體」一護住，「旋風」[註二十]一過，當然又是麗日當空的天氣。會憶吉田首相有「臣茂」和「帝國日本」[註二十一]的用語，阿之者釋爲這是老首相的年老失言。「疾風知勁草，板蕩識忠臣」；自方於吉田者豈止晨星而已，如「臣茂」者安可釋爲首相年老失言乎？

繩繩繼繼的緒統賴以存續和光大原要靠人。這裏所說的只是一鱗半爪而已。這樣看起來，掌握戰後日本的實際政治者該是誰呢？

五　保守乎？革新乎？

到現在爲止，掌握戰後日本實際政治者是誰的問題，這已是明如觀火的事實，可以不必多說了。我們在這裏首先要問的是，在最近的將來——譬喩說，在三年五年之間，假定沒有足使日本旋轉乾坤的外力突然發生的話——究竟日本的政權依舊還是保守政黨的天下，或者社會黨有取而代之的可能。

關於這一問題的答案，我認爲對於社會黨是極少有肯定性的。第一，社會黨要有取而代之的可能，至少需要二派重新合攏，而保守政黨則仍爭吵如故。然而根據種種事實的啓示，這二派縱有合攏的可能，而在將合未合之間，必然是保守政黨的大同團結捷足先登。因爲「血濃於水」和「鬩牆息爭」的道理，保守方面比革新方面懂得多。第二，這幾年來日本政府一切的布局都是有利於保守勢力的維護和擴大，同時美國之不願意革新勢力的上台，那是毋待申明的。第三，社會黨左右二派的世界觀不同，而保守方面則無殊，因之在緊要關頭，必然是保守方面的聯合易，而左右二派的統一難。依我看，二派就各個政策更謀接近些，以便就各個問題多和保守陣營抵抗些，那是時勢所必趨的，至於合而爲一的可能，除非客觀情勢有甚大的劇變，從而給他們以極大的刺激。然而這樣的劇變，在最近的將來，似乎很少有發生的可能。第四，社會黨的地盤在工會，一部份有組織的農民，一部份都市的選民和許多智識份子及青年。這裏面，許多青年和智識分子，因受新舊法令和措置的制限[註廿二]頗有被迫轉換方向的趨向；許多農民和都市選民，也因受現實環境的影響，不無轉向於保守政黨的可能。保守政黨呢？都會的勢力不弱，農村的勢力更強。他們利用現存的政權(尤其是自由黨)，替農民修修橋，舖舖路、搞搞水利，施小惠以見好於農民，都是有利於當選的因素，而政權落空的社會黨無能爲也。這樣類似的方法當然也可應用於都市，於是保守政黨的地盤，在現狀中，只有顯其強而不易衰落。

我們從這種種方面看，在最近的將來，可知社會黨實至難有掌握政權的可能，於是，還是保守政黨的天下。

可是日本保守黨之在現狀中有三個，在最近的將來——又譬喩說，在三年五年之間——又是誰的天下呢？關於這一問題的答案應該是這樣：仍是自由黨的成分最大，聯合政權的可能次之，改進黨政權的可能極少。爲什麼呢？改進黨不但力量弱，分子雜，主要政策欠實際而不能日即於選民的要求(例如急擴軍的主張)，同時黨首重光的統御力也有問題。這問題在於重光乃係婆婆後來的身份，而其專斷自用也，初不讓於吉田[註廿三]。大家都知道，改進黨有類於雜牌軍，這枝的統帥是否能夠凝集軍力而與強敵決勝於疆場，當然是大問題。鳩山自由黨呢？力量太單薄了，自然要徬徨。況且吉田自由黨中尚有許多鳩山的老同志和老幹部；這些人，從表面看，天天在關懷鳩山，而事實上是天天替吉田拉攏。從傳統和趨勢看，如果吉田能夠因勢而敞開大門，略以誠意相見於遊子，則鳩山自由黨之復歸或瓦解終不在遠。改進和鳩自的情形既然如此，則吉田自由黨的實際比重自然更大了。

吉田自由黨最近弱多了，這原是事實。然而改進和鳩自既有類於不起之身，則在相對方面說，毋寧可說吉田自由黨反多重振旗鼓的機會。事實上，自由黨從鳩山派分家以後，內部的凝結力反而強多了。凝結力一強，內顧之憂就少，就有四向以圖拓展的餘力。吉田最近天天喊「聯合」，實際上，這種表現的眞意，對於國民無非是爭取同情，對於改進和鳩山派無非是先禮後兵的預告。戳穿說一句，有利於下次大選的佈局是眞意，聯合云云的意外收獲是副次的。看吉田的性格作風乃至過去爭取政權的手法，若非對方降格相求，那會有遷就號令不統一的聯合的道理呢？

總括說一句，如果客觀情勢無極大的變動，看來日本往後幾年間還是自由黨的天下。

六　「獨行其是」的壓力

關於八年來日本內內外外的變化粗粗說過了，我們對於此後日本的路徑應該有了判斷的線索了。可是還有一點應該提一提，那就是美國對日政策。因爲居今日而談日本，當然不能離開美國的對日政策的。

談到美國的對日政策，腦子裏就會立刻浮出杜勒斯今年一月廿七日的一段話。這段話是他在那一天下午十點半通過華盛頓的C·B·S電視廣播臺說的，等於他就任國務卿前對國民的一段宣言。他說：

『如果聯共乃至中共一旦支配了日本和他的偉大的工業力的話，他們就可以使用那偉大的工業力，去製造乃至加工來自大陸和滿洲的原料物資了。萬一事情到了這樣的地步，那對於我們該會是怎樣的不幸啊！

即使在那日本獨力作戰的時候，即使在那中國會爲我們的盟邦而蘇聯會爲中立國的時候，那時我們和日本在太平洋上周旋，尚且那樣的困難，那末如果中國和日本搞在一起的話，我們在太平洋上的地位還了得嗎？史達林曾經這樣得意的說過，如果掌握了日本，蘇聯就處於不敗的地位了。這話當然是不能輕信的，可是要不得了的一點，却是應該覺悟的啊！』

同樣的說法是常常出諸美國要人之口的。意思原來是什麼呢？就是非爭取日本不可；就是非和聯共乃至中共爭奪日本不可。

事實上，爭奪日本並不是今天、昨天或前天開始的，至少在廣島放下第一顆原子彈的瞬間已經於不語中宣佈了(註廿四)。其後對於日本許許多多的改革和措置，無非要想把日本重新改換過來，收到自已藥籠中去而已。然而冷戰進展得太快了，局勢緊張得太速了，於是道袍不能不趕快脫下了，政策不能不作一八〇度的急急廻轉了，這就是從一九四七年起一直到眼前爲止的由來。

到現在，我們看艾克政府的對外政策，很明顯的，和杜魯門的有二大點不同：一點是，對於太平洋的比重大大增了。一點是，他在「獨行其是」(“Go it alone”)了。「獨行其是」是有其許多背景，必要和證據可尋的，這說來可太多，不是本文的主旨。可是有一點特別應該指出的是，要在太平洋上獨行其是，首先要更加緊的和更牢固的抓住的對象當然是這個「偉大的工業力」的國家——日本。

同時還得指出的是，這個「獨行其是」的新政策乃是出於塔虎脫的發意的。塔虎脫別號 Mr. Republican，在共和黨中地位之高和對艾克政府影響力之大是無待說明的。他在本年五月廿六辛西那堤(Cincinnati)極有名的演說中(註廿五)有一段這樣說：

『美國關於遠東是決不以聯合國的存在而有所介於懷的；美國是不妨進行其獨自的政策的。』

這就是「獨行其是」的公開的宣佈。他對於美國政策的轉換和其對於聯合國乃至其他國家的關係，在那次演說中，乾脆的作了這樣的主張：

『顯然的，我們的政策是不以聯合國的爲依據的，我們的政策並不以其他任何國家的爲依據的……我們的政策並不是通過聯合國纔進行的政策，而是憑着軍事同盟的政策……。』

現在塔虎脫死了，然而他的主張和精神當然還是根深於共和黨，蒂固於艾政府的。如果現政權不變，這種主張在論理上是不至於會變的。在二星期前，杜拉斯在聖路易的退伍軍人大會上會作類似的演說，可見艾克和杜拉斯只是塔虎脫政策的執行人而已。杜拉斯在那次演說中有一段這樣說（末尾所引一段是演說的結語）：

『我們一切的行動是被支配於一個平凡的感情之下的，那就是要求我們國家的繁榮的促進而已。』

……………………………………………

『我們爲得要知道他國的希望如何而時時去調查世界的輿論，那是早已無此必要了；我們爲要博得世界的歡心而纔行動，那也早已無此必要了。』

美國的世界政策，尤其對於遠東的政策，既然這樣的大轉變，那末作爲美國太平洋上第一掌握目標的日本究竟將走怎樣的路呢？

七　日本往那裏走？

我們在問日本究竟將走怎樣的路的問題。我們所能爲者，充其量，只能客觀的分析日本八年來的經過，從而整理出來一個可能的動向而已。然而這樣一個動向的尋求事實上原是極困難的。我們基於本文第四第五二節的分析和參酌其他各節的情形，有一點大旨是可以肯定了的。那就是，日本的保守階級，經過了幾年的迂廻和困難，利用了內外的矛盾和現實，已經扶起了一個可以回復到戰前型的日本機體了。這一戰前型的日本機體的物質基礎是一個能够吞吐大量原料的工業力，而他的精神基礎還離戰前的很遠。這一能够吞吐大量原料的工業力的壓倒的部份是軍需生產的力量，可是源源不斷的巨大原料的供給還有待於此後相機去探求。至於離戰前型頗遠的精神力呢？從日本政府幾年來的做法和業績看，到是可以有做到近似於戰前型的。

可是我們要尋問，日本政府努力在做戰前型的日本的目的究竟在那裏呢？關於這個問題的答案，我們只有假定幾個問題來試索：

(一)他是否想走戰前的老路呢？
(二)他是否想和美國同走一條路呢？
(三)他是否想和近隣諸國走和平共榮的路呢？
(四)他是否還有其他想走的路呢？

第一條是指他想單獨走的意思。這一條他已經走過了。他以前尚且走不通，蹤到那樣幾乎粉身碎骨的絕壁，現在主觀客觀的情勢全非了，我想他決無理知、勇氣乃至能力再走的。

第二條的究極目的和第一條差不多，因爲走這一條的主道必然是指向大陸。這一條本來對他是最相宜的，觀念上也很想走的，可是要走這條路，必然需要美國先有不動的決策——要有和蘇俄以兵戎相見的不動的決心。然而日本保守階級必然要愼重的思索：美國究竟有無這樣的決心呢？如果沒有這樣的決心和事實，那又怎樣辦呢？事實上，根據美國要人們多次的表示，這種對蘇「預防戰爭」的成分是極少的。例如杜拉斯會經這樣決然截然的說過(註廿六)：

『爲對抗蘇俄共產主義的包圍戰而要從我們方面來發動戰爭，那是不會有的，是無需顧慮的。當然囉，若干人的口中會經有過這樣的說法：橫竪和蘇俄戰爭是不容易避免的，那還不如提早些開戰的好，因爲愈拖只會愈不利。可是對於這樣的政策，艾森豪總統是極反對的，不必說，我本人也反對的，國務院的同事們和駐外使節們也都同一意見的。以我們的政策爲工具而選擇戰爭，那是我們絕對不幹的。

你們是都知道的，聖經中會經這樣說過：任何弄劍的人是會和劍共亡的。不把這句話作爲信條而服膺的人，强大有力而弄劍的暴君，在我們一代中，已經有過二度了，這是應該記住的。譬喩那德國和日本，好像有莫大的力量似的揮動過那劍了，然而結果不是都倒下去了嗎？』

當然囉，對於二個體制的關係觀，艾克政府的眞意，當然不是「可以共存」而是「勢難兩立」。可是觀察他業已決定而正在積極進行的做法，原亦不過如此二個而已：一個是，把自己和與國的力量不斷的最高度的動員起來，同時用冷戰的方法將他漸漸壓進去(roll back)；一個是，熱戰只限於有了內戰的國家，美國關於這熱戰，在不直接把自己拖進去的範圍內，極力的去援助。這個當然是以「亞洲人打亞洲人」和把這一原則擴大到其他可能適用的地方的政策了。這二個做法對於美國本身的立場所說明的是什麼呢？就是美國不願意自己直接用武力和蘇聯算總賬。於是在這緊迫的空氣下，算盤扣得很精密的極現實的日本的保守階級一定在愼重自問了：對於這種氣寛壽長的辦法，先天不足建立欠穩的日本又怎樣能夠熬得住呢？好容易有些站起來了的日本又怎麼好那樣幹呢？這樣愼重的自問就是吉田政府要不斷主張以「經濟自立」爲第一義的本旨，也就是他對於第一個壓力在不斷的抵抗的原因。關於第二個，極現實的日本的保守階級也一定在愼重的自問了：日共的勢力削減了，內戰的烽火在海外，和平的發展在擴大，美韓防衛條約的簽訂又是增加了我們外圍的安全(註廿七)，這些現實的情形還不是趁時養健了自己的天予之惠嗎？這就是吉田政府一再拖延擴軍的本意，也就是他對於第二個做法不關痛癢和不感興趣的原因。

這樣看起來，我們能說日本政府正在走或願意走那第二條路的樣子嗎？從他幾年來的走法看，最多只能說，被拖一把，就移動一步而已。因爲如果不跟美國勉强移動些，在他的打算，那是會食不我予而要倒下去的。

那末第三條路如何呢？這是社會黨以左的想走的。可是他們不是主政的黨，湊不上保守政府的調子，我們在此不必談。現在的政府呢？他是要走的(請注意：我會經說過以後還是保守政黨的天下)，走的空間狹一點。他天天在喊「善隣友好」和「共存共榮」，就是最好的證據。可是他那些近隣之間，矛盾多，隔膜多，觀念上認爲可以走得通，而事實上却是不容易走通的。第一，他在近隣所播的種子太壞了，因之近隣對他多惡感，存戒心。第二，賠償問題不解決，終難有打開隔膜的可能。第三，他表面强了，至少在近隣看是强多了，於是對他有恐怖。如果他大擴軍，惡感、戒心和恐懼將會併發起來，索償之念將會增强起來。因爲旣能擴軍則何不付償，那是他們必有的心理。第四，他在這些地方有宿敵；斜陽似的西歐勢力正在試魯陽之戈。第五，他要靠美國作介纔能暢通，而介之爲物，對於暢敍幽曲終有些那個的。至於他和韓國的關係，我們眞替他憂慮。好在有美國在上面，抓破面孔該不至於有的。

那末，第一條不會再去走，第二條不像正經走，第三條不易走得通，是否還有其他妙道在心呢？應該是有的。在現在和最近的將來，他在走第二條和第三條。將來呢？他是特有的日本保守政黨的代表，他有其特有的民族自尊心，他有其特有的民族現實感，他有其特有的階級傳統性，他自有其特有的想法和做法。如果不以爲唐突和傷感，那末固本沉默而待機，應該是他的最高原則和最深心事吧。

往來於邱吉爾腦中的是大英帝國的光榮史，往來於阿登納腦中的是大德意志的光榮，那末往來於吉田茂腦中的該是什麼呢？民族的自尊心和自强慾是不易輕滅的火，他們所寤寐以求的還不是這火的一種表現嗎？

可是話路又得轉回來。目前和最近的將來，日本究竟是離不開美國的。如果美國一定要迫他同走，那只有一邊嘰咕着而一邊且走着。「美國萬能的幻想」("Illusion of American Omnipotence")這一句話是眞的嗎？對於日本又是一個最大的試驗了。

一九五三・九・十二　於鎌倉山之茅屋

註一　日本敗降初期，受盟軍總部大破壞和大改革，舊的近於完全剝光，新的跟着滔天而來。舊魂離去，新魄不安。日人名此一階段的狀態爲「虛脫」。

註二　社會黨一年前分裂爲左右二派，各立門戶。自由黨四個月前分裂爲吉田自由黨和鳩山自由黨，亦各自爲炊。

註三　日本在本年四月大選前後，政府多時不定，追加預算及正式預算均無法成立。在這期間，「暫定預算」權充開支者至於數度，日人名之爲「金魚之糞」，極言其細細的而又是將斷又續的靈魂一樣。

註四　吉田在國會中(從去年來)常常否認政府有擴充軍額之意，並且常常說政府決不建軍。這樣的說法不知有幾十次甚至還更多。一二個月前還是那樣說。

註五　麥帥涖任之初，對於日本，一切向民主的，自由的，不使他再捲入戰爭漩渦的方向改革，並不時以化日本爲「太平洋上的瑞士」許人。

註六　「杜魯門主義」(Truman Doctrine) 之稱，始於杜魯門一九四七年三月十二日在美國會中關於美國外交政策劃期的宣佈。以後美國關於反共的一切對內對外政策和措置，都是從這個主義發展出來的。

註七　根據「日本國憲法」第九條，日本無保持「陸海空軍及其他戰力」的權利，並沒有和他國交戰的權利。因之欲建軍，非修改這個憲法不可。

註八　日本今年四月衆議員大選，改進黨獲得議席七十六，鳩山自由黨獲得三十五。這數目和當初他們所自期的差得很遠。他們對於重整軍備的主張都比吉田自由黨積極，而當選者則遠遜之。所以如此，選民認爲軍備並不需要那樣積極，似不失爲原因之一，此則可於那次選擧的統計中看出。詳見本刊八卷十期「進展中的日本選民意識」。

註九　日本現在的軍隊究竟已成軍隊了或者還沒有，卽已化成靑蛙了或仍爲蝌蚪，日本人爭辯甚烈。政府黨認爲不能算軍隊，意思就是蝌蚪而已。

註十　「抵抗」和反對有別。反對通指爲「反美」，而抵抗則係指某一政府對於美國强其同意的政策的抗爭。這樣的用語日本報上亦常見之。例如上月十八日「讀賣新聞」朝刊關於最近杜拉斯吉田會談的情形，卽標有「吉田首相的抵抗」的大標題。那次會談的主旨是杜拉斯要吉田從速擴軍。

註十一　日本參議院「東南亞親善使節團」近到菲律賓，菲外交部次長大旨這樣的諷示他們：日本既有那樣的「東南亞開發新計劃」和那樣美好的商品樣本，爲什麼不優先付給被害國應得的賠償呢？詳見上月廿八日日本「產業經濟新聞」馬尼拉電訊。

註十二　日本戰時中軍隊開入泰國，在泰發行「特別圓」十五億，價値等於現日幣一兆圓。當時約定以等價日本貨物逐次償還，然仍毫未實行。現在泰國索償，日本駐泰大使太田一郎乃不得不回國訴苦。詳見上月廿六「朝日新聞」朝刊。

註十三　東久邇和幣原二次內閣之間，麥克阿瑟改革之風方熾，其勢若萬弩齊發，銳不可當。這二個內閣的任命乃係日本政府有計劃的措置。吾人無以名之，姑名之爲「擋箭內閣」。

註十四　片山內閣任期自一九四七年六月一日至次年二月十日，蘆田內閣任期自一九四八年三月十日至同年十月十日。二閣共計只有一年零三個月多點。

註十五　最近吉田自由黨勢弱，內閣搖搖欲墮，社會黨左右二派乘虛進擊，自由黨乃向改進鳩自儘量遷就(特別對於改進)，而改進鳩自亦樂爲撑腰，以恐社會黨勢力過漲也。在這中間，「血濃於水」爲自由黨得意語。其他二黨當亦作會心之笑。

註十六　日本戰前各黨，在「大東亞戰爭」中，曾被統合而爲「大政翼贊會」——「翼贊政治會」。其後盟軍總部成立，各黨幹部以爲美式民主來臨，羣起恢復舊緖。乃成立方初而總部追放之令卽下，各黨無不遭慘烈打擊。如集舊議員二百七十四名而成的日本進步黨(現改進黨前身)，一下被肅清了二百六十光景，倖免於難的只有總務長齊藤隆夫和其他十四五人；集舊議員四十三人而成的日本自由黨(現自由黨前身)，被肅淸了三十，蘆田均僅以舊部星島二郎之代過而倖免；社會黨也差不多，舊議員十七人中被肅淸者十人。

註十七　日本戰前的內務省(內政部)勢力極大，人數很多，對內的控制力極强，大藏省(財政部)的勢力和人數也很可觀。圖仕進者均以二省爲終南捷徑，因有「內務官僚系統」和「大藏官僚系統」之名。

註十八　「一億玉碎」是日本二次大戰節節慘敗時之口號，一億指當時日本人口，包括朝鮮、臺灣。

註十九　原子彈落下廣島後一日，蘇俄卽對日宣戰，大軍向僞滿東北境疾進。此時日本戰爭最高指導會議一再鳩議對策，議論之焦點集中於如接受波茨坦文告則天皇之地位是否能保持，意卽國體能否得維護。八月十一日美國務卿 James Francis Byrnes 復文到後，仍一再激烈爭議，最後認爲國體終可維持無恙，乃決意投降。天皇於是日十五對國民廣播中，曾有「朕於茲得以護持國體，信賴爾忠良臣民之赤誠……」之語，於十八日之「陸海空軍人勅語」中，亦有「爲護持光榮之我國國體，朕爰與美、英、蘇重慶媾和」之語。蓋在當時極重要之關頭，如逡巡不決，延誤早降，則蘇俄大軍登陸日本，國體問題就要糟多了。

註二十　麥帥管理初期之急進改革作風，日人名爲「麥克阿瑟旋風」。

註廿一　吉田於去年「立太子禮」時，曾有「臣茂……」之頌，至「帝國日本」云云，於去年議會答辯中曾爲之，此係人所通知之事。

註廿二　日本政府機關及民間各大公司、銀行、鑛山、工廠等相率不用學校中不安分的專科以上學校畢業生。他們不但要去調看學校的記錄，而且平時都有密探去偵察(日本多民間偵察機關，近早恢復)，學生爲衣食，安分多了。最近政府又在草擬不准教職員學生作政治活動的法令。如果那法令再公佈，智識份子只好更安分些了。

註廿三　重光葵近與美共和黨有力議員 Nowland 密談日本擴軍主張，事前不與黨幹部議而反與黨無關者的谷正之等商。黨部知後大爲不滿。又他最近在會議上面斥某女議員，指爲女子不應太多嘴，羣情爲之騷然。

註廿四　史達林答應對日參戰日期，在黑德蘭會議時，本約定爲德國投降後五個月內，後於雅爾達會議時，心意一轉，臨時改爲德國投降後三個月內(詳．Eliot Roosevelt, As He Saw It. New York, 1945)。照預約三個月，蘇俄參戰最遲當爲一九四五年八月八日(事實上恰是那天)而廣島一彈之投下則爲是月六日，長崎之彈則爲是月九日。實則美政府驗知原子彈可以使用，僅始於七月十六日在新墨西哥州之實驗，離廣島之轟炸僅二十天耳。其間諸如關於複雜的轟炸裝置的設計，緻密計劃的擬定和轟炸地點的選擇等等，緊張忙亂至於不可言狀，以圖趕上蘇俄參戰前施用，促日本立刻投降。關於這種種，已有很多文獻可據，恕不一一記出處。

註廿五　塔孚脫那次有名的演說是托他的哲嗣代讀的。時塔氏方臥病，已近於不起。因之有人說他那演說有近於遺囑。

註廿六　本年一月廿七日華盛頓C．B．S電視廣播台上廣播之一段。

註廿七　作這樣看法的論調很多，不必一一列擧出處。

法國政局何以動盪不安？

楊日旭

關於法國政治，一般的看法認爲，法國是一個多黨的國家，小黨林立，離合無常，以致政潮起伏，險象環生。這種說法有兩點需要加以補充：第一、法國何以多黨？第二、多黨何以使政治不安？法國多黨只是其不安定的一部份原因，不是全部原因；是一個表面理由，並不是根本理由。

一 法國所以多黨的原因

現在我們先分析法國所以多黨的原因。

（一） 歷史的原因：一七八九年大革命以前，法國在長時期的君主專制下曾有一段很慘痛的政治經驗。在苛政壓榨中急切求變。所以用最激烈的行動掀起大革命運動。革命之勢如排山倒海，推翻帝制，創建共和。共和政制在最初處處顯得軟弱，並不能給深陷在痛苦中的法國人一些新希望。所以共和不久，又有帝制，帝制之後再現共和，似此共和與帝制更迭再三，人民所歷痛苦日深，不滿現狀心理與時俱增。不滿現狀的心理因素是造成政治不安定的主因，結果便產生一種根深蒂固的政治觀——「未完成的革命」觀（view of unfinished revolution）這種政治觀基於對現狀不滿，把目前政治看作達到未來理想政治的一種過渡政治，時時想改變現狀，蘄求進步。

傳統的「政治革命觀」是法國思想上的政治哲學，也是行動上的最高指導原則。這種原則與思想左右了法國的政治家，也左右了法國人民。

政治現狀的改變，都是在要求進步。但是應該怎樣變？怎樣變得好？這個問題的本身就是一種見仁見智，非常複雜的政治要求。政黨的發生原是爲了實現主張、解決問題，在法國既有這樣不滿現狀的政治哲學，又有一個不斷求變的行動指導原則，而且面臨許多複雜的政治要求，於是政黨的情形也就複雜了。

（二） 民性因素：法國是一個文化很高的民族。崇尙理想。西洋學者嘗說英國人重實際而法國人重理想。事實上，法國人民的理想，多半是不着實際的空想，缺乏公是公非，所以政治上互爭雄長，敝帚自珍，難得安定。最近法國第四共和第十八任內閣總理梅葉（Rénés Mayer）在他掛冠之前，曾努力想在政治的大風暴中挽回搖搖欲墜的內閣生命。他站在聲勢洶洶的議場中，向議員們大聲疾呼：「我們的國家多災多難的政治風暴就在眼前。大家誰都對經濟危機焦灼不安，表示不滿，但誰都拿不出具體解決的辦法來；我請求諸位不要再空言高論，恣意批評，迅速提出切實可行的辦法，共渡難關。」梅葉在對議員呼籲，事實上他是在向人民的良心、人民的理智呼籲。但民心怎樣呢？法國的民心早已烏托邦化了。理想既多，意見更多。衆說紛紜，莫衷一是。民心是幻想的，民意是分歧的。這樣的民心和民意，怎麼能產生一個代表大多數民意的大黨？怎麼能不讓小黨林立呢。

其次，法國人民疾惡帝制，痛恨獨裁。所以人民一方面處處提防皇室復辟，君主專制；另一方面更顧忌個人或政府（指立法或行政）或大黨獨裁。認爲多黨比一黨可靠，小黨比大黨更能代表民意。法國人民受盧騷 J.J. Rousseau 天賦人權說的影響一般崇尙自由、平等及天賦人權的觀念。所以多黨的存在已經有了理論上的依據。

（三） 政治因素：政治地緣對法國之爲多黨制有極大影響。歐洲國家，大率工業發達，地狹人稠，社會問題複雜，彼此利益各殊；加之民治發達，人民政治水準甚高，所以歐洲國家多爲多黨制國家。法國是歐洲國家，自然離不開政治地理環境的影響，所以這也是造成她成爲多黨制的一個原因。

在政治心理上一般政客掌握了人民畏懼一黨專政和大黨獨裁的心理，紛紛組黨，希望在議會中奪得席位，獲機參加政府，均霑利益。民意之分歧更助長政治野心家的組黨機會，再加上大黨之分裂，小黨之朝合夕離，多黨制度，日積月累，遂更形鞏固了。

（四） 經濟因素：經濟條件影響政治制度。法國經濟有四種特點：(1)小工業發達：據統計在第二次世界大戰前，全國將近七分之一的工人是自雇式工匠（Self-employed artisans），有四分之三的工人在雇工尙不滿百的小型工廠內工作。雖然重工業在近年來漸趨發達，但小企業的生產狀態迄今仍無根本的改變。所以在工業基礎與規模上法國都遠不及美國或英國。小工業反映法國生產狀況的區域及性質的複雜性，這需要甚多的主張來代表他們不同的利益。(2)小農經濟：一九三九年，法國有三百多萬小農場的場主（Chef）經營自己的農場。農人的觀念是趨向保守的，但保守性不能統同農人各種的利益和期望，還得由不同的主張來代表他們說話。(3)城市與鄉村的人口比數接近：農人與工人差數極微。所以農人與工人的地位同具重要，未可偏顧。(4)中產階級在法國政治上最佔勢力：中產階級都是重視本身利益的，但如何保障本身利益，却因見解及方法不同而立場懸殊，態度廻異。所以紛紛組黨，各爲保障自己利益而奮鬬，而多黨政治乃勢必出現了。

以下再討論多黨政治所以不安定的幾個因素。

二 法國採行了名存實亡的責任內閣制

法國的歷史發展，地理環境，政治傳統，社會狀況，經濟組織和民性習尙都和英國不同，所以在形式上儘管兩國都是內閣制的國家，但在實質上，精神上却大不相同。

最大的分野是制度的淵源不同。英國的內閣制是本生的，自然的，創造的，是歷史長期演進的結果，所以運用起來比較得心應手，順理成章；而法國的內閣制却是外鑠的，造作的，取法的，不是根據本國歷史演進而發展出來的，所以運用不靈，扞格時生。變成「逾淮為枳」的走樣內閣制了。

內閣制度的健全必有賴於政黨政治之健全。政黨政治的健全至少有兩個特點：(一)政治必須由多數黨公平輪流主政，不是多黨的分贓政治。法國的歷史決定了她之必為多黨，而多黨之存在又注定她採行內閣制必然要走向失敗。如果法國採行了行政獨任制的總統制或者行政合議式的委員制，或許可以避免現行內閣制所表現的缺點。因為責任內閣制祇能發揮多數黨的特長，而不能遮掩多黨制的缺點。

多黨的責任內閣制至少暴露了三個缺點：第一、多數黨不存在，小黨林立，眞正民意因選票分散而無法表現；第二、憲法上賦予內閣抵制立法的國會解散權名存實亡，責任內閣制僅虛有其表；第三、聯合政府在多黨議會控制之下，內閣連帶責任蕩然無存。

就第一點說，選舉本來是表現民意的一種活動，選舉結果是民意向背的記錄。所以眞正民意的表現不在於議員的活動，而在於選票的總記錄。但法國的選舉却是一批新的多黨代替一批舊的多黨，始終沒有獲得過半數議席的大黨在選舉中出現，選來選去，仍舊是小黨林立。眞正的民意究竟何在？果欲何為？在選舉中得不到一點確切可靠的消息。眞正的民意既不能表露，國家政治的重心已失，一切的政治機運祇好聽任多黨的政客及政治野心家去排遣擺佈了。政治是現實的，黨的利益是相尅的，因此多黨的政治之不能安定，勢成必然。

就第二點說：從立憲精神和制憲者動機來看，法國的憲法是防止立法專制和行政獨裁的。所以憲法賦與行政以國會解散權，對抗立法專制。同樣，憲法也規定國會用立法權(包括 Vote of Confidence, and Vote of Censure)，來監督行使。這樣，眞正民意纔能獲得保障而充分實現。但是實際的政治運用却與憲法立意大不相同。

在事實上，法國內閣雖握有國會解散權，但自從一八七七年麥克馬洪(Mackmahon)總統時起到現在已經有七十多年不再行使了。內閣為什麼不敢運用這個權力？實在有它的難言之痛。第一、解散權並不是挽救政治危機的最後手段。第二、內閣運用解散權的結果並不能延續自己的壽命。因為法國的選舉只是以多黨代多黨，不能表現眞正的民意的向背。從選舉結果中根本看不出究竟是政府勝利抑是失敗。法國的內閣不能像英國內閣在解散國會以後，不必辭職，可以一直等到新國會選出後再定去留。而是每解散國會一次，內閣也必須改組一次。在這種情形下，內閣權衡利害，已不願，也不能再運用此一權力來扭轉政治危機，加以多黨國會氣焰炙人，內閣更不敢輕用此權，自討無趣了。

內閣的國會解散權是責任內閣制的靈魂。國會解散權既名存實亡，內閣制的靈魂已失，雖想力求振作，也是徒勞無功了。

就第三點說：大黨執政的責任內閣制另有一個特點就是內閣的連帶責任制。但法國的連帶責任制也不存在。責任是對民意而言，法國的民意糢糊，政治責任已無所寄，此其一。沒有一黨的清一色內閣，即無法產生內閣的連帶責任。法國是多黨的聯合內閣，所以沒有連帶責任，此其二。內閣必須有強有力的領袖領導，決定政策，指揮統馭。但法國為多黨聯合內閣，且內閣的組成是基於妥協，不是出於領導；內閣總理不是內閣的領袖，他不能強迫內閣閣員服從其領導，或接受內閣一致決策，或迫使其辭職。這樣軟弱的內閣總理，怎樣能運用其雄才大略，使其閣員們同他共患難，同進退呢？此其三。聯合內閣的組成基礎在先天上就是脆弱的。內閣的結合是基於一時的或特殊的利害的妥協，不是根據一個共矢信守恪遵不移的政策。連帶的政治責任，當然也不能產生，此其四。

英國責任內閣制所以成功不外有三個特點：(一)多數黨執政；(二)內閣在事實上握有解散議會的權力；(三)內閣連帶責任制確立不移；(四)民意透過選舉能確切明白的表露。上述特點，法國內閣制均一無所有。所以內閣既不是國會的指導委員會(Steering Committee in the Parliament)，又不是行政與立法的紐帶，所以內閣虛有其表，名存實亡。有了上面這許多因素，所以內閣壽命短暫夭折。據統計：第三共和，自公元一八七一到一九四〇的六十九年當中，內閣改組達一〇七次，閣員更易達一五〇六人，內閣壽命平均為八個月，閣員個人的壽命有短至兩週者；到了第四共和的最初五年中(一九四六—一九五一)，內閣閣揆凡九易，更動閣員達一八〇人，內閣壽命平均為七個月，閣員每週都有變動。由這個統計(見 Buck and Masland 合著之(The Governments of Foreign Powers)看來，法國內閣愈來愈短命了。

三　國會委員會制度的政治性

一般議會政治國家的議會委員會制度是強化其立法權的一種制度。委員會的目的是縝密議案研究，簡化立法程序；主要作用在審查提案，決定其應否提出。所以委員會本身的性質屬於立法性者多，屬於政治性者少。換言之，它的作用是成立一個議案，或者打銷一個議案，但不能作為一種倒閣的憑藉。

美國因實行三權分立及行政獨任的總統制，所以國會中委員會的性質更具立法作用。委員會固可以議案審查權及立法手段來牽制總統的權力，但決不能運用它推翻政府，罷免總統。它的政治性有是有的，准不若立法性質來得强。正因如此，所以委員會主席或議案報告人(Reporter)即使是由在野黨的議員擔任，也不會變成策動政潮的力量，何況國會多數黨多為在朝黨，委員會主席或議案報告人自與政府聲氣相通，步調一致了。

英國委員制度更具特色。在形式上它是萬能國會立法時的鎖鑰機構，但實質上，不過是內閣的橡皮圖章。內閣是行政的權力機關，又是國會的指導機關，所以委員會乃變成議會中政府議案的催生機構，內閣閣員正好透過它向國會仔細說明自己的政策，加速議案的審查與成立。

法國國會的委員會制度則顯與英美不同：

第一、國會委員會的數目與名稱幾與政府機構的數目及名稱相平行；差不多政府每有一個部，國會中就有類似的一個委員會。

第二、委員會為多黨議員所控制，領導權分散。

第三、委員會的議案審查報告人(general reporter)是政黨的代言人，是政潮的發動者，是倒閣的尖兵。

第四、內閣不是國會的指導機關，所以無法控制多數的委員會。

在上述四種情形之下，一方面內閣為了要應付多黨把持的委員會，往往備多力分，顧此失彼，弄得手忙脚亂，在政治游戲中疲於奔命，無法在議會中從容排擋，爭取主動。議案一進入委員會的審查階段，內閣即失去對它的控制力，使它能够通過審查成立。另一方面，議會中的政治野心家，政黨政客們既為了要使他所代表的黨能有機會與他黨分庭抗禮，又要使個人在政治舞臺上顯露鋒芒，鑽進政府，施盡機謀權術，爭取委員會的報告人或主席的位置。所以法國議會的委員會制度最具政治性。委員會中又以預算及財政委員會的政治性最明顯，預算案及財政案往往是政爭的焦點，預算及財政委員會也因此變成倒閣運動的領導委員會。舉實例來說，財政委員會的報告人一席，競爭最烈。當選的報告人在議會中表現得也最活躍，最激進。他對政府財政政策、財政法案、預算法案乃至財政部長個人都吹毛求疵，毫不放鬆，攻擊不遺餘力，直到內閣垮臺為止。由一個不完全的統計數字看出，內閣因財政案而倒臺者（包括自動請辭，譴責案及不信任投票在內）佔十分之九，由國會財政委員會的報告人繼任新閣的財政部長者又佔半數。由此看來，委員會制度確乎是法國政治不安定的主因之一。

四　混合政團的存在

國會中混合政團(Combinaison Ministerielle)的存在，確是值得注意的一個特殊組織。法國沒有多數黨(Majority in the Parliament)所以有人把混合政團叫作「影子多數黨」(Shadow majority of the parliament)。因為它在事實上是議會穩定的一個力量。

混合政團是由多黨代表（限於參加政府的黨派）所組成的一個議會幕後組織。它結合的基礎是多黨政治利益的妥協，其力量恰構成議會中的一個多數；主要的目的是支持他們人皆有份的聯合政府；運用的方式是邊靠談判，邊靠協商。妥協成功了，政團組成，政府產生；反之，政團瓦解，政府垮臺。所以政府穩定不穩定，又賴於政團團結之是否堅固。

由以上分析可知政團的性質是：①多黨的非一黨的；②事實的而非法律的；③政治的非立法的；④一時的而非永久的；⑤妥協的非合作的；⑥利害的而非道義的；⑦自由的非强制的；⑧黨派性利益的而非全國性利益的；這是法國委員會制的特點也是內閣制的缺點。內閣乞命於這樣一個脆弱危殆缺乏正義的政團，欲求政府之穩定長壽，無異緣木求魚了。

五　政治道德低落

政治道德低落是否就是法國政治不安定的原因，也許是一個爭辯的問題。若果不存偏見，純以學理觀點出發，拿事實作根據，至少可以說法國的政治道德不受尊重。政治道德並沒有在一般人民及從政者的觀念上意識上造成一個普遍深厚的力量。

政治道德是正義精神，責任觀念的成長與發揚。從這一點看，政治道德是普遍存在於人類良知良能之中，成為政治價值判斷的標準。它的標準是倫理的，而不是用數學方法表現的。簡言之，政治道德是包含：(一)公平；(二)無私；(三)榮譽；(四)正義；(五)良心約束等五大要素。政治的臧否，即決定於政治道德觀念的强弱。這是一切政治價值判斷的標準，也是一切良好政治的起點。

我們據事言事，仔細分析法國政治實在很少看到上面所說的政治道德的五種因素，至少可以說：所看到的是不完全的。所以我們說法國的政治道德是低落的。最顯著的現象是政治的缺乏公是公非，政治鄙行的放縱，眞正民意之不能發揚。以實例言，法國政局之動盪不安，內閣之改組頻數，蓋政客之機詐權變，鄙行累累實居主因。但面對政治危機，誰也沒有勇氣大加改革，振頹興廢，聽任政客及野心家之爭權奪利恣意肆行。他們可以任所欲為，無所忌憚，不顧正義，不負責任，視政治為兒戲，把政府改組當作電影換片，把政黨離合看為政治跳舞，視政潮為家常便飯，不以為憂，不以為怪。政治是傳染的(Politics is catching)，實行了一百多年的政黨政治，痛苦的經驗已經很够了，但是法國依舊是一個多黨而不穩定的政治。

政治道德是民主政治的靈魂，失去了靈魂的政治，猶之魂不附體。法國的政治復甦之機，就在能否招魂——政治道德的恢復與發揚。

政治招魂的法術却是科學的，不是幻想的。是實踐的，不是空論的。法國政治的生機在此，危機亦在此。熱情洋溢，理想過人的法蘭西共和國人民總不會辜負一代愛好民主的人們對他的期望——從理想的路上回過頭來，改造他們的政治，扭轉他們的國運。

論琉球歸屬問題

梁嘉彬

一

報載美日間將協議琉球羣島及小笠原羣島的歸屬問題，其意似說美國取此兩島以予日本，可不須徵得中國之同意，對此我們不能不有一嚴正的表示。

日本强佔琉球，最先出之以利誘的方法。明治五年（清同治十一年，西一八七二年）以小笠原羣島予琉球國王尙泰，名之爲「賞賜」，自此小笠原羣島已爲琉球領土之一部[註一]，小笠原羣島與中國原無甚關係，而琉球猶未實際統治小笠原羣島，即被滅亡(清光緒五年，西一八七九年)，其後日本復別治小笠原羣島，故吾人不兼論小笠原之歸屬，亦無不可。

二

我們研究歷史文獻，可知中國始終不會承認琉球業已割棄[註二]；琉球於慘遭强佔以後，猶以「不能斷絕中琉宗屬關係」爲對抗日本威迫利誘之最後呼籲[註三]；即查日本文獻，亦可知日本於强佔琉球以後之二年(清光緒七年)，猶願與我國分營琉球[註四]；歐美各國在琉球被佔以前，皆曾承認琉球爲我屬國，尤其美國，直至琉球被佔以後，仍由其卸任之大總統格蘭特（Grant）出任調停，爲中國爭曲直[註五]；至第二次世界大戰以後，美英兩國原已同意將日本侵華所得領土權益悉以歸還中國，而將琉球羣島擯除於日本主權之外[註六]。琉球之會被日本强佔，至今猶無條約文字爲其法律根據，美國苟承認琉球爲日本領土，則是承認日本過去的侵略行爲，此與聯合國憲章及美國國策都是大相逕庭的。反之，琉球自古獨立爲國，不屬日本[註七]，歷明清兩朝，爲我正式藩屬亘五百餘年，呼我爲「父國」，我稱琉球爲「守禮之邦」[註八]；琉球之內屬中國，絕非由於中國之武力壓迫，乃係由於琉球要求中國之慈惠庇護。琉球國王華化漢姓(姓尙)，琉球山川附祭於福建，輿圖入於中國，學生入於國子監，琉球數百年來自認中國爲其民族的養育者，生活的維持者，文化的啓發者，倫理的支配者。明太祖賜琉球以「閩人三十六姓」，嗣後「閩人三十六姓」實際已是琉球民族血統的主流，政治的主宰，文化經濟交通的主腦，此種宗屬關係實非其他藩屬所可比擬，而實已有倫理血統，維繫於其間。根據琉球及中國原始史料，可知中琉此種「父子關係」爲中琉兩國所同認者，美國又豈能否認？直至第二次世界大戰美軍在琉球登陸之際，其最初且最清晰的印象，是琉球充滿中華文化的氣氛。雖然琉球在明季萬曆三十七年(西一六〇九年)，曾因尙寧王爲日所虜，受脅簽訂對日屈服條件，但歷明清兩朝，直至清光緒五年(西一八七九年)琉球亡國的時候，無論日本或琉球本國，絕未使中國知悉有此秘密屈服條件存在。反之，每當中國欽使到琉球，琉球國王恭迎惟謹，舉國上下歡欣若狂，而日本在琉球的使者商人、船隻、貨物、碑銘、簿記甚至貨幣皆須隱匿藏閉[註九]，此種關係爲日本及琉球所公認，日本且常藉琉球進貢之名以與中國貿易，然則，怎能以此爲琉球屬日的根據呢？歷明清兩朝，琉王崩則告哀受弔，琉王立則請封受册，直至日本進行强佔琉球之前，未聞日本爲此對琉球或中國提出抗議。中國允琉球兩年一貢或一年一貢，皇薨則賜以白詔，皇繼則賜以紅詔，視琉球國王地位與各省布政使同班並列，觀琉球國土有若福建省之一部。不僅如此，直至清嘉慶道光年間，琉球仍以「現奉皇上(中國皇帝)諭旨，內云琉球國王除天朝册使外，別勿肯見他國人」爲詞，拒不接納美英諸國來航者[註十]。美國 Perry 能强迫日本開關而不能强迫琉球開關，其原因即在於此。其後直至琉球亡國(清光緒五年，西一八七九年)，琉球對外文書及對日交涉文件，仍只知有中國爲其宗主國，用中國年號及中國所賜王印。琉球在被日本强佔之前五年(清同治十三年，西一八七四年)，日本曾藉口臺灣東部牡丹社族之殺掠琉球及日本小田縣漂流難民而出兵臺灣，揚言臺灣東部非中國政教所及之地，其後有中國出兵抵抗並與訂約賠償，認日爲「保民義舉」，然日本此次出兵，僅由一二冒險野心家所鼓舞，其出兵的目的，原爲圖攫臺灣東部「蕃地」，其所藉口保護的難民亦僅指日本國小田縣難民[註十一]，其與中國締結之約更只能釋爲雙方停止敵對行動的條件，而不得解釋爲中國放棄琉球主權。且中國於日本締結此約以後之數年間內，對琉球漂流難民猶年加撫卹，同治逝世與光緒繼位，猶以白詔紅詔先後賜琉球國王。直至日本進行强佔琉球之際，琉王及其政府之對日本，猶極力否認日本討伐臺灣影響於琉球與中國間之「父子關係」，且明告日本此事與琉球任何方面全無關涉，琉球人民應受中國保護而不應受日本保護，又琉球於中國則爲屬國，於日本則只爲友邦等語[註十二]，是則日本討伐臺灣與琉球主權問題其風馬牛不相及是顯而易見的。

三

琉球在被日本强佔以前，對日本固有若干陽奉陰違的事跡，然這僅是由於琉球屈服於日本的武力，而非琉球人民的自由意志，這是美國人所應該注意的。當琉球被日本强佔以後，猶由其國王尙泰密遣使臣赴清庭呼援求助；即至其國王被俘囚置東京，琉球國土及人民被叝改隸日本的時候，在對日交涉中還說：「查進貢天朝(中國)爲我國(琉球)自古以來之重典，賴爲國家之重，且前明撫我甚厚，每當國王纘統，不憚波濤險阻，遣欽差，賜王爵，隔年進貢則又賞賜綵幣物品不可勝數，逮及清朝，優厚之上更加優厚，其恩德情義，昊天罔極，何可背負，竟絕朝貢？況我琉球孤立遠洋之中，國土偏少，微弱不克自保，自歸清國版圖，以其保護聲援，乃可無內憂外患，自建爲國，有古來風習之禮樂政刑自由不羈之權利，上下雍睦，安居樂業，若離中國則心失自由權利而招掣肘之累，國家豈可永保？父子之道既絕，累世之恩既忘，何以爲人？何以爲國？此層（日本脅令琉球斷絕對中國朝貢）最關重要，務須據理力爭，善爲應付。」(註十三) 琉球國王尙泰有此堅決意志，故而被日本俘禁，琉球亡國以後，很多愛國志士密航中國，或血書請願，或自刎成仁，而一般平民則數十年來堅持中國文化習俗，保存儒教，民國初年出版的書籍則仍必同揭中國年號日本年號及琉球年號，稱日本爲「日本」而不稱「皇國」，用曆法取「太陰曆」而不取「太陽曆」，這是對日本精神反抗的一種暗示(註十四)。凡此皆由於琉球人的自由意志，而非出於中國的壓迫。無怪民國三十四年美軍登陸琉球，仍能看到琉球充滿着中國文化的氣氛。

臺灣光復以後，琉球人有「革命同志會」之復歸中國運動，民國三十五、六年，琉球旅臺同胞曾決議要求中國立卽收回琉球，並向美國特使魏德邁籲請主持正義，其接近臺灣之「與那國」島人民則更公推代表要求中國派員前往接收，近年以來，旅臺琉球同胞聞且有集體歸化中國之舉。此種種事實絕非由於任何陰謀暴力的推動，而是出自琉球人對中國的心悅誠服。這種中國琉球間之傳統的關係及琉球人民的自由意志，美國人是不應忽視的。

四

中國歷代對藩屬的宗屬關係，常被外人惡意曲解。其實中國人的宗屬觀念及制度，與歐美日本逈不相同。前者是倫理的，後者是主奴的；前者是自然的，後者是人爲的；前者是王道的；後者是霸道的。研究中國宗屬關係應先研究中國之宗族觀念及制度。中國對各藩屬有若家人父子，藩屬國王的地位在中國皇帝的心目中正有如分家立業的子輩，或自治領的首長。其待遇藩屬，可以嚴，可以寬，可以懲，可以恕。言寬恕則各藩屬之內政外交，凡不損傷中國體面及中國傳統的宗屬觀念者，皆可儘量任其自主；言嚴懲則各藩屬雖僅以朝貢愆期或王印遺失之微故細節，中國亦可廢王奪爵，聲罪致討(註十五)。中國對各藩屬素不採行帝國主義及征服手段，不僅如此，翻開一部中國宗屬關係史，中國對各藩屬常有却回貢物或勸阻朝貢之例，其原因由於愛惜藩內財富國用，其結果反更促進了宗屬關係。琉球之對於中國，五百餘年以來，國中大事不經國王籲請的，中國無不任其自主；但一旦國內有所需求，雖一船夫一鐵釜一禮服之微，中國無不盡量供給，所以琉球之對中國以克盡事大之禮爲榮，自認中國爲「父國」，愛戴「閩人三十六姓」爲統治階級，競與通婚媾。卽至最近，琉球全國人口中，其屬「閩人三十六姓」系統者殆已占全國二分之一以上。卽以不屬閩人三十六姓的琉球人而論，如追究其祖先的來源，也無不與中華民族有關(註十六)。因此，中國與琉球間之宗屬關係，雖有中斷，而中國與琉球間之倫理關係，則仍隨時代而推進。況琉球爲我國國防之一環，東海之咽喉，中國對於琉球的歸屬問題，何能無發言的權利？

依法理言，琉球在清光緒五年(西一八七九年)時被日本强佔，無論事先或事後，皆未曾取得中國及琉球本國的同意。在中國與日本之間，固始終未曾有「琉球割讓條約」的締結。在中國與琉球之間，中國因琉球國王不忘恭敬，亦始終未曾廢其王而奪其爵。當日本强佔琉球之際，中國之不肯與日本兵戎相見，純由俄國之佔領伊犂事件牽制兵力，但已由清政府及駐日公使何如璋對日提出嚴重抗議，固未曾有承認日本强佔的事實。其後日本終因畏清政府之强硬政策，以及國際輿論的指摘，遂於光緒七年(西一八八一年)由其駐華公使宍戶璣與清總理衙門開締訂所謂「琉球條約」，約明兩國以冲繩島爲界，冲繩以北歸日，冲繩以南歸我(註十七)，然又以俄事既有轉機，清政府復欲强硬對日的緣故，此「琉球條約」終遂未獲批准。當時李鴻章的意見以爲：「此係彼曲我直之事，彼斷不能以中國暫不詰問而轉來尋釁，俟俄事既結，再理球案，則力專而勢自張，……所有日本議結球案，牽涉改約，暫宜緩允」(註十八)，其後李辦理中日馬關條約，對琉球隻字未提，然則我國至今全未承認日本之强佔琉球，其理甚顯。

琉球羣島早經「開羅會議」「波茨坦會議」兩次宣言排除在日本領土之外，是琉球羣島應恢復其被日本强佔前之地位，實不必贅言。中國代表在該兩會議席上，雖曾允許朝鮮之獨立，而不曾允許琉球之獨立，是琉球之地位至今不過與曾被日本强佔之東北、華北、華中、華南各中國淪陷區地位相同。中國之喪失琉球，既未依條約，其收回琉球，自亦不須依據條約。進一步言之，曾依中日馬關條約而割讓之臺灣澎湖既仍可由中國收回，則在馬關條約隻字未提之琉球羣島更無不加收回之理。如果琉球可以任由日本恢復佔領，則朝鮮的獨立亦全失其法理的根據。如此則東亞豈有安寧之理？深望國際有識者注意及之。

註一：見琉球藩士宮內側仕官喜舍場朝賢(向廷翼)所撰琉球見聞錄卷一（日本大正三年東京三秀舍版）。案喜舍場朝賢在琉王宮專司檔案，此書一名「廢藩事件」，凡四卷，著成於琉球亡國之際，實卽琉球亡國之實錄。

註二：參考清史稿屬國琉球傳及蔣廷黻先生輯近代中國外交史資料輯要（清華大學講義）所引譯署函稿。

註三：參考喜舍場朝賢：琉球見聞錄卷一至卷四。

註四：參考日本黑龍會編：日支交涉外史上卷「關於琉球藩屬問題之日清交涉」(日本昭和十三年版)。

（下轉第27頁）

香港通訊

大陸小學教育的剖視

劉書傳

一

中共稱小學教育爲初等教育，避用「國民教育」一語，與小學同級者有「工農速成初等學校」、「工農業餘初等學校」及「工農幹部文化補習學校」三種。小學原分初、高級。中共改小學爲五年的一貫制，取消初、高兩級的分段制。入學年齡以七足歲爲標準，畢業後，得經過考試升入中學或其他中等學校。

中共小學教育的宗旨是：「根據新民主主義的教育方針、和理論與實際一致的教育方法，給兒童以全面的基礎教育，使他們成爲新民主主義社會熱愛祖國和人民的、自覺的、積極的成員」。（見一九五二年三月頒發的「小學暫行規程」）對自幼失學的青年和成人實施初等教育的學校爲工農速成初等學校、業餘初等學校、工農幹部文化補習學校和識字學校。工農速成初等學校、業餘初等學校和工農幹部文化補習學校三者，名雖爲失學青年和成年的初等教育機關，實乃以中共自己的幹部爲限。

凡工商速成初等學校、業餘初等學校、工商幹部文化補習學校，其設備和教員待遇概較普通小學爲佳，就中尤以工農幹部文化補習學校爲獨厚。入學年齡概爲十八歲至三十歲間，其入學條件爲：粗通文字、身體健康、經組織關係選拔而來者。

二

大陸上的小學教育，中共雖標榜「以學習文化爲主」，而實質上，則利用兒童，組織小鬼隊、少先隊和兒童團，帮助鞏固中共僞政權，尤其是利用孩子們做諜報、查通行。在這項工作做好之後，纔算是眞正的完成小學任務。欲明瞭大陸上小學和兒童教育的特徵，必先了解小鬼隊的組織。小鬼隊是一種俗稱，它的法定名稱包有「少年先鋒隊」和「兒童團」兩種。一九四九年一月一日中共中央委員會「關於建立中國新民主主義青年團的決議」中，規定其應領導少年和兒童工作。吸收七歲至十二歲的兒童參加兒童團，吸收十三歲至十七歲的少年參加少年先鋒隊，較小的農村則合組「少年兒童團」。少年先鋒隊和兒童團受新民主主義青年團各級委員會的領導，在團中央委員會設有「少年兒童部」，其下各級團委會設有少年兒童部或少年兒童委員會，作爲少先年鋒隊和兒童團的主持機關。

中國共產黨、新民主主義青年團和少年先鋒隊、兒童團，是連結成一脈相通的政治組織。近三年來，共區的少年兒童的組織工作，已趨於統一的發展，以少年先鋒隊爲主爲中心，以兒童團爲輔爲外圍。在城鎮及交通方便之地區，以發展少年先鋒隊爲原則，在偏僻農村及控制力薄弱地區，以發展兒童團爲原則。這類小鬼隊的組織，在中共控制區發生極大作用。聞香隊、聽壁隊、查行隊以及鬪爭、清算、訴苦、檢擧等，都成了他們的拿手好戲。

不僅如此，大陸的滅倫仇孝工作，已由小鬼隊開始。說他們是人民的兒女，組織的幼苗；父母養育他們是應盡的社會責任，家庭只是壓迫兒童的地方。今日小鬼隊的發展基礎在小學，小學的黨團活動、教育活動，完全以小鬼隊爲核心，小鬼隊不僅控制了家庭的父兄，學校的師長，且成爲社會鬪爭、政治特務的外圍一章。

在以組織小鬼隊爲靈魂的政治要求下，大陸上小學教育遂發生了實質的惡變。一般小學教師在黨團幕後操縱的小鬼隊和僞政府的重重制約下，顯已成爲教育木偶，完全失去了過去的良好傳統和分別、批判、獨立思考的能力。

小學在表象上是飛躍的，是機動的。爲便利參加家庭勞動工農子女入學，而有二部制的小學和季節性的小學，或在小學內酌設早班和晚班等，爲便利人口分散地區的兒童入學而有半日制的和巡廻的小學，爲便利不足學齡的兒童入學而有小學「小班」、「幼兒班」或附設幼兒園，爲便利小學畢業生不能升學的兒童繼續受教而有小學附設的各種補習班或專業訓練班。名目繁多，究其實在，則一事無成。

小學既由六年變爲五年制，教學時間自然減少。每節教學時間爲四十五分鐘，每節課後休息時間爲十分到十五分鐘。一至三年級教學科目爲：語文、算術、體育、圖畫、音樂五科；四年級起，增加自然、歷史、地理三科。語文包括閱讀、說話、作文、語法、寫字，時間最多，其次爲算術。算術包括珠算，珠算在第四、五學年教學。美術改稱圖畫，圖畫包括繪畫、剪貼等。第四、五學年自然科中包括衛生常識。小學課本由僞中央、教育部統一編訂，統一發行。一九五〇年已全部編訂完成，其後年有修改。國語課本完全是一套「共產八股」，數算課本習題亦與政治思想密結。雖「以上課爲教學的基本形式」，而課外活動常佔用課內時間。學生學業成績及操行成績的考查，取消百分記分法，和甲乙丙丁四級制，採用五級制記分法。小學兒童通有休學、轉學或退學的自由，惟地主的子女必須其反抗家庭，纔有享受一般人民教育的權利。

小學校長及各班教師雖採「責任制」，其職權却因其黨團關係而有不同。重要的小學得設副校長一人。小學班數在五班以上者，得設教導主任一人；在十五班以上者，得增設副教導主任一人。小學每班兒童名額：鄉村以二十八至五十八爲原則，城鎮以三十八人至四十五人爲原則。除依照年級組織單式班外，名額不足者，將程度不同的年級，組織爲複式班。據大陸逃出的教育人士報導：第以軍事抵定，一般文工政工人員轉業爲小學教師；另以青年團員的大量發展，紛紛以合格小學教師的姿態出現；加以大中學校畢業生統一調配工作關係，缺乏小學教師地區，可獲大量補充；而其根本原因，在小學並未擴充普及之故。原有廟宇、祠堂，一律收歸公有；是以小學設置地區之調整，頗爲普遍。(以上參看一九五二年三月僞中央教育部頒發的「小學暫行規程」)

三

只是從教育法令規章或官方宣傳文件的正面，無法認識大陸小學的眞面目；我們必須從它側面的工作檢討上以明其實際。

1.關於小學師資的實況：據「察哈爾教育」李舜琴的「過去一年的檢閱，今後一年的方向」一文中所載：「察北等區有小學教員一、一八六名，高小程度以下的即有八二二名」。「如延慶六十一個教員中，因文化程度低，洗刷了九個；其餘五十二個較好。其文化程度是這樣的：高中程度的只有一個，初中程度的十個，高小程度的十七個，初小程度的五個，私塾程度的十九個」。這樣的例證，是舉不完的。於是各地小學教師所鬧的笑話，也就百出。如「把半殖民地半封建社會解釋爲『中國土地一半爲帝國主義所佔，就叫半殖民地；一半接受新文化，一半沒有動，所以就叫半封建』。把列寧解釋爲『排列開來安寧』。把新民主主義解釋爲『新是新的，民是民衆，主是君主』。(註：合解爲「新民衆的君主主義」)把共產黨解釋爲『共是共產黨二十八週年，產是搞生產，黨是立定脚跟，糾正偏差』等等」。(見僞東北教育雜誌第十四期鮑俠影：「一九四九年的東北小學教育」)。這些教師們的常識貧乏到什麼樣子呢？如熱河敖漢旗一區哈拉吐村教員當瘟疫流行時，叫學生畫符唸咒，以避瘟疫。圍場縣齊盤山區某女教師教女學生不要結婚，以便死後上西天。許多縣的小學教師，把『水泥』講成『蝦米』，把南美洲搬到北美洲去講，把巴拿馬運河劃到美國和加拿大之間。

2.關於小學教學的實況：在所謂新民衆的君主主義下，小學教師們除了忙於開會、忙於鑑定與思想總結、忙於扭秧歌與打腰鼓、忙於化裝遊行、忙於聯繫羣衆與訪問家長、忙於政治業務學習、忙於搞競賽搞宣傳與送往迎來，其「結果不是囫圇吞棗的趕進度，就是拉下大批課上不完」。因此，小學生程度普遍低落的情形，可以下列爲例：

「小學五年級以下，老停留在聯句階段，還不會寫作文日記。如瀋市二完小四年生造句：『我尊敬小狗』。『我有一天上海去洗澡，一個不小心，淹死了！此後我再不去了』。」(見同上鮑俠影論文)

「處處充滿牽强附會，生拉硬扯，曲解課文。加緊進行所謂政治思想教育，把所有的課程都當成政治課來講，忽略了文化科學知識的系統教育。對學生不是教導合一的全面負責，形成教學和輔導的脫離現象。課外作業和筆記過多，學生不能有充裕的時間來自修或複習所學的功課。一切活動都是爲了完成任務而搞活動，不是結合着教學來對學生進行實際的教育。造成工作上很大的盲目性」。(見「僞松江省教育廳一九四九年松江省城鎮小學教育總結」)

「上課時間，教師不給學生講課，像作客一樣，坐在教室某一角落裏，或背着手在教室裏東西的擺方步，讓學生團團的圍着桌子，進行小組討論。上課討論，下課討論。自習時討論，回家還是討論。這一來把學生們的小腦海，整得像一盤漿子，糢糊又糢糊，似是而非，甚至黑白倒置」。(見僞河北省文教廳一九五〇年視學報告)

在小學實行「民主教學」的一大原則下，又喊出「自學輔導、塡平補齊」兩個口號。所謂自學輔導，乃以「學生爲主，教師爲輔」，「作客式」的教學方式代以「塡鴨式」的教學方式，自爲必然的結果。所謂塡平補齊，乃是限制好學生的發展，使用小組互助方式，變個性差異的小學生爲一個模子鑄成的機械成品而已。

3.關於小學活動的實況：在「小學社會化」和「反對小學本位主義教育」的雙重政治要求下，小學之門無條件地開放，形成有社會活動而無學校教育的現象。小學之「多頭領導」，較大中學爲遠甚。城鎮小學固不必論，即一鄉村小學除村、鄉、區政府及本地教育委員會外，有黨支部、團支部、黨區委、團區委、教育工會、地方農會、公安機關、公安部隊、學聯、婦聯、抗美援朝分會、中蘇友好協會、中心小學、少先隊隊部等等，皆因各各工作需要，而發動小學師生從事社會活動。據一九五一年八月三日人民日報記載：「川東榮昌縣，某小學四個教師中被抽調一人去擔任民兵隊長，壁山縣小學教師六十餘人均被調往成渝路工作，水川縣十四個小學教師調去教民兵唱歌。」同年九月五日同報記載：「任意抽調教師學生比較普遍的現象，是縣、區、鄉、村各級行政機關，藉口中心工作壓倒一切，就抽調學生教師去作臨時工作。如宜興小學平均兩個教師就抽去一個，全縣經常有兩百小學教師離開工作崗位。今年四月，該縣學辦三屆文娛研究班，又一次調走八十二名小學教師，分配他們作戲劇工作。武進縣南周村中心小學共四班，五個教師，今春開學時，教導主任去作黑板報工作，另兩個女教師到鄉政府作婦女工作，另一個被農村劇團拉去排戲，校長終日忙於開會，經常不在校，而留校上課的，只有一個有病的教師」。

又據一九五二年二月十四日解放日報記載：「宣城小學去年秋徵，區裏要該校師生以秧歌鼓號迎送集體交糧的農民，結果學生都把鼓號擱在教室裏聽課，有的化了裝坐着上課，上不到一刻鐘半小時，擔任瞭望的同學報告說：『大路上有人送糧來了』，於是大家馬上都跑出來吹打起鼓號，扭起秧歌來迎送。一批又一批的，每天要接送十幾次，整整一個秋天，學校就成了一個大文工隊。甚至有的小學生因跑路受暑，還有病倒的現象發生」。「其他各地在發土地證，秋徵時，祗要一造冊子，區和村就照例下條子『命令』所有的小學教師集合到村或區裏，至於學校還上不上課根本無一人過問。有的教師甚至為趕任務，三天三夜不睡覺，教師有意見，村裏就不給籌糧食，不支持學校經費來要挾。絕大多數地區的小學教師（特別是村小教師），事實上已形成兼文書的職務，很多教師鬧情緒，企圖改行，缺乏長期專業思想，有的縣領導還姑息這種惡劣作風，認為『中心工作重要，學校辦垮了沒有什麼大關係』。小學生成了政治玩具，小學教師也成了政治茶房。小學校不時成了眞空，「社會活動多」乃是小學校的代表成績。

4.關於小學附設事業的實況：我政府對規定小學得附設民衆學校，民衆學校，得分設兒童、成人或婦女班，由縣社會教育經費項下酌予補助。事實上附設民校者多限於規模較大之小學或中心小學。中共已將民校制度取消，另代以工農業餘學校或班、組。有的仍附設於小學，有的另行專設。姑無論其為附設抑為專設，概須動員小學教師擔任義務教學。小學教師除須為工農業餘教育擔任義務教學外，小學本身且規定附設補習班，專業訓練班、幼兒園、幼兒班或小班，更有附設「托兒所」者。小學教師有的兼基層政府的文書員，有的兼民兵隊指導員，有的兼工會或農會職員，有的兼少先隊或兒童團的輔導員，有的兼居民小組長或中心工作的宣傳員，有的兼人民或機關社團代表，有的兼各種臨時或經常委員會委員。在會議多，活動多以及兼職多的情勢下，小學教育本位工作，多已無法完成，小學附設事業實已力不從心。最初小學教師為了爭取表現確保飯盌，在一時的激動下勉力從事。日子久了，不但個人精力不繼，抑且時間分配不够。於是小學附設事業成了「風吹一半、雨打全無」的現象。（見蘇南行署文教處一九五〇年小學教育總結）

四

最後，我們再檢閱一下與小學同級之工農初級學校。中共所謂工農教育：在對象上有「工農幹部教育」和「工農羣衆教育」兩種；在程度上有「工農識字教育」和「工農文化教育」兩種。工農幹部教育以「文化教育」為主，工農羣衆教育到以「識字教育」為主。所謂文化教育即政治思想教育的別名，所謂識字教育在認識一千個常用字。

在政治或階級觀點上，中共以提高職工教育為第一要務，而農民教育則列於次要地位。當前的職工教育以思想教育為主題，技術教育只是一個附帶的口號。職工教育的對象着重在廠、礦、企業及機關、團體中的職工幹部和積極分學，進而推廣至一般職工羣衆。職工教育多取業餘方式，故亦稱「職工業餘教育」。其經費由各廠、礦、企業撥交工會的文教費中之教育費用開支，另由偽政府撥出一定的經費作重點補助。學制分普通、中級、高級三班，修業期限暫定前二者為二年，後一者為五年，得斟酌具體情況紳縮之，以學完規定課程為畢業。教學時間以每週不少於六小時，全年不少於二百四十小時為原則。普通班設國語、算術兩科，可同時進行兩科教學，亦可先集中進行國語教學。中級班設國語、算術、常識三科，程度接近高小。高級班課程參照「工農速成中學」辦理，科目內容更較「精簡」。學習方式分「分散」和「集中」兩種：分散形式採個人指導或學習小組等形式，適用於普通班；集中形式採集中的業餘學校形式，由專人集中講授，適用於中級班及高級班。

農民業餘教育在土改初完成之「新區」，以識字為主，兼及政治思想教育。在土改早已完成之「老區」，逐漸展開文化技術教育。農民業餘教育工作由各級民政人民政府教育部門領導。農民業餘識字教育通取季節的「冬學」形式，分散性的「小組」形式，以動員一切小學教師、知識分子，「以教人識字作為自己光榮的任務」。這些教師稱為「羣衆教師」，只有「正式學習」或「集中學習」的「農民業餘學校」，始可酌設「專職教師」。農民業餘教育經費「以依靠當地羣衆自行解決為主，必要時得由縣教育經費，予以補助，各大行政區、省、市人民政府應撥出一定數額的經費，專作農民業餘教育重點補助與獎勵之用」。（見一九五〇年十二月十四日偽政務院批准「關於開展農民業餘教育的指示」）「農民業餘文化教育，不論採取集中或分散形式，均可按照情況分設初級班與高級班。初級班吸收文盲與半文盲入學，使其在三年內認識日常用字一千以上，並具有初步讀、寫、算能力。高級班吸收已經完成初級班或有同等學力者入學，使其在二年內基本上達到相當於高級小學畢業的程度。初級班（組）的課程暫定為識字與算術二科，以第一年專學識字第二年增學算術為原則。高級班（組）的課程暫定為國語、算術、常識三科，教材課本由偽中央教育部統一編訂。初、高級班或組全學期時間暫定為上課一百五十次至二百次，每次一至二小時，在農忙時得酌情放假。初高級班或組畢業生經考試及格者，由縣市人民政府發給農民初高級班組畢業證書，此種證書與初級小學及高級小學的畢業證書有同等效力。中共一再號召將各地臨時性之冬學或識字班，轉化為經常性「農民業餘學校」（簡稱民校），究以地方無此財力等條件，多不能實現；縱有實現者，亦屬徒有其名而已。各地方將此不易確實查考之工農業餘教育數字任意擴大，有更併入於正式小學統計之內。這種羣衆式的教育運動只是政治宣傳運動方式的一面，在增進民智發揚文化的意義上完全是虛無飄渺的事。

美西協定簽字以後

（馬德里通訊）

何西

談判了十八個月的美國西班牙軍事協定，終於本年九月廿六日在西京馬德里簽字了。美西協定簽字對自由世界，尤其是對西歐的安全而言，實是意義十分重大的一件事。西外部新聞處發表的公報說：美西兩國此次共同簽訂了三項條約，其目的是在加强西方防務，保障國際安全。

這三項條約乃是美西防衞條約，美西防衞互惠條約，與經濟援助協定。現在我們分別概述其內容：

一、美西防衞條約：全文一千二百多字，分成序言與其他五章。序言中首先說：在西方世界面臨危機的今天，美西兩國爲維護共同安全與世界和平之目的，彼此簽訂防衞條約。美國承認幫助西班牙以戰略物資，使增强西國空軍力量，提高陸軍和海軍之裝備。同時西班牙政府允准美國爲防務的目的運用西國的軍事基地，而美國有協助西國保衞其領土的責任。

該約第三條，强調在尊重西政府之主權的原則下，爲配合安全防衞之需要，准許美國在西國領土內作各種軍事之設施。依此，西政府准許美方人員以居留所需之地區，並保障其安全。協定之最後並稱：對永久性之軍事設備，美西兩國均得居留其間，至條約期滿，美方應撤除所有非永久性之裝備，或由西政府估價購得此條約有效期間爲十年，但得自動延長二次，每次以五年爲限。

二、美西防衞互惠條約：是項條約係根據美國一九四九年的共同防衞法案，與一九五一年的共同安全法案。該約規定：美國給予西國在軍事、技術、經濟三方面的援助，乃是基於實現和平與保障國際安全之最高目標，故對一切裝備物資、財產、消息之交換，第三國不得干與。西政府對協商行政費用，應負解決之責，美方亦應將此協定列入美國對外援助法案。這項協約的第五條含有非常濃厚的政治色彩，提及美西之軍事協商應完全配合着西國之政治、經濟，美國供給物資，但西班牙亦必須供給人力與所有的國防經濟力，這樣才足以促進西國之防禦與自由世界的一致化。

三、經濟援助協定：這是三項條約中，最主要的一部份。也是美西兩國數年來所簽條約中範圍涉及最廣的一條個條約。全文長及五千五百字，分十章和其他的附件與註解。規定美國給予西國二億二千六百萬經援（包括五一—五二年的一億二千五百萬），其中一億四千萬用於軍事費用，其餘分配於與軍備有關的經濟計劃。本約涉及的方面甚廣，包括對接受美援後之生產增加指數，貨幣發行的限額等各項。並附訂『發薪協定』，以使兩國人員之薪俸發給有一定標準。此外在馬德里美大使館，增設一個美國經濟顧問團，長期駐留西京。此條約之有效期間爲自簽字之日起到一九五五年六月卅日止，倘若簽字國有一方提出廢約之通知，六個月後，本條約即告停止效力。

美西軍事協定是兩國進一步攜手合作的開始，這是西歐一件大事，在防禦共產侵略的努力中展開了新的一頁。因此，歐洲各國對此都十分注意，下面我們將報導各國特別是英法兩國的反響：

一、法國外交部長對美西協定明白表示贊揚，認爲美西携手是西歐防禦中不可缺少的步驟，西班牙今日與自由世界站在一齊，足以增强反共戰線的力量。

二、英國人看到美西合作，自然是感到不快，這主要還是由於英國人對西班牙傳統的感情上的偏見。故英國政界對此無任何官方議論。但在英國的外交界與軍界却發生了極大的興趣，他們認爲這對於地中海戰略展開了新的影響，他們亦承認這是西國外交的勝利，並相信美西兩國都將得到極大的益處。加强了西歐的防禦。然而使英國傷腦筋的是這一次美西簽字增加了英國人對直布羅陀的麻煩。他們恐懼西政府向他們索回直布羅陀。還有，就是英國人還相信美國加强對西班牙之經濟援助，無形中就是削弱了英西兩國之經濟關係。

最後我們要報導簽字當事國雙方朝野的反響：

一、西班牙政府與人民在各方面對此條約俱表歡迎，認爲這是一件對自由世界有舉足輕重的舉動。正如西國駐美大使所說：『又多一個歐洲的國家，加入了西歐的反共陣營。西班牙曾經有過單獨與共黨鬭爭的光榮歷史。』西班牙確信參加反共陣營是他的責任，並帶着興奮的心情去接受這個責任。』實在說來，內戰後的西班牙，已經窘到相當地步，極需與美國携手，但在表面上佛朗哥給人的印象是他沒有向美金低頭。現在西班牙接受了美援，不但無損於西國領土主權，且更將使西國經濟得趨於繁榮，西國人民的生活，將有改進的期望。所以一般人對此均存樂觀的看法。甚至一般憎惡佛朗哥獨裁專政的人民，也在期待由於美西關係之趨密切，將迫使佛朗哥在內政上逐漸放棄獨裁，而趨向某種程度的民主。

二、美國人爲了他自己及自由世界之安全，不惜任何犧牲與代價。美國政府自在二次大戰後，卽看中了西班牙基地的重要，無奈西政國府遲遲不願接受。當馬歇爾援歐計劃提出時，西班牙尚被拼諸門外，以後因了時勢變更，美國乃主動與西敦交。這數年來美國對外政策舉棋不定，直到一九五一年中，杜魯門總統才宣佈美國對西政策開始轉變，直至他離開白宮前夕，仍在爲美西協商的實現而致力。美國人明知西國在未來的戰爭中的地位重要，今後美國在西歐的防衞上，西班牙給美國增加一強有力的幫手，所以無論朝野上下對協定之簽字均一致表示欣慰。從戰略的意義言，西德是自由世界對抗共產侵略的最前線，而西班牙居美國與德國之間，萬一戰爭發生，美國之重轟炸機從西班牙基地出發，直飛鐵幕，將無任何困難，其對蘇俄的威脅是不言可喻的。卽從外交的運用言，美西合作以後，將可使英法之對外政策有所改變。過去，英法兩國在西歐整軍的計劃中，時予美國以要脅與掣肘，現在這種居奇之形勢已不存在，美國在西歐防衞方面可以獨行其是，而不須滿足英法無饗之求，終使英法不得不調整其對外政策，而趨於積極反共之一途。

鷄尾酒會

吳魯芹

從什麼時候起，在我的生活項目中，多了一項鷄尾酒會的點綴，已無從稽考，但總之是件十分不幸的事。點綴云云，是聊備一格的意思，是指次數並不多。然而「區區此數」，已足够令人煩惱和不快，偶爾有個把月，未見到「五時半至七時半酒會候光」的傳票，心中不免有如釋重負的感覺，好像這世界光明多了。

或有人要說，旣如此，你又何必去自投羅網呢？我自己也曾如此問過，結果我還是去了，明知此去凶多吉少，必受罪無疑，居然從容就義，那精神是很有「赴湯蹈火，皆所不辭」的氣概的。是的，憑什麼要自討苦吃？某一天，偶然碰到一位友邦的「同罪」，才找到一種概論式的解釋。

「同罪」一辭，係我的杜撰，我們稱志同道不合者爲同志，志不同道不合而同隸一黨者亦互稱同志；另外有同窗同鄉之誼，同事同年之雅。因此他旣覺得參加鷄尾酒會爲大受罪事，於我自然是誼屬同罪了。我發現他，當然是在同感受罪的場合。我敢說，同感受罪的，必定還大有人在，但發現則迥非易事。在衣香鬢影中，嘴角上永遠掛着微笑，是眞是假，虛實難說。要找待決之囚的罪相，當然是很困難的。獨有一次，在一座大花園裏，瞥見一位仁兄，背對着人羣，手中雖有杯酒，而目從飛鴻，那姿勢是「把酒問青天」，大有拿一肚子的委屈，向蒼天問罪的意思，我站在一旁，注視良久，心中暗自高興說，『此吾黨也。』

於是我移樽就教。

旣然決定他誼屬同罪，客套也就免了，我直截了當地說：

『看上去閣下不很喜歡這種酒會吧？』

『我敢打賭，你也未必。否則你不會問出這種不合時宜的問題。』

我說，就我而言，不喜歡是一種極婉轉的說法。我討厭它，一如我討厭一個人名片印上五行官銜或私銜，而且逢人便像散傳單一樣普發。但是我不能請他少印一行，也不能要他不發我一張。我不能不讓別人「酒會候光」，而且也不能不來「忝陪末站」——無處可坐也。但往往我找不出何以要來受罪的理由。於是他教我如何分類，大約總不出兩種：社交上的必需 (Social Obligation) 和業務上的必需 (Business Obligation)。

『假使有誰眞樂此不疲，』我的朋友說，『他一定不是個平平常常的人。』

此後我們在此種場合一碰到，第一件事必搶先表明自己的立場，爲了禮貌或者方便，我們是用縮寫作暗號的。

『我今天是B．O．。』

『我是S．O．。』

然後，「把酒問青天」，目送飛鴻走遠，看天上淡淡的雲朵，在夕陽餘暉中，攤開瞬夕萬變的瑰麗。於是禮貌上的半點鐘就挨過了。

但是如此自在，也並不可多得，因爲有人不願意冷落了你。好像這世界眞是溫暖的，至少在鷄尾酒會裏。有人擦肩而過，嘴裏支吾一句『嗨——』，表示在此處，立足地幾乎平等之意。似曾相識的就要機械地和你握手了。在「好久不見」這句後面，究竟是表示慶幸，可惜，或者根本就不表示什麼，是應該有各式各種註解的。更有好事之徒，周旋於各界人士之間，惟恐某名士對另一名媛，或某聞人對另一學者，失此良機，未遂識荆之願。不免『來來來，我來介紹某某……』結論當然是皆大歡喜，因爲彼此都過了某種癮了。有時此種厚意，亦惠及庶民，若追究其動機，是頗令人感激涕零的。爲的怕你受冷落，忽然覺得人生甚少意義，出了什麼三長兩短，但結果有時頗叫人啼笑皆非。好事之徒，總愛先給你封上一個頭銜，即使是間接的也好，如此他才覺得對得起對方，你之區區不足道，旣成定局，總該有個太太是畫家吧，再不然，令媛或者是歌唱家。令尊呢？總之你必定是某某人的什麼，旣然你自己不是什麼。否則，他想不出了，他幾乎要問否則你還活着爲什麼。

我想，我曾經無辜地碰到這樣的處境，做了這類善意的好事之徒的犧牲品。

場合當然是鷄尾酒會中，衣香鬢影依舊，談笑風生依舊，我的心情當然也依舊。有誰忽然在我肩上拍了兩下，幸得賤軀頑健，但是那分量還是够受的，我心中暗自忖度，莫非這就是「天之將降大任於斯人也」的初步？總之，這一擊使我暫時忘却絢爛的晚霞，使我暫時忘却手中的杯酒，我的神情想必很像一個待罪的羔羊了。至少我是被順手牽羊牽了五步之遙，與另一衣冠楚楚，滿頭是汗的先生互道久仰起來了。說久仰不一定是違心或盲目，而是查無實據，因爲我並未聽淸他的名字，那位好事之徒的介紹言詞，是噴氣時代的，快到不可捉摸，不像晚風送來遠處古廟的鐘聲，可任你玩味。

悲劇的部份，馬上就上演了。

『我在燕京時唸了××先生的社會學的。』紳士說。

『呵。』我不知道紳士希望我答什麼，說「師承有自」當然還確當，但紳士並不像把「師承」看得有多少重量的人。

彼此沉默了一兩分鐘，很難堪的沉默，像是足足有十分鐘。

『××先生講課時的神情我至今還記得。』

『您眞好記性。』這句話我覺得十分得體，可是我無以爲繼，我又重覆說了一遍，這其間間隔了有一分鐘，已經頗爲不得體了，我想藉故走開，但是紳士的眼睛瞪着我。

又是一段難堪的沉默。

『你知道令兄的下落吧？』紳士說。

『家兄？』

『是的。』

『早去世了。』

『眞的？』

『我在三歲時他就去世了。』

紳士像受了什麼打擊，神色十分頹傷，漸漸由頹傷而變爲不屑。

『張三兄說你是××先生的胞弟，原來不是！』

這「原來不是」四個字中，含有無限的抱怨，無限的不屑，無限的憎惡。

這時我漸覺得理直氣壯了。

『那他絕對錯了，我一點不錯。』

紳士裝着有禮而事實上是不屑地走開了，他顯然蒙受了損失，他早該用這時間去結識某某人的令弟的。而這時某人的令弟可能已走掉了，這一着之差，很可能影響了他的錦繡前程，誰知道呢？我不禁起一陣無名的悵惘了。尤其當我驚悸之餘，想起賤名與他所說的某先生僅一字之差，看上去甚似排行，我幾乎要跑過去向他表示歉意了；雖然追本窮源，其咎並不在我。

經過這次教訓之後，我在鷄尾酒會中就更懷戒懼之情了，深恐無辜地得罪別人。我希望逗留的時間，愈短愈好，站久了必有所失，就同話說多了言多必敗的道理一樣。但是「倏忽即逝」，主人要不滿的。我沒有請教過站多久是最低限度的要求，有一點似乎是放諸四海而準的道理，一介庶民絕對不可第一個悄然離去，總得等到有一兩個權要名流先起步，再魚目混珠一般地溜走。又有人告訴我禮節須知上有明文規定，大凡幾個主人請客，站成一排所謂接待線 (Reception line)，迎接嘉賓時，應該等此一防線解體，才能動三十六策走爲上策的念頭，否則就失禮了。有一兩回我不幸發現此一接待線，竟然牢不可破，也並非他們對堅守此線，有多大樂趣，主要的是有一二嘉賓，姍姍其來遲，而此一二嘉賓，無疑是舉足輕重的人物，有他們的芳名見報，是與有榮焉的，可是小民苦了。

有兩回我竟然爲此多站了半點鐘，眞是到了狗急跳牆的程度了。究竟人有異於禽獸，情急智生，找到了退路。於此我益信偷關漏稅的辦法，祇有人才想得出來。那一次是在一個仲夏的黃昏，我和另一「同罪」正在數一座花園裏有多少株柏樹。我們已數了不止一遍了，進門處的接待線依然一字陣擺開，毫未動搖。忽然我說：『假使順着這株樹後面洋灰小道繞到屋後就是後門的話——』

我的朋友說：『那就皆大歡喜了。』

我們很輕易地走了出來。

我輕輕地將後門帶上，接着門又開了，一位裝飾自然是十分入時的小姐走了出來。

她會意地笑了笑。

我敢說我生平從未見到過那樣美，那樣懂事的微笑。

紫娟表妹(上)

徐斌

一

袁紫娟，是我姨父嬌養的獨生女；也是我同學李善新的太太。

卅八年仲春，敵騎入侵江南，姨父結束了他辛苦經營二十多年的洪達紗廠，決定携家到香港去，離開上海的前一天晚上，我到愚園路去看他們，平時燈火輝煌的那座豪華的住宅，却籠罩在一片愁雲裏，姨父在客廳裏皺着眉頭，徬徨徘徊，我的外甥大虎睡了，姨母，紫娟，善新和我則在書齋中默然相對。那時善新已經應聘，要到臺北一家工廠裏去當工程師，準備第二天送他們上飛機以後，和我同船來臺灣。因此，離別的氣氛，也格外濃厚。過去在戰時，我曾經多次受過這種痛苦的啃嚙，但唯有當時那種黯然相對的情景，直到今天，還活生生地浮現在我眼前。

一恍四年，大陸上已視同隔世。我又和紫娟在臺灣重逢。在我的記憶裏，過去廿多年來，她的生活像一泓清流，一直在兩岸長遍花叢的山溪間細唱淺流，但這次重逢時，我却發覺到，這一泓清流，已經穿過原野和叢林，正漸漸接近大海了，在路程中；浪沫飛濺，顯出我過去從未見過的激盪。

二

紫娟和善新相識，是由我介紹的。卅六年五月我從北平回上海，她來看我，於是在我的小會客室裏初次看到我這位北方同學。那時候她剛離開學校，跟一位美籍的歐比夫人學鋼琴。我這位同學是學工程的，在一家鋼鐵廠裏做事，他有一個頗能使女孩子們醉心的家系，但他本人除了忠實和健康之外，並沒有特別誘人的優點，然而，事情往往會出人意料，紫娟認識他之後，也許爲他的忠厚誠篤所感動，也許中國人所謂緣的遇合，他們互相戀愛了，不久闔第光臨的喜柬就放上了我的案頭。我和善新來臺灣後，還時常談起他們那次邂逅的經過，上一個月善新接到紫娟的信說要來臺灣，於是這位忠實的丈夫向廠裏請了一個月假，趕到香港去接她，船到的那天，我依約到基隆去歡迎這一對結婚時我做過現成媒人的伉儷。

三月裏的基隆港，難得有個晴天，可是我去接他們那天，恰好遇上一個好天氣，蒼穹藍得像深邃的大海，天空裏沒有一絲灰塵，三月下午的陽光，在水面上灑遍了閃霎得令人眩惑的光彩。

盛京輪一直到下午四時才攏岸，碼頭上一陣騷動，下錨的聲音，汽笛的聲音和混雜的人聲，響成一片，我擠在人叢間向甲板上尋找紫娟。但她已經先看到我了，高聲地喊着：

「大哥，我們在這裏！」

我跟着這聲音看到她正憑欄站着向我招手，她一身紫色的打扮，還像上海分手時那樣嬌艷，時間彷彿並沒有在她身上留下什麼痕跡。

船上的小梯剛放下，她就搶先擠到碼頭上來，和我緊緊地握着手說：

「大哥，我們三四年不見了！你好嗎？」

「還好！」我說：「你怎麼樣？」

「馬馬虎虎，在香港也悶得很，地方那末小，住都住膩了！」

她笑着回答我，在她的笑聲裏面，我直覺地感到有一種接受一個新鮮的刺激而產生的微妙的感情。

「善新和大虎爲什麼還不下船？」

「大虎？」娟雲詫異地看看我，然後縱聲笑着說：

「你怎末忘不了你那個寶貝外甥？我沒有帶他來！」

「爲什麼不帶他來？」

「媽捨不得，他胖得像小豬一樣，眞逗人愛，我告訴你，他現在兇得很，會咬人了！」

對於這個孩子，我有着一份特殊的感情，大虎一生下地我就愛上他了。在臺灣有時候想到紫娟他們，立刻就會聯想到大虎，我愛那對黑得發亮的圓眼睛，白嫩的小手。我也許對他的關懷比之對紫娟的更爲深刻，但是當時紫娟的感情很激動，對我那種失却了什麼的感覺是不會察覺到的，她祇是貪婪地環顧着四周的景色向我說：

「大哥，臺灣眞不錯，風景如畫，怪不得人家說它是個大公園，就是船上的生活受不了，要不是行李多，乘飛機多好，又快又舒服！」

「誰敎你帶這麼多行李來嘍？」我開玩笑地問她，她却漫不經意地反問我：

「廿多件行李算多嗎？我要在臺灣佈置一個像樣的家，東西還差得遠呢！」

一個像樣的家？我有些驚駭，我知道她之所謂像樣，是一個超水準的名字，這是多麼奢侈的想法，豈是善新所能負擔得了的，事實上，他到香港去接紫娟之前在臺北所準備的祇是郊區一所簡陋的小屋，我想告訴她，二十多件行李已經嫌多了，但善新已氣吼吼地走了過來！他提着一個旅行包，滿頭是汗，西服背心的鈕扣也解開了，他向我招呼說：

「啊唷！臺灣的天氣眞夠熱的了！」

在回到臺北的快車上，紫娟眺望着窗外陌生的土地，一面却告訴我說，上海淪陷初期，共匪一度給姨父戴上一頂「民族工業家」的帽子，半威脅性地上門來勸他回上海，把這位忠厚的老人氣得要發瘋，但說客被罵出門不久，洪達紗廠就被接收了，姨父便整天躲在書房裏看看工廠的照片，摸摸工廠的模型，除了大虎之外，幾乎沒有一個人可以看到他的笑臉。

姨父在香港的心情，一天惡劣一天，回上海吧，他不願意，來臺灣吧，他沒有建廠的資金，在香港則看着二十多年的心血化爲烏有，這種心情，自然而然地影響到家庭間的和諧情調，於是紫娟開始對現實不滿，她懷念過去，又孕育了新的幻想，她很認眞地向我說：

「一個出嫁了的女兒，終不能一輩子住在娘家，這一次我到臺灣來，一定得好好調整一下生活，最低限度，應該恢復過去上海時的家庭生活！」

這實在是不瞭解客觀環境的夢幻者的奢求，在臺灣是不可能的，臺灣是臺灣，上海是上海，臺灣沒有愚園路，正如同上海沒有臺北橋一樣，這種超越現實的幻想立刻就會遭到失望的打擊。我看看她，她的眼睛有一層模糊的，使人覺得非常深，非常遠的色澤，代表着一個遙遠的憧憬，我不想立即刺激她，讓她在自我陶醉裏，到達了自由中國的首府。

三

出差汽車載着我們三個人，從車站出發，經過繁榮的衡陽街，莊嚴的總統府，漸漸轉入和平西路，再穿過一條巷子，到達郊區了，依着善新的指點，我們看到那所他費了不少力氣才換來的小屋。

這是一座外形長方的，在臺灣很尋常的木板房子，漆着深藍的顏色，在它的前面是一條沒有修平的小泥道，左側是一家整天響着柴油鞏浦的麻油廠，右側是一家機械工廠的宿舍，除了屋子周圍有葱綠的芭蕉和疏落的竹籬之外，泥道左端，離開這房子一千碼左右的地方橫着一條鐵路，每天早晨，中午，晚上，都有定時的火車，喘着氣經過那裏。

善新告訴紫娟說：那座小屋一共十四疊塌塌米，四疊塌塌米的客廳，六疊塌塌米的寢室，另外四疊的小房作吃飯間。我相信，這對於這位夢想者一定不能滿意的，但是對於我，已經是一個很大的誘惑了。因爲我一直沒有辦法爲自己頂下一所小屋，在時時有搬家可能的威脅中，借住在一個小機關的宿舍裏。

我們越過那條距離小屋一千碼的鐵路時，汽車已不能再走，沿着狹小而崎嶇的泥道步行，紫娟的高跟鞋在這一千碼的距離中，使她感到很大的痛苦。除了大行李還沒有在車站提取之外，我們手上一共有五口提箱，我和善新一人二口，另一口則分配給她了，那口小提箱在她手上似乎格外沉重，雖然她極力矜持，但一種不愉快的陰影已經浮上了她的眉尖。

麻油廠裏的柴油鞏浦，散出一陣陣黑烟和一種使人難以忍受的氣味，我提着二口箱子也感到麻煩的時候，紫娟已忍耐不住。

「什麼氣味這樣難聞？」她皺起眉頭問善新。

「麻油廠裏散發出來的！」

「我們到底住在那裏？」

「就在麻油廠隔壁！」

「天吶！那怎麼受得了？」

「找不到合適的地方，」善新解釋着說：「城裏要防空襲，還不如在郊區安全！」

天漸漸黑下去，蒼茫的暮色裏，路燈散射着檸檬黃的光線，住在附近那家工廠宿舍裏的孩子，非常起勁地在那條狹窄的小路上玩着捉强盜的遊戲，我們這三個人出現在他們面前時，他們都圍到身邊來了，彷彿看新奇的動物一樣，其中有一個孩子，不知道說了句什麼，他們又發出一連串爽朗的笑聲跑散開去。

現在，小屋已在我們的面前，紫娟簡直認爲是想像中不可能有的，那麼低，那麼寂寞，在她嫣紅的嘴唇邊我聽到她的抱怨：

「鴿子籠一樣，怎麼住人？」

善新搶先打開門，把手提箱拿進去，電燈光底下，我們走進了那間空無一物的小房間，但牆上都已經糊上綠色的花紙了。

「傢俱呢？」紫娟問着。

「還沒有買呢！」

「床也沒有？」

「船到得太晚了，本來打算到了就買的！」

「沒有床怎麼辦，難道就睡在這些塌塌米上？」

「……………」

「你得想辦法啊！天吶，你教人睡在那裏？」

「……………」

善新沉默着沒有作聲，他彷彿做了天大的錯事一樣，呆呆地望着她。

紫娟的幻想和現實很快地就發生了尖銳的衝突，她提起那隻小箱子氣衝衝地走向寢室裏去，其實，日本式的房子，寢室和客廳不過用一扇紙門隔開，是一種象徵的形式而已。不知怎樣，還沒等善新去拉開紙門，她手上的箱子已經把它撞倒了，綠色的花紙上立刻顯出了一個大洞，那扇門的尖角又把她的絲襪拉開了一道長口子，那種尷尬的情形，使她和紙門一樣，落入一個傷心的深淵中，她在幾小時前所保持的愉快和興奮都消失了，代之而起的是一種使人難以忍受的疲倦和厭憎。失望像一層看不見的幕，悄悄地籠罩在紫娟的周圍。

在紫娟把紙門撞倒的同時，我們在窗子上發現一羣孩子驚愕和新奇的面孔，他們爬進了竹籬，正向內窺視，這些孩子的面孔，在那個時候，却成了一種强烈，辛辣的諷刺。她又氣又窘，一切失望的感情，都突然併發，哭聲像一個霹靂，打破了這種屋子裏沉悶的氣氛。

四

我像做了一場噩夢，强制着自己把紫娟的影子，尤其是那種失望所形成的情景從腦子裏抹去，但事實上，這種强制是無效的，愈勉强自己，愈覺得苦惱，一個星期糊糊塗塗的過去了，善新一直沒有到過我辦公的地方來，我的心情才漸漸平靜下去，以爲在一星期的磨煉中，紫娟可以習慣於那種清淡儉樸的生活了，我私心爲善新慶幸，以後他可以享受家庭的溫暖了。到第八天的下午，天下着雨，我有點困倦，留在宿舍裏躺着看書，善新突然來了，臉色鐵青，雨水從他的帽邊上不斷地掉下來，一件雨衣就像從水裏拿起來的，我看見他那種愁傷的樣子，感到十分不舒服，忠厚的解釋不是懦弱，愛情的表現更不是煩惱，從他忠厚的面孔上和那對並不聰明的眼睛中，可以看得出痛苦來，這種痛苦不用說，是紫娟所給予的。但是我不願意讓他們的事情再來打擾我已經平靜下去的心情了，於是我顯得十分平淡地招呼他說：

「這末大的雨，還出來？」

「有點事情來找你。」他結結巴巴回答我說。

「什麼事情？」

「紫娟…………」。

「又是紫娟，」我不耐煩地搶上去說：「算了吧，我不要聽你們那些瑣碎事情！」

「不是瑣碎事情，是個很嚴重的問題，我考慮了好久才來找你的。」

「淸官難斷家務事，你們的事情我有什麼置身的餘地呢？」

「你不知道，事情不是那麼輕鬆的，我想你去勸勸她呢，」他很着急地說：「她要和我離婚。」

「離婚!?」我詫異地看看他，這名字的確有嚴重性，會引起任何一個人的注意的。「爲什麼要離婚？」

「她說她受不了臺灣的生活！」

「就這樣簡單嗎？」

「是的，我想不到還有什麼其他的原因了！」

「吵架時的氣話吧！你何必當眞呢？」

「不是氣話」，善新憂鬱地說：「吵了三天了，她非逼着離婚不可，我考慮了很久，還是你去勸勸她吧！」

我看看他的面色，那樣眞摯，而我對離婚却一直有着一種偏見，儘管我的周圍有許多相識的人離了婚，我這種成見却始終存在，認爲是不應該的！

我不知道是這種偏見影響我的情感呢還是他過份的忠厚惹起了我的怒意。我披上雨衣跟他走了。在三輪車上，我任性地指責他說：

「你們眞不成話，離婚豈是兒戲，叫大虎將來受罪？」我駡他該死，駡他胡鬧，丟臉，其實，這是不公平的，我應該去指斥紫娟的，可是紫娟並不在我的面前。

二十分鐘之後，我站在那間四疊塌塌米的小客廳裏，屋子裏杯盤狼藉，一張小圓桌從房間的中央被推到壁角裏去了，四隻小型的椅子，分散在四角，其中的一隻側倒在地上，這種零亂的情景襯托得那間小屋格外狹窄。站在我面前的紫娟不知什麼時候竟變成如此悍潑的女人，她的儀容，她的風度，她的娟秀都不再存在了，頭髮散在肩頭，緞質的睡衣不相稱地披着。當我這走進小客廳的時候，她充滿了敵意地瞪着我，好像並不歡迎我來干涉他們的事情一樣。那個時候，也許並不是我說話最好的時機，但是我覺得，一個家庭瀕於破裂邊緣的時候，在第三者的肩頭上是有一種負擔的，這種負擔嚴格地分析，全在乎個人的感覺，說有的時候，可以把它形容成一付重擔，說無的時候，也可以把它視同一片輕雲，但當時，對於紫娟他們，在我內心的衡量上，覺得很沉重，因此，我一進門就很嚴肅地向紫娟說：

「妳發瘋了！什麼事情跟善新這樣鬧法？」

在平時，我相信這種嚴肅的態度可以使她平靜下去，但紫娟的反應，與我所期待的廻然不同，在她那雙充滿敵意和厭惡的眼睛中，不復有大哥的存在，她指點着這間和諧的情調已經完全破壞了的房間向我咆哮說：

「什麼事情!?爲生活，這種生活我受不了，吃也在這裏，住也在這裏，傭人沒有傭人，廚子沒有廚子，這算什麼「家」？」

「這裏是臺灣！小姐，不是上海！」我說：

「臺灣怎麼樣，臺灣就該住這樣的狗窩，是不是？」

「你不要看輕這末一個「狗窩」，多少人求都求不到呢！」

「那是人家，不是我！」

「妳比人家就高貴些？」

「高貴就高貴，反正我有我的主張。」

「妳的主張是什麼？」

「離婚！」

「離婚就解決問題了嗎？」我反問她，「恐怕不一定吧！」

她却異常固執地回答我說：

「嗯！離婚就解決了。」

「我想妳要後悔的！」

「有什麼後悔，現在才後悔吶。」

「不要這樣說，妳太年輕，太任性，把家庭觀念道德觀念都當作了不屑一瞥的東西…………。」也許我觸怒她了，紫娟還沒有聽完，就聲色俱厲地向我反攻，她說；

「你說我沒有道德觀念？你的六叔離了婚爲什麼不反對？你的朋友離了婚爲什麼不反對？」

「是的，他們離婚我沒有反對，因爲我知道他們感情已經完全冷却了，在妳，却不是如此，妳的離婚，不過是因爲沒有實現那份自我陶醉的夢想而已！」

「什麼夢想？」

「對生活定義的錯誤解釋，」我說：「一種不正常的思想在發酵，把一個沒有靈魂的生活當作了追求的目標！」

「算了，算了，」紫娟竟掩上了耳朵，來表示她的厭惡，她幾乎下逐客令了：

「你不必在這裏，到教堂裏去吧！教人相信主去，教人追求精神的昇華去！」

我再也說不出什麼話來，很顯然，在這種場合裏，她已不可能接受任何一個人的說教。這個時候善新却插進嘴來。

「妳用不着跟旁人吵，妳說到底打算怎麼樣吧！」

「有什麼打算？打算離婚！」

我嘆口氣說：

「既有今日，何必當初？」

但紫娟却使我驚愕，她反常的怨憤的感情愈燃燒愈熾烈似地說：

「當初？當初追求我的人才多呢！嚴新，劉紹華，……在香港，××貿易行的經理還死命的追逐我，我瞎了眼才嫁給他。」

從妻子的口裏，吐出其他男人的名字，是使自己丈夫最難堪的事情，尤其在第三者的面前。善新的臉紅了，似乎要在我面前，充一次硬漢，來維持丈夫的尊嚴一樣，用了最大的勇氣說，「好！離婚好了！」

……………………

房間裏突然沉靜下去，一種使人窒息的沉悶從四周漸漸地侵襲過來，我非常難過地離開那裏，深悔多此一行，在我的心頭上，有一種無可彌補的缺憾，彷彿他們的僵局是我一手造成的，因爲我的不善於辭令，而使他們演出了這幕悲劇。

第二天，善新非常憂鬱地到我辦公的地方來看我，告訴我，紫娟已一怒而去南部旅行了，那裏有她舊時的同學，他向我敍述一些過去生活中的小故事，無限感嘆地說：

「這一次的錯誤是一時感情的衝動，在本質上，紫娟不是一個壞人！」

我對善新的話抱着同感，想到他們前一天晚上的僵局，我終有着內疚，很明顯的我過份重視他們之間的爭吵，引起了這本來或者可以避免的風波。

（下期續完）

（上接第17頁）

註五：參考須藤利一譯補 Basil Hall 著 Voyage of Discovery to the West Coast of Corea, and the Great Lo-choo Island (1818, London) 及神田精輝譯 Narrative of the Expedition of an American Squadron to the China Seas and Japan performed in the years 1852, 1853, 1854, under the Command of Perry。又琉球國史球陽、歷代寶案、琉球見聞錄。又蔣廷黻先生輯中國外交史料琉球問題。

註六：參考開羅會議宣言及波茨坦宣言並聯合國憲章舊金山條約。

註七：琉球自被日本滅亡後，歷史不被揑做，即被銷毀。或謂琉球天孫氏開國傳說爲不足信據，或謂琉球舜天王爲日本源爲朝之子，或謂中國史書所稱夷洲、流求皆爲臺灣而非琉球，而結論則謂琉球自古爲日本之一部。實則琉球自古獨立爲國，不屬日本。

註八：參考淸徐葆光中山傳信錄、周煌琉球國志略、李鼎元使琉球記、明史及淸史稿琉球傳，及喜舍場朝賢琉球見聞錄。

註九：參考淸徐葆光中山傳信錄及喜舍場朝賢琉球見聞錄。

註十：參考球陽及歷代寶案。

註十一：參考淸史稿琉球傳、黑龍會編日支交涉外史及蔣廷黻先生輯中國外交史料輯要。

註十二、註十三、註十四：參考喜舍場朝賢琉球見聞錄。其序文用漢文，其正文用日文，凡年紀必同揭中日年號，凡記日本皆直稱日本而不稱皇國，凡記琉球則仍沿用琉球字樣而不稱冲繩。此書著成已在琉球亡國之後，而出版則更已在日本大正三年（民國三年），是直欲以筆硯爲抗日之武器者。

註十五：中國對朝鮮（今韓國）安南（今越南）皆有此史例。

註十六：關於非「閩人三十六姓」之琉球民族來自問題，可參考拙著古琉球確即瀛洲考釋、東吳夷州考及琉球古代文字問題。又琉球學者伊波普猷自認其祖先出自甘肅魚姓，係奉中國皇帝之命渡琉採長生不老藥者。琉球學者崎山長濱自謂琉球民族出自中國山東。琉球那覇城岳貝塚有中國戰國時代燕國「明刀」（幣名）出土，皆可爲證。

註十七：參考喜舍場朝賢琉球見聞錄及黑龍會編日支交涉外史。

註十八：參考蔣廷黻先生輯中國外交史料所引譯署函稿。又六十年來中國與日本等籍。

書刊評介

希斯奇案

吳炳鍾

原　書　名：The Strange Case of Alger Hiss
作　　　者：Earl Jowitt of Stevenage
出　版　者：Hodder and Stonghton, England
　　　　　　Donbleday & Comghony, U. S. A.
出版時間：英國版　一九五三年四月
　　　　　美國版　一九五三年七月

一九五三年五月八日，紐約的 Donbleday 出版公司拍給美國全國的書評家及書店一通電報，通知預定五月廿一日出版英國，前任司法大臣兆維特公爵所著的『希斯奇案』無限延期，並且要求將已發刊的五千份送給評論家及試閱的書，完全收回。

數日以內，倫敦泰唔士報刊出一篇派駐美國記者的典型左傾眼光的報導，說與該公司『有密切關係的人士，不猶豫地承認』，該公司『的行動，是受參議員麥加錫及其僚羣長臂的壓力』。

五月十七日紐約的共黨報紙『工人日報』，對希斯作了五年來首次的公開辯護。語調是完全根據英國兆維特伯爵所著的這本『希斯奇案』。

七月裏我讀到此書的英國版，認爲不過是英人對美國事物所抱一貫輕藐的態度，美國版既然不欲出版(理由容後述)，也就不值一談了。不料七月底美國版終行問世。紐約時報書評副刊在首頁上，刊出了駁贊兩種書評；星期六評論刊出了一篇譽多於毁的介紹；『國家雜誌 The Nation』除了全力宣傳之外並且代爲分銷。我認爲因爲此書涉及問題甚多，牽連錯綜複雜，有對國人介紹的必要。

一九四八年夏天，美國衆議院反美活動調查小組得到一位記者的報告，說TIME 週刊的高級編輯詹伯斯 (Whittaker Chambers) 曾是共黨黨員，或能供給有用的資料。於是詹伯斯在八月被傳作證，供出在一九三八年他脫離共黨時所認識的一組共黨秘密黨員裏有希斯其人。

兩天以後，希斯被衆院小組傳訊，正式否認作過共黨黨員，還對詹伯斯的照片說從未見過此人。衆院小組(現任美國副總統尼克森是當時的主席)於是分別秘密審訊詹伯斯與希斯。

詹伯斯首先被訊。所問的主要是他在自稱認識希斯的時期，希斯的家庭生活與環境。在供詞中，除了著名的「鳴禽」事件以外，還談到了希斯的汽車。詹伯斯說記得希斯有一部多餘的破舊福特敞蓬車，並且將該車交給共黨黨員所經營的一家加油站，將那輛車子轉移給某地的一名沒錢的共黨組織員。詹伯斯相信車子的過戶紀錄可能找得到。

過了幾天希斯受訊。這一次他說，回去以後想起，前次見過的詹伯斯照片，可能是他認識的一個自稱爲克羅思利 (George Crosley)，此人並且租過希斯的一所公寓不過在一九三七年一月一日以後，沒有再會過面。汽車呢？希斯說有過一輛極舊的福特，是一九二九年結婚後購買的。出租公寓時，一併讓給那個克羅思利了。不過沒有辦過戶手續。

次日(八月十七日)，衆院小組傳訊詹伯斯和希斯會面。希斯經過一番猶豫，指明詹伯斯卽是他認識的克羅思利；但希斯否認與共黨或共產主義有關。

八月廿五日衆院小組舉行一次公開訊問。小組拿出了希斯親筆所寫，有公證人簽字的過戶單；是將該車移讓給一家 Cherner 汽車公司，該公司在當天又過戶給一個叫柔森的人 (William Rosen)。汽車公司經理被傳訊，證明該公司的帳簿上並無此項交易之紀錄。那個柔森被傳訊，要他解說這輛車的轉移情形。他根據憲法的保障規定，拒絕對自己不利的問題作證；問他是否共產黨員，他也依樣葫蘆。

八月十七日希斯在衆院小組調查會中遇到詹伯斯時，向他挑戰，問他敢不敢在小組會外宣告希斯是共產黨，而使希斯能得機會以誹謗罪名控告他。詹伯斯接受了這個挑戰，在無線電廣播中答新聞記者問時，又說希斯是共產黨。一個月後，希斯控告詹伯斯誹謗。在審訊以前，曾開了一次調查庭；詹伯斯此時(一九四八年十一月十七日)突然對庭上呈出了一包文件，聲稱是他在擔任共產黨情報傳遞員時，希斯給他轉交一名間諜的。

這些文件，除了一些照片底板以外，一部份是一九三八年春天國務院秘密性文件的打字鈔本，一部份是希斯親筆所寫若干秘密性文件的摘要(此外還有財政部官員懷特 (Harry Dexter White) 親筆所寫的同樣東西，但此人適在此時死去)。本來詹伯斯作證指稱希斯爲共黨，卽使眞是，希斯仍不犯刑法。這一包文件的出現，却將此案變爲間諜行爲的調查了；誹謗控訴也暫時擱淺，改爲刑事調查。

聯邦調查局的專家，證明那些打字鈔寫的文件，與希斯夫婦在同一時期所打的若干信件，是出於一部打字機。初審時，各陪審員未能取得一致的決議；再審時，各陪審員同意希斯有罪。一九五〇年一月十五日，希斯被判監禁罪名，請注意，並不是間諜行爲，而是對聯邦大陪審團作二項僞證：一是聲稱未曾將秘密性公文交付詹伯斯，一是聲稱在一九三七年一月以後未曾見過詹伯斯。

希斯以後雖經兩次上訴，都被駁回。

希斯案完讞以後，共有三本英文書報導或是批評。第一本是記者 Victor Lasky 與 Ralph de Toledano 合著的 “Seeds of Treason”，顧名思義是譴責希斯的，中文有國立編譯舘出版，崔書琴先生翻譯的『叛國種子』（正中書局）。

第二本是英國 Manchester Guardian 駐美記者庫寇 (Alistair Cooke) 所作的 “A Generation on Trial”，對於審判經過，對於詹伯斯，都頗有微言。不過文章不甚佳，加以人微言輕，也就湮沒在書海裏頭了。

第三本便是這裏要介紹的『希斯奇案』。作者英人兆維特公爵（曾任英國社會黨政府的司法大臣，律師，且以寫散文見長）在序文中說，他『僅是要複校案件發展經過中所提出的證見』。他說是詳細研讀了美國衆議院反美活動調查小組的開會紀錄，二次審訊的紀錄（印刷品），和自審判以來所出版的書，尤其是詹伯斯自著的『見證』“Witness”。因此，兆公爵說他獲到了陪審員所不能得到的資料（但是他沒有身臨美國）。

他的全書主旨，是說審判不公，希斯無罪。但是書中漏隙和奇怪的地方很多。先講他對希斯審判的攻擊：

第一、他從英國法庭的立場，抨擊美國制度的不良。例如他認爲，對希斯起訴的重大罪名和只出於一方的證見，斷不該許可報紙公開發表，致使公衆的情緒激昂，造成被告的不可能獲得公平的審判。

初看此話，好像有些道理，但經分析以後，可知此話含義太重了。事實上，美國的民情當時並不如此激憤以致影響了法庭的判決。許多名人皆曾出庭（包括兩位大法官），證明希斯的品行端正可靠。許多報紙因爲詹伯斯將一部文件照片底板藏在南瓜裏，曾經對他極盡譏笑諷刺之能事。一般公正人民的看法，多是抱觀望，甚至懷疑；左傾的，或自命前進的人，就更不必談了。

兆維特公爵根據同一觀點，又討論第一次審判後，一部份報紙批評主張希斯無罪的陪審員，以及那兩位替希斯證明品行的大法官。他說在一個訴訟案件未結束以前，擅敢予推測或表示意見，『頗可能使陪審團無法維持爲發揮陪審制度最良作用之必要平靜心情』。這是英美法律的不同點，並非有人加害希斯。讀者莫以爲美國輿論當時眞是大部如此。許多有地位的報紙，都在比較希斯和詹伯斯的身份，强調詹伯斯作過共黨間諜（自供），而希斯是身世淸白當政信賴的紳士。輿論兩方的影響，至少也可相抵了。

第二、兆氏特別强調，希斯得上級人士的器重尊敬；他說：『難道我們眞要認爲，對一個品格證明完善的人，和對一個純粹的流氓，該要求同樣分量的證據麼？』這種觀點，出自英國司法大臣口中，讓我們實難瞭解。美國司法制度只能給他肯定的答覆。美國也不會改變這種基本的立場。

第三、兆維特公爵認爲詹伯斯提供的文件中，至少那些希斯手書的重要文件摘錄何以到詹的手裏，是容易解釋的。審訊時，被告辯護時也曾如此主張。就是希斯寫那些東西，是在國務院執行公務時，爲使他便於向上級作報告而記的，用畢投在廢紙簍裏，後來被竊，轉至詹伯斯手裏。

但這種理論弱點很多。助理國務卿 John Peurifoy 去作證時說，寫摘要是『極罕見的辦法』。卽使如此，希斯也該經意處置，因爲秘件的摘要，仍屬同等機密。再進一步講，起訴的檢查官也曾指出，到了詹伯斯手裏的這些文件，並無抛入廢紙簍的皺紋，而是整齊摺叠。兆伯爵也對此點不安，說是可能希斯將它們放在 outgoing tray 裏了。但這種說法，過於要求讀者勉强自己的智力了。

第四、兆氏認爲，正是因爲希斯親筆寫了那些東西，可以證明他不是間諜。因爲對接受他秘件的間諜，何敢那樣信任？

這種話也是幼稚。誰又說過希斯是十全的間諜呢？

還有一點值得我們强調。兆氏在本書中多次曝露他自己認識的不足，他的眼光仍是以普通罪犯來度量共黨，他仍以爲希斯如非無辜，便是普通的「罪犯」，自覺「罪愆之感」。因爲希斯無「罪愆之感」，所以才敢親筆寫那些摘錄。但是希斯如果眞是共產黨，他爲蘇聯幹間諜工作，是不會感到慙愧或是有罪愆之感的。兆氏和大多數英人一樣，都不瞭解共黨是一種新型的敵人。

第五、兆氏步伍美國替希斯辯護者的後塵，也攻擊了詹伯斯的精神健全問題。如果詹伯斯精神不健全，他便失掉了作證人的資格。被告辯護律師也曾被迫採用這種戰術。兆氏一面承認在英國法庭不會接受這種見證，但一面又極力挑剔詹伯斯所發表文章中的字句。

在這一方面，兆氏出了一個大錯。他說根據詹伯斯所寫的『見證』一書（銷售二十八萬册），詹在一九四八年十一月十七日呈出其所藏文件之前，曾企圖自殺。但該書裏記載，那是在他辭去 TIME 雜誌職務（十二月十日）以後，是在紐約對聯邦大陪審團作證的時期。兆公爵將詹伯斯該書中記載，作錯誤的引證，有三十次之多，加以利用的，有七次之多。

實際無論詹伯斯是否精神錯亂，希斯案仍會發生的。假定詹伯斯死掉了，替他保管證據的姪兒也死掉了，他人發現那包文件報告警察，希斯仍要吃官司。

第六、兆氏用了一整章的地方，指明詹伯斯前後證詞的不符。但是所指的是一個不關緊要的題目：詹伯斯向希斯收過幾次黨費。事隔十年，記憶終會有一些混亂的。

第七、兆氏同意初審法官的見解，認爲希斯是否共黨，與本案無關，因而不許對法庭提供任何希斯爲黨員的證見（陪審員無法一致同意希斯有間諜罪，也是出此原因）。兆氏對於更審的法官認爲錯誤，不該許可涉及希斯是否共黨的問題。

法律家見解尙有出入的地方，門外漢自然不敢置喙。我只要報告讀者兩件事，以見兆維持公爵之是否「公道」？他一面堅持共黨非共黨的問題不得牽入，却一面將詹伯斯的一切言論舉止，甚至他女僕的意見，都拿來大加發揮。另一件事，是他力言有兩件有關的事項，檢察官並未起訴，可見檢察官心虛；事實上檢察官僅是撮要起訴，先是撮要已有數十項了，焉能一件不漏？

第八、希斯敢控告詹伯斯誹謗，兆氏認爲是有力的無辜證據。其實，這也是很無力的理論。

詹伯斯在衆院小組指明希斯是共黨時，並未提出文件證據，也未說他有此種證據。希斯可能認爲此類證據已經被遺失或銷燬，因而詹伯斯無法以間諜罪名控告他。此時反攻，控告詹伯斯誹謗，如有衆多大人物出庭爲自己作證，無證據的詹伯斯十九會被挫敗的。希斯此舉固屬犯險，但仍算是有勝算之險。爲了舊汽車事件的敗績，孤注一擲是在所不惜了。

第九、兆氏拿着詹伯斯的『見證』爲根據，要證明詹是僞造文件誣害希斯（這時又承認詹伯斯頭腦清醒了）。他說詹伯斯在脫離共產黨時，僞造了若干文件，爲的是以嫁罪於希斯爲威脅，『迫使希斯使用權力，召回共黨的暗殺隊』（兆氏此地又認爲希斯是共黨，不過沒有作間諜）。

這也是風馬牛的說法。詹伯斯所懼怕的，是共黨地下組織的領袖，是希斯所無權指揮的。爲使共黨不敢暗殺詹伯斯，詹伯斯必須要有眞實的證據，足以妨害共黨安全者。如果希斯是共黨間諜，而這些證據是眞的，才足以使共黨有所避忌，不敢貿然殺詹伯斯滅口。假造文件有什麼用呢？

第十一、兆氏根據上項理論，說明那些打字的抄本，一定是詹伯斯先偸了原文件，然後又偸了希斯的打字機抄寫的。

但這人不知鬼不覺的方法，兆氏實在想不出來，他又如何可以厚非陪審團呢？況且上項理論既不成立，詹伯斯僞造這文件又作什麼呢？

第十二、現在談到了兆氏的撒手鐧。他又提出一項與其他各點不無抵觸的新理論。全書的新理論，只此一條。兆氏說：詹伯斯是一個極端的，過於感情化的反共者，知曉希斯是個思想左傾的人，甚致可能是參加了共產黨研究小組的（但非間諜）。詹伯斯於是出於其居心良好的反共態度，將一切偏左的人都視爲死敵，都要採用有效的手段消除，因此誣陷了希斯，甚至並不覺得他的控告是揑造的。換言之，詹伯斯出於仇恨之心，遠在一九三八年前便僞造了文件，但一直保留不用。到了一九四八年八月被傳作證時，才對衆院小組供出希斯是共黨。而至一九四八年十一月十七日，自己當了希斯的被告時，方才拿出這些文件，致希斯的死命。

這樣的沉穩，遠見，殊不多見。希斯遭到如此無情而又先知，陰險而又富激烈熱情，兼能以秘密方法僞造文件的敵人，感情用事的陪審團，枉法的法官，低劣的美國司法制度，助紂爲虐的輿論，於是被寃枉定罪了。——這便是『希斯奇案』的要旨。

但是這樣的書，偏是有人信。

兆維特公爵爲什麼寫它呢？這正是知識分子的矇昧。他不相信歷史。他不相信現實。他說：『也許眞有共產黨將蘇俄及其附庸國的成功，看在自己國家的成功之上，但是我並不確知』。

美國版所以緩出的原因，是爲了修改錯誤。英國版裏，錯引詹伯斯『見證』三十處，錯引或誤解證詞紀錄處四十餘處，此外在人地名、時間等錯誤亦多。美國版將這些都改了，並且還作了一件沒出息的事：原書攻擊美國聯邦調查局合謀欺詐與教唆僞證，美國版都取銷了。

書中有兩點怪處，沒有辦法解釋：

他說：『在希斯第二次受審時，某人』（無名氏）『在每一卷審訊紀錄刊行時，就郵寄給我』。這是不可能的。那些紀錄並非訴訟間刊行，而是在判決以後發佈，以便上訴使用的。

後來他又說是庫寇(Alistair Cooke)寄給他的。庫寇否認。

這本書是否該易名爲『兆維特奇案』呢？

讀者投書

不平之鳴

——籲請最高行政當局明快處置——

王達人

公務員工的待遇微薄，爲一致公認之事實。行政最高當局，體恤有心，曾迭次公開提及。惟以國庫艱難，僅能次第增加軍人、鄉鎮人員、及教職員待遇。大家仰體時艱，認爲此種措施，十分合理，故咸願鞠躬盡瘁，爲反攻復國之工作而努力，縱令妻孥啼飢號寒，亦決無怨言。乃查近數月來，中央及省級行政機構，先後一次增發員工自本年元月份起之生活補助費，（員每人每月百元，一至十月可領千元；工每人每月五十元，一至十月可領五百元，每人一次可領相等五個月之薪餉。）其報銷方式，頗不一致。有以加班費誤餐費出賬者；有以臨時借支支領者；皆在本機關結餘經費項下支付。但一部份中央機關，則因本身經費無結餘可言，遂對員工請求，無法補發。因此一部份窮苦公務員工，感於「不患寡而患不均」之「公開秘密」暗盤作法，心意上大爲不平。同時同地爲公服務，政府應統籌規定，何能竟令各自爲政，懸殊若此？此實足以影響大衆情緒及工作效率，致產生一部份暗潮。讀者茲投書貴刊，希望最高行政當局，速即查明：已發未發單位，無論各機關之有無結餘經費，作一統籌挹注之明快處理，以期平允。本人年屆六旬，從公卅載，此種呼籲，雖屬「開明的自私」之見，然亦爲大多數苦難公務員工，作一懇切之代言。想爲民喉舌之貴刊，亦樂於刊佈也！

此致

自由中國社

北投中央路一四五號　王達人

四十二年十月九日

編者按：關於公教人員待遇問題，本刊前此曾一再爲文論及，因爲這個問題的嚴重性不僅影響一般行政效率，而且也關係於社會的治亂。現在公教人員生活清苦，已經達於極點。由於財政上的困難，政府未能及時作全面與根本的調整，僅次第略予增加軍人、鄉鎮人員、及教職員的待遇，此實有其不得已的苦衷。但是現在中央及省級機關，分別以各種不同報銷方式發給補助費，而一部份機關因無經費結餘而無法發給，這種辦法顯然是甚不合理的。正如王達人先生所指出，這使公務員於不足之餘更有不平不均之怨。這現象是我們所應該避免而能避免的。而且，過去政府爲求待遇公平，曾經明令禁止金融及其他事業機關，在統一薪津之外，不得以其他名目加薪。現在政府又默許各機關這種「公開秘密的暗盤作法」之存在，是自毀法令之尊嚴，何以昭人以信守？其在行政方面的影響更是十分惡劣的。盡量提高公教人員待遇，是我們一貫的主張。但提高待遇的辦法必須本諸「公開」與「公平」的原則。希望政府當局繼教職員待遇調整之後，對公務員工待遇的整調，從速作合理而明快的處置。我們因有同感，故與王達人先生作共「鳴」也。

第九卷　第八期　內政部雜誌登記證內警臺誌字第一九號　臺灣省雜誌事業協會會員　二六二

給讀者的報告

本期我們同時發表了兩篇社論：一是「我們信賴聯軍統帥的保證」，一是「寫在反共救國會議之前」。前者討論韓境停戰以後遣俘問題的新發展；後者提供吾人對舉行反共救國會議的幾點意見和主張。前些時，擔任監俘的印度軍，罔顧人道，槍殺中韓反共義士，引起中韓兩國人民憤怒的抗議。這一事件證明印度一貫的媚共立場，實無資格擔任中立的監俘工作。我們追本窮源，不能不坦白指出，這一切禍患與糾紛，實皆由於聯軍一念之差的安排所鑄成，因為聯軍始終不曾了解，共黨之所以接受現行遣俘辦法，乃在陰謀達到其强迫遣俘的目的。上月廿二日共黨提出的關於解釋工作的六項要求，以及所謂中立國委員會據此訂定的「解釋規則」，俱足以證明他們「上下其手」、「偷天換日」的陰謀。我們現在除信賴聯軍統帥對自由選擇的保證，希望反共義士沉着應付外，還須密切注意監俘委員會的行動，以正義的力量來作聯軍的後盾。

關於反共救國會議的召開，早在本年五月間國民黨第七屆二中全會中即有此項決定，最近雙十節總統文告中說到要從速籌開。看情形，反共救國會議的舉行已是勢在必行了。反共救國會議召開的目的原在「商訂反共救國共同綱領，建立反共救國聯合戰線」，這應是關係國家前途的一件大事。然而從消息發表以來的五個多月間，社會反應却很冷淡，這是值得我們深思其故的。所以，在本期的社論(二)裏，我們對這問題正面的提出了四項積極的希望和主張。我們反共的目的為的是民主與自由，我們必須真正有此決心，並用具體的事實以證明我們此項決心。必須這樣，反共救國會議的召開才有意義，才能由此而形成一個偉大的團結的局面。我們之所以主張反共救國會議應於國大以前召開，其理由亦在此。

「日本往裏走？」這問題不僅是遠東國家，而且是自由世界所極為關心的問題。因為在遠東方面，自由對抗極權的形勢中，日本的動向是足以舉足輕重的。徐逸樵先生在本期首篇專論中，從日本內外形勢的分析，為我們提供了一個清晰的解答。楊日旭先生的大文在說明法國何以會形成多黨政治，以及多黨何以會使政局不安的原因。本文學理與事實兼顧，可供研究國際政治者之參考。「論琉球歸屬問題」一文，根據各種歷史的文獻，說明琉球自古即獨立為國，及其與中國傳統的藩屬關係。我們以中國人的立場，在對琉球未來地位的決定中，不能不表示意見。

殷海光先生翻譯的「到奴役之路」一書之第四章，本應本期刊出，因稿擠改於下期登載。吳炳鍾先生的書評，對「希斯奇案」有極嚴正的評斥。又本期文藝兩篇均極精粹。應一併向讀者推薦。

本刊售價

地區	幣別	每册價目
臺灣	臺幣	4.00
香港	港幣	1.00
日本	日圓	100.00
美國	美金	.20
菲律賓	呂宋幣	.50
馬來亞	叻幣	.50
暹羅	暹幣	4.00
越南	越幣	8.00
印尼	新荷盾	6.00

自由中國 半月刊 總第九十五號 第九卷第八期

中華民國四十二年十月十五日出版

兼發行人 主編　『自由中國編輯委員會』

出版者　自由中國社

社址：臺北市和平東路二段十八巷一號
電話：二八五七〇

航空版　香港時報社

經售者

臺灣　自由中國發行部

美國　中國書報發行所
紐約民氣日報社
舊金山少年中國晨報社
芝加哥中國出版公司

日本　東京僑豐企業公司

韓國　釜山草梁洞新泰行

馬尼刺　大中華日報社

印尼　椰嘉達天聲日報
棉蘭繁華圖書公司

越南　西貢中原文化印刷公司
越南華僑文化事業公司

暹邏　曼谷攀多社十二號

緬甸　仰光振成書報店

印度　孟買梅亞號
加爾各答塔梅學校

澳洲　雪梨瑞田公司

北婆羅洲　西利亞坡青年書店

新加坡　中興日報社
檳榔嶼、吉打邦均有出售

印刷者　精華印書館
廠址：臺北市長沙街二段六〇號
電話：二三四二九號

本刊經中華郵政登記認為第一類新聞紙類　臺灣郵政管理局新聞紙類登記執照第二〇四號　臺灣郵政劃撥儲金帳戶第八一三九號

自由中國

FREE CHINA

第九卷　第九期

要　目

社論
從反共義士的行動看出自由民主的真實價值
知與行之概念的分析……羅鴻詔
關於在中國如何推進科學思想的幾個問題……李濟
英國預算的分析……劉國增
管制計劃是無可避免的嗎？……海耶克著 殷海光譯
自由中國通訊
德國的政黨與大選……龍平甫
從香港看反共救國會議……陳登嶽
紫娟表妹(下)……徐斌
秋思……虞敏平
綠窗隨筆……聶華苓
讀者投書
為一本「文藝名著」的出版與推薦而抗議……余錚

中華民國四十二年十一月一日出版

社址：臺北市和平東路二段十八巷一號

半月大事記

十月十日　(星期六)

我國慶日，總統校閱三軍。

美國務院接獲中共與韓共照會，同意委出代表與美國協商政治會議的時間與地點問題。

英美的港甲區駐軍準備撤離，南總統狄托以使用武力爲威脅，但美國將甲區交還義國的立場不變。

十月十一日　(星期日)

共黨對戰俘的「洗腦」延緩，等永久性的解釋場所完工後開始。

美原子砲兵第一批抵歐洲。

十月十二日　(星期一)

聯軍指控共黨增運作戰飛機進入北韓，破壞停戰協定，並請求中立國監察委員會調查。

聯軍統帥赫爾飛韓城晤李承晚。

對戰俘解釋工作，共方「願意讓步」提前於十四日開始。

南斯拉夫展開激烈反美運動，美駐南新聞處長被羣衆毆擊。

十月十三日　(星期二)

美國照會共黨，同意在板門店舉行談判以安排韓國政治會議，但聲明組成分子應限於參戰國家。

蘇俄抗議英美將的港甲區交還義大利的決定爲違犯對義和約。

十月十四日　(星期三)

中立國調查團赴北韓調查聯軍所指責的共黨違犯停戰協定事件。

美國務卿杜勒斯赴英倫，準備會與三國外長會議。

南國寬取英美對義大利不再向南國擴張勢力的保證，爲的港甲區交還義國的交換條件。

十月十五日　(星期四)

共黨開始對反共戰俘解釋，反共戰俘意志極堅定，解釋人員遭怒罵，狼狽不堪。

安全理事會開會討論的港問題。

十月十六日　(星期五)

北韓反共戰俘抵制「解釋」，印軍下令停止舉行解釋一天。

美英法三外長在倫敦舉行會議。

法兩棲部隊在越南中部登陸，向越共據點清化猛攻。

英指責以色列軍隊侵入約旦。

十月十七日　(星期六)

共黨解釋再度失敗，四百五十名華籍戰俘中，只有九人願回共區。

三外長會議接受西德總理艾德諾建議，對德奧問題獲協議後，再與俄國討論不侵犯條約問題。

十月十八日　(星期日)

美國戰術空軍司令堪農上將來臺訪問。

三外長會議結束，照會俄國參加十一月初的集會，商討德奧統一問題。

法越軍三路前進，圍攻越共的達河據點。

十月十九日　(星期一)

聯軍代表抗議共方解釋人員使用威脅手段。

瑞士反對對不願聽解釋的韓境戰俘使用武力。

安全理事會緊急會議，討論以色列與約旦的糾紛問題。

邱吉爾承認美國對巨頭會議不感興趣。

十月二十日　(星期二)

安理會通過美提案，請彭尼克出席報告以約邊境衝突情勢。

義軍裝甲師開抵的港邊境。

十月二十一日　(星期三)

美派丁恩大使赴韓，將與共黨代表討論政治會議問題。

首屆華僑節。

十月二十二日　(星期四)

美原子能委員會宣佈建造原子動力工廠計劃。

法越軍攻佔越共要塞府葵關。

十月二十三日　(星期五)

聯軍統帥赫爾促日本早日建造自衛武力。

越南總理阮文心否認越南脫離法國而單獨抵禦共黨。

聯合國決議設立委員會，斡旋新國家入會的難題。

十月二十四日　(星期六)

聯合國成立八週年紀念。

義南兩國各建議撤離邊境軍隊。

十月二十五日　(星期日)

臺灣省第八屆光復節、省運會同時揭幕。

美副總統尼克森在新加坡廣播，警告共黨勿侵入東南亞。

『自由中國的宗旨』

第一、我們要向全國國民宣傳自由與民主的真實價值，並且要督促政府(各級的政府)，切實改革政治經濟，努力建立自由民主的社會。

第二、我們要支持並督促政府用種種力量抵抗共產黨鐵幕之下剝奪一切自由的極權政治，不讓他擴張他的勢力範圍。

第三、我們要盡我們的努力，援助淪陷區域的同胞，幫助他們早日恢復自由。

第四、我們的最後目標是要使整個中華民國成爲自由的中國。

社論

從反共義士的行動看出自由民主的眞實價值

中韓共黨對拒遣戰俘的所謂解釋工作，進行纔兩天，卽告停頓。在這兩天之內韓籍反共義士，始終以靜坐抵制的方法，拒絕進入解釋場所；華籍反共義士，雖曾個別聽取解釋，但是，選擇遣返的人數不足聽取解釋人數的百分之二。此一結果，諒爲共黨始料所不及；他們若早知如此，一定不會想出這樣的辦法來暴露自己的弱點，喪失自己的面子。甚至許多民主國家，對之可能也感覺到有點意外。這是整個民主世界一項至足珍貴的精神收穫，雖然民主世界並沒有去播種，而祇是共產極權政治自食其果。

反共義士的選擇，完全由衷而發，絲毫沒有受到外界的影響。過去把他們看管的聯軍並沒有去煽動他們，相反的，聯軍是以爲他們的拗執妨礙了停戰，祇希望他們能安然受遣，以免多生周折。中華民國與大韓民國的政府與人民，也沒有機會影響他們，有一個期間，甚至連消息都被隔離。當他們最初表示反共態度之時，他們絲毫得不到同情，他們的前途渺茫，不知何時才能找到最後的歸宿。甚至，是否終將被强迫遣返，也都在不可知之數。他們冒着生命的危險，來選擇自由。直到他們的精神感動了整個文明世界以後，聯軍方面才逐漸修改了遣俘政策，使變得於他們有利。

爲什麼有這樣的事？除了對自由的嚮往與對極權暴力政治的憎恨之外，我們找不到第二個解釋。我們常聽到人說起，自由與民主之類都是些知識分子搞的玩意；眞正的人民根本不知道自由與民主爲何物，眞正的人民關心的祗是生活，祗是安全。韓境反共義士們的行動，可說是對上一說法的一個有力的反駁。

當人們並未喪失自由之時，他不會懂得自由之可貴，但當他切身嘗到不自由的滋味以後，卽令他從未聽到過自由這個名字，他也會在行動上反抗壓迫，選擇自由。這是人類本性使然，與知識程度之高下絕無關係。

在世界兩大集團的對壘中，民主世界最後勝利的保證，不是聯防計劃，不是原子彈，而是直至今日尙被關在鐵幕內的億萬嚮往自由之心。

有一種主張，卽根據前述人民不重視自由的那種瞭解而來。此主張認爲：我們進行反共鬪爭，不一定要採用與共產黨相反的方法；有時候共產黨那些方法甚至還是必要的，沒有那些方法，反共力量便成爲一片散沙而無法團結。現在可以看共產黨用他那種方法所達到的成績了。當人們被捆綁着送到韓國前線之時，他們被强稱爲『志願軍』，及至稍一脫離共黨的監視，志願援朝立刻就變成志願反共。

韓國所發生的事，使我越發相信祇有擴大自由與民主的範圍，才能擴大反共的力量；而最危險的，莫過於把自己做成與共產黨沒有什麼顯著的分別。如果我們把自己弄得與共產黨沒有分別，人們終將會像背棄共產黨一樣的背棄我們。

應在方法上模做共產黨的那種主張，在自由中國沒有佔太大勢力，這是可喜的。但是，我們却不能太過放心的說，那一類主張，對自由中國的實際政治，絲毫影響也沒有。這是我們應該誠意反省之處。

我們的國家，在體制與法律方面，可說已能取法乎上，有了相當規模。但是，徒法不能行，我們所缺乏的，是一種心理和行動的習慣。說到這種心理與行爲的習慣，在有些處所就不能完全擺脫前述那種錯誤思想的牽絆。我們朝野一致決心實行民主政治，但我們似乎總感覺到在精神上尙缺乏某種東西似的。而且，許多人對自由民主的瞭解，總覺得隔了一層。

我們要不憚煩的把自由民主的眞諦一再重述。所謂自由，其本質卽爲人權。對自由的尊重事實上卽爲對人權的保障。但人權的意義當與一般所謂公民權不完全相同，它的範圍是比公民權廣大一點的。所謂民主，其最重要的特徵，厥爲對反對的容忍。大家都應該養成這麼一種心理習慣，千萬不要把反對當作反叛來對付。做到保障人權與容忍反對，才算把握了民主自由的眞諦。此外如民選政府之類還不過是一個形式。卽連一個共產政權，也可以把這些形式做得件件週到，而在本質上仍然是百分之百的極權政治。

保障人權與容忍反對，二者相互關聯。因爲反對本身也就是人權之一種。所以握有政治權力者對反對不能容忍，就往往容易生出一種侵犯人權的動機。所以歸根說來，自由與民主，實爲一物之二面。

容忍反對卽連平常人都不易做到；在掌握權力者，比較的就更加困難。這在個人，需要一種修養；在社會，需要一種風氣。行之既久，才覺得反對的存在是事所當然，不以爲怪。誰都不喜歡自己的主張受到批評，自己的行動受到牽掣，民主政治却偏要在有權力的人身上，加上這樣一重束縛。民主政治之所以難行，正在於此；而民主政治之所以可貴，亦正在於此。但，雖說難行，世界上有好些國家是確實辦到了的，人家能夠辦到，我們也應該能夠辦到。

我們要在這裏指出：這一種好的心理習慣，這一種好的政治風氣，正在自由中國漸漸養成。但我們也不能不承認；我們還是在養成此種習慣與風氣的過程之中，尙未達到完全成熟的境界。我們不能走得太遠。我們具體而微。在我們前進時，我們還常常感到有一般逆流在向我們冲激，似乎威脅着要把我們冲退回去。

從反共義士的行動，可以看出自由民主的眞實價值。我們深知：祇要給予機會，全世界的人民都會選擇自由。我們的政治應該朝着那一個方向發展，應該絲毫沒有考慮的餘地，既然決定了方向，爲什麼不勇往直前，有時候還不免要徘徊瞻顧呢？

知與行之概念的分析

羅鴻詔

一

西方有知信之爭，中國則有知行之辯。科學與信仰在西歐歷史上確實相爲消長，雖不能主其一而廢其他，然其爭雄競長的事實自必有其深厚的理由。指導人生的是知識——尤其是自然科學的知識——呢？還是宗教的信仰呢？抑或各有界限並行不悖呢？這些問題，卽在今天依然是西方人士活現於心中的問題，我們中國雖亦偶然有人討論，但還不成爲思想界的大問題，儘可置而不論吧。至於知和行則似乎沒有相爭相競的可能，但亦有强調或着重之各異。我國自陽明先生(王守仁)提出知行合一之說以來，幾百年間爲此而辯論者正復不少。晚近孫中山先生有知難行易之說，以爲陽明之說「與眞理背馳，以難爲易，以易爲難，勉人以難，實與人性相反。」(孫文學說五章)在西方則康德以實踐理性(行的理性)優於純粹理性(知的理性)，已對主知主義下一針砭，至實用主義則主張爲行而求知，知爲行而服務，似乎只將天主教的「信」改換爲「行」的樣子，豈對主知主義已有些表示厭倦了嗎？我們現在要闡明知與行的關係，可分爲同異，輕重(難易)，本體三個問題以謀其澈底的解決。

二

知與行是一是二？是同是異？所謂「知行合一」究竟是甚麼意思？現在先看陽明先生的說法。「愛(徐愛)因未會先生知行合一之訓，與宗賢，惟賢往復辯論未能決，以問於先生。先生曰，「試舉看。」愛曰，「如今日儘有知得父當孝，兄當弟者，却不能孝，不能弟，便是知與行分明是兩件。」先生曰，「此已被私欲隔斷，不是知行的本體了。未有知而不行者，知而不行，只是未知。聖人教人知行，正是要復那本體，不是着你只恁的便罷。故大學指箇眞知行與人看，說，如好好色，如惡惡臭。見好色屬知，好好色屬行，只見那好色時便已好了，不是見了後又立箇心去好；聞惡臭屬知，惡惡臭屬行，只聞那惡臭時已自惡了，不是聞了後別立箇心去惡，如鼻塞人雖見惡臭在前，鼻中不會聞得，便亦不甚惡，亦只是不會知臭。就如稱某人知孝，某人知弟，必是其人已曾行孝行弟，方可稱他知孝知弟，不成只是曉得這些孝弟的話，便可稱爲知孝弟？又如知痛，必已自痛了方知痛，知寒，必已自寒了，知饑必已自饑了，知行如何分得開？此便是知行的本體，不會有私意隔斷的。聖人教人必要是如此方可謂之知，不然只是不會知。此却是何等緊切着實的工夫。如今苦苦定要說做兩箇是甚麼意？某要說做一箇是甚麼意？若不知立言宗旨，只說一箇兩箇亦有甚用？」」(傳習錄上)

這一段話，論知行合一，實含有兩種不同的意義，陽明是喜談合而不喜談分的，故這兩種意思也當作一樣看待。

第一、知道當做的便須切實去做，這是陽明最着重的所在，也怕是儒家一貫的宗旨。程子曰，「今人不會讀書。如讀論語，未讀時是此等人，讀了後又只是此等人，便是不會讀。」(論語集註篇首引)這卽是說，只知道論語的文義而不會照着其中的話去實踐，便與不讀無異罷了。本來爲臣爲忠，爲子當孝等等都是道德上的命令，其原意卽是叫人應該循此而行，不以理解其文義爲已足，故謂「知而不行，只是未知」，卽是說未知其原意罷了。「眞知卽所以爲行，不行不可謂之知」(傳習錄中、答顧東橋書)，若以此義詮釋之，當然是可以成立的。但今天我們所謂知却以數學方程式爲代表(西方則自柏拉圖以來均以數學代表知識)，則「所以爲行」必須改作所以爲「用」才說得通(參看下面評實用主義處)，而「不行不可謂之知」，則根本說不上去。我已懂得某一數學方程式，卽使不應用它，又何害其爲知呢？

第二、知和行是一事之二面，不是兩件事，換句話說，每一事均有知行之二面，並不能將某一事完全歸屬於知，另一事完全歸屬於行，故知行只是概念上的分別，不是事件的分別。比方，我們要做一事必須選定目標而後求其實現，求目標之實現是行，但如何去選擇，決定以及到達目標的方法都是屬於知，卽此目標本身，當其未實現時只是一個觀念，也是屬於知的。故行之中無不有知在，沒有知識一步也不能行。平常所謂盲目的行動，仔細分析起來，大都不是完全無知的，其中也儘有模糊的知識或錯誤的知識在。但是沒有行動怎能够求得知識？比方，人類用兩足走路須要重心穩定，要怎樣走始能重心穩定便是知，小孩子之獲得此知識也是要學習的，要經過若干時間才不會東歪西倒。卽使是數學方程式，要懂得它，也必須自行演算而後可，而演算乃是不折不扣的行爲。故知之中無不有行在。這一層陽明的意思本來不錯，他雖然强調事實上知行之合一，也沒有否認它倆概念上的區分，如「見好色屬知，好好色屬行」，並不能說，見卽是好，知卽是行。然有時亦未免有强調過甚者，如「知之眞切篤實處卽是行，行之明覺精察處卽是知」(答顧東橋書)，這兩個「卽是」却使概念的分別含混不淸了。程子說，人人都知道怕虎，都見虎而逃，但是被虎咬傷過的人知得更眞切(大意)，故有實踐的知比起沒有實踐的知固然更加眞切篤實，但不論其如何眞切篤實依然是屬於知，不會「卽是」行(照程子的例，則見虎而逃才是行)；行也是一樣，不論其如何明覺精察也還是行，不會「卽是」知。故我們可以說「知之眞切篤實處皆由行而致，行之明覺精察處皆自知而來」，則知行是一事之二面，而其間仍可保持概念上的區別，也就彰明較着了。

知是甚麼？行是甚麼？這些基本的概念，要下一個簡明的定義殊屬困難，故辯論亦往往沒有結果。比方常識上所謂行爲均指外表的動作而言，但行爲派的心理學家却以爲思想是內面的行爲，果然則知行的界線更難劃定了。陽明先生亦有此意。傳習錄下載：「問知行合一。先生曰，此須識我立言宗旨。今人學問只因知行分作兩件，故有一念發動雖是不善，然却未曾行，便不去禁止。我今說箇知行合一，正要人曉得一念發動便卽是行了，發動處有不善，就將這不善的念克倒了，須要澈根澈底，不使那一念不善潛伏在胸中。此是我立言宗旨。」我們縱使承認思想也可以說是行爲，然知行之概念上的區別亦未致因此而消滅。就陽明的例而論，一念發動處是行，但此念何以是不善則屬於知；將不善之念克倒固然是行，但是如何去克倒始能根除淨盡而不致復生又是屬於知了。關於如何去克倒一層，照陽明的慣例，只有叫你自己去着緊用力，在他看，仍可當作行，而此念何以是不善，則他並沒有說什麼。陽明時代的社會有一定的標準，甚麼是善，甚麼是不善並不難知。今天的中國社會，則此以爲善而彼以爲不善者正復不少，目標相同而方法廻別的固然有激烈的爭持（如同爲反共抗俄而方法則各有主張），卽目標是好是壞仍大有辯論之餘地（如社會主義應該實現與否之類）。故今日的問題往往不在行而在知，與陽明時代完全兩樣（共黨罵人說是「認識不足」，「立場不穩」，都是屬於知的）。

謂思想是內面的行爲並不是日常語言的意義，常人所謂行爲都是指外表動作而言，且看他們要加上「內面的」去，也就可知行爲是限於「外表的」了。陽明先生和行爲學派都要强調行爲，故將思想或念頭都包入行爲裏面去，槪念之含義本有相對的自由，他們要如此說亦無不可。然若照普通的說法，將行爲一辭局限於外表的動作，則因知識是心內的，我們便可以內外來劃分知行了。現在來檢查一下，知識是否只在內面吧。

知識的對象涉及內外的一切，但是近代的知識以自然科學爲代表，故有人以爲知識是向外追求的。其實知識的對象卽使是外在的自然物，而知識本身則必然在心內，不會跑到外面去。以知識爲外在亦與告子的義外說相似。孟子駁告子說道，「且謂長者義乎？長之者義乎？」其意謂，長者是外在的事實，但無所謂義不義，而敬長之心則生於內，這才是義。知識亦然。外在的東西只可說是實的，並無所謂眞假，必待下了判斷以後才有眞假，才是知識。指當前一物而謂之爲馬，不但有物象而且又知馬的名稱之恰合此物象而後可。物象是在心內的，名稱更是在心內的，則知識還不是在心內嗎？如果碰到不曾看見過的東西，則心中雖有物象而無恰當的名稱，只好說我不知道了。知覺判斷已是如此，科學的槪念之曾經思想經營者（如質量，原子等等），更是在心內無疑，說者謂科學只是觀念化的過程，殆卽指此。我們以爲以內外劃分知行實在是最簡單明瞭的辦法，可以用不着多大的辯論，至思想中有類似行爲的，則可用「動作」一辭，那麼「行爲」則僅指外表的，而「動作」則包括內外而言，便不會有槪念的混淆了。

三

如果將行爲局限於外表的動作，則知是內面的，行是外面的，故知與行實判然爲二事；卽使行爲可包括內外而言，知與行依然是一事之二面，仍可作槪念的區分。那麼知行各有甚麼不同的特徵呢？

第一、是對象不同。知的對象是現成的、旣有的；而行的對象則是尙未實現而要去求其實現的。比方食物如米麥，我們要知道它，要作化學的分析，必然是旣有的，但當作行爲的對象則必須把它吃到肚子裏去才行。又如一匹布，工人的對象則將綿紡成紗，紗織成布；商人則先將布買到手然後賣出去，以追求利潤；消費者則須將布裁縫成衣服而穿在身上；倘若僅僅要知到它，則個個人都是一樣的。故同此一物，其爲知的對象則人人無異，而爲行的對象則往往因人而不同。成人的行爲大都先有一個觀念爲其所求的對象，然後努力去求其實現，求而得之是謂成功，求而不得則爲失敗。最普通的知的對象便是感覺，感覺一經呈現便是實然的，而其呈現與否則與我們的努力無關，其他亦復類此。行的對象通常叫做欲望（或衝動），其實現完全由於我們的努力，雖則我們要它實現也往往會失敗，然若我們不努力去求，則它是根本不會實現的。前者是所遇，後者是所求；前者是實然，後者是應然。前者只得隨緣，後者則可以下道德的命令：應該求其實現！故「求知」也是一種行爲，如某一數學方程式雖然人們已經懂得，但是我個人還不懂，所以要去求，方程式雖是現成，而我的行爲的目標却在懂得，這「懂得」才是行的對象，是尙未實現的。

第二、是問題不同。知的問題是儘可懸而不決的，行的問題是必須求得解決的。比方一個數學的問題，截至現在止還沒有人能够解答，我們除非有確能解答的方法，儘可懸而不決以俟知者，不必强不知以爲知。卽已有人能解的，我們在書齋研究時，如不能解，亦應懸而不決以俟他日。然若在試場中，老師所出的數學問題，則在規定時間內必須作一解答，如果不答則被看作交白卷了。因爲前者是當作知的問題，而後者乃是當作行的問題，行的問題則不答覆也是一種答覆，事實逼人，不由得你的。又如某一職業是好是壞，若當作知的問題，儘可慢慢商量，懸而不決。然若有某方來徵求你就該業，則就與不就必須作個決定。如果你遲遲不答，到一定的時候他們也會當作你不願就而另請他人了。因爲這是行的問題，不答覆卽是一種答覆，就與不就之間沒有中立的餘地。故知的問題從容，而行的問題緊張。惟其緊張，不能等待，沒有充分知識也不能不行，故往往只好冒險一試，但是在可能範圍內仍是應該先求充分知識的。

第三、因此之故，我們應付的態度也截然不同。知的態度是客觀的（旁觀的），冷靜的，要將自己的願望，好惡及其他情意的因素一切拋開，也不能堅持成見；行的態度是獻身的，熱烈的，要大發宏願，堅持目標，而力求其到達。知識是普遍的，不一定符合我們的情意，故我們對於對象亦應作冷靜的分析，切不可將情意的要素攙合於觀察之中以致誤認事實。在研究時自不能不作假設，不能沒有預期，但是如果發見事實不合假設，預期的結果沒有出現，則應查明假設的缺點，改變之以求適合事實，不應固執而不變。而且自己的假設也要和別人的假設一樣看待，實施嚴格的檢查考驗。近代科學家對於自然的觀察（試驗只是一種觀察）大都能持客觀的態度，但人們對於社會的觀察却很難客觀，因爲社會現象都是人的行爲，我們慣以行的態度去應付故也。行的態度却是獻身的，熱烈的。當擇定目標時自應以眞知識爲指導，但一經決定之後便須勇往直前，百折不撓，非到達不止。在出發點與目的地之間，固然仍有許多要用眞知識的地方，但對最後的目標必須作獻身的努力。總之，每一事均有知行之二面，必須作仔細的辨別，看它那一方面屬於知，那一方面屬於行。屬於知的要作冷靜的分析，屬於行的要作熱烈的獻身。僅僅冷靜必至一事無成，徒然熱烈則爲盲衝瞎撞。如果應熱烈而反冷靜，應冷靜而反熱烈，則非徒無益而又害之了。

四

照我們上面的講法，知與行或可判分爲二事，或是一事之二面，總之槪念上是可以離析而爲二的，於是有輕此重彼的問題。現在先來檢討中山先生的知難行易說。本來知難行易是强調知識的，與陽明之强調行爲不同，我們以爲，在嚴密限制的意義下，此說是可以成立的，但其分析未精，極易予人以隙。比方他以建屋爲例說道，「夫人類能造屋宇以安居，不知幾何年代，而後始有建築之學。中國則至今未有其學，故中國之屋宇多不本於建築學以造成，是行而不知者也。而外國今日之屋宇，則無不本於建築學，先繪圖設計，而後從事於建築，是知而後行者也。」（孫文學說四章）這樣，只以建築學爲知，施工爲行，可謂極盡粗枝大葉之能事。其實每一事均有知行之二面，豈能如此劃分？如謂中國至今沒有建築的「科學」固然不錯，然若謂中國從來沒有建築的知識，則並不是事實。茅茨土階已不是毫無知識所能建造，高樓大廈更不待說。柳柳州（宗元）的「梓人傳」中所描述的梓人，儼然是今日的工程師，其知識的程度且相當高哩。「吾善度材，視棟宇之制，高深圓方短長之宜」，這不是繪圖設計的知識嗎？（我們鄉間的木匠亦有能繪圖設計者）但是那些工人便沒有知識嗎？梓人不能修理闕足之床，要請他工，可見修理闕足之床也是需要知識的。其他斤斲，刀削，鋸斷，亦無不需要知識，都是學習而後能的。建築工程師不但要深明力學，尤其是材料力學，而且要知道實踐經濟學，應用美學，居住衛生學，社會心理學等等，其知識固然是深而且博，然亦無不從學習（求知的行爲）而來。故工程師不是只有知而無行，工人也不是只有行而無知。工程師之難爲與工人之易爲並不足以證明知難行易。只能證明工程師的知識比工人的知識更難求得罷了，換句話說，這只是知與知比，並不是知與行比。

知識的難易怎樣去比較呢？工程師的知識難，工人的知識易，自能得人人的贊同。又如代數學中有理整數加法的方程式比起虛數的方程式來，前者易而後者難，也怕沒有疑問。若將代數學與幾何學比較，則有些人以代數爲難幾何爲易，有些人則正相反，殊難獲得普遍的結論了。代數與幾何已是如此，物理學與歷史學恐怕更難比較。因爲比較是要標準的，沒有恰當的標準，則比較不能成立。我們現在只有將大家贊同的知識，來尋求其標準是甚麼。照上面的例，工程師與工人，虛數與有理整數之難易究竟何在？所謂難的便是要多花時間與精力去求，而且往往求之而不得，而所謂易的便是花較少的時間精力便能求得罷了。故知識之難易只是求知的難易，而求知是一種行爲，則知識之難易乃是行爲之難易了。如果把行爲方面置之度外而不論，則知識本身恐怕只有眞假而沒有難易吧。故我們可得一標準如下：凡多花時間精力始能獲得的知識是難的，少花時間精力卽可獲得的知識是易的；凡多數人花了相當力量便可獲得的知識是易的，惟有特殊少數人（天才）始能獲得的是難的。以此標準來衡量，可論定知識之難易，也只有能適用此標準的才可以論列，若不能適用此標準的，都是不可以難易論的。

知與知比已不能作槪括的斷定，則知與行比更加困難了。中山先生所謂行，其眞意之所在乃是革命之建設。國民黨同志雖贊同其理論，却以爲理想太高難於實行，故搬爲知難行易之說，以破其執而覺其迷。他以革命方略屬於知，革命建設屬於行，乃據知難行易的原則而斷定，革命方略已是正確的，則革命建設必能成功無疑。（孫文學說六章）其實革命方略之中也含有行在，卽是中山先生致力革命四十年經驗之所積。革命建設之中每一項目亦含有知在。如軍政時期有「掃除官僚之腐敗」一項，訓政時期有「建設地方自治」一項，今卽就二者而論之。官僚何以致腐敗，如何掃除才會有效，都是需要充分知識的。北伐成功以後，軍政時期理應結束了，而官僚之腐敗則至二十幾年後的今天尙未掃除淨盡。還是行之不力呢？還是知之未悉呢？我們以爲官吏之多貪汚無能，亦由於政府當局沒有知人之明而致，依然是有知的一面。地方自治必須選擧，選擧要如何始能表達人民眞意？各種流弊應如何防止？凡此均是需要知識的。但是這些知識必須在實施選擧後始能慢慢獲得，想在實施選擧以前先有充分的知識，恐怕是不可能的。總括地說，每一建設項目均有其知行之二面，如果對某一項已有充分的知識，則只要勇往直前便可以成功了，在如此嚴格限制的意義下，知難行易之說是可以成立的。

但是革命建設是關於社會的，這方面的知識變動甚大，與自然科學不同。自然科學的對象是物質，我們去觀察物質，物質不會反來觀察我。社會科學的對象是人，我們去觀察人，則被觀察者(人)要反過來觀察我們。物質不會知道我們的定律，故未有定律前與已有定律後，其反應沒有兩樣。人們則能理解我們的定律，故未有定律前的行動與已有定律後的行動各不相同。故自然科學的定律，如果是眞的，則是永恒地眞的。曾經公認的眞理，如果後來發見其錯誤，也只是原有錯誤，並不是當時是眞的，現在才變爲假的。而且所謂錯誤也只是不周遍(如鴉頭皆黑之類)，不精密(如多利買的天文學之類)，並不會完全錯誤。但是社會科學的定律，則因人們已知定律後則對定律的逃避，提防，反抗，乃至利用等等反應都會發生，而定律乃不能不變。於是宜於古者往往不宜於今，法要變、禮要變，卽社會科學家所訂立的定律依然是不能不變。其甚者則全部推翻，價值顚倒，昔以爲善者今反以爲惡(如中共對於忠孝之類)。故依據過去的知識去行爲，往往變爲刻舟求劍，不會成功。故對於革命建設的任何項目，要先有充分的知識都是不易的。

五

「眞知卽所以爲行」還有其稍微不同的一義，卽是爲行而求知，或知識爲行動而服務。就歷史上說，希臘人有爲知識而求知識的精神，中國人似乎無之，其求知只爲實用。文藝復興以後希臘精神日益發揚，爲知而求知也成爲風氣。十九、二十世紀之交詹姆士，杜威諸人提倡實用主義，以效用證明眞理，也可以說是「知行合一」的主張，其强調行爲實顯而易見。蓋知的目標在求眞理，行的目標在求效用，今以效用爲眞理，則知行不是無別嗎？詹姆士以爲：思想創造觀念或學理，純爲指導行爲活動之用；所謂眞理，卽指其能漸漸滿足吾人身心之需要者而言。不錯，人類必須使用物質以維持生命，以改善生活，有了知識而後利用厚生之道日有進步，中國人對於某一事物之發明家都崇拜爲聖人，西方的科學亦以工業而發揮其大用。卽使窮探自然之奥秘，也不是專爲滿足好奇心，乃因知道自然以後，消極方面可以免除恐怖，安心生活，積極方面則可以訂定長遠計劃而按步實施。知識不是完全爲了有用嗎？

我們以爲只要是眞理必然有用，惟看人們如何運用罷了。最消極的眞理如「此路不通」，若我們因知此而不走冤枉路，也就用着了它了。又如地球是圓形，是今日公認的眞理，但我們的用法却可因時而異。我們要繞地一周時固非以大地爲渾圓不可，但在測量一小塊地方時，要知其高低遠近以及面積大小，儘可當作大地是平的也一樣有效，不必拘泥地圓而作繁複的計算。從別方面說，一個眞理也不會因人們之誤用而變爲誤謬。故效用與眞理不能無別，知識也不是專爲行動而服務。就知識而論，必須以大地爲渾圓才是眞的，就行動而論，則有時以大地爲扁平也可以滿足需要。其他身心需要之滿足亦復如是。若謂運用之當否也是一種知識，故知識依然爲行爲服務，固然說得通。但是我們也可以說，求知是行爲，此行爲之目的只在獲得眞理，故行爲乃爲知識而服務。誰敢說，科學家在實驗室裡的行爲不是爲知識服務呢？潘加勒以爲：科學所以有價值並非因其有實用；我們所以讚賞實業之成功，正因其能使吾人免除物質上的憂慮，才有餘暇以研究眞理。故知識是目的，行爲乃其手段；思想以外無他物，人亦無主張之之權利。(見科學之價值，此只述其大意)，這種主知主義的說法不是有其充足的理由嗎？須知每一事均有知行之二面，目標屬於行則知爲行用，目標屬於知則行爲知用了。强調知識或强調行爲都是可以的，但調强過甚往往陷於誤謬，理應愼防。

或者仍謂，知識只是工具，不能獨立自足，因爲它不能探明道德之根源，確立價值之基礎，惟有行爲才與生活打成一片，而直達人生之究竟目的。我們知道主知主義自有其獨到的地方，然若以知識爲一切便不免偏枯，但是行爲也同樣不是一切，等行爲於人生並不是人生之眞相。我們以知行爲樹立，而人生則爲高一層的概念，那麼知識是人生的工具，行爲也是人生的工具，知與行不相統屬，而同爲人生服務，不是將這問題圓滿解決了嗎？

最後康德以爲實踐理性優於理論理性，他的理論理性是知的主體，實踐理性是行的主體，似乎他還是主張行優於知。但是實踐理性已是主體，又或可解作整個人生。陽明則高唱「心體之同然」，「良知之明，萬古一日」，其主體自然是統合知行，唯一不二的。我們須進一步探求主體之眞相，而後能解決知行的問題，但須另作專文，此處不能多說了。

關於在中國如何推進科學思想的幾個問題

本文係作者應方子衛先生編輯的「科學方法與精神」一書而作，茲承子衛先生允予先在本刊發表，特向兩先生誌謝。——編者

李　濟

讀了毛子水先生在中國文化論集所發表的：「中國科學思想」，頗有所感，因草此文。毛先生的論文，肯定了兩件事：㈠「西歐近三四百年的科學，的確是我們古代的聖哲所不曾夢想到的」，（上書，六七頁）；㈡他同意倪約瑟的說法「如果以往中國有西方那樣的氣候、地理、社會和經濟的因素……近代科學定必發生於中國……」（上，七一頁），我沒有看過譯文的全文，也沒有機會讀到倪約瑟的原文，不敢保證倪氏原文的語氣是否如譯文給我們的印象；但我聽過他在李莊講過這一類的題目，他的大致的意見似乎是這樣的。不過，在那時他來中國的使命，帶有外交性質，故除了蒐集他所要的資料外，自然也要爭取中國讀書人的好感，所以說的話也必定檢取最好聽的。至於他的內心裏眞實感覺何如，就無從揣測了。我個人的記憶，他似乎有些話沒全說；不過沒說的話，不一定就是不好聽的話。

雖說現在尙有不少的愛國人士以辯護中國古代文化爲職業，但是說「西方一切學術都可以在中國古書中尋出根源」的人可以說已經少得不足數了。

所以我們現在最迫切的問題，不是中國是否有過科學，而是在中國如何推進科學。我們現在所面臨的時代以及時代精神，有兩種趨勢是很顯然的。一般的意見都承認，現代的中國最需要的是西方的科學；同時，一個更堅定的意見却是，科學中最先需要的爲科學工業。以上兩趨勢，不但在現代政府的措施，可以看得很淸楚，社會的傾向表現得尤爲具體。以今年投考臺灣大學的考生選的科目論，志願在工學院的逾兩千人，醫預科的逾千人，農學院的也將近千人；但理學院七系，全部投考的學生僅二百餘人。換而言之，我們所要的是科學的成績，不是科學的本身，我們對於科學思想的本身，除了少數人外，仍不感覺興趣。我們尙沒擺脫張之洞的中學爲體，西學爲用的觀念。

在這一氣氛下，要推進科學思想，我們確實還需要作一番反省的工夫，因此又不能不追問到中國的固有文化裏，爲什麼沒有發生科學這一問題了。我對於毛子水先生所引倪約瑟博士把中國沒產生科學的原因推到中國的氣候、地理、社會和經濟的因素，覺得有點籠統；覺得有些因素還可以說得更明白一點。因爲使中國沒產生科學思想的因素也正是阻礙科學思想在現代中國推進的份子，所以我們不能不把這些因素赤裸裸地托出來檢討一下。這可以分數節來說。

一、中國學術的主流

在中國文化早期形成的時代，我們的先聖先賢對於學術的觀點，並不完全不利於科學思想發展的；但是由其中若干觀點所引起及養成的思想習慣却另走了一條路徑。秦漢以及秦漢以後，在政治上獨尊的儒家，對於學術的總體，說得最淸楚明瞭的，同時留在政治與社會影響最深的，莫過於荀卿，荀卿勸學的內容：

「學惡乎始？惡乎終？曰其數則始乎誦經，終乎讀禮；其義則始乎爲士，終乎爲聖人。……故書者政事之紀也，詩者中聲之所止也，禮者法之大分，羣類之綱紀也；故學至乎禮而止矣！」

這一課程表，用現代的語言來解釋，除了與詩教有關，孔子說過的「多識草木鳥獸之名」可以附會於科學外，沒有任何自然科學的氣味。荀卿的意見是：與「法之大分，羣類之綱紀」最有關係的「禮」，就是學的最高峯。

以禮爲核心，培植出來的中國文化系統，自然涵育了很多人類珍貴的創獲，但附麗於這一文化系統所形成的思想習慣，却漸漸地與追求眞理的科學思想有點分歧了。荀卿這一宗派傳下來的禮教，在政治上與社會上，均發生了決定作用。儒家的正統說法，禮教的最高境界具見於白虎通三綱六紀之說。記得二十餘年前，有一位朋友追悼王靜安先生的自殺，曾說：「……白虎通三綱六紀之說，其意義爲抽象理想最高之境，……若以君臣之綱言之，君爲李煜，亦期之以劉秀；以朋友之紀言之，友爲酈寄，亦待之以鮑叔。……」但是這一最高境界雖說是富有詩意的，爲無可奈何的感情所寄托，却並不是針對現實情況的任何推論。同時，由這同一來源所養成的另一社會形態，境界既不高，流毒又更大。禮論篇中，有此一段：

「故禮者養也，君子旣得其養，又好其別，曷謂別，曰貴賤有等，長幼有差，貧富輕重，皆有稱者也。……」

這些「有稱」的等差，可以說是中國社會中最講究的「面子」問題的理論基礎。不過「面子」的涵意，還要複雜。荀卿的原意大概只是要說，有德者應該有位，有位的人都應該享受「有稱」的養。但到了末流，却只講位的等差與養的配給，並不究位的等差與德是否相稱。白虎通的三綱六紀之說，顯然只是爲實際的社會與政治，供給一種理論的基礎。

這種極端形式主義形成的過程，仍是值得追述的。最初的理想原是本着「有德者必有位」的假定，而提倡了「有稱」的養；目的是在養德。由此一變而爲「有位者必有德」的說法，位與養的關係更親切了，位與德却脫了節。更進一步的演變，位成了社會中所公認的絕對的主體，連德的有無，都可以不論了。「位」的實際的社會意義，用通行的語言解釋，就是一個人在社會中的地位。「地位」的重要，因爲它不但具有社會的意義，更富有經濟的意義，以及羣衆心理的默許。每一個人對於他的自己地位的自覺及希望別人對於他這種自覺的尊重，就構成了社會所公認的「面子」心理。中國人喜歡「裝潤」，一半是要維持自己的地位，一半是要別人尊重自己的地位；由此遂得了一種要求社會給他特殊待遇的一個理由：他比別人本來地位高、面子大。更進一層的演變，就是由地位的自覺，化爲人格的自覺；這一心理的結合，可稱爲地位化的人格自覺心。這一自覺心的形成，實是「面子」心理最眞實的基礎：於是，作了皇帝的，當然就是聖人；作了方丈的，當然就是菩薩；作了神甫的，當然就代表上帝；作了社交婦人的，當然就是美人；作了學生的，當然就是讀書人了。若是自己不如此想，或是任何別人不如此想，可就丟了面子了！由此所引起的心理上的反應，是極端嚴重的。

面子心理造成的社會類型，最明顯的一節，爲一般地承認人類的行爲與思想有表裏兩個標準，表面的標準重於裏面的標準；以虛僞爲禮貌，人與人相處互不眞誠，尊之爲世故，對公事公開的欺騙，名之曰官樣。在這一類型的社會希望產生科學思想，好像一個人在養雞的園庭想種植花卉一樣，只有等待上帝創造奇蹟了。

面子問題所牽涉的方面太多了，現在舉一個與科學思想有關的例，以結束這一段。卅餘年前，英國的羅素講中國問題時，曾寫過他在北平講學的經驗。他說，他在北平教中國學生，也同在劍橋教英國學生一樣，學生若有不用功者或作業不够標準的話，他總是盡他的責任，直率地教導他們，如同他教導英國學生一樣。但是據他的觀察，中國學生的反應，却有些兩樣。要是有些學生不努力而爲他語誡的話，他們總表現忸怩不安的狀態，而不是恭敬受教的狀態，好像所教導的話，使他們感覺失去「面子」似的。羅素跟着就說，人與人相處，完全以直道而行，也許要使精神過份地緊張，人生樂趣減去不少；但是若把誠意隱藏一部份以將就面子，豈不有傷追求眞理的精神？兩種標準，究竟孰得孰失，他說，他並不能斷定。不過有一點，羅素却指明了：講面子與追求眞理，有時是不相容的。進一步的說，愈是講究面子的人，愈不會對於追求眞理發生興趣；故重視面子的中國社會，同時就沒產生眞正的科學思想。

二、教育的內容與教育的制度

中國舊日教育的內容，理論上雖包括與日常生活有關的節目，實際的演變，終到了以讀書爲唯一的目標。「讀書人」就等於「士」、「君子」，或者用現在的名詞說，「受過教育的人。」讀什麼書？如何讀法？讀聖賢書：從識字起。這些都沒有可以討論的地方。不過這一目標的追求，及所採取的追求方法，卒致使我們這一民族 思想活動力關閉在一個極窄狹的範圍內，就是最高天資的人，也好像壓在五行山下的孫行者，無法施展他的能力。這罪過並不在識字與讀書的本身。我們必須從另外一個角度來看這一問題；方看得出它的核心。這一個核心，我認爲是舊式教育制度所訓練的對對子的思維法。

中國的兒童在發蒙時期，甚至發蒙以前，就要學對對子，是人所習知的；眞是四海之內，各府、各縣、各鄉、各鎭、各村，只要是有教化的地方，有讀書種子的地方總可以看見白鬍子的祖父帶着三四歲的孫兒，學對對子。記得清華大學有一次招生的國文題目，只是要考生對幾副對子就可以完卷。這主義出於一位國際知名的教授。他的理由，據傳說，是：中國語文，無所謂文法，只是講對仗而已；能對好對子，就會作好文章。這一議論曾引起教育界的廣泛的注意。是否有人駁過他，我不知道；我個人相信，這是不容易駁的一個命題；因爲它不但是洞中竅要，同時也破了，神秘的中國思想這個謎。由兩千年來中國的文學——自漢朝的詞賦到淸末的八股——只是一連串的好對子，我們可以看出來，讀了書的中國人的思想，也只是一連串的對子思想。

對子本身並不是什麼有害的事物；它可以啓發人不少的美感，增加人類(中國人)生活無窮的意趣。我常設想，並自問，對對子所得的快樂，與解決幾何習題所得的快樂，是否有什麼分別？它們在精神上的價值也許是完全相同的，但是由歐幾里得的幾何學訓練，就漸漸地發展了歐洲的科學；由司馬相如的詞賦的學習，就漸漸地發展了中國的八股。八股與科學眞是人類文化一副絕妙的對聯。

中國教育制度的錯誤，是在把這一訓練，當着讀書人的畢生之業；它固然可以提高人生的情操，但是，不可免地，也壓低了學習人的理性。我並沒有意思說，講邏輯與對對子是先天地不相容；但是，「先入爲主」這是我們中國的老話。現代心理學所發現的「聯絡定律」，十足地證明了，行爲與思想的習慣都是在成人以前養成的，愈早的教育，扎根愈深；假如在童年的時代所貫注的全是「香稻啄餘鸚鵡粒，碧梧棲老鳳凰枝」這一類的巧妙聯語，這一脆弱的心靈，要聽着人說「凡人皆有死，孔子人也，故孔子也死」這一類的話，他一定要感覺到這話的淺薄凡俗有辱聖人了。我說「感覺」是有意的；因爲他的理性，已經爲對聯關鎖了；他是看不出這一話的邏輯性的。

由對對子的文化產生的另一精神負擔，就是對聯塑定的中國文字的結構與性能。用這種文字來作推進科學思想的工具，有點像用珠算的器械與方法計算統計學內的複雜公式一樣。凡是讀過中文本的有機化學、或解剖學、或者分析心理學的人們，大概都有這一感覺。但這只是不方便而已，很可以隨着用的人思想發展加以改進；這並不是科學思想的致命傷。

三、對於文字的態度

中國人對於文字的態度，似乎只有一小半把它當作工具看待，一大半仍滯留在舊石器時代的人對於他們畫在洞穴裏的壁畫所持的態度：把它們當符咒看待，以為文字具有無限的威靈，可以隨便降災賜福。過去的對聯，現代的標語，都可以代表這一迷信。但這還是比較容易說明的。更深一層的，我們過去，確認為文有載道之事。「文以載道」這句話是不容易加以簡單的解釋的；不過既信了道在文字裏邊，求道的人，亦只有求之於文字了；這跟問書中求黃金、求美人，以及求富貴功名相比，似乎也就沒有很大的分別。中國的格物致知之說，始終沒有離開書本子很遠，可以說由於篤信文以載道的說法所致。

現代科學思想的本質，特別顯著的一點，就是不迷信文字的威靈，不把它當符咒供奉。科學家使用文字，與使用其它的符號一樣，只是表達思想的工具而已，決不把它當作裝載思想的神器看。所以他們思想的原料供給，大半由五官的感覺得來；別人的經驗，紀錄在文字裏的，只有供他們作比較參考的作用。

由這一觀點所發展的教育制度，就是注重官覺與外界的實物接觸。一切自然科學均由此作起。冒生命的危險而探險，田野的採集，室內的實驗，觀察站的建設：所有這些工作的進行，固然都離不開文字，但文字的地位，始終只是工具。這是科學思想的一個基點。

文字既然只是工具，也就同其他的工具一樣，用的人可以把它的結構改良，可以規定它的性能，可以限制它的活動。結果是文字的神秘色彩雖是減少了，文字的功能却增多了。

四、今後的科學教育

以上所說，僅就管見所及，說明中國文化沒有產生科學的幾個可能的主要原因。革命以來，一切的情形都維新了：不但學術主流早已變向，對對子的兒童教育以及以書本子為學術終極的看法，亦皆隨時代而俱去；照說科學思想應該欣欣向榮了，為何尚沒有長足的進展？是不是還有其他的原因？其他的原因自然是有的，但是主要的，似乎還是上說的三個原因在作祟。要是我們對於我們的社會習慣作一次民俗學的考察，我們將發現，隨虛偽的禮教而去的只是個人的尊嚴；面子心理仍是社會的一個堡壘。美術的對稱愛好，已因兒童教育方法的革新而漸消失，但邏輯的訓練尚沒能代替它的地位；一般地所謂科學入門的教學法，過份地倚賴教科書的文字也是事實。假如我們的教育當局肯下一個大決心，以提倡科學教育為某年度的基本工作，下列的幾個辦法值得考慮一下吧？

㈠小學、中學的自然、常識及其它科學方面的教育，以實物的認識逐漸代替文字的背誦。

㈡大學裏近乎職業訓練的教育隨着工廠去，不必設立在學校內。

㈢近乎研究性質的科學，學生除了運用本國文字的能力外，必須兼能用一種外國文字作他的思想工具，方准入學。

這不是一個偏方，也不是特效藥；假如我們要規規矩矩地提倡科學思想，我們應該學禪門的和尚；因為禪門第一戒是不打誑語；科學思想的起點也在此；科學思想裏沒有世故的說法，也沒有官樣文章。

四十二年八月四日

英國預算的分析

劉國增

英國預算的編製有幾個特點：第一、英國下年度預算係根據現行稅制編製，故欲明瞭下年度預編製情形，必先將上年度財政實際收支情形加以說明。第二、英國近五年來編製預算時均根據凱因斯(Keynes)所主張之預算政策(budget policy)須構成整個國民經濟政策(national economic policy)之一部的理論，將國民所得國民生產消費投資以及國際收支等數字詳加計算，並將國營企業收支列入預算。第三、英國工黨執政時實行社會主義，所有民營事業津貼，社會安全設施，增加政府開支甚鉅。保守黨上臺後，雖將上項開支略微減少，但仍繼續支付，編製預算時均分別列入。第四、按英國向來慣例，預算之編製分為線上預算(above the line)線下預算(below the line)，所謂線上預算者與一般國家之經常預算相似；所謂線下預算者與一般國家之特別預算相似。茲將英國財政經濟近況加以陳述，新預算加以分析如下：

英國財政部長白特勒於本年四月十四日向下院提出一九五三—五四年預算案時說明上年英國國際收支進步情形：一九五二年英國國外現期交易(current account)盈餘一億七千萬鎊，此外再加上軍援一億二千一百萬鎊，則國際收支共盈餘兩億九千一百萬鎊。此項盈餘如與一九五一年之三億九千四百萬鎊缺欠比較，則一九五二年國際收支共增加六億八千五百萬鎊。此項增加之數除去軍援一億二千萬鎊外，下餘五億六千五百萬鎊，則為實際增加之數。至其增加之原因有二：(一)進口貨物的數量及價值均較上年減少；(二)出口貨物數量雖較上年略有減少，但出口貨物價值則增加甚多，出口貨物價值特別增加之結果，致使一九五二年出超較之一九五一年增加八千八百萬鎊。惟國外無形收入(invisible income)則減少八千五百萬鎊。其減少之原因：一則由於國外軍事開支增加，一則由於國外企業收入減少。至英國之黃金美元準備金截至一九五三年三月底已增至二十一億六千六百萬美元，較之一年前之十七億美元則增加四億六千六百萬美元，至其增加之原因則由於英鎊集團國際貿易好轉。

英國在一九五二年 對於下列各項投資較前減少：(一)新工廠設立投資；(二)工廠內各項設備投資；(三)購置各項機器投資。但其他建設投資則較前增加，減少之數較增加之數大，故資金尚有節餘可以利用。又在一九五一年投資存貨(stock)用欵頗鉅，一九五二年存貨數量亦未減少。存貨既多投資又少，故對於生產資源的需求減少，因之節省之資源除供給重整軍備外，尚可移作他用，益以國內各項消費減少，因之因需求過多所引起之通貨膨脹現象解除，從此可將人力物力重新分配，從事必要生產。國內大多數物品限價業已取銷，其他各項統制各種限制已多半解除，鉛鋅茶葉木材肥料等貿易已改由私人經營，農業經營亦較前自由。雖有以上種種自由設施，但零售物價自上年六月以來並未高漲，足見國內經濟已有進步。經濟雖有進步，但政府財政收支情形則不甚佳。就實際收數字觀察：一九五二—五三年全年歲收為四十四億三千九百萬鎊，較原估計數少二億二千二百萬鎊。全年歲出為四十三億五千一百萬鎊，較之原估計數多二億鎊，歲出超過原預算的原因有三：(一)統一基金(consolidated fund services)項下各種債欵利息較高，致開支增加四千二百萬鎊；(二)國防費增加二千七百萬鎊；(三)民事補貼(civil supply)開支增加一億三千一百萬鎊，例如糧食津貼原擬減少少許，後因故延期未能實行，致支出較原估計數增加。又醫生特別報酬增加開支達四千萬鎊之多。其他如醫生研究費等特別開支頗多，致線上預算盈餘原估計為五億一千萬鎊者，今僅盈餘八千八百萬鎊，因之不足支付線下五億二千四百萬鎊資金開支(capital expenditure)。此項資金開支較之原估計數多一千八百萬鎊。以上係就一九五二—五三年收支情形而言。至一九五三—五四年全部開支：原估計數為四十二億五千九百萬鎊，較之上年實際開支少九千二百萬鎊，國防費開支將增加九千三百萬鎊除美援相對基金外，國防費由國庫純支數共為十四億九千七百萬鎊。物價雖上漲而民事補貼開支估計數僅為二十億零八千九百萬鎊，較之上年實際開支數少一億九千一百萬鎊。民事補貼開支百分之六十為社會事業開支，其中最重要者為社會教育開支，社會衛生開支，此項開支較之上年將增加少許，其他民事補貼如糧食津貼等將略有減少。上年糧食津貼開支約為二億八千萬鎊，而一九五三—五四年的預算估計數則約為二億二千萬鎊。砂糖配給即將取銷，砂糖津貼亦將停止，此項措施又可節省不少開支。以上就開支出方面而言。至一九五三—五四年全部歲入：按現在稅制徵收，則估計數為四十五億三千八百萬鎊，較之一九五二—五三年實際收入增加九千九百萬鎊，至其增加之原因，則由於上年預算所列之過分利得稅(excess profits lavy)今年方能實際收到的緣故。由以上歲出歲入情形觀察：收入較上年增加，支出較上年減少，按現在稅制徵收，則線上預算盈餘數，估計為二億七千八百萬鎊，較之一九五二—五三年實際盈餘多一億九千萬鎊。至線下預算缺欠數則估計為五億四千九百萬鎊，較之上年多二千五百萬鎊。

據英國財政部長聲稱：他所提出之預算主要的目的在維持國際收支平衡，至國內各項需求：則固定投資、人民消費、貨物存量均將略有增加。各項生產除非預算上予以協助，恐難彌補上年減產之數。現各項生產力量均已增加，如能採取正當途徑處理，則一九五三年之生產量一定大為增加，為今之計必須利用現在機會，將工廠重新裝備使生產技術現代化，同時發展生產力量使之與國外旣定市場相配合。爲達上項目的英政府提出與往年不同的新預算茲分陳如下：(一)重新採用資金開支第一次折舊免稅辦法（the system of initial allowance for capital expenditure）。此項辦法對於利得稅所得稅均適用。至免稅率之高低則因課稅對象而異：對於工廠各項設備，工廠所用機器農業所用機器的開支可免稅百分之二十，工業建築開支可免稅百分之十，新開設之礦廠各項設備如礦坑支柱油井等的開支可免稅百分之四十。以上各種免稅辦法自一九五四年起實行，故不影響今年稅收。至一九五四—五五年之稅收則將減少五千萬鎊，以後每年則將減少稅收八千四百萬鎊；(二)爲鼓勵生產起見，自一九五四年一月起實行取銷過分利得稅，因之一九五四—五五年政府稅收將減收一億鎊有餘；(三)所得稅標準稅率，減少六便士，卽每鎊所得改課九先零所得稅，此項減稅可使政府稅收自一九五三年四月一日新會計年度開始之日起至一九五四年一月一日止減收六千四百萬鎊，全年度減收七千三百萬鎊。此項減稅對於工業公司甚有利益，其中至少有四千五百萬鎊可轉到工業公司不分紅賬內作爲公積金；(四)對於低級各項所得稅亦實行減稅，此項減稅可使政府稅收自一九五三年四月一日新會計年度開始之日起至一九五四年一月一日止減收五千三百萬鎊，全年度減收六千一百萬鎊；(五)購買稅（purchase tax）減低百分之二十五，多數家庭日用品減稅由百分之三十三又三分之一起至百分之二十五止。此項減稅可使政府稅收自一九五三年四月一日新會計年度開始之日起至一九五四年一月一日止減收四千五百萬鎊，全年度減收六千萬鎊。據英國財政部長聲稱購買稅太高，不但爲害國內交易，對於出口亦可發生不良影響；(六)其他各項不重要減稅，可使本年政府稅收減少七百萬鎊。縱觀大戰後英國各年度預算未增加新稅者此爲第一次。又各項減稅之結果可使一九五三—五四年稅收減收一億六千九百萬鎊。一九五四—五五年減收二億五千九百萬鎊。因之線上預算盈餘估計爲一億零九百萬鎊，較之一九五二—五三年實際盈餘多二千萬鎊。

英國財政部長白特勒說：他所提出之新預算是富於鼓勵性的，他所採的步驟，是用減稅方法促進工業發展，工業發展之結果，不但對各公司有利，對於國計民生亦大裨益。以前英國生產力雖甚充足，而生產量之所以未能大量增加者，蓋因稅率之高甲於全球，人民稅捐負擔太重，故工業不能突飛猛進，爲發展工業計，故提出此新預算。查稅捐過重爲阻礙工業發展重要因素之一，英國爲工業先進國家，爲求更進一步發展起見，猶在預算上想辦，其他工業落後國家欲達工業化目的使生產大量增加，更應當以英國新預算作參考，設法改進稅制，以減輕人民負擔，而謀工業發展。

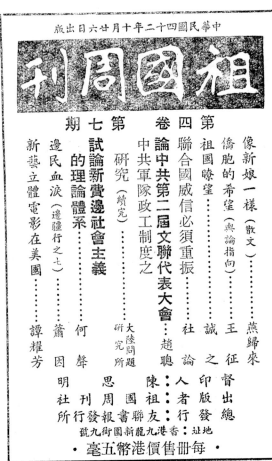

管制計劃是無可避免的嗎？

——海耶克著「到奴役之路」(The Road to Serfdom by F.A. Hayek) 之第四章

海耶克著
殷海光譯

我們知道，即使在計劃主義者當中，也很少有人認爲實行中央管制計劃是一件値得羨慕的事。這是一個很顯然的事實。大多數計劃主義者爲計劃化而辯護的理由是說，我們用管制計劃來代替自由競爭乃不得已之事。因爲，在事實上，我們已不再有選擇的機會。我們底環境非我們所能控制，所以我們非這樣幹不可。計劃主義者很細心地製造出一番荒誕不經的議論。他們說，我們正走上一條新路。但是，我們之走上這條新路，並非出於我們底自由意志，而是由於工業技術發生變化所致。這一變化，使得自由競爭制度已自動地歸於消滅。工業技術上的變遷，我們既無法拗逆它，也沒有希望去阻止它。這一番高論，從表面看來似乎言之成理，可是却很少人予以詳盡的闡發，許多人不過是『人云亦云』地跟着附和而已。然而，說的次數多了，於是竟被許多人認爲是一確切無疑的眞理。究竟說來，這番高論是沒有根據的。照事實看來，走向經濟獨佔和管制計劃之趨勢，並非由一些不是人力所能控制的『客觀事實』所造成的結果。這個趨勢，實係由於半個世紀以來爲人所培養或宣傳形成的某些意見造成的。而這類意見，竟能逐漸支配我們底一切政策，這是很値得注意的事。

計劃主義者曾用種種不同的論據來證明管制計劃乃無可避免的措施。在這種種論據中，最常聽到的一種是說，工業技術上的變化已經使自由競爭之事在許多部門裏成爲不可能之事。時至今日，這類不宜於競爭的部門，愈來愈多。這樣一來，我們所能選擇的祇有兩途：要麼用私人獨佔的方式來控制生產，要麼靠政府來管制經濟。這種說法，主要還是從馬克斯底『工業集中制』之學說衍生出來的。雖然，這個學說，和馬克斯底許多其他學說一樣，經過幾次轉手之後被許多人所接受，可是接受的人還不悉其來源哩！

在過去五十年中，獨佔局面加速增長，許多實行競爭的範圍裏所受到的限制日益增加。這都是歷史的事實，勿庸爭辯。雖然這些現象也常被人過分誇張，但畢竟是有的。現在重要的問題還是：這個發展究竟是工業技術進步底必然結果呢，抑或只是由於多數國家採用了某種政策而造成的後果。我們現在把這個發展底實際歷史加以硏究，便立刻會發現，這種結果確係用于多數國家採用了某種政策所致。除此以外，我們還應首先考察一下，近代工業技術發展底性質，與極多工業部門之必然走上獨佔之路，二者之間的關聯到底有多大。

有些從工業技術方面來說明獨佔局面成長的人明白地說，由於近代大量生產方法產生了較高的效率，於是大的企業優于小的工業。他們說，近代的生產方法已經產生了一種新的情況。這種新的情況使得大多數的工業能大量增加生產，而單位產品底成本反能減低。結果，大企業底出品比小工業底出品之成本低廉，於是把小工業擠垮了。這種大吃小的情形必然繼續下去，直至每個工業部門最後只剩下一個巨大的企業，或者至多幾個巨型的企業而後已。這就是工業技術底進步所可能引起的結果。

我們不難看出，這種論據，是把工業技術進步有時引起的一種結果挑出，並且特別加以强調；至於其他與此論據相反的結果，則全未顧到。如果我們把事實認眞加以硏究，那末便可發現這個論據是找不到多少根據的。不過，在此我們不能把這個問題仔細探討。我們現在所要做的事，就是列擧一些最好的證據來證明前說之不當。我們知道，『國家經濟臨時委員會』曾就『經濟權力集中制』這個問題作了一番硏究。這番硏究，是近來對於此類事實資料方面所作的最廣泛的硏究。該委員會最後的報告稱：『雖然，目前有一種觀點，即認爲大規模生產的較大效率是自由競爭歸於消滅的原因。但是，在我們手邊所有的證據却證明這一觀點很少有所根據。』我們不能說這個委員會底報告是出於自由主義者過度的偏見。這個報告是確有見地的。

該委員會還編製了一篇專論來詳細討論這個問題，並對這個問題底答案作一總結。其文如下：『有人說大的工業設備具有高超的效率。此說是未曾得到證實的。有些人認爲大的企業所具有的一些優越條件足以破壞自由競爭。這種事情，在許多工業部門裏並未表現出來。在有些地方，大的企業固然比較合於經濟原則。但是，這種現象，也並非必然不變地導向經濟獨佔之途。……當一企業底規模大到某一點或某些點時，其效率便已達到最高的限度。這時，企業規模如再加擴大，反而不經濟。一個企業底規模已達到效率之最高點，但是還遠未到達能將物品供應的主要部份加以壟斷的程度，這是可能的事。因此，以爲大規模生產將無可避免地消滅自由競爭之說，是我們所不能接受的。我們應該進一步注意到，造成獨佔形勢的往往是些別的原因，而並非由於較大規模生產之能減低成本所致。獨佔局面是一些人私相串通弄成的，或是靠政府政策之鼓勵所致。一旦這類串通無效，或政府政策逆轉方向，自由競爭的環境自能恢復。』

我們把英國的情況作一番考察，便會得到極相似的結論。在英國，那些希望得到獨佔權利的人經常祈求政府用政治力量幫助他們，使得他們底獨佔控制有效。這些人居然也常常得到政府幫助。凡見到這些現象的人，都會懷疑——認爲獨佔的發展並非什麼必不可避免的事。（譯者按：若官商一體，則更可證明此說爲確。在有些地區，許多工業，如製酒製煙，其出品之所以得以銷售，並非因其價格奇廉，更非因人喜其質地良佳，實因其全靠絕對獨佔。而此種獨佔局勢之造成，又非由於經濟優勢，實純係出於政治强制。大家自由造出的成品，謂之『私品』。『私』則有罪。『公』則無罪，暢銷無阻。且又因無能與之競爭者，於是價格可以隨意提高。這類企業之主要資本，譯者實無以名之，姑名之曰『政治資本』。以『政治』作『資本』的企業，永遠賺錢，絕對不會虧本。這樣的『生意』是世界上最公道的生意也！）

我們再將自由競爭之衰落與獨佔局面之成長在各國發生的先後次序之不同加以研究，便會覺得我們所說的管制計劃並非不可避免之說，是有其堅强根據的。如果獨佔局面底成長是工業技術進步底結果，或是所謂『資本主義』演進之必然產物，那末，照前述計劃主義者底道理而論，獨佔局面應該首先在經濟制度最前進的國家出現。但是，在事實上，獨佔是在十九世紀末葉的美國與德國出現的。那時，在工業方面，這些國家還是很年青的國家。有些人將德國看作一個在實際發展上最能表現所謂資本主義之必然演變的典型國家。儘管如此，德國從一八七八年以來就籍着精心制定的政策有計劃地培育大公司和大組合：德國政府先從旁加以保護或是直接誘導，最後爲了便於管制物價與買賣，政府索與使用强制手段來造成獨佔局面。我們知道，第一個將『科學的計劃』以及『有意地將工業組織起來』等想法實際試行的是德國。這類偉大的試驗是靠政府底力量來進行，並且造成巨大的獨佔機構。當時，這些獨佔機構之成長，竟被人看作是一種歷史上無可避免的事情。可是，在事實上，那時在工業先進的英國却還沒有獨佔局面出現。同樣的事情之在英國發生，那是在從那時算起的五十年後哩！近若干年來，『競爭制度最後必至發展到獨佔的資本制度』的說法，被許許多多人接受。之所以如此，主要的原因，是受了德國社會主義的理論家們之影響，特別是受了宋巴特（Sombart）底影響。這般人底立論，只是根據他們自己國中一些狹仄的經驗，來作一些大膽的推廣。後來，美國底經濟發展頗與德國相似。這一事實，似乎印證了那些德國經濟理論家所作的大膽推廣是正確的。但是，我們必須注意，在美國這種相似的發展是靠着高度保護政策產生的。實際的情況儘管如此，一般人仍把在德國的一串發展看作一個普遍的必然趨勢。我們且借用近來擁有極多讀者的一篇文章底話來說：『德國是近代文明之種種社會的與政治的力量都到達最進步的型式的地方。』許多人以爲如此，所以錯誤觀念流行。

我們現在如把英國截至一九三一年以前的實況加以考察，我們再把英國自這年開始走上普遍的保護政策以後的發展情形加以考察，我們會立刻明瞭所謂計劃經濟乃不可避免之事，其成分是多麼少，而靠政府熟籌的政策推動的成分又是多麼大。僅僅在十幾年前，英國底工業，除了少數幾個老早得到保護的部門以外，大體上仍舊保持着自由競爭的情況。這種情況，與英國歷史上以往任何時期相彷。一九二〇年，英國在工資與貨幣方面施行了一些與自由競爭傳統相抵觸的政策，因而蒙受到重大的痛苦。卽使如此，那時的就業以及一般活動的情況，比起一九三〇年來，還是不差。但是，自從英國實行保護政策，並且隨之在經濟政策方面作了一些必要的普遍變更以後，情況就大不相同了。此後，獨佔勢力以驚人的速率出現，英國工業已起了極大的改變，其變化之大一般人還很少認識出來。我們如果說這一發展與這一時期工業技術底進步有何關聯，那簡直是荒謬不經之談。或者，有人說，工業技術于一八八〇年至一八九〇年代在德國所發生的那些影響，直到一九三〇年才被英國感受到。這種說法，眞是再荒謬不過的了。莫索里尼也曾作過類似的妙論。他說，意大利必須趕在歐洲其他國家之前廢除個人自由。因爲，意大利底文明已經走到了各國底最前面。（譯者按：東方有些人輒言文明古國，且其人民已屬自由太多，不復需要爭取：其人民應該捐獻自由，以作渺不可期之偉大用途。此類高論，與莫索里尼之高論，竟不謀而合。地無分東西，而『立言』竟若是之契合。何耶？無他，心性相同，所處地位相當，喜好扭着大家底鼻子跟我來之興趣相若故也。）莫索里尼這番話所涵蘊的意義固屬荒謬已極，但其荒謬程度與前說相較亦顯得略遜一籌。依英國底情形而論，有人認爲，言論與政策上的改變實在是隨着無情的事實之改變而來的。這種說法，應用到英國的情形，從表面看來好像是眞理，其實大謬不然。因爲，英國底言論與政策實在還是模仿一套人造的學說，不過這套學說是從很遠的外方來的，不易察覺罷了。固然，有人可以反駁道，儘管英國大衆底輿論是贊成自由競爭的，而獨佔的工業組織還是成長起來。外界發生的種種事件把贊成自由競爭的人之希望粉碎了。但是，這類議論並不能證明理論與實際之間的眞正關係。如果我們要知道這二者之間的眞正關係，還是去看看德國這個獨佔最初成長的典型地方。我們看看德國，那末對于理論與實際之間的眞正關係，卽可一目了然。在德國，無疑，政府是籍着熟籌的政策來壓抑自由競爭的。他們認爲這種壓抑政策之施行，不過是爲了實現一種理想。這類理想，我們現在稱之爲計劃經濟。德國，以及模仿德國的國家，當逐步向着一個完全的計劃社會趨進時，他們只是照着十九世紀的思想家所劃定的路線前進，特別是照着德國思想家所劃定的路線前進。過去六十年或八十年的人類思想史可以完全給我們證明一個眞理，就是，任何一次社會變化都不是什麼無可避免的結果。而過去社會之所以發生變化，實在都是人底思想使然。（譯者按：海耶克教授此論雖不免失之過於重視思想因素推動社會發展之力量。但是，假定其餘一切條件不變(if other things being equal)，思想錯誤，確足以招致大禍。東方若干地區，數十年來，社會內部之動亂，層出不窮之厮殺，在某種程度以內，實係思想錯誤所致。而集錯誤思想之大成者，乃各種各色的『主義』與『理想』。憑一個人頭腦之幻構而欲建立一理想國，係當今慘禍之一源。人類社會底事端這樣複雜萬端，那裏是一個頭腦所能包羅得了的？更何況前人底頭腦一定比後人簡陋？豈有扯着後人盲從前人之理？硬要全國人民聽毛澤東個人底幻想曲，這是何等荒謬絕倫！如果今後有人誠心救國，首先必須洗刷數十年來此類流毒與狂妄風氣。否則禍亂相尋，永無已時。浩劫餘生，對此能不痛切反省！談到此處，譯者願意引介胡適之先生老早說過的話：『少談主義，多談問題』。）

我們在以上將工業技術進步以後必至實行計劃化的說法作了一番解釋。從這一番解釋，可知計劃主義並非工業技術進步之必然產品。可是，有人用另一種方式來辯護這種理論。譬如有人可以說，近代工業文明十分綜錯複雜。這種情形，產生了許多新問題。如果我們想要有效地對付這些問題，唯有實行中央管制。這種說法，在某種意義下，也是不錯的。但是，這種說法並非在每種意義之下為眞。舉例以言之，現代都市產生了許多新問題。有許多問題係由人口或事物之密接而產生的。我們如欲適當解決這類問題，便不能靠自由競爭。這是一個極其平凡的道理。但是，我們必須知道，那些籍口近代文明趨於繁複而主張不得不施行中央管制的人，心目中最着重的並不是這類問題（譬如自來水、電燈之類底問題）。他們一般提示給我們的是這麽一番道理：時至今日，我們要獲致圓融的全部經濟活動程序是愈來愈困難了。因此，我們必需專設一中央機構來調配各個部門。祇有這樣辦理，社會生活方不致因混亂而解體。

這番議論實在是出于對自由競爭底功能完全的誤解。自由競爭絕不止適用於比較簡單的環境。反之，正因近代工業中分工極其複雜，只有自由競爭才是將配合工作做得好的唯一辦法。如果情況是簡單的，一個人或一個專設機構就可有效地對所有相干的事實一覽無餘。在這種情況下施行計劃倒也並非難事。但是，當着需要我們加以考慮的因素太多時，我們便根本無法綜覽全局。在這種情勢之下，放棄集中管制的辦法而實行分散政策，乃勢在必行。但是，一旦我們感到分散政策必要時，如何將各部份配合之問題，自然又立刻發生。各部份需要一種配合，使各單位能按照只有他們自己才知道的一些事實來自由安排他們底事務，並且使他們各自底計劃能相互調整適應。既然實行分散政策之所以必要，是因為無論何人都不能將那麽多與各個人所作決定有關的一切因素考慮權衡周到，於是在分散政策下的配合工作自然不能靠少數人籍着『有意的控制』來達到了。我們唯有依賴一些適當的安排，傳佈消息，使相關的各單位得以及時獲致所需資料，以便各單位自作決定，隨時有效調整其經濟活動，以與其他單位所作決定相適應。再者，因為經常影響各種不同商品供求之因素太複雜了，於是其變動之細節無從盡知；即使可能盡知，亦不能靠一中央機構十分迅速地把這些細節收集起來並且傳播出去。時至今日，我們實在需要一個紀錄機，要它能夠自動把各個人行動所產生的相干的效應紀錄下來，又要能從它底紀錄看出各個人底決定總合起來的結果是些什麽。同時，由這總結果，各個人就可為自己所作進一步的決定找到一個指針。

以上所說的，正是價格制度在自由競爭之下所擔當的任務。這類任務是相當艱鉅的。許多其他制度從來不能擔當這類任務。價格制度，使企業家們只要注意比較少數的價格變動，就能調節他們底經濟活動以與別人底經濟活動相適應。這就像工程師注視着幾個儀器上的指針來作決定似的。在此，特別重要的一點就是，只有在自由競爭能夠盛行的情形之下，價格才能完成上述的任務。所謂自由競爭能夠盛行，意即說在市場中的個別生產者不能控制價格之高低；恰恰相反，他必須適應市場價格之變動。祇有在這一條件之下，價格制度才能作調整經濟活動之指標。價格制度像一套能傳遞相關消息的機器，使各人底努力得以互相適應配合。有了這種配合，人與人間便可實行一種知識上的分工。當社會整體變得愈趨複雜時，靠價格制度來活動的人與人間的知識上之分工愈不可少。

我們可以說，如果過去的工業制度是靠中央管制而成長起來的，那末決不會有現存的工業制度這樣分工的細緻，這樣複雜，以及這樣富有彈性。如果我們將中央管制與行分散政策並輔以自動的調整之辦法二者加以比較，那末我們可以顯然發現，中央管制雖為一種簡單明白的解決經濟問題之辦法，但其笨拙不靈，粗陋，以及應用範圍之狹，實令人不敢置信。近代文明是由分工到了相當高的程度才形成的。分工何以能達到這樣高的程度呢？這得歸功於一個事實，就是分工不是靠人有意的製造出來的，而另外一種方法却被人碰巧找到了。這種方法就是自由競爭。自由競爭能使分工底範圍擴大，其擴大之程度遠超過計劃經濟所能達到的範圍以外。這樣看來，社會經濟組織之發展再加複雜，也不會增加中央管制之必要性。反之，在目前情況之下，我們之需用一種不必靠人作有意控制的技術，比之以前更見增加。

我們知道，把獨佔局面之成長看作係由于工業技術進步所致之學說，還有另外一種說法。不過，這種說法之立論，與我們在上面才討論過的立論幾乎完全相反。這種立論雖不常被人明白提出，但其影響却並不小。這種立論所爭持的，並不是說現代工業技術把自由競爭破壞了。恰好相反，它是說，如果我們想利用現代的種種新工業技術，唯有施行某種保護政策以限制自由競爭。這也就是說，唯有施行一種獨佔的制度，我們才能利用新的工業技術。精細的讀者也許會懷疑這種說法是騙人的，虛假的。可是，在實際上，這種立論並不必然全是騙人的。自然，有些人可以明顯地說，只要一種能滿足我們需要的工業技術確實比旁的好，它一定能抵得住一切競爭而終於出頭，用不着什麼保護。可是，這種答覆並不能將這種立論所指涉的情形全部解答。無疑，在許多場合中，這一立論，被某些利益集團所利用，作爲他們特殊利益之護符。在更多的場合中，許多人引用這種說法時，根本沒有把所謂技術優良之意義劃分清楚。譬如，有些技術，從狹義的工程觀點看是優良的；而有些技術之所以被看作的優良的，却是從社會需要着眼的。這二種不同的『優良』，常常被人混爲一談。

不過，這種立論在有一類底情形之下還是頗有力量的。舉例說罷，如果我們能使每個英國人都乘坐同一種汽車，英國汽車工業便能供應一種比美國更爲價廉物美的汽車。復次，如果我們能使每個人都只用電，而不再使用煤炭或煤氣等其他燃料，電的價錢將比煤炭或煤氣等低廉。我們至少可以設想有這些事例。遇到這些事例時，如果我們有權選擇，我們可能選擇新的措施，更可能因而使大家的境況得到改善。但是，事實上，在這類情形中，單獨的個人並得不到上述的選擇機會。因爲，在這種情形之下，擺在他面前的只有兩途：一是使用同一種便宜的汽車(或者說，大家都只用電，而不用別的)。這樣，便是沒有選擇權了。另一途便是我們可以保有對各種貨色的選擇機會。可是，這時，各種供我們選擇的貨物之價格必定比那單一的貨色高得多。在像這兩例所表示的情形下，我們底境遇是否得以改善，我們並不確知。但我們必須承認，如果強迫實行標準化，或者禁止超過某種程度的花樣翻新，出品確可大量增加，足够抵償消費者因在選擇方面所受限制的損失。我們甚至可以設想，將來可能有一種新發明，被大家採用後無疑對大家有益。不過，這種發明却不能被少數人利用。如果我們要利用它，唯有大家一齊使用它。

我們在上面所設想的事例，或者有很大而且恒久的重要性，或者也沒有什麼重要性。然而，無論如何，我們敢確言，從這些事例並不能進而斷定工業技術之進步便使中央管制成爲不可避免的結果。遇到上述的情形，我們只有一件事是必需做的，就是在兩件事之取捨間加以決擇：一是藉某種強制手段來獲得一種特別的好處；另一便是不要得到這種好處。或者，在大多數情形之下，雖亦想得到這種好處，但不用強迫手段，而是等到技術進步以後把這些特殊困難克服了再去得到它。遇到這類底情形，需要我們抉擇時，我們可能眞的必須犧牲一些眼前的利益，以換取將來的利益。

工業技術進步之呈現於吾人之前，亦若爲吾人身外之事。實則其所關吾人者至大。當科學上的發明給予吾人巨大的力量時，如果說我們必須使用這種力量來摧毀我們最珍貴的遺產——自由，這簡直是荒誕之至。無論怎樣，如果我們要保持自由，我們必須把自由看得比從前更加愛惜，而且我們必須準備爲自由而犧牲。當在現代工業技術中並沒有什麼東西強迫我們趨向廣泛的計劃經濟時，却有一股力量使計劃權威無限發揮其危險。這是我們時時要謹防的。

無疑，趨向計劃經濟的運動乃官方處心積慮的結果，而並無外在的必然力量迫使我們非走上計劃經濟之途不可。但是，現在，却有這麼多技術專家站在計劃經濟底前線地位，這倒是很值得研究的一件事。我們要解釋這一現象，不可忽略一項重要的事實。批評計劃經濟的人，必須常常將這項事實牢記在心：幾乎每個技術專家有技術理想。如果這些技術理想是爲了人類的話，那末，較之其他理想，可以在比較短的時間以內實現。這是很少問題的事。

人間美好的事物是多得很的。這些事物都是人所喜好的。但是，吾人生也有涯，而吾人所能享受者甚爲有限。在現實中我們底雄心常遭挫敗，於是技術專家對現存的秩序發生反感。如果我們看見大家認爲美好的事物棄置未予完成，我們在精神上將不堪痛苦。許多事情如不能在一時完成，任一件事如祗有犧牲他事才能完成，唯有將專門眼光以外所能見到的因素計入才能解釋。這一類底解釋，我們只有動心忍性，作極大的智識上的努力，才可以忍受。我們愈能動心忍性，我們便愈能透過較爲廣濶的原野，用最大的努力完成我們趨向的目標，並且設法平衡在我們直接利益以外的因素。果能如此，我們就可不太注意那直接的利益。

在一個計劃的社會中，熱心的計劃者自信他能徐徐誘導這個社會中各方面底指導者對于特殊目標底價值看得特別重。無疑，有些熱心的計劃者之希望是可以滿足的。因爲，一個計劃的社會，較之現存的社會，確乎易于興革許多事項。在德國和意大利有許多堂皇的汽車道路。固然，這些計劃底產物並不表徵自由社會裏不能同樣興建，可是却常被許多人引用來說明計劃之必要。但是，如果我們引用德意二國這類在特殊範圍裏技術優良的事例來證實計劃確實爲一普遍優越之事，這是一樁愚昧之事。我們不如比較正確地說，像這種極端優良的技術，如與一般人以不利的影響，乃誤用資源底證據。我們馳車於德國有名的汽車道路上，會發現通行於馬路上的車輛少於英國二等汽車道路上通行的車輛。這時，我們就不會懷疑，如果我們修築公路底目標是爲了和平時期的用途，那末德國之修築那些公路是沒有道理的。經濟計劃者是否決定以『大炮』代替『牛油』，這是另一件事。但是，依照我們底標準看來，許多人之對計劃如此熱中，這是毫無根據的。

（下轉第24頁）

西德通訊

德國的政黨與大選

龍平甫

上篇 西德政黨泛論

西德的政黨旣不是法國式的多黨制，也不是英國式的兩黨制。在西德幾乎每週有一新黨出現，但往往曇花一現而已。比較能站穩的政黨雖有六十多個，事實上祇有十個左右爲人注意能參加競選。戰後德國政治與經濟表現得非常安定，德人經過多次風浪之後已選擇那些代表「中庸之道」(Juste Milieu) 的政黨。輿論中雖有激進主義的呼聲，但不能發生力量；偶爾一些極端運動往往爲外國人看得太嚴重，甚至認爲阿德勞以下的次要政客便是芮美爾 (Remer 前納粹軍人)，其實新納粹及共產黨所得到的宣傳遠超過其實際所能發生的影響。絕大多數的德國選民仍選擇那些遵守民主與議會政治的政黨。

西德的政黨政治與法意兩國不同，表現着强大的中間派力量。德國的所謂資產階級政黨與社會民主黨之間雖存在着政爭，雖然有人認爲這是德國民主政治的危機，其實這是一種健康的表現。因爲這些民主的政黨沒有可怕的敵人，遂使彼此之間的對立强化，不能建立超黨派的國家政策。

自一九四五年德國崩潰後，德國政黨由盟國重新登記，當時的德國政黨與法意兩國的相似，卽三黨制，換言之，社會民主黨居左，基督教民主黨居中，共產黨居右。這種三黨制在德更有其特殊意義：自波茨坦協定後，英美蘇在德國各有「其」政黨，當時執政的英國工黨自然把德國社會民主黨視爲盟友，美國則一直結納最有勢力的中產階級政黨基督教民主黨，俄國有共產黨爲其工具。美國更在其佔領區培植「超黨派」報紙，報紙的主筆往往由代表三黨色彩的人擔任。最初的三黨制僅是三强在德國內政上的反映。一九四六年蘇俄在東德成立社會主義統一黨，將社會民主黨等合併在內，於是西方採取報復手段，抵制共產黨。

戰後各邦(Land)選擧已表示共產黨沒有力量，缺乏民衆的支持。它的實力遠不如魏馬 (Weimar) 共和時代。大量的德人曾在蘇俄作戰，了解蘇俄的實情；再加上成千萬的難民逃來，儘盡戰後德國如何貧窮殘破，人民是不能接受共產黨的引誘的，共產黨用盡宣傳與滲透方法終歸無效。自一九四八年有兩件大事使共產黨不能再成爲一種羣衆現象，卽柏林封鎖及貨幣改革。由於柏林的封鎖使德國人民了解他們與盟國有共同命運，而貨幣改革使幣値安定，經濟事業發展，德人的注意力由政治移轉到經濟上去。此後共產黨勢力不斷縮小，現在已成爲一個不値得重視的力量，沒有再起的機會。

西德尙沒有强大的右翼政黨，思想上右傾的人不是加入那些區域性的政黨如巴伐利亞黨 (Bayern Partei)，德意志黨 (Deutsche Partei)，便加入自由民主黨 (Freie Demokratische Partei)。自由民主黨是威廉時代的國家自由主義 (National Liberalismus) 的合法繼承者。

由於共產黨勢力的被排除，社會民主黨遂成爲左翼的政黨，右翼則包括一些「反馬克思主義」的小政黨，牠們尙不能成爲一種德國式的戴高樂主義。大體上我們可以說西德政黨陣容是一種特殊的三黨制。

一 基督教民主黨

基督教民主黨 (Christliche Demokratische Union, 簡稱 CDU) (在巴伐利亞邦稱爲基督教社會聯盟 Christlich Soziale Union, CSU，普通稱基督教民主黨爲 (CDU 或 CSU) 是繼承魏馬共和時代中央黨 (Zentrumpartei) 的傳統，佔有中間鎖鑰地位。中央黨在一九一九年至一九三二年間參加所有的內閣，今日的基督教民主黨所佔的關鍵地位有其優點和缺點。優點是：它可以和右翼政黨聯合組閣，也可以和社會民主黨成立政府。它同時具有保守的資產階級性與工會的社會主義性。缺點是：(一)黨內易發生政治路線的衝突；(二)左右翼份子常易爲接近的其他政黨所吸引；(三)長久的掌握政權使其力量消耗。

事實證明基督教民主黨有非常大的抵抗力，不但能避免因秉政而消耗力量，而且能發展勢力。基督教民主黨在這方面的成功主要由於阿德勞的外交政策及艾爾哈 (Ludwig Erhard) 的新自由主義經濟政策。基督教民主黨自一九四五年卽建立其超宗派的政綱，其後更加發揮。過去的中央黨是一個很鮮明的教士政黨，以萊茵河及南德的天主教士爲主，但是現在的基督教民主黨則不顧一部份天主教士的反對形成一個包涵所有教派的政黨。天主教徒與新教徒在戰時對納粹的共同奮鬬奠定了戰後合作的基礎。基督教民主黨在德國西北部的新教邦如下薩克森 (Niedersachs)，什烈士威好爾士太因 (Schleswig-Holstein) 與南部的霧騰堡 (Württemberg) 的虔修派 (Pietitische Sekten) 信徒中有相當勢力。一九五〇—五一年間因德國重整軍備問題，阿德勞在這些邦及赫森 (Hessen) 邦中的聲譽大減，基督教民主黨的新教徒幾乎全部要脫離。第一次危機的表徵是聯邦內政部長屬於唯識派 (Bekanntniskirchen) 的海奈曼 (Gustar Heinemann) 的辭職，以同情他的朋友尼莫萊 (Niemöller) 的無條件反對整軍的態度。然而海奈曼，尼莫萊之流並不能形成新的政治力量；脫黨的新教徒或脫離政治生涯，或轉入社會民主黨，北德保守性的路德派在當時多轉到自由民主黨及德意志黨。由東德逃來的難民以新教徒佔大多數；他們最初多投基督教民主黨的票，後來多轉入難民黨。最近的選舉表示新教徒又大批的回到基督教民主黨。

新教徒在當時所表現的脫離運動尚隨着另一危機：許多反對者認爲「無條件的遂行歐洲統一政策會使德國的統一機會消逝」，因此以「德國的統一反對歐洲的統一」作爲政黨間爭論的焦點。在這個問題發生之初，幾位基督教民主黨的議員如 Bodensteiner, Mehrs 等人宣告脫離，追隨中立派尼莫萊及海奈曼所提出的德國統一途徑。一位天主教的女政客前中央黨主席魏瑟爾 (Helene Wessel) 也和海奈曼站在同一路線，並爲「全德人民黨」(Gesamt deutsche Volkspartei) 的創始人之一。

歐洲政策及德國統一政策牽涉到宗派問題，西德參加拉丁的西歐，使歐洲的天主教勢力加强；反之，統一的德國則有强大的新教徒勢力。西德新舊教人數相當，但是新教缺乏組織，不能統一，政治勢力遂遠不如天主教，因此新教特別强調教派的平等權利。基督教民主黨因阿德勞的威望得以渡過危機，自一九五〇—五一年冬季起阿德勞的聲譽不斷提高，若干基督教民主黨的新教領袖對於勸導羣衆和黨合作也很出力，其中之一便是出身奧爾登堡 (Oldenburg) 教會高等參議的聯邦下議院副議長愛勒爾斯 (Ehlers)，他是阿德勞對外方面的唯一盟友，在黨內則是他的匹敵。他是德國新教中多年以來所發現的最有器度最有魄力的人物，許多觀察家認爲他是阿德勞的唯一足以防止黨內分化的繼承者。另外一位可能的「皇太子」便是財政部長謝非 (Fritz Schaeffer)，他是生活嚴整，聲譽卓著的行政家。他在阿德勞內閣中的權威僅次於國務總理。不過他的思想太靠右，難以維繫黨內社會主義傾向的左派。他的濃厚的天主教及巴代利亞聯邦主義思想也不易團結北方的新教徒。因爲這些人祇能接受來自萊茵胸襟開闊的阿德勞。但是阿德勞今年已逾七十七歲的高齡，他一旦拋棄人世，帶有兩種不同傾向的基督教民主黨的內部團結便要發生威脅。基督教民主黨沒有固定的傳統，因此領導人的問題特別重要。個人主義化的政黨需要一個具有多種條件的領袖來彌補制度的不足。

基督教民主黨並不是一個羣衆的政黨，因此它不能祇靠黨員的繳費來維持；它在許多地區 (尤其是在北德) 頗類似舊日的「縉紳黨」(Notabelpartei)，依賴富有者的捐款作活動經費。因此它不能不顧及資產階級的利益，這與它政綱中的「反資本主義」部份相違背。一個不是羣衆性的政黨，內部團結自然不夠嚴密，因此它可以接受各方面的影響。但是內部團結的脆弱同時給基督教民主黨帶來內在的韌性與外在的運用力。這是僵硬的社會民主黨所沒有的。基督教民主黨雖是一個純粹德國的政黨，但是依它所代表的利益和傾向則類似英國的保守黨，不過偶爾尚表現一點武斷作風。

阿德勞的歐洲政策足以團結天主教的左派及其外圍組織和新教徒。基督教民主黨是最優秀的歐洲政黨。它的生存和發展和歐洲統一的建立和發展相依爲命，這次基督教民主黨在大選中的勝利足以表示歐洲統一運動在德國已發生重大的影響。

二　社會民主黨

社會民主黨 (Sozialdemokratische Partei Deutschland 簡稱 SPD) 是德國歷史最久傳統最深的政黨。在幾個所謂「歷史的」政黨中祇有社會民主黨是在十九世紀中形成的，它繼承着納沙爾 (Lassalle)，貝百爾 (Bebel)，李布奈希特 (Liebnecht)，的傳統。戰後社會民主黨黨魁許邁赫 (Kurt Schumacher) 死後在棺材上所蓋的旗子，便是一八六三年納沙爾在布勒斯勞 (Breslau) 建立的德意志聯工 (Deutsche Arbeiterverein) 的旗幟。今日社會民主黨不僅是一種遺產，而且還有回到魏馬共和時代的傾向。許邁赫在戰後曾努力設法消除魏馬時代的腐敗的機會主義與馬克思主義的偏狹。他希望建立一個新的，活躍的，戰鬪性的，思想開放的社會民主黨。他希望社會民主黨能對工人，僱員，及公務員有吸引力，並吸收新的力量到黨的領導部份。社會民主黨的幹部大部由入黨二三十年甚至五十年的黨員中選拔，自然難免歷史傳統的影響。它仍是一個工人的政黨，三分之二的黨員來自無產階級及準無產階級。不過經許邁赫努力的結果，已吸收許多知識份子，這些人幾乎全限於議會方面，例如翻譯法國著名詩人鮑德邁 (Baudelaire) 詩集的愛斯德 (Aesthet)，波恩國會下院副議長施米特 (Stefan-George-Schüler Carlo Schmidt)，著名律師安德 (Adolf Arndt) (出身自由民主黨)。這些新入黨的人在黨的組織中並沒有堅强的地位。黨的組織仍由那些公務員型的人物所控制。

許邁赫並不是一個組織家，他是在以平庸單調爲特色的政黨中的出類拔萃，富有衝動力，具有風格的領袖人物。他在政治上不想作一個中心的角色，而是想作社會民主黨與德國新教中戰鬪成份的橋樑。自一九四五年以來，社會民主黨的「教士主義」是支持一些新教徒反對新的「宗教改革運動」，反對西德的「再天主教化」及其所可能發生的國內的及國際的影響，不過社會民主黨和新教維持長久連繫的時機尚未成熟。它一度和尼莫萊合作的結果，在一九五〇年赫森 (Hesse) 邦議會選舉中獲得成效。這種成效是暫時的，在純粹的北德以宗派號召很難發生力量，因爲政治的天主教並不能成爲一種力量，同時社會民主黨在新教方面若獲得力量，便在天主教方面有所失，天主教的左派在許多方面和社會民主黨接近。然而在「文化鬪爭」(Kulturkampf) 的空氣下必須和阿德勞的政黨接近。宗派的衝突在政治生活中反映相當强烈。例如北萊茵西法冷 (Nordrhein-Westfalen) 邦的內閣總理阿爾諾 (Karl

Arnold) 迄今不能實現其基督教民主黨，中央黨及社會民主黨「大聯合」的夢想，主要障碍便是大家對學校問題的意見不同。

社會民主黨在對外政策上也違背了傳統，在德國一個政黨領袖以對外政策爲其工作的主要對象尙是新的現象。一九一八年 以後的社會民主黨是以「協合政策」努力和戰勝國週旋，但在今日社會民主黨則處於反對地位，受許邁赫的影響而帶着强烈的民族主義色彩。在第一次國會的夜會中許邁赫稱阿德勞爲「盟國的國務總理」，去年夏季他仍說：「誰贊同波恩條約卽失去德國人的資格」。這種「反對阿德勞繼續投降的政策」自有其戰術意義：防止新的右翼政黨獨佔民族主義，並吸收那些靠左的「國民反對派」。打破僅以社會民主黨爲內容的通俗馬克思主義的狹隘。社會民主黨旣反對「放棄性的國際主義」，自然要決定新的政治軍事計劃。他對整軍的態度與傳統的左派和平主義相近，而在若干點又與保守的失去軍籍的將領看法相同。不過黨中的其他幹部對於上級的態度並不很贊同。而「民族」的資產階級份子對於「馬克思主義」的傾向於民族主義並不信任，寧願採取「放棄政策」而不附和赤色的抵抗行動。

社會民主黨吸收新成分的結果並不甚滿意，去年冬季在道特蒙 (Dortmund) 的社會民主黨的年會中，大家認爲在未來的選擧中所能獲得的選票不能超過百分之三十四，實際現在獲得的是百分之二十八。許邁赫希望該黨能成爲英國的工黨，能獨立組閣，他的繼承人歐能豪 (Ollenhauer) 已不再作這樣的想法。然而四年來自願的孤立已不易使它找到盟友，何況基督教民主黨至少在今後四年中可以單獨組織政府，社會民主黨祗有再作四年的反對黨，以等待下一次的機會。

社會民主黨是一個羣衆的政黨，黨費可由六十萬黨員捐欵維持，它具有傳統與組織，領導人問題對社會民主黨沒有對基督教民主黨嚴重，領導人的死亡並不會使黨的組織與團結發生動搖。不過一個卓越的領袖對於黨的發展仍是很重要的，許邁赫之死對於社會民主黨仍是重大的損失。歐能豪和他的黨深深了解此點，所以在此次競選標語中印着這樣一句話：「許邁赫博士要你們投社會民主黨的票」，許邁赫的遺像也和歐能豪的肖像印在一起，到處散發。這就是說，許邁赫具有其他社會民主黨領袖所缺少的：風格。

三 右翼政黨

西德的右翼政黨沒有基督教民主黨的超國家觀念與外交上的活力，其傳統及其選民心理很接近舊日的民族主義。一九四五年的投降使右派喪失其地盤；由於失敗的影響逐漸消失，新的右派逐漸抬頭。此種發展自一九四八年貨幣改革不久開始，不少的選民自社會民主黨及基督教民主黨掉轉過來，隨着德國的復興，民族主義的勢力將更加强，基督教民主黨便有被挾在向右的民族主義及向左的社會民主黨之間，阿德勞的歐洲政策的成功便可避免這種危險，他可藉歐洲政策執行對盟國的義務，同時使其他西歐國家放棄一部份主權以抵制右派對他放棄一部份德國主權的攻擊，事實上阿德勞拖着右派政黨跟他的歐洲政策跑。

自盟邦管制取消之後，有些人懷疑反民主的政治勢力會再抬頭，其實這種恐懼是多餘的。若干在盟國管制時已趨分裂的政黨在今日已趨於消滅。如巴代利亞政客羅利慈 (Loritz) 的經濟建設聯盟 (Wirtschaftlichen Aufbau Vereinigung, WAV) 今日已無人道及，但在一九四九年該黨却有十一人入國會，極右政黨如赫森的國民民主黨 (Nationaldemoleraten)，下薩克森的德意志法權黨 (Deutsche Rechtspartei) 等保守性民族主義的殘餘的命運亦相似。不但右翼政黨如此，甚至左翼的天主教的中央黨(Zentrum) 也受到同樣的影響，它在天主教的西法伶 (Westfalen) 及南奧爾登堡受基督教民主黨及社會民主黨挾攻的結果，勢力日趨消滅。

右翼政黨中兩個較大的是自由民主黨及德意志黨。兩黨都是反馬克思陣營中的「右派」，同時批評基督教民主黨爲「强烈的教士主義傾向」的兩黨的主要來源是新教的資產階級及農民，其所不同的不是自由民主黨的自由傾向，也不是德意志黨的保守傾向，或其政綱；而是兩黨傳統及風格的不同。自由民主黨是城市的，德意志黨是鄉村的。但有時也有相反的現象。

自由民主黨在一九四五年成立之時，正値自由傳統大受動搖之時，外人對它沒有信心。但是該黨不斷發展，在一九四九年國會選擧時幾乎在各邦都得到成功。此後各邦選擧更獲得進展。它是西德大黨中的最小者，由一個可以忽視的因素發展成爲一個比較重要的中間性政黨，由進步性的政黨演變到保守性的。傳統的自由主義在俾斯麥時代已經變質。當時有一種「進步自由主義」(Fortschriftsliberalismus) 反對普魯士的德國，其主張與「改變現狀」的社會民主黨相近。只有一種「國民自由主義」(Nationalliberalismus)，雖在本質上和普魯士的貴族對立，却與之合作。一九一八年的革命並沒有使兩種傾向的紛歧消除，在魏馬時代左派的進步自由主義由德意志民主黨 (Deutsche Demokratische Partei) 代表，而右派的國民自由主義則由德意志人民黨 (Deutsche Volkspartei) 繼承。現在的自由民主黨則繼承着這兩種傳統的殘餘。但是該黨所接受的「國民自由」成分(尤其是在北德)較强。時至今日，左右兩派的鴻溝日深。自由民主黨包括拉特南 (Rathenan) 與諾門 (Friedrich Naumann) 兩人的正統思想，也容納着繼承希特勒及胡根堡 (Hugenberg) 思想的哈慈堡陣線 (Harzburger Front)，在漢堡及布來梅 (Bremen) 等城市的古老自由主義着重於民主的魏馬式的，在北德大部份及赫森的自由主義則帶着「反馬克思主義」的戰鬪色彩，因此和右派幾乎沒有顯明的分界。它不願和社會民主黨合作。聯邦總統郝斯（Theodor Heuss）爲自由主義先進諸門的學生及其傳記家，接受了漢堡等城市的傳統自由主義；反之，赫森人挨勒 (Euler) 與北萊茵西法冷邦的自由民主黨主席米得爾好佛 (Middelhauve) 則代表民族主義的反動路線，他們要求基督民主黨右邊的政黨大團結，在霧騰堡的自由民主黨左派以馬掖 (Reinhold Maier) 爲首，年前成立「東南邦」時，在史突得加特 (Stuttgart) 的民主黨人與社會民主黨及難民黨合作組織邦政府，而將在霧騰堡及南巴登佔優勢的基督教民主黨排斥到反對地位，因此自由民主黨的右翼份子要求開除霧騰堡的黨員，因爲他們違反波恩聯合政府的路線。分裂的危機因其他的考慮而得避免。馬掖的雄心很大，想利用基督教民主黨及社會民主黨的對立而實現其作聯邦國務總理的夢理。因此在本年四月因歐洲聯防軍條約在上院批准問題，馬掖企圖把條約擱淺在上院，六月更大肆攻擊基督教民主黨。他的行動衹有加深黨的分裂，因爲黨員的半數以上爲舊日納粹份子，他們傾向於米得爾好佛。如果米得爾好佛得勢，該黨在德國西南就沒有發展的機會。爲避免分裂，該黨採取一種均勢，一隻脚踏在民主小資產階級的南德，另一隻脚站在普魯士民族主義及大資產階級的地盤內。去年十一月該黨在愛姆斯 (Ems) 的年會表現右傾，進步的自由份子採守勢，而米得爾好佛被選爲副主席，與漢堡的謝飛 (Hermann Schaefer) 並列，這表示納粹地下運動發生相當作用。

德意志黨與自由民主黨相反，它有很緊密的團結。它是波恩聯合黨派的最右派。其起源可追溯到帝國時代，其時漢諾維 (Hannover) 的衞爾芬 (Welfen) 派組織保守的反對黨反對俾斯麥的帝國，效忠於被推翻的漢諾維王朝。德意志黨以衞爾芬派爲中心，他們和呂能堡 (Lüneburg) 的農民帶有強烈的保守色彩。在魏馬時代他們支持「人民保守運動」，給德國的保守主義增加新的力量。一九三〇年爲納粹的大浪所淹沒，第二次大戰終了再度抬頭，成立下薩克森黨 (Niedersächsische Landespartei)，爲巴伐利亞黨在西北德國的對照。然而普魯士的消滅及下薩克森邦的成立，使該黨失去存在的價值，於是易名爲德意志黨，企圖以下薩克森爲中心向北德的新教徒區發展。於是納粹崩潰後政治上無家可歸的人紛紛加入。人民保守的成分被冲淡，保守的聯邦色彩也褪減，由一個企圖使漢諾維獨立親英的地方性政黨變成一種「普魯士式」的反同盟國家的政黨。一九四九年的選舉給牠帶來一個很重要的地位，阿德勞爲了組閣要求德意志黨參加，雖然政府的內政及外交與之相左，但是爲了反對社會民主黨，不得不支持基督教民主黨。德意志黨擁護歐洲統一，在民族主義上作讓步，並沒有若何犧牲，因爲他們認爲「今日的歐洲卽爲昔日的帝國」。該黨的領導人爲了防止選民爲社會主義帝國黨 (Sozialistische Reichspartei) 所吸收，於是採取雙重路線，在波恩是政治家的，歐洲的，在地方是民族主義的，反盟國的。

社會主義帝國黨於一九四九年成立，是一種新納粹運動。一九五一年在下薩克森邦議會選舉中獲得驚人成績。由聯邦政府控告經聯邦憲法法院判決違憲，在政府執行判決之前，該黨先自行解散。其創辦人道爾斯 (Fritz Dorls) 利用納粹將領芮美爾作活動的招牌，利用小組滲透辦法發展勢力。在北德的邦議會選舉幾乎有百分之八至十二的選民跟他的政黨跑，但在萊茵區及南德則沒有什麼結果。

四　新興勢力

難民黨 (Block der Heimatvertriebenen und Entrechteten, BHE) 是一九四九年至一九五三年間成就最大的政黨。一九四九年選舉時難民組織因盟方限制不能出現。這種「第五階級」以「獨立」的候選人出現於若干選區，一九五〇年該黨成立後由難民集中地什烈士威好爾士太因邦迅速的展開到全德。該黨無鮮明的政治色彩，既不左也不右，論調變換於革命的與保守的，反資本主義的與資本主義之間。它在什烈士威好爾士太因邦和資產階級政黨合作，但在下薩克薩邦却與社會民主黨聯合組閣，而在巴伐利亞及巴登霧騰堡却與基督教民主黨社會民主黨組織「大聯合政府」。這種多方面的運用却不防害黨的統一，但由此也可說明黨內份子的複雜。難民黨存在的理由，便是一千萬難民的共同利益不能爲其他傳統的政黨所代表。但是社會一致性的缺乏使難民黨行動不一致。難民的生活方式及政治思想彼此不同，他們既不易接受西德的傳統政黨，又以出身及心理狀態而與左翼政黨隔絕。對中間派及右派則與既得利益發生衝突。這種情形很易發生右翼的激進主義，如一九三〇年前後納粹的發展便是由於貧窮的農民及小資產階級的支持，不過難民黨的領導人至今尙能制止這種趨勢的發展。自一九五〇年該黨在什烈士威好士太因邦獲得驚人的選舉成就後，近年的選舉證明難民的半數跟它跑。其餘半數或投「歷史的」政黨的票，或不投票。難民黨的領袖克拉夫特 (Waldemar Kraft) 任什烈士威好爾士太因邦的財政部長，他是德國少有的政客，他是一個不放棄原則的機會主義者，選舉時不和任何政黨聯合。他避免該黨的活動和波恩對立，同時防制激進勢力的抬頭。

下篇　第二屆大選

一　一九四九年的國會

一九四九年八月十四日德意志聯邦選舉第一屆國會下議院，獲得選票最多的是基督教民主黨，其次是社會民主黨，再次爲自由民主黨，共產黨，巴伐利亞黨，德意志黨，中央黨，經濟建設聯盟。此外尙有德國保守黨 (Deutsche Konservative Partei) 與德意志法權黨，南什烈士威選民聯盟 (Südschleswigscher Wählerverband)，與獨立派在國會分得幾個議席；激進社會自由黨 (Radikalsozialistische Freiheitspartei) 歐洲人民運動 (Europäische Volksbewegung Deutschlands) 與萊茵西法冷人民黨 (Rheinisch Westfälische Volkspartei) 祇獲得一些選票而無議席。茲將各黨獲得選票及議席數目及百分比列表於後：

政黨名稱	選票	百分比	議席	百分比
基督教民主黨	七、三五九、〇八四	三一·〇	一四一	三四·六
社會民主黨	六、九三四、九七五	二九·二	一三六	三三·六
自由民主黨	二、八二九、九二〇	一一·九	五三	一三·九
共產黨	一、三六一、七〇六	五·七	一五	三·七
巴伐利亞黨	九八六、四七八	四·二	一七	四·二
德意志黨	九三九、九三四	四·〇	一七	四·二
中央黨	七二七、五〇五	三·一	一〇	二·五
經濟建設聯盟	六八一、八八八	二·九	一三	三·〇
德意志保守黨與德意志法權黨	四二九、〇三一	一·八	五	一·三
激進社會自由黨	二一六、七四九	〇·九	—	—
南什烈士威選民聯盟	七五、三八八	〇·三	一	〇·二
歐洲人民運動黨	二六、一六三	〇·一	—	—
萊茵西法冷人民黨	二一、九三一	〇·一	—	—
獨立派	一、一四一、六四七	四·八	三	〇·七

二 新選舉法

第一屆西德國會，基督教民主黨和社會民主黨的勢力差不多相當。但是基督教民主黨得聯合自由民主黨，德意志黨等成立聯合政府，這個政府在國會中祇有比憲法規定的多一票的多數支持。基督教民主黨聯合政府為避免多數小黨分立的現象，請求國會修正選舉法，規定個別候選人在選舉區以簡單多數當選，(直接選舉)政黨須在全部德國（一九四九年以邦為限）獲有百分之五以上的選票始有獲得議席的資格(間接選舉)。在計算各黨議席時，先扣除未達到百分之五的選票數，然後各黨依其所得的票數比例的分配議席。因人口增加的緣故，新選舉法並規定增加議員八十二名。本屆國會大選依法應選出四百八十四名議員，半數由政黨提出名單（稱之為「國家名單」），半數由各候選人在各區競選，選舉時各選民圈定所欲選舉的候選人及候選政黨：這是一種直接選舉與間接選舉的複合制。茲舉例以說明議席分配辦法：假定基督教民主黨在下薩克森邦依票數比例獲得二十五席，同時在九選舉區中獲勝，則基督民主黨所提出名單的前十六名當選，另外在九區獲勝的基督教民主黨候選人列在十六名之後，湊足二十五名。

西德人民自二十一歲起有選舉權，二十五歲有被選舉權。本屆選民共三千三百二十三萬八千人，佔全人口的百分之六十八。這些選民應選出四八四名國會議員，各邦應選出的議員數如下：(一)巴登霧騰堡 (Baden-Württemberg) 六十七人；(二)巴伐利亞九十一人，(三)布來梅六人；(四)漢堡十七人；(五)赫森四十四人；(六)下薩克森六十六人；(七)北萊茵西法令一三八人；(八)萊茵浦法茲 (Rheinland-Pfalz) 三十一人(九)雜烈士威好爾士太因二十四人。上述各邦共分二四二選區。

參加本年九月六日競選的主要政黨，除本文上編所述各政黨外，尚有前德國國務總理魏爾特(Wirth) 的「德國人聯盟」(Bund der Deutsche)，他參加海奈曼的「全德人民黨」，以後者的名義的參加競選。魏爾特受蘇俄及共產黨支持發動「中立主義」運動，他的活動經費也是由共產黨供給的，有關文件證據經當局在競選期公佈。選舉結果這個親共的「中立主義」政黨慘敗。

三 各黨政綱

在解說選舉結果之前，實有略述各黨內政外交政綱的必要。在內政方面：①基督教民主黨擁護聯邦制，支持艾爾哈的自由主義經濟政策（市場經濟 (Marketwirtschaft) 政策），文化政策方面則加强基督教對公共生活的影響，要求普通學校依宗教派別分別辦理；②社會民主黨要求礦業及鋼鐵工業國營，對人民中收入微薄的部份加强財政開支，主張强化的中央政府，削弱各邦權限，對於學校則反對基督民主黨的主張，主張各教派的學童混合就學；③自由民主黨主張自由經濟，文化行政及財政的更中央集權化；④德意志黨擁護聯邦制，有些領袖甚至不拒絕君主制；⑤巴伐利亞黨則主張巴伐利亞邦的政府進一步的獨立。

在對外政策方面，①基督教民主黨主張繼續阿德勞四年來的歐洲政策，使德國參加西方陣營，在歐洲聯防軍之下參加西歐的防禦；反對中立主義，認為德國如以中立為條件而統一，則將為全德蘇維埃化的開端。反之，若西德參加西歐統一運動，西方繼續建軍，則蘇俄終於會撤退東德，實現德國的統一。此外該黨不承認與得沒及納斯河線為國界。②社會民主黨反對基督教民主黨的超國家的歐洲政策，認為波恩條約及巴黎條約有損德國主權，它主張德國參加自由世界，但須以「平等權利」為出發點。不過社會民主黨把德國統一的實現放在第一着，為了實現統一，準備接受相當的中立，對於領土則主張維持一九三七年的德國。③自由民主黨贊成歐洲統一政策。④德意志黨支持基督教民主黨的對外政策，⑤難民黨也無保留的支持阿德勞的外交。

四 選舉的結果

本年九月六日西德選舉投票的選民有兩千八百餘萬，為選民的百分八十六，較一九四九年增加百分之八。選舉的結果有如左表：(見下頁)

這次選舉失敗的人物比較知名的有：㈠副國務總理布呂轍 (Blücher)，㈡難民黨領袖克拉夫特；㈢西德共產黨頭子賴曼 (Max Reimann)，㈣「中立」派袖領海奈曼與魏爾特及前中央黨主席現「全德人民黨」副主席魏瑟爾。此外幾位除名的將軍也都失敗了。

政黨	票數	百分比	議席	百分比
基督教民主黨	一二、四四〇、五三	四五·二	二四四	五〇
社會民主黨	七、九四四、九五三	二八·八	一五一	三一
自由民主黨	二、六二九、一六九	九·五	四八	九·三
德意志黨	八九六、一三〇	三·三	一五	三〇
難民黨	一、六一六、九五六	五·九	二七	六〇
共產黨	六〇七、七六一	二·二	—	—
全德人民黨	三一八、四七六	一·一	—	—
巴伐利亞黨	四六五、六四一	一·七	—	—
中央黨	二一七、〇七八	〇·八	三	〇·七
德意志帝國黨	二九五、七四六	一·一	—	—

新國會議員的出身相當複雜，四百八十七名議員中有六十七人是官吏出身（百分之一三·七）；五十一人（百分之一〇·四）來自田間；四十二人（百分之九·二）為企業經理之類；三十八人（百分之九）為律師；二十五人（百分之五·二）出身新聞記者；三十四人（百分之六·九）是商人；二十六人（百分之五·三）由手工業起家；二十八人（百分之四·五）為教師；四十九人（百分之十）是自由職業者；十五人（百分之三·四）是工人；九人（百分之一·八）是工業家，二十一人（百分之四·三）是工會人員；四十四人（百分之九）是低級雇傭人員出身；另外有五人（百分之一）是教士。

根據選舉結果我們可以發現下列事實：㈠基督民主黨不但大勝，而且勝利之大出人意料。該黨的勝利尤以在新教的北德最有成績。該黨選票較一九四九年幾增加五百萬，議席增加一百零三席。它可不藉友黨的合作單獨組閣。㈡友黨失勢，德意志黨選票較一九四九年少五萬，自由民主黨減少二十萬，兩黨選票佔百分之十二强，但在四年前則佔百分之十八。㈢社會民主黨選票雖較一九四九年增一百萬，議席雖增十九席，但所佔百分比則略減，而議席與基督教民主黨相較則少九十三席，不過社會民主黨仍為第二大黨。㈣小黨及極端派跨位：自由民主黨及德意志黨力量固然削弱，難民黨的發展也超過了極峯。共產黨及親共的中立黨一敗塗地，新納粹的德意志帝國黨也潰不成軍。㈤地方性政黨的失敗：聯邦制實行的結果，使地域性的政黨失去有的理由而逐漸消滅，巴伐利亞黨不但選民減少一半，而且沒有獲得一個議席。

這次基督教民主黨的勝利之大，是德國憲政史上空前的現象。其勝利的原因是：㈠阿德勞個人的聲譽；㈡基督教民主黨外交政策的成功；㈢自由主義經濟政策推行的結果：使西德由廢墟中復興，造成所謂「德國的奇蹟」(Deutsche Wunder) 與「阿德勞繁榮」。因此大量的德人投基督教民主黨的票是很自然的。

五　世界輿論對西德選舉的反響

德國基督教民主黨的勝利，在法國輿論界所激起的反響頗不一致。Figaro 報認為中立思想受致命的打擊。戰鬪報 (Combat) 認為是俄國對德政策——中立的統一——的破產，西德以九月六日的選舉答覆東德六月十七日的革命。社會黨的大衆報 (Populaire) 則認為阿德勞的成功原動力是史大林，因史大林的政策西方不得不繼續對阿德勞讓步。「世界報」論西德的選舉為阿德勞個人的勝利及美國對歐政策的成功。晨曦報 (Aurore) 認為法國面臨德國在政治上及經濟上的成就應深自反省，知所努力；同時對獨立的德國國防軍與參加歐洲軍之德軍應有所選擇。外省輿論，如「上萊茵晚報」(Les Dernières Nouvelles du Haut Rhin) 要求法德兩國互敬互信，共同邁進；西南報 (Sud-Ouest) 則認為許曼計劃因阿德勞的勝利獲得新形勢新力量。法國各政黨領袖對阿德勞的勝利或表欣慰，或表不安，或表仇視態度。㈠表示欣慰的有人民共和黨 (M. R. P.)（等於法國的基督教民主黨），其主席塔特根 (P. H. Teitgen) 及前外交部長許曼都表示滿意，認為是歐洲思想的勝利，要求法國繼續努力實現歐洲統一運動。戴高樂派脫黨派 (A. R. S.) 畢耀德將軍也表示欣慰，但暗示美國不得轉移其外交的重點。激進黨行政主席羅士 (Emile Roche) 認為阿德勞出人意料的勝利，足以予人以更大信心，建立東西兩大集團間的自由歐洲。㈡表示不安的有民主社會抗戰聯盟 (U. D. S. R.) 及社會黨，前者由其主席彭頓福 (Edouard Bonnefous) 發表意見認為德人贊成與西方合作，但對德國之政治安定與經濟繁榮和法國對照，要求法人有所警惕。社會黨公報認為歐洲統一運動將獲得更大鼓舞，但望德國今後在國際政治上不致左右政局。㈢表示仇視態度的是傳統的戴高樂派，其秘書長德倫諾 (Terrenoire) 認為是德國民族主義的勝利，如統一的歐洲實現，則德國將在其中佔有主宰地位。保衛法國與法蘭西聯盟統一委員會 (Comité de défense de l'unité de la France et de l'union francaise) 主席安德烈 (Pierre André) 則認為德人大量為阿德勞投票，並不是為歐洲而是為重建大德意志。德人為達此目的可能在他日背棄西方與俄人妥協。作莫斯科應聲蟲的法國共產黨的態度用不着說了。

大多數的英國人對德國選舉的結果表示滿意，尤其是對極左派與極右派的跨臺表示欣慰。但也有表示懷疑的如曼徹斯德導報說：德人投阿德勞的票是否因為他「强硬」？他的勝利是否「太個人化」？每日郵報不願喝采，因為它不知德國的民主是否仍如魏馬時代那樣浮淺。許多人對反對黨勢力薄弱表示遺憾，表示這個意見的以工黨的人士為最多。工黨左翼領袖貝萬對德國選舉的看法竟和共產黨差不多！如果新聞記事報說阿德勞因選舉勝利已成為歐洲最重要的人物，反之孤立主義報紙每日快報（為 Lorp Beaverbrock）則說：「阿德勞申言解放東德，我們已聽到馬靴聲」，因此主張英國不應捲入歐洲的紛爭。自然英國外交部不會接受這種看法的。

英國尚不肯承認冷戰已無和解之望，仍舊保持着樂觀的看法。

阿德勞政府是美國在歐洲大陸上唯一可靠的朋友，因此它的選擧的成敗可以說是美國歐洲政策成敗的測驗。九月三日美國國務卿杜勒斯在記者招待會中說：「德國的永久分裂不僅是一件醜事，而且是一件罪惡。此種情況危脅和平，其責任完全由蘇俄負之」。他接着說，「如果阿德勞在大選中失敗，則對於德國統一的前途將發生惡劣的結果，對德國問題依德國人民利益作合理解決將有無限延期的危險」。這個聲明立即引起德國社會民主黨的抗議，說美國政府干涉德國選擧。有些報紙甚至認爲這個宣言會使德國基督教民主黨獲得不利的影響。乃至阿德勞大勝，美國朝野深感安慰，認爲是美國，西方及歐洲思想的勝利。歐洲聯防條約行將獲得批准。阿德勞因此選擧而獲得大西洋集團的優等獎狀。美國人認爲德國人在政治上已成熟。紐約時報認爲美國今後在歐洲地位更加强固。不少的美國報紙希望政府單獨與西德訂約建軍。紐約論壇報希望法國不應因德國的成功而疑慮，應負起實現歐洲聯防的責任，領導歐洲。美國當局認爲德國人民已表現其意向，現在則有賴於德國的鄰人使德人繼續在阿德勞所開闢的道途上邁進。

此外如意西等國反響亦甚佳。羅馬當局爲阿德勞的勝利是歐洲思想的勝利。馬德里方面亦有同樣的觀感。依色列國則認爲是反民族主義及民主思想的勝利。德國對猶太人的賠償辦法將在今後四年中陸續執行。荷蘭、土耳其、日本等國對阿德勞的勝利均表滿意。

如果自由世界的國家慶幸阿德勞及基督教民主黨的勝利，蘇俄及共產黨對它們的失敗自然很憤怒，因此惡意攻擊，造謠中傷。甚至說「選擧是在恐怖的空氣下擧行，眞正的民意不能表達」。蘇俄當局爲了防止阿德勞政府的連任，在大選前用盡了宣傳方法誘惑並威脅德國選民：例如：㊀向東德作一些經濟上的讓與；㊁宣傳說基督教民主黨勝利則德國統一無望；㊂並說選阿德勞卽爲德國準備另一次更大規模更殘酷的屠殺等等。此外東德共產黨並派了大批間諜到西德去搗亂。克勒姆林的那些頭子甚至動員莫斯科的東正教教長向德國宣傳。這一切努力都是白費，德國人是不願上當的。

阿德勞及基督教民主黨的勝利是一件大事，它對今後世界局勢有很重要的影響。其最重的一個影響，便是歐洲聯防軍因此獲得最大的生機。法國於拖延到一年多之後準備批准條約，如果法國批准，歐洲軍便可成立，西歐的防衛卽將得到空前的加强，這將是自由世界的一件喜訊。

（註）關於論德政黨性質之材料主要採自 F.R. Allemann 所著之 Das deutsche Parteiensystem 一文（發表於 Der Monat 第五十二期，一九五三年一月）及 Alain Clément 所著之 L'Allemagne aux urnes（發表於 Le Monde 九月一日—五日），其他部份材料採自 Die Zeit, Der Spiegel, Le Monde 有關各期。

四二、十、五脫稿

（上接第29頁）

七律已經寫好了四句：「秋風瑟瑟響楓林，冷落吳江句可尋。托月應知霜露重，烘雲權當畫圖臨。」以下四句你還在沉思，我闖進房來，打斷了你的思路。但聽到我獨個兒收拾紅葉的經過，一下子你又有了靈感。提筆一揮，又來了這麼四句：「飄零領略紅顏命，垂老難忘赤子心。流出御溝心亦苦，有情人合解推襟。」

好一個「飄零領略紅顏命，垂老難忘赤子心」！我拍案一叫，「好極了！」接着我們上大行宮曲園，喝了兩瓶竹葉青。晚上，做了一個甜甜的夢。

夢痕，這道「痕」在我的心中銘刻得太深了！

今天，也是一個秋天。秋風不像大陸上的那麼瑟瑟，秋雨却一陣一陣地更加愁人。我懷中的那一片呢？摸摸看，依稀還在。

夢痕！美夢只許留痕嗎？我不服。我要把夢境現實化，現實夢境化。這要藉助於你的手筆。請你爲我畫一幅楓林紅葉，並題上「紅顏命、赤子心」那一聯詩句。

這幅畫、我將把牠挂在我的照像旁邊。你可同意，紅葉之於敏平，正同蝴蝶之於莊周？

——四十二年於臺北秋雨之夜。

香港通訊

從香港看反共救國會議

陳登嶽

反共救國會議這件事，由於貴刊登了「寫前反共救國會議之前」的那篇社論，在香港又引了大家的議論來。本來，在海外的一些人，對於反共救國會議是不太感到興趣的。青年黨左舜生先生前些時在「自由人」半週刊上，對這一問題發表的那篇文章，可以代表海外一般人的消極態度。現在由於貴刊那篇社論，大家又談起了這個問題。

我們自己常常覺得我們在海外的人，一談起自由中國的政治問題，總不免給在臺的政府當局視爲我們站在外面說風涼話，彈高調，而不予理會。我們所得的反應是冷冰冰的，甚或碰上一些譴責。貴刊是在臺灣發行的，你們的言論，當局的人總不致於視作外邊的話，而可得到相當的重視。由於這個緣故，我們想就貴刊這一次社論來談這個問題，並請貴刊給一角落來發表。

我們對於貴刊提出的四點希望和主張，是贊成的，但我們要補充幾點。

今年五月十日國民黨中央委員會第四組主任沈昌煥對反共救國會議發表的談話，其中說：「自命爲反共份子而同時又反對堅決反共之政府，實不可解」。這句話在今天召開反共救國會議之前夕，大有澄清其意義之必要。今天在海外堅決反共的政團或個人，確有反對我們反共之政府者。但政府應該曉得，他們反對政府，是反對政府的某些反民主的作風，並不一定是從根本上反對政府的存在。如果說凡是反對政府某些作風的政團和個人，政府對之都無興趣，而不在召請與會之列，則這次反共救國會議根本不必召開。此其一。

要開會，就得要聽取並容納各方不同的意見。以民主政治的術語來說，就是要尊重反對黨或反對派的意見，而求彼此的協調。縱不能做到百分之百的協調，至少也要有一點政治上制衡的作用。民主精神首重寬容，政府必須用行動證明其容納反對意見的誠意。假若反共救國會議，容許有反對派參加，容許有反對意見發表，而其會議的行動仍以一黨的意志爲依歸，那反共救國會議至多也只是充充裝璜而已。這樣的會議，也沒有召開之必要。此其二。

現在既要號召政府以外的反共政團和人士，籌開反共救國會議，我們主張，先要培養輿論方面和諧的氣氛。輿論界凡是指責或詆毀政府以外反共人士的言論，至少在這個時期不當發表。但是近來有些刊物，仍在這方面刊載些反和諧的文字。自由獨立的輿論界應有遠大的眼光，在立論方面要促成這次反共救國會議成功，同時我們更希望政府不要在另一方面用「冥冥之手」做反和諧的工作。此其三。

因爲這幾天大家談起反共救國會議，我們翻閱五月十日臺北中央日報來看，看當時國民黨發言人的談話，那篇談話，實在給人的印象太壞。一方面充滿了自我優越感，同時也好像是拿着一些紅帽子，準備必要時在異已者的頭上一戴。我們希望那篇談話，不完全代表國民黨的黨意，至少在現階段中不是代表國民黨的黨意。否則那些在海外的反共政團和人士，雖經政府號召前來開會，也將望望然去之。此其四。

以上這點意見是香港許多人士的集體意見。我們不知道在貴刊的處境下，能否或願否登出？

中華民國四十二年十月二十三日於香港

（上接第16頁）

技術專家幻想，在一個計劃的社會裏，他會特別注意到所要建設的目標。因爲，在一個計劃的社會裏，他能够注意到普通社會裏的一般『專家』所不能注意到的比較普遍的現象。可是，這是含有危險的事情。相對於我們各人底偏好和興趣而言，我們各人多少可以說是專家。並且，我們都以爲我們自己底價值標準不僅是個人所有的，而且應該是大家所有的。喜好鄉村的人所最注意的事是保持傳統的樣式。他們認爲因工業發達所加於優美鄉村的汚點必須移除。而熱心提倡衛生的人則認爲應該把不衛生的古舊村屋淸除。這些人都知道他們底目標可藉計劃完全達到，而且他們都希望因各自底理由而實行其計劃。可是，這麼一來，祗有使各人底目標裏含藏的衝突顯露出來。

計劃運動之所以發生今日的力量，主要地歸因於一項事實。即是，當着計劃能表現一種雄圖時，它幾乎激動了一切心志純一的理想主義者。這樣的人是獻身於一個目標的人。可惜，他們要藉計劃而實現的理想，並非對社會廣泛觀察的結果，而無寧是出于範圍極狹的看法。但是，他們却常常大大誇張他們定立的目標如何重要。如果我們允許這些渴望藉着計劃方式來改造社會的人眞個來改革社會，這是非常危險的事。因爲，這些人會變成最缺乏寬容精神的計劃者。他們太狂熱了。我們必須知道，從聖潔的心志純一的理想主義者到狂熱主義者，其間之相去，往往不過一步之差而已。（古往今來，爲狂熱地實行『主義』，『理想』，『政治』而大規模枉死的人，遠多於被土匪零星殺死的人。可不戒哉？——譯者）

譯者附記：本章因過長，故略有刪節。

紫娟表妹（下）

徐訏

五

臺灣的雨季很討厭，一連就一二個星期看不到太陽的面孔，我也和低氣壓下的雲埔一樣地沉悶，關於紫娟的消息，我簡直不願意打聽了，心頭老有一個疙瘩，說不出的不耐煩，善新託我登一張離婚廣告，壓根兒我就沒有替他辦。

二個星期之後，我爲一些私事，到大安區去找一位遠房的姓張的親戚，他在上海的時候，經營過規模相當大的銀行，生活的享受和豪華，就是嬌養的紫娟也爲之咋舌的。

我到張家去的那天，正淅淅瀝瀝地下着如油的春雨，時間還不到六點鐘，天却已經黑了。在屋子裏，我和張先生剛寒暄，門鈴又響起來了，那個時候，張家的大師父正在厨房裏做菜，下女剛好出去買紙烟，張太太就拖上一雙木屐，走過泥濘的院子，自己去開門了，一會兒，我聽見張太太驚訝的聲音：

「啊！紫娟，是妳！」

接着我聽見紫娟的聲音，告訴她剛從高雄回臺北。

「李先生沒有陪妳來嗎？」張太太在問。

「他在家裏。」是紫娟勉强的聲音，她盡力在避免這些問題似地說：「難爲妳自己來開門。」

我不知道紫娟第一眼看見張太太的時候作何感想，在紫娟記憶裏的張太太，不要說開門，倒茶都自己不動手的，張太太是一位愛「舒適」的典型人物。

張先生詫異地問我：

「紫娟來臺灣了？你知道她什麼時候來的？」

我還沒有回答他，張太太已經走進客廳來了，張太太笑着在說：

「啊唷！小姐，我現在成了老媽子了。」

紫娟還是紫色的打扮，當她發現我也在客廳裏的時候，很明顯的，她感到一陣緊張，但立刻又用勉强的笑容來把它掩飾過去了，除了我之外，他們似乎並沒有察覺到她的情緒已有了變化。

張家在臺灣的環境和上海時代已經不同了，一間客廳和一間餐室相連在一起，客廳裏安放一張小圓桌和一套沙發，餐室裏除掉玻璃櫃和冰箱之外，也祇有一張大圓桌和十二張椅子，漆布的檯毯，一瓶鮮花，擺設平淡，已消失過去豪華的氣味，祇有從主人的談吐和待客的態度上，仍可以看出過去他們那種優裕生活的影子。

張太太和紫娟多年沒有見面，難得她居然就找到了他們的住址。

在客廳裏，紫娟跟張先生淡淡地應酬了一下，便和張太太談起來了，她們似乎互向傾吐着自己的積鬱一樣，從上海談到香港，又從香港談到臺灣。懷念上海的繁華，抱怨香港的沉悶，批評臺灣的寂寞，根本就忽略我和張先生的存在。

假如在上海，張先生不可能安靜坐在旁邊的，現在對她們的談話却很感到興趣，偶爾也表示一些意見。

她們談着談着，從大環境談到小環境，從小環境談到自己的起居生活，又從自己的生活轉到下女身上來了。張太太十分懊惱地說：

「那些下女啊！眞是天曉得，來的時候一樣一樣教，等到教會了，她又要走了，不走吧！早晨七點鐘來，晚上十點鐘回「公館」，」她指指張先生說，「他的夜點都是我自己做！」

「妳自己做？」紫娟懷疑地問她，這位三十來歲，風韻佳妙的太太，在上海的時候，她的纖手，祇是用來畫眉毛和塗唇膏的。

「不自己做怎麼辦？找誰呢？小姐，這是臺灣，不比上海，樣樣都用不着動手，我從來沒有做過，現在却樣樣都要學起來！」

紫娟用懷疑的眼光看着這位影象中像繆斯一樣美麗，公主一樣濶綽的女主人。張太太領略到這種懷疑的眼色，於是她開始拿具體的事實來證明：

「妳看」，張太太說：「我學着做菜，手都劃破了。」她捲起袖子，在一向爲紫娟所讚美的手臂上，果然有一個小小的刀痕。接着她又說：

「妳看我的頭髮多麼亂，幾個星期去洗一次頭呢！」

她的頭髮並不如她自己所說的「亂」，但電燙的髮鬈的確已長短不齊，鬆散得很。

張先生站起來，像解嘲似地說：

「要亂一點才好，有天然風韻！」

「什麼天然風韻，省錢吧了！」張太太扁扁嘴說，這引起了張先生的一陣苦笑，回過頭來招呼我說：「我們到那邊去談談我們的事情吧！」於是我們走到另一間小房間裏，讓紫娟和張太太繼續留在那裏。

當我們談妥一些私事，重新回到客廳裏時，我看見張太太的臉上有一種同情的表情，紫娟眼睛已經紅了。我猜想得到，紫娟一定告訴她最近那個不幸的故事了。當我注視她的時候，她像避開魔鬼似地拉着張太太走向寢室裏去。

這已經是晚餐的時候了，張家的下女買了水菓和紙烟回來，而我却呆不下去了，於是我匆匆告辭出來，在那個泥濘油滑的小院子裏，我聽見張太太叫那個下女爲紫娟收拾房間，我猜想紫娟大概暫時會住在張家了。

六

上帝的安排，往往不是人可以預料的，儘管我極力避免和紫娟會面，但却一次又一次地接連着碰見她。事前絕不會想到在什麼地方，什麼時候會和她邂逅的。

我第一次看見紫娟之後，不到一個星期，在一位在「衙門」裏當秘書的姓黃的朋友家裏，又碰到她了。那一天是他太太的生日，他約了二三個比較親蜜的朋友到他家裏去，吃午飯，事先老早就打了招呼，請不要通知旁人，他之所以有這個要求，原因倒不是吝嗇，反正添客不添菜，預算八十元，不會用到一百五，主要的原因是他家裏沒有一個可以容納八個人以上一起吃飯的地方。

我預備了一件衣料，作爲我的壽禮，不到十二點，先到黃宅去了，可是一進門，我就怔住了。我的朋友黃正光，正陪着紫娟在擦天。他看見我挾着一包東西進來，就埋怨似地喊着說：

「叫你不要買東西，你這又算什麼？」

「千里鵝毛，意思意思！」

「你這位老兄，總是那麼一套！」他轉過頭去，向屋後的厨房喊着說：

「韻華，老姚又給你買東西來了！」

「謝謝你！」聲音從後面傳過來！「姚先生你太客氣啦。」

黃秘書向我感謝地笑笑，然後很隨便地替我介紹說：

「來，老姚，我替你介紹，這位是袁小姐，韻華的同學，這位是姚……」我沒等他說完，搶着說：

「算了吧！她是我表妹，用不着你介紹！」

「是妳表妹？」黃正光很驚奇地瞪着我。

「是的！」我說：「可是我不知道她是你太太的同學。」

正在我說話 的時候 ，黃太太的聲音 又傳出來了。

「紫娟，眞對不起，我等等就出來啊！」

「不要緊，妳忙好了！」紫娟回答她說。

黃正光的「官邸」是一間十蓆大小，水泥地的房間，前後二扇門，前面的門開出去是街道，後面的門緊連着厨房，在這一間「官邸」裏，他安置了二張大床，一個方桌和幾張形式不同的椅子，現在後面的門雖然關着，但是還可以聽見炒菜的聲音。

太陽移到正中了，當桌子上那隻發銹的鬧鐘說明已經正午十二點時，附近國民小學裏的下課鐘聲響了，黃正光向我們做一個無可奈何的表情說：

「好啦！不得了，我的兩位太保就要回來了。」

果然不到五分鐘，二個很結實的小傢伙闖了進來，看樣子一個有八九歲，另一個也有五六歲了，他們的臉上手上脚上却是泥砂，人還未進門，聲音却早已響了！

「媽媽吃飯啦！飯好了沒有！」

黃正光立刻迎了上去。

「不要吵，不要吵！家裏有客人啦！」他一手一個拉着他們說：「你們這一對寶貝，又弄得這樣髒！」

「哥哥推我，跌了交！」小的一個說。

「沒有，他自己跟小朋友賽跑摔交。」大的立刻爲自己辯護，然後向紫娟瞟了一眼，向我說：

「姚叔叔，你也來啦！今天是我媽媽生日！」

那個小的眞淘氣，掙脫了父親的手，毫不在乎地瞪着看紫娟，用那雙滿是泥砂的小手去摸摸她深綠色的旗袍說：

「這個客人好漂亮！」

黃太太從後面的房門口出來，蓬亂的頭髮，一件藍布旗袍，加上條油膩的圍裙，但仍掩不了她那副苗條的娟秀的身材，她向我點點頭，興冲冲地走過去拉着紫娟的手說：

「我這地方是誰告訴你的啊，虧你找得到！」

「妳寫信到香港來，不是把地址寫明的嗎？」

「噢，我記起來了，我這個小地方怎麼能招待妳這樣一位貴賓！」

「妳還打趣我嗎？」紫娟說：「我們三四年不見了呢？」

「是嘍，時間眞快，你看我是不是變了！」

是的，在紫娟的眼光裏，可以找到肯定的答覆，她已經幾乎不認識這位在學校被稱爲「梅妃」的同學了。但是她却很世故地說：

「啊，不！沒有變！」

「李先生爲什麼不來！」

紫娟又一次被「拷」問了，她掩飾地說：「他事情忙呢！」

黃太太點點頭向她笑笑，這個時候二個小傢伙又過來湊熱鬧了。

「媽媽，爸爸昨天教我們唱一個洋歌，要我們唱給你聽，妳要不要聽！」大的一個說。

「什麼呀！你們又來煩了！」

「海板，盤司臺！海板，盤司臺！」小的一個不管三七二十一的大聲唱起來，我和黃正光全給他惹笑了。

「好了，好了，不要唱了，不要唱了，到厨房吃飯吧！」黃太太的面頰上浮起一陣喜悅的紅暈，向我們投了一個抱歉似的眼光，拉着她的「太保」們匆匆走開了。

十二點半，黃正光夫婦忙着把雞湯、紅燒肉、青菜，盛得滿滿地端上桌來，二位小「太保」每人得了二角錢的額外賞金，又給打發到外面去了。

黃正光請的客人，除我之外，還有一位李科

長，和麥視導夫婦，李科長前一天因公到南部去了，趕不及來，麥視導夫婦倒是準時蒞臨的。菜剛上桌，他們笑着進門了，同時還帶來了一隻母雞，看樣子他們是一對頂和氣的中年夫婦，這一個小房間由於他們的到來，立時熱鬧起來，黃太太一面忙着打開鳳梨白蘭地的瓶塞，一面把紫娟介紹給麥視導夫婦說：

「這位是袁小姐，這是麥先生，麥太太，袁小姐是我們學校裏最漂亮的小姐！」

「不要聽她！」紫娟說：「韻華的外號叫梅妃，她自己才漂亮呢！」

「眞的嗎？老黃的艷福不淺啊！」麥視導打着哈哈說。

黃先生笑笑。

黃太太却不好意思地說：

「算了算了，過去的不要提了，過去的事情不能叫它回來的！」

紫娟却突然發現了一張掛着牆角間並不爲人注意的照片，指着說：

「梅妃，妳要過去，是嗎？諾，那不是過去？」

大家的視線，隨着她的手指集中在那張照片上；那是一幅少女的半身像，背景是一座西班牙式的小洋房，在照片裏，少女的臉上充滿了一種惑人的光彩，這種光彩，現在還保留在女主人的眼睛裏！

「那是我們上海福煦路的家」，黃太太解釋說：「我和正光在那裏渡蜜月，我的大『太保』也是在那裏出世的，現在可一切都完了。」

麥視導却樂觀地說：

「回大陸就有辦法了！」

「不要太幻想！」黃正光却表示不同意，他說：「不是我洩氣，將來回到大陸的時候，恐怕生活比現在還要苦！」

「爲什麼？」我問他。

「爲什麼!?你要聽聽我的牢騷嗎？諾，我可以替你指出來，過去我們勝利了，以爲勝利了就有辦法；就可以恢復戰前的生活水準，結果，適得其反，不僅員沒有復，設沒有建，在奢侈和浪費中，渡過了一段漫長的，夢幻式的時間，共匪叛國，從弱點上來進攻，於是大陸丟了！」說到這裏他端起杯子喝了一口鳳梨酒又說：「那個時候，我們控制着十億美元的外滙，但換來的祇是新式汽車，電氣冰箱，尼龍絲襪，在浪費中培養了一批投機，壟斷，在市場裏興風作浪的蠹蟲，於是老法幣垮了，金圓劵垮了，人民生活的規律破壞了，政府的威信減退，軍心散漫，大陸上不戰而潰，我們這些要求自由的善良百姓，又一次遭了刼，難道說這種慘痛的教訓還不刺激，依舊幻想回大陸去追求安適！重踏覆轍？」

自然黃正光的牢騷使麥視導很難堪，但是我又何嘗沒有這種錯誤的潛意識呢？

酒精在我們身上開始散發它的刺激力量，漸漸我們從牢騷談到將來的志願，麥視導本來是學農的，他說如果有一天回到大陸上去，他想辦一個像樣的農場，他誦讀孟浩然的詩說：「故人具雞黍，邀我至田家，綠樹村邊合，青山廓外斜，開軒面場圃，把酒話桑麻，待到重陽日，還未就菊花。」這種悠逸的生活恐怕是經過頻年戰亂後，人人所企望的了。黃正光則說，最大的希望是將來辦一個工廠，讓自己的太太來辦工人子弟學校……，這些美麗的計劃，爲每個人描繪了一個夢境，但現實畢竟是存在的，立刻話題又轉到目前的生活情形上來了。這時候麥太太又加入進來，大談其喂猪的經驗，她說她每天早上六點鐘起來冲洗猪棚，然後喂食，中午又喂一次，晚上切紅薯煮食料，又迫着麥視導去參加農會，領取美援豆餅，到合作社買便宜食料，現在，他們一共喂了三條猪，預算可以賺一條，至少也值三千來塊新臺幣，黃太太似乎很感興趣，問長問短，彷彿她也想試一試似地。

我無意中看了紫娟一眼，發覺她正沉默地坐着，面上流露着惶惑和驚訝的表情，我突然感到，在我們這六個人之間，無論從衣飾上來區辨，或者從思想上來劃分，很明顯地可以看得出來，我們五個人是屬於一個團體的，而紫娟則單獨地屬於另外一個天地的。

紫娟的夢幻，很明顯地已起了動搖，張太太的刀痕，「梅妃」的蛻變，麥太太的生活，中年紳士的牢騷，臺灣眞的變成一個她所不能理解的地方。

「臺灣的朋友都這樣辛苦嗎？」紫娟問黃太太。

「我就是一個例子！」

「妳受得了嗎？」

「妳自己在臺灣住久了就知道了，妳一樣會受得下去的！」

「什麼力量使妳受得下去？」

「是老黃的愛情，是不是？」麥視導插了一句。

黃太太很認眞的說：「這不過是部份的原因，主要的原因，很難說明，歸諸於希望吧！妳們方才不是都說將來嗎？這些「夢」使我忍受了下去！」

「…………」

時間在我們的閒談中匆匆地飛過去，附近學校裏的鐘聲又響了，大家才記起下午還有事要辦，在黃家門口，我看見紫娟帶着蒼白和憂鬱的面色，坐上了三輪車。假如我們五個人是演員，而她是一位觀衆的話，這無疑是一幕使她深深感動的戲劇。

七

在黃正光的「官邸」裏遇見紫娟之後，我覺得她已經受到懲罰，心頭的疙瘩漸漸鬆了，在第二天下午，我意外地收到姨母從香港寄來的快信，因爲紫娟除了報告到臺灣之外一直就沒有寫過一封信回去，老人的心是多疑的，她開始向我探聽了，在信裏同時告訴我，紫娟的堂兄在家鄉遭了清算，到上海去謀生，結果用賴沙爾自殺了。關於紫娟的事，我不便轉告，而她堂兄慘死的消息却應該告訴她的，於是我不得不到張家去看她一次。

張先生沒有在家，他們的下女引我走進客廳去的時候，我聽見張太太的聲音在說：

「男人心，海底針，李先生不算壞了，我看……」

當她看見我的時候，張太太立刻停止了談話，她笑着向我招呼，紫娟穿着一件藍色的旗袍，顯得文靜多了，面色却很憔悴。

張太太看我不作聲，知道我是來看紫娟的，於是她借故走開了。

「妳近來生活怎麼樣？」我先問她。

她回答我一個怨恨的眼色，然後慢吞吞地說：

「我以爲你不會來看我了。」

我把信拿出來給她說：

「姨母寫信來了，妳自己給她回信吧！」

她驚訝地接過信去，很仔細地讀着，然後眼淚流了出來。我怕見女人的哭泣，想站起走開，但紫娟却要求我說：

「你多留一下成嗎？」

「有什麼事情嗎？」我問她。

「媽很想念我！」她說：

「是的，妳是她的獨生女！」

這一句平淡的話，却刺傷了她的隱痛似地，她突然很衝動地說：

「大哥，我要回香港去，你幫我請一張出境證吧！」

「回香港！」我奇怪地看看她，「回香港不一定能夠安慰妳母親呢！」

「那我在臺灣怎麼住得下去？」

「這是你自找的麻煩！」

「你們就不負一點責任!? 你爲什麼這樣刻薄呢？」

「我對妳並不刻薄，祗是一切都是妳自找的吧了！」

「你用不着責備我，」紫娟怨恨地說：「我不過請你幫一個小忙，你不肯，我自己也可以辦的！對女人冷酷不見得有什麼驕傲！」

平心而論，由於我個人對離婚的偏見，對紫娟是過份一點，於是我嘆口氣說：「你們吵鬧以後，我一直就希望能使你們重新和好起來，現在，妳既這樣決定，好吧！我替妳辦好了。」

我走時，張太太送我出來，她向我說：

「姚先生，你不懂得紫娟，妳要知道！女人的固執，有的時候是毫無意義的，僅僅爲了保護她的自尊心而已，你爲什麼要和她正面衝突呢？方才我在房裏聽到你勸她的話，這種方式祗能增加她的反感，你去替她辦出境證好了，我來試一試看，也許比你的效果要好一點。」

我點點頭，走出門去了，我聽到張太太在我背後輕微的嘆息。

八

一個星期之後，紫娟的出境證從警務處發下來了，工友拿來送給我，我看着那張蓋上紅色大印的出境證，十分悵惘，我彷彿挑起了一付沉重的擔子，拿着這張紙片，預備到紫娟那裏去了。正在這個時候，我又收到一封信，一個淡藍色的信封，寫着娟秀的鋼筆字，一望便知是紫娟的，於是我拆開了：

大哥：

我在那間你曾不願意停留的小客廳裏給你寫信，這小客廳，今天充滿了陽光，鄰家的孩子，在門外呢道上賽跑，我聽到他們爽朗的笑聲，那種天眞無邪的聲音對我是一種喜悅，你知道我是多麼喜愛大虎的。

這一個月來，我彷彿在演戲似的，現在幕布降下了，在張太太的開導中，我答應了善新的要求，他昨天接我回家了，這也許對你是一個意外。

我知道你對我是一片好心，現在我應該坦白的承認我到臺灣來，接受了一次嚴格的考驗，（對愛情的考驗，也是對生活和思想的考驗），其中，我獲得新的啓示：——當大多數人爲新的理想忍辱負重的時候，我不應該再把自己禁錮於荒唐的夢幻的小圈子裏，這種解釋，或者便是尋到了你所謂「生活的眞正意義。」

此外，我要告訴你，在我的感覺上，你是一個不懂得女人心理的人，我們在吵鬧的那天要是你不來，或者說幾句就走了，也許不會如此僵持，也許可以避免我這一個月來的痛苦，但是你不！

從到基隆那一天算起，一個月來，我總彷彿生活在船上，像是一次旅行，還沒有到達目的地一樣，但現在我已經開始生根了！

假使你不生我的氣，我們歡迎你來喝杯濃茶！

祝好

紫娟

我看完了來信，一身都輕鬆起來，我檢討自己，也許我眞的不瞭解女人。

我走到那座藍色的小屋裏時，看到紫娟一身紫色的打扮，但是多了一條白色的圍裙，我看見善新，兩手捧着木炭，向我笑着表示喜悅，像一個月前，他第一次和紫娟走進這小屋時一樣。

紙門的破洞已經補好了，倚壁多了一隻小小的雞籠，我滿足地坐下來，看這對伉儷的忙祿。

吃飯的時候，飯是半生的，菜有些糊，但我却覺得很香甜。下午我要走了，從口袋裏摸出二張紙片來說：「我送你們一些禮物！」

一張是善新寫的離婚啓事，已經皺了，另一張是紫娟的出境證。紫娟接過去的時候，手有些抖動，但眉頭上立刻展開笑意，二張紙頭在她的纖手中變成了許多蝴蝶，紛紛飛散了……。

秋思

——寫給朋友的一封信

虞敏平

夢痕：

你這個富有詩意的名字，我在平時喊你或給你寫信，從不覺得甚麼。今天、情形可不一樣。我提筆一寫，惆悵的心情又塗上一層更濃的惆悵。

自命瀟灑超脫的詩人，寫下「事如春夢了無痕」的詩句，他以為够瀟灑、够超脫了。其實這句詩的本身，已有一道內在的不可磨滅的深痕。有「夢」總歸要留下「痕」來。奈何！

開門見山罷，免得你墮入五里霧中，奇怪我為甚麼要說這樣的話。我告訴你，我不為甚麼了不起的大事，為的只是請你給我畫一幅畫，畫一幅楓林紅葉。

你還記得吧，四年前我們在南京的時候趕着秋風未厲的一個星期日，上棲霞、看紅葉？

我是記得清清楚楚的：

那一天、上午還在下雨，午飯後放晴了。當一點多鐘的時候，我們到達棲霞山脚。那時、遼濶的碧空，襯托着滿山紅葉。你說，「這像晚霞。」我說，「倒不如就我們自己的心情，說是楓林醉了。」

上山，山徑很滑。幸得游人不太多，我們的手杖可以運用自如，可以任意拿牠東指西畫。有一次我舉起手杖，向枝上的葉兒輕輕挑逗一下。牠惱怒了，紅起臉，但又似顰似笑「聲聲慢」地說：「玩皮的傢伙！」我笑了，你也笑了。

山不高，山徑却彎彎曲曲得很長。林中的紅葉雖未被寒風大批地刮下來，但徑裏已經有了一些紅片。有的還未沾上汚泥，有的已給游人踐踏得與泥土難分。我不經意地把其中的一片用手杖撥向路旁小溝。小溝有清水在流，紅片兒漂在上面，緩緩地向山下流去。溝是曲折的，裏面有大大小小的石子。紅片兒流了一會，停住，一個廻旋，又向前流去。這樣流、停住、廻旋、再流……。我看得出神，一直看到不見了的時候，再把另一片向溝裏撥。

這個玩意兒，起先、你我都玩得很有趣。當時我不知道你我的會心處是否一樣；後來我曉得，會心卽令相同，彼此間也大有深淺之別。因為你不久就厭倦了這個玩意，說要趕車進城去。確實、那時已經不早。最末一班的交通車，半小時以後就要向城裏開走了。

我藉口要借火點支烟捲，離開你，拐一個彎，深深地躲到林子裏去。十來分鐘以後，你急了，一面快步下山，一面拉高嗓子喊我。我想笑，但又被另一種心情把笑抑制住了。你的叫喊聲，揚溢着那麼關切的情愫，我幾乎要走出林子來迎你。然而，我沒有這樣。

心願沒有完，山徑裏的紅片兒還多得是。我能忍心不理睬你的關切，我可忍不下這落紅滿徑。我仍舊不聲不響躲在林子裏，從林縫中偸看你邊走邊喊，走下山趕車去。

林裏草叢中的雨水，濕透了我的衣着。走出林子，一套天藍色的西服，變成了黑灰色。

天也快黑了。游客只剩下我一個，不，這時我不算是游客了。我繼續拿手杖撥葉兒。這是工作，還是游戲？是奉獻，還是享樂？我自己是意識不清的。反正我那時已不是一個游客了。

下山的路還只走了一半。下半山的落葉更多。

我還在聚精會神、從容不迫地撥、撥。

一個紅片漂在清水上流動，停住，一個廻旋，向前流去；另一個紅片漂在清水上流動，停住，一個廻旋，也向前流去……。

突然間「嘩嘩」「啦啦」的聲音在我背後響起來了，好像林子裏有個甚麼猛獸或大蛇跑出來。猛回頭、脚下一滑，手杖折斷了。我的身子跌倒在石階上，雙脚浸在水溝裏，蹬着。一隻灰黃色的野兎緊從我的頭部跑過山徑。後面還跟着一隻大一點的。

恐懼、一會兒就消失了，我微笑。接着我又怔住了，——這時，山徑間分外空寂。

手杖折斷了。紅片兒就靠我俯着身子用手來收拾。一面下山，一面要向前俯下身子，怪難受。只好轉過身來，以上山的方向走下山路，一步一步往後退。

又一下「嘩嘩」的聲音在身後響了。難道那對兎兒從上面繞跑到下面來了嗎？不，不是的。是一個小和尚在下面山徑裏用竹帚子掃落葉。連泥水、帶紅片，一古腦向兩旁水溝裏掃。

皈依佛法的和尚，用帚子連泥帶水掃落葉，而且只掃下半山的，上半山的不管，為的只是觀瞻，為的只是明天的游客！

竹帚子「嘩嘩」的幾聲，確實省了我不少的時間和精力，但我並不感覺輕鬆；相反地、我覺得我輭輭的心頭被塞進了一些硬硬的東西。小和尚招呼我：「天黑了。先生，就住在我們廟裏吧！」我沒有理睬這一套囉唆。我呆望着林中的紅葉。

我發現枝上又有一片快要掉下了。

該進城了，但又關心那快要掉下的一片。我輕輕舉起手來把這一片摘下，放在我溫暖的懷中。

在棲霞到南京城這段歸程中，黑沉沉、孤另另，但我懷中有那麼一片，倒不覺得寂寞。儘管南京城內沒有我的家，說不上是「歸」。

你該記得吧，我回到我們同住的宿舍，已經是十點三刻了。那時你正在伏案寫你的紅葉詩。一首

(下轉第23頁)

綠窗隨筆

聶華苓

（一）勝利者

一天，我徘徊在寂寞的曠野，我有點兒冷。

突然，遠處傳來一陣歡叫，我愣住了。

一個人，風采奕奕，身穿錦繡白袍，坐在一張燦爛的金椅上，被一羣狂熱的人抬着，歡呼着。在那耀眼的金色光圈中，他微笑着，莊嚴的緩緩移動。他那雙機靈，自滿的眸子閃灼着惑人的光彩，高而豐潤的額頭，戴着一頂茉莉花冠。人們瘋狂的將金粉和花洒在他身上，他身旁的少女拿着彩虹色的長羽，一起一落的輕扇。他頻頻點首，多麼優美，多麼安祥，幸福的勝利者！

青年們都爭着跪倒他脚下，吻着他的脚，熱切的祈求道：

『啊！偉大的先知，茫海中的燈塔，請帶我們去那常綠的樂園！』

他微笑着點點頭。

少女們都爭着將玫瑰花向他面前拋去，夢寐似的說道：

『啊！我的愛多尼思（註：Adonis——美神維娜絲所愛的美少年）！請接受我這份高而希有的愛情！』

他微笑着點點頭。

我被惑住了！多少次，我曾欲奮力奔過去，拜倒他脚下。這不就是我們日夜所追求的永生之光麼!?

但是，我擠不進去，我頹喪的退了下來，靜立在一旁。

金光已撩亂了我雙眼，花香已使我沉醉。

啊！不知是誰的一隻有魔力的手，敲了一下我的頭，我定睛一看，天！那洒滿金粉的錦繡白袍裏着的原來是一條蛇！一點也不錯，就是這條蛇，曾高踞在人的頸上，咬傷過人；就是這條蛇，曾騙取過多少人的赤子之心；就是這條蛇，曾引誘過多少人用他們的血手爲他織這件勝利的錦繡白袍；就是這條蛇，曾沾污過少女的純潔心玉；就是這條蛇，曾撕碎少女奉獻給他的芳冽的玫瑰。我曾聽見人們痛苦的呻吟；我曾聽見人們憤懣的怨言；我曾聽見人們切齒的咀咒。

然而，我耳邊仍迴響着這麼熱切的聲音：

『啊！偉大的先知，茫海中的燈塔，請帶我們去那常綠的樂園！』

『啊！我的愛多尼思，請接受我這份高而希有的愛情！』

我感到窒息，無力的坐了下來。

我哭了。

一位仁慈的老人走來我身邊，輕拍着我的肩說：

『可憐的孩子，你爲什麼哭？』

我擦了擦淚眼，吶吶的說：

『我常聽人咒駡某人卑鄙齷齪，但等到那人利用一切不正當的手婉，得到勝利時，人們又將他昔日的醜惡全忘記了，反而歌頌他，追隨他。我哭這世界沒有公理，沒有善……』

老人沒等我說完，長長的嘆了一口氣：

『孩子，你難道還不知道麼？這就是個對醜惡健忘的世界，好人抬不起頭來的！』

（二）孩子

初秋，一陣暴雨過後，澄清的天綻出了一線微紅。

我坐在床沿，哼着催眠曲，眼望着孩子睡去。

我的心也像雨後的晴天一樣清，一樣藍！

葉縫飄進絲絲細風，輕掠着室內的葉影。淺藍天光映在孩子渾圓的臉上，好似湖波盪漾中的一朵小睡蓮。她濃黑的睫毛靜靜的罩住那一對小精靈，那輕闔着的薔薇色的小唇帶着何等動人的天眞！那沒受過世事騷擾的小胸脯均勻的一起一伏。兩隻嬌嫩的小手膀毫無顧慮的攤在兩旁。在這甜蜜的寂靜中，只聽見孩子安祥的呼吸。孩子的臉、四肢、全身，甚至於她的衣裯上，似乎閃耀着比雪光更純比陽光更強的光輝！

我拂起了她掠在額前的一抹柔髮，深深吸了一口氣。在這一刻，生命的美，生命的眞，溶入了我靈魂深處。

終日我像在追求點什麼，但在這一刻，我得着了！

我不禁合上雙手，仰首祈禱：

『主啊！請賜給我們下一代永恆的和平吧！』

突然，有一個念頭來到我心上：將世界上的嗜殺者都綁到一個育嬰園內去感化，世界也許可以和平了！

（三）草

想不到一件小事却給人這樣有力的啓示！

後園野草沒脛。我們恨草絆脚，由附近農家借來一把鋤頭，將草全剷了。

我們在空地上談笑，孩子們在空地上嬉戲，其樂也無窮！

一夜，大雨。

淸晨，我去到後園。草苗又綠了滿園！那一個個小綠胄武士，披着一身彩色露珠，傲然立在朝日的金光裏。

不知是股什麼力量，使我的靈魂深處感到戰慄。啊！莊嚴的生命力！偉大的生命力！

我突然覺得我與草之間有着一種交感：我們同是「自然」的孩子，我們的命運是一樣的。

看着那滿園新綠，我微笑了！我彷彿有了生的勇氣，有了掙扎的力量。

來吧，一切摧殘我的力量，來吧！

你剷不掉我的！

讀者投書

為一本「文藝名著」的出版與推薦而抗議

余　錚

編者先生：

臺灣出版界，最近出現了一部所謂「文藝名著」。這部「名著」的出版，徹頭徹尾地推翻了一般人平昔的信念。使人覺得是非沒有準繩了，美醜沒有標準了，報紙成了扯謊的工具，大人先生們的芳名成了狗肉販賣者的金字招牌！

「名著」叫甚麼？我的筆眞有點不屑寫它。但爲着撻伐，又不得不把書名宣佈出來。它叫做「世界永久沒戰爭」。

這部書的作者是「愛德樂佛」其人。愛德樂佛是甚麼人，我不知道。博聞廣見的編者先生，想你也不見得知道。但在該書正文的前面有一插頁，上面印着一支自來水筆。筆上刻着AITEHLUFE這個字。好像「愛德樂佛」是他的中文譯名。現在我已打聽到，他確確實實是一個中國人！中國人做書要用一個外國化的名字，其用心，我們莫測高深。

至於書中故事的荒謬，和其滿篇的不通文句，我想還是不引述的爲好。讀者如果不怕作嘔的話，可到街頭書攤上把它翻閱一兩頁？（千萬不要上當花十五元新臺幣去買它！）也就够了。

現在坊間出賣的出版物，狗屁不如的多得是，值不得一一詳細批評。

淘汰作用，會把它們扔到毛厠去。因此，我們對於這部所謂「文藝名著」的本身，只能不多不少地說到此爲止。我在這裏所要特別指責的，是這部「書」的出版者和推薦者。

出版者是新生報讀者服務部！

推薦者是五十一位鼎鼎大名的人物！

新生報是今日臺灣兩大權威報紙之一。它的讀者服務部，爲讀者來這麼一次服務，出版這樣一部「文藝名著」。我們說句同情它的話，是奇恥大辱；說句斥責它的話，是誤盡天下蒼生！

該書的五十一位推薦人，包括中央政府若干首長，民靑兩黨領袖，最奇怪的還有大學教授，文藝界的泰斗！他們是在該書刊載的「推薦書」後面簽名蓋章的。「推薦書」這篇大作，想不是出自任何一個推薦人的手筆，其妙文也與該書正文相似，——也是以所謂「金翅擘海之筆，野鶻翻雲之風」來「完成」的！簽名蓋章的那些推薦人，沒有時間讀完這部數十萬字的「巨著」，是可原諒的，但至少也當看看那篇「推薦書」。看到那篇推薦書，而不能看出其醜陋，未免盲目；如果根本沒有看到那篇「推薦書」而簽上名蓋上章，那是不負責任！我們再退一步來假定，假定推薦人的簽名蓋章都是被騙的（據說，有些推薦人確是被騙的）。那末，被騙就默爾而息嗎？對於自己的姓名不珍惜，其言行將何以取信於人？權威、權威！我爲「權威」哀！

是非沒有了準繩，美醜沒有了標準，報紙成了扯謊的工具，大人先生的芳名成了販賣狗肉者的金字招牌。這個影響太大了！

前些時新生報給這部「書」做的廣告，篇幅之大，爲出版物廣告所僅見，同時又擺上五十多位推薦人的鼎鼎大名，其聲勢之大，不知騙了多少天眞的讀者。我是被騙的讀者之一，我要藉貴刊一點篇幅，爲着我們讀者羣呼寃，同時要向新生報讀者服務部抗議，向推薦人抗議。

四十二年十月廿三日余　錚上

第九卷　第九期　內政部雜誌登記證內警臺誌字第一九號　臺灣省雜誌事業協會會員

二九四

給讀者的報告

在印度所領導的中立國家的監管之下，中韓共黨對拒遣戰俘進行「洗腦」的企圖，業已完全失敗。所謂解釋工作，只舉行了兩天，便告停頓。韓籍戰俘始終以靜坐抵制，拒不聽取解釋；而華籍反共義士雖有一部份勉强聽取了解釋，但其冷諷熱嘲的態度，使共黨丟盡了臉面，選擇遣返的爲數不及百分之二。這一結果，不僅爲共黨始料所不及，卽在民主國家亦爲之大感驚異。戰俘們這樣堅決的反共意志，完全是由衷而發，沒有受到任何外界的影響。這事實足以證明人民對極權政治之深惡痛絕；而嚮往自由乃人性自然的要求，實與知識之高下無關。於此，我們不難發現用什麼一種方法是反共最有效的路徑？時下有些人以爲，反對共黨不得採用共黨的方法。這種見解是很危險的。我們當望這種主張，在實際政治上不復再有影響。試問當我們自己做得與共黨沒有分別時，人們那能不像背棄共黨一樣的背棄我們？反共有效的方法是反共黨的方法而行之，卽自由與民主是也。自由與民主最基本者乃對人權之保障，與對反對之容忍；關於這方面的眞諦，本刊會不斷爲文闡揚，在本期社論中我們所要指出的是，從這一次反共義士的行動給予我們的啓示是什麼？我們應該珍視這項民主世界的精神收穫，勇往直前的向民主自由的方向前進。

本期專論首篇是羅鴻詔先生的「知與行之概念的分析」。知與行本是很難辨析的問題，朱熹主「知易行難」，王陽明主「知行合一」，中山先生則倡「知難行易」之說。究竟知與行之間的差別如何？彼此之關係又如何？羅鴻詔先生在本文中給我們作了一次明晰的解答。在這方面，作者的析理是客觀而冷靜的，完全抱持一種研究問題的態度，容或對前人學說有批評的地方，也是基於追求眞理的動機。

儘管以「辯護中國古代文化爲職業」的人士怎樣抱殘守缺地提倡所謂本位文化，但怎樣也敵不住迎接科學思想的時代潮流。在這裏，我們須要研究的是，科學思想爲什麼在中國不能發生？又爲什麼倡導數十年科學思想的結果，仍不脫「中學爲體西學爲用」的窠臼。李濟之教授的大文爲我們指引了迷津。今後我們的科學教育究應朝那個方向發展？作者也有扼要的提示。

「管制計劃是無可避免的嗎？」一文是「到奴役之路」一書之第四章，乃連接前章「管制計劃與自由計劃」的討論，本文對社會主義的計劃理論從根本上把它駁倒了。

「德國的政黨與大選」是一篇分量很重的文字，可以不作通訊而作論文看。在國內關於西德政情的介紹，我們還沒有看到像這樣詳細透闢的文字。

香港通訊一篇是就本刊上期社論提出的問題表示意見，可代表香港反共人士對反共救國會議的看法。

本刊售價

地區	幣別	每册價目
臺灣	臺幣	4.00
香港	港幣	1.00
日本	日圓	100.00
美國	美金	.20
菲律賓	呂宋幣	.50
馬來亞	叻幣	.50
暹羅	暹幣	4.00
越南	越幣	8.00
印尼	新荷盾	6.00

自由中國 半月刊 總第九十六號 第九卷第九期

中華民國四十二年十一月一日出版

發行人兼主編　『自由中國編輯委員會』

出版者　自由中國社

社址：臺北市和平東路二段十八巷一號
電話：二 八 五 七 〇

航空版　香港時報社

經售者

臺灣　自由中國發行部
美國　中國書報發行所
　紐約民氣日報社
　舊金山少年中國晨報社
　芝加哥中國出版公司
日本　東京僑豐企業公司
韓國　釜山草梁洞新泰行
馬尼剌　大中華日報社
印尼　椰嘉達天聲日報
　棉蘭繁華圖書公司
越南　西貢中原文化印刷公司
　越南華僑文化事業公司
暹羅　曼谷攀多社十二號
緬甸　仰光振成書報店
印度　孟買梅亞號
　加爾各答梅學校
澳洲　雪梨瑞田公司
北婆羅洲　西利亞坡青年書店
新加坡　檳榔嶼、吉打邦均有出售

印刷者　精華印書館
廠址：臺北市長沙街二段六〇號
電話：二 三 四 二 九 號

本刊經中華郵政登記認爲第一類新聞紙類　臺灣郵政管理局新聞紙類登記執照第二〇四號　臺灣郵政劃撥儲金帳戶第八一三九號

自由中國

FREE CHINA

第九卷 第十期

要目

社論
(一)向尼克森先生致意
(二)輿論界的反省（爲本刊第五年開始而作）
寃獄賠償與民主政治……袁良驊
耕者有其田實施過程中須待糾正的幾點……易農
凱恩斯的乘數原理(上)……戴杜衡
個體主義與民主政治……海耶克著 殷海光譯
我對反共救國會議的看法……董時進
考驗人心向背的準繩……廖樞
戰後芬蘭……梅輿譯
自由中國通訊
雨過天青(上)……黎中天
「世界永久沒戰爭」的「推薦者」蘇雪林 趙友培 陳紀瀅 三先生聲明撤銷推薦

中華民國四十二年十一月十六日出版
社址：臺北市和平東路二段十八巷一號

社論

(一) 向尼克森先生致意

美國副總統尼克森先生本月八日來臺，本刊因係定期刊物，深歉未能及時爲文表示歡迎之意。現在他已離臺赴韓，我們仍願就美國的外交政策——尤其是對亞政策，向他遙遙致意。

尼克森先生這次遠東之行，誠如他自已所一再說過的，是在求了解問題，增進友誼。至於其終極目的，是要在製定一個可行而有效的亞洲政策，這一點雖爲尼克森先生所未說出，而爲我們大家所確信不疑的。就其了解問題增進友誼這方面說，這些時的新聞報導，已使我們相信尼克森先生已相當成功了。他在這次遠東的旅程中，已經到過紐西蘭、澳洲、印尼、新加坡、曼谷、西貢、香港、和臺灣。在上列這些地區，他都適時適地說出了令人欽佩的極明智的話。到臺北以後的幾次公開講演，他一面讚揚我政府在臺灣的卓越成就，一面强調民主與極權之分野，而歸結於中國大陸不能長期容忍共產黨之控制。這是我政府和人民所一致欣悅的。

至於尼克森先生遠東之行對於今後美國的亞洲政策，會發生怎樣的決定性作用，關於這一點，各有關地區的刊物已發表過若干見解和期望。這裏，我們想補充兩點，以供尼克森先生及其他有關的美國人士之參考。

本來，美國的反共外交政策，自艾森豪總統就職以後，就其歷次的聲明來看，已有兩大顯著的轉變：一爲由重歐輕亞轉變到歐亞並重；一爲由「圍堵」轉變到「解放」。前者是由局部的進到全面的，後者是由消極的進到積極的。這種轉變是一大進步，確可保證自由世界之終能戰勝共產集團。但我們仍有不能已於言者：

一、歐亞並重這一政策的强調，雖然是始於艾森豪政府，但在實際上這個政策之開始，未嘗不可溯到韓戰爆發的時候。現階段美國在遠東方面的活動，誠然比杜魯門政府時代積極得多，但與麥克阿瑟將軍的主張究有很遠的距離。這一點，我們覺得還不太關重要。今天既比昨天積極，我們也可希望明天比今天更積極。但是我們所特別憂慮的，是美國對亞政策之轉趨積極，其始也，不是主動的而是被動的。其繼也，是由於應付韓戰的僵持和越南情勢的惡化，也不是眞正主動地基於全球性戰略的考慮。蘇俄是詭計多端的，朝夕間來個一百八十度的轉變，爲極權國政府所優爲。如果美國現行的歐亞並重的政策，基本上仍不是在全球戰略的考慮下確切而堅決地定下的，則自由世界的前途難保不遇到意外的危機；同時美國在執行這個政策的過程中，也難免不感到應付難而成功少。我們所以特別提到這一點，也由於美國國務卿杜勒斯先生在尼克森先生訪臺期間發表其關於承認中共及中共進入聯合國問題的談話。這項談話顯與尼克森先生在台言論是大有出入的（杜勒斯先生談話發表時，本刊已付印，關於此問題，因版面關係容讀詳論）。

二、亞洲各國接受美國的軍援經援，雖遠不及歐洲國家所接受的多，但對於這些受援國家的軍事經濟，總是大有裨益的。同時亞洲國家也都確信——而不待尼克森先生聲明：美國不要任何人的任何事物，除了和平與友誼。但是亞洲國家仍不免對美國或多或少的有怨言。這是美國所最苦惱的。這其間，我們深思其故，也發現有若干不合理的情感上的怨懟。這正如中國一句俗話所說，「當家三年狗也嫌」。作爲自由世界領導者的美國，在其領導工作上自難做到事事見諒於各方。但有一點值得美國政府愼重考慮而爲我們所要特別指出的：這一點、就是關於所謂「干涉內政」的問題。

國際社會進化到今天聯合國時代，十八九世紀絕對的國家主權觀念，應該有適時適度的修正。尤其是面臨世界性反共鬭爭的現階段，自由世界的領導者美國，在道義上應該可以責望乃至於督責我們陣營內的每個國家，走向眞正自由民主的政治途徑。這種基於道義上的責望或督責，不能應用過時的舊觀念，斥之爲「干涉內政」。但在這裏，要請美國政府特別注意的，就是要堅持原則，不要支持個人。原則的堅持，甚至堅持到作爲經援軍援的條件，也不致像支持個人那樣之會引起怨言，同時對於推進自由民主政治也順利得多，因而也加强了我們在反共鬭爭中的政治力量。

以上兩點，似爲這些時若干刊物未說及的話。特提出以供尼克森先生及美國有關當局製定亞洲政策時之參考。最後，我們敬祝尼克森先生旅途康樂。

社論

(二) 輿論界的反省

（爲本刊第五年的開始而作）

本刊出版至今，已滿四年。這一期，剛好是第五年的開始。本刊在創辦之初，即會標揭宗旨四條；這四條宗旨，登載在每一期的刊物上面，以爲我們同人的座右銘。宗旨的第一條，也可說是最基本的一條，是這樣說：「我們要向全國國民宣傳自由與民主的眞實價值，並且要督促政府（各級的政府）切實改革政治經濟，努力建立自由民主的社會。」我們要嚴格檢討，本刊經四年的努力，在這方面究竟有了若干的成就；我們也願坦白承認，本刊對此一條宗旨的前一半，多少有些建樹，但對於那後一半的貢獻，委實是微乎其微。

我們常常接到愛護本刊的友人和讀者們的意見，口頭的或是書面的，却幾乎一致表示如下的觀感。他們說：你們宣傳自由民主的眞諦，很好，但是這種實踐的信條，是要實際施行的。民主自由的原則大家都知道，而且大家也都不反對，然而眼前放着許多現實的重大問題，你們却沒有接觸到。你們是沒有發現問題呢？還是不敢去面對呢？有時候，你們也談到了現實問題，但是你們所談的現實問題，也不能說都是最重要的。你們縱論世界大勢，未嘗沒有得意之作，但是碰到國內問題，便不敢放言高論了，總有些縮手縮脚的樣子。是畏首畏尾呢？還是惟恐投鼠忌器呢？

我們每聽到這樣的批評，總覺得慚愧無地，不敢有所辯答。這樣的批評，總是好意的。我們深知，要爲自由中國建立一個獨立而負責的輿論之楷模，委實不是容易的事，四年的時光雖短，但是我們的成就比起我們的期望來，的確相差太遠。好意的批評不能不接受，今後宜如何力求進步呢？

我們所希望完成的事，如果自己不能完成，而由其它與我們宗旨相同或相近的輿論機關來完成了，我們也會感覺十分欣喜，並且願意作一個追隨者，在人家所開闢的道路上前進。祇要目的到達，成功自不必在我。這四五年來，創辦的報紙與刊物，宗旨與我們相同或相近的，爲數不少。但是，我們非常痛苦的發現，那個我們所共同抱持的理想，都是同樣的難於接近。我們大家都沒有前進一步；甚至，恕我們不客氣的說，我們的輿論界，不僅沒有前進，並且較諸三四年前還要倒退了一些。我們自由中國的輿論界(自然包含本刊在內)眞應該反省一下，有沒有辜負了我們最初的抱負，有沒有放棄我們的責任。

在三四年以前，自由中國的處境十分險惡，大陸失敗的敎訓猶新，大家爲一種沉痛悲憤的心情所支配，爲一種責任感所激發，言論的表現，常能放開一切的顧忌而直搗問題的核心，即令對時政有所指摘，因爲大家風雨同舟，聽者也不以爲忤。但在這幾年來，國家的處境漸漸安定，大家的緊張心情也漸漸鬆弛下來，大陸時代那一種諱疾忌醫、粉飾太平的風氣，乃漸漸的復活。今天，照我們輿論界的表現，我們國家似乎無事不在猛進之中，一切困難都已經克服，我們復國建國的偉大工作，祇差最後完成的一步了。翻看報章與雜誌，通常是一整片的自稱自贊，自我陶醉。大家所感覺到的問題，無人願意提出；大家所希望說的意見，無人敢於代爲表達。於是眞正嚴重的事，就在不知不覺之中被含混過去，永遠不去尋求解決之道。這幾年來，輿論界所必須遵守的尺度，是祇見其縮小，未見其放寬，輿論的功用無從發揮，民主政治缺乏了這重要的一環，就祇剩下一個框架，一個表層，而無復眞實的內容。民主政治之基本建設，有如逆水行船，不進則退。我們如何才能衝過這一股潛伏的逆流，這是需要我們深長思索的。

我們感覺到有三個普遍流行的觀念，最爲有害。第一個觀念是，以爲輿論即宣傳，而同時又把宣傳的意義誤會。好像有這樣一種見解，至少，是有這樣一種風氣：宣傳云者，即爲宣揚政府的德政，以導使人民擁護之謂。大家不去想想，政府的德政是要用事實來宣揚的，共產黨花上如此鉅大宣傳經費，擁有如此衆多的宣傳人才，仍不能化暴政爲德政，徒使人民更加的深惡痛絕。政府的德政，人民會自然而然對之喝采，並由衷擁護，即令反對者要惡意的加以抹煞，也不會生效。但是，「後臺喝采」却是最無意義之事；後臺采聲熱烈，前臺一定寂然無聲。同時，後臺與前臺的界限，大家也看得清清楚楚，無法含混過去。我們始終認爲，輿論必在野，唯有在野輿論才能時時提醒政府的警覺而不使陷於忘我之境。

第二個有害的觀念是：輿論如有所批評，應該是建設性的，而不是破壞性的。我們認爲：建設與破壞，實爲一物之兩面。我們不是在一片平平坦坦的空地上蓋造房屋；要拆掉舊的、破的、爛的，才能蓋造新的。世界上，決不會有純建設性的改革。我們誠知，對所謂建設性與破壞性的分別，大家也不致過於機械的去瞭解，以爲稍有批評，就算是破壞了。但，如果把此一觀念樹立爲輿論的標準，我們必須承認，它就的確可以被有意的曲解，結果是輿論所能周旋的餘地，愈見其縮小，其功用亦終至於消滅。一切建設必同時就有破壞，此即所謂除舊布新；一切破壞亦必同時會有建設的意義。凡不可分割的東西，決不宜爲之勉强分割，接受其一部份而拒絕其另一部份。對所謂破壞性的輿論與建設性的輿論，亦應如此。

第三個有害的觀念是：輿論如有所批評，應該是技術性的，而不是原則性的。我們認爲：所謂技術與原則，誠有不同，但它們之間的界線，極不清楚，有許多東西，正站在二者之間，也可算是技術，也可說是原則。我們不知道是否眞有一些天經地義，可以行之萬世而不變。但我們相信，如果有這種天經地義，就不會有人打算去批評；反過來，如果有人打算批評，就不算天經地義。一國之基本政策，誠不宜時常變動，却也不宜永久不變。我們祇是主張應該漸變而非突變而已，而輿論的批評正可改漸變之端。所以即連國家的基本政策，也應成爲批評的對象，何況有些東西，還不過是次要的原則而已。輿論並無決策之權，所以它對原則的批評即令錯誤，亦無害處。輿論不會妨礙政策的一貫性，它祇是訴諸人民的選擇；但如果人民已作了選擇，政策本來就應該要改變了。

我們認爲以上三種觀念之糾正，至關重要；不然的話，我們將仍然是一步也無法前進。我們看到本刊在這四年來的成就有限，辜負了自己的抱負，也辜負了社會的期望，因而想到這一連串的問題，特別把它在此提出，以與輿論界同人共同研討。如果輿論界同人認爲我們的看法不算十分錯誤，我們願互相期勉，望大家提高責任感，以最大的決心與勇氣來追求我們共同的理想。

冤獄賠償與民主政治

袁良驊

一　導　言

自人權思想發達以來，民主政治制度隨之而逐漸推行。民主政治的主要目的是保障人權，而人民身體自由是人權保障中最基本的要求。我們可以說：人身保障是爲一切自由的基礎。沒有身體自由，則言論、出版、宗教、居住、集會結社等各種自由都是廢話。因此凡是民主國家，人民身體自由都嚴格的受到法律的保障。除非是侵犯他人自由，或擾亂國家安寧社會秩序，才應該受法律的制裁，而喪失了身體的自由。

人民觸犯刑章，須受法律制裁，處以刑罰，就維持國家安寧和社會秩序而言，固然需要。但是，政府官吏，在執行法律裁判時，關於法律的引用或解釋，難免發生錯誤，構成冤獄，使無辜的人民受到莫大的損害。這種無辜的人民受了損害，若沒有補償，實在是世間最不平的事。因此，冤獄賠償，實在有其必要。茲舉例證明如下：

一、本年春間，李炎閣以犯鴉片罪案，被當地法院判決死刑。後經最高法院檢察署認爲可疑，提起非常上訴，得以昭雪他的冤獄。

二、兩年前鐘慶川以强姦殺人案，曾被判死刑，最近經高等法院查明，係屬冤獄，撤銷原判，宣告無罪。

由上述兩例，可見蒙冤者，其生死關頭，間不容髮。而由於冤獄所造成的身體精神，事業名譽，和家庭方面的損失實在不可勝計。在這樣情況下，政府於責任上，於政治道德上，都應予以補償。本人於民國三十五年行憲前夕，曾著有「冤獄賠償草議」一文在重慶大公報發表，主張政府對於冤獄應負擔賠償責任，就是本於此意。

二　冤獄的意義

冤獄的意義，係指法官在事實上誤解法律，或錯認事實，在訴訟程序中，所爲不公平的錯誤裁判。其情況不外下列數種：

一、被告經司法機關初審判決確定無罪，而在判決前，因强制處分的執行已爲羈押者。

二、被告經司法機關在上訴審，被判決確定無罪，而已受羈押者。

三、被告經司法機關在非常上訴審或再審中，被判決確定無罪，而已受徒刑的執行者。

四、被告經司法機關給以不起訴處分在確定前，而已受羈押者。

五、經司法機關的終審，被告已被誤判徒刑，或死刑的執行，其後經人提出有力的證據，並依法定程序而得昭雪其沉冤者。

六、人民受司法機關以外的機關拘禁，或處刑，其後經判明爲無罪者。

以上列舉各項，都是無辜受冤獄的情形，其構成冤獄的情節，也許各有不同。但是他的身體自由和生命，都因法律的援引錯誤或曲解，或由於事實認定的錯誤，遭受到了剝奪和摧殘。

三　冤獄賠償的理論

政府對於冤獄應負賠償的責任，其理論上有一個先決的問題。就是，民主國家的政府，是一個對人民負責任的政府。因此，政府的行爲也應負法律上的責任。在中世紀時期，一般封建法律學者，扭於傳統的主權命令說，却不承認這點。他們以爲國家是至高無上的，因此，政府執行國家法律也是至高無上的。要討論冤獄賠償問題，必須否定了這種封建傳統的國家政府至上論。不然，照他們的論據，國家對人民可不負任何責任，而政府對於人民的冤獄也可不負任何賠償的責任了。這種封建的主權命令說，可以布丹爲代表，他說：「主權乃在公民與臣民之上的最高權力，不受法律的限制。」這種學說的產生，其目的在於鞏固帝王的君權。換一句話說，國家主權命令說，在政治上的意義，是在提倡君主集權。因爲在歐洲中世紀時代，封建制度盛行，君主權力很大，國家主權命令說自有被一般帝王利用的價值。然而，這一學說，已經被近代的法學者所否定了。法國權威法學者狄驥說：「法學上有一個最重要的原則，就是國家也要受法律上的限制。國家主權說的不足取，不但是因爲牠可攻擊之點太多，而且也是因爲和這個最重要的法學原則絕對相反。」我們要曉得，歷代君主所以敢於專橫擅斷，摧殘人權，就是因爲他有絕對的權威，不受法律的限制。他可以利用政府在國家主權名義掩護下，行使他至高無上的權力。但是民主國家和專制皇朝絕對不同，因此，主權命令說不適用於民主國家，乃是最明顯的事實。自法國大革命後，民權思想已彌漫於世界。法國的人權宣言，英國的人民權利法典和大憲章，美國的獨立宣言，都相繼發表了。多數的國家，都由君主專制政體，而變爲民主政治的國家。於是，國家主權命令說，便成了釜底遊魂，無所附屬而和君權神授說同一命運而告終。

因此，我必須根據歷史的演變和社會進步的要求，否定主權命令說的理論。我們要有一個負責任的政府，來行使國家的主權，然後人權才能得到眞正的保障。我們試看一九一八年德國威瑪憲法第一三〇條第一項的規定：「官吏於行使其職權上之公權，如違反其所負之職務，損害及他人時，其賠償之責任，原則上屬於使用官吏之國家及其公共團體。」這個憲法的頒佈，是承認國家須負有直接賠償的責任，也是給主權命令說以澈底的否認。

自從先進各國建立民主政治以後，主權命令說既被摒棄，同時，國家對人民負有賠償責任的論據，也由此應運而生。這種學說，由伏爾泰和孟德斯鳩的提倡，以後便風起雲湧，成爲近代思潮。所以，近代文明國家，無論在憲法上和實體法上，都採用這種原則。法學家柯爾會說：「獨立國家在其領土內，既有絕對的權力，但也要負同等程度的責任。國家不但自己應守法律，而且應隨時注意非法的行爲在其境內發生。」這種主張，也可說是國家應負冤獄賠償責任的有力論據。

現在，我們再申論冤獄賠償的重要。法院爲一審判機關，主持審判者是法官，法官既非全知全能的神，也非絕無錯過的聖哲，在訴訟程序中，難免發生過失。如誤解法律，誤用法條，錯認事實，自所不免。而且，人是感情的動物，有好惡的情感，基於誘惑、煽動或偏見，也會產生錯誤的判斷。在這種情形之下，國家對於這種違法枉法的法官，給以應有的懲戒，固然重要。但是，對於蒙受冤獄的人民，也應負起責任。因爲保障人權，是國家首要的義務。何況構成冤獄防害人身自由的，是代表國家執行法律的法院，難道政府不應該勇敢的負起責任嗎？所以，政府應負冤獄賠償的責任，乃是最合理最公平的事情。

四 冤獄賠償的立法例

英國法律，對於人權的保障，是週密而有效的。很早的時候，英國便建立了陪審制度。在一六七九年，便實施冤獄賠償法。後來，更頒行人身保護狀。這三者互相爲用，對於人民身體自由的保障，可說是發揮到無微不至，也可以說，是實施冤獄賠償的先河。以後，世界各文明國家，都認爲這個制度，對於保障人權的重要。因此，德、法、意、美、匈、奧、挪威、瑞典、日本等國家，都先後設立了冤獄賠償制度。

但是，各國對於冤獄賠償制度，其原則雖同，而在立法上則有差異。現在，把牠們的異同略述如下：

(甲)關於冤獄賠償法，各國在立法上其共同的原則有三點：

一、在訴訟過程中，由於法官的不當裁判，已受羈押或死刑的執行，而其後之覆判確定爲無罪者，有向國家請求賠償的權利。但基於自己故意做成的僞證或自首而受羈押者，則喪失此種請求權。這項原則，各國均有一致的規定。

二、各國對於請求賠償手續的規定，都很簡單，多採用短期了結辦法。至於請求期的規定，也限於一定時期，大概限於判決或不起訴處分確定後，六十日至九十日內爲之，逾期便喪失其請求權。

三、國家所以負賠償的責任，其精神是基於爲無辜受冤者昭雪。因此，各國都規定，一旦賠償手續辦理了結後，隨即發刊公報，使社會週知，而恢復受冤者的名譽。

(乙)關於冤獄賠償法，各國在立法上略有不同的，也有三點：

一、强制賠償。即祗須確定爲冤獄，則政府就要按照法條中所規定的辦法給以賠償。如不照規定的履行，則受冤人有權向政府追訴。採取這項辦法的，有英國及其自治領美、奧、挪威、丹麥等國。

二、任意賠償。賠償程度的輕重，法律上沒有如何的規定與條件，任政府或法院自由裁決，被冤人不得聲明不服，亦無權向政府追訴。採取這項辦法的，有法國、瑞典、荷蘭等國。

三、立法形式。冤獄賠償法，其立法形式各國亦有不同。有載明於憲法之中而另立專條的，有另立單行法的，有附設於刑事法的，有依照習慣紀錄而成律例的。這項法條設立的形式，各國雖有不同，但是，牠的本意都是恢復受冤人的名譽，並給以救濟，使他能夠更生而仍能做一個社會有用的人。這是各國立法的用意，都是一致的。

五 我國冤獄賠償法應速制定

以往，我國人權向無保障。在專制和軍閥時代，草菅人命是司空見慣的事。人生最可寶貴的生命，尚且得不到國家的保障，還說什麼身體自由呢？在這個時期，人民一旦不幸含冤入獄，祗有自嘆命苦，更談不到什麼冤獄賠償了。但是，我國是一個民主憲政的國家。而且，現在正是準備反攻大陸的時候，必須民衆歸心，才能瓦解共匪政權。爲收拾民心，爭取國際同情，自應制定更完備的保障人權法典。要達到這個目的，請自制定冤獄賠償法爲起點。如果這個法能夠實行，便立即可與共匪作一個明顯的對照。這就是：彼以專制我以法治，彼以黑暗我以開明，彼以殘暴我以仁慈。這樣，善惡便可立刻分別出來。明大儒朱舜水先生說：「滅虜之策在事事與虜相反。」可謂知治國之道了。因此，在這個時期，訂立冤獄賠償法，實在是最合時機最有價值的要政。

由上所述，可見我國冤獄賠償法之必須從速制定。但是這個法的內容，應根據何種原則呢？

一、過失賠償問題與無過失賠償問題。關於賠償責任學說有兩個不同的原則，即有過失賠償與無過失賠償。在私法上有所謂過失責任原則，即個人對於自己之故意或過失的行爲損害及於對方時，須負賠償責任。此爲歐洲舊式資本主義國家制度下，一個人民權利本位的立法原則。但是，近代進步的立法趨勢，已由主觀的損害賠償主義，進而爲客觀的損害賠償主義，即所謂：無過失賠償責任。換句說話：即使沒有過失，但是其行爲結果損害及於他人，也要賠償。這是因爲社會進步了，因此立法原則也要跟着進步。我國冤獄賠償法，關於這一項原則，我主張採用無過失賠償責任原則。因爲冤獄賠償的立法精神，除了昭雪冤枉之外，並有對無辜者救濟的重大意義。如果採用過失賠償法，則許多基於無過失構成的冤獄，那些無辜者都得不到救濟，豈不是喪失了立法的主要目的。

二、强制賠償與任意賠償問題。關於這一個原則，各國立法不同，現在我提出來研究牠的利弊。冤獄賠償法的立法精神，既然是根據進步的現代立法原則，即是根據政府責任觀念和救濟精神。因此，必須澈底達到有冤必賠的目的。換一句說話，損害程度和賠償價值必要相等，才能夠達到眞正保障人民身體與權利。如果，只採用聊勝於無的所謂任意賠償的原則，那便太沒有意義了。因此，我主張採用强制賠償原則。然後一般受到冤獄的人民，才能夠受到他們應得的賠償，而我國所訂立的冤獄賠償法才有其眞實的意義和價值。

耕者有其田實施過程中須得糾正的幾點

易　農

實施耕者有其田，是我國政治上劃時代的創舉，是臺灣省本年內第一件大事。其成功或失敗，直接影響自由中國，間接影響整個世界。因爲關鍵太大，在實施之前，許多人心懷戒懼，認爲將遇到不少困難與阻礙。可是到現在爲止，非常慶幸地，整個政策已獲得大體上的成功：全省徵收地主轉放於現耕農民的土地，總計有一五六、五一七甲，達原有出租耕地面積百分之六一．一三；徵收戶數一一七、三九三戶，放領戶數一〇七、八二七戶。在徵收放領過程中，沒有發生任何不幸事件。這一重大的改革，是如此溫和順利，使地主農民，交受其益，此一成就，是值得誇耀的。

然而以這樣一椿空前的大措施，牽涉到數百萬人民的切身權益。範圍至廣，端緒至繁；各地情形不同，各人利害不一。不論事前籌劃如何周密，進行如何愼重，總難免有若干枝節問題發生。爲了貫澈這一政策，保證現已獲得的成果，爭取人民一致的贊助，我們對於大成功當中的小差錯，需要有勇氣指出，有辦法解決。

根據立法院內政考察團的考察結果，本月初立法院所辯論的情形，以及筆者深入民間訪問所獲得的資料，覺得實施耕者有其田工作，遭遇到下列的若干問題：

第一、老弱孤寡殘廢共有土地的保留問題：臺灣各種共有土地甚多，管理不良，而且都是出租佃農耕種。爲了消滅這種共有制度，所以實施耕者有其田條例，規定私人出租土地可以保留中等水田三甲或中等旱田六甲，其他等則土地，比照此項標準保留，但對於共有耕地，則規定一律徵收。然而爲了顧及共有人中的老弱孤寡殘廢，有藉此項土地維持生活者。故又規定共有出租耕地之所有人，如係老弱孤寡殘廢藉土地維持生活者，可以比照地主出租耕地保留標準，保留中等水田三甲或旱田六甲。這是爲了保護社會弱者，減少社會問題，立法意旨非常正確。可是在實施時加上了戶稅一百元以下的限制。這種限制據說是以薦任一級公務員的戶稅額比照規定的，實在很奇特。公務員收入之低，盡人皆知。薦任一級公務員的收入，和水田三甲的收入比較，相差多遠，不要用算盤算就可明瞭。而且各地徵課戶稅的標準不一致。有的地方戶稅一百元不過中等水田四五分，最高的也不過一甲。因之各地老弱孤寡殘廢申請保留其共有土地，多被地政機關以戶稅超過一百元的理由拒絕。條例是法律，法律規定可以申請比照保留三甲，爲什麼給它加上戶稅一百元以下的限制？如果以比照薦任一級公務員爲理由，何以地主出租耕地保留標準又不比照公務員？法律明白規定比照地主出租耕地保留標準，縱須以戶稅限制，爲什麼不查明地主保留標準中等水田三甲的戶稅額，以之作爲限制的依據，却無緣無故拖出個薦任一級公務員來？令人百思不得其解，以致有些藉此項共有土地維持生活的老弱孤寡殘廢，因申請保留徵收被拒絕而痛哭陳情，雖然有的已獲特許保留，但懸而未決的仍然不少。又依規定申請保留的期限爲三十天。而臺南縣則自公告至截止僅十天，其他也有十多天二十多天的。對申請案件，却以逾期拒絕，亦頗失情理之平，爲一般人所難于瞭解。

第二、耕地放領對象問題：依照條例的規定，徵收的土地一律轉放現耕農民承領。所謂現耕農民，係指佃農及僱農。但實施放領時，却一律以訂有三七五租約的佃農爲準。理由是三七五租約是依法訂立的，爲最可靠的根據，原則無可非議。但三七五租約訂立到現在，已有好幾年，其耕地有的已經業主收回自耕，有的轉租，有的原佃耕人早已死亡。鄉下農民怕麻煩多事，儘管實際情形已變。原租約仍然存在。而且原訂的三七五租約，在偏遠之區，有的訂約人並非現耕農民，訂約者在中間坐收利潤，如都市中之二房東然。此次放領耕地，一律交訂約人承領，於是發生若干難於解決的糾紛。

第三、放棄承領問題：條例有收穫顯不可靠之耕地不予徵收以及承領人得放棄承領的規定。於是發生了兩種相反的問題：一種是很好的土地，地主不願被徵收，便設法串通佃農，予以若干代價，名之曰「權利金」，每甲數百元或數千元不等，教佃農聲請收穫不可靠，不願承領。有些給地政機關查出其中情弊，不予核准。但是有許多無法查出，也就只能任其放棄承領。一種是等則降低的土地，在徵收放領之初，佃農求地心切，渴望領得土地，在公告徵收放領的期間內，並未表示異議。及至承領以後，悟及地價過高，劃算不來，於是以收穫不可靠的理由，聲請放棄承領，但地政機關則以應補償地主的地價已經付出，無法收回，不准放棄。以致僵持不決。由於以上兩種原因，申請放棄承領的案件日多，這個問題複雜而嚴重。

第四、附帶徵收問題：條例規定被徵收耕地範圍內，現供佃農使用收益之房舍、晒場、池沼、……等定着物及其基地，附帶徵收之。其價額併入地價計算。但耕地範圍外供佃農使用的墦土山林應如何處理，則未規定。於是發生兩個問題：一是實施時加了一項規定：現供佃農使用之房舍，無房捐者無償徵收放領。有些地主以很好很值錢的房子借給佃農住，不取房租，因之無房捐，當初未始非出於善意；這次却因不取房租無房捐的原故，反而被無償徵收，莫不大呼晦氣。一是有些地主以前將田地租與佃農時，將耕地附近的墦土一併交其種植雜糧，不另收租，附近山林也交其看管使用。等到耕地被徵收，壞的地主便將此種山林播土一律收回，佃農的收益反而大爲減少，甚至耕牛也不准進山放牧，柴草也不准進山砍割，弄出許多問題，亟待解決。

第五、繳付地價問題：第一期徵收地價，各縣市多達到百分之九十八以上，成績很好，可是有些佃農繳付地價，確是非常艱難。原因是或因家庭發生特殊變故，或因積欠地主債務，地主認爲耕地既已徵收，債務必需先行清償；兇狠的地主甚至於收穫時從田中將糧食取去，以致甫經收穫而倉儲已空，只好千方百計，借貸以付政府地價，情形很苦。此外指定收集地價糧食的倉庫太少，有的離農民很遠，繳穀一百斤，須付運費十多元或數十元，農民吃虧很大。以前農民繳地租可向地主或糧商借用麻袋，現在繳地價則不能再向地主借而須向農會租；麻袋用一次繳費二角，取費雖低，節儉的農民也認爲是一種損失，糧政機關爲什麼不可以多指定一些倉庫，減少農民的運費。爲什麼不可以買一些麻袋借給農民用，使農民覺得政府比地主好得多。又以前地主收租，每年上季與下季的數目不同，因爲一般耕地，上季的收穫量比下季多些。而實施耕者有其田徵收地價的數目，上季與下季一律，這種規定對地方的實際情形有欠瞭解，因之有些人擔心第二期地價的徵收，恐怕比第一期困難。

以上列舉的五個問題，是實施耕者有其田過程中比較大的問題，其他由於特殊情形而發生的個別問題，各地間有發現，無須一一列舉。

實施耕者有其田是一件大事，是一種縮短貧富距離，平均社會財富的正確措施。實施以來，整個政策是成功的。但是有許多問題與人民的切身權益有關，雖然涉及的人不多，我們總希望能夠一一妥善解決。這些問題，在如此一個重大改革中，爲勢所難免，我們對於執行人員自不能苛責，但希望執行人員有糾正缺失的風度和遠見。民主政治的精神在寬容，不僅政府對人民的批評要寬容，人民對政府的措施也要體諒。在實施耕者有其田這一鉅大工作過程中所發生的若干差錯，一方面要社會人士善意的指出，一方面更盼政府切實予以糾正。糾正的方法，我以爲可採取下列的步驟：

第一步是切實檢討：實施耕者有其田全部工作中，最重要的徵收放領土地和徵收第一期地價，目前已經完成。在執行過程中，除已發現的問題外，是否尚有其他缺失？應由各級地政機關擧行工作總複查，複查工作應提前辦理，越快越好。但須普遍深入，搜集各種糾紛事實，發掘問題，正視問題。絕不要諱言問題，抹煞問題。世界上任何事都有相對的得失，不會有得無失。累積缺失便成大錯，發現缺失即予糾正，才會保證眞正的成功。

第二步是及時補救：各級地政機關在工作總複查之後，應將所有大小問題彙集整理，切實研究，尋求解決的辦法，由各鄉鎭到縣市最後到全省。逐級檢討改正，鄉鎭能解決的應即就地解決，縣市能解泱的應即在縣市解決；發揮分級負責的精神，以謀迅速補救。不要你推我，我推你，把問題推來推去，動輒幾個月得不到要領。這類關係人民切身權益的問題，解決越快越好。

第三步是預防以後的差錯：徵收放領的工作，經過複查檢討，將各項缺失切實糾正之後，應該留下的問題很少了。但是還留下一個分期徵收和分期補償地價的長期工作，這一工作的繁重，並不比徵收放領土地爲輕；如何保持土地債券的價值，如何輔導轉移於民營的生產事業，關係整個的經濟和金融，是值得預爲切實注意的問題。至於怎樣便利農民繳納地價，怎樣簡化地主領取地價的手續，都需要逐年改進，以求達到理想的境界。

土地改革的意義太重大，範圍太廣泛，頭緒太紛繁，影響太深遠。我們獲得現在的成果，實足珍貴。大體上相當成功，令人滿意，不能不歸功於籌劃的周詳，執行的審慎，政府上下各階層的共同努力。這種功績不容抹煞，若干例外的問題爲勢所難免，不足爲全璧之玷。但既有問題，便須設法解決，以免累積影響全功。希望各級執行人員有勇於責己的風度，不要諱言問題；惟有發掘問題，解決問題，使成功更圓滿，效果更偉大，才有更好的前途。

凱恩斯的乘數原理(上)

戴杜衡

凱恩斯的就業論，有三個重要基礎：一是乘數原理，二是資本邊際效率的原理，三是他的利息原理。從這些原理得出的解救失業的實際政策，主要却祇有二項：一是從乘數原理得出的經由公家投資以刺激需求的辦法，二是從資本邊際效率與利息原理得出的壓低利率以刺激私人投資的辦法。看起來好像是後一辦法爲主而前一辦法爲輔。凱恩斯的書名所强調的是利息與貨幣，並不提到需求；他全書的計劃、結構、以及篇幅之支配，也重視利息問題而對需求較少發揮。可異的是，他所達到的結論，却變成了以前一辦法爲主而後一辦法爲輔。他最後認爲祇有逐漸擴充生產社會化的範圍，才是一勞永遠之計。

我頗懷疑有這樣的情形：當凱恩斯在草擬「一般原理」之初，他所重視的是利息問題；在他進行寫作之時，却漸漸發現單靠壓低利率的辦法，有時而窮，公家投資的辦法，乃在他的思想體系中漸增加其重要性。但全書的計劃與結構已無從改變，因而留下許多補綴與竄改的痕跡。(甚至，他的書可能不是從首章到末章順着次序寫成。)所以，乘數原理雖在他的體系中如此重要，但他的闡釋却不够充分，遠沒有全書其它部份那樣透澈。

也許他的簡略是出於另一原因。乘數原理的發明者，並不是凱恩斯自己，而是他的摯友堪恩(R. F. Kahn)。堪恩在「國內投資與失業之關係」(The Relation of Home Investment to Unemployment, Economic Journal, June, 1931)一文中首次提出乘數原理，凱恩斯祇是把它修改而採用，許多地方仍保留堪恩的論點。他的簡略，可能是爲避免重複。但乘數原理既因凱恩斯的發揮而引起注意，我們不妨逕把它視爲凱恩斯學說的一部份，不必去辨別來源。

幾個基本等式

解說乘數原理，應以「何謂投資」的問題爲起點。凱恩斯對投資所下的定義是：「由本期間的生產活動所造成的資本設備之價值的增加。」爲討論本問題的方便，我們可以把此一定義在詞句上作不損原意的改動：投資是指一種會使非消費用的財貨得以生產出來的行爲。此一改動，包含了兩個對本問題之討論非常重要的涵義：(一)購買或盤頂一些現成的資本設備來從事於消費財的生產，此種行爲，不算投資；(二)生產一種既不能直接滿足消費，又不能直接幫助生產的財貨，如不十分必要或甚至全無必要的公共建築之類，此種行爲，反而應該算是投資。後一涵義尤其重要，因爲凱恩斯在討論乘數原理時所說的投資，主要即是指此類公家建設而言，用於資本財工業的投資，反與本問題不甚相干。(嚴格的說，公共建築之類也是消費財。但此種消費財與尋常的消費財不同：它不爲人們所迫切需要，或者，人們無須爲它付出代價；它不會與尋常的消費財爭取消費者的購買力。)

這種意義的投資，必將使一宗非消費的財貨生產出來，投資就成爲因此而獲得就業的那些人們之所得。當然，在這一筆投資中，有一部要用以購買爲生產此項財貨所必需的工具與原料，但這一筆貨價構成對那些工具與原料的增加的有效需求，終極的，它仍將分解而爲那些工具與原料的生產家及其員工們的所得。因此，如果有人作一千元的投資，事實上即等於使社會的所得增加了一千元。這是容易明白的。

但照凱恩斯的理論，社會因此一投資而增加的所得，並不僅此而止，却遠較投資的數量爲大，且常常可以大到好幾倍。這倍數即稱爲「乘數」(the Multiplier)。如果新的投資是一千元，乘數是十，則社會因此投資而增加的所得，不是一千元，而是一千元乘十，即一萬元。

爲什麼有這樣的事呢？爲使讀者得到初步印象，先作一個較爲籠統的解釋。最初的一千元投資，使若干人合起來有了一千元的所得，他們不會把這一分所得用於購買資本財，而多半將用於購買消費財，這樣就增加了對消費財的有效需求。此一有效需求，即轉而使消費財的生產者(老闆、經理、員工等)經由產銷之增加而增加了所得。進一步，這一部份新的所得，仍然要構成對消費財的有效的需求，再轉而使另一些消費財的生產者增加所得。這樣一連串無窮盡的孳生下去，因一千元投資而增加的所得，就不止一千元之數了。

我們當然要追究這所謂「乘數」是如何決定的？此必須先說明三點：

(一)儲蓄等於投資。其實這是凱恩斯全部學說中最含糊的一個觀念，許多矛盾與混亂由此而起。但凱恩斯却是經由並憑藉此一假設，來說明乘數原理的。

(二)「工資單位」(wage-unit)的觀念。凱恩斯說到投資或所得等等，習慣的不以貨幣數量爲單位，而以所謂工資單位來表現。他把一定量的普通勞動(即非技術勞動)，如人日、人時等，稱爲「勞動單位」(labour-unit)，一個勞動單位的貨幣工資，稱爲工資單位。譬如一人日普通勞動的工資爲五元，工資單位即爲五元。他說到各種的定量，常常不以錢數計，而以與此一定量相當的「工」數計。消費量爲C，則以工資單位來表現的消費量即寫成C_w。如果消費量爲一千元，工資單位即W爲五元，則C_w即爲二百個工資單位；這就是說，此一定的消費量，相當於二百「工」普通勞動。當然，$C=W\cdot C_w$。把投資量稱爲I，則$I=W\cdot I_w$；把所得量稱爲Y，則$Y=W\cdot Y_w$。餘照此類推。凱恩斯的這種辦法，常常要使人的腦筋多轉幾個彎，但也確有其獨特的便利之處。用工資單位來表現各種數量，可以避免因物價水準的波動而引起的各種複雜考慮，因爲在一般情形下，工資水準大致總能與物價水準保持正比。在物價波動時，一切數量，用貨幣單位來表現，變化甚大；若用工資單位來表現，則變化較小。

(三)「消費傾向」(propensity to consume)與「邊際消費傾向」(Marginal propensity to consume)的觀念。消費傾向，就是消費量與所得量之比，可以寫成$\frac{C}{Y}$或$\frac{C_w}{Y_w}$。此適用於個人，同時亦適用於整個社會。我每月所得一千元，我習慣上每月消費九百元，則我的消費傾向即爲$\frac{9}{19}$。如果我經常把所得消費得精光，則我的消費傾向是1。所得減消費，即爲儲蓄。「儲蓄傾向」(propensity to save)是儲蓄量與所得量之比。儲蓄傾向加消費傾向，必等於1；如果消費傾向是$\frac{9}{10}$，則儲蓄傾向一定是$\frac{1}{10}$。有時候，消費也可以大於所得，則消費傾向大於1，構成一種「反儲蓄」(dis-saving)，而儲蓄傾向即成負數。如所得一千元，而消費一千二百元，則消費傾向爲$\frac{6}{5}$，儲蓄傾向爲$1-\frac{6}{5}=-\frac{1}{5}$。把所有個人的消費與所得累加在一起，即可以計出整個社會的消費傾向與儲蓄傾向。

無論個人或社會，所得在增加(或減少)時，消費未必照着所得增加(或減少)的比例而增加(或減少)。所得增加兩成，消費未必一定跟着增加兩成，而且通常是少於兩成。這是說，消費傾向是在那裏變的。邊際消費傾向，即是增加(或減少)的消費量與增加(或減少)的所得量之比，可以寫成$\frac{\triangle C}{\triangle Y}$或$\frac{\triangle C_w}{\triangle Y_w}$(△是一個表示變量，即增量或減量的記號)。我原來所得一千元，消費其十分之九；現在我的所得增加了百元，我可能在增加百元之中，僅消費其十分之八，如此則我的邊際消費傾向爲$\frac{4}{5}$。整個社會的邊際消費傾向，準此類推。

現成可以來說明乘數如何決定了。

前已言之，投資的增量，用乘數去一乘，就可以得到因此一投資而引起的所得的增量，把此乘數稱爲k，此一關係可以下列等式表示出來——

$$\triangle Y_w = k\cdot\triangle I_w，\text{或 } k=\frac{\triangle Y_w}{\triangle I_w}。$$

又，邊際消費傾向(簡寫爲MPC)，照定義，

$$=\frac{\triangle C_w}{\triangle Y_w}$$

$$=\frac{\triangle Y_w-\triangle(\text{儲蓄})_w}{\triangle Y_w}(\text{消費等於所得減儲蓄})$$

$$=\frac{\triangle Y_w-\triangle I_w}{\triangle Y_w}(\text{照設定，儲蓄等於投資})$$

$$=1-\frac{\triangle I_w}{\triangle Y_w}$$

$$=1-\frac{1}{k}(\because\frac{\triangle Y_w}{\triangle I_w}=k，\therefore\frac{\triangle I_w}{\triangle Y_w}=\frac{1}{k})。$$

我們得到：—

$$MPC=1-\frac{1}{k}，\text{或 } k=\frac{1}{1-MPC}。$$

乘數是完全由邊際消費傾向來決定的。例如，邊際消費傾向爲$\frac{9}{10}$，則乘數爲10，千元投資所造成的增加的所得爲萬元。邊際消費傾向爲$\frac{1}{2}$，則乘數爲2。邊際消費傾向爲1，即在人們把增加的所得盡行消費時，乘數爲∞(無窮大)。(乘數爲無窮大的意義是這樣：極小的投資都可以使所得不斷增加，一直到充分就業之點爲止，但在到達充分就業點以後，有效需求的增加就不能再引起就業與產量的增加，卻祇能造成物價與工資的提高。)

我們可以把這同一原理換一種方法來解釋，使其意義顯得更加清楚。我投資千元，首先造成千元所得。假定人們把這一分所得消費其十分之九，則千元所得產生九百元對消費財的有效需求。此九百元有效需求造成九百元所得。在此九百元之中，人們又消費其十分之九，則產生八百一十元有效需求。此八百一十元有效需求又造成八百一十元所得。如此孳生下去，總共增加的所得是：

$$1000+1000\times.9+1000\times(.9)^2+1000\times(.9)^3+1000\times(.9)^4+\cdots\cdots$$

按照求幾何級數各項之和的算法，此一累加式正好等於1000×10。可見如邊際消費傾向爲$\frac{9}{10}$，則乘數爲10。再如邊際消費傾向爲$\frac{1}{2}$，則所得增加的總數爲—

$$1000+1000\times.5+1000\times(.5)^2+1000\times(.5)^3+1000\times(.5)^4+\cdots\cdots$$

其值正好爲1000×2，而乘數亦正好爲2。再如邊際消費傾向爲1，則所得增加的總數爲—

$$1000+1000+1000+1000+1000+\cdots\cdots$$

其值爲無窮大，乘數亦正好爲∞。

我們還能進一步看出：投資所引起的儲蓄的增額，又正好與投資的數量相等。如前舉邊際消費傾向爲$\frac{9}{10}$的例，千元投資所造成的增加的所得爲萬元，消費在此萬元中佔十分之九，剩下來的十分之一即爲儲蓄，正好爲千元，且正好與原來的投資額相等。這是說，在社會未達到充分就業時，如果有人願意墊付一筆欵項來投資，則此一投資，正好能造成與它本身數額相等的一分增加的儲蓄。雖然投資的人不會就是儲蓄的人，但如果投資者能把那一分儲蓄吸收了來，就正好抵償原來的墊付，社會可說憑空的增加了許多就業與所得。

凱恩斯根據此一原理，提出了二個維持充分就業的辦法。當然這類辦法也並不一定是凱恩斯所發明，他祇是爲它們找到一個理論的基礎。二個辦法是：

（一）當私人投資萎縮，無法到達充分就業時，政府應該興辦各種公家事業來刺激就業。此種辦法的效果，由於乘數關係，常常是政府所付出的費用之數倍。政府雇用一人，卽等於雇用了幾個人。所以卽連所興辦的公家事業本身沒有多大用處，也是值得。有人諷刺凱恩斯說，照他的主張，政府祇要雇用一些人來在地下掘洞，掘了洞再塡平，塡平了再掘洞，這樣就可以解決失業問題。凱恩斯却承認他的的確確是這樣的主張。

（二）但如果社會的邊際消費傾向太小，乘數亦小，則前一辦法的效力亦小。所以政府必須鼓勵消費。鼓勵消費的辦法，是經由種種路線，對儲蓄徵收懲罰性的重稅，以打擊儲蓄的動機。使人人感到儲蓄爲一種毫無意義之事，就自然不去儲蓄了。這聯帶的可以造成另二種功效：第一是，政府因稅收增加而有了投資資金；第二是，社會貧富不均的現象也可以漸漸消除。

凱恩斯是明明白白主張浪費的。至少在社會未達到充分就業時，無論政府與個人，都應該浪費，至於達到充分就業以後的情形，他很少說到。政府的浪費造成所得，個人的浪費造成有效需求，二者均有助於擴展生產量與就業量。

我很覺奇怪，爲什麼凱恩斯在建立乘數原理並從此原理引出結論時，竟忽略了非常顯著的一點。根據儲蓄等於投資的假設，人們儘可以從同一個原理，引出與凱恩斯完全不同的結論來。

如果那第一次的投資，是用於資本財的生產，則誠如所論，MPC與k愈大愈好，那全部增大的所得中，減去消費部份所剩下的儲蓄部份，僅能把第一次投資所生產的資本財吸收，不能孳生新的投資。但，如果第一次投資是用於既不能算消費財又不能算生產財的公共建築之類，則MPC與k的大小卽全不相干。卽令第一次投資造成的所得全部被儲蓄起來，若儲蓄等於投資，則此一新的投資卽構成對資本財的有效需求，因而促成資本財之增產，此與對消費財的有效需求同樣的可以增加就業與所得。第二次增加的所得，如果全部儲蓄起來，又構成另一分對資本財的有效需求。總之，如果儲蓄等於投資，則所得無論以怎樣的比例分成消費與儲蓄，它不是構成對消費財的有效需求，卽構成對生產財的有效需求，每一次增加的所得均全部成爲有效需求，卽可孳生無窮，直至到達充分就業之點。在此場合，凱恩斯實必須放棄儲蓄等於投資的假設，才能得出 MPC 愈大則 $\triangle Y_w$ 愈多的結論。

凱恩斯是經由儲蓄等於投資的假設，來說明乘數之基本公式的，所以他不能把這假設放棄。其實在我看來，不經由此一假設，乘數之基本公式亦同樣可以獲得說明。譬如，用前述計算幾何級數各項之和的方法，亦可以得出 $MPC = 1 - \frac{1}{k}$。所以，此一觀念的混亂，尙不能對整個原理構成致命的損害。

$k=k'$的問題

乘數的等式又可以換一種方法來表出之。前節的等式，卽 $\triangle Y_w = k\cdot\triangle I_w$，是說明所得之增量(或減量)與投資之增量(或減量)的一定關係，這裏的k，稱爲「投資乘數」(investment multiplier)。另有一個乘數，可寫成k'，以別於k，則稱爲「就業乘數」(employment multiplier)。就業乘數的等式，是說明第一次對資本財工業所作的投資所直接造成的就業之增量，以及由此一投資而引起的全部就業之增量，此二者間的一定關係。人們對資本財工業作一定量的投資，就要雇用一定量的勞動來從事資本財之產生，此直接造成的就業增量，稱爲「基始就業」(primary employment)，寫成 $\triangle N_2$。基始就業照前述原理，可以轉輾造成許多的就業。此轉輾造成的就業增量，寫成 $\triangle N_1$。$\triangle N_1$ 與 $\triangle N_2$ 加起來，爲全部就業增量，寫成 $\triangle N$。就業乘數的等式，卽爲：

$$\triangle N = k'\cdot\triangle N_2，或 k' = \frac{\triangle N}{\triangle N_2}。$$

現在所要追究的是，此等式中的k'，與 $\triangle Y_w = k\cdot\triangle I_w$ 等式中的k，是否相等的問題。如果 $k' = k$，則k'當然也等於 $\frac{1}{1-MPC}$；如果 $k' \neq k$，則k'當然不能等於 $\frac{1}{1-MPC}$。

如果一切工業的邊際成本，均僅僅包含邊際工資成本（此卽謂於增加生產時，僅僅付出工資，而無需付出任何其它費用），則 $k' = k$。因爲在此一場合，全部投資額均用於就業，以工資單位表出的投資量卽等於就業量(投資百「工」，就業亦爲百「工」)，故 $\triangle I_w = \triangle N_2$。又在此場合，全部增加的所得均爲就業所得（注意：邊際生產沒有利潤，邊際成本與邊際收益剛好相抵），以工資單位表出的所得量卽等於就業量，故 $\triangle Y_w = \triangle N$。兩個乘數等式完全成爲一樣，$k'$當然等於$k$。

邊際成本僅僅包含工資的假設，雖不能與事實完全符合，却常與事實相接近。直接付出的工資費用之爲就業所得，固不用說。連生產家爲增產而消耗的資本財(卽凱恩斯所謂使用物成本)，也間接的成爲就業所得，因爲生產家必須從別個生產家那裏購進一分與消耗數量相等的生產財，以爲替補；他所付出的一筆款項，到別個生產家手中，也同樣的轉變而爲工資。不能轉變爲工資的邊際生產成本，祇可能有二項：一是爲增產而增加的流動資金的利息負擔，二是資本財可能因稀少而提高價格，生產家爲替補消耗而付出或準備付出的額外價格負擔(此一部份額外價格，恆成爲生產資本財的那個企業家的利得)。此二項可能均爲微末之數。可以說，邊際成本之絕大部份，均由工資成本構成。我們由此得到初步瞭解：k'與k，縱不完全相等，却不會相差太遠。

又，即令邊際成本不僅僅包含工資成本，但如果各種企業的工資成本在其邊際成本中所佔的比例均完全一樣，k' 也可以等於 k。甚至祇要各種資本財工業的工資成本在其邊際成本中所佔的平均比例，與各種消費財工業的工資成本在其邊際成本中所佔的平均比例相同，k' 也可以等於 k。因爲，此假設本身即可寫成：

$$W\cdot\triangle N_2 : W\cdot\triangle I_w = W\cdot\triangle N_1 : W\cdot\triangle Y_w - W\cdot\triangle I_w,$$

（這裏 $W\cdot\triangle Y_w - W\cdot\triangle I_w$ 即爲在消費財工業中所付出的全部增加成本）；由此比例即可證明

$$\frac{\triangle N}{\triangle N_2}=\frac{\triangle Y_w}{\triangle I_w}。$$

證：$\dfrac{\triangle N_2}{\triangle I_w}=\dfrac{\triangle N_1}{\triangle Y_w-\triangle I_w}=\dfrac{\triangle N-\triangle N_2}{\triangle Y_w-\triangle I_w}$，

$$\frac{\triangle N-\triangle N_2}{\triangle N_2}=\frac{\triangle Y_w-\triangle I_w}{\triangle I_w},$$

$$\frac{\triangle N}{\triangle N_2}-1=\frac{\triangle Y_w}{\triangle I_w}-1,$$

$\therefore \dfrac{\triangle N}{\triangle N_2}=\dfrac{\triangle Y_w}{\triangle I_w}$，即 $k'=k$。

但，也有若干種情形可使前列的比例式不能成立。此類情形，可能由供給方面所引起，也可能由需求方面所引起。（甲）供給方面：（一）可能在未增產以前，資本財工業與消費財工業的生產設備，如機器等，在後者有大的剩餘能量，在前者則已到達充分利用的邊緣，如此則消費財的增產，僅需負擔普通的折舊費用，而資本財的增產，即因機器的漲價而需負擔超比例的折舊費用，二者的工資成本，即不能在邊際成本中佔相同的百分比。（二）也可能資本財工業與消費財工業，後者有大量原料存貯，前者則無，如此則消費財工業的原料價格不變，而資本財工業却要負擔原料漲價的額外費用，此種額外費用，亦如額外的折舊費用一樣，將成爲另一企業家的利得，不能成爲工資。（乙）需求方面：即令資本財工業與消費財工業之設備能量與原料存量，在未增產前俱無重大差異，但也可能在所得增加以後，邊際消費傾向變得與原來的消費傾向大不相同，譬如消費的部份驟減而儲蓄的部份驟增，如此就成爲對資本財的有效需求之增加，比例的超過對消費財的有效需求之增加；此時資本財工業的設備與原料存量將不够應付，而消費財工業則可能仍綽綽有餘，其結果與前述的（一）（二）兩項情形類似，生產資本財所需的設備與原料都要漲價。凡此情形，均足以使 k' 變得不等於 k。

這樣，投資乘數與就業乘數，可以相等，也可以不相等；但是，雖不相等，除非遇到特殊場合，至少也近於相等。所以凱恩斯爲簡單起見，常假定 $k'=k$。這假定確有很多方便之處，因爲這樣，凡說明所得增減的倍數或成數時，即等於說就業增減的倍數與成數，用不到另加一番解釋。我們說，所得增加一〇%，我們腦中可立刻有一個聯想：這差不多等於說，就業增加一〇%。甚至，我們把就業（以工資單位來表出的）與所得二詞視爲可以互相替代，即把 N 與 Y_w 二量視同相等，也不會距離事實太遠。

乘數之變化

我必須首先於此指出，上述的乘數原理，祇能在極少數的實際場合才能適用。因爲，那些等式中的 k，僅由所得初增時的邊際消費傾向求出。必須邊際消費傾向從此保持不變，最後到達的所得增量，才能是最初投資的 k 倍；如果邊際消費傾向變動，則 $\triangle Y_w=k\cdot\triangle I_w$ 的等式即變成全無意義。事實上，邊際消費傾向通常總是隨着所得之一輪輪的增加而變動，如此，則 k 亦必然隨之而變動。我們無法從單獨的一個邊際消費傾向求出 k 的數值。我們有一聯串的邊際消費傾向，有一聯串的 k，這樣～MP $C=1-\dfrac{1}{k}$ 那個簡單的等式，就不適用於說明整個過程，而祇能適用於從整個過程中抽出來的每一個小的段落而已。

凱恩斯完全承認 k 是一變數而非常數。他說：如果那第一次投資的數量較大，則邊際消費傾向多半會隨着所得之遞增而遞減；他認爲，無論個人或社會，所得愈多，則消費在所得中所佔的比例，往往愈小。但是，他竟沒有設法去把他的那些等式修改。

我願在此代他把這缺點補過來。

我們有一聯串的邊際消費傾向，寫作 m_1，m_2，m_3，m_4……，又有一聯串的乘數，寫作 k_1，k_2，k_3，k_4……。m_1 是第一輪增加所得中的消費傾向，k_1 是與 m_1 相當的乘數，m_2 是第二輪增加所得中的消費傾向，k_2 是與 m_2 相當的乘數；餘照此類推。（這裏所謂一輪，是指新的有效需求引起新的所得之每一周轉。）我們先虛擬一個較簡單的情形來作初步說明：

設 $m_1=\dfrac{3}{4}$，$m_2=\dfrac{2}{4}$，$m_3=\dfrac{1}{4}$，$m_4=0$，

則 $k_1=4$，$k_2=2$，$k_3=1.333\cdots\cdots$，$k_4=1$。

又設 $\triangle I_w=100$，

則 $\triangle Y_w=100+100\times\dfrac{3}{4}+100\times\dfrac{3}{4}\times\dfrac{2}{4}+100\times\dfrac{3}{4}\times\dfrac{2}{4}\times\dfrac{1}{4}+100\times\dfrac{3}{4}\times\dfrac{2}{4}\times\dfrac{1}{4}\times0=221.875$

如果必須使 $\triangle Y_w=k\cdot\triangle I_w$，則 $k=2.21875$。這樣求出的乘數，無以名之，勉强名之曰「綜合乘數」（「綜合」之意，有點近於「平均」，但不完全是平均）。綜合乘數，是把一聯串乘數的數值綜合在一個簡單的數值之中。我們把綜合乘數寫成 k_0，以別於前文所說的 k。正確的乘數等式，不應該是 $\triangle Y_w=k\cdot\triangle I_w$，而應該是：

$$\triangle Y_w=k_0\cdot\triangle I_w。$$

k_0 不能從 k_1，k_2，k_3，k_4……中求出，而應從 m_1，m_2，m_3，m_4……中求出，其式爲：

$$k_0=1+m_1+m_1\cdot m_2+m_1\cdot m_2\cdot m_3+m_1\cdot m_2\cdot m_3\cdot m_4+\cdots\cdots$$

我們的等式可適用於一切場合。m為變數亦可，為常數亦可。m遞減亦可，遞增亦可。m作有規則的增減亦可，作忽大忽小的不規則的增減亦可。說乘數原理，事實上應該從頭就祇用我們這裏的等式，而不能用凱恩斯那個更為簡單的等式。因為他那個等式，祇有在特殊場合，即邊際消費傾向永遠不變的場合，才有意義。

如果所得愈增則消資傾向愈小這個前提能夠成立(我相信這大致是正確的)，則我們的k_0，顯然的遠小於k。乘數原理的微妙力量，即一個就業可以變為幾個就業的功效，首先在這裏就打了一個折扣。其實此外尚有種種理由，可以使我們相信乘數不會十分大，以投資來刺激消費轉而刺激生產的辦法，功效不會十分廣。凱恩斯自己即會舉出下列種種情形：

(一)通常小的投資，引起的邊際消費傾向較大；大的投資，引起的邊際消費傾向則較小；這樣，要挽救較嚴重的失業，小的投資本身數量不够，大的投資則又因乘數太小而不够。

(二)當有效需求增加時，常伴以物價之提高，企業家的所得在分配中所佔比例隨之而提高；但企業家較諸勞動者，是少消費的階級，所得到他們手裏，多半變成儲蓄。

(三)近代國家，多半有大量的對外貿易，消費中有一部份要用於購買外貨，此一部份就不能刺激本國的生產；但是，如果外國採取以投資刺激生產的措施，則本國亦蒙受其利。

(四)失業人口，並非全不消費。他或則吃自已的儲蓄，或則向親友借貸，或則依賴公家的救濟，無論如何，他仍然要活下去。失業者一旦有了職業，他的消費量中，必須減去失業時的消費量，才是消費的增產。譬如我失業時每月消費百元，現在有了月薪二百元的職業，縱令將此二百元花得精光，所增加的消費量，也祇有百元，僅佔所得增量的二分之一，乘數僅為二。

最後一點的重要性，凱恩斯沒有予以充分强調，應加補充。有一種社會，多數人養成了這麼一種穩健的生活習慣，平時即在其所得中抽存一部份，作失業的準備，以致有職業時不見其奢，無職業時不見其窘。在極端的場合，邊際消費傾向甚至可等於零而乘數僅為一。當然，這樣的生活習慣，凱恩斯是深惡痛絕的。但凱恩斯似乎對社會保險沒有反對過。社會保險中的失業保險，却正可以造成與個人穩健習慣同樣的情形，失業時的消費，可以做到並不比有職業時少得很多。在此情形下，很可能邊際消費傾向僅為十分之二三，而乘數將不超出一．五。

凱恩斯估計，在一個既沒有對外貿易又沒有失業救濟的國家，失業者需依賴他人的所得為生，則邊際消費傾向應不下於八〇%，而乘數不下於五。我不知他的估計有什麼根據，其正確性無從判斷。但他的另一個估計，却顯然的失之過高。他說：假如有一個國家，(一)它的全部消費量中有二〇%用於購買外貨，(二)它的失業人口可得到相當於有職業時的消費量之一半的救濟，則此一國家的乘數，應在二與三之間。我根據原來的假設計算，却無法算出這個結果。設有一人於有職業之時所得為x，即令他把所得盡行花用，他對本國貨的消費為$\frac{80}{100}x$；當他失業時，可得救濟$\frac{50}{100}x$，對本國貨的消費為$\frac{40}{100}x$。他從失業到就業，所得是從零增至x(救濟就社會立場言，不算所得，因為那總是直接間接從他人之所得中扣出來的)，而對本國貨的有效需求，僅從$\frac{40}{100}x$增至$\frac{80}{100}x$。對此人而言，邊際消費傾向為$\frac{2}{5}$，而乘數僅為1.666……。如果他有職業時並不把所得用得精光，則乘數尚在1.666以下。

凱恩斯並沒有費心去找尋大量的統計數字，來考驗他的理論或估計是否與事實相符合。但，他所能得到的美國在一九三〇年前後的投資及所得統計，却使他失望。他發現即在最蕭條的期間，此時新的投資應該最容易刺激就業，而乘數亦僅在二．五上下。他認為不應如此之低，但他也不能確指問題究竟出在什麼地方。我不免懷疑，他是不是對自已的理論過於信賴呢？

所得彈性

至此為止，祇是說了投資之絕對值的增減，對所得之絕對值所能造成的影響。譬如說，投資增減若干元或增減若干「工」，這都是絕對值的增減。其影響也是用絕對值來表出。譬如，所得增減若干元或若干「工」。本節要進而論到比率的增減。比率的增減，是指增減百分之若干。投資之絕對值的增減，以ΔI_w表出，增二百「工」就是二百「工」。其比率的增減，則以$\frac{\Delta I_w}{I_w}$表出，I_w是指未增減時的投資量；如投資增二百「工」，則還要看原來的投資是多少，如原來的投資為二千「工」，則投資之比率的增量為一〇%。我們行將看到投資之比率的變化對所得所造成的影響，與其絕對值的變化所造成的影響，並不相同。

下文所作的數字說明，大部遵照凱恩斯原著(「一般原理」第一二五至一二七頁)；但他的解釋非常簡略，且計算有錯誤，以致不易讀通，我除改正其錯誤的數字外，並對他省略之處作必要的補充解釋。

設一個社會的消費傾向是這樣：當它的就業量為五、〇〇〇、〇〇〇人時，人們把所得全部都消費，一點兒儲蓄也沒有。在這情形下，並不是說它連已有的資本設備之損耗與折舊都無法補充，而是說它僅能補充損 耗與折舊，不能增加新資本設備，投資既是指資本設備之淨增加，則此時投資為零。在此階段，社會當然是貧窮的。再設：如就業增一〇〇、〇〇〇人，則人們消費其增加的所得之九九%

；如再增一〇〇、〇〇〇人，則人們消費其第二次增加的所得之九八%；如第三次增一〇〇、〇〇〇人，則人們消費其第三次增加的所得之九七%，餘準此類推。又設此一社會的充分就業量是一〇、〇〇〇、〇〇〇人。這樣一個社會，當它的就業漸漸增加時，它就漸漸富裕，以致消費傾向漸漸縮小，而儲蓄傾向則隨之漸漸增大。

由前列假設可推知：

(一)當就業量爲$5,000,000+n\cdot100,000$時，即當就業增加到第n個一〇〇、〇〇〇人時，邊際消費傾向爲$(100-n)\%$，即$\frac{100-n}{100}=1-\frac{n}{100}$，而在邊際上的乘數爲$\frac{1}{1-\left(1-\frac{n}{100}\right)}=\frac{100}{n}$。

(二)當就業量爲$5,000,000+n\cdot100,000$時，以工資單位計（即以「工」數計）的整個投資量爲

$$100,000\times\frac{1}{100}+100,000\times\frac{2}{100}+100,000\times\frac{3}{100}+\cdots\cdots+100,000\times\frac{n}{100}=1,000\times(1+2+3+\cdots\cdots+n)$$

$$=1,000\times(1+n)\times\frac{n}{2}=500n(1+n)$$

。(這裏又要假定儲蓄等於投資。當增加第一個一〇〇、〇〇〇人時，儲蓄既佔此一部份就業所得之一%，則投資即爲一、〇〇〇「工」，第二個一〇〇、〇〇〇人的就業，即可增儲蓄或投資二、〇〇〇「工」，餘類推。故投資總量爲上列之累加式。)

(三)當就業量爲$5,000,000+n\cdot100,000$人時，以工資單位計的整個國民所得量即爲$5,000,000+n\cdot100,000$。(這是根據前述$k'=k$以及就業與以工資單位計的所得二量可以互相替代的假設。)

(四)既然投資量爲$500n(1+n)$，而所得量爲$5,000,000+n\cdot100,000$，則投資與所得之比爲$\frac{500n(1+n)}{5,000,000+n\cdot100,000}=\frac{n(1+n)}{200(50+n)}$。這就是說：投資在所得中佔$\frac{n(1+n)}{2(50+n)}\%$。此一百分數，即稱爲投資率 (rate of investment)。

必要的假使及其推論，至此已經具備，我們先來看投資之絕對值的變化對所得的影響。(這裏的投資與所得量，均以工資單位計，不另說明。)

若社會原來的就業僅五、二〇〇、〇〇〇人(這是貧國的場合)，則增加基始就業一〇〇、〇〇〇人，可使全部就業增至六、四〇〇、〇〇〇人，這就是說，增加投資一〇〇、〇〇〇，可使所得增至六、四〇〇、〇〇〇。因爲當就業爲五、二〇〇、〇〇〇人時，$n=2$，根據前推論(二)，投資爲三、〇〇〇；當就業爲六、四〇〇、〇〇〇人時，$n=14$，所需投資爲一〇五、〇〇〇。投資從三、〇〇〇增至一〇五、〇〇〇時，就業或所得從五、二〇〇、〇〇〇增至六、四〇〇、〇〇〇。即：投資增約一〇〇、〇〇〇，則所得增一、二〇〇、〇〇〇，所得增量爲投資增量之一二倍。

若社會原來的就業已達九、〇〇〇、〇〇〇人(這是富國的場合)，則增加投資一〇〇、〇〇〇，僅能使所得增至九、二〇〇、〇〇〇。因爲，當就業爲九、〇〇〇、〇〇〇時，$n=40$，投資爲八二〇、〇〇〇；當就業爲九、二〇〇、〇〇〇人時，$n=42$，所需投資爲九〇三、〇〇〇。投資從八二〇、〇〇〇增至九〇三、〇〇〇時，就業或所得從九、〇〇〇、〇〇〇增至九、二〇〇、〇〇〇。即投資增約一〇〇、〇〇〇，則所得增二〇〇、〇〇〇，所得增量僅爲投資增量之二倍。

故投資之絕對值的同樣大小的變化，對所得之絕對值的影響，在貧國大，在富國小。但此僅爲前已闡明的原理之具體說明。

投資之絕對值的變化，對所得之比率的影響，根據前例，極易推知。在前一場合，即貧國場合，一〇〇、〇〇〇的增加投資使所得之比率增$\frac{1,200,000}{5,200,000}$，即增約二三%。在後一場合，即富國場合，同一數量的一〇〇、〇〇〇的增加投資，使所得之比率增$\frac{200,000}{9,000,000}$，即僅增約二%。故投資之絕對值的同樣大小的變化，對所得之比率的影響，亦爲在貧國大，在富國小。

再看投資之比率的變化對所得的影響。

若原來的就業僅五、二〇〇、〇〇〇人(貧國場合)，$n=2$，在邊際上的乘數極大，爲五〇；投資爲三、〇〇〇，所得爲五、二〇〇、〇〇〇，故投資率極小，僅爲約〇·〇六%。如果投資減三分之二，即從三、〇〇〇減至一、〇〇〇，則就業或所得從五、二〇〇、〇〇〇減至五、一〇〇、〇〇〇，因當$n=1$時，所需投資正好是一、〇〇〇。即：當投資減六六·六七%時，所得僅減一·九二%。

再如投資增十分之一，即從三、〇〇〇增至三、三〇〇，此時邊際消費傾向爲$\frac{97}{100}$，乘數爲三三·三三，增加的所得爲$300\times33.33=10,000$，所得從五、二〇〇、〇〇〇增至五、二一〇、〇〇〇。即：當投資增一〇%時，所得僅增〇·一九%。

若原來的就業已達九、〇〇〇、〇〇〇人(富國場合)，$n=40$，在邊際上的乘數甚小，爲二·五；投資爲八二〇、〇〇〇，所得爲九、〇〇〇、〇〇〇，故投資率較大，約爲九·一一%。如果投資減三分之二，即從八二〇、〇〇〇減至二七三、三三三，則就業或所得從九、〇〇〇、〇〇〇，減至七、二八八、四四九(擧其大數，應作七、三〇〇、〇〇〇，而凱恩斯原書則誤計爲六、九〇〇、〇〇〇，致令人不解)。那最後一個精密數字之求得，比較費事，應作稍詳細的說明。當就業爲七、二〇〇、〇〇〇時，所需投資爲二五三、〇〇〇。現在投資爲二七三、三三三，較諸二五三、〇〇〇，多出二〇、三三三，故就業當在七、二〇〇、〇〇〇以上。但此時的消費傾向已由$\frac{78}{100}$減至$\frac{77}{100}$，邊際乘數變成四·三五。就業或所得，較諸七、二〇〇、〇〇〇，尚須增加

20,333×4.35＝88.449。所以，當投資爲二七三、三三三時，就業或所得爲七、二八八、四四九。卽：當投資減六六·六七%時，所得減一九·〇二%(舉其大數，應作一九%，而凱恩斯原書則誤計爲二三%)。

再如投資增十分之一，卽從八二〇、〇〇〇增至一、〇〇二、〇〇〇，則就業或所得從九、〇〇〇、〇〇〇增至九、四二六、六四〇。因爲，當就業爲九、四〇〇、〇〇〇時，所需投資爲九九〇、〇〇〇，尙有一二、〇〇〇的投資剩餘，故就業當在九、四〇〇、〇〇〇以上。但如就業超過此數，邊際乘數爲二一·二二。就業或所得，較諸九、四〇〇、〇〇〇，尙須增加12,000×2.22＝26,640。所以，當投資爲一、〇〇二、〇〇〇時，就業或所得爲九、四二六、六四〇。卽：當投資增一〇%時，所得增四·七四%。

故投資之比率的同樣大小的變化，對所得之比率的影響，在貧國小，在富國大。此恰巧與投資之絕對值的變化相反。

投資之比率的變化，對所得之絕對值的影響，根據前例，亦易推知。當投資減六六·六七%時，貧國所得僅減一〇〇、〇〇〇，富國所得則減一、七一一、五五一。又，當投資增一〇%時，貧國所得僅增一〇、〇〇〇，富國所得則增四二六、六四〇。故投資之比率的同樣大小的變化，對所得之絕對值的影響，亦爲在貧國小，在富國大。

當我們說投資之增減時，必須先辨明是那一種意義的增減。如果是絕對值的增減，則我們卽刻可想到，此一增減對所得的影響，在貧國大而在富國小；也可以說，在有嚴重失業情況之時大，在將近達到充分就業之時小。如果是比率的增減，則剛巧相反，我們應卽刻想到，此一增減對所得的影響，在貧國小而在富國大；也可以說，在有嚴重失業情況之時小，在將近達到充分就業之時大。

關於投資之絕對值的變化及其影響，已有乘數的等式爲之作一般的、概括的表現，但關於投資之比率的變化，上文僅就一特殊事例來說明，尙缺乏一個籠照性的等式來表現其影響之大小。凱恩斯事實上已在一個脚註中找到了這個等式，却沒有詳細發揮，亦沒有强調其重要性。我再試爲補充。

我們已先有二個重要的比值：一個是投資之變量在原來投資量中所佔的比值，可寫成$\frac{\triangle I_w}{I_w}$；另一個是此投資之變量所造成的所得之變量在原來所得量中所佔的比值，可寫成$\frac{\triangle Y_w}{Y_w}$。投資之比率的變化對所得之比率的影響，其大小實繫諸$\frac{\triangle Y_w}{Y_w}$與$\frac{\triangle I_w}{I_w}$二者的比值之大小。如前舉的實例，當$\frac{\triangle I_w}{I_w}$爲一〇%時，如$\frac{\triangle Y_w}{Y_w}$僅爲〇·一九%(貧國場合)，我們就說影響是小的，因爲〇·一九%在一〇%中所佔的比率極小；當$\frac{\triangle I_w}{I_w}$爲一〇%時，如$\frac{\triangle Y_w}{Y_w}$爲四·七四%(富國場合)，我們就說那影響是大的，因爲四·七四%在一〇%中所佔的比率較大。因此，影響之大小，可以$\frac{\triangle Y_w}{Y_w}$與$\frac{\triangle I_w}{I_w}$之比的大小量出之。我提議把此一影響稱爲「所得彈性」(income elasticity)，簡寫作e_y。(凱恩斯已有了這個概念，但未爲之命名。)所得彈性的正式定義是：「(投資之變量所引起的所得之變量與原來的所得量之比)與(投資的變量與原來的投資量之比)之比」。此可寫成下式：

$$e_y=\frac{\frac{\triangle Y_w}{Y_w}}{\frac{\triangle I_w}{I_w}}=\frac{I_w\cdot\triangle Y_w}{Y_w\cdot\triangle I_w}。$$

又，依投資等於儲蓄的假設，且所得等於儲蓄加消費，則所得彈性又可寫成(以S代表儲蓄)：

$$e_y=\frac{I_w\cdot\triangle Y_w}{Y_w\cdot\triangle I_w}=\frac{S_w\cdot\triangle Y_w}{Y_w\cdot\triangle S_w}=\frac{\triangle Y_w(Y_w-C_w)}{Y_w(\triangle Y_w-\triangle C_w)}$$

$$=\frac{Y_w\cdot\triangle Y_w-C_w\cdot\triangle Y_w}{Y_w\cdot\triangle Y_w-Y_w\cdot\triangle C_w}$$

$$=\frac{Y_w\cdot\triangle Y_w(1-\frac{C_w}{Y_w})}{Y_w\cdot\triangle Y_w(1-\frac{\triangle C_w}{\triangle Y_w})}=\frac{1-\frac{C_w}{Y_w}}{1-\frac{\triangle C_w}{\triangle Y_w}}。$$

由此可知所得彈性通常總是小於一，而不會大於一。因爲，在最後那個分數中，必須分子大於分母，卽必須$\frac{\triangle C_w}{\triangle Y_w}$大於$\frac{C_w}{Y_w}$，此分數(卽$e_y$)才能大於一；而$\frac{\triangle C_w}{\triangle Y_w}$爲邊際消費傾向，$\frac{C_w}{Y_w}$則爲原來的消費傾向，前已言之，邊際消費傾向通常總比原來的消費傾向爲小。簡單說，如邊際消費傾向小於原來的消費傾向，則所得彈性必小於一；必須邊際消費傾向大於原來的消費傾向，所得彈性才能大於一，但此爲極少見之事。

我認爲，在整個乘數原理中，e_y至少與k同樣的重要。此原理之目的在表明投資與所得的關係，沒有e_y，整個原理不算完全。但e_y却較爲複雜：k僅牽涉到二個量，卽$\triangle I_w$與$\triangle Y_w$；e_y則牽涉到四個量，卽$\triangle I_w$與$\triangle Y_w$，以及I_w與Y_w。k僅由邊際消費傾向來決定，可不顧原來的消費傾向；e_y則必須由邊際消費傾向與原來的消費傾向二者合在一起來決定。e_y的重要性凱恩斯未嘗强調，學者們都把它忽略，是非常可惜的。

(未完)

個體主義與民主政治

海耶克著
殷海光譯

——海耶克著「到奴役之路」(The Road to Serfdom by F. A. Hayek) 之第五章

有的政治家要指導私人應該怎樣運用他們底資本。這樣的政治家不獨吃力去做些最不干己的事，而且是僭取了一種權力。他們所僭取的這種權力，不是民意代表所能承認的。他們之僭取這種權力，與這種權力操諸那自以爲勝任行使這種權力的愚人之手，是同樣的危險。

——亞當斯密

一切派別底社會主義者認爲，一切集體主義制度是爲工人謀取福利的組織，而且這類組織是精心籌劃出來的。這也是一切集體主義制度底共同特點。這一特點是一切派別底社會主義者所重視的。可是，照許多社會主義者看來，我們現存的社會發展並不太「有意識地」趨向此類目標。現存社會底種種活動是被許多人底幻想所指導着。而這些人又是不可信賴的。於是，他們對於這類的情形頗爲詬病，而常施評擊。

這一類底評擊立刻指向一點，即是，個人自由與集體主義之衝突起於何處。我們知道，各種各色底集體主義，共產主義，法西斯主義，等等，他們之間的分別，是各自想將社會活動導向在性質上各不相同的目標。但是，這些主義之間無論怎樣各不相同，而他們一概與自由主義和個體主義不同。(請留心此處——譯者)。他們要將整個社會加以組織，並且統治社會底一切資源，以達到其擬議的單一目標。這些制度底主持者，拒絕承認每一個人有一得以自主自發的領域，而且在這一領域裏個人自身之目標是至高無上的。簡單言之，這些制度是極權主義這一新名詞之眞實的內容。極權主義一詞，我們曾用來形容在理論上叫做集體主義的東西。現代極權主義之產生，固然多少出乎吾人意料之外，但却爲集體主義之不可分的表現形式。(譯者按：無論共產主義或法西斯主義，在其基本結構上都是集體主義。凡是極權政治必係以集體制度爲基礎。未有極權而不集體者。凡是民主政治必係以個人主義爲基礎。未有民主而反個人主義者。今日世界政治之最大的基本劃分，厥惟集體主義與個人主義二者之不同，猶如剖西瓜，一刀兩半，判然分明。講民主如反對個人主義，猶吃西瓜去其瓤而啖其皮，尙有味乎？講民主如採取集體制度，必係民主其表而極權其裏。集體底形式不一：在左翼方面，强調「黨派」與「階級」；在右翼方面，强調「民族」，「國家」。但是，極權份子常將二者加以化合而運用之。彼輩在何時强調「階級利益」，在何時乞靈於「民族國家」，端視實際政治利益之需要而定。第二次世界大戰時，共產黨失靈，斯達林則訴諸俄國人民之國家情緒。現在，毛澤東這樣的賣國賊，居然口稱「愛國」！由此可知，對個人主義的憎惡之情緒，如非出諸「黨派第一」與「階級至上」主義者之製造，便常出諸落伍之軍國民主義。論至此處，也許有人說：你這樣高唱個人主義，反對集體主義，組織問題從何談起呢？組織問題無從談起，何以應付緊急事態？老實說：請你別把「驅策」與「組織」混爲一談。在集體主義之下，根本就沒有組織問題；唯有在個人主義的大前提之下，組織問題才會發生。幾時聽到有人說猪羣，牛羣，馬羣發生過組織問題的？在集體主義之下，人底尊嚴喪失淨盡，人已經不是貨眞價實的人，變成猪羣，牛羣，馬羣似的一大堆有待權力者隨意擺佈的人畜(human cattle)，組織問題從何發生？實在說來，在以集體制度爲基礎的極權暴政之下，如有所謂「組織」之類底事，則唯有對愚衆之有計劃的蠱惑，麻醉，催眠諸般精神虐待，以及進而奴役，部勒，與壓制諸般身體虐待而已。所以，我們一聽到共產黨徒談「組織」，便不寒而慄。共產黨要「組織」我們，是我們反共理由之一。共黨底「組織」方式，不獨是民主之敵，而且是善良人類之敵。其實，眞正的組織是不應反對的。我們所應反對的，是在「組織」大帽子的蒙混之下，基於私念，對一羣無可奈何者之愚弄與驅策。眞正的組織是人類文明發展之一較高的形式。這一形式，只有在承認個人有其尊嚴與獨立自由發展的民主社會裏才得到比較充分的表現。惟有在這樣的社會裏各個人將其智力和體力相當發揮出來，多少各有成就，才有資據可供組織。)

我們知道，社會組成時當有「社會鵠的 (soci goal)」，或「共同目標 (common purpose)」。可是，這些名詞，常常被人錯誤地描寫爲「共同的好(common good)」，「普遍福利(general welfare)」，或「一般利益 (general interest)」。我們不必深究即可知道，這些名詞並無確切的含義。因而，我們不能藉着這些名詞之指示來決定任何特殊的行動，以爲社會謀求福利。億萬人底利益與幸福不能用一種單獨的度量衡制來測量其有多少。一個人底利益，正像一個人底幸福一樣，是許許多多事物條件構成的。這許許多多條件必須作無窮無盡各種不同的配合才能構成一個人底利益。我們也不能說一個人底幸福是一單獨的目標。一個人底幸福是一序列底目標，是一個包羅甚廣的價值系統構成的。在此系統之中，每個人底每一需要可以得到滿足。但是，集體主義者則主張依照一個單獨的目標來規定我們底一切活動。這種辦法就是預先假定我們每個人底需要是被安置在一個價值秩序裏，然後分出高高下下來。他們並且以爲這個人爲的價值秩序是很完備的——完備到足以在計劃者所須選擇的一切不同的行動中加以決定。簡單言之，這種辦法就是預先假定有一完備的倫理法典存在。在此倫理法典中，一切不同的人文價值都可給予適當的安排。

所謂完備的倫理法典，這一概念似乎不是大家所熟悉的。我們需要鼓起一點想像力來看這一概念究竟包含了一些什麼。我們並不以爲世界上有完備的倫理法典。在事實上，我們是常常在不同的價值標準之間作一選擇。我們在作這類選擇時，並不需要一個倫理法典預先規定我們應該怎樣選擇。至於在我們底社會裏，我們在這些道德性的場合中應該做些什麼，我們爲何能夠發展出一個共同的看法，這是沒有什麼理由可言的。在這樣的一個世界上，我們應須知道我們底道德法典到處都是漏洞。

如果我們有了一個完備的倫理法典，那末是否要好些，這個問題我們現在不加討論。我們現在只是指出，文明之成長愈高，個人底活動愈少受固定規律之束縛。（例如，文明人底行動不若野蠻人底行動之受禁忌底束縛——譯者）我們通常的道德法典是由一些規律構成的。時至今日，這類規律爲數日益減少，而且其性質則日趨普遍。（這眞是巨眼觀透。請强調所謂「歷史文化」之獨特性（uniqueness）者試冷靜一思。歷史文化如有其獨特性，根本是部落主義之一方面。這一方面，在世界日趨普遍化（universalized）之歷程中，徒起阻礙作用，徒作强權政治之工具，何值戀念？更何值死揪着不放？——譯者）人類自原始時期以來，幾乎每個人底日常生活都受到一套熟籌已久的禮教之支配，受到無數禁制（taboo）之限制。（譯者按：自現代極權政治興，政治教條則取此等禁制之支配地位而代之。）在這種限制之中的人，一言一動，很少會想到與其儕輩不同的。（現在的俄式訓練，就是要造成這種優良成績——譯者）

如果有人企圖依照一個單一的計劃來規定大家底一切經濟活動，那末勢必引起種種問題。我們要解決這些問題，必須乞憐於一種道德規律。可是，現存的道德規律却不能解答這類問題。關于這類問題，一般人要麼沒有確定的看法，要麼各人底看法互相衝突。因爲，在吾人所生存的自由社會中，我們簡直沒有機會去思索這類問題，而且更不易形成關于這些問題的公共意見。

我們不僅不能得到一種無所不包的價值標準，並且任何人都無法確知不同的人之各種不同的需要何在。任何人底觀察力不能超越一有限的範圍以外。他對別人底迫切需要之感覺也不能超過一有限的範圍以外。無論一個人底興趣是否集中於他自已底物質需要，或者他熱烈地關切到他所知道的每個人底福利，他所要達到的目標往往不過是全體人類需要之極小部份而已。（明乎此理，許多人可勿勞爲「大衆福利」操心——譯者）

上面所說的，是個人主義底全部哲學所依據的基本事實。個人主義底哲學並不假定人是自我主義的，或者是自私自利的，也不認爲人是應該自私自利的。個人主義者注意到一項事實，卽是，人底想像力有許多限制，這些限制使我們所作的價值標準充其量只能顧到整個社會需要之一部份。而且，嚴格說來，價值標準只能存在于個人心中，因而只有一部份底價值標準存在。我們底價值標準與別人底價值標準不同，並且往往彼此不相一致。這是無可避免的事實，也是無可爭辯的事實。個人主義的哲學只是從這類事實出發的。從這類事實出發，個人主義者認爲，在一定的限度以內，我們必須依照自已底價值標準和抉擇行事，而不依別人底價值標準和抉擇行事。在這種範圍以內，個人所定立的目標系統是至高無上的，不受任何他人底獨斷所左右。這樣看來，個人是他自已底目標之最後的裁判者。個人自己底看法和想法盡可能地支配着他自己底行徑。（譯者按：以上係就自由社會裏的個人而言。在俄式極權空間，一切無不反此道而行。在俄式極權空間，除了如斯達林的一人以外，已無完整意義的個人。在這類空間，一般的個人已無意志的存在，已無思想的存在，已無獨立的經濟之存在；個人所餘者，唯物理的存在，生理的存在，呼吸，消化，及生殖機能之存在。這樣的個人，在長期的心理痺痲之下，在政治權力底威脅之下，在官爵與利益底招誘之下，自然祇有完全依照別一個人底價值標準和抉擇而行事。並且久而久之，居然成爲風氣，習染者毫不自覺，視若當然。於是，這樣的社會，像迭斯尼底幻想曲裏所描寫的一樣，無數小鬼在一個魔王底指掌之下忙亂不已。這樣的社會，乍然看來，也許花花綠綠，鬧熱非常。其實，隱藏在這花綠鬧熱背後的，是無限的茫然，無限的愴涼，無限的虛幻。在這種社會裏，絲毫沒有生機在那裏滋長，很少人味存乎其間。這種社會之構成與延續蘊涵着其自我毀滅的因素。所以，正如迭斯尼所描寫的一樣，黑暗的夜幕過去，光明的太陽照耀，魔王和小鬼們會一齊消失得無踪無影。迭斯尼底幻想曲裏所描寫的，雖然是他自己底幻想，但正像一篇魔鬼社會始末記。斯達林之流，就是這種魔鬼社會之創造者。他底這種創造天才，正是人間地獄化之一因，但却爲毛澤東之流羨艷不置，日以繼夜模倣之不暇。此所以東方浩刼横流不已也！要挽此狂瀾，首先必須把個人從此等魔王掌中搶救出來，讓各個人底腔子裏各裝上自己底靈魂，呼吸自由空氣，正正常常地作個人。）

我們主張個人主義，並不反對人應有其社會目標。無寧，我們認爲個人底目標應須有與別人底目標相契合之處。這樣，我們就可以把各個人底努力配合起來。不過，照個人主義者看來，這種配合是應有個限度的。（請留神此處——譯者）限度在什麼地方呢？只有在各個人底看法符合時，各個人底努力才可配合起來。（組織問題才由此發生——譯者）一般所謂的「社會目標」，就個人主義者看來，等於許多個人底目標；或者，等於各個人願意努力以赴的目標。這一目標達到後，各個人底欲望便可得到滿足。因此，所謂共同的行動，只限於各個人所同意的那一範圍。在最大多數的情形之下，這種共同的目標並非個人底最後目標，而只是不同的個人爲了達到不同的目標而採取的途徑。在事實上，一般人所常同意的共同行動，乃能達到一共同目標的行動。但是，這一行動所能達到的共同目標，往往並非一終極目標，而是可能達到各個人底目標之一手段。（例如，大家現在從事反共制俄。可是，大家並非爲反共制俄而反共制俄。大家之所以反共制俄，各有其目標在：商人爲了將來得以自由經商，工人爲了將來得以自由做工，學人爲了將來得以自由究學。……——譯者）

當着許多個人聯合起來從事一項工作以達到他們共同的目標時，他們爲達到此目標而形成的組織，比如像國家，被賦予他們自己底目標，以及他們爲達到這些目標而自定的方法。（這麼一來，個人中心論建立。而一般所躭心的個人與羣體不能相容之說不能成立。同時，少數自私分子不得假借「國家」，「民族」，「社會」，……之名，拂逆衆意，以遂其私欲矣！——譯者）在國家底權力高於其他一切組織之時，依各種目標而形成的組織依然是一個「人」。因此，在有限的各別範圍裏，任何組織底目標依然至高無上。（所以，政府不得挾「國家」以凌之——譯者）這裏所說的範圍之限制怎樣劃分呢？各個人對特殊的目標都同意時，其目標才至高無上。過此限制便爲不可。當然，如各個人所事之項目增加，則各個人對某一特殊事項同意之蓋然程度會減少。（此點從事「組織」者需能明瞭。一個組織對各個人之要求事項愈少愈妙——應須嚴格限制于最低限度之必要條件上。個人對組織所能支付之多少與組織對個人要求之多少恆爲逆向變化。一組織對各個人所涉及與要求者愈增，則個人所能支付者將愈減。此與向人借貸之理類似：向人借錢者，數量愈少，借到手的機會將愈多；向人告貸的次數愈少，借到手的比例將愈多。反之，告貸的數目愈大，借到手之把握將愈少；向人告貸的次數愈多，借到手的比例將愈少。這本是常識，至少是窮人底常識。但許多「搞組織」者則昧於此理。彼等之統治慾特別盛旺，盛旺到冲昏了腦筋，以致對于「被組織者」之要求之高，常高過父母對子女之要求。彼等不獨要管其行動，且要管其「思想」。這樣一來，勢難避免下列結果：強梁者不受其「組織」——其實是部勒或驅策；受其部勒或驅策者率皆無能之輩。在一特殊情境之下，如人衆無法脫離「組織之網」，則爲生存計，大家對苛煩之要求常應之以輭性的敷衍。此所以，在像蘇俄這樣的地區，習於虛假，乃普遍現象。這眞是「事有必至，理有固然」。譯者）

祇有當國家底行爲是大家所自動同意的時候，我們才能信賴大家底公意，並憑此以指導國家底行動。可是，對于某些事項，當公衆的同意不存在時，國家常直接管制這些事項。一旦國家直接管制這些事項，個人自由必遭抑制。在公共的場合裏，國家管制着所有的工具。一旦公共場合之範圍超過全社會底某一比例，則國家行動所發生的結果便宰制着整個的社會體系。有時，國家雖然祇直接掌握着社會資源之大部份，可是國家所作決定對于社會經濟結構其餘部份的影響則甚大。於是，國家幾幾乎間接控制着社會上一切的事物。德國早在一九二八年，中央政府和地方政府直接控制着國家歲入大半之用途。依德國官方底估計，中央政府和地方政府所控制的，有歲入百分之五十三。這樣一來，政府幾乎控制住了德國全體人民底經濟生活。（這眞是可怕——譯者）在這種情形之下，個人如欲完成任何事業，若不倚賴政府之助，便很少成功之希望。指導國家行動的「社會價值標準」，在事實上，一定囊括着一切個人底目標。

國家實行計劃經濟時，我們之需要意見與行動之齊一，遠較平時所需要者爲多。民主政治如依附於計劃經濟之上而施行，其後果爲何，實不難預料。一般人也許同意採取管制的經濟制度。因爲他們相信管制的經濟制度可以產生更多的財富。我們知道，在討論究竟採取何種經濟制度時，計劃經濟底目標，據說是爲謀求「公共福利」。其實，這類名詞不過表示大家對於計劃底目標並沒有眞正一致的看法而已。在行政機構將一個單獨的經濟計劃改變成一個特別的經濟計劃時，我們必須確切決定究竟應須具體做些什麼。問題一提到此處，各人底意見就不盡相同了。大家同意須有一中央管制計劃，但又不同意一個特定的目標。這正如一羣人在一起旅行，可是關于究欲何往，各人也許各有其目的地。在這種情形之下，這些人都不得不旅行，但其中最大多數的人却不得不到那不願往之處。在計劃經濟的制度中，我們所從事的集體工作，不僅僅限於我們所同意的那些，我們還被迫做許許多多工作，以便經濟計劃之完成。這是計劃經濟制度下無可避免的結果。（於是，人都變成了機器底零件——譯者）

計劃經濟運動中有一特徵，就是要求經濟範圍裏有一獨裁者。吾人須知，經濟範圍裏的獨裁，可以逐漸破壞政治上的民主。哈維 (Elie Halevy) 認爲克利浦斯爵士 (Sir Stafford Cripps) 等人都會同意說：「我們是生活在經濟混亂之中，除非在某種獨裁方式領導之下，否則我們將無法免除這樣的混亂。」抱持這種思想的人是很多的。在德國，甚至在希特勒掌權以前，經濟計劃運動已經大有展進。一九三三年以前的某些時候，德國底民主政治已瀕於破滅。像伯魯寧 (Bruening) 這樣忠誠的民主分子，已不復能像施萊希 (Schleicher) 或巴本 (Von Papen) 那樣本着民主方式來治理德國了。到了希特勒，已經並非必須破壞民主政治不可。他不過是利用民主政治衰落的情勢，並且在德國危機臨頭之時獲得許多人支持罷了。這些人雖然極其憎惡希特勒，可是他們又覺得希特勒似乎是唯一力足做點事情的人。因此，他們只好擁護希特勒。（這眞是莫奈何，這眞是大悲劇。——譯者）

計劃主義者鑒於民主主義者之評擊，常常提出一些論據來緩和民主主義者。他們所提出的論據之一是說，只要民主政治掌握着最後的控制權，則民主政治底要素是不會改變的。曼海門說：

「計劃的社會與十九世紀的社會唯一不同之處，是社會生活越來越受國家干涉。但是，如果少數人所行的統治能被議會底統治權所牽制，那末多數人底統治亦然……在民主國家，統治權可藉無限的權力而增强，且不致棄絕民主的統治。」

這一信念，忽略了一項事實，卽計劃的社會與十九世紀的社會之間有一項重要的差別。當然，議會可以控制並且執行一定的指導原則。我們可以把議會當作安全活塞；甚至可以當做一個便利的媒介。官方對於不滿分子的答覆，可以藉着這種媒介而爲大家所知曉。但是，計劃之本身却不能予吾人以何指導。計劃之事，如付諸實施，結果必至造成有絕對權力的人。吾人需知，整個的計劃制度，是趨向以大衆爲墊脚石的獨裁。在這種獨裁方式之下，政府首腦藉着大衆投票，一次又一次地鞏固其既得的地位。他們處於這種地位上，便能够確使投票之擧隨着他們所希望的方向發展。（這是極權主義者玩弄民主技巧之一。由此吾人可知：民主的選擧固常投票，但投票不必然爲民主的選擧。可是，許許多多民主人士常有一項錯誤的推論：他們以爲實行民主選擧常投票，因而投票係民主的選擧。這是一項由錯誤的推論所產生的錯覺。和尙固然唸經，但唸經的不一定是和尙也。但民主人士常在此錯誤之中。極權分子遂得利用民主人士此項錯誤，導演投票選擧的把戲，造成民主人士以其爲實行民主之錯覺，遂得混水摸魚，從中取利。——譯者）

現在有人常說，實行民主政治，就不應該容忍「資本主義」。照我們看來，如果所謂「資本主義」意卽自由競爭制度，而自由競爭制度係依據於自由處分私有財產的制度之上，那末我們最重要的事就是認淸，只有在自由競爭制度以內，民主政治才有實行之可能。然而，當民主政治受集體主義的敎條之支配時，民主政治便無可避免地毁滅其自己。

我們說上面的一些話，並無意於視民主政治爲神明而崇拜之。在我們這一代，關于民主政治談的太多，想的也太多了；而關于民主政治究有多大的價值，則很少人過問。阿克頓爵士說，自由並非「不是實現較高政治目標的方法。就民主政治底本身而論，它就是我們所要達到的政治目標。我們實行民主政治，並非爲了實行良好的公共行政，而是爲了公民社會在追求其最高目標時得有一安全的保障，是爲了滿足私人生活時得有一安全的保障。」自由如此，民主亦然。民主政治是一種程序，是一功利的方法。我們藉着這種方法，可以保障內部和平，以及個人自由。既然如此，民主政治並非無有失誤，也並非確切無可置疑的制度。在某些專制統治之下，較之在許多民主政治之下，常有較高之文化的或精神的自由。至少，我們可以想像，由極其同質而且同樣堅持一種信仰的多數人所構成的民主政府，在其施行統治權時，其對人民之壓迫，可能與最惡劣的獨裁政治無異。（此是公允之論。所以，羅素說，狂熱足以招致危險。在民主政治之下，尙有此危險；在非民主政治之下，其毒惡與令人窒息之外，更何堪設想！——譯者）可是，我們必須知道，實行計劃經濟，遲早會走上獨裁之路。因爲，獨裁制度乃施展壓制之最有效的工具，而且也是推行什麼「理想」之最有效的工具。（斯言良是。所以，在政治範圍中，凡狂熱地堅持大家應該遵行某種「制度」或奉行某種「主義」的人，最易有意或無意採取獨裁或極權政治。因爲，他們要拿獨裁或極權政治作爲推銷其自以爲良好的「制度」或「主義」之工具。爲推銷其自以爲良好的「制度」或「主義」而實行獨裁或極權，彼認爲係出於必要，或「目的可使手段成爲正確的」，於是而「問心無愧」，而理直氣壯。然而，此法一行，「制度」與「主義」未見實行，而獨裁與極權之禍先臨。此所以近數十年來天下大亂也！說至此處，願天下之信奉「制度」與「主義」而枉顧實行之手段者反省，尤願天下人洞察那隱藏於假名實行「理想」者心中之權力慾所造成之大禍。茲以毛澤東爲例。毛澤東倡言共產主義。若干人誤以爲眞，起而盲從附和。及至彼利用此盲從附和之力量竊據大陸，立卽實行所謂「民主專政」，於是，億萬人衆於「共產主義之利益」未見，而極權之苦味先嚐。此一天大敎訓，可不記取哉？吾人對于其他一切性質類似之「理想」，「制度」，或「主義」，都應存此戒心。以譯者觀之，「主義」，「權力」，與「獨裁」乃不可分之三位一體（Trinity）。數十年來，世界所發生的鐵的事實，可證吾言之不謬——譯者）同時，我們如要大規模地施行中央管制，獨裁制度乃最有效的制度。計劃經濟與民主政治是扞格不入的。民主政治乃掃除自由之障碍的一種制度。而在指導經濟活動上，自由又是如此之必要。所以，計劃經濟與民主自由不能並存。可是，如果民主政治一天不能保證個人自由，那末計劃經濟便會一天在極權統治之下以某種形式而存在。「無產階級專政」，卽使在形式上是民主的，如果實行中央管制的經濟制度，則其對個人自由的破壞之程度，必遠過專制政治所未達到者。

有許多人相信，只要權力之最後的根源握諸大多數人之手，專斷權力便不能產生。這種想法是錯誤的，而且是沒有根據的。不過，這種說法所引起的反面說法也是不正確的。反面的說法謂，我們欲防止權力專斷化，並非求助於權力產生之泉源，而係藉着限制權力之行使。（譯者按：前一種說法係就權力之泉源說。主此說者，以爲只要主權操之在民，治權操諸政府，則可防制獨裁之危險。這個說法。在現代統治技術之前，是會落空的。茲以經濟事項爲例。時至今日，股票持有人不過是名義上的經濟主權者。股東大會一開過，實際掌握經濟大權者爲經理人員。股東固無法對盈虧負責也。後一說法尤其不通。權力底泉源不在人民，從何而限制權力之專斷？民主不能只行一半。要行民主，必須從頭到尾都行：必須從權力產生底泉源一直到權力之行使，都是民主的。）民主的控制可能防止權力之專斷化。但是，僅靠民主的控制，尙不足以語此。如果民主政治决定做一種工作，而這種工作又一定不能藉固定的規律行使權力，那末民主政治遲早也會成爲專斷權力的。（所以，行民主政治時，議會機構必須時常防止行政部門「偷關漏稅」的僭權情事。——譯者）

譯者附誌：本章之與當前論點不相干者，已酌予略去。

我對反共救國會議的看法

董時進

儆寰先生：承囑為貴刊撰稿一篇，對團結及反共救國會議表示意見，本應遵命。但我只有一點小意思，用不着撰文，在信上表示就夠了。

關於團結問題，不久前曾寫一短文在香港及美國兩處報紙發表，勸大家都看在大陸人民面上，謀求團結，即使不能團結合作，也絕不可以互相攻擊。現在沒有重要的新意思了。至關於擬議中之反共救國會議，我倒想提醒當局注意幾點：

一、反共救國會議的目的在名稱上已經標得很明顯，這不由得使人想到，反共救國應該是整個自由中國的責任，一切設施都離不開這個目的。行將召開的國大會議，也應該有這一重要任務。既然如此，似無須專開一個反共救國的會議。

二、如果這是一個團結的會議，那麼，國民大會應該是代表全國人民的會議，既有了代表全國人民的會議，為什麼還須另外開一個團結的會議？

三、如果這會議是為拉攏一向不參加政府或不與政府合作的各黨派及社會領袖人物，那末，會議應邀請的份子和召開的方法，都應仔細商酌妥善，然後舉行。第一，切不可因開一個團結的會議，反而招致了顯露不團結的裂痕的結果。我說這話，是因為已經有一些人在對這會議表示冷淡及異議。第二，這會議萬萬不可是一個徒湊熱鬧的會議。那樣的會議在大陸上開得太多了，徒勞民傷財，如今政府的財政既困難，大家也沒有閒情逸緻，以故那種性質的會議必須避免。第三，開會下來，必須能對於反共救國和團結都有重大的幫助。如果大張旗鼓地熱鬧了一陣，並無驚人的表現；那末，開了會比不開還更壞。結果必致損失政府威信，以後甚麼舉動也不會受人重視了。

從原則上說，我是不相信會議——能夠對於反共救國有重大幫助的。固然，我不知道發起這種會議的諸公有何善計。但是我希望他們能夠從實際上仔細考慮，真能預期一些什麼效果。值得開才開，必須如何開法才能得到預期的效果，便如何開。假使對於開會的目的、方法和效果，沒有籌劃妥善，還是不忙開的好。

我的愚見是這樣：首先不忙召大規模的什麼會議，只邀集少數領袖人物及對於目前國家緊急問題有深刻認識、好學深思、公忠謀國者攏來，至少給他們一兩個月時期，切實研究和商討出一套反共救國的辦法和方案來。現在最重要的是要辦法，（當然還要實行）不是說空話。有什麼辦法可以加大反共的力量，可以把人心鼓舞起來，可以把隊伍的精神提高，可以使大陸人民如大旱望雲霓，使共黨統治者心虛膽寒，使全世界耳目一新，使尼赫魯那般人也點頭佩服。這種所謂「辦法」，意義甚廣，包括政府的組織、人選，執政者的作風及其生活方式，乃至社會風氣的改革等等都在內。如果研究下來，認為有召開某種會議的必要，不妨再行召開。可是這樣的一些辦法決不是開會可以產生得出來的。就是我所說的邀集少數人商討，也不過是先畫出一個輪廓來，以後必須經常有一些謀士在一塊兒，隨時籌劃推進，才可以登達彼岸。這便是我的一點兒意見。總之，現在要想復國救民，決非細枝末節的整頓改革所能奏效，非下起死回生的工夫不可也。

順頌 著祺

弟董時進上十月二十五日

（上接第20頁）

海宇歸心，何難中興復土」；「偽組織，豈得衷誠擁護？忘八腳當面出醜，羞憤交併，兆民齊反共，且內外團結，定將掃穴擒匪」。（三）筲箕灣馬家村慶祝聯語：「恭祝國慶，粟里依然知有晉」；「衆尊民主，海隅靡不欲亡秦」。又村尾一聯：「雙十祝中興，島上羣情祈復國」；「萬千圖反共，村中衆志已成城」。（四）調景嶺難民新村慶祝大會場聯語：「勝事數當年，記武昌義起，舉國風從，把滿清專制推翻，偉業豐功昭史冊」；「壯懷攄我輩，願磨礪以須，枕戈而待，將俄共極權消滅，自由民主遍寰區」。其餘慷慨激昂的聯語尚多，美不勝收，足可表示海外僑胞心情的一斑。

古語說：「得民者昌，失民者亡」，這是我國五千年來測驗朝代興替的準繩，也是歷史演進之不易的規律。由今年「雙十」「十、一」之對于海外人心的測驗，便很明顯地可以了解民意的歸趨。不過，這裏有一點是我們須要指出的，海外僑胞民心的轉變，實在是由於中共自己的作惡所促成的成分多，由於國府的作為者少。縱使臺灣近年的勵精圖治，然而在海外人士的心目中，國府在政治民主方面的努力，實在還很不夠，這都是有目共睹的事實。因此，我們自己還得加緊努力，以促使中共之及早滅亡，使天下蒼生早脫苦海。只望朝野人士全國同胞努力團結，以完成我們「反攻復國」「還我自由」的大業，則幸甚矣！

廖樞于香港調景嶺

考驗人心向背的準繩

香港通訊・十月廿日

廖　樞

回憶大陸赤化之初，一般人民受了共黨的欺騙曾經迷惑一時，而錯誤地表示過他們的意見。民國卅八年及卅九年的十月一日，國內外同胞對秧歌王朝的「汚腥旗」，作過熱烈的希望和歡騰。可是迨後，便因恐怖、屠殺、榨財害命的「三反」「五反」「土改」「鎭壓」的殘暴政策而逐年的淡冷、失望，以至於厭棄絕望，于今簡直已到痛恨、切齒，願與偕亡的階段了。請看海外的僑胞們，自民卅八年以後，逐年十月「雙十」與「十、一」之表示，便是一個明顯的對照，也是一個最準確的測驗人心向背的寒暑表。

像我這樣的流亡者在香港是不可勝數的。國破家亡之餘，感慨無已。每年的「雙十」和「十、一」我都要走遍「港九」的街頭和巷角，仔細地體察人心的向背。一年一年的，我從人心裏看到了希望。

關於今年雙十與「十、一」的香港情形，報紙上雖已不斷有了報導，但我仍願在此加以綜述，一方面爲的是要想從這裏找出國家復興的希望，一方面也表示一個流浪者對祖國期待的殷切。

早在十月一日之前，一般被人民痛恨切齒的赤色王朝羣醜們便派了許多匪諜，僞裝商人，挾帶港鈔一批，來港作秘密公開的活動，決定以誘騙、恫嚇和收買的政策，來維持其今年「十、一」僞慶的場面，以挽回其失去人心的頹勢。他們採取的步驟是這樣的：對于港、九、澳的一般商戶，挨家挨戶，先去假作顧客的訪問，寒暄之後，便言歸本題：「十月一日的『國慶』到了，你們是熱愛祖國的進步商胞，將準備如何來慶祝？」老成練達的商人，知道說客的來意之後，便以玲瓏圓到的口脗婉拒他們：「我們是寄居外地的商人，在他國統治之下，只有在商言商，不問政治，以免麻煩」。有些則將計就計的敷衍他們。至於一些正義直爽的商人，便索性直捷了當毫不客氣地對他們說：「共產黨殺人放火、謀財害命的政策，我們已經認識清楚了。我們的家產，都給共產黨剝榨光了。只望共產黨早日覆亡，人心才能稱快。」一般宣傳遊說的匪諜們聽了一般商人的答覆及意見之後，分別以各種不同的方法來對付他們，或則奉承、引誘，或則威脅、恐嚇，總之是千方百計，無所而不用其極。他們以爲經過這樣的做作，總可以敷衍「十、一」僞典的場面了吧？那知結果竟遭遇到出乎其意料之外的失敗與悲哀。

十月一日那天，港九各界對僞慶反應的冷寂，是人們所想像不到的。如與民卅八年的情形兩相對照，眞是有如天壤。港九各商戶懸掛五腥妖旗的除幾家靠攏銀行、欽定書店及職業工棍把持的工會，商棍所把持商會及幾家與大陸貿易有關的商行外，一般商戶實無一人。計香港方面計共僅二百七十二家（香港時報的統計爲二百七十一家）；九龍方面：計共九十七家（香港時報統計爲九十九家），連素來左傾的華商總會亦懾于正義而不敢懸出五腥妖旗。澳門方面更爲零落，據友人來函說僅有七十一面，其零落可憐的情形，便可想而知了。再看所謂港九工商界的「祝慶」大會，于石塘咀廣州酒家舉行，其人數寥寥無幾，匪諜幹部們覺得太難爲情，乃臨時急以電話令將勞工子弟學校學生，掃數請來湊合場面，但仍不足千數，以港九兩百四十餘萬市民人口爲比例，尚不及二千五百分之一。人心之向背，于此可知矣！

然而到「雙十」國慶那天，表現于海外僑胞的情緒，那眞是普天同慶，四海歡騰，其抑不住之歡欣鼓舞的熱情，眞有難以筆墨形容者。

雙十節前幾天，各自由工會商會及各學校各社團，都自動召集籌備大會，準備慶祝節目，有許多節目都因限于當地警律的規定而予節減。雙十前夕港九澳的街頭巷尾，都已有青天白日的國旗在飄揚。一到雙十節，各學校、社團、工廠都自動放假，人山人海遍滿街巷，那鮮明可愛的青天白日滿地紅的國旗，隨風飄揚于整個香島和澳門。爆竹之聲，響徹雲霄，到處可聞。尤其雙十那天，氣朗天青，風和日暖，誠足以象徵國家前途的光明遠大。一般僑胞抑不住心頭歡欣情緒，有幾件爲當地警察所不許可的行動，亦毅然而設法爲之。譬如在交通孔道搭建巨型的牌樓與繪製巨型的壁上標語口號，都于更闌夜靜之後，以閃電的方式而築製成了，一般僑胞歡欣愛國之熱度可見一斑。凡屬是華僑所住的地方而非外僑雜住之處，可說是家家戶戶國旗飄揚，成了青天白日滿地紅的旗海。學校方面如德明學校及香江學校，都插着整齊如林的國旗，隨風飄揚。各社團集會慶祝場面之熱烈，更爲四年來所未有，使人感到無限興奮與快慰！在英京酒家五樓舉行的工團總慶祝會，與在六國飯店舉行的文化教育界慶祝會，眞是水洩不通，後來之人，均無處插足！港九僑胞熱烈愛國的熱誠，堅決反共抗俄的意志，可從各社團門首之聯語可以見之，其慷慨悲壯的氣魄，眞足以氣吞赤魔匪竄而有餘。茲略摘錄一二于後——（一）九龍巴士總工會慶祝聯語：「愛民主，愛自由，愛國家，當年壯士一呼，震驚天地，撼動河山，華夏聲威播寰宇」；「反極權，反迫害，反奴役，明日王師北指，同刮猪毛，共烹鵝肉，海隅巴總再乾杯」（二）筲箕灣西灣河太古裝船工會慶祝聯語：「眞國慶！方有熱烈排場，看街頭自動狂歡，忠貞奮發，三戶可亡秦，況

(下轉第19頁)

戰後芬蘭

梅興譯

芬蘭是歐洲第六大國。蘇俄帝國主義在這裏遇到挫折。雖然在第二次世界大戰期間，它受紅軍侵略，損失領土的十分之一，並付給蘇俄鉅額賠償，但芬蘭還維持着它的主權和獨立。

芬蘭一面在政治上擋住北方的强鄰，一面在經濟上力圖復興。她的造船工業比戰前擴大六倍。她的金屬加工業也比以前大了一倍。成千成萬所的新屋落成了。人口在逐漸增加着。

大約紀元一百年左右，芬蘭地方開始有人民在這裏定居下來。一一五五年瑞典國王伊利第四征服了這個地區，把基督教傳了進去。有六百五十年之久，芬蘭人在瑞典統治下保留着相當的自治權利，最後終於成立了他們自已的國會。

一八〇九年，拿破崙戰爭後產生的政治壓力迫使瑞典把芬蘭割讓給帝俄。此後，沙皇給芬蘭人一個憲法，並立他們爲大公國。

一九一九年，經過第一次世界大戰的混亂，一九一八年俄國革命和一九一八年的內戰後，芬蘭以共和國的新姿態出現。孟納海姆元帥領導着勝利的軍隊，爲獨立而戰鬪。

戰後的芬蘭既然安定繁榮，國勢蒸蒸日上，國內的少數共黨份子也被有效地鎮壓了。在一九二〇——一九三〇年代，蘇俄利用芬蘭在對列强關係上的孱弱地位，假裝自己是和平、裁軍和非侵略的擁護者。結果，芬蘭被騙，於一九三二年一月二十一日接受了『非侵略條約』。

七年後，莫斯科提出一項蘇俄的共同安全公約，要求芬蘭租借漢科港和其他領土給蘇俄。並修改非侵犯條約。談判繼續兩個月之久，雖然芬蘭願意就其他各點讓步，關於漢科，它的答覆是：『芬蘭不能在它的領土上或在它領土之內，以軍事基地，給予外國。』

威脅既無效，蘇俄遂於一九三九年十一月三十日派遣大軍入芬蘭邊境。芬蘭人，雖然寡不敵衆，却勇敢作戰，抵抗大規模的紅軍達一〇五天之久。各主要城市均遭蘇俄共軍轟炸，全部戰線均受重大壓力。最後終因犧牲過大，訂了停戰協定。

俄國强迫芬蘭割地（計佔芬總面積十分之一）包括卡利連在內。芬蘭喪失領土一一七，六〇〇方哩，居民四五〇，〇〇〇名。俄國在芬蘭各地獲得許多軍事租借地。

卡利達省之被蘇俄吞併，表示喪失芬蘭農產品百分之十二，和她的工業產品百分之十。在這一場短命戰爭中，人力的損失是傷亡九萬人，另有五萬人永久殘廢。在每二十四個兒童中，必有一個孤兒，在每十五個婦女中，有一個是戰爭寡婦，每八個人必有一人無家可歸。

一九四〇年，芬蘭人民會苦着臉說：『我們已贏得了我們留下的這一切！』但是他們還保持着他們的獨立，芬蘭仍與西方自由國家維持着正式的聯繫。

在與芬蘭政府獲得協議後，德軍於一九四一年春天開抵芬蘭。表面上是取道該國，前往挪威北部的防地去。但實際上，許多德國部隊却在芬蘭領土上留駐相當長的時間，德軍在芬蘭極北的拉勃蘭省建築了許多基地和軍火庫。

德軍攻擊蘇俄後，蘇芬之間的戰爭復於一九四一年六月廿一日爆發。芬軍開入卡利連省，威脅麥孟斯克鐵路，但是並未完成什麼重要的目標。

一九四四年芬蘭人認識與納粹德國合夥，並無好處。九月二日在與德國斷絕外交關係後，芬蘭要求締結停戰協定。九月十九日，與英、蘇成立了臨時停戰協定。一向爲芬蘭人民好友的美國，從未對芬蘭宣戰。

一九四七年二月十日，芬蘭和盟軍之間在巴黎締結的和約，予芬蘭以重罰。彼得沙摩省、東北的沙拉地區、拉多加湖以西，包括維普里城——國中第二大城都被迫割讓給俄國。俄國人還獲得離赫爾辛基約十哩之地的波卡拉——烏德半島的五十年租借權。

當一張鉅額的對蘇賠款單子加在芬蘭頭上的時候，芬蘭已經運了六十萬噸的建屋材料到俄國去，而當時，芬蘭自己尚缺乏房屋一四〇、〇〇〇棟。她誤期送機器和船舶到蘇俄去，於是又被罰了一大筆款子。

一九四七年蘇俄利用他們在芬蘭的技術團代表沙伏令柯夫阻止芬蘭參加馬歇爾計劃。另一打擊是不久之後蘇俄在聯合國使用否決權阻止芬蘭成爲會員國。蘇俄終於這樣做了，雖然在對芬和約的序文中規定，盟國（包括蘇俄）應支持芬蘭之申請參加聯合國。

一九四八年，蘇俄的賠償政策突然改變。莫斯科出人意表之外的宣佈，從七月一日起，芬蘭提交俄國的貨物可減少一半。這意思就是說，減少賠款七三，五〇〇，〇〇〇美元，約等於總賠償額的四分之一。此時芬蘭正處於總選擧的前夜。

幾乎在同一時期，克里姆林宮强迫芬蘭接受一個『互助公約』。經過數星期的談判後，芬人勉强地答應了。若遇攻擊，當接受蘇俄援助，但是他們避免負擔派遣軍隊出境的責任。

經過了冗長而艱苦的八年歲月，芬蘭始於一九五二年九月十八日付清了該給蘇俄的一切賠償。芬蘭供給蘇俄以船舶、建築材料、木材、電氣器材、銅線和工廠設備。載着賠償品的貨車可以貫穿歐洲大陸。芬蘭的國民收入每年被榨去百分之十八。

賠償品中有三分之一是新型快船。另三分之一是工業機器。俄國人要求芬蘭償賠的貨品種類不下一百九十九種之多，其中有電動引擎五萬個；發電機一千隻；流動發電廠五百零十個；抽水喞筒一，一二八個；六千棟房屋的材料；海底電纜一，四六〇哩。船舶五八一艘，火車頭七〇一個，貨車六，一八七輛。還有三十家設備齊全的工廠。

芬蘭人民的反蘇情緒非常强烈。共黨已不能僅用內部破壞的辦法。芬蘭人知道蘇俄的侵略，他們正在對付蘇俄的挑戰。（完）

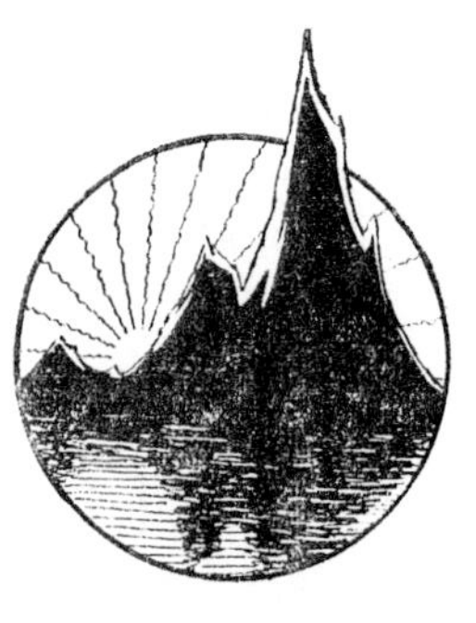

雨過天青(上)

黎中天

一

推開窗戶，看看外面，剛下過雨，地上很濕，門前才淋了雨的菜苗，變得更逗人憐，綠得怪惹人愛。菜園旁邊，有個透亮的水潭，我家的白母鷄在潭邊和水中的影子對啄着，一圈圈的水紋散開，把水底的青天和牠的影子蕩成波波折折的，閃着一明一亮的清光。隔着百多公尺寬的沙灘橫着淡水河，泥沙把河水染得又黃又濁，比平常流得有氣魄些。對岸盡是綠油油的禾田，還有一些灌木叢半遮着幾個疏落的農村，輕風送來鷄犬的叫聲。眼界的盡頭，薄薄的白雲貼在淡淡的遠山上。

雨落過了，天要晴了，我的心開朗了。感謝主！讚美主！

以前我們曾夢想過這樣的地方，這樣的小屋。早晨開開窗子，看太陽微笑，聽雀子吹口哨。白天裏種種小菜，養養鷄鴨，有空讀讀詩，睡個小覺。黃昏在沙灘上散散步，檢幾個貝殼。夜裏對着月亮和星星，給孩子講個荒唐古怪的故事，多悠閒自在！

感謝主的恩典！過去的夢想現在都成了事實。

儘管這地方偏僻，屋頂是草蓋的，牆是泥巴築成的，我一點不嫌棄。這塊地是用我們自己的血汗換來的，我們要在這裏生根，免得再東飄西蕩。它不但為我們蔽避風雨，還體現出一個家庭，培養着我和丈夫、孩子間的愛。

我們每天抽空拿鋤頭挖鬆小屋週圍的泥土，靠孩子幫點小忙(有時越幫越忙)，種下花種和菜種。我有盤算的省了一點錢，為室內陸陸續續購置了一些傢俱。那張靠近窗子的寫字桌，和房中央的小茶桌，四把藤椅，都是新買的。只要照預定計劃按步就班來做，總有一天會弄得像個樣子的。會的，只要做，終歸會的。

如今我對人生有了新的看法，比起以前遇事乾着急，空流淚的性情完全不同了。從生活中體驗生活，從生活中學習生活，只要咬緊牙關忍受折磨，過後就會皆大歡喜。

二

記得是四十年五月，我從香港來到臺灣。一時租不到房子，就在博愛路寶島旅社住了將近一個月。

在淪陷了的大陸被折磨過的人，心嚇虛了，僥倖逃到香港，在那個火山口邊的樂園，還戰戰兢兢的，老覺心上壓着一塊沉重的石頭。因此一到臺灣，就如釋重負般地感到無比的輕鬆和新鮮。

等到情緒平靜，才想起老這樣不是事，要趕快租間房子住，還要找工作做。

提起這些事，亮就搖頭縐眉。亮是個讀書人，做過公務員，新聞記者和中學教員。他對於日常生活最不善應付。有一回，我要他去買幾隻剛孵出的小鷄，準備養大了生蛋，誰知他買回來的全是公鷄。「才孵出的小鷄，公鷄、母鷄價錢全一樣，我本來想買母鷄，」他的理由十足：「但一看公鷄比母鷄長得大，我就拿定主意，揀大的買總不吃虧。」——我只好喊天！

我和他不同，比方他期期要買一兩張愛國獎券，理由是：「買一個希望」。

「你真是——，五塊錢好買一斤肉呀！」我又想喊天。

要他辦公事，寫文章，他會做，也肯做。要他租房子，找工作，他就愁眉苦臉了。

不管他願不願意，三個人等着要房子住，三張嘴張着要東西吃，我不逼他，生活會逼他做的！

三

亮對穿衣很隨便，結婚以前，還修飾修飾，他說「那是有目的」的，結了婚「就沒有必要了」。——我真難過。

現在他去找事，我不逼他修飾，他真會拿那副叫化子相去見人。「這個社會最重儀表」，我要他剃個頭，又替他燙好一套米色凡立丁西裝，擦亮皮鞋。

早晨的太陽照到玻璃窗上，透進淡黃色的光，又暖和，又不刺眼。聽聽汽車，火車和工廠汽笛的叫聲，看看街上趕着去上班的公務員和工人，還有背着書包去上學的學生，和提着籃子去買菜的主婦，我們想到馬上會成為這些人中間的一份子，覺得新鮮有味。

亮也高興，老對着鏡子裏面寬額頭、高鼻子、翹下巴的白臉孔開玩笑，亮摸摸下巴，鏡中人也摸摸下巴；亮盯盯眼，他也盯盯眼；亮用舌尖舐舐嘴唇，他也用舌尖舐舐嘴唇。兩個一模一樣的臉孔演了半點鐘對臺戲。結果倒像兩個人都找到了工作。新同事初見面，對着一笑一鞠躬。

剛剛放下鏡子，一起床沒有洗臉就出去玩的明明回來了。「爸爸，你到那裏去？」他一邊說着，一邊朝他爸身上撲去。

「不要碰我！」他用手擋着明明說：「你這個三花臉，一雙煤炭手。」

今天他穿了一套乾淨衣服，就做出一副高貴相，往天看見明明的朝天鼻孔拖着一抽一縮的鼻涕，還逗逗他：「明明，爸爸說個謎給你猜：『兩隻白狗，守在洞口，客人一來，牽了就走。』你猜是甚麼？」明明頓着兩隻腳說：「爸爸，你又說我的鼻涕，我不跟你玩了。」一面拉弓箭似的用袖子在嘴上一拖，揩得乾乾淨淨。

他嫌孩子髒，使我不高興，我把明明牽過來偎着。「剛穿件乾淨衣，就做出副怪相，幸好你沒有升官發財。」我說。

「今年我走鼻子運，就要升官發財了。」他看看我的臉色，笑着說：「燕，我穿得這樣漂亮，一個人到外面去活動，妳放心嗎？」

「有什麼不放心，你又不是三歲兩歲的小孩，怕拐子拐走？」

「妳真膽大！」他說：「萬一有個年青漂亮的小姐把我拐走了，才危險啦！」

「我最膽小，」我說：「沒有飯吃才真正危險！」

「好了，明明，你媽媽放心，你放不放心？」他在孩子的額上親了一下。

我原諒了他：「去吧，放一萬個心，我親愛的老祖父！」

明明看見他走，又朝他撲去。「爸爸，我也要去。」我連忙拖着孩子說：「明明，不要把爸爸的衣服弄髒了。」

他對我笑一笑，倒使我不好意思地低下了頭。

四

臺北的五、六月間是梅雨季節，上午太陽還出得好好的，下午幾陣風吹來滿天的烏雲，便驟然落陣大雨。

天氣跟人的心情一樣，一時高興，一時憂愁。早晨亮朝着太陽走出去，每絲陽光都是希望，都含着快樂；傍晚淋着雨走回來，每滴雨都是失望，都含着煩惱。

我們像初入社會的青年那樣天眞，把事情看得簡單容易。一說找工作，儼然就有事情等着去做；一聲要租房子，就有房子等着去住。過去在大陸上找工作、租房子太容易了，有工作來找我們，不合意還不去；說到房子，自己還有出租的。

亮頭幾天出去，他托的人都說「慢慢來」，「等等看」，「別性急」，「再等等看」。後來才知道人家不願意當面給釘子碰，拿話敷衍敷衍你的。

房子也去看了好幾家，人家有人家的條件，我們有我們的條件，有的不租給有小孩的人，有的房子太小，或是左鄰右舍住些不三不四的人家，環境太壞。但雙方面最難得談攏的，還是錢。

起先亮去找一位老上司，這位老上司現在當什麼處長。亮去會了好多次，每次在會客室裏等上一個半個鐘頭，甚至打了很久的瞌睡，醒來還見不到人，連傳達都對他煩了。好不容易見到了，閒話好談，提起找工作就爲難：「現在的人事凍結，暫時沒有辦法。」得不到結果告辭出來，無意中碰到老上司的弟弟，和老上司太太的侄子。這兩個人以前也跟亮同過事。老同事見面，着實親熱了一番，談起他們兩個人的近況：一個學電機工程的現在當出納；一個以前當過警官的現在管事務，拿了「黃牛當馬騎」，兩個老同事連說了幾聲「慚愧」。接着問起亮的情形，亮說：「我這個學中國文學的正在打牛」。總算這個世界還有點人情味，兩個老同事答應只要有機會，一定幫他說話。

他又去找一個在省政府當股長的同學蔡長庚，這個人很熱心，到處替他跑，到處替他托人。跑了很久沒有結果，就很乾脆的告訴他：活動工作的人太多了，各機關不但不加人，還要裁員，實在幫不到忙。

後來以爲遇見一個有辦法的人了，這個人姓黃，是蔡長庚介紹認識的。每次去見他，每次都說「正在替你想辦法進行，慢慢來，慢慢來」。看他的樣子像個好人，聽他的語氣也很誠懇，亮相信他，經常去問消息，回答總是一句老話。有一次，亮剛剛告辭出來，聽見房裏有人問：「你又不去幫人進行，老害得人家跑來，何必？」「不好意思當面拒絕，不好意思當……」。亮天天東奔西跑，一時擠在人多氣悶的公共汽車裏，「好像在蒸籠裏，老擔心自己會蒸成饅頭」。一時在馬路上喝灰塵，一時在人行道躲雨。偶然有人多看他兩眼，就以爲人家懷疑他，鄙視他。最使他悲哀的是：「人倒霉，狗淸楚；我到那裏，狗咬到那裏。」

起先我還安慰他，給他打氣：「人家答應你慢慢來，總會有辦法的。」「東方不亮西方亮，多托人想想辦法。」這些話講多了，自己都厭了。

說實話，我早就看出情形不對，只是自己不敢朝壞處想，說幾句話安慰他，替他打打氣，實際上還是說給自己聽，安慰自己，替自己打氣。我太需要鼓勵了，看見他回來扳起臉，心裏就發慌着急。

我有時也猜想找房子、找工作未必像他說的那樣難，一股怨氣無處洩，使我忍不住要說他幾句：「你眞中看不中用，跑了兩三個星期，還沒有着落。」

「我沒有皇親國戚，人家不會空着位置和房子等我。」他平常不愛多講話，只怪在外面光碰釘子，回來我又嘀咕他，刺激他過份了，也會回嘴的。

我更氣，我說：「等我去找，不相信找不到。」

「妳去找？」他說得刻薄：「早十幾年不成問題，如今妳的黃金時代過去了。」

他接着說：「結婚是女人最好的職業，別的職業女人受男人的氣，只有這門職業是男人受女人的氣。」

我說不贏他，氣得流淚。他又說：「妳以爲拿出最後的武器就把我嚇倒了？」

我忍不住笑起來，又恨又愛的想拿件東西打他。「眞是前世的寃家，今生的對頭，算我怕你。」我咬着牙齒說。

我和孩子陪他跑了幾天，工作的確難找，房子倒看中了溫州街的一間，房租不貴，不要押金，只是要先繳六個月租錢。

將身上的錢全拿出來，還差一半，只好向人去借，又是到處碰釘子。這個世界的人情成了定規：沒有錢向人家借錢，只會得到同情：「你老兄很苦，我淸楚，可惜我也……」。一旦有了錢，不要借錢，偏偏會得到慷慨：「老兄要錢用不？我有。」

信風水的人當不到官，怪祖坟葬得不好；我受了氣，怪雨作孽：「這個死雨哪，眞落傷了我的心！」

五

「錢不够怎麼辦？眞急人！」我在房裏跳脚，「眞逼得人想死。」

「哈哈！找到頭條社會新聞了。」門口忽然出現一個身體魁梧的人，穿一套半新半舊的黃卡嘰中山裝，挺着胸，昂起頭，豪氣十足。

「約漢，」我很高興的喊：「你這個快活佬，這一向到那裏尋快活去了？」約漢和我們在香港認識的，他和亮最談得來，我和孩子都喜歡他，平常他到那裏，就把愉快帶到那裏，我們說他是「天字第一號快活佬」，他只承認是「懶得朝壞地方想的人」。

他走進來，沒來得及和亮握手，明明早撲到他的身上，親熱的喊着：「李叔叔，李叔叔。」

約漢喜歡得連連親着明明的面頰說：「好香好甜啊！熟透了的小蘋果。」

心裏的煩惱冲淡了我們的歡喜，我和亮沉靜了下來。約漢邊吻着明明，邊轉着靈活的眼珠看看我和亮。「來，多情的傷感主義者(他老是這樣叫我)，有什麼話說給我聽聽。」他抱着孩子坐在櫈上說。

「飯沒有吃的，還說什麼話。」我說。

快活佬的看法不同：「人有飯吃，話就多了。」

亮才開始講話：「大家都有飯吃，也就沒話說了。」

約漢希望曉得我們的困難，我和亮都不肯講。他叫起來：「說呀！妳這個要自殺的人，我好寫獨家新聞呀！」他又轉身對亮說：「你這個悲劇的天才男主角，說呀，我好幫你成名呀！」

一肚子的苦處正想說說才舒服，我把最近的情形全對他說了，講到借錢碰釘子的事，動了火氣，忿忿的說：「這些小人，以前口口聲聲答應人幫忙，眞要他們幫忙的時候，……。」亮遞了一條手拍給我。

約漢從皮包裏拿出五十塊美金，放在我的手裏說：「我最不喜歡幫人的忙。」

「你……。」我和亮都說不出話來。

「這是我的全部財產，我怕掉，放在你們這裏保險。」他微笑着說：「我們訂個『君子協定』：你們不收保險費，我不收利息，甚麼時候有就甚麼時候還。」

「條件太苛刻了，」亮說。

大家都笑了。

我怕他自己沒有錢用。他告訴我們：「我找到了工作，在民主雜誌社當編譯，不愁沒有錢。」

我向亮盯了一眼，意思是：「你看啦，人家偏偏找得到事。」接着又對約漢說：「恭喜你當了『新聞記』啦，難怪一向看不到你的影子。」

「沒有事找事忙，有了事做事忙，我們都不是有閒階級啦！」他親了一親明明的柔髮。

明明一直坐在他身上，烏溜溜的眼珠，誰說話就望着誰，我們笑，他也跟着傻笑。約漢吻他的時候，他正翻起眼珠在胡想，等到感覺到約漢在吻他的頭髮，才眨眨雙眼皮說：「李叔叔，我昨天看見一匹馬，還看見三個豬，馬一衝過去，豬嚇得到處亂跑，好玩得很。」

「在那裏看到的？」

「在街上看到的。」

「哈哈！又漏了一條『國際』新聞了。」

明明只顧問他的：「為甚麼豬的尾巴有肉！馬的尾巴沒有肉？為甚麼豬的耳朵大？馬的耳朵小？」

約漢聳聳肩。

明明又要他講故事，他答應下次來講，接着表示要走，孩子看見我殷勤留他，賴在身上不肯下來，害得他許下大願心：「下次來講一百個故事給你聽。」孩子不敢相信，看看我的眼色，才放了他。

送他到門口時，亮說：「朋友，趁我們沒有錢的時候，多來看看我們。」我們曉得他有種脾氣：不愛跟有錢人來往。

「看看你們？」他看我把頭靠在亮的肩上，搖搖頭說：「我怕受刺激，看了難過。」

對他的感情，衷心感激，處處想報答他，於是我說：「我給你介紹女朋友。」老資格有經驗的亮向約漢盡忠告：「老弟，女人是模範監獄，只可以在外面看，不要到裏面去。」

「我想還是住住模範監獄好。」他摸摸明明的頭，揮着手大步走了。

六

從博愛路搬到溫州街，飄蕩的生活才告了一個段落。

這棟二十二個榻榻米的日本房子，四邊圍着攀着綠藤的矮圍牆，一進大門有個小院子，院子裏有個小水池，澄碧的池水上，飄浮着兩三片落葉，池子邊有座長滿了綠苔的假山，假山旁長着兩株桂花樹，有幾根枝椏搭在圍牆上；六月間桂花沒有開，葉子倒長得青溜溜的。聽聽房裏掛鐘「的答、的答」的聲音，和自己的鼻息聲，我好似聞到了桂花香，也聞到了家庭的溫馨，心聲化成了歌聲，我輕輕唱着：

可愛的家庭啊！

……。

想想失去了的老家就難過，看看得到的新家庭又喜歡，擦乾了眼淚，說不出心裏的感覺是苦？還是甜？

這棟房子的左邊鄰舍住了一個當過什麼長的人，輪到如今吃閒飯，他的小轎車還有過去當大官的喉嚨和神氣。比他年輕三十歲的太太身體像綠荳芽，一天不打牌就喊有病，發起脾氣來，一個司機和一個下女都不夠侍候，還要老爺賠上百十個小心。

右邊鄰舍住的一位臺灣大學的教授，書本上有「不可抗拒的吸引力」，六百度的近視眼鏡一天到晚離不開。他的太太是個中學教員，每天穿的用的比不上左邊鄰舍的下女。他們家的兒子受了家庭環境的影響，天天清早起來讀英文，當了大家的義務報曉鷄。

初來的時候，打算和鄰舍聯絡聯絡。想一想：「向左靠攏」，物質條件不能比；「向右靠攏」精神力也比不上。形勢逼得我們只有向前看，拿定主意「那家死了人是那家的事」；他們不先來招呼我們，我們決不去找他們。結果誰都不理誰，大家「老死不相往來。」

我們的房東林火塗，矮個子，寬肩膊，短脚桿，一口金牙齒表明了他的籍貫。他在電力公司當會計，辦不完的公事時常拿回來做。他不愛說話，除了間或喝幾杯當歸酒，樣樣事都安分守己。

房東太太長得比水牛還要壯，上身穿件白粗布背心，下身穿條短褲；一雙瘡疤脚，一年四季拖着木板鞋；臉上搽的鉛粉跟粉了的牆壁一樣；又寬又厚的嘴唇，塗着血紅色的口紅；要不是兩隻小眼睛在塌鼻子的兩邊時時向人盯幾下；老遠看她會當她是個紙菩薩。

新來的房客引不起她的興趣，我幾次陪笑臉找她談話，回答都是「唔宰洋」(臺灣話：不知道)。她有她的長處，從早到晚做個不停，房裏弄得整整齊齊，院子裏掃得乾乾淨淨，連廚房和廁所都抹得很清潔。

新環境的好事壞事看來樁樁新鮮，引起了重新振作的念頭，我向亮喊出口號：「亮，你應該向林先生『看齊！』」

「妳也應該向林太太『學習』呀！」口號馬上有了回聲。

七

我被清靜的環境和有趣的人物吸引住了，心平氣和地做了幾天好人，隨後什麼都看慣了，再引不起興趣，愉快的情緒漸漸平淡了，沒有了。

慢慢又開始傷腦筋，有了家，家裏大小事情亮都不管，件件都要我操心，都得我動手，單說一天擦一次房裏的榻榻米，就夠使我腰酸背脹。吃力勞神還無所謂，要用的東西沒這樣，缺那樣。最頭痛的是，連脚盆水桶都要跟房東借，林先生有見識，通人情，只說：「拿去用，莫要緊啦！」水牛婆就小氣得要命，生怕我用壞她的東西，老是撅着嘴嘰嘰咕咕唸，還要斜着眼睛表示看不起人，這些小舉動又傷了我的心，加上小淘氣興風作浪，更增加我和她的不愉快，各人心裏都有了反感。

連串不痛快的事堆在心裏，就有了一肚子的委曲，委曲化成怨氣，以致對週圍的一切不但沒有了興趣，還格外看不順眼。

心裏有怨氣就想說，他在家對他嘀咕，他不在家就對自己嘀咕，自己也不清楚那裏有這麼多話說，還要把現話說個七八上十遍。

「有錢就不會受這種氣，」我時時想：「有工作就有錢了」。想來想去又怪了他，也只有怪他，實在也應該怪他：「這個死東西最不爭氣！」

「眼前受氣還是小事，」左想右想又想遠了一些：「再過一個時期連飯都會沒有吃的，怎樣得了？怎樣得了？……」。拿這個問題問了自己無數次，想不出解決的辦法，一股火氣衝到心裏，我不安地看看前後左右，好像怕人來害我，又像找人來救我；亮吃過早飯就跑工作去了，孩子在外面玩着，我只好向天吐口氣，輕輕喊了一聲「天哪」！一喊天，忽然想起了救主：「主呵！我們快到窮途末路的地步了，求你保佑我們……。」做了禱告，心還是不平靜，為了加强信心，我把頭一抬，手緊緊的握成拳頭，對自己大聲說：「主會保佑我們，會的，一定會。」無意中看見鏡子裏自己的像，顯得很堅强，但對着凝視了一會，不知不覺蹺起手指，心裏感到一陣顫慄，彷彿看到了鬼影子，驟然一個寒噤，我撲在桌上哭了。

漸漸看亮都不太順眼了，那天吃晚飯的時候，孩子不留神掉了一隻筷子，我順手檢起來，用筷子在孩子的額上點了一下，信口說：「你這個死東西最不爭氣。」

亮驚奇望着我，我連忙說：「他一天到晚只曉得吃，只顧玩，你應該跟他找個學校，免得他在家裏作孽。」

亮盯着我，不回我的話，過了很久才說：「燕，希望你堅强一點。」

我一陣鼻酸，趕快轉開臉，用手蒙着鼻子說：「我啦，我最堅强。」

「我承認妳的嘴巴很堅强，我不是說妳的嘴巴，」他說：「我是說妳那顆豆腐做的心。」

八

一天下午，他回來了，一臉的喜氣，這種臉色一個多月來我才第一次看到。

我沉不住氣，連忙問：「是不是找到了事情？」

「明明呢？」他問。

「到外面玩去了。」

「明明讀書的事交涉好了，區公所指定他進龍山國民學校。臺灣的小學教育是義務教育，各區的學齡兒童都由政府指定進附近的國民學校，手續很容易的辦好了。」

「我以爲你找到了事情，」我冷了半截。

他盤起脚坐在榻榻米上不做聲，他的眼光跟井裏的水光一樣含蓄深遠。

「你今天回來喜氣洋洋，一定還有好事，說呀！」

我的話打斷了他的思路，他眨眨眼，對我說：「我要寫一本書，書名都想好了，叫做『太陽對着我們微笑』。」

幾句話逗起了我的火性子，我咬着牙根說：「太陽對着我們微笑，笑個屁，笑個鬼，你的書還沒有寫成，太陽早對着我們的屍首哭了。」

他蹙着額頭，低下了頭。

他的屈服是我的勝利，我更加有勢，一隻手叉在腰上，一隻手指着他：「你有神經病，你發了瘋，我們快沒有飯吃了，你還要寫書，書，書，書，難怪找不到工作，你這個書獃子，火燒到眉毛尖還在做夢。」

「女人是現實的。」

我又氣又好笑，「你不現實，七天不吃飯，看你現實不現實？你活得不耐煩，想做餓死鬼，我和孩子還要活，你想死，我們不想死……。」

他幾次要開口我都搶着說了，他輪不到說話的機會，我把一些現話三翻四覆的講，書獃子受不了「疲勞轟炸」，兩隻手死死的蒙着耳朵。

一肚子的氣痛痛快快出了，他的屈服使我得意，把他當好欺負的俘虜，我扯着他的大耳朵，但看見他菜黃色的臉和那一臉苦笑，我又覺得心痛，放下了手。

他揉着耳朵說：「燕，妳越來越多嘴了。」

「我最不多嘴，我恨死了多嘴的，我……。」

「好了，好了。」他趕忙又用手蓋着耳朵，看我的嘴不動了，又說：「妳這個人光原諒自己，從來不原諒別人。」

「天理良心，我是最肯原諒別人的。」

「妳是蛤蟆交騾子投胎的，嘴多氣大。」

我笑也不是，哭也不是，渾身轉了勁，在櫈子上坐了下來，看看他那牛皮糖的神氣，我覺得我才像俘虜，我沒有氣力的說：「你狠，算我怕了你！」

九

七月初，明明進了學校，他的工作還渺茫得很。有一天，他回來得比往日早，看他坐在櫈上扳起臉不吭氣，我又對天吐口氣。

「太陽對你的屍首微笑的人，又碰了什麼大釘子？」我問。

「我找到工作了。」他冷冷地的說。

「什麼？」我撲在他的膝蓋上，聚精會神的望着他。

「是眞的？」

「是眞的。」他的臉上沒有表情。

「眞愛窮開心！」我不敢相信，又希望是眞事，雙手抓住他的腿搖着。「你騙我的，你騙我的，是不是？是不是？」

「是眞的，我不騙你。」他的語氣懇切。

看看他十分認眞的神氣，我信了他，高興得淚光模糊了。

「亮，我們是在做夢吧？」我把臉貼着他的膝頭說。

「我們早沒有夢了！」

我奇怪他的聲音冷淡，抬起頭來看他，他好像在發氣。我焦急的說：「有了工作，你應該喜歡呀，幹嗎還扳着臉？」

他說：「我不幹。」

我跳了起來，「你不幹，好容易找到一樁事你又不幹。」

我瞪着眼，咬牙切齒的說：「你要做超時代的地質學家，光想在書上尋金礦，挖金鋼鑽。太陽笑暈了你的頭，你發癲，想找死，要死何苦從大陸上逃出來，還怕共產黨要不了你的命!?」我賭氣一衝，衝到窗子邊站着。

站了一會，還沒有聽見他走攏來的脚步聲，我斜着眼瞟着窗玻璃，他的影子顯得很苦惱，我起了憐憫心，轉過身去說：「究竟是什麼工作？說出來商量商量看，要是當强盜做賊，我情願餓死也不會要你去做的。」

他說他在新公園遇見以前掃蕩報的老同事曹嘯山，曹先生是自由日報的社長，聽他說沒有工作，表示編輯部暫時沒法安插，如果肯屈就，還有個總務主任缺，等以後編輯部有適當的缺再想辦法。「我當總務主任，我能夠當總務主任嗎？我是幹總務的人嗎？」

「你不能夠當總務主任，你不是幹總務的人，誰生成了是幹總務的？幹了會死人，會丟你田亮前的臉？我才不肯信。」我尖着嘴對他噴了一口涎水：「呸」！

他用袖子揩揩臉。

「曹先生答應你有機會調到編輯部去，又不是做不到的事，『騎馬找馬』，那一點不好？」我接着問：「你怎樣答覆他的？」

「他要我考慮考慮再答覆他。」

我放了心。「亮，我們再不能這樣下去了，再這樣下去眞會餓死，難道在大陸上沒有被殺死，在香港沒有病死，要到臺灣來餓死？我希望你還是做個好人，不貪污作弊，清清白白，暫時渡過難關，有什麼不可以？」我拿出「最後的武器」。

「拿了黃牛當馬騎，多尷尬。」他的心動了，「我眞不想做不願意做的事。」

我蹲在他的脚邊：「亮，我們餓肚皮不要緊，孩子年紀小，他犯了什麼錯？要跟我們活受罪。亮，我不要你爲我想，只要你替無辜的孩子想一想，你看見他穿了破爛的舊衣沒有？你注意他最近瘦了沒有？你可以不管嗎？」

他擦擦眼睛，嘆口氣說：「好吧！」

「感謝主！」我笑着說。

「不要信上帝了，這個世界不信神的，反對神的人太多了，上帝本身都很危險，妳多做禱告，提醒他好好保佑他自己吧！」

「我眞恨你。」我倒在他的身上。

十

從此，「我們的主座」服服貼貼去上班。

眼送他出了門，說不出的歡喜，我笑了起來，像初戀時初次的秘密約會一樣，我靠着門框上自我陶醉了半天。

水牛婆拿着掃箒從身邊走過，我挺起腰昂着頭去看她，她矮了半截！找不到話題來告訴她：「我的先生當了主任」；氣她不找我說話，使我失了一個告訴她的機會；她還裝着那副神氣十足的死相，我更看不起她，對她的背輕輕的「呸」了一聲：「妳的先生不過是一個會計，值得妳這樣大模大樣？」

我一身輕鬆，一邊朝房裏走，一邊想：第一步是積錢還約漢的欵子，拖久了不好意思。第二步是買點東西，他的皮鞋要穿底了；我得做一兩件旗袍；明明穿的衣服又破又小；「這些都要趕快做好，才有臉皮見人」。第三步……「……唉喲」！我叫了一聲痛，原來是脚指碰着欖脚，忍不住好笑說：「也好，走了兩步再說，走遠了不跌跤也會碰痛脚的。」

打了一盆水，拿塊抹布開始抹榻榻米。寂寞幫助人思索，我邊做心裏邊打算：一個月的薪水總共四百塊，一半繳房租，一半吃飯，頭半年的房租先付了，預算要付房租的錢正好積下來還約漢。第一步有把握。想到這裏，下意識使我的手緊抓着抹布舉起來了，「這眞是了不起的把握！」說着又笑了。

「半年以後呢」？我繼續想：「照樣天天要吃飯，月月要繳房租，薪水尅着用，還是賸不到一塊錢，第二步就有問題了。」

這個問題我不着急，快樂的心情會引起天眞的想法：「亮找到了事情，我也會找到的。會的，一定會。我一找到事做，第二步就不成問題了。」想到這裏，希望撩花了我的眼，一身輕飄飄的飛到半天雲裏去了。

一點不費力抹完了八個榻榻米，連自己都奇怪這次沒有了腰酸背脹的毛病，精神還特別好。

「怕眞是亮交了鼻運，」我想：「抹榻 榻米都 這樣順遂。」

十一

沙漠裏的蜃樓看不見了，我又從半天雲裏摔了下來，一場空歡喜又落得一把鼻涕一把眼淚。「總務主任」這次見機，幾句話說得正中我心窩：「我跑了兩個月才找到事情，妳只跑了這幾天，機會不會有這樣巧。暫時就在家裏，一來家裏要人照料，二來慢慢等機會，我托人幫妳留神，妳別性急。」——我承認「我們的主座」是有幾套！

不管他說得怎樣天花亂墜，工作找不到，究竟是件洩氣的事，我仍打不起精神。

每天兩父子一早便帶着午飯的便當出去，將近天黑才回來，明明比較早一點。除了星期天，別的日子只有我一個人在家，陪我聊天的人都沒有，至於那個水牛婆，我一看見她就閉起眼，免得眼珠受洋罪。

清靜的環境不再有溫馨，我嫌桂花樹又矮又不鮮艷，嫌假山又呆笨又單調，還嫌池子裏的水太死太不淸潔；房東的掛鐘如果是我的早摔了它，「的答、的答」的聲音敲煩了我的心，怪水牛婆不關掉它，顯然有意跟我作難，我咬着牙齒賭咒：「這一輩子要是原諒了她，我討不得好死！」一心唯願這棟空空洞洞的鬼屋起火，燒得它點滴不留。

我眼巴巴的望天黑，望到一大一小回來了，小的還有人性，靠着我講講這個男老師好，那個女老師兇：「喜歡罰學生的站，打學生的手掌。」這逗我氣忿：「或許那個女老師是六十歲的老處女」，我想。摸着他的頭問他挨過打沒有？他搖搖頭，我馬上不恨「老處女」了。

他又說「我學會了打大鼓」。「一個同學捉到一隻麻雀，一鬆手就飛走了」。「今天中午看了兩本小人書。媽，小俠艾虎的本領眞好」。「……」。最無味的話，只要是孩子說的就變得有味了，一天的寂寞僅僅得到這點點安慰來補償。

孩子的安慰我不滿足，我喜歡有人對我說話，更喜歡有人聽我說話，我失望了。他一回來就躺在榻榻米上跟死人一樣，要吃晚飯了，「死人」才爬起來，飯後，開開電燈，便拿起筆伏在桌上。

兩父子坐在一張方桌上，在一盞五十支光的電燈下，明明溫書，他寫文章，兩個大陰影把房裏光線全遮了。我坐在側邊，就是打打毛線、補補破衣也還是無聊，將手上的活計放下又拿起。

「寃枉浪費時間精神」，看着他伏在桌上凸出脊骨的背，我就在他背後咕嚕：「不寫看會不會死人。」

「寫了看會不會死人」。他邊寫邊回嘴。

「寫了才眞的會死人，不死才有鬼！看你瘦成這個鬼樣子，還要寫。只聽見你說報社裏的事情累人，晚上回來要你休息你偏不，精力要是有多的，乾脆另外兼個工作，也好多進一點錢用呀……。」

怕我的話打斷他的思路，他大聲唸着正在寫的一段文章：「……三七五減租……佃農在減租後增加的收益，一等則水田的佃農多得稻子三二八二斤，五等則水田的佃農多得稻子二五〇〇斤，八等則……。」

「我得了幾斤？你得了幾兩？」

「太太，我們現在並沒有餓死呀！」他搔搔頭說：「別搗蛋，好不好？」筆尖子又在紙上發出「沙沙」的聲音。

「爸爸，爸爸，這個字怎麼讀的？」明明指着書本上的一個字問他。

亮看了一眼。「巫字，巫峽的巫字，這個字你都不認得嗎？」他又低下頭繼續寫下去。

我不放過搗蛋的機會，把明明的書拿過來，「你讀什麼書，巫字都不認得，比你的爸爸都比不上。」我故意大聲大氣的說：「地理讀熟了沒有？」

師公和鬼鬪法，病人吃虧；我跟亮搗蛋，明明倒霉，他低着頭，吞吞吐吐的說：「讀、讀熟了」。

「倒要試試你讀熟了沒有，我來問你一個題目。」我照着書上的習題唸道：「洞庭湖的水，流入何處？」

「流入、流入，流入……」。他斜着眼睛。

「你是比不上你的爸爸。」我的聲音更大：「說呀！流入何處？」我指着書本上的「長江」兩個字給他看。

「長江。」

我又問：「江西有甚麼大湖」？跟着又是一個「拍士」。

他很快的看見了書上的字。「番陽湖。」他把「鄱」字讀成「番」字。

我笑了起來，「還有一個耳朶呢？」

明明摸摸自己的耳朶說：「媽媽，我的兩隻都在這裏。」

我把書對亮的稿紙上一丟，哈哈大笑着。

明明跟着傻笑。

我笑過了，才看見亮用手托着下巴在望我。

「笑够了沒有？」他問。

「笑够了，怎麼樣？」

「妳笑够了我再寫文章。」他把臉轉過去對着稿紙，又提起筆來。

我感到一陣心痛，眼淚跟泉水一樣湧了出來。

「媽媽，妳爲甚麼流淚？」

我用手壓着心口，噙着眼淚說：「媽媽太高興了。」

十二

七月中的一個星期天，剛吃過早飯，約漢來了。

他一身時髦的新裝備，上身是花花綠綠的香港衫，下身是藍色的牛仔褲，脚上一雙美國軍用皮鞋，見面就是一個洋招呼：「哈囉！」

「李叔叔好漂亮呀！」明明叫着：「爸爸，媽媽，我也要買條這樣的褲子。」

沒期限的空頭支票亂開，亮說：「等爸爸有了錢給你買。」

小腦袋記得舊賬，他說：「李叔叔，今天你要給我講一百個故事，你說過的。」

「我今天來請你們看電影，抵消一百個故事，好不好？」

自天而降的快樂震動了我的心，跟喝了白蘭地一樣，全身都熱了，活了。

明明也拍手喊好。

「總務主任」專門「煞風景」。他說：「你們去，我留在家裏寫文章。」

大牛仔拿出硬派作風，扭着亮的一隻手，「去不去？」沒有辦法，「總務主任」只好舉起另一隻手，表示投降。

一下子成了我和明明的世界，我趕緊化粧，明明尖着喉嚨大喊大叫，大牛仔孩子氣發作，舉起明明當綉球拋着，兩個人嘻嘻哈哈笑成一團，亮在側邊染了一點生氣，他眼角的魚尾紋上也掛上了難得看見的微笑。

亮和孩子開始換衣服，大家商量怎樣耍法，大牛仔表示「我總是奉陪」。亮的意思是「隨便蹓蹓，不要花錢看電影」。明明吵着要去圓山動物園，我提議去做禮拜。

「我反對去做禮拜」，約漢說：「一個人一開始信上帝，就是表示不信自己。」

「人的生死謎不能解決，就得信神。」我引出一個哲人的話對他說。

「人的生死謎都解決不了，我更不信神。」

我們兩個唱正反調的都把眼光集中在亮的臉上，他說：「到教堂裏去聽聽讚美詩也好。」

孩子要跟着我，自然失了「不去教堂的自由」。我們三個人都去，約漢只好少數服從多數。

都收拾好了，我托林先生林太太看看房子，水牛婆答應了，我奇怪她今天沒有做出難看的相，「也許她知道亮當了總……。」約漢催我走，向房東道了謝，就匆匆忙忙向外面走去。

在臺灣大學門口搭上一路公共汽車，到國語禮拜堂附近下車。走進教堂，教友們正唱着：「興起，興起，爲基督……。」

做完禮拜出來，我心想：「感謝主賜給我豐富的靈性。」兩個準基督徒「不是屬靈的」：亮說「教堂裏的氣氛很好」；單身漢說「坐在前面的一位小姐眞漂亮；感謝主賜給我眼福」，還合着手掌唸聲「阿門」；明明得到一張畫片，拿在手裏張揚，直叫直喊：「爸爸，媽媽，李叔叔，你們看，你們看。」說了還偏着頭，拿畫片在臉上貼一貼。

我們走到新公園，公園裏已經有許多遊人，椰葉隨風飄舞，噴泉在旁邊撒水花助興，逗得遊人個個輕鬆愉快。約漢領明明到兒童公園去，數不淸的小朋友跟麻雀樣的在叫叫跳跳。大牛仔忘了自己的年齡，和明明混在小朋友裏面，一時打鞦韆，一時溜滑梯，一時坐蹺板，逗引得我和亮也坐起蹺板來了。

玩到自己幾乎要踩到自己的影子，約漢買些點心當中飯，我們又坐十路車到動物園去。

在動物園，我們混在人流裏，邊吃點心邊看飛禽走獸，隔着鐵籠，明明對獅子、老虎又喜歡，又害怕，活潑的猴子最惹他喜愛，樂得手舞脚蹈。陽光和運動給亮的臉上添了血色，我和亮有說有笑，他說我是「親愛的魔鬼」，我說他是「可怕的亞當」，親熱的打趣忘了煩惱，我在他耳邊輕輕說道：「我們好像又在渡蜜月。」

一直玩到火紅的太陽落在地平線上，我們才邀約漢回家吃晚飯。亮去買了兩斤肉，我拿出拿手本領，做了一大碗紅燒肉；大牛仔的笑話講不完，笑得我們將嘴裏的菜飯差一點噴出來。亮嫌孩子當着客人不懂禮貌，「只選好菜吃」，約漢反倒多夾些肉堆在明明的碗裏，這一餐，大家的食量都破了平日的紀錄。

吃了晚飯，約漢告訴我們早買了週末電影欣賞會的預售票，亮只好和我們又坐車到植物園去。電影開演的時間還早，我們朝園裏慢慢走去。

月光如洗，空氣淸涼。我們走進了朦朧的樹林，樹葉輕拂着月，葉影輕掠着我們的臉，彷彿置身夢境。

約漢愛動，帶着明明跑開了。我和亮坐在石櫈上，他用手支着下巴瞇着眼望月亮，我的頭靠在他的肩上，我們倆都彷彿在領會着那無聲的月光曲，誰都不想說話，怕冲掉了這高超的意境。

很久，我才問：「亮，你想些什麼？」

「沒有想什麼。」

「你一定想了什麼，告訴我，我要你告訴我。」

他慢吞吞的說他想起我們結婚以前的情形，聯想到胡適的一首詩：

我不認識她，
她不認識我；
常常思念她，
不知爲什麼？

「是呀」！我說：「我也是一樣的。」

他說他想起目前的情形，也做了一首詩：

她也害怕我，
我也害怕她；
一天吵到晚，
究竟幹嗎呀？

「你說究竟是幹嗎呀？」我接着說：「回想我們剛結婚的時候，你曉得我愛吃天津雪梨，時常花大價錢買回來，削好皮放在櫃裏。如今呢？你連香蕉皮都不檢一片回來，這是爲甚麼呀？」

「你說爲什麼？以前我買得起天津雪梨，如今連香蕉都買不起。」他說：「早曉得妳愛吃香蕉皮，以後我每天都在垃圾箱裏檢幾塊回來。」

「去你的！」我們互相望着一笑。我說：「我何嘗不明白現在的經濟情形不好，我並不要你買雪梨香蕉，只要你像以前一樣稍微體貼體貼我就夠了。」

「這要怪妳自己。」

「爲什麼要怪我？」

「富蘭克林說：『人在結婚以前要睜開眼，結婚後要半閉着眼』，誰叫妳結婚以前閉着眼睛，如今又睜得大大的呢？」

「死鬼！」我用肘撞了他一下。「你總有說的。」

一對情侶依偎着從我們面前走過。

我將手放在他手上，他的頭低下去了。

我有點難過。我說：「亮，我們爲什麼不能像以前那樣相愛呢？爲什麼一點不快樂呢？」

他搖搖頭。

我望着他，月光把他的臉照得更蒼白。他臉上的肌肉微微搐動。看他可憐的樣子，我有點不忍。「說眞話：我和孩子累苦了你，你要是沒有家庭負擔……。」我帶着發酸的鼻音說。

他突然抬起頭來，哀求似的望着我，把我的手捏得很緊，我瞭解他的意思是要我不再講下去。

被捏的手暖暖的，心也暖暖的，我奇怪這幾年來變得非常麻木。天天廝在一起坐在一起都沒有這種感覺，現在又有了，初戀時的甜蜜又恢復了。我聽到他噓息的聲音和心跳的聲音。

「燕，奇怪！我又聽到妳心跳的聲音。」

「我也是的。」我低語着。

他偎着我，慢慢低下了頭，他的嘴湊近我的唇邊，忽然，側邊有「咳咳咳」的聲音，我和亮驚起抬頭。

「明明，你的爸爸媽媽在這裏談戀愛啦！」約漢牽着明明站在背後，孩子抱着一個柚子。

「快活佬，你眞是——我們已是老夫老妻了。」快活佬的嘴裏發出「嘖嘖嘖」的聲音。孩子覺得有味，傻里傻氣的笑起來，大家也跟着笑了。

亮扶着我站起來，看看手錶說：「走吧，電影要開演了。」

電影十點多鐘才散場，約漢送我們上了汽車，一個人回去了。在車上，明明在他爸爸身上睡了，我坐在亮的身邊，一天的快樂餘味猶存，我對着淡黃色的車燈回味，汽車輕輕的顚簸着，好像坐在船上，乘客都零零落落的下了車，我哼着「維也納森林的故事。」

「亮，你記得不？我們結婚不久的一個晚上，也是這樣坐在你的身邊，哼着這支曲子，也有這種飄飄然的感覺，是在什麼地方？」看見乘客很少了，我在他的耳邊低聲問道。

「在西子湖。」他說。

我們恢復了緘默，各人都半閉着眼睛回味着那甜蜜的往事，嘴邊泛着淡淡的笑意，直到女車掌吹了哨子，我們才由甜夢中驚醒。

十三

痛痛快快地玩了一天，又回到冷冷清清的家，身子是靜下來了，心還是靜不了。腦裏時時刻刻轉着椰樹和老虎，月亮和獅子，明明的笑臉，亮的愉快和約漢的滑稽。想到美的地方，便呆望着外面迷戀半天；想到有味的地方，忍不住放聲笑起來，逗得「水牛婆」在門口偷看，不知是怎麼一回事。

心野了，一下子收不回來。外面的陽光迷惑我，風景引誘我，小鳥喊着我，我老想出去，再痛痛快快的玩個够，笑個够。

一想起出去，就看看自己的週身，又照照鏡子，人長胖了，舊衣服儘管有幾件料子還不壞，穿起來却不合身，式樣也不時新。那天看見很多穿得漂漂亮亮的女人，雖說表面上無所謂，還裝作不以爲然的神氣，實際上眼睛却人把送得老遠，過後覺得自己穿的不够神氣，心裏有點覺怔，怕人看不起。

這件事放在心裏，越來越起作用，連每天早晨出去買小菜，都怕見人，後來甚至覺得天天買豆芽、青菜、豆腐也是醜事。有了這種心理，簡直不敢出門了。

我每天非得死板板的守在家裏不可，眞像坐寃枉牢，無緣無故活受罪！

一天黃昏，吃了晚飯，我和亮帶着孩子在院子裏散步，晚霞染紅了天際，一羣一羣小鳥翅膀拍着霞光，挨着屋頂飛去，穿過隨風飄蕩的炊煙，化成一個個小黑點，消失在蒼茫的夜色中。

我們的眼跟着小鳥望去。小鳥飛活了明明的心，他仰起臉對亮說：「爸爸，這個星期天李叔叔會不會來？」

「你天天只望李叔叔來，好帶你玩，書又不用心讀，只想玩。」亮說。

我找到了好機會：「亮，上次約漢邀我們玩了一天，花了一些錢，我看這個星期天我們也請請他。」

他搖搖頭，「我要寫文章，沒有空。」

「又是寫文章，眞討厭！」我想發氣，但又馬上壓制了下來，求他說：「亮，這個星期天再玩一天，你看今天的晚霞多好，這幾天還要天晴，到外面去走動一下，對你的身體有好處。」

他凝望着天邊沉思，夕陽留下一道藍紅色的殘光，從墨黑的地平線下向上面散射出來，被大堆的烏雲擋着好像一團濃烟蓋着一團紅火。「不一定會晴，」他說：「天氣跟妳的感情一樣，這個時候妳的臉上『天晴』，說不定過一會妳的眼睛會『落雨』的。」

「要是這個星期天天晴呢？」

「我也不去，妳和明明去。」

半個多月來天天想望的結果是失望，我賭氣向房裏走去。

孩子不識相，跟在後邊問：「媽媽，媽媽，星期天去不去玩？去不去？」

我瞪着眼睛，手指在他的額上點了一下說：「趕快去溫書，你這個死東西，只曉得要玩。」

十四

晚上，風越吹越有勁，樹葉的嗚咽，也越來越淒厲，亮關上了窗又開始寫文章，孩子也開始溫習功課。我悶坐了一會，更感到無聊，拿出了一件舊毛線衣，打算拆了重新織過。

小傢伙的心分明不在書上，又要表現他是在專心讀書，唸的聲音特別高，亮氣的只縐眉頭，搗了亮的蛋，合了我的心。我對小傢伙微笑着，他得了鼓勵更起勁，聲音唸得更大，後來居然伸長脖子對天喊起來，喊得臉紅脖子粗。

「拍！」小傢伙挨了一記耳光，一面用手摸着臉一面望着他的爸爸，笑臉變成了哭臉。

亮板起臉，瞪着眼，嘴閉得緊緊的，一句話也不說。

一股氣往上沖，我丢了毛線衣突然站起來，大聲說：「你這是幹什麼呀！他讀他的書，你寫你的文章，又碍了你的甚麼屁事，動不動伸手打人，你寫不出就不要寫，孩子又不是你的出氣筒。」

他不理我，只橫着眼狠狠的盯了孩子一眼，意思是：「看你還搗亂不？」又低頭寫文章去了。

我的氣勢更盛了：「你有本領再碰碰他看，諒你也不敢。」我對着他的背說。轉過臉來，小傢伙正望着我發呆，我大聲對他說：「讀書！」他驚了一下：「誰叫你讀這樣大的聲音，聲音放小一點。」他連忙低下頭望着書本。

房裏靜了，聽見外面「嘩啦、嘩啦」的聲音，才知道已下大雨，雨點急遽的打着窗玻璃「叮叮噹噹」響，風也「呼——呼——」的叫着，窗子隨着風聲顫動。

「這個死雨早不落，遲不落，偏偏在這個時候落，眞討厭！」我繼續拆着毛線，一邊咕嚕着，看看他不理會，又開始拿話刺他：「當了總務主任神氣十足，老罵孩子不用功，他認眞讀起書來又要挨耳光，究竟是讀書好還是不讀書好？摸不清主任的意思，眞難做人……………。」

他故意唸着他的文章：「……………關於分期分區辦理縣市議員和縣市長民選，採取公民投票的直接普選制度，……………花蓮臺東兩縣於三十九年七月中旬，分別選出縣議員……………。」

我的聲音比他喊得更高：「在家裏難得做人，要出去又不肯，死活都得呆在家裏，我又不是犯人，該在這裏坐牢受罪，孩子也……………」。

「去呀！你們去呀！」他忍不住了，把筆對桌子上一丢，大聲說：「沒有人把妳鎖在籠子裏，我沒有拿鍊子鎖了妳的脚，妳愛怎麼就怎麼呀！」

「哼！你以爲沒有拿籠子關我，你以爲沒有拿鍊子鎖我……………。」一時氣急了說不出所以然，我只是連喊帶叫的說：「田亮前，你害得我够了，够了……………。」

「妳吵得也要有道理呀！無緣無故吵吵鬧鬧，別人看見多丟臉。」他看見林先生和林太太站在房門口，急得瞎抓頭髮：「傷腦筋！眞傷腦筋！我碰了鬼，眞正碰了鬼。」

「你碰了鬼？哼！我才眞正碰了鬼。」

「碰了你這個活鬼，我倒了一世的霉，死不死，活不活，老跟你受罪。」

他驟然抬起頭來，臉上的肌肉繃得很緊，冷笑了一聲：「柳小燕，妳以爲我不瞭解妳。我沒有找到工作和房子妳要吵；工作和房子找到了，妳嫌一個人在家裏寂寞又要和我吵；等到約漢邀我們玩了一天，玩野了妳的心，妳現在又吵着要出去。一個人要知足呀！」他用手蒙着臉，過了幾秒鐘，好像下了決心，站起來毅然決然的說：「我自問良心對得起家，我盡了我的能力，只能够做到這個樣子，妳說怎麼辦就怎麼辦。」

開始我以爲兩個人吵幾句，最後向我講幾句好話，再把我當小孩哄一哄就過去了，想不到他態度忽然變得這樣强硬，我愣了一下，但我也不能示弱，我要打擊他，要挾他。我在桌上一拍（發呆的孩子驚得身子一震），說道：「離婚好了！」衝出口的話使我自己也覺得驚奇，我下意識的用手遮着張開的口，好像要把話攔住，又像手拍痛了，拍麻了，用口裏的熱氣呵着。

「離婚！離婚！」他裂開口顯出咬緊了的牙齒，眼珠子幾乎要暴出來，面色鐵青：「這個畜生……。」我還沒有說出來，他就用手抓住我的肩用力搖着：「要離就離，離吧！離吧………。」

「你發瘋呀！田亮前，你，你，你……。」我剛一叫出口，孩子也嚇得哭起來了。

林先生進來拉着亮，他只會笨拙的說：「好了，好了莫要吵啦！」

林太太把我拖開，嘴裏說些什麼我已分辨不淸。不知是什麼魔鬼在作祟，我順手拿起桌上的花瓶，向地上用力一摔，「拍」！瓶子粉碎。

「打得好，早就該打掉它，裝飾的時代過去了，要花瓶有什麼用？」他說得更惡毒。

我覺得花瓶沒有打痛他的心，他的話倒把我的心打痛了。我伏在桌上哭起來，心裏想：「只要他向我說幾句輭話，我就算了。」

孩子靠着我的身旁哭着，但亮還不肯來說輭話，我賭氣把孩子推開說：「我走！」

他默不作聲，臉上的表情顯得平和了些。

我曉得他鬆了勁，我更有勁了，拿了手提包和雨衣向外面走去，孩子死死的拖着我的衣，不斷的喊着「媽媽！媽媽！」林先生和林太太也拉着我，我幾乎是懇求的看了亮一眼，只想他來拉我一下，但他好像麻木了，只是呆望着我，我用力一衝，把林先生和林太太衝得退了幾步，顯出無可奈何的神情，孩子跌在榻榻米上大哭大叫，我在門口穿上鞋子，看見他站起來，我連忙向外走去。

「妳，妳發瘋，颱風來了，你到那裏去呀！」他走了兩步，結結巴巴的說。

「你管我，我去死。」我遲疑了一下，希望他來拉我。但等他跑過來，我却又衝出了大門。

一出門，狂風暴雨向我撲來，黑漆漆的路上只有雨水閃出一點寒光。遠遠的，透過了風聲和雨聲，我仍聽見亮斷續的呼喚：「燕燕……呀……落……這……麼……大……的……雨……你……到……那……裏……去……呀！」

我低着頭咬緊牙根，鬪着風雨走去。

「田亮前，你以爲我走不了，我走給你看看。」我想：「回來？我決不回來。」我邊想邊走，越走越急，越急風雨的阻力越大，我不顧一切向前走，趕快走，用力走，彷彿風雨的阻力就是亮的阻力，我偏要和他鬪一鬪，聽見他的叫喊，我感到特別快意，我走得更有勁，彷彿我一脚一脚都踩痛了他的心。

走到羅斯福路三段，風雨小了一點，我靠路邊走着，店舖都打了烊，街上沒有人，雨打着路面，聲音更響，昏暗的路燈在風中擺動。

我站在一家店舖的屋簷下喘氣，看看全身都濕了。風不停地括着，全身顫抖，「到那兒去呢？到那兒去呢？」

我又低着頭對着風雨走去。雨水已淋得我眼光糢糊，我分不淸道路，一個不小心，我跌了一跤，我已精疲力竭，幾次想爬起來，又倒了下去。我想哭，但哭不出來，伏在地上喘了一陣氣，我才蹣跚的走到路旁一棟房子的門前站住。我抬頭一看，一塊漆着「皇后旅社」四個字的木招牌，釘在一個水泥柱子上，我舉起了無力的手，敲着旅館的門。

（未完）

本刊園地公開
歡迎讀者投稿

「世界永久沒戰爭」的「推薦者」三先生聲明撤銷推薦

蘇雪林
趙友培
陳紀瀅

一、蘇雪林先生的來信

自從愛德樂佛出版他那部『名著』『世界永久沒戰爭』，一時文壇譁然，罵聲四起。有些熟人因我也是簽蓋推薦者之一，都來問我這究竟是一回什麼事？外面讀者則投書各雜誌，指責我們的簽蓋是不負責任；是幫同欺騙讀者；並要我們表白。我想事到於今，我們實不能默而息了。我個人的簽蓋完全是受了作者的騙，我想其他五十位簽蓋的人情形也該是一樣。——因爲任何人讀過那部『名著』原稿的一行，也決不會冒然將他大名簽上的，除非他是個瞎子。

愛德樂佛即爲那部『名著』設計封面畫的韓劍琴。我同他本不認識，但因他過去曾替公教刊物畫過些封面，所以亦略知其人。數月前，他忽來訪我，自言費了五年心血寫了一部反共抗俄的戀愛間諜小說，內容極爲翔實，趣味亦至濃郁，因爲別人寫這類作品，情節大都嚮壁虛造，而他自己則有實際經驗；而且因他這部小說寫得好，某軍事機構的情報部來與他合作，供給他許多最眞確、最新鮮的匪後游擊隊活動情形。又說此書將翻譯各國文字以供聯合國採取作爲反共的參考資料。他這樣天花亂墜地吹了一陣，隨即拿出一本簿子，請我簽個名作爲紀念。那簿子朱墨爛然，已有許多政界要人、學苑耆宿、文壇巨子簽蓋過了。但我讀了他那篇不倫不類的序文時，未免發生疑惑，請他將原稿送來一閱再談。他說三十萬言的長篇，怕您沒工夫閱讀；況且即將付印，無法送來。請您原諒。我想這話也有理，誰願意替他做義務校閱員呢？簽名既不過留念，則簽一個又何妨，隨即照他的話不但簽了名，還蓋了章。

後來見中央新生各大報登出此書預約廣告，聲勢之大，著實驚人，將我們的簽蓋一概用套色鋅版印出，並且將那篇不通序文冠之於前，作爲推薦書，好像是我們公擬的。我已經很不高興了。該書上册出版，會預約這部『名著』的舍姪某，持書來向我訴苦，問我這樣一部糟不可言的小說，爲什麼竟有如許多的名流推薦；並且連我也刊名其中？我將該書略一瀏覽，登時幾乎氣壞了，這才知道上了人家的大當！

該書第二册出版時，韓劍琴君與致沖沖，親自送來一部。我毫不容氣放下臉罵了他一頓。他尙怪我沒有讀完他這部『名著』遽下判斷，態度不對，並說既瞧不起他的作品，再版時删去尊名如何？我連聲說：『那便多謝了！』即冷然送他出門。這便是我簽名該書的經過情形。

聽說韓君騙人簽蓋，各有一套說法，方法相當巧妙，每使人墮其圈套而不知。而最動聽的話，則以『反共抗俄』四字爲前提。當今之世，對於反共抗俄，亦可謂人同此心，心同此願，自己沒工夫來寫，或想寫而寫不出，聽見有人寫，並且內容如此之不同凡響，那有不樂於贊助之理？至於他拿『反共抗俄』來大賣野人頭和江湖膏藥，却是我們事前所未曾料及的。現在使讀者蒙受精神和物質的損失，我們實也不能辭疏忽之過，謹此向讀者道歉，並希望自由中國的文壇以後永遠不再發生這樣無恥下流的欺騙行爲。

再者，我們的簽蓋既係受騙，則我們有權利要求撤銷。況愛德樂佛即韓劍琴已答應將我的名字刪去，倘他拿我的名字再去招搖撞騙，我絕對不負責任，特此鄭重聲明。

二、趙友培先生的來信

不久以前，韓劍琴君來看我，說他有位天主教的朋友，根據最寶貴的眞實材料，花了很多工夫，寫成一部反共抗俄的長篇小說，書名是「世界永久沒戰爭」。他自己署名替這位朋友作序，自己出馬替這位朋友跑腿，要我簽個名，作爲對這位無名作家的鼓勵。

他拿出簽名的紙張，在先已有很多人簽名。當時我覺得：第一，韓君既是一個如此熱忱的天主教徒，當然不會騙人，當然不會替天主教丟臉。第二，反共抗俄正需要透過文藝來表現，別人肯費心血，自無不贊助之理。第三，越是無名作家，越要提高他的勇氣，給予他的溫暖；彼此既是同爲文藝而努力，假如連個名也不肯簽，怎麼說得過去？所以不但簽名，而且蓋章。

這書出版後，我非常失望；早想有所說明，又恐做次義務廣告。幸而讀者是有眼光的，最近「文壇」和「自由中國」兩個刊物所載函件，業已指出本書荒謬錯誤之處。這裏，我無意苛責韓君——也就是後來才知道的那位作家愛德樂佛，即韓劍琴——免得浪費筆墨；我倒是應該責備自己的疏忽，並向讀者謹致由衷的歉意。我今後當然要謝絕這類的簽名；希望讀者也不要再隨便相信別人的簽名介紹，特別是不可靠的「預約」。同時，更希望自由中國文壇受了這一刺激之後，開創文藝批評的新風氣！

上一次當，學一次乖。爲了這件事，我固然添些煩惱，讀者固然受些損失，但却得到很好的教訓。至於韓君，如果對文藝眞有獻身的熱忱，也並非不堪造就的朽木。我們希望他從此痛下決心，作五年到十年的努力，重寫一部好作品來彌補今日的過失。我相信，那時候讀者不但寬恕他，一定還要贊美他。千萬不可一誤再誤，自毀前途！因爲不用正當手段而想在文藝界成名，縱然暫時得了些小便宜，終久是要吃大虧的。

三、陳紀瀅先生的來信

編者先生：關於韓劍琴君以「愛德樂佛」筆名所寫「世界永久沒戰爭」一書，若干字句欠通，內容不佳，尤其在出版之前，誇大宣傳，並未經簽名者的同意刊登報紙，引起讀者反感等節，已由貴刊和另外幾個刊物予以揭露。我是五十一個簽名人之一，對於各方面善意的責難，敬謹接受，並深致歉意。但我不能不把簽名經過加以說明：遠在三十九年冬，作者曾將這部著作送請我代他介紹出版，我曾幾次集中精神希望能夠閱讀下去，竟不可能，後來我才婉言告訴他，內容須加斟酌。今年五月間，我的朋友某君忽然有一天來找我，要我替韓先生簽名，我當時是拒絕的。那位朋友說：「他怕你不簽，所以才託我來。」我把經過告訴了他，問他：「你知道不知道他修改了沒有？」朋友說：「修改過了，而且經過治安機關的詳細審查。」素日我對朋友某君最信服，當然他的話我深信不疑。從他手裏接過那本簽名簿來，沒有看見任何文字，只見一頁頁的簽名，已有很多人簽在我前面，特別是文藝界前輩謝冰瑩女士的大名，已皇然在目。冰瑩先生平素對於文字通順不通順，是非常嚴格的，我想她既已簽名，一定是看過了。由於以上兩個原因，再加上我在這裏不得不說明的第三個原因，我才簽了字。年來我們有些人濫竽推動文藝工作，平常爲應付一些不關緊要的事務和人情，所耗費的精神，遠超過本身喜歡要做的事情與努力。所以對於任何一個有志從事寫作的人都樂意竭力協助他前進。鼓勵與規勸雖然不是頂好的辦法，但除此之外，我們所能幫助人的實在也有限。

可是韓君未經同意，用做廣告資料，而且廣告做得那麼招搖。自然不勝遺憾。有位朋友答覆得很妙：「好書從來不需要人來介紹，需要介紹的還有好書？」雖然是譑談，但希望由此使拜求之風絕跡。

簽了字既不免有幫同欺騙讀者之嫌，即便我沒簽字，我也不樂意引爲笑談，因爲這是個有關社會風氣問題（天天有人在報紙上在介紹醫生、相士等等）。如果因這件事能使社會風氣爲之一變，使一切想藉廣告誇大宣傳的人失掉作用，豈不也好？現在我除請韓君撤銷我的簽名，並希望他將錯誤處自行更正，對讀者有一交代。

此頌

撰安

陳紀瀅上　十一月九日

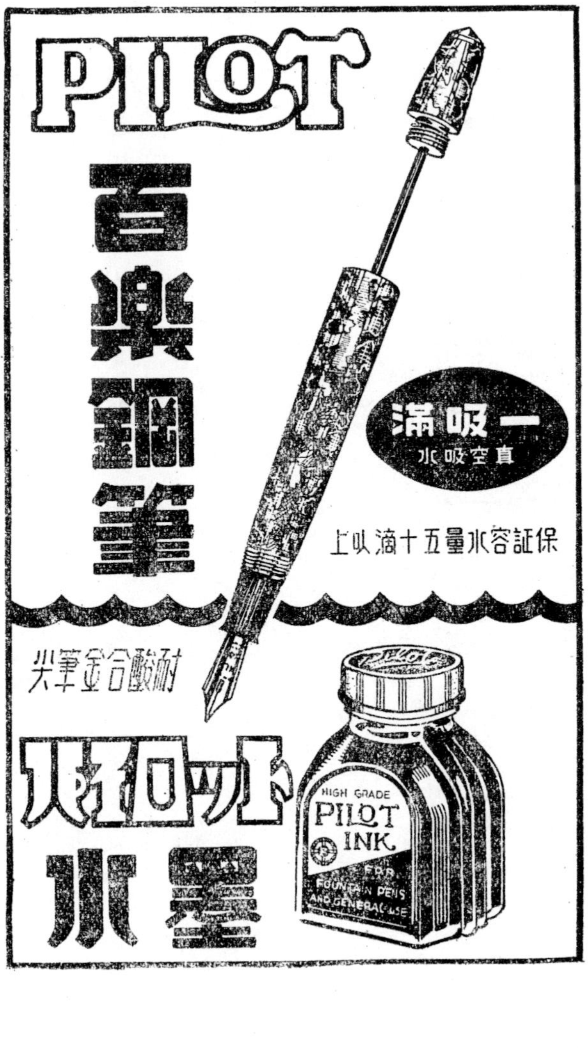

半月大事記

十月二十六日（星期一）
中立國遣返委員會五國代表對於以武力執行解釋，意見對立，主席齊瑪雅對記者稱：「現在局勢非常嚴重。」
安排韓國政治會議的預備會議在板門店舉行。

十月二十七日（星期二）
立法院三讀通過第七屆聯合國大會所通過的婦女參政權公約。
聯大政委會通過決議案，希望採取一切必要步驟，以確保突尼西亞於將來獲得完全獨立。
英國在澳洲舉行第三次原子彈爆炸試驗。

十月二十八日（星期三）
韓國政治會議預備會議仍僵持。美代表丁恩不反對蘇俄參加，但蘇俄並非中立國，因其事實上已參戰。
越南宣戰擴軍計劃，在一九五五年前建立武裝部隊五十萬人。
美國決定恢復對以色列的經濟援助。

十月二十九日（星期四）
葉公超外長稱：如聯合國要求我們派軍制止韓境共黨再起的侵略，我國決允派兵赴韓。
緬政府同意設安全走廊，爲我志願反共游擊隊撤退之用。
美陸軍部對韓國共黨慘殺聯軍人員暴行，發表報告書。

十月三十日（星期五）
美國正式要求聯大將共黨對韓境聯合國戰俘所施暴行列入議程。
我國對反共戰俘所受共黨解釋人員的「精神上酷刑」已提出强硬抗議。
革命元老吳敬恒逝世。

十月三十一日（星期六）
北韓戰俘接受共黨解釋，四百五十名戰俘中僅二十一人聽取解釋後決定回去。
美國與日本同意以美國重要軍事裝備協助日本武力之發展。

『自由中國』的宗旨

第一、我們要向全國國民宣傳自由與民主的真實價值，並且要督促政府(各級的政府)，切實改革政治經濟，努力建立自由民主的社會。

第二、我們要支持並督促政府用種種力量抵抗共產黨鐵幕之下剝奪一切自由的極權政治，不讓他擴張他的勢力範圍。

第三、我們要盡我們的努力，援助淪陷區域的同胞，幫助他們早日恢復自由。

第四、我們的最後目標是要使整個中華民國成爲自由的中國。

我代表蔣廷黻在聯大政委會正式宣佈中美泰三國所協議的撤退滇緬邊境反共游擊隊兩千人的計劃。

十一月一日（星期日）
第二批韓籍反共戰俘拒絕出席接受解釋。
西柏林官方宣佈，十月份逃入西柏林難民一萬六千餘人。

十一月二日（星期一）
印度軍一營進入華籍反共戰俘圍場，調查所謂謀殺事件，槍殺一人，擊傷二十七人，架走二十三人。
西德政府黨在漢堡邦議會選舉中獲勝。

十一月三日（星期二）
聯合國指導委員會通過建議聯合國大會澈底調查，美國指責共黨在韓境屠殺戰俘。
聯合國安理會通過擱延對於的港問題的討論。

十一月四日（星期三）
接受共黨解釋的華籍戰俘二百零五名中僅三人願意遣返。
蘇俄規避西方國家所建議的四外長會議，而重提中共也應獲准參加的主張。
美總統艾森豪譴責蘇俄製造更多困難以阻撓與西方國家舉行會商。

十一月五日（星期四）
美副總統尼克森由越南飛抵香港。
美參議院外交委員會遠東小組主席史密斯訪華。

十一月六日（星期五）
美太平洋艦隊司令史敦普上將抵臺訪問。
韓國政治會議預備會議以議程問題交由雙方顧問人員討論。
的港發生暴動事件，英美軍隊出動彈壓。

十一月七日（星期六）
美太平洋艦隊司令史敦普在臺參與中美高級軍事會議。
中立國遣俘會瑞士委員反對共黨解釋人員所用之方法。
的港流血暴動事件，英美認爲嚴重。
羅馬之義大利學生會進攻英使館。

十一月八日（星期日）
美副總統尼克森夫婦抵臺。
伊朗前總理莫沙德以叛國罪受軍事法庭審判。

十一月九日（星期一）
滇緬邊境反共游擊隊首批抵臺。
柬埔寨國王錫哈諾重返國執掌政權。
尼克森副總統在立監委國代歡迎會上發表演說。

十一月十日（星期二）
美英法三國政府正式宣佈三巨頭會議定於十二月四日在百慕達舉行。
菲律賓大選部份揭曉，國民民主兩黨候選人麥格塞塞領先。
韓境中立國遣返委會主席齊瑪雅與共黨談判失敗，表示將向聯合國請示。
蔣總統邀美副總統尼克森參觀國軍演習。
第二批滇邊反共游擊隊由泰撤臺。

給讀者的報告

本刊自創刊以來，已經足足發行了四個年頭，本期正是第五年的開始。所以，在本期封面上，首先看到的便是「本刊第五年」幾個大紅字樣。在我們所致力的工作過程中，這祇是一個小小的標誌而已。因爲我們所致力的工作乃是一個遠長的工作。我們這個刊物的宗旨，是要宣傳自由民主的眞實價值，進而摧毀共黨的極權暴政，建立自由民主的社會。這樣艱鉅的使命，原非少數人的力量所能濟事，實有待於所有愛好自由者的共同努力。我們於四年工作的回顧中，痛感過去努力之不足，與輿論責任之艱鉅。我們反省之餘，更願與輿論界共勵來茲。

美國副總統尼克森先生，僕僕風塵，前來遠東訪問。此行目的當在對東南亞洲的反共形勢，作進一步的了解，以爲釐定新政策的根據。從諸多行動的證明，美國政府業已放棄了重歐輕亞的觀念，逐漸走向歐亞並重的方向。這是很可慶幸的事。然而，遺憾地是，在對於極權侵略的形勢中，美國政府的政策仍是被動的消極的，徒然坐失許多大好時機，使有待美國領導的反共國家進退失據。因此，一個積極主動的反共政策之釐定，實是當務之急。尼克森先生在臺期間，曾多次表示願睹中國大陸早日重光，這實是亞洲問題，也是世界問題解決的關鍵之所在。然而，本刊付印時，報載杜勒斯對中共問題發表的離奇言論，不僅中國人民，即尼克森先生亦必爲之困惑也。

民主政治的主要目的是在保障人權，而人身自由則是人權（即諸自由權）的基礎，失去人身自由則一切自由權都無所依據。對維護人身自由而言，寃獄賠償則又是一項必要的工具。由此可知寃獄賠償之重要，故現代民主國家莫不以之訂爲法律，以加强對人權之保障。過去我國對遭受寃獄的人民不但沒有賠償，而且還須交保才能釋放，本刊對此不合理的現象，曾多次爲文批評，現袁良驊先生從根本上呼籲制訂寃獄賠償法；爲我國民主法治的前途，我們期望此法之能從速訂定。

耕者有其田條例業已付諸實施，易農先生對實施中諸多技術問題所犯的錯誤，一一陳明，希望當局能夠及時糾正，俾確保此項政策的成功。

凱恩斯的學說，在經濟學界曾風靡一時，國內學者亦時有引述，然而凱恩斯學說的內容究竟如何？實尙缺乏一有系統的介紹與批評。戴杜衡先生積年來潛心研究所得，作成一書，述評凱恩斯的學說，這一艱鉅的工作對國內經濟學界的貢獻將是十分重要的。本書各節將在本刊陸續發表，以供經濟學界之參考。

「個體主義與民主政治」是殷海光先生翻譯的「到奴役之路」之第五章，本書前四章是對社會主義理論的駁斥，本章則正面的提出了民主政治的基本精神，民主與極權之間有一定的分際，涇渭分明，不容混珠。任何形式的社會主義都是反個體主義的，故其終必趨於極權奴役，殆是理有固然了。

本刊自上期登載了抗議「世界永久沒戰爭」一書之出版與推薦的投書以後，連續接到蘇雪林、趙友培、陳紀瀅三先生的來信，對因看到他們的大名而受騙的讀者，表示歉意；並說明他們自已被騙簽蓋的經過。蘇、趙、陳三先生這種負責的態度，是值得敬佩的。從這次事件中，我們至少可以得到兩點啓示：一是社會上醫巫相士式的介紹之風不可長；二是文藝批評之重要。說眞的，我們的文藝界實在迫切需要建立一個判別眞是非的客觀標準。

「雨過天靑」是一篇一篇文藝，作者對夫婦生活的體驗，描寫至爲細膩，將予連續登載。

× × ×

編者

第九卷 第十期 內政部雜誌登記證內警臺誌字第一九號 臺灣省雜誌事業協會會員

三二八

自由中國 半月刊 第九卷第十期 總第九十七號

中華民國四十二年十一月十六日出版

發行人兼主編 『自由中國編輯委員會』

出版者 自由中國社

社址：臺北市和平東路二段十八巷一號 電話：二八五七〇

航空版 香港時報社

經售者

臺灣 自由中國發行部

美國 中國書報發行所 紐約民氣日報社 舊金山少年中國晨報社 芝加哥中國出版公司

日本 東京僑豐企業公司

韓國 釜山草梁洞新泰行

馬尼剌 大中華日報社

印尼 椰嘉達天聲日報 棉蘭繁華圖書公司

越南 西貢中原文化印刷公司 越南華僑文化事業公司

暹邏 曼谷攀多社十二號

緬甸 仰光振成書報店

印度 孟買梅亞號 加爾各答塔梅學校

澳洲 雪梨瑞田公司

北婆羅洲 西利亞坡青年書店

新加坡 檳榔嶼、吉打邦均有出售

印刷者 精華印書館

廠址：臺北市長沙街二段六〇號 電話：二三四二九

本刊經中華郵政登記認爲第一類新聞紙類 臺灣郵政管理局新聞紙類登記執照第二〇四號 臺灣郵政劃撥儲金帳戶第八一三九號

自由中國

FREE CHINA

第九卷　第十一期

要目

社論

美國應如何領導自由世界

邱吉爾導演的東西巨頭會議……朱伴耘

論內閣制的新型態……孟浩

談世界婦女地位……曾寶蓀

凱恩斯的乘數原理（下）……戴杜衡

的港問題的演變……齊萬森

自由中國通訊

中共「新五反運動」之透視……沈秉文

我對「反共救國會議」的意見……周祥光

湛山莊的主人……司馬桑敦

讀者來書二則（周南先生與蕭益思先生的來信）

謝冰瑩先生的來信——簽名難

羅家倫先生的來信——並代于右任先生申明撤銷推薦

中華民國四十二年十二月一日出版

社址：臺北市和平東路二段十八巷一號

半月大事記

十一月十日（星期二）

蔣總統邀美副總統尼克森校閱國軍並參觀大演習。

第二批滇緬邊境游擊隊飛抵臺。

美英法三國官方宣佈將於十二月四日舉行百慕達三巨頭會議。

十一月十一日（星期三）

菲律賓總統選擧，在野黨總統候選人麥格塞塞已獲多數票，有當選趨勢。

中立國遣俘委員會否決共方所提用武力押送反共戰俘去聽解釋的要求。

聯合國通過全面辯論美國對於在韓共黨暴行的控訴案。

十一月十二日（星期四）

中國國民黨七屆三中全會揭幕。

美副總統尼克森訪華結束，離臺飛韓，並發表美國對中共政權政策的書面聲明。

菲律賓總統候選人麥格塞塞當選。

十一月十三日（星期五）

美海軍軍令部長卡尼上將抵臺訪問。

法國戴高樂派議員集會圖反對百慕達會議。

十一月十四日（星期六）

中國國民黨七屆三中全會閉幕。

美衆議員周以德等及其他三議員抵臺訪問。

美總統艾森豪在加拿大兩院聯席會議演說。

俄外交部長莫洛托夫擧行記者招待會，重提五強外長會議的濫調。

十一月十五日（星期日）

美海軍軍令部長卡尼上將在我海軍某地參觀演習。

『自由中國』的宗旨

第一、我們要向全國國民宣傳自由與民主的真實價值，並且要督促政府(各級的政府)，切實改革政治經濟，努力建立自由民主的社會。

第二、我們要支持並督促政府用種種力量抵抗共產黨鐵幕之下剝奪一切自由的極權政治，不讓他擴張他的勢力範圍。

第三、我們要盡我們的努力，援助淪陷區域的同胞，幫助他們早日恢復自由。

第四、我們的最後目標是要使整個中華民國成爲自由的中國。

美副總統尼克森抵日本，接受盛大歡迎。

十一月十六日（星期一）

蔣總統接見返國僑團。

韓境共黨對反共戰俘的解釋工作恢復。

美代表丁恩向共方建議下月十五日開政治會議。

十一月十七日（星期二）

共方代表對政治會議提出三點建議，聯合國代表丁恩已表示拒絕。

歐洲盟軍統帥葛倫瑟將軍談話，決支持歐洲六國軍公約，拒絕考慮任何代替辦法。

日首相吉田茂訪問其主要政敵鳩山一郎，商討自由黨的聯合。

十一月十八日（星期三）

美國務卿杜勒斯稱：美政府準備在任何時間與蘇俄談判，但不以犧牲被奴役人民爲代價。

日自由黨兩派已決定合併。

總統府秘書長王世杰奉令免職。

十一月十九日（星期四）

共黨允諾被邀參加政治會議的「中立國」，對重大決定將無權過問。

聯合國政委會通過由大國協商裁軍問題的決議案。

十一月二十日（星期五）

美海軍軍令部長卡尼稱：將以兩艘驅逐艦交與我國。

紐西蘭政府決定免費給予在越南法軍以軍事援助。

十一月二十一日（星期六）

臺灣省政府主席俞鴻鈞講演臺灣經濟政策。

法越傘兵攻佔越盟基地奠邊府。

菲律賓總統季里諾與美副總統尼克森談論太平洋聯盟問題，促請美國領導。

十一月二十二日（星期日）

英國已拒絕法國以英軍無定期駐留歐洲的要求。

十一月二十三日（星期一）

中立國遣返會否決波蘭代表所提隔離計劃。

法越軍在東京省發動新攻勢，大批轟炸機連續出擊。

十一月二十四日（星期二）

英外相艾登要求伊朗恢復兩國邦交。

葉公超外長稱：我政府不同意美國將奄美羣島逕行交還日本。

法總理蘭尼爾邀請越盟提出停火的「合理建議」。

十一月二十五日（星期三）

美日已開始談判將奄美島交還日本問題。

法總理蘭尼爾堅決支持六國軍計劃，但在六國軍公約批准前，薩爾問題必須先獲解決。

社論

美國應如何領導自由世界

——在反共抗俄的現階段中——

最近美國的決策人士自尼克遜副總統以下，內閣要員，乃至國會議員均僕僕道途，東奔西走，想見美國的外交政策決定之難以及快臨轉變的關頭了吧。記得杜勒斯國務卿在年初就職時曾對國會說過，以一年爲期訂定一個新的外交政策，現在這個約期也轉瞬卽屆了。我們可以說，共和黨政府今年的外交大致是踏襲民主黨的舊路，雖則在韓戰停火與東歐暴動之後，形勢似乎有利於西方，但新政府的新猷還看不出什麼顯著的迹象，明年以後勢非轉變不可，其轉變的方針何指呢？我們站在自由世界的立場，有風雨同舟之誼，願將當前局勢及今後對策加以檢討。

十一月三日蘇俄答覆美英法三國的照會，西方三強的領袖都異口同聲地說，其條件之接受是不可能的。且看四巨頭會議之聲浪日趨微弱，百慕達會議突然舉行，則史大林死後的和平希望又告幻滅，冷戰局勢之有加無已也在意料之中了。在東方則結束韓戰之政治會議能否開成尙屬疑問，卽使開成了，要和平統一韓國也是不可能的，這幾乎是自由世界人士一致的觀察。蘇俄的照會避開盧加諾四國外長會議而不談，而其所主張召開的乃是中共加入的「五國會議」。其意若曰：你們要緩和世界局勢嗎？那麼何以只談德奧和約而不將東方包括在內呢？由此觀之，政治會議前途之黯淡也可以預測了。但是史大林死後，不但衞星國的不穩已經暴露出來，而且貝里亞之整肅則蘇維埃「祖國」之內也有問題，今天要用武力來決勝，在共黨，是沒有把握的。故不但攻擊西歐以致爆發大戰固有所不敢，卽韓戰再起而引發東亞全面的戰爭，其可能性仍是微乎其微的。我們展望明年的形勢，還是「非戰，非和」，作長期鬪爭的打算吧，共產黨的生活是和戰不分的。

今日的自由世界須要美國出而領導，不管它願意與否都是實逼處此的。但是領導必須有明確的宗旨，一定的政策，然後億萬人民都能抱此宗旨而行動，求此政策的實現。現在世界的局勢似乎是錯綜複雜，其實也可說很簡單，西方只是德國問題，東方只是中國問題。二次大戰前德國是侵略者，而今日則爲被侵略者；中國則反是，戰前是被侵略者，而今日則表面上是侵略者了（嚴格而論，自仍是被侵略的）。但是德國問題處理得好，則西方不致有糾紛；中國問題應付得當，則東方必無戰亂；這在戰前與戰後都是相同的。說者謂，美國的外交政策前幾年是重歐輕亞的，現在則是歐亞並重了。其實只看軍經援助之數量依然是四與一乃至五與一之比怎能說是並重？惟自韓戰以來，美國朝野上下的視線並不如前此之集中於歐洲，對於亞洲也很留心關注，則確是事實。卽就軍經援助而論，西歐已有減而無增，東方則有逐年增加之勢，則所謂歐亞並重亦自有其理由。但是據我們看，美國對於東西兩方確有重大分別在，因爲對西方確有一定的政策一貫地施行着，而對東方則只是零星的，支節的應付，看不見什麼一定的政策。如此的領導畢竟不是强有力的。

在西方，北大西洋公約業經成立有年，歐洲軍之建立業經訂定計劃，現在各國均已批准，只有法國從中作梗，假以時日總是可以成功的。故美國確有一定的政策，而且依此而行動，雖然沒有到達目標，也已走了相當的路程了。其第一步的目標在乎歐洲軍之建立，第二步目標則爲西德總理安特腦所說的「解放東德」。歐洲軍一經建立，西歐便不再處於挨打的地位，蘇俄侵略的兇燄便可以少戢。如果第二步目標成功，使勇敢有爲的日耳曼民族與西方諸國團結一致，則蘇俄只能採取守勢，還敢進攻？美國之在西方，已立於不敗之地了。

但在東方則完全兩樣。艾其遜的「俟塵埃落地」固然是毫無政策的表白，卽韓戰以後唯一明確的政策也只有對日和約之成立。最近杜勒斯關於承認中共的談話，又使亞洲人民迷離惝恍，不知其眞意之所在。記得艾森豪總統在幾個月前說過：中共不應承認，除非它擺脫俄國。杜勒斯談話的意義也相差無幾，儘管副總統尼克森的對臺戲唱得漂亮，依然是在東方沒有政策的表白罷了。當對日和約成立時，美國當局是否欲以日本爲東方反共的主力，固不得而知，但是日本並不能與德國相比，東方的問題不在日本而在中國，美國當局現在也應該知道。要日本恢復戰前的力量已非客觀條件之所許，卽使恢復了也只有叫它冒險以侵略，過去數十年的歷史足資證實；故日本不能解決亞洲的問題，實不待智者而後知。唯有愛好和平的中國人民，能自行作主而不受野心家的利用，則東方便可保持長期的和平，歷史已經明白告訴我們了。今日的中國問題是：第一步須遏止中共侵略的兇鋒，使之窒息，第二步則須解放中國大陸，亦與德國問題沒有兩樣。如果這兩個目標到達了，美國在冷戰局勢下已轉守而爲攻，儘可長期對抗以待鐵幕之崩潰，而三次大戰乃可消弭於無形。但是美國始終沒有明白確定的政策，遂使東方的共黨日益囂張。韓戰雖少挫中共的銳氣，使之知難而退，但不能使其改變目標。今後中共縱使不敢再出志願軍以作侵略的舉動，但在冷戰下指揮其亞洲各國的第五縱隊，用各種各色的手段以奪取政權，實爲勢所必至。這種形勢對自由世界是不利的。鐵幕世界是攻勢的，先立於不敗之地，然後盡量玩其花樣；自由世界是守勢的，各國皆兢兢於自保，惟恐失敗之來臨。就人民而論，懦弱者則發生恐共病，惟恐激怒於共黨以自速其滅亡；强梁者則欲參加共黨陣營以收賸餘之利；理想家又以爲社會主義可以解救羣衆而趨之若鶩。除此三種人外，站在自由世界一邊的還有多少呢？共黨的宣傳不但其美麗的遠景足以引誘青年，而且其必勝的信念(歷史必然論)，內足以鼓舞信徒，外足以懾伏羣衆。多數總是站在勝利一邊的，「知其不可而爲之」的畢竟是極少的少數，美國沒有明確的政策，怎能招致多數的信從呢？

我們以爲對中國問題有兩個步驟(見上)，現在專論第一步，即當前的對策，在乎削弱中共，使亞洲人民皆知其最後必敗，然後站在自由世界的人數才會一天多過一天。具體的行動則成立太平洋公約實有其必要，我們也曾經屢次提倡過，但至今還未見端倪。這公約，原則上凡屬太平洋的國家均應參加，惟事實上則各國有不同的境況，殊難强同。比方英法的東方政策異於美國，若百慕達會議不能解決，則馬來聯邦與越南三邦之加入便有問題。澳洲和紐西蘭已與美國締有公約，只謀自固其國，惟恐受他國之牽累。緬甸則親共媚共的態度極其顯著，其不能站在反共一邊已無疑問。印尼雖然反共，但是內部已有糾紛，又受了尼赫魯的影響，乃守着中立的姿勢，但是積極拉攏還是有希望的。至新近恢復獨立的日本，國力雖爲最强，然亦因種種關係而不能明白表示反共的立場。蓋新敗之餘瘡痍滿目，民衆猶存懼戰厭戰的心理，政府當局也還是較量利害，想向美國要索一定的代價，而後漸漸擴張其軍力。總之要它做東方的反共主力，是尚猶有待的。這麼一來，只剩下自由中國、大韓民國、菲律賓、與泰國這些意志堅强利害一致的朋友了。可是美國如無擊破共黨的決心則已，茍有決心，要鼓勵亞洲人民反共，則太平洋公約勢非組成不可。現在已有四個堅決反共的國家切望美國出而領導，若不挺身而出，怎能使亞洲人民相信共黨之必敗呢？故現在美國應先將這四個國家聯合起來，組成堅强的陣線。對於其他國家之願加入者自應一律歡迎，因客觀形勢之推移，其參加的必越來越多，乃能使共黨不敢作擴張之妄想。循此路線而一步一步走去，最後太平洋國家當可全部加入，如果停步不行，則共黨勢力將日見擴張，亞洲人民將愈益渙散，而各奔前程了。

此外美國之領導世界必須有一貫的思想。杜勒斯在「戰爭或和平」中說過：安全是不能以物質購買的。他深知今日美國的缺乏不在物質而在「精神」。本來美國立國的精神只是基督教與自由民主。在西方基督教雖仍爲全民所信奉，但自宗教改革以來，教義與實踐愈趨愈遠，大家只將教義當作一場話說，與實際生活完全是兩回事。故今天要拿基督教義來和共產主義相對抗，顯見其微弱而無力。在東方則其原來的儒教、佛教、印度教等等教義，均可與基督教相頡頏，自難使人民傾倒而信服，且原來信仰基督教的西方已日趨於衰頹，更難希望東方人士之多數信奉了。故基督教的信仰並不能爲今日領導世界的思想。唯有自由主義與民主政治才是與實踐相即而不離的，西方精神之活潑而有力者唯此而已。在西方儘可重張旗鼓以對抗極權，在東方亦可鼓舞信心，相信自由與民主乃是對抗極權唯一利器。可是自由主義的思想蓬勃了三百餘年，十九世紀似已達到最高峰，時至今日大有盛極而衰之勢。第一次大戰以後，布爾什維克首倡極權，法西斯及納粹繼之而起，最後日本也來學步，那些宣傳家高唱自由主義的喪鐘，使一般民衆徬徨歧途。第二次大戰的結果，德意日雖被打倒，而蘇俄則大大擴張勢力，所謂自由對極權之爭並不知勝利究屬何方。今日獨裁與民主之論爭，理論上業經確定，鐵幕後的國家無不自命爲民主者，則主權在民之義既已確立而不搖，獨裁者也只好自稱爲人民代表和人民政府了。思想上的問題只有自由主義與社會主義之對立而已。社會主義之宣傳已過了百年，而最初成功(?)的便是俄國。俄國的共產主義自命爲較社會主義更進一層，至少也得算是社會主義之一種，在舉世詛咒資本主義而崇拜社會主義之時髦前提下，最初成功(?)的蘇俄有不受人尊仰的理由嗎？許多英美的思想家以爲社會主義與自由主義儘可並行而不悖。但是我們要問，倘若二者不可得兼，則何去何從呢？理論上的選擇不能不速作決定，實踐上亦須與理論密切結合而不離。我們以爲美國應堅持其自由主義，只在自由主義許可的範圍之內，才可以施行社會政策，不應以社會主義與自由主義等量齊觀。如果社會主義侵犯了基本的自由，只有棄之而不顧。今日美國當局的宣傳大抵還是以此爲基調，內政上的施設也還說得過去，但外交政策却沒有堅持。在西方，狄托施行共產主義的極權政治儘可獲得大量的美援，佛朗哥反共而行極權也可作爲美國的盟友。人們以爲美國已不反獨裁，也不反共產，只對蘇俄爭奪霸權，實與主義與制度完全無涉，在思想戰上還能不慘敗嗎？至於東方，則自由主義的思想雖已獲得多數人的愛好，而自由民主的制度始終沒有建立起來。美國歷來的政策也沒有使亞洲諸國確立自由民主制度的決心。說者謂，蘇俄確以推行共產主義爲職志，美國的自由主義不過口頭說說而已。參加共黨陣營的人，一旦勝利了，馬上便可照着他們的理想來作天翻地覆的革命，確實是痛快的，能使青年作熱烈的獻身。參加自由世界的人，縱使獲得勝利，而能否收到自由民主的果實尚在未定之天，怎能鼓起人們的勇氣，來作積極的行動呢？故美國必須有推行自由民主的決心，然後能得亞洲人民熱烈的擁護，一致的支持，使鐵幕人民充滿希望，急起直追，這才是思想戰勝利的關鍵。

* * * * *

邱吉爾導演的東西巨頭會議

朱伴耘

一

近數月來，尤其自韓戰停火以後，西歐的現實主義者在邱吉爾領導之下，都以調停人的姿態出現，想找出一條緩和國際緊張局面的妙計，使世界從此永久太平，他們都認為韓戰停火後的現階段，應是千載一時結束冷戰的良機。在他們眼光中，朝鮮能停戰，就對美國言，已是共產世界和平誠意表現之一；如美國能不再堅持以其他事實表現為美蘇商談先決條件時，那嗎，大家當可冷靜下來坐在會議席上重行建立世界新秩序。於是英法方面，不論輿論界也好，官方也好，除了批評美國反共太激、對蘇太硬以外，都盼美國不要放棄致力世界和平的良機；對邱吉爾氏的力求減輕國際緊張局勢的呼籲，都一致加以讚揚。

所謂邱氏對調停東西冷戰緩和國際局勢的錦囊妙計是什麼呢？第一條就是在史太林身故前後所叫的三巨頭或四巨頭會議；第二條就是邱氏本年五月十一日在下院所提及的西方國家應給蘇俄以洛迦諾式的互不侵犯的保證。很明顯的第二點是第一點的補充，也就是假定巨頭會議能如願舉行時，這便是會談的目的之一。這個以互不侵犯為內容的建議，西歐方面認為這是邱氏頗具智慧的傑作，實際上這兩件法寶都是過時而不切實際的想法。所謂巨頭會議者，邱氏腦海中不僅認為今天仍是強權政治的時代，而且認為今天仍是暴君專政時的強權政治的時代。一個國策的推進，是決於個人的主見，而不是決於國策推進的基本原則。是以只要邱馬艾三位巨頭面談一番，重行劃分勢力範圍，世界就可平安無事了。至於給蘇俄以互不侵犯的條約的安全保障，那更是自代西方打嘴巴，推翻美國七年來協助歐洲的主旨。換句話說，西方的措施，不是防禦性的，而是準備「侵犯」蘇俄的。根據這個邏輯推論下去，無異進一步承認蘇俄過去的擴張是合理合法，西方本身才是戰爭販子，令蘇俄不得不繼續擴張以維護蘇俄的「安全」。這兩件法寶如美方有智之士稍作冷靜的分析，再參與過去蘇俄對條約義務是否遵守的事實，當不會輕易欣然接受吧！

二

我雖然認為邱氏的辦法為過時不合實際，而精神上又無異由原告地位降於被告地位，——蘇俄的擴張不是侵略，不是戰爭販子，只有西方才有侵略蘇俄的企圖，是以要減輕國際緊張局勢，就得給蘇俄以互不侵犯的保障——這是我置身在美國的看法。但他的辦法在西歐頗為叫座，當然有值得研究的地方。西歐方面除西德外，對於美國堅持先要蘇俄有具體和平事實表現後再行會商一點，頗不以為然，法國之遲遲對歐洲聯軍計劃不予批准，便是這種因素在作祟。因歐洲聯軍一旦正式成立，西德軍隊合法加入，並重整軍備，東西兩方在歐洲軍事衝突的危機當日益增加，美國雖主張西歐聯軍成立與對蘇談判是兩件事，而西歐却旨在拖延這一重大決定，先行會談再論組織聯軍問題。邱氏主張的巨頭會議，可能有一箭雙鵰的作用，他以為只有會談才了解蘇俄的眞意向，如談出了交易的條件，西歐聯軍自然就成了不重要的問題；反之，如無結果，西歐了解蘇俄企圖之所在後，也就不得不加緊自衛之道，反對德國加入聯軍的國家，也不得不重加考慮了。

其次，邱氏也許看清了目下西歐有一種接受既成事實的傾向。西歐方面已認為德之分裂及東歐進入鐵幕，已成為除用軍事手段外而無法改變的事實。在西歐本身無力而美國又無決心改變此一既成事實的今天，與其雙方各自擴軍，徒增經濟負擔，不如就在承認既成事實的前提下與蘇俄尋求妥協，以緩和國際間的緊張局勢。他們之所以有這種接受既成事實的傾向不是無原因的。第一、是自身的利害，東歐反正已入鐵幕，德國之統一及重整武裝，對他們是禍是福？根據第二次大戰的教訓，誰也不能作樂觀的想法。萬一逼得蘇俄先行動手，他們是首當其衝，在這種考慮下，自然他們認為維持現狀最好。只要蘇俄無以武力征服歐洲的企圖，其他進入鐵幕後各國的命運是與己無涉。第二，便是西歐對美國的反共反蘇，始終無多大的興趣。他們認為美蘇爭霸是事實，為民主自由只是口號。假定東西能取得諒解，在經濟方面能互通有無，美國應不必再爭政治上的領導。第三，西歐——尤其是法國，對美國現仍武裝西歐的政策，頗多誤解。易言之，即美法對於歐洲的現行局勢，各持其不同的觀點：美國現行政策的假定，仍與一九五〇年時一樣，基於西歐仍然受着蘇俄軍事侵犯威脅的觀點，是以一切政策必須針對抵抗軍事侵略而推進。這個假定從許多美國官方人員自歐訪問後所發表的意見中可以發現。可是西歐方面，並無此種看法。他們認為西歐的重行武裝，附庸國的騷動，史太林死後蘇俄境內社會及經濟的發展，已使歐洲產生了與一九五〇年不同的情勢，軍事侵略現在已不是主要的顧慮，那麼又何必建立歐洲聯軍，又何必不坐下來與蘇俄開始商談？

最後，邱氏高叫巨頭會議，甚至一再表示他本人或派艾登外相親往莫斯科一行，是一種自抬身價的表示。英國自認經濟已趨穩定，無須乞求大量的美援，外交上應以獨立姿態表現，使世界知道英國也是左右世界局勢的國家，不再是美國外交上的附庸了。所以她不僅在遠東方面與美國步驟不一，關於巨頭會議事，也表示其獨立的作風。輿論方面甚至叫邱老不論艾氏參加與否，單獨往莫斯科一行，以調停人的身份出現，使美蘇有談判的可能。

綜上所述，我們不難想像巨頭會議之高唱入雲，在歐洲是有其環境的背景。邱氏之所以如此主張，他是認爲他對歐州局勢的看法，比美國人看得清楚。他把握了這種時機與美國唱反調，給美國以精神上的壓力，讓美國對她更加重視。

三

謀求和平，是美國所標榜的外交政策之一，與蘇會談，美國也從未斷然拒絕。不過，美國的和平目標有她的內容，與蘇方談判，美國也有她認爲適當的時機。自艾氏於四月間宣佈蘇俄必須履行和平誠意的條件後，再行舉行其他會商，其原則始終未變。這就是美國和平的內容，與其他同蘇俄舉行商談整個東西冷戰問題的西方盟邦，持有不同觀點的原因。再說明顯一點，西方國家認爲維持現狀，雙方可以得到一個妥協的途徑，可是在美國看來，如不將蘇俄勢力推回本土，美國就無絕對的安全。假定英國也隨西歐在接受既成事實的條件下與蘇俄談判妥協，不僅所得的充其量不過是暫時的苟安，而且七年來美國一切爲反蘇所作的工作都付之東流。承認蘇俄的新帝國無異自認失敗，美國今日的打算是在從冷戰中撈本，而不是自認失敗，自然對於西歐願意接受既成事實的態度不予同意。

次就美國所願與蘇俄商談世局的時間言，由於美國心理上無承認既成事實的意向，自然在蘇俄未有和平事實表現以前而找馬林可夫會商，等於是向克里姆林宮叩頭示弱。在示弱的情況下而與蘇俄會商，其結果當然是失敗與讓步。所以美國的想法是西歐聯軍成立第一，西德重行武裝第一，當蘇俄被迫而不得不與西方會談時，美國才能獲得有利的條件。今天大家要想打破東西冷戰的僵局，讓步的應是蘇俄而不是西方，這也就是美國要蘇俄有和平事實表現後再行會談的用意之所在。對於共產世界談判，力量是辯論的根據，杜魯門政府後期也會主張對付共產主義國家的辦法，是以力量對付力量，艾森豪政府也未放棄這個原則。

美國不僅不願在承認既成事實的條件及示弱的情況下與蘇俄談判，同時也不願再以巨頭會議的方式來解決世界問題，雅爾達會議的教訓，是美國現在政治家所不能忘記的。是以美國儘量避免以巨頭姿態出現，在秘密會議中來解決世界問題。自邱氏高叫巨頭會議後，美國輿論並不主張艾氏在現況下與邱馬會談，美國正全力支持聯合國，杜勒斯也認爲聯合國是解決世界糾紛最好的場所，在衆目睽睽之下，美國才能表現領導世界走向民主自由的作風，同時蘇俄的眞正企圖也會在光天化日之下暴露出來。這樣的巨頭會議如舉行成功，明明是西方向蘇俄叩頭，會議的結果如有任何成就，必然是一種默認勢力範圍，重行劃分世界的一套舊把戲。這樣一來，美國對世界以自由對抗奴役的道德義務會全部破產，美國會身敗名裂而蘇俄却聲威日隆。相反的，在勢均力敵之下，美國在原則上既無意承認蘇俄的龐大帝國，蘇俄又無意自動將其勢力範圍縮回本土，縱然勉强使三巨頭會面，於世局毫無補益，在這種情況下又何必舉行什麼會議？目下蘇俄至少有以力量來維持現狀的企圖，美國也有以力量來打破蘇俄現狀的計劃，試問邱翁如何能拉攏巨頭會議來分割世界？

四

在第一節中我已寫出邱翁濟世良方曰巨頭會議；曰給蘇俄以互不侵犯條約的安全保障。現在我再來討論一下如何與蘇俄訂立互不侵犯條約。第一點我在第一節中已提到，給蘇俄以互不侵犯的保障，無疑的是西方自打嘴巴，是自己承認西方的聯防計劃是含有侵略性的。而蘇俄的擴張才是爲了自己的安全而取的防禦計劃，這更給蘇方以宣傳的口實。而北大西洋公約組織，在精神上則全部崩潰。其次，談到所謂互不侵犯條約在歷史上的價值，那止是締約國對於當時局勢暫時緩和的一種手段，並不是根本解決問題的辦法。近三十年來，兩國今天訂互不侵犯條約，明日卽兵刃相接的例子太多，如一紙條約可以維持和平，戰爭早會絕跡。

再其次談談蘇俄對條約的信義問題。這一點也可用歷史的事實來證明。一九二〇年蘇俄對波蘭是有一紙互不侵犯條約的，而一九三九年，蘇俄却拿去了半個波蘭。一九三二年蘇俄與芬蘭也是訂有互不侵犯條約的，而一九三九年蘇俄發動進攻芬蘭。波羅的海沿岸三小國，拉底維亞、艾沙尼亞、立陶宛於一九三九年都與蘇俄訂有互不侵犯條約的，不到一年，三小國已成爲蘇俄的領土。再談我們中國，一九四五年國府與她訂有三十年互不侵犯的條約，結果她是暗助中共席捲大陸。一九四三年蘇捷也有互不侵犯協定，她却暗助捷共使捷克成爲蘇俄的傀儡。這樣的紀錄，美國如何能對她信任？

不僅此也，假定蘇俄有遵守條約義務的決心的話，現存的聯合國憲章就是蘇俄唯一的保障，誠如杜勒斯所說，美蘇已經有一個互不侵犯的條約存在，兩國都是憲章的簽字國，憲章是要求會員國不以威脅或武力加諸另一會員國的。拘束六十以上會員國的憲章如尙不能保障世界的和平，那麼列强間的互不侵犯條約在現存國際局勢下又何能爲力。聯合國的成立，是以世界和平爲其最終目標，貫澈此一目標的手段是集體安全和集體制裁。目下和平的最大障碍在美國看來是蘇俄，過去和平之不能確保，是沒有貫澈集體制裁的方案，美國今天之支持聯合國，卽是藉此機構以集體制裁的辦法來達到集體安全，區域性的集體安全體系之建立，如北大西洋公約組織等，已是不得已而求其次的辦法，再離開聯合國的機構走上過去失敗的道路與蘇俄訂互不侵犯條約，我想美國是否誠意接受此一邱氏傑作，實大成問題。

最後，也是最重要的，卽令巨頭會議成功，有兩個使美國考慮的原因，足以使互不侵犯條約難以簽訂：第一，互不侵犯的主要目的是防止軍事侵略，蘇俄今日的作風並不是軍事侵略，這個條約如一經簽定，受拘束的是西方簽字國，如蘇俄繼續以政治滲透的方式擴張共產世界，西方國家即很難找法律上的根據謂蘇俄違約。如將政治滲透也載入條約之中，即令蘇俄接受，也缺乏法律上的明確性。第二，所謂侵犯也者，是明確的領土的侵犯，締約國間保證互不侵犯，都有一定的國界，試問今日的蘇俄國界何在？美國是承認蘇俄的龐大帝國呢？抑是美國仍堅守解放鐵幕後國家的道德上的義務？不知邱翁提此妙計時考慮到了這一重要關鍵沒有？如果他是決心承認蘇俄今日的龐大帝國的話，他是準備對所有鐵幕後的國家的大出賣，美國至今並無自認失敗的企圖，蘇俄也無自動撤退的跡象，那麼這個互不侵犯保證的妙計，根本就無法行通。所以我的結論說他的辦法是過時而不切實際的。

五

美國對此巨頭會議，始終無熱烈的反應，雖史蒂文生週遊世界回來向艾森豪報告考察所得時，也提及此一辦法，並謂艾氏對此辦法頗感興趣。杜勒斯氏亦稱美國也會考慮到給蘇俄以互不侵犯的保證，但看杜氏僕僕歐洲之行，舉行三外長會議，其目的就是盼英法對此事不必過存奢望。杜氏稱美國不反對邱氏去莫斯科，但邱氏之行是自己負責，並不代表美國的意見。英國經美國這樣的表示，儘管若干報紙及議員仍主張邱氏前往，邱吉爾也心中有數，此行如無美國的同意是枉費心機，更中蘇俄離間的陰謀。於是在十月廿七日即改變論調，謂，艾氏如有暇來英一遊，作非正式的會談，英國必竭誠歡迎，大有旨在與久別老友暢敍離悰而不談國事之態。美國對此反應非常之快，艾森豪在十月二十八日的記者招待會宣稱，除非深知會議後面有誠實的目的在，四強高層會議是毫無希望之可言，而對邱氏之邀請則謂目下責任重大，並無訪英的打算。這一席話，可謂美國對巨頭會議的官方總答復。

美國今天已自知非堅定立場，不足以在冷戰中撈本，蘇俄的和平攻勢是在離間美國與英法，英法願在維持現狀下與蘇妥協是毫無鬪志的表現，美國如自己沒有一套辦法，採取主動的地位，那是失敗的先聲。那麼美國的對策是什麼呢？是四外長會議也行，討論德國的將來及奧國的獨立問題。這一問題有結果，才能進一步談高層會議。而這一問題的實質，也就是四月十六日艾氏列舉蘇俄應有和平事實表現的問題。再說明顯一點，是對蘇俄力的試探，看蘇俄是否會在美國已經及行將建立的壓力下就範。因美國當前的政略，是以力的方式迫使蘇俄願意談判，使西方的條件能容易達到，所以主張談判之門從未關閉，而促使西歐聯軍早日成立，協助武裝西德，與佛朗哥拉手，而在西班牙得有基地，都表示美國已認清力量的衝突及力量的壓服，是對蘇總解決的唯一途徑。而東歐的不安，東德的暴動，比照着西德阿德諾總理的再度當選，無異更給美國吃了一顆定心丸，美國更不會錯過時機而遷就英法。從另一角度來看，美國對巨頭會議索然無味，是表示決鬪時機尚未成熟。因為巨頭會議無異於最後的攤牌，要就會議有結果，會議有結果必是決於力量的强弱，要無結果，就表示雙方不相上下，當雙方不相上下之時而又不能決之於會場，自然只有走向決之於戰場之一途。目下儘管緊張，尚有轉圜餘地，巨頭相對而尋不出妥協之道，結果緊張局面更形緊張，美國在未完成一切準備時，自不願作最後的一試。

六

現在，我們再來看巨頭會議的另一主角——蘇俄的反應。克里姆林宮的巨子，也很明白現在是非常微妙的階段，美國固在試探蘇俄力量的强弱，蘇俄又何嘗不在試探美國決心的有無。是以自邱氏高叫巨頭會議及給蘇俄以互不侵犯的保證後，機關報紙及官方的反應，至多只能解釋是對英法美加以離間，並未作決定性的表示。雖然馬林可夫於八月八日向最高蘇維埃會議會提到一九四四年的法蘇同盟互助條約，並謂該約是發展並加强兩國關係的基礎而保障歐洲的安全；與其說蘇俄對邱氏建議積極表示興趣，無寧謂再行分化美法的團結。即暗示法國不必批准歐洲聯軍計劃，不必對美馬首是瞻，如果美國扶植西德，他日對法安全有威脅時，蘇俄可以出力相助。

關於巨頭會議的時間及條件，美國始終未變。艾氏四月十六日宣示的原則，在歐洲方面先解決德奧問題以窺蘇俄的意向，也就是試探蘇俄對美國的部署是否畏懼。美國認為鐵幕後一切的不安，都是蘇俄弱點的表示，所以總是想法抓住此機會以探明蘇俄的意圖。蘇俄對於美國的用心非常了解，她不能示弱，於是對於西方十月十八日邀請蘇俄於十一月九日在瑞士Locaruo商討德奧問題的四外長會議，給了一個不折不扣的拒絕。在十一月一日蘇俄長達四千字的復文中，充份表明蘇俄態度的强硬。西方要四外長會議，她主張五强會議包括中共在內，西方要討論德奧問題，蘇俄主張世界問題無所不談。不僅如此，蘇俄對西基地協定、西歐建軍計劃等，無不加以責斥，認為美國的措施，危及蘇俄的安全，並認為北大西洋公約組織的存在，即是東西商談和平的障碍。無怪乎艾氏在記者招待會上（十一月四日）斥蘇俄的復文無意使大家能聚首會商，相反地却儘量增加困難以阻止會議的舉行。蘇俄明知美國在現階段不願談中共問題，而故意抬高中共地位列為五强之一以決定世界的命運，蘇俄明知美國將歐洲防務與四外長會議商討德奧問題分為二事，而她却故意混為一談，很明顯的這是外交上的示威，以答復美國的試探。換句話說，這是告訴美國蘇俄並不示弱，不僅不示弱，而且態度之强硬，前所未見，誠如杜勒斯九日所稱，蘇俄要歐亞尚未在克里姆林控制下的國家，放棄自衛的原則而向蘇俄屈膝。

蘇俄的强硬態度，不僅使美國激怒，導演四巨頭會議的英國也深感難堪。

使得邱吉爾的發言人艾登於十一月五日，在下院中也不得不對蘇俄態度表示不滿，雖然他說英方仍盼望可與蘇俄舉行任何階層的會議，但亦責蘇俄的條件爲不能接受。他說我們如接受這些條件，將危及西方的安全，並使德國統一自由爲不可能。他並承認蘇俄對西方的仇視一如從前，從英人眼光中看蘇俄的拒絕復文，至少會相信美國要蘇俄先表示和平誠意的事蹟再行會商不是固執己見。今後即令再作「拉攏」工作，也得設法對美國的態度有個交代。

七

現在美國領導的西方又成了被告，換句話說，蘇俄也要美國拿出和平的事蹟來——承認中共入聯合國列爲五强之一，放棄包括武裝西德的歐洲聯軍計劃，解散北大西洋公約組織，再談緩和國際緊張局勢、東西和平並存的問題。從艾杜二氏的發言，以及英美法三巨頭會議又決定於十二月四日至八月在百慕達召開，可見世局又將進入另一新的階段，同時對美國的積極外交又是一大測驗。

據公報稱未來的三巨頭會議，是討論對蘇的答復，以及西方對西德的關係等問題，實際上是討論英法應在美國領導之下走上進一步的團結反蘇呢？抑是美國獨行其是而武裝西德呢？我深信邱翁領導下的英法，會再對美國施以壓力與蘇俄先談再講，甚至認爲蘇俄的强硬只是外交上的姿態，仍有調和的餘地。不過我認爲如美國堅持蘇俄也有和平事實表現，蘇俄又堅持美國先有和平事實表現的前提下，邱翁能否想出一條雙方都能接受的妙計，很成問題。目下的僵局是雙方已騎虎難下，誰也不能示弱，想像中的邱翁妙計，不外是要美國承認蘇俄在亞洲的成果，蘇俄讓奧國獨立、讓德國統一，然後再給蘇俄以互不侵犯的保證。這一着棋美國如接受，那是美國反共政策的總崩潰，我想艾氏不會走上比圍堵政策更不如的道路。

和平攻勢業已告終，世局是否走上妥協之途？美國是否先作示弱的表示，而放棄艾氏堅持蘇俄應先行表示和平誠意事實的立場？冷戰是否又趨激烈？十二月八日三巨頭會議完畢後的公告中可以尋出答案。會議結果，如法方允於明年三月前批准西歐聯軍計劃，讓德國正式加入，形成三國一致對蘇强硬的政策，那是艾氏的成功，反蘇勝利的先兆。反之，如西方意見不能協調，美國擬單獨協助西德武裝及作其他佈署，那是表示美國反蘇的決心。假定不幸的艾氏走上邱氏的圈套，使蘇俄在歐洲無所失而得到互不侵犯的保障，而在亞洲有所得並使美國也得承認蘇俄的勢力範圍，那便是自由世界的喪鐘！

百慕達會議是美國外交政策的嚴重考驗。其關係人類自由前途至鉅，對於美國應持的態度，我已在「向美國政府進一言」一文中詳細申述，這裏僅站在中國人的立場向艾森豪總統再進一言：「今日世界安危的關鍵在遠東，遠東安危的關鍵在中國，請美國對中國拿出鮮明具體的政策來。」

一九五三年停戰紀念日之夜

論內閣制的新型態

——法、義、西德、現行憲法下的內閣制及其與英國內閣制的比較——

孟浩

一　內閣制的基本義理

自第二次世界大戰結束之後，法蘭西、義大利、西德三個國家，先後分別制定新的憲法，以構成新的政府體制。從大體言之，這三個國家的政治體制都是採用內閣制；但仔細觀察，則她們的內閣制各有特徵，並不是一律從同，這是值得比較研究的。

要說明法、義、德三國內閣制，將它們和英國的比較一下，更易明瞭。按內閣制導源於英國，就英國人的傳統觀念言之，所謂內閣制者，乃謂以內閣代元首對國會負政治責任也。依這一根本觀念而爲政治活動，必須配合以幾個必要的規範：㈠內閣閣揆必須由國會中之衆院多數黨領袖充任，而其他閣員則由閣揆提請元首任命，然後能達成連帶負責的使命。㈡正因爲內閣制係以內閣代元首對國會負責任，所以元首所發布的法令文書，都須經閣揆或閣揆和關係閣員的副署 (Counter-sign)，才能發生效力，沒有經過副署的文書，不能發生效力；但一經閣揆及關係閣員副署，則緣於這一法令文書而發生的責任，應由內閣負擔，元首不負責任，英國人所常說的「國王不能爲非」(the King Can do no Wrong)，其道理卽在於此，足徵副署是內閣制中最重要的一種辦法。㈢爲貫澈國會對內閣的課責計，國會對於內閣應有不信任投票權 (vote of censure)，這種權力乃爲國會迫使不稱職的內閣去職的方式，是爲國會控制內閣最重要的一種武器。㈣在內閣制的體統下，立法行政兩方有相剋相制以求眞正民意表現的妙用。國會已有不信任權以爲控制內閣的武器，於是內閣亦須得有相制的辦法，這就是內閣應有呈請元首解散國會之權，所以解散權 (Dissolution) 爲內閣對抗國會的法寶。內閣握有這一權力，才能將其被國會所反對的政策訴之國人裁判 (to appeal to the country)，以決定其應否繼續執政。㈤英國內政制不但使國會與內閣相剋相制，而且使立法機關與行政機關有聯繫的關係，這種聯繫關係的所在，卽爲議員兼任閣員的制度，這一制度的意義是在求立法與行政兩方得有貫連溝通的機會。英儒白芝浩 (Walter Bagehot) 在他所著的英國憲法論 (The English Constitution) 中說得最爲恰當：他說：內閣制下的內閣有如一個聯繫委員會 (Combining Committee)，類似一個連字的符號 (Hyphen)，又好像一個紐扣 (buckle)，使國家的立法機關與行政機關得以貫連結合。白氏這一比喩，把內閣制的精神說得最爲透闢了。

以上所述，係就英國實施的內閣制，以說明普通所謂內閣制所必具的種種法度，也可以說是內閣制的傳統觀念的內涵。我們以這傳統觀念的本質，以校勘法、義、德內閣制的歧異吧。

二　法國內閣制的特徵

曾奠定法國民主憲政的基礎而施行約七十年的一八七一年公佈之法國憲法，卽普通所稱的法國第三共和憲法，於第二次世界大戰初起法國被德國擊潰，貝當元帥 (Marshal Pêtain) 於維琪 (Vichy) 組織傀儡政權後（一九四〇年七月），而壽終正寢。從此之後，法國不甘屈服的志士，組織反抗力量，以期重建自由法國。這種重建自由法國的愛國運動，戴高樂將軍 (General de Gaulle) 實盡了最大的努力，也始終領導這一運動。這些志士經過了流血流汗的犧牲，卒於一九四四年冬擊退納粹德軍後，於巴黎成立臨時政府。旋於翌年十月二十一日舉行全國公民投票，以產生制憲會議，而從事於制憲大業。該會經半年餘的經營，於一九四六年四月十九日草定憲法草案，後於同年五月五日將憲草提付全國公民複決，結果乃爲選民所否決；於是復於六月二日再度舉行全國選擧，以產生第二次全國制憲會議 (The Second National Constituency Assembly，因此，以前的制憲會議則被稱爲第一次全國制憲會議），再行起草新憲，經數月的起草討論，於同年九月二十八日完成稿案，於十月十三日提付公民複決，卒以九、二九五、〇〇〇票對八、一六五、〇〇〇票的多數（以百分比而言，則爲百分之五三對百分之四七）獲得通過，於同月二十七日付之實施，這就是世所稱的一九四六年十月二十七日憲法，也卽是普通所說的第四共和憲法 (The Constitution of the Fourth Republic)。這部憲法都凡一百零六條，分列爲十二章，並有不列番號的前言部份十八欵。

從內閣制的觀點說，則有三個政治機關的體制和活動是特別應該注意的。一爲國會，二爲元首，三爲內閣。茲卽以這一觀點以論列法國現行憲法下這三個機關的體制和職權及其相互關係：

依照法國憲法第五條「國會由國民議會及共和參議會組成之」的規定，則法國國會是採用兩院制。這個國民議會 (National Assembly) 由區域選擧直接普選法選出 六二七個 議員組織之，議員的任期爲五年而共和國參議會 (the Council of the Republic) 的議員名額則不得少於二百五十名，亦不得超過三百二十名由分區選擧團間接選出之，國民議會亦得依比例代表制選擧一部份參議員，但其數目不得超過共和國參議會議員總額六分之一；參議員的任期爲六年，改選時得改選半數。就這兩個議會的職權說，除對於總統的選擧由兩院共同平等行使，及兩院議員均得提出法律案外，立法大權實掌握於國民議會，共和國參議會不過有中止的否決權 (Suspensive veto) 而沒有平等的立法權。這話說來似乎抽象，但我們援引一些憲法條文，則可得具體的論證。憲法第十三條云：「國民議會獨自立法之權不得轉讓」。第七條曰：「宣戰必須國民會議投票表決，並須事先徵詢共和國參議會之意見」；第二十條謂：「共和國參議會審查國民議會初讀通過之法案及法律草案，共和國參議會於國民議會交付議案後，至遲須於兩個月內提出其意見，若係預算案，則此期限可能縮短，務使其不超過國民議會覆議及表決所需之時間。因採納一項緊急議程時，共和國參議會須依照會章規定討論之時間內提出其意見書。本條所定之各種期限若遇停會則無效，若經國民議會之決議得延長之。共和國參議會之意見書如係贊同，或於前項所規定之期限未將其意見書送達，法律即以國民議會通過之條文頒佈。若其意見書表示不贊同，則國民議會於二讀中審查法案或法律草案時，對共和國參議會所提之修正條款，全部或部份之接受或拒絕，國民議會作最後之決定，若係全部或部份拒絕，其修正條款應於法案在二讀會中用記名投票法由國民議會全體議員絕對多數表決，此係共和國參議會已經用同樣方法全部通過者」。總觀這些條文，則我們可以得一概念，即在現行憲法下，有權決定法國國事的乃爲國民議會，共和國參議會不過供國民議會徵詢意見的機關，後者對於前者通過的法案至多只能行使二個月的延擱權，這種延擱權即上文所謂中止的否決權。延擱二個月後，不論它的意見如何，國民議會有最後決定之權。由此說來，則法國的國民議會有如英國的衆議院 (House of Commons)，而共和國參議會則類似英國的貴族院 (House of Lords)，而與美國的參議院 (Senate) 不可同日而語。在英國說，所謂內閣對國會負責者，係指內閣對衆議院負責而言；同樣地，法國內閣也是只對國民議會負責，而不對共和國參議會負責。關於這一說法，更可以憲法第四十八條爲證：「關於內閣之一般政策，各部長對國民議會負連帶責任，關於個人行動則各別負責。各部長不向共和國參議會負責」。

法國已採行內閣制，則其爲國家元首的總統乃爲虛位元首 (figure-head of State)，自毋庸置疑。所以憲法上所列擧的總統職權，都是屬於名義的，即以總統的名義以執行這些職權，而實際負執行之責者，則爲內閣，內閣已要負實際政治責任，則對於總統發佈的法令文書，自不能不過問，這就談到副署的問題了。憲法第三十八條明定：「總統每一令文，須由內閣總理及有關部長之副署」，這明明是說法國是採副署制度的。總統令文已由內閣副署，則當然由內閣擔負責任了。憲法第四十二條第一項「總統僅對叛國罪負責」，益足反證總統不負實際政治責任。照理言之，總統已不負實際政治責任，則總統不能爲非，而憲法第四十二條第二項規定：「國民議會得依第五十七條之規定，向最高法院控告總統，並得交付審判」，這種規定，自與英國的法度不同了。

在內閣制下，內閣總理應由國會衆院的多數黨領袖或各政黨聯合支持的領袖出任，這是無庸多贅的；法國的內閣制自亦與此從同，所以憲法第四十五條第一項明定：「每屆議會之始，總統於例行諮詢之後，推擧內閣總理」。但其特點有二：一則內閣總理須提出施政方案，以供議員考慮，二則須經過信任投票手續。憲法第四十五條第二項明定：「內閣總理將其擬定之施政方案，提交國民議會」；第三項說：「內閣總理及閣員之任命除國民議會因故不能開會外，必須取得國民議會之信任，信任票用記名投票法，並須得絕對多數」，可爲明證。

按之英國立法史，在國會成立之初，衆議院並不自行制定正式的法律，僅訴諸英皇去制定各種法律。但到十五世紀時，衆議院乃將其具備好的法律程式向英皇提出以期成爲法律，因此，英皇亦僅對衆院所提的法條表示同意或拒絕，自己不去另議法條。由這一階段的發展乃形成一種「絕對否決」(absolute veto) 的制度。這種「絕對否決」制度在杜德 (Tudor) 及斯杜阿特 (Stuart) 王朝是時常使用的。後來隨着責任內閣制的演進，皇室的否決權亦逐漸失去其重要性，而自一七〇八年否決「蘇格蘭國民兵法案」(Scotch Militia Bill) 後，再不見否決權的運用了。在理論上說，英皇仍是握有否決權的，但自實行責任內閣制度，所有英皇公佈的法律大都是衆院多數黨領袖而兼內閣總理所獻議或領導制定的，所以就用不着否決權了。可是，法國憲法第三十六條規定：「正式通過之法律送達政府後，總統於十日內公佈之，如國民議會認爲緊急時，此期限可縮減爲五日。在規定頒佈法律之期限內，總統得咨請兩議會覆議，兩議會不得拒絕。總統如逾本憲法規定之期限不頒佈，則由國民議會議長行之」，這顯然是採用否決權的制度。這種否決權雖然憲法上說是由總統行使，事實上即出自內閣的意思。現在各國行政機關運用否決權較常者，乃爲實行總統制的美國。現在法國實行內閣制而又採用否決權制，這是法國內閣制的一大特點。

法國內閣必須得國民議會的信任。而所謂信任與否，則有兩種表示方式，一爲內閣向國民議會提出信任要求，一爲國民議會自動的進行不信任投票。這兩種方式的運用，憲法均有所規定；前一方式的運用見之於憲法第四十九條：「信任案 (the question of confidence) 之提出，須經內閣會議，由內閣總理提出。信任案之表決，須於提出國民議會後經過一整日以記名投票法行之。對內閣信任案之否決，須得國民議會之絕對多數。信任案之否決引起內閣總辭職」。後一方式的運用見之於憲法第五十條：「國民議會通過之不信任投票案 (motion of censure) 引起內閣之總辭職。不信任投票案之表決須於提出後經過一整日行之。表決用記名投票。不信任投票案須得國民議會絕對多數之通過」。這些方式的運用，都無待深論。茲所欲論究者，即內閣失了國民議會的信任而又不願掛冠，則惟有解散國民議會了，其解散權的運用怎樣呢？憲法第五十一條說：「在十八個月期中，如在第四十九條及第五十條所列之情況中發生兩次閣潮，國民議會之解散於徵詢議長後由內閣決定之，依此規定由總統頒佈解散令。前項規定，祇能於議會第一個十八個月後有效」。第五十二條又規定：「如遇議會解散，除內閣總理及內政部長外，其他閣員留任處理例行公事。總統推舉國民議會議長為內閣總理，新內閣總理於取得國民議會辦公處之同意後，推選新內政部長，並推舉未入閣各派代表為國務員」。總觀這兩條規定，則解散國民議會是限制多端的：第一、必須於國民議會成立經過十八個月後，才談得解散問題。第二、必須於十八個月期中，發生兩次閣潮。第三、解散國民議會須事先徵詢議長意見。第四、國民議會解散後內閣總理及內政部長立即去職，內閣旋亦全部改組。在這諸種限制下，解散權的運用，無論從客觀形勢說，或從內閣本身說，却幾等於零了。其解散權的存在，無非所以示國民議會議員對於內閣的信任案要審慎行之吧了。法國憲法對於解散權的運用所以作這麼嚴格的規劃，是淵源於歷史的傳統觀念。因為在第三共和憲法之下，也是有解散權的法制，但自一八七七年因馬克馬洪總統 (Mac-Mahon) 解散衆議院 (Chamber of Deputies) 而引起大政變 (coup d'état) 後，法國人士對於解散權的行使，大有戒心。第四共和憲法鑑於往昔的事例，而期政局的安定，所以有上述諸種限制的規定。

從第四共和憲法全盤法制觀察，則法國的內閣制具有許多特徵：如總統之可被彈劾，出任內閣總理者須向國民議會提出施政方案，否決權之行使，以及解散權運用上的種種限制，這些都是與英國內閣制的運用有所不同。此外還有一個特點值得一說的，即內閣閣員出席兩議會及其所屬各委員會時，均可隨帶其部屬以專員身份 (Commissioner) 列席。這些專員不僅對其長官提供意見，且可參加辯論。英國的法制則與此不同，閣員的部屬僅能跟隨閣員之後，提供意見，供閣員發言的參考，不能直接自行發言。凡此都是法國內閣制的特徵。

三　義大利內閣制的特徵

義大利之施行憲政，已有相當長的歷史。遠在一八四八年三月，即由佩德孟特 (Piedmont) 王亞爾伯特 (Charles Albert) 頒行「王國基本法」(the Fundamental Statute of the Kingdom, Statuts fondamentale del regno)，世稱這一憲法係屬欽定憲法 (octroyed Constitution)。自這一憲法頒行後，義大利即實行君主立憲的政體，逐步推進民主政治；雖然在慕梭里尼實行獨裁政治時代，這一憲法的實質已失去了作用，但在名義上，並沒有把它根本推翻。迨一九四三年夏間，慕梭里尼政權已經動搖，旋即辭去政府首領 (Head of Government) 之職，由巴都格里奧元師 (Marshal pietro Badoglio) 繼起組閣，以行使過渡期間的政權。至一九四五年四月二十八日慕梭里尼身死康莫湖 (Lake Como) 後，法西斯的法度乃全被廢棄，但國家根本制度問題，則姑俟將來由全國選民票決之。一九四六年六月二日乃將究竟繼續施行君主立憲或改行共和制度的「國體問題」(Institutional Question) 舉行全民投票 (plebiscite)，結果以一二、七一七、九二三票對一〇、七一九、二八四票的多數，通過廢除君主立憲制，採行共和國體。義王漢伯特 (Humbert) 為遵從民意起見，旋即出奔葡萄牙，從此義國的君主制度乃告終結。而在「國體問題」投票之日，同時選出制憲代表五五七人構成制憲會議 (Constituent Assembly)，以從事制憲。該會於同年七月一日開始工作，慘淡經營，至一九四七年十二月二十二日以四五三票對六十二票的絕對多數通過憲法，於聖誕前夕由臨時總統正式公佈，而於一九四八年一月一日付之施行。慨自一八四八年三月頒行欽定憲法以來，經過幾乎一百年乃有這一民主共和的新憲法出現。

新憲法是採用內閣制。我們認識其內閣制的特徵須先從其國會制度說起。新憲法下的國會是採用兩院制，上院稱為參議院 (Senate)，下院稱為衆議院 (Chamber of Deputies)。但義大利的參議院與法國的共和國參議會不同。前已說過，法國的共和國參議會只有被徵詢的職權，並沒有實質的立法權。而義大利的參議院則與其衆議院行使平等的立法權。參議院如同衆議院一樣，可以提出任何法律案或預算案，而且任何法律案或預算案的制定通過，必須得到參議院的同意，換言之，義大利的兩院制如同美國的一樣，法律的制定須以兩院一致之意思行之。尤其重要的一點，即內閣必須取得兩院的信任，才能維持其政權，這與法國的內閣只對國民議會負責而不對共和國參議會負責者，大有不同。內閣對兩院負責的法制尤足以表示參衆兩院地位的平等。兩院的地位已然平等，那麼兩院的特點何在呢？這種特點惟有於選舉法上求之。衆院議員五七四人是由全國三十一個選區的選民依比例選舉制以選出之，以每八十萬選民選出一個衆議員為度。而參院議員則一部份出自任命，一部份出自民選。出自任命的均為終身職，由總統任命之，其人選必須係於學術上社會上卓著成績的人，而卸職總統亦當然被任為參議員。出自民選的，則分由全國十九個州 (Region) 選民選出之，每二十萬選民以選出一個參議員為度，但每一區域至少應有六個參議員。其次兩院議員的選舉人和當選人的年齡亦有所不同：行使選舉衆議員選權的年齡為二十一歲，而選舉參議員者則須年在二十五歲；當選為衆議員的年齡爲二十五歲，而當選爲參議員者則須年在四十歲。再次，民選的參議員之任期爲六年一任，而衆議員的任期則爲五年。總觀這些條件，無非表示參議院比之衆議院較爲老成而富有經驗吧了。

國會不僅爲行使立法權及控制內閣的機關，而且是參與行使選舉總統的機關。按義大利的總統是由國會兩院議員聯席會議及由全國十九個州 (Region) 每州所選的三個代表（但亞俄斯塔區 Aosta 則只有一個代表）構成的選舉團 (electoral College) 選出之。各區域代表之參與選舉總統的用意，一方面以示總統並非要完全仰賴國會，一方面所以示新地方制度中區域政治的重要意義，但憲法過渡條欵規定，在第一屆總統選舉時各區域未能產生代表，則可無區域代表的參加，所以一九四八年五月十一日，第一屆總統的選舉並沒有區域代表參與。總統的任期爲七年，爲國家虛位元首，行使民主國家一般元首的職權，而憲法第四十九條亦明定，總統的一切政治文書非經閣員副署則不能發生效力，這是內閣制下必然的結果，毋庸多贅。

無可置疑的，實際政治責任由內閣負擔；而出任內閣總理 (President of the Council of Ministers) 者必爲國會中多數黨領袖或各政黨共同支持的人物，此亦無待深論；玆所應論究者是應探究其有何特殊之處。依憲法規定，內閣組成十天之內，閣揆及其閣員全體，必須親自出席兩院，並取得信任之正式表示。其爲閣員者，不論其是否爲兩院議員均有出席兩院的權利，同時亦有答覆質詢的義務，此點是與英制不無出入者。內閣要取得兩院的信任，這於內閣的安定益感困難，這種倍增的困難在英法都是沒有的。義大利憲法爲配合這一規制計，對於內閣特有保障的規劃。在英法兩國，內閣所欲推行的方案爲國會所推翻了，即爲對內閣不信任的表示，內閣失了信任，應即辭職。在義大利，內閣的方案爲國會中的某一院，甚或兩院所推翻，內閣無需乎立刻辭職。國會欲瓦解這一內閣，則必須於推翻內閣方案之後，再繼之以正式舉行不信任案的表決。但這種不信任案非經過至少十分之一議員的簽署，則不能提出。這種簽署人數的限制，乃防止不信任案的輕率的提出。縱然簽署的人數夠了，這一不信任案則必須於提出後，經過三日才能提付討論，繼之表決，這種時間的限制較法國尤甚，乃所以冷靜議員的感情衝動，以作深長審愼的考慮，並使內閣有彌補兩方裂痕的機會。爲保障內閣有貫澈其政策的可能，憲法許內閣有呈請總統解散國會某一院或兩院之權，這與一般的內閣制相似；不過，這一解散權的行使也有其特殊之處，即總統在行使解散權之前，必須與每一院的議長商量，所以內閣的呈請解散國會是可以被延擱些時，當然，內閣如堅決要貫澈其政策的話，則這種延擱亦無裨實際。這種規制與法國相類，而與英國不同。但義大利憲法又規定，在總統任期的最後六個月期間，不能解散兩院，這又與法國的規制不同。義大利憲法也規定總統依據內閣的意見對國會通過的法案行使中止的否決權。憲法明定總統收到國會法案後應於一個月內公佈，但總統得要求國會覆議，如果國會再行表決通過，則總統惟有公佈了，這與法國的制度相近而與英制不同。不過，再作進一步的研究，則義大利的辦法較之法國的又有些特殊：即憲法第七十三條所定：倘若兩院以絕對多數 (absolute majority) 通過特殊法案，而且聲明這是緊急法案，則總統應依國會所定的公佈時間而公佈之，不能行使要求覆議權。義大利內閣制下猶有一重大特點，即內閣不僅有執行法律的命令權，而且有緊急命令權 (emergency decree power)。即內閣認爲緊急狀態存在須爲急速處分時，得頒佈緊急命令，以適應事機，這種命令是沒有法律的根據，全憑內閣的考量而發佈以替代法律者。不過憲法對於緊急命令權的行使也有限制的。即憲法第七十七條規定：這種命令應視爲臨時性的，內閣必須將其提交國會請求批准，並改變成爲法律，其效力溯自命令頒佈之日起；這種命令如係在國會休會期間頒佈的，則應於頒佈之日起五日內召開國會特別會，請求批准。憲法復規定，若國會不於命令頒佈之後，六十日內改變成爲法律，則這種命令認爲自始沒有法律效力。這種自始無效的規定事實上則做不到。因爲自緊急命令頒佈後，緣於這一命令的權利義務均已發生，緊急命令雖說是自始無效，但要推翻已發生的權利義務關係，事實上乃爲不可能之事。所以這一規定至多只有理論上制裁的作用，並以警戒內閣不可隨便發佈緊急命令罷了。

總右所述，可見義大利的內閣制頗多特殊之點：如內閣要對國會兩院負責，不信任案簽署人數和討論時間的限制，總統解散國會須與議長商量，且在總統任期的最後六個月期間不得解散國會，否決權的行使及緊急法案之不得行使否決權，以及緊急命令權之行使，均爲義大利內閣制的特徵。此外，猶有值得注意者，義大利的國會雖爲全國最高立法機關，但憲法允許國民得行使創制權，和複決權，這於國會的職權是不無影響的。依憲法規定，除國會議員，內閣得向國會提出法案外，選民有五萬人的簽署，及其他公共團體亦得向國會提案，這就是創制權的實質。憲法又規定五十萬選民或五個州議會 (Region Council) 得要求廢除某一現行法的全部或一部份（但預算及租稅法除外），這就是複決權的實質，複決案經多數選民的投票而獲多數贊同即爲成立。總之，創制複決兩種法制的存在，則義大利的國會絕不能與英法的國會作等量觀。

四　西德內閣制的特徵

爲世所贊揚的威瑪憲法 (Weimar Constitution) 因希特勒於一九三三年登臺而失去了靈魂。而希特勒的政權於一九四五年五月七日德軍的無條件投降而告終。五月八日德國全境爲盟軍所佔領，盟軍劃分全德爲四個管區，即美、英、法三國佔領德國西部，俄軍佔領東部，而以柏林爲各盟軍統帥部的所在地，是爲第五佔領區。盟軍佔領德境是依據四D政策以行事，卽解除德國武裝潛力 (Demilitarization)，解散納粹組織 (Denazification)，實行民主政治 (Democratization)，施行地方分權制度 (Decentralization)。這四個政策都先後分別實施，而在美英法三個佔領區中，對於實行民主政治，尤爲着力，但東德在蘇俄控制下則完全實行共產極權主義的高壓政策，於是西方國家與蘇俄對於德國的問題處處發生衝突。西方國家爲謀解決德國問題的協調起見，乃於一九四八年二月二十三日至三月六日及同年四月二十日至六月二日擧行兩次倫敦會議，參與會議者爲美、英、法、比、荷、盧六國。在這兩次會議中爲謀解決德國問題，除極力圖謀法國安全保障的辦法外，對於統一德國的辦法，亦樹立了基礎。倫敦會議的紀錄(London Accord)中載着：「際茲支離破碎的局面下，應予德國人民基於自由民主的政制以重建德國統一的機會」。本着這一觀念，所以允許美、英、法三國佔領下的各邦選派代表組成制憲會議以起草憲法。於是，一九四八年七月一日，十一邦的行政長官 (Minister President) 乃於佛蘭克福 (Frankfurt) 擧行會議。在這會議中各佔領軍統帥聯合遞送三個文件，以補倫敦紀錄之不足。第一文件說制憲會議應於本年九月一日召開，並規定制憲會議代表的選擧法；第二文件指示各行政長官考慮重劃各邦的轄境；第三文件具列西德政府和盟軍在佔領期間的權力關係。會議中對這些文件的所示，多所考慮而未能卽決，於是乃於七月八日至十日在科不林士 (Koblenz) 再度集議；決定除代表選擧法可照辦外，不用「制憲會議」(Constituent Assembly) 的名義，寧願用「議會會議」(Parliamentary Council) 的稱謂；由此而制定的亦不稱之爲憲法，而寧願用「基本法」(Basic Law) 的名義，這些名義的計較都是因爲他們鑑於在目前盟軍管制下，德國尚無完全的主權，所以不願用一般主權國家所常用的名稱。這些計較，盟軍方面也並不反對。於是，各邦選出「議會會議」代表六十五人，而西柏林則選派觀察員五人參加，但無表決權。各代表選出後於一九四八年九月一日在波昂城 (Bonn) 集會，推選艾德諾 (Dr. Konard Adenauer) 爲大會主席，制憲工作，從此開始。其所擬憲草會數易其稿，經五十六次全體會議討論，並經四讀程序，乃以五十三票對十二票的絕對多數通過，而盟軍方面則於一九四九年五月十二日予以認證 (approval) 復於五月十八日至二十一日經各邦先後批准 (Bavaria 邦除外)，於是，這一基本法乃於一九四九年五月二十三日實施。因爲這一基本法是波昂城制定的，所以世稱之爲波昂憲法 (the Bonn Constitution)，但普通人亦有稱之爲西德憲法。

波昂憲法所規劃的政治制度，一方面是採用聯邦制，另方面又採用內閣制。關於它的聯邦制的內涵，限於篇幅，姑不具論，茲所論者爲其內閣制的特徵。而運用內閣制的機關仍不脫國會、元首、內閣三者，茲分敍之。

從表面看來，西德的國會也似乎是採用兩院制：因爲在波昂憲法下，除聯邦國會 (the federal parliament, Bundestag)，又還有聯邦參議會 (the federal Council, Bundesrat)，但從實質論之，則是採用一院制，而非採用兩院制。因爲由各邦政府任命之代表而組成的聯邦參議會不能與聯邦國會行使平等的立法權。聯邦參議會僅爲保障各邦的權利而設，而非爲防止國會立法的草率而設。因此，國會的法案應分別爲二：一爲直接與各邦有利害關係的法案，二爲有關聯邦整體的法案。國會制定前一法案，必須送經聯邦參議會審查通過，才能發生效力，後一法案，則不必如是。自然政府向聯邦國會提出的一切法案，事先應送經聯邦參議會察閱，而該會也可以自動提出法案，但是法案的制定權，除上述直接與各邦有利害關係者外，是掌握在聯邦國會而非在聯邦參議會。由此言之，則西德國會之爲一院制，乃爲毋庸滋疑者。因此，所謂內閣對國會負責者，在西德係指對聯邦國會負責，而不對聯邦參議會負責，這是與英法兩國相同，而與義大利相異之點。

聯邦國會除行使立法權外，並參與行使總統選擧權。按西德總統任期五年，僅得連任一次，由「聯邦會議」(Federal Convention, Bundesversammlug) 選擧之。這一「聯邦會議」由聯邦國會全體議員及由各邦議會 (Landtage) 選出與聯邦國會議員同數之特別選擧人構成之，這點是與法國的總統選擧不同，而與義大利的總統選擧近似。在內閣制的體制下，總統僅爲虛位元首，他所發佈的法令文書，須從內閣副署，才能生效，但在任免聯邦內閣總理，及因國會經第三次票選內閣總理，而總統不欲任命而解散國會(詳見下文)的文書，則無需乎副署，這是波昂憲法的特異處。

凡經內閣副署過的政治行爲，都應由內閣負責的。所謂內閣是由聯邦總理 (federal Chancellor) 和聯邦國務員 (federal Ministers) 構成的。聯邦總理是由總統向聯邦國會提名，不經討論，逕行選擧之，以獲過半數 (majority) 票者當選。總統所提候選人倘不獲通過當選，則聯邦國會於兩星期之內，得自行票選他人爲總理，在這種場合的第二次選擧中，如果被選人能得過半數票而當選，則總統必須予以任命；如不能獲得過半數票，則應進行第三次投票，在第三次票選中候選人能得比較多數 (Plurality) 票，卽爲當選了。但總統對於這樣當選的總理，可有下列兩種對付辦法擇一施行：一則任命其人爲總理，一則不予任命而解散國會，以期產生新的國會，以利政局。這是西德內閣總理產生方法的特異處。

如前所述，西德內閣僅對聯邦國會負責，聯邦國會不滿現任內閣而欲使之瓦解時，則可以通過反對黨所提的不信任案，或拒絕內閣所要求的信任案而行之，這本是一般內閣制的通則。然而在波昂憲法的規制下，反對黨所提出的不信任案，殊難達到

(下轉第16頁)

談世界婦女地位

曾寶蓀

一

本日(十一月十二日)報載，行政院通過，我國參加婦女參政權國際公約。吾於欣慰之餘，不無感想。

公約目的，在保證各簽字國，賦予婦女以與男子平等之參政權。本年三月三十一日，在聯合國紐約本部，舉行簽押儀式。寶蓀適代表我政府出席聯合國婦女地位委員會年會，被邀觀禮。首次簽押者，凡一十七國。就中以拉丁美洲各民主國，如智利、多米尼加等，最爲熱心。鐵幕國，如蘇俄、波蘭等，次之。老牌民主國如英美等，多未參加。我國當時亦未簽押。雖嗣後續有加簽，然截至八月三十一日止，全部簽約者，祗二十四國，(其時我國尙未參加)茲列舉如次：

㈠亞洲三國：印度、印尼、以色列。

㈡歐洲八國：法國、希臘、南斯拉夫、蘇俄、小俄羅斯、捷克、波蘭、烏克蘭。

㈢美洲十二國：阿根廷、玻利維亞、巴西、智利、哥斯達利加、古巴、厄瓜多、多米尼加、薩瓦多、瓜達瑪拉、墨西哥、烏拉圭。

聯合國會員國，約六十有餘。簽字國現仍居絕少數，不能不令關心婦運者，深深詫異。

未簽字之國家，包括素以平等自由相號召之美國，及大英集團內之白種國家。整個回教國家均未簽約。整個日爾曼民族國家，亦未簽約。日本、南韓、西德等，因非聯合國會員國，縱願簽字參加，亦爲時尙早。

其已經簽字各國，歐洲八國內，有五國在鐵幕以內。南斯拉夫雖在幕外，仍奉行共產主義。亞洲幸有中國簽字參加，否則反共國家，全無代表。拉丁美洲各國與我國，形成簽約國中之反共集團。此點甚爲重要，因在共產主義之下，無人權之可言，女權更談不到。

最可異者，各民主國中，不獨多數政府，對此公約冷淡，卽一般婦女，亦加以漠視。並無開會請願，力爭加簽之擧。回觀三、四十年前，女權運動之激昂慷慨，不啻霄壤。其實此項公約，關係女權至鉅。婦女有參政權，然後敎育經濟職業等權，方有保障。

一般婦女，所以對此公約冷淡之原因，大別有二。在女權實際發達之國家，如英美等，認爲事實既已做到，公約可有可無。三月底十七國簽字之時，寶蓀卽非正式聲明，我國法律，已保障男女平等參政權。故暫無參加簽約之必要，但仍保留隨時簽加之權。

在女權發展實際落後之國家，其婦女一向對婦運，缺乏積極爭取之精神，對於國際公約，自更不發生興趣。且在國內，苟無具有魄力之婦女運動，任何法令，均等於具文。充其量，爲少數婦女，造就特殊地位而已。印度之潘廸特夫人，現任聯合國本屆大會主席，卽爲一例，因其本國一般婦女之地位，實異常低下。

現代婦女運動，導源於西歐，尤以英國爲著，已有近百年之歷史。其女權，係由其女界本身，不斷努力所爭取。得之不易，故視之彌珍。而於運用上，亦遂獲得充分經驗。其他國家，往往由革命政權，所自動贈予。一般女界，預備既不充分，運用自感困難。曠觀全球，女權運動，暗礁尙多，此拉丁美洲之所以熱心國際公約，欲藉國際力量，促進國內運動也。

二

提高女權之阻力，有外在的，亦有內在的。茲略述數事如左：

一曰社會積習　重男輕女之積習，幾乎普徧寰球。而且由來已久，決非無因而至。推原其始，大抵由於分工合作，男主外而女主內。主外者互相接觸之機會既多，組織之能力日强；主內者持家而外，世事不聞不問。久之社會國家之安全，惟男子是賴，而權力亦集中於男子。女子之幸運者，往往淪爲社會之寄生。其不幸者，更降爲社會之牛馬。總之，無女權之可言。

雖以歐美女權之盛，一般思想，仍多以女子爲比較低能。例如疾病之醫治，多數相信男性醫生，包括接生在內。又如航空，女駕駛員極難取得乘客信任。女子梳裝，已有千餘年歷史。然美術理髮，一旦成爲正式職業，著名技師，皆爲男子。女紅乃女子本分，亦至少千餘年之經驗。然新興職業所謂巴黎時裝打樣師者，一律皆男子，且不收女學徒。良以多數婦女，仍認男子之技藝高於女子，是以雖傳統應屬女子之職業，亦拱手讓人。積習之移人如此。

二曰宗敎權威　大體而言，基督敎新敎，尊重女權。故英美德荷挪威瑞典丹麥等國，及加那大、澳洲、紐西蘭等國，女權最爲發達。基督敎之舊敎，卽天主敎，限制女權較嚴，但仍尊重其人格。故法國、比國、意大利、葡萄牙、西班牙、及所謂拉丁美洲各國，男女平等，僅次於新敎各國。其確次於新敎各國，可於其急於簽訂此次國際公約，得一證明。英美等國，則感覺公約爲不必要矣。

回敎國，限制女權，非常嚴格。不獨經濟財產，絕少自由，卽人身亦少自主。一夫多妻，爲敎義所許可。日昨逝世之沙地阿拉伯國王，結婚一百餘次，其對女子之地位，輕視可知。回敎女子，通常不許陌生男子，得睹其顏色。以套衫一件，從頂至足，遮蔽無遺，僅露兩目，俾能見物。故回敎國，倘無簽字於此公約者。

壓迫婦女最慘重者，爲印度教。認爲投胎爲女，即爲罪過。棄殺女嬰，撓斃寡婦之惡習，至英國統治印度，始逐漸禁絕。至今寡婦仍爲不祥之物，行人遠避如浼。父母視女子爲賠錢貨，非以鉅欵陪嫁，無法脫手。報紙滿載男子徵婚之廣告，皆以發妻財爲主要目的。女子及寡婦，亦自認爲前世報應，耐心忍受。然而印度憲法，保障高度女權，且事實上亦有女部長女大使者，則受基督教之影響。

三曰生理差別　女子在生理上，有特殊之任務，因之亦有特殊之需要。笨勤工作，非其所宜。有時須完全休息，如生產是。有時祇能顧家，不能從事其他職業，如撫育兒女是。由雇主立場，用男子較之用女子，請假時間較少。而且依現代趨勢，女子生產時期，須給以特殊福利，增加雇主負擔。故在競爭職業時，女子不如男子受歡迎。因生理有差別，而工作有差別，揆諸分工合作之義，原無可非議。但執此理由而欲盡驅女子於戶庭之內，則爲不公。須知個性之不同，遠超過性別之不同。男子體力之不如女子者，時時請病假者，不聞盡驅之戶庭之內。且以最高峰而論，一般女子之體力，誠不如男子。以平均而論，女子之體力，決不下於男子。甚或過之。女子較男子爲更能耐勞，耐苦，耐病，平均壽命亦較長。（此次臺灣敬老會中，七十以上之女子，遠多過男子。）以整個社會經濟論，倘女子與男子有平等服務之機會，其終身之總貢獻，決不低於男子。

四曰本身心理　此有二端。一爲受傳統觀念之影響，女子自以爲不如男子。男產科醫生，男美容師，男時裝打樣師，其雇主皆爲女子。一爲戀愛與婚姻。大抵男子戀愛，一般感覺責任加重，從而爲學益力，作事益勤。女子多數相反。認爲祇要于歸得人，終身有靠，無須自行求學就職。且女子多數較男子富於感情，在戀愛時期，幾乎心不二用，於求學大有妨碍。諺云，人到無求品自高。女子至少於必要時能自養，方能談女權。自養之基礎爲正當職業。而正當職業有待於學識。學術不到家，識見不高明，爲女子失敗之最大原因。心理之重要如此。

五曰殘餘成見　英美之婦女參政權，男女平等。其教育資歷亦多平等。何以同一職位，其待遇每低於男子？蓋傳統之重男輕女成見，仍有殘餘勢力。而其最大藉口，爲女子無養家贍眷之義務。認爲女子從業，在女子爲可有可無。在經濟上，充其量，不過爲其父兄或丈夫，減輕負荷。甚或不免爲本人籌脂粉費而已。

此種成見，不獨殘存於一般社會，即聯合國，亦不能免。例如聯合國職員，如爲男子，則一遇出差，其妻子即有安家費；不問其妻之是否別有收入。倘不幸在職身故，其寡妻亦有卹金，不問其是否必需。反之，如爲女子，則必須證明其夫爲疾病殘廢，或年齡過老，不能自養，又無積蓄或年金之類，可資挹注，方能於妻出差時領安家費，而妻不幸身故後，夫無權領卹金，不問其能否自養。何以故？認爲男子有謀生贍眷之義務耳。

三

吾人於此，須確切了解，不論理論如何，法令如何，事實上去男女平等尙遠。請仍以聯合國爲證。左列第一表爲聯合國及其直屬機構之高級人事調查。係從一九五二年一月至一九五三年（即本年）三月底止。確數未詳者以（？）號表示之。

第一表　聯合國高級人員性別表

機關名稱	高中低各級總數		最高層四級分析數				
	男女總	女總	最高	二級	三級	四級	小計
聯合國紐約總署	一、三四四	三五八	男一 女無	男九 女無	男一三 女無	男二〇 女一	男四三 女一
聯合國日內瓦分署	一九一	三四	男無 女無	無 無	男二 女〇	男四 女〇	男六 女〇
國際糧食委員會	三六六	五六	?	?	?	?	?
國際銀行	?	無	?	?	?	?	男? 女〇
國際民航局	一四七	一四	男一 女無	男二 女無	男二 女無		男五 女〇
國際勞工局	三二六	八六	男三 女無	男一九 女一	男九 女無	男三五 女無	男六六 女一
國際電訊委員會	六七	五	男四 女無	男七 女無			男一一 女〇
世界衛生委員會	六六六	三一五	男一 女無	男三 女無	男六 女無		男一〇 女〇
國際郵務委員會	未詳	無					男? 女〇
國際基金委員會	一五	無					男? 女〇
國際氣象局	一〇	一	男一 女無	男一 女無			男二 女〇
國際法庭	未詳	無					男? 女〇
總計	至少三、一三二	至多四一一	男一一 女〇	男三九 女一	男三九 女〇	男五五 女一	男一五四 女二

右表凡十二單位，有數字者九單位。統計表即以此爲據。其餘三單位，未供給數字，僅聲明無女職員。

有數字之九單位中，職員總數三一三二人，內女子四一一人，約合總數百分之十三。最高級職員內無女子。二級內祇國際勞工局有一人。三級內又無女子。四級內亦祇聯合國紐約總署有女子一人。統計最高四級職員一百五十六人中，有女子二人。約合百分之一點三弱。

總而言之，聯合國整個組織中，決策階層，全無女子。贊襄決策階層（即二級）有一人。究竟女子不勝任耶？抑聯合國成見至深耶？明眼人自知之。

聯合國如此，各國政府又如何？請閱下表：

第二表　各國向聯合國派遣使節代表性別表

名稱	男性	女性	備考
常駐代表團	三三	一六	
全體大會	四七九	二四	
安全理事會	一一	無	智利女代表一人、曾代理出席
託管委員會	一八	一	多米尼加代表
人權委員會	三一	五	智利、二人、英、美、瑞典、印度、各一人
社會經濟理事會	七九	二	比利時、及法國各一人
社會委員會	一九	三	印度、伊拉克、及以色列、各一人
交通運輸委員會	?	無	
拒毒委員會	?	無	
財政委員會	?	無	
亞洲遠東經濟委員會	?	無	
歐洲經濟委員會	?	無	
南美洲經濟委員會	?	無	
教育科學文化委員會	二五	五	奧國、印度、瑞士、挪威、及美國、各一人
國際勞工局	二四	二	英、美、各一人
國際電訊委員會	二四	二	荷蘭、瑞典、各一人
統計委員會	?	無	
婦女地位委員會	無	一八	
國際法律委員會	?	無	
總計（報有數字者）	一六八〇	七八	

右表亦截至本年三月底止。報有數字者十一單位。計男性一六八〇人，女性七十八人。女比男約合百分之四。另未報數字者七單位，均無女性。聯合國六十餘會員國，其政府對女性之成見如此。

四

吾人統觀全球婦運，其實際發展之國，皆女子教育充分之國。此所謂教育，包括學校教育及實際經驗在內。女子教育落後之國家，法律縱然開明，仍祇少數女子，得享女權之利。反之，女子教育普徧提高，且有服務成績之國家，法律縱於女子不利，仍能逐漸擴展女權，俾日益接近男女平等。而教育又爲服務成績之母。

另一應注意之點，民主國家，一方面固有崇高之人權思想，另一方面，所有實行，均基於現實。故其女權之有今日，乃百年來艱苦奮鬪之結果。法律上有關女權之每一條文，皆經國會多年爭辯，方能通過。男子決不憑空以實權奉送，女子亦不能藉女性二字而贏取勝利。至於社會風尙，更不待言，雖法律平等，而社會歧視，即英美亦所不免。我國女權，乃由憲法賦予，形式上男女平等。倘按其實際，則有待於用民主方式，由女界本身，努力爭取者，前途正多也。

最後一言。我國國運，已到最後難關。光復大陸，或亡國滅種，繫於今後一兩年間。我政府勵精圖治，提倡新生活，推行節約運動，皆非常時期所萬不可少。凡我國民應如何警惕覺悟，切實奉行，上下一心，以自救而救國。然而舉目四顧，醉生夢死，此間樂不思蜀者，大有人在。尤以我女界爲甚。嗚呼！此何日耶？厝火積薪，而臥其上，不足喻其危。臨萬仞之淵，繫千鈞於一髮，不足狀其險。而自謂安於泰山！此何心哉？吾徧遊歐洲，倫敦之高貴，巴黎之豪華，羅馬之浪漫，以視吾臺，皆有遜色！何也，彼有戰兢戒愼之心，而我獨無耳。此眞不祥之尤者矣。嗚呼，吾欲無言！然而吾又烏得不言！

(上接第13頁)

目的：一則不信任案必須以絕對多數（absolute majority）的贊同，才能通過。二則各反對黨提出不信任案時，必須同時同意以後內閣總理的繼任人選，以善其後。這種規劃完全是鑑於在威瑪憲法時代，各反對黨易於結合以推翻現內閣，而於現內閣瓦解之後對新內閣的人選則意見紛歧，難於合作，新閣產生困難，政局時陷不安。波昂憲法爲避免這種流弊而期政局安定，乃有同時同意繼任人選的規定，所以他們稱這種不信任案爲「建設性的不信任投票制」（Constructive vote of nonconfidence）。總之，上述兩點的規定，都是在防止不信任案的草率通過，而其目的則在求政府的安定。

波昂憲法對於安定政府的規劃，不但對於國會的通過反對黨所提出的不信任案予以種種限制，而且對於國會否決內閣所要求的信任案，也予內閣以補救辦法，這就是總統可依據內閣總理的請求得宣告「立法緊急情勢」（legislative emergency situation, Gesetzgebungsnotsand）的存在。這一權力的運用是這樣的，政府所提出於國會的特別法案而遭到國會否決時可以由政府命令付之實施，以替代國會立法，其有效期間爲六個月。不過這一權力的運用也是附有限制的：（一）政府宣佈這樣的每一法案須得聯邦參議會的同意。（二）實施有效期間以六個月爲限。（三）在每一內閣總理任內這種命令權的行使以一次爲限。（四）基本法（Basic Law）本身絕不能以這種命令而受影響。總觀這種「立法緊急情勢」的權力，殆與緊急命令權相類。

波昂憲法雖也有關於解散聯邦國會的規定，但解散權的運用只限於兩種場合：一則如前所述，國會於第三次票選內閣總理而總統不欲加以任命時，得解散國會，以期產生新的國會而使政局安定，然而這種場合是稀有的。二則內閣總理向國會提請信任投票，而不獲絕對多數的贊同以通過時，則得請求總統解散國會；但在這場合下，內閣總理寧可運用「立法緊急情勢」存在的權力，以渡過難關，而圖緩和兩方的衝突情勢，而不必一定要走解散國會的途徑。由此二端，足見解散權雖見之於憲法，而運用的機會實不多見。

總之，副署制度的例外，選擧內閣總理的繁複方式，「建設性的不信任投票制」，「立法緊急情勢」的宣告，以及解散國會的限制，這些特點，就描劃出波昂憲法下之內閣制的特點。

凱恩斯的乘數原理(下)

戴杜衡

漲價與增產的歧途

我們已淸楚的看到，投資的增額由乘數作用而發揮完全功效，要經過許多次的週轉。在理論上是無窮次。在事實上，後面的那許多次週轉，影響就業與所得的數量極小，無足重輕。但至少也得經過四五次甚至十餘次的週轉，才能把功效大部份發揮，而漸近於新的平衡地位。這是一個漫長的時間過程。凱恩斯說：投資的變化，可能爲一般人所預見，也可能爲一般人所未嘗預見。他認爲，在一般人已預見投資變化的場合，各方面的生產，可在投資之同時調整於未來的需求；當新的需求一輪一輪生出之時，各方面都可以供給無缺，最後目的△Y或△N是一下子就達到了。其實這是不會有的事。我們不能想像這樣一個情形：所有生產家都預先知道了關於新投資的一切種種，預先知道了一聯串的邊際消費傾向之大小，計算得準準的，預先把生產配合於有效需求，不僅在數量上既不太多又不太少，而且在時間上既不太早又不太遲。固然，有若干的生產家會預先去適應，例如在行將興造的公共建築附近先開起小飯館來之類。但多數生產家，總是在有效需求確已增加以後，產量顯得不够供給，存貨逐漸減小之時，才考慮到增產。這樣，就業生所得、所得生需求、需求生新的就業的每一個週轉，都可能有一段時間的躭擱。不僅如此，乘數原理的作用，在這一條漫長的旅途上，何處可通行無阻，何處將被阻礙不前，也値得深長研究；如果遭逢阻礙，或甚至在一出發時就遭逢阻礙，目的就不能達到，整個原理也就失去意義。

關於新的投資未爲一般生產家所預見的場合，凱恩斯的說明非常簡單。他說：在初時，需求增加而供給未能與之適應，則供求之間暫時的平衡，要靠下列三種情形來維持：(一)因漲價而有許多人延遲消費；(二)因漲價而企業家多獲利潤，企業家的消費傾向，多半小於一般勞動者；(三)因漲價而存貨枯竭，卽生產家勢必以存貨來應市。(一)(二)兩項情形，使邊際消費傾向暫時的降低，第(三)項情形則使就業暫時的無法增加到應增的數量。但是，時間過去，生產家已使其產量適應於新的需求，過去延擱的消費，都要趕上來求得補足，所以邊際消費傾向會轉而提高到「經常水準」之上；又，枯竭了的存貨亟待補充，故就業亦可提高到應增的數量以上。邊際消費傾向與就業量二者，以後一期間的有餘，補前一期間的不足，兩相抵消，乘數原理仍可發揮其完全作用。

我對凱恩斯乘數原理的說明、解釋與補充，至此爲止；下面完全是我自已的意見。我認爲凱恩斯對乘數原理之實際應用，看得非常簡單，而面對的問題，却異常複雜。首先，爲刺激就業而作的公家投資之性質，可以有種種不同，而其最後結果，亦將隨投資性質之不同而殊異。大概的說，公家投資可分三類：

(一)投資於資本財的生產。此種投資的好處是，它本身可以生利，無須公家作長期間的支出，却可以長期間的維持一部份就業並產生一部份所得。壞處是，如果在蕭條期間，私人企業所存貯的資本財往往已經壅塞，公家再來增產，則壅塞更甚，疏導更難。所以此種投資，在繁榮時不必要，在蕭條時不可行。

(二)投資於短期的建設。這裏所謂建設，事實上指那一種並不太有眞正用處的工作，此等工作，正是凱恩斯所竭力提倡的。短期建設投資的好處是，不致與私人企業爭利，祇刺激需求而不增加供給。壞處是，所造成的就業與所得僅爲暫時的，當其興辦時，對整個就業與所得有刺激的作用，但當其結束時，則對整個就業與所得反有挫折的作用；如果好的作用因時間的躭擱而暫時不能發揮，壞的作用却已經趕了上來，則增加的就業將僅限於基始就業，絲毫不能孳生。

(三)投資於長期的建設。好處是，既可長期的維持就業與所得，又不必與私人企業爭利；壞處是，公家必須長期的負擔其支出。

再，投資的時機與環境，也有種種分別。我們且從蕭條到繁榮，安排一個時機與環境的順序：(一)最蕭條的期間，各企業不僅有大量的生產設備未充分利用，並且有大量的存貨(製成品)堆積。(二)存貨已逐漸出淸，而生產設備仍未能充分利用。(三)生產設備已能充分利用，生產家考慮增產而尙未實行增產。(四)生產家就已有的生產設備作逾分利用而增產(卽作邊際成本大於平均成本的生產)。(五)繁榮恢復，生產家經由生產設備之擴充而增產。我們再就此五個階段，分別說明乘數原理所能發揮的作用。

第一階段　生產家，尤其是消費財的生產家，通常保持一定量的存貨，以便週轉，免得因供應不及而喪失銷售的機會；但存貨超過一定量，則招致利息、保管、損耗等等額外負擔。蕭條期間，因存貨壅塞而就業減少，價格也多半會低落。新的投資，可以把就業減少與價格低落的現象遏止，並進而使存貨逐漸出淸。但在此時生產無法增加，更不會恢復原來的水準，而價格也不致回漲，就業量之增加，局限於那一部份基始就業，無法擴展，乘數僅爲一。如果投資是短期性的，更可能等不到多餘存貨之全部出淸，卽已不再造成新的就業與所得，存貨出淸的過程卽隨之而中止，甚至會繼續壅塞而迫使生產家再行減產或停業，除非有其它原因可使繁榮恢復。

第二階段　存貨減少到爲週轉方便而必須保留的數量以後，如果有效需求不減，則生產家乃藉生產設備之閒置能量而增產，並因而擴展就業。此時，乘數原理可以不受阻礙的發揮其初步作用。此時，產品的價格不致上漲，因爲邊際成本尙小於平均成本，增產祗有使平均成本爲之降低。祗有在生產擴大而價格並不隨之上漲的場合，乘數才能發揮其作用，就業與所得，可以繼續擴展，一直到邊際成本等於或接近於平均成本之時，卽生產到達或接近於最低成本點之時爲止。

第三階段　當大部份的生產均已到達或接近最低成本點之時，蕭條可說已逐漸過去，而充分就業却未必遽能達到。此時，如果爲獲致充分就業，而繼續增公家投資，它的效力，就逢到嚴重的考驗了。

有一個爲一般人所熟知的理論是這樣說：生產家爲追求最大利潤，通常會把生產量擴展到邊際成本等於邊際收益之點爲止。如果這個理論完全與實際情形相符合，則不會有我們這裏的所謂「第三階段」，卽生產者考慮增產而尙未增產的階段。但，此一理論之適用性已爲許多學者所懷疑。有許多生產家，根本計算不出他的邊際成本是多少；至於邊際收益，更是一種預料，是一種估計，越發的難以捉摸。尤其在兩種情形之下，這一原理的適用性，要更打折扣：一是生產超過最低成本點，而邊際成本陡增的場合，因爲此時增產雖可增加利潤，但所增之數非常有限；二是在一般生產者信心喪失，對預料或估計的收益不敢持有充分把握的場合，因爲他萬一賠上高成本而滯銷，更將損失不貲。而此二種場合，正是我們所謂第三階段所面臨的情形。

當生產到達最低成本點以後，如果在現行的價格上，仍然是需求大於供給，生產家所考慮的，不會是立卽就現有的設備作逾分利用而增加生產，他多半是寧願讓價格提高，以維持供求之間的暫時平衡。此時增加的有效需求並不能刺激就業，祗能增加企業家的所得，有效需求之增加部份，已被價格所吸收。而且，當價格初漲時，生產家可能尙不能獲得顯著的利潤，因爲很可能在蕭條期間，價格已落在平均成本之下，如此，則生產家僅能免於虧耗而已。要他提高了成本而增產，却必須有利潤之刺激，並且是相當優厚的利潤之刺激。如果價格上漲而需求仍大於供給，則生產家從虧耗而轉爲盈餘；及至盈餘大到某一程度，乃能促使生產家考慮增產。但是否遽行增產，尙成問題：如果他受了蕭條期間的教訓而失去信心，他會覺得增產是一種太大的冒險。當然，利潤到達某一高度，生產家卽爲着應付新的競爭，亦必須增產。但此時，很可能有另一個因素來對之干擾，使增產無從實現。此另一因素，卽爲工資。

當價格增加之時，如貨幣工資不變，則眞實工資逐漸下跌，勞動者非常可能會提出增加工資的要求。這是一種較爲普遍的加價，凡屬勞動階級所消費的商品，價格大致均在上漲中。所以，不僅在價格增加的企業，卽連在其它的企業，勞動者同樣要受到生活費用高漲的損害。在業的勞動者不會因尙有非自願失業之存在而放棄增加工資的要求。凱恩斯曾一再强調：不會價格變動一次，勞動者卽要求加工資一次。此誠爲事實。譬如價格漲百分之一，勞動者不會立卽要求加工資百分之一；他們的要求，往往積到相當時候才提出。但如果價格提高的百分率太小，一方面固不足以引起勞動者增加工資的要求；另一方面往往也不足以刺激生產家的增產動機；及至價格提高的百分率大到足够刺激增產動機之時，它就同時亦足够引起增加工資的要求了。這是說：當利潤提高以後，很可能等不到企業家實行增產，工資却跟着價格之上漲而上漲。

工資跟着價格上漲的第一個結果是：利潤消失，企業家增產的動機亦隨之消失。它的第二個結果是：很可能由此造成工資與物價之無止境的追逐。本來是因爲購買力之陡增，需求大於供給，藉價格之上漲才維持了平衡；現在，價格上漲所增加的所得之手，從利潤變成工資，卽從儲蓄階級轉入消費階級之供給，價格再度上漲。價格上漲後，工資可能又要隨漲；工資隨漲，又要刺激價格上漲。工資與物價二者，竟可能追逐不已；如不加遏制，很可能招來貨幣制度的崩潰。

用什麼辦法來遏制？其法有二，但都不是太好的。第一個辦法是，由貨幣當局收縮一部份通貨，卽奪去一部份多餘的購買力，使供求穩住在新的平衡水準上，價格乃可不再躍進。但這顯然與達成充分就業的目標背道而馳。行不得。第二個辦法是，由政府下令凍結物價與工資。但卽使政府的命令能完全貫徹，也仍有問題。如果是凍結在工資正好趕上物價的那一點上，或者，如果僅凍結物價而不凍結工資，勞動階級定然歡迎，但此使利潤消失，從此引不起增產的動機。如果是凍結在物價已增而工資尙未趕上的那一點上，或者，如果僅凍結工資而不凍結物價，從單方面看，那是很好的，因爲這樣一定可使生產家從容考慮增產，並因而步入下文所要說的第四階段；但這一辦法，却往往行不通，特別是在民主國家，它將遭逢勞動階級的猛烈反對，執政黨將在下屆的競選中喪失多數人的支持。

在第三階段，拿公家投資來刺激就業的辦法，可說是逢到了一個最不易渡過的難關。在它面前，是通貨膨脹與充分就業的岐途。終將走上那一條路，又往往非政府的主觀努力所能決定，而要看其它種種客觀因素。最好的客觀條件是，企業家反應靈敏而勞動者反應麻木；最壞的客觀條件是，企業家反應麻木而勞動者反應靈敏。但這是無人能够把握的。充分就業目的之是否能達成，乘數原理在此一階段之是否有效，是一不能確定之事。但如不能成功，後患却相當可怕，因爲工資與物價的追逐，實在是一項不容易醫治的病症。

第四階段　我們並不是說，生產家就已有設備作逾分利用而增產這一階段，一定不能出現。我們是說，它也許不出現，也許出現；或者，在有些企業不出現，在有些企業出現。企業家與勞動者的反應，以及價格與工資提高的程度與時間，在各企業，都是參差不齊的，所以可能達到不同的結果。但第四階段却祗有在一種情形下才能出現：卽當價格已經提高而工資尙未跟上之時，生產者已經遂行增產。這個隙縫是不大的。

至此，乘數原理雖已冒過了最艱險的一關，但仍未走完崎嶇的旅途而步入康莊大道。因爲在此時，價格少有回跌的可能，而勞動者要求增加工資的動力，依然存在。

將生產設備作逾分利用而增產，由於收益遞減法則，邊際成本陡增，供給價格大大提高。同時，產量之增加，限於固定設備，不會太多，需求價格，雖因產量之稍增而略減，但減的幅度不會太大，何況增產所增加的所得與就業，又引起新的需求。所以說，價格少有回跌的可能。

經濟學者多數認爲，眞實工資應等於勞動的邊際生產力。當收益遞減之時，勞動的邊際生產力逐步下降。如果說，在尙未增產以前勞動的邊際生產力超過了勞動者的眞實工資，則在逐行增產以後，邊際生產力將變得又與眞實工資相接近。所以，單照此一原理，勞動者應該不能提出增加貨幣工資的要求。但我要指出，此一原理，祗是勞動之需求價格的說明，而全未顧到勞動之供給方面。簡言之，這祗是企業家單方面的想法。在勞動者，他們看到的不是勞動之邊際生產力，而是物價水準。我們應知，近代的勞動市場，並沒有一般經濟學者所說的「完全競爭」，企業家並不能把要求加工資的勞動者解雇，而另行雇用願就現行工資而工作的失業份子。所以說，一般工資提高的可能，依然存在。

如果工資趕上了物價，則一方面，在第三階段所能發生的那些現象，在第四階段同樣可以發生，另一方面，有許多生產家將追悔他們的增產實爲一種失策。乘數原理的孳生作用，至此又告中止。

第五階段　必須相當優厚的利潤有把握得以長期維持，舊的生產家才會考慮擴充生產設備，新的生產家才會考慮興建工廠，參加競爭。及至生產設備業經擴充，有效需求亦不在此時驟減，就一切都可步入佳境。無論邊際成本或平均成本，均因無需再作設備之逾分利用的生產而降低。商品的供給，因大量增產而充沛，漸能與增加的需求相適應。此二者合起來，使物價水準趨跌，勞動者不致提出增加工資的要求。更重要的是，第一次投資所增加的那一注通貨，至此乃爲擴大了的生產量與交易量所消化。至此，長期間的平衡狀態，乃能逐漸到達。至此，原來所期望的那個 $\triangle Y_w$，乃能完全實現。這是說，要到此時，才眞正能使所得之增量成爲投資之增量的 k 倍。

上述五個階段，當然在各種企業間可有若干的參差前後，但我們仍可就平均趨勢，說出整個社會的生產進展是到達了那一個階段。我們已經看到，祗有第二第五兩個階段，對乘數作用之發揮是有利的；通常，祗有第二階段準會出現，第五階段之是否出現，却沒有把握。簡言之，乘數原理，並不如凱恩斯所想像那樣的必然能夠達成其預期的目標。

難以消化的補劑

我們有這樣的瞭解：尋常的企業投資，與凱恩斯所提倡的那種專爲刺激消費而作的額外投資，有一點根本的差別。前者是社會先有了一分儲蓄，投資祗是把這一分儲蓄吸引出來，用之於生產。後者却是先墊付一筆投資，要靠這筆投資本身所孳生出來的儲蓄來補足它。

所得爲社會之購買力，而所得出於生產。在正常狀態，每一分購買力都有一項實物與之相當；在總數上，購買力是與商品之價值相等的，供求正好適應。儲蓄爲所得中未消費的部份，每一分儲蓄，也必與一項實物之存貨相當。拿這一分儲蓄來投資，並不使購買力的總量變得大於生產的總量，致令供不應求。所以，尋常的企業投資，並不構成膨脹的原因。誠然，把儲蓄移轉爲投資，卽是把對消費財的購買力移轉而爲對資本財的購買力，資本財可能因而漲價，但這不能作爲勞動者要求增加工資的理由，因爲消費財並不漲價，生活費也並沒有提高。所以，尋常的投資，也不會招來工資與物價追逐的結果。

凱恩斯的辦法就不同了。那辦法是故意要造成消費財之供給與需求的一個差額，使之求過於供。他的投資所增加的購買力，並沒有一宗實物與之相當。他硬把一宗額外的貨幣，擠進社會的經濟機構中去。這一宗新的貨幣或新的購買力，倘能爲經濟機構所完全消化，卽社會因增產而使供求達到新的平衡，則確有助長繁榮消除失業的功效。這是一服補劑。無奈，這一服補劑却是非常難於消化。當它尙未能完全消化之時，它總是一個不安的因素。

或者，社會經濟機構被迫將這消化不了的補劑排泄出來。那就是在膨脹後繼以收縮。如此則滋補之功全失。或者，聽任未消化的補劑在肚子裏作怪。那就得忍受物價與工資追逐的痛苦。凍結之類的辦法，亦僅能止痛於一時而已。

凱恩斯的辦法，必須整個勞動階級對一切變化的反應極端麻木，才能順利成功。要這樣：在前述的第三階段，物價高漲而勞動者並不提出工資要求，或者，雖提出而企業家可置之不理；在第四階段，物價繼續保持高水準而工資仍然不漲。如此社會經濟才會安然步入第五階段。如此凱恩斯的原理才能完全生效。所以，凱恩斯竭力主張維持固定的貨幣工資。他雖不明言反對工會組織，他內心是反對的，因爲照他的辦法，他不可能不反對。但，在一個民主國家，又如何能夠取消工會運動，使勞動階級處於無法要求工資的地位呢？

在物價少有波動的期間，誠如凱恩斯所說：勞動階級是多注意於貨幣工資而少注意於眞實工資，物價水準之漲，可能爲他們所忽略。在此情形，凱恩斯的辦法，成功之望較大。但也祗能偶一爲之。使用此辦法的次數一多，勞動階級就變得更加聰明。因物價之時時波動，他們變得多注意於眞實工資而少注意於貨幣工資。現代勞工，比社會上任何階層都更關心物價指數。這是爲什麼？他們就是要把握每一個要求增加工資的機會。凱恩斯的辦法，實行的次數愈多，就愈少成功之望，因爲它愈加促成勞動階級的靈敏反應。我相信近年來各國的實際經驗，完全符合於這裏的觀察：爲擴充就業，乃帶來膨脹；要遏制膨脹，則轉致蕭條。

一個民主而自由的社會，大概已無法遵照凱恩斯所指示的途徑，解決失業問題。走凱恩斯的路，需要一個極權政治，一個使勞動階級處於無法爭議工資的地位的極權政治。

西歐通訊

的港問題的演變

齊萬森

的里雅斯德港問題雖在對義和約上獲得初步的解決，却因爲英美蘇三國對總督人選未能得到協議的緣故，加以東西兩世界間的冷戰使的港問題愈來愈複雜。

的里雅斯德港位於西得里亞海北岸，界於義大利和南斯拉夫兩國的中間；本屬奥匈帝國。第一次歐戰結束後，義大利以參加協約國的身份把的里雅斯德港及其外圍的整個半島從奥地利國手中割去，劃歸它的版圖。第二次世界大戰時，墨索里尼曾用該區作爲東侵巴爾幹的基地。第二次大戰中，義大利首先失敗，南斯拉夫的共產軍隊乘機佔領的港及其外圍地帶。狄托政府在一九四七年對義和約談判時，獲得蘇俄支持而得的港東南面的整個半島；該和約並規定的里雅斯德港及其周圍約二百八十七方英里的地區劃爲自由區，該自由區得由聯合國安全理事會派一總督治理。爲了總督人選，英美蘇諸國在安理會曾數度爭執，但始終未能得到協議；所以又決定在總督人選派定前，暫將該區劃成南北兩部，南部由南斯拉夫暫時佔領，自由區北部則由英美兩國派兵管理；這樣的局面一直維持到今天。

然而義南兩方對的港之爭，並不因和約簽訂而結束。南斯拉夫認爲自已是戰勝國，並且的港又是他們從義大利手中拿下來的，故對的港當有優先權；而當時義大利則認爲自已在第二次大戰末期，曾協助英美作戰，况且的港東南面的一大塊土地已經割與南斯拉夫，再者自由區的義大利人佔多數，應屬義國管理，雙方各持其詞，爭執始終沒有解決。

冷戰强化後，於一九四八年義國大選，英美爲支持基督教民主黨的加斯貝里政府，曾與法國發表三國諸言，聲稱的里雅斯德港及整個自由區將歸還義大利，這個諾言也就是今日義政府討還該區的理由。大選結果，基督教民主黨獲勝，加斯貝里再任義大利內閣總理，此次選舉的勝利，三國諸言當然有相當的影響。不久南斯拉夫的狄托政權竟與蘇俄分家，脫離共產國際，於是西方國家對南斯拉夫的態度爲之一變。的港問題也爲了此事變化着，英美兩國對義南不得兼顧，的港畢竟只有一個，故又勸南義兩國自行談判有關的港及整個自由區的問題。

初時孤單的南斯拉夫政府也曾建議由義南兩國共管的港及自由區，但始終沒有得到義大利的答覆，而英美又將自由區北部的行政權次第移交給義國；故在本年八月底南斯拉夫的政府機關報發表言論抨擊義大利，斥責義國企圖兼併自由區北部，並稱義大利既不理會南斯拉夫的各項折衷建議，南國唯有重新檢討有關的港問題的立場。義南兩國不斷的互相責罵，爲了爭取的港自由區的權益，鬧得到處風雲。

義南兩國的爭執在九月初演變得更爲緊張。當時義大利加斯貝里內閣倒臺未久，貝拉 (Pella) 費九牛二虎之力以後，總算獲得各黨派所不肯給予加斯貝里的支持而出任內閣。上任未久的義貝拉內閣，認爲南斯拉夫在當時有正式吞併自由區南部之心，故下令駐紮義南邊界上的三個陸軍師加以警戒，並派出巡洋艦 (Duca Degei Abrussi 號) 和兩艘魚雷艇 (Artigpiere 號和 Aviere 號) 到的里雅斯德對海的威尼斯港。南斯拉夫政府爲了義大利此舉曾向義外部提出連續四次的抗議；的港居民的心情上也爲此而大感緊張，眞有戰事將臨之勢。當時英半官方面說，目前的港事態的演變，義大利當負其責；貝拉以此舉表示政府並不放棄的港權益，以求獲得人民對政府的信任，來鞏固政府的地位。

意外的事就在這時發生，美國務卿杜勒斯在招待記者時發表，美國不再承認一九四八年的三國諸言，的港問題可以考慮其他的解決辦法；杜勒斯的話很可能是受了馬林可夫的和平攻勢的影響，因爲自史達林死後，蘇聯早想把狄托拉回克里姆林宮的旗幟下。義國在得到杜勒斯所發表的消息後，各報章同聲斥責，有說美國出賣友國，或不遵守國際信用等等，甚至有些指責美國替共產黨撐腰。

西方國家及自由區居民懷着不安的心情，等候着狄托來發表那將會是充滿了很濃的火藥氣味的演說，終於本年九月六日狄托在靠近義境的奥克格里克鎮發表了；狄托的口氣雖然比以前更爲蠻橫，但是那篇演說却沒有什麼爆炸性，使大家鬆了一口氣，尤其是自由區內的居民們。狄托聲言的里雅斯德港當由國際共管，而的港外圍的整個自由區得劃歸南斯拉夫，主要原因是因爲該區在第二次世界大戰時是由南斯拉夫人民的血而解放的。狄托此次的演說，和其他的演說沒有兩樣，它不但對的港問題的解決絲毫沒有協助，却使義南兩國的態度更漸强硬化。

自此義南兩國間互相指責謾罵。起初，義大利堅持要西方國家實行一九四八年三月二十日所發表的三國對義的諾言；而南斯拉夫則聲明，對的港問題則應按照狄托在九月六日演說中的建議來處理。

九月十四日貝拉與狄托同日發表了有關的港的言論，並申明各該政府的立場。南斯拉夫宣稱絕不承認一九四八年發表的三國諸言，且申明一旦義大利進入自由區北部即構成一種侵略行爲；屆時南斯拉夫當會有其應有的對策。義國方面對問題的解決又有了新建議，貝拉聲明解決的港問題最公平的辦法，則是由的港自由區（南北兩區）居民自由投票表決，這樣不但不與三國對義諸言發生衝突，還是實行此諾言的最實際的辦法；貝拉此舉當然胸有成竹，該區居民雖種族複雜，但斯拉夫人佔少數，大部係義大利人。南斯拉夫自當不會接受這樣的公民投票，故在答覆義國時，拒絕接受貝拉的建議；但如果義大利政府能够償還在墨索里尼統制的港時該區斯拉夫族人民所受的一切損失，而尤其是政治上的損失（該時有大批的斯拉夫族人被驅逐或被迫流亡）時，則不妨由人民投票來解決的港問題。此一答覆等於把這項建議根本拒絕，雖然在後來貝拉又把自己建議作有限度的退讓。貝拉認爲唯有由公民自由投票表決才是解決的港問題的合理辦法，同時也可以使全世界能够認清該區居民對此問題的看法；並稱義政府接受凡在一九一八年十一月（第一次世界大戰結束之時）以前生於的港及自由區，而現在已不居留該區的人，得參加此次自由投票，這樣南斯拉夫將不能歪曲事實，稱義大利在一九一八以後會利用政治方法移入義大利人，使之成爲該區的多數居民。南斯拉夫對於任何形式的自由投票都不同意，南國稱義大利會在該區對斯拉夫族人行過非法的政治虐待，所以這種辦法是有害南斯拉夫國家的利益。

貝拉利用的港問題的解決與否，來牽制歐洲聯防條約的批准，這也就是目前貝拉要挾西方國家的一張王牌，因爲義大利也是歐洲聯防國中的一員。貝拉在十月二日接見記者時曾說：國會中有一些黨派把的港問題和歐洲聯防混在一起討論，甚至還有一些議員把一切國際問題都混在的港問題一起來討論。後來且發表，義大利對大西洋公約國一向忠誠，對歐洲聯防事一向擁護，然而的港問題如能早日解決，則可使義大利對歐洲聯防條約的批准得順利完成。貝拉此言在表示義大利以的港問題作爲對歐洲聯防條約批准的交換條件。

十月八日英美雙方忽然宣佈將撤退駐紮的港及自由區北部的軍隊，而以義大利代之；據說此決定已由英美法三國卽刻轉達貝拉內閣，然而法駐羅馬大使却稱並未參加英美的活動。在英美看來，此舉在目前只不過是義南對的里雅斯德自由區的一種事實上的瓜分，將來會成爲法律上的分割。法國方面在收到有關此決定的照會時，由外交部發表聲明，希望這次英美對的港問題的決定，確能把的港事件作一個澈底的解決。

消息傳出後，義南兩國政府均召集緊急會議來研討對策。南斯拉夫且通電英美駐自由區北部的軍政府，堅絕反對此決定；南斯拉夫認爲此舉不但有違對義和約，且有害南國政治上及經濟上的權益。英美的決定固然使狄托的聲望有損，但是南斯拉夫對的港的經濟利益却有限的很，一九五二年的港貿易，奧國佔百分七十七，義國佔百分之十七，西德佔百分之四，匈牙利及南斯拉夫各佔百分之一。

南斯拉夫人民對英美此舉也有着强烈的反應；在首都及其主要城市中舉行了相繼兩三日的示威遊行，並叫喊着「的里雅斯德是屬於我們的」等口號，羣衆還搗毀了英美新聞處，甚至該兩國大使舘玻璃窗，美新聞處職員威廉·金亦被遊行羣衆打傷；事後美國爲此事會向南國政府提出有力的抗議。相反的，義大利人民於獲知此事後表現得很安靜，　沒有什麼意外發生。

狄托在十月十日又發表了有關的港的演說，除重申不承認本月八日英美撤兵的決定外，並建議在自由區南部(現南斯拉夫轄區)及所有的港外圍地區內，組織一個人民自治政府，該政府至少十年以上得由南斯拉夫管轄；而的港市區內得組織另一人民自治政府，此政府可由義大利節制。狄托雖聲明這是他所能找到的最後一個建議；這也不過是一個換湯不換藥的新建議而已。

杜勒斯於接見南外長時，雖承認的港問題的緊急性，但終未對此事過份注意，再者美國自己也不好採取單獨行動。外交委員會中並有人請求政府，在狄托再無理取鬧時，美國得停止對南斯拉夫的經濟及軍事的援助，同時撤退在南國的代表團。這本來也是一張王牌，美國不妨用它來要求狄托作一些合理的讓步。

久裝耳聾的蘇俄，自史達林死後，不但不再侮駡狄托，還時常送以秋波，來爭取南斯拉夫；當此局勢，正是獻媚的機會，乃於十月十二日重新參加的港問題的戰團。首先指責英美的行動有違對義和約；次云對義和約未能在的港實行是因爲英美不擬接受任何人任該區總督，而擬將該區作爲英美軍事基地。最後還說的港問題的複雜現狀，是沒有接受蘇俄事先警告的後果；認爲該區的分管，對交界兩國(指義南兩國)有威脅和平的危險。

南斯拉夫政府近日曾以照會與英美及聯合國。聯合國安全理事會亦將的港問題列入議程。在致英美照會中它聲稱：爲了消除世界和平的危機，南斯拉夫國建議由英美義南四國直接討論，然而在會議中却不得以英美十月八日的撤兵宣告爲根據。貝拉對四國會議，甚至五國會議(法國在內)都可接受；不過在會前，義南兩國在的港的勢力當先成爲均勢，換句話說，義大利須在會前進入自由區北部，否則南斯拉夫必須撤出自由區南部。兩國條件針鋒相對，結果只有把事體再拖延下去。

十月十五日在聯合國安全理事會上維辛斯基爲的港而發言：「蘇俄指責西方國家違反對義和約，的港問題當由三强、四强或五强來解決，總之如果沒有蘇俄參加表決時，蘇俄是決不會承認那個決議案的；的港事件不只是一兩個國家的事，這是一樁非常重要的有歷史與政治性意義問題，不只有關歐洲，而有關全世界，要解決這個問題，第一步先要實行對義和約，找一個總督。」維辛斯基這類的演說，大家已司空見慣，不足爲奇。安全理事會對的港問題並未有所決定，只把它放到下次再研究。英美法三外長在倫敦開會研討世界大局，的港問題亦被列入，義國貝拉內閣爲了防止三强在狄托威脅下收回十月八日的撤兵

(下轉第32頁)

香港通訊

中共「新五反運動」之透視

沈秉文

大陸工商業者「重犯五毒」之一斑

今年八月間，京滬一帶物資奇缺，物價狂漲，中共乃藉此稼禍商人，加以重犯「五毒」的罪名，實行大規模的「新五反運動」，對工商業者加以迫害。

中共指私營工商業者重犯「五毒」首先自上海方面揭開。今年九月八日的上海「解放日報」在指責商人「哄抬物價」之後，還指商人普遍犯有「偷稅」、「逃稅」、「偷工減料」及「抗拒領導，腐蝕國家幹部」等「五罪狀」，是卽所謂「五毒」。該報舉出凱熙電工社等私商用巧立名目虛列成本的辦法，漏報所得稅額在四、五億元以上；東方醫療器械行、協平榮記織造漂染廠等一貫地塗改賬冊，拖欠稅欵。並說經上海稅局抽查私營廠商二七五八戶賬冊的結果，卽發現有二三四七戶都有偷漏行爲。其中有的抬高初期存貨價格，有的抑低末期存貨價格，有的多計生產部門折舊，有的虛列進貨數量等等。該報並指責商人紛紛欲掙脫「國營公司」的控制，說甚多製造商通過加工訂貨的領導方式，就採取了規避拖延以至抗拒的手段，設法擺脫國營公司的領導。同時私營廠商偷工減料、脫期交貨的情形也很普遍，主要的現象是降低質料，夾雜次貨，縮短尺碼，副品冒交正品等等。解放日報指責商人，曾普遍地向稅務局查稅員和國營公司的驗收員等幹部，進行了「瘋狂的進攻」。說他們利用金錢、女人、及請客、餽贈、跳舞、開房間搞女人等方法，使上述幹部受賄而腐化。

繼上海揭開此種指責之例，北平「人民日報」、天津「大公報」、廣州「南方日報」卽連續紛紛大肆指責北平、天津、武漢、廣州、杭州、鄭州、重慶、昆明等各大都市及東北、綏遠等地區的私營工商業者亦重犯「五毒」。

北平方面：據九月二十日天津「大公報」指出北京市私營工商業中重犯「五毒」和其他違反共同綱領的行爲謂：「根據北京市稅局統計，本年一月至七月份查獲偷漏稅欵案件的數字逐月均有增加，一至七月份查獲案件共達五千八百九十三件，共偷漏稅欵二十五億三千七百八十二萬六千元。」

天津方面：據僞天津稅務局的調查，謂不少資本家採取私設後賬，銷貨不開發票，撕毀進銷貨憑證等手段，以偷漏營業稅。並謂有的商戶抽調資金，做「非法」的賬外經營，甚至有些查賬戶採取加大初期盤存，縮小末期盤存，擴大開支等方法，千方百計地偷漏所得稅；有的利用修正稅制的機會，藉口不明稅法，採取零售報批發等方法，偷盜國家稅欵；也有的長期拖欠稅欵，拒不繳納。九月二十七日天津「大公報」披露天津私營工商業者重犯「五毒」的統計情形稱：「天津市稅務局今年四、五月間重點檢查工商戶七百四十二戶中，就有五百二十戶有偷漏稅欵情事。在國家加工訂貨範圍內，已發現有五百五十多戶偷工減料，竊盜國家資財，而且戶數逐月增加。」

據八月二十七日北平「光明日報」所載「民建」總會於向各地分會發出「加强對會員『五反』原則的教育」時有簡要的披露：謂據昆明分會反映，該地於去年「五反」以後，偷稅漏稅案子仍有二千餘件，染織等業加工，偷工減料情況不斷發生。該報說最近工商業界重犯「五毒」的情況在各地不斷出現，杭州、武漢、鄭州、重慶、廣州等地都有發生。

東北方面：據九月二十九日天津「大公報」籠統地指出，說瀋陽、長春、吉林、鞍山、佳木斯、遼陽、營口、四平、遼源等九個大中城市部份工商業者繼續偷稅漏稅，軟拖硬欠的情形相當嚴重。謂據初步統計，一般的漏稅程度，佔平均營業額百分之二十至百分之五十之間。

綏遠方面：據九月二十七日天津「大公報」指出，謂僅從歸綏、包頭二市，薩縣、平地泉、豐鎮、五原、固縣、武川等十九個地區了解的一部份資料統計，計今年一至六月紛紛發現和處理了的偷稅、漏稅、偷工減料、盜竊國家資材等案，卽達六百七十餘件，這說明綏遠省私營工商業重犯「五毒」的情形亦相當嚴重。

由上看來：顯然大陸所有都市城鎭中的私營工商業者，幾乎十九皆已被中共指爲「重犯五毒」之罪。

造成「五毒」的諸種內在的因素

照理，以中共「國營公司」那樣嚴格的壟斷包辦，工商管理機構和稅務機關那樣嚴厲的控制管制，加以黨團的監視操縱，和職工會的牽制干涉，私營工商業者根本是無隙可乘，無「毒」可「犯」的。尤其中共於去年大搞「五反」時，有甚多廠商被查封刼奪，甚多商人傾家蕩產，甚多商人被拘下獄，甚多商人自殺、逃亡、失蹤，以至家破人亡。殘酷的迫害，恐怖的教訓，去時未久，大陸商人當然不會健忘，而且心有餘悸，自不敢基於純利益的觀念，以身試「法」自取殺身之禍。但中共既硬指商人已普遍重犯「五毒」，則必有其內在的複雜的原因。

（一）一般工商業者在替中共擔任加工、訂貨、包銷，收購等業務中的利潤過薄，稅額的負擔甚大，而且名目繁多，往往入不敷出，有不得不偷漏或拖欠的隱衷在。蓋加工的費用，訂貨的價格，據光明日報透露，係以工資、機器折舊、必要開支及所謂「合法利潤」等，經「國營公司」所謂「精打細算」以後硬性核定，並非「兩相情願」的自由交易。所謂「合法利潤」，一般的本已僅爲貨品價值的百分之三，其他各項在「精打細算」之中又極爲苛刻；倘加工過程中一遇損耗，便根本無利可圖。至於包銷及收購的利潤，雖較加工訂貨爲穩固，亦不過僅得貨品價值的百分之五左右，除去一切開支，亦仍無利可圖；而稅額的負擔，照中共工商業稅暫行條例的規定，則加工製造利得稅百分之五，所得稅百分之五至百分之三十，貨物稅百分之三至百分之一百二十，營業稅爲營業總額的百分之六，以佣金計的要繳百分之十五，而且重重疊疊，加起來的負擔總數，幾可與表面的收益數字相等，根本就無力負擔。擧例而言，如天津大公報在指責東北商人重犯「五毒」一文中透露：哈爾濱乃新紙製品工廠，今年上半年共得加工費三千三百五十萬元，除去所謂「必要開支」，就已只剩九百萬元，這九百萬再付去半年內的其他開支，所剩當極爲有限，但該廠一至三三個月的所得稅及營業稅就需繳納三百三十五萬元，六個月爲六百七十萬元，當然無法負擔，縱不偸漏亦勢必拖欠，無法繳納，其理甚明。由此觀之：大陸商人之「偸稅漏稅」或拖欠不繳，並非商人敢於違「法」貪利，實爲中共之薄利重稅政策所逼致。

中共在工廠商號的工會或職工會中，皆有「協助稅收工作委員會」的組織，負責協助評稅、催稅、查賬、檢擧，而且工會與職工會的代表或黨團小組的委員有權參與各該廠號生產或營業的管理，各廠號的負責人，根本無法「偸稅漏稅」；如果要「偸稅漏稅」，首先勢非與上述中共幹部或利用份子合作不可。站在兩個極端不同立場的人之所以能够合作，是因爲雙方的利害已趨於一致。私營廠號之賺不到錢和負擔不了稅，職工們已看得很清楚，如果必須照中共的要求納稅，就必須從職工的工資、福利及其他一切開支上尅扣，職工們當然不願；倘不從這些地方尅扣，就勢非停業不可，職工們當然也不願；結果唯一的辦法，不得不雙方串同的或雙方心照不宣的從減輕稅額的負擔上來維持收支的平衡，乃有種種偸漏方法的運用。

中共特別重視工商各稅，故城市稅務機構非常龐大，稅務人員非常衆多（其中僅貨物稅人員，據上海僞貨物稅局長顧準報告，國民政府時期上海貨物稅局職員僅五百餘人，現中共已有六千餘人），每一個街坊戶籍組範圍內卽有一個查稅小組，經常在查稅、對賬、檢查發票、盤點存貨，商人要「偸稅漏稅」而不得稅務人員的慫恿包庇，既屬不敢，亦不可能。因此，我們可以斷言：商人的「偸稅漏稅」，是在中共稅務人員的貪污舞弊之下所合作進行的。此一論斷的根據有二：一、中共各地報紙會一再揭發並批判若干稅務人員犯有包庇商人貪污舞弊的情事。二、北平人民日報最近在一次「認眞搞好國家的稅收工作」的社論中，會指責一般稅務人員犯有自滿麻痺的思想，甚至還說他們犯有個人溫情主義的傾向。字裏行間，指稅務人員與商人勾結，至爲明顯。

這說明大陸商人之「偸稅漏稅」，先由於中共的薄利重稅政策所逼致，而後在職工和幹部的合作之下所演出。

（二）中共向私營工廠的加工訂貨，乃是一種變相的剝削。因爲中共認爲私營工廠的經營管理經驗有素，浪費少（中共歷次在批評各「國營」工廠的浪費情形時，會認承私營工廠極少浪費），成本低，而且還可以「精打細算」任意壓價，根本就不會予私營廠商以絲毫利益，甚且往往不免虧本。私營廠商既要虧本，又不能拒絕不做，自唯出之以「偸工減料」之一途。然商人之不得不「偸工減料」，還必須廠內職工及中共幹部的合作方能做到。例如，在製造方面：職工是管理和生產者，要偸要減，不僅須經他們同意，還必須由他們實行。在交貨方面：各「國營」公司都有專職的驗收幹部，私營工廠的加工訂貨合不合規格，有沒有偸工減料，逃不了這一關，要偸工減料，必須串通驗收幹部，而這種串通，常出於共幹主動索賄。

（三）在所謂「哄抬物價」方面，中共所指的事例較爲含糊，是一種小題大做的故意諉罪於商人的手法，以使人民因物價上漲所引起的怨恨移轉於商人。蓋物價上漲的主因，九月八日的上海「解放日報」會透露，係由於物資短缺所致：各「國營公司」首先卸下供應牌告，牌價雖不變更，批發却告停止，而且大大的縮小了每人零購的限額；由於供不應求，當然引起劇烈漲風。在漲風中，商人扳住貨物，待價而沽，固所不免，但絕非如中共所指的係商人在「掀風作浪，哄抬物價」；若非中共自己囤積居奇，縮小供應限額，商人根本就無法抬價。

（四）在所謂「抗拒領導」方面，中共並未指出具體事實，不過既指商人重犯「五毒」，當然得提上一筆，無非「聊備一格」而已。事實上：「抗拒領導」，與稅欵的偸漏、加工訂貨的偸減、物價的「掀風作浪」迥然不同。後三再是秘密性的，容有可能；前者却是明顯的行爲，商人絕不敢公然抗命，如敢公然抗命，就可不接受加工訂貨，也就不至於犯「偸工減料」之「罪」了。

（五）最奇怪的，還在所謂「腐蝕國家幹部」方面：中共不責備自己的幹部貪污，而硬指商人「腐蝕」，眞是厚顏無恥。俗語云：「物必先腐，而後蟲生」，如上海「解放日報」所指，商人是利用金錢、女人及請客、餽贈、跳舞、開房間搞女人等方法使他們的幹部受賄、腐化，這道理就很明白。事實上並不是商人在「腐蝕」他們的幹部，而是他們的幹部在指使商人向他們奉承、行賄。

總之中共指摘商人之所謂重犯「五毒」，絕不能從表面看，必須從內幕裏去透視，纔能得着深入的瞭解，才能明白所謂商人之重犯「五毒」的內在原因。

中共大搞「新五反運動」所用的手法

中共既已到處公開指斥商人重犯「五毒」，當然要再來一次「五反」，怎麼「反」法？

對人方面：有三種不同程度的迫害方法：

一、程度最輕的是，被迫分區集中學習改造，接受所謂「五反原則的教育」。受此等迫害的，當以犯「五毒」情節較輕的小商人爲多。九月二十六日的光明日報曾透露僅只江西一省已在集中學習改造的商人，已有一萬二千二百餘人(目前當已不止此數)，依此推算各地人數當甚衆多。此種學習改造，係由「民建」及「工商聯」主持進行。學習改造的內容，除表面上學習「政協第一屆全國委員會第四次會議周恩來的政治報告」，「中央財經委員會主任陳雲在中華全國工商聯籌代會議上的講話」，「共同綱領第三十七條」，「薄一波關『三反』『五反』的報告」，「彭眞關於北平市處理『五反』的報告」，「政務院關於結束『五反』運動中幾個問題的指示」等六個文件外；主要的手段和目的，還在逼令學習改造的商人澈底坦白，從而予以鬪爭、清算。

二、程度稍重一點的，是予以「管制教育」。被迫受「管制教育」者，據中共報紙透露，係先遭拘捕，暫押公安機關。待經坦白並湊得重犯『五毒』的罪嫌資料後，移送「人民法院」。凡被判「管制教育」的商人，每天均須分向稅務機關及公安機關報告經營情形及「自我改造」情形，至爲疲勞困苦。被判「管制教育」者，以中等商人爲多，具體人數，中共報紙已透露上海約五百五十餘人，北平約三百餘人，天津約四百人。

三、程度最重的，是被判「徒刑」，刑期自三年至十五年不等。受此種迫害者，以經營範圍較大者爲多，中共對判刑者的人數，更秘而不宣。惟無意間透露的，至九月二十七日爲止的不完全統計：上海已有秦福崇等四十餘人，天津已有黃全銘等二十餘人，北平已判定四十三件(未說人數)，其他各地，亦可想見；照本月六日天津大公報所說「重犯『五毒』情節嚴重的工商業者，已受到政府嚴厲的處置」的話加以推斷，可以相信目前各地已被中共判刑的商人，必甚衆多。

對事方面，以搜刮、壓榨爲目的，分自動的被動的兩種手段：

一、自動的：謂之「自查補報」。所謂「自查」，是由工商管理機關、稅務機關、「民建」及「工商聯」，同時動員幹部深入各廠號督促負責人自行坦白偸稅、偸工、減料及其他一切屬於「五毒」的情形。所謂「補報」，是將一切偸漏的數額自動向稅務機關或「國營公司」補報，聽候限期補繳，並聽候處分。這是一個極爲巧妙而狠毒的辦法，因爲「自查補報」的坦白，既比中共的檢查要省力，而坦白向無限度，可一而再，再而三，直至滿足中共的要求爲止。現此種「自查補報」工作，各地已同時大規模展開。

二、被動的，是以由工商管理機關及稅務機關爲主體，以「民建」及「工商聯」爲輔助，動員幹部，在商人「自查補報」的同時，進行正面的檢查或側面的調查。檢查的範圍及內容，十分廣泛，巨細無遺。

總之中共對商人的搜刮、壓榨，兇酷嚴密，像佈下了天羅地網一般。據天津大公報指出：倘商人在「自查補報」及檢查中有「惡劣態度」者，將予「依法嚴懲」，而所謂「法」，並無明文規定，祇是中共「隨心所欲」的「法」，生殺予奪，朝不保夕，大陸商人，實已陷於空前無比的浩刼！

中共「新五反」的兩大陰謀

中共爲什麼要再搞「五反」？實乃基於下述兩大陰謀。

其一：中共每一項「運動」都是有計劃地配合某一階段政治情況的政治陰謀；再搞「五反」的目的，在再一次「名正言順」地大規模刼奪工商界僅剩的資財。這從中共的「五反」中特別注意偸稅漏稅及偸工減料方面而不甚計較哄抬物價及腐蝕幹部方面，就可以得到證明。而其再一次大規模刼奪的鑿因，則在中共財政經濟的空前恐慌。中共財政經濟的恐慌，九月六日的「人民日報」社論可資佐證。該文提出救搶渡財經難關的辦法中，曾强調稅收計劃，在今後短短一季內，要完成全年收入計劃的過半數，而中共的稅收，既以工商業稅爲首位（此係中共消滅私營工商業的手段之一），復以私營工商業日漸衰落之故，稅源當然隨之日益枯竭，完成稅收計劃，勢不可能，唯以刼奪來完成其任務，從而救渡其財經上嚴重的恐慌。

其二：中共一向指私營工商業者爲「民族資本家」或「小資產階級」，在其政權的本質上，根本不容存在；祗不過在「統戰」陰謀運用期間，不得不緩和商人的反抗力量而暫允存在，亦不得不利用私營工商業的暫時存在以待「國營企業」的逐漸建立，逐漸替代。但爲時四年，中共的「國營」企業既已完全建立，「統戰」陰謀亦因中共特務統治的日漸嚴密而失去繼續運用的必要。黃炎培的「民建」，原是被暫時利用作爲控制、籠絡所謂「民族資本家」或「小資產階級」的商人的，現在連「民建」本身都已將在「普選」中被一脚踢開，私營工商業者自更瀕臨了被澈底消滅的末日。所謂消滅，並不一定要作形式上的沒收，只要將商人僅剩的一點資財榨盡，便不滅自滅。故筆者以爲中共的再搞「五反」，在基本上講，乃是中共澈底消滅私營工商業蓄意已久底陰謀的實行。

總之，總結本文報導分析的情況，可總括爲下面幾句話：大陸商人有不得不「重犯五毒」的內在原因，中共指商人「重犯五毒」是一種迫害的藉口，中共再搞「五反」的目的在消滅私營工商業，刼奪資財，救渡其財經恐慌。

我對「反共救國會議」的意見

——先舉行「草山談話」
再召集「救國會議」——

周祥光

關於政府召開「反共救國會議」，年來常有所聞，最近臺港報刊亦有報導，足見政府反共決心與誠意，更見國民黨當局嚶鳴求友之情，我遠託異域，殊覺欣慰。

惟此會議召開以前，似有若干重要問題，須待我們事先有週詳考慮，與夫尋求解決之法，否則，前途荊棘必多，恐難獲得預期之美果。茲將我個人對於「反共救國會議」所生疑慮各點，分述如下：

(一)「反共救國會議」爲一最高決策之機構耶？

(二)「反共救國會議」爲一民意機關耶？

(三)「反共救國會議」爲一總統之諮詢機關耶？

由於上列三個問題之發生，則我人應如何以確定「反共救國會議」之性質乎？

* * *

(一)「反共救國會議」之權能駕乎立法院之上耶？抑居其下？

(二)「反共救國會議」之權能駕乎國民大會之上耶？抑居其下？

由於上列二個問題之發生，則我人應如何確定「反共救國會議」之權能乎？

(一)「反共救國會議」席上我人是否要訂立一種各反共政團所共同遵守的「共同綱領」耶？

(二)「反共救國會議」席上，我人祇能討論國民黨單獨決定之政策耶？

* * *

(一)「反共救國會議」之決議案，交由政府令其執行耶？

(二)「反國救國會議」之決議案，祇能交由政府參考施行耶？

依照法理之解釋，既稱爲一種會議，即爲一有權力有效能之機構。

* * *

所以，上列各點，無不涉及法律與事實上之問題而不易解決者，假若此類問題不能獲得適當解決，依我個人所見，恐怕海外各反共政團及民主人士赴臺出席會議者則鮮矣。假若政府不顧此種問題之解決與否而召開「反共救國會議」，恐怕團結聯合之目的既難達到，而離心力反而增加。爲政府計，爲蔣先生計，爲反共救國前途計，不必如此。

* * *

與其償事於將來，何如審愼於事先？依管見所及，政府不妨先行召開一種類似抗戰前之廬山談話會，而來一次「草山談話」，由蔣先生出面邀請海內外賢豪志士及反共政團之代表到草山晤談，蓋如此，則政府與在野領袖可藉此談話機會，聯絡感情，交換意見，疏解誤會，無拘無束，暢所欲言，親如家人；蓋如此，既無法律與權能上之衝突，亦乏事實之阻碍，更無權利與名位上之爭執衝突，則收聯合團結之效，自較急急舉行會議爲佳。經此談話以後，倘各方意見漸趨一致時，則政府應即召開「反共救國會議」，共商大計，共謀國是。則收復大陸，重返故國亦爲期不遠矣。

* * *

倘若鄙見能邀當局採納，則下列二點，希望政府立即實行：

(一)政府與海外各反共政團間，停止宣傳戰，尤其國民黨海外部直轄之各地黨報先應停止對民主反共人士作無謂之攻擊，以示合作誠意。記得本年九月間，紐約華文美洲日報，竟撰社論謂「張君勱應在可誅可殺之列」。我人看了，不免覺得在反共陣營中，有此言論，不但使親者痛而仇者快，更貽笑於友邦人士之前。「容許反對」，「容忍批評」，此乃民主政治之起碼條件，盼大家遵守之。

(二)海外自由民主報刊，如香港出版之「中國之聲」，「自由陣線」，「再生」及「中聲晚報」；日本出版之「民主勢力」，坎拿大出版之「大漢公報」，美國出版之「世界日報」及印度出版之「民意報」等，政府似應准許他們在臺灣自由流通銷售，不可禁止或干涉。對於海外民主人士，宜准其自由出入臺灣，當局萬不可有所留難。近聞人言海外報刊寄臺灣者，時被扣留，民主人士亦難入境，我想今日政府既在積極籌備召開「反共救國會議」，與人合作，與民更始，則上述二點，自能予以改善。

* * *

我個人在此所發表之意見，政府當局或許不以爲是；我亦自知人微言輕，不足以影響大局，然我良知所發，良心所驅，乃吐精誠，以供國人參考。

十一月十二日述於印度德里大學

湛山莊主人

司馬桑敦

我們二人沿着海濱浴場的沙灘向水族館方面漫步的走去。老遠的我們可以聽到碼頭上裝運東西的貨船噴放着喘息的汽笛，間雜着郊區一兩聲流彈的聲響。一隊士兵正在中山公園的外側修築着工事。從東鎮上坡不斷開過來的軍用卡車匆忙的在海岸公路上捲起一陣陣令人煩燥的塵土。這一切的情形，說明着青島的局勢，正和我們杌隉的心境相同：已經緊張萬分了。

儘管如此，我的朋友「老消息」(這是我們報館若干年來對於這位久駐青島的老記者的一種雅稱)仍然不減其玩山賞水的興緻，他似乎忘掉了我這個亡命流浪者疲憊的心緒，他指手劃脚要我注意他花費了十幾年的黃昏時光所欣賞過的那個小青島海面上神奇的彩光。然而，我的心際，却有一種沉重的憂鬱，使我無從為他的興奮情緒所打動。我對於他那滔滔不絕的話語，只好報之以無可奈何的苦笑。我眞正盤算着的是：我將如何在這行將到來的新的變局之中，採取我另一個突圍的步驟？

「看！」他突然神經質的用 臂肘觸蹴我一下：「唯有這種非凡的山水，才能有這種非凡的人物！」

他目指着距我們對面約有二十碼左右的一位散步過來的婦人。

這眞是一個與人神秘感的影子。我雖僅是不經心的一瞥，但是，它已經迅速的把我從沉重的憂鬱中拖拉出來，我不得不專注在她那愈走愈近的每一美麗的姿態上。她穿着一襲水色的薄毛質地的旗袍，迎着海風的吹動，美麗的裸露出她修長窈窕的輪廓。一付大型的太陽眼鏡，襯配得她那白皙的面龐，顯得又小巧又細緻。她祇是悠然的向前緩慢的邁動着兩隻纖巧的脚。海風吹散開她的短髮，看來是那樣的飄飄然，有些令人迷茫。兩匹純白色的小獅子狗，在她的身前後調皮的竄跳着。她的嘴角上不時掛着慈祥的微笑，輕輕的做着手勢，逗引着那兩匹淘氣的小東西。

我們很快的走近了她。她向我的「老消息」親切的做了一個無言的招呼，便一錯而過。就在這一瞬間，我更發現她那鬆蓬的兩鬢間隱藏着不少花白的髮絡，而面頰上也有兩絲看來不失其風韻的縐紋。

「你們認識？」我問。

「當然，這是我們膠州灣上的靈魂，一位了不起的女人！」

「……」我神經的同顧一下她那走遠了的背影。

「她就住在東鎮山間的湛山寺旁一個漂亮的小住宅裏，她每天在這個時間，定例的要在海岸上散步。十幾年來如一日，從無間斷。她住宅上釘了個「湛山莊」的牌子，她自稱湛山莊主人，而報界的朋友都喜歡稱她為海濱夫人。」

「難得在這種緊張的時候，她竟能如此悠閒自適？」

「這就是她的了不起處。你知道了她的過去，你就會懂得她為什麼能會如此……」

* * *

二十七、八年以前，濟南城年輕的報界朋友間流行着一句「人生有三大快事」的俗話：「喫百花村的菜，逛大明湖的景，聽林寶茹的戲。」其中，所謂林寶茹那位當時紅得發紫的坤伶，就是今天的海濱夫人。

你根據普通常識可以猜得出：一個唱紅了的女伶，她必然的會被一些複雜的社會關係所包圍着的。林寶茹在當時的濟南，正和現在一般的走運角兒相同：她結識權貴，廣交朋友，揮霍無數的金錢，出入無數的宴會，成為社交界應酬最忙的女人。也許就因為這個原因，她同時也就成了所有戲迷們變態心理上喜歡胡猜亂想的大衆情人。我必須在這裏特別提一提，林寶茹是唱花旦的，她的戲路，按照老牌的說法，多少有些脫乎正規。她的音色很好，但她不注重類乎「玉堂春」那種要用唱工的戲，她在大舞台的海報上經常貼出的是「鐵弓緣」「虹霓關」，她在這些戲上，運用了她美麗的身段，配合了她特有的一種大膽豪快的風韻，便風靡了萬千梨園界的知音。在濟南寫藝苑通訊一類稿子的大山報記者，也都一致承認林寶茹在唱戲時所能使人着迷的，如其說是她台風的嫵媚多姿，勿寧說為了她那股儀態萬方的魄力。

林寶茹在紅到頂點的時候，也發生了戀愛的糾紛。這是和任何坤伶的故事走着相同的路線。一個紅伶的戀愛，當然又擺脫不了金錢和勢力的關係。當時追逐林寶茹最兇的要算狗肉將軍張宗昌手下的一位軍需處長鄭東海。這位鄭處長據說花掉了相當於三個團的給養欵子，注向了捧林寶茹的投資上面。他不僅包看了林寶茹的戲，同時，也包辦了林寶茹的生活：他每天設宴請林寶茹喫飯，每天都給林寶茹送一件金飾或者一件新欵式的衣服，甚至林寶茹戲班子的日常挑費開銷，也由他負責統籌開支。這種大把花錢的方式，在猶太頭腦過於濃厚了的今天的年輕朋友看來，未免有些太「寃大頭」，但在那時的所謂「上流社會」裏，却倒是一種蠻值得稱道的有魄力的舉動。依照大家通俗的看法，林寶茹在這樣金錢攻勢之前，沒有理由不俯首恭降的；同時，許多黃色小報已經把他們倆人的羅曼斯做了許多驚腔助勢的渲染。豈知，林寶茹的心目中却另有意中人在，他愛的却是比鄭東海年輕的陳小川。陳小川在當時是張作霖部將褚玉璞派在濟南的辦事處的主任，並兼任省會新聞社的社長，會作幾首歪詩，在當地歌風詠月的文壇上，小有文名。林寶茹的戲之獲得輿論界的好評，未始不由於陳小川連篇累帙的捧場文章有以致之。在林寶茹的眼中，陳小川是具有才華的風流人品，也有其在社會上可以站得住的權勢背景，況且對於她在戲劇界的聲名和地位，也多有獎掖之恩，自是風塵中的知遇；比起鄭東海寡是有些臭錢的老粗，當然另有一種值得傾心依附的價值的。所以，林寶茹錢雖花自鄭東海，而方寸却專注在陳小川的身上。

這事從一開始，鄭東海不是不知道的。但是有錢的老粗總以爲憑着那麽多的孔方兄的力量，買動一個唱戲的婦人的心，不會成爲絕對的困難。怎奈林寶茹的個性，正如她在戲路上所表現的，她剛强而自負，她硬是對那些金錢誘惑，無動於衷，甚至有時候竟睬也不睬。這其間，再加上陳小川的不肯示弱，自然更助長了她的氣焰。在開始的時候，林寶茹對鄭東海所送過來的慇懃，尙且勉强屈意應付，到後來，乾脆就設法托辭躲了。鄭東海竟連人影兒也親近不得了。

你用你自己做譬如，你會設想出這中間的情緒會往什麽方向發展了。

鄭東海和陳小川爭風的事實，由傳聞而逐漸公開。大舞台的觀衆席上一連發生了好多次向林寶茹做有組織喝倒采的事情了。這一場情爭，在形勢上不可避免的要愈演愈烈。而黃色小報上吠聲吠影的記載，更火上加油似的加重了這個危機。但是，儘管傳聞如此火熾，而事實却一直未臻嚴重，據瞭解內幕最詳細的報界朋友說：其中主要的癥結，乃是鄭東海對林寶茹有一股痴戀不捨的情誼，不肯對林過施毒手，總企望林能有回心轉意的機會；另一個原因，則是對陳小川的權勢背景，有些顧慮。

然而，一個偶然但也可說並不偶然的事件，却促成這段情場糾紛做了一個結束。

陳小川在從大舞台看完林寶茹的戲歸來的一個晚上，被人從暗處放了兩發冷槍，未傷及陳小川本人，却打死了陳小川的司機。這事立刻就被濟南報界判斷是鄭東海幹的，但是却沒有一家報館敢登出這個消息。在事發第二天午後到埠的上海報紙上却寫了個詳詳細細，而且直接了當的對鄭東海便下了不利的判斷。這個事情的發生，對於彼時陳兵冀魯平原上的奉軍將領間的感情上，多少要有些影響的。據說：在河北的褚玉璞曾親自打電給張宗昌探詢這事的眞實原委。褚玉璞和陳小川二人在他們軍閥階層裏尙有一套所謂換過宗譜的把兄弟的交誼，他關心陳少川的安危，除了他們間那些狗屁「政治」因素外，當然還夾雜着一些交情作用的。

你可能想像得出：鄭東海在這種情形下的不安和狼狽了。但是，他却也不肯在輿濤的威脅下就輕易的放棄對林寶茹所已經下過的愛情工夫。就在第三天，他在百花村設席請了一場規模不小的客。陳小川被請爲首賓。省會報界朋友幾乎全都到場。當酒過三巡菜過五味之後，鄭東海卽席便把他們這段情爭付諸公開。

他說：「爲了和林寶茹老闆的一點私交問題，我和小川社長間有些感情上的誤會，這我是不必諱言的。但是，有人說我鄭東海暗算小川社長，這却是對我鄭東海的一個嚴重的侮辱。說這種話的人，他忽略了我們北方軍人明來明去，好漢不做暗事的風格。我鄭東海決犯不上爲了搶奪娘兒們，使用什麽卑鄙的手段……

「來！小川兄，我有一個好主意可以解決偺們弟兄爲了林寶茹的問題。我們今晚賭他一個通宵，誰是贏家，誰就佔有林寶茹，輸家自此便和林寶茹一刀兩斷，決不干涉。這個辦法，雖然有些粗魯，但是總可痛快的解決了這場不舒服的局面，也免得再替在座報界朋友們製造些無聊的消息！」

說完，哈哈大笑起來。

滿堂也隨着哄起一陣莫明其妙的喝采聲。事情便就這樣開始了。陳小川在這樣情況裏面，事實是難得有所作爲的。他祇是鎭定的微笑着，採取了一個聽任擺佈的姿態。

在開始的時候，鄭東海面上的表情，是交織了興奮與恐怖的兩種感情。他的亢奮和激動，使你預感到一件可怕的事情就要來臨。

大家共同坐下擺起來數棹麻將。打到交近午夜時分，陳鄭兩家都是平平。於是，鄭東海提議改推天王牌九。你知道那時軍閥們尙不會玩現在這套「撲克」新玩藝兒的。陪着打麻將的幫閒人物，索興也都聚攏在牌九棹上，幫着支付一些緊張的情緒，參觀他們兩家鬪法。這樣又推了半天，他們二人數次掉換做莊，但是仍然平平不見高下。鄭東海這時的情緒已表露出焦燥，額角上冒出了汗珠。他又提議進一步推一摃兩張的小牌九，可以把勝負來得痛快些。陳小川也有些興奮了，他立卽接受這個請求。

「請您二位最好拘出一個數目來！」不知那一個提議。

「限一萬元罷！」又有人從旁插進了嘴。

「一萬⁉」鄭東海臉上做了個蓄意挑釁的笑：「就憑小川社長和我鄭東海來賭一萬？起碼也得十萬！」

「好！就限十萬。」不知誰在附和着。全堂又喧鬧的喝了一陣子采。就在這時，鄭東海的臉色突然變得陰沉下來，他敵意的向着陳小川：

「小川！十萬太少了些罷？我們玩就玩個通快的，二十萬怎麼樣？」

大家對於這個提議，都鴉雀無聲了。誰都知道這個提議的背後，潛藏了鄭東海的一個逼迫的企圖，他想用龐大的金錢籌碼壓倒了陳小川。乖乖，二十萬銀大洋，比今天的二十萬却大不相同，那簡直可等於今天幾百萬的用場呀！

陳小川仍是鎮定的微笑着：「好！當然可以！」並且補充了一句：「你喜歡怎辦就怎辦！」

接着一場可怕的賭博又繼續開始了。這回因爲是小牌九，勝負表現的很快，雙方都有大起大落的驚險場面，然而，却都在新的轉機之下，又撐長了賭賽。陳小川已經不能再維持他那文雅的風度了。而鄭東海更充分的暴露了他那粗野的兇狠和貪婪。最後在聽到鷄叫的時辰，許多觀客有的疲乏的都想睡去了，鄭東海突然掌住了「興」風，一連殺進了十九萬元，接着又進了五千元。莊家陳小川已呈現狼狽，再差一點兒就可突破限數了。就在這時，林寶茹聞風趕到場上來了。鄭東海滿頭冒着熱汗，神經質的指着走進來的林寶茹，並向桌子上一股腦兒推出了十九萬五千元的籌碼，狂聲的叫着：

「十九萬五千，外加林寶茹，就這最後一把了。」

「好！」陳小川也孤注一擲的粗野的呼應着。說完，打骰子，正好十一對門，鄭東海未待陳小川發牌，猛力的搶過來頭兩張牌。你別提那情節的緊張了。沒有一個人不聚精會神，屏息等待着這千鈞一髮的轉局。莊家陳小川把牌放在掌心摸着，他的臉上就在這一瞬間，我可說有了一千種變化。最後，他幾乎用一種絕望的神情，首先把牌翻在桌上。那是：雜八配三錐的一點。

然而，就在這同時，鄭東海的面色，也有了可怕的轉變；他由煥發而緊張而蒼白，終於他癱瘓了一般的把牌亮出：我的天哪，那規規矩矩的是一付「閉十」。

全場的情緒，爲這微妙的變局，楞了足有一分鐘之久，然後又哄然雷動了。林寶茹濟着淚水，投向了陳小川的懷抱。而另一些人，却在同時慌手慌脚的準備冷手巾和白蘭地，因爲高度刺激後的鄭東海昏厥過去了。

第二天，鄭東海便離開了濟南。臨行前給陳小川送去七萬塊現欵的賭賬，那是用箱子抬去的。和欵子同時並附送了一封信，表示：他很抱歉不能湊足全部賭欵，他的面子和信用，完完全全栽在陳小川的跟前了。他已不能再在濟南城裏混下去了，他決心換個地方從新做人。最後他祝福陳小川和林寶茹的愛情永固。

陳小川雖然贏了一個勝局，但是擠走了鄭東海，却使他的精神很久怏怏不樂。而興奮透了的却是林寶茹。他們二人聯名一連請了好多次的客。一切都在說明這對風塵知己決無問題的會永浴愛河了。大小報紙更把這段消息添枝添葉的寫成了傳奇小說。上海的報界爲了搞一套噱頭，竟爲他們出特刊，發單行小册子；林寶茹的彩排劇照，幾乎佔領了所有的期刊封面。

正當他們興緻勃勃佈置要進行結婚的時候，一個重大的打擊，襲擊了他們的生活，使他們整幅的愛情構圖，從根本上變了顏色。

你萬萬也想不到在河北的褚玉璞竟成了他們倒霉的煞星。

褚玉璞爲了督師向魯豫地區移動，就在這段時期，突然駐蹕濟南。陳小川以下屬兼把弟的雙重關係，自然要朝夕伺候左右，尤其因爲褚老總是新到省會，陳小川當然又免不了要盡些地主之誼，做做場面。這種情形下，除了應有的喫喝玩樂一大套而外，陪着上司去欣賞一下自己的愛人林寶茹的戲，自然也是必有的節目。到現在報界老朋友尙且清楚的記得：林寶茹那天的戲碼是拿手的虹霓關，東方夫人的一身縞素，益發增加了林寶茹的漂緻。也許林寶茹爲了討好自己意中人的上司，那晚的唱做也都特別賣力。台下的喝采，幾乎全齣都未停歇過。

褚玉璞表現的更是熱烈。他一直的在包廂裏發狂一般的叫着好，而且戲剛一完場，他便跑到後台，向林寶茹老實不客氣的獻了一些「慇懃」。

當時，在場的一個小報副刊編輯會經對於這個情景，下了一個預言說：

「陳小川的厄運到了！」

事後證實，這個預言，竟眞的不幸而言中。

第二天，褚玉璞又按時出現在大舞台。不過，他對於林寶茹改換的戲碼，似乎未合口胃，第三天他指定再唱虹霓關，第四天還是虹霓關。司令部裏透出的消息說：褚玉璞對於林寶茹扮演的這個風流寡婦，已經着了迷，是非看虹霓關不足過癮的了。第五天，褚玉璞在他的官邸竟大擺堂會，非但令林寶茹仍唱那齣虹霓關，而且，還要林寶茹在戲後，仍以那套混身縞素的戲裝打扮，出現酒宴上和大家應酬。

當場，褚玉璞一邊親憠的拉着林寶茹的手，向他的客人介紹着，一邊自鳴得意的哈哈大笑着。

林寶茹一向自負慣了的個性，別提在心裏是如何的老大不高興了，而陳小川感情上的尷尬，更是不可想像。

過了幾天，褚玉璞的親信透出口風說：司令要討林寶茹做姨太太了。這個消息，在省會的新聞界簡直是驚天動地的頭條新聞。因爲這和前些天報導過的林寶茹陳小川的愛情故事，正好是另一具有轟動性的突變，社會新聞版的編輯，樂得在這種突變裏賣弄噱頭的。但是，在另一方面，這個消息，却嚇壞了林寶茹，陳小川更爲了此事焦燥的一連幾夜未能成眠。

就在這個令人不愉快的傳聞瀰漫着省會的當兒，司令部突然發表陳小川由駐省的辦事處主任提昇爲司令部的副官處長了。這更令大家不明箇中蹊蹺。據知道的人說：司令部中幾位高級的幕僚，會爲了林寶茹的事，向褚玉璞提出過意見。意思是說：林是陳小川的心上人兒，陳既是褚將軍的換譜把弟，論交情，論俗規，把兄對於把弟的愛眷，只能玉成，不能「割靴腰子」(註)的。焉知，褚玉璞居然對林寶茹鐘情太深，不能自已，他竟巧妙的把這事做了一個可笑的解釋：

「搞女人事，怎麼能和朋友交情纏在一起。這是各事各碼。現在不是講自由戀愛嗎？難道還不許我老褚和林寶茹講講戀愛嗎？」

幾個懂事的幕僚又引經據典百般委婉的想打消他的這個念頭。這因爲大家都認爲硬是割斷林陳二人這段愛情，實在於情難忍的緣故。但是褚玉璞却執拗的不肯轉念。最後，他竟提出了一個在他認爲十分妥當的意見：

「那麼，把小川弟的差事，提陞一步怎樣？銜着官兒他還有什麼說的？難道他喜歡娘兒們不喜歡官兒？」

意見提出後，未容大家置議，更下了一道手諭，把陳小川提爲副官處長了。並表示他希望和陳小川當面談談，他牢有把握的不相信陳小川會在這方面想不開！

陳小川這時簡直是憂心如焚不知如何是好？林寶茹幾次主張趁事情尚未鬧僵之前，他們先行逃跑，離開這個倒霉的圈子。在她認爲祗要二人愛情永固，名譽和金錢，用不着過份顧慮，尤其她有充分的自信，她會在別的碼頭上一樣的聲噪舞台之上的。但是，陳小川的打算，却不相同。他估計他的前途，是遠不如林寶茹那樣樂觀的，想想看，在二十七、八年前軍閥的時代裏，扔掉了陳小川在濟南那樣的聲勢和地位，要想到另一地方，再創相同的江山，那眞是談何容易？

因此，陳小川躊躇莫定。但他又怕當面和褚玉璞弄僵，所以雖然奉到提陞命令，未敢到司令部到差，竟而稱病未出。豈知，糟糕的就是爲了稱病未出。

褚玉璞對於陳小川抱病的態度，十分光火了。這是出乎他的意料之外的。當晚，他派人勒令陳小川到司令部見他。他們當面把林寶茹的問題攤牌了。

「爲了一個唱戲的，你竟和大哥過不去了？老弟！」褚玉璞拍着桌子恫嚇着。

「不！」陳小川狼狽的搶辯道：「報告司令，小川正爲此事考慮，小川這幾天正在準備和寶茹解除婚約！」

「婚約？」褚玉璞立刻明白了這個名詞背面的涵義：「和一個女戲子還搞什麼婚約？陳小川，你少在大哥面前做文章！你以爲你用婚約就可使我知難止步了嗎？」

「不，司令！」陳小川又想說下去。

褚玉璞把手一揮止住了他。旁邊的幾個高級幕僚想要插嘴從中調解一兩句，也被他怒自制止。他吩咐衞兵派車把林寶茹請來，大家當面來解決。副官馬上回說：林寶茹今晚奉命又演虹霓關，當時恐怕已經上裝了。然而，褚玉璞粗暴的吼着：「不管那些，反正你馬上把她接來！」

大家都意識到這個局面是愈弄愈嚴重了。

不一刻，林寶茹果眞全身縞素的戲裝，來到了司令部。戲當然是臨時輟演了。褚玉璞笑迷迷的迎着林寶茹尚且說了幾句迷湯話：

「寶茹，我太喜歡看你這身打扮了。你這樣顯得眞美！」說着他把林寶茹領向大家的面前：

「當着大家夥兒說：你是得意小川，還是得意我？」

「司令！你這是什麼意思？」林寶茹被楞住了。

「這不是很明白嗎？我褚玉璞這一塊，陳小川那一塊，這兩塊，你愛的是那一塊？」

林寶茹定神看出站在一旁陳小川的狼狽樣子，和副官們的嚴肅面孔，她已經大致了解了是什麼情形了。她故意做了一個惹人的笑：

「司令，你這是要我在這裏做戲呀？」

「做戲什麼話！，」褚玉璞多少現些不耐煩：

「事情不是明明白白嗎？小川和你有一手，這是大家都知道的，至於我褚玉璞也很喜歡你，這也是大家都知道的。你今天，只要說一句話，你倒底一心一意的愛誰？你說完了，就一切乾脆的解決了。」

林寶茹環視一下周圍沒有一個笑臉，她面上掩藏不了內心的慌張。但是她仍然保持着江湖藝人那種臨場不驚的微笑。

「幹麼要在這時候，說這些問題呀？」

「我就要在這時候，解決這個問題。」

「……」很久，林寶茹未做聲息。她祗是勉强的微笑着環顧着大家。她也是故做忸怩，想在拖長的時間裏，創造一個奇蹟，以解決這場窘局。然而，在這種情形下，她的智慧也枯渴了。她清楚的看到陳小川站在那裏是面白如紙，汗流如注。她的心臟開始急劇跳了起來。

「司令，我們不可改天談嗎？」

褚玉璞已經忍不能再忍的大喝了一聲：

「林寶茹，我待你總算不錯，你給我痛快的說，到底你喜歡誰？」

就在這時，陳小川突然昏厥倒在地下，林寶茹睹情幾乎同時撲在陳小川的身上凄然的哭了起來。她抬頭向着褚玉璞哀懇的說道：

「司令，請您可憐我們，原諒我們……」

這急轉的場面，使褚玉璞有片刻有些呆住了。但他的臉上遂即由陰沉而激怒，而後又忽然緩和了幾分。他獰笑了幾聲：

「原諒什麼？你旣喜歡他，那就算了！」

說畢，他向副官命令着：「讓他們走！」，憤憤的走進後邊去了。

第二天，褚玉璞又召見了陳小川。他竟戲劇的向陳小川道歉，說他昨晚過於魯莽。並告訴陳小川祗管安心籌備結婚，並且最好能在他未離開濟南前舉行婚禮，因爲他爲了表白他做老大哥的心跡，要特別爲他們證婚。這一消息傳出後，越發增加了新聞的傳奇性。有人爲了歌頌褚將軍這種俠腸義風，竟在副刊上大做其歪詩，把老褚奉爲懂得風雅的了不起的人物。

對於林寶茹和陳小川，這當然是喜出望外的事。尤其陳小川可說陞官發財，愛人在抱，其得意是無與倫比了。林寶茹江湖人的心智，總覺得其中必有文章，但是陳小川過於相信於他的好運，他舉出若干理由認爲褚玉璞確是眞正的後悔了那晚上的舉動。因爲他深知褚對他屬下的幾個幕僚的進言，一向深信採納的，而這幾個幕僚又都與陳小川相交甚篤。

在一切一順百順的進行下，這對在報紙上出盡了風頭的情侶，終於要成眷屬了。婚禮舉行那天，眞是賓客盈門，車水馬龍。喫慣了油水的報界朋友，當然決不放過這個湊熱鬧的機會。新郎新婦，都在充滿着自信的喜悅下，慇懃的招待着賀客。

正當大家靜待着那位最遲的貴賓，也是證婚人的褚將軍的來臨的時候，忽然飯店前開來一卡車士兵，爲首的一個軍官，手執軍法處的大令，找到陳小川不容分說，便押解走了。

禮堂上頓然大譁。誰也摸不着頭腦。婚禮祇得中止舉行。在此一刻間，林寶茹由喜人兒變成了淚人兒。

事經兩多個月後，陳小川突然以通匪罪名，被槍決了。在行刑的那天，褚玉璞派人通知林寶茹說：他對她的處境很爲同情，就是對於陳小川，他也是忍痛如此的，因爲他是犯了軍法，確是愛莫能助。這點無論對死者陳小川或者對林寶茹，他都希望能夠原諒他的苦衷。最後他表示爲了和陳小川朋友一場，他希望林寶茹能把陳小川的屍首領回，好好的做一場法事，然後擇地安葬。褚玉璞並且贈了一筆爲數相當可觀的欵子，以爲辦喪之用。

林寶茹果然不含糊。他和陳小川雖然未經結婚，但卻以未亡人身份，把陳小川屍首領回。舉辦了七天喪事，她一直是披麻帶孝哭的死去活來。褚玉璞猶假猩猩的前來弔祭了一番。這次他看見林寶茹的一身縞素，卻與戲台上的大不相同。他向林寶茹嘲弄着說道：

「寶茹，你這身打扮，看來也不錯呀！」

「……」林寶茹祇好用無言的沉默應付了過去。

陳小川發葬後，林寶茹戲也不唱了。她手裏持有她自己和陳小川大批的欵子，生活當然不成問題。但是，她的精神，顯然在這個打擊下，完全陷於崩潰了。未出一個月，她已經完全瘦走了她美麗的樣子。她時常一整天徘徊在大明湖畔，不喫東西，也不說話。看見熟人，祇是直直的眼睛，不打招呼便揚長而過。有人說她瘋了，也有說她要投湖自殺，就在這種情形下，人人逐漸把她忘了，愛湊熱鬧的報界也不再登她的消息了。有一天，她就失踪了。

一直到三年以後，褚玉璞神秘的死亡事件發生前，幾乎再沒有一個人相信那個曾經煊赫一時的林寶茹尚在人間。

事後，據一個久在魯東軍閥劉珍年部下當過差的朋友談起來，大家這才知道林寶茹爲替她愛人復仇，畢竟還是下過一番臥薪嚐膽的苦工夫：

林寶茹當濟南城人人已不再注意她的時候，她秘密的把她的財產運送到青島，然後，她就偷偷逃到魯東。在烟臺她下了相當時間的物色，最後，她嫁給了劉珍年部的一個連長。她又使用一箱子銀大洋的代價，使這個連長提陞到營長，她以營長夫人的身份，經常和這營的士兵接近。以她的姿色，和她的財力，很快的她便成了這營的中心人物。她在無數次的現實小惠上，在士兵羣衆裏確也結交下不少恩遇關係。

就這樣他埋首佈置他的士兵工作，等待了三年。

終於有一次劉珍年部隊調動到魯中，她丈夫的這一營也跟着移防到津浦路沿線上來，和褚玉璞的直屬部隊，採取了聯防的部署。有一天，她獲知褚玉璞要搭乘專車由濟南去德州。她認爲時機已到，於是，便首先把她三年前便要報仇的計劃，告訴了她的營長丈夫。她表明這個行動是有去無回的，而且縱然不死，他的營長也是難以保全的；她拿出十條黃金讓營長首先逃走。營長起先不肯，但經不住她反覆的苦苦解說，最後，營長終於接受了她的意思，在事發前化裝向南方逃去。

林寶茹在營長去後，便秘密的召集了一些在她認爲由她的恩遇上可以感動和可以運用的弟兄，大約有一排人。她對他們痛苦流涕的訴說了她的復仇企圖，她並毅然表示要以自己的犧牲換取她的目的，她決不會讓任何朋友受到生命的威脅，她祇要求大家給她助助威勢。她的感人故事，大大的感動了那些對她本有好感的士兵，幾乎立刻獲得全體的應諾。她並爲了這些弟兄們在事後個別行動上的方便，每人又分別贈送了五十塊銀洋，以爲將來的盤川。

他們首先在黃河北岸一個叫着晏城的車站外圍埋伏下來。在專車到來以前的一小時，先把鐵路破壞了一段。

褚玉璞的專車，除了車頭，僅掛着兩輛車箱，一輛是他的臥車，一輛則裝滿了他的衞隊。當車頭司機發現路面有被破壞的地方，打了一個急殺車的時候，下面密集的槍火立即開始。那些衞隊因爲事出意外，一時未能摸出敵人方向，簡直是慌了手脚。未出三十分鐘，他們便已死傷一半。這時，伏兵方面大喊：「繳槍不要命！」他們乾脆扔出武器，舉手投降了。但是，褚玉璞卻躲在車頭裏未肯出來。

「褚司令？褚玉璞在那裏？」伏兵們喊着。

「褚司令請出來，我們有話跟他講！」

又僵持了老半天。終於車頭方面，首先用一根手杖挑出一個小白手巾，跟着褚玉璞擺動着臃腫的身子和擠着他兩隻鼠一般的眼睛出現了。他膽怯的走了兩步，便即停下。

他向這邊擅抖着聲音喊着：「朋友們！找我爲財？還是爲仇？」

伏兵們並未直接給他答覆，祇是仍然喊着：

「你往前走！再往前走！把手擧高些！」

「……站住別動好了。」

這時的林寶茹，說來眞也令人興奮。她在事前已有意的準備好過，她改穿了一身那套戲臺上的縞素，在幾個弟兄的衞護下，由塹壕跳出，走向褚玉璞。

在他們相距不過五碼的地方，林寶茹開口說道：

「褚玉璞，你定神看我，認識不？」

在這一瞬間，褚玉璞的臉色，急速的變了。

「啊！這不是寶茹嗎？」

「你想不到我林寶茹會這樣不含糊罷？」

「你這是幹什麼？」褚玉璞懦弱的幾乎語不成聲。

「姓褚的，你自己做的事，你自己會記得罷？」

「你還爲了陳小川那件事？……」

「當然！祇要你明白就行。」

「我們可不可以談談條件，你叫我怎樣，我就怎樣！」

「不行！這要你和陳小川見面時再談罷！」林寶茹說畢，回身從一個弟兄手中接過來一支快慢機的手提式，大喊一聲：「褚玉璞，你要站穩！」

二十發的子彈，在兩秒鐘內一齊射向了褚玉璞的身上……

＊　＊　＊　＊

我的朋友「老消息」講到這裏，我們已經轉過山東大學。從東岬的高坡上我遙遠的看見一艘驅逐艦正在入港。天空中顯出一塊奇形的雲，「老消息」突然把他的話題壓住，神經質的喊着：

「看！遠海那堆雲，多美！」

我心中暗想：我不和你聊什麼風景了。爲了我這支筆桿兒的自由，我該打定走的主意了。這艘軍艦的機會，我決不能錯過。眞的，衝着林寶茹那股幹勁兒，我是應該如此的。

註：剳靴腰子即在風月場中搶奪對方的情婦之意。

啓事

本刊上期所刊『雨過天青』一文，原應於本期繼續登載，因作者黎中天先生不願本刊對原作有所刪改，致未能續完全文，謹向讀者致歉。

本刊編輯部敬啓

讀者來書二則

一、周南先生來信

自由中國編輯委員會諸位先生大鑒：頃讀貴刊第九卷第十期卷首社論兩篇，反覆研誦，欽佩無限！敬諗貴刊識高慮遠，言善藥良，能道出千千萬萬人心坎裏所願說的話，謀國如斯忠誠，輿論如斯嚴正，確乎無殊「太史簡董狐筆」也。

第一篇指出美國領導自由世界，應「堅持原則，不要支持個人」。此項明智的立場，應為美國所採取，並應為自由世界所一致尊重。蓋支持個人，勢必犧牲原則。任何形式的反自由反民主政治，無一不是為共產黨開路的政治。反共必須反其道而行之。我認為今日美國，果以其軍經援助為換取受援國家眞正走向自由民主政治途徑的條件，自增强自由世界反共實力的立場言，將無理由視之為「干涉內政」。反而是「裨益內政」。因為「內政」，正是共黨「世界革命」主要戰場之所在。

社論第二篇，指出輿論界現有三個流行的有害觀念，一針見血，響如晨鐘，本人極具同感。共黨所最希望於我者，為我政治上之腐化。而自歌自頌，自我陶醉，即為政治腐化之有效製劑。有些報章雜誌，日漸傾向於粉飾太平，不自警惕，每一閱及，不禁聳然！

我十分希望貴社能基於原定之光榮立場，不顧一切，堅決奮鬪，追求理想，為自由中國輿論界放一異彩。我敢斷言：反共抗俄之成功保證在此。

專此奉祝，並致敬意，順頌

撰祺

周　南拜啓　十一月廿一日

二、蕭益思先生來信

徵寰我兄：頃拜讀自由中國九卷十期中易農先生的「耕者有其田」一文，句句切實，至深佩服。不過在這次實施過程中，還有不少的缺漏，未經作者指出，不知是故為當局者諱，抑係一時遺忘？即是「等則的劃分」，眞是幼稚已極，不但是不科學，而且是傷天害理，違背政府推行這一偉大政策的本意。

聽說只臺北一縣有四千戶左右的佃農，不肯去領地，原因是應為下等的田被地政當局列為上等，只值一萬元一甲的竟定價在十萬元以上，地主自然甚為喜悅，靜待徵收承領，而佃農誰能出這一筆巨欵？無人承領，則政府徵收後又將何用？但聞主管者已決定對此事置之不理，而不肯修改等則，即地主遵行政策而無從求得補償，佃農需要自耕而無力得到土地。此誰之過歟？請你問問主管地政的人，究竟做些什麼？

弟蕭益思上

（上接第21頁）宣言，故於十七日晨聲言如果英美不將自由區北部交還義大利，貝拉將提出辭職。

倫敦三外長會議於十月十八日結束，對的港問題的書面決定只不過草草數語，的港問題將由包括英美法義南的五國會議協商。然而義大利堅持事先實行十月八日的撤兵宣言；南國則說假如只是為了實行英美決策的話，我們並不須要五國協商會議。

貝拉目前是不會辭職了，據云英美又允諾了一個分期付現辦法，再說美國亦未放棄八日宣言。南斯拉夫則不時叫囂，不只聲稱認為義國進入自由區北部是一種侵略行為，並言如義大利進入該區，不論是軍隊抑或行政人員，南斯拉夫將即刻進兵自由區北部。南國此時態度的堅强，似出乎西方國家之意料，顯然是蘇俄於背後作祟。前些時英外部發言人說的很好，英國看不出為什麼一旦義大利進入自由區北部將構成一種侵略行為，因為該區並非南斯拉夫國的疆域。

現在義南兩國均在大舉派兵調將，大有戰爭臨頭之勢。南國除經常駐自由區南部的五千軍隊外，早已派去二萬五千新軍及三百輛戰車在義南邊界上。據云南國已調到十三個師（約十二萬人）及五百輛戰車，這些都是美援裝備的。

安理會沒有給的港事件找到解決的辦法，三外長主張的五國會議尚不知是否實現，看來的里雅斯德問題在目前是不會有火併場面，但是它還要再拖一個時期。這恐怕也是目前唯一的處理方法。

杜勒斯在倫敦三外長會議時說的好，的港本身並不重要，重要的是南歐從土耳其到義大利的防守問題。

四十二・十・二十六巴黎

編者按：的港問題自十一月四日意人反共示威發生流血事件後，情勢續有發展，另有一篇報導的文字，將於下期發表。

簽名難

謝冰瑩

編者先生：

關於爲愛德樂佛簽名一事，承許多朋友和讀者詢及經過，這裏有一篇短文，想借貴刊一角之地發表，如蒙俯允，不勝感激之至。此請

撰安

謝冰瑩謹上 十一月廿日

是一個細雨霏霏的黃昏，有一位青年王先生來看我，坐定之後，他便問我：「請您恕我冒昧，我今天來拜訪您，並沒有別的事，祇想知道您推薦「世界永久沒戰爭」的經過；您可以告訴我嗎？」

「當然可以！」我立刻回答說：「關於這一件事，在我個人方面感到遺憾的，是自己的經驗和常識太不夠了！」

「先生太客氣！」王先生笑着說。

「老實說，這一本「世界永久沒戰爭」的出版，的確超出了一般的慣例；譬如說：在我的閱讀範圍內，除了百科全書以外，還不會看到有任何書的前面，印着幾十個人名的；我在臺灣已經住了五年多，從來也沒有見到有人肯爲一本書而登出出欄的大幅廣告。」

「這也是一種推銷術，是不是？」

「但是我的紀念簽名被「套滙」了，這是當然我無法預料到的。至於簽名的經過，確實很簡單：記不淸是那一天晚上，韓劍琴先生來訪，他告訴我，最近寫完了一部反共間諜小說，正在籌劃出版，五年的工作，告了一段落，他感到非常高興，他從紙夾裏取出一張活頁紙來請我替他簽名紀念，我未加思索，便像普通簽名一樣地簽了三個字，唉！天知道這三個字，怎麽又會跑到人家的書上去了呢？

「韓先生及取出一大疊簽了名的活頁紙來翻給我看，我見他們都是些名流和作家，當時我覺得如果裝訂起來，倒是一本很像樣的紀念册。他希望大家一律，又要我補蓋了一個圖章。

「接着，韓先生又要求我寫篇文章介紹這本書，當時我要看一下原稿，但他沒有帶在身邊；據他說，正由某一位權威作家在修改，而且有三十多萬字，卽或看起來也不是短時間可以看完的。因此，寫介紹文章的事，只好等到將來，我有機會讀完這本書以後，才能考慮。」

「原來如此！」王先生好像鬆了一口氣。

「近來許多要好的朋友，都善意地責備我：爲什麽替這一本書簽名推薦？眞是盛情可感。由於這一次的事情，我才發現我這將近五十年的生活經驗和常識，還不足以應付世事；同時感到遺憾的，是許多眞誠的讀者都上當了！」

「世界變得太快，有些地方使我追不上，應付不了出乎意外的事。我誠懇地希望朋友們常常提高我的警覺，遇事「當面交待」，我一定是萬分感謝的。王先生很關心這件事，我很感激您的好意。」

羅家倫先生的來信

編者先生：看了貴刊第九卷第九期責備我們胡亂簽名「推荐」「愛德樂佛」君所著「世界永久沒有戰爭」以後，非常慚愧，認爲我應該挨罵。當時就想寫信來認錯，聲明取消「推荐」，並且把這點意思，會對許多位朋友—其中有一位還是貴刊編輯—說過。不料因無暇劻筆，以致落後，更加慚愧。

簽名是錯的，但是其中有一段小小的經過，不妨記錄下來。某夜十一時我於散會後回家，看見書棹上有一本精裝簽名簿，附了一個名片，上印「中國天主教文協理事兼藝文組組長韓劍琴」，旁邊另寫上一行「衛尊賢」三字的大名。我當卽詢問收件的人，據告是當天下午由衛尊賢君送來的，衛君並鄭重的說是方才從某公舘來，某院長介紹他來看我，要我簽名。我當時聽了覺得有點詫異，並起相當的反感，放下未簽。第二天早上匆匆要出大門，收件人對我說，此人今天要來取，如何回答。我那幾天常常看見港報登載天主教兩位神父被共匪謀殺，心裏不免有種感覺，覺到天主教文協會理事一定是執行他敎會的政策，推銷反共的翻譯文學，大槪是不會錯到什麽地方去的。又看見在我上面簽名的是一位天主教的神父學者，還有幾位學術界、文藝界的名人，我以爲得附驥尾，想去沒有問題，何必自己過於矜持呢？在這種心理的背景之下，於是我竟胡亂簽了。而且，我在册子上並不會看見那篇「推荐」大文。後來同若干位朋友談起才知道他們的簽字，也承韓衛兩君以不同的方式和技巧取去的。謝冰瑩教授談起來，更能形容她當時被迫到窘狀畢露的情形。

說到此地，我不能忘記寫下來于右任先生託我轉達讀者的話。他這位寬厚博大的長者，要我轉達道：「我簽了這個名，眞覺得對社會不住。我並且請求朋友們此後不要拿醫卜星相的招牌或謝醫生的匾來給我寫，使我不寫則恐有傷朋友的感情，寫了又使我心裏難過。」我謹此遵命代達，希望大家本着向來愛護這位元老的心情，不必使他心裏難過。

至於我本人則除聲明撤銷「推荐」簽名而外，並且尊重于先生的意思，代他聲明撤銷。

羅家倫敬啓 四二・十一・廿三

編者按：自本刊九卷九期登載了一篇抗議「世界永久沒戰爭」的出版與推薦的投書後，連續接到許多「推薦者」的來信，聲明撤銷推薦，並向讀者表示歉意。本刊已於上期刊出蘇雪林、趙友培、陳紀瀅三先生的來信；這一期又有謝冰瑩、羅家倫兩先生的來信。大槪五十一位「推薦者」很多是被騙而簽名的。由於篇幅的限制，以後類此的聲明，本刊恕不再登載。

給讀者的報告

在對抗極權侵略的今日，美國之居於自由世界的領導地位，乃是不容否認的事實。因此美國政策的動向，實關係世界全局的安危。是以凡屬積極反共的國家，莫不殷殷矚望美國的有力領導。在這一方面，我們曾以諍友的態度，多次爲文向美國政府進言，艾森豪總統競選之時雖曾以「解放政策」爲號召，然其就職將及一年來表現，則與當日所揭櫫的理想相去遠甚。尤其自史達林死後，美國受國際間姑息與綏靖主義者的影響，外交政策搖擺恍惚，遊移不定，這種「瞻之在前，忽焉在後」的神態，只足以使親者痛，而仇者快。以對中共進聯合國的問題爲例，尼克森與杜勒斯的言論，彼此間便大有出入。美國於對抗共黨的全面策略，特別是在亞洲方面，顯然缺乏明確有力的政策。全世界愛好自由的人民均在熱切寄望美國，然則「美國應如何領導自由世界」？在本期社論中，我們願再一獻芻蕘之言。

美國對俄政策的厘定，英國的態度自也是一項決定的因素。然而英國至今仍沉緬於强權政治的現實主義之中，熱中於姑息綏靖的迷夢，邱吉爾現在仍在彈巨頭會議的老調，實足以迷惑自由世界的目標，而自亂步驟，爲害是至深且鉅的。關於英國爲何要倡言巨頭會議，及與世界現局推移的影響，本期專論首篇對此有精闢的敍述與分析，在結論中，朱伴耘先生更明白的指出：「世界局勢的關鍵在遠東，遠東的關鍵在中國，美國應拿出顯明而具體的政策來。」讀者讀本文時，當可與社論相印證。

「內閣制的新型態」一文在比較研究德義法三國戰後內閣制的趨變，並說明其與英國內閣制的異同，可供治政治學者之參考。曾寶蓀女士是我國婦女運動的先進，她之討論「世界婦女地位」的問題，當可謂權威之見。曾女士認爲婦女的社會地位須要自身努力去爭取，這是值得我們記取的。

本刊經常接到許多讀者來信，對我們勉勵有加，我們感激之餘，願今後更加努力，以期不負讀者之厚望。這些來信因爲限於篇幅，不能一一登載，本期我們刊出兩篇，於勉勵之外還提出可供思索的問題，比如立法委員周南先生信裏所說：「任何反民主反自由的政治都是替共黨開路的政治」，眞是一句至理名言。我們如果想打倒共產黨，摧毀共產主義，我們必須誠心誠意的遵奉這句名言。

又上期所刊「雨過天青」一文，因作者不願本刊刪改，取回原稿，致無法續完，謹向讀者致歉。

本刊售價		
地　區	幣　別	每册價目
臺　灣	臺　幣	4.00
香　港	港　幣	1.00
日　本	日　圓	100.00
美　國	美　金	.20
菲律賓	呂宋幣	.50
馬來亞	叻　幣	.50
暹　羅	暹　幣	4.00
越　南	越　幣	8.00
印　尼	印尼盾	6.00

自由中國 半月刊 總第九十八號 第九卷第十一期

中華民國四十二年十二月一日出版

發行人兼主編　『自由中國編輯委員會』

出版者　自由中國社
社址：臺北市和平東路二段十八巷一號
電話：二　八　五　七　〇

航空版　香港時報社

經售者
臺灣　自由中國發行部
美國　中國書報發行所
紐約民氣日報社
舊金山少年中國晨報社
芝加哥中國出版公司
日本　東京僑豐企業公司
韓國　釜山草梁洞新泰行
馬尼剌　大中華日報社
印尼　椰嘉達天聲日報
棉蘭繁華圖書公司
越南　西貢中原文化印刷公司
越南華僑文化事業公司
暹邏　曼谷攀多社十二號
緬甸　仰光振成書報店
印度　孟買梅亞號
加爾各答塔梅學校
澳洲　雪梨瑞田公司
北婆羅洲　西利亞坡青年書店
新加坡　檳榔嶼、吉打邦均有出售

印刷者　精華印書館
廠址：臺北市長沙街二段六〇號
電話：二　三　四　二　九　號

本刊經中華郵政登記認爲第一類新聞紙類　臺灣郵政管理局新聞紙類登記執照第二〇四號　臺灣郵政劃撥儲金帳戶第八一三九號

自由中國

FREE CHINA

第九卷 第十二期

要目

社論

斥中立主義

蘇俄虎視下的中東現狀……王雲五

如何建立法治的社會基礎？……龍運鈞

法治底要旨……海耶克著 殷海光譯

沒有史達林的第一個十一月……B. D. Wolfe作 遠思譯

我對反共救國會議的希望……朱伴耘

自由中國通訊

風雲變幻中的的港……方及

中東防衛問題剖視……張瑾譯

憂鬱的靈魂……彭歌

舞台……王敬羲

書刊評介

尋夢與畫夢……公孫嬿

讀者投書

一本誤謬不堪的農職教科書……焦言田

中華民國四十二年十二月十六日出版

社址：臺北市和平東路二段十八巷一號

（2）

半月大事記

十一月二十六日（星期四）

我代表于竣吉在聯合國指控共黨在中國使用六百零七萬一千名奴隸勞工。

美國外業務總署署長史塔生致函國會，下一會計年度對西歐軍援將可大增減少

日本東京灣外發生强烈地震。

西歐外長會議在海牙閉會。

俄國建議在柏林召開四外長會議。

十一月二十七日（星期五）

大韓民國總統李承晚抵臺訪問。隨行之韓外長卞榮泰與我葉公超外長兩度會談。

立法院通過反對美國逕將奄美島交予日本議案。

法內閣獲得衆院信任投票。

美特使丁恩對韓國政治會議雙方諒解歸納爲十一點。

十一月二十八日（星期六）

中韓兩國元首會談後發表聯合聲明，籲請亞洲自由國家，組織反共聯合陣線。

美國務院聲明，謂俄國所提四國會議照會爲「令人失望」。

十一月二十九日（星期日）

韓總統李承晚訪華後返韓，行前曾舉行記者招待會。

聯合國大會通過大國協商裁軍案。

俄總理馬林可夫接見英國駐俄大使海特，會談二十分鐘。

十一月三十日（星期一）

美代表洛奇在聯合國大會發動關於共黨暴行案的辯論。指出被殺害的聯合國軍人及南韓平民總數接近三萬八千人。

對韓國政治會議預備會的共方談判人員建議，政治會議於十二月二十八日在印度新德里舉行。

法政府表示，將不顧越南三邦可能反對，而願與越共談和。

蘇丹首次國會選舉，親埃及政黨獲勝。

十二月一日（星期二）

內政部已擬就「都市土地改革計劃草案」。

緬政府同意將中國游擊隊撤離期限延長十四天。

越南元首保大駁斥胡志明和談建議。

十二月二日（星期三）

蒲賴德接任美第七艦隊司令。

英首相邱吉爾和外相艾登、法總理蘭尼爾和外長皮杜爾首途百慕達參加三巨頭會議。

英一百餘萬工程人員罷工。

十二月三日（星期四）

美參謀首長會議主席雷德福警告中共，如參加越戰，「越戰就不再具有地方性了」。

法政府促越共經正式途徑，提和談建議。

聯合國大會決議，嚴重關切共黨在韓暴行。

十二月四日（星期五）

立法院決議，政府應採有效措施，與非交涉釋放無辜被禁華僑。

美海軍部長安德森來華訪問。

『自由中國的宗旨』

第一、我們要向全國國民宣傳自由與民主的真實價值，並且要督促政府（各級的政府），切實改革政治經濟，努力建立自由民主的社會。

第二、我們要支持並督促政府用種種力量抵抗共產黨鐵幕之下剝奪一切自由的極權政治，不讓他擴張他的勢力範圍。

第三、我們要盡我們的努力，援助淪陷區域的同胞，幫助他們早日恢復自由。

第四、我們的最後目標是要使整個中華民國成爲自由的中國。

美總統艾森豪赴百慕達，三巨頭會議開幕。

十二月五日（星期六）

埃及經濟代表團抵臺訪問。

美英法三國外長已擬就對俄覆文，同意召開四外長會議。

義南兩國同意自的港邊界撤軍。

英國與伊朗宣佈恢復外交關係。

十二月六日（星期日）

美國務院遠東事務助理國務卿勞勃森參與百慕達會議。

美日兩國對奄美島交給日本事達成臨時協議。

十二月七日（星期一）

西方三外長會議商定接受俄國所提在柏林舉行四外長會議建議，西德已表示贊同。

聯合國大會通過，要求俄國與中共容許特別委員會入境調查戰俘。

英美法三巨頭在百慕達開始討論亞洲局勢。

十二月八日（星期二）

百慕達會議結束，並發表最後公報。

西方三國照會俄國，建議一月四日在柏林舉行四外長會議。

美特使丁恩對韓國政治會議向共方提出最後建議。

十二月九日（星期三）

美總統艾森豪向聯大發表演說。

據稱，百慕達會議中三國同意不接受類似韓國停戰的印度支那停戰。

社論

斥中立主義

最近以反共著稱的西德總理安德腦，聽說也來提倡中立主義了，他所持的理由是集體中立，和其他中立主義者不同，卽是要西歐各國聯合起來，結成大力量，而對於美蘇兩方則不作左右袒。爲甚麼他也有如此的主張呢？說者謂，因爲法國與意大利的多數民衆都想保持中立以避免戰爭，他以爲若各國各自保持中立，不免爲蘇俄各個擊破，必須團結一致，始能達到目的云。果然則西歐的中立氣氛之濃厚也相當驚人了。在亞洲則尼赫魯之堅持中立已是盡人皆知的事實，緬甸和印尼受了他的影響，也表現着同樣的態度。他方，阿拉伯國家集團也有些動搖不定，時時擺出中立的姿態。卽最近恢復獨立的日本，傳聞持中立主義的思想者亦復不在少數。眞的！中立主義竟是時髦的思想，大有風靡一世之槪了！

就思想而論，中立主義實與集體安全相敵對。惟其不信集體安全，具體地說，不信聯合國能够維護和平，所以各國皆各自爲謀，欲有以避免戰爭慘禍。又以爲今日的國際局勢並不是自由與奴役的思想鬪爭，乃是美蘇兩强的世界霸權爭奪戰，故只要自己置身於兩强之外，不作左右袒，便不會惹火燒身了。本來，聯合國的安全理事會之規定五强有否決權，則其集體安全之具體的意義，只在五强之合作，强權政治的痕迹還顯然予人以深刻的印像。今蘇俄之獨行其是已是一貫地表演着，中國大陸被共黨竊據而向蘇俄「一邊倒」，更增加其氣燄。法國梗阻歐洲軍公約之成立，已明顯地主張中立。英國之在西歐雖仍堅持集體安全的立場，而在遠東則主張拉攏中共，甚至對東歐各國都要承認其現狀，則其對集體安全的信心也已經打了很大的折扣。只剩下一個美國，縱使不說它是利用集體安全而謀霸權爭奪，事實上也無法去達成任務了。那麼，各小國要謀自己的生存，除中立主義外還有更聰明的辦法嗎？如此的思想，表面上看來，似乎是合情合理，說得娓娓動聽，其實對國際局勢則認識不足，對共黨策略則盲目無知，根本是要不得的。

今日的國際局勢，要維持長期的和平，各國要自謀安全，均非以聯合國爲中心不可。唯有聯合國才是講理的地方，這種組織如果失敗，則世界又要退回到强權政治去，全由强有力的國家操縱宰割了，長期的和平還有出現的希望嗎？除美國外，各國的國力都不足與蘇俄相頡頏，要單獨和蘇俄對抗都是不可能的，則離開了聯合國去謀安全，只是希望蘇俄不來侵略罷了，這不是與虎謀皮嗎？二次大戰後蘇俄已囊括了東北歐各國，又奄有中國大陸，若非聯合國出義兵以保守南韓，則不但朝鮮半島的地圖早已染上紅色，而且越南、馬來亞、乃至暹羅與緬甸，均恐已進入鐵幕之後了。須知共產主義是不許中立的，「革命無中立」，「不革命等於反革命」，是他們幾十年來的口號，也是他們行動的信條，至少在此一點，他們的理論與實踐是一致的。共黨對待各國沒有固定的方法，儘可因時因地而不同，然其征服世界的目的乃是萬變不離其宗的。時機未到他們儘可要你中立，待他們認爲適當的時期，則用盡一切可能的手段以奪取政權，而置你於奴役。難道到今天還要相信他們是爲人民造福的革命家嗎？

其他各國姑置不論，現在只就日本所處的地位加以論列，對我鄰邦的人民略盡我們的忠告。我們知道，日本的政府當局對於蘇俄三十年來的意圖研究有素，其反共的堅强意志也是無可懷疑的，故最近整軍方案業經擬就，打算修改憲法而使之實現了。但是不但一般平民厭戰怕戰，卽一部份的知識份子，（並不是共產黨及其同路人）亦以爲今日的蘇俄中共還不敢公然向日本進攻，正好藉此時機以休養生息，因此而主張中立，反對整軍，打開與中國大陸通商之門，先謀經濟之繁榮。其實這正中了共產黨的圈套。東亞最有力量的國家便是日本，在戰前和蘇俄對立，始終站在攻勢的地位。現在國力的恢復雖不能達到戰前的地步，但後面却有美國的支持，當然是亞洲唯一的勁敵。可是要拉攏日本又苦無門路，因爲舊金山和約已經沒有簽字，而日本的現狀乃是立在該條約上面的，要共黨國家承認該和約已非所願，要日本取消該和約尤不可能，在如此的僵持之下，共黨將何以取利呢？於是只有宣傳中立主義才能使日人接受，以延擱其整軍的進行而鬆懈其反共的鬪志了。

共產黨是一個嚴密組織的戰鬪體，他們是時時刻刻過着戰鬪生活的。今天他們要你中立，你便聽其指揮，一旦他們不許你中立，你也奉命而行嗎？除了其黨員及同路人外，恐怕最大多數的日本人民都是不願意的。不願意投降則唯有抵抗，但是沒有武力怎能抵抗呢？建軍不是一朝一夕所能成立，而共黨的意志則可以隨時變更，及今不圖，後將噬臍。現在閒暇的時間已經無多，還不急起直追嗎？進一步講，有形的軍事力量或許可以比較短期間建立起來，無形的思想鬪爭，則非培養有素不可。故共黨之使日人醉心於中立主義，其目標尤着重於鬆懈其鬪志，解除其精神的武裝。從上次的國會議員的選擧看來，大多數民衆還不接受社會主義，共產主義更不待說。但是一方左傾思想的勢力有增而無減，他方强有力的思想家能與之對抗而博得羣衆之信從者，却爲數無多。如此的情勢正是中立主義抬頭的機會，未嘗不是思想界的隱憂。願日本朝野上下，深明思想鬪爭是對共黨的前鋒戰，同時又是總體戰的核心，必先建立精神的堡壘，然後自立於不敗之地，故今日之急務非克服中立主義不可。

蘇俄虎視下的中東現狀

王雲五

一　何謂中東

現在所謂中東是指西起於埃及西部的沙漠，東至於印度洋，北起於寒帶的黑海，南至於熱帶的紅海的一個大地區。其稱謂古今不同。前此由於交通的遲緩，現在的中東地區通常被稱爲「近東」，以別於距離歐洲較遠之所謂「遠東」。但在這個噴氣機發動的時代，所有遠近之區別殆已消泯無遺，中東這個名詞，因其地位上介於歐亞非三洲之間，遂得以確立。這個地區前此稱爲近東還有一個理由，那就是在第一次世界大戰以前，這整個地區除波斯卽現在改稱爲伊朗者外，都是舊土耳其帝國的屬土；由於土耳其帝國的首都君士坦丁（現改稱伊士丹堡）位於博斯福魯海峽的歐洲方面，彼時的土耳其帝國當然稱其在這一地區的屬土爲近東。

在這個地區內，現在住有四個民族，卽阿拉伯、土耳其、伊朗與猶太。阿拉伯民族在這裏的有四千萬人，爲數最多，原居於沙漠地區，卽現今的沙地阿拉伯國境內，曾經蹂躪整個西方世界，在八世紀間曾湧至巴黎的城門，當然實際上控制了現在的中東地區。從十五世紀以迄第一次世界大戰前，此地區的控制權才轉入土耳其人之手。在這地區內的第二個大民族爲土耳其，人數約一千九百萬以上；第三個民族爲伊朗，意卽阿利安民族，人數約一千七百萬；第四個民族爲猶太，僅得一百四十餘萬人。

這地區現已建立的國家共有十個，除土耳其族所建的土耳其共和國、伊朗族所建的伊朗王國及猶太族所建的以色列共和國外，其餘七國皆爲阿拉伯族所建，分別稱爲埃及、伊拉克、約旦、黎巴嫩、沙地阿拉伯、敍利亞與葉門。

先是，阿拉伯民族雖已受土耳其帝國統治四百年，然由於過去的共同傳統，以及宗教語言之相同，仍能保存其民族意識。十九世紀間土耳其帝國衰落，致有東方病夫之稱；於是阿拉伯民族運動起於其間，英法二國實從旁慫慂；及第一次世界大戰發生，土耳其參加德奧方面作戰，英法二國益鼓勵久受土國控制之阿拉伯民族叛變，並許以在土耳其崩潰後，助其成立一個統一而獨立的阿拉伯國家。但是一九一九年的和議，由於英法二國之不肯實踐諾言，卒將亞洲的阿拉伯世界分配於英法的勢力範圍，而建立若干暫受委託管治的分立國家與行政區劃。到了第二次大戰發生後之一九四一年，這些國土，除巴勒斯坦外，總算都獲得獨立。這些獨立的阿拉伯國家領袖們經過了以後三年間的不斷協商，於一九四四年秋在埃及之亞歷山大集會，出席者除埃及、伊拉克、敍利亞、黎巴嫩、約旦、沙地阿拉伯與葉門七國的代表外，其留在巴勒斯坦的阿拉伯人也派一代表，以同等地位參加會議。這次會議的結果簽訂了所謂「亞歷山大議定書」，使阿拉伯聯盟的輪廓明朗化，那就是認定一個統一的國家或聯邦的組織不是一步可以達成，故暫由各主權國家構成聯盟，俾對於共同關係的事件採取共同行動。於是根據此議定書，簽訂了聯盟公約，阿拉伯聯盟也就於一九四五年三月二十二日誕生，而以這地區內的七個阿拉伯獨立國家爲其盟員。聯盟之目的既如上述，祇在加强各國間的團結，聯繫其政治計劃，俾漸趨於實際合作，保持各自的獨立與主權，並考慮阿拉伯國家的一般利害關係。然而本聯盟的一個主要目標實在是對付猶太人在巴勒斯坦所建立的國家。此一聯盟成立後，一由於加盟各國的內部均有問題，二由於互爭雄長，未能衷誠合作，以致迄今多年，在團結上尙無顯著的成績。

二　中東的重要性

歐洲人有恒言：「誰控制了中東，便控制了全世界」。這在今日固然是說得過火一點；但中東對於世界局勢確有重大的關係，也無可諱言。其重要性的因素有三：一爲地理，二爲人力，三爲資源。

以地理言，在這地區內發祥者有世界三大古國之二，就是巴比倫與埃及，其原因則前者係受幼發拉底與第格里斯兩河之賜，後者則受尼羅河之賜。其自外地侵入此地區而建立大帝國者，則有遠在紀元前三三二年的馬其頓王亞歷山大，至今還在埃及留下第二個大都市亞歷山大利亞城，與在土耳其留下亞歷山大里達城（現更名 Iskanderun），足資紀念。及羅馬盛時，凱撒大帝爲爭取世界霸權，認爲非成爲此地區之主宰者不可，卒征服中東樞紐之埃及。降及中古，爭霸者亦無不先謀控制中東，凡控制成功者多克保其主宰地位，否則其霸權旋卽崩潰。例如阿拉伯人與土耳其先後控制此一地區，咸維持其勢力至數世紀之久；蒙古人則於企圖占領中東後，未能於此鞏固其據點，不久遂歸於破滅。拿破侖稱霸時，曾一度攻入埃及；他蓋深知此爲稱霸於世界之要着，他似乎也當認識在此地區之失敗便是喪失了統治世界的機會。英人在十九世紀末期也曾在此地區奠立其勢力；那時候英國之霸權達於頂點，其後許多年間能夠穩渡艱危，多有賴於其對中東心臟之控制。二十世紀開始時，德皇威廉二世向土耳其獲得建築巴格達鐵路之權，以實現其東進政策，並欲由巴格達更進而達於波斯灣，以與英國爭霸；此舉對於帝俄之權益也有影響，遂釀成一九〇七年英俄兩國對於波斯問題之諒解。

以人力言，這地區的人口多至八千萬，其中阿拉伯與土耳其兩民族皆饒勇善戰。阿拉伯人由於久受土耳其控制，一旦獨立，民族意識最熱烈，利用得宜，可以發揮龐大的力量；英法兩國在第一次大戰時所為的諾言，遲遲未兌現，及第二次大戰發生，不得已始一律容許其獨立，又忌其統一力量之强大不易駕馭，遂使之分立為許多小國，凡此舉措多為阿拉伯愛國人士所不滿。於是英法之敵人可利用此一弱點而進攻，引誘阿拉伯人對英法離貳。此一地區阿人之從違，不僅在積極上可發生對一方面的重大助力，而且在消極上的抵抗或不合作亦足以使他方面大受其害。這一地區的阿人，由於信仰的關係，其影響且不以本地區為限，甚至還可推及於整個回教世界——西至摩洛哥，東至巴基斯坦與印尼。

以資源言，中東物產關係之重大無過於石油。石油為現代化軍事所必需。查世界近年的石油產量，按區域計，西半球占百分之七一·八，西歐占百分之〇·三九，蘇俄及東歐占百分之八·一五，中東占百分之一七·五，東南亞占百分之二·一一。除蘇俄及東歐占百分之八有奇外，其他百分之九二弱悉為西方所控制，就中可能被蘇俄奪取而產量復居全世界各油產區第二位者厥為中東。蘇俄如能爭取了中東的石油，則連其本國及東歐衛星國所產者合占全世界所產四分之一，對於蘇俄的作戰需要，已有餘裕。尤其是蘇俄的油產集中於巴庫油田，而這些油田皆暴露於來自地中海與北非基地的轟炸，即使產量可敷應用，亦不得不於巴庫以外別闢油源。中東的油源對於蘇俄眞是再好沒有。反之，西歐國家的石油供應亦端賴於此地區。其運輸道路向以油輪繞道阿拉伯半島經蘇彝士運河而西去，航程長至三千六百餘英里者，最近橫跨阿拉伯半島，長達一千餘英里的大油管已竣工，每日可從阿拉伯直接輸送五十萬桶原油至地中海。中東油田如陷於蘇俄掌握，不僅在蘇俄增加了極大的新力量，而且西歐亦喪失了軍需與工業的生命線。

以上三種因素，第一種的地理因素是實在的，第二種的人力因素是潛在的，第三種的資源因素則兼具實在與潛在二者，蓋因中東地區的石油蘊藏尚遠較其實際開發者為大。

三　蘇俄的目標與策略

俄國本係野心而陰謀的國家；帝俄時代固以此著稱於世，赤色政權成立後，較沙皇之狼與險尤勝多籌。對於中東這樣一個地區，沒有一時不想染指，前此野心未甚顯著者，祗是由於國力之未充，然仍不斷運用其陰謀，時思得當以逞。奇怪得很，在距今恰好一百年前的一八五三年七月十四日紐約的 Tribune 報刊載了馬克思致其友人的一函，中有批評俄國之句說：『這個俄羅斯狗熊什麼事都會去做，祗要它知道所對付的動物是無能為力的』。眞想不到，這句話恰好適用於一百年後他的徒子徒孫身上。自帝俄以來，俄國政府無時不欲伸張其勢力於地中海，故就達達尼爾海峽之通行與控制權對土耳其提出要求者多次。查達達尼爾海峽本係瑪摩拉海的南部，將黑海與地中海接通，瑪摩拉海的北部名為博斯福魯海峽者則為土耳其帝國首都君士坦丁之所在。在政治上的意義，所謂達達尼爾海峽實包括南北兩海峽而言。這兩個海峽自從十四世紀以來歸土耳其控制，初時土國强而俄國弱，自無問題。及十八世紀以來强弱之勢移易，帝俄則認此海峽為彼進至地中海的通路，而視為擴張勢力的標的。土國原無力抗拒，祗以其時英法兩國均不願俄國插足於地中海，遂力加反對，亘兩世紀之久。同時，土耳其在世界政治上的地位也大體基於其守護海峽的任務。但是一八三三年間俄國乘土耳其帝國藩屬埃及之叛變，以援助土帝國為名而騙取在該海峽內的特權地位。依俄土兩國訂立之安克亞——施格里斯條約之規定，土國保證俄國軍艦在任何時期得自由通行該海峽，而在戰時該海峽則對任何他國的軍艦概行封閉，獨許俄艦通行。此種特權後來在一八四〇年的倫敦公約中，為西方諸强所强迫撤消；土帝國被迫再度於戰時禁止一切國家的船舶通過。及第一次大戰發生，土耳其加入德奧方面作戰，英法聯軍屢欲從海道攻占這個防衛鞏固的海峽，而不能成功；不得已與俄國密約，求其相助，而以戰後容許俄國控制該海峽為條件。未幾俄國因革命而停止作戰，此議遂等於無效。戰爭結束時，聯軍占領達達尼爾海峽，解除其武裝，開放於一切航行，而置諸一個國際委員會管理之下。其後新土耳其之凱末爾將軍戰勝希臘，於一九二三年八月之洛桑條約中限制該海峽的國際管理權，大致已恢復土耳其對海峽的主權。此時俄國頓改其態度，反對海峽的開放，免俄國受到外國的干涉，可是英國則轉而主張開放。一九三六年七月蒙特魯公約實際上回復了土耳其對海峽的完全主權；所有國際委員會與國際保證一律撤消，土耳其獲准重行武裝與防衛該海峽。關於特准通航海峽的規定為：『在平時任何商船得自由通過，超過一萬噸的戰艦、潛艇與航空母艦一律不得通過，其他軍艦祗許白日通過。戰時，如果土耳其保守中立，則交戰國雙方的軍艦均不許通過；如果土耳其為交戰國之一，則對土作戰國家的商船與為敵國載運士兵物資的中立國船舶一律禁止通過。至於何種軍艦得以通過，悉聽土耳其抉擇；又如土耳其覺得有被戰爭威脅之虞，即在平時亦得限制或禁止任何軍艦通過』。第二次世界大戰時，蘇俄再度想獲得海峽的控制權。在一九四〇年它謀取德國同意，准許蘇俄在彼處建立基地。在一九四五年它拒絕與土耳其重訂友好條約，除非土國給予它在這裏的基地，並修改蒙特魯條約。蘇俄更要求歸併土屬亞米尼亞於俄屬亞米尼亞。土耳其斷然拒絕，一時兩國間之局勢頗緊張，乃由美國出而調處。蘇俄又要求由俄土兩國共同建立海峽防衛；此一要求為土耳其及美國所共同拒絕。於是局勢的進展，便成為美國對土援助，以及後來土耳其加入大西洋公約國的前奏。

蘇俄之野心雖見阻於發奮自強與獲得美國支持之土耳其，却就另一方面發展其侵略的企圖，那就是以伊朗等軍事及政治防衞力均較弱的國家爲對象，而圖達其目標。這些目標括有三項：一是石油，二是波斯灣，三是蘇彝士運河。

中東的石油爲蘇俄所必爭，已見上文。此地區內石油之產量最盛者爲伊朗、伊拉克及沙地阿拉伯三國，而其中以伊朗對蘇俄最接近，就由近而遠的蠶食原則，自然是先向伊朗下手，而且伊朗在第二次大戰時，一度由英俄兩國駐兵，以防納粹，在蘇俄駐兵之北部早已布下共產的種子，遂釀成亞才拜揚省的獨立。戰後英軍依約撤退，蘇俄獨遲遲不肯撤兵，經伊朗訴諸聯合國，蘇俄彼時假面具尚未全部揭開，不得已將駐兵撤退，然仍要求共同開發伊朗北部的石油。及俄軍撤退後，亞才拜揚省的獨立隨而取消，被迫訂立之合營北部石油協定亦爲伊朗國會所拒絕批准。於是蘇俄改取陰柔的策略，利用其預先布置的共黨分子卽所謂都德黨，而鼓動伊朗的狂熱民族意識者，以排斥英人，將英伊油公司收歸國有。其目標一則破壞西歐的石油供應，一則損害伊朗的經濟；俟伊朗國內釀成重大紛亂，然後一舉而加以控制。今年八月間伊朗的政變業經證實主張石油收歸國有之莫沙德，實際上業與都德黨聯成一氣，以謀推翻國王，爲蘇聯充傀儡而不自知。

俄國在兩世紀以來，處心積慮，欲獲得暖水的海道，以對外發展，雖在達達尼爾海峽先後受阻於英國與新土耳其，然其野心未戢，近年尤甚，至有從伊朗北部弱點，直趨波斯灣之企圖，除因此獲得暖水的出路，可以活躍於印度洋，而席卷印度外，其從伊朗北部南進至波斯灣的沿途悉爲油產最豐富之地區，眞是一舉兩得，而其阻力又遠不如土耳其之堅强。蘇聯此一企圖的跡象，目前雖未顯著，然觀於共幹分子在阿盟諸國煽動反英反美，實已預爲地步，祗要伊朗一經赤化，則其西南諸國定然更脆弱不堪一擊，於是直趨波斯灣之擧，將勢如破竹。

蘇彝士原爲地中海對東方的交通捷徑，在蘇俄未能出地中海或控制地中海以前，對蘇俄原無多大利便。但在另一方面，如果蘇俄能够控制蘇彝士運河，以截斷西方國家對東方的交通，則其對於西方國家的打擊實大，故縱不利已，却有損於敵，在戰略上關係亦極大。由於英國在運河區駐有重兵，不僅可以防護運河，一旦有事，並足以支援附近國家和地區。此在蘇俄看來，實在是對於它的發展的重大阻力。於是蘇俄也按照其對伊朗的同一策略，利用埃及人的民族意識，慫慂其要求英軍撤出運河地區。此與蘇丹問題合併構成英埃間的兩大爭端。迄今蘇丹問題雖已於本年二月間獲得解決，而運河問題至今尙在僵持。萬一英軍最後被迫撤退，則以埃及軍隊之脆弱，運河地區之防衞定然弱轉，一旦蘇俄長驅直下，運河之不克保持，殆爲必然之事實。

蘇俄侵略他國的策略，是不要自已流血，或者祗流最少的血，而達成其侵略的目標。它現在所控制他國八億的人口和無量數的土地，幾乎完全沒有以自已的血爲代價。它的原則不外是：㈠利用人類不滿於現狀的心情，一切歸咎於統治階級或具有支配勢力的外國；㈡對於不滿現狀之人甘言表示同情，甚或予以金錢的資助，先使之入彀，然後加以控制；㈢對甫經脫離外人統治的民族極力激勸其民族意識，以反對舊日的統治者，甚至反對目前善意相助的外人；㈣拉攏中立人士先將勁敵打倒，次一步再轉而打倒中立人士。試擧蘇俄對於伊朗的幕後活動爲例。由於都德黨的左傾業已顯著，不易直接利用，以影響大衆，乃利用右傾之莫沙德，乘伊人對英伊石油公司之不滿，起而反英；又由於右傾之莫沙德尙肯與都德黨提携，中立分子更易投入懷抱，祗要藉此打倒明智的自由分子，則右傾分子陷於孤立，再徐圖將其打倒。

四　中東的政情

中東的政情可以埃及、伊朗，以色列及土耳其四國分別代表四個民族。埃及雖未必能完全代表阿拉伯國家，尤其因爲它是建立許久的國家，與其他新成立的阿拉伯各國有別。但無論如何，埃及畢竟與其他阿拉伯國家有兩個重大的共同點，最足以影響其政治。一則是同受外國支配甚久，而且在最近數百年間共同隸屬於舊土耳其帝國，及從土耳其解放出來，又分別受英法二國的控制若干時；二則國中人民貧富相差極遠，富者居極少數，貧者占大多數，而且中等階級簡直不存在。由於第一個共同點，其民族意識最敏銳，對於外人之疑慮也最深刻；以其對蘇俄向鮮接觸，尙未熟知其狠險，而對於英法等西方國家則已飽嘗其帝國主義的滋味；因此，它們易爲蘇俄的宣傳所惑，至少也不致對蘇俄的侵略有何深切的警惕，但對於西方國家却不敢信賴。由於第二個共同點，則階級意識最易激發；貧民以生活艱苦，目擊富人之侈靡生活，判若霄壤，平素已懷不滿，一經共黨之挑撥，便一發而不可收拾，成爲共產主義之理想溫床。

此外還有一個大致相似之處，卽這些國家政治多未上軌道，政府之貪污無能亦如出一轍；加以政黨林立，政府時有變動而不穩固，尤易陷於輕擧妄動。埃及由於國王法魯克之荒淫無度，遂於一九五二年七月間由軍人那吉布突然發動政變，旋卽放逐國王，自掌政權，勵精圖治，國內外耳目一新，今歲對蘇丹及運河撤兵兩問題與英人重開談判，然除蘇丹問題已告解決外，運河問題尙在僵持；說者謂那吉布未嘗不知英軍撤退後，運河地區防衞空虛，在在堪虞，顧仍堅持非撤兵不可者，卽因鑑於國內民族意識之高張，如不能滿足民望，則王黨與華夫特黨方袖手旁觀，伺機攻擊，故寧藉强硬對外，以鞏固其內部；此說似亦未嘗無理由。然無論如何，自那吉布執政以來，埃及內部較前穩定，則因具有一個强有力而開明的政府領袖之故。因而推想其他的阿拉伯國家，在其政治上咸需有一强有力而賢明的領袖，先安內然後可以堅强對外。

伊朗的政情，在過去曾有極光榮的歷史，與阿拉伯同。自七世紀中期爲士耳其人征服，受治於外族者歷十一世紀，亦與阿拉伯民族頗相同。但從一七九四年卡查爾王朝建立後，繼續統治至一九二五年，乃爲現王朝之里沙・巴里維汗所篡，然皆由本族自行統治，則與阿拉伯稍異。不過在此百五十餘年間，迭經俄國的侵略（一七九六年，一八〇〇——一八一三年，一八二六——一八二九年數次），致其在高加索與汎裏海區域一帶的廣大領土割讓於其北方之強隣，而一九〇七年之英俄條約更構成瓜分之局勢，不得已轉而親德，至第二次大戰發生後，因而有一九四一年里沙汗被英俄二國迫令退位以及兩國軍隊分駐伊朗國境之事實。由此一事，其民族意識之一觸卽發，自無殊於阿拉伯國家。又其人民貧富之懸殊，與阿拉伯國家相若，亦爲共產主義最易培植之溫床。加以其地勢關係，在俄國視爲進至中東之門徑，得此卽無需繞道於防衛較堅強之土耳其，且可獲取俄人迫切需要之暖水港波斯灣與夫豐富之農產及油產。於是蘇俄處心積慮，欲得伊朗而甘心者，自較其對中東其他國家更迫切，且更易下手。在此背景之下，俄國雖與伊朗有宿恨，但由於其巧妙的宣傳滲透以及伊朗貧民之衆多，對帝國主義之經濟侵略更易被激動，於是祇知前門拒虎，而忘却後門進狼，近年之反英事件所以形成者卽由於此。英伊油公司爭議發生後，英國仍本其一貫作風，不肯爽快解決，時間拖延愈久，伊朗人民之痛恨愈深，條件愈難調協，遂至一開首本可據以解決爭議之條件，拖延了許久，英人始肯讓步，而由於伊人之感情愈激烈，所允讓步之條件業已後時。莫沙德原爲右傾人士，與蘇俄主義本不相容，但以一方面旣掀起反英運動，蘇俄之陰險手段便易收其效果。例如一九五一年六月當英伊石油糾紛尖銳化之時，英國擬調傘兵數千人保護在伊朗境內的英人生命財產，蘇俄駐伊大使卽告莫沙德，願予支援，謂蘇俄將助伊朗抵抗英兵。同年十月聯合國安理會辨論英伊石油糾紛時，蘇俄代表卽迎合伊朗意旨，投票反對由安理會辯論此案，而獲得莫沙德之感謝。蘇俄凡此種種假裝的好意與巧妙的挑撥，益使英伊之糾紛無法解決。莫沙德旣上了蘇俄的圈套，對於夙所反對的都德黨亦漸予弛禁，於是在內外包圍之下，乃有本年八月間的政變，迫令國王出亡。假使沒有數日後的反政變，則莫沙德爲着一時的利祿勢位，定已投入蘇俄的懷抱，俄國便可不流一點的血，而控制了整個伊朗。如天之福，由於伊朗國王之素得人心，與法魯克大異其趣，而莫沙德發動政變的動機亦與那吉布絕然不同，故陸軍一經發動反政變，莫沙德卽被推倒，伊朗不絕如縷的命運也就獲得挽救。此一轉機，不祇關係一國的命運，實際上與整個中東的前途攸關。

以色列之建國實有賴於其首任總統魏斯曼教授之努力。魏氏爲著名化學家，執教於英國曼齊斯達大學，在第一次世界大戰時，對於化學研究的功績支撐了英國的反攻，因而贏得勞合佐治政府的感謝，與歷史性的貝爾福的猶太復國宣言。然而自一九四八年以色列建國以來，魏氏在政治上居於半退隱的地位，一切由軍事冒險與政治現實的總理班谷倫氏主持。否則以國實際上在魏氏主政之下，定然更趨向於和平發展，而不致時與阿盟發生摩擦。去年十一月魏氏去世，由二十年來主持猶太民族委員會之班志維氏膺選繼任，總理班谷倫仍繼續任職，對內對外的政策當無大改變。以色列現有之一百六十餘萬居民中，十分之九爲猶太族，但這些猶太人來自全球各地，由於彼此均帶有混血，故有來自西歐膚色白皙而金髮之人，以至來自阿拉伯中心葉門地方的淺黑色皮膚者；這些人所說的話至爲紛歧，世界上各地之方言皆備，而其程度亦由世界卓越的學者教授以至不識一字的文盲。加以凡屬猶太民族皆可自由入境；計一九五〇及五一年間，每年入境者各爲十七萬餘名，使其全國人口年增百分之十五左右，國境內物產本不豐，以貧乏之生產，供養年增百分之十以上的人口，其經濟困難自可想見。雖賴美國的援助，與自一九五二年九月十日對西德簽訂之以德條約，由德國應允以八億二千二百萬美元價值之物資，及服務，以賠償德國猶太人在納粹政府下所受的損失，然此項賠償係分十二至十四年支付，每年爲數僅得數千萬美元，尙無多大補助。因此，以色列的生存猶有賴於努力的奮鬪，幸而國中尙有不少的卓越人才可在工業建設與一般生產上力謀增進；但政治人才畢竟缺乏，其中有數的領袖人物亦皆已達高年，繼起之人非短時期所能養成。但如能與國內的少數阿拉伯民族及隣近的阿拉伯國家相安，俾得專心致志於和平建設，或尙可安定局面。然自一九四八年以色列與阿盟戰爭後，雖於次年二月以埃成立停戰協定，凍結兩國的原占領地界，同年四月以約兩國亦有類似的協定，但長期的和平協定尙難達成，雙方仍在戒備。今年十月十三日以色列與沙地阿拉伯突然又發生邊境之衝突，而此一次擧動，自各方面觀察，其責任實應由以國擔負，致夙對以國有好感之美國亦有責言。總之，處此積薪厝火上的中東地區，各民族互相合作，尙不易穩渡危機，設彼此傾軋，幾何不同歸於盡？

中東地區各國政治上最穩定而具有光明的前途者，莫如土耳其。土國自一九二〇年革命後，經過一段形似獨裁而實際開明的政治，由其國父凱末爾主持行政上的革新，與社會及教育的改進，十餘年間成績斐然，又能大公無私，以還政於全民與建立眞正民主政治爲最後目的，繼任之總統伊諾努亦眞能繼志，卒於一九四六年實行容許反對黨成立，於是民主黨隨而誕生，越四年，全國擧行大選，議會由民主黨占多數，第三任總統也就由民主黨黨魁巴耶當選，而執政二十餘年且負擔建國全責的共和黨安然退居在野黨地位，此與美英等民主國家的政黨情形殆無二致。況且第一、第二兩任總統均爲軍人而有功於革命者，第三任總統巴耶係文人與經濟學者，並且是以農民爲主之政黨的黨魁。由於這樣安定而富有建設性的賢明政治，其國力自然日有增進；故雖迭受蘇俄的壓迫，而不爲所屈，且由自助而獲得他國之助，自屬順理成章；於是美國的援助不期然而至；最近且進一步而被邀請加入大西洋公約國的組織，與西歐國家聯繫益密切。又由於社會、經濟、政治皆有進步，共黨滲入的機會也最少；不僅在中東各國中，是最不受共黨內在威脅的一國，卽在世界各國中，亦爲最難能可貴者之一。

上所擧述，便是中東各國的政情大槪。由於蘇俄的進攻係以政治爲最先的武器，軍事僅於必不得已時用之。故政情之健全與否，實爲受蘇俄威脅危機大小之所關，值得世人之特別注意。

五　中東的軍備

中東之所謂軍備，當然是以防衛爲主，其防衛之惟一目標，當然是蘇俄。由於蘇俄的進侵定然先從最接近最脆弱之點下手，這當然是伊朗北部一度曾經獨立的亞才拜揚；進侵的俄軍穿過了此一地點並越過通至伊拉克邊境洛萬杜齊 Rowanduz 與寇爾庫 Kirkuk 兩鎮的山徑。這是最短的一條路線，因爲祇須經過約一百英里的伊朗領土，便可以達到伊拉克的邊境。由洛萬杜齊而至波斯灣之一線計長六百英里，俄軍還可從他點而進攻。伊拉克地形最適於運用裝甲部隊，但伊拉克自己却沒有坦克；於是俄軍一經控制了伊朗和伊拉克間的山徑，便可以把坦克川流不息地湧入伊拉克。至於可用以抵抗俄軍的伊朗和伊拉克軍隊，則前者在名義上擁有十師，及零星單位數師，但多數裝備簡單。在過去數年間，美國雖曾供給以少量的現代裝備，並由美國軍官加以訓練，但有此現代裝備的部隊是否會超過兩師，還是疑問；於是在伊朗境內惟一足以阻止俄軍前進的方法，便是破壞山嶺上的通路，但臨時有效執行大規模破壞交通的工作也不是容易的。越過伊朗國境，伊拉克的常備軍不滿三萬人，編爲兩師，此外還有零星部隊可以湊成一師。此兩師分駐於伊拉克北部多山的邊境，與其首都巴格達通至波斯灣的平原，其足以抵抗俄軍之力至爲微薄。與伊拉克西部接壤者爲叙利亞，其常備軍現祇有一萬人，其中除一個機械化旅外，簡直算不得有什麼武力。該國的主要防衛，祇靠着東面的沙漠和北面的土耳其所掩護。叙利亞的後面是位於地中海沿岸的黎巴嫩。它祇有常備軍五千人，係由法國武器裝備，力量更微不足道。叙利亞之南爲外約旦，其東面祇有一條較狹的國界。它的阿拉伯軍團爲英國所裝備與訓練，算得是中東阿拉伯國家中最佳的勁旅，其人數雖沒有超過叙利亞許多，但其有效的武力大得多，除已構成一個小規模的師外，正在進行組織另一師。伊拉克和外約旦之南，則爲沙地阿拉伯；這個國家的領土，地圖上看起來很龐大，但因這個國土大部分係以沙漠構成，一方面固然是其發展上的短處，但他方面也是其在生存上的保障。自一九四七年以來，該國組成約一萬人的一枝機械化部隊，由英國軍事代表團加以訓練。此在流動性的戰術固很有用，然以之對抗蘇俄進向波斯灣西岸已開發油田的大軍，是遠不够强大的。

埃及的軍隊，在紙面上，除土耳其外，算得是中東各國之最强大者，其人數約爲八萬名，正在擴充至十萬名。其總參謀部正計劃創立兩個裝甲師，惟目前祇有其核心形成並獲得裝備，而以舒曼式的坦克爲主，並自英國購有小量的戰後新型坦克。其空軍也具有若干的噴射機。由於一九四八年進攻以色列之失敗，埃軍遂經過重新的整編與訓練，自那吉布以軍人執政後，尤注重於整軍，然對於適當的軍事助理長才殊感缺乏與難得。

其在另一方面，則以色列的軍隊却已於一九四八年擊退數次之阿盟進攻軍隊，而證明其質素之高。這算得是中東最堅强的一枝作戰部隊，其將領皆爲受過優良軍事教育，明白局勢而富有精力者；但其缺點則在新式强有力裝備之短缺。以色列在對阿盟戰爭結束時，擁有十二萬人之武裝部隊，惟戰後已減至四分之一於此數之常備軍，具有四個機動旅，依其改進的動員計劃，短時期內可以召集三四倍於常備軍之額，而在總動員之下，可徵集至一九四八年戰時加倍的人數。

在上述這樣薄弱軍備之下，不僅阿盟與以色列之間尙處於敵對地位，無法合作，甚至阿盟之內，於阿盟成立六年後之一九五〇年四月雖有所謂共同防衛與經濟合作條約之起草，是年六月五日由阿盟之五國簽字，但伊拉克與約旦遲至一九五一年二月才補簽，而且更遲至一九五二年三月才獲得必需的四國批准，該約在其下一月內才發生效力，實已拖延了兩年；但迄於今日，即最初簽字的三年後，該約規定應行設置之共同防衛會議與恒久軍事委員會尙未成立，至於該約中有關經濟合作之條欵也毫未實施。甚至共同防衛會議縱然成立，但依該約第六條規定，此共同防衛會議應受阿拉伯聯盟會議的監督；同時阿拉伯聯盟的盟約却不强制任何盟國接受聯盟會議的決定。由於這樣一個漏洞，則如遇外來侵略，各盟國被强制參戰之時，將可不接受恒久軍事委員會爲共同防衛會議所草定的共同計劃。因此，該約縱然有打破多年來極端國家主義陷阿盟各國於孤立局勢的可能，但在共同軍事防衛方面不見得會發生何種作用。

於是中東防衛的重鎭便不得不轉向於土耳其了。土國據有一個樞要的地位，而此一地位可能使局勢獲得有利的轉捩。土人本爲堅强的鬪士，在過去許多的戰爭中已有明證，其參加韓戰之部隊也有極英勇的表現，贏得世人的贊許。它的常備軍人數多至二十八萬，在中東各國中居首位，戰時經過短期的召集，還可增加一倍以上，而在更廣大的動員下，將不難出兵二百萬人。它的主要阻力祇是缺乏機動性與新式的裝備；但這一枝軍隊已於美國援助與指導之下而正在現代化之中，且已收頗大的效果。在一九四八年，即美國軍事顧問團開始工作之時，土國的常備軍在數字上原爲五十萬人，名義上編爲四十五師。惟根據顯明的事例，人數是與質數相反對的；以這樣龐大而裝備欠佳的軍隊從事機械化的機動反攻，最易釀成崩潰。因此，遂依照美國的援助與指導而從事整編，土國的常備軍現在遂祇有二十八萬人，編爲十八個步兵師——其中十二師爲新型者——與三個騎兵師，和六個裝甲旅，並配有四百輛舒曼式坦克。土國具有這樣一枝的勁旅，加以其東邊多山易守，對於來自此方面的進攻，確有堅守之可能，較諸其在色雷斯之西邊土希兩國接壤處之沿海地帶更易防守。至於土軍能否在任何方面出境作有效的反攻，仍屬疑問，或者配以最精部隊構成的一枝西向箭頭，可能使此反攻獲得更佳的機會。假使土國能够迅速派出一枝勁旅，以掩護其隣國伊朗，而抵抗來自高加索之俄國進攻軍隊，則整個中東的初期防衛局勢將大改觀。

總之，中東的防衛，除各國有個別加强其軍備之必要外，還需有聯合的統率機構，以作密切的配合。從戰術上言，如果聯合防衛的各國軍隊配合得好，則於侵入軍隊進展過遠之後，防軍大可利用防衛攻勢的陷穽戰術，此在歷史上不乏其例，最著者，如古代波士亞人之對付羅馬軍與土耳其人之對付十字軍皆是；至現代的例子，可見於上次大戰時德國隆美爾將軍在北非沙漠行軍所陷入的危險局勢。

（四十二年十一月二十六日脫稿）

如何建立法治的社會基礎？

——惟法治始能促進民主——

龍運鈞

一

民主政治的特色，在以人民自己或依據人民的意思行使政權，國家尊重人民身體、財產、言論、居住、信仰宗教的自由；讓每個人能向上發展，自由無阻地發揮他的才智和成就。既不是多數專制的暴民政治，也不是少數專制的寡頭政治；而是少數遵從多數、多數寬容少數的全民政治。這種政治，必然地需要以法治為基礎。

什麼是法治？簡單的解釋是依法審判、依法行政，法律之前，人人平等；不論政府和人民，一切行為，均須以法律為最高準繩。為什麼須以法律為最高準繩？因為法律的創制，是經過代表人民議事機關的通過，國家元首的公佈；而且其法源係出於立國的主義，其目的在於貫澈國家的意志；故法律為國家生活的規範，應為人民和政府所共守。所有國內黨派的政爭，人民的紛爭，均須在法律範圍之內求解決，不得依賴陰謀或暴力。故各階層能和諧協調，各個人得充分自由發揮其智慧才力，使整個社會循正常的軌道邁進。這是民主政治的功用，也是法治的終極目的。

我國對法治的憧憬，自清末民初以來，已有五十餘年的歷史，然而直到今日，法治精神的建立，仍然有待朝野一致的努力。目前，政府力倡地方自治，還政於民；辦理縣市長民選，成立省市縣議會，對實施民主政治，已有積極的事實表現。惟與民主政治有密切關聯的法治，在臺灣雖有良好的成就，還不能說已走到了完善的階段。曾寶蓀先生英遊雜感記載：「英倫全國無經濟警察，同業間亦無糾察組織，而竟無黑市，亦無怨詈腹誹之聲，自動守法，心甘節約，」這是法治精神的表現。我國則雖有經濟警察，而走私的案件仍然層出不窮；雖有外滙管制，而美鈔港幣的黑市，仍在暗中活躍。社會和官吏有意或無意的違法事件，不能絕跡。這些現象，是民主路上的絆脚石，是政治革新中首先應該注意到的問題。

我國既憧憬法治數十年，何以迄今尚未走到完善階段？根本原因何在？一言以蔽之：是由於法治的社會基礎薄弱。法治的社會基礎何以薄弱？是由於法律意識之未能澈底普及於國人而使之社會化。法律意識何以未能社會化？一由於法治認識之錯誤；二由於法律規定與社會觀念之歧異，三由於司法程序之過於繁瑣。以下約略加以說明。

二

首先談法治認識之錯誤：一誤於人治主義之深入人心；二誤於以申韓法家觀念為法治；三誤於禮治主義「禮不下庶人刑不上大夫」的階級意識作祟。

人治主義在中外政治哲學上都曾有過燦爛輝煌的時代，在我國因其為儒家所主張，而儒家學說為歷史上政治思想之主流，故尤其深入人心，牢不可破。所謂「有治人，無治法。」「徒善不足以為政，徒法不足以自行。」這類人治主義者的教條，被視為政治上的金科玉律。人事問題，遂成為我國政治上的一個死結；大小問題，鬧來鬧去，追本溯源，幾乎都是一個人事問題。流弊所及，當非提倡人治主義者的先賢所能逆睹。但從來少人對此加以糾正，及至明末清初，才有一個黃黎洲出來大聲疾呼：「有治法而後有治人。」(見原法)古代政治上的心傳，是「天子之職，在選一相，宰相之職，在選百官。」所以掄才是曠古大典。可是人臣的才不才，既不能從文章言論中鑒別，也不能從小信小忠的行為中認定。政治上無時不需要賢相，然而所選的有時是諸葛亮，有時是秦檜嚴嵩，人存政舉，人亡政息，得人則昌，失人則亡。故我國歷史上治世少而亂世多，因之有才難之歎，而寄其希望於五百年必有王者興。其實這種悲歎與希望都是錯誤的，天下善人少而不善人多，人莫不自私，莫不自利。(只有極少的聖哲是例外)以人為治，只好寄希望于「五百年」了。孟子以為人皆可以為堯舜，其言甚辯。然而自尚書中描寫過堯舜以後，四千多年來就沒有再出過堯舜，這種冷酷的事實，難道還不足以使人治主義者悲哀嗎！反過來看，英美法治國家，則數百年來政治修明，國泰民安，元首閣僚幾乎都是堯舜禹稷；難道眞的是「禮失而求諸野」，那些「夷人」的德行，高過中國嗎？不過是法治的功效高過人治的功效而已。此中道理甚長，非本文主題，姑不細論。我國人凛於「秦人任法，二世而亡」的事實，惡談法治而想從人治中找一條出路，結果是此路不通。歷史上亂亡相繼，永無進步，而法治思想也就無從在社會上奠立根基。民主政治也就缺乏基礎。

第二是誤以申韓法家觀念為法治。我國法治思想雖然沒有奠立根基，但並不是沒有法治觀念，可是這種法治觀念是錯誤的。一些讀過古書的士大夫，多以申韓法家之所謂法治為法治，因而誤認行政命令為法律，把整個法治精神破壞了。其實我國法家之所謂法治，與英美之所謂法治相較，不論形式和內容，均差異逕庭。法家之所謂法，是君主的勅令；其所謂治，是以吏為治。司法與行政合一，法與術相互為用；本質只是驅民耕戰的霸術，以督責為務，慘覈刻薄，為目的不擇手段，可收一時之效而終極不足以為治。正是「秦人任法、二世而亡」的法，早經為禮治主義的儒家所痛切抨擊而失去存在的價值了。英美的法治思想，則與民主主義而俱來。其所謂法，是經人民代表完成立法程序的法，其所謂治，是以法為治而不是以吏為治；法律不僅是人民生活行為的準繩，也是政府行政的依據。行政命令不能與法律牴觸，否則即屬無效。立法司法行政三權分立，司法絕不與政治相混，任何審判不受政治上直接或間接的影響，檢察官和警察亦不受政治力量的支配；法官獨立行使職權；公平執行法律，地位超然。此種體制，與我國古代的法治觀念，完全不同，故能為民主政治的基石，化國內政爭的干戈為玉帛，促成社會的進步。我國因為若干人法治觀念的錯誤，遂致正確的法治精神難於建立，民主政治也就仍須努力。

第三是禮治主義的等級意識作祟：儒家的禮治主義，確有許多精粹的地方，如重秩序重條理，極合現代精神。但過於注意貴賤尊卑的等級，因之產生「禮不下庶人，刑不上大夫」的觀念，與現代法治精神大相牴觸。法治的精義是平等，法律之前，任何人的人格一樣，不能因人異法。美國的司法官可以判決匹夫匹婦的糾紛，也可以判決羅斯福的新政違憲。判案的大法官既未因此而受政治上的影響，被判決的羅斯福也依然接二連三的連選連任，這是法治精神的表現。我國士大夫的觀念，則「削木為吏，義不可對。」以受法院審判為奇恥大辱。過去官僚與平民遇有私人糾紛，便拏片子將對造送到官廳關起來，從來沒有訴諸法律公平審判這回事，以前官廳辦事，舞文弄法，「只許州官放火，不准百姓點燈。」於是遂有「法之不行、自上犯之」的批評。此類歷史上的餘毒，在一般人心頭上未必完全肅清。有這種意識作祟，現代平等的法治精神，自難為一般人所接受。對於民主制度，也就受到影響了。

三

其次說到法律規定與社會觀念的歧異。

法律為國家生活的規範，必需政府與人民共同遵守，如果與之相違或相反，就是破壞國家的利益；這在公法方面最為明顯，至於私法方面的破壞，直接雖僅影響個人，間接也會影響整個國家，因之均應嚴加制止，這是大家都清楚明白的道理，可是若干人仍然去破壞法律，不肯尊重法律；原因固然很多，而最普遍的理由，則為當前法律的規定，多與社會固有的觀念不能一致。

我國停滯於以農立國的階段兩千多年，農業社會的生活意識，膠固牢結，難於改變。所謂情理法，都以此種社會為背景。而現行的法律，則採納西洋大陸法系的精神；是工商業社會秩序和工商業政治政策互相結合的表現。因之社會觀念與法律規定頗多扞格。譬如社會有父要子死，不得不死的觀念，法律則父致子死，亦屬殺人罪；社會以三年無改於父之道為貴，法律則承認滿廿歲人不必服從父母的監督，社會以石秀殺嫂為合乎正義的行為，法律則規定姦非案件，非配偶親告不理；社會鼓勵婦女從一而終，法律則允許寡婦再醮，並有離婚制度的樹立；社會重視君親師等階級，法律則承認人格平等；社會以家為本位，以農業社會的道德為衡量是非的標準；法律則以個人為本位，以權利義務為課責任的標準。這些牴觸，都是工商業社會與農業社會的牴觸。

法律進展到工商業社會，而一般社會觀念仍然滯留於農業社會；以古代線裝書之多，濡染浸潤，深入人心；名流顯要，時有發揚舊道德的高論；舊道德的條目，有些已與現代精神牴觸，為現行法律所不採納；有人因此反而抨擊法律不合國情。我們到底還是扭回以工商業為背景的法律來適應殘存轉變中的農業社會呢？還是推動農業社會走上工商業之途以符合原來的立法政策呢？無疑的，我們須採取後一步驟，以法律來誘導社會進步。我們的立法政策既是正確的，為求社會普遍瞭解，澈底實行；使法律成為國家的生活規範，為一切是非的標準，便須朝野均能體認立法的精神所在，明白其內涵要義；從而在行動上循法守法，在言論上無悖乎法律的原則。社會上只能有一個是非標準，在一個共同的是非標準下，才能做到整體的調協。不能此亦一是非，彼亦一是非；弄得大家迷糊起來。一面要保持農業社會的舊有觀念，一面要實施工商業政策的法律，顯然是困難的。

目前農業社會的觀念仍像海洋一樣的深廣，法律則似孤另另的浮標；法之為法，在學校不出乎講論誦述的境界，在法院不易為當事人以外的民衆所瞭解。甚至執法者和以法律為職業者，亦不能隨時留意其言論行為之法律化，法治之完成，自憂憂乎其難。任何事項的推行，須先取得被推行者的瞭解同情和擁護；法律是關係全體國民的事，不僅約束人民，也約束政府，而政府員吏仍然來自民間，為了實現法治，自非先求全體國民之普遍瞭解擁護樹立廣大的根基不可。要使國民普遍擁護，應先從社會領導者立法者執法者起，滌除不合時代的農業社會觀念，一切言論行動，遵法重法，做到像林肯總統所說：「請每一個美國人，每一個愛自由的人，每一個賢明的子孫，藉着革命的血起誓，永不破壞本國法律之任何一點，也不准許別人破壞，像一七七六年擁護獨立宣言一樣，來擁護憲法和法律，請每一個美國人，以其生命財產、和其神聖的榮譽為擔保。」有這樣堅定的維護法律的精神，自然能夠移轉社會觀念，使道德意識與法律規定符合一致，樹立社會一般人對法律的信仰，建立起法治的社會基礎，使具備良好的民主條件。

自然，法律並非鐵律；需要隨時代的要求而修改。但法律的制定須有一定的程序，其修改也須循一定的程序。法律的缺點，須以法律補救，不能因一時的便利以行政命令改變。同時凡事都有相對的得失，世界上沒有盡善盡美的法律；為了維護法律尊嚴，鞏固法律地位，必需「利不十，不變法。」我國近代士大夫勇言變法，而對法律的認識又不完全正確，常以行政命令為法律，朝令夕改，率意造法，任意變法，法令如毛，牴觸重複，亦為社會輕視法律的原因。惟有慎重立法，不輕易變法，才能使人民擁護法律，遵崇法治；不致令狡黠之徒得以利用法律矛盾，玩法脫法，以破壞整個法治精神。

四

再次，我國完成法治的困難，是由於司法程序的繁瑣。現在進行訴訟，狀詞有一定的術語，繕狀有一定的格式，寫狀有一定的紙張，遞狀有一定的規費；開庭時調查證據，傳訊證人，初審再審，一案終結，短則數月，長或數年甚至數十年。我國文盲衆多，一般人不會自己打官司，固無論矣，就是受過相當教育的人，也多不知訴訟如何進行。於是相率「寃死莫打官司」，法律便和大多數的平民不發生關係。民間遇有私權糾紛，只好請當地士紳調處，而士紳多具傳統農業社會觀念，對是非曲直的判斷，完全以舊觀念爲準據，不是以法律爲標準。士紳給人民的影響是直接的，遠較法院給予人民的影響爲深廣。人民既不願進依法審判的法院，而願聽信士紳的調處。所謂法治，自然無從貫澈到多數的民衆，失去了廣大的社會基礎。

民間萬一發生嚴重的大事，非士紳的調處所能爲力，不得已而涉訟，當事人便不勝其負荷：請律師，找訟棍，託親帶故，勞師動衆，從幾十里幾百里的地方趕到有法院的城市。交通費、律師費、旅居費、應酬費，像流水一樣難以計算，曠時耗業，一場官司下來，沒有幾個不是傾家蕩產。而依法判決所得的是非曲直，有時又與社會觀念不一致，難使人翕然心服。於是惡人無所忌憚，好人受盡寃苦。這種情形，在以前中國內地極爲普遍，無怪乎一般人民視法院爲畏途，寧可寃死，莫打官司了。

法律不僅是國家生活的規範，更是限制政府權力保障人民權益的典章，與人民關係至切，有法律而不爲人民廣泛應用，是法律失靈。民間不勝訴訟之煩費，寧願受氣吃虧而不願求助於法律的保衛，已使法律和司法者大失面子。而司法者不從簡化程序去求改善，去發揮法律的效用，擴大法律的社會基礎。反而鑑於人民勞費的事實，亦勸人民自行調處，息訟寧人。有法律而欲置之不用，所謂刑期無刑，固然符合古代社會的理想，可是欲言法治，使一切行爲以法爲標準，則南轅北轍，永無實現之日了。

英國法院開庭審，問雙方當事人及證人，聽取原告與被告律師的辯論，通常只須一小時又五十分鐘的時間，即可判決。有鄉村法院，又有巡迴法院，隨時審理，民間爭訟。人民習法，相率守法，故英國治安良好，法治精神冠於世界各國。美國除城市外，也有鄉村法院，以便利人民就近要求法律保障。我國以前在廣西也會實施簡易法庭的制度，可惜推行未廣。現在臺灣各法院的按鈴告狀，只限於刑事，未能應用於民事，而且也只在城市有法院的地方才有鈴可按，鄉村仍然沒有辦法。

爲了實現法治，擴大法律的效用，取消鄉村士紳的變相審判權，打擊地方惡勢力的滋蔓，使人民接受法律智識，崇信法律，依賴法律保障，不致法律成爲有錢有勢人物的專利品。我國如果不能採取英美的辦法普設鄉村法院，也應該設置鄉村巡迴法庭，並參照從前廣西的辦法，在城市設置簡易法庭，儘量簡化手續，經濟時間；不論民刑訴訟，都可就地言詞陳訴，就地審決。這樣不僅擴展法律的應用範圍，發揮廣泛的效能，更可打擊地痞流氓，天高皇帝遠無法無天的霸道橫行。不僅有助於法治，更有助於社會治安和社會風氣的轉變。

我們要使法律力量廣泛深入社會各角落，使法律意識社會化，建立深廣的社會基礎。以前那種有法律有法院而勸人民不要依法要求審判以息事寧人的態度，必需大大改變。我們須要大大簡化訴訟程序，設置簡易法庭和巡迴法庭，同時切實尊重司法獨立，讓人民不論被機關或私人侵害其權益都可要求法律保障，惟有法律才是所有是非曲直的裁斷標準。如此則法律自然在社會中發生力量，社會意識自然會隨之改變，而法治的社會基礎也就隨之建立，民主精神也就隨之充分發揮了。至於擴展了法律的應用範圍，法官如何無忝厥職，這是司法行政的問題，當然也是値得密切注意的。

五

近代的民主政治建立了主權在民的原則，以人人平等爲主旨。法治是眞正的平等，是民主政治的基礎。建設法治國家，須先要健全法治的社會基礎，要健全法治的社會基礎，須先要人民和政府一致遵法重法；要人民和政府一致遵法重法，須先要養成正確的法治觀念，養成正確的法治觀念，須先要袪除一部份人對法治的誤解。社會人民有正確的法治觀念，則不論退而立身行事，進而服官從政，在職爲政府員吏，去職爲普通平民，自均能遵法重法無悖乎民主法治的精神了。

最後，我們須瞭解，只有民主國家才有法治精神，只有在民主制度之下，才能實行法治；又惟有實行法治，才能使民主制度有健全的基礎，使人民有確實的保障。民主與法治，是自由世界的精髓，共匪極權國家則無之。因爲法治的精義是平等，民主的要件是自由。法律之前，沒有貴賤階級，不能任意剝奪人民權利。共匪極權，則以製造階級矛盾，層層鎭壓控制爲統治的魔術，如果一談民主法治，與自由平等，它的魔術便整個拆垮了。

共匪祖國蘇帝，雖有所謂憲法，其實只是共匪頭子勅定的裝飾品，憲其所憲，非天下古今之所謂憲也。匪黨的控制法，實是組織，無所謂法律。其控制的方式是特務組織控制共產黨員，共產黨員控制紅軍和政府，紅軍和政府奴役全體人民。共匪頭子開口人民閉口人民，實則口啣天憲，朕即國家。一個專制的魔鬼高高在上，用一個階級控制一個階級，一條長長的鍊子鎖住每個人民的咽喉。嚴酷的體罰，慘毒的集中營，以饑餓死亡驅策被奴役者；外表組織森嚴，機動靈活，效率甚高，好像天下莫強焉。其實這條長長的控制鎖鍊，脆弱得很。只要解脫其中一環，就會全部瓦解，被控制的人民便將羣起而顛覆其控制者。

民主國家則反是。民主法治之下的人民，是一和諧調協的整體。表面上雖好像組織鬆懈，議論紛歧，行動遲緩，可是實際上則蘊藏着無盡量的潛力，這種潛力的來源是出於人民意志和政府的眞正一致；政府是人民所選舉的董事會而不是控制人民的典獄長，人民和政府的休戚相關，由衷地擁護政府，自覺自發自動的和政府共同奮鬪。這種協同一體的力量才是眞正强大無比的，才是打垮共匪極權最有力的武器。

我們反攻大陸，掃盪匪黨，須用共匪最害怕的武器，須用共匪所不敢用的武器；共匪奴役人民，我們實行民主，共匪製造階級，層層控制；我們實行法治，一律平等。我們以民主法治的精神，全民一致的力量，無疑地必能粉碎匪黨極權政治。

法治底要旨

——海耶克著「到奴役之路」(The Road to Serfdom by F. A. Hayek)之第六章

許多人在引領企望民主政治之實現時，極力倡言法治之重要。誠然，這種行動，與民主政治之實現，並非不甚相干。不過，在這些人中，似乎普遍流行着一種錯誤觀念。他們以為所謂『法治』，就是人民守法，政府行法。他們以為這樣作去，一個國家便可望躋於民主國家之林。不幸，這種想法，用邏輯傳流底名詞來說，就是『不相干之謬誤 (fallacy of irrelevance)』。我們用筷子固然可以挾肉，但是我們也可以用筷子挾白菜。嗜肉之徒不能說用筷子與有肉吃有何必然關聯。依同理，如果僅注重法治形式，一個國家固然可能走上民主之途，但也可能走上極權之途。因為，我們只能說極權國可惡，但我們不能說極權國毫無司法。如果所謂『法治』是上述意義之下的『法治』，那末極權首領可以振振有詞地說：『我們底法治比你們行的更澈底。』在事實上，即使是這個地球上低度的極權地區，其統治權構通過法律形式所加於人民的精神與身體雙方的束縛，也遠多於任何高度民主國家。我們能夠因此說這樣的地區比民主國家更行法治些嗎？吾人須知，如果所謂『法治』就是在法律形式之下實行治理或統治，那末這樣的『法治』是可作兩種截然不同的政治之工具的：民主政府固然可以用這樣的『法治』來推行民主政治；極權政府同樣可以利用它來推行極權統治。君不見毛澤東，他明明要殺人，明明要消滅異己；但他先『頒佈懲治反革命條例』。這就是使殺人合法化。殺人合法化，可以殺得振振有詞，殺得冷靜，殺得整齊劃一。從這一角度來看，上述意義之下的『法治』，對於極權統治而言，如虎添翼：它使極權統治多一個『武器』。這個『武器』，可使極權統治之下的地區造成靜待宰割的『革命秩序』。悲夫！

依照這一番解析，吾人可知，上述意義之下的『法治』，根本是中立性的東西：它與民主政治並非有必然的血緣，固然眞正的法治在近代係由民主政治衍產出來的。上述意義的『法治』之於民主政治，只是一種必要條件 (necessary condition)，並非充足而必要的條件 (Sufficient-necessary condition)。這也就是說，沒有上述意義的法治一定沒有民主政治；但有了上述意義的法治，而其他條件未滿足時，不必即有民主政治。由此可證：行上述意義的法治，不必是民主政治底保障，更不必是到民主政治之路。

海耶克教授在此指出，法治底根本着眼點是保障人權，保障無可侵犯的人權。這眞是畫龍點睛之筆。有而且惟有從保障人權這一點出發來建構法治，並推行法治，才能實現貨眞價實的民主政治。

——譯者

海耶克著
殷海光譯

在自由國家，政府是遵行法治這一大原則的；而在專斷權力盛行的國家，政府不識法治為何事。這是自由國家與獨裁國家之間最大的區別。現在，我們且撇開一切專門題目不談，而討論一些原則方面的問題。一般說來，所謂法治之遵行，就是政府在採取任何措施或行動時，都依照事先規定的和宣示了的規律而行事。這樣的一些規律使我們得以事先確確切切知道，在什麼情況之下，政府會行使其壓制權力。然後，我們根據這種知識，來打算個人底事業。自然，這只是一種理想，而且這一理想從未完全達到。因為，立法者和執行法律者都是人，人有人可能發生的錯誤。雖然如此，實行法治的主要之點是再清楚明白不過的。這一點就是，行政機構之行使壓制權力必須儘可能的少，愈少愈妙。(譯者按：這點剛好與極權統治相反。極權統治是行使壓制權力越多越好。良以極權統治主要依賴壓制權力以維持其存續。設有一朝失去此種權力，極權統治必至崩解無疑。) 吾人須知，當政府改變一般人民實現其目標時各自採取的方法，政府便是在這一範圍內限制了個人自由。遇有這種情事發生，依據法治，人民應須採取相當行動阻止政府干擾個人的行為。在已知的民主政治規律以內，個人皆得自由追求其個人目標，以及設法滿足其個人欲望。無論如何，政府不應運用其權力以阻撓個人此種努力。(但是，在極權地區如蘇俄者，則『明令禁止』之事多至不可勝數。訓至人民一舉一動，動輒得咎。大家之生活，宛如飛蟲之誤入蛛網。——譯者)

我們在從前說過，經濟生產行為係應由個人所決定，且此種行為永久在法治結構以內行之。可是，在計劃經濟下，如所週知，經濟行為則由一中央機構所控制。法治與專斷統治，這兩種政治是比較普遍的政治分野。而自由經濟與計劃經濟這兩種經濟制度，則為法治與專斷統治這二種更較普遍的區別中之特例。在法治之下，政府底措施，係以固定的規律為依據。這些固定的規律，決定我們在那些條件之下得以利用那些可能得到的資源，並讓各個人自行決定用這些資源做些什麼。在行使專斷權力的政府統治之下則不然。在這種政府統治之下，政府常好把生產之事導向其政策所欲達到的目標。法律條文是可以預先制定的，是可依形式規律底模型來制定的。但是，在法治之下，這些規律之制定，並非為了特殊的個人達到其特殊的目標，或滿足其特殊的需要。這些規律只是滿足各個人之各種不同的目標之工具。這些規律之制定也，應係為一長遠過程作打算。在此長遠過程中，我們不能確知這些規律是否只便利某些特殊人物，而不便利其餘的人。(法律之公平精神才由此顯。——譯者)

集體主義這一類底計劃經濟，如付諸實行，必至與法治截然相反。在計劃經濟之下，主持計劃經濟的官方不能給個人什麼機會來利用資源。主持計劃的機構也不能預先限制它自己，來服從一普遍的形式規律。這種規律是可以防止其行使專斷權力的。就常理而論，官方必須滿足個人底實際需求，並且在許多需求中小心加以選擇。官方必須常常爲個人決定問題，而這些問題不能僅靠一些形式的原則來解答。官方在作這些決定時，還得區別不同的人之不同的需要，看其價值孰大孰小。官方在作這些決定時，不僅不能從形式的原則推論出來，也不能從那預先爲長遠時期的行動而建立的原則推論出來。官方要決定這類有關的許多細節，必須依照當時的特殊情況而定；並且，必須平衡各個人和各個團體之不同的利益。這麼一來，結果，有些人底看法便決定了誰底利益更爲重要。於是，這些看法成爲當地法規之一部份。這種法規叫做實質法規 (substantive rules)。

我們在以上所陳述的是形式規律和實質規律。這兩種規律之間的不同是很重要的，所以我們必須予以注意。當然，在實際上，我們極其不易把這二者之間的區別劃分清楚。不過，其中所含的普遍原則，卻很簡單。我們根據形式規律可以預先知道，在某些情況之下，政府將要採取何種行動。形式規律中不包含時間、地點、或特殊人物。形式規律是藉着普遍的名詞表示出來的。因此，形式規律所能指明的，是一些典型的情境。任何人可以有機會置身此類情境之中。而在此類情境中時，形式規律就可以適用，來達到許許多多不同的人之不同的目標。依據這類形式的規律，我們又可以知道，在何種情境中政府可依何種確定的方式而採取何種行動；或者，政府要求人民依照何種方式而行動。我們一般人具有這種知識的話，便可自行計劃自已底事業。所以，形式規律是對于一般人有用的工具。我們之所以要建立形式的規律，爲的是使一般人得以遵行，尤其得以在不能事先詳細規定的情境之下遵行。在實際上，我們不知道這種規律之具體的結果爲何，我們也不知道這種規律會幫助我們進行什麼特殊工作，我們更不知道這種規律是否有利于某些特殊的人。形式規律只圖建立起對于一切在其影響之下的人都有利的形式。這是我們在此所謂的形式規律之最重要的標準。

當着政府採取的政策所產生的確定結果對于特殊份子的影響如爲吾人所可逆料，而且政府之採取此項措施其目標係爲了便利私人，那末這些結果是不能不被大家看出的。這樣的立法，欲其不爲偏私，不可得也。當制定法規時，如可預見其將產生特殊效果，則法律不復僅爲人民所用的工具，而且成爲立法者對人民之工具。這樣一來，政府不復成爲實現大家底利益之工具，即不復爲幫助大家充分發展其個人能力之工具。在這種情形下，政府就變成一『道德』機構。我們在這裏所謂道德，並非與不道德相對立的東西。我們所謂的道德機構，要將其對一切道德名目科諸屬此機構的份子。至於政府底看法究竟是道德的，或者是極其不道德的，都無關重要。在這種意義之下，納粹或任何其他行集體主義的國家都是『道德的』，而自由國家則否。(同此『文以載道』之類型者，當爲以政府作實行高踞於其上的一黨底『主義』之工具者。此類之典型範例，當推蘇俄爲首。其他若干地區，近數十年來，不過有意或無意師法之而已。政府既成一黨實現其『主義』之工具，於是勢必藉口將思想言論套入此一『主義』而後已。於是而智性活動絕矣！——譯者)

也許有人說，凡此等等，都不成爲嚴重的問題。因爲，經濟計劃者在決定這類問題時，不需也不應爲他個人底偏見所左右，而係以衆意爲根據。衆意以爲好者，彼須以爲好；衆意以爲合理者，彼須以爲合理。有些曾經從事一項特殊工業計劃的人，常以此項見解爲然。彼等以爲，從事一項事業時，如此項事業對於大家有直接利益，則從事此項事業便無不可逾越之困難。照我們看來，這類經驗並無何等證明作用。之所以如此，因當計劃執行時所關涉者唯一特殊事業之『利益』。於是，在一特殊範圍內的人可能大獲其利。在一特殊範圍內的人大獲其利，全社會不必獲利。

在實際上，計劃之事如愈來愈廣泛，則吾人愈須分判何者爲『公正』，或何者爲『合理』，以便制定法律條欵。可是，時至今日，許多人卻不斷將混含不清的名詞介紹到立法和司法領域裏來；而且專斷之事與日俱增；不依確定法規而行之事，層出不窮。我們可以寫一部法治衰落史，或者寫一部立憲國家 (Rechtsstaat) 沒落史。在法治衰落的情形之下，所謂法律，充其量不過政策之工具而已。(吾人試觀現代幾個極權統治示範區，其法律從制定到行使，澈頭澈尾成爲政策之工具。於是，在此類地區，愈行『法治』，則極權統治之毒害愈藉法律工具而擴散。這種情形，與民主國家之有法律與行法之結果剛好相反。所以，同是法律，其作用之好壞與否，端視其建立於何基礎之上與夫作用於何種情境之內而定。欲實行以維護人權爲主旨之法治，必須創建一民主社會。當然，民主社會之創建，又有賴乎法治之推行。二者互爲函數。——譯者) 說到這裏，我們必須一再指出，在德國，法治早已走向衰落之途。在希特勒握權以前，德國之法治早已呈江河日下之勢。不僅如此，德國走向極權政治之計劃，在希特勒完成之以前，即已完成了許多。吾人之指明此事，實至關重要。

無疑，經濟計劃之施行，必須審愼區別各種不同人物之特別需要，並且容許某些人可以從事他人所不願爲之事。(例如，賣臭豆腐——譯者)施行計劃經濟時，如須制定法規，規定富人應如何，而且何種人物方可從事何業，則形成階級統治。階級統治乃『進步社會運動』之反面。所謂『進步社會運動』，用亨利・梅茵爵士 (Sir Henry Maine) 底名言說，就是：『至此，從階級社會遞變到契約社會』。的確，法治之事，較之藉契約而統治，更與階級統治相反。依形式的法律統治之意義言之，在法治之下，不容許特殊人物擁有特殊權利。這樣，就保住了法律之前人人平等這一大原則。而法律之前人人平等之原則，乃專斷統治之反面。(在專斷統治之下，一人之權力常大于全體之和。——譯者)

吾人須知，法律之前人人平等，與政府精心策劃以使不同的人得到實質的平等，這兩件事是互相衝突的。任何以直接分配『正義』爲理想目標之政策必至引起法治之毀滅。(亦天下大亂之一源——譯者) 如有政府想爲不同的人製造『公平』，必至弄得大家都不公平。(一針見血之言，足爲好事者戒。若要天下太平，必須請老子出山，治國者熟讀道德經。——譯者) 我們不能否認，在法治之下，可能產生經濟上的不平等。然而，法治之造成經濟的不平等，並非有意以一特殊的方法爲特殊人物獲致利益，也並非有計劃地使另一部份人陷於貧困。(在極權統治之下則係如此。例如，毛澤東之計劃則係有意地使共產黨徒致富，並有意地使士農工商都變窮。——譯者) 社會主義者和納粹往往反對『純粹』形式的正義。他們常常反對那對於特殊份子無利的法律。因而，他們反對司法獨立。同時，他們支持自由權利學派 (Freirechtsschule) 這類的一切運動。這類的運動根本是破壞法治的。凡此等等行徑，皆爲社會主義者和納粹底特徵。

有人甚至於說，欲求法治行之有效，則較爲重要之事，厥惟建立法規，且行之毫無例外。在一般情形之下，法律如係普遍執行，則法律之內容何如，確乎無關重要。吾人駕駛汽車時，規定靠左走或靠右走，都無關重要，只要大家一律就行了。在法治之下，重要之事，乃法律可使吾人正確預見別人底行動爲何。欲能如此，必須法規對于同類之一切情形都可應用。即使在特殊事例中，吾人感覺某種法規有失公正，亦須一律執行，然後徐圖改正。

吾人須知，法律上形式的公正，與法律前形式的平等，這二者是有着衝突的。有些人對于『特權』概念及其後果爲何，普遍發生誤解。利用特權之最重要的事例，就是將特權用到財產範圍裏。在過去，土地財產權掌握於貴族份子之手。現在，某些人經官方許可保有製造某些貨品之專利權，或者保有出售某些貨品之專利權。無疑，這都是特權。但是，如果所有的人在同樣的法規下都可能獲得財產，而在實際上只有某些人得到財產，我們因此便說這一部份人享有『特權』，那末我們便是濫用『特權』這一名詞。(這是語意學的解析之一例。許許多多社會主義者，尤其是共產黨徒，窮年累月將個人由此獲得之私有財產宣傳做『特權』，有意或無意誇大社會財富分配之不平。這便是『特權』一詞之濫用。今經海耶克教授指出，此種毛病立顯。在政治學，以及經濟學之非科學的部份裏，這類毛病簡直不勝枚舉。至於表現『歷史文化』所用語言，及此類巨大名詞 (big terms) 所犯語意的毛病，更觸目皆是。凡不能自拔于語言文字所形成之魔陣者，鮮有不思想迷亂者。思想迷亂，與思想高深，是不可混爲一談的。欲救此類弊病，必先自語意學始。——譯者)

有些人以爲自由制度特徵之一，乃政府一事不作。這一類底人常強調『放任主義』。其實，『放任主義』一詞完全攪混了自由制度所依據的原則，並且使人誤解此一原則。毫無問題，每一政府必須有所作爲。既然如此，政府底每一作爲多少總要干涉到某些私人的事物。但是，重要之點還不在此。重要之點，如前所述，是個人能否預知政府底措施或行動是什麼，並且以此知識作爲張本來從事自己底計劃。這麼一來，個人就可確知外來干涉會達到某種程度，因而他需要預防到什麼程度。(譯者按：這點甚關重要。假若人民運氣甚佳，碰上一個似乎『勵精圖治』的治理機構，今天出一花樣，明天又出一花樣，以滿足其似乎熾盛之企圖心。花樣既然日日翻新，層出不窮，則人民心理在虛懸之中，亦若賭博之猜單雙者然，凶吉莫卜，心旌動搖不已，尚能眞安住樂業乎？尚能放手從事經營乎？) 例如，政府管制着度量衡制，或以其他方法防制詐欺之事，這便是有所作爲。但是，如果政府動輒過分施用暴力，便是不法之舉。政府所訂立的法規，就特例而言，也許聰明，也許不聰明。只要這些法規係爲長久之計，而且並非着眼於使任何特殊分子有利，也非着眼於損害任何人，那末便不是與自由原則相衝突的。

法治之事祇有在自由時代才被人有意付諸實行。法治乃自由時代最偉大的成就之一。法治不只是自由之保障，而且是自由法律方面的化身。康德說：『如果一個人不需服從任何人，而只服從法律，那末他便是自由的。』(譯者再補充一點：如果這法律不是依據一人之意志與好惡而定的，而是依據衆人之意志與好惡而定的，則服從此法律之人便是自由人。凡非自願地基于共同目標或共同興趣，而係盲目服從一人者，謂之奴隸。) 在康德說這話以前，福爾泰 (Voltaire) 會用極其相似的語言表示過這個意思。模糊一點的法治觀念，至少自羅馬時代以來即已有之。在輓近幾個世紀以來，法治觀念之受到威脅，從無如今日之甚者。有許多人以爲立法權不應受到限制。這一觀念乃公衆統治和實行民主政治之結果。有人以爲，政府措施只要是立法程序所允許的，法治便可存續下去。這種說法，完全出于誤解法治之意義。嚴格地說，法治之事，與政府一切措施是否合于司法程序，二者關聯甚少。有時，政府行動合乎既定法律，但仍不合法治精神。(這眞是眞知灼見。一個極權政府類似蘇俄者，政權在手，既然一切可爲所欲爲，且一切可以導演戲劇方式出之，當然很不難裝扮得頗合『法治』的樣子，但其蹂躪人權如故。極權政府之所作所爲，根本就是拿『法治』作爲手段，來消滅以維護人權爲要旨之眞正法治。這與共產黨徒之利用民主程序作爲鬬爭手段，以消滅民主要旨正復相似。——譯者)古往今來，一個特殊人物常不難得充分的合法權力。可是，他不能答覆一個問題，即是，法律是否賦予他以專斷權力，使他得以爲所欲爲；或者，法律是否預先確切規定他究竟應該怎樣做。希特勒很可以依照嚴格的憲法程序獲得無限權力。因而，他之所作所爲，自司法意義言之，也可以說是合法的。但是，我們能夠因此說納粹統治下的德國是實行法治的國家嗎？

在計劃之下的社會，是不能實行法治的。這話並不等于說，計劃社會一定沒有法紀可言。我們底意思只是說，在這樣的社會，政府之行使壓制權力，不復嚴格受到事先建立起來的法規之限制。吾人須知，政府可藉法律將其一切意圖與目標合法化，或戴上法律的面具以行之。儘管如此，政府底行爲依然可以是專斷行爲。（這話眞是說得鞭辟入裏，直使玩弄法律者無所遁其形。——譯者）假若有一條法律規定說，官方可以便宜行事，那末官方之所作所爲，豈非都是合法的？但是，究竟說來，官方此類行徑，不能說是合法的。因爲，祇要通過法律程序給予政府以無限權力，則最專斷的權力都可以是合法的。即使在民主政治之下，設吾人也可如法炮製，則不難製出吾人可以想象得到的最完備的專制政體。

實行法治時，有一面吾人須予注意，即立法權底範圍必須限制。當然，立法權底範圍之限制，乃限于普遍法律之制定。所謂普遍法律，意即前面所說的形式的法律。立法者從事立法時，不許爲何人特別立法，且不許幫助何人利用政府底壓制權力通過何種法案以利私圖。所謂實行法治，並不是說國中每件事皆受法律管制。（請注意此處。——譯者）恰恰相反，法治之主旨是說，政府底壓制權力只能在法律事先規定好了的條件下才可行使。實行法治時，不許有例外；如有例外，法治精神便爲之破壞。也許有人不能贊同我們在以上的說法。他們也許會說，蘇俄是否實行法治，端視其獨裁者底絕對權力是否依憲法程序而取得者。（但作此類主張者須知，這樣的玩法戲劇在蘇俄之演出，與電影戲之在美國演出正復相似。——譯者）

有些國家實行法治之主要基礎是建立于人權法案之上；有些國家之實行法治是建立于憲法的法典之上；有些國家實行法治時所依據的原則是一堅穩的傳統。無論是否這些，都無關重要：有關重要者，乃立法權必須受到限制。吾人之限制立法權，就意謂着承認不可讓渡之個人權利，就是承認不可侵犯之人權。（海耶克教授可謂道出法治之根本。——譯者）吾人須知，所謂『法治』，並不就是『依據法律條文而統治』。如果所謂『法治』就是如此，則斯達林也可以說蘇俄是實行法治的地區。（譯者按：『法源』如不在一般人民，而實際操諸少數人之手，則任何『法治』形式徒作治理機構行使專斷權力之掩護：使許多人產生一種錯覺，以爲此治理機構底行動是『合法的』。一般人常預先假定凡『合法的』便是好的。一究其實，這類的『合法』行動，常常是有害於大家的。因此，這個樣子的『法治』不是以保障人權爲主旨的法治；而是治理機構以『法』來『治』人的『法治』。這樣的『法治』，是政府用來對付人民的『法治』。）眞正的法治，就其重要意義言之，是人民用以約制政府以維護其自已利益的工具。所以，無論法治採取何種形式，其普遍核心應爲保障人權。

有些知識份子陷入一種混亂衝突的思想之中。他們相信威爾斯 (H. G. Wells) 底一重要主張。威爾斯主張最廣泛的中央管制計劃；可是，他同時又爲人權而熱烈辯護。這兩種主張是互相衝突的。如果我們希望保持個人權利，那末必至防礙中央管制計劃。我們要實行中央管制計劃，便無法保持個人權利。我們不能既實行中央管制而又保持個人權利。熊掌與魚，不可得兼。這是一種兩難 (dilemma)。威爾斯有時似乎也認識這種兩難，而陷入這種兩難之中。因此，他所擬議的『人權宣言』底條文裏頭，有些話躲躲閃閃，七折八扣，以致未能維護人權底基本要旨。例如，他底宣言聲稱每個人『有權利買賣一切合法買賣的東西，而不受任何等差的限制。』這一條確乎是值得讚賞的。可是，他立即接着說，這一條只適用于『買賣與公共福利相合的那麼多的東西。』加上這一條限制，便使得原來的一條變得毫無價值了。自然，一切加於買賣行爲之限制，照許多人看來，是必要的。因爲他們認爲這是爲了『公共福利』而行的措施。可是，吾人需知，在實際上，這一條款既不能有效地限制什麼買賣，同時又不能保障一般人底權利。（眞是兩俱失之。一切『半調子』式的統制制度，實施之結果，無不如此。行此類辦法，官方固然滿足了一種『統制感』，但却害苦了老百姓：大家只有悶着買更貴的東西。——譯者）

自社會主義運動開始以來，有許許多多社會改革者對個人權利大肆攻擊。他們說，所謂個人權利，乃一『玄學的』觀念。他們强調，在一個有合理秩序的世界裏，根本沒有所謂個人權利，只有個人義務。這種說法，常爲一般所謂『進步份子』採納。（譯者按：够奇怪的，義務說不獨爲『進步份子』所主張，而且也爲退步份子所假借。地球是圓的。設二人相背而行，行之不久，必至碰面。『進步份子』憑義務說造成一種觀念威力，藉此觀念威力，驅策大家白白自我犧牲，來攪翻世界。退步份子則假借義務說爲一種堂皇語言，迫人白白自我犧牲，以滿足其私圖。『進步份子』與退步份子底目標固然不同，但二者之要求別人白白自我犧牲則一。吾人之作此語言，並非謂人不當完盡其義務。恰恰相反，吾人視完盡義務爲人格之崇高表現。然而，吾人有須指出者，義務之完盡，必須出於自覺自發自動；而不能出於權威之强制。設有權利人物天天板起面孔叫人應完盡何種義務，這簡直是敲詐好人最後的一點良心貯蓄，並提此點貯蓄而浪費之。這類行徑，與登徒子對未經世故之純潔少女高調『愛情無條件論』之作用，將何以異？敗壞作弄至極，必至天下之人皆無良心。即間有一二漏網之魚，亦必深藏其良心於毛衣之內，以免傷風着涼。一個社會如被斲喪到這種地步，恐已『佛菩薩救不得』了。）

復次，一個國家，即使在形式上承認個人權利，或者承認少數人有平等的權利，可是這個國家如果管制人民經濟生活之全面，那末其承認個人權利之舉會變得一點意義也沒有的。這種情形，已爲中歐底許多國家底經驗所詳盡證明了。

譯者附誌：本章有所刪節

沒有史達林的第一個十一月

Bertram D. Wolfe 原作
遠 思 譯

Bertram D. Wolfe 先生爲研究蘇俄問題的權威。他原是共黨黨員，在美國人當中，是反共最早的一位。本文評論蘇俄卅六年來的成績，特爲譯出，以饗讀者。

編 者

今年，布爾希維克主義者慶祝他們攫取政權的第三十六週年紀念（攫取政權之日爲一九一七年十一月七日）。他們今年所慶祝的正如同以前三十五次所慶祝的一樣，是慶祝他們解散了俄國唯一自由選舉出來的議會(卽國民會議)，並慶祝他們推翻了俄國政府，而這個政府，列寧自己曾於一九一七年說是『世界上最自由的政府』。

今年的慶祝沒有史達林站在檢閱臺上，這還是第一次。許多年以來，史達林一直在重寫着歷史，以誇大他自己在一九一七年事件中所擔任的角色。一九一九年十一月六日第二週年紀念時，史達林曾在眞理報上寫道：

『叛動的全部工作爲托洛斯基同志所指揮。他很快的便將守備隊爭取到蘇維埃這邊來了，而軍事革命委員會的工作也很有效的組織起來了。對於這兩點，黨必須特別感謝托洛斯基同志。』

既然史達林將『十月的人物』——布哈林（Bukharin）、李可夫（Rykov）、托姆斯基（Tomsky）、齊諾維夫（Zinoviev）、克門涅夫（Kamenev）、托洛斯基——一個個的摒棄了，那麼，他就必須一次又一次的將公曆的十一月七日或者是俄曆的十月二十五日那一天所發生的事件的歷史重寫。最後，在他的集子的第三卷四二三頁上，講到那次暴動時，便一溜口的說了下去：

『十月二十四日(十一月六日)，上午十一時，拉波其普報（Rabcchii Put）照常出版了，在那一期中，印有史達林的一篇文章，卽「我們所需要的是什麼」，他呼籲推翻臨時政府。

『史達林對蘇維埃會議中的布爾希維克派報告政治情勢。

『晚上，列寧抵達史莫尼（Smolny)。史達林向他約略述敍政情的發展。

『十月二十四日至二十五日(十一月六日至七日），列寧和史達林領導十月武裝暴動。』

而今年十一月却輪到史達林來被重寫的歷史所貶了。一九五〇年十一月七日，在眞理報的首頁上會被提到一百二十一次的那個人，現在他的名字僅僅在中央委員會所發出的口號上提到一次，然後在文中提到『列寧史達林的黨』時提到過。

今年七月，當時史達林僅僅死了五個月，蘇維埃報在一篇論文中論及布爾希維克黨成立五十週年紀念時，提到列寧的名字有八十八次之多，但史達林的名字只提了三次。

一個民族當他們能自由接近眞理時，才能逐漸了解自己，了解他們的問題。當然，蘇俄各民族有權知道關於他們歷史中有決定性時刻的眞實情形。現在既然官方報紙正攻擊對史達林人格的崇拜，那麼，蘇俄的人民對於一九一七年的情形是否終究會得到一個眞實的印象呢？或者仍只是些新的曲解，以適合新獨裁者的目的？

倘若今年十一月七日，眞情眞可得知的話，那麼，實在的情形將和幾年來的報紙、擴音器所硬敲進蘇俄人腦中的印象將是如何的不同。

首先，他們將會記起一九一七年有兩個革命，而不是一個，卽『二月革命』與『十月革命』，在現在的公曆中，前者發生於三月，後者發生於十一月。

二月革命是一個民主的革命。推翻沙皇的，不是布爾希維克主義者，而是整個民族的自然成就，是經過了幾代的奮鬪與幻想而準備成的，並爲列寧自己所稱的那個『世界上最自由的政府』(列寧同 俄國欲推翻 它時這樣稱的）立下了基礎。

十月革命是一個布爾希維克的政變，此次政變推翻了那個民主的政府，並藉武力解散了國民會議。今年十一月布爾希維克的領袖們所慶祝的，就是慶祝他們推翻了那個『世界上最自由的政府』，並藉武力取消了蘇俄人民欲決定他們的憲法和命運而舉行的唯一自由的普選。自那時起，蘇俄人民永也不敢在俄國舉行一次眞正的選舉了。

十月革命就是口號和諾言。倘若蘇維埃人民有一個自由的報紙，並能自由的評論那些諾言，他們將會發現什麼呢？

革命會允許給土地予農民。但在一九二九年，革命不僅奪走了農民們在一九一七年所擁有的土地，並奪走了他們靠一八六一年的農奴解放而獲得的土地。布爾希維克主義者使用武力將農 民們趕入了集體農場和蘇維埃農場(Sovkhoz)的新奴役之中。

就在這一年，第一書記克魯希可夫（Krushchov）報告：布爾希維克主義者要將農民們的小農場變爲國家控制的集體農場，他們在這方面的偉大試驗失敗了。一九一六年，他會報告，在沙皇統治下有五千八百萬頭家畜。但一九五三年，僅有五千六百萬頭。經過了三十六年，就少了二百萬頭，這就是共產主義的恩澤！同時，還有數百萬赫克特的土地新近被併吞了，而人口增加了百分之五十。這就是歷史在農業方面對共產主義的評判。簡而言之，只有兩個字：失敗！

布爾希維克主義者曾允許給人民自由：行動的自由，新聞的自由，言論的自由，取消死刑，免於任意搜查和佔據的自由，免於因政治意見不同而被拘捕的自由，免於奧哈倫納（Okhrana沙俄之特務組織）或秘密警察干擾的自由。政府行將萎謝而去。而第一個步驟是，『每一個大司務變成了主持政府事務的主人』，這是列寧的話。

然而，他們所說的那行將萎謝以去的政府，在事實上並未萎謝。恰恰相反，在那個國家裏，却膨脹出來了一個全能的政府。這個政府，無所不管，控制每一個人，每一個機構，每一件事。正如歷史家柯利柴夫斯基（Klyuchevsky）所說：『政府膨脹；人民萎縮。』

大司務並沒變成政府事務的主人，政府反而變成了每一個大司務的主人。一九三二年，舊沙皇時代的國內通行證，和新布爾希維克時代的手冊都設立起來了，這一切代替了行動的自由。沙皇時代的特務組織，有數千秘密工作人員，而現在的內政部和國家保安部却有千千萬萬的秘密工作人員。集中營代替了自由。今年三月二十七日，曾有一道法令，給司法部六十天的期限修正刑法，以配合那天的大赦行動。但是，三倍的六十天已經過去了，刑法仍未修正。最令人驚駭的是：爲今年十一月七日所發出的新口號，雖然在數量上比五一的口號多，由四十七條加到了五十六條，但沒有一個口號是可以和五一的第十七條口號相比的。那條口號就是：『蘇維埃公民的權利，爲我們的憲法所保證，是不可侵犯的。』經過了三十年以後的今日，倘若刑法仍和以前一樣的殘酷，而且在十一月的口號中，就連『蘇維埃公民的權利』這幾個字也根本沒見到，那麼，有關自由的諾言成了什麼樣的情形呢？

祖先們曾爲自由而奮鬪，他們的努力和幻想終於在一九一七年的二月革命中推翻了沙皇主義。他們的後代對於俄國的農奴、俄國的工人、俄國的智識份子所受的痛苦，自然也深感同情。因此，他們的思想是同情的思想，愛的思想，自由的思想。但是，正如同郭賴德可夫（Gladkov）在他的小說『水泥』中所寫的一樣：『布爾希維克主義者隨身帶來了一種不可理解的新語言。他們的語言和他們的革命一樣，隱含着什麼嗜殺的東西。』在蘇維埃的報紙中，人們不再讀到愛、憐憫、寬容、同情這些字眼。人們所讀到的是『布爾希維克的堅定』、『無情』、『殘酷』。正如列寧所說的：『我們必須無情的對待我們的敵人以及我們中間的猶豫份子。』二月的民主革命與布爾希維克主義者在一九一七年十月所建立的殘酷的獨裁是不同的，其不同處，和一個硬果殼那樣的微小，是很難把握的，而民主與殘忍的少數獨裁之間的區別也是如此。

今年，當蘇俄人民在緊密的行列中進入紅場時，他們是否會得到一個機會記起他們在一九一七年三月所得到的偉大成就呢？是否會記起一九一七年十一月所許給他們的，而三十六年以後的今日仍然沒有實行的諾言呢？

我對反共救國會議的希望

朱伴耘

儆寰先生：

十一月十四日的手教收到了，您要我在「自由中國」上對政府行將召開的國是會議發表一點意見，我實在感到惶惑不安。第一、我似乎與「學生」二字結了不解緣，既爲學生，才識之有限可知，如何能對這麼重大的問題發表高見？其次，我的身份是個人——一個人也者，就是一個人之謂，以這樣無名小卒的個人，即會有高見罷，誰又來看它一眼。所以想了又想，與其發表意見，不如站在一個國民的立場對這個不知何日召集、能否召集的會議發表一點希望——不僅對擬發請帖的主人有所希望，而對散居國內外公忠謀國者的客人也有所希望。

先就對主人的希望言：我請主人們把眼光放大，胸襟放寬，將這個會議的目的，由「由我領導來完成改變爲「由我們携手完成。」這句話看起來很空洞，實際上照我的看法，能否達到大團結的目的，根本問題就在這句話能否實現 。這個 心理障礙是大陸失敗的總原因，這個障礙不除掉，不但會議能否舉行成問題，就是舉行成功，也不會有良好的效果。今天大家都在叫「革命」，既曰革命，自然是「我們的事」而不是「我的事」。這個「我們」延展愈廣，自然力量愈大，而革命的目的也易早日完成。如果以臺灣今日的力量，即能革整個大陸政體的命，那麼美國早就有明顯的對臺積極政策了。所以今天大家要革命，每個人都應有孫總理的偉大胸襟，有理想有原則，不計名位，不存私心，在他的那種光明磊落的態度下，當時的志士能人才願在其領導下爲其理想原則效命。大家試想一想滿清推翻後，總理爲了原則及理想，將總統寶座讓與袁世凱，自己去辦實業，這種器度豈是常人所能有的嗎？假定袁世凱也是大公無私，眞誠與總理領導的革命力量合作，近四十年的世界史早已有上中華民國領導東亞的光輝地位了。

其次我希望主人們的決心由「不成功即成仁」改變爲「只許成功不許失敗」。「不成功即成仁」的決心是悲壯的，是可貴的，但是這只能期之每一個完成任務的個人，我們這某一個人於負擔某一項任務時，有此決心，而整個羣體的決心，在現時應是「只許成功不許失敗」。我敢相信讀者諸君能體認我這句話，我決不是無的放矢，同時我也不是否認「不成功即成仁」的決心的可貴，而我是認爲這種決心是不夠完成當前重大使命的。臺灣今日之所繫，是中華民族未來億萬年的生機，而不是若干人在歷史上的一頁記載。所以每一個人的決心都應改爲「只許成功不許失敗」。這兩個希望是相反相成的。在「不成功即成仁」的決心下，很容易將一切措施走向「我的決定，我的政策」的路上去。相反的，決心在「只許成功不許失敗」，自然會走上「我們」的道路。因爲目的在成功，必要有力量，而我們的力量自然大於「我」的力量。目下環境雖困難，在志在必成的決心下，仍然可以成功的。總理革命之初，有什麼力量？但滿清居然被他領導的革命力量推翻。今日之臺灣如是一塊巨大的磁石，何嘗不能吸引海內外的力量，羣策羣力挽救中華民國？

再其次，我要表示一點對當前被邀客人的希望（我所謂的主人，客人，只是爲了我行文方便的比喻之用）。這所謂客人自然包括海內外一切領導人物在內，我請他們在共同的目標下採合作的態度。他們的輿論機關對政府的措施自可批評、建議，但批評的文章及建議的內容，應拿出來使一般老百姓看得過眼。多多對事、對政策予以嚴格的批評，少作對個人的謾罵。今天大敵當前，人人都是國破家亡，對臺灣僅存的力量，應予愛護，應以在野的地位督促政府，擴大這一點僅存的力量。切不必對政府採仇視敵視的態度，以分化這一點力量。搞政治的人就要有器度，我固以此期望在朝的人，也以此期望在野的人。有了器度，自然會朝着「誠」「公」的方向走。許多人以爲搞政治就是用陰謀，要權術，這眞是誤己誤國的心理。一切只有大家坦誠相待，才可產生羣策羣力。

對客人的第二點希望，便是請他們對政府的邀請與會多作原則的爭取，不必斤斤於職位的分配。譬如說我們要政府人盡其才，量才給位。這個原則決定，於是什麼事要做的，用什麼人做某一特殊的事才適當。職位的分配問題自會在這個原則下予以解決。其他的措施，舉凡決策的方式，機構的強化等等，均可在多作原則的爭取前提下而獲得解決。這個會不開則已，如能開成功，不僅中國人睜着眼睛望，全世界也會予以注視，而人人期待的結果，決不是甲換了A、乙換了B的問題，而是事蹟的表現。否則給外人以惡劣的印象，那實在是難堪的事。國家今天眞是千鈞一髮，在這種危難的局面，如人人仍作爭權奪利的勾當，那麼我們還有什麼資格批評大陸的措施。

對客人的第三點希望是請他們自我團結。今天東一個勢力，西一個勢力，同時反對政府，又同時互相攻擊，互相抵消力量，一如大家高叫反共，而大家又自相攻擊，這眞是令人不解。許多關心中國問題的外國友人，談到中國有幾多勢力的問題，總令我面紅耳赤，答覆不出來。他們問這些「勢力」爲什麼反對政府，我勉可答出，他們是立於反對黨的地位，批評政府；至於問到他們之間又爲什麼互相攻擊，

（下接第31頁）

羅馬通訊

風雲變幻中的的港

方　及

自從九月六日狄托提出收回的里雅斯德自由區的要求，安靜的的港，風雲驟起，到本月六日的流血事件即達爆炸性的頂點；再加上七日羅馬市大中學生進攻英國使舘和軍警大鏖戰，的港事件又由反狄托而轉爲反英行動。

的里雅斯德港的主權究竟誰屬，歷來已是爭執未決的問題。在第一次歐戰前是屬於奧匈帝國的，戰後割讓於意大利，本無疑問。但是第一次歐戰前並不存在的南斯拉夫王國在戰後才由斯拉夫、塞爾維、克羅地、斯羅文等幾個不同的民族合建爲南斯拉夫王國，而的里雅斯德港在戰前曾構成斯羅文族的一部，且同屬於奧地利亞。因此問題就發生了。意大利視的港爲其領土之一部，是理直氣壯；但南斯拉夫却想追根究底，而推翻意大利的法律地位，再加上的港的險要，在二次大戰後就成爲國際注目的問題之一。本來的港仍屬意國也並無問題，但是戰敗的意大利變爲任人宰割的對象，西方盟國帶着對法西斯的餘恨，和對扶持狄托建立政權的蘇俄的「蜜月」關係，在狄托要求之下，的港就成了問題。因此由外長會議及巴黎和會先將的港的一部份（B區）劃歸南國，再將其餘部份（A區）劃爲國際自由市，由聯合國託管，並由英美駐軍保護。雖然如此，南國仍貪得無厭，而意大利人民却已遺恨無窮，所以不但未解決問題，反而更增加了問題的嚴重性。實際上的港的人民是講意大利語的，其它信仰、習慣都與意大利相同，人民的傾向意大利實屬自然之理。但是西方的政治由美國領導，年來對狄托的青睞，尤甚於當年對蘇俄的「蜜月」。在以不開罪於狄托的原則下，的港再歸還意大利是不可能的；而狄托也就樂得享受這份友情。意大利人民對美國的態度雖不盡同，而對英國則是普遍的表示反感，就是爲了這種原因。

九月六日狄托在臨近的港的奧克格鎮演講，要求收回的港。一時晴天霹靂，驚動了整個世界。南、意雙方更調動軍隊，大有風雨欲來，兵戎相見之概。十三日意國政府提出解決問題的澈底辦法，要求以公民投票自決。但是南斯拉夫則一味强横威脅，與當年納粹主義的挑釁姿態無異。十月八日英美兩政府表示支持A區歸還意大利；第二天南斯拉夫即聲言如有一個意大利兵進入A區，則南國將進攻A區；並立即向其所屬的B區調集兵力，又在伯爾格來德發動大遊行，向英美抗議示威，同時意大利也向邊境集結海、陸、空軍，以防萬一。十月十六日，英美法三外長在倫敦集會，結果問題依舊無法解決，次日意政府提出願與南國會商解決，但應以「平等」地位出席。廿七日艾登重新證實其八日的聲明，除非五國決議完成，不擬撤退聯合國駐軍。

問題發展至此，仍無出路，意國人民已極度憤怒。適逢十一月四日，是他們第一次歐戰勝利紀念日，回憶當初，的港乃是勝利的代價，而今反倒落到他人手中，自己不能染指，殊覺不能容忍，各地籍此日大施慶祝，喚起人民愛國意識，並發動全國退伍軍人，向陣亡將士致敬，倍極哀慟。貝拉首相親赴威尼斯，向十五萬退伍軍人的遊行列演講，强調當年勝利精神，擧國一致對付的港，同時羅馬各級政府代表在無名英雄墓前（羅馬偉大建築之一）致敬，各大街小巷貼滿了標語，用粉筆寫的：「打倒狄托」「的港萬歲」！字樣到處可見。同日在的港天主教堂由當地主教獻祭，祭中桑寶主教宣講，要求國際正義予他們以人類的自由。並强調侵犯一人的正義，已是罪惡；侵犯一民族之正義，則更罪惡滔天。請世人傾聽他代表的港人民的痛苦呼聲。下午在向陣亡將士獻花後，即有青年羣衆高唱國歌，開始遊行，英美駐軍早已戒備，並在邊境禁止意國方面一切車輛進入的港，當晚遊行會發生小衝突，有十五人負傷。次日（十一月五日）市民遊行列更形壯大，把市政府的旗幟撤下換上意國國旗，更搗毀斯羅文會舘，與駐軍警察大事衝突，待羣衆不支，避入教堂，英軍當局在其司令文德登指揮下，竟不顧一般天主教國家之慣例持槍而入（按一般習慣：犯人避入教堂，追緝者即不得再進入而捉拿，以示尊重聖地），竟向羣衆開槍射擊，當場二人斃命，四十餘人受傷，至此的港事件已呈白熱化。第二日（十一月六日）沸騰的羣衆，又與警察衝突，石塊對機關槍，街市變爲戰場，又死四人，傷四十餘人，在醫院又死一人，遊行者共死七人，傷八十二人，警方亦傷七十六人，至寫稿時止（十一月十一日）大部受傷者均已離開醫院，當時羣情憤激之下，已非任何人可以阻止，像一片浪潮，湧上街頭，連婦女小孩也不例外，七位死命者中，曾有女士一名及十五歲少年一名。各私家汽車自告奮勇，載運傷者赴醫院救治。有一位醫生在街頭向受傷者施行急救，待他扶着另一個受傷者走入醫院時，看到他的兒子已經死在那裏，其情景是非常動人的。到了下午，沸騰的的港始漸漸地安靜下來。

消息傳到意大利各地，正似野火燎原，燃燒起每一顆意大利人民的心，排英的情緒達到了頂點，就在七日的清晨，羅馬市的大中學生，爲死難者抗議遊行，各校不約而同的在街頭滙成巨流，途經一家英國航空公司(BOAC)，羣衆一湧而上，便給砸了個粉粹。遊行列又遇到一架美國使舘的汽車，C.D.320號，石頭棍棒之下，也就成了美國使舘此次唯一的犧牲品。羣衆繼續向英國大使舘前進，到達英使舘附近的聖若望廣場，已是萬人的巨流，他們要進入使館，但是警憲早已戒備森嚴，把英使館銅牆鐵壁般保衛起來，羣衆不得其門而入，乃向警憲進攻，正巧附近有幾家建築工程，木板鐵筋、水泥石塊、應有盡有，一時成了天然的軍火庫，停開了的電車公共汽車，更成了臨時的碉堡，如此衆寡懸殊之下，警憲節節退避，大有不支之勢，增援警車一時也衝不過防線，這些熱血的青年似乎失去理智，昨天是外國人殺害他們的同胞，今天他們是代表來向外國使館伸寃，而竟又和自己本國的警憲鬬毆起來。警憲大批增援之後，仍不能扭轉頹勢，遂被迫使用催淚彈，羣衆始向後撤退。等到下午，又有二三千人湧到廣場，再一陣鏖戰直到五時左右始見平息。結果有四名警長和五十三名警員負傷，內四名傷勢嚴重，但在警憲人員奮力保護下，英國大使館卻得以保全未受傷害。

不過羅馬的遊行和的港的示威行動卻有些不同。在的港，意國政府可以盡量鼓勵青年參加，所有一切結果，全由的港駐軍當局負責。在羅馬則不然，政府和民衆都是反英的，極左極右的各黨更是激烈的反英派，因此從遊行開始，在野的各極端黨都踴躍參加，一面可以反英洩恨，另一方面，如果有什麼惡果，都可推到政府頭上，使執政黨難堪。所以政府的地位是非常難處，一面要附合民意反英，一面又要負責不鬧出亂子，權衡輕重之後，只有命令警憲死守防地，決勿開槍造成傷亡慘劇。

政府外交當局的應付，亦是非常因難。在本月七日，政府卽命令駐英美大使分向各該國政府提出最嚴重的抗議，駐英大使會見艾登之後，分別發表公告，但彼此頗有出入，艾登據其駐的港司令文德登之報告，謂開槍射擊純爲保護個人生命，迫不得已之行爲，指文德登司令之措置，完全得當，末後也向死傷人員及物質損失表示哀悼。至論英國一般輿論也大體和艾登的公告相似，唯泰晤斯報表示，爲何警憲當局不用催淚彈或噴水，而逕自開槍，殊嫌過火。之後，意政府又召駐倫敦巴黎二大使回國就商處理辦法，並連日召開閣員會議，上下議院也集會討論，忙成一片。

本月八日政府首長，各民意代表，退伍軍人在羅馬向的港死難的同胞擧行宗敎追悼禮，全國下半旗，九日上午十年至十時十分全羅馬機關各機關、公司、交通、工廠工人等全體停工十分鐘，向死難同胞致哀。

九日艾登在衆院報告，爲文德登司令辯護。按過去英政府在報告埃及和堅尼亞(Kenia)壓制叛亂所發生之慘案，總有反對黨提出質問責難，而這次不但一致贊成，艾特里還站起來，敦促政府向意大利政府警告，以後不得再製造反英行動。艾登又指出的港事件是意大利有意鼓動的，而且搗亂分子係由外間進入的港，其大部爲新法西斯份子，並持有手榴彈，言外之意是說死傷人員是咎由自取。

意國方面的輿論立刻又斜對着英國輿論予以駁斥，事實上，的港負傷的八十二人中只有一人非本地出生，其他皆爲本地人，可見並非外間滲入的危險份子，至於是否意政府鼓動，我們下面還要分析。

正當此時，雷德福參謀長巡視歐洲防線路過意境，十日上午會飛的港和文德登談話，下午至羅馬又與貝拉首相密談而去，又據最後消息謂的港警察四十人提出辭職，表示不贊成文德登之措置；又據貝拉將於十二日飛土爾其，星期日返來，原來土爾其和意大利相當友好，但土爾其又是土希南聯防的一員，和狄托也合得來，貝拉似乎要請土爾其從中搭線，折衝一番。

一般說來，意大利的民心是極力主張收回的港的，我們看看各黨派對的港的態度，卽可明瞭大半，政府黨爲了國家的權利當然主張收回的港，爲了全國人民一致的要求，他的困難只在如何利用這一沸騰的民意，對付狄托又要對付西方而來達成民衆的要求。從前和和政府黨(基督民主黨)合作過的共和黨，且曾當過國防部長的巴卡地雖邊也主張收回的港但反對政府操之過激，致冒戰爭的危險，他們主張先恢復國力，然後再圖其他，不過他們只能代表極少數人的意見。和政府合作的自由黨現在仍絕對的支持政府完成使命。曾反對政府的極右派的保皇黨和新人的意見，和政府合作的自由黨現在仍絕對的支持政府完成使命。曾反對政府的極右派的保皇黨和新法西斯黨現在則是全力的支持政府，就中以新法西斯黨(原名意大利社會運動)最激烈，他們已指文德登爲儈子手，爲殺害意國人民的兇手，他們的主張最合乎人民的胃口，所以如果要說極力主張收回的港，反英，反狄托，是法西斯行動，還不如說意國人都是法西斯，因爲凡阻止他們收回的港的，他們都要反。保皇黨和新法西斯黨在今年六月選擧時增加了不少的勢力，當時賈斯巴里組閣因爲無他們幫忙而失敗，後來幾經困難始由現在的貝拉免强組成新閣，人都說他是短命的內閣，他自己也聲明是臨時的過度內閣，但是狄托和英國給他送來了恩惠，使他非常堅決，竟取得反對黨的支持，如果他能繼續精彩表演，恐怕短期內是不會倒台的。提到共產黨，似乎大家欲知道究竟他們對的港如何主張，共產黨在一九四四年是主張的港歸狄托的，現在他們看到國家主義的潮流如此洶湧，也只好改換方針。至於共產黨的同路人社會黨也是如此，表面上主張意大利應和南斯拉夫取得諒解，和平解決的港問題。骨子里仍在反對歐洲聯防。所以政府黨不但有右派的支持，還少去了左派的反對，儘可專心對付的港問題。所以共產左傾份子也不敢再說「的港歸狄托」，雖說的港在過去構成斯羅文的一部，但是連斯羅文本身現在也不願受狄托壓迫而欲獨立。至於民意的歸向也是向意大利，有這次流血的事件足可證明。今天的問題是狄托仍有危脅的權利者，乃是因爲以英國爲主的西方一貫的「姑息政策」使然，而美國又在姑息着「姑息主義者」，因此不但在的港的人民流血，東德的人民流血，鐵幕內億萬人悲號，南漢李承晚以下在怒鳴，而馬林可夫，狄托，毛澤東們只好偸笑，自由世界的主人們卻仍在那里安靜的打算，自由世界的前途是光明的，但是必需團結流血的人才能成功，光打算(最好是說姑息)是無濟於事的。

（十一月十一日，羅馬）

中東防衛問題剖視

張　瑾譯

一　脆弱的右翼

關於蘇彝士運河區基地前途的談判，牽延累月而不獲結論，使得中東防衛問題也連帶受到影響，一時還看不出有加强或擴展的可能。西方國家的中東防衛計劃，是自北大西洋公約防線的東端向東向南延長，來衛護這一大塊脆弱的阿拉伯地區。但是直到如今，願意支持西方國家這項防衛計劃的阿拉伯國家實在少得可憐。

就像一九三九年馬奇諾防線一樣，北大西洋公約防線的末端也是不牢固的，它的一翼伸入了阿拉伯的大沙漠里。運河區基地，眼看是要爲了安撫埃及的民族主義運動而斷送掉的，有甚麼可以替代其戰略任務呢？

敍利亞的總統希沙克力將軍 (Shishakly) 說：這很簡單，祇要西方國家協助阿拉伯國家改善其經濟情況，供給他們現代武器裝備，西方國家便可以平安的撤退其駐留中東的一切人力，而於他處作更有利的運用。

一位對中東有一生經驗的權威人士說過，「阿拉伯人祇有在從事破壞工作時才會團結。」但是，如果沒有團結，防衛組織實在是不可能的。在阿拉伯聯盟之間，固不乏表面上的協議，內裏却充滿了很大的歧異，或起於各別的國家主義，或起於個人的野心與敵對，以及高低不同的生活水準。

阿拉伯集團各國對以色列的仇恨是一致的，在其報章廣播中對西方國家「支持以色列」，「法國在北非的殖民主義」，「英國在埃及的帝國主義」也都是一致加以攻擊的。但是，除此而外，不論在經濟上，政治上和軍事上，阿拉伯國家今天似乎比過去更要不團結。看來很少有希望能把他們連結一起，組成一個「中東的北大西洋公約」。

二　以色列與回教國家之間

任何一個理解所謂戰略價值的人都可以想見，不包括以色列在內是不能成立一個中東防衛組織的。好也罷歹也罷，這一個新的猶太國家是世界這一角落裏的最重要的具有軍事與經濟潛力的國家。以色列有着一個新生國家所有的衝力，爲其本身生存在奮鬬着，並且經常有一種宗教的與拓荒的熱情充實其力量。以色列被圍在阿拉伯國家當中，其四週環境，除去一些主要的都市區域外，人們的生活條件一千年來毫無變動。

以色列有五萬名訓練裝備俱稱精良的軍隊，倍於此數的夙有訓練的補充兵，可以在幾個鐘頭以內召集起來。

以阿的戰爭是終止了，但是阿拉伯國家仇恨猶太人的心情仍是與日俱增。這種仇恨已變成每一個阿拉伯人的敵愾之情，在劃分不清的邊界上雙方互犯引起的衝突事件，更時時有煽動的作用。

三　阿拉伯國家間的矛盾

縱令在這種「敵愾同仇的團結」之下，阿拉伯各國之間仍是越分越開。敍利亞和黎巴嫩，按其地理銜接和同屬法國舊領的共同歷史的理由說來，應該自然團結一致的，但却分得很開。敍黎之間原有的貿易協定，如今行將滿期，但是謀求繼續經濟團結的努力已爲敍利亞打消。直到最近，敍利亞與外間商業往來實際上都仍是經由黎巴嫩的各港口，而黎巴嫩的經濟也大部依靠這些轉口生意。

敍利亞現在已禁止外人在敍利亞營商，並在建設其自已的拉塔基亞 (Latakia) 港口，希望有一天其對外貿易可以完全不經「外人」的手。

黎巴嫩方面則不願與敍利亞有密切的政治關係。黎巴嫩人口的半數是基督敎徒，他們看到了會在一個大的回教聯邦中變成少數宗敎信徒的危機。同時黎巴嫩人比較有錢，生活已達西方標準，也怕與較窮的敍利亞合併後一同過苦日子。

敍黎兩國都嫉妬約旦，因爲約旦雖然窮却在阿拉伯各國中擁有一支眞正可以有用的軍隊，受英國津貼維持並由英國軍官訓練成師的阿拉伯兵團，是以色列唯一看得起的一支軍隊。

但是，三個國家都多多少少有着經濟的困難。敍利亞的糧食和棉花在戰後初期曾賣過大價錢，但好景不常，今日已須殺價爭取主顧了。橫跨國境的伊拉克石油公司從伊拉克鋪到黎巴嫩海港的油管，使敍利亞有一筆租金的收入，但也祇濟一部分的急需。至於黎巴嫩，輸入遠超過輸出，靠來彌補的除了一小筆伊拉克石油公司的油管過境租金外，祇有供給設在貝魯特的各國際機構以貨物與勞務，相當發達的旅行生意，以及數量日增的通過貝魯特新建義機場的國際航空交通等等無形輸出。黎巴嫩遲早總要面臨一個經濟困難的。

約旦、敍利亞、黎巴嫩也都害怕他們內部會突然發生共產主義的變亂。但在同時，連埃及在內，環繞以色列的所有四個阿盟國家，都緊盯着以色列敵人內部的動靜，似乎沒有時間顧及顯然尙遠的俄國方面的威脅。由此便造成了團結的困難，而團結正是中東防衛得在世界體系中完成之所必需。

四　孤掌難鳴的伊拉克

伊拉克的情況多少不一樣些。她與以色列不接壤。她可以從伊拉克石油公司出產中每年分得三千萬英鎊的入息。雖說這筆錢現在祇是作長期投資之用，以發展伊拉克的水利、道路、房屋、學校、醫院等等建設，同時總也是對其當前經濟穩定的一大貢獻。

蘇俄的威脅對於伊拉克是比較眞切的。最近的地方，伊拉克距蘇俄邊界祇不過一百哩，中間隔着伊朗的一小狹條土地。他有着長達一千哩的與伊朗爲鄰的疆界，很容易被伊共吐德黨所滲透。事實上，伊拉克共產黨的活動是受着吐德黨的直接指導的。伊拉克的軍隊已訓練得相當好，可以整建爲一支堪予信託的勁旅。但這支軍隊的價值總是有限的，除非其它阿拉伯國家都能聯合一致。

五　以色列的經濟隱憂

中東整個地區經濟上最大的謎可能數以色列。她的輸入比輸出大六倍。猶太人的同情者，尤其是美國方面的，在以色列建國之初曾大量捐贈款項，但這種捐款目前已經減少。以色列的公債在過去兩年半曾在美國募到數值五千七百萬英鎊之多，但這是一種待還的收入，祇能供部份的暫時的貼補之用。早期所得款項大部都用於工業設備的購置，以期將他們這新國家的基礎奠立在一種工業經濟上。可是，阿拉伯對以色列的封鎖，不但限制了原料的供給，也限制了成品的可能推銷市場。海法(Haifa)煉油廠的油管之被封閉，和蘇彝士運河之拒對運油赴以色列的油輪開放，迫使以色列不得不遠從委內瑞拉輸入原油，或把從中東一帶購得原油繞道非洲南端海上運輸。以色列一切燃料全是靠石油的，不論是交通運輸，工廠動力，以至居家治膳。

雖然如此，以色列仍在推進其水利灌溉，土地改革，工業建設，道路、旅舍和劇場的建築等等大規模計劃，其進展速度實有促成早日破產的威脅。

六　遙不可及的中東防衛體系

解決猶太人與阿拉伯人之間的爭執，可以使整個中東區域的經濟情勢得以改善。一個防衛公約終是可以隨之而來的，祇要阿拉伯各國能澈底洗面革心，而趨於政治、經濟與軍事的團結。然後，還得供給他們武器，裝備、訓練等大量的援助，以建立一支有用的防衛武力。同時，西方國家仍需與他們有某種形式的合作關係，方足以擔負起中東防共的任務，使北大西洋公約防線的右翼堅强起來。這一切，眞是可怕的遙遠得很。

（上接第29頁）作者中西文學造詣之深，用功之勤，智慧之高，在本省出版的「三色菫」「牧羊女」「尋夢草」「七絃琴」，便是一個最好的說明。但一般人可能爲她表面美的光和色所眩惑，而忽略了她的工夫。要知道她寫的文章，一字一句都是血與汗凝成的晶瑩寶石。她的文章囊括了多少世紀以來文人們所竭力追求的「眞」、「美」、「善」。她的詩文實可與雪萊、魏爾倫、王爾德衡量高下。今日她之所以要辭別他們，揚棄他們，可能就因爲這二十年來已吸盡了他們文字上之精髓，覺得那些糟粕可以拋開了，而且他們的作品離開這血淋淋的時代也委實太遠了。秀亞女士批評自己，責貶自己，正是她新途徑開拓的前奏。這個消息是可喜的。最後我願意再檢出二十年前她自己文章裏的兩句話，勉勵她，並自勉，同時奉獻給這個大時代的文藝同道：

「跳出藝術至上的圈套，趕快正視現實。」

四十二年十一月六日病中草

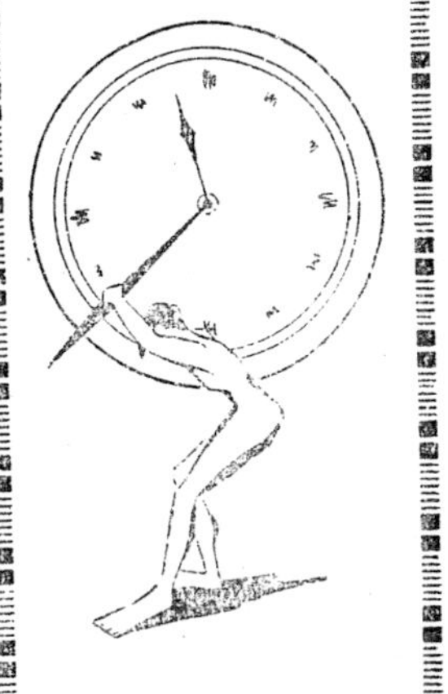

憂鬱的靈魂

彭 歌

一

我本是一個最疏懶的人，平日連書架上的幾本舊書也不暇去換換地方；却不料自到臺北來以後，不到一年半竟搬了五次家。搬得我連自己住處的門牌號數也記不清，且好像天天都要跑到區公所去，為遷出遷入跟戶籍主任打交道。

我的家庭十分簡單，兩夫婦一個小男孩，生活簡樸，從來沒有酗酒賭博那些事，來往的賓客也不多，房租按月繳清，按說應該是一家值得歡迎的鄰居。却弄得每三個月搬一次家，連我自己也覺得不好意思。五次遷居，只有一次是我們自己主動，因為那兩間房子既不能蔽風雨，又不見陽光，對孩子身體太不好。此外的四次，則都是從房東要求加租而起。——我以為我無法付更高的房租，並非我自己的錯誤。因此，我過去每次搬家的時候，都十分之心平氣和。

好像天下做房東的人都是一個訓練班裏出身似的，他們的要求以及要求的方式和程序，簡直如出一轍。直到最後一次我發了憤，「一定要找一個能够長久住得下去的地方。」

找房子是一種很棘手的事，因此我過去從沒有去麻煩別人。都是自己翻翻報紙上的分類廣告，登門求教的。——也許就是因為這種方式完全像商業交易，所以在房東房客之間才無法產生情感吧？這一次我想改絃更張，拜託了好多位朋友和同事，希望能找到所謂「熟人」的房子。

妻說我這種想法是「一想情願」，我自己也覺得成功的希望很少；却不料在我開始找的第三天就有了回音。

一位本省籍的朋友蔡先生替我介紹了這處房子。他向來是個辦事很篤實的人，他說房子還不錯，想必還可以住。

「房主黃老先生是內人一個遠房親戚，他家裏人口也很簡單。黃老先生雖然是個西醫，漢學根底却很深，喜歡吟吟古詩，下下圍棋。你搬去陪他談談，那他一定歡迎極了。至於房租，我想很好講話，多一點少一點他反正也不在乎的。」蔡先生這樣講，我更覺得滿意了。

「不過，」他又說：「你想要訂一個長期契約，我看到也不必，只要大家信得過。相處得好，比甚麼租約都還可靠。」

在這一點上我也就不再堅持，但我很奇怪他講這話的動機。不等我追問，他就解釋道：「天下的事，不能全從順心一方面想，也許你將來還會發覺有不滿意的地方。所以先無需自己加上一個拘束，黃老先生也是個很頂眞的人呢。」

隨後，他就帶我去會見了黃老先生，看了房子，一切都商量好，很快地我們又「喬遷」了。

二

老房東是一個外型嚴酷，心地慈祥的人。從我們搬來那天晚上，他請我一家人吃飯的時候起，我便相信這個判斷不錯。

「遠親不如近鄰，住在一起，都是有緣份的。」黃老先生一手扶着他那圓光的黑邊眼鏡，烱烱有光的眼睛和一般六十歲以上的老人們一樣，喜歡從眼鏡的上邊凝望着陌生的人。

吃飯時，雖然他無論怎樣客氣也掩飾不了他平日養成的「一家之主」的神氣，但我們倒並沒有覺得有甚麼拘束。

「我年青的時候，到日本去學醫；醫道沒有學好，却使我信了佛。——後來我到福建、廣東住了幾年，雖然靠行醫吃飯，却仗着信佛才能安身立命。到今天，不怕你們這些新派的見笑，我還是相信佛家的道理。緣法，甚麼都是緣法！」他一邊呷着杯中的清酒，慢條斯理地說。好像在向我們剖析他心靈的隱秘，又像是在自言自語。

對於宗教完全茫然的我，除了洗耳恭聆之外，實在沒有甚麼話好說。

從那以後，我覺得我似乎是可以說對他已有相當的瞭解。他的心是寂寞的，但却是寧靜的，也許那就是解剖刀所代表着的近代知識，與金剛經、大悲咒所戰鬪的結果。甚至於他的日常生活，都是籠罩在釋迦的梵光之中。

何以他會過着如此澹泊孤寂的生活？像一匹蝸牛一樣，終日蟄伏，絕跡人間。除了清晨和黃昏偶而在庭中漫步，看看眼前的一些花草之外，他好像成天都不離開他那間堆滿了書籍的臥室。——他的太太早就去世了；蔡先生過去曾隱約其詞的暗示給我，她死得十分之離奇。他們兩夫婦的感情本來很好，生育過一男一女，男孩子不到一週歲就夭折了，以後夫婦間因此常發生齟齬，他們原來就住在臺北這幢祖傳的老房子裏，但黃醫生却曾一度搬到外面去另住。差不多過了一年，他在外面浪游了很多地方才回到家中，當親友們正為那個差不多等於被「遺棄」了的太太慶幸時，却不料她在他返家的第三天夜裏突然暴卒了。很多人都認爲其中一定存有不可告人的曖昧因果。可是，一直到今天，從來也沒有人再提過那件事情。

蔡先生告訴我這件故事時，遠在我搬進來之前，而且他當時也並沒有說起主人公的名姓，只好像是講一段「姑妄言之」的故事而已。但現在對證起來，我相信他說的一定就是這位信佛的老醫生。

我們從來沒有見過他的女兒，他也從來不提到她。伏侍他的只有兩個忠誠的老僕，金發和阿芳，是三四十年來一直在黃家從僮僕婢女長大成人，而又結爲配偶的。這兩個僕人似乎也深受主人的陶冶，外貌深沉，木訥寡言；我有時藉故跟他們談談的時候，無論男的女的，總是抱歉地向我笑着，好像不懂我說的是甚麼話的樣子。

老醫生有一個本族的兄弟，常常來看望他。據說是在某學校教數學的，人倒蠻老誠的樣子，似乎比這位族兄健談些。我也和他下過幾次棋，海濶天空地閒談。奇怪的是，當我把話題稍一轉到老醫生的家世時，他便馬上顧左右而言他了。

他們這種好像商量好了似的態度，使我感到十分詫異。難道有甚麼難言之隱嗎？我始終想不通。

但我始終相信，老醫生的一家全都是誠懇而善良的人，也許日久天長以後，友誼的溫暖總會把這些膈閡，與猜疑化除的。

三

那是我遷入新居之後大約一個月光景。某夜，我爲了一個應酬，晚上沒有回家吃飯，鬧了一大陣酒，再從市區回到這條偏僻街上時，已經十點多鐘了。

我一回到自己的房間，便覺得十分之異樣。房門是被一把椅子頂住的，我推了好幾下才推開。妻仍然穿得整整齊齊地，孩子已在枕邊睡熟了，身上的衣服也還沒有脫。妻斜倚在床欄邊，手中捧着一本翻得快要稀巴爛的舊畫報。手電筒放在膝蓋上，床前還放着我的一根手杖。——更可驚的是，她的臉色出奇地慘白，我從沒看見過她的臉上有過這種可怕的顏色。

「怎麼啦，妳這是？」

她一看見我回來，便驀的跳下床來，一任畫報和手電筒掉落在地上，跳到我的面前緊緊地擁抱着我，一句話也說不出。

「到底是怎麼回事，妳的心跳得這麼急？」

「你怎麼現在才回來，我快要嚇死了！」

「我不是早就跟你說，今晚上是老周他們請客，我不回來吃飯的嗎？」我知道妻原意也並不在責備我回來得晚，但却不能不這樣分辯。

「來，你過來。」她拉着我的手，走向窗前。輕輕地推開了一扇窗子，「你靜靜地聽，可聽得到甚麼聲音？」

我仰望窗外，夜空萬里，繁星點點，下弦月還只斜掛在天邊。空庭罩在夜的重重簾幕中，靜謐無聲，萬物都像是酣然入夢了。

我回頭看看妻，她正偎近我的身旁。

「有甚麼動靜嗎？」

她搖搖頭，但眼睛却仍癡望着黑暗的深處。

突然，不知從甚麼地方，傳來了一陣悽厲的呼號。那聲音像是只隔着我們幾間房子，却又像是來自宇宙的神秘莫測的彼端，經歷了一個世紀，才到達我們的耳邊。

我幾乎不相信我自己的耳朵；因爲我從來沒想到人間會有這樣的聲音。那也許是一個人在身臨最大痛苦而且完全斷絕了希望時掙扎求援的呼聲；可又像一隻慓悍的野獸遇到埋伏，被火熱的槍彈擊中要害，在垂危時所發出的憤怒的悲吼。那聲音中充滿了一種荒野氣息的復仇意味，它的本身便是一種恐怖，再經這着茫夜色的渲染，越發顯得森嚴可怕。

「甚麼人？」我厲聲狂喝一聲，暗影裏却並無反響。

就在這時候，電燈又倏地滅了。

「剛才就是這樣子，一聲怪叫，燈就滅了。我趕緊摸到手電筒，把門頂上，燈又亮了。」

「剛才也是這麼個叫法？」我恨不得那個奇怪的聲音再叫一回讓我聽個仔細。

「差不多，」妻一邊關窗子，一邊把手電筒照着黑黝黝的房子四角，好像生怕有甚麼怪物會從牆角跳出來一樣。

我也情不自禁地用椅子把門頂上，把手杖和電筒都放在枕邊。

燈一直沒有再亮，我和妻也久久不能入寐。我們一方面厭惡那個怪聲，但同時却又不約而同地期待它會再來，至少那個可怕的聲音可以使我們感覺到一種恐怖的「眞實」，——可以證明我們並不是怯懦，而是那聲音實在太可怕了。

但，很失望，一直到天亮，除了幾聲不知其名的蟲聲蛩韻之外，我們再也沒有聽到甚麼聲音了。

四

第二天一早，我穿過中庭去拿報紙，看到金發正在掃院子，一臉憂悒不安的樣子。

「昨天晚上……」，我只說了一半，希望他會接下去解釋。

「燈壞了，是不是？」他還是低着頭在掃他的地：「等會兒我去喊人來修，恐怕是線太老了。」

「你沒有聽見甚麼聲音，好像是甚麼人的叫聲？」

「甚麼？哦，我不知道。」他的聲音冷冷的，好像嫌我多此一問。

他的神氣引起了我的惶惑。難道眞的是這房子有甚麼蹊蹺；假如不是我們夫婦兩個人同時親耳聽見那聲音，我眞要懷疑是我自己聽錯了。

奇怪的是，黃老先生一直好幾天都沒有出來散步。我也就沒有機會專門去問他這件事。

一夜、兩夜、三夜，一連過了好幾天，我們幸而再也沒有聽到那可怕的怪聲。妻雖不是個膽小的女性，但近日每當我有事外出的時候，總是叮囑我早點回來。我在外面也是一樣，一到天黑耳邊便像隱約又聽到那種淒厲的聲音，非趕緊回家不可。

又過了大約半個月，我們對於這件事也漸漸淡忘了。一個下着霏微細雨的晚上，我被一個朋友邀去，爲了他要辦個刊物，大家隨便談談。因爲座中都是些文字朋友，聚會一次很不易，所以一談就談到了十點多。等我匆匆冒雨趕到家中時，已將近十一點半了。

這樣深夜了，大門不知爲甚麼竟沒有上拴；而且門前停着一部嶄新的小汽車。來了甚麼貴客嗎？這還是我搬來以後第一次的發現呢。

當我正站在走廊上揮着雨傘上的雨水時，正聽的門開了。一個矮矮胖胖的人正在與主人告辭。黃老先生站在門裏向他點頭致意，兩個人都是滿臉的嚴肅。

那位客人臨行又低聲地談了幾句話，因爲離得遠，我只聽見他最後的一句話是：「……隨時打電話給我好了。」一回到自己的房中，就看到妻的一副可憐的樣兒。

「怎麼？又——」。

她點點頭，牙齒緊緊咬着嘴唇：「起先我眞怕死了。那聲音那麼逼近。」

「後來呢？還是那個聲音嗎？」

「不，今兒個晚上花樣才多呢，一下子號叫，一下子摔碎了甚麼東西，像是敲打着甚麼沉重的玩藝，最後是大哭大笑的聲音。」

「聽不出是甚麼人嗎？」

「我原想張望一下的；先是一有叫聲，電燈又熄了。後來吵得利害，燈才又來了。躭了一會兒，門外汽車響，大約是請了大夫來了。」妻打着呵欠，猶有餘悸似地對我說。

「對，」我自言自語：「那個胖子一定是個大夫。」可是害病的是誰呢？我分明看到黃老先生好端端出來送客的。

難道在我們這房子裏，還有個從來沒有露過面的病人住着嗎？

「一個瘋子。」我心裏想：「明天一定要查個水落石出才行。」

五

本來我自己有一個想法：我認爲所謂「家」，應該是一個人最後的一個堡壘，家是個可以使人身心獲得休憩寧靜的地方：因此，我以爲人與人之間的關係，無論是朋友也好，鄰居也好，最好能彼此尊重對方家庭的「隔絕性」。也就是說，不是特別熟稔的人，不必輕易以家庭作爲社交的場所。我是這樣對別人，也希望別人這樣對我。——因此，自我遷入新居以來，我和黃老先生的交往也嚴守着我自己的戒條。我只是在他邀請的時候，才進入他的客室。但現在，我要到他家裏去探視他。這一家中既然沒有被承認過還有別的人，我只能假定那天晚上生病的就是他。

這是我第一次進入他的臥室；穿過那間幽雅的客室，後面有一條窄窄的走廊。走廊的一端便是他的臥室。臥室的後面則連着一座小小的閣樓。

「老先生這幾天欠安嗎？」

他的臉色灰暗，確實像個病人。看見我進來，懶懶地伸手請我坐在他對面的籐椅上。他張開嘴好像有甚麼話要對我講，却又沉吟着講不出口似的。

「對不起得很，」他低下頭，看着他那骨節嶙峋被香煙薰黃了的手指，像自言自語似地說：「我應該早一點告訴你們，也免得你們受驚。——阿芳說不要告訴你的好，而我自己因爲在我們最初見面的時候，沒有機會告訴你這件不幸的事，……」

「是不是府上還有病人？」

他這才抬起頭來望着我，點點頭，眼睛裏好像閃着淚珠。那樣子使我非常不安。

談話這樣中斷了，房間裏靜得有點兒可怕，只有壁上一座古老的掛鐘滴答滴答的聲音。忽然，——我覺得再不能有比當時的情形更適宜於用忽然這兩個字的了——從小閣樓裏又傳出一串奇怪的笑聲，那冷颼颼的聲音像在深遠的山谷蠻荒中迴盪。使得我們面對面的兩個人都楞住了。

「寃孽，眞是寃孽，眼看着她受苦，唉。」黃老先生把兩隻手捧着自己的頭，絕望了似的廢然長嘆一聲。

「請問那病人是老先生的——？」

他剛要回答我的話，那個女僕阿芳撩起竹簾來，向他呶呶嘴，說了一句臺灣話，我約略可以懂得她的意思是說：「請你去看看吧！」

黃老先生道了一聲失陪，我也便告辭出來了。雖然這一次談話並沒有甚麼結果，但我可以告慰我妻，那確確實實只是一個病人，而不是一個甚麼魔鬼。

六

又過了兩天，我因爲一直很忙，也沒有機會再去細問。那天晚上我正在洗澡，忽然妻隔着門喊我：「快出來，阿芳請你去幫忙。」

我還沒來得及聽明白她的話，便趕緊擦乾了身上，穿好衣服跑出來問：「甚麼事？」

阿芳看見我好像見到救星一樣。兩隻手合十頂禮央告我：「請先生快來看看吧，我們家的病人抽個空躥下樓來，要往外跑；剛好金發又上街去打電話請醫生去了，我們老爺簡直弄不住她。」

我三步兩步趕到黃老先生的臥房，房中的燈不知怎麼的又壞了，黑黝黝的甚麼都看不見。

「黃老先生」。我喊了一聲，才聽到在寫字檯底下有一個人在呻吟，那正是黃老先生的聲音。另外在墻角書架子旁還有一個似乎是女人的陌生聲音在吃吃的笑。我雖然看不見，想來一定就是那個瘋子了。

我聽朋友們說過，一個神經失常的人，有時候不但他的體力爲常人所不及，就是他頭腦的狡譎也出乎常人的意料。因此，在沒有制服這個瘋子之前，我不敢貿然去救助黃老先生。我從褲袋裏摸出了一盒火柴，剛劃了一個亮兒，那瘋子的形體便淸淸楚楚地映入我的眼簾。

是的，她是一個女人，而且只是一個看上去嬌弱不勝的少婦，遠沒有我想像中之可怕。她穿着一件似乎太肥大的花布長衫，蒼白而淸癯的臉，深深的眼睛。只在火柴劃亮的一剎那間，她臉上浮現着一層驕傲而惶惑的笑容，恰像一個頑皮的孩子打碎了一個花瓶時的神情。

火柴剛一熄，她又突然咆哮起來。——後來我才知道，她最恨也最怕黑暗，當她病發的時候只有黑暗才可以使她停止行動。這也就是爲甚麼過去我們每次聽到怪號聲之後，電燈馬上就不亮了的原因。

那瘋女人正推倒擋在她面前的一把椅子，向我撲來。假使我退讓，她一定就會奪門而出，說不定會跑到街上，闖出大禍來。假使我阻攔，——而我自己又實在無此信心，我彷彿看到她手裏拿着一根棍子。

頃刻之間，使我想起了若干美國西部武打電影片子裏的情節。我急於要找一個「武器」，我記得上次到這間房裏時，這間房子的進門處有一個小茶几，上面放着一部大字典。回手一摸，果然不錯，我立刻把這本又厚又重的洋裝書拿在手中，對着她走來的方向用力迎頭拋去。這一擊猝不及防，黑暗中她似乎踉蹌了一下，拌在那張被她自己推倒的椅子腿兒上，沉重地跌了下去。她嘴裏在憤怒地咒罵。

現在，是我惟一能制服她的機會了。不等她爬起來，我跳上去用左手叉住了她的咽喉，輪起右拳，一拳打在她的額角上，她哼了一聲，不動了。

這時，妻和阿芳打着手電筒進來了。先把她拖回小閣樓上鎖好了門，回頭再來看黃老先生。他大概是被那瘋子猛然間一棍打昏，跌到地下時，牙床和嘴唇也跌破了。好在還不算甚麼重傷。

恰好醫生也來了，大家便亂糟糟地幫着安頓黃老先生，我也顧不得再問剛才這一幕到底是怎麼回事。

七

又過了幾天，我實在忍不住，便找我那位沉默寡言的蔡先生去盤根問底，而且把那天晚上的事告訴了他。他知道瞞不住，便把這個家庭的不幸的事情源源本本告訴了我。下面就是這個故事。

那個瘋子原來就是黃老先生最鍾愛的獨生女兒若蘭，論年紀，差不多快三十歲了。她的瘋，主要是由於她那個早年死去的母親的遺傳，可以說先天上便具有一種「瘋子」的體質。

但是，她若非受到特別嚴重的打擊，也不至於變成這個樣子。——至少，從她父親看來，她從小嬌生慣養，錦衣玉食，在優裕的生活中長大，應該沒有甚麼不滿意的事。

和一切少男少女一樣，最嚴重的病，往往是得之於愛情。若蘭本來從小就訂過婚的，她的未婚夫鄭寶樹，是黃老先生最中意的一個後輩子弟，他曾資助他勉勵他留學日本研究法律，他不僅勤勉好學，而且性情敦厚，黃老先生對於這個未來的子婿是很引以爲慰的。

但是，寶樹與若蘭雖然從小就在一起長大，感情很好，究竟是由於後來的生活環境不同，對於整個人生，便各有其不同的憧憬。最初只是些微的距離，隨着時光流逝，彼此的心也越距越遠。若蘭有一顆孤寂的心，喜歡內向的性格；而寶樹却是個蓬蓬勃勃的外向型的人。他那種喜歡誇大，喜歡刺激，喜歡冒險的性子，像一團烈火似的倏忽其來，常常使得若蘭有一種不能逼近之感。

寶樹從日本回到臺灣的一年，黃老先生屢次示意希望他們完婚，他却老是推三阻四，說是事業沒有甚麼基礎之前，不願結婚等等冠冕堂皇的話。

可是，骨子裏却是他已另有所戀了。——他所愛的人恰好是若蘭在女高的同班同學陳錦苓。

錦苓是一個出身貧賤之家的女孩子。但是她刻苦耐勞博學善辯，在某些方面說，具有一種壓倒鬚眉的氣慨。她和寶樹相識雖也很早，彼此廝熟却不過是寶樹從日本回來以後的事。論家境、論品貌，論才學，她似乎都不見得有甚麼可以成爲若蘭的競爭者的條件，但愛情却就是這樣的不可解，寶樹愛上她了，而且他毫不隱諱地對朋友們說：只有她才「够味兒。」

這個婚約雖然在形式上還沒有撕毀，但若蘭的失戀，却已無人不知。有的人指責鄭寶樹背恩負義，有的人則譏笑若蘭「眞是木頭！」

其實，若蘭又何嘗是「木頭」呢？憑着情人們直覺的本能，她早已發覺到寶樹神不守舍的樣子了；但她却一直隱忍不發，一直到她發現了誰是那個「第三人」以後，便立刻採取了果決的行動。

究竟蘭若用了甚麼手段來進行這一場情場上的搏鬪，爲我講這個故事的蔡先生並不淸楚，所以我也只好姑存疑案。但他確定了一點，就是若蘭曾經和錦苓舉行過一次「秘密談判」。

「依我想」，蔡先生說：「她一定是强調她和寶樹之間婚約的神聖性；她一定是用軟工去說服對方，假使這個婚約解除了，一定會影響到寶樹的名譽和事業，乃至成爲他一生命運的一個大打擊。她也許會告訴那位陳小姐：『假使妳是眞心愛他的，妳應該退出。』」

蔡先生的估計究竟對不對，現在已無人能够證實，不過，他所猜測的結果倒是對的；因爲經過那次談判以後，錦苓果然便對寶樹日益疏遠了。不到半年，錦苓突然悄然出走，不告而別，撇下了她年邁的雙親遠行了。甚至於連寶樹也沒有得到她片紙隻字。——有人說，她是到上海去的。

若蘭終於如願以償地和寶樹成婚了。——他們最初還是那麼輕快而幸福的，和任何一對新婚夫婦相較，都毫無遜色。不幸地是他們之間老是橫亘着一個陰影，像一座無形的墻壁，一條心靈上的鴻溝。若蘭既然是那麼溫婉體貼，但她沒有辦法拔除寶樹心中的那顆刺——他不能忘情於活潑佻達的錦苓。

他倆都因爲自覺得「有罪」而感到不安，彼此似乎都到了愛旣不能恨又不可的地步。「家」已經成了一個美麗而痛苦的囚籠，容納着這兩個互相猜疑，嫌怨，而又表面上不能不裝作和和睦睦來哄瞞別人耳目的「罪人。」

太平洋戰爭爆發以後，若蘭生下第一個也是惟一的一個男孩子；照理說，這個小家庭的生活應該是十分美滿的了，但寶樹却一天比一天更沉默，更憂悒、更孤獨了。

溫暖的家庭、美麗的嬌妻、肥碩的愛子，這一切，抵不過一個無端的憶念，只要一想到和錦苓最後相會時的一瞥，那幽怨的目光中含有多少說不盡的情愫？只要這樣一想，他便不期然而有一種「有負於人」的歉然之感。

太平洋戰爭的初期，日本軍閥孤注一擲的偸襲是很得手的。但是要達成她進行一次無限侵略戰爭的目標，資源旣不足，人力尤感缺乏。因此，雖然他們極不敢信託富於強烈抗日意識的臺胞，但仍不得不巧立名目設法來誘惑臺灣的壯年男子，去做他們進行「大東亞聖戰」的砲灰。

差不多每一個臺胞都認淸，日本軍閥這種自掘墳墓式的蠻幹，最後一定會嘗到苦果；加之他們傳統上對於祖國的嚮望，便不由得不對日本軍閥的一切措施採取一種冷嘲熱諷，袖手旁觀的態度。——所以，除非是被刺刀尖逼着，是沒有人肯「志願」參加所謂皇軍助戰的。

在這種情形之下，難怪鄭寶樹的舉動要使人大爲驚奇了，——像他這樣有美滿的家庭，有正當的職業，而又有豐厚的收入可以過着一種相當舒適的生活的人，竟自動報名「從軍」了。——而且，他的行動是那麼迅速果決，除了他自己以外，沒有一個人知道他爲甚麼做這麼一個突兀的決定。

他默默地走了，沒有解釋，沒有留戀，似乎也沒有半點悔意。

若蘭的痛苦當然是很可以想像得到的，因爲她不僅失去了一個丈夫的身體，而且更一併失去了一個丈夫的心靈。——他自動地選擇了那條通往死亡的道路，似乎是他寧願走向槍林彈雨的戰場上，也不願留在家裏。

難道「家」對於他竟是這樣的可厭可怕？乃至要他不惜以生命去換取他的解脫？這究竟是爲了甚麼？

當講故事的蔡先生說到這裏的時候，停頓了下來：「你能猜得到那緣由嗎？」

「可能的原因當然很多，不過，我想最可確定的一點，是他對於自己的婚姻表示厭倦了吧！」

「豈止是厭倦呢！」他喟嘆了一聲。

原來，鄭寶樹一踏上日本軍艦離開臺灣的時候，他就寫了一封訣別的信給他的妻子，很坦率地說：「我們永別了，妳不必再等我。我已決心走我自己的路。我曾經犧牲了愛情來換取我所要得到的一切；我過了好幾年表面上幸福內心裏痛苦的生活，現在，我不得不犧牲一切，再去尋找我所失落的愛情去了。錦苓在中國大陸上，我希望我能够再找到她。我現在所做的事是極其不得已的，因爲妳知道我厭惡這種愚蠢的戰爭；但是，爲了愛，我甚麼都顧不得了……。」

「你看過這封信嗎？」我問蔡先生。

「沒有，我只是聽黃老先生對我講的，我跟你說的是一個綜合的內容。」

「這封信以後呢？」

「以後嗎？錦苓的消息根本沒有，可能已經嫁了人，或者是流落異方；寶樹根本沒有達到他的願望，因爲他根本就沒有被派到中國大陸去。他隨軍轉戰南洋各島，日本投降後便被拘押在曼南島做苦工，直到如今。而若蘭呢，從接到那封信以後，便成了一個神經失常的人，在她那間囚牢般的小屋裏苦度歲月。」

「她不是還有個孩子嗎？」

「早就死掉了。」

這個平平常常的小故事，至此應該就算告一段落了，我實在不必也不忍再多問甚麼。

淒涼，漫長而絕望的相思，誠然是很容易使一個癡情的人瘋狂的。

八

儘管對於搬家這椿事，我是這樣的深痛惡絕，但我最後還是不得不決定離開這幢古老的房子。房東與房客之間彼此都很滿意，但又彼此都覺得無法再在一起住下去，這在我倒還是第一次的經驗。

當我把妻跟孩子和最後一批零星什物送上借來的吉普車以後，我到黃老先生的榻旁去告別，並且感謝他多日來對我們的欵待。

「以後請常過來玩，」在休養中的他，說話的聲音還是很微弱。

當我轉身出門的時候，忽然看到阿芳攙着一個少婦，在走廊上澆花。聽見我的步履聲，她冷冷地望着我。她的衣飾很整齊，出奇的只是那一對深沉而寂寞的眼睛，直直地向人望着，好像是表明她不認識我，又好像是說她甚麼都知道。

「這就是若蘭。」金發悄悄地對我解釋。我不敢再多看她一眼，便匆匆走出庭院。

背後，我聽到阿芳對她說：「小姐，我們上樓去吧，天又要黑了。」

舞台

王敬義

璀燦的燈火熄盡，沉默的帳幔拉攏；夜已深，冰冷的星由窗中窺入，更夫的梆子遠了又近了，那微弱的天光顯現出一列列空虛的坐椅，這裏是戲散後的舞臺！

僅僅在半小時前，哈姆雷特在這裏舉起劍又悄悄放下；只因他聽見了那狠心叔父的懺悔；他不甘心謀殺着走進天堂，自己無辜的父親却在地獄受苦。僅僅在半小時前，娜拉出走了，她重重的關上身後的門；那自私的塔佛特喃喃着：「那奇跡！那奇跡！」也是在這裏，莎樂美狂吻着那先知約翰的頭，而知道愛情是苦的。

而現在，淒涼的寂靜漫延着，漫延着……

臺前的觀衆都散失到那裏去了呢？那些抹着厚厚的香粉，塗着鮮紅的唇膏的，綴滿明亮的鑽石的貴婦人；那些禿亮頭頂的，面上堆滿虛僞笑容，被一個詩人形容成「雞蛋架上的熟雞蛋」的紳士；還有憂鬱的畫家，總是將天空畫成褐色，他曾在這裏吸着激烈的埃及的煙草的；還有那些年青的孩子，都像春天來自南方的燕子羣，他們徘徊在這生命的舞臺前，輕鬆的嬉笑着，議論着，像呢喃在宮殿橫樑上的燕子們，那裏知曉這古老宮殿的滄桑，更不必說分灑一滴憂愁的淚水了！這些觀衆都到那裏去了呢？

看戲的人原是在演戲；每一個家庭是一個舞臺，那麼，你們若疲倦於工作，疲倦於思想，疲倦於金錢的追逐，感官的滿足的，你們就安息吧！因爲，這是戲散後的舞臺！

寂靜漫延着；戲散後的舞臺上，無人彈奏的鋼琴，自動發出聲響。蟑螂從牆縫爬出，蜘蛛從房頂降下，還有那來自地板的裂罅的老鼠，牠們正在熱烈的談話。在他們狹小的心胸中，竟也孕育着藝術的天地。他們批評着哈姆雷特的愚昧，娜拉的荒誕，談到莎樂美，他們就又狂笑了，她吻那染血的唇，原是嗜血野獸的行爲，應該請狼，走上舞臺來擔任這角色。

他們盡情的笑，盡情的眩耀，誇張，都將自己形容成威嚴的帝王，穿着熠熠發光的錦袍。但寂靜漫延着，戲散後的舞臺是淒涼的。更夫的梆子聲又遠了。窗外，星星被雲遮去，雨降下了。

雨降下了！雨水敲打着窗子，敲打着大的芭蕉葉，敲打着泥土，敲打着一隻空的花盆。雨，先是急暴的，一條條雨水，在光影中掠過，慢慢，雨小了，簷滴聲，這裏那裏，像是蟲在草叢中，一聲聲的叫。

這時，沉思者由沉思中甦醒。他傾聽着雨聲，滴水聲。樹葉伸展，蓓蕾開放，眠鳥在巢中撲打翅膀，梆子聲由遠處傳來。疲倦的世界舒解了，這裏是感激的噓息，這裏是關懷的詢問，這裏是祝福的低語。

沉思者因幸福而顫抖，因幸福而流淚了。這戲散後的寥靜舞臺，這雨後深沉的夜，這疲倦過後的舒解，困擾過後的寧靜，生命在這裏了！生命在這裏了！失去的全部覓還，覓還的全部莊嚴、完整、燦爛。

於是沉思者低語了：「呵！呵！生命的彩虹啊！出現了！出現了！最短暫的是最完美的；對於生命，我還何所求呢？旣然我已經看見了一次生命的虹彩！」

他緩緩站起身，低下了頭，他蒼白的面頰上有朦朧的淚光。這時，他看見舞臺上的帳幔拉開了，燈火燃起了，女伶用着做作的聲調背着臺詞；他又看見自己置身在人羣中，那些人都屏住呼吸，大張着嘴，當那女伶要私奔時，便發出歡暢的呼喊。最後，燈火熄盡了，只在角隅上，一小盞燈，散發着微弱的光。那吞食了安眠藥的女伶醒來了，看到她的愛人已死在她身邊，一把短劍刺進胸膛。她便吻了那冰冷的唇，歎息着，用他胸上的短劍，結束了自己的生命。於是，那些人都嗚咽了。這是「羅蜜歐與朱麗葉」的演出。

他流了最後一次的淚，便離開了。他要離開這殘缺的世界。他已擁有精神的完整的國土。

他來到原野。滿天烏雲散淨，睿智的星羣閃滿天空。下弦月懸在高空，精緻、美麗；樹叢是沉默的，葉梢雨水落下，是僅有的聲響。但他聽見樹根在泥土下伸延，吮吸着泥土，一窪一窪雨水像一盃盃葡萄美酒，醇厚，亮澈。空氣中飄浮着水氣，一切在氤氳中顯現得柔和。

他傾聽着，佇立着，漸漸的忘記了自己，水氣潤濕了他的頭髮，他的衣衫，但他只是佇立着，聽着。「這裏，我的生命在流，我聽見它流聲淙淙，像繞經崖脚的溪水；這裏，我的軀體腐蝕，靈魂却翺翔高空，它像白色的鴿子，匆匆飛過月下的叢莽，往樹叢深處去，在那裏。」他緩緩低語；他去了，他將看見太陽昇起。

戲散後寥靜的舞臺，蟑螂、蜘蛛和鼠的談話，深夜的雨，雨後的清新，這一切一切都使他醒悟，都使他堅定。於是，他永遠的離開了人生的舞臺，戲散後的舞臺；在大自然的諧和中，他看見更大的舞臺，永生的舞臺。那裏才是可留戀的，那裏才是可謳歌的，存在的是平凡的，平凡的是美麗的，美麗的是永恒的。

梆子聲又近了。

舞臺的帳幔仍緊閉着，沒有燈火，星星也都離去，長列的坐椅，寂寞的鋼琴，只有蟑螂、蜘蛛和老鼠還在繼續他們的談話，這是戲散後的舞臺！

書刊評介

尋夢與畫夢

——論張秀亞女士的尋夢草——

公孫嬿

若以一件實在的物體來形容張秀亞女士的著作，我說：「那是一隻神工的，灼射智慧光彩的玉瓶！」每一處地方都在顯露作者性格無比的秀逸和雋美。這隻玉瓶，晶瑩鑑人，一塵不染，其玲瓏透剔處，每使讀者於下意識之間，生出自慚形穢的心理。這隻玉瓶更是表現人性至善的結晶品。是的，作者性情是聖潔的，善良的，也正如她的文字，沒有堆砌，炫耀，取巧，全憑湛深的造詣，經過精鍊，且更用她自己配合的顏色給美化了，它不止在陽光下映顯出虹似的七彩，在朝暾下它更閃著金光，在月夜下復射出銀光，簡直叫那些傖俗的人們不敢諦視。但有文學修養的人們一瞥這光，便覺得它在創作中可以解釋爲「純文藝的」，或「純文學的」及「純藝術的」光芒。但它表現一種姿態之後，並不倏然隱去，却將精深幽邃的記憶留給讀者們。因爲它有靈魂，有熱力，使讀者得到很大的收穫，——那些至善的人性啓發上的收穫。

秀亞女士告訴我們，生命是美的，所有上帝子孫們都是善良的，即有小小無法避免的疵點，作者也以她自己本身的慈愛給輕輕拭去了。對於這類靈性上有病的人，作者以悲天憫人的胸襟加以原諒，加以拯救，於是在她筆下人間充滿了光明和溫暖。但她雖這麼熱愛生命，而命運偏報償她以磨難，但這也是一個聖教徒自願承當的磨難。秀亞女士並沒有脫離現實的人生，她有勇氣掙扎下去。她更有驚人的勇氣奮鬪下去。她將自已高潔的情操美化這醜惡的人生，教人怎樣選擇應該走的道路，她永遠熱情的替人們服務，却並沒有計較人們對她的酬報。不過讀者在她作品中知道她現在的境遇後，都會感動得爲她合十默禱：「雨過了，天總會晴的。」秀亞女士，你並不是孤獨的，千萬讀者正是你精神上的支援。你慷慨的贈品——那一本本心血凝成的妙文，讀者收下了，答報於你的是：若是一個不大好的人將爲你的熱忱所感化，一個本來是善的人則向你傾瀉出滿腔的同情，——那人間至上的友誼。

並不是秀亞女士一味的在尋夢，這鬼影幢幢的世界絕不會有夢的。（所以就有人懷疑其存在的眞實性！）因爲作者的心好比一支紅燭，站在那裏，那裏的黑暗便變成光明了。她還自已解嘲的說：「那時我自詡有一顆未讓世俗沾染的心靈，自以爲潔淨得如白玉碗盞」。其實直到現在她依然「在作品中保留了一片乾淨土」。她慣寫那「平凡、潔淨、素樸而詩意化了的人生」。這些正是作者值得頌歌的風格。我們不贊成作者永遠「執迷不悟的在夢中小徑上，栽植着理想的藍花」，在那裏踟躕不前的畫夢。强迫改造自已的秉性是殘忍的。我覺得秀亞女士只是想多灑些楊枝甘露，替讀者尋回失去的夢，於願斯足。我願提醒讀者也只是這一點，——尋夢與畫夢的分野究竟如何。

一個人失去了夢——象徵着理想、希望、前途、光明——其生活的本身就是個悲劇。我曾聽見作者兩句響耳的話：

「現實旣苛酷的警告了我，我也應該利用它！痛苦侵蝕了我的身體健康，我應該轉而利用它滋養我的文學生命！」

我們這羣讀者也算是有理想的人，我們欣賞作者作品中「帶了太多的夢寐色彩」，我們怕「時光慢慢的會沖淡了它」。我們切盼作者若有轉變，也應皆是屬於大時代轉變的部份。那便是視野更加濶大，生活圈子更加擴張，人生經驗更加透澈。可是我們又要叮囑她：廣濶不可弄花眼睛，擴張不可失去自我的圓心，透澈也不是將可貴的天眞熟透而成世故。不過我這叮囑也是多餘的話，我甚至敢向讀者提出百分之百的保證：我們純潔善良的女作家是不會蛻變到這步田地的。她的人格和風格，在我們新文學創作史上已建立了一座虹橋，她已尋着她的夢，她的痛苦的經驗正好領導我們渡過這道波濶浪險的生命巨川。所以秀亞女士是一個不必我們代爲躭心的作家，她永遠也不會失去自我圓心。二十年來，她的聲調一如她的性格，愈嘹亮了，愈鮮明了，但矗立在至善至美至眞的基礎上却絲毫沒有變。

但我還是願引證一下二十年前我從報上翦貼的她的一段文章：

「一道銀流的天河，雖然美，但終究不是人間的。滔滔的黃河泥浪，才應是我們眼光凝聚點。魏爾倫、王爾德高蹈派的作品，只令我插了幻想的翅翼，高飛到另一玄妙境界，却不能給我生活的實感。於是，跳出那藝術至上的圈套，我正視起現實。曾不再貪戀這美的形骸，充沛雄偉的氣魄才是値得把捉的。」

民國四十一年九月八日，作者在她的空藥瓶旁又重複說道：

「向雪萊、魏爾倫、王爾德道聲再見，我勇敢的投入現實荆棘的懷抱！如果我這次的病症，一如我作品的病症，是由於夢與現實脫節而形成，我想，粉碎了夢之桎梏，正視現實，會令我的身心一齊走上康莊之路。」（下轉第22頁）

讀者投書

一本誤謬不堪的農職教科書

焦言田

四十二年八月十二日教育廳以四二教三字第02174號令飭全省各農業職業學校採用教廳編審委員會新編印的教材五種，其中有家畜飼養學一種，爲臺大家畜飼養學教授戈福江編著，係適用於高級農職的畜牧獸醫科的。

筆者因係教這門課程，所以欣然立郎採用。可是拜讀本書以後，駭然發現舛誤甚多；學生們亦因同時讀有機化學，也紛紛發現錯誤。

依該書編輯大意上說，該書是依照部頒「高級農業職業學校畜牧獸醫科暫行課程標準」編輯，內分三編共二十章。然查部頒的高級農職畜牧獸醫科家畜飼養學暫行課程標準的教材大綱，是分成四編二十五章，故事實上並未依該標準而編輯。當然編書者對教材內容，似可賦予繁簡增損的權宜，這算它是小事，我們似可不去計較。然而內容上的謬誤則是不容原諒的。本書中重大的錯誤多到令人驚異的程度，茲臚列一二於下：

1.「多糖類是由許多單糖分子組合而成」，（原書第三頁）應該敍述得具體而正確些，應改爲「由許多單糖分子縮水複合而成」更明白點。

2.「多糖類又可分爲二類，一爲六碳烷，一爲共水五碳烷」，（原書第三頁）這簡直是大笑話！「烷」是飽和的炭氫化合物，怎麼可亂用到多糖身上來呢？很簡單地稱它們爲六炭多糖，或五炭多糖不好麼？更又何必在「五炭烷」前加上「共水」二字呢？「共水」是結晶水嗎？有機化學裏，飼料學裏，何來此物？

3.六炭多糖類中四種東西「澱粉」、「獸臟粉」、「糊精」「纖維」倒有半數翻譯失當。“Glycogen” 譯作肝糖或動物澱粉就行。「獸臟粉」這名詞實太陌生了。“Collulose” 應譯做纖維素，僅稱纖維二字只是 “Fiber” 如棉纖維 (Cotton fiber)「毛纖維」(Wool fiber) 肌纖維，神經纖維等，都是指一條條細細的絲狀物，不可和化學的專名相混。（原書第四頁）

4.「糊精係由澱粉加熱氧化而成」（第四頁）。這眞是極荒謬之至！澱粉若是加熱氧化，豈不是燒掉，變成二氧化炭和水嗎？怎能變成糊精呢？難道普通用的漿糊就是糊精還不知道？漿糊豈是拿麵粉來燒燒就成麼？應改正爲「糊精是由澱粉和水加溫，發生加水分解作用而變成的。」

5.「纖維之構造，遠較澱粉複雜，富抵抗力，極難溶解，亦係由許多分子之葡萄糖所組成，加熱並經氧化後，亦可分解成爲葡萄糖。」（第五頁）這一段文字也大有問題，實應改寫爲「纖維素的化學分子構造，較澱粉更複雜，穩定，不易變化，極不易溶解。它亦是由許多葡萄糖分子縮水複合而成，所以加酸並加熱，亦能分解成此糖。」其間差別雖只幾個字，可是影響極大，如依原句「纖維加熱，並經氧化後……」纖維素加熱經氧化，豈不是要燃燒了麼？你不信由便你取棉花、紙、稻草或樹枝等含纖維素多的物質來加熱，豈有能分解爲葡萄糖的？雖三尺之童亦知此理，何「教授」之無知？

6.「植物細胞膜的厚薄，隨所含纖維之多少而定。」（第五頁）這句的來源在 Morrison 所著的 “Feeds and Feeding” 廿一版第六頁底。“Cell wall” 與 “Cell membrane” 編書人都搞不淸楚，書中全用「膜」代「壁」，不知何故不肯用「壁」字。高中一年級學生讀生物的早就明白「細胞膜」和「細胞壁」的差別了。

7.第五頁中間又出現「共水五碳烷」的怪名詞，應改正爲「五炭多糖」。

8.第五頁下邊講到半纖維素這樣東西，「不僅爲植物構成細胞壁的一部分物質，且存于塊莖作物中，成爲植物儲藏之倉庫」。他的意思像是說半纖維素可作爲細胞壁，也可在塊莖作物中當作倉庫的四壁。這也甚爲荒謬，查這句子的來源在前引之書的第七頁 “The hemicelluloses not only form part of the cell walls of plants, but are also some times stored as reserve food”. 它的意思應該是「半纖維素不但可作植物細胞壁的一部份，且有時也可儲藏起來作爲保存的食物。」可見著者的英文也有問題。

9.第六頁中間提到牛肉脂肪中，含有一種脂肪酸稱爲蟻酸，好不駭人！牛肉脂肪中有蟻酸。許是戈君的大發現？否則他就不知蟻酸爲何物。什麼性質全不管，隨便湊上一個名詞。幸好背後附上英名“Steeric acid”編書人何竟不識硬脂酸和蟻酸？讀了這樣害人的書，人們連牛肉都不敢吃了。還要提防養牛的、殺牛的、和賣牛肉的人向你淸算！

10.關於維他命的命名也頗有問題，如維他命丁，同時又稱它爲丁種維他命。在三十六頁稱維生素乙，三十八頁上又稱維他命B及維他命H。三十九頁再稱丙種維他命和戊種維他命。眞弄得亂七八糟，令人頭腦糊塗。其實這命名本甚簡單，就採用維他命A·B·C·D·的字樣就可以。因爲維他命 “Vitamin” 既譯音，又譯意。A·B·C·D·等字母如今社會上也相當通俗，沒有改爲甲、乙、丙、丁的必要，又因爲維他命的種類「天干」十個字是代表不了的。

好了，僅僅六頁課文中就舉出了十點錯誤，全書一共是二三二頁，如把全書錯誤一一都檢列出來，豈不太浪費了貴刊的篇幅？

一本教科書開頭便如此誤謬百出

，起頭還只是基本而粗淺的化學和生物學的知識，尙且如此悖謬，後面的內容，當然更是不問可知。戈君編像這個樣子的教科書，豈不是誤天下蒼生，欺騙了學畜牧的青年？俗話說：「誤人子弟，罪該萬死。」戈君無自知之明，編著教科書，其「勇」誠可嘉，然旣是當今臺灣最高學府的「教授」，就該有對知識負責的勇氣。我替編著者和學生們設想，覺得編書人應速對原書自請全數撤囘，重加校正，改稱訂正版。不然廣佈遠流，眞的要誤盡天下蒼生呢！

最後，還得一談這樣一本糟透了的書而令飭採用的責任問題。

這書封面上註明是「臺灣省教育廳編審委員會編印」的，照理該會對本書至少應該是經過審定的，何竟對這樣衆多的謬誤都不會發現，足見教育廳實則是未編又未審。這行逕可代表教育行政的作風。這種教育行政的作風，實在是太惡劣了！抑有進者，本年夏季，全省省立農校校長會議，會綜合而擬訂了農職需用的教材編印辦法一全套，建議教廳採用，教廳却不予採納，後來只見報載由「教廳分別敦聘教授專家們來擔任編著」云云。結果竟編成了這種樣子的教科書，還要飭令各農校一律採用，直是令人啼笑皆非。身爲教這門功課的教員，眞不知如何是好。據我所知，現在中學與職校的教科書，粗製濫造，濫竽充數的比比皆是，何止戈編的這一本而已？在這一方面，教育廳是不能辭其咎的。

(上接第18頁)

我也想不出妥善的答案來。今天所有的第三、第四、第五等勢力，能團結起來，滙成一個總力量，居於强大反對黨的地位，與政府合作，監督政府的施政，形成一個總的救國力量，豈不是國家民族之福嗎？總理說人生以服務爲目的，不以奪取爲目的，這是他革命四十年留下來最有經驗最寶貴的格言，大家多向這方面想了，胸襟自然擴大，也自然能彼此互忍互讓，團結謀國了。

我是一個小民，也是一個「個人」，對於這麼重大的問題，只能表達希望，而談不上提供意見。我這點希望可能引起讀者朋友的共鳴，認爲這是很誠懇的希望，不是故意舞文弄墨，我就很滿足了。至於眞有意見的話，那就是我十分同意董時進先生的看法(見自由中國九卷十期)，董先生畢竟是有政治經驗的人，他的看法是值得重視的。與其先行開會，不如各在朝在野領袖們先行開誠佈公一談，擬定彼此同意的原則及辦法，俟此有一結果，再行開會討論實施辦法，否則僅有點綴式的會議而無具體的表現，徒令人失望而已。

敬祝

撰安

後學朱件耘上

四二、一一、二九

給讀者的報告

[illegible]

書樣
原原

[illegible]，如日中[illegible]的西德日[illegible]吾人憂[illegible]世界之[illegible]之秩序[illegible]，絕對厚愛於中[illegible]所謂「[illegible]革命的反革命」乃共產黨人之自擊，而爲世人所熟知者。我們要抗拒共黨的侵略，惟有於集體[illegible]之，此唯團結而後可。而倡言中立，則只足以使力量分散，終必爲共黨所乘。西德與日本的人民[illegible]決[illegible]的，[illegible]其倡言中立之動機，要皆出於強權政治的現實主義。如此短視自私，誠屬愚不可及，爲小失大，終將有噬臍莫及之一日，吾人願[illegible]之[illegible]。

[illegible]，因此[illegible]落後地區便成了共黨的溫床。西歐[illegible]世界主力之所在，[illegible]遠東的韓國越南，共黨已[illegible]，[illegible]當前自由世界[illegible]經濟各方面都甚落後的地區，而且民族複雜，彼此間關係矛盾，利害衝突，實是蘇俄次一侵略的大好目標。本期王雲五先生特就中東各國的地理形勢，政經情況，與軍備虛實，詳加綜析，使吾人得以明瞭「蘇俄[illegible]的中東現況」。[illegible]東防衛問題[illegible]

[illegible]討論[illegible]。[illegible]的兩篇討論法治的文字[illegible]」一文分析法治的基本精神，議論[illegible]。[illegible]文指出法治底根本在於保障人權[illegible]只是[illegible]主政者的[illegible]，但不是充足而[illegible]如工具，[illegible]行民主[illegible]極權國家更假之以爲殺人的武器。明乎此[illegible]，[illegible]什[illegible]惟[illegible]閉口談法治的[illegible]。至龍運鈞先生的「如何建立法治的社會基礎？」一文，則係針對[illegible]先生指出我們行法治數十年而不能奏效的原因，對症下藥，今後應如何[illegible]法治的社會基礎方面努力，以走向[illegible]主[illegible]此兩文亦宜[illegible]讀，更增吾人對問題之了解。

關於反共救國會議問題，本刊曾廣集各方面的意見，先後在本刊陸續發表，本期又有朱伴耘先生的意見。朱先生經常爲本刊寫稿，是讀者們所熟知的。[illegible]學多年，返國服務，至大陸淪陷前再渡美國，現在華盛頓[illegible]大學從事研究工作，他自稱「學生」，乃是自謙之語。朱先生以忠忱謀國的態度而作此文，其意見是很可珍貴的。

本刊售價

地區	幣別	每冊價目
臺灣	臺幣	4.00
香港	港幣	1.00
日本	日圓	100.00
美國	美金	.20
菲律賓	呂宋幣	.50
馬來亞	叻幣	.50
暹羅	暹幣	4.00
越南	越幣	8.00
印尼	印尼盾	6.00

自由中國 半月刊 第九卷第十二期 總第九十九號
中華民國四十二年十二月十六日出版
發行人兼主編　『自由中國編輯委員會』
出版者　自由中國社
社址：臺北市和平東路二段十八巷一號
電話：二 八 五 七 〇
航空版　香港時報社
經售者
臺灣　自由中國發行部
美國　中國書報發行所
紐約民氣日報社
舊金山少年中國晨報社
芝加哥中國出版公司
日本　東京僑豐企業公司
韓國　釜山草梁洞新泰行
馬尼剌　大中華日報社
印尼　椰嘉達天聲日報
棉蘭鑾華圖書公司
越南　西貢中原文化印刷公司
越南華僑文化事業公司
暹邏　曼谷攀多社十二號
緬甸　仰光振成書報店
印度　孟買梅亞號
加爾各答塔梅學校
澳洲　雪梨瑞田公司
北婆羅洲　西利亞城青年書店
新加坡　檳榔嶼、吉打邦均有出售
印刷者　精華印書館
廠址：臺北市長沙街二段六〇號
電話：二 三 四 二 九 號

本刊經中華郵政登記認爲第一類新聞紙類　臺灣郵政管理局新聞紙類登記執照第二〇四號　臺灣郵政劃撥儲金帳戶第八一三九號

自由中國

第八集

第九卷第一期至第九卷第十二期

1953.07-1953.12

數位重製・印刷　秀威資訊科技股份有限公司
http://www.showwe.com.tw
114 台北市內湖區瑞光路 76 巷 65 號 1 樓
電話：+886-2-2796-3638
傳真：+886-2-2796-1377
劃 撥 帳 號　19563868　戶名：秀威資訊科技股份有限公司
讀者服務信箱：service@showwe.com.tw
網 路 訂 購　秀威網路書店：https://store.showwe.tw
網路訂購：order@showwe.com.tw

2013 年 9 月
全套精裝印製工本費：新台幣 50,000 元（不分售）

Printed in Taiwan

本期刊僅收精裝印製工本費，僅供學術研究參考使用